As fontes do poder social

COLEÇÃO SOCIOLOGIA
Coordenador: Brasilio Sallum Jr. – Universidade de São Paulo

Comissão editorial:
Gabriel Cohn – Universidade de São Paulo
Irlys Barreira – Universidade Federal do Ceará
José Ricardo Ramalho – Universidade Federal do Rio de Janeiro
Marcelo Ridenti – Universidade Estadual de Campinas

Dados Internacionais de Catalogação na Publicação (CIP)
(Câmara Brasileira do Livro, SP, Brasil)

Mann, Michael
    As fontes do poder social : vol. 2 : o surgimento das classes e dos estados-nações, 1760-1914 / Michael Mann ; tradução de Íris Morais Araújo, Raquel Weiss e Caesar Souza. – Petrópolis : Editora Vozes, 2022. – (Coleção Sociologia)

    Título original: The sources of social power
    ISBN 978-65-5713-344-6

    1. Evolução social 2. História social 3. Poder (Ciências Sociais) I. Título. II. Série.

21-85447   CDD-306.09

Índices para catálogo sistemático:
1. Relações de poder : Evolução : História social : Sociologia 306.09

Cibele Maria Dias – Bibliotecária – CRB-8/9427

Michael Mann

As fontes do poder social
Vol. 2: O surgimento das classes e dos estados-nações, 1760-1914

Tradução de: Íris Morais Araújo, Raquel Weiss e Caesar Souza

Petrópolis

© Cambridge University Press 1993, 2012.

Tradução realizada a partir do original em inglês intitulado *The Sources of Social Power.*
Vol. 2 – The Rise of Classes and Nation-States, 1760-1914.

Direitos de publicação em língua portuguesa – Brasil:
2022, Editora Vozes Ltda.
Rua Frei Luís, 100
25689-900 Petrópolis, RJ
www.vozes.com.br
Brasil

Todos os direitos reservados. Nenhuma parte desta obra poderá ser reproduzida ou transmitida por qualquer forma e/ou quaisquer meios (eletrônico ou mecânico, incluindo fotocópia e gravação) ou arquivada em qualquer sistema ou banco de dados sem permissão escrita da editora.

CONSELHO EDITORIAL

Diretor
Gilberto Gonçalves Garcia

Editores
Aline dos Santos Carneiro
Edrian Josué Pasini
Marilac Loraine Oleniki
Welder Lancieri Marchini

Conselheiros
Francisco Morás
Ludovico Garmus
Teobaldo Heidemann
Volney J. Berkenbrock

Secretário executivo
Leonardo A.R.T. dos Santos

Editoração: Fernando Sergio Olivetti da Rocha
Diagramação: Raquel Nascimento
Revisão gráfica: Nilton Braz da Rocha
Capa: Editora Vozes

ISBN 978-65-5713-344-6 (Brasil)
ISBN 978-1-107-03117-3 (Estados Unidos)

Este livro foi composto e impresso pela Editora Vozes Ltda.

Sumário

Apresentação da coleção, 7

Prefácio à nova edição, 9

Prefácio, 21

1 Introdução, 23

2 Relações entre poder econômico e ideológico, 45

3 Uma teoria do Estado moderno, 67

4 A Revolução Industrial e o liberalismo do Antigo Regime na Grã-Bretanha, 1760-1880, 117

5 A Revolução Americana e a institucionalização do liberalismo capitalista confederal, 164

6 A Revolução Francesa e a nação burguesa, 195

7 Conclusão dos capítulos 4-6 – A emergência das classes e nações, 243

8 Geopolítica e capitalismo internacional, 285

9 A luta na Alemanha I – A Prússia e o capitalismo nacional autoritário, 330

10 A luta na Alemanha II – A Áustria e a representação confederal, 364

11 O surgimento do Estado moderno I – Dados quantitativos, 393

12 O surgimento do Estado moderno II – A autonomia do poder militar, 437

13 O surgimento do Estado moderno III – A burocratização, 481

14 O surgimento do Estado moderno IV – A expansão do escopo civil, 518

15 O resistível surgimento da classe trabalhadora britânica, 1815-1880, 551

16 A nação da classe média, 589

17 A luta de classes na Segunda Revolução Industrial (1880-1914) I – Grã-Bretanha, 644

18 A luta de classes na Segunda Revolução Industrial (1880-1914) II – Análise comparativa dos movimentos da classe trabalhadora, 678

19 A luta de classes na Segunda Revolução Industrial (1880-1914) III – O campesinato, 746

20 Conclusões teóricas – Classes, estados, nações e as fontes do poder social, 780

21 Culminância empírica – Além da conta: geopolítica, luta de classes e a Primeira Guerra Mundial, 797

Apêndice – Tabelas adicionais sobre as finanças do Estado e o emprego estatal, 865

Índice remissivo, 879

Apresentação da coleção

Brasilio Sallum Jr.

A *Coleção Sociologia* ambiciona reunir contribuições importantes desta disciplina para a análise da sociedade moderna. Nascida no século XIX, a sociologia expandiu-se rapidamente sob o impulso de intelectuais de grande estatura – considerados hoje clássicos da disciplina –, formulou técnicas próprias de investigação e fertilizou o desenvolvimento de tradições teóricas que orientam o investigador de maneiras distintas para o mundo empírico. Não há o que lamentar o fato de a sociologia não ter um *corpus* teórico único e acabado. E, menos ainda, há que esperar que este seja construído no futuro. É da própria natureza da disciplina – de fato, uma de suas características mais estimulantes intelectualmente – renovar conceitos, focos de investigação e conhecimentos produzidos. Este é um dos ensinamentos mais duradouros de Max Weber: a Sociologia e as outras disciplinas que estudam a sociedade estão condenadas à eterna juventude, a renovar permanentemente seus conceitos à luz de novos problemas suscitados pela marcha incessante da história. No período histórico atual este ensinamento é mais verdadeiro do que nunca, pois as sociedades nacionais, que foram os alicerces da construção da disciplina, estão passando por processos de inclusão, de intensidade variável, em uma sociedade mundial em formação. Os sociólogos têm respondido com vigor aos desafios desta mudança histórica, ajustando o foco da disciplina em suas várias especialidades.

A *Coleção Sociologia* pretende oferecer aos leitores de língua portuguesa um conjunto de obras que espelhe o tanto quanto possível o desenvolvimento teórico e metodológico da disciplina. A coleção conta com a orientação de comissão editorial, composta por profissionais relevantes da disciplina, para selecionar os livros a serem nela publicados.

A par de editar seus autores clássicos, a *Coleção Sociologia* abrirá espaço para obras representativas de suas várias correntes teóricas e de suas especialidades, voltadas para o estudo de esferas específicas da vida social. Deverá também suprir as necessidades de ensino da Sociologia para um público mais amplo, inclusive por meio de manuais didáticos. Por último – mas não menos importante –, a *Coleção Sociologia* almeja oferecer ao público trabalhos sociológicos sobre a sociedade brasileira. Deseja, deste modo, contribuir para que ela possa adensar a reflexão científica sobre suas próprias características e problemas. Tem a esperança de que, com isso, possa ajudar a impulsioná-la no rumo do desenvolvimento e da democratização.

Prefácio à nova edição

Este livro é ousado e ambicioso. Ele traça e explica o desenvolvimento das relações de poder nos países avançados do mundo ao longo de 150 anos e o interpreta com a ajuda de uma teoria geral do poder em sociedades humanas. Os leitores do meu primeiro volume já estarão familiarizados com o meu argumento de que o desenvolvimento das sociedades humanas pode ser explicado nos termos das inter-relações de quatro fontes de poder social – ideológicas, econômicas, militares e políticas (modelo Iemp). Essas fontes geram redes de interação cujos limites não coincidem. Em vez disso, elas se sobrepõem, se entrecruzam, se entrelaçam e às vezes se fundem, de maneira que desafiam explicações simples ou unitárias da sociedade dadas pelos cientistas sociais. De forma mais importante, elas também desafiam a capacidade dos atores sociais de compreender completamente a sua situação social. É essa incerteza que torna a ação humana algo imprevisível e que cria perpetuamente a mudança social.

No entanto, este livro não é tão grande em escopo como meus outros três volumes. Ao contrário deles, ele não é global. Um resenhista entusiasmado começou o seu comentário com a palavra *colossal* e acabou dizendo que "este volume se destaca por seu escopo heroico, e a profundidade da sua análise atesta a visão e determinação do autor" (SNYDER, 1995: 167). No entanto, outros ficaram desapontados com o que viram como um estreitamento do meu escopo em comparação com o volume 1. Aqui, estou resolutamente focado na Europa e América do início ao fim. Eu estreitei meu foco primeiramente porque, no *longo século XIX*, a Europa e suas colônias de colonizadores brancos constituíram a *linha de frente* do poder no mundo. Esse foi o primeiro período da história mundial em que uma civilização regional veio a dominar todas as quatro fontes de poder social no mundo – ideológica, econômica, militar e política. Esse domínio não era para ser tão longo, mas ainda estava em vigor em julho de 1914, no final do período coberto por este volume. No entanto, o foco deste volume é ainda mais estreito, pois ignora largamente os impérios globais dessas potências. Tenho sido criticado em ambos os casos como sendo *eurocêntrico*, mas sinto que isso é inapropriado, pois este é declaradamente um livro sobre apenas uma parte, embora a parte mais importante, do mundo nessa época. Nunca foi minha intenção ignorar os impérios globais ou o mundo como um todo, e eles são o assunto dos volumes 3 e 4.

No entanto, as questões metodológicas também tiveram um papel importante na minha decisão de me focar sobre os principais países avançados. Sou frequentemente questionado sobre meu método. Confesso que sou metodologicamente inconsciente. Apenas faço o que eu faço, sem pensar demais sobre meu método. Joseph Bryant (2006) e Tim Jacoby (2004) dão uma explicação muito melhor da minha metodologia e minha ontologia do que eu jamais poderia fornecer. No entanto, há certos padrões práticos para o que faço. Em primeiro lugar, recorto o leque de países e regiões para me focar na linha de frente do poder, as civilizações mais avançadas em qualquer momento no tempo. Eu fiz isso de modo mais óbvio no volume 2, em que discuto apenas os cinco principais países da civilização europeia: Grã-Bretanha, França, Prússia/Alemanha, Áustria-Hungria e Estados Unidos (com a Rússia tendo um papel mais intermitente).

Em segundo lugar, eu então leio tudo o que posso sobre esse recorte, dentro dos limites das minhas capacidades linguísticas, mas paro de ler quando o resultado se torna simplesmente adicionar detalhes ou qualificações menores ao meu argumento. Eu alcancei esse ponto muito mais cedo para os primeiros períodos históricos do que para os últimos, porque para o início da história pude ler quase tudo o que foi publicado. Mas preparar o volume 2 foi uma experiência de aprendizado para mim. Mesmo depois de decidir focar em poucos países, a minha aspiração de ler até metade do que estava disponível sobre eles significava que eu estava gastando uma quantidade desmedida de tempo e escrevendo demais para poder cumprir a minha intenção original de incluir também a história imperial, e de chegar aos dias de hoje na minha narrativa. Então eu deixei os impérios para o volume 3 (adicionando os impérios americano e japonês), e só chego até os dias de hoje no volume 4.

Por isso, com o volume 2 semiacabado, mas já muito longo, percebi que, se quisesse chegar aos dias de hoje, eu não só tinha que escrever mais volumes, mas também ser muito mais seletivo na minha leitura. Felizmente, a tecnologia então veio em meu auxílio. O desenvolvimento do potencial online adicionou atalhos úteis para a minha tarefa de leitura. Nos volumes 3 e 4 pude entrar em um período ou problema procurando por programas de ensino universitário online relevantes. Os programas de ensino me dão uma ideia do que se espera que cada aluno leia sobre o tema e os melhores também me dão um sentido preliminar dos debates atuais. Então uso resenhas de livros recentes e artigos de revisão em periódicos disponíveis online, por meio dos excelentes recursos da biblioteca da Ucla, para ler mais sobre o pensamento atual. Logo aprendi a preferir enormemente o tipo de resenha de livro que anuncia manifestamente os argumentos e dados do livro do que uma revisão mais autoindulgente em que o autor se concentra em dar suas próprias opiniões sobre o tema. Então leio os trabalhos selecionados. Esse método é provavelmente a razão pela qual eu cito mais livros do que artigos de periódicos, algo que não havia percebido até que Rogers Brubaker me apontou. No entanto, *ler* nem sempre é a descrição mais apropriada para o meu trato com os livros, porque muitas vezes eu os *saqueio*, vendo de relance o sumário e o índice das seções que apresentam os temas que estou perseguindo, negligenciando o resto. Esse é um pecado acadêmico, é claro, mas é absolutamente necessário em qualquer trabalho muito geral, dada a imensidade da produção acadêmica de hoje.

O terceiro aspecto do meu método em todos os meus volumes é o zigue-zague contínuo entre teoria e dados, desenvolvendo uma ideia geral, então testando-a e a refinando sobre a evidência histórica, então voltando à teoria, então mais uma vez aos dados e assim por diante. Em um aspecto aqui este volume difere do volume 1. Lá, eu havia notado que as explicações para a Europa ser pioneira na via para a modernidade não podem empregar o método comparativo, porque não há outros casos *puros* de tal avanço (o notável avanço do Japão veio por meio da adaptação consciente das instituições europeias). Tudo o que se poderia fazer era comparar a Europa com o único caso que poderia ter rompido com o capitalismo industrial, mas não o fez – a China imperial. No volume 2, no entanto, eu posso utilizar o método comparativo, porque a Europa se dividiu em estados-nações, que tinham limites, semelhanças e diferenças suficientes no seu desenvolvimento para permitir uma análise comparativa entre eles. Alguns leitores consideraram a minha rejeição ao método comparativo no volume 1 como de princípio. Mas não, foi pragmática, e neste volume a realidade me permite fazer pesquisa comparativa.

Mais uma vez, no entanto, este volume expressa uma visão distintivamente sociológica da história, porque está mais preocupado com questões teóricas do que entre os historiadores, mas está mais preocupado com a história do que entre os sociólogos. Isso é verdade mesmo neste volume, que não tem grande amplitude geográfica ou histórica.

Deixe-me dizer o que considero ser seus pontos fortes. Continuo aqui meu argumento estabelecido no volume 1 de que as *sociedades* não são unitárias ou sistêmicas. As sociedades humanas são constituídas por redes de poder – ideológico, econômico, militar e político – que não têm os mesmos limites. Essas redes se sobrepõem, se entrecruzam e se entrelaçam, formando unidades muito mais frouxas do que a maioria dos sociólogos aceitam. No período coberto por este volume, como eu digo na página 31, os estados se enrijecem em estados-nações com um certo grau de limitação. No entanto, eles se entrelaçam com uma *civilização ocidental* transnacional mais ampla que, de certa forma, compete como uma unidade básica de membros. Assim, o conceito-mestre da sociologia, *sociedade*, continuou se metamorfoseando entre o Estado-nação e a civilização. Mas a similaridade e a distintividade de cada unidade nacional, e o fato de que elas erguiam o que eu chamo de *jaulas* em torno de parte da vida dos seus súditos/cidadãos, me permitiram fazer análise comparativa das mesmas.

Essas comparações se centram no que eu identifico como os dois principais atores dos tempos modernos: as classes e os estados-nações. Defendo que os dois não podem ser vistos, como é convencional, como totalmente separados um do outro. Tampouco são opostos, um solapando o outro. Em vez disso, as relações de poder econômico e político se desenvolveram entrelaçadas uma com a outra, influenciando mais do que solapando o desenvolvimento uma da outra.

Tendências recentes nas disciplinas de sociologia e história servem para obscurecer isso. Quando comecei a escrever este volume, a análise das classes dominava. O que foi chamado de *história social* se focou esmagadoramente sobre as relações de classe e, especialmente, sobre a classe trabalhadora. Houve então uma reação contra essa ênfase excessiva na forma de uma *virada cultural* geral, em que a cultura tomou o lugar da economia como o principal objeto de estudo. Na medida em que as classes eram algo discutidas, isso era mais em termos de discursos, comunicação simbólica e semelhantes, em vez das relações de trabalho concretas ou dos meios materiais de produção. Esse foi um resultado do declínio da esquerda tradicional na sociedade ocidental, que ocorreu a partir da década de 1980. Mas também emergia uma nova esquerda, centrada não sobre classe, mas sobre os direitos de *identidade*, especialmente os de gênero e etnicidade. Os escritores sobre relações de gênero tiraram então muito a atenção da análise de classe, embora alguns estivessem preocupados em especificar as relações entre classe e gênero. Mas aqueles que se concentram sobre a etnicidade praticamente ignoraram as relações de classe, e isso foi especialmente verdadeiro para aqueles que trabalhavam com nações e nacionalismo. Assim, classe e nação foram mantidas apartadas, em caixas separadas, classe predominando em primeiro lugar, depois nação, obscurecendo assim o fato de que classe e nação se desenvolveram juntas, entrelaçadas. É agora convencional, por exemplo, dizer que a Primeira Guerra Mundial representou o triunfo da nação sobre a classe. No entanto, veremos neste volume e no volume 3 que suas inter-relações foram muito mais complexas do que isso.

Acredito que este livro permaneça com o melhor tratamento disponível para o desenvolvimento do Estado moderno. O capítulo 3 apresenta a minha própria teoria do Estado moderno. A minha noção de que os estados *se cristalizam* em diferentes formas, como resultado tanto de suas diferentes funções como da pressão de diferentes clientelas sobre os mesmos, é mais capaz de lidar com a bagunça do mundo real da vida política. Em segundo lugar, meu tratamento dos cinco estados está enraizado em uma análise estatística detalhada de suas finanças e registros de emprego e, sobre essa base quantitativa, posso lançar algumas grandes generalizações históricas. No decurso desse período, as principais funções do Estado mudaram radicalmente. No início do período, a sua principal função estava no financiamento e na batalha bélicos. Charles Tilly comentou, de modo notório, que "a guerra fez o Estado e o Estado fez a guerra" (1975: 42). Mas considero que isso só foi assim na Europa até meados do século XIX. Também não achava provável que o seu modelo ou o meu se aplicassem plenamente a outros continentes. De fato, Centeno (2002) descobriu que isso só se aplicou à história da América Latina em um sentido negativo. Lá, os estados raramente fizeram guerra e permaneceram insignificantes, e Herbst (2000) diz mais ou menos a mesma coisa sobre a África pós-colonial. Então, lá, a questão se volta para "por que eles não fizeram a guerra?" Até o final do século, as funções civis do Estado ocidental, como a construção de infraestruturas, educação, saúde pública e os primeiros estímulos do Estado de Bem-estar Social, surgiram para rivalizar com a guerra. Foi então o momento de um Estado dual civil-militar, uma característica que se manteve durante a maior parte do século XX, embora, perto do final daquele século, muitos estados desempenhassem predominantemente papéis civis. Eles perderam sua espinha dorsal histórica. Também podemos ver pelos meus dados que os estados desenvolveram um maior poder infraestrutural sobre os seus territórios, embora, surpreendentemente, a sua dimensão financeira global não fosse maior em proporção à economia global do que no início do período – porque o crescimento da economia era, de fato, ligeiramente superior ao crescimento do Estado. Ainda não era um Leviatã, nem tão burocrático como frequentemente se supõe. Aos domingos, o presidente dos Estados Unidos, Harrison (no cargo de 1889 a 1893), abria ele mesmo a porta da Casa Branca, porque era o dia de folga do mordomo.

A terceira força da minha análise do poder político é a ênfase que coloco no surgimento do Estado-nação. Isso oferece uma justificativa a mais da minha distinção, pouco convencional e frequentemente criticada, entre poderes político e militar. O papel das relações de poder político nesse período é mais nos termos de poder coletivo (poder por meio das pessoas) do que de poder distributivo (poder sobre as pessoas). Os custos ascendentes da guerra, seguidos pelo crescimento das infraestruturas estatais, fizeram com que as pessoas e as suas redes de interação se mobilizassem gradualmente para dentro das nações. A metáfora que uso é que elas foram *enjauladas* e *naturalizadas* dentro do Estado-nação. Isso foi significativo porque as relações sociais – especialmente as relações de classe – passaram a variar principalmente de acordo com a configuração do poder político em cada país. Embora as relações de poder econômico do capitalismo variassem no mundo avançado, elas foram, na determinação dos vários resultados dos conflitos operários, menos importantes do que as variações nacionais de poder político.

No domínio das classes, o período deste volume viu o crescimento fenomenal de um capitalismo, que gerou a primeira e a segunda revoluções industriais e o crescimento econômico massivo. Isso levou ao desenvolvimento das classes sociais modernas, como as classes capitalista, média, trabalhadora e camponesa. Em grande parte do tempo foco nas relações entre trabalhadores e capitalistas, embora eu discuta a classe média no capítulo 16 e o campesinato no capítulo 19. Mostro que o campesinato foi capaz de uma organização coletiva muito maior do que Marx argumentou, e que a classe média era muito diversa, e não tão nacionalista quanto se acredita frequentemente. Em meu livro *Fascists* (2004) mostro que elas não eram mais suscetíveis ao fascismo do que outras classes. Todas essas classes foram extremamente importantes desde o tempo da Revolução Francesa até a Primeira Guerra Mundial, porque o capitalismo industrial se tornou a estrutura de poder econômico fundamental da sociedade. Aqueles sociólogos que me criticaram por escrever longamente sobre as relações de classe (com base no fato de que a classe é *passé*) não parecem compreender as realidades no longo século XIX.

No entanto, as relações de classe entre trabalhadores e seus empregadores capitalistas têm sido ambíguas, em dois sentidos diferentes. Em primeiro lugar, os trabalhadores se sentem explorados, mas devem cooperar diariamente com o seu empregador para obter seu pão de cada dia. Assim, o conflito *versus* a cooperação é uma escolha perene tanto para os trabalhadores como para seus empregadores. Em segundo lugar, quando os trabalhadores se organizam, três formas possíveis de solidariedade emergem: solidariedade de classe entre a classe trabalhadora como um todo, solidariedade seccional entre os trabalhadores de uma determinada profissão e solidariedade segmentar entre os trabalhadores de uma determinada empresa. Aqui eu defendo que, se predomina o conflito ou a cooperação, e qual combinação dessas três formas de conflito opera, são explicados mais por relações de poder políticas do que econômicas. Mais especificamente, quanto mais os trabalhadores forem excluídos da partilha do poder político, mais provável é que formem organizações baseadas em classes, que achem plausíveis as reivindicações dos socialistas ou anarco-sindicalistas e que sejam atraídos pela perspectiva da revolução e não da reforma. Assim, a ordenação em termos da emergência de sentimentos de classe socialistas e revolucionários vai da Rússia, passando pela Áustria-Hungria e Alemanha, até a França e Grã-Bretanha e, finalmente, até os Estados Unidos.

Passo agora a considerar as críticas e interpretações erradas ao volume. Alguns têm interpretado a minha análise nas variações na consciência de classe como eu dizendo que as relações de poder político são mais importantes do que as econômicas, e por isso concluem que este livro é *Estadocêntrico* (p. ex., TARROW, 1994; MULHALL, 1995). Eu rejeito isso. Na minha conclusão na página 794, identifico duas fases do que eu chamo de dupla determinação. Na primeira fase, que durou até 1815, as relações de poder econômico e militar predominaram na estruturação das sociedades. Mas, no decurso do século XIX, o poder se deslocou e, no final do século, predominaram as relações de poder econômico e político (capitalismo e estados-nações). À primeira vista, isso pareceria dar às relações econômicas de poder alguma prioridade, o que não é surpreendente dado que essas duas fases correspondem ao início da primeira e segunda revoluções industriais capitalistas. Isso implica também que o mundo avançado se tornou *mais Estadocêntrico* e esse é um dos meus principais argumentos neste volume. Mas essas dualidades são simplificações heroicas de uma realidade muito complexa, e devo admitir que sempre fiquei um pouco desconfortável com elas. E simplificações heroicas comparáveis de outros tempos e períodos pareceriam bastante diferentes.

No que diz respeito às relações de classe, eu deveria salientar que são principalmente as variações entre países que são mais explicáveis em termos de relações de poder político. O fato de, nesse período, ter havido por toda parte o descontentamento pronunciado dos operários é explicável em termos da natureza das relações de poder econômico intrínsecas ao capitalismo, embora eu reconheça também que, para explicar a emergência de uma organização seccional e segmentar, precisamos também de prestar atenção aos ofícios e à estrutura empresarial. A estrutura do capitalismo é obviamente também uma parte *necessária* de qualquer explicação, e quando combinamos isso com as relações de poder político temos uma explicação *suficiente* dos resultados de classe. Mas não pretendo elevar, nesse período, o poder político sobre o poder econômico.

George Lawson (2006: 491) expõe a possibilidade de que meu trabalho como um todo contenha uma hierarquia implícita com poder militar no topo, seguido pelo poder político, depois pelo poder econômico e finalmente pelo poder ideológico. Acho que isso seria uma má interpretação. Dado que o poder militar é negligenciado na maioria das ciências sociais, posso mencioná-lo demais para a maioria dos gostos. Mas minha própria opinião é que tanto o poder militar quanto o poder ideológico são mais erráticos em seus efeitos do que os outros dois. Eles às vezes emergem poderosamente em momentos histórico--mundiais, o militarismo lançando grandes guerras transformadoras e o poder ideológico tornando ocasionalmente transcendente e liderando mudanças revolucionárias no modo como as pessoas veem o mundo. Mas, caso contrário, o poder militar fica à margem, sob a forma de uma casta militar que se ocupa dos seus próprios assuntos. Da mesma forma, na sua maioria, o poder ideológico reproduz em grande parte as relações de poder dominantes (como argumentam os marxistas). Neste volume, o poder militar foi importante no início e no final exato do período (exceto nas colônias, onde foi continuamente importante), e se tornou novamente mais importante no século XX, enquanto o poder ideológico nunca correspondeu realmente à altura do período muito inicial de emergência das religiões mundiais, ou à altura das ideologias seculares do século XX. Faço comentários mais gerais sobre as inter-relações e a importância relativa das fontes de poder no final do volume 4, mas rejeito a ideia de qualquer hierarquia simples entre elas.

Na Europa, o período após 1815 foi em grande parte de paz, então as relações de poder militar de fato figuram menos neste volume do que no volume 1 ou do que aparecerão no volume 3. As suas principais entradas estão no início e no fim. Nesse último caso, vemos evidências da relativa autonomia dos militares em relação ao controle civil do Estado, e isso foi importante para ajudar a causar a Primeira Guerra Mundial. No volume 3, faço uma breve revisão dessas causas. E devo notar que lá acrescentei à explicação das causas dessa guerra uma ênfase maior sobre tradição milenar militarista e imperialista europeia. Os europeus há muito eram de Marte. Esse capítulo recebeu muitos elogios e é, de muitas maneiras, a mais clara reivindicação do meu modelo geral de sociedade humana. Como concluo, na página 856, a guerra resultou das consequências não intencionais da interação de redes de poder sobrepostas e entrecruzadas. Ninguém poderia controlar o todo ou poderia prever as reações de outras nações, classes, estadistas e militares. Foi por isso que, em agosto de 1914, começou uma guerra desastrosa para garantir o fim do poder europeu, cujo surgimento eu mapeei no volume 1. As relações de poder militar também desempenharam um papel na desnudação das relações de classe na primeira metade do século XX. Só nos países que foram efetivamente derrotados nas duas guerras mundiais houve tentativas sérias de revolução. Isso eu mostro no volume 3. Esses são exemplos do meu argumento mais fundamental: que não podemos explicar grandes desenvolvimentos sociais de qualquer período sem considerar os entrelaçamentos de mais do que uma única fonte de poder social. Os determinismos ideológicos, econômicos, militares e políticos devem ser todos rejeitados. No entanto, nesse período, tendo excluído as colônias do meu escopo, o poder militar e o poder político estão intimamente entrelaçados. Os exércitos dos países avançados já não são feudais, e os paramilitares e as guerras civis são raras. As guerras discutidas aqui são entre estados. É realmente apenas as tendências para as castas militares, distintas das autoridades civis, que mantêm a autonomia do poder militar em relação ao político nesse lugar, nesse período.

Voltando ao poder ideológico, alguns me criticam por ser demasiado materialista, instrumental e racionalista. Em princípio, meu modelo não é nenhuma dessas coisas, embora minha prática às vezes tenha vacilado. Eu prefiro o termo *ideologia* a *cultura* ou *discurso*, não porque vejo ideologias como falsas ou como uma cobertura para os interesses, como os materialistas às vezes dizem. Por ideologia, quero dizer apenas um sistema de significado de amplo alcance que *ultrapassa a experiência*. *Cultura* e *discurso* também são termos amplos, cobrindo a comunicação de todas as crenças, valores e normas, até mesmo, às vezes, de todas as *ideias* sobre qualquer coisa. Quando usados de forma tão geral, eles pressupõem um contraste entre apenas dois reinos, o *ideal* e o *material*, levando ao debate tradicional entre idealismo e materialismo. O material pode ser concebido como *natureza* em oposição a *cultura*, ou como *base econômica* versus *superestrutura*, ou como interesses econômicos/militares conjuntos (como no *realismo* das relações internacionais) em oposição a *construtivismo* – ou mesmo como *estrutura* em oposição a *agência*.

Esses debates dualistas são perenes. Depois de um período dominado pelas teorias materialistas de qualquer coisa, temos agora teorias culturais de qualquer coisa. Como observado anteriormente, *nação* e *etnicidade* substituíram amplamente *classe* como objetos de pesquisa; elas são ditas *culturais*, enquanto as classes são ditas *materiais*; elas são geralmente discutidas sem qualquer referência a classes; e *cultural* e *etnossimbolista* têm substituído amplamente as teorias *materialistas* de nações e etnicidades. Trinta anos atrás, o fascismo foi explicado em relação ao capitalismo e às classes; agora é visto como uma *religião política*. Meus livros *Fascists* e *The Dark Side of Democracy: Explaining Ethnic Cleansing* sugerem que isso não é progresso, mas uma mudança entre teorias igualmente unilaterais.

No entanto, posso ter dado a impressão de ser materialista de quatro maneiras diferentes:

1) Uso a palavra *material* quando, para evitar confusão, deveria ter escrito *concreto* ou *real*. Isso é apenas um erro de linguagem, não de substância.

2) Endosso a descrição de John Hall e Perry Anderson da minha teoria como *materialismo organizacional*, e isso muitas vezes envolve enfatizar a *logística* e as *infraestruturas* do poder ideológico, às vezes às expensas do conteúdo das suas doutrinas. Minha originalidade aqui reside claramente na organização do poder, e continuo a enfatizar isso. Eu também me sinto pelo menos tão atraído pela ênfase de Durkheim nos rituais religiosos quanto à ênfase de Weber na doutrina. No entanto, eu não deveria negligenciar nenhuma das duas.

3) Declaro aqui na página 57 (como também fiz no volume 1) que o poder ideológico declinou nos séculos XVIII e XIX. Eu ainda acho que isso é amplamente verdade nos países mais avançados, mas não discuti neste volume a maior ideologia do período – o racismo. Lawson (2006: 492) vai mais longe. Ele sugeriu a mim que negligenciei uma série de ideologias do século XIX. Ele lista o racismo, o darwinismo, o colonialismo, o imperialismo, o nacionalismo, o marxismo e o liberalismo como as principais. Em um certo sentido, negligencio as primeiras quatro. Mas elas formam um grupo inter-relacionado que foi muito significativo por causa dos impérios ultramarinos da Europa e da América. Por exemplo, o racismo só foi importante nesse período nas colônias e não nos países natais, exceto nos Estados Unidos. Eu excluo os impérios deste volume, mas lido extensivamente com eles e com esse conjunto de ideologias no volume 3. Quanto ao nacionalismo, ao marxismo e ao liberalismo, acho que os discuto neste volume.

4) Declaro que o poder extensivo da religião continua declinando desde o século XIX, diante do crescimento das ideologias seculares como o socialismo e o nacionalismo. Tendo subsequentemente pesquisado o fascismo do século XX e do século XXI, o nacionalismo étnico e o fundamentalismo religioso, rejeito agora metade dessa afirmação. Minha ênfase no crescimento das ideologias seculares está correta, mas aceito a crítica de Gorski (2006) de que a religião não está declinando no mundo de modo geral. Eu estava generalizando apenas com

base nas crenças cristãs tradicionais na Europa, que de fato ainda estão declinando, embora em grande parte do resto do mundo seja diferente. Críticas mais específicas com alguma força são que às vezes tenho sido racionalista demais em relação às religiões em períodos anteriores, e que negligenciei o conteúdo religioso da política do século XVIII (BRYANT, 2006; TRENTMANN, 2006). Edgar Kiser (2006) também está certo ao me ver como tentando diminuir o racionalismo e avançando para um maior reconhecimento do comportamento orientado por valores e emoções no meu trabalho posterior sobre o fascismo (2004) e a limpeza étnica (2005).

O meu modelo de poder basicamente abandona a distinção entre ideias e materialidade e assume outra, entre *ideias e práticas combinadas* (ou *ação e estrutura combinadas*) em cada uma das quatro redes de poder. No entanto, o poder ideológico é mais claramente uma ideia-força do que os outros. Ele engloba redes de pessoas portando ideologias que não podem se provar verdadeiras ou falsas, formuladas em um nível de generalidade suficiente para poderem dar *sentido* a uma série de ações humanas no mundo – como fazem, por exemplo, as religiões, o socialismo e o nacionalismo. Elas também contêm normas, regras de conduta interpessoal que são "sagradas", fortalecendo concepções de interesse coletivo e cooperação, reforçadas, como disse Durkheim, por rituais que amarram as pessoas em conjunto em repetidas afirmações da sua comunalidade. Assim, aqueles que oferecem ideologias plausíveis podem mobilizar os movimentos sociais e exercer um poder geral nas sociedades humanas análogos aos poderes concedidos pelo controle sobre os recursos econômicos, militares e políticos do poder. As coisas se passam desse modo quando se trata de uma ideologia que chamo de *transcendente*, pois atravessa diretamente as práticas institucionalizadas de poder econômico, militar e político.

O período discutido neste volume não é o das maiores ideologias. Espero que, neste volume, a autonomia do poder ideológico transpareça na minha concepção de uma "elite ideológica de poder" que guia a direção da Revolução Francesa no capítulo 6. Neste volume, em outro lugar, sublinho que os estados europeus às vezes se cristalizam em termos de disputas religiosas, mas se não trato extensivamente a religião em outro lugar neste volume, é porque acredito que, à exceção do racismo (que discuto extensivamente no volume 3), a Europa não assistiu a muito poder ideológico nesse período e lugar. A religião estava declinando e as grandes ideologias do século XX do nacionalismo, socialismo e fascismo estavam apenas começando a se agitar. Embora as pessoas estivessem começando a se enjaular na nação, o nacionalismo ainda era uma emoção bastante superficial entre as classes trabalhadora e média, tornando-se virulento (defendo no capítulo 16) em grande parte entre aqueles que tinham seu emprego vinculado ao Estado. Eu não pretendo discutir *todas* as ideias, valores, normas e rituais, apenas aqueles mobilizados nas lutas de macropoder. Schroeder (2006) apresenta minha defesa dessa negligência: as ideias não podem *fazer* nada a menos que sejam organizadas. É por isso que o rótulo "materialismo organizacional" ainda parece parcialmente pertinente, quaisquer que sejam as imagens econômicas que ele possa colocar na mente do leitor, pois as ideias não flutuam livremente. Nem a aquisição econômica, nem a violência, nem a regulação política – todas elas precisam ser organizadas. Mas talvez eu deva abandonar a palavra "materialismo" e dizer apenas que tenho um modelo organizacional de poder e sociedade.

Devo reconhecer uma omissão final: a ausência de relações de gênero neste livro. Admito na página 56 que omiti neste volume os aspectos mais íntimos da vida humana. Até certo ponto, eu reparo essa negligência nos volumes 3 e 4, embora duvide que essa extensão satisfará os meus críticos. No final, a minha defesa contra essa acusação de negligência é apenas que eu não posso fazer tudo! Mas acho que você vai concordar que faço muitas coisas neste livro.

Referências

BRYANT, J. (2006). Grand, yet grounded: ontology, theory, and method in Michael Mann's historical sociology. In: J. Hall & R. Schroeder (orgs.). *An Anatomy of Power*: The Social Theory of Michael Mann. Cambridge: Cambridge University Press.

CENTENO, M. (2002). *Blood and Debt*: War and State-Making in Latin America. University Park: Pennsylvania State University Press.

GORSKI, P. (2006). Mann's theory of ideological power: sources, applications and elaborations". In: J. Hall & R. Schroeder (orgs.). *An Anatomy of Power*: The Social Theory of Michael Mann. Cambridge: Cambridge University Press.

HERBST, J. (2000). *States and Power in Africa*: Comparative Lessons in Authority and Control. Princeton, NJ: Princeton University Press.

JACOBY, T. (2004). Method, narrative and historiography in Michael Mann's sociology of state development. *The Sociological Review*, 52: 404-421.

KISER, E. (2006). Mann's microfoundations: addressing neo-Weberian dilemmas. In: J. Hall & R. Schroeder (orgs.). *An Anatomy of Power*: The Social Theory of Michael Mann. Cambridge: Cambridge University Press.

LAWSON, G. (2006). The social sources of life, the universe and everything: a conversation with Michael Mann. *Millennium* – Journal of International Studies, 34: 487-508.

MANN, M. (2005). *The Dark Side of Democracy*: Explaining Ethnic Cleansing. Nova York: Cambridge University Press.

_____ (2004). *Fascists*. Nova York: Cambridge University Press.

MULHALL, T. (1995). Review of The Sources of Social Power. Vol. II. *The British Journal of Sociology*, 46: 362-363.

SCHROEDER, R. (2006). Introduction: the Iemp model and its critics. In: J. Hall & R. Schroeder (orgs.). *An Anatomy of Power*: The Social Theory of Michael Mann. Cambridge: Cambridge University Press.

SNYDER, W. (1995). Review of The Sources of Social Power. Vol. II. *The Journal of Economic History*, 55: 167-169.

TARROW, S. (1994). Review of The Sources of Social Power. Vol. II. *American Political Science Review*, 88: 1.031-1.032.

TILLY, C. (1975). Reflections on the history of European state-making. In: *The Formation of National States in Western Europe*. Princeton, NJ: Princeton University Press.

TRENTMAN, F. (2006). The "British" sources of social power: reflections on history, sociology, and intellectual biography. In: J. Hall & R. Schroeder (orgs.). *An Anatomy of Power*: The Social Theory of Michael Mann. Cambridge: Cambridge University Press.

Prefácio

Este é o segundo volume do que se pretende ser um estudo de quatro volumes das fontes de poder social. Ele fornece, no entanto, apenas 63% da cobertura prometida no volume 1, terminando em 1914, e não em 1990, como lá anunciei. O volume 3 cobrirá o século XX (talvez todo o século, no momento em que eu finalizar). A conclusão teórica de *As fontes do poder social* está no volume 4. Espero que todos os que expressaram interesse nas minhas conclusões ainda estejam depois.

Tenho trabalhado na pesquisa para este volume por mais de uma década, começando em meados dos anos de 1970, quando acreditava que *As fontes* seriam um livro de tamanho normal. Ao longo dos anos tenho me beneficiado dos trabalhos, conselhos e das críticas de muitos. Roland Axtmann e Mark Stephens me ajudaram a coletar as estatísticas comparativas do capítulo 11, e Mark também me ajudou com o capítulo 5. Jill Stein me ajudou a coletar dados sobre os revolucionários franceses para o capítulo 6. Ann Kane contribuiu substancialmente para o capítulo 19, bem como para outros momentos, especialmente o capítulo 16. Marjolein't Hart, John Hobson e John B. Legler compartilharam dados não publicados para o capítulo 11. Joyce Appleby e Gary Nash me deixaram quase em dia com a Revolução Americana; Ed Berenson e Ted Margadant, com a Revolução Francesa; James Cronin e Patrick Joyce, com a história do trabalhismo britânico e Kenneth Barkin e Geoff Eley, com a história alemã. Christopher Dandeker comentou generosamente o capítulo 12; Ronen Palan, os capítulos 3, 8 e 20; e Anthony Smith, o capítulo 7. John Stephens foi extraordinariamente prestativo para os capítulos 18 e 19. Randall Collins e Bill Domhoff têm sido prestativos nas suas respostas a ambos os volumes. Agradeço também a um revisor anônimo do primeiro esboço deste livro. A sua crítica me obrigou a elucidar algumas das minhas ideias centrais.

Agradeço à London School of Economics and Political Science e à University of California em Los Angeles por, na última década, me apoiarem com ambientes de trabalho solidários. Ambas as instituições também ofereceram séries de seminários cujas excelentes discussões me ajudaram a esclarecer muitas ideias. O Seminário Padrões de História da LSE prosperou principalmente por causa do entusiasmo de Ernest Gellner e John A. Hall; os seminários do Centro de Teoria Social e História Comparada da Ucla dependeram especialmente de Bob Brenner e Perry Anderson. Minhas secretárias, Yvonne Brown em Londres e Ke-Sook Kim, Linda Kiang e Alisa Rabin em Los Angeles, trataram a mim e ao meu trabalho talvez melhor do que merecemos.

Devo a maior dívida intelectual a John A. Hall, que, por muitos anos, tem fornecido continuamente críticas criteriosas entrelaçadas com amizade calorosa. A Nicky Hart e aos nossos filhos, Louise, Gareth e Laura, devo amor e perspectiva.

1
Introdução

Este volume continua minha história do poder no decorrer do "longo século XIX", desde a Revolução Industrial até o surgimento da Primeira Guerra Mundial. O foco é sobre os cinco países ocidentais na linha de frente do poder: França, Grã-Bretanha[1], Áustria habsburga, Prússia-Alemanha e Estados Unidos. Minha teoria geral permanece inalterada. As quatro fontes de poder social – ideológica, econômica, militar e política – determinam fundamentalmente a estrutura das sociedades. Minhas questões centrais também permanecem as mesmas: Quais são as relações entre essas quatro fontes de poder? Uma ou mais delas é, em última análise, primária na estruturação da sociedade?

Os maiores teóricos sociais deram respostas contrárias. Marx e Engels responderam clara e positivamente. Em última instância, eles afirmaram que as relações econômicas estruturam as sociedades humanas. Max Weber respondeu mais negativamente, dizendo que "nenhuma generalização significativa" pode ser feita sobre as relações entre o que ele chamou de "as estruturas da ação social". Rejeito o materialismo marxiano, mas posso aprimorar o pessimismo weberiano?

Há tanto boas como más notícias. Quero que você continue lendo, então começo com as boas notícias. Este volume fará três generalizações significativas sobre a primazia. Eu as afirmo agora mesmo; o resto do livro acrescentará muitos detalhes, qualificações e ressalvas.

1) Durante o século XVIII, duas fontes de poder social, a econômica e a militar, preponderaram na determinação da estrutura social do Ocidente. Em 1800, a *revolução militar* e o surgimento do capitalismo haviam transformado o Ocidente, a primeira fornecendo poder predominantemente *impositivo* e o último, poder predominantemente *difuso*. Por estarem tão estreitamente entrelaçados, não se pode conceder uma primazia final singular.

2) No entanto, no século XIX, à medida que o poder militar foi incorporado ao "Estado moderno" e o capitalismo continuou a revolucionar a economia, as

---

[1]. Discuto apenas a ilha principal da Grã-Bretanha, excluindo a Irlanda, que a Grã-Bretanha governou durante todo esse período. Após hesitação, decidi tratar a única grande colônia europeia como se tratasse de outras colônias (exceto para os futuros Estados Unidos) neste volume; excluindo-as, exceto como elas impactaram sobre o país imperial.

fontes de poder econômico e político começaram a dominar. O capitalismo e suas classes, e os estados e as nações, se tornaram os atores decisivos do poder dos tempos modernos – o primeiro ainda proporcionando mais difusão e ambiguidade; os últimos, a maior parte da resolução impositiva dessa ambiguidade. Mais uma vez, porque também eles estavam entrelaçados, não se pode atribuir a nenhum deles uma primazia final singular.

3) Durante o período, as relações de poder ideológico estiveram em declínio e passaram a ter menor importância. A Europa medieval foi decisivamente estruturada pela Cristandade (como argumenta o volume 1); em 1760, as Igrejas ainda estavam (apenas) revolucionando os meios de comunicação discursiva. Nenhum movimento de poder ideológico comparável apareceu depois nesse período, embora as Igrejas mantivessem muitos poderes e a alfabetização tivesse um impacto considerável. As ideologias modernas mais importantes têm preocupado classes e nações. Nos termos de uma distinção explicada depois, o poder ideológico (exceto em raros momentos revolucionários; cf. capítulos 6 e 7) foi mais *imanente* do que *transcendente* nesse período, ajudando a emergência de atores coletivos criados pelo capitalismo, militarismo e estados.

Agora as más notícias, ou melhor, as notícias complicadas, a partir das quais podemos realmente construir uma teoria mais rica, mais apropriada para lidar com a bagunça que constitui as sociedades humanas reais:

1) As quatro fontes de poder não são como bolas de bilhar, que seguem sua própria trajetória, mudando de direção à medida que se batem umas nas outras. Elas *se entrelaçam*, ou seja, suas interações mudam as formas internas umas das outras, bem como suas trajetórias externas. Os eventos aqui discutidos – a Revolução Francesa, a quase hegemonia britânica, a emergência do nacionalismo ou do socialismo, a política de classe média ou camponesa, as causas e os resultados das guerras, e assim por diante – envolveram o desenvolvimento entrelaçado de mais de uma fonte de poder. Eu critico teorias *puras* e monocausais. As generalizações não podem culminar em uma simples declaração de *primazia final*. As três afirmações que fiz anteriormente acabam por ser generalizações ásperas e *impuras*, não leis da história.

2) As minhas generalizações grosseiras e impuras também falham em distinguir entre o poder distributivo e coletivo de Parsons (1960: 199-225); no entanto, suas histórias são diferentes. O *poder distributivo* é o poder do ator A sobre o ator B. Para que B adquira mais poder distributivo, A deve perder algum. Mas o *poder coletivo* é o poder conjunto dos atores A e B cooperando para explorar a natureza ou outro ator, C. Nesse período, os poderes coletivos do Ocidente cresceram simples e dramaticamente: o capitalismo comercial, então capitalismo industrial, a maior conquista humana da natureza; a revolução militarista aumentou os poderes do Ocidente; o Estado moderno fomentou a emergência de um novo ator de poder coletivo, a nação. Embora outras fontes de poder

social ajudassem a causar esses desenvolvimentos, essas três *revoluções* no poder coletivo foram principal e respectivamente causadas por relações de poder econômico, militar e político (a *revolução* no poder ideológico – a expansão da alfabetização discursiva – foi menos *pura*). As mudanças de poder distributivo eram mais complexas e *impuras*. Os crescentes poderes coletivos dos estados diminuíram os poderes das elites políticas sobre seus súditos à medida que as *democracias partidárias* começaram a deslocar as monarquias. Nem as elites militares ou ideológicas aumentaram em geral o seu poder distributivo sobre os outros. No entanto, dois atores grandes e impuros do poder distributivo, classes e nações, emergiram – primeiro em resposta às relações de poder militar e econômico, depois como institucionalizados pelas relações de poder político e econômico. Sua história complexa requer mais do que algumas frases para resumir.

3) Classes e estados-nações também surgiram entrelaçados, acrescentando mais complexidade. Convencionalmente, eles foram mantidos em compartimentos separados e vistos como opostos: o capitalismo e as classes são considerados *econômicos*, os estados-nações, *políticos*; as classes são *radicais* e geralmente *transnacionais*, as nações *conservadoras*, reduzindo a força das classes. No entanto, eles realmente surgiram juntos, e isso criou um outro problema não resolvido de primazia final: na medida em que a vida social deveria ser organizada em torno, por um lado, de princípios difusos, de mercado, transnacionais e, finalmente, capitalistas ou, por outro, em torno de princípios impositivos, territoriais, nacionais e estatistas. A organização social era para ser transnacional, nacional ou nacionalista? Os estados deveriam ser impositivamente fracos ou fortes, confederados ou centralizados? Os mercados eram para ser deixados sem regulamentação, protegidos seletivamente ou dominados imperiosamente? A geopolítica era para ser pacífica ou guerreira? Em 1914, nenhuma escolha simples tinha sido feita – nem foi feita ainda. Essas considerações continuam sendo as ambivalências-chave da civilização moderna.

4) As classes e os estados-nações não permaneceram incontestes durante toda a história da civilização ocidental. Atores *seccionais* e *segmentares* (rivais das classes) e atores transnacionais e *locais-regionais* (rivais das nações) resistiram. Eu trato tais organizações como grupos políticos notáveis, linhagens aristocráticas, hierarquias de comando militar e mercados de trabalho internos como organizações de poder segmentar. Eu trato tais movimentos sociais como Igrejas minoritárias (e algumas majoritárias), guildas artesanais e movimentos separativos como alternativas essencialmente locais-regionais às organizações nacionais. Todos afetaram a composição das classes e dos estados-nações, reduzindo o seu poder e a sua pureza.

5) O efeito cumulativo de todas essas interações – entre as fontes de poder social, entre atores de poder coletivo e distributivo, entre mercado e território e entre classes, nações, organizações seccionais, segmentares, transnacionais e

locais-regionais – produziu uma complexidade geral que muitas vezes superou a compreensão dos contemporâneos. Suas ações, portanto, envolveram muitos erros, acidentes aparentes e consequências não intencionais. Então, esses atuariam de volta para mudar a constituição de mercados, classes, nações, religiões, e assim por diante. Tento teorizar erros, acidentes e consequências não intencionais, mas eles obviamente fornecem ainda mais complexidade.

Assim, a discussão neste volume faz, de modo geral, avançar as minhas três generalizações grosseiras e impuras, embora reconhecendo essas cinco complicações adicionais. Elas lidam com a bagunça-padrão que é a sociedade humana, como toda a teoria sociológica deve ser.

Discuto as teorias sociológicas neste e nos próximos dois capítulos. Então se seguem cinco grupos de capítulos narrativos. Os capítulos 4-7 cobrem o período das revoluções americana, francesa e industrial, que se situam entre as transformações das quatro fontes de poder. Duas tinham começado bem mais cedo – o capitalismo e a revolução militar –, mas durante o século XVIII elas ajudaram a promover transformações ideológicas e políticas, cada uma com sua própria lógica parcialmente autônoma – o surgimento da alfabetização discursiva e do Estado moderno. Eu levo a sério as quatro *revoluções*. Da Festa do Chá de Boston à Lei de Reforma de 1832, da máquina de fiar giratória à *Rocket* de George Stephenson, do Juramento do Jogo de Péla aos Decretos de Carlsbad, da Batalha de Valmy à de Waterloo – os eventos foram impuros, pressupondo combinações variáveis das quatro revoluções de poder, levando adiante as classes, nações e seus rivais em formas complexas que muitas vezes escaparam ao seu próprio controle. O capítulo 7 apresenta o meu relato geral dos desenvolvimentos do poder durante essa parte inicial do período, pondo ênfase final causal nos estados militares e no capitalismo comercial.

Os capítulos 9 e 10 focam na rivalidade austro-prussiana na Europa Central e nas relações complexas e crescentes entre classe e atores nacionais. Elas explicam o triunfo final dos estados-nações relativamente centralizados sobre regimes confederais mais descentralizados. A conclusão do capítulo 10 resume os argumentos desses dois capítulos e discute se as soluções da Europa Central foram gerais na civilização ocidental.

Os capítulos 11-14 analisam o surgimento do Estado moderno. Apresento estatísticas sobre as finanças e o pessoal dos cinco estados e desagrego o crescimento do Estado em quatro processos distintos: tamanho, escopo, representação e burocracia. O crescimento massivo em tamanho foi liderado por militares, ocorrendo até 1815, politizando muito da vida social. Ele estimulou classes políticas e extensivas, bem como nações, nos gastos dos atores locais, regionais e transnacionais. Contrariamente à crença geral, a maioria dos estados não cresceu novamente até a Primeira Guerra Mundial. Mas depois de 1850, os estados – respondendo principalmente à fase industrial do capitalismo – alargaram muito o seu escopo civil e, não intencionalmente, isso integrou o Estado-nação, estimulou as classes nacionais e enfraqueceu os atores do poder transnacional e local-regional.

A maioria das teorias funcionalista, marxiana e neoweberiana do Estado moderno enfatizam seu crescente tamanho, escopo, eficiência e homogeneidade. No entanto, à medida que os estados cresciam e depois se diversificavam, seus dois mecanismos emergentes de controle – representação e burocracia – lutaram para manter o ritmo. Conflitos representativos centrados em quais classes e quais comunidades religiosas e linguísticas deveriam ser representadas e onde elas deveriam ser representadas; ou seja, quão centralizado e nacional deveria ser o Estado? Embora o *quem* tenha sido muito teorizado, o *onde* não o foi. É verdade que há muitos estudos empíricos sobre os direitos dos estados nos Estados Unidos e sobre nacionalidades na Áustria habsburga. Mas a luta entre a nação centralizada e os atores de poder local-regional era realmente universal, e as questões representativas e nacionais estavam sempre entrelaçadas. Como nenhuma das questões foi resolvida durante esse período, à medida que os estados cresceram eles se tornaram menos coerentes. Isso ficou flagrante na disjunção entre política interna e externa: as classes ficaram obcecadas com a política interna, enquanto as elites políticas e militares desfrutavam de privacidade na política externa. O marxismo, a teoria elitista e a teoria pluralista veem os estados como muito coerentes. Eu apliquei a minha própria teoria *polimórfica*, apresentada no capítulo 3, para mostrar que a teoria moderna dos estados *se cristalizou*, muitas vezes de forma bagunçada, em quatro formas principais – como capitalista, como militarista, e com diferentes soluções para as questões representativas e nacionais. A conclusão do capítulo 14 resume a minha teoria do surgimento do Estado moderno.

O quarto grupo, os capítulos 15-20, trata dos movimentos de classe entre as classes média e baixa e da emergência de nações populares depois de 1870. O capitalismo comercial e industrial desenvolveu organizações de classe, seccionais e segmentares simultânea e ambiguamente. Atribuo os resultados principalmente às relações impositivas de poder político. O capítulo 15 discute a *primeira classe trabalhadora* no início do século XIX, na Grã-Bretanha. O capítulo 16 trata de três frações de classe média – pequena burguesia, profissionais e arrivistas – e suas relações com o nacionalismo e o Estado-nação. Os capítulos 17 e 18 descrevem a competição de três sentidos pela alma do trabalhador entre classe, seccionalismo e segmentalismo, que foi resolvida impositivamente pelas diferentes cristalizações dos estados modernos. O capítulo 19 analisa uma resolução semelhante da competição pelas almas dos camponeses entre *classes de produção*, *classes de crédito* e *setores segmentares*. O capítulo 20 apresenta uma generalização de todo esse material e resume as relações entre as fontes do poder social por todo o *longo século XIX*.

Assim como o capítulo 7, as conclusões aos capítulos 10, 11 e 14 e o capítulo 20 generalizam as conclusões deste volume. Mas houve outra conclusão, verdadeiramente empírica, para o período. A sociedade ocidental passou da conta na Grande Guerra, o conflito mais devastador da história. O século anterior também havia culminado em uma sequência devastadora de guerras, as guerras revolucionárias francesas e napoleônicas, e essas culminâncias são discutidas nos capítulos 8 e 21. O capítulo 21, explicando as causas da Primeira Guerra Mundial, é uma exemplificação empírica final da minha teoria geral. Ela rejeita as explicações predominantemente centradas na geopolítica ou nas relações de classe. Nenhuma pode explicar por que é que as ações realizadas foram objetivamente irracionais e foram reconhecidas como tais pelos protagonistas em tempos mais calmos. O entrelaçamento de classes, nações e seus rivais produziram uma espiral descendente de consequências domésticas e geopolíticas não intencionais, muito complexas para serem totalmente compreendidas pelos participantes ou controladas por estados polimorfos. É importante retirar lições dessa deterioração e institucionalizar o poder para que não se repita.

O resto deste capítulo e os próximos dois explicam mais o meu modelo de poder Iemp. Repito o meu conselho ao leitor dado no início do volume 1: se você acha teoria sociológica difícil, pule para o primeiro capítulo narrativo, o capítulo 4. Depois, espera-se, você deve retornar à teoria.

O modelo Iemp de organização do poder

Em busca de nossos objetivos, entramos em organizações de poder com três características de forma e quatro de substância que determinam a estrutura geral das sociedades:

1) Como observado anteriormente, a organização envolve o poder coletivo e distributivo. A maioria das relações de poder reais – digamos, entre classes ou entre um Estado e seus sujeitos – envolvem ambos, em combinações variadas.

2) O poder pode ser extensivo ou intensivo. O *poder extensivo* pode organizar um grande número de pessoas em territórios distantes. O *poder intensivo* mobiliza um alto nível de comprometimento dos participantes.

3) O poder pode ser impositivo ou difuso. O *poder impositivo* compreende comandos exigidos por um ator (geralmente uma coletividade) e obediência consciente de subordinados. Encontra-se mais tipicamente em organizações militares e de poder político. O *poder difuso* não é diretamente comandado; ele se espalha de forma relativamente espontânea, inconsciente e descentralizada. As pessoas são obrigadas a agir de forma definida, mas não pelo comando de qualquer pessoa ou organização em particular. O poder difuso é encontrado mais tipicamente em organizações de poder ideológicas e econômicas. Um bom exemplo é a troca de mercado no capitalismo. Isso envolve um constrangimento considerável que é ainda impessoal e, muitas vezes, aparentemente *natural*.

Os exercícios de poder mais eficazes combinam poder coletivo e distributivo, extensivo e intensivo, autoritário e difuso. É por isso que uma única fonte de poder – digamos, a economia ou as forças armadas – raramente é capaz de determinar sozinha a estrutura geral das sociedades. Ela deve se unir a outros recursos de poder, como nas determinações dos dois dualismos gerais que identifico ao longo desse período. Com efeito, existem quatro fontes substantivas de poder social: econômico, ideológico, militar e político.

1) O *poder ideológico* deriva da necessidade humana de encontrar o sentido último da vida, de partilhar normas e valores e de participar de práticas estéticas e rituais. O controle de uma ideologia que combina significados últimos, valores, normas, estéticas e rituais traz poder social geral. As religiões fornecem a maioria dos exemplos no volume 1 e figura aqui junto com ideologias seculares como o liberalismo, o socialismo e o nacionalismo – todos lutando cada vez mais com o significado de classe e nação.

Cada fonte de poder gera formas organizacionais distintas. O poder ideológico é predominantemente difuso, comandando por meio da persuasão, uma reivindicação de "verdade" e participação "livre" no ritual. Sua difusão tem duas formas principais. Pode ser socioespacialmente *transcendente*. Isto é, uma ideologia pode se difundir através das fronteiras da economia, militares e organizações de poder político. Seres humanos pertencentes a diferentes estados, classes, e assim por diante, enfrentam problemas semelhantes aos quais uma ideologia oferece soluções plausíveis. Então o poder ideológico se espalha transcendentalmente para formar uma nova, distinta e poderosa rede de interação social. Em segundo lugar, o poder ideológico pode solidificar uma organização de poder existente, desenvolvendo a sua "moral imanente". Transcendência é uma forma de poder radicalmente autônoma; a imanência reproduz e fortalece as relações de poder existentes.

2) O *poder econômico* deriva da necessidade de extrair, transformar, distribuir e consumir os recursos da natureza. É peculiarmente poderoso porque combina a intensa e cotidiana cooperação trabalhista com circuitos extensivos de distribuição, troca e consumo de bens. Isso proporciona uma mistura estável de poder intensivo e extensivo e normalmente também de poder impositivo e difuso (o primeiro de cada par centra-se na produção, o segundo na troca). O volume 1 chama tais organizações de poder econômico de *circuitos da práxis*, mas o termo é muito abstruso. Abandono-o agora em favor de rótulos mais convencionais para as formas de cooperação e conflito econômico discutidas nesses volumes: classes e organizações econômicas seccionais e segmentares.

Todas as sociedades complexas têm distribuído desigualmente o controle sobre os recursos econômicos. Assim, as classes têm sido onipresentes. Marx distinguiu mais basicamente entre aqueles que possuem ou controlam os meios de produção, distribuição e troca e aqueles que controlam apenas seu próprio trabalho – e, obviamente, podemos entrar em mais detalhes distinguindo outras classes com direitos mais particulares sobre os recursos econômicos. Tais classes também podem ser divididas em atores menores e seccionais, como um comércio especializado ou uma profissão. As classes se relacionam umas com as outras verticalmente – a classe A está acima da classe B, explorando-a. No entanto, outros grupos entram em conflito horizontal uns com os outros. Seguindo o uso antropológico, eu chamo tais grupos de *segmentos*[2]. Os membros de um grupo segmentar são provenientes de várias classes – como em uma tribo, linhagem, rede de clientela, localidade, empresa industrial ou algo semelhante. Os segmentos competem horizontalmente entre si. Classes, seções e segmentos são todos cortados transversalmente e enfraquecem uns aos outros nas sociedades humanas.

O volume 1 mostrou que segmentos e seções tinham até então predominado sobre as classes. As classes eram geralmente apenas *latentes*: proprietários, trabalhadores e outros lutaram, mas geralmente de forma semiencoberta, intensa e confinados a um nível cotidiano, local. A luta mais extensiva foi entre segmentos. Mas, se as relações de classe começam a predominar, chegamos a um segundo estágio: classes *extensivas*, às vezes *simétricas*, às vezes *assimétricas*. Classes extensivas assimétricas geralmente chegaram primeiro: apenas os proprietários eram extensivamente organizados, enquanto os trabalhadores estavam presos a organizações seccionais e segmentares. Então, em estruturas de classes extensivas simétricas, ambas as classes principais se organizam em uma área socioespacial semelhante. Finalmente, chegamos à *classe política*, organizada para controlar o Estado. Aqui, novamente, podemos distinguir estruturas de classe simétricas e assimétricas (ou seja, onde apenas os proprietários são politicamente organizados). Em seus momentos mais grandiosos, Marx alegou que as classes políticas, simétricas, extensivas e a luta de classes forneciam o motor da história. No entanto, como discutido no volume 1 (com as exceções da Grécia clássica e da Roma republicana), as classes só tornaram políticas e extensivas pouco antes da Revolução Industrial. Na maioria das sociedades agrárias, uma classe dominante, organizada extensivamente, *enjaulavam* as classes latentes subordinadas dentro de suas próprias organizações de poder segmentar. Este volume descreve uma derivação incompleta em direção à luta de classes plena e simétrica de Marx e à transformação ligada de seções e segmentos.

3) O *poder militar* é a organização social da força física. Deriva da necessidade de defesa organizada e da utilidade da agressão. O poder militar tem aspectos intensivos e extensivos, pois diz respeito à organização intensa para preservar a vida e infligir a morte e também pode organizar muitas pessoas em

---

2. De modo um pouco confuso, os teóricos de classe americanos começaram a usar o termo *segmento* para se referir a uma parte de uma classe, o que os europeus chamam de *fração de classe*. Eu me atenho aqui ao uso antropológico e europeu.

grandes áreas socioespaciais. Aqueles que o monopolizam, como elites militares e castas, podem exercer um grau de poder social geral. A organização militar é essencialmente impositiva e *concentrado-coerciva*. Os militares fornecem coerção disciplinada e rotinizada, especialmente nos exércitos modernos. (O capítulo 12 enfatiza o papel da disciplina militar na sociedade moderna.) Em seu impacto na sociedade em geral, o poder militar é socioespacialmente dual. Ele fornece um concentrado em que a coerção assegura uma cooperação positiva – por exemplo, no trabalho escravo em sociedades históricas mais antigas ou nas *demonstrações de força* ritualizadas, como discutido neste volume. Mas também proporciona um alcance muito maior de ataque militar de uma forma mais negativa e terrorista. O volume 1 sublinha isso especialmente no seu capítulo 5, "Os primeiros impérios de dominação". No Ocidente moderno, o poder militar difere disso. Foi formalmente monopolizado e restringido pelos estados, mas as elites militares mantiveram uma autonomia considerável dentro dos estados, com um impacto considerável na sociedade, como veremos mais adiante.

4) O *poder político* deriva da utilidade da regulação territorial e centralizada. Poder político significa poder do *Estado*. Ele é essencialmente impositivo, comandado e exigido a partir de um centro. A organização do Estado é dupla: internamente, é *territorialmente centralizado*; externamente, envolve geopolítica. Ambos têm impacto no desenvolvimento social, especialmente nos tempos modernos. O capítulo 3 é dedicado à teorização sobre o Estado moderno.

A luta para controlar as organizações ideológicas, econômicas, militares e de poder político fornece o drama central do desenvolvimento social. As sociedades são estruturadas principalmente pelos poderes ideológico, econômico, militar e político entrelaçados. Esses quatro são apenas tipos ideais; eles não existem em forma pura. As organizações de poder real os misturam, pois todos os quatro são necessários à existência social e uma à outra. Qualquer organização econômica, por exemplo, requer que alguns de seus membros compartilhem valores e normas ideológicas. Ela também precisa de defesa militar e regulação estatal. Assim, as organizações ideológicas, militares e políticas ajudam a estruturar as organizações econômicas e vice-versa. As sociedades não contêm níveis ou subsistemas autônomos, evoluindo cada qual separadamente de acordo com a sua própria lógica (*do modo de produção feudal ao capitalista, do Estado dinástico ao Estado-nação* etc.). Em grandes transições, as inter-relações fundamentais, e muitas identidades de organizações tais como *economias* ou *estados* se metamorfosearam. Mesmo a própria definição de *sociedade* pode mudar. Durante todo esse período o Estado-nação e uma civilização ocidental transnacional mais ampla competiam como unidades básicas de afiliação. O conceito-mestre da sociologia, *sociedade*, permaneceu em constante transformação para contemplar esses dois níveis.

As fontes de poder geram assim redes sobrepostas e intercruzadas de relações de poder com diferentes fronteiras e dinâmicas socioespaciais; e as suas inter-relações produzem consequências imprevistas e emergentes para os atores de poder. Meu modelo Iemp não é de um sistema social dividido em quatro *subsistemas*, *níveis*, *dimensões* ou qualquer outro dos termos geométricos favorecidos pelos teóricos sociais. Pelo contrário, forma um ponto de entrada analítico para lidar com a bagunça. As quatro fontes de poder oferecem meios organizacionais distintos e potencialmente poderosos aos humanos que perseguem seus objetivos. Mas que meios são escolhidos, e em que combinações, dependerá da interação contínua entre que configurações do poder são dadas historicamente e que emergem dentro e entre elas. As fontes de poder social e as organizações que as incorporam são impuras e *promíscuas*. Elas tecem dentro e fora de uma à outra numa complexa interação entre forças institucionalizadas e forças intersticiais emergentes.

Um longo século revolucionário?

Nós temos uma descontinuidade óbvia em relação ao volume 1: considerando que ele cobriu 10 mil anos de experiência social humana e 5 mil anos de história civilizada em todo o mundo, o volume 2 cobre tão somente 154 anos e apenas a área central de uma única civilização, a Europa Ocidental e seu principal ramo colonial branco. Muitas questões de grande alcance discutidas no volume 1 estão fora do âmbito deste volume. Não posso traçar mais adiante (exceto de forma limitada) um de seus principais temas, a dialética entre impérios de dominação e civilizações de múltiplos atores, já que minha civilização foi meramente um exemplo dessa última. Este volume substitui o macro pelo micro.

Há boas razões para estreitar o escopo. A civilização ocidental transformou, naquele momento, o globo, e sua riqueza de documentação permite uma narrativa mais granulada, ligando macroestruturas, tomadas de decisão em grupo e agência humana individual. Posso também fazer mais análises comparativas. Alguns revisores do primeiro volume assumiram que eu me opunha à análise comparativa por princípio. Eu não me oponho. Quanto mais numerosos os casos e quanto mais próximos estiverem no tempo histórico-mundial, mais podemos compará-los. Desde que nos lembremos que meus cinco casos eram meramente *países* ou *poderes*, e não *sociedades* totais, eles podem ser comparados de forma frutífera. A maioria dos historiadores e sociólogos também considera esse período como essencialmente descontínuo em relação à história anterior. Eles acreditam que o desenvolvimento social geral foi, em última instância, determinado por uma revolução singular, geralmente econômica. Essa é uma explicação mais simples do que o meu modelo Iemp: não quatro fontes, mas uma fonte fundamental de poder; não impuro, entrelaçado intersticialmente e metamorfoseado, mas um sistema dialético único. O seu modelo de uma única revolução é útil?

Em cerca de setenta anos, primeiro na Grã-Bretanha entre 1780 e 1850, depois na Europa Ocidental e América nos setenta anos seguintes, ocorreu o que é geralmente reconhecido como a revolução mais importante da história humana, a Revolução Industrial. Ela transformou o poder dos seres humanos sobre a natureza e seus próprios corpos, a localização e densidade dos assentamentos humanos, e a paisagem e os recursos naturais da terra. No século XX, todas essas transformações se espalharam pelo globo terrestre. Hoje, vivemos numa sociedade global. Não é uma sociedade unitária, nem uma comunidade ideológica ou um Estado, mas uma única rede de poder. Ondas de choque reverberam em torno dela, derrubando impérios, transportando enormes quantidades de pessoas, materiais e mensagens e, finalmente, ameaçando o ecossistema e a atmosfera do planeta.

A maioria das teorias sociológicas e históricas considera tais mudanças *revolucionárias* no sentido de serem qualitativas, não meramente quantitativas. Ela dicotomiza a história humana por volta de 1800. A teoria sociológica clássica surgiu como pouco mais do que uma série de dicotomias entre as sociedades existentes antes e depois, cada qual considerada como tendo um caráter unitário e sistêmico. As principais dicotomias foram de sociedade feudal para sociedade industrial (Saint-Simon); do estágio metafísico para o científico (Comte); de militante para sociedade industrial (Spencer); de feudalismo para capitalismo (Smith, os economistas políticos e Marx); de *status* para contrato (Maine); de comunidade para associação (Tönnies); e de formas mecânicas para orgânicas da divisão do trabalho (Durkheim). Até mesmo Weber, que não dicotomizou, viu a história como um processo de racionalização singular, embora tenha traçado seu desenvolvimento até mais longe.

Não houve nenhuma pausa. Na década de 1950, Parsons identificou uma dicotomia quádrupla que revolucionou as relações interpessoais. Essas passaram de particularistas a universalistas, de descritivas a orientadas para a realização, de afetivas (ou seja, carregadas de emoções) a afetivamente neutras e instrumentais, de específicas a uma relação particular a difusas para a maioria das relações. As relações pré-industriais eram dominadas pelas primeiras qualidades; as sociedades industriais, pelas últimas. Então, os fantasmas de Comte e Marx reapareceram na distinção de Foucault (1974; 1979) entre a era clássica e a burguesa, cada uma dominada pela sua própria *episteme* ou *formação discursiva* de conhecimento e poder. Giddens (1985) recorre a todos esses escritores na sua distinção declaradamente *descontinuísta* entre as sociedades pré-modernas e o moderno Estado-nação.

Recentemente, surgiram algumas tricotomias, ou seja, argumentos para um terceiro tipo de sociedade no final do século XX. Tudo isso sugere duas transições – do feudal para o industrial para o pós-industrial; do feudal para o capitalista para o capitalista monopolista, capitalista desorganizado ou pós-capitalista; e do pré-moderno para o moderno para o pós-moderno. O pós-modernismo está agora em ascensão na academia, embora se refugie apenas na sociologia. Sua vitalidade depende se houve realmente uma era *moderna* precedente. Esses terceiros estágios estão fora do escopo deste volume (eles figurarão no volume 3). Mas as revisões não questionam a natureza revolucionária e sistêmica da primeira transição; elas apenas acrescentam uma segunda. Começo a desvendar essas dicotomias e tricotomias criticando suas duas principais suposições e seu único desacordo interno. Primeiro, eles assumem que esse período transformou qualitativamente a sociedade como um todo. Em segundo lugar, localizam a transformação numa revolução econômica. A maioria é explícita; algumas, dissimuladas. Por exemplo, Foucault nunca explicou a sua transição, mas a descreveu repetidamente como uma revolução *burguesa* num sentido aparentemente marxiano (mas porque não tinha uma teoria real do poder distributivo, nunca deixou claro quem faz o que e a quem). Eu contesto ambas as suposições.

Mas o desvendar pode começar com a discordância entre as dicotomias. Enquanto alguns veem a essência da nova economia como industrial (Saint-Simon, Comte, Spencer, Durkheim, Bell, Parsons), outros o rotulam de capitalista (Smith, os economistas políticos, Marx, neomarxistas, Foucault, Giddens, a maioria dos pós-modernos). O capitalismo e o industrialismo foram processos diferentes que ocorreram em épocas diferentes, especialmente nos países mais avançados. A Grã-Bretanha tinha uma economia predominantemente capitalista muito antes da Revolução Industrial.

Na década de 1770, Adam Smith aplicou a sua teoria do capitalismo de mercado a uma economia essencialmente agrária, aparentemente com pouca suspeita de que uma revolução industrial estava à porta. Se a escola capitalista estiver correta, devemos datar a transformação revolucionária inglesa do século XVIII ou mesmo do século XVII. Se a escola industrial estiver correta, podemos manter uma datação do início do século XIX. Se ambos estão parcialmente corretos, no entanto, então houve mais de um processo revolucionário, e devemos desfazer o seu enredamento. De fato, as transformações econômicas podem ter sido ainda mais complexas. Os historiadores econômicos atuais minimizam o impacto da (Primeira) Revolução Industrial, enquanto outros enfatizam uma *Segunda Revolução Industrial* que afetou as principais economias entre 1880 e 1920. Relações entre capitalismo e industrialização também diferiram entre regiões e países, e mostrarei que a transformação econômica não foi singular ou sistêmica.

Foi uma mudança qualitativa? Sim no poder coletivo, mas não no poder distributivo. Havia então, de fato, uma transformação sem paralelo, verdadeiramente exponencial na logística do poder coletivo (como enfatiza GIDDENS, 1985). Consideremos três medidas de poderes coletivos: a capacidade de mobilizar grandes números de pessoas, a capacidade de extrair energia da natureza e a capacidade dessa civilização de explorar os outros coletivamente.

O crescimento populacional mede a capacidade crescente de mobilizar pessoas na cooperação social. Na Inglaterra e no País de Gales, todo o processo de desenvolvimento humano atingiu 5 milhões de habitantes em 1640.

Depois de 1750, o crescimento teve curva ascendente, atingindo 10 milhões em 1810 e 15 milhões em 1840. Algo que inicialmente levou milênios, ocorreu então em trinta anos. Em todo o globo, o primeiro bilhão da população mundial não foi atingido até 1830; o segundo levou um século; o terceiro, trinta anos; e o quarto, quinze anos (McKEOWN, 1976: 1-3; WRIGLEY & SCHOFIELD, 1981: 207-215). Durante os milênios anteriores, a expectativa de vida majoritariamente permaneceu nos trinta anos, depois melhorou na Europa do século XIX para cinquenta anos e no século XX para mais de setenta anos, uma enorme mudança na experiência humana (Hart). Uma aceleração semelhante ocorreu em praticamente todas as formas de mobilização coletiva. Entre 1760 e 1914, as estatísticas sobre a comunicação de mensagens e bens, produto nacional bruto, renda *per capita* e taxa de mortos por armas revelam uma decolagem além de todos os ritmos históricos conhecidos. O crescimento da mobilização coletiva de poder, que Durkheim chamou de *densidade social*, tornou-se verdadeiramente exponencial.

A capacidade dos humanos de extrair energia da natureza também aumentou muito. Nas sociedades agrárias discutidas no volume 1, a produção de energia dependia esmagadoramente do músculo humano e animal. Os músculos necessitavam de calorias fornecidas pelo produto agrícola, que requeria quase integralmente o trabalho de todos. Havia um logro da energia, sobrando pouco para a atividade não agricultável além do apoio a pequenas classes governantes, exércitos e Igrejas. Landes (1969: 97-98) aponta a diferença entre as minas de carvão e as máquinas a vapor: em 1870, o consumo de carvão britânico ultrapassou os 100 milhões de toneladas. Isso gerou cerca de 800 milhões de calorias de energia, o suficiente para suprir as necessidades energéticas de uma sociedade pré-industrial de 200 milhões de adultos. A população real britânica em 1870 era de 31 milhões, mas essa energia foi gerada por apenas 400 mil mineiros. A atual capacidade dos seres humanos de extrair energia ameaça até mesmo esgotar as reservas da Terra e destruir seu ecossistema.

Em termos históricos, esta taxa de extração de energia é simplesmente impressionante. As sociedades agrárias podem ocasionalmente igualar a concentração de energia de uma mina de carvão ou de uma grande máquina a vapor – por exemplo, uma legião romana construindo uma estrada ou egípcios construindo uma pirâmide – mas esses locais estariam repletos de milhares de homens e bestas. As estradas próximas, que terminam em grandes armazéns, ficariam asfixiadas com vagões de abastecimento. Pois as milhas em torno da agricultura seriam organizadas para entregar seus excedentes lá. Tal logística agrária pressupunha uma federação autoritária de organizações de poder local-regional e segmentar, concentrando coercivamente seus poderes nessa tarefa extraordinária. No entanto, em 1870, os motores a vapor foram encontrados em toda parte na Grã-Bretanha, cada um envolvendo talvez cinquenta trabalhadores e suas famílias, algumas bestas, uma oficina e um par de veículos de abastecimento. A produção de energia não precisava mais de mobilização concentrada, extensiva e coerciva. Difundiu-se por toda a sociedade civil, transformando a organização coletiva de poder.

Esta única civilização poderia agora dominar o mundo. Bairoch (1982) reuniu estatísticas históricas de produção (discutidas no capítulo 8). Em 1750, a Europa e a América do Norte contribuíram talvez com 25% da produção industrial mundial e, em 1913, com 90% (provavelmente um pouco menos, já que tais estatísticas subestimam a produção de economias não monetárias). A indústria poderia ser convertida em uma enorme superioridade militar. Contingentes e frotas de tropas europeias bastante pequenas poderiam cobrir continentes e dividir o globo. Somente o Japão, o interior da China e países pouco atrativos e inacessíveis remanesceram fora dos impérios dos europeus e de seus colonizadores brancos. A Ásia Oriental se recuperou e se juntou ao seleto bando de pilhadores da terra.

O poder coletivo ocidental tinha sido revolucionado, como sugeriram as teorias dicotômicas. As sociedades foram qualitativamente melhor organizadas para mobilizar as capacidades humanas e explorar a natureza, bem como para explorar as sociedades menos desenvolvidas. Sua extraordinária densidade social permitiu que governantes e povos realmente participassem da mesma *sociedade*. Os contemporâneos chamaram essa revolução no poder coletivo de *modernização*, até mesmo *progresso*. Eles perceberam o movimento em direção a uma sociedade mais rica, mais saudável e melhor, que aumentaria a felicidade humana e a moralidade social. Poucos duvidaram que os europeus, em suas pátrias e colônias, estavam inaugurando um salto qualitativo à frente na organização social geral. Nós podemos ser céticos, até mesmo alarmistas, sobre esse *progresso*, mas no longo século XIX poucos duvidaram dele.

O período de tempo da mudança foi curto, com importantes transformações frequentemente ocorrendo dentro de uma única vida. Isso foi diferente da maioria das mudanças estruturais descritas no volume 1. Por exemplo, a emergência de relações sociais capitalistas na Europa Ocidental levou séculos. As pessoas podem experimentar alguns aspectos disso (digamos, a comutação de seus serviços de trabalho em renda em dinheiro ou confinamento forçado de suas terras), mas é duvidoso que alguém tenha compreendido as macromudanças em curso. Em contraste, os macroprocessos do século XIX foram identificados por participantes conscienciosos – por isso a emergência das próprias teorias dicotômicas, que eram realmente apenas versões relativamente científicas das ideologias de modernização contemporânea.

Aumentar a autoconsciência e a reflexividade trazem efeitos de reação. Se os atores sociais tomarem consciência das transformações estruturais em curso, podem tentar resistir a elas. Mas se, como aqui, as transformações melhoram os poderes coletivos, é mais provável que eles procurem aproveitar a modernização para seus próprios interesses. A sua capacidade de fazê-lo depende do seu poder distributivo.

À primeira vista, o poder distributivo também parece ter se transformado perto do início desse período. Classes e nações apareceram como atores relativamente novos nas lutas pelo poder, gerando os eventos sociopolíticos que chamamos de *revoluções*. O volume 1 demonstrou que tanto a classe quanto a organização nacional tinham sido raras nas sociedades agrárias. Agora, como Marx, Weber e outros notaram, as lutas de classe e nacionais se tornaram centrais para o desenvolvimento social. O poder distributivo, como o coletivo, passou do particularismo para o universalismo.

No entanto, os resultados foram curiosamente não revolucionários. Considere a primeira nação industrial, a Grã-Bretanha. Muitas das relações de poder distributivo encontradas na Grã-Bretanha em 1760 ainda existiam em 1914 – com efeito, elas ainda existem. Onde elas mudaram, a transição normalmente estava em andamento muito antes de 1760. Henrique VIII tinha introduzido o protestantismo estatal, a guerra civil o confirmou, e o século XVIII e o início do século XIX o secularizaram pela metade. A monarquia constitucional foi institucionalizada em 1688; a erosão dos poderes da monarquia, em conjunto com a confirmação de sua dignidade simbólica, ocorreu ao longo dos séculos XVIII, XIX e XX. A agricultura e o comércio logo se tornaram capitalistas; a indústria foi moldada por instituições comerciais do século XVIII, e as classes modernas foram absorvidas por esse capitalismo. A Câmara dos Lordes, as duas universidades antigas, as escolas públicas, a prefeitura, os guardas, os clubes de Londres, a classe administrativa da função pública – todos sobrevivem no poder como uma mistura entre o antigo e o século XIX. Também ocorreram verdadeiras e genuínas mudanças de poder – o surgimento das classes média e trabalhadora e o crescimento da democracia partidária, do nacionalismo popular e do Estado de Bem-estar – mas a tendência geral foi menos a transformação qualitativa que teorias dicotômicas previam do que mudanças mais graduais indicando a adaptabilidade massiva dos regimes dominantes.

Talvez a Grã-Bretanha seja um caso extremo, em muitos aspectos o país europeu mais conservador; mas encontramos muitos padrões semelhantes em outros lugares. O mapa religioso da Europa foi estabelecido em 1648, sem mudanças significativas desde então. A religião cristã tem sido um tanto secularizada desde então. É verdade que houve duas grandes derrubadas de monarquia perto do início de nosso período; mas as revoluções americana e francesa ocorreram antes da industrialização nesses países, e, como veremos, a Revolução Francesa precisou de um século inteiro para alcançar mudanças bastante mais modestas do que inicialmente prometeu, e a Constituição dos revolucionários americanos rapidamente se tornou uma força conservadora nas relações de poder distributivas posteriores. Em outro lugar, o capitalismo e o industrialismo se chocaram, mas raramente derrubaram velhos regimes – as duas revoluções sociopolíticas na França e na Rússia, em comparação com uma série de revoluções fracassadas e de reformas mais limitadas em outros lugares. O Antigo Regime e o novo capital geralmente se fundiram em uma classe dominante moderna no século XIX; em seguida, eles fizeram concessões de cidadania que também domesticaram parcialmente as classes média e trabalhadora e os camponeses. Houve uma continuidade ainda maior no principal país capitalista não ocidental, o Japão.

Talvez eu tenha sido seletivo, minimizando as genuínas mudanças de poder distributivo. Mas o caso inverso, uma transformação no poder distributivo – especialmente no sentido dialético marxiano dos opostos que colidem diretamente na *revolução* social e política – parece implausível.

Isso também parece verdadeiro para o poder distribuído geopoliticamente. Os estados se tornaram estados-nações, mas continuaram a emergir e a cair, enquanto alguns permaneceram na disputa da liderança ao longo de muitos séculos. A França e a Grã-Bretanha continuaram a ser concorrentes desde o período medieval até esse período, enquanto o sucesso da Prússia, o surgimento dos Estados Unidos e o declínio da Áustria foram mais inovadores. A tendência pós-século XVI para menores e maiores potências foi, de fato, desacelerada pela Revolução Industrial (TILLY, 1990: 45-47). A Revolução Industrial privilegiou o Estado-nação em relação ao império multinacional, bem como os estados com grandes economias. Veremos, no entanto, que essas tendências também dependiam de relações de poder não econômicas.

Há uma exceção principal à surpreendente continuidade do poder distributivo. As relações de poder entre homens e mulheres iniciaram uma rápida, e mesmo revolucionária, transformação durante esse período. Descrevi brevemente em outro lugar (1988) o fim do *patriarcado*, sua substituição pelo *neopatriarcado*, e depois a emergência de relações de gênero mais igualitárias. O indicador mais simples é a longevidade. Desde os primeiros tempos pré-históricos até o final do século XIX, os homens viveram mais do que as mulheres, cerca de cinco anos ao longo de uma vida de 30 a 45 anos. Então a discrepância foi revertida: as mulheres agora vivem mais do que os homens por cinco anos ao longo de uma vida de setenta anos, e o diferencial ainda está aumentando (HART, 1990). Eu abandonei minha intenção original de me concentrar nas relações de gênero neste volume. As relações de gênero têm sua própria história, atualmente sendo reescrita pela erudição feminista. Agora não é o momento de tentar uma grande síntese – embora eu deva comentar sobre as conexões entre gênero, classe e nação durante esse período. Exceto para o gênero, no entanto, o poder distributivo foi transformado menos durante esse período do que a tradição teórica sugeriu. Classes e estados-nações não revolucionaram a estratificação social.

Alguns sociólogos e historiadores notaram isso. Moore (1973) argumenta que o desenvolvimento político foi mais afetado por padrões mais antigos de posse de terras do que pelo capitalismo industrial. Rokkan (1970) distingue duas revoluções, a nacional e a industrial, cada qual gerando duas clivagens políticas. A revolução nacional envolveu os conflitos entre centro-periferia e Estado-Igreja, a Revolução Industrial trouxe conflitos entre terra-indústria e proprietários-trabalhadores. Rokkan desfaz a dicotomia revolucionária em uma complexa combinação de quatro lutas, as anteriores estabelecendo parâmetros para as posteriores. Lipset (1985) acredita que as variações nos movimentos operários do século XX foram causadas pela presença ou ausência do feudalismo anterior. Corrigan e Sayer notam a durabilidade da classe dominante britânica – sua "suposta razoabilidade, moderação, pragmatismo, hostilidade à ideologia, 'confusão', peculiaridade, excentricidade" (1985: 192ss.). Mayer (1981) argumenta que os velhos regimes europeus não foram varridos pelo industrialismo: foi só ao perpetrarem a Primeira Guerra Mundial e ao reagirem exageradamente ao socialismo, abraçando o fascismo, que garantiram a sua morte.

Esses escritores fazem duas observações. Em primeiro lugar, a tradição é importante. Nem o capitalismo nem o industrialismo varreram tudo, mas foram moldados em formas mais antigas. Em segundo lugar, esses escritores vão além da economia, acrescentando várias relações de poder políticas, militares, geopolíticas e ideológicas aos modos de produção e às classes sociais. Seus argumentos são muitas vezes corretos. Os capítulos posteriores extraem deles, especialmente de Rokkan, que percebeu a importância das lutas nacionais e de classe.

No entanto, as relações de poder distributivo foram alteradas. Primeiro, as classes e as nações não podiam simplesmente ser ignoradas ou reprimidas por velhos regimes. Para sobreviver, eles tinham que se comprometer (WUTHNOW, 1989; RUESCHEMEYER; STEPHENS & STEPHENS, 1992). Mas as lutas nacionais também se entrelaçaram com as classes, mudando assim todos os atores do poder, não de modo *dialético* ou sistêmico, mas de forma complexa, tendo muitas vezes consequências não intencionais. Em segundo lugar, as organizações tradicionais de poder rival de classes e nações – segmentares ou seccionais e transnacionais ou locais-regionais – não foram eliminadas, mas sim transformadas. Redes frouxas controladas de modo particularista por notáveis do Antigo Regime se converteram em partidos políticos com maior penetração, ainda formado por notáveis, de caráter clientelista, mantendo os partidos políticos de classe a distância. As forças armadas passaram de confederações frouxas de regimentos *de propriedade* de grandes nobres ou empresários mercenários para forças profissionais modernas, impondo uma linha altamente centralizada e controles e disciplina de pessoal. A Igreja Católica reforçou seu transnacionalismo com maiores poderes mobilizadores locais-regionais para organizar a descentralização do poder contra o Estado-nação. Todas essas organizações transformaram as relações entre regimes e massas.

Em suma: a transformação econômica não foi singular, mas múltipla; o poder coletivo foi revolucionado; a maioria das formas de poder distributivo foi alterada, mas não revolucionada; os atores do poder dominante tradicional sobreviveram melhor do que o esperado; e os atores do poder estavam cientes das transformações estruturais, mas essas eram extremamente complexas. Tudo isso tem implicações para uma teoria da mudança social.

Mudança social: estratégias, entrelaçamentos impuros, consequências não intencionais

No início do período ocorreram três revoluções, todas inesperadas para os seus participantes. A Revolução Industrial da Grã-Bretanha, iniciada pela *mão invisível* de Adam Smith, não era pretendida por ninguém e teria surpreendido o próprio Smith. Em um segundo momento, os colonos britânicos na América tropeçaram involuntariamente na primeira revolução colonial. Em terceiro lugar, o velho regime francês foi surpreendido por uma revolução política pretendida por poucos dos seus participantes. Os atores do poder debateram então se novas revoluções eram repetíveis ou evitáveis. As revoluções coloniais estão fora do âmbito desta discussão, mas considero as revoluções industrial e política.

A industrialização tinha sido difícil de iniciar, mas era fácil de imitar e adaptar, desde que já existisse alguma comercialização. Os adaptadores bem-sucedidos vagaram pela Europa, desde o norte da Itália e da Catalunha até a Escandinávia e desde os Urais até o Atlântico, e pela América e pelo Japão. Os regimes se esforçaram para maximizar os lucros e minimizar a perturbação. A industrialização foi adaptada de acordo com as tradições locais. A revolução política foi o oposto, aparentemente fácil de iniciar, difícil de imitar – uma vez que os velhos regimes foram alertados de seus perigos. O programa revolucionário podia ser modificado: os atores do regime e do poder emergente podiam escolher ou derivar entre caminhos de modernização, colocando ênfases diferentes no governo monárquico, no Estado de Direito, no liberalismo econômico, na democracia e no nacionalismo. Estratégias repressivas incorporadoras e semiconscientes garantiram padrões de desenvolvimento não revolucionários variados.

Assim, as tradições não foram derrubadas nem simplesmente reproduzidas. Elas foram modificadas ou ampliadas de acordo com confrontos entre *mudanças estratégicas do regime* e as mudanças estratégicas de classes e nações emergentes. Por *regime* quero dizer uma aliança de atores dominantes do poder ideológico, econômico e militar, coordenada pelos governantes do Estado. Esses governantes, como vemos no capítulo 3, compreendiam tanto *partidos* (no sentido de Max Weber) quanto *elites de Estado* (no sentido usado pela teoria elitista do Estado). Eles buscaram uma aliança modernizadora para mobilizar as potências emergentes de classes e nações, ou o Estado cairia por revolta interna ou para potências estrangeiras. Os regimes geralmente têm maiores capacidades logísticas do que os abaixo deles. No entanto, a sua resiliência dependia da sua coesão. O faccionalismo partidário em uma era de classes e nações emergentes encorajou a revolução. Eu chamo de *estratégias de regime* as suas tentativas em lidar com o desafio das classes sociais emergentes e das nações. Nem todos os regimes as possuíam, e mesmo os mais clarividentes se viram atingidos por políticas complexas em diferentes caminhos, os quais não estavam totalmente conscientes. Assim, a maioria dos atores de poder se desviou do que foi planejado – e, portanto, as estratégias se desviaram.

No início, quase todos os regimes corriam ao longo de um *continuum* entre a monarquia despótica e a monarquia constitucional. T.H. Marshall (1963: 67-127) argumentou, desde a experiência britânica, a favor de uma evolução trifásica para uma cidadania mais plena. A primeira envolveu a cidadania legal ou *civil*: "direitos necessários para a liberdade individual – liberdade da pessoa, liberdade de expressão, pensamento e fé, o direito à propriedade e à celebração de contratos válidos, e o direito à justiça". A cidadania civil britânica foi obtida por meio de um *longo século XVIII*, de 1688 até a emancipação católica em 1828. A segunda fase obteve a cidadania *política*, compreendendo o voto e a participação em parlamentos soberanos, ao longo do século, desde a Grande Lei da Reforma de 1832 até aos Atos de Franchising de 1918 e 1928. A terceira fase do século XX assegurou a cidadania *social*, ou seja, o Estado de Bem-estar Social: "o direito a um mínimo de bem-estar econômico e de segurança para [...] compartilhar plenamente a herança social e viver a vida de um ser civilizado de acordo com os padrões prevalecentes na sociedade".

A teoria de Marshall tem despertado um interesse considerável no mundo anglófono; as melhores discussões recentes são australianas (cf. TURNER, 1986; 1990; BARBALET, 1988). Dois de seus tipos de cidadania acabam sendo heterogêneos. A cidadania civil pode ser dividida em subtipos individuais e coletivos (GIDDENS, 1982: 172; BARBALET, 1988: 22-27). Como veremos, embora a maioria dos regimes do século XVIII concedesse direitos legais individuais, nenhum deles produziu direitos de organização coletiva aos trabalhadores até o final do século XIX, ou mesmo até o final do século XX (cf. capítulos 15, 17 e 18). Eu também subdivido a cidadania social (a "partilha da herança social", de Marshall) em subtipos ideológicos e econômicos – direitos à educação, permitindo participação cultural e realização ocupacional, e direitos à subsistência econômica direta. Durante o longo século XIX, a cidadania ideológico-social foi alcançada por todas as classes médias (cf. capítulo 16), mas a cidadania econômico-social permaneceu mínima (como Marshall observou; cf. capítulo 14). A cidadania desenvolveu formas e ritmos variados, alguns dos quais prejudicaram outros. A cidadania talvez não tenha sido um processo tão singular como Marshall argumenta.

Além disso, como já argumentei (1988), o evolucionismo de Marshall, a negligência da geopolítica e o anglocentrismo podem ser todos culpados. Comecemos por fazer uma pergunta simples: Por que as classes deveriam – ou qualquer outro ator de poder – querer cidadania? Por que eles deveriam considerar o Estado relevante para suas vidas? A maioria das pessoas não o tinha feito até então. Tinham vivido em meio a redes de poder predominantemente locais ou regionais, tão influenciadas pelas Igrejas transnacionais como pelo Estado. Veremos que, por meio das guerras, os estados do século XVIII aumentaram enormemente as suas exações fiscais e de mão de obra, enjaulando os seus sujeitos no terreno nacional e assim os politizando. Assim, as classes flexibilizaram os seus músculos crescentes na política, em vez de se concentrarem tradicionalmente na luta contra outras classes da sociedade civil. Essa fase *militarista* foi então seguida por outros encorajamentos da nação enjaulada: disputas administrativas, de tarifas, ferrovias e escolas. Enquanto os estados se transformavam primeiramente em estados nacionais, a seguir em estados-nações, as classes, sem intencionalidade, se enjaulavam, se *naturalizavam* e se politizavam. A nação era vital para a cidadania (como reconhece GIDDENS, 1985: 212-221). Devemos teorizar a luta nacional como também a luta de classes.

Com efeito, havia duas questões de cidadania: a representação e a questão nacional de quem deveria ser representado e onde. *Onde* estava, o quão centralizado e nacional ou quão descentralizado e confederado deveria ser o Estado. O despotismo pode ser combatido por meio da descentralização do Estado em assembleias locais, ao mesmo tempo que as minorias linguística, religiosa ou regional normalmente resistiram ao Estado-nação centralizado[3]. Os modernizadores do Iluminismo acreditavam que as duas questões andavam juntas: o futuro pertencia a estados representativos e centralizados. Teóricos evolucionistas posteriores, como Marshall, acreditavam que o Estado-nação e a cidadania nacional eram inevitáveis. De fato, a maioria dos países ocidentais de hoje *é* centralizada, representativa e cidadã.

Mas essa *modernização* não tem sido unidimensional ou evolucionária. A Revolução Industrial não homogeneizou; pelo contrário, modernizou estratégias de regime díspares. O impulso aos poderes coletivos proporcionado pela revolução poderia ser usado por qualquer regime – partidário da democracia ou do despotismo, centralizado ou confederal – para ampliar suas características iniciais. Os resultados dependiam tanto da política interna como da geopolítica, tal como o indubitável movimento geral em direção ao Estado-nação centralizado. Os regimes competiram, floresceram e pereceram de acordo com as lutas de

---

[3]. Turner (1990) criticou justamente minha negligência em relação à religião e à etnia em meu ensaio de 1988. Agora procuro remediar isso levando a sério a questão nacional. Turner também criticou a minha ênfase na classe dominante em detrimento das estratégias das classes mais baixas. Este volume considera ambas, mas continua a enfatizar a primeira.

classes nacionais e de poder nacional, alianças diplomáticas, guerras, rivalidades econômicas internacionais e reivindicações ideológicas que ressoavam pelo Ocidente. À medida que os poderes aumentaram, também aumentou a atratividade de suas estratégias de regime; à medida que os poderes declinaram, suas estratégias se desintegraram. A estratégia bem-sucedida de uma potência poderia então mudar a industrialização subsequente. A monarquia semiautoritária alemã e a maior centralização americana foram em parte o resultado da guerra. Eles então promoveram a Segunda Revolução Industrial, a grande corporação capitalista e a regulação estatal do desenvolvimento econômico.

Finalmente, as percepções dos contemporâneos também se confundiram com *entrelaçamentos impuros*. Assim, afasto-me das *estratégias* – das elites coesas com interesses transparentes, visão clara, decisões racionais e sobrevivência infinita. As transformações ideológicas, econômicas, militares e políticas e as lutas de classes e nacionais foram múltiplas, entrelaçadas e se desenvolveram intersticialmente. Nenhum ator de poder podia compreender e assumir o controle de tudo isso. Ao agir, eles cometeram erros e geraram consequências não intencionais, mudando suas próprias identidades abaixo do nível de consciência. O todo foi um processo não sistêmico, não dialético, entre instituições historicamente dadas e forças intersticiais emergentes. O meu modelo Iemp pode confrontar e depois começar a dar sentido a essa confusão; as teorias dicotômicas não podem.

Referências

BAIROCH, P. (1982). International industrialization levels from 1750 to 1980. *Journal of European Economic History*, 11.

BARBALET, J. (1988). *Citizenship*. Milton Keynes: Open University Press.

CORRIGAN, P. & SAYER, D. (1985). *The Great Arch*. Oxford: Blackwell.

FORTHCOMING. (s.d.). *Life Chances and Longevity*. Londres: Macmillan.

FOUCAULT, M. (1979). *Discipline and Punish*. Londres: Allen Lane.

_____ (1974). *The Order of Things*. Nova York: Pantheon.

GIDDENS, A. (1985). *The Nation-State and Violence*. Cambridge: Polity Press.

_____ (1982). *Profiles and Critiques in Social Theory*. Londres: Macmillan.

HART, N. (1990). *Female vitality and the history of human health*. Paper apresentado no Third Congress of the European Society for Medical Sociology. Marburgo.

LANDES, D. (1969). *The Unbound Prometheus*: Technological Change and Industrial Development in Western Europe from 1750 to the Present. Cambridge: Cambridge University Press.

LIPSET, S.M. (1985). Radicalism or reformism: the sources of working-class politics. In: *Consensus and Conflict*: Essays in Political Sociology. New Brunswick, NJ: Transaction Books.

MANN, M. (1988). Ruling class strategies and citizenship. In: *States, War and Capitalism*. Oxford: Blackwell.

_____ (1986). *The Sources of Social Power* – Vol. I: A History of Power from the Beginning to A.D. 1760. Cambridge: Cambridge University Press.

MARSHALL, T.H. (1963). *Sociology at the Crossroads and Other Essays*. Londres: Heinemann.

MAYER, A.J. (1981). *The Persistence of the Old Regime*. Londres: Croom Helm.

McKEOWN, T. (1976). *The Modern Rise of Population*. Nova York: Academic Press.

MOORE JR., B. (1973). *Social Origins of Dictatorship and Democracy*. Harmondsworth: Penguin Books.

PARSONS, T. (1960). The distribution of power in American society. In: *Structure and Process in Modern Societies*. Nova York: Free Press.

ROKKAN, S. (1970). *Cities, Elections, Parties*: Approaches to the Comparative Study of the Processes of Development. Oslo: Universitets Foriaget.

RUESCHEMEYER, D.; STEPHENS, E. & STEPHENS, J. (1992). *Capitalist Development and Democracy*. Chicago: University of Chicago Press.

TILLY, C. (1990). *Coercion, Capital and European States, AD 990-1990*. Oxford: Blackwell.

TURNER, B.S. (1990). Outline of a theory of citizenship. *Sociology*, 24.

_____ (1986). *Citizenship and Capitalism*. Londres: Allen & Unwin.

WRIGLEY, E.A. & SCHOFIELD, R.S. (1981). *The Population History of England, 1541-1871*. Londres: Arnold.

WUTHNOW, R. (1989). *Communities of Discourse*. Cambridge, Mass.: Harvard University Press.

2
Relações entre poder econômico e ideológico

Tornou-se convencional no século XVIII – e permaneceu desde então – distinguir entre duas esferas fundamentais da atividade social – *sociedade civil* (ou apenas *sociedade*) e *o Estado*. Os títulos deste capítulo e do próximo parecem estar em conformidade com essa convenção. Embora Smith, outros economistas políticos e Marx entendessem por *sociedade civil* apenas as instituições econômicas, outros – particularmente Ferguson, Paine, Hegel e Tocqueville – acreditavam que o termo compreende as duas esferas discutidas neste capítulo. Para eles, sociedade civil significava (1) mercados econômicos descentralizados apoiados na propriedade privada e (2) "formas de associação civil [...] círculos científicos e literários, escolas, editoras, hospedarias, [...] organizações religiosas, associações municipais e residências independentes" (KEANE, 1988: 61). Essas duas esferas sustentavam as liberdades vitais descentralizadas e difusas que eles desejavam assegurar contra os poderes impositivos dos estados.

No entanto, uma divisão tão clara entre sociedade e Estado é perigosa. É, paradoxalmente, altamente política, localizando a liberdade e moralidade na sociedade, e não no Estado (obviamente Hegel diverge a esse respeito). Foi desse modo que os escritores do século XVIII resistiram ao que eles viam como despotismo, e, recentemente, também entre os dissidentes soviéticos, do Leste Europeu e chineses que procuraram mobilizar forças descentralizadas da sociedade civil contra a repressão do Estado. No entanto, os estados não são tão distintos do resto da vida social como essas ideologias sugerem. O volume 1 mostra que as sociedades civis surgiram entrelaçadas com os estados modernos. Este volume mostra que, durante o longo século XIX, a sociedade civil se tornou mais substancialmente, embora não completamente, a província do Estado-nação. Isso teve implicações tanto para a economia quanto para as relações ideológicas de poder, e esse é o tema central deste capítulo. Assim, o texto verdadeiro deste capítulo e do capítulo 3 muitas vezes refuta a separação implícita nos seus títulos.

Poder econômico: capitalismo e classes

Por volta de 1760, as relações de poder econômico no Ocidente se tornaram dominadas pelo capitalismo. Seguindo Marx, defino capitalismo nos seguintes termos:

1) *Produção de mercadorias* – Cada fator da produção, incluindo o trabalho, é tratado como um meio, e não um fim em si mesmo, que tem um valor de troca, passível de troca com qualquer outro. Assim, o capitalismo é uma forma difusa de poder econômico, exceto que requer garantia impositiva de:

2) *Propriedade privada exclusiva dos meios de produção* – Os meios de produção, incluindo a força de trabalho, pertencem exclusivamente a uma classe privada de capitalistas.

3) *O trabalho é "livre", mas separado dos meios de produção* – Os operários são livres para vender o seu trabalho e desistir dele como julgarem conveniente, sem proibições impositivas; eles recebem um salário livremente negociado, mas não podem reivindicar diretamente a propriedade sobre o excedente.

Marx argumentou corretamente que o capitalismo revolucionou as *forças produtivas* da sociedade – o poder econômico coletivo. Essa foi a reivindicação mais óbvia da *primazia final* que esse modo particular de produção econômica teve nos tempos modernos. Mas Marx também argumentou que as *relações de produção* do capitalismo – o poder econômico distributivo – também estava revolucionando a sociedade. O excedente poderia então ser extraído por *meios puramente econômicos*, por meio da produção e dos próprios mercados, sem necessidade da assistência de organizações ideológicas, militares e de poder político independentes. Seu contraste entre capitalismo e os modos de produção anteriores foi endossado por muitos (POULANTZAS, 1975: 19; ANDERSON, 1979: 403; GIDDENS, 1985: 181; BRENNER, 1987: 227, 231, 299). Eu discordarei. Marx também argumentou que a produção de mercadorias difunde *as mesmas* relações em todo o capitalismo. Assim, a luta de classes econômica poderia se tornar *pura*, extensiva e política, transnacional e eventualmente simétrica e dialética, como raramente tinha sido antes (embora Marx não tenha admitido bem esse último argumento). Ele via o conflito de classes como o motor do desenvolvimento moderno, gerando suas próprias ideologias, políticas e lutas militares. Suas formas seriam determinadas *em última instância* pela dialética de classes do modo de produção capitalista. Isso acabaria, Marx esperava, e às vezes previa, na derrubada do capitalismo por um proletariado revolucionário, instituindo o socialismo e o comunismo.

Obviamente, Marx errou em algum lugar. Ele superestimou as tendências revolucionárias do proletariado – e antes dele, da burguesia. Mesmo onde as revoluções se aproximaram do sucesso, elas o fizeram por razões outras que não o conflito de classes. Ele exagerou nas contradições econômicas do capitalismo e negligenciou as relações de poder ideológicas, militares, políticas e geopolíticas. Tudo isso é bem conhecido. Mas um trabalho convencional de demolição de Marx nubla a nossa compreensão de onde *exatamente* ele errou e de como poderíamos melhorá-lo. Mesmo que a história não seja a *história da luta de classes*, as classes existem, competindo com outros atores de poder sobre as almas humanas. Nesses dias de recuo marxiano e niilismo pós-moderno, alguns historiadores parecem abandonar completamente a classe (p. ex., JOYCE, 1991). No entanto, isso é jogar fora o bebê com a água do banho. É melhor tornar mais precisas as nossas concepções de classes e dos seus rivais de poder.

Marx foi mais explícito sobre classe ao descrever o campesinato francês:

> Na medida em que milhões de famílias vivem sob condições econômicas de existência que separam o seu modo de vida, seus interesses e sua cultura das outras classes, e os coloca em oposição hostil às últimas, eles formam uma classe. Na medida em que há meramente uma interligação local entre esses pequenos camponeses e a identidade de seus interesses não gera nenhuma comunidade, nenhum vínculo nacional e nenhuma organização política entre eles, eles não formam uma classe. Consequentemente, eles são incapazes de fazer valer os seus interesses de classe em seu próprio nome (1968: 170-171).

O capítulo 19 mostra que Marx estava errado sobre os *pequenos camponeses* – eles foram realmente prolíficos em sua organização. Mas essa passagem é de interesse mais geral. Historiadores e sociólogos frequentemente a comparam em relação a duas outras distinções feitas por Marx. Os pequenos camponeses, dizem eles, constituíam uma classe *em si*, mas não *para si*, têm uma relação comum com os meios de produção, mas são incapazes de uma ação coletiva de classe. Marx estava realmente dizendo isso. Mas os comentadores fizeram uma segunda distinção: o campesinato era *objetivamente*, mas não *subjetivamente*, uma classe. Devemos analisar, eles dizem, duas dimensões de classe, as condições econômicas objetivas e a consciência de classe subjetiva, ambas necessárias para a formação das classes. Hunt, uma historiadora da Revolução Francesa, diz: "Para Marx, a formação da classe dependia tanto da condição econômica como da cultura, categoria social e consciência" (1984: 177). Os sociólogos Westergaard e Resler anunciam que a sua melhor análise da estrutura de classe do século XX parte da questão de "como as clivagens objetivas de poder, riqueza, segurança e oportunidade dão origem a grupos cujos membros estão conscientes de uma identidade comum. A 'classe em si' é traduzida em uma consciência ativa de 'classe para si'?" (1975: 2-3).

É razoável que Marx seja mal-interpretado, pois sua própria polêmica contra o idealismo ajudou a estabelecer o dualismo entre realidade econômica objetiva *versus* consciência subjetiva, que sustenta esses comentários. Mas Marx não está discutindo isso na passagem citada. Ele explicitamente incluiu a *cultura* do campesinato no suposto aspecto objetivo da classe. Inversamente, a *interligação meramente local* dos camponeses, que os impediu de agir suposta e subjetivamente como uma classe, é realmente econômica. Marx não disse nada sobre aspectos de classe econômicos *versus* ideológicos. Em vez disso, ele distinguiu duas precondições de classe predominantemente econômicas: *similaridade*, que os camponeses tinham, e *interdependência coletiva*, que, segundo Marx, eles não tinham. A semelhança econômica dos camponeses deu a eles um sentido de seus interesses de classe mais uma identidade cultural mais ampla. Mas a sua capacidade de organização, de origem igualmente econômica, era parcial e confinada localmente. Para Marx, as classes eram organizações de poder econômico e, como tais, foram definidas por dois critérios, o econômico e o organizacional.

O amplo critério econômico de Marx era a *posse efetiva* de recursos econômicos. No capitalismo, o modelo gera duas classes antagônicas principais, de capitalistas proprietários e proletários não proprietários. Ele também identificou uma classe intermediária de pequeno-burgueses, proprietários de seus meios de produção, mas não controlando o trabalho dos outros; e ele deixou orientações para lidar com a emergência da(s) classe(s) média(s) (cf. capítulo 16). Tais classes podem ser consideradas *objetivas*, mas nós podemos escolher por definir classes por outros critérios *objetivos*. Os denominados teóricos da sociedade industrial distinguem classes de acordo com o seu papel especializado na divisão do trabalho, cujo método produz numerosas classes ocupacionais. Os weberianos identificam classes de acordo com as capacidades do mercado, produzindo muitas classes com base na propriedade, nas habilidades profissionais escassas, nos poderes profissionais e níveis de educação. Como escolhemos entre esses esquemas igualmente *objetivos*?

Na extensa passagem citada anteriormente, Marx nos deu um segundo critério: as classes possuem capacidade de organização. O critério econômico sem o organizacional entrega apenas o que eu chamo de *classe latente* – correspondendo aproximadamente ao termo *classe objetiva* ou *classe em si*. Tal classe latente é de pouco interesse sociológico. Os teóricos podem desenvolver as categorias analíticas que desejem, como tipos ideais, mas apenas algumas delas ajudam a explicar o mundo real. Se classes são atores de poder significativos no mundo real, elas devem estar *organizadas*, extensiva ou politicamente. Ao longo deste volume, abordo as capacidades organizacionais de classe e outros movimentos. Qual é a sua logística? Como e sobre que terreno geográfico e social elas podem comunicar mensagens, intercâmbio de pessoal e organizar petições, greves, motins, revoluções?

Marx pensava que as classes modernas estavam envolvidas umas com as outras em uma luta *dialética* direta. A emergência do modo capitalista de produção deu à burguesia e aos trabalhadores capacidades organizacionais enraizadas na produção, mas totalizadas na sociedade e na sua experiência de vida. Ele estava parcialmente correto. Tais organizações de classe surgiram, com capacidade de mudar a história. É verdade que sua visão da classe trabalhadora era absurdamente utópica – como é improvável que uma classe explorada conseguisse surpreender toda a história anterior em um levante capaz de destruir toda estratificação. No entanto, Marx descobriu uma verdade essencial: o capitalismo criou classes potencialmente extensivas, políticas e ocasionalmente simétricas e dialéticas. Raras em sociedades anteriores, tais classes têm sido onipresentes desde então.

Assim, a consciência de classe é também uma característica perene das sociedades modernas, embora nunca seja pura ou completa. A maioria das classes dominantes mostra consciência ambivalente. Elas partilham uma comunidade coesa e uma defesa aguçada dos seus próprios interesses. Que grupo social poderia ser mais consciente de sua classe do que, digamos, a aristocracia inglesa do século XVIII ou os junkers, proprietários de terra prussianos do século XIX? No entanto, eles normalmente negam que a sociedade é dividida em classes opostas, alegando que as organizações segmentares e locais-regionais (talvez sustentadas por um consenso normativo) são mais significativas. De fato, as classes subordinadas são geralmente incorporadas em tais organizações, mas Marx acreditava que elas poderiam atingir a consciência de classe. Seu modelo de surgimento de consciência de classe continha implicitamente os quatro componentes que eu identifiquei em um livro anterior sobre a classe trabalhadora (1973: 13):

> 1) *Identidade* – A definição do eu como classe trabalhadora, desempenhando um papel distintivo em comum com outros trabalhadores na economia[4]. Essa autoconcepção não precisa estar associada ao conflito de classes.
>
> 2) *Oposição* – A percepção de que os capitalistas e seus gestores constituem o oponente duradouro dos trabalhadores. Identidade mais oposição gerarão conflito, mas isso pode não ser extensivo. Ele pode ser limitado ao local de trabalho, setor ou comunidade local, não generalizado às classes completas, legitimando conflitos seccionais, não de classe.
>
> 3) *Totalidade* – A aceitação dos dois primeiros elementos como a definição característica (1) da situação social total dos trabalhadores e (2) da sociedade como um todo. A adição de (1) acrescenta intensidade à consciência do conflito seccional, e (2) converte a consciência seccional em conflito de classe extensivo.
>
> 4) *Alternativa* – Concebe uma forma alternativa de relações de poder para o capitalismo existente. Isso reforçará o conflito de classe extensivo e político e legitima a luta revolucionária.

Analisarei até que ponto as classes emergentes exibem esses componentes da consciência de classe. A maioria das pessoas provavelmente percebe mais o primeiro que o segundo e o primeiro e o segundo mais que o terceiro e o quarto. Mas é raro que eles sozinhos conduzam resolutamente qualquer um. Somos também membros de famílias, de comunidades e locais de trabalho entre as classes, de Igrejas, de outras associações voluntárias, de nações, e assim por diante. A maioria dessas identidades confunde, e algumas se opõem a um sentido de

---

4. Em 1973, eu escrevi *no processo produtivo* uma frase que agora substituo por um termo mais difuso, *economia*, de acordo com um dos argumentos gerais deste volume.

classe claro. As sociedades são campos de batalha confusos nos quais múltiplas redes de poder disputam nossas almas. Nas sociedades modernas, classe é apenas uma das formas mais importantes de autoidentidade. Mas pessoas em circunstâncias econômicas semelhantes serão também influenciadas por outras identidades. Apenas alguns poucos experimentarão suas vidas como dominadas por uma identidade de classe – ou por uma religiosa, nacional ou qualquer outra sozinha. Ao descrever as classes *atuando* nos próximos capítulos, não estou evocando imagens de massas de pessoas agindo resolutamente como nas heroicas pinturas proletárias soviéticas. Estou descrevendo geralmente alguns militantes, realmente, tão motivados, que são capazes de mover grande número de pessoas, persuadindo-as de que seus sentimentos de classe são a parte mais significativa de si mesmos, mais do que tinham acreditado anteriormente. Mesmo assim, a maioria dessas pessoas pode desejar muito poder continuar a ser produtores leais, católicos, cidadãos, e assim por diante.

Identifiquei seis atores de classe principais: o *Antigo Regime* e a *pequena burguesia*, emergindo por meio de conflitos entre velhos e novos modos de produção e regimes políticos na primeira parte do período; a *classe capitalista* e a *classe trabalhadora*, os dois grandes grupos extensivos emergindo na segunda metade do período; a *classe média*, emergindo, de um modo geral, ao longo do século XIX; e o *campesinato*, de considerável significância durante todo o período. Eu defino essas classes logo no início de três capítulos: o campesinato no capítulo 19, a classe trabalhadora no capítulo 15, e as outras classes no capítulo 4.

Essas classes podem parecer familiares o suficiente, especialmente dentro da tradição marxiana. Mas, ao contrário dos marxistas, não vejo as classes como puras, definidas apenas em termos de relações com os meios de produção. Classes puras e completas nunca organizam grandes mudanças sociais. Os movimentos sociais que reconhecemos como semelhantes a classes podem ser distinguidos em dois níveis. Onde os movimentos de classe completos emergem, eles são impuros: sua força se constituiu tanto por redes de poder não econômicas quanto por econômicas. Consideradas como organizações puramente econômicas, elas são heterogêneas, incapazes de muita ação coletiva (embora frações entre elas possam ter sua própria organização particular). Quatro fissuras econômicas enfraquecem persistentemente a solidariedade de classes inteiras:

1) Fragmentos de classes do setor econômico – Frações tanto de capital e quanto de trabalho se organizam sempre de forma diferente, às vezes uma em conflito com a outra. A agricultura geralmente gera sua própria subcultura. Os trabalhadores rurais raramente se concebem como *proletários*, ao lado de trabalhadores industriais; os proprietários rurais e os pequenos camponeses geram movimentos distintos (cf. capítulo 19). Diferenças interprofissionais e o surgimento dos setores públicos e de serviços aumentam a sua própria heterogeneidade.

2) As relações diretas de produção econômica podem gerar coletividades muito menores do que uma classe completa – podem ser definidas por um único empreendimento, uma única indústria ou ocupação. Isso pode fortalecer a organização segmentar, não a classe. A solidariedade pode ser altamente desenvolvida dentro desses limites, mas tem poucas conexões organizacionais com quem supostamente está na mesma classe. No máximo, elas constituirão uma seção militante do movimento sindical; no mínimo, podem formar uma aliança segmentar com seu empregador, contra outros trabalhadores e empregadores.

3) Estratos e frações dividem as classes – A pequena burguesia do final do século XVIII compreendeu realmente uma coleção variada de profissionais, comerciantes, corretores, lojistas, mestres artesãos, artesãos e muitos outros. Depois, a *classe média* teve uma longa hierarquia ocupacional e três frações distintas (profissionais, carreiristas e pequena burguesia). A classe trabalhadora formou grupos com diferentes poderes no mercado de trabalho, separando especialmente trabalhadores qualificados de não qualificados, e trabalhadores entrincheirados nos mercados de trabalho internos de recém-chegados – muitas vezes reforçados por etnia e gênero. Tais diferenças levam a organizações distintas – de profissão, carreira, sindicato – separando-as de outros membros da *sua classe*. Mercados de trabalho internos, carreiras administrativas e outras formas de dependência hierárquica têm gerado organizações segmentares, reduzindo as perspectivas de organização de classe.

4) O Estado-nação corta transversalmente as classes, formando segmentos nacionais – Nunca houve uma grande burguesia ou proletariado transnacional, embora existam tendências de classe transnacionais (talvez em nenhum lugar mais forte do que entre a classe capitalista contemporânea). Normalmente, os maiores atores de classe têm sido limitados nacionalmente, por isso a *classe trabalhadora britânica*, a *burguesia francesa* e afins. A fragmentação nacional de classe tem sido, de fato, bastante complexa, como veremos adiante.

Por essas quatro razões, as relações de produção não engendram apenas classes completas. Elas são também um campo de batalha confuso, no qual nossas identidades são disputadas. Os atores puramente econômicos têm sido normalmente menores, mais específicos e mais fragmentados pelo seccionalismo interno e pelo segmentalismo transversal do que as grandes classes de Marx. No entanto, suas classes têm desempenhado papéis históricos importantes. Por quê? Não porque a *lei do valor* ou alguma outra lei econômica tenha polarizado todas essas particularidades econômicas em grandes campos de classes. Em vez disso, organizações *não econômicas* têm soldado solidariedades entre essas frações, estratos e segmentos economicamente heterogêneos. O conflito de classes surgiu em sociedades com relações de poder ideológicas, militares e políticas, e, também, foi moldado por elas. Esse ponto é normalmente abordado para explicar *a falta* de solidariedade das classes – por exemplo, porque estão divididas por religião. No entanto, as redes não econômicas também podem *produzir* solidariedade de classes. A negligência de Marx em relação ao poder ideológico, militar e político não é meramente de fenômenos externos ao capitalismo e à classe. Suas organizações ajudaram a metamorfosear atores econômicos díspares, frequentemente com concepções opostas de identidades e interesses, em classes relativamente coesas. Todas as minhas classes foram criadas pelo desenvolvimento entrelaçado das fontes de poder social. A *pureza* das classes modernas, embora em termos históricos bastante desenvolvida, tem sido apenas parcial.

Veremos que os estados, especialmente os estados-nações em desenvolvimento, desempenharam um papel estruturante muito substancial no desenvolvimento da sociedade civil e de suas classes. Nem mesmo a política revolucionária flui simplesmente do conflito entre classes já presente *lá fora*, na sociedade civil. Os atores de classe despertados durante a Revolução Francesa mal existiam antes da Revolução. Eles foram criados pelos seus processos de poder – em parte porque os ideólogos militantes trabalharam arduamente para mobilizar os sentimentos de classe, mas principalmente porque eles foram involuntariamente fomentados pelas relações de poder político. Os estados também são impuros, sendo tanto econômicos quanto políticos. Eles possuem propriedades, gastam e tributam. No século XVIII, os direitos de posse, monopólios e privilégios fiscais proporcionaram recompensas econômicas e geraram políticas segmentares e faccionais. Os grupos *de dentro* foram confrontados com os *de fora*, grupos *da corte* contra os *da pátria*. Os grupos *de dentro* eram de famílias proprietárias de terras, oligarquias comerciais ou profissões aliadas à coroa, enquanto os *de fora* consistiam em facções descontentes dos mesmos grupos liderando a pequena burguesia. Assim, a política de facções se entrelaçou com as lutas seccionais e de classe geradas pela transição do capitalismo comercial para o industrial. Os *de dentro*, a aristocracia rural e os oligarcas comerciais se solidificaram em uma classe do velho regime, e os *de fora*, frações e estratos diversos, se solidificaram em um amplo movimento pequeno-burguês. Essa não foi apenas uma luta de classes; ela também derivou, em alguns casos predominantemente, da economia política do Estado. A *classe* só se tornou extensiva e política à medida que as lutas pelo poder econômico e político se entrelaçaram. Onde as lutas políticas faccionais foram mais fracas, como na Alemanha (ou no Japão), não houve revolução, a política de classes foi mais frágil, e o feudalismo se transformou em capitalismo com pouca luta de classes.

É possível, ao menos, estabelecer pontos paralelos entre as relações de poder ideológicas e militares. Marx acreditava que as classes criam sua própria ideologia, articulando suas próprias atividades e interesses práticos. Elas podem ser ajudadas por intelectuais como ele mesmo, mas esses estão apenas articulando uma ideologia imanente em uma classe já constituída. Essa visão coloca dois problemas: em primeiro lugar, como em outras teorias *instrumentais* da ação (p. ex., a economia neoclássica, a teoria da troca ou da escolha racional), não é claro que os interesses sozinhos podem impulsionar o tipo de ação que Marx visualizava. É sempre do interesse do trabalhador individual se expor ao empregador e ao poder do Estado iniciando um sindicato, e menos ainda, erguendo barricadas ou atacando cossacos? As classes existem, mas elas têm compartilhadas normas e paixões que as inspiram à imprudência, ao sacrifício e à crueldade. Isso as ajuda a superar sua participação econômica diversificada para gerar comportamento coletivo apaixonado. Entre as classes, a ideologia pode ser imanente e transcendente. Em segundo lugar, se a ideologia tem importância, o mesmo vale para os ideólogos. Os ideólogos do século XVIII, seculares e religiosos, fundamentaram mensagens e meios de comunicação que transcenderam as diversas queixas de segmentos da pequena burguesia, frações de classe, contribuintes, aqueles privados de cargos lucrativos, e assim por diante. Jornalistas, donos de cafés, professores e outros mobilizaram a consciência de classe. Um século depois, a dependência da classe média em relação à educação pública ajudou a transformar a sua própria classe e a consciência nacional (cf. capítulo 16).

Da mesma forma, Engels acreditava que alguns tipos de poder militar ajudavam a consciência de classe: o recrutamento em massa do exército prussiano poderia treinar os revolucionários. Acredito no contrário: nesse período, as forças armadas tenderam a proporcionar disciplina segmentar eficaz sobre as classes subordinadas, ajudando na sobrevivência de regimes e classes dominantes. No entanto, outras organizações de poder militar – guerrilhas e exércitos derrotados – têm auxiliado na formação de classes, como veremos.

Assim, as classes foram formadas de modo imperfeito e hesitante. As múltiplas identidades econômicas foram soldadas entre si pelas redes de poder político, ideológico e militar, com as quais as lutas econômicas sempre se entrelaçaram.

Isso também torna problemática a qualidade principal da luta de classes para Marx: sua natureza simétrica e *dialética*. Se a classe A está organizada em relação a diferentes redes de poder para a classe B, elas podem não se encontrar de frente sobre o mesmo terreno. Marx tomava como certa a arena do conflito, assim como muitos outros. O capitalismo é sempre definido de modo transnacional, penetrando as fronteiras socioespaciais do Estado onde quer que existam mercadorias para trocar e lucros para ganhar. Mas o capitalismo surgiu realmente dentro e entre os territórios dos estados. Ele se tornou socioespacialmente estruturado por suas relações domésticas e geopolíticas. Suas classes poderiam ter três formas socioespaciais, assim como seus segmentos e, de fato, todos os atores de poder:

1) *Transnacional* – A organização e a luta avançam sobre as fronteiras dos estados, sem referência significativa a tais limites. As classes ocupam a extensão global do capitalismo. Estados e nações são irrelevantes para a luta de classes: seus poderes se

enfraquecem pelo alcance global dessa luta. Com o uso de uma distinção explicada adiante, os interesses são definidos mais pelo mercado do que pelo território. Um exemplo de uma classe predominantemente transnacional foi a nobreza medieval, ligada por relações de parentesco se estendendo por toda a Europa, conduzindo a sua própria diplomacia de classes e muitas guerras. Mais pacificamente, foi assim que a maioria dos teóricos clássicos – de Smith a Marx e Durkheim – viu o futuro do capitalismo. As classes modernas seriam transnacionais.

2) *Nacionalista*[5] – Todos ou alguns dos habitantes de um Estado se tornam uma quase-classe cujos interesses econômicos entram em conflito com os dos habitantes de outros estados. As *nações*, ou as *classes-nacionais* mais restritas, competem e exploram umas às outras, cada uma com a sua práxis distintiva na divisão internacional do trabalho. As classes nacionalistas encorajam o que eu chamo de definições *territoriais* de interesse (a serem discutidas em breve) e rivalidade geoeconômica e geopolítica agressiva. Uma ênfase nas organizações nacionalistas supostamente dominantes em seus próprios tempos sufocou o trabalho de escritores da virada do século, como Gumplowicz (1899) e Oppenheimer (1922), formalizado por Rüstow (1981), na noção de *superestratificação*, a dominação de uma nação sobre outra. As mesmas tendências históricas informaram a teoria do imperialismo de Lenin e depois a teoria marxiana mais recente, como as teorias de Wallerstein e Chase-Dunn sobre o *sistema mundial* e as teorias contemporâneas da dependência do Terceiro Mundo.

3) *Nacional* – A organização e a luta de classes estão territorialmente confinadas a cada Estado, sem referência significativa às relações de classe em outros estados. Aqui, a práxis da classe não está *ancorada* em um espaço internacional. As classes podem estar enredadas nas lutas domésticas por causa da identidade da nação, mas o seu sentido de nacionalidade está voltado para dentro – divorciado de, e incompetente em, assuntos internacionais. Elas não têm interesses geopolíticos ou geoeconômicos sérios em relação a mercados ou território e nenhuma predisposição considerável para a guerra ou paz. Nenhuma grande escola de teoria conceitua esse modelo de classe, mas enfatizo a sua importância ao longo desse período.

Esses são tipos ideais. As classes reais (e outros atores de poder) normalmente incorporam elementos das três organizações. Uma classe pode conter frações distintas, uma relativamente transnacional, outra nacionalista. Ou os atores de classe podem sentir o puxão de duas ou três formas organizacionais simultaneamente, reduzindo a coerência de classe. Ou uma classe pode ser muito

---

5. Em trabalhos anteriores, usei o rótulo *inter-nacional* para esse tipo de organização. Para os leitores entenderem, tal rótulo exigia que prestassem muita atenção ao seu hífen. A palavra *internacional*, sem hífen, é convencionalmente usada para denotar algo próximo à minha organização transnacional (como em *internacionalismo liberal*). Como *nacionalista*, convencionalmente transmite o sentido grosseiro do que quero dizer nesse segundo tipo, ele foi escolhido.

mais confinada nacionalmente do que outra, como o trabalho é quando comparado com o capital hoje em dia. Assim, é menos provável que as classes se encontrem dialeticamente frente a frente, como Marx esperava.

O papel estruturante dos estados-nações significa que a sua geopolítica também se entrelaça com as classes. Tem sido comum analisar o impacto da luta de classes na geopolítica (p. ex., na teoria do imperialismo social, discutida no capítulo 21). É menos comum, entretanto necessário, inverter a causalidade (como fizeram Skocpol (1979) e Maier 1981)). O capitalismo e o capitalismo industrial foram *feitos na Grã-Bretanha*. A quase-hegemonia britânica, e a resistência que provocou na França, na Alemanha e em outros lugares, reformulou a natureza da luta de classes, assim como a hegemonia americana mais recente. Não podemos contar nenhuma das histórias, da luta de classes e da geopolítica, uma sem a outra. Aqui eu faço a afirmação imodesta de que isso nunca foi tentado em uma escala tão ampla antes deste volume.

Não só as classes, mas também as próprias concepções de *interesse* econômico e *lucro* são afetadas pela geopolítica. Podemos distinguir duas concepções típico-ideais de lucro e interesse econômico, aqui denominadas de *mercado* e *territorial* (cf. KRASNER, 1985: 5; ROSECRANCE, 1986; GILPIN, 1987: 8-24). Uma concepção de mercado vê o interesse como sendo privado e promovido pela posse de recursos nos mercados, independentemente dos territórios estatais, da guerra ou da diplomacia agressiva. É transnacional e pacificamente orientado. Os capitalistas buscarão o lucro onde quer que haja mercados, independentemente das fronteiras do Estado. A geopolítica não define aqui *interesse*. No entanto, uma concepção territorial de interesse econômico vê o lucro garantido pelo controle impositivo do território pelo Estado, muitas vezes pela diplomacia agressiva e, *in extremis*, pela guerra. A tensão entre mercado e território, capitalismo e geopolítica, é um tema deste volume.

Novamente, esses tipos ideais não existem no mundo real. O capitalismo e os estados coabitam o mundo e se influenciam mutuamente. Podemos distinguir seis estratégias principais:

1) *Laissez-faire* – O Estado simplesmente endossa (ou é incapaz de alterar) os termos de mercado existentes, e não tenta alterá-los impositivamente.

2) *O protecionismo nacional* – A interferência do Estado é impositiva, embora isso se dê de forma pragmática e pacífica nos termos de mercado existentes para proteger a sua própria economia (ao lidar com a Alemanha do século XIX, eu subdivido o protecionismo em proteção *seletiva* e *coordenada em geral*).

3) *Dominação mercantilista* – O Estado tenta dominar os mercados internacionais, controlando impositivamente como pode tais recursos, avançando em direção a sanções diplomáticas (talvez em concertação com estados aliados), e até mesmo a demonstrações de força, mas sem guerra e expansão territorial. A velha fórmula mercantilista era que *poder e abundância* se uniam.

A maioria dos regimes de economia política internacional combina essas três estratégias em diferentes graus. Embora incorporem conflitos, não costumam desencadear guerras (como no conflito de *O Terceiro Mundo contra o liberalismo global*, analisado em KRASNER, 1985), mas três outras economias políticas implicam mais agressão:

4) *O imperialismo econômico* – O Estado conquista território por motivos diretos de lucro econômico.

5) *O imperialismo social* – A conquista visa principalmente controlar territórios e populações existentes mais do que novos territórios e populações. Ela procura distrair a atenção do conflito entre classes ou outros grupos dentro dos territórios estatais existentes. Lenin e os marxistas enfatizaram a distração de classe; Weber viu o imperialismo social como empregável por quem controla o Estado contra quem quer que seja o inimigo. Os motivos do regime dizem respeito principalmente à política interna, a *Innenpolitik*; a geopolítica, a *Aussenpolitik*, é o seu subproduto.

6) *O imperialismo geopolítico* – O Estado tenta conquistar o território como um fim em si mesmo.

Estas seis estratégias revelam que *poder e abundância*, geopolítica e capitalismo, território e mercado, geralmente se entrelaçam. Mesmo os dois extremos não são inteiramente *puros*. Os britânicos estavam em grande medida atrelados ao *laissez-faire* no século XIX porque estratégias mais bélicas (3 e 4) ajudaram a formar o Império Britânico e a Marinha Real, que então asseguravam que os termos internacionais do comércio fossem principalmente *os seus* termos. No outro extremo, Hitler adotou o imperialismo geopolítico, obcecado pelo poder mundial e prestando pouca atenção à economia. No entanto, até ele pensou que isso traria lucro à Alemanha. A economia política internacional – por exemplo, o *laissez-faire* ou o protecionismo – não resulta de um cálculo *puro* do interesse econômico. As definições de interesse da vida real são afetadas pelo território, pelos sentidos da identidade nacional e pela geopolítica, tal como a geopolítica é afetada pelo interesse econômico. Ambos são também afetados por ideologias. Nenhuma estratégia era de forma evidente superior economicamente às dos seus principais rivais. A decisão ou a mudança entre elas resultou normalmente do entrelaçamento de *Innen-* e *Aussenpolitik* e de redes de poder ideológicas, econômicas, militares, políticas e geopolíticas. Assim, os capítulos posteriores entrelaçarão as histórias políticas, extensivas, mas ainda *impuras*, de classes e estados-nações emergentes.

Relações de poder ideológicas

Como indiquei no capítulo 1, acredito que o poder ideológico diminuiu um pouco de importância durante esse período. No entanto, isso não o torna insignificante. Os capítulos 4-7 tratam o poder ideológico como uma parte essencial e autônoma do surgimento das classes e nações burguesas, especialmente influentes na formação de suas paixões. Os capítulos 16 e 20 continuam então esse argumento ao longo do século XIX, descrevendo a importância das instituições educacionais estatais para o surgimento da classe média e discutindo o nacionalismo como uma ideologia. O capítulo 15 distingue as principais formas de ideologia socialista encontradas entre os movimentos da classe trabalhadora e camponesa do longo século XIX; e os capítulos 17-19 traçam seu desenvolvimento. Eu não exploro totalmente a autonomia potencial dessas ideologias no período posterior, neste volume. Essa tarefa está reservada para o meu terceiro volume, que tratará em conjunto as ideologias socialista e nacionalista ao longo do terreno do século XX. A discussão que se segue se concentra em períodos anteriores.

Faço duas observações gerais sobre o poder ideológico em 1760. Em primeiro lugar, assim como o outro aspecto principal da sociedade civil, a economia capitalista e suas classes, as redes ideológicas de poder foram divididas entre terrenos transnacionais e nacionais. Por um lado, a Europa – cada vez mais o *Ocidente* – era uma comunidade normativa, suas ideologias se difundiam de modo intersticial e *transcendental* entre estados. Por outro lado, os estados ergueram barreiras ao livre-fluxo de mensagens – mais eficazes se as comunidades linguísticas coincidissem com as fronteiras estatais. Então, ao longo do período, o nacional tendeu a se fortalecer à custa do transnacional, embora esse último sempre sobrevivesse. Em segundo lugar, os meios de comunicação discursiva sofriam uma expansão revolucionária durante o século XVIII, permitindo que o poder ideológico desempenhasse um papel algo autônomo.

A Europa foi uma comunidade ideológica durante um milênio. Valores, normas, rituais e estéticas se difundiram por todo o continente. Ela tinha sido uma *ecumene* cristã única, então rachada em metades católica e protestante. Vemos as Igrejas perderem o poder nos estados, mas permanecerem entrincheiradas na família e no nível local-regional, especialmente no interior. O poder histórico e depois o declínio parcial da Cristandade deixaram um legado importante: os meios de comunicação eram intersticiais, não controlados por nenhuma organização de poder. Porque muito da alfabetização era financiada pela Igreja, os meios não eram totalmente controlados pelo Estado ou pelo capitalismo, apesar de ambos terem tentado. Os europeus também difundiram suas ideologias por meio de suas colônias, modificando *cristãos* para *brancos* e *Europa* para *Ocidente*. As mensagens ideológicas se difundiram por todo o Ocidente, relativamente não confinadas pelas fronteiras nacionais. Em termos comparativos, essa autonomia de poder ideológico era incomum; nem o Japão nem a China a tinham em grau comparável aos primeiros tempos modernos. Ser um ocidental era participar de uma organização de poder ideológico parcialmente transcendente, intersticial ao alcance de outras organizações de poder. Isso também significa que a arena internacional estava longe de ser normalizada, como os realistas tendem a argumentar.

Os teóricos enfatizam a rápida difusão das ideologias ao longo desse período, muitas vezes afirmando que isso indica *a autonomia das ideias* na sociedade (p. ex., BENDIX, 1978). Essa não é bem a minha posição. Mas eu não contraponho a esse *idealismo* um *materialismo* que reduz as ideias à sua base social. Minha posição é de um *materialismo organizacional*: as ideologias são tentativas de lidar com problemas sociais reais, mas elas são difundidas por meios específicos de comunicação e *suas* características podem transformar as mensagens ideológicas, conferindo também autonomia ao poder ideológico. Assim, as particularidades da organização do poder ideológico devem ser nosso objeto de estudo.

Isso significa que devemos nos focar em torno de 1760, sobre uma revolução contínua na *alfabetização discursiva* – a capacidade de ler e escrever textos que não são meras fórmulas ou listas, mas pressupõem domínio alfabetizado da conversação e da argumentação. Este volume apresenta várias ideologias discursivas durante o longo século XIX. Algumas eram religiosas: o puritanismo influenciou o início da história americana; o protestantismo moral afetou a Grã-Bretanha; a divisão protestante-católica teve um papel duradouro na Alemanha. Outras eram seculares, geralmente disputando com as religiões: o Iluminismo, o utilitarismo, o liberalismo e as duas maiores ideologias modernas, de nação e classe. Todas essas ideologias foram compartilhadas em territórios extensivos ligados pela comunicação da alfabetização discursiva.

Benedict Anderson (1983) fez uma observação famosa, de que a nação é uma *comunidade imaginada* no tempo e no espaço. Pessoas que nunca se encontraram, que não têm nenhuma conexão direta – mesmo os vivos, os mortos e os que ainda não nasceram – supostamente se tornam unidas em uma *nação*. Como uma secretária da Ucla, que me explicou sobre o feriado americano de Ação de Graças: "É quando nos lembramos dos nossos antepassados que vieram no *Mayflower*". Sua imaginação era impressionante, já que ela é negra. Acrescento o que Anderson, um marxista, não faz: se a nação fosse uma comunidade imaginada, sua rival, classe, poderia parecer ainda mais metafórica, uma verdadeira *comunidade imaginária*. As nações foram reforçadas por tradições históricas duradouras, fronteiras estatais (passadas ou presentes), ou comunidades linguísticas ou religiosas. Como as classes, com pouca história anterior (além das classes dominantes), que sempre vivem entre e cooperam com outras classes, foram concebidas e criadas como comunidades? Observaremos as duas comunidades imaginadas surgindo juntas com a alfabetização discursiva difundida sobre as sociedades, além da rede particularista do velho regime a que tinha sido confinada até então.

A maioria das infraestruturas ideológicas foram então estabelecidas, como Anderson diz, pela *cultura impressa*, embora não simplesmente pelo seu *capita-*

lismo impresso. Os textos foram copiados e circularam aos milhares. A medida habitual da alfabetização é mínima: a capacidade de assinar o nome no registro de casamento. Entre o final do século XVII e o final do XVIII, ela mais do que dobrou na maioria dos países, resultando em cerca de 90% de homens e 67% de mulheres assinando na Suécia e Nova Inglaterra, 60% e 45% na Grã-Bretanha, e 50% de homens alfabetizados na França e na Alemanha (LOCKRIDGE, 1974; SCHOFIELD, 1981; FURET & OZOUF, 1982; WEST, 1985). A ascensão masculina precedeu a feminina, mas, por volta de 1800, as mulheres estavam se aproximando. A assinatura não mede a alfabetização discursiva – muitos signatários poderiam fazer pouco mais do que escrever e não ler – mas a situa no meio de uma alfabetização básica em rápido crescimento. A alfabetização discursiva foi conduzida por nove meios de comunicação social principais:

1) *Igrejas* – A partir do século XVI, as Igrejas protestantes e depois católicas encorajaram a leitura da Bíblia e a leitura e escrita de catecismos simples. Essa foi a causa básica do surgimento da alfabetização e do letramento. As escolas de Igreja foram responsáveis pelo crescimento inicial da alfabetização discursiva e dominaram a educação primária na maioria dos países até o final do século XIX. Em 1800, as obras devocionais ainda eram a maioria dos *best-sellers* literários.

2) *As forças armadas* – A *revolução militar* de 1540-1660 centralizou e burocratizou exércitos e marinhas. Os treinamentos e o suporte logístico se tornaram padronizados; a tecnologia desenvolveu a artilharia e as marinhas; a divisão entre comando e linha de frente institucionalizou as ordens escritas e a leitura de mapas. Os manuais de treino e sinalização naval se tornaram comuns entre oficiais e oficiais não comissionados, intendentes e oficiais de artilharia e navais precisavam de alfabetização e habilidades matemáticas completas, e oficiais superiores eram cada vez mais *estudados* no sentido moderno. O aumento da força de trabalho militar, atingindo 5% da população total no final do século XVIII (capítulo 11), fez desse um meio significativo de alfabetização discursiva.

3) *Administração do Estado* – Antes da expansão em massa da burocracia mais baixa no final do século XIX (cf. capítulo 11), houve apenas um aumento modesto, concentrado nos departamentos fiscais que abasteciam as forças armadas. Mas a alfabetização dos administradores superiores se tornou secularizada à medida que as universidades substituíram as Igrejas e a vida familiar de classe alta na educação dos administradores.

4) *Comércio* – Sua expansão massiva nos séculos XVII e XVIII difundiu a alfabetização discursiva por meio de contratos, contas e métodos de mercado. A alfabetização foi maior em áreas comerciais e ocupações do que na agricultura ou na produção industrial. O comércio também envolvia as mulheres, embora em menor medida, uma vez que o local de trabalho se separava do lar com a industrialização.

5) *A profissão de advogado* – O direito ocupou a interface ideológica entre a Igreja, o Estado e o comércio. Ele dobrou de tamanho na maioria dos países do século XVIII, e sua educação se ampliou em escopo.

6) *Universidades* – Controladas pela Igreja ou pelo Estado e provendo jovens adultos para eles e para a profissão de advogado, as universidades rapidamente se expandiram no século XVIII para se tornar a principal instrutora de alfabetização discursiva de alto nível.

7) *Os meios literários* – A escrita, impressão, circulação e leitura de produtos literários se expandiram rapidamente a partir do final do século XVII, transformadas pelos métodos de produção e de mercado capitalistas. Eles se difundiram nas residências da classe média. Embora seus produtores fossem principalmente homens, seus consumidores podem ter se tornado principalmente mulheres (WATT, 1963).

8) *Meios de comunicação periódicos* – Jornais, periódicos e panfletos seculares começaram quase no final do século XVII e se expandiram exponencialmente ao longo do XVIII.

9) *Centros de discussão* – Academias, clubes, bibliotecas, salões, tabernas e cafés se expandiram rapidamente como centros de discussão pública de materiais discursivos impressos. Até mesmo barbeiros e fabricantes de perucas estocavam jornais e panfletos e serviam como centros de discussão. Todos, exceto os salões, eram dominados por homens.

Taxas de crescimento tão diversas e apenas esporadicamente quantificáveis não podem ser resumidas em um índice global de expansão discursiva. No entanto, ao longo do século XVIII, a alfabetização discursiva provavelmente se expandiu bem mais rapidamente do que a alfabetização básica. Uma rede de comunicações em massa estava emergindo. Quem participava dela e quem a controlava?

A demanda primária veio inicialmente das Igrejas, depois dos estados, especialmente das suas forças armadas, e do capitalismo comercial. Isso demarcou dois grandes caminhos alternativos. Tomo a Grã-Bretanha como o protótipo de um caminho *capitalista comercial* difuso (semelhante ao *capitalismo impresso* de Anderson), a Áustria e a Prússia como protótipo de uma rota *militar-estatista* impositiva, com o Antigo Regime francês combinando ambos. Ambos receberam uma grande contribuição moral-religiosa das Igrejas. Na Grã-Bretanha, a expansão comercial gerou uma pequena burguesia em massa, advogados, universidades, escolas e técnicas empreendedoras de mercado de massa para os meios literários. Na Áustria e na Prússia, o exército e a expansão administrativa ligaram advogados, universidades, escolas e os meios literários mais estreitamente ao Estado. A França, comercial e estatista, experimentou ambas as expansões. Ambas as rotas ligavam o novo ao antigo. As *novas* redes de poder – da pequena burguesia e dos oficiais profissionais e funcionários públicos – também estavam ligadas às classes comerciantes e nobres e aos clérigos. Os resultados foram diferentes fermentações ideológicas, nenhuma inteiramente harmoniosa, nos três casos.

Em 1760, os estados e as classes capitalistas eram provavelmente os principais clientes dos ideólogos. No entanto, a demanda não levou simplesmente ao controle efetivo. Na Grã-Bretanha não faltou um Estado ou Igrejas, nem na Áustria faltou capitalismo e Igrejas. Em cada país, as Igrejas, o Estado e as classes tinham demandas distintas, às vezes conflitantes, e eram elas próprias faccionalizadas em relação às estratégias de modernização. O resultado foi um espaço intersticial dentro do qual os ideólogos poderiam operar.

Mas o faccionalismo também dividiu os ideólogos. Isso era especialmente evidente nos dilemas religião-ciência, capitalista-estatista e mercado-território implícitos no Iluminismo (CASSIRER, 1951; GAY, 1964; 1967; PAYNE, 1976). Os filósofos privilegiaram a razão humana. A razão foi concebida, em primeiro lugar, como uma *racionalidade formal* científica – eles chamavam o *esprit systematique*, a aplicação sistemática de cálculos metódicos, um questionamento implacável de todos os arranjos sociais para ver se traziam a felicidade humana. Mas a razão também foi concebida como *substantiva*, moral e fortemente influenciada pela religião. A razão poderia nos dizer o que a felicidade e a boa sociedade realmente eram. Nem todos possuíam razão plena, mas a estupidez da plebe, a ingenuidade dos selvagens e a razão muitas vezes defeituosa das mulheres eram improváveis pela cultura e educação. Assim argumentou o famoso panfleto de Kant *O que é Iluminismo?* Embora a maioria dos filósofos proeminentes fosse antirreligiosa, seu moralismo era claramente derivado da religiosidade europeia e era acompanhado por um considerável fermento moral dentro das próprias Igrejas. A ideologia, como a moralidade e a paixão, assim como a ciência, estava florescendo.

Quando aplicada à sociedade, a razão também continha uma contradição. Por um lado, a racionalidade formal foi descentralizada, fomentada especialmente pela *mão invisível* do capitalismo comercial. No centro anglo-americano do capitalismo, isso encorajou uma estratégia de regime predominantemente liberal: economia política de *laissez-faire*, cidadania civil individual, desenvolvimento da cidadania política para proprietários, individualismo moral (muitas vezes protestante) e o dever de difundir o esclarecimento e a moralidade por meio de caridade privada e trabalho voluntário. Essas ideias também ressoaram em outros países porque os filósofos eram transnacionais, defendendo programas independentemente das fronteiras do Estado e se comunicando facilmente por meio de suas habilidades linguísticas e viagens incessantes. No entanto, na Europa absolutista, o potencial da razão substantiva foi mais identificado com os estados modernizadores. Embora quase todos os filósofos respeitassem a *liberdade* e o progresso material do capitalismo e das associações privadas, a maioria também viu que a responsabilidade social esclarecida convidava à ação legislativa. Kant encarnou essa ambivalência, acreditando tanto no absolutismo esclarecido como na difusão transnacional do Iluminismo para trazer *paz perpétua* ao mundo. Filósofos usando um modelo de *sociedade civil* versus *o Estado* não poderiam sustentar seu dualismo fundamental.

A ambivalência passou para um novo plano quando a *mão* do capitalismo se tornou *visível* posteriormente. Embora seus ideólogos apresentassem o *laissez-faire* como uma lei natural, ele pressupunha uma sociedade de classes na qual alguns possuíam os meios de produção e outros possuíam apenas o seu trabalho. Assim, a *mão* encarnava, enquanto ocultava, o poder de classe. Ela também incorporou o poder geopolítico dos capitalistas *nacionais*, capazes de estabelecer os termos do comércio sobre as nações menos capitalistas. O livre-comércio era então visto como comércio dominado pelos britânicos. Os ideólogos do século XIX, tanto das classes emergentes como dos estados, contestaram a regra da *mão* ao defenderem um maior poder estatal impositivo e territorial.

O entrelaçamento de classes e estados-nações produziu dilemas emergentes para atores de poder para os quais não existiam soluções claras. De fato, como vimos em relação às classes, a própria identidade das classes e nações ainda era fluida, influenciada por ideólogos. O espaço intersticial existia para que os ideólogos propusessem suas soluções e influenciassem as identidades sociais. A comunidade ideológica ocidental explorou contradições transcendentes em desenvolvimento. A teoria econômica estava dividida entre a teoria do mercado de Adam Smith e duas ideologias mais impositivas, a alternativa *territorial nacional* de Friedrich List e a de classe de Karl Marx. Seus desentendimentos tripartidos logo repercutiram globalmente em meio às lutas de potências e classes.

Aqui está Ito Hirobumi, o principal autor da Constituição Meiji do Japão de 1889:

> Estávamos em uma era de transição. As opiniões que prevaleciam no país eram extremamente heterogêneas e, muitas vezes, diametralmente opostas entre si. Tínhamos sobreviventes de gerações anteriores que ainda estavam cheios de ideias teocráticas, e que acreditavam que qualquer tentativa de restringir uma prerrogativa imperial equivalia a algo como alta traição. Por outro lado, havia um corpo grande e poderoso da geração mais jovem educada na época em que a teoria de Manchester [ou seja, *laissez-faire*] estava em voga, e que, em consequência, era ultrarradical em suas ideias de liberdade. Membros da burocracia estavam propensos a dar ouvidos às doutrinas alemãs do período reacionário, enquanto que, por outro lado, os políticos instruídos entre as pessoas que ainda não tinham provado o amargo significado da responsabilidade administrativa, estavam suscetíveis de ser mais influenciados pelas palavras deslumbrantes e lúcidas teorias de Montesquieu, Rousseau e escritores franceses similares [...]. Foi nessas circunstâncias que o primeiro projeto de Constituição foi elaborado e submetido a Sua Majestade (apud BENDIX, 1978: 485).

Havia *autonomia* ideológica nisso? Alternativamente, eram os filósofos – os teóricos de Manchester de Hirobumi e os doutrinadores alemães – meros ajudantes, *intelectuais orgânicos* no sentido de Gramsci, para os Meiji e os seus equivalentes ocidentais? Eles simplesmente ofereceram esquemas intelectuais que os regimes dominantes eram livres para aceitar, rejeitar ou melhorar? Os meios ideológicos estavam, afinal, desempenhando funções técnicas especializadas. Eles estavam expandindo a capacidade de ler catecismos, manuais de treinamento e contratos comerciais. Talvez os ideólogos estivessem oferecendo mera moral *imanente* a classes e regimes políticos já formados.

No entanto, os ideólogos também tinham dois poderes criativos. Em primeiro lugar, as classes e as facções estatais não estavam já constituídas, mas sim emergindo intersticialmente. Os ideólogos ajudaram a criar suas *comunidades imaginadas*, especialmente nas revoluções americana e francesa (cf. capítulos 5 e 6), mas também de forma mais geral. Em segundo lugar, os meios discursivos também tinham propriedades emergentes, liberando-as parcialmente do controle. A maioria não era segregada, apenas comunicando conhecimento técnico para clientes especializados. Também difundiam conjuntamente debates sobre significados gerais, normas, rituais e estética. Modernizando as ideologias – o cameralismo, o Iluminismo, o movimento evangélico, a teoria do contrato social, a reforma política e *econômica*, o *aperfeiçoamento*, a economia política –, difundidas nos meios de comunicação. Suas reivindicações eram universais, se aplicando tanto à moralidade quanto à ciência, influenciando as ideologias de nação e classe. Os debates a três entre as escolas de Smith, List e Marx não se referiam apenas aos interesses econômicos das classes e dos estados. Muita experiência social foi intersticial à classe e ao Estado; a Europa buscou a modernização e o *Santo Graal* do progresso. Esses escritores não eram meros pragmatistas econômicos. Eles viam o conflito ideológico como moral e filosófico, no que diz respeito à verdade cosmológica e à moralidade, bem como à economia. Todos os três estavam ancorados no Iluminismo: o mundo era improvável se a razão fosse colocada à frente de um movimento social. Como ideólogos potencialmente *transcendentes*, eles poderiam ter uma ressonância mais formidável.

Assim, o pessoal responsável pelos meios discursivos desenvolveu um sentido de sua própria comunidade. Uma elite ideológica de poder – a *intelligentsia*, os intelectuais – apareceu como um ator coletivo, tal como a casta clerical e sacerdotal tinha feito em épocas anteriores. É verdade que os intelectuais não estavam unidos ou eram *puros*; muitos permaneceram leais aos seus clientes, e seus clientes lutaram para controlá-los com recompensas e punições, licenciamento e censura. No entanto, a batalha foi reconhecida pelos protagonistas como real e inovadora: uma luta por poderes alargados de mobilização ideológica. Classes entrelaçadas, nações, estados, Igrejas e outros lutavam pelo poder. As soluções foram oferecidas por uma comunidade ideológica ocidental transcendente e revolucionada. Eu avalio o seu grau preciso de autonomia e poder nos meus capítulos narrativos. Elas foram geralmente maiores no início do período do que depois, quando os regimes desenvolveram estratégias de enfrentamento centradas no confinamento da maioria das redes de poder ideológico dentro das instituições estatais.

Conclusão

O capitalismo e os meios de alfabetização discursiva foram as duas faces de uma sociedade civil que se difundiu ao longo da civilização europeia do século XVIII. Eles não eram redutíveis entre si, embora estivessem entrelaçados, especialmente nos países ocidentais mais capitalistas. Eles não foram mais do que parcialmente enjaulados por classes dominantes, Igrejas, elites militares e estados, embora tenham sido variavelmente encorajados e estruturados por eles. Assim, eles foram parcialmente transnacionais e intersticiais a outras organizações de poder – apenas parcialmente, no entanto, e os capítulos seguintes apresentarão um declínio em ambas as qualidades. As sociedades civis estavam sempre entrelaçadas com estados – e se tornaram ainda mais durante o longo século XIX.

Referências

ANDERSON, B. (1983). *Imagined Communities*. Londres: Verso.

ANDERSON, P. (1979). *Lineages of the Absolutist State*. Londres: Verso.

BENDIX, R. (1978). *Kings or People*: Power and the Mandate to Rule. Berkeley: University of California Press.

BRENNER, R. (1987). The agrarian roots of European capitalism. In: T. Aston & C. Philpin. *The Brenner Debate*. Cambridge: Cambridge University Press.

CASSIRER, E. (1951). *The Philosophy of the Enlightenment*. Princeton, NJ: Princeton University Press.

FERGUSON, A. (1966). *An Essay on the History of Civil Society* (1767). Edimburgo: Edinburgh University Press.

FURET, F. & OZOUF, M. (1982). *Reading and Writing*: Literacy in France from Calvin to Jules Ferry. Cambridge: Cambridge University Press.

GAY, P. (1967). *The Enlightenment: An Interpretation* – Vol. I: The Rise of Modern Paganism. Londres: Weidenfeld & Nicolson.

_____ (1964). *The Party of Humanity*. Londres: Weidenfeld & Nicolson.

GIDDENS, A. (1985). *The Nation-State and Violence*. Oxford: Polity Press.

GILPIN, R. (1987). *The Political Economy of International Relations*. Princeton, NJ: Princeton University Press.

GUMPLOWICZ, L. (1899). *The Outlines of Sociology*. Filadélfia: American Academy of Political Social Science.

HUNT, L. (1984). *Politics, Culture, and Class in the French Revolution*. Berkeley: University of California Press.

JOYCE, P. (1991). *Visions of the People*: Industrial England and the Question of Class, 1848-1914. Cambridge: Cambridge University Press.

KANT, I. (1963). What is Enlightenment? In: L.W. Beck (org.). *Kant on History*. Indianápolis, Ind.: Bobbs-Merrill.

KEANE, J. (1988). Despotism and democracy. In: *Civil Society and the State*: New European Perspectives. Londres: Verso.

KRASNER, S. (1985). *Structural Conflict*: The Third World Against Global Liberalism. Berkeley: University of California Press.

LOCKRIDGE, K. (1974). *Literacy in Colonial New England*. Nova York: Norton.

MAIER, S. (1981). The two postwar eras and the conditions for stability in twentieth century Western Europe. *American Historical Review*, 86.

MANN, M. (1973). *Consciousness and Action Among the Western Working Class*. Londres: Macmillan.

MARX, K. (1968). The 18th Brumaire of Louis Bonaparte. In: *Marx and Engels, Selected Works*. Londres: Lawrence & Wishart.

OPPENHEIMER, F. (1922). *The State*. Nova York: B.W. Huebsch.

PARKIN, F. (1979). *Marxism and Class Theory*: A Bourgeois Critique. Londres: Tavistock.

PAYNE, H.C. (1976). *The Philosophes and the People*. New Haven, Conn.: Yale University Press.

POULANTZAS, N. (1975). *Classes in Contemporary Capitalism*. Londres: NLB.

ROSECRANCE, R. (1986). *The Rise of the Trading State*: Commerce and Conquest in the Modern World. Nova York: Basic Books.

RÜSTOW, A. (1981). *Freedom and Domination*: A Historical Critique of Civilization. Princeton, NJ: Princeton University Press.

SCHOFIELD, R.S. (1981). Dimensions of illiteracy in England, 1750-1850. In: *Literacy and Social Development in the West*. H.J. Graff (org.). Cambridge: Cambridge University Press.

SKOCPOL, T. (1979). *States and Social Revolutions*. Cambridge: Cambridge University Press.

WATT, I. (1963). *The Rise of the Novel.* Harmondsworth: Penguin Books.

WEST, E.G. (1985). Literacy and the Industrial Revolution. In: *The Economics of the Industrial Revolution.* J. Mokyr (org.). Londres: Allen & Unwin.

WESTERGAARD, J. & RESLER, H. (1975). *Class in a Capitalist Society*: A Study of Contemporary Britain. Londres: Heinemann.

3
Uma teoria do Estado moderno

O capítulo 1 distingue claramente entre poder militar e poder político. No entanto, os estados modernos parecem fundir os dois, uma vez que eles monopolizam formalmente os meios de violência militar. Isso não pôs fim à autonomia da organização do poder militar, como os capítulos 12 e 21 deixam claro, mas o redirecionou por meio de organizações que eram formalmente do Estado. Por isso, este capítulo trata do poder militar dentro de uma discussão mais ampla sobre poder político.

Eu reviso cinco teorias atuais sobre o Estado, mais os conceitos políticos de Max Weber. Em seguida, percorro três fases rumo à minha própria teoria. Começo com uma definição *institucional* do Estado e procuro especificar as muitas particularidades institucionais dos estados modernos. Em seguida, procuro simplificar essa complexidade, passando para uma análise *funcional*, oferecendo uma visão polimórfica das funções do Estado. Afirmo que os estados modernos *se cristalizaram* (sobre a área coberta neste volume) em várias formas principais. Respondendo às outras três fontes de poder social, eles se cristalizaram como capitalistas, moral-ideológicos e militaristas. Respondendo às suas próprias lutas políticas, eles se cristalizaram em pontos variáveis de dois contínuos, um *representativo*, indo nesse período da monarquia autocrática à democracia partidária; o outro *nacional*, do Estado-nação centralizado a um regime frouxamente confederado. Mais difusamente, eles também se cristalizaram como patriarcais, regulando as relações de gênero e familiares. Finalmente, discuto se podemos detectar relações de hierarquia entre elas, para que uma ou mais cristalizações possam finalmente determinar o caráter geral do Estado.

Cinco teorias do Estado

Tornou-se comum distinguir três teorias do Estado: de classe, pluralista e elitista (às vezes chamada de estatismo ou gerencialismo) (ALFORD & FRIEDLAND, 1985). Como o elitismo é semelhante à teoria realista das relações internacionais, discuto os dois juntos. Mas eu divido as teorias elitistas em duas, cada uma com uma visão distinta da autonomia do Estado. Chamo essas duas de *verdadeiro elitismo* e *estatismo institucional*. Eu também acrescento uma quinta teoria, implícita em muitos estudos empíricos, que chamo de teoria dos desacertos e mancadas. Tomo emprestado de todas as cinco, especialmente do estatismo institucional.

A maioria das teorias de classe é marxista. Marx tendeu a reduzir os estados a relações de poder econômico. Os estados são funcionais para os modos de produção econômica e para as classes. Os estados modernos foram determinados por duas fases da luta de classes politizada, entre senhores feudais e burguesia capitalista e, em seguida, entre burguesia e proletariado. Aplicada aos estados ocidentais modernos, a teoria de classes tem uma virtude tremenda: ela reconhece que eles são, em algum sentido essencial, capitalistas. Todos os meus cinco principais estados durante o longo século XIX já estavam ou estavam rapidamente se tornando capitalistas. Mas o vício da teoria de classes é considerar isso como sua *única* propriedade fundamental. Realmente, Marx às vezes escreveu como se outros poderes pudessem estar integrados no Estado. Discuto a autonomia bastante limitada que ele conferiu ao *Estado Bonapartista* no capítulo 9. Os marxistas veem os estados modernos como tendo apenas autonomia relativa: em última análise, os estados servem à acumulação de capital e à regulação de classes. Os marxistas acrescentam *contingências históricas* e *conjunturas*, mas essas raramente são teorizadas – elas são adicionadas empiricamente (como na história dos estados modernos de Wolfe 1977). Embora a classe-mais-contingência indique mais sensibilidade empírica do que a classe sozinha, ela não transforma a teoria.

A maioria dos marxistas nega a alegação de reducionismo econômico, mas quando eles definem o Estado, abandonam o jogo. Poulantzas (1978: 18-22), Jessop (1982), e Offe e Ronge (1982: 1-2) afirmam que os estados só podem ser definidos em relação a modos de produção específicos – o *Estado capitalista* e o *Estado feudal* são conceitos possíveis, todos afirmam, mas não o *Estado* em geral. Aqueles que definem o *Estado* o fazem apenas em termos de relações de classe: "O 'Estado' é um conceito para os meios concentrados e organizados de dominação de classe legítima", diz Zeitlin (1980: 15). Nos últimos anos, alguns marxistas se tornaram mais hesitantes. Jessop (1990) enfatiza agora a *contingência* na política, argumentando que a noção marxiana de *autonomia relativa* do Estado ainda oferece um determinismo econômico muito rígido. A classe capitalista persegue essencialmente a *forma de valor*, mas pode ter projetos alternativos de acumulação (como também enfatizo neste volume). As classes dominantes têm *projetos hegemônicos* para os quais podem organizar alianças entre classes, até mesmo, às vezes, para fins não econômicos, como aumentar o poder militar ou a moralidade. Mas ainda assim, ele apenas teoriza, e depois qualifica, as classes. Apesar da autonomia relativa, conjunturas ou contingências, os marxistas têm oferecido visões teoricamente reducionistas do Estado. Este volume tenta conseguir fazer melhor.

A maioria dos marxistas se tornou pessimista quanto às chances de uma revolução proletária promovendo visões *instrumentais* ou *estruturais* do Estado capitalista. Ou o pessoal do Estado moderno é o instrumento direto da classe capitalista (MILIBAND, 1969), ou eles funcionam estruturalmente para reproduzir as relações capitalistas de produção (POULANTZAS, 1973). É extraordinário que os sociólogos já tenham considerado o *debate Miliband-Poulantzas* como sendo uma controvérsia significativa na teoria do Estado, já que seu debate era sobre uma área tão estreita quando vista a partir das perspectivas de todas as outras teorias. De qualquer forma, o Estado ajuda a acumular capital e regular a luta de classes, às vezes até mesmo representando capitalistas cujos interesses seccionais frustram os interesses do capital em geral (há muitas disputas sobre tais pontos; para revisões; cf. JESSOP, 1977, 1982). Essas funções *exigiam* uma vasta expansão do que Althusser (1971: 123-173) denominou *aparelhos estatais repressivos e ideológicos* – polícia, agências de assistência social, educação, meios de comunicação social e afins. O Estado não é um ator, mas um lugar no qual as classes e as *frações* ou *segmentos* de classe (ZEITLIN, 1980; 1984) se organizam. Na verdade, os estados são *simultaneamente* espaço e ator.

Os teóricos de classe que mantêm mais otimismo enfatizam que o capitalismo ainda contém contradições e luta de classes, que é politizada e deslocada para o Estado como a *crise fiscal do Estado* (O'CONNOR, 1973), *crise de legitimação* (HABERMAS, 1976), ou "gestão de crises" (OFFE, 1972, 1974; OFFE & RONGE, 1982). Offe aceita distintamente que o Estado também se tornou um ator, levando a uma contradição entre os seus próprios interesses institucionais em comprometer a luta de classes por meio do desenvolvimento de programas de bem-estar e a dinâmica da acumulação capitalista, que procura continuamente subvertê-los e reduzir a despesa do Estado. A teoria de classes também gerou uma escola radical empirista, associada especialmente a C. Wright Mills (1956) e Domhoff (1978; 1990), que vê os estados como menos unificados, compostos por diversas instituições e ramos colonizados por elites de poder e frações de classe. Além desses radicais, a maioria dos teóricos de classe trata o Estado como passivo e unitário: é, em grande parte, o lugar central politizado da sociedade capitalista. As relações Estado-sociedade formam um único sistema: o Estado, no centro da uma *formação social* definida por seus modos de produção econômica, reproduz sua coesão e suas contradições sistêmicas. O Estado ocidental moderno, portanto, foi definido, em última instância, por uma única cristalização, como capitalista.

Ao contrário da teoria de classes, que procura explicar todos os estados, a teoria pluralista afirma explicar apenas os estados democráticos modernos. O pluralismo é a visão da democracia liberal sobre si mesma (especialmente da democracia americana). A modernização deslocou o poder político *dos reis para as pessoas* (como sugere o título de Bendix 1978). Dahl observou que isso consistia em dois processos: (1) a emergência de uma *contestação* institucionalizada entre partidos e grupos de pressão que representam uma pluralidade de grupos de interesse na sociedade e (2) o alargamento do escopo da *participação* do povo nessa contestação. Combinadas, a contestação e a participação geram uma democracia genuína (que Dahl chama de *poliarquia*). Já que, como observa Dahl, a contestação surgiu cedo no Ocidente, enquanto a participação permaneceu muito limitada, a sua história é mais importante no período em que situo a análise. Eu chamo a contestação de Dahl de *democracia partidária*. Para os pluralistas, uma democracia partidária em expansão é, em última instância, o que define a cristalização da maioria dos estados ocidentais modernos.

Por meio da democracia partidária, os estados representam, em última instância, os interesses dos cidadãos individuais. As classes podem ser vistas como os grupos de interesse mais importantes por trás dos partidos (como para LIPSET, 1959) ou apenas como um entre muitos tipos de grupos de interesse compensatórios cuja composição varia entre estados (outros são setores econômicos, comunidades religiosas, linguísticas e étnicas, regiões, gênero, coortes de idade etc.). Poucos pluralistas afirmam que todos os grupos de interesse têm poderes iguais ou que a democracia partidária confere igualdade política perfeita a todos. Mas a maioria afirma que a democracia liberal ocidental gera competição e participação suficientes para produzir governo por elites concorrentes e responsivas, e não o governo por uma única elite ou classe dominante. As desigualdades de poder não são cumulativas, mas dispersas, afima Dahl (1956: 333; 1961: 85-6; 1977).

O pluralismo reconhece corretamente a importância da democracia partidária na história ocidental (embora talvez exagere a forma como os estados modernos são, em última instância, *democráticos*). Também reconhece que a sociedade é mais do que as classes. Mas comete dois erros. Em primeiro lugar, embora sugira um Estado mais complexo, como a teoria de classes, ele é, em última instância, reducionista e funcionalista. Ele reconhece o Estado como sem poder autônomo – o Estado ainda é um lugar, não um ator; as políticas partidárias e de pressão dos grupos irradiam para dentro para controlar o Estado. Em segundo lugar, ele vê as classes, setores, religiões, regiões, e assim por diante, como análogas e sistêmicas na sua competição entre si mesmas. Novamente, assim como a teoria de classes, o Estado é unitário e sistêmico. As relações entre o governo e os grupos de interesse plurais formam um *sistema* funcional democrático. Os grupos de interesse plurais têm poderes na proporção do peso do seu eleitorado. Esses se resumem a uma única totalidade, *a sociedade*. O governo democrático reflete a *sociedade* e suas *necessidades* como um todo.

Para Easton (1965: 56), *o sistema político* é o "sistema mais inclusivo de comportamento em uma sociedade para a alocação impositiva de valores". A coerência é atribuída ao *sistema político*, à *política*, à *comunidade política* ou ao *governo*. Os pluralistas evitam a palavra *Estado*, provavelmente porque ela transmite um sentido mais germânico de *poder*. Absolutamente nada resulta da escolha de uma dessas palavras em vez de qualquer outra; eu uso a mais curta,

Estado. Qualquer que seja a palavra usada pelos pluralistas, eles concordam com a substância da declaração funcionalista de Poulantzas: o Estado é o *fator de coesão* na sociedade. Apenas a visão pluralista da sociedade difere da dele. Como veremos, nem o Estado nem a sociedade são geralmente tão coesos.

Em contraste, os escritores da terceira escola, *elitistas* ou *estatistas*, concentram-se nos poderes autônomos possuídos do Estado. No entanto, eles têm duas visões bastante diferentes de autonomia que precisam ser distinguidas. Não haveria nenhum ponto em meu poder político distintivo como a quarta fonte de poder social, a menos que um ou ambos possuíssem considerável verdade. Embora ambos contenham alguma verdade, um deles contém mais.

A teoria elitista floresceu pela primeira vez no início do século XX. Oppenheimer (1975) enfatizou os poderes crescentes por meio de sua teoria da *classe política*. Mosca (1939) localizou o poder político na organização centralizada. Uma minoria centralizada, organizada e coesa sempre derrotará e controlará as massas desorganizadas, ele argumentou corretamente. No entanto, Mosca e Pareto enfatizaram que o poder das elites políticas se originou em outro lugar, na sociedade civil, e é eventualmente vulnerável a novas contra elites que surgem dali. O controle sobre outros recursos (econômicos, ideológicos ou militares) permitiu que as elites emergentes derrubassem a elite política em extinção e organizassem o seu próprio poder nas instituições estatais. Assim, os elitistas clássicos viam o poder político como uma relação dinâmica *entre* o Estado e a sociedade civil – e isso é de fato correto.

No entanto, por volta de 1980, a atenção sociológica concentrou-se nos poderes estatais centralizados. Theda Skocpol (1979: 27, 29-30; cf. 1985) definiu o Estado como "um conjunto de organizações administrativas, policiais e militares chefiadas e mais ou menos bem coordenadas por uma autoridade executiva [...] uma estrutura autônoma – uma estrutura com uma lógica e interesses próprios". Ela desejava corrigir as teorias pluralistas e marxistas *centradas na sociedade* com uma abordagem *centrada no Estado*. Embora nem Skocpol nem seus críticos pareçam ter percebido, essas observações têm, realmente, duas versões bastante diferentes da autonomia do Estado, que eu chamo de *verdadeiro elitismo* e *estatismo institucional*.

Os verdadeiros elitistas enfatizam o poder distributivo das elites estatais *sobre* a sociedade. Assim, os estados são vistos como atores. Krasner (1984: 224) afirma isso categoricamente: "O Estado pode ser tratado como um ator em seu próprio direito". Levi (1988: 2-9) também insiste que *os governantes governam*. Ela vê os estados como atores racionais, maximizando seus próprios interesses privados, tornando-se *predadores* destruindo a sociedade civil – um ponto de vista muito americano. Kiser e Hechter (1991) têm desenvolvido um modelo de *escolha racional* dos estados que assume que esses são atores únicos, unitários e racionais. Poggi (1990: 97-99, 120-127), embora reconheça que os estados também são *prestativos* (ou seja, servem a interesses plurais) e *partidários* (beneficiando classes), argumenta que os estados são, em última análise, *invasivos*, preocupados com *seus próprios* interesses. Os verdadeiros elitistas invertem a classe e a teoria pluralista: o poder distributivo agora irradia primariamente para fora, e não para dentro, do Estado.

Os verdadeiros teóricos elitistas têm uma virtude tremenda. Eles enfatizam um aspecto dos estados sobre o qual quase todos os autores pluralistas ou que escrevem sobre classes têm mantido silêncio imperdoável: que os estados habitam um mundo de estados e que os estados *agem* geopoliticamente (Shaw (1984; 1988) é uma exceção honrosa ao silêncio marxiano, assim como os radicais Mills e Domhoff). Os poucos teóricos de classe que discutem as relações internacionais tendem a reduzi-las a modos de produção e classes que se estendem pelo globo – sendo a mais recente dessas análises a teoria dos sistemas mundiais. Em contraste, os teóricos influenciados pelo verdadeiro elitismo têm enfatizado a geopolítica, a guerra e as finanças da guerra (GIDDENS, 1985; LEVI, 1988; TILLY, 1990).

Os elitistas são reforçados por teóricos *realistas* das relações internacionais. Embora pouco interessados na estrutura interna dos estados, os realistas veem os estados como atores de poder unitários que gozam de *soberania* sobre seus territórios. Os *estadistas* têm o poder de representar internacionalmente um interesse *nacional* global. Mas entre os estados soberanos não há maior racionalidade ou solidariedade normativa, apenas o exercício do poder distributivo, da normalidade e da anarquia (POGGI, 1990: 23-25). Assim, a política externa é feita sistematicamente por estados e estadistas *de forma realista* perseguindo *seus próprios* interesses geopolíticos contra os de outros estados. O principal interesse é a segurança – defesa vigilante combinada com agressão intermitente. Morgenthau (1978: 42) declarou: "Toda a história mostra que as nações ativas na política internacional estão continuamente se preparando, ativamente envolvidas ou se recuperando da violência organizada na forma de guerra". Assim, o realismo enfatiza a coesão dos estados em seu interior, os jogos de soma zero, a normalidade e a guerra externa. A maioria dos teóricos das relações internacionais, realistas ou não, ressalta as dificuldades de estabelecer normas internacionais. Onde existem normas, eles tendem a atribuí-las à *hegemonia* ou coerção (p. ex., LIPSON, 1985) ou a cálculos *realistas* de interesse nacional, tais como o desenvolvimento de sistemas de equilíbrio de poder. A solidariedade ideológica entre potências pode ser apenas transitória e determinada pelo interesse.

O realismo tem sido criticado por uma contratendência na teoria das relações internacionais, enfatizando a interdependência entre os estados. Os realistas são acusados de negligenciar as redes de poder transnacionais e transgovernamentais em todo o mundo. Essas redes transversais reduzem a coesão de soberania estatal e proporcionam uma fonte alternativa de normas e, por conseguinte, de ordem mundial (KEOHANE & NYE, 1977: 23-37). Uma vez que os teóricos da interdependência se concentram no capitalismo global moderno, eles raramente aplicam os seus argumentos aos séculos anteriores. Eles parecem concordar com os realistas que o equilíbrio de poder ou os poderes hegemônicos normalmente prevaleciam naquele momento. Rosecrance (1986) é uma exceção. Ele considera que os estados comerciais e imperiais estão presentes em diferentes graus ao longo da história, ambos incorporando sistemas normativos distintos. Desenvolvo argumentos semelhantes nos capítulos 8 e 21. Em civilizações de múltiplos atores de poder, como a Europa ou o Ocidente moderno, as relações geopolíticas existem dentro de uma civilização mais ampla que incorpora redes e normas de poder transnacionais e transgovernamentais.

Os teóricos realistas e interdependentes também compartilham um curioso ponto cego: eles se concentram em como as normas internacionais pacíficas são benignas. Os teóricos da interdependência veem as normas contemporâneas de cooperação como reflexo de interesses materiais e plurais partilhados; os realistas veem as normas como cálculos generalizados de interesse estatal. No entanto, muitas normas e ideologias transnacionais ou transgovernamentais podem não ser benignas ou refletir interesses materiais expressos pacificamente nos mercados. Elas podem incorporar interesses de classe repressivos e de outros atores do poder, podem incentivar a guerra em nome de ideais mais elevados, podem até mesmo idealizar a própria guerra. As solidariedades normativas podem levar à desordem. A desordem pode não resultar da ausência de um regime internacional, mas de sua presença. Os realistas preferem evitar esse problema. Por exemplo, na narrativa histórica realista de Morgenthau, períodos de calma, equilíbrio racionalista de poder ou poder hegemônico são abruptamente abalados por interregnos mais violentos, como durante 1772-1815 ou 1914-1945. Mas Morgenthau não faz nenhuma tentativa de explicar isso. Uma vez que ele já descreveu ideologias como meras legitimações ou *disfarces* de interesses, ele não tem conceitos teóricos para interpretar os períodos em que a diplomacia e a guerra estavam profundamente impregnadas de violentas ideologias revolucionárias e reacionárias (1978: 92-103, 226-228). De fato, mostro que os cálculos de interesse foram sempre influenciados por todas as fontes articuladas de poder social, e sempre envolveram normas – por vezes pacíficas, por vezes violentas – que emanam de apegos complexos às *comunidades imaginadas* de classe e de nação.

O realismo e o verdadeiro elitismo também tendem a partilhar com o pluralismo e o marxismo uma ênfase em um Estado coeso e sistêmico – desta vez sob a forma de um ator de elite singular. Krasner argumentou que a autonomia da elite estatal é maior na política externa do que na política interna; é relativamente *isolada* das pressões de classe, internamente, e dos grupos de interesse. O Estado é um "conjunto de papéis e instituições com impulsos, compulsões e objetivos próprios e peculiares, separados e distintos dos interesses de qualquer grupo particular" (1978: 10-11). Eu uso a metáfora de *isolamento* de Krasner mais adiante neste volume, enquanto qualifico sua conclusão. Os estadistas também incorporam identidades sociais que emergem de fora do próprio Estado; e os estadistas não são coesos.

No primeiro ponto, como Jessop (1990) argumentou, os recursos estatais centrais raramente são adequados a projetos estatais ambiciosos. As elites estatais precisam de alianças com grupos poderosos *lá fora*, na sociedade. Essas não são geralmente alianças entre dois grupos bastante distintos. Laumann e Knoke (1987) mostram que, na América contemporânea, as redes constituídas por múltiplas organizações tipicamente penetram na divisão formal entre Estado e sociedade. Os atores estatais normalmente são também *civis*, com identidades sociais. Domhoff (1990: 107-152) mostra que a maioria dos *estadistas* americanos modernos são recrutados de grandes empresas e escritórios de advocacia corporativa. Eles formam um *partido* que *representa* uma fração de classe capitalista internacional, mais do que a América.

Todos os teóricos de classe enfatizam a identidade da classe dominante e os interesses dos estadistas. Como um sociólogo que acredita que as identidades sociais não podem ser reduzidas à classe, amplio sua linha de argumentação neste volume. Embora eu apoie Krasner ao demonstrar que os estadistas do século XIX eram de fato um tanto isolados das classes populares e dominantes, eles não poderiam ser totalmente isolados porque eles próprios possuíam identidades sociais. Eram todos homens brancos, majoritariamente oriundos do Antigo Regime e de comunidades religiosas e linguísticas dominantes. Todas essas identidades sociais eram importantes na sua condução da política externa, moldando as normas que as uniam ou dividiam de outros atores de poder nacionais e estrangeiros, algumas vezes reduzindo, às vezes aumentando, a violência internacional.

Sobre o segundo ponto, poucos estados se tornam atores unitários. Keohane e Nye (1977: 34) apresentam argumentos que afirmam que "os estados agem para seu próprio interesse": "Que seu próprio e que interesse?" As elites estatais são plurais, não singulares. Alguns escritores moderadamente estatistas reconhecem isso. Tilly (1990: 33-34) aceita que a reificação do Estado é, em última análise, ilegítima, como também, ele reconhece, é a sua negligência das classes sociais. Essas são apenas simplificações pragmáticas e heurísticas, diz ele. Skocpol reconhece que os poderes e a coesão da elite variam. As constituições importam. As constituições democráticas proíbem as autonomias da elite que as autoritárias permitem. Sua análise (1979) das primeiras revoluções modernas centrou a autonomia do Estado, de modo razoável, nos poderes dos monarcas absolutos. No período aqui discutido, os poderes monárquicos geralmente se aproximam mais das verdadeiras noções elitistas de autonomia estatal, embora a autonomia nunca seja absoluta. Mas o trabalho colaborativo mais recente de Skocpol (WEIR & SKOCPOL, 1985), sobre os programas de bem-estar do século XX, localiza a autonomia da elite entre burocratas especializados, uma forma de autonomia mais sub-reptícia e menor. Na análise de Trimberger (1978) sobre "as revoluções de cima para baixo" nos países em desenvolvimento, a elite estatal difere mais uma vez: é uma aliança revolucionária de burocratas e oficiais militares. Portanto, as elites estatais são diversas e podem ser incoerentes – especialmente no período em discussão, quando monarquias, forças armadas, burocratas e partidos políticos coabitam estados.

No entanto, Skocpol também se moveu, aparentemente de modo um tanto inconsciente, em direção a uma revisão mais fundamental da autonomia do Estado. Permitam-me mais uma vez citar sua afirmação de que o Estado "é uma estrutura com uma lógica e interesses próprios". Os *interesses* são obviamente as propriedades dos atores – uma expressão da verdadeira teoria elitista – mas a *lógica* não tem de implicar nenhum ator ou elite. A autonomia do Estado pode residir menos na autonomia das elites do que na lógica autônoma de instituições políticas definidas, surgidas no decurso de lutas anteriores pelo poder, depois institucionalizadas e constritivas das lutas atuais. Skocpol e seus colaboradores (WEIR et al., 1988: 1-121) enfatizam como o federalismo americano e o sistema de mecenato partidário, institucionalizado no século XIX, então atrasaram o desenvolvimento dos poderes do Estado dos Estados Unidos, especialmente na área das políticas de bem-estar social. Embora ainda afirmem intermitentemente que as elites estatais (burocratas, tecnocratas e líderes partidários) têm alguma autonomia como atores, Skocpol e seus associados se concentram mais nos efeitos autônomos exercidos pelas instituições estatais sobre todos os atores políticos. O federalismo, os partidos, a presença ou ausência de governo ministerial e muitas outras características do que chamamos de *constituições* dos estados estruturam as relações de poder de formas bastante distintas. Laumann e Knoke (1987) oferecem uma abordagem institucional mais empirista. Eles buscam padrões formais das interações entre departamentos de Estado e grupos de pressão, concluindo que o Estado americano contemporâneo consiste em complexas redes *organizacionais*.

Trata-se de *poder estatal*, embora raramente de *poder de elite*, uma vez que se relaciona mais com o poder coletivo do que com o poder distributivo. Esse afeta mais as formas de colaboração dos atores politizados do que quem tem poder sobre quem. Essa teoria poderia prever menos que as elites estatais dominam os atores da sociedade civil e mais que todos os atores são constrangidos pelas instituições políticas existentes. Porque os estados são essencialmente maneiras pelas quais as relações sociais dinâmicas se tornam institucionalizadas de modo impositivo, eles prontamente se prestam a uma espécie de teoria do *atraso político*. Os estados institucionalizam os conflitos sociais atuais, mas os conflitos históricos institucionalizados exercem então um poder considerável sobre novos conflitos – desde o Estado como lugar passivo (como na teoria marxiana ou pluralista) até ao Estado não tanto como ator (como no verdadeiro elitismo) mas como lugar ativo. O capítulo 20 endossa essa visão do Estado ocidental.

Eu chamo essa abordagem do poder estatal de *estatismo institucional*, e a abraço como parte do meu *materialismo organizacional* geral. Como esse período viu o surgimento de um conjunto verdadeiramente massivo de instituições políticas – o Estado-nação – a teoria provará ter considerável poder explicativo em nossa discussão. O verdadeiro elitismo pode ser utilmente aplicado aos estados mais autoritários e ditatoriais – por exemplo, ao Estado nazista ou stalinista (embora mesmo lá a sua coerência de elite deva ser relaxada). Mesmo em alguns dos estados do período que me ocupa, o verdadeiro elitismo tem coisas úteis a dizer sobre o absolutismo e monarcas autoritários. Mas, em geral, vou confiar muito mais no estatismo institucional para identificar as formas predominantes de autonomia estatal.

Naturalmente, muitos escritores não se encaixam perfeitamente em nenhuma dessas escolas de teoria. Alguns se baseiam em mais de uma. Rueschemeyer e Evans (1985) argumentam que o capitalismo impõe limites aos estados, mas as elites possuem alguma autonomia. Laumann e Knoke (1987) se baseiam em todas as quatro teorias que identifiquei até agora. Dahl qualificou o seu pluralismo inicial, ao reconhecer que o poder concentrado do capitalismo corporativo agora põe a democracia em risco. E qualquer pessoa com sensibilidade empírica – como Dahl, Domhoff, Offe ou Skocpol – percebe que as três escolas têm algo válido a dizer sobre os estados: que os estados são tanto atores quanto lugares, que esses lugares têm muitos edifícios e diferentes graus de autonomia e coesão, mas também respondem às pressões dos capitalistas, de outros atores de poder importantes e de necessidades sociais mais gerais expressas.

Uma grande parte do trabalho empírico sobre as administrações estatais não realça nenhum dos atores privilegiados por essas teorias – uma elite estatal, os interesses do capital ou os interesses da sociedade como um todo. Pelo contrário, os estados são retratados como caóticos, irracionais, com múltiplas autonomias departamentais, pressionados de forma errática e intermitente pelos capitalistas, mas também por outros grupos de interesse. Sob o microscópio, os estados *se balcanizam*, se dissolvendo em departamentos e facções concorrentes (ALFORD & FRIEDLAND, 1985: 202-222; RUESCHEMEYER & EVANS, 1985). Por exemplo, a dissecação de Padgett (1981) sobre os orçamentos do Departamento de Habitação e Desenvolvimento Urbano dos Estados Unidos não encontra esse ator coeso singular, *o* Estado, mas administrações múltiplas, dispersas e fragmentadas. Acrescentar a política externa muitas vezes piora a confusão. Na meticulosa reconstrução de Albertini (1952-1957) da diplomacia que levou à Primeira Guerra Mundial, os estados são devastados por múltiplas disputas, algumas geopolíticas, outras domésticas, entrelaçando-se de formas imprevistas, longe da coesão representada pela teoria elitista realista e como implícita na teoria da classe e na teoria pluralista. Assim, disse Abrams (1988: 79), a própria ideia *do* Estado mistifica: "O Estado é o símbolo unificado de uma desunião real [...]. Instituições políticas [...] não conseguem mostrar uma unidade de prática – assim como descobrem constantemente a sua incapacidade de funcionar como um fator mais geral de coesão".

Portanto, podemos apresentar uma quinta teoria, que eu descrevo com uma expressão tradicional inglesa: O Estado não é conspiração, mas *desacertos*. Como essa metáfora transmite um significado bastante errado no inglês americano, eu a traduzo como: O Estado não é funcional, mas um conjunto de *mancadas*.

A maioria dos sociólogos consideraria a teoria dos desacertos e mancadas com desdém. Eles acreditam que a vida social é padronizada e ordenada. Obviamente, alguns estados são mais ordenados do que outros, mas não há uma certa consistência de erros de Estado, bem como estratégias estatais? Certamente, os estados ocidentais modernos são, em algum sentido fundamental, *capitalistas* e *democráticos partidários* (como afirmam marxistas e pluralistas). Eles têm contido elites monárquicas e burocráticas (como observam os elitistas). Eles são potências maiores ou menores, seculares ou religiosos, centralizados ou federais, patriarcais ou neutros em termos de gênero. Tais estados são padronizados. Concedidos os excessos das teorias sistêmicas, podemos modelar os estados ao mesmo tempo sem reificá-los? Temos que abandonar a teoria substantiva e construir nossa teoria apenas a partir das propriedades formais dos mapas das densas redes organizacionais de influência política moderna, como fazem Laumann e Knoke? (1987). Apesar das consideráveis virtudes de sua teoria organizacional, e dos paralelos entre seu projeto e o meu, às vezes ele não sente falta da madeira para as árvores? O Estado americano certamente está em algum nível *superior*, macrocapitalista; é também essencialmente federal e tem o militarismo mais poderoso do mundo. Eu não teria adivinhado isso a partir de seus mapas de redes complexas de poder organizacional. De fato, ao descartar a noção de que esse pode ser essencialmente um Estado capitalista porque as redes organizacionais raramente são configuradas para a defesa do capitalismo (e, portanto, às vezes podem reagir tardiamente a uma ameaça a seus direitos de propriedade), Laumann e Knoke (1987: 383-386) estão em perigo de repetir o velho erro pluralista de confundir o terreno do debate político aberto e da organização com todo o terreno da política.

Minha versão mais substantiva do materialismo organizacional se apresenta em duas etapas. Primeiro, eu identifico as características particulares das instituições políticas. O marxismo e o pluralismo, sendo reducionistas, tendem a negligenciar as particularidades políticas. O verdadeiro elitismo-realismo as considera como singulares, exagerando o poder e a coesão dos atores estatais; a teoria *dos desacertos e mancadas* se sobrepõe às particularidades. Ao começarmos a identificar padrões gerais de particularidades políticas, não podemos fazer melhor do que começar com Max Weber. Weber foi por vezes identificado como um verdadeiro elitista, mas esta caracterização está errada. Weber não produziu uma teoria de Estado coerente, mas nos deixou conceitos com os quais podemos construí-la. Uma abordagem institucional tende a proliferar a complexidade organizacional, assim como Laumann e Knoke (usando dados muito mais sofisticados do que eu posso aspirar para os estados históricos). Assim, na segunda fase, procuro simplificar a proliferação institucional, usando a minha teoria polimórfica de *cristalizações de Estado de nível superior*.

Conceitos políticos de Weber: uma análise institucional

Weber foi sobretudo um teórico do desenvolvimento histórico das instituições sociais. Ele começou a sua discussão sobre o Estado distinguindo três fases do seu desenvolvimento institucional, caracterizado pelos termos *poder político*, *Estado* e *Estado moderno*. Em sua primeira etapa, o poder político existia embora um Estado não existisse:

> Uma *organização de governo* será chamada de *política* na medida em que sua existência e ordem são continuamente salvaguardadas dentro de uma determinada área *territorial* pela ameaça e aplicação da força física por parte do pessoal administrativo. (Esta e as próximas duas citações são de WEBER, 1978, volume I: 54-56; as ênfases são dele.)

Portanto, o poder político é essencialmente territorial, e é fisicamente imposto por um corpo de funcionários especializado (implicitamente centralizado). O *Estado* emergiu então na segunda etapa:

> Uma organização política compulsória com operações contínuas será chamada de *Estado* na medida em que seu pessoal administrativo sustente com sucesso a reivindicação do monopólio do uso legítimo da força física na aplicação de sua ordem.

Essa definição institucional do Estado tem sido amplamente endossada (MacIVER, 1926: 22; EISENSTADT, 1969: 5; TILLY, 1975: 27; RUESCHEMEYER & EVANS, 1985: 47; POGGI, 1990, capítulos 1 e 2). Junto com Giddens (1985: 18), eu discordo em um ponto: muitos estados históricos não *monopolizaram* os meios da força física, e mesmo no Estado moderno esses meios têm sido substancialmente autônomos (em relação ao resto do) ao Estado.

Assim, afrouxei os laços entre o poder militar e político para gerar minha própria definição, muito influenciada por Weber: (1) O Estado é um conjunto diferenciado de instituições e pessoal (2) encarnando a centralidade, no sentido de que as relações políticas irradiam a partir de um centro, para cobrir uma (3) área territorialmente demarcada sobre a qual exerce (4) algum grau de elaboração impositiva de normas vinculativas, apoiadas por alguma força física organizada.

Esta é uma definição institucional, não funcional, do Estado. Não menciona o que o Estado faz. É verdade que o Estado usa a força, mas apenas como meio de sustentar suas regras, as quais não é dado nenhum conteúdo particular. Das teorias aqui consideradas, apenas a teoria de classes marxista e algumas realistas especificam as funções do Estado: reproduzir as relações sociais exigidas pelos modos de produção dominantes (marxistas), ou buscar necessidades de segurança territorial (realismo). No entanto, os estados têm empreendido múltiplas funções. Embora os estados tenham de fato funções de classe e segurança, eles também julgam disputas, redistribuem recursos entre regiões, grupos etários e outros grupos de interesse, sacralizam algumas instituições e secularizam outras, e fazem muitas outras coisas. Como diferentes estados perseguem diferentes funções com diferentes graus de compromisso, não é fácil definir o Estado em termos de funções. Posteriormente, eu me desloco para uma análise funcional para identificar diferentes cristalizações funcionais dos estados.

Da minha definição de Estado, podemos derivar quatro particularidades, partilhadas por todos os estados, das instituições políticas:

1) O Estado é centralizado territorialmente. Ele não dispõe de um recurso análogo ao do poder ideológico, econômico e militar. Com efeito, ele deve recorrer a esses mesmos recursos, que estão localizados fora de si mesmo. Mas o Estado, no entanto, possui outro recurso de poder distinto: só ele é inerentemente centralizado em um território delimitado sobre o qual tem poderes vinculativos.

2) O Estado tem duas dualidades: é um lugar, mas também pessoas; é centro e território. O poder político é simultaneamente *estatal*, investido em pessoas de elite e instituições no centro, *e* é composto por relações *partidárias* entre pessoas e instituições no centro e entre territórios estatais. Assim, ele cristalizar-se-á em formas essencialmente geradas pela sociedade exterior *e* em formas intrínsecas aos seus próprios processos políticos.

3) As instituições do Estado são diferenciadas, realizando diferentes funções para diferentes grupos de interesse localizados em seus territórios. Qualquer que seja a centralidade, qualquer que seja a racionalidade que o Estado possua, ela é também impura, diferentes partes de seu corpo político estão abertas à penetração por diversas redes de poder. Por isso, *o Estado não precisa ter unidade final ou mesmo consistência*. Poderia fazê-lo se as sociedades possuíssem essa unidade ou consistência final, mas o meu modelo de sociedades como redes de poder sobrepostas e entrecruzadas sugere que não têm.

4) A própria definição do Estado como um território delimitado sugere um novo conjunto de relações *políticas* entre esse Estado e outros – ou seja, a geopolítica. Ao longo do seu trabalho, e especialmente ao lidar com o seu próprio Estado Imperial Alemão, Weber enfatiza que a geopolítica ajuda a moldar a política interna. Collins (1986: 145) sugere que, para Weber, "a política funciona de fora para dentro", embora Weber também enfatize por vezes a causalidade inversa. Política e geopolítica estão entrelaçadas; uma não deve ser estudada sem a outra.

Vou me alongar sobre esses pontos depois de explicar o terceiro estágio de Weber, o *Estado moderno*. Ele, ademais,
> possui uma ordem administrativa e jurídica sujeita a alterações pela legislação, para a qual são orientadas as atividades organizadas pelo pessoal administrativo, que também são regidas por regulamentos. Esse sistema de ordens reivindica autoridade vinculativa, não só sobre os membros do Estado, os cidadãos [...] mas também, em grande medida, sobre todas as ações que ocorrem na área de sua jurisdição. É, portanto, uma organização compulsória com uma base territorial.

Portanto, o Estado moderno acrescentou instituições rotineiras, formalizadas, racionalizadas e de maior alcance sobre os cidadãos e territórios. Ele *penetra* em seus territórios com lei e administração (incorporando o que Weber chama de *dominação racional-legal*), diferentemente dos estados anteriores. Tilly (1990: 103-116) descreve isso apropriadamente como regra *direta* e a contrasta com a regra indireta incorporada nos estados anteriores. Mas isso não é meramente uma questão de o Estado aumentar a regra sobre a sociedade. Por outro lado, *cidadãos* e *partidos* também penetram no Estado moderno. O Estado se tornou um *Estado-nação*, representando também o sentido interno de comunidade de cidadãos, bem como enfatizando a distinção de seus interesses externos na relação aos cidadãos de outros estados. Embora o problema da *legitimidade* na maioria dos estados históricos seja, para Weber, principalmente um problema de coesão entre um governante e seu pessoal, ele argumenta que, no Estado moderno, diz respeito principalmente às relações entre governantes, partidos e a nação.

Weber às vezes seleciona uma instituição do Estado moderno para uma ênfase extraordinária: a *burocracia monocrática*, ou seja, a burocracia centralizada sob uma só cabeça. Foi ele quem escreveu:
> A variedade monocrática da burocracia é, de um ponto de vista puramente técnico, capaz de atingir o mais alto grau de eficiência e é, nesse sentido, formalmente, o meio mais racional de exercer autoridade sobre os seres humanos. É superior a qualquer outra forma em precisão, estabilidade, no rigor de sua disciplina e em sua confiabilidade. Possibilita, assim, um grau particularmente alto de calculabilidade dos resultados para os dirigentes da organização [...]. O desenvolvimento de formas modernas de organização em todos os campos é nada menos que idêntico ao desenvolvimento e à disseminação contínua da administração burocrática [...]. Seu desenvolvimento está, para tomar o caso mais marcante, na raiz do Estado ocidental moderno [...]. As necessidades da administração de massas a tornam, hoje, completamente indispensável. A escolha é apenas aquela entre burocracia e diletantismo no campo da administração [1978, volume I: 223].

Weber vislumbrou a burocratização dominando todo o Ocidente. Embora ele visse o Estado alemão como um pioneiro burocrático, ele se esforçou para demonstrar que dois estados que poderiam parecer decididamente desburocratizados – a Rússia czarista e os Estados Unidos, governados pelo partido confederado – também estavam cedendo ao seu domínio. Por toda a parte, as autoridades políticas concorrentes estavam subordinadas à burocracia. Um regime democrático, ao centralizar a responsabilidade, só aumentava a burocracia monocrática. Ele estava angustiado com esse *avanço irresistível*, indagando retoricamente: "Como se pode salvar qualquer remanescente da liberdade 'individualista' em qualquer sentido?" e novamente: "O que podemos opor a essa máquina, a fim de manter uma parte da humanidade livre dessa fragmentação sem alma, desse domínio total do ideal burocrático da vida?" (1978, volume II: 1.403; BEETHAM, 1985: 81).

A certa altura, Weber parece ter sentido que seu argumento era fraco. Ele ponderou se a modernização aumentou o *poder* da burocracia – sem explicar o que significa essa súbita italicização. Mas então ele concluiu claramente que sim: "A posição de poder de uma burocracia plenamente desenvolvida é sempre grande, sob condições normais de sobrepujança. O 'mestre' político quase sempre se encontra diante do oficial treinado, na posição de diletante diante do especialista" (1978, volume II: 969-1.003; para um excelente comentário, cf. BEETHAM, 1985: 67-72).

Weber errou muito ao endossar subitamente uma genuína teoria elitista da burocracia. Os burocratas raramente dominavam os estados modernos, e as administrações estaduais raramente eram monocráticas (cf. capítulo 13). Há objeções conceituais e empíricas.

Curiosamente, as objeções empíricas são encontradas nas dissecções de Weber de seu próprio Estado Imperial Alemão. Lá ele identificou não apenas uma burocracia poderosa, mas três instituições políticas distintas: a burocracia, um executivo político dual (kaiser e chanceler) e partidos (especialmente o Partido Junker). Weber não confinou o termo *partido* a partidos políticos formais lutando nas eleições. Ele queria dizer qualquer grupo coletivamente organizado para a aquisição de poder, incluindo facções na corte ou em ministérios ou altos comandos. Como mostra o capítulo 9, em diferentes momentos, ele afirmou que cada um desses três atores dominava o *Kaiserreich*. Note-se, no entanto, que os partidos diferem dos outros dois atores. A burocracia e o executivo são compatíveis com o verdadeiro elitismo, mas o poder partidário deriva de uma relação bidirecional entre centro e território: os junkers eram uma classe *lá fora* na sociedade civil, mas também estavam entrincheirados nas forças armadas e em outras instituições-chave do Estado. Em seu trabalho, Weber deu maior peso aos partidos; eles, e não as burocracias ou os executivos, eram o terceiro ator em seu modelo tripartite de estratificação social, junto com classes e grupos de *status*.

Embora Weber não tivesse uma teoria final do Estado moderno, suas ideias diferiam das teorias do Estado identificadas anteriormente. Ele não era um reducionista: ao contrário dos proponentes do marxismo e do pluralismo, ele viu que os estados tinham poderes próprios. E ao contrário daqueles do verdadeiro elitismo e realismo, ele não colocou esses poderes meramente em uma elite central; eles nem eram necessariamente coesos. Como muitos outros escritores modernos, Laumann e Knoke (1987: 380) identificam Weber como um realista elitista e criticam a sua suposta negligência na diluição das fronteiras entre o público e o privado. Mas esse era precisamente o seu argumento quando analisava os partidos. O poder político era simultaneamente um recurso centralizado, uma relação bidirecional entre centro e territórios e uma relação entre estados. Weber não moldou esses elementos institucionais em uma teoria de Estado coerente. No entanto, ao remediar a sua principal confusão conceitual, somos capazes de fazê-lo.

As observações de Weber confundem duas concepções de força estatal, expressas na sua citada citação como *penetração* e *poder*. Weber está certo ao dizer que a burocracia aumentou a penetração, mas errado ao dizer que simplesmente aumentou o poder. Ele estava confundindo a infraestrutura coletiva e o poder despótico distributivo. O primeiro é enfatizado pelas teorias estatais institucionais; o segundo, pelo verdadeiro elitismo.

O *poder despótico* se refere ao poder distributivo das elites estatais sobre a sociedade civil. Ele deriva da gama de ações que as elites estatais podem empreender sem negociação rotineira com grupos da sociedade civil. Ele também deriva do fato de que apenas o Estado é inerentemente centralizado territorialmente, cumprindo funções sociais úteis que requerem essa forma de organização e que os atores do poder ideológico, econômico e militar, organizados sobre diferentes bases, não podem eles próprios cumprir. Os atores localizados principalmente dentro dos estados têm um certo espaço e privacidade para operar – o grau variando de acordo com a capacidade dos atores da sociedade civil de se organizarem centralmente por meio de assembleias representativas, partidos políticos formais, facções judiciais, e assim por diante. Eles podem, alternativamente, reter poderes da política central (discutidos mais tarde) ou reduzir os poderes do Estado por meio do reforço das relações transnacionais no estrangeiro. Um Estado com poder despótico se torna ou um ator autônomo, como enfatizado pelo verdadeiro elitismo, ou atores múltiplos e autônomos, mas talvez confusos, de acordo com a sua homogeneidade interna.

O *poder infraestrutural* é a capacidade institucional de um Estado central, despótico ou não, de penetrar nos seus territórios e implementar decisões logisticamente. Isso é poder coletivo, *poder por meio* da sociedade, coordenando a vida social por meio de infraestruturas estatais. Ele identifica um Estado como um conjunto de instituições centrais e radiais que penetram nos seus territórios. Como os poderes infraestruturais dos estados modernos aumentaram, Weber supôs que isso também aumentou seu poder despótico sobre a sociedade. Mas isso não é necessariamente assim. O poder infraestrutural é uma via de mão dupla:

ele também permite que os partidos da sociedade civil controlem o Estado, como enfatizam os marxistas e os pluralistas. Aumentar o poder infraestrutural não significa necessariamente aumentar ou reduzir o poder distributivo e despótico.

Os poderes infraestruturais efetivos, no entanto, aumentam o poder coletivo do Estado. Porque mais da vida social é agora coordenada por meio de instituições estatais, essas se estruturarão mais dela, aumentando o que poderia ser chamado de *centralização territorial* ou *naturalização* da vida social. Os estados mais poderosos em termos de infraestruturas enjaulam mais relações sociais dentro das suas fronteiras *nacionais* e ao longo das linhas radiais de controle entre o centro e os territórios. Eles aumentam os poderes coletivos nacionais e geopolíticos às custas dos poderes locais-regionais e transnacionais, deixando em aberto a questão distributiva de quem os controla. Assim, o poder explicativo do estatismo institucional aumenta no Estado moderno à medida que os seus poderes coletivos e infraestruturais se expandem massivamente.

Tabela 3.1 Duas dimensões do poder do Estado

	Poder infraestrutural	
Poder despótico	Baixo	Alto
Baixo	Feudal	Burocrático-democrático
Alto	Imperial/absolutista	Autoritário

Os poderes despótico e infraestrutural se combinam em quatro tipos ideais, como mostra a tabela 3.1.

O Estado feudal combinou poderes despóticos e infraestruturais débeis. Ele tinha pouca capacidade de intervir na vida social. Tinha autonomia considerável em sua própria esfera privada, mas pouco poder sobre ou por meio da sociedade. O rei medieval tinha Estado; era a sua residência, o seu guarda-roupa, as suas propriedades, gerando as suas próprias receitas. Ele podia fazer o que quisesse dentro, mas não podia fazer muito lá fora, na sociedade. Seu governo era indireto, dependendo da infraestrutura dos senhores autônomos, da Igreja e de outros órgãos sociais. Seu exército dependia de seus recrutas e esses poderiam declinar suas ordens. O Estado imperial de Roma ou da China e o absolutismo europeu se aproximaram do segundo tipo ideal, com pronunciado poder despótico, mas pouco poder infraestrutural. Eles podiam rugir *cortem-lhe a cabeça*, e se a pessoa estivesse ao alcance, a sua cabeça seria cortada – mas poucos estavam ao alcance. Seus exércitos eram enormes, mas tendiam a se fragmentar à medida que os generais se tornavam pretendentes imperiais rivais. O moderno Estado ocidental liberal-burocrático se aproxima do terceiro tipo, com infraestruturas gigantescas amplamente controladas pelos capitalistas ou pelo processo democrático (não decidirei ainda). O Estado autoritário moderno – a União Soviética no seu auge – tinha poderes despóticos e infraestruturas substanciais (embora a sua coesão fosse menor do que muitas vezes assumimos).

A partir do século XVI, uma onda monárquica em direção a um maior despotismo provocou um retrocesso representativo e um conflito político massivo. Mas o poder infraestrutural cresceu de forma bastante consensual à medida que os estados participavam do crescimento exponencial dos poderes coletivos gerais discutidos no capítulo 1. Como a tabela 3.1 indica, a força incomum dos estados modernos é infraestrutural. Os estados agrários nem sequer sabiam o valor dos seus súditos, quanto mais tributá-los com precisão. Eles não podiam tributar a renda de forma alguma, avaliavam apenas indicadores brutos de riqueza (tamanho da terra ou da casa, valor dos bens trazidos ao mercado etc.), e dependiam de notáveis locais autônomos para extraí-los. No entanto, hoje em dia, os estados americano e britânico podem tributar meu próprio rendimento e riqueza *na fonte* – eles sabem meu valor aproximado – e extrair seu corte sem que eu até mesmo coloque as mãos sobre ele. Quem quer que controle esses estados tem infinitamente mais controle sobre mim do que os estados agrários tiveram sobre meus antepassados. Como Huntington (1968: 1) observou, os estados britânico, americano e soviético (antes de 1991) eram mais parecidos entre si do que com estados históricos ou com muitos estados em países em desenvolvimento – *os governos governam*, de fato implementando decisões do gabinete, da presidência ou do Politburo, capazes de mobilizar muito mais poder no país e no exterior do que seus antecessores históricos.

Mas não apenas as infraestruturas estatais se expandiram. Uma revolução na logística do poder coletivo aumentou a penetração infraestrutural de todas as organizações de poder. A capacidade da sociedade civil de controlar o Estado também aumentou. As sociedades modernas têm tanto estados autoritários, efetivamente dominando a vida cotidiana em seus territórios (como nenhum Estado histórico) quanto estados democrático-partidários, rotineiramente controlados pela sociedade civil (como apenas pequenas cidades-Estado tinham sido anteriormente). Isso significou o fim para os estados da parte superior esquerda da tabela 3.1 – autônomos e bastante coesos, mas fracos, desfrutando da privacidade da sociedade civil, mas com pouco poder efetivo sobre ela. Os estados e as sociedades civis modernas se interpenetram com muita força para obter autonomia sem poder.

Isso turva nossa análise. Dada essa interpenetração, onde termina o Estado e começa a sociedade civil? O Estado já não é um pequeno lugar central privado e uma elite com a sua própria racionalidade. *Ele* tem múltiplas instituições e tentáculos que se espalham do centro por meio dos seus territórios, mesmo, por vezes, por meio do espaço transnacional. Inversamente, a sociedade civil também se torna muito mais politizada do que no passado, enviando diversos partidos de assalto – grupos de pressão e partidos políticos – a vários lugares do Estado, além de flanqueá-lo transnacionalmente. O poder político moderno como lugar e ator, infraestrutura e déspota, elite e partidos é dual, tanto em relação a um centro, com suas múltiplas particularidades de poder, quanto em relação ao centro-território, também com suas particularidades de poder. *Sua* coesão é sempre problemática. Somente em um aspecto *o Estado* é singular: à medida que a interpenetração infraestrutural aumentava, *ele* tendia a *naturalizar* a vida social. O *poder* do Estado moderno não diz respeito principalmente às *elites estatais* que exercem poder sobre a sociedade, mas a uma relação Estado-sociedade mais restritiva, enjaulando as relações sociais sobre o terreno nacional, em vez do local-regional ou transnacional, assim politizando e geopolitizando muito mais da vida social do que os estados anteriores.

Começando por Weber, nesta seção identifiquei as particularidades institucionais compartilhadas por todos os estados. Acrescentei então as particularidades dos estados-nações modernos. Além dessas amplas semelhanças, os estados serão consideravelmente diferentes, de acordo com o tempo e o lugar. Na próxima seção, entrarei em mais detalhes, para listar as principais instituições políticas das sociedades ocidentais durante o longo século XIX, começando com as envolvidas na política doméstica.

Instituições políticas do século XIX

Política interna

A tabela 3.2 apresenta as principais instituições do governo central (trato mais tarde das relações entre o governo central e local). A primeira coluna lista as instituições, e as demais colunas analisam quem as controla – com a ajuda de uma distinção entre poder *isolado* e *incorporado*. Para que um Estado seja despótico (como no verdadeiro elitismo), suas redes devem ser isoladas da sociedade civil (como Krasner argumentou ter ocorrido na política externa). A coluna 2 enumera formas de isolamento que podem libertar a elite estatal das pressões e interesses da sociedade civil. Mas se as instituições estatais estiverem *incorporadas* na sociedade civil, elas serão controladas, como argumentam as teorias pluralistas e de classe (colunas 4 e 5).

Mas o despotismo total e o isolamento completo são improváveis. Como o Estado é ao mesmo tempo centro e relações entre centro e território, a autonomia exigiria que seu alcance territorial e seu centro fossem isolados. Mais fundamental de tudo, a base de recursos do Estado – suas redes fiscais e de mão de obra penetrando em toda a sociedade civil – deve ser isolada do controle da sociedade civil. No entanto, esse isolamento tem sido raro historicamente. Aumentar as receitas e tropas normalmente requeria a ajuda de notáveis locais-regionais. O isolamento se tornou ainda mais raro nesse período à medida que a representação política se desenvolvia – visando precisamente o controle de

Tabela 3.2 Redes de poder nos estados do século XIX

Instituições políticas	Estado despótico	Aliança particularista Estado-sociedade civil	Classes dominantes	Grupos de interesse múltiplos
Executivo supremo	Monarca absoluto, dinastia	Incorporado na corte e no Antigo Regime	Incorporado na sociedade feudal-capitalista	Constitucionalmente incorporado em propriedades, parlamentos, privilégios corporativos
Judiciário-polícia	Tribunais reais isolados	Incorporado em profissões jurídicas corporativas e universidades	Incorporado no direito de propriedade	Cidadania civil (individual e coletiva)
Administração civil	Corpo isolado de oficiais reais ou burocráticos	Incorporado no Antigo Regime, novos profissionais e universidades	Funcional para o capitalismo	Burocracia meritocrática responsável perante os parlamentos
Partidos, assembleias	Regimes unipartidários (nenhum nesse período)	Legislaturas limitadas, divisão e regra, oligarquias partidárias, intrigas judiciais	1) Franquia de imóveis 2) Limites capitalistas para soberania parlamentar	Cidadania política
Diplomacia	*Estadistas* isolados	Incorporado no Antigo Regime	Incorporado nas classes proprietárias	Responsáveis perante os parlamentos
Forças armadas	Casta isolada	Incorporado no Antigo Regime e outros grupos particularistas	Incorporado nas classes proprietárias, respondendo perante executivos civis	Responsáveis perante os parlamentos
Poder despótico	Alto	Médio	Baixo	Baixo
Teoria do Estado	Elitista, realista, verdadeira	Estatismo institucional	Classe	Pluralista

tais exatidões fiscais e de mão de obra. A plena autonomia ou isolamento do Estado, conforme especificado na segunda coluna da tabela 3.2 e pelas verdadeiras teorias elitistas-realistas, é improvável. Ela pressupõe o isolamento de todas as instituições da coluna 1. É mais provável que alguns estejam relativamente isolados, outros incorporados em classes dominantes e outros ainda em redes de poder plural (cf. DOMHOFF, 1990: 26-28). Assim, o Estado seria menos coerente do que qualquer uma das três primeiras escolas teóricas sugere. Partes do Estado podem ser isoladas e autônomas, mas o todo o Estado, não.

Mais plausível é um nível *médio* de poder despótico, especificado na terceira coluna. As instituições estatais podem estar embutidas em atores mais particularistas do poder da sociedade civil, como no relato de Weber sobre o Partido Junker. De acordo com ele, a monarquia alemã tinha muita autonomia dos capitalistas e da cidadania em geral porque tinha formado uma aliança particularista com os junkers, uma classe anteriormente dominante na sociedade, então muito diminuída de seu poder econômico, embora ainda controlasse os ministérios militares e a maioria dos civis. Por meio de regimes de alianças particularistas e enraizados podem alcançar isolamento e autonomia moderados em relação às forças sociais mais amplas especificadas pelas teorias de classe e pluralistas. Os regimes podem se dividir e governar para assegurar aliados segmentares particularistas e políticos de dentro e para encorajar os *de fora* a moderar a sua oposição na esperança de voltar a entrar. Naturalmente, o equilíbrio de poder contido nessa aliança pode funcionar na direção oposta: o grupo particularista da sociedade civil pode efetivamente *colonizar* parte do Estado, usando-o contra outras elites estatais ou atores de poder mais gerais – como, por exemplo, no controle histórico exercido por políticos americanos sulistas, embutidos nas oligarquias de comerciantes-plantadores nos estados do sul, sobre a estrutura do comitê do Congresso (DOMHOFF, 1990: 53, 104-105). A coluna 3 enumera as principais alianças segmentares particularistas incorporadas ou semi-isoladas encontradas no longo século XIX.

A primeira fileira da tabela 3.2 trata do executivo supremo, o modelo principal da genuína teoria elitista-realista. Aqui é onde poderíamos esperar que a verdadeira autonomia da elite se concentrasse. Todas as constituições estatais então (como agora) conferiam certos poderes ao seu chefe executivo, especialmente (como revela o capítulo 12) na política externa. A maioria dos executivos ocidentais estava emergindo de uma fase absolutista da monarquia. O *L'état, c'est moi* de Luís XIV continha três verdades. Os governantes absolutos possuíam mais poder despótico do que os monarcas constitucionais ou os executivos republicanos. As constituições importam, como acreditavam os contemporâneos, entrincheirando diferentes graus de autonomia estatal. Em segundo lugar, nas monarquias absolutas e mais tarde nas monarquias autoritárias, se dependia mais das habilidades e energias do monarca ou dos ministros chefes a quem os monarcas delegavam poderes. Como dizem os historiadores, os talentos (consideráveis) de uma Maria Teresa ou de um Bismarck ou (desprezíveis) de um Luís XVI ou de um Bethmann-Hollweg fizeram a diferença – mais do que as capacidades de um monarca constitucional ou mesmo de um primeiro-ministro parlamentar. Em terceiro lugar, os monarcas hereditários e suas famílias eram os únicos por não serem uma relação entre centro e território, pois eles de fato eram atores centralizados, constituindo uma elite estatal central e isolada, com suas próprias particularidades de poder.

Mas para exercer o poder sobre a sociedade, os monarcas tiveram de controlar mais instituições estatais. No centro, eles dependiam da corte. Os tribunais eram geralmente de aristocratas, altos clérigos e comandantes militares, incorporados à classe dominante, como afirma a teoria de classes. Os monarcas procuraram combater essa incorporação dividindo e governando de forma segmentada, usando redes de familiares e clientes para dividir a classe dominante entre partidos leais, de *dentro*, e deslocados, *fora*. À medida que a sociedade e o Estado se tornaram mais universalistas, essa estratégia mudou para a incorporação do monarca e da corte no Antigo Regime, uma aliança partidária centrada no tribunal entre monarca e a antiga classe rentista, mais a hierarquia das Igrejas estabelecidas e o corpo de oficiais.

O Antigo Regime domina a maior parte dos semi-isolamentos da coluna 3. Esse *partido-cum-elite* sobreviveu bem até o século XX (como Mayer 1981 argumentou vigorosamente). Ele permaneceu mais importante nas monarquias autoritárias. No entanto, mesmo as monarquias constitucionais mantiveram velhos matizes de regime, e as repúblicas exibiram *velhos* elementos – *notáveis republicanos, as 100 (ou 200 ou 400) famílias*, o *Establishment*, e similares. Em todos os países, algum poder político foi ou é exercido por uma *classe alta* centrada em *dinheiro velho*, geralmente de proprietários de terra ou banqueiros, juntamente com o *status* tradicional – o termo *Establishment* expressa seu papel na Inglaterra e em relação à política externa na América. Os antigos regimes mantinham poderes consideráveis sobre a diplomacia, como explica o capítulo 12.

Os teóricos de classe argumentam que os velhos regimes foram incorporados como uma fração na classe capitalista cada vez mais dominante. Embora os pluralistas raramente tenham aplicado sua teoria a regimes não democráticos, as redes plurais de poder também podem ter penetrado até mesmo nas monarquias absolutas. Os absolutistas foram pressionados por múltiplos grupos de interesse e, assim, concederam direitos e privilégios políticos além da aristocracia fundiária e do capital, a Igrejas e a propriedades menores – municipalidades, órgãos profissionais, corporações mercantis e guildas, até mesmo a agricultores camponeses. Como os cortesãos, seus privilégios eram particularistas, e sua política tendia a intrigas faccionais e segmentares. Os capítulos seguintes deste volume avaliam essas visões de classe e pluralistas do Antigo Regime.

A segunda linha da tabela 3.2 diz respeito às instituições jurídico-policiais – tribunais de justiça e serviços de aplicação da lei. Nesse período, as forças policiais emergiram separadas dos exércitos, mas não eram grandes atores de poder (cf. capítulo 12). Os tribunais de justiça eram mais importantes. O direito tinha um papel duplo: expressar a vontade do monarca, mas também incorporar o direito consuetudinário e divino. O monarca poderia prevalecer em sua corte mais alta, mas a justiça mais baixa era distribuída para ou em cooperação com notáveis locais-regionais, muitas vezes notáveis da Igreja. A Europa era uma comunidade governada pela lei; mesmo os governantes absolutos não gostavam de ser considerados como violadores da lei e dos costumes (BEALES, 1987: 7). Seu caráter híbrido fez do direito um local central de luta ideológica e deu aos advogados uma identidade corporativa que não era redutível nem ao Estado nem à sociedade civil. Os monarcas concederam aos advogados privilégios corporativos, buscando reduzir sua incorporação social. A monarquia francesa foi mais longe, concedendo patentes de nobreza com privilégios materiais (*noblesse de la robe*) e direitos a assembleias corporativas (parlamento). O colapso de sua aliança particularista na década de 1780 foi uma precondição necessária da Revolução Francesa (cf. capítulo 6). O sucesso dessa estratégia de semi-isolamento despótico variou. Em alguns estados, advogados e tribunais aliados ao despotismo (como na Áustria e na Prússia); em alguns, com seus inimigos (como durante as revoluções americana e francesa). Se as instituições judiciais adquirissem um pouco de autonomia, elas poderiam, por vezes, ser independentes, em vez de estatais.

Classes e grupos de interesse do século XVIII em ascensão apostaram muito de sua energia na lei, para garantir o primeiro triunvirato dos direitos dos cidadãos de T.H. Marshall: a cidadania civil. Eles exigiam direitos judiciais para os indivíduos, não para as coletividades. Os velhos regimes provaram ser cooperativos porque estavam se tornando capitalistas, mais prontos para essa equação de direitos pessoais e de propriedade rotulada por C.B. MacPherson como *individualismo possessivo*. Os monarcas também estavam buscando desenvolver relações contratuais mais universais com seus súditos. Os estados modernos começaram a incorporar a *dominação racional-legal* de Weber (POGGI, 1990: 28-30). Houve pouca colisão de classes sobre os direitos civis individuais nesse período (ao contrário dos séculos anteriores). Os antigos regimes se tornaram faccionalizados à medida que as classes em ascensão eram pressionadas. Os códigos de direito civil foram por vezes promulgados pelos próprios monarcas absolutos. Mas a linguagem dos códigos de direito era universal, mesmo que concebida para proteger os detentores de propriedade masculina (e por vezes a comunidade étnica ou religiosa dominante). O direito tinha um poder emergente, útil para estender os direitos das classes mais baixas, das comunidades religiosas e das mulheres. Durante algum tempo, as organizações legais – metade dentro, metade fora do Estado – exerceram pressões radicais. Depois de cerca de 1850, porém, elas se tornaram conservadoras, casadas com qualquer combinação de antigos regimes e classes capitalistas que tivesse sido institucionalizada. A cidadania civil individual provou ser uma barreira ao desenvolvimento de mais direitos civis coletivos e de cidadania política.

A terceira linha da tabela 3.2 diz respeito à administração civil. Para além das atividades judiciais e militares, os estados anteriores não tinham administrado muito; então, os estados do século XIX aumentaram consideravelmente o seu escopo infraestrutural. Mas todos os estados precisam de recursos fiscais e de recursos humanos (como sublinha LEVI, 1988). O despotismo exige que a auferição de receitas e despesas seja isolada da sociedade civil. Os domínios reais e os direitos régios (p. ex., a propriedade estatal de direitos mineiros e o direito de vender monopólios econômicos) tinham conferido algum isolamento das receitas, tal como as antigas formas institucionalizadas de tributação. A guerra era uma prerrogativa do Estado, e uma guerra bem-sucedida poderia aumentar as receitas por meio do saque e da utilização do exército para coagir internamente (embora uma guerra malsucedida pudesse diminuir os poderes). Poucos monarcas do século XVIII tiveram de submeter os seus orçamentos aos parlamentos. No entanto, tendo em conta a escala crescente da guerra moderna, as receitas tradicionais isoladas se revelaram insuficientes. Novas formas de tributação e de empréstimo incorporaram administrações entre contribuintes e credores, embora alianças particularistas com os coletores de impostos e comerciantes pudessem evitar o controle da classe dominante. Assim, os balanços fiscais eram complexos e variados. Eu os examino no capítulo 11.

Os funcionários do Estado eram formalmente responsáveis perante o monarca, mas na verdade eles precisavam administrar por meio de notáveis locais-regionais. Em 1760, as administrações foram incorporadas nas relações de propriedade local por práticas de administração que hoje consideramos corruptas. As administrações se tornaram então substancialmente *burocratizadas*, como mostra o capítulo 13. A burocratização envolveu conflitos entre monarcas, classes dominantes e grupos de pressão plurais. O monarca procurou isolar os funcionários como um corpo dependente, embora até mesmo isso envolvesse incorporação parcial, na profissão jurídica e nas organizações de ensino superior e, por meio delas, em classes e outras redes de poder. As classes dominantes tentaram assegurar que a burocracia fosse dirigida por pessoas como elas e que respondessem perante os parlamentos que controlavam. Os movimentos políticos mais populares procuraram incorporar a burocracia em critérios universais de *performance*, respondendo às assembleias democráticas. Lá, emergiu uma autonomia moderada do Estado por intermédio de alianças semi-isoladas e particularistas entre os filhos executivos e altamente educados do Antigo Regime, depois ampliada pela admissão de filhos altamente educados da classe média profissional. O controle sobre a educação secundária e terciária se tornou crucial para essas estratégias de semi-isolamento.

Assim se desenvolveu uma instituição distinta *tecnocrática-burocrática* dentro do Estado, em princípio responsável no topo, mas de fato com algum isolamento burocrático. Mesmo onde os estados representavam os interesses da sociedade ou da sua classe dominante, os estados são, no entanto, centralizados e as sociedades civis e as classes não o são. Sua capacidade de supervisão é limitada. Dois monopólios tecnocráticos identificados por Weber (1978, volume II: 1.417-1.418) – de *know-how* técnico e canais administrativos de comunicação – permitem a forma sub-reptícia e limitada de isolamento enfatizada por Skocpol e seus colaboradores. As classes e outros grandes atores do poder não estão organizados rotineiramente para supervisionar todas as funções do Estado. Podem se mexer para legislar sobre uma política desejada. Tendo conseguido isso, se dissolvem ou se voltam para outra questão, deixando os funcionários públicos em paz. Esses podem agir com uma autonomia tranquila. Se os atores do poder não se mexerem mais uma vez, podem surgir autonomias departamentais. Essas são provavelmente maiores em regimes autoritários do que em regimes parlamentares. Sem um gabinete governamental centralizado com responsabilidade última perante o parlamento, os monarcas autoritários provaram ter menos controle sobre *suas* organizações técnico-burocráticas do que os supremos executivos constitucionais. Os regimes constitucionais provaram ser mais coesos, se bem que menos autônomos, do que os regimes autoritários.

Portanto, as autonomias da elite podem ser *plurais*, reduzindo a coesão do Estado. Embora o crescimento da burocracia possa parecer centralizado, na verdade é espalhado. Milhares, depois milhões, de funcionários públicos implementavam políticas. A tecnocracia e a burocracia são intrinsecamente especializadas e múltiplas, aumentando a complexidade do Estado, como enfatizado pela teoria dos desacertos e mancadas. Nada tem induzido mais ao erro na análise dos estados reais do que a noção de burocracia monocrática de Weber. A administração estatal quase nunca forma um todo único e burocrático.

A quarta linha da tabela 3.2 diz respeito às assembleias legislativas e partidos. Amplio o termo aqui, como fez Weber, para indicar não apenas partidos políticos, mas quaisquer grupos de pressão. O absolutismo não reconheceu formalmente os partidos e (ao contrário do que aconteceu no século XX) não houve tentativas de governar despoticamente por meio de regimes de partido único. Porém, o executivo tentou construir alianças particularistas incorporadas a favor de facções segmentares com vida própria, compostas por cortes e círculos parlamentares, incorporando um clientelismo intrigante, oculto. Mais formais e muitas vezes menos segmentares foram os partidos políticos formais que emergiram no século XIX, permitindo que atores difusos da sociedade civil controlassem os executivos do Estado (e uns aos outros) por meio da *cidadania política* de Marshall. Isso estabeleceu assembleias legislativas soberanas, eleitas secretamente por meio da ampliação das franquias, geralmente consagradas nas constituições. Elas garantem que os estados ocidentais modernos sejam democráticos, afirmam os pluralistas.

No entanto, a cidadania política não avançou tão suavemente quanto Marshall sugeriu. Executivos autoritários podiam dividir e governar entre facções e partidos, aliando-se de forma particularista e segmentada a oligarquias partidárias de notáveis. As constituições também tinham propriedades emergentes que poderiam impedir um maior desenvolvimento do cidadão. As restrições de propriedade e de gênero no direito ao voto permaneceram até o final do período, assim como as restrições à soberania das assembleias. Se *entrincheiradas* em prol dos direitos das partes contratantes, as constituições se mostravam resistentes à mudança social. A Constituição dos Estados Unidos preservou um Estado federal capitalista-liberal durante dois séculos em condições sociais muito diferentes, resistindo a movimentos que exigiam direitos coletivos e sociais dos cidadãos. A Constituição britânica (não escrita) enraizou a soberania parlamentar, que preservou um Estado bipartidário relativamente centralizado.

Os marxistas também argumentam que os partidos e as assembleias são limitados em um sentido mais profundo por sua dependência do capitalismo. A maioria dos atores do poder político nesse período acreditava que os direitos de propriedade e a produção de mercadorias eram *naturais*. Raramente pensavam em se intrometer neles. Mas mesmo que tivessem tentado, os seus poderes poderiam ter sido limitados, uma vez que a acumulação capitalista forneceu os seus próprios recursos (como Offe e Ronge (1982) enfatizam). Esse é um argumento-chave marxiano contra as posições verdadeiramente elitistas e pluralistas. Nem as elites estatais nem os partidos anticapitalistas podem revogar os *limites* estabelecidos pela necessidade de acumulação capitalista, eles argumentam (a menos que se instale uma revolução). Já mencionei que os estados tinham apenas chances limitadas de gerar seus próprios recursos fiscais independentes. Isso corrobora o argumento marxiano. O Estado moderno se cristalizou como capitalista, embora não apenas como capitalista.

Política externa

A quinta e sexta linhas da tabela 3.2 dizem respeito a instituições diplomáticas e militares. Como já argumentei anteriormente (em ensaios reeditados em MANN, 1988; cf. GIDDENS, 1985), a maior parte da teoria estatal negligenciou a diplomacia e o poder militar. No entanto, os estados habitam um mundo de estados, oscilando entre a guerra e a paz. Os estados agrários arrecadavam pelo menos três quartos de suas receitas para fazer guerra; e seus militares superavam seus funcionários civis. Os estados pareciam máquinas de guerra. No entanto, as máquinas foram colocadas em funcionamento e desmanteladas pela diplomacia, muitas vezes orientadas para a conciliação e a paz. Essa era a dualidade essencial da política externa.

Os diplomatas europeus habitavam uma *civilização de múltiplos atores de poder*, não um buraco negro anárquico (como previsto por alguns realistas), mas uma comunidade normativa de normas e percepções compartilhadas, algumas muito gerais, outras compartilhadas por classes ou religiões transnacionais específicas; algumas pacíficas, outras violentas. Muitas redes de poder que operam por meio do espaço internacional não transitaram pelos estados. O capítulo 2 observa que isso era especialmente verdade para as redes de poder ideológicas e econômicas. Os estados não podiam enjaular totalmente a troca de mensagens, bens e pessoal, nem interferir muito com os direitos de propriedade privada ou com as redes comerciais. Os estadistas tinham identidades sociais, especialmente de classe e comunidade religiosa, cujas normas ajudavam a definir concepções de interesses e moralidade.

Por isso, a diplomacia e a geopolítica eram governadas por regras. Algumas regras definiam quais eram os interesses nacionais razoáveis e eram partilhadas pelos estadistas de toda a civilização. Outras acrescentavam compreensões normativas entre aristocratas relacionados a parentes, entre católicos, entre *europeus*, *ocidentais*, mesmo ocasionalmente entre *seres humanos*. Até mesmo a guerra era governada por regras, *limitada* em relação a alguns, justificadamente selvagem em relação a outros. A estabilidade da civilização ao longo de muitos séculos ajudou o que alguns realistas supõem ser habilidades humanas universais para calcular racionalmente o *interesse nacional*. Em particular, a diplomacia europeia teve um milênio de experiência de duas situações geopolíticas particulares: equilíbrios de poder entre duas e seis grandes potências quase iguais e tentativas de hegemonia por uma delas, contrariadas pelas outras. Esses entendimentos comuns são por vezes rotulados de *sistema westefaliano*", após o Tratado de Westphalia de 1648 que pôs fim às guerras de religião (ROSECRANCE, 1986: 72-85). Mas eles incorporavam normas europeias mais antigas.

A diplomacia era diplomacia de *aliança*. Quase todas as guerras foram entre grupos de potências aliadas, a menos que um protagonista conseguisse isolar diplomaticamente o seu adversário. A diplomacia procurava fazer amigos e isolar os inimigos; na guerra, uma potência procurava usar os seus amigos, idealmente para forçar o inimigo a lutar em mais do que uma frente. Essas são táticas muito realistas, evidentemente. Mas algumas alianças se apoiavam também em normas comuns, na solidariedade religiosa, nesse período na solidariedade dos monarcas reacionários ou da comunidade *anglo-saxônica*, e na crescente relutância dos regimes liberais em entrar em guerra uns com os outros (cf. capítulos 8 e 21).

Contudo, os séculos XVII e XVIII assistiram a um aumento da fascinação pela guerra. A Europa se expandia para o leste na Ásia, o sudeste em terras otomanas, o sul na África, e por postos de representação naval e colônias de assentamentos em todo o mundo. Em 1760 os custos da guerra (financeiros e mortais) aumentavam, mas também os benefícios. As guerras coloniais não eram normalmente de soma zero para as potências uropeias. Todas elas poderiam ganhar: se a Grã-Bretanha e a França entravam em conflito na América do Norte, ou a Rússia e a Áustria nos Bálcãs, o vencedor levava os prêmios mais valiosos, o perdedor levava os menores. O colonialismo foi extraordinariamente lucrativo, e os europeus também se congratulavam entre si por promoverem a civilização cristã ou ocidental ou *branca* e o *progresso* aos selvagens, nativos ou civilizações decadentes.

A agressão dentro da Europa também recompensou os estados maiores. Havia cerca de duzentos estados independentes na Europa em 1500, apenas cerca de vinte em 1900 (TILLY, 1990: 45-46). Os vencedores também se apropriaram da história. Quando os alemães, em 1900, refletiram sobre sua identidade nacional, poucos se conceberam como ex-cidadãos dos 38 estados alemães derrotados desde 1815 pelo reino da Prússia. Eles eram vencedores alemães, não perdedores saxões ou hessianos. Em uma história escrita pelos vencedores, a agressão do guerreiro parecia melhor do que realmente era. A guerra tem sido onipresente entre os estados. Parecia inteiramente normal para a maioria dos europeus durante o longo século XIX.

A ubiquidade da guerra e da diplomacia agressiva infundiu as próprias noções de interesse material e de lucro capitalista com concepções territoriais de identidade, comunidade e moralidade – embora essas coexistissem com as concepções de interesse e lucro mais orientadas para o mercado, fomentadas pela civilização de múltiplos atores de poder. Assim floresceram todas as seis economias políticas internacionais distinguidas no capítulo 2: *laissez-faire*, protecionismo, mercantilismo e imperialismo econômico, social e geopolítico. Todas eram mudanças de estratégia *normais*.

Cinco grandes atores organizados participaram das decisões diplomáticas:

1) *Classes* – Volto aos três tipos de organização de classes distinguidos no capítulo 2. A maioria dos primeiros teóricos acreditava que a moderna sociedade capitalista ou industrial seria dominada por classes transnacionais e outros grupos de interesse, definidos sem referência a fronteiras nacionais. As classes transnacionais agressivas às vezes existem – por exemplo, a nobreza guerreira europeia da Idade Média, ou a burguesia revolucionária francesa procurando exportar a revolução. Mas durante a maior parte desse período as classes transnacionais eram principalmente cosmopolitas, internacionalistas na sua perícia e interesses, conciliadoras, até mesmo pacíficas, na sua diplomacia. Os liberais esperavam isso da classe capitalista, dos socialistas da classe trabalhadora. Os marxistas clássicos e os teóricos da interdependência enfatizam esse transnacionalismo pacífico.

Então, por volta de 1900, quando o mundo parecia mais violento, os teóricos começaram a enfatizar o contrário: Classes *nacionalistas* definidas em oposição aos habitantes de outros estados. Também se acreditava que essas classes tinham experiência e interesse na diplomacia, mas isso era agressivo, expansionista e até mesmo militarista. A teoria central derivada dessa perspectiva é o imperialismo econômico.

A diplomacia transnacional e nacionalista é supervisionada por atores organizados na sociedade civil que possuem experiência e interesses diplomáticos. Por exemplo, o fim de uma grande guerra muitas vezes produz um surto de interesse das classes dominantes entre as potências vitoriosas. O capítulo 8 narra a tentativa de restaurar o Antigo Regime pelas potências vitoriosas de 1815. Domhoff (1990: 107-152) e Maier (1981) argumentam que uma nova ordem mundial foi implementada por frações da classe capitalista americana no final da Segunda Guerra Mundial. Mas a diplomacia será muito menos competente se as classes nacionais dominarem. Se as classes e outros grupos de interesse estão em grande parte enjaulados por suas fronteiras estatais, eles podem ter pouco interesse na diplomacia. As classes nacionais são obcecadas pela política interna. Podem deixar a diplomacia para outros, aumentando o *isolamento* dos estados – homens, ou podem expressar políticas externas que meramente deslocam seus problemas domésticos e, portanto, são bastante superficiais, não enraizadas na realidade geopolítica, e voláteis.

Este volume narra o desenvolvimento entrelaçado das três formas de organização de classes. Mas, em meio a isso, as classes nacionais surgiram de forma especialmente poderosa, permitindo que outros quatro atores organizados com políticas externas mais fortes tivessem mais poderes. Um deles estava enraizado predominantemente na sociedade civil, dois no Estado, e um encarnava uma relação ativa entre os dois.

2) *Grupos de pressão particularistas* – Em meio à indiferença nacional das classes e de outros grandes atores do poder, partidos mais particularistas podem se formar em torno da política externa. Setores econômicos, indústrias, até mesmo corporações individuais podem ter interesses específicos, geralmente em regiões ou países específicos. As mais amplas são as frações de classe – como na identificação de Domhoff de uma fração internacional entre os capitalistas modernos, localizados em grandes corporações e bancos com interesses globais. O *capitalismo cavalheiresco* do século XVIII e início do XIX foi uma fração de classe comparativamente ampla que influenciou a política externa britânica (cf. capítulo 8); enquanto que três políticas externas alemãs alternativas dos anos de 1890 (*Weltpolitik*, *Mitteleuropa* e liberalismo) derivaram parcialmente de frações de classe (cf. capítulo 21). Da mesma forma, Weber argumentou que o imperialismo econômico – o que ele chamou de *capitalismo de pilhagem* – era defendido por capitalistas com interesses materiais no poder estatal: *complexos militares-industriais*, tal como os chamamos hoje. Grupos de pressão não econômicos também abundam; notadamente grupos étnicos, religiosos ou linguísticos ligados a outros países.

Os grupos de pressão podem ser mais decisivos do que na política interna, geralmente mais supervisionados por classes e outros atores de amplo poder. Eles também podem ser ativados de forma um pouco mais errática. Na recente política externa dos Estados Unidos, por exemplo, as corporações de mineração influenciaram a política em relação ao Chile; aos negros, à África do Sul; aos judeus, ao Oriente Médio; e assim por diante. Mas a capacidade de atenção dos grupos de pressão é limitada: judeus e negros não estão interessados na política dos Estados Unidos em relação ao Chile, e a maioria das empresas de mineração tem pouco interesse na política do Oriente Médio. A política externa dominada por grupos de pressão pode ser uma série de cristalizações curtas e bruscas com pouco padrão geral. Como Durkheim observou: "Não há nada menos constante do que o interesse".

3) *Estadistas* – O realismo se concentra nos atores estatais preocupados profissionalmente com a diplomacia, falando pelo Estado, até mesmo (como seu título sugere) personificando o Estado. Os estadistas se agrupam em torno do chefe do executivo. Os monarcas tinham há muito tempo a prerrogativa de fazer política externa, incluindo a guerra. O crescimento de classes enjauladas nacionalmente permitiu que a prerrogativa sobrevivesse mesmo na era democrática, embora o isolamento fosse reduzido por outros atores de poder. As pressões sociais muitas vezes vieram por intermédio das próprias identidades dos estadistas. Quase todos foram extraídos da velha classe do regime. Eles expressavam seus valores, normas e racionalidade, e algumas de suas solidariedades transnacionais. Mais uma vez, tal como acontece com a política interna, emerge a aliança particularista, em vez do Estado totalmente controlado ou totalmente isolado – e mais uma vez é entre o chefe executivo e o velho regime. Eles conduziram uma diplomacia de rotina, fizeram e quebraram alianças ou ameaçaram a guerra, e mesmo ocasionalmente foram para a guerra, sem muita consulta a outros atores de poder. Por serem especialistas cosmopolitas e multilíngues, os estadistas eram *experts* exercendo poderes tecnocrático-burocráticos, dando a mais ampla atenção em toda gama da política externa. Quando o isolamento da política externa estava no seu auge, surgiram diferentes políticas externas, mais do que quando essa foi interrompida.

Mas mesmo os estadistas do Antigo Regime foram transformados pelo surgimento do Estado-nação. Como observou Weber, os estadistas passaram a representar a *nação*, bem como o Estado. O seu próprio poder político passou a depender do seu sucesso nas relações de grande potência, tal como foram percebidas pelos outros atores de poder aqui distinguidos (cf. ROSECRANCE, 1986: 86-88). Weber enfatizou que os estadistas se tornaram mais ativos como imperialistas, identificando seu próprio poder político com o poder bruto de seu Estado-nação, conscientes de que a vitória militar seria seu maior triunfo, mas também que a derrota poderia derrubá-los (COLLINS, 1986). Isso, argumentou Weber, era igualmente válido para os monarcas, para os seus chefes de Estado nomeados e para os líderes eleitos.

Essa é uma visão bastante pessimista sobre a nação: algumas nações geraram uma visão mais liberal e pacífica de sua missão mundial, e seus estadistas podiam fazer pose, alcançar prestígio e ganhar eleições como exemplos de virtudes nacionais pacíficas. Weber era um nacionalista alemão; sua visão política não deveria influenciar toda a nossa visão sobre prestígio político nacional.

4) *Os militares* – Aqui eu passo para a sexta linha da tabela 3.2, para a monopolização estatal do poder militar organizado – foram-se os recrutas feudais e os exércitos privados. As forças armadas se tornaram centralizadas sob um alto-comando, sob o controle formal do chefe executivo. Técnicas modernas de isolamento, por meio de salários, aposentadorias e emprego estatal, após a aposentadoria, foram desenvolvidas para o pessoal militar. A maioria dos corpos de oficiais do século XVIII e início do XIX foi fortemente recrutada de antigos regimes (cf. dados no capítulo 12). Eles favoreciam uma postura militar forte na política externa, mas não tinham interesse na diplomacia de rotina e estavam muitas vezes bastante cautelosos em relação à realidade da guerra, receosos de iniciá-la e desejosos de *limitá-la* com regras.

Os altos-comandos do século XIX eram próximos dos estadistas, já que ambos eram recrutados esmagadoramente de antigos regimes. Eles também desenvolveram laços mais estreitos com os capitalistas industriais à medida que se tornaram grandes clientes dos produtos da Segunda Revolução Industrial. Os *complexos militares-industriais* foram nomeados apenas pelo presidente dos Estados Unidos, Dwight Eisenhower; eles já existiam muito antes disso. No entanto, as forças armadas também geraram um isolamento de quase casta dentro do Estado. Eles tinham uma autoconfiança tecnocrática e suas habilidades foram retiradas das práticas e controles sociais cotidianos. Eles desenvolveram uma disciplina segmentar sobre os seus soldados de massa; os seus quadros inferiores foram recrutados de meios sociais marginais. À medida que as taxas de mortalidade das armas cresciam, aumentava também seu impacto potencial sobre a sociedade. O pensamento estratégico do século XIX começou silenciosamente a preferir o ataque à defesa. Em situações diplomáticas em deterioração, os altos comandos aconselharam a mobilização e o ataque em primeiro lugar, como aconteceu no final de julho de 1914. Assim, embora as forças armadas estivessem próximas do executivo, dos velhos regimes e do capitalismo, seu profissionalismo encorajava a autonomia de casta dentro do Estado, normalmente discreta, ocasionalmente devastadora. A autonomia do poder militar sobreviveu ao monopólio estatal da violência organizada.

5) *Partidos nacionalistas*[6] – Na ausência de classes com fortes interesses diplomáticos materiais, emergiu um nacionalismo mais politicamente enraizado,

---

6. Outra vez, a palavra *partidos* é usada aqui no sentido de Weber para qualquer grupo politicamente organizado. Os nacionalistas são normalmente pressionados pelos grupos de pressão (ligas da marinha, ligas do império etc.), em vez de patrocinarem partidos políticos formais.

primeiro nas guerras revolucionárias e napoleônicas, depois no final do século XIX. À medida que as classes e outros atores atingiram a cidadania civil e política, o Estado se tornou *seu* Estado-nação, uma *comunidade imaginada* à qual desenvolveram lealdades. Seu poder, honra, humilhações e até mesmo interesses materiais passaram a ser sentidos como seus, e tais sentimentos eram mobilizáveis pelos estadistas, grupos de pressão e militares. Os partidos nacionalistas e grupos de pressão insistiam nesses sentimentos aos estadistas. No entanto, o nacionalismo agressivo nesse período nunca foi tão amplamente popular como muitas vezes se acredita. Ele tinha um núcleo específico de mensageiros, que identifico como *nacionalistas estatistas*, diretamente implicados nas instituições estatais – as quantidades crescentes de emprego estatal e socializadas nas instituições educacionais estatais. Emergiu um nacionalismo bastante mais brando entre as classes gozando de cidadania e também entre os grupos de interesse centralizados – a classe média e as comunidades religiosas, linguísticas, étnicas e regionais dominantes. No século XX, à medida que a classe trabalhadora, as mulheres e minorias também conquistaram a cidadania, esse nacionalismo brando se ampliou.

O crescimento das identidades nacionais e dos principais portadores do nacionalismo estatal por vezes deu à diplomacia um tom popular, apaixonado e nacionalista. Mas isso carecia da racionalidade precisa dos interesses perseguidos pelas classes ou grupos de pressão particularistas e da compreensão precisa, normativamente enraizada, dos estadistas isolados do Antigo Regime. Teorias de classe, pluralistas e realistas sugerem que a política externa foi ditada por interesses materiais coletivos. Mas o nacionalismo político pode ditar concepções de interesses coletivos materiais, e não o contrário. Se outra potência parecesse impugnar a *honra nacional*, a agressão ou defesa firme poderia ser apoiada por um nacionalismo popular, superficial, volátil e, no entanto, apaixonado. O extremo, talvez, é onde a nação é investida com uma postura de cruzada muito ampla em relação ao mundo – defendendo o cristianismo ou a raça ariana, levando liberdade e fraternidade ao mundo, ou lutando contra o comunismo. Nesse período, apenas a Revolução Francesa gerou tais sentimentos extremos.

Esses cinco atores organizados determinaram conjuntamente a política externa ao longo do século XIX, como fazem atualmente. Suas inter-relações eram complexas. Porque a extensão dos seus interesses e da sua atenção variou, houve relativamente pouco consenso sistêmico ou colisão direta entre eles. A menos que frações de classe substanciais ou cruzadas nacionais morais tenham intervindo, a política externa de rotina pode ser deixada para os estadistas, com outros mais esporadicamente, erraticamente empurrando-os para dentro e para fora de alianças, crises e guerras. Isso não parece propício a uma política externa muito sistêmica, como sugere o elitismo-realismo, o marxismo e o pluralismo.

Identifiquei diversos atores organizados na política interna e externa. As instituições de política interna muitas vezes diferiam daquelas de política externa, nem as mesmas instituições eram sempre encontradas em diferentes estados – e isso poderia criar dificuldades na capacidade dos regimes de se entenderem uns aos outros. Cálculos realistas de interesses estatais exigem percepções precisas uns dos outros, especialmente em crises diplomáticas mutáveis. Isso muitas vezes faltou, como vemos especialmente no capítulo 21, no escorregão para a Grande Guerra. Claramente, nem o Estado nem a sociedade civil eram entidades autônomas ou coesas. Os poderes despóticos derivavam menos de uma elite centralizada do que de alianças semi-isoladas particularistas entre atores organizados nos estados, nas sociedades civis nacionais e na civilização transnacional. O pessoal do Estado pode exercer o poder autônomo em virtude da centralidade que só ele possui. Monarcas, burocratas, altos comandos e outros surgiram como atores do poder distributivo, ainda que raramente como uma elite estatal singular e coesa. Mas as instituições do poder central têm pouco poder distributivo, a menos que sejam reforçadas por eleitorados das sociedades civis que canalizam seus recursos fiscais e de mão de obra. A elite estatal singular, essa personagem crítica do verdadeiro elitismo, mal figurará neste volume. Longe de serem singulares e centralizados, os estados modernos são redes de poder polimórficas que se estendem entre o centro e os territórios.

Análise funcional: um modelo de cristalização polimórfico

Em química, um polimorfo é uma substância que se cristaliza em duas ou mais formas diferentes, geralmente pertencentes a sistemas diferentes. O termo transmite a forma como os estados se cristalizam como o centro – mas em cada caso como um centro diferente – de uma série de redes de poder. Os estados têm múltiplas instituições, encarregadas de múltiplas tarefas, mobilizando os círculos eleitorais tanto por meio dos seus territórios como geopoliticamente. Como Rosenau (1966) observa, e Laumann e Knoke (1987) provam formalmente, diferentes *áreas temáticas* ou *domínios políticos* mobilizam diferentes circunscrições. Os estados são assim completamente polimórficos. Talvez, como Abrams sugeriu, na descrição de qualquer Estado em particular, nós devíamos parar de falar sobre *o Estado*. Mas ao nos afastarmos de uma abordagem institucional em direção a uma funcional, talvez possamos simplificar as múltiplas instituições nos termos das funções subjacentes empreendidas por determinados estados. Essas podem permear múltiplas instituições e circunscrições, ativando os estados em cristalizações globais mais simples.

Nesse período, os estados se cristalizaram de forma duradoura e importante como *capitalista*, *dinástico*, *democrático-partidário*, *militarista*, *confederal*, *luterano*, e assim por diante. Ao identificar posteriormente, em um Estado, a cristalização mais fundamental ou as mais fundamentais, uso o termo *cristalizações de nível superior*. O marxismo, pluralismo e realismo afirmam que os estados modernos acabaram por se cristalizar como, respectivamente, capitalistas, democrático-partidários e de segurança. Ou seja, eles veem relações padronizadas e hierárquicas existentes entre múltiplas instituições. A teoria dos desacertos-mancadas nega isso explicitamente, enquanto o pluralismo acrescenta que a democracia partidária é a forma como existe um compromisso sistemático entre muitas outras cristalizações. O marxismo, realismo e pluralismo implicam, em última análise, um Estado coeso e singular que toma decisões *finais* entre as cristalizações. Há dois métodos de julgar se algumas cristalizações ou acordos entre elas são, em última análise, decisivos – dois testes de *hierarquia* e *cristalização derradeira*. Um método é direto, o outro é indireto.

O teste direto pode confirmar que o Estado finalmente cristalizado como *x* em vez de *y*, digamos, como capitalista em vez de proletário. Uma vez que *x* e *y* são diametralmente opostos, eles colidem de frente. Em geral, sabemos que *x* (capitalismo) triunfou sobre *y*, não invariavelmente, mas em algum sentido de *última instância*, impedindo sistematicamente a revolução proletária e estabelecendo limites ao que os partidos proletários podem fazer. Um teste tão direto pode ser aplicado de forma mais geral?

Steinmetz tentou submeter a tal teste as teorias de classes rivais e a *verdadeira* teoria elitista das políticas do Estado de bem-estar social da Alemanha Imperial. Ele diz que, para apoiar a teoria elitista, teríamos de identificar

> políticas que desafiam diretamente os interesses da classe dominante [...]. A teoria centrada no Estado se assenta, em última análise, em mostrar casos de "*não correspondência*", ou seja, casos em que funcionários estatais e gestores de políticas públicas violam diretamente os interesses da classe que é economicamente dominante (1990: 244).

Steinmetz argumenta que a teoria elitista falha nesse teste na Alemanha Imperial porque não houve *não correspondência*. As políticas de bem-estar eram, com efeito, agradáveis para muitos capitalistas e foram permeadas por princípios de racionalidade capitalista. Havia, de fato, *correspondência* entre capitalismo e bem-estar. No capítulo 14, concordo sobretudo com as conclusões empíricas de Steinmetz. No entanto, discordo da sua metodologia de resolver a natureza *última* do Estado. O problema é se podemos aplicar ao Estado como um todo o seu teste de não correspondência, desafio direto, e consequente síntese dialética vitória-derrota. Isso implica um sistema social que impõe limites holísticos ao seu Estado. O modelo de classe marxista prevê isso, pois concebe a luta de classes como uma totalidade dialética, estruturando sistematicamente toda a sociedade e o Estado. Desde que as disputas teóricas *permaneçam* dentro desses termos dialéticos, podemos adjudicá-los.

O conflito direto de classes pode ser apresentado em termos dialéticos. Os estados não podem ser feudais e capitalistas ou capitalistas e socialistas ou monárquicos e partidários democráticos. Devem ser um ou outro ou ter algum compromisso sistêmico entre eles. Nesse período, eles se tornaram e permaneceram predominantemente capitalistas, em vez de feudais ou socialistas. Podemos também especificar as condições sob as quais o conflito sistêmico pode violar os *limites* normalmente exercidos pelo capitalismo sobre tais estados. Rueschemeyer e Evans (1985: 64) nos listam (por ordem ascendente da ameaça ao capital) onde a classe capitalista está dividida; onde a ameaça vinda de baixo induz a classe capitalista a entregar o poder ao regime político (e o regime age autonomamente para ceder no conflito de classes); e onde as classes subordinadas adquirem o poder na sociedade civil para capturar elas próprias o Estado. A luta capital-trabalho tem sido sistêmica nos países modernos. Eles só podem funcionar eficientemente se produzirem, e uma produção eficiente pressupõe a resolução da luta de classes. Os estados exigem que a luta entre o capital e o trabalho seja resolvida, de uma forma ou de outra. O capital e o trabalho têm lutado persistentemente durante mais de um século em todo o terreno do Estado. Podemos analisar as suas repetidas colisões frontais (*x* versus *y*) e *não correspondências*, ver quem ganha, e chegar a uma conclusão sistemática de um ou outro tipo.

Até que ponto esse modelo marxista de conflito pode ser aplicado transversalmente a toda a política? O problema é que, considerado em si mesmo, cada cristalização da função é sistêmica e limitadora, no sentido de que deve ser institucionalizada de forma estável. Assim como os estados devem ser capitalistas, socialistas, ou ter algum compromisso relativamente estável entre esses, então eles devem ser seculares, católicos, protestantes, islâmicos etc., ou ter algum compromisso institucionalizado. Eles devem dividir de forma estável a autoridade política entre o centro nacional e as localidades-regiões; devem institucionalizar relações entre homens e mulheres; devem alcançar eficiência de justiça, administração, defesa militar e segurança diplomática. Cada uma dessas cristalizações é intrinsecamente sistêmica e tem desafios frontais e não as correspondências que os países ocidentais contemporâneos têm conseguido amplamente institucionalizar.

Mas as relações *entre* as cristalizações funcionais não são sistêmicas. As cristalizações de classe e religiosas, por exemplo, diferem e por vezes entram em conflito. Mas o seu conflito raramente é sistêmico, as suas colisões raramente constituem uma dialética direta. Os estados não costumam fazer escolhas *últimas* entre eles. A Itália, por exemplo, permanece hoje democrática, capitalista e católica, assim como patriarcal, juntamente com várias outras cristalizações. Steinmetz pode encontrar racionalidade capitalista encarnada em políticas de bem-estar social. Isso é altamente provável porque essas eram políticas econômicas destinadas substancialmente a reduzir os conflitos de classe (embora ele não considere se eram também patriarcais, como de fato eram).

Também não é surpreendente que sobre essa teoria das raposas políticas do Estado moderno, as disputas sobre o bem-estar americano do New Deal ou políticas de agricultura, a maioria dos escritores tenham enfatizado as cristalizações de classe. Essas políticas são principalmente econômicas, na sua maioria emolduradas tendo em mente classes ou setores econômicos. No entanto, as políticas de bem-estar dos Estados Unidos também têm sido (raramente de forma explícita) patriarcais e muitas vezes racistas. Como é que essas três cristalizações sobre a política de bem-estar se relacionam umas com as outras? Parte da melhor sociologia e ciência política americanas têm lutado com esses entrelaçamentos de classe, gênero e raça e não chegaram a uma conclusão última consensual. Steinmetz pode também não encontrar correspondências ou não correspondências na Alemanha imperial entre áreas políticas – entre, digamos, os interesses da classe, o *Kulturkampf*, e a diplomacia bismarckiana. Esses eram diferentes, não em colisão direta, mas entrelaçados. Poderíamos dizer o mesmo da classe americana, federal, e áreas de política diplomática.

Mesmo sem confrontação direta, no entanto, os estados poderiam ainda atribuir prioridades, classificando as cristalizações em importância final. Quatro mecanismos estatais atribuem prioridades:

1) *Códigos e constituições legais* especificam os direitos e deveres. Os direitos civil e penal são precisos sobre o que eles proscrevem e que direitos civis e políticos amplos eles permitem. Mas não indicam exatamente como o poder será atribuído. As constituições devem localizar onde reside a soberania, mas não indicam como as suas prioridades devem ser estabelecidas. E, como Anderson e Anderson (1967: 26-82) demonstram, as constituições dos séculos XVIII e XIX eram, com efeito, vagas, porque encarnavam uma luta inacabada contra os poderes executivos.

2) *Orçamentos* atribuem prioridades fiscais. Todas as atividades estatais custam dinheiro, então os orçamentos podem revelar onde residem o poder e os limites. Uma escolha entre um imposto regressivo ou progressivo ou entre gastos em *armas ou manteiga* pode evocar um conflito direto e revelar a distribuição sistêmica do poder. Essa é a hipótese de trabalho das minhas análises das finanças do Estado. Mas as finanças também têm as suas próprias particularidades. O custo das funções não pode ser equiparado simplesmente à sua importância. A diplomacia precisa de pouco dinheiro, mas pode ser devastadora nas suas consequências. Em qualquer caso, durante a maior parte desse período, os estados não tinham orçamentos unificados, ou se tinham, alguns itens estavam constitucionalmente reforçados, não disponíveis para realocação.

3) *As maiorias democráticas partidárias* podem indicar a distribuição hierárquica do poder, como afirmam os pluralistas. As políticas dos partidos majoritários podem indicar as prioridades últimas. Mas a intriga partidária evita normalmente o confronto direto e a tomada de decisões últimas. Os partidos gover-

nantes escorregam por questões de princípio, fazendo concessões *ad hoc* e troca de favores. Os regimes raramente escolhem entre armas e manteiga; procuram ambos, em combinações que variam de acordo com as complexas cristalizações políticas em mudança. Além disso, nesse período, as maiorias eram apenas um indicador imperfeito. Nenhum grande Estado concedeu direito ao voto às mulheres; vários não o fizeram a categorias inteiras de homens. Será que os excluídos não tinham qualquer poder político? Em vários países, o acesso ao monarca era também tão importante quanto uma maioria parlamentar. O Estado tinha muitos edifícios. Os parlamentos não controlavam rotineiramente as práticas diplomáticas ou militares; classes e outros grupos de interesse pressionaram a justiça, o exército e as administrações, bem como o parlamento. De fato, os parlamentos não eram, por vezes nem sequer constitucionalmente, soberanos.

4) *A burocracia monocrática* pode atribuir prioridades racionalmente dentro da administração estatal. Embora Weber tenha exagerado na autonomia dos burocratas, eles estão organizados racionalmente por hierarquia e função, com prioridades estabelecidas impositivamente pelo chefe do executivo. Ao longo desse período, ocorreu uma substancial burocratização estatal. Mas como o capítulo 13 mostra, ela permaneceu incompleta, especialmente perto do topo das administrações estatais. As monarquias autoritárias dividiam e governavam para prevenir a burocracia coesa; os regimes parlamentares foram cuidadosos com o pessoal dos níveis administrativos mais elevados com os legalistas políticos. As administrações não estavam totalmente isoladas; elas encarnavam as principais cristalizações do resto do Estado.

Evidentemente, alguns estados eram mais coerentes do que outros. Tais estados podem ser distinguidos de acordo com a clareza com que localizam a tomada de decisão final – a sua *soberania*. Veremos que a Grã-Bretanha e a Prússia do século XVIII localizaram mais claramente a soberania em conjuntos determinantes de relações (relativas aos monarcas e ao parlamento ou funcionários superiores) do que a França ou a Áustria, e que até 1914 as democracias partidárias fizeram isso mais claramente do que as monarquias autoritárias. Nessas comparações, os últimos conjuntos de casos incorporam mais desacertos-mancadas do que os primeiros. No geral, no entanto, embora o Estado moderno estivesse tentando aumentar a sua coerência distributiva em todos os quatro mecanismos ora discutidos, isso foi na realidade em resposta para assumir cristalizações funcionais mais diversificadas (como argumenta o capítulo 14). Assim ele estava (e ainda está) incompleto. Defendo que a coerência geral do Estado estava provavelmente decrescendo ao longo do período, então as prioridades não poderiam, de forma geral, ser atribuídas sistematicamente.

Não há uma única medida universal de poder político comparável ao dinheiro para o poder econômico ou a força física concentrada no poder militar. Não há uma medida final de poder estatal último. Para que diversas cristalizações resultem em um Estado sistêmico singular, seriam necessárias não só capacidades extraordinárias de organização por parte dos funcionários do Estado, mas também um extraordinário interesse político por parte dos atores da sociedade civil. Por que razão a classe capitalista, ou a classe trabalhadora, ou a Igreja Católica, deveriam se preocupar com a diplomacia de rotina? Por que razão os partidos nacionalistas ou militares deveriam se preocupar com a legislação de segurança das fábricas? Os estados não atribuem rotineiramente prioridades fundamentais entre funções como a regulação da classe, a centralização do governo, ou diplomacia. Poderosos atores políticos perseguem a maior parte das múltiplas funções dos estados de forma pragmática, de acordo com tradições particulares e pressões atuais, reagindo de forma pragmática e apressada a crises que dizem respeito a todos eles.

Assim, as cristalizações políticas raramente se confrontam de forma direta e dialética. Não podemos aplicar rotineiramente o teste direto de *quem ganha*. Os estados raramente encarnam *x em vez de y*. Os estados em que me foco eram capitalistas, mas eram também patriarcais; eram grandes potências, e todos, exceto a Áustria, se tornaram estados-nações (e poderiam ser católicos, federais, relativamente militaristas, e assim por diante). A lógica do capitalismo não requer nenhum gênero particular, grande potência, ou lógica nacional – e vice-versa. Estes *xs* e *ys* não se chocaram diretamente. Eles escorregaram por meio e em torno uns dos outros, e as soluções para crises sobre cada um deles acaba tendo consequências, algumas involuntárias, para o outro. Mesmo as cristalizações que a princípio estavam em oposição direta muitas vezes não eram, na prática, percebidas como tal, uma vez que se encontravam entrelaçadas com outras cristalizações. Acho que as três condições de Rueschemeyer e Evans (referidas acima) pelas quais o trabalho poderia triunfar sobre o capital eram muito restritivas. Acho que, em qualquer lugar que as duas classes opostas de Marx colidiram diretamente, a classe dominante – possuindo todas as principais fontes de poder social (especialmente o Estado e os militares) – triunfou. Onde as classes subalternas tiveram mais chance a sua ameaça se entrelaçou com outras ameaças, de outras classes; mas, de modo mais importante, de facções religiosas ou militares, descentralizadores políticos ou potências estrangeiras. Em tais circunstâncias, os regimes políticos e as classes dominantes poderiam perder o seu poder de concentração sobre o potencial inimigo de classe e ser esmagados pela sua emergência intersticial. Isso aconteceu na Revolução Francesa (cf. capítulo 6) e não aconteceu no cartismo (cf. capítulo 15).

Certamente, diferentes cristalizações podem dominar diferentes instituições estatais. Isso poderia ser ordenado por um Estado perfeitamente burocrático com uma divisão racionalizada do trabalho. Mas isso não existia no século XIX e não existe agora. Como muitas vezes, a mão esquerda do Estado não sabia o que a mão direita fazia. Os diplomatas americanos isolados (torturados intermitentemente por grupos de pressão) cuidavam das relações com o Iraque, até que subitamente, em agosto de 1990, as consequências das suas ações (mais as dos estrangeiros) obrigaram toda a atenção do presidente. Nos últimos anos, os comandantes de submarinos nucleares da Otan levavam ordens seladas para serem abertas se as suas comunicações com o quartel-general fossem interrompidas. Acredita-se que essas ordens diriam: "Lancem seus mísseis sobre os alvos inimigos aqui designados". Neste caso, o pequeno dedo na mão direita (militar) dos estados pode agir autonomamente para acabar com o Estado, o capitalismo, e talvez o mundo. O Estado não tem conhecimento do que os seus membros estão fazendo.

Falhando o teste direto, podemos aplicar o segundo teste, indireto? As cristalizações do Estado podem não colidir de modo dialético e direto, mas são os efeitos de uma ou mais cristalizações tão devastadoras para o resto que limitam e modelam o todo, talvez por meio de suas consequências poderosas imprevistas? Havia pelo menos uma *cristalização de nível elevado?*

Estado de nível mais alto de cristalizações

Este volume oferece respostas plausíveis e nuançadas às perguntas que foram feitas. Estados diferentes se cristalizaram de forma diferente. No entanto, eu respondo *sim* com segurança: durante esse período eu identifico seis cristalizações de nível superior de estados ocidentais. Os primeiros cinco se tornaram capitalistas, ideológico-morais, militaristas e em posições variáveis em um *continuum* representativo (da monarquia autocrática à democracia partidária) e em um *continuum* nacional do Estado-nação centralizado ao regime confederado. Eu identifico cristalizações ideológico-morais variadas, algumas religiosas (p. ex., católica, luterana), outras com combinações religiosas e seculares. Mas elas declinaram um pouco de importância durante esse período à medida que as religiões e ideologias se tornavam mais (embora nunca inteiramente) redutíveis a questões representativas e nacionais. A cristalização ideológico-moral emergiu mais fortemente quando entrelaçada com a cristalização do sexto nível superior, que, infelizmente, menciono apenas superficialmente neste volume: o Estado patriarcal, que devemos encontrar de forma significativa ao ligar a mobilização das relações de poder intensivas com as extensivas. No nível extensivo, eu geralmente enfatizo quatro cristalizações de nível superior: capitalista, militarista, representativa e nacional.

Cada uma dessas quatro cristalizações produziu seu próprio conflito dialético direto, que em combinação constituiu a política essencial do período. De fato, alguns estados eram também católicos, outros protestantes, outros, potências seculares, navais ou terrestres, monolíngues ou multilíngues, com diferentes antigos regimes ou colorações burocráticas – todos gerando cristalizações distintas. Mas, por meio dessa diversidade, vislumbro quatro grandes caminhos: rumo à maturação das relações econômicas capitalistas, a uma maior representação, à intensificação da centralização nacional e à profissionalização e burocratização do militarismo estatal. Os estados ocidentais modernos podem variar suas religiões, seus idiomas e assim por diante, mas um caráter capitalista comum e (com mais espaço para variação) um caráter nacional e militarista mais representativo parece ter sido imposto a eles pelo desenvolvimento geral das fontes de poder social. Se eles não modernizassem todos os quatro, eles não sobreviveriam.

Que os estados se tornaram capitalistas é óbvio demais para debater. Ao longo desse período, os estados ocidentais privilegiaram consistentemente os direitos de propriedade privada e a acumulação de capital. Os estados europeus não possuíam tradicionalmente muitos poderes sobre a propriedade de seus súditos. Na época em que a propriedade capitalista e as formas de mercado foram completamente institucionalizadas (em 1760, na Grã-Bretanha, em 1860, em quase todo o Ocidente), quase todos os atores políticos tinham internalizado sua lógica. Os países se tornaram mais semelhantes sobre essa cristalização, pois todos eles se comercializaram e se industrializaram. Vou introduzir qualificações adjetivas do capitalismo – capitalismo liberal, capitalismo industrial e assim por diante. As economias nacionais (e regionais) também difeririam. A Grã-Bretanha era a única sociedade verdadeiramente industrial do período; a Alemanha e a Áustria se desenvolveram muito tardiamente. Tais variações entre as cristalizações capitalistas serão importantes, embora veremos que elas geralmente importam menos do que as muitas teorias economicistas das ciências sociais modernas têm argumentado. Marx e Engels escreveram no *Manifesto comunista*: "O executivo do Estado moderno é apenas um comitê para gerenciar os assuntos comuns de toda a burguesia" (1968: 37). Exceto para o *apenas*, isso é correto. Os estados ocidentais foram e são capitalistas, uma cristalização relativamente não ameaçada por desafios de oposição direta. Nesse período, encontraremos pouco conflito direto dos movimentos feudais. Com efeito, o feudalismo tendeu a se transformar em capitalismo com muito menos conflito do que Marx parece ter acreditado. Encontramos mais oposição socialista ao capitalismo, embora antes de 1914 isso não fosse fatal para o capitalismo. A cristalização capitalista chama a nossa atenção para o conflito de classes, mas também para a hegemonia capitalista nesse período.

No entanto, os estados ocidentais não eram e não são *apenas* capitalistas. Os pluralistas procuram adicionar muitas cristalizações. Às classes acrescentam atores de poder segmentar, alguns econômicos, alguns não econômicos: urbanos *versus* rurais, conflitos inter-regionais, católicos *versus* protestantes *versus* seculares, conflitos linguísticos e étnicos, conflitos de gênero politizados – todos formando partidos, às vezes reforçando, às vezes atravessando as classes. Havia também grupos de pressão mais particularistas. Uma indústria, corporação, ocupação, seita, até mesmo um centro intelectual pode dominar um partido mantendo o equilíbrio político, ou desfrutar de bons canais de comunicação para a tomada de decisões – especialmente em política externa. Cada Estado, mesmo cada distrito, governo regional e local, pode ser único. Mas será que essas adições pluralistas acrescentam meros detalhes, ou alteram os parâmetros do poder político? Comunidades religiosas, partidos regionais, até mesmo os sindicatos podem fazer a diferença, mas serão esses estados essencialmente capitalistas?

Respostas precisas serão diferentes de acordo com o tempo e o lugar. Nesse período no Ocidente, as redes de poder também se cristalizaram em torno de outras questões de nível superior. Duas questões diziam respeito à cidadania: *quem* deve desfrutá-la, e *onde* deve ser situada, eu a chamo de questão *representativa* e de questão *nacional*.

A representação remete às duas precondições democráticas de Dahl, contestação e participação. A contestação começou como uma luta contra o despotismo monárquico, gerando partidos de *dentro* e de *fora*, *corte* e *país*. A contestação surgiu de forma plena quando partidos alternativos puderam formar um governo soberano ao vencer uma eleição livre e justa – garantida pela primeira vez na Constituição dos Estados Unidos e efetivamente estabelecida na Grã-Bretanha nas décadas seguintes. A participação dizia respeito às classes e às comunidades étnicas, religiosas e linguísticas que deveriam ter direito a cargos públicos e (mais tarde) a credenciais educacionais estatais. No final do período, a questão do sufrágio das mulheres também passou a ser abordada.

Alguns regimes renderam-se mais à contestação, outros à participação. Durante o longo século XIX, a contestação foi uma concessão muito mais significativa. Um regime em que um partido da oposição podia se tornar o governo soberano envolvia um grau de abertura negado a um regime universal de sufrágio masculino cujos partidos não podiam reivindicar soberania. Isso foi reconhecido pelos próprios monarcas autoritários, muito mais dispostos a conceder o sufrágio universal masculino do que a soberania parlamentar, desde que ele lhes permitisse ainda poderes despóticos significativos (o que tem sido ainda mais verdadeiro em regimes ditatoriais do século XX). Assim, embora a Grã-Bretanha tivesse uma liberdade mais restrita do que a Prússia-Alemanha na segunda metade do período, chamarei a Grã-Bretanha de democracia partidária, mas não a Prússia-Alemanha. O Parlamento era soberano, o Reichstag não. Veremos uma diferença fundamental entre as suas políticas: a política britânica envolvia partidos, a política alemã envolvia partidos *e* a monarquia.

A representação pode, assim, ser organizada nesse período ao longo de um *continuum* que vai da monarquia despótica à plena democracia partidária, ao longo do qual os meus países se moveram de forma desigual[7]. Primeiro a Grã-

---

7. Durante esse período é uma única dimensão porque todos estes países emergiram de um para o outro. As coisas se tornaram mais complexas no século XX, quando a maioria dos regimes despóticos não era de monarquias, mas de ditaduras partidárias ou regimes militares, cada um com propriedades *não democráticas* distintas daquelas das monarquias.

-Bretanha, depois os Estados Unidos abriram o caminho, enquanto a França ficou para trás em zigue-zague. Em 1880, todos os três países *liberais* (exceto o sul americano) haviam melhorado a liberdade e a justiça de suas eleições e alcançado legislaturas soberanas (embora diferissem quanto a quem deveria gozar de sufrágio). Porque eles se aglomeraram no *continuum* representativo, eu frequentemente os comparo com as duas monarquias duradouras, Áustria e Prússia-Alemanha, que não tinham concedido soberania parlamentar e onde os monarcas formavam seus próprios ministérios. No entanto, podemos distinguir graus de despotismo dentro do período: a *autocracia* russa possuía mais poder e mais autonomia do que o *dinasticismo* austríaco, que possuía mais autonomia (não mais *poder sobre*) do que a monarquia *semiautoritária* alemã. No entanto, em todos os países, os conflitos entre defensores e oponentes de mais democracia partidária dominaram grande parte da política do período.

Mas grande parte da controvérsia interna também se voltou para a questão de *onde* participar. Quão centralizado, uniforme e *nacional* deveria ser o Estado? A centralização *versus* o confederalismo produziu guerra civil nos Estados Unidos e guerras em toda a Alemanha, Itália e territórios de Habsburgo. Estruturando a política mundana de forma persistente. O confederalismo permaneceu importante nos Estados Unidos por toda parte. A política partidária alemã parecia complexa: alguns partidos eram baseados em classes, outros eram explicitamente religiosos (mais notavelmente o centro católico); outros eram implicitamente religiosos (partidos protestantes como os conservadores, os liberais nacionais e os socialistas ostensivamente seculares); outros eram étnicos (dinamarqueses, poloneses, alsacianos); e ainda outros, regionais (o partido do povo camponês bávaro, os guelfos hanoverianos). No entanto, grande parte desse movimento rodopiava em torno da questão *nacional*. Católicos, alemães do sul e partidos étnicos eram descentralizadores, contra os centralizadores protestantes da Alemanha do norte.

A Câmara dos Comuns do século XIX passou mais tempo discutindo a religião do que a política econômica ou de classe. Embora a religião fosse importante, também expressava a questão de quão uniforme, centralizada e nacional deveria ser a Grã-Bretanha. A Igreja Anglicana deveria ser "estabelecida" também no País de Gales, Escócia e Irlanda? A educação e o bem-estar social deveriam ser uniformes, guiados pelo Estado e religiosos ou seculares? Em todos os estados, os católicos mais ativos se opuseram à centralização estatal. A Igreja se manteve transnacional enquanto fortalecia a organização local-regional.

Todos os estados foram devastados por lutas por poderes centralizados *versus* poderes locais e regionais. Isso porque houve duas formas históricas de combater o despotismo: centralizando a representação democrática ou reduzindo todos os poderes centrais do Estado e impulsionando a democracia partidária plural local-regional. O crescimento massivo dos poderes infraestruturais do

Estado no século XIX tornou isso especialmente problemático. Onde localizá--los? As minorias religiosas, étnicas, linguísticas e regionais, por exemplo, sempre favoreceram a descentralização "antinacional". No entanto, essas questões vitais relativas às relações entre governo central e local têm sido ignoradas por quase todas as teorias do Estado (embora não por ROKKAN, 1970: 72-144). Os teóricos de classe e pluralistas usam o mesmo modelo para analisar o governo local como central; os teóricos elitistas e Weber mal mencionam o governo local. No entanto, a política no Estado moderno se preocupava fundamentalmente com a distribuição do poder entre os níveis de governo. A tabela 3.3 lista as principais opções.

Tabela 3.3 A questão nacional: infraestrutura central *versus* infraestrutura local

	Governo central		
	Poder infraestrutural	**Baixo**	**Alto**
Governo local	Baixo	(Estado pré-moderno)	Estado-nação federado
	Alto	Estado confederal	Estado-nação centralizado

Todos os estados dos séculos XVIII e XIX expandiram suas infraestruturas, razão pela qual a parte superior esquerda da tabela está vazia. A maior parte da expansão pode ser do governo local-regional, desenvolvendo um Estado confederado, como nos Estados Unidos do século XIX, quando a maioria das funções políticas era exercida pelos governos estaduais e locais e não em Washington. Ou a expansão pode ser predominantemente do Estado-nação centralizado, como na França desde a Revolução. Ou pode ocorrer de modo bastante uniforme em ambos os níveis, para produzir um Estado--nação federal, como na Alemanha imperial ou nos Estados Unidos no final do século XX. Durante os séculos XVIII e XIX acreditava-se que o inimigo dos movimentos representativos na Áustria-Hungria (e inicialmente nos Estados Unidos) era a centralização; no entanto, na França, a democracia *era* a centralização. Nesses debates, classe e nação se entrelaçaram, cada uma com consequências não intencionais para a outra, influenciando a forma como cada uma se cristalizou. As classes e as nações não eram *puras*, mas formadas por seus entrelaçamentos mútuos.

Na política externa, a questão nacional centrava-se em quão nacionalista, quão territorial, quão dominada pela *Geopolitik* agressiva deveria ser a diplomacia. Isso suscitou as seis formas de economia política internacional identificadas no capítulo 2 e ligadas ao quarto nível superior de cristalização do Estado, o *militarismo*. No início do período, os estados gastaram pelo menos três quartos de suas receitas militares; no final, isso tinha diminuído, mas apenas para cerca de 40%. Assim, o militarismo ainda impregnou os estados, a política fiscal e as duas cristalizações representativas-nacionais sobre a cidadania.

O militarismo também se relacionava com as representações domésticas e as cristianizações nacionais, já que a repressão era uma forma óbvia de lidar com elas. Diferentes países tinham diferentes misturas de repressão doméstica e estrangeira e, portanto, não é possível classificá-los em um único *continuum* militarista (como eu fiz com a representação). Os Estados Unidos foram os menos envolvidos e menos ameaçados pela geopolítica militar, mas cometeram genocídio doméstico durante todo o período contra os nativos americanos, enquanto a escravidão exigiu considerável repressão local e houve uma violência generalizada em toda a vida americana. Assim, o militarismo geopolítico americano era baixo, enquanto o militarismo doméstico era provavelmente o mais alto – certamente o mais violento – dos meus cinco países. Outros paradoxos são que a maior potência da época, a Grã-Bretanha, era a mais pacífica internamente, e que, para a Áustria, militarismo doméstico e geopolítico se fundiram à medida que o regime foi sendo ameaçado pelo nacionalismo transfronteiriço. As cristalizações militaristas eram duais e depois complexas.

O militarismo mobilizou não apenas as forças armadas. Na primeira metade do período, os velhos regimes militares (aliados particularmente à monarquia) ajudaram a dar uma definição relativamente territorial às concepções de interesse dos capitalistas e à política externa dos estados-nações emergentes. No início do século XX, esses foram reforçados por partidos nacionalistas que advogavam o militarismo geopolítico e por algumas classes capitalistas que advogavam o militarismo doméstico. Todos os militaristas foram desafiados por liberais e socialistas mais pacíficos, raramente diretamente pacifistas, que buscavam mais frequentemente limites à repressão, aos orçamentos militares, ao alistamento e às guerras. Era difícil proibir as forças armadas no Ocidente, porque elas tinham trazido tanto lucro às potências, mas talvez pudessem ser relegadas a instrumentos de política de último recurso. Essa era a esperança da maioria dos liberais e diplomatas, embora o ano de 1914 tenha provado que eles estavam errados.

Seria bom desenvolver uma teoria geral das relações *finais* entre essas quatro cristalizações estatais de nível superior. Há, no entanto, quatro obstáculos. O primeiro é o problema do número de casos. Eu identifiquei quatro cristalizações principais. Mesmo se cada uma fosse apenas uma dicotomia, elas produziriam dezesseis combinações possíveis. O capitalismo, é verdade, variou relativamente pouco, mas o militarismo continha duas dimensões separáveis (geopolítica e doméstica), enquanto a representação e a questão nacional se cristalizaram em múltiplas formas. As combinações possíveis de variáveis são numerosas. Assim, mais uma vez, a macrossociologia ultrapassa os limites do método comparativo. Não há simplesmente estados suficientes para testar o impacto de cada cristalização mantendo as outras constantes.

Em segundo lugar, esses estados não constituíram casos totalmente autônomos e análogos. Todas as quatro fontes de poder – uma economia transnacional, uma civilização ocidental, uma comunidade militar e a diplomacia – se espalharam rapidamente entre eles. Um único evento devastador, como a Revolução Francesa, ou a ascensão de um único Estado, como o Estado prussiano-alemão, pode ter consequências massivas para todos os estados. Teorizar o particular tem limites óbvios.

Em terceiro lugar, todas as quatro cristalizações se entrelaçaram para produzir consequências emergentes, não antecipadas, que então afetaram o desenvolvimento um do outro – *efeitos de interação* produzindo ainda mais *variáveis*. Os estados-nações se desenvolveram e mudaram à medida que internalizaram racionalidades capitalistas parciais e contestadas, representativas e militaristas. As classes capitalistas mudaram à medida que internalizavam concepções de interesse territoriais representativas, nacionais e agressivas, parciais e contestadas. Os militares mudaram à medida que defendiam a propriedade, as classes marginalizadas e a nação. O Estado capitalista, a democracia partidária, o Estado-nação e a casta militar não aparecem neste volume de uma forma *pura*. Os estados do século XIX foram constituídos de forma não dialética por disputas entrelaçadas sobre todas as quatro formas.

Em quarto lugar, a impureza das classes, da representação, dos estados-nações e das relações entre militares e civis aumentou à medida que participavam na política interna e externa. A política externa permaneceu mais isolada e particularista – mais dominada por velhos estadistas de regime, castas militares, partidos nacionalistas voláteis e grupos de pressão; a política interna foi mais dominada pelo capitalismo, pela representação e censura nacional. As lutas de política interna e externa raramente colidiram diretamente, mas em cristalizações sobrepostas e entrelaçadas, nas quais todos afetaram o desenvolvimento um do outro de formas não intencionais. Meu exemplo culminante disso serão as causas da Primeira Guerra Mundial, em que os resultados escaparam ao controle de qualquer ator individual – de *elites* como os monarcas absolutos ou burocracias, de classes, de parlamentos, de altos comandos, de grupos de interesse plurais. O Estado moderno emergiu em formas não previstas por ninguém e, por sua vez, transformou todas as suas identidades e interesses.

Esses quatro obstáculos me impelem para uma metodologia intensiva e não extensiva, baseada no conhecimento relativamente detalhado de cinco países e não no conhecimento mais superficial envolvido na cobertura de muitos países e variáveis. Mesmo em apenas cinco casos (algumas vezes suplementados pela cobertura apressada de alguns outros), posso refutar teorias de fator único e fazer amplas sugestões sobre padrões gerais. Mas essa é também uma história de um determinado tempo e lugar, e uma história com uma culminação singular: a Primeira Guerra Mundial.

Conclusão

Peguei emprestado de todas as principais teorias sobre o Estado para desenvolver minha própria teoria polimórfica, parcialmente institucional e parcialmente funcional. Aceito a insistência da teoria das classes de que os estados modernos são capitalistas e que a política é muitas vezes dominada por lutas de classes. Uma cristalização de nível superior do Estado moderno é de fato capitalista. Mas rejeito qualquer noção de que a cristalização capitalista, ou de outra categoria, é, em certo sentido, *determinante em última instância*. Aceito que o pluralismo identifique múltiplos atores de poder, múltiplas funções estatais e um desenvolvimento (parcial) da democracia. Isso levou a uma segunda cristalização de nível superior como representativa, na qual a monarquia combateu uma batalha de retaguarda contra a democracia partidária (entrelaçada com as lutas de classe da primeira cristalização). O pluralismo também se acomoda com a terceira cristalização sobre a questão nacional. No entanto, rejeito o conceito de democracia do pluralismo como sendo, em última análise, decisivo; há mais formas de poder além do voto e das normas compartilhadas que ajudam a decidir os resultados. Com os verdadeiros elitistas, aceito que o pessoal do Estado central possa constituir poder autônomo. No entanto, identifiquei dois atores estatais bastante diferentes nesse período. Em alguns países, as monarquias resistiram à democracia partidária e geraram cristalizações representativas distintas. Além disso, a geopolítica e a repressão doméstica, embora geralmente em alianças particularistas com atores da sociedade civil, geraram a quarta cristalização de nível superior, que foi a militarista. No entanto, o primeiro poder é, por si só, geralmente insignificante, enquanto o segundo é mais errático. São as combinações de todas essas cristalizações de nível superior (mais as contribuições de cristalizações morais-ideológicas e patriarcais) que fornecem o padrão *supremo* dos estados modernos que podemos encontrar.

No entanto, tal como os teóricos dos desacertos-mancadas, acredito que os estados são mais bagunçados e menos sistêmicos e unitários do que cada teoria sugere. Por isso, pedi emprestado de outro tipo de teoria estatista e de Max Weber para desenvolver o que eu chamei de *estatismo institucional*. Para entender os estados e estimar seu impacto causal nas sociedades, devemos especificar suas particularidades institucionais. Como o Estado moderno ampliou maciçamente suas infraestruturas institucionais, ele passou a desempenhar um papel estruturante muito maior na sociedade, aumentando o poder de todas as cristalizações. Minha história da sociedade ocidental se concentrará cada vez mais no desenvolvimento entrelaçado e não sistêmico das cristalizações capitalistas, representativas, nacionais e militaristas do Estado.

Referências

ABRAMS, P. (1988). Notes on the difficulty of studying the state. *Journal of Historical Sociology*, 1.

ALBERTINI, L. (1952; 1956; 1957). *The Origins of the War of 1914*. 3 vol. Oxford: Oxford University Press.

ALFORD, R. & FRIEDLAND, R. (1985). *Powers of Theory*: Capitalism, the State, and Democracy. Cambridge: Cambridge University Press.

ALTHUSSER, L. (1971). *Lenin and Philosophy and Other Essays*. Londres: New Left Books.

ANDERSON, E.N. & ANDERSON, P.R. (1967). *Political Institutions and Social Change in Continental Europe in the Nineteenth Century*. Berkeley: University of California Press.

BEALES, D. (1987). *Joseph II* – Vol. I: In the Shadow of Maria Theresa, 1740-1780. Cambridge: Cambridge University Press.

BEETHAM, D. (1985). *Max Weber and the Theory of Modern Politics*. Cambridge: Polity Press.

BENDIX, R. (1978). *Kings or People*: Power and the Mandate to Rule. Berkeley: University of California Press.

BLOCK, F. (1977). *The Origins of International Economic Disorder*. Berkeley: University of California Press.

COLLINS, R. (1986). Imperialism and legitimacy: Weber's theory of politics. In: *Weberian Sociological Theory*. Cambridge: Cambridge University Press.

DAHL, R.A. (1977). *Polyarchy*. New Haven, Conn.: Yale University Press.

_____ (1961). *Who Governs?* – Democracy and Power in an American City. New Haven, Conn.: Yale University Press.

_____ (1956). *A Preface to Democratic Theory*. Chicago: University of Chicago Press.

DOMHOFF, W. (1990). *The Power Elite and the State*. Nova York: Aldine de Gruyter.

_____ (1978). *The Powers That Be*: Processes of Ruling Class Domination in America. Nova York: Random House.

_____ (1961). *Who Governs?* – Democracy and Power in an American City. New Haven, Conn.: Yale University Press.

EASTON, D. (1965). *A Framework for Political Analysis*. Englewood Cliffs, NJ: Prentice Hall.

EISENSTADT, S.N. (1969). *The Political Systems of Empires*: The Rise and Fall of the Historical Bureaucratic Societies. Nova York: Free Press.

GIDDENS, A. (1985). *The Nation-State and Violence*. Cambridge: Polity Press.

_____ (1972). *Politics and Sociology in the Thought of Max Weber*. Londres: Macmillan.

HABERMAS, J. (1976). *Legitimation Crisis*. Londres: Heinemann.

HUNTINGTON, S. (1968). *Political Order in Changing Societies*. New Haven, Conn.: Yale University Press.

JESSOP, B. (1990). *State Theory*: Putting the Capitalist State in Its Place. University Park: Pennsylvania State University Press.

_____ (1982). *The Capitalist State*. Oxford: Martin Robertson.

_____ (1977). Recent theories of the capitalist state. *Cambridge Journal of Economics*, 1.

KEOHANE, R. & NYE, J. (1977). *Power and Interdependence*. Boston: Little, Brown.

KISER, E. & HECHTER, M. (1991). The role of general theory in comparative-historical sociology. *American Journal of Sociology*, 97.

KRASNER, S.D. (1985). *Structural Conflict*: The Third World Against Global Liberalism. Berkeley: University of California Press.

_____ (1984). Approaches to the state: alternative conceptions and historical dynamics. *Comparative Politics*, 16.

_____ (1978). *Defending the National Interest*: Raw Materials Investments and U.S. Foreign Policy. Princeton, NJ: Princeton University Press.

LAUMANN, E.O. & KNOKE, D. (1987). *The Organizational State*. Madison: University of Wisconsin Press.

LEVI, M. (1988). *Of Rule and Revenue*. Berkeley: University of California Press.

LIPSET, S.M. (1959). *Political Man*. Londres: Mercury Books.

LIPSON, C. (1985). *Standing Guard*: Protecting Foreign Capital in the Nineteenth and Twentieth Centuries. Berkeley: University of California Press.

MacIVER, R.M. (1926). *The Modern State*. Oxford: Oxford University Press.

MAIER, C. (1981). The two postwar eras and the conditions for stability in twentieth-century Western Europe. *American Historical Review*, 86.

MANN, M. (1988). *States, War and Capitalism*. Oxford: Blackwell.

MARSHALL, T.H. (1963). *Sociology at the Crossroads and Other Essays*. Londres: Heinemann.

MARX, K. & ENGELS, F. (1968). *Selected Works*. Moscou: Progress Publishers.

MAYER, A.J. (1981). *The Persistence of the Old Regime*. Londres: Croom Helm.

MILIBAND, R. (1969). *The State in Capitalist Society.* Nova York: Basic Books.

MILLS, C.W. (1956). *The Power Elite.* Oxford: Oxford University Press.

MOMMSEN, W. (1984). *The Age of Bureaucracy*: Perspectives on the Political Sociology of Max Weber. Oxford: Blackwell.

MORGENTHAU, H. (1978). *Politics Among Nations*: The Struggle for War and Peace. 5. ed. Nova York: Knopf.

MOSCA, G. (1939). *The Ruling Class.* Nova York: McGraw-Hill.

O'CONNOR, J. (1973). *The Fiscal Crisis of the State.* Nova York: St. Martin's Press.

OFFE, C. (1974). Structural problems of the capitalist state. In: K. Von Beyme (org.). *German Political Studies.* Vol. 1. Londres: Sage.

_____ (1972). Political authority and class structure: an analysis of late capitalist societies. *International Journal of Sociology*, 2.

OFFE, C. & RONGE, V. (1982). Theses on the theory of the state. In: A. Giddens & D. Held (orgs.). *Classes, Power and Conflict.* Berkeley: University of California Press.

OPPENHEIMER, F. (1975). *The State.* Nova York: Free Life.

PADGETT, J.F. (1981). Hierarchy and ecological control in federal budgetary decision making. *American Journal of Sociology*, 87.

POGGI, G. (1990). *The State*: Its Nature, Development and Prospectus. Stanford, Calif.: Stanford University Press.

POULANTZAS, N. (1978). *Political Power and Social Classes.* Londres: Verso.

_____ (1973). *Political Power and Social Classes.* Londres: New Left Books.

ROKKAN, S. (1970). *Citizens, Elections, Parties*: Approaches to the Comparative Study of the Processes of Development. Oslo: Universitetsforlaget.

ROSECRANCE, R. (1986). *The Rise of the Trading State*: Commerce and Conquest in the Modern World. Nova York: Basic Books.

ROSENAU, J. (1966). Pre-theories and theories of foreign policy. In: R.B. Farrell (org.). *Approaches to Comparative and International Politics.* Evanston, Ill.: Northwestern University Press.

RUESCHEMEYER, D. & EVANS, P. (1985). The state in economic transformation: towards an analysis of the conditions underlying effective transformation. In: P. Evans; D. Rueschemeyer & T. Skocpol (orgs.). *Bringing the State Back In.* Cambridge: Cambridge University Press.

SHAW, M. (1988). *Dialectics of War*: An Essay on the Social Theory of War and Peace. Londres: Pluto Press.

_____ (1984). War, imperialism and the state-system: a critique of orthodox Marxism for the 1980s. In: M. Shaw (org.). *War, State and Society*. Basingstoke: Macmillan.

SKOCPOL, T. (1985). Bringing the state back in: strategies of analysis in current research. In: P. Evans; D. Rueschemeyer & T. Skocpol (orgs.). *Bringing the State Back In*. Cambridge: Cambridge University Press.

_____ (1979). *States and Social Revolutions*: A Comparative Analysis of France, Russia, and China. Cambridge: Cambridge University Press.

STEINMETZ, G. (1990). The myth and the reality of an autonomous state: industrialists, Junkers and social policy in Imperial Germany. *Comparative Social Research*, 12.

TILLY, C. (1990). *Coercion, Capital and European States, AD 990-1990*. Oxford: Blackwell.

_____ (1975). *As Sociology Meets History*. Nova York: Academic Press.

TRIMBERGER, E.K. (1978). *Revolution from Above*: Military Bureaucrats and Development in Japan, Turkey, Egypt and Peru. New Brunswick, NJ: Transaction Books.

WEBER, M. (1978). *Economy and Society*. 2 vol. Berkeley: University of California Press.

WEIR, M. & SKOCPOL, T. (1985). State structures and the possibilities for "Keynesian" responses to the Great Depression in Sweden, Britain and the United States. In: P. Evans; D. Rueschemeyer & T. Skocpol (orgs.). *Bringing the State Back In*. Cambridge: Cambridge University Press.

WEIR, M. et al. (1988). *The Politics of Social Policy in the United States*. Princeton, NJ: Princeton University Press.

WOLFE, A. (1977). *The Limits of Legitimacy*: Political Contradictions of Contemporary Capitalism. Nova York: Free Press.

ZEITLIN, M. (1984). *The Civil Wars in Chile*. Princeton, NJ: Princeton University Press.

_____ (1980). On classes, class conflict, and the state: an introductory note. In: M. Zeitlin (org.). *Classes, Class Conflict and the State*: Empirical Studies in Class Analysis. Cambridge, Mass.: Winthrop.

4
A Revolução Industrial e o liberalismo do Antigo Regime na Grã-Bretanha, 1760-1880

O paradoxo britânico está exposto no capítulo 1: a Grã-Bretanha foi pioneira na Revolução Industrial – o maior crescimento de poder coletivo na história mundial –, mas suas relações de poder distributivo não viram nenhuma revolução. No país, excluindo a Irlanda, houve uma reforma representativa gradual e uma consolidação nacional. Por quê?

Os historiadores econômicos revisionistas ofereceram a solução mais simples para o paradoxo: eles retiram a *Revolução* da Revolução Industrial. A industrialização, dizem eles, também foi gradual, com uma mudança estrutural apenas moderada. Alguns marxistas também minimizam a industrialização, enfatizando a transição anterior do feudalismo para o capitalismo, terminando com a mudança do capitalismo agrário-comercial para o comercial-industrial, perturbada pelos primeiros movimentos proletários (THOMPSON, 1963). Os whigs veem uma modernização evolucionária mais difusa, considerando o capitalismo industrial como interagindo com a conquista inicial dos direitos civis e do governo constitucional para desenvolver a cidadania e democracia cada vez maiores (PLUMB, 1950: 140; MARSHALL, 1963). Moore (1973, capítulo 1) combina os pontos de vista whig e marxiano: a Grã-Bretanha evoluiu por meio da reforma para a democracia por causa da ausência de uma nobreza fundiária, usando a agricultura repressiva do trabalho e a presença de uma grande burguesia. Os marxistas e whigs acreditam que o capitalismo industrial forçou a democracia no Estado. Os tories discordam: o Antigo Regime ainda comandava a ideologia e o Estado e extraía a deferência bem no século XIX. O seu eventual declínio resultou mais dos seus próprios erros e divisões do que das pressões exercidas pela sociedade industrial (MOORE, 1976; CLARK, 1985).

Tomo emprestado livremente todos esses pontos de vista e acrescento a minha própria ênfase nas relações de poder militares e geopolíticas. A industrialização foi de fato estruturada por um capitalismo de mercado mais antigo. O Estado britânico tinha institucionalizado os direitos civis e uma democracia partidária rudimentar. No entanto, havia conflito entre o Antigo Regime e a pequena burguesia (mais do que a *burguesia*), mas essas classes eram *impuras*, parcialmente moldadas por fontes não econômicas de poder social. As identidades de classe foram primeiro intensificadas, depois comprometidas pelas pressões da guerra, levando ambas a favorecer o desenvolvimento de um Estado-nação moderno. Na década de 1840, os núcleos das duas classes estavam se fundindo em uma única classe dominante capitalista, incorporando o *liberalismo do Antigo Regime* que sobrevive até hoje. Minha explicação entrelaça organizações ideológicas, econômicas, militares e de poder político. Presto especial atenção às instituições particulares do Estado. Nem o liberalismo do Antigo Regime nem o triunfo da reforma podem ser reduzidos ao industrialismo ou ao capitalismo. O desenvolvimento entrelaçado das quatro fontes de poder social levou o Antigo Regime e a pequena burguesia ao compromisso, à modernização do Estado e à nação.

A Revolução Industrial

Porque sabemos mais sobre os dados mais simples, começo por isso – com o tamanho da população. Isso revela muito. Wrigley e Schofield (1981, tabela A3.3) e Wrigley (1985) mostram que o crescimento populacional entre 1520 e 1700 foi dominado por Londres; de 1700 a 1770, por centros regionais históricos ou portos como Norwich, York, Bristol ou Newcastle; e só depois de 1770, pelas novas cidades produtoras e comerciais como Manchester, Liverpool e Birmingham. Em todas as três fases, de 1520 a 1801, quando a proporção na agricultura caiu de 76% para 36%, as pessoas que viviam em áreas rurais (em lugares com menos de 5 mil habitantes) que não estavam empregadas na agricultura cresceram de 18% para 36% da população nacional. Em 1801, o interior estava tão preocupado com os serviços, comércios e as *protoindústrias* quanto com a agricultura, e as cidades ainda tinham apenas 28% da população. O capitalismo era tanto rural quanto urbano, tanto agrário e comercial quanto industrial. A mudança histórico-mundial da população dos círculos agrários para a manufatura, característica de lugares como Manchester, teve uma pré-história capitalista comercial de três séculos, incluindo dois séculos de dominação de Londres, que só então culminou em uma explosão da população urbana centrada na manufatura. Essa é uma mudança mais complexa e menos revolucionária do que a implícita nas teorias dicotômicas discutidas no capítulo 1. Afinal, talvez as instituições de poder distributivo da Grã-Bretanha fossem capazes de lidar com a Revolução.

De fato, os historiadores econômicos revisionistas têm tirado parte da *Revolução* da Revolução Industrial. O crescimento econômico anual depois de 1760, dizem eles, não atingiu 3% antes de 1830, aproximadamente o mesmo que o crescimento populacional. As exportações foram lentas, principalmente de uma única indústria, a do algodão. Não havia nenhuma *decolagem* e pouca mecanização da fábrica e da energia a vapor, nem crescimento da produtividade ou mudança estrutural. Em 1841, a mecanização havia *revolucionado* bem menos de 20% da força de trabalho, principalmente na indústria têxtil (HARLEY, 1982;

CRAFTS, 1983; 1985: 7-8; LEE, 1986). No entanto, se usarmos um período de tempo ligeiramente mais longo, as mudanças certamente foram dramáticas. Em 1850, a maior parte da mão de obra e dos investimentos havia mudado para cidades, comércio e manufatura. Nunca houve um período tão prolongado de crescimento agrário como nos três séculos anteriores; nunca houve tal expansão comercial como nos dois séculos anteriores; e tampouco tal emergência de uma economia urbana, centrada na manufatura. Em termos histórico-mundiais, se essa combinação não conta como uma revolução social, nada conta. Desde que a tratemos não como um evento único, unidimensional, mas como múltiplos processos contínuos, devemos chamar a esses acontecimentos de uma revolução.

As causas da revolução permanecem controversas. A maioria dos historiadores aponta para melhorias na agricultura e para a demanda de famílias agricultoras medianas (EVERSLEY, 1967; JOHN, 1967; McKENDRICK, 1974; 1982: 9-33; PAWSON, 1979; para uma visão mais europeia, cf. HAGEN, 1988). Outros afirmam que o crescimento agrícola desacelerou depois de 1710 e cessou completamente a partir de 1760. Eles enfatizam as pressões do lado da oferta provenientes da produtividade industrial e do comércio internacional (MOKYR, 1977; 1985; McCLOSKEY, 1985; O'BRIEN, 1985). A própria controvérsia revela a causa mais geral da revolução: a emergência de uma economia capitalista de mercado na qual a oferta e a procura nos três setores estavam estreitamente integradas. As leis clássicas da economia política – oferta e demanda, concorrência de mercado, lucro como incentivo, utilidade marginal e similares – *poderiam* então descrever a economia britânica do final do século XVIII. A maioria da população – pela primeira vez em sociedades extensivas – estava atuando em uma sociedade civil integrada ao mercado como compradores e vendedores de mercadorias. Poucos economistas apreciam o quão peculiares são esses mecanismos de mercado. No entanto, eles quase nunca tinham dominado as sociedades humanas até então.

O volume 1 identificou as circunstâncias favoráveis a longo prazo para essa economia: a emergência de parcelas descentralizadas de propriedade privada, a expropriação de trabalhadores da terra, a integração de redes locais de vilas e aldeias dentro da regulamentação normativa da Cristandade, a "expansão do portifólio de fontes econômicas" do continente (JONES, 1982) e a tendência de aproveitar solos mais úmidos e navegação em mar aberto. Isso tudo levou a uma economia capitalista, especialmente no noroeste da Europa e especialmente na Grã-Bretanha.

As causas de médio prazo vieram primeiro da agricultura, que duplicou a sua produção ao longo dos 150 anos até 1710, libertando pessoas para as cidades e o comércio, permitindo assim a diversificação rural revelada pelo crescimento da população. As demandas integradas dos setores agrícola, comercial e protoindustrial geraram mercados de consumo em massa, alfabetização discursiva e novas infraestruturas de comunicação – estradas, canais e serviços postais (ALBERT, 1972; O'BRIEN, 1985). Finalmente, a Grã-Bretanha começou a dominar a navegação e o comércio internacionais; isso também teve causas e consequências geopolíticas e militares (p. ex., o exército se tornou o maior consumidor de ferro e têxteis). Em 1770, a *mão invisível* de Adam Smith governou a sociedade civil. A economia política clássica surgiu para a descrever.

As causas imediatas vieram de três indústrias: carvão, ferro e algodão. Elas se centraram na

> substituição pelas máquinas – rápidas, regulares, precisas e incansáveis – das habilidades e esforços humanos: a substituição das fontes de energia animadas por fontes inanimadas, em particular a introdução de motores de conversão de calor em trabalho, abrindo assim ao ser humano um novo e quase ilimitado abastecimento de energia; a utilização de matérias-primas novas e muito mais abundantes, em particular a substituição das substâncias vegetais ou animais por minerais (LANDES, 1969: 41).

Essas invenções eram marginais, apenas múltiplas melhorias em avanços tecnológicos muito anteriores (LILLEE, 1973: 190-191). A própria máquina a vapor é um bom exemplo de inovações contínuas e incrementais ligando diferentes indústrias, com os militares acrescentando o penúltimo empurrão. À medida que a demanda por carvão aumentava, veios mais profundos eram cavados, mas eles inundavam. O primeiro motor a vapor (motor atmosférico de Newcomen) bombeou água para fora deles. O aumento da oferta de carvão, no entanto, levou a um gargalo na movimentação do carvão para os fornos. Os motores de bombeamento Newcomen-Watt foram modificados em motores de tração para transportar carvão. Os preços mais baratos do carvão permitiram a produção de coque a partir do carvão, em vez de carvão vegetal a partir da madeira, para obter temperaturas de combustão mais elevadas e sustentadas. Mas isso exigiu um melhor *design* de caldeiras e fundição de ferro. A máquina a vapor foi adaptada aos métodos comprovados de fundição desenvolvidos nas fábricas de armas militares. Em todo lugar, as pressões do mercado foram importantes: as demandas interligadas dos consumidores de carvão e ferro (especialmente as forças armadas) e de suas indústrias derivadas (principalmente ferrovias). Do lado da oferta, a inovação permanece um mistério. As invenções não decorrem simplesmente da procura. Mas não compreendemos completamente como Newcomen, Watt, Boulton, Arkwright, Wedgwood e outros foram atingidos por suas descobertas (MUSSON, 1972: 45, 56, 68; McCLOSKEY, 1985).

Sabemos que o grande capital e a ciência complexa desempenharam apenas um papel muito limitado até muito mais tarde. A revolução foi financiada principalmente por pequenos empresários e suas famílias e amigos – menos capitalizados do que os subsequentes em outros países (CRAFTS, 1983; MOKYR, 1985: 33-38). A ciência organizada também não desempenhou papel significativo nessa fase inicial (MUSSON & ROBINSON, 1969; MUSSON, 1972). A maioria dos experimentos estava confinada a uma pequena oficina, por vezes a uma única bancada de trabalho. A famosa chaleira de Watt realmente existia: uma caldeira em miniatura em um experimento. A ciência era importante no setor químico, intermitentemente na engenharia e raramente nos têxteis. Alguns inventores eram meros "funileiros práticos" (descrição de Landes). A maioria tinha treinamento em um comércio técnico, mas havia lido muita coisa de filosofia natural do Iluminismo. O acesso ao livre-mercado das ideias pioneiras da revolução científica do século XVII e do Iluminismo do século XVIII (transmitidas pela expansão das infraestruturas de alfabetização discursiva) era mais importante do que a ciência organizada.

Sem grande ciência, tecnologia complexa e capital concentrado, as empresas industriais permaneceram pequenas e moldadas por instituições comerciais existentes. O empreendedor (*o intermediário*) muitas vezes nascia como um comerciante geral. As empresas eram de base familiar, muitas vezes com mulheres no comando, mantendo ligações pessoais com os fornecedores (WILSON, 1955; POLLARD, 1965; PAYNE, 1974; CHANDLER, 1977; DAVIDOFF, 1986). A energia a vapor possibilitou uma maior produção e força de trabalho em algumas fábricas (apresento números no capítulo 15), muitas vezes parcerias *ad hoc* entre famílias. Os papéis do comerciante geral eram geralmente divididos em pequenas empresas especializadas. Um empreendedor poderia cooperar com um artesão-inventor qualificado, supervisionando alguns artesãos que empregavam seus próprios trabalhadores. A empresa raramente totalizava cinquenta pessoas. As vendas e a distribuição foram deixadas a cargo de agências de trabalho internas e no exterior.

Por trás desse mundo havia pequenos mestres, empreiteiros, comerciantes, engenheiros e artesãos independentes, misturando seu próprio trabalho com pequenas quantidades de capital familiar – a pequena burguesia clássica. Foi a *sua* Revolução Industrial – talvez a maior conquista de classe da história mundial – e, no entanto, eles não estavam organizados como uma classe. Eles não precisavam de sua própria organização extensiva. Uma sociedade civil já estava institucionalizada na agricultura e no comércio, sua *mão invisível* promovendo o desenvolvimento não pretendido por ninguém. Na Grã-Bretanha, ao contrário da França, o Antigo Regime já era completamente capitalista, tratando recursos como mercadorias, defendendo a propriedade absoluta, e perseguindo o lucro ultramarino. A pequena burguesia fez dinheiro usando a organização de outras classes.

As classes do século XVIII

Portanto, não havia nenhuma burguesia ou classe capitalista na Grã-Bretanha. O termo mais próximo era *nação*, significando aqueles que tinham uma participação (ou seja, propriedade) no Estado nacional emergente. No entanto, a maioria da nova pequena burguesia, excluída do voto e dos cargos públicos, não era membro pleno da nação. Além disso, os termos de classe contemporâneos eram diversos e plurais. Identifico cinco atores de classe amplamente *capitalistas* neste volume.

1) O *Antigo Regime*, a classe dominante britânica em 1760, compreendia o monarca e a corte, a Igreja estabelecida, a aristocracia, o senhorio do país e as oligarquias mercantis comerciais. Eles possuíam a propriedade substancial e a usavam capitalisticamente. Eles controlavam o Estado como *funcionários públicos*. Muitos profissionais e funcionários superiores (incluindo oficiais militares superiores) estavam, ou eram dependentes, dessa classe, ao passo que grande parte do *novo* capital estava fora dela. Sua Igreja penetrou em quase todas as áreas da sociedade, embora com intensidade decrescente. Os contemporâneos hostis a chamavam de *velha corrupção*. Mais tarde, o termo *Antigo Regime* ressoou por toda a Europa. O rótulo não pretende indicar grande homogeneidade; suas políticas eram faccionalizadas.

2) A *pequena burguesia* abraçou os pequenos capitalistas do comércio e da manufatura, incluindo os artesãos independentes. Seus números, riqueza, alfabetização e confiança estavam aumentando, mas eles foram excluídos do Estado e, ocasionalmente, se opuseram ao Antigo Regime. Eles incluíam o que Gramsci chamou de *intelectuais orgânicos*: advogados menores, professores e jornalistas articulando uma ideologia liberal burguesa. Na França e, em menor medida, na América, esses intelectuais podem liderar revoluções. O termo *classe(s) média(s)* foi o rótulo mais comum usado na época na Grã-Bretanha, mas *pequena burguesia* é mais preciso, sugerindo pequenos capitalistas centrados na cidade. Não é ideal, no entanto, pois ressoa menos na Grã-Bretanha e na América do que na Europa continental. Mas reservo "classe média" (usada por Neale (1983) para essas pessoas) para um desenvolvimento posterior (classe 5 dessa lista).

3) Os *agricultores camponeses* possuíam ou controlavam (como agricultores arrendatários assegurados) pequenas propriedades rurais, usando principalmente mão de obra familiar, talvez aumentada com um pouco de mão de obra contratada. Na Europa continental o termo *camponês* é suficiente, mas na Grã-Bretanha e na América a palavra é ligeiramente depreciativa e *agricultor* a substitui adequadamente. A maioria dos pequenos agricultores britânicos não era proprietária. Eles alugavam de um proprietário, mas com alguma segurança de posse.

Esses três eram os principais atores capitalistas do século XVIII, embora cada país tivesse suas peculiaridades. Os agricultores camponeses conservaram sua identidade de classe (cf. capítulo 19). Mas entre 1830 e 1870, outros proprietários na maioria dos países se realinharam para formar duas novas classes:

4) Uma *classe capitalista* mesclou o Antigo Regime e a pequena burguesia superior em toda a terra, comércio e indústria. Por volta de 1870, a classe capitalista governou a Grã-Bretanha, e os poderes da *mão invisível*, da corte, da Igreja, da aristocracia fundiária, das instituições financeiras, corporações industriais e do Estado nacional estavam em grande parte centrados em suas mãos. Essa fu-

são tomou diferentes formas em diferentes países. Eu chamo a variante britânica de *liberalismo do Antigo Regime*.

5) Uma *classe média* formada na Grã-Bretanha em meados da era vitoriana e em outros lugares (embora normalmente pluralizada para *classes médias* pelos contemporâneos). Essa classe e suas três frações – pequena burguesia, profissionais e carreiristas – são discutidas no capítulo 16. Os artesãos, originalmente parte da pequena burguesia, se tornaram proletarizados.

Essas classes são tipos ideais. Elas não avançaram resolutamente sobre a sociedade do século XVIII. No entanto, não são meros artifícios. Tiveram ressonância contemporânea, e as três primeiras apareceram na *aritmética política* dos três primeiros sociólogos britânicos. Gregory King (em 1688), Joseph Massie (1759) e Patrick Colquhoun (1801-1803) calcularam os números e as rendas do que eles chamaram as principais classes sociais da Grã-Bretanha (cf. tabela 4.1).

Meu *antigo regime* foi identificado por todos os três sociólogos. Todos distinguiram *títulos altos e habilidades/profissões*, divididos em subcategorias semelhantes: níveis de nobreza e de senhorio, o clero, funcionários do governo, advogados e outros profissionais. Eu alterei ligeiramente sua classificação, tornando o Antigo Regime um pouco mais *classista*, um pouco menos intimamente ligado às gradações de *status*, adicionando os poucos milhares de *grandes comerciantes* mantidos separados por eles. Todas as três estimativas, assim ampliadas, situam o Antigo Regime em 5% das famílias e 27% a 28% da renda nacional. Os detentores de títulos e proprietários eram apenas um pouco mais de 1% das famílias, mas representavam 15% da renda nacional. Os profissionais de serviços continuaram sendo o grupo seguinte mais rico durante todo o período, embora os *grandes comerciantes* não estivessem muito atrás.

No nível inferior da sociedade, o decréscimo dos trabalhadores é provavelmente um produto das diferentes classificações. Os números também mascaram a principal mudança do período entre os pobres: o declínio relativo dos trabalhadores agrícolas. Ao lidar com a *plebe*, esses sociólogos estavam relativamente desinteressados em fazer a diferenciação por setor econômico. Apenas Colquhoun tentou colocar alguns trabalhadores industriais e mineiros em uma categoria setorial separada. Na Grã-Bretanha e na França, os escritores liberais ou whigs muitas vezes distinguiam o *povo*, constituído por pessoas instruídas e detentoras de propriedade, da *plebe*, que se situava abaixo. Nesse trecho, o filósofo Holbach é particularmente claro:

> Com a palavra povo, não me refiro à plebe estúpida que, sendo privada de esclarecimento e bom-senso, pode a qualquer momento se tornar o instrumento e cúmplice de demagogos turbulentos que desejam perturbar a sociedade. Todos os homens que podem viver respeitosamente do rendimento da sua propriedade e todos os chefes de família que possuem terras devem ser considerados cidadãos (*Système Sociale*, 1773, volume II).

Tabela 4.1 Porcentagem de famílias britânicas e renda familiar do chefe de família por classe social, 1688, 1759 e 1801-1803

Classes contemporâneas			1688		1759		1801-1803	
Políticos whigs	Sociólogos	Minhas classes	% Famílias	% Renda	% Famílias	% Renda	% Famílias	% Renda
O povo	Altos títulos e cavalheiros	Antigo Regime	5	28	5	27	5	28
	Profissionais, grandes comerciantes[a]							
	Proprietários de terrenos alodiais, agricultores	Agricultores	16	22	16	25	15	26
	Comerciantes menores, fabricantes, artesãos maiores[b]	Pequena burguesia	15	26	19	27	16	23
(Marginal)	Artesãos menores[c]	(Marginal)	12	8	17	9	21	13
A plebe	Trabalhadores, cabanos, pobres, vagabundos	Trabalhadores	45	12	37	8	36	8
---	Militares e marinha	---	7	4	6[d]	3	11	5

Notas:

a) Grupos de comerciantes que ganham uma média de pelo menos £ 400 por ano em 1688 e 1759 e £ 800 por ano em 1801-1803.

b) Todos os grupos que ganham £ 40-£ 399 por ano em 1688 e 1759 e £ 80-£ 799 por ano em 1801-1803. King agrupou *todos os comércios de manufatura* com renda média de £ 38 por ano. Eu dividi os seus números igualmente em *artesãos maiores* (com renda assumida de £ 50 por ano) e *artesãos menores* (renda assumida de £ 25 por ano).

c) Também inclui mineiros e comerciantes de construção.

d) Uma subestimação óbvia dada a acumulação militar desse ano.

Fontes: Estimativas contemporâneas de Gregory King (1688), Joseph Massie (1759) e Patrick Colquhoun (1801-1803); revisadas por Lindert e Williamson (1982) e Crafts (1985).

Aqueles genuinamente sem propriedade eram considerados de pouca importância. Não importava se a maioria era rural e agrícola, como em 1688, ou se eram tão suscetíveis de ser retirados dos setores urbano, comercial ou industrial, como posteriormente. Mas eram apenas um pouco mais de 40% da população, não a sua grande maioria, comparada em números pelas categorias *medianas*.

No *meio*, os sociólogos não tiveram dificuldade em identificar os agricultores como uma classe distinta – cerca de 15% da população com 25% de riqueza. Eles tentaram com menos sucesso distinguir as classes médias comerciais das industriais. King contou menos e Massie contou demais os lojistas. A maioria dos comerciantes de Massie foram classificados por King como "comerciantes de manufatura" e por Colquhoun como "artesãos, trabalhadores manuais, mecânicos e operários". Se nós entrarmos em acordo com suas classificações, aquelas no comércio compreendiam 9% a 12% da população, representando talvez 20% da riqueza nacional. Na indústria e na construção, os sociólogos confundiram mestres e artesãos independentes e, às vezes, artesãos e trabalhadores. Apenas King pôs a maioria dos negócios industriais e de construção entre os trabalhadores comuns. Massie separou os fabricantes por sua renda familiar; Colquhoun, por possuírem ou não capital. Como quatro quintos deles não tinha capital, ele os colocou em uma enorme categoria de *classe trabalhadora*: "artesãos, trabalhadores manuais, mecânicos e operários empregados em manufaturas, edifícios e trabalhos de todo tipo".

Assim, os sociólogos contemporâneos ficaram inseguros sobre como lidar com novos estratos ocupacionais, sobre como os fabricantes e construtores eram distintos daqueles no comércio, e eles confundiram artesãos e trabalhadores. Eles ficaram inseguros sobre onde acabava o *povo* e começava a *plebe*.

Seus dilemas eram reais. Não há uma única melhor solução para as identidades econômicas realmente concorrentes de grande parte da população. Produzi uma solução parcial na tabela 4.1, combinando as categorias comercial e industrial em uma *pequena burguesia* geral, de 15% a 19% da população e de 23% a 27% da riqueza. Seu tamanho e riqueza aumentaram provavelmente com o tempo (isso está obscurecido na tabela pelo recrutamento militar elevado de 1801-1803) enquanto os artesãos de manufatura e construção se expandiram. Juntamente com os agricultores e o Antigo Regime, eles foram chamados de *povo* na linguagem *whig* contemporânea, distinta da *plebe*, mais abaixo. Mas dentro dessa pequena burguesia havia uma falha geológica potencial. Aqueles na indústria e na construção, aumentando em números, não eram proprietários como aqueles do comércio, pois suas rendas eram em torno da média nacional, e não duas vezes mais. Três quartos dos fabricantes e construtores, metade da pequena burguesia em geral, eram provavelmente artesãos, com mais posses e mais seguros do que os *artesãos menores*, que rotulo de *marginais* na tabela, mas compartilhando muitas experiências de vida com eles.

Esses grupos *medianos* poderiam potencialmente se dividir de duas maneiras principais: em um movimento de pequeno-burgueses-artesãos mais amplo contra o Antigo Regime e agricultores, ou com a fissura aparecendo mais abaixo, se estendendo da pequena burguesia comercial contra artesãos mais operários, com a classe trabalhadora, ou a *plebe*. As *classes* eram ambivalentes, variáveis ao longo do tempo e entre países, como é mostrado em capítulos posteriores. É uma questão – como Moore (1973) e Rueschemeyer, Stephens e Stephens (1992) sugerem – não apenas de as classes serem fortes ou fracas, mas de sua própria identidade e existência como classes. Neste capítulo e no capítulo 15, percebemos na Grã-Bretanha uma pequena burguesia, depois uma classe trabalhadora, como atores coletivos, mas frequentemente encontramos as mesmas ocupações em ambas. Vejamos como essas classes latentes (com alguma importância na teoria contemporânea) vieram, de forma hesitante e parcial, para uma existência política e extensiva.

As classes na economia, 1760-1820

O capitalismo comercial dominou a Grã-Bretanha do século XVIII (PERKIN, 1968; ABERCROMBIE; HILL & TURNER, 1980: 104-119; HILL, 1980). O Antigo Regime, os agricultores e a pequena burguesia vendiam mercadorias e a maioria comprava trabalho assalariado livre. O trabalho forçado estava em declínio (KUSSMAUL, 1981: 4). Séculos de cercamentos tinham acabado com os direitos à terra comum; a maioria dos privilégios feudais e restrições à alienabilidade foram abolidos em 1700. A propriedade individual absoluta ainda era restringida por leis que protegiam a família por meio de *assentamentos rígidos*, obrigando o herdeiro a prover os irmãos e irmãs (BONFIELD, 1983). Mas a Grã-Bretanha, ao contrário do Antigo Regime da França, não tinha *ordens* privilegiadas que assegurassem a propriedade não capitalista.

Entre 1760 e 1820, o *laissez-faire* capitalista também triunfou – não era um regime burguês, mas sim antigo. O Antigo Regime legislou e apontou menos para o tradicionalismo agrário do que para o industrial. Os estados tinham salários, aprendizes e preços regulados por muito tempo, estabeleceram monopólios e concederam licenças para grandes empresas; mas em 1820 as restrições salariais de aprendizes e sindicais foram removidas e a maioria do comércio internacional foi liberada dos monopólios. Isso foi legislado por um parlamento não reformado, cujos membros eram comerciantes ou banqueiros, ou proprietários de terras ou profissionais com interesses comerciais ou bancários. Não havia praticamente nenhum industrial. Quando, em 1804, Peel (o ancião) introduziu legislação para abolir a regulamentação da guilda, para proteger a *saúde e a moral dos aprendizes*, ele pode ter sido o único membro de qualquer casa que empregava aprendizes. *Laissez-faire* talvez não seja o rótulo certo para um Estado cuja marinha impiedosamente impôs o quase-

-monopólio do comércio de transporte decretado pelos atos de navegação. O Estado mais burguês, o novo Estado americano, não estava comprometido com o livre-comércio internacional, mas com tarifas protetoras. Wolfe usa mais apropriadamente o termo *Estado acumulativo* para descrever esses estados anglo-americanos (1977: 13-41). É mais simples dizer que eles eram capitalistas.

Não houve oposição econômica fundamental entre o Antigo Regime e a pequena burguesia. As necessidades legislativas comuns os empurraram para considerar o Estado e seu território como delimitando *sua* sociedade civil. Eles estavam se naturalizando, em grande parte inconscientemente. A maioria dos *britânicos do norte* e galeses eram então claramente *britânicos*, embora a maioria dos irlandeses não o fosse. Os ingleses estavam se tornando *o povo mais nacional na Europa*, uma afirmação contemporânea que, sem pensar, equiparava o inglês ao britânico (como temos feito desde então). Essa identidade de classe-nacional precedeu o nacionalismo mais aberto da Revolução Francesa (COLLEY, 1986: 97, 100; NEWMAN, 1987). O Estado-nação propriamente dito começou a emergir nas costas dos homens que o compunham.

No entanto, a Grã-Bretanha teve suas disputas econômicas. O interesse agrário e a maioria das indústrias favoreceram tarifas protetoras, enquanto o algodão buscava o livre-comércio. Muitas indústrias trocaram os lados, e em 1840 emergiu um conflito sobre as Leis dos Cereais. Havia também uma controvérsia com o tom moral-ideológico elevado sobre a Lei dos Pobres. O livre-trânsito exigia uma interferência mínima nos mercados e incentivos ao trabalho para os pobres capazes, enquanto grande parte do Antigo Regime, especialmente a Igreja, favorecia o paternalismo local. A Lei dos Pobres permaneceu controversa até 1830. No entanto, nenhuma das disputas produziu uma luta de classes entre a pequena burguesia e o velho regime.

Havia um conflito de classes econômico significativo entre eles? Argumentarei que seu conflito econômico não foi direto, mas mediado pela economia política do Estado. McKendrick, Brewer e Plumb (1982) discordam, no entanto. Eles veem um conflito direto surgindo entre um antigo regime de *economia clientelar* e um pequeno *mercado livre* burguês, reforçado por uma economia de consumo e alfabetização em massa. Eles documentam uma onda de consumo no século XVIII – de bens tão diversos como roupas, cerâmica, livros, sementes de jardim, utensílios de barbear e caixões de ferro. "Segurança para os mortos [...] o direito de sepultar em ferro" era um *slogan* de *marketing* tipicamente insistente de empreendedores explorando o medo de ladrões de sepulturas. Essa economia supostamente entrava em conflito com o clientelismo do Antigo Regime, no qual comerciantes e profissionais dependiam pessoalmente de notáveis e não podiam impor crédito contra eles. Assim, diz Brewer (1982: 197-198), "a classe média ou burguesia", "homens de propriedade móvel, membros de profissões, comerciantes e lojistas", se empolgava para substituir o Antigo Regime por "um mercado baseado amplamente e uma política mais equitativamente fundamentada" – implicitamente uma luta de classes.

O consumo em massa também subverteu as divisões qualitativas entre as velhas ordens de *status* do Antigo Regime, introduzindo medidas quantitativas mais refinadas e difusoras de riqueza. Como diz um contemporâneo:

> Na Inglaterra, as várias categorias de homens se encaixam quase imperceptivelmente, e um espírito de igualdade atravessa cada parte de sua constituição. Então surge uma forte emulação em todas as várias estações e condições para competir uns com os outros; e a perpétua ambição inquieta em cada uma das categorias inferiores para se elevar ao nível daqueles imediatamente acima delas. Em um Estado como esse, a moda deve ter uma influência descontrolada. E um privilégio da moda deve se espalhar por ele como um contágio (apud McKENDRICK, 1982: 83, 11).

Plumb sugere que *a moda* continha uma ideologia de *aperfeiçoamento*:

> "Aperfeiçoamento" foi a palavra mais usada da Inglaterra do século XVIII – paisagens, jardins, agricultura, ciência, fabricação, música, arte, literatura, instrução, tanto secular e religiosa, foram constantemente descritos como aperfeiçoados [...] após "aperfeiçoamento", a frase em que os vendedores colocam a sua fé era "novo método", depois que "última moda" [...] atividades bastante humildes desempenharam seu papel na aceitação da Modernidade e da ciência: crescer aurículas ou pepinos, cruzando galgos com buldogues, dando a uma criança um microscópio ou um baralho de cartas geográficas, dando uma olhada no primeiro canguru visto na Inglaterra ou para assistir a uma subida do balão aos céus fez muito para criar uma das maiores revoluções na vida humana (1982: 332-333).

Historiadores das ideias muitas vezes perguntam: Por que não há Iluminismo na Inglaterra, ao contrário da França ou da Escócia? Eles concluem que, como a Inglaterra era realmente moderna, não precisava de uma ideologia modernizadora. Mas talvez a Inglaterra tenha proclamado o Iluminismo – como *slogans* publicitários. O *Iluminismo inglês* era menos filosofia e ideologia formal do que fazer a barba, vestir-se e chorar seus mortos, encorajando implicitamente princípios de mérito, utilidade e razão em vez dos particularismos de *status* e privilégio corporativo.

McKendrick e seus colaboradores argumentam que houve uma pequena subversão econômica burguesa, não um ataque direto de classe. Mas o Antigo Regime poderia levar isso em consideração sem descartar seus interesses? Essenciais para a economia de consumo eram as infraestruturas de comunicação discursiva. Como se articulavam esses interesses de classe?

Uma revolução no poder ideológico

Em todo o Ocidente, a alfabetização discursiva estava em grande expansão por intermédio das nove infraestruturas listadas no capítulo 2. Como em outros lugares, as Igrejas deram o primeiro e mais duradouro impulso, então a expansão britânica acrescentou a pista capitalista comercial do *capitalismo impresso*. Será que isso dividiu a pequena burguesia do Antigo Regime, incentivando identidades de classe distintas, como sugere McKendrick e seus colaboradores, ou as integrou?

O nível mais baixo de alfabetização, assinando o nome de uma pessoa no registro de casamento, tinha aumentado no século XVIII para cerca de 60% para os homens e 45% para as mulheres (SCHOFIELD, 1981; WEST, 1985). Ele era substancialmente maior nas cidades comerciais do que no campo ou nas cidades industriais, especialmente entre artesãos e comerciantes (HOUSTON, 1982a; 1982b). Mais significativa foi a disseminação da alfabetização discursiva. As homilias religiosas eram a maioria dos *best-sellers* e, em seguida, romances narrativos moralizantes, especialmente entre mulheres. Os homens liam livros, jornais, periódicos e panfletos de não ficção. Um livreiro de Birmingham se vangloriou em 1787 de que seu estoque consistia de 30 mil volumes e que 100 mil livros e panfletos eram lidos em Birmingham todos os meses – dois itens por habitante (MONEY, 1977: 121). A leitura de textos discursivos e a escrita de cartas chegaram então na agricultura e nas famílias pequeno-burguesas e depois nos empregados. Escritores e editores sintonizados com o mercado lutaram por mensagens de amplo apelo social, incorporando valores unilaterais (CRANFIELD, 1962; 1978; WATT, 1963; WILES, 1968; BREWER, 1976: 139-153; 1982; MONEY, 1977: 52-79).

Jornais e periódicos cresceram mais de dez vezes ao longo do século. Visando primeiro o Antigo Regime e os comerciantes (os movimentos de transporte marítimo eram a base dos jornais), eles se espalharam para baixo. Na década de 1760, os jornais estavam em 55 cidades provinciais, e Londres tinha quatro diários, cinco ou seis que circulavam (também nas províncias) três vezes na semana, e muitos mais semanais e quinzenais. As vendas anuais de jornais diários ultrapassavam os 10 milhões (CRANFIELD, 1962: 175-176). Os apelos dos leitores foram amplamente dirigidos *ao digno corpo de comerciantes e cidadãos, cavalheiros, comerciantes e outros* e *todas as pessoas de todas as ordens e de qualquer sexo*. A imprensa provincial estava atenta à política e não tinha colunas de líderes até a década de 1790, e os subornos do governo garantiam que as visões conservadoras circulassem amplamente. Mas a maior parte da circulação foi entre leitores provinciais medianos, que afirmaram "o princípio radical de que todo indivíduo tivesse direito ao conhecimento dos assuntos do Estado" (CRANFIELD, 1962: 184, 273). Os panfletos curtos venderam de 500 a 5 mil cópias na década de 1770, e folhetos e desenhos atingiram números muito maiores. Uma cópia de um jornal ou panfleto poderia ser lida e discutida por vinte a cinquenta pessoas.

Em 1800, havia cerca de seiscentas bibliotecas e clubes de assinaturas de livros, com talvez 50 mil membros espalhados entre cavalheiros, profissionais, comerciantes, fabricantes e artesãos securitários. Os dissidentes estavam sobrerrepresentados e as mulheres estavam seriamente sub-representadas, com a maior parte de sua leitura privada (KAUFMAN, 1967: 30-32). Mais numerosas eram as hospedarias e tabernas, cafeterias, clubes, barbearias e lojas de fabrico de perucas, todos guardavam jornais, periódicos e panfletos, servindo como centros de debate. Em 1739, Londres tinha 551 cafeterias e 654 hospedarias e tabernas (MONEY, 1977: 98-120; BREWER, 1982: 203-230). A maioria pretendia fazer pontes, reunindo cavalheiros, profissionais, comerciantes e artesãos instruídos e desenvolvendo rituais de fraternidade (havia poucas mulheres). Os visitantes da Europa continental comentaram sobre sua abertura a grupos medianos em comparação com os clubes dos seus países de origem.

Algo de novo tinha surgido: Como no Império Romano tardio (cf. volume I, capítulo 10), uma rede de comunicação intersticial centrada em comerciantes, fabricantes e artesãos, dessa vez com infraestruturas de comunicação discursiva mais uniformemente difundidas. Foi uma revolução nas relações ideológicas de poder: um meio potente de transmitir mensagens em torno de uma rede difusa, inerentemente difícil de controlar por qualquer regime impositivo. Os regimes tentaram a censura e o licenciamento e restringiram a assembleia e a discussão. Mas os estados tinham poucas infraestruturas fora do sistema de arrecadação de impostos. As Igrejas podiam exercer uma censura formal ou informal mais eficaz, mas toda a censura permanecia parcial. Essas infraestruturas estavam à disposição dos atores do poder em disputa.

McKendrick, Brewer e Plumb (1982, especialmente Brewer) acreditam que elas encorajaram a política pequeno-burguesa radical – assim como eu mostrei as redes romanas ativando a religião subversiva do cristianismo. Aos grupos emergentes em Roma tinha sido negado o acesso não só a cargos no império, mas também à cultura oficial e às associações comunitárias. Assim, eles desenvolveram ideologias que contrariavam as ideologias imperiais oficiais. Mas não houve tal segregação na Inglaterra do século XVIII. A pequena burguesia não foi consistentemente privada do voto e do cargo político (como veremos mais adiante). Ela participou da mesma economia e cultura, leu os mesmos documentos impressos, se juntou a clubes semelhantes e discutiu as mesmas ideias.

Essas infraestruturas se expandiram a partir de antigas redes do regime, assim como o consumismo de massa se expandiu a partir de seu consumo. De fato, muitas vezes, eles discutiam doutrinas mais niveladoras do que as que se adequavam ao regime. Mas eles implicaram três conjuntos de relações de classe: cooperação nacional entre a modernização do Antigo Regime e as facções burguesas e pequeno-burguesas; organização local-regional entre classes, contrarregime em algumas áreas de produção mais recentes (como Manchester), mais cooperativas em outros lugares; e organização de classe pequeno-burguesa em aliança com artesãos radicais.

Essa combinação produziu ideologias *impuras* e ambíguas. Em um extremo, um senso combativo de identidade de classe e oposição ao Antigo Regime formado entre uma pequeníssima pequena burguesia radical, especialmente entre os artesãos independentes. Eles se identificaram orgulhosamente nos jornais e panfletos como as *classes laboriosas*. O rótulo, como *nação* e *povo*, incluía apenas aqueles de meios independentes e educação, excluindo os trabalhadores (dependentes de outros para sua subsistência). Ele compreendia capitalistas independentes que também trabalhavam, quer como mestres ou como artesãos, em oposição aos supostos rentistas ociosos e parasitas, oficiais de cargos e nababos da Índia Oriental que usavam o capital passivamente. A *velha corrupção* explorava a diligência dos outros e encorajava a dependência do clientelismo. O comércio era livre se deixado aberto ao mercado e ao trabalho, corrupto se comandado pelo clientelismo particularista. Um jornal radical de Birmingham descreveu dois candidatos em uma eleição com metáforas tiradas de uma indústria de consumo em expansão, as corridas de cavalos. A disputa era entre "o cavalo do Sr. Kelly, Independência, superado pelo Liberdade sobre o Comércio, e o cavalo preto do Sr. Rous', Nababo, descendente de um árabe sanguinário, irmanado com a tirania e a corrupção, apoiado por Lorde Jaghire e outros desportistas asiáticos" (MONEY, 1977: 105).

Essa era uma ideologia pequeno-burguesa, sugerindo por vezes uma imagem *transcendente* de uma sociedade alternativa. Newman (1987) mostra que essa ideologia de classe se entrelaçou com o protestantismo e o nacionalismo, então encorajados pela rivalidade geopolítica com a França. Como a cultura do Antigo Regime tinha tons cosmopolitas e franceses, os ressentimentos pequeno-burgueses adquiriram uma coloração nacional. A sinceridade, a franqueza, o trabalho duro e a simplicidade protestante ingleses contrastavam com o luxo católico aristocrático francês, a decadência, a soberba e a ociosidade. A virtude da Inglaterra estava em seu *povo*, principalmente em sua pequena burguesia.

No entanto, tais elementos da ideologia de classe não podiam formar uma totalidade, pois coexistiam com concepções mais favoráveis ao Antigo Regime. Ambos incluíam versões sobrepostas da *constituição protestante*. Depois de uma eleição feroz, os fabricantes e comerciantes de Birmingham conseguiram a vaga do condado de Warwick do senhorio do condado. No entanto, o seu parlamentar prontamente se comprometeu a apoiar

> as leis e liberdades desse país sobre os sólidos princípios da nossa mais excelente Constituição, precavendo [...] todos os caminhos para a inovação e abuso que maquinadores ou homens visionários propõem, e

[...] promovendo os interesses comerciais desse império alargado em que esse condado afirma tão bem poder partilhar (MONEY, 1977: 211).

Aqui, Birmingham e pequenos interesses burgueses foram vistos como realizáveis no âmbito do Antigo Regime *comercial* e da Constituição. As ideologias alternativas transcendentes não podiam florescer facilmente. Os capítulos seguintes mostram que não foi bem assim na América ou na França.

Mensagens morais-ideológicas baseadas em princípios, mas ambíguas, também foram levadas pelas Igrejas e seitas. Os dissidentes eram 10% da população e mais de 20% dos frequentadores de Igrejas regulares (CURRIE et al., 1977: 25). Eles recrutaram primeiro entre os pobres e sem instrução, depois se tornaram mais pequeno-burgueses, com pequenos empresários e artesãos autônomos super-representados (GILBERT, 1976: 59-67). Mas as seitas variavam e algumas eram predominantemente trabalhadoras. Um movimento mais nobre de *dissidência racional* imprimiu panfletos de *best-seller*, patrocinou bibliotecas de assinaturas, sociedades literárias e filosóficas, ambulatórios e escolas (SEED, 1985). Algumas seitas escolheram políticas radicais, principalmente as da classe trabalhadora. Mais geralmente, muitos políticos whig dependiam da dissidência radical para serem eleitos. No entanto, Wesley (um tory) e a maioria dos líderes de capela afastaram as suas congregações da política nacional (ALA, 1973: 70-104). A dissidência era variada, mais envolvida no ativismo comunitário local do que na política nacional, de modo algum uma "religião de consolação" para os oprimidos (como sugerido por E.P. Thompson).

A Igreja estabelecida também estava se tornando mais variada. Embora grande parte de sua hierarquia fosse identificada como *velha corrupção*, os evangélicos eram ativos em causas humanitárias, ocasionalmente em reformas políticas. Em geral, as comunidades religiosas mais ativas se concentravam nas preocupações familiares e da comunidade local. Isso gerou diversidade política e mais ideologias entre classes e locais-regionais do que ideologia de classe. Juntamente com a maioria das infraestruturas discursivas, as Igrejas fomentaram mais a cooperação de classe e o local-regionalismo do que o conflito. A que tipo de Estado se dirigiram políticas tão diversas?

Soberania política e representação

Todos os estados europeus tinham estabelecido a soberania territorial básica por volta de 1700. Os escreventes do Estado, os coletores de impostos e os oficiais recrutadores se espalharam sobre seus territórios. Suas embaixadas estrangeiras desfrutavam de um *status* especial *extraterritorial*, negociado com outros estados soberanos; havia acordos sobre cursos d'água e costas marítimas; seus generais monopolizavam o poder militar e seus estadistas, a diplomacia. A soberania coexistia em torno da pessoa do monarca, sua família e seus clientes – aproximando-se de uma *elite estatal*, como enfatizado pela escola elitista da teoria estatal discutida no capítulo 3. A soberania era exercida doméstica e geopoliticamente por um soberano.

Mas o escopo efetivo da soberania permaneceu limitado. Os estados não tinham praticamente nenhum direito de interferência no que eram denominadas relações *privadas*, relações de propriedade, e não estabeleciam nenhuma reivindicação última de conhecimento e significado – por isso a distinção contemporânea entre Estado e sociedade civil. Os poderes infraestruturais do Estado eram principalmente para a execução errática da justiça, a manutenção da ordem mínima, a cobrança de impostos e o recrutamento de soldados e marinheiros. Havia poucas infraestruturas para implementar quaisquer outros objetivos políticos, embora esses tenham sido frequentemente proclamados. Para implementar a política real, o soberano tinha de cooperar com uma penumbra política muito maior, composta por notáveis cortesãos ou parlamentares semiautônomos. Esses também gozavam de direitos de propriedade sobre os cargos do Estado e dominavam a administração provincial.

Por conseguinte, não lidamos com um Estado único e unitário nesse período. A sua unidade e coesão foram reduzidas de duas maneiras. Em primeiro lugar, o Estado *total* – tribunais, assembleias parlamentares e os vários níveis administrativos – era efetivamente dual. Havia realmente dois estados, uma *elite* monárquica potencialmente autônoma no centro e um conjunto de redes radiais que se estendiam entre esse centro e a sociedade civil, que eu chamo, seguindo Weber, de *partidos*. Os partidos do século XVIII organizaram principalmente relações com e entre as classes dominantes e secundariamente com e entre as Igrejas. Em segundo lugar, esses partidos tornaram o Estado polimorfo, se cristalizando em formas plurais como redes partidárias, situadas tanto fora como dentro das instituições estatais, mobilizadas para influenciá-las. Quanto maior fosse a variedade e o alcance das funções do Estado, potencialmente mais partidos e mais polimorfo seria o Estado. As funções e partidos do Estado do século XVIII eram relativamente poucos, mas havia *dentro* e *fora*, partidos da *corte* e *nacionais* que organizavam rivalidades entre e dentro das elites e dos partidos. Como as Igrejas transnacionais há muito penetraram mais intensamente nas localidades do que os estados, a intervenção estatal na religião tinha até então gerado a politização mais agitada, aumentando as pressões representativas ao longo do século XVII. A sociedade europeia e colonial era, então, bastante apolítica.

Os notáveis eram politizados. Em monarquias despóticas, a corte e a administração real eram *a* instituição política em que as elites e os partidos interagiam. Em regimes mais representativos, os cortesãos foram subordinados aos partidos dos notáveis parlamentares. Ao longo do século XVIII, o Estado britânico desenvolveu uma forma embrionária de demagogia partidária. Seu poder despótico estava restringido por direitos legais, políticos e administrativos, desfrutados mais notavelmente pelas classes dominantes e pela Igreja estabelecida. Legislativamente (menos administrativamente), esse era um Estado bastante centralizado no qual a soberania residia simbolicamente com o *rei no Parlamento*, onde os partidos competiam abertamente, embora os ministros do rei ainda pudessem *comprar* uma maioria parlamentar. Somente no final do século um partido genuinamente de oposição poderia ganhar uma eleição e formar um governo.

A soberania efetiva, apoiando a doutrina constitucional com o poder de infraestrutura do Estado real para penetrar nos territórios e mobilizar recursos, se estabeleceu assim na coordenação entre a elite do Estado e as redes partidárias. O Estado britânico conseguiu isso, mas não exclusivamente, como mostra a tabela 4.2.

Tabela 4.2 Relações do século XVIII entre estados e classes dominantes e clérigos

Poder despótico	Relações infraestruturais com classes dominantes e clérigos	
	Centralizado	Descentralizado
Alto	Prússia	Áustria, França
Baixo	Grã-Bretanha	Colônias americanas

As elites estatais britânicas e (recentemente) prussianas centralizaram suas relações com partidos de classes dominantes e clérigos, trazendo-os diretamente para o Estado. Embora a base de poder das classes dominantes permanecesse local, alguma organização coletiva era central – na Prússia, dentro da administração real (e cada vez mais nas universidades), e na Grã-Bretanha, dentro do Parlamento e por meio da *propriedade* do gabinete. Por contraste, os poderes dos notáveis austríacos e das Igrejas foram expressos de forma mais autônoma por meio de assembleias legislativas e administrações provinciais, em sua maioria distintas da administração real; e na França eles foram amplamente organizados fora das instituições monárquicas, gozando de isenção privilegiada das obrigações políticas. Esses estados centrais eram mais controlados por uma *elite* dinástica do que conjuntamente por uma elite estatal e *partidos* clericais de classe.

Assim, o poder infraestrutural dos estados do século XVIII se correlacionou menos com o despotismo da elite dinástica do que com a capacidade de coordenar relações partidárias centrais envolvendo classes dominantes. O capítulo 11 mostra que os estados britânicos e prussianos do século XVIII poderiam extrair uma maior proporção do rendimento nacional para despesas estatais. A Prússia era absolutista, a Grã-Bretanha não. A diferença decisiva da Áustria e da França não estava no seu grau de poder despótico, mas na incorporação de seus estados na organização coletiva das classes dominantes. Suas elites estatais eram na verdade menos autônomas. As elites estatais austríacas e francesas eram mais autônomas; elas estavam *suspensas* acima, relativamente isoladas de suas sociedades civis. Apesar das polêmicas rivais das verdadeiras teorias elitistas e de classe, os estados são *simultaneamente* atores centralizados e locais onde as relações da sociedade civil são coordenadas. Como na maioria dos tempos e lugares, a autonomia estatal do século XVIII indicava mais fraqueza do que força.

Isso significou também que as instituições estatais austríacas e francesas poderiam ser menos competentes em lidar com as novas pressões provenientes das suas sociedades civis. Os estados do Reino Unido e da Prússia tinham estabilizado as instituições que *representavam* diretamente as classes dominantes e as Igrejas. Portanto, se a sociedade civil começasse a gerar pressões novas e mais amplas, essas poderiam potencialmente alimentar diretamente as instituições centrais do Estado por meio de partidos. Na Prússia, essas pressões se propagavam por meio de instituições administrativas. Na Grã-Bretanha, elas foram alimentadas principalmente por meio do Parlamento e de seu partido democrático embrionário. Quem o Parlamento representava?

A cristalização representativa do Estado dividiu o velho regime da pequena burguesia e contribuiu para o conflito entre classes? A maioria dos homens pequeno-burgueses foi excluída da votação e do exercício de cargos (como todas as mulheres), e os conflitos que levaram à Grande Lei de Reforma de 1832 são frequentemente retratados como luta de classes. No entanto, as instituições políticas britânicas eram particularistas. Cerca de 500 mil homens proprietários (15% dos homens adultos) podiam votar e ocupar cargos públicos. As desigualdades no direito ao voto eram baseadas no costume e na geografia, bem como na discriminação de classe. Os eleitorados dos distritos variavam desde os 12 mil contribuintes de Westminster até o eleitorado nulo de Old Sarum, cujo patrono podia distribuir o assento como quisesse. Em 1830, 56 assentos municipais de patronos ou corporações tinham cinquenta ou menos eleitores; contudo, 43 tinham mais de 1 mil eleitores e sete tinham mais de 5 mil. O crescimento desigual da população deixou cidades mais novas como Birmingham, Manchester e Leeds sem representação, embora os seus quarenta xelins proprietários pudessem votar nos círculos eleitorais dos condados vizinhos. A região em pior situação era a Escócia, com apenas 4.500 eleitores; no entanto, o direito ao voto galês era mais vasto do que entre os ingleses (BROCK, 1973: 20, 312).

Portanto, o direito ao voto era uma bagunça. Os pequeno-burgueses mais abastados eram marginalizados de forma variável; os demais, em cidades manufatureiras mais recentes, eram excluídos, assim como os artesãos em quase todos os lugares; portos mais antigos, cidades de condado e pequenas cidades eram mais diversificados. Em geral, apenas uma minoria tinha o voto, mas muitos mais estavam *virtualmente representados* pela participação em redes segmentadas de patrões-clientes há muito estabelecidas. Muitos poderiam operar confortavelmente por meio de *partidos* existentes, como vimos em Birmingham-Warwickshire. Assim, algumas mensagens que fluíam por meio de redes de comunicações pequeno-burguesas seriam transmitidas no Parlamento. Elas não poderiam facilmente incorporar os grandes princípios politizados das classes excluídas.

Desse modo, até mesmo os radicais sentiram a atração de duas políticas rivais. A primeira foi uma tradição de luta pela cidadania civil (individual) centrada no Parlamento, nos tribunais de justiça e na dissidência protestante – as duas primeiras dentro do regime, a terceira na sua respeitável periferia. Elas poderiam se aliar às facções parlamentares *de fora*, aos advogados e ao chauvinismo popular. Os ingleses não eram *escravos* ou *papistas*, nem usavam os *sapatos de madeira* de países menos livres. Eles tinham um *direito de nascimento* de liberdade, até mesmo o regime reconheceu. O jurista Blackstone definiu a liberdade do súdito em termos de cidadania civil: liberdade da pessoa e da propriedade privada, garantida mesmo contra o monarca, o grande, ou qualquer outra pessoa, principalmente nos tribunais de justiça e por meio de petições à coroa e ao Parlamento para a reparação de queixas (GASH, 1986: 11). Em segundo lugar, se isso se revelasse insuficiente, os peticionários radicais burgueses poderiam exigir *reforma* – cidadania política para o *povo*. Poucos queriam uma *democracia* plena. Eles defendiam uma qualificação da propriedade, para dar a todos os homens independentes uma *participação na nação*, e em uma democracia partidária soberana, mas limitada.

Ambas as retóricas se espalham desigualmente pelas localidades e regiões, competindo pelas almas das classes emergentes. Enquanto a pequena burguesia de Birmingham estava dividida em duas, Manchester e Sheffield foram mais atraídas pela reforma. Não havia muito *gênio para o compromisso* britânico nisso. De fato, a Grã-Bretanha era constitucional, dando direitos mínimos universais (predominantemente civis), mas a divisão, e eventual comprometimento, de ideologias de classe potencialmente subversivas foi principalmente a consequência não intencional da bagunça que foi o direito ao voto britânico. Até então, temos visto pouca mordida econômica dada aos ressentimentos de classe. A maioria dos interesses pequeno-burgueses já estavam aparentemente sendo atendidos, embora *não representativos* de um Estado, apesar dessa aparência induzir ao erro, pois eu ainda não abordei a economia política do Estado.

O Antigo Regime poderia ter durado muito mais tempo? Em outros países, a política de patronato segmentar tem sido de longa duração. Mouzelis (1986) observa que a comercialização e urbanização latino-americana e balcânica desenvolveram instituições quase parlamentares que sobreviveram por um período considerável antes da industrialização. As oligarquias tradicionais foram confrontadas com o aumento das classes comerciais que não tinham poder suficiente para conquistar o poder do Estado, mas eram capazes de perturbá-lo. As oligarquias desenvolveram duas estratégias de incorporação segmentar: clientelismo e populismo. No clientelismo, o particularismo foi ampliado para que as oligarquias locais pudessem *falar por* clientes com uma base mais popular, enquanto os líderes populistas que podiam controlar os seguidores em massa foram admitidos na partilha do poder. Mouzelis argumenta que tal política ainda domina nos regimes parlamentares em países semidesenvolvidos. Mas ele acredita que a uniformidade da comercialização e industrialização britânica criou uma sociedade civil muito poderosa para o regime existente e classes muito poderosas para o clientelismo.

O clientelismo diminuiu na Grã-Bretanha (embora nunca tenha desaparecido), e o populismo nunca assumiu relevância. O declínio do segmentar e a ascensão da organização de classe política e extensiva foram o resultado inevitável de processos evolucionários ou revolucionários profundamente enraizados? Darei uma resposta muito bem qualificada. Começo por observar que as teorias evolucionárias (ou revolucionárias) que explicam a política em termos de desenvolvimento econômico e de classe negligenciam a particularidade dos estados.

Os estados europeus tinham sido, durante muito tempo, bastante fracos. Mesmo no século XVIII, o seu âmbito permaneceu estreito; eles não faziam muito. O rei britânico no Parlamento encabeçou a Igreja estabelecida, conduziu a política externa, defendeu o reino (especialmente na Irlanda), fez leis, impôs uma ordem pública e caridade mínimas e cobrou impostos. Na prática, a Igreja era amplamente autônoma e, em seus níveis mais elevados, bastante sonolenta. A política externa raramente preocupava a muitos na região principal. O reino não foi ameaçado depois de 1745; houve consenso no continente sobre a Irlanda; a maior parte da defesa foi confiada a uma marinha estabelecida no exterior; a maior parte da ordem pública e da caridade foi delegada às autoridades locais, seculares e sagradas.

Assim, muita legislação era particularista, como revelam as leis aprovadas em 1763-1764. As *leis particulares* permitiam, por exemplo, que os executores de John Newport arrendassem seu patrimônio durante sua loucura e dissolvessem o casamento de John Weller. Mas a maioria das *leis públicas* não era muito mais ampla. A legislação tributária envolvia a arrecadação de 2d. escoceses ou 1/6d. esterlina por cada litro de cerveja vendido em Dunbar, bem como os costumes gerais e impostos especiais de consumo. A ordem pública dizia respeito à reconstrução da estrada de Shillingford para Reading, bem como a renovação do Mutiny Act. Dos 176 estatutos dessa sessão, 145 se destinavam a assuntos locais e pessoais (GASH, 1986: 14). Poucos foram implementados por burocracias centralizadas, muito mais por notáveis locais ocupando (muitas vezes possuindo) cargos públicos, mobilizando relações patrono-cliente segmentares. A relação do Estado com os interesses de classe era problemática. Ele possuía muito poucos poderes infraestruturais para se preocupar demais com o desenvolvimento econômico geral ou com a regulação da luta de classes.

Por que as massas excluídas desejariam participação nesse Estado particularista? Elas raramente tiveram no passado (exceto quando mobilizadas por ideologias religiosas). As classes capitalistas emergentes inicialmente mostraram pouco interesse. Mas quando o fizeram, o principal meio pelo qual o Estado e a luta de classes se ligaram foi a questão então chamada de *reforma econômica*. Isso nos leva ao coração particularista das instituições estatais do século XVIII, longe da noção de que o puro conflito econômico ou de classe se tornou inevitavelmente politizado.

A economia política do Estado

Os estados do Antigo Regime não eram meramente políticos, eram também econômicos: distribuíam o clientelismo econômico, tributavam e emprestavam. Tanto as receitas como as despesas ofereciam benefícios financeiros para aqueles que controlavam o Estado e os custos para aqueles que não o faziam. O acesso aos espólios do cargo e aos termos dos títulos do governo e a isenção privilegiada de impostos foram as razões mais importantes para a atividade política. A exclusão desses benefícios em um período de aumento dos gastos do Estado foi a razão mais importante para querer a reforma e para ativar redes de alfabetização discursiva para exigi-la.

Havia menos venda de cargos, tributos agrícolas e concessão de privilégios econômicos na Grã-Bretanha do que na França. Ainda assim, do lado da despesa, práticas semelhantes existiam, embora em uma escala menor. Talvez a metade dos 16 mil cargos civis do Estado foram distribuídos pelo patronato. As melhores vidas da Igreja foram para as relações e clientes de patronos políticos. A promoção no exército e na marinha era mais rápida para um oficial com um patrono poderoso. O governo concedeu privilégios e monopólios no comércio colonial. A participação em qualquer uma das casas ajudava; o apoio aos ministros do rei ajudava mais, pois os reis hanoverianos eram a fonte principal dos cargos e do privilégio, e eles os escrutinavam pessoalmente.

Do lado das receitas, o Estado britânico não era muito corrupto, mas era regressivo. Cerca de um quarto da receita foi emprestada (mais em tempo de guerra), organizada em um sistema de crédito nacional pelo Banco da Inglaterra a partir de 1697. A tributação compunha o resto, caindo predominantemente sobre o comércio, por meio de impostos alfandegários e impostos especiais de consumo, apoiados por impostos sobre a terra (cf. tabela 11.6). Isso permitiu poucas isenções, embora os próprios funcionários das receitas tenham se beneficiado. Mas havia escolhas políticas entre impostos fundiários, à custa direta dos proprietários de terras (e indiretamente dos inquilinos e trabalhadores), alfândegas e impostos especiais de consumo, sustentados mais visivelmente por interesses comerciais, embora afetando as massas porque geralmente regressivos e arrecadados sobre bens de subsistência, e crédito, beneficiando os ricos que podiam poupar, à custa do resto, que não podia. A regressividade piorou durante a guerra, mas parecia mais regressiva imediatamente após as guerras, quando os impostos permaneceram altos para reembolsar os detentores de títulos. Essas escolhas dividiram classes e setores que poderiam afirmar interesse próprio em termos constitucionais e de princípios.

No início, as questões fiscais alimentaram uma democracia partidária embrionária, não por meio de classes dissidentes, mas de partidos segmentares *de dentro* e *de fora*. Suas lutas entre facções haviam anteriormente gerado ideologias de princípio de *corte* e de *país* ou de religiões, mas essas declinaram ao longo do século XVIII. Dissidentes e católicos permaneceram *de fora*. Embora as restrições de voto estivessem sendo removidas, os católicos permaneceram excluídos da legislatura e tanto as religiões como os cargos públicos e as universidades (e, portanto, do direito e da medicina) também. Com essa exceção, o conflito do rei, a sua maioria permanente nos lordes e a sua facção ministerial nos Comuns contra a oposição dos Comuns diziam respeito mais ao patronato do que ao princípio. À medida que a ideologia enfraquecia, ao patronato local-regional costurava mais círculos eleitorais. As eleições disputadas se tornaram menos concorridas e a afluência às urnas declinou entre 1715 e 1760; depois aumentaram, por razões que explorarei (HOLMES, 1976; SPECK, 1977: 146-147, 163; CLARK, 1985: 15-26). Antes da década de 1760, a política dizia respeito a partidos segmentares que discutiam sobre despojos, embora com classes e religiões potencialmente mais principiantes e *excluídas* à espreita do lado de fora.

O maior partido dos Comuns compreendia 200-250 pessoas *de fora*, cavalheiros independentes do país que estavam fora dos despojos nacionais, embora mantendo cargos locais como juízes de paz, e comissários dos impostos sobre a terra. Eles favoreceram os impostos baixos e denunciaram a corrupção ministerial e o *despotismo*. No entanto, eles incluíam uma velha facção tory e favoreciam a Igreja e o rei contra os *radicais*. Então vinham os cerca de cem membros da corte e do partido do tesouro – funcionários públicos, cortesãos, comerciantes, advogados e oficiais militares em busca de preferência, sinecuras ou honras. A maioria oferecia lealdade aos ministérios e ao rei. Finalmente vieram 100-150 ativistas políticos – líderes de facções proprietárias de terras e seus clientes que forneciam ministros e oradores, os homens famosos da época. Poucos eram como Edmund Burke, decretando princípios consistentes. O princípio mais articulado era o de generalizar os problemas do cargo ou da exclusão do cargo e dos interesses da receita. Representaram talvez duzentas famílias governando. Os independentes representavam 5 mil-7 mil famílias de senhorios e, juntamente com o partido do tesouro, as 3 mil-4 mil famílias de comerciantes, negociantes e profissionais mais ricos. No total, os partidos representaram diretamente os interesses materiais de talvez 1% das famílias britânicas (SMITH, 1972: 68-102).

Esses partidos então competiam, às vezes de forma superficial, pelo apoio dos 15% de homens que podiam votar. Os 85% restantes eram seus clientes segmentares ou sem poder. Essa não era uma democracia, mas tinha institucionalizado a contestação política de forma estável. Como observa Dahl (1971), isso foi de suma importância porque é o primeiro passo usual para a conquista da democracia no mundo. A Grã-Bretanha tinha os rudimentos da democracia partidária. Mas devemos também notar o fato importante de que os 85% excluídos não foram simplesmente definidos por classe. Assim, a contestação institucionalizada não estava totalmente fechada às classes emergentes. Mas, até então, os partidos e as classes emergentes mostraram pouco interesse um pelo outro.

O governo dependia de contestações partidárias sobre o que eu chamo no capítulo 3 de *incorporação particularista*. Os ministros do rei tiveram de preservar os despojos da corte e do tesouro, subornar *nas* facções, mas satisfazer os *de fora* com impostos baixos, sucesso nacional e adesão à constituição protestante, e evitar muito descontentamento aberto entre os *excluídos*. A maioria dos governos foi bastante bem-sucedida e se tornou admirada por toda a Europa como estável, equilibrada e moderna. No entanto, essas qualidades surgiram como facções institucionalizadas e incorporaram a corrupção. Era *velha corrupção*.

Ela veio a ser denunciada como tal apenas porque duas pressões se uniram – as pressões fiscais do militarismo e a emergência de ideologias, ligando-as à exclusão política. Entre 1760 e 1832, elas se fundiram na reforma econômica e política, intensificando a luta política entre partidos que se tornaram menos segmentares, metade como classes lideradas por ideólogos que defendem princípios. As pressões fiscais-militares vieram em três ondas: o rescaldo da Guerra dos Sete Anos, a Revolução Americana e a Revolução Francesa e as Guerras Napoleônicas. Por meio dessas guerras, muitos membros do Antigo Regime vieram fazer pressão por um Estado mais moderno. Sob pressões geopolíticas, seus princípios modernizadores se uniram aos da pequena burguesia predominantemente excluída, a *nação sem portas*.

Guerra e reforma, 1760-1815

No estrangeiro, o Estado britânico se cristalizou como essencialmente militarista. As guerras tornaram a Bretanha *Grã*. A Guerra dos Sete Anos terminou em 1763 com sucesso glorioso e um império maciço. A perda das colônias americanas durante 1776-1783 foi recompensada pelo triunfo final na Revolução Francesa e nas Guerras Napoleônicas, de 1792 a 1815. Essas guerras maciças tiveram os efeitos históricos normais nas finanças do Estado documentados no volume 1, pois a Grã-Bretanha ampliou toda a sua experiência histórica ao se tornar uma grande potência imperial. Com o início das guerras, as despesas mais do que duplicaram, a princípio inteiramente como resultado das despesas militares. Então os pagamentos da dívida ganharam o controle e duraram bastante em tempo de paz. Os surtos bélicos então se estabilizaram, mas sempre em um nível mais alto do que antes da guerra. Durante o período, o Estado triplicou em termos de tamanho financeiro, mais do que o dobro do crescimento econômico nacional. Como a tabela 11.3 revela, em tempo de paz o Estado central britânico extraiu cerca de 11% do rendimento nacional, em tempo de guerra pelo menos 22%, e nas Guerras Napoleônicas, mais de 30%. Além disso, a maioria das exações eram regressivas e divisoras, por meio de impostos indiretos e empréstimos.

Como esse Estado militarista poderia então deixar de ser relevante para a vida social? Os surtos repentinos criaram problemas políticos mais agudos do que qualquer coisa que a lenta Revolução Industrial pudesse lançar ao Estado. No entanto, o Estado levantou dinheiro para ganhar as guerras, e a derrota na América do Norte não provocou muitos problemas internos. As guerras nunca causaram uma ruptura real do regime, como nas colônias americanas, na França e em algumas províncias austríacas. Em termos comparativos, a crise fiscal-militar, como na Prússia, foi apenas moderada. Isso se deu principalmente porque os partidos já estavam institucionalizados nos órgãos de decisão soberana desse Estado e, sob pressão, podiam se dobrar e se estender, sem desintegrar o Estado. O militarismo pode ser administrado por uma democracia partidária rudimentar, mas soberana.

As pressões moderadas criaram uma política de reforma moderada em duas fases. O próprio regime estava mais preocupado com os custos no seu ponto mais alto, durante as guerras, e procurou então melhorar a eficiência administrativa e fiscal. Durante as guerras bem-sucedidas, os contribuintes resmungavam, mas pagavam impostos adicionais. Foi na segunda fase, com o fim da guerra, mas com os contribuintes subsidiando os detentores de títulos, que surgiram os reformadores radicais. O nível de impostos como proporção do produto interno bruto não aumentou significativamente durante esse período (a receita total aumentou), mas como os impostos foram especialmente regressivos após a guerra, a proporção então retirada da renda das classes médias e mais pobres aumentou. Surgiu o descontentamento popular.

Reformadores do Antigo Regime, tanto os *de dentro* e *de fora*, como os *excluídos* mais radicais, passando mensagens e princípios por meio de redes de poder ideológico entre classes, produziram um movimento para a reforma econômica nas franjas do regime. Os *de dentro* buscavam melhorias administrativas para cortar custos; os *de fora* criticavam a corrupção e o particularismo; os *excluídos*, encorajados pelo faccionalismo acima deles, começaram a exigir controle fiscal popular. Como vemos no capítulo 15, os *excluídos* se enfureceram à medida que os impostos se tornaram mais regressivos. O Estado e as classes tinham pouca importância para a maioria das pessoas em meados do século XVIII; em 1815, o Estado tinha uma importância considerável e estava organizando a exploração de classes em escala nacional. A extração estratégico-fiscal militar impulsionou uma luta de classes política e nacional.

As guerras variaram em popularidade e ideologia. A Guerra dos Sete Anos foi uma guerra tradicional entre grandes potências e governantes dinásticos. Era eminentemente religiosa, na sua maior parte de protestantes contra católicos. No entanto, ao contrário de guerras posteriores, não envolveu ideologias políticas que impunham divisão. A racionalidade instrumental dos participantes fez dela uma *guerra limitada* (MANN, 1988b). Na Grã-Bretanha, o *povo* abastado geralmente apoiava a guerra; a *plebe* ainda carecia de mais do que uma organização local. A política dizia respeito apenas à estratégia e se a paz estava sendo procurada apressadamente e se os fardos eram relutantemente aceitos até o fim da guerra. Mas em meados da década de 1760, a guerra acabou: os de fora e *excluídos* queriam um governo mais barato. Quando isso não chegou, denunciaram a corrupção. Alguns também queriam a reforma do direito ao voto. Os ministérios responderam com uma escalada de clientelismo e coerção. O grito de despotismo foi incluído.

O Condado de Middlesex tinha um amplo direito de voto e John Wilkes como seu parlamentar. Em 1763, ele foi preso por publicar calúnias sediciosas. Alegando privilégio parlamentar, com o apoio de facções *de fora*, ele desafiou com sucesso sua prisão, obtendo vitórias legais contra a perseguição da imprensa governista e forçando a publicação dos debates da Câmara dos Comuns. Embora centrado nos direitos dos cidadãos civis, Wilkes também ativou uma organização nacional com amplo apoio urbano para a reforma do sistema eleitoral, parlamentos menores, a exclusão de detentores de cargos públicos do Conselho dos Comuns e restrições à autoridade ministerial. No início da década de 1770, apoiou os americanos rebeldes. A liderança de Londres foi

> exemplificada pelo proprietário do jornal, tipógrafo dos desenhos, produtor de artefatos, cervejeiro, proprietário da taberna e o comerciante da cidade, cujas concepções de política diferiam substancialmente das da elite política. Graças a Wilkes, esses homens [...] de pouco significado político antes de 1750 vieram a ser durante a década de 1760 (BREWER, 1976: 268; cf. CHRISTIE, 1962).

Agentes do governo, alarmados relataram que "mestres comerciantes e artesãos sóbrios e discretos" apoiavam Wilkes (CHRISTIE, 1982: 75). Nem a organização de Wilkes nem, mais tarde, a de Wyville tinha muitos artesãos ou trabalhadores comuns. O núcleo central de Wilkes era pequeno-burguês, pequenos e médios comerciantes e negociantes em Londres e outras cidades comerciais e proprietários menores em distritos urbanos e rurais. No entanto, a agitação por vezes se espalhou para mais abaixo. A maioria das pessoas presas da multidão em Londres era de artesãos e trabalhadores, muitas vezes também protestando contra as disputas trabalhistas (RUDÉ, 1962: 172-190, 220-223). Tanto o *povo* como a *plebe* podiam ser mobilizados, mas ainda não juntos.

A organização de Wilkes se centrava na alfabetização discursiva – na distribuição de folhetos impressos, panfletos e petições. Em 1769, 55 mil habitantes de quinze condados e doze municípios assinaram uma petição para libertá-lo da prisão. Wilkes mobilizou as cidades; uma facção *de fora*, os Rockingham Whigs, mobilizou os condados. O regime foi forçado a imitar, expandindo seus próprios empreendimentos editoriais e peticionários. As facções whig e os ministérios competiram pelo apoio popular, os whigs flertando com os radicais excluídos propondo uma reforma econômica. Na década de 1790, ambos os lados usavam táticas de mobilização em massa em Manchester (BOHSTEDT, 1983: 100-125). O primeiro público de massa da história, difundido por uma sociedade extensiva, foi ativado na Grã-Bretanha (e nos Estados Unidos; cf. capítulo 5).

O próprio Wilkes desapareceu em 1779, passando de *de fora* para *de dentro*, obtendo a lucrativa sinecura de tesoureiro na cidade de Londres. Sua organização tinha sido ambígua, usando ambos os canais de reforma identificados anteriormente – imprensa popular, petição e multidão, juntamente com a lei e o parlamento. Este poderia aumentar a cidadania civil, mas temia a multidão e a extensão do direito ao voto. Os advogados ingleses não eram radicais, ao contrário de alguns na França e nos Estados Unidos. Eles defendiam o costume e o precedente e podiam garantir direitos dentro da antiga constituição, não mais; e esse tem sido o papel geralmente conservador da lei britânica desde então. O movimento de Wilkes era, portanto, contraditório e os pequeno-burgueses radicais assustaram os simpatizantes *de fora*. Em meio ao declínio dos gastos pacíficos do Estado em meados da década de 1770, houve descontentamento.

A guerra americana inicialmente fortaleceu o governo. Mas em 1779 os exércitos britânicos estavam afundando, a França tinha declarado guerra e o Movimento Voluntário Irlandês ameaçou a rebelião. A guerra envolveu alta tributação regressiva, perturbou o comércio e pareceu incompetente (embora a logística de uma linha de abastecimento de 3 mil milhas tivesse sobrecarregado qualquer Estado contemporâneo). Os impostos alimentaram as demandas por reformas econômicas. As redes discursivas foram novamente ativadas. O dono de uma taberna e cafeteria de Birmingham anunciou um debate na sua taberna em versos que evocam o conflito entre contribuintes e donos de títulos. As palavras que ele enfatizou foram as de uma moção antiguerra dos Comuns:

>[...] como amigo
>Do meu país, a guerra que eu desejaria no fim,
>Para os impostos, achamos que o trabalho está semiacabado,
>*Aumentaram*, e *aumentam*, e devem ser *diminuídos*.
>Mas aqueles que cada ano provam as doçuras do empréstimo
>Sem dúvida, com o mesmo trabalho podem continuar
>(MONEY, 1977: 104).

Mas essa guerra, ao contrário da Guerra dos Sete Anos, também elevou os princípios. Os rebeldes americanos misturaram a defesa tradicional contra o despotismo com reivindicações de direitos contratuais universais. Esses ressoaram na experiência de mercado dos proprietários de imóveis, no protestantismo moral e nos direitos dos cidadãos civis estabelecidos. Os colonos exigiam a "não tributação sem representação". O regime contrariou argumentando que os contribuintes estavam *virtualmente representados*: os congressistas representavam homens da independência e, portanto, indiretamente toda a nação (BREWER, 1976: 206-216). Os Rockingham e Chatham Whigs estavam fora do poder há tempo suficiente para defender princípios. Eles propuseram reduzir a influência da coroa por meio de reformas econômicas e de direito ao voto misto, impedindo que os empreiteiros do governo se sentassem no Conselho dos Comuns e privatizando os funcionários da receita.

O segundo movimento radical, o movimento da Associação liderado pelo Reverendo Christopher Wyville, decolou em 1779-1780 (CHRISTIE, 1962). Os comitês de correspondência em quase quarenta condados e municípios organizaram petições para a reforma econômica, mobilizando os *de fora* e *excluídos* proprietários. Wyville parece ter dependido mais dos radicais religiosos do que Wilkes e ele considerou que recebeu apoio desproporcional dos dissidentes. Ele se ligou aos radicais para pressionar por eleições anuais e cem novos distritos eleitorais. Mas isso preocupou os seus aliados de Rockingham Whig e algumas das suas próprias associações de condados. Mesmo a sua liderança astuta não podia passar por cima dessas rachaduras. Os *de fora* se retiraram, deixando os *excluídos* urbanos radicais no comando. Foram exterminados pelos motins de Gordon de junho de 1780 – pilhando e queimando supostamente em defesa da constituição protestante contra os católicos. Os proprietários se reuniram em pânico, comprometidos com pequenas reformas econômicas, mas recuaram na reforma do direito ao voto.

A Revolução Francesa ressuscitou a reforma e a alfabetização discursiva radical, tipificada pela organização de massas Sociedade pela Informação Constitucional. *Direitos do homem* de Tom Paine, publicado em 1791, vendeu o fenomenal número de 200 mil cópias em 1793. Mas a execução de Louis, o Terror, e os sucessos dos exércitos revolucionários afastaram os *de fora* e *excluídos* proprietários. A reforma foi forçada de volta às sociedades artesanais correlatas. O patriotismo em tempo de guerra os transformou em insignificância. Com o exemplo da França diante deles, as disputas partidárias do regime não seriam, nesse momento, por princípios. O próprio sucesso da Revolução Francesa tornou uma revolução burguesa britânica ou pequeno-burguesa (improvável de qualquer forma) impossível. Os panfletos populares felicitaram a Grã-Bretanha por alcançar a prosperidade e a liberdade sem violência ou nivelamento. Como o *Anti-Gallican Songster* de 1793 decretou:

> Por muito tempo possa a Velha Inglaterra ter bom ânimo e alegria.
> Liberdade e propriedade, e nenhuma igualdade
> (DINWIDDY, 1988: 62).

A ascensão de Bonaparte diminuiu o medo da revolução, mas agravou o perigo geopolítico. A guerra, paga pelas massas, se tornou quase nacional, como na França. Surgiu algum nacionalismo, pouco à vontade com uma administração estatal corrupta e particularista. Os ministérios buscavam economias. As reformas fragmentadas de Pitt eliminaram a *velha corrupção* dos ministérios que prosseguiam a guerra. O patronato permaneceu na profissão de advogado, na Igreja, na Companhia das Índias e em todas aquelas sinecuras, desde os Cinco Portos até o Grupo de Pensionistas do Estado, outrora a cidadela do Estado, agora em seus recantos e fissuras. A corrupção era difícil de defender quando a modernização da cidadela estava em andamento. O principal conservador, Lorde Eldon, gemeu: "Toca em um átomo e tudo está perdido". O regime passou a aceitar a burocracia, a responsabilidade e a união nacional (RUBINSTEIN, 1983). O Estado-nação foi cultivado pela reforma econômica, pressionada pela guerra nacional (cf. capítulo 13 para detalhes administrativos).

No entanto, a ligação entre a reforma econômica e a reforma eleitoral tinha sido dificultada pelo percalço francês. O Partido Foxite Whig, fora do poder por duas décadas, desenvolveu uma forte oposição, mas não iria se juntar aos radicais *excluídos*, organizados em sociedades correspondentes e clubes jacobinos. As tentativas de reforma no parlamento rendiam apenas um punhado de votos; as rebeliões de classe protagonizadas pelos pobres e tecelões manuais foram isoladas e reprimidas.

Reforma, não revolução, 1815-1832

O fim da guerra voltou a colocar a reforma na agenda do dia, conduzindo à segunda fase do ciclo fiscal-militar. Os custos militares diretos caíram, mas os pagamentos devidos em tempos de paz provocaram um novo processo. Em 1816, a Câmara dos Comuns aboliu o imposto sobre a renda, uma taxa cobrada dos proprietários, aumentando apenas o caráter regressivo dos impostos pagos pelos detentores de títulos. Incrementos no orçamento em tempos de guerra haviam exposto os custos da arrecadação. O governo pós-guerra do Lorde Liverpool queria cortar custos, mas seus membros se beneficiavam da *velha corrupção*. Panfletos radicais demandavam duzentos companheiros tory e os bispos recebiam até 2 milhões de libras anualmente de sinecuras, salários oficiais e cargos, e ativos da Igreja – mais do que com o arrendamento da terra –, isso sem mencionar os ganhos com a Companhia das Índias (RUBINSTEIN, 1983: 76-77). Essa prática não era amplamente considerada corrupta, especialmente pela imprensa. Em 1820, Peel escreveu:

> A opinião pública nunca teve tal influência sobre as medidas públicas, ainda assim nunca ficou muito insatisfeita com o quinhão que lhe cabia. Ela cresceu tanto pelos canais que precisou se acostumar a fluir

por eles [...] os engenheiros que os construíram nunca puderam imaginar os vários fluxos lutando por espaço (BROCK, 1973: 16).

O *Manchester Guardian*, fundado em 1821, e o *Westminster Review* (1824) eram respeitáveis jornais reformistas que circulavam entre o público bem-educado, conforme corrobora a observação de Peel. Entre 1819 e 1823, líderes whig se comprometeram com a reforma eleitoral, embora os pequeno-burgueses radicais ainda dessem prioridade à reforma econômica. O *Political Register* de Cobbett, "Lido em todas as cervejarias", afirmava: a reforma parlamentar é apenas o meio para um fim – a eliminação dos financiadores corruptos e dos *comedores de impostos*. Tal como colocado pelo *Extraordinary Black Book* em 1832: "Governo barato – pão barato – justiça barata – e a indústria produtiva e sem controle recompensará nossos esforços no triunfo do Projeto de Reforma" (GASH, 1986: 45-46). Lorde John Russell escreveu em 1823:

> Os poucos jacobinos entusiastas de 1793 se converteram, em 1817 e nos anos seguintes, em centenas e milhares de descontentes. A pressão de sessenta milhões de impostos indispôs os homens mais sábios e leais à constituição de seu país do que as arengas do cidadão Brissot [...] poderiam ter feito em cem anos (DINWIDDY, 1988: 70).

Mas o descontentamento do pós-guerra ainda encontrou repressão, apoiada por muitos *de fora* reformistas. Para entender como se construiu uma unidade mais ampla entre os reformistas, recorro primeiro às mudanças nos movimentos populares.

Como na maioria das sociedades agrárias, normalmente as massas eram incapazes de sua própria organização extensiva ou política. Para uma população analfabeta desinteressada, a melhor maneira de demonstrar queixa à força era por meio da procissão de massa local que conduzia a rebelião. Bohstedt (1983) contabilizou rebeliões na Inglaterra e no País de Gales entre 1790 e 1810. O tipo mais comum, 39%, foi por causa da comida, a maioria protestando contra os preços altos. 22% tinham alvos militares – gangues de imprensa e métodos de recrutamento quase obrigatório. Os tumultos *políticos e ideológicos* (whig, tory, radical e multidões *rei e país*) representaram 10%, logo à frente das rebeliões de trabalhadores. O padrão em Londres era diferente. As rebeliões *diversas* compreendiam 25%, dirigidos a pessoas proeminentes impopulares, ajudando os prisioneiros a escapar das autoridades ou *ocorrendo em teatros*. Muitos deles devem ser adicionados à categoria política e ideológica, levando-os de 14% para talvez 25% dos tumultos em Londres. Depois vieram as *brigas* (principalmente conflitos entre irlandeses e ingleses) com 16%. Houve muito menos rebeliões por falta de alimentos em Londres e um pouco mais de tumultos de trabalhadores.

As rebeliões de alimentos e militares tinham a base social mais baixa, mobilizando a população comum. As mulheres (que faziam o mercado) também eram ativas em rebeliões por causa de alimentos e participavam de todas as disputas operárias (de artesãos e trabalhadores). As rebeliões políticas e ideológicas e *diversas* em Londres misturavam líderes pequeno-burgueses e uma categoria de indivíduos oriundos da plebe. As rebeliões mobilizavam intensamente a família, a rua e o bairro. Como veremos em outros países e no cartismo na Grã-Bretanha, essa intensidade poderia dar uma pitada insurrecional à rebelião popular, mais do que em períodos posteriores.

Porém, os tumultos raramente eram extensivos. Eles foram prejudicados pelas diferenças de classe. A *plebe* se rebelou mais por causa da comida e do alistamento, mas esses preocupavam menos o *povo*. Os agricultores se beneficiavam de preços mais altos e a pequena burguesia podia pagar por eles. Nenhum deles era suscetível de ser combatido pela imprensa. As disputas dos trabalhadores dividiam as pessoas da plebe porque os primeiros empregavam os últimos. Tais divisões de classe ajudaram as autoridades a ativar organizações segmentares e reprimir as rebeliões. Apenas algumas rebeliões foram mesmo direcionados para o Estado. Os trabalhadores que protestavam frequentemente faziam petições ao regime local para intervir contra seus empregadores. A maioria das rebeliões por falta de alimentos era apolítica. As rebeliões do pão de 1766 foram causadas por mudanças nas regulamentações alfandegárias, o que levou os intermediários de grãos a mudar para a exportação. Isso elevou os preços do pão nas cidades e entre as populações rurais a se especializarem em outros produtos. Mas as rebeliões que se seguiram não foram dirigidas contra o Estado, mas contra figuras visíveis do mercado, como moleiros e comerciantes, por vezes pedindo ajuda ao regime local contra eles (WILLIAMS, 1984; cf. STEVENSON, 1979: 91-112; BOHSTEDT, 1983: 211-212, 296). As autoridades, que não eram elas próprias atacadas, eram por vezes simpáticas.

Essas diferenças de classe e de alvo entre os movimentos populares foram a causa decisiva e *organizacional* da falta de revolução política na Grã-Bretanha. No entanto, elas foram negligenciadas pelos historiadores que cometeram seu vício característico: deixando implícitas em seus escritos as suposições teóricas e políticas do século XX. Eles assumem que a luta de classes deve ter envolvido a política nos séculos XVIII e XIX, assim como no século XX. Por um lado, historiadores marxistas como E.P. Thompson (1963) e Foster (1974) exageram o radicalismo político entre a plebe, ou explicam seu fracasso exagerando ideologias consoladoras como o metodismo. Por outro lado, conservadores como Clark (1985) e Christie (1984) assumem que a ausência de revolução é devido ao oposto: conivência política, deferência e bem-estar material. Consideremos o livro de Christie, que aborda explicitamente a questão de por que não houve revolução na Grã-Bretanha.

Christie mobiliza vários argumentos conservadores extraídos da experiência do século XX. Uma revolução foi evitada, argumenta ele, porque a Grã-Bretanha era uma sociedade de estratificação plural, não qualitativa (o *declínio de classe* do século XX); de deferência pelo senhorio, Igreja e rei (o *eleitor tory deferencial*); de prosperidade crescente (*riqueza pós-Segunda Guerra Mundial*); de uma Lei dos Pobres generosa (o *Estado de Bem-estar Social*); e de combinações legítimas de trabalhadores (*institucionalização do conflito industrial*). São pertinentes para o século XX porque todos relacionam a experiência da vida cotidiana com o Estado. Estruturas nacionais de estratificação, sufrágio universal, partidos políticos nacionais, uma economia regulada pelo governo, Estado de Bem-estar Social e relações institucionalizadas de gestão sindical incorporam a política nacional na experiência prática popular.

Alguns dos argumentos de Christie também se aplicam ao século XVIII, mas raramente ao *Estado* britânico. A Lei dos Pobres era importante na vida econômica popular, embora parecesse mais local do que nacional. Distinções plurais na riqueza, reproduzidas pelo mercado, e a ausência de privilégio legal significavam que as questões materiais não envolviam necessariamente a reforma do Estado – como aconteceu na França, onde o privilégio legal permeou a economia. Outros argumentos de Christie mal se aplicam ao século XVIII. Ele exagera a prosperidade, que dificilmente atingiu a maioria da plebe. Se o resultado foi tão moldado por um conservadorismo, por que havia uma tal insurreição chartista vinda de baixo nos anos de 1830 e 1840? (Cf. capítulo 15.) E se a prosperidade material impediu a revolução, por que uma delas ocorreu no país mais próspero do mundo (América) e no segundo país mais próspero da Europa? (França). Períodos de recessão, más colheitas e fortes aumentos de preços levaram ao descontentamento popular nos três países. Somente no interior francês em 1788-1789 isso foi relacionado causalmente à revolução – por uma razão política peculiar à França. Para melhorar sua sina, os camponeses franceses atacaram os privilégios legais de seus senhores e isso envolveu um ataque direto ao *Estado*.

Mas a condição econômica da população britânica não tinha grande relevância para o poder *político*, de uma forma ou de outra. Normalmente, eles pareceram satisfeitos e deferentes, mas não foi por isso que o regime sobreviveu. Em outras ocasiões, eles mudavam para a insolência e a rebelião; mas, como vimos, suas rebeliões coletivas e queixas de classe só raramente eram dirigidas contra o Estado, só raramente envolviam toda a sua classe, e só raramente as aliavam com elementos descontentes e politicamente excluídos do *povo* proprietário. Seu nível de satisfação tinha pouco a ver com isso. O *povo* controlava segmentalmente a maioria das organizações políticas e extensivas de protesto, centrando-se em redes de alfabetização discursiva. A maior parte do descontentamento da *plebe* foi canalizada por meio delas; isso ainda não estava organizado extensiva ou politicamente. Essa foi a causa suficiente da ausência de movimentos revolucionários na Grã-Bretanha antes do cartismo.

Não obstante, as mudanças organizacionais estavam a caminho. As rebeliões por causa de alimentos estavam declinando, as disputas políticas e trabalhistas aumentavam. Os distritos manufatureiros estavam tomando a liderança de Londres e das cidades comerciais. As novas cidades industriais aterrorizavam os observadores do Antigo Regime, especialmente os religiosos. Suas descrições invocavam as mais terríveis analogias que poderiam utilizar. As fábricas eram como o fogo do inferno, cuidadas pelos trabalhadores condenados – homens, mulheres e crianças, exceto que, em suas imagens anteriores do inferno, as crianças nunca haviam estado entre os condenados. As cidades fumavam e fediam como campos de batalha, pontilhadas de sobreviventes degradados e bêbados. O rápido crescimento populacional trouxe desordem, irreligião e as *classes perigosas*. Eram *perigosas* precisamente porque inicialmente estavam fora das organizações segmentares do regime. Até mesmo o exército tinha apenas pequenos números alojados nas áreas industriais, e eles tiveram que enfrentar protestos e manifestações mais organizados.

As procissões em massa que se converteram em rebeliões deram lugar a reuniões em massa dirigidas por agitadores que apresentaram resoluções e petições, coordenadas em nível regional e mesmo nacional. Os jornalistas se juntaram às suas plataformas e divulgaram queixas e atrocidades do regime. A palavra *peterloo* foi uma invenção de um jornalista para transmitir como as tropas britânicas perverteram sua vitória em Waterloo por sua ferocidade quatro anos depois ao dispersar uma manifestação na Praça de São Pedro, em Manchester. As manifestações em massa e as campanhas de imprensa expandiram as infraestruturas discursivas por todo o país. As revoluções americana e francesa tinham expandido a organização dual da palavra impressa e do discurso oral (cf. os próximos dois capítulos). Líderes radicais britânicos como Place, Hunt, Cobbett e O'Connor fizeram circular propostas de reforma tão radicais quanto qualquer revolucionário francês do período de 1789-1790. No entanto, "confrontar um governo invicto e potencialmente repressivo, a única opção para uma rebelião infrutífera era a organização", diz Stevenson (1979: 317) – além de parecer moderado. Eles restringiram princípios alternativos e exigiram uma reforma econômica e política limitada, apoiada pela *linguagem da ameaça*. Os modernizadores do Antigo Regime e os pequeno-burgueses substanciais argumentavam que não podiam preservar a ordem local-regional até que a propriedade fosse plenamente assegurada. A respeitável reforma constitucional e a agitação popular permaneceram separadas, mas desenvolveram simbiose na década de 1820, ambas com mais organização nacional e de classe, menos segmentada e local-regional.

Surgiu então um avanço no poder ideológico. Nas guerras americana e francesa, o inimigo tinha sido secular. A religião não era mais uma ameaça geopolítica. Dissidentes e católicos tinham demonstrado lealdade em tempo de guerra, e as leis contra eles não eram impostas há décadas. O governo da Irlanda foi amplamente reconhecido como tendo sido dificultado pela discriminação contra os católicos, e a decadência moral da hierarquia da Igreja estabelecida foi amplamente divulgada. Os projetos de lei para a revogação dos atos de testes e corporações contra dissidentes e para a emancipação católica se aproximavam do sucesso. A vitória esmagadora de O'Connell na eleição de County Clare de 1828 fez troça da lei: um católico poderia ser eleito popularmente, mas não tomar seu lugar. Os católicos poderiam varrer os assentos irlandeses nas próximas eleições. O duque de Wellington, Tory, se mudou para evitar uma crise constitucional desse tipo. Seu projeto de lei de emancipação foi aprovado em 1829. O Antigo Regime abandonou sua alma protestante, bem como poderosos controles segmentares sobre as almas de seus súditos (CLARK, 1985).

Os modernizadores whig ficaram encorajados. Uma vez no governo, eles apresentaram um projeto de reforma na sessão de 1830-1831. Grey e seu gabinete foram determinados e o movimento popular se fortaleceu à medida que as redes discursivas de artesãos, as sociedades amigas e os sindicatos se expandiram (cf. capítulo 15). Os whigs usaram as manifestações de massa para pressionar ambas as casas. Pela primeira vez, houve um conluio real entre uma antiga facção do regime e um movimento popular *excluído*. Mas esses radicais artesãos divididos, muitos com razão temendo que o projeto de lei atrasasse sua própria representação se os proprietários intermediários tivessem direito ao voto. No entanto, eles dificilmente poderiam se opor ao projeto. Embora os conservadores tenham percebido que apenas propostas de reforma alternativas impediriam o projeto de lei, não conseguiram chegar a um acordo sobre sua forma. Derrotaram o primeiro projeto de lei em 1831, mas o governo chamou uma nova eleição. A eleição foi travada em meio a manifestações e motins, e os resultados dizimaram os conservadores declarados. Isso persuadiu muitos membros do país a mudar de lado e apoiar o segundo projeto de lei. Com a ajuda das ruas, o parlamento da *velha corrupção* se reformou. Parecia, como disse Carlyle, uma "abdicação por parte dos governantes" (PERKIN, 1969: 183-195).

O regime não se converteu à democracia plena. Pelo contrário, foi influenciado por dois argumentos, um progressista e geralmente implícito, o outro reacionário e explícito. Ele aceitou implicitamente a visão reformadora da modernização e do progresso, equiparando particularismo à corrupção. O crescimento desigual da população fez com que o direito ao voto existente não fosse representativo de qualquer princípio geral de cidadania política. Era irracional ou corrupto. Tendo abandonado o absolutismo, o então particularismo nos principais departamentos governamentais, e em seguida uma igreja hierática, o regime não tinha mais princípios. Ele também reconheceu as contribuições da pequena burguesia para a crescente prosperidade da Grã-Bretanha. A Grã-Bretanha poderia então dominar o mundo pelo comércio livre apoiado pelo governo econômico. A pequena burguesia tinha uma fatia de propriedade da nação. Já não deveria ser excluída – desde que rompesse com a *plebe*. Assim, em segundo lugar, explicitamente, os governantes procuraram separar a pequena burguesia da multidão.

A propriedade – qualquer que fosse sua fonte, linhagem ou clientelismo – deveria governar a nação. A pesquisa revelou que o direito ao voto a 10 libras nos bairros preservaria a *independência* do eleitor, admitindo a maior parte da pequena burguesia, mas apenas um em cada cinquenta a cem artesãos empregados (principalmente em Londres, onde uma melhor educação também encorajaria a *independência*). As novas qualificações da propriedade eram maiores do que algumas poucas existentes, o que de fato impediu que vários milhares de eleitores fossem empossados; mas, no total, 300 mil homens foram adicionados ao eleitorado de 500 mil. A eliminação de 140 bairros em ruínas foi o golpe de misericórdia para o patronato real e ministerial sobre os Comuns. Em termos políticos (embora não simbólicos), a Grã-Bretanha já não era uma monarquia; o dividir para governar segmentar, florescendo na Europa Central, terminou ali. A destruída Câmara dos Lordes também declinou perante a democracia partidária. Mas a distribuição de assentos entre condados e municípios permaneceu inalterada, enquanto a *representação virtual* do condado e a organização segmentar permaneceram. O pessoal e os partidos não mudaram extremamente. Os notáveis proprietários de terras formaram uma maioria na Câmara dos Comuns até a década de 1860 (THOMAS, 1939: 4-5). No entanto, o Estado havia mudado do particularismo e do segmentalismo, centrado sobre rei no Parlamento, para o universalismo, centrado sobre uma classe-nação capitalista.

O triunfo do antigo liberalismo do regime, 1832-1880

A pequena burguesia parecia triunfante: o livre-comércio em tudo; a abolição do clientelismo; a reforma do serviço público, do governo municipal, da Igreja, de Oxford, Cambridge e das escolas públicas; a abolição da qualificação da propriedade fundiária para os congressistas, das taxas das Igrejas, do cerco da terra comum urbana, e dos *impostos sobre o conhecimento* – tudo parecia revolucionário em 1760, mas estava sendo alcançado um século depois. O Estado não iria intervir particularisticamente, mas *segurar a aliança* das forças de mercado difusas.

No entanto, o liberalismo foi regulamentado por um Estado dominado pelos notáveis do Antigo Regime. Suas redes de clientelismo ainda controlavam a maioria dos condados e algumas cidades, tinham o ócio e a riqueza para a política, e dominavam Londres. Thompson (1963: 298) afirma que o eleitorado pequeno-burguês governou não por meio da "composição da Casa, mas no curso da legislação". Mas isso não está correto, pois o próprio regime se converteu aos novos princípios. O regime estava se secularizando em meados do século, não sem manter um certo senso moral, mas a Igreja declinou à medida que a Grã-Bretanha se tornou provavelmente o país mais secular do mundo. Seu regime também concordava com a visão originalmente burguesa de que "uma espécie de riqueza, ou seja, a propriedade passiva da terra não tinha o direito de exigir um pedágio de outra, ou seja, o capital ativo na indústria e no comércio" (PERKIN, 1969: 315-316). Mas o Antigo Regime pouco perdeu com a sua conversão e ganhou ao aproveitar a pequena revolução industrial burguesa para a sua forma comercial distinta de capitalismo (INGHAM, 1984; cf. tb. MANN, 1988a ("O declínio da Grã-Bretanha").

Durante o longo reinado de Vitória (1837-1901), a economia britânica floresceu. Até a década de 1860, os ricos se saíram melhor e as desigualdades aumentaram, como aconteceu na maioria dos países industrializados (KUZNETS, 1955; 1963; LINDERT & WILLIAMSON, 1983). Os proprietários de terras prosperaram mais ainda. Rubinstein (1977a; 1977b) estima que, em 1815, 88% de todas as pessoas que valiam 100 mil libras ou mais retiraram a maior parte de sua fortuna da terra. Entre os milionários que morreram em 1809-1858, 95% tinham permanecido grandes proprietários de terras. Mesmo na década de 1880, a maioria dos milionários e meio-milionários eram proprietários de terras. Em 1832, terra e agricultura contribuíram com 63% do capital nacional total (DEANE & COLE, 1967: 271). Isso teve de ser aproveitado para a expansão industrial. As mudanças ocorridas no século XVIII nas leis hipotecárias e nas taxas de juros, o advento do *West End* e dos bancos nacionais, das companhias de seguros, do mercado hipotecário provincial e da gestão profissional da propriedade permitiram ao Antigo Regime lidar com as receitas agrícolas com um capitalismo mais diversificado (MINGAY, 1963: 32-37). As minas converteram alguns proprietários de terras em proprietários de minas de carvão, enquanto a urbanização elevou o valor da terra e permitiu que os proprietários de terras comprassem nas indústrias de transporte urbano.

Então, os canais e ferrovias trouxeram lucros inesperados aos proprietários de terras adjacentes e aumentaram os lucros agrícolas e as rendas, cortando os custos de distribuição para os mercados urbanos (THOMPSON, 1963: 256-268). Os investimentos dos proprietários de terras foram mais para o comércio do que para a indústria, por meio de bancos privados e procuradores, por meio da cidade, em ações governamentais, comércio e comércio exterior. Até 1905, os *ganhos invisíveis* da cidade com negócios bancários, a banca, seguros e transporte marítimo excederam sua renda com investimentos estrangeiros, e ambos excederam de longe a renda da indústria doméstica de fabricação. Assim, a Cidade, segura sob a hegemonia naval britânica, converteu-se ao livre-comércio, até então estranho à parte mais antiga do regime. A cidade e o tesouro começaram a cimentar a aliança que desde então tem dominado a economia política britânica. Os investimentos passaram por bancos rurais e urbanos, casas de crédito, corretores de contas e procuradores de bancos que emprestaram à indústria, geralmente a curto prazo, ou mais comumente a fornecedores e distribuidores comerciais dos fabricantes. Como a terra era facilmente hipotecada, as dívidas dos proprietários de terras canalizavam fluxos reversos: poupanças pequeno-burguesas passavam pelos procuradores e companhias de seguro para destruição dos proprietários de terras e investimento (CROUZET, 1972; 1982: 335-341; CANNADINE, 1977: 636-637).

A comercialização afetou todos os proprietários de imóveis, inseridos em circuitos de capital difusos e descentralizados. As categorias particularistas e ascendentes de genealogia e classificação se tornaram menos decisivas na diferenciação social. O capital também se difundiu por meio da família. O chefe patriarcal havia sido responsável pela propriedade fundiária, mas a participação acionária capitalista separa a administração da propriedade. Qualquer pessoa pode deter ações, independentemente da posição ascendente. Todos esses problemas em relação ao fluxo de propriedade ao longo do ciclo de vida e das gerações poderiam ser tratados mais facilmente pela pessoa com participação acionária. Filhos mais novos, linhas de cadetes, idosos e patriarcas doentes poderiam receber ações sem implicações de longo prazo para o controle da propriedade. Ainda mais importante foi o impacto sobre as mulheres nas famílias proprietárias. Partes do casamento, filhas solteiras, tias donzelas e viúvas poderiam se sustentar. Isso requereu mudanças legais, legisladas em meados do século, de modo que as mulheres individuais pudessem se tornar donas de propriedades. O regime era composto mais de empreendedores individuais, menos de linhagens corporativas. Ele poderia governar menos com a organização segmental, mais com a classe e o mercado.

As ferrovias introduziram a concentração econômica porque toda a trilha e o material circulante tiveram que estar no lugar antes que o rendimento pudesse fluir. Em 1847, a despesa bruta na formação de capital ferroviário (mesmo excluindo a compra de terras) era de 7% do rendimento nacional. Após a crise britânica, os trilhos foram exportados. Novas bolsas de valores provinciais e sociedades anônimas (primeiras com passivos ilimitados) foram transferidas para as ferrovias, assim como a Bolsa de Valores de Londres, que até então negociava principalmente com ações do governo. O grupo mais numeroso de acionistas era composto por empresas misturando senhorio, profissionais, empresários e comerciantes de Londres e áreas comerciais em vez de industriais. Depois vieram os grandes proprietários locais, úteis para influenciar o Parlamento, já que cada empresa tinha de ser criada por decreto privado do Parlamento. Surgiu uma *nova corrupção*: em 1865, 157 parlamentares e 49 nobres eram diretores de empresas ferroviárias. O terceiro grupo investidor era a pequena burguesia propriamente dita, aqueles com economias suficientes para comprar pelo menos uma ação (tipicamente avaliada em cem libras), novamente de áreas comerciais mais do que manufatureiras (POLLINS, 1952; BARKER & SAVAGE, 1974: 77-79; REED, 1975; CROUZET, 1982: 335-341). O capital rentista se difundiu pela sociedade civil, transferindo a riqueza da terra e do comércio para o maior empreendimento industrial da época. Os interesses separados do Antigo Regime foram fundidos pelo capitalismo comercial.

A *velha corrupção* não tinha desaparecido, mas tinha escapado para o lado da cidade, onde permanece até hoje. Os detentores de terrenos, os filhos mais jovens dos proprietários de terras, afrouxaram as suas ligações particularistas com o Estado e se mudaram para o comércio da cidade. Ao longo do século XIX, a riqueza fora da agricultura ganhou fortunas no comércio, finanças e transporte, como comerciantes, banqueiros, armadores, banqueiros comerciais e corretores de ações e seguros, e não como fabricantes. A indústria transformadora nunca liderou o comércio como fonte de riqueza (RUBINSTEIN, 1977b: 102-103). Fortunas do Antigo Regime acumuladas nas colônias e no comércio exterior tinham comprado propriedades fundiárias, títulos e ações do governo e, em seguida, fizeram empréstimos hipotecários. Então seus sucessores da cidade podiam fazer o mesmo. Eles construíram "mais Fonthills do que fábricas", diz Crouzet (1972: 176). Casaram-se mais pela terra do que pela indústria (THOMPSON, 1963: 20-21). Aristocratas e latifundiários eram muito mais propensos a participar dos conselhos da cidade do que de empresas manufatureiras. Como o parlamentar radical a favor da manufatura Rochdale John Bright costumava comentar, a cidade era um "sistema de apoio ao ar livre para a aristocracia".

Essa fusão de terra, finanças e comércio aliviou os efeitos do declínio das receitas agrícolas e do valor do capital da terra que começou no final da década de 1870. Aqueles que diversificavam dependiam menos da terra para obter riqueza e posições; outros vendiam terras urbanas para investir em ações e títulos do governo. Apesar de senhorio e fidalguia rural terem sofrido menos um declínio real, as grandes famílias desapareceram. Assim como o Partido Tory. Em 1895, as finanças tinham substituído a terra como principal interesse comercial dos seus parlamentares (THOMAS, 1939: 15). Os capitalistas da terra, comércio e finanças se fundiram como uma única classe política extensiva, com organizações nacionais econômicas, familiares e educacionais (as escolas *públicas*), comprometidas com um Estado burocrático e com o livre-comércio em regime de quase hegemonia britânica. Os velhos liberais do regime eram a nova classe dominante.

Os fabricantes estavam nessa classe, mas nas suas margens. Poucos estavam no Parlamento. A maioria dos parlamentares estava nas finanças, no comércio e nas ferrovias em vez de na indústria transformadora – mais no Partido Tory do que no Liberal (THOMAS, 1939: 13-20). Os liberais representavam a propriedade mais ampla; os tories, a terra, o comércio e as finanças. Mas os partidos também estavam divididos por região e religião. Nem os partidos nem os setores econômicos diferiam muito na política econômica. Entre a revogação das Leis dos Grãos em 1846 e o movimento da Reforma Tarifária de 1890, o Parlamento mal se preocupou com a economia. As questões dominantes, que permaneceram importantes até 1914, foram religião, educação e Irlanda (a versão britânica da cristalização do Estado *nacional* enfatizada no capítulo 3) e representação da classe trabalhadora (parte da cristalização do Estado capitalista). Mesmo depois que a reforma tarifária surgiu, a indústria não desafiou seriamente os deuses do livre-comércio e do padrão-ouro da cidade.

O governo da *primeira nação industrial* nunca foi tão completamente industrial quanto os de seus principais rivais. A Grã-Bretanha está atrasada na elaboração de políticas de organização industrial impositiva: corporativismo, educação estatal e financiamento estatal para a indústria de alta tecnologia (LONGSTRETH, 1983; INGHAM, 1984; LEE, 1986; MANN, 1988a). A organização capitalista britânica tem sido excepcionalmente difusa, se comprometendo a preservar os mercados. A força do mercado foi a principal razão pela qual a Revolução Industrial ocorreu primeiro naquela ilha. A Bretanha deu o passo habitual de institucionalizar as estruturas que a tornaram *Grã*, em primeiro lugar. Em um mundo em transformação eles assistiram ao declínio.

Desse modo, nem a pequena burguesia nem a indústria manufatureira substituíram uma classe organizada ou fração de classe na Grã-Bretanha vitoriana. Desde a maturidade de Vitória, eles foram *virtualmente representados* essencialmente por um liberalismo comercial do Antigo Regime, confiando menos do que os regimes anteriores na organização segmentar. Os proprietários haviam se consolidado em uma única classe capitalista nacional e única, organizada em partidos políticos de massa controlados por notáveis liberais do Antigo Regime liberal.

Conclusão

A Grã-Bretanha passou pela Revolução Industrial sem uma revolução burguesa; a reforma política permitiu que o velho regime sobrevivesse em novas cores liberais. O primeiro país industrial institucionalizou o liberalismo capitalista nacional com uma velha tonalidade sem turbulências indevidas nesse período. A reforma leve e a velha continuidade também caracterizaram sua história mais recente. Ela pode aparecer como um processo evolucionário; no entanto, o século XVII havia testemunhado a guerra civil, a execução e o exílio de reis e cismas religiosos. Insurreições jacobitas em 1715 e 1745 foram lembranças desse passado. A partir da década de 1830, o cartismo também provou ser um movimento revolucionário, derrotado pela própria unidade do Antigo Regime e pela pequena burguesia aqui descrita (cf. capítulo 15). Assim, o período dos anos de 1750 a 1830, que estabeleceu essa unidade, foi decisivo na história britânica moderna. De fato, tornou-se um ponto de virada na história mundial, uma vez que o liberalismo se tornou uma estratégia global viável de modernização.

Minha explicação envolveu todas as quatro fontes de poder social. Eu ainda não procurei classificar seus pesos causais relativos; essa tentativa começou no capítulo 7. Primeiro, o poder econômico: ao longo do final do século XVII e do século XVIII, a agricultura britânica institucionalizou o capitalismo comercial de mercado. Essa foi a principal causa a médio prazo da Revolução Industrial. Ela também assegurou que a organização econômica seria excepcionalmente difusa e não impositiva: a *mão invisível* constrangia todos os atores do poder. É verdade que ela também produziu uma classe emergente, a classe pequeno-burguesa, mas o mercado assegurou que o Antigo Regime e a pequena burguesia permanecessem meio latentes, não se engajando em uma luta de classes econômica dialética e direta. O Antigo Regime não excluiu a pequena burguesia da via principal para a vantagem econômica, o mercado, e a pequena burguesia prosperou. No início do século XIX, sua preocupação paralela com a vantagem de mercado se transformou em reciprocidade. A terra e a indústria se tornaram igualmente subordinadas às finanças e ao comércio, e a classe capitalista britânica fundida desenvolveu a sua obsessão distinta com o livre-comércio e o padrão-ouro – a economia política do Antigo Regime liberal britânico.

A religião e depois a expansão do Estado e especialmente o capitalismo de mercado geraram a segunda rede de poder principal aqui discutida: as redes ideológicas de comunicação discursiva em massa. Ocasionalmente, essas poderiam transmitir ideologias de classe moralizadoras entre a pequena burguesia. Em outros países, elas ajudaram a destruir a coesão moral de velhos regimes e proporcionaram liderança revolucionária e princípios de reorganização social. Mas as redes britânicas foram impulsionadas por mercados consumidores nos quais o velho regime e a pequena burguesia também participaram. Em um grau muito maior do que na França, a consciência burguesa e a modernização dos valores do Antigo Regime poderiam se unir para gerar um movimento comum de reforma de compromisso com *princípios parciais*, espalhando-se por meio de uma organização mista de classe segmental. As relações de poder ideológicas foram talvez as menos autônomas das quatro, uma vez que foram em grande parte geradas por organizações capitalistas e estatais.

Em terceiro lugar, as particularidades dos estados, como sugerido pela teoria estatista institucional (discutida no capítulo 3), também ajudaram a produzir *reforma, não revolução*. O Estado britânico já havia institucionalizado relações *partidárias* centralizadas e competitivas entre a elite estatal e (principalmente) as classes dominantes. Eu não procurei explicar essa *democracia partidária* rudimentar, pois ela ocorreu em um período histórico anterior (que meu primeiro volume não discutia muito). Talvez uma teoria de classe reducionista da ascensão dessas instituições possa ter alguma força, embora eu acredite que tais causas tenham se entrelaçado tanto com pressões fiscais e militares quanto com disputas ideológico-religiosas. Mas o *resultado* político desse processo anterior alcançou sua própria autonomia de poder *defasada*. Como esse período aumentou muito a relevância do Estado para a vida social, as particularidades de suas instituições existentes passaram a desempenhar um papel determinante e considerável na sociedade ocidental. Essa foi uma característica geral desse período; os próximos capítulos demonstram que o mesmo processo ocorre em outros países.

Na Grã-Bretanha, o direito ao voto e a *representação virtual* eram confusos, não totalmente fechados às classes ascendentes. Depois de 1832, a bagunça foi arrumada com uma concessão de propriedade e o fechamento resultou (até que o crescimento em meio ao período vitoriano conferiu a concessão de propriedade a mais trabalhadores). Antes de 1832 (e a partir de 1860), *partidos* localizados no coração do Estado poderiam ser dobrados e estendidos se pressionados por baixo – provando ser menos frágeis do que os estados coloniais franceses, austríacos ou britânicos. Além disso, a agitação reformista se centrava menos na franquia de classes do que em outra particularidade das instituições estatais – comum a todos os estados do final do século XVIII – e na crescente importância de sua economia política. Os movimentos de *reforma econômica* exigiam a eliminação da corrupção estatal, com a intenção de reduzir os impostos e, sem querer, promover a centralização e *naturalização* do governo. Essa foi a principal queixa de classe pequeno-burguesa contra o Antigo Regime e a questão-chave sobre a qual os partidos modernizadores do regime abandonaram a *velha corrupção* pela aliança com a pequena burguesia.

Isso foi impulsionado pela lógica da quarta fonte de poder social. A cristalização militarista, criada pela ascensão geopolítica da Grã-Bretanha, criou pressões fiscais e políticas. O Estado foi primeiramente modernizado e reformado para melhor vencer as guerras. Sem as guerras francesas, um velho regime mais segmentar e menos *nacional* poderia ter sobrevivido, em grande parte não reformado, à sociedade industrial. Uma pequena burguesia próspera, desfrutando de uma cidadania política civil individual e talvez parcial, poderia ter continuado, como os pequenos agricultores haviam feito antes deles, como clientes de um regime segmentar, constitucional-monárquico, mas não democrático. O desenvolvimento prússio-alemão mostrou a viabilidade de uma trajetória semelhante.

O conflito extensivo de classes políticas entre o Antigo Regime e a pequena burguesia tinha sido intensificado, e então comprometido. Mas não era *puro*: ela também tinha sido moldada por redes de poder ideológico, militar e político. A modernização britânica não foi uma evolução unidimensional; o capitalismo industrial não determinou as estruturas estatais. Em vez disso, o Estado britânico era polimórfico; ele se cristalizou como capitalista e militarista duradouramente. Seu impacto conjunto havia impulsionado o desenvolvimento de sua cristalização representativa em direção à democracia partidária e de sua cristalização *nacional* em direção ao Estado-nação mais centralizado.

Nesse período, a modernização estatal e social dependia fundamentalmente da conjunção do capitalismo de mercado e da luta geopolítica. Um reforçou o outro: a ascensão da Grã-Bretanha à quase hegemonia geopolítica se deveu em parte ao seu capitalismo de mercado pioneiro e à Revolução Industrial, enquanto o capitalismo e o industrialismo foram muito ajudados pela Marinha Real, alianças sagazes no exterior e finanças estatais sofisticadas. No entanto, nas palavras do Duque de Iron, o sucesso geopolítico da Grã-Bretanha foi uma *coisa muito próxima*. Como mostra o capítulo 8, ele dependia criticamente das capacidades navais e diplomáticas da Grã-Bretanha na aquisição de aliados para forçar a França a entrar em guerras de duas frentes. Sempre que a França lutou em duas frentes, perdeu. Na única vez em que a Grã-Bretanha lutou em duas frentes, na Revolução Americana, perdeu. A viabilidade do liberalismo do velho regime não foi uma necessidade evolutiva, nem o resultado meramente das revoluções agrícola e industrial e do equilíbrio das forças de classe. Resultou, em última instância, de uma conjunção mais contingente de duas lutas fundamentais pelo poder – entre classes e entre estados – em que cada um ajudou a reduzir os rivais segmentares e locais-regionais do outro.

Referências

ABERCROMBIE, N.; HILL, S. & TURNER, B.S. (1980). *The Dominant Ideology Thesis*. Londres: Allen & Unwin.

ALBERT, W. (1972). *The Turnpike Road System of England, 1763-1844*. Cambridge: Cambridge University Press.

BARKER, T. & SAVAGE, C. (1974). *An Economic History of Transport in Britain*. Londres: Hutchinson.

BOHSTEDT, J. (1983). *Riots and Community Politics in England and Wales, 1790-1810*. Cambridge, Mass.: Harvard University Press.

BONFIELD, L. (1983). *Marriage Settlements, 1601-1740*: The Adoption of the Strict Settlement. Cambridge: Cambridge University Press.

BREWER, J. (1982). Commercialization and politics. In: N. McKendrick; J. Brewer & J.H. Plumb (orgs.). *The Birth of a Consumer Society*: The Commercialization of Eighteenth Century England. Londres: Europa Press.

_____. (1976). *Party Ideology and Party Politics at the Accession of George III*. Cambridge: Cambridge University Press.

BROCK, M. (1973). *The Great Reform Act*. Londres: Hutchinson.

CANNADINE, D. (1977). Aristocratic indebtedness in the nineteenth century: the case re-opened. *Economic History Review*, 2. ser., 30.

CHANDLER JR., A.D. (1977). *The Visible Hand*: The Managerial Revolution in American Business. Cambridge, Mass.: Harvard University Press.

CHRISTIE, I.R. (1984). *Stress and Stability in Late Eighteenth Century Britain*. Oxford: Clarendon Press.

_____. (1982). *Wars and Revolutions*: Britain 1760-1815. Londres: Arnold.

_____. (1962). *Wilkes, Wyville and Reform*: The Parliamentary Reform Movement in British Politics, 1760-1785. Londres: Macmillan.

CLARK, J.C.D. (1985). *English Society, 1688-1832*. Cambridge: Cambridge University Press.

COLLEY, L. (1986). Whose nation? Class and national consciousness in Britain, 1750-1785. *Past and Present*, 113.

CRAFTS, N. (1985). *British Economic Growth During the Industrial Revolution*. Oxford: Clarendon Press.

_____. (1983). British economic growth, 1700-1831: a review of the evidence. *Economic History Review*, 36.

CRANFIELD, G.A. (1978). *The Press and Society*: From Caxton to Northcliffe. Londres: Longman Group.

_____. (1962). *The Development of the Provincial Newspaper, 1700-1760*. Oxford: Clarendon Press.

CROUZET, F. (1982). *The Victorian Economy*. Londres: Methuen.

_____. (1972). Capital formation in Great Britain during the Industrial Revolution. In: *Capital Formation in the Industrial Revolution*. Londres: Methuen.

CURRIE, R. et al. (1977). *Churches and Churchgoers*: Patterns of Church Growth in the British Isles Since 1700. Oxford: Clarendon Press.

DAHL, R. (1971). *Polyarchy*. New Haven, Conn.: Yale University Press.

DAVIDOFF, L. (1986). The role of gender in the "first industrial nation", agriculture in England 1780-1850. In: R. Crompton & M. Mann (orgs.). *Gender and Stratification*. Oxford: Polity Press.

DEANE, P. & COLE, W. (1967). *British Economic Growth, 1688-1959*. Cambridge: Cambridge University Press.

DINWIDDY, J. (1988). England. In: O. Dann & J. Dinwiddy (orgs.). *Nationalism in the Age of the French Revolution*. Londres: Hambledon Press.

EVERSLEY, D. (1967). The home market and economic growth in England, 1750-1880. In: E. Jones & G. Mingay (orgs.). *Land, Labour and Population in the Industrial Revolution*. Londres: Arnold.

FOSTER, J. (1974). *Class Struggle and the Industrial Revolution*. Londres: Weidenfeld & Nicolson.

GASH, N. (1986). *Pillars of Government and Other Essays on State and Society, c. 1770-c. 1880*. Londres: Arnold.

GILBERT, A.D. (1976). *Religion and Society in Industrial England*: Church, Chapel and Social Change, 1740-1914. Londres: Longman Group.

HAGEN, W. (1988). Capitalism and the countryside in early modern Europe: interpretations, models, debates. *Agricultural History*, 62.

HARLEY, C. (1982). British industrialization before 1841: evidence of slower growth during the Industrial Revolution. *Journal of Economic History*, 42.

HOLMES, G. (1976). *The Electorate and the National Will in the First Age of Party*. Inaugural lecture, University of Lancaster.

HOUSTON, R.A. (1982a). The development of literacy: northern England, 1640-1750. *Economic History Review*, 2. ser., 35.

_____. (1982b). The literacy myth: illiteracy in Scotland, 1630-1760. *Past and Present*, 96.

INGHAM, G. (1984). *Capitalism Divided?* – The City and Industry in British Social Development. Londres: Macmillan.

JOHN, A.H. (1967). Agricultural productivity and economic growth in England, 1700-1760. In: E.L. Jones (org.). *Agriculture and Economic Growth in England 1650-1815*. Londres: Methuen.

JONES, E. (1981). *The European Miracle*. Cambridge: Cambridge University Press.

KAUFMAN, P. (1967). The community library: a chapter in English social history. *Transactions of the American Philosophical Society*, 57.

KUSSMAUL, A. (1981). *Servants in Husbandry in Early Modern England*. Cambridge: Cambridge University Press.

KUZNETS, S. (1963). Quantitative aspects of the economic growth of nations: VIII – distribution of income by size. *Economic Development and Cultural Change*, 11.

_____. (1955). Economic growth and income inequality. *American Economic Review*, 49.

LANDES, D. (1969). *The Unbound Prometheus*: Technological Change and Industrial Development in Western Europe from 1750 to the Present. Cambridge: Cambridge University Press.

LEE, C.H. (1986). *The British Economy Since 1700*: A Macroeconomic Perspective. Cambridge: Cambridge University Press.

LILLEE, S. (1973). Technological progress and the Industrial Revolution, 1700-1914. In: C.M. Cipolla (org.). *The Fontana Economic History of Europe* – Vol. 3: The Industrial Revolution. Londres: Fontana.

LINDERT, P.H. & WILLIAMSON, J.G. (1983). Reinterpreting Britain's social tables, 1688-1913. *Explorations in Economic History*, 20.

_____. (1982). Revising England's social tables, 1688-1812. *Explorations in Economic History*, 19.

LONGSTRETH, F. (1983). *State Economic Planning in a Capitalist Society*: The Political Sociology of Economic Policy in Britain, 1940-1979. Ph.D. diss., Londres School of Economics.

MANN, M. (1988a). The decline of Great Britain. In: *States, War and Capitalism*. Oxford: Blackwell.

_____. (1988b). The roots and contradictions of modern capitalism. In: *States, War and Capitalism*. Oxford: Blackwell.

MARSHALL, T.H. (1963). Citizenship and social class. In: *Sociology at the Crossroads*. Londres: Heinemann.

MATHIAS, P. & O'BRIEN, P.K. (1976). Taxation in Britain and France, 1715-1810. *Journal of European Economic History*, 5.

McCLOSKEY, D. (1985). The Industrial Revolution, 1780-1860: a survey. In: J. Mokyr (org.). *The Economics of the Industrial Revolution*. Londres: Allen & Unwin.

McKENDRICK, N. (1982). Commercialization and the economy. In: N. McKendrick; J. Brewer e & J.H. Plumb (orgs.). *The Birth of a Consumer Society*: The Commercialization of Eighteenth Century England. Londres: Europa Press.

_____. (1974). Home demand and economic growth: A new view of the role of women and children in the Industrial Revolution. In: *Historical Perspectives – Studies in English Thought and Society*. Londres: Europa Press.

MINGAY, G.E. (1963). *English Landed Society of the Eighteenth Century*. Londres: Routledge & Kegan Paul.

MOKYR, J. (1985). The Industrial Revolution and the new economic history. In: J. Mokyr (org.). *The Economics of the Industrial Revolution*. Londres: Allen & Unwin.

_____. (1977). Demand versus supply in the Industrial Revolution. *Journal of Economic History*, 37.

MONEY, J. (1977). *Experience and Identity*: Birmingham and the West Midlands, 1760-1800. Manchester: Manchester University Press.

MOORE, D.C. (1976). *The Politics of Deference*. Hassocks, Sussex: Harvester.

MOORE JR., B. (1973). *Social Origins of Dictatorship and Democracy*. Harmondsworth: Penguin Books.

MOUZELIS, N. (1986). *Politics in the Semi-Periphery*. Basingstoke: Macmillan.

MUSSON, A.E. (1972). Editor's introduction. In: *Science, Technology and Economic Growth in the Eighteenth Century*. Londres: Methuen.

MUSSON, A.E. & ROBINSON, E. (1969). *Science and Technology in the Industrial Revolution*. Manchester: Manchester University Press.

NEALE, R.S. (1983). *History and Class*: Essential Readings in Theory and Interpretation. Oxford: Blackwell.

NEWMAN, G. (1987). *The Rise of English Nationalism*: A Cultural History, 1740-1830. Nova York: St. Martin's Press.

O'BRIEN, P.K. (1985). Agriculture and the home market for English industry, 1660-1820. *English Historical Review*, 100.

PAWSON, E. (1979). *The Early Industrial Revolution*. Nova York: Harper & Row.

PAYNE, P.L. (1974). *British Entrepreneurship in the Nineteenth Century*. Londres: Macmillan.

PERKIN, H. (1969). *The Origins of Modern English Society*. Londres: Routledge & Kegan Paul.

PHILLIPS, J.A. (1982). *Electoral Behavior in Unreformed England*: Plumpers, Splitters and Straights. Princeton, NJ: Princeton University Press.

PLATT, D.C.M. (1972). *Latin America and British Trade, 1806-1914*. Londres: Black.

PLUMB, J.H. (1982). Commercialization and society. In: N. McKendrick; J. Brewer & J.H. Plumb (orgs.). *The Birth of a Consumer Society*: The Commercialization of Eighteenth Century England. Londres: Europa Press.

_____. (1950). *England in the Eighteenth Century*: 1714-1815. Harmondsworth: Penguin Books.

POLLARD, S. (1965). *The Genesis of Modern Management*. Londres: Arnold.

POLLINS, H. (1952). The finances of the Liverpool and Manchester railway. *Economic History Review*, 2. ser., 5.

REED, M.C. (1975). *Investment in Railways in Britain, 1820-1844*. Londres: Oxford University Press.

RUBINSTEIN, W.D. (1983). The end of "old corruption" in Britain, 1780-1860. *Past and Present*, 101.

_____. (1977a). The Victorian middle classes: wealth, occupation and geography. *Economic History Review*, 2. ser., 30.

_____. (1977b). Wealth, elites and the class structure of modern Britain. *Past and Present*, 76.

RUDÉ, G. (1962). *Wilkes and Liberty*. Oxford: Clarendon Press.

RUESCHEMEYER, D.; STEPHENS, E. & STEPHENS, J. (1992). *Capitalist Development and Democracy*. Chicago: University of Chicago Press.

SCHOFIELD, M. (1981). Dimensions of literacy in England, 1750-1850. In: H.J. Graff (org.). *Literacy and Social Development in the West*: A Reader. Cambridge: Cambridge University Press.

SEED, J. (1985). Gentlemen dissenters: the social and political meanings of rational dissent in the 1770s and 1780s. *The Historical Journal*, 28.

SMITH, R.A. (1972). *Eighteenth-Century English Politics*: Patrons and Place-Hunters. Nova York: Holt, Rinehart & Winston.

SPECK, W.A. (1977). *Stability and Strife*: England, 1714-1760. Londres: Arnold.

STEVENSON, J. (1979). *Popular Disturbances in England, 1700-1810*. Londres: Longman Group.

THOMAS, J.A. (1939). *The House of Commons, 1832-1901*: A Study of Its Economic and Functional Character. Cardiff: University of Wales Press Board.

THOMPSON, E.P. (1963). *The Making of the English Working Class*. Harmondsworth: Penguin Books.

THOMPSON, F.M.L. (1963). *English Landed Society in the Nineteenth Century*. Londres: Routledge & Kegan Paul.

WARD, W.R. (1973). *Religion and Society in England, 1790-1850*. Nova York: Schocken Books.

WATT, I. (1963). *The Rise of the Novel*. Harmondsworth: Penguin Books.

WEST, E.G. (1985). Literacy and the Industrial Revolution. In: I. Mokyr (org.). *The Economics of the Industrial Revolution*. Londres: Allen & Unwin.

WILES, R.M. (1968). Middle class literacy in eighteenth century England: fresh evidence. In: R.F. Brissenden (org.). *Studies in the Eighteenth Century*. Camberra: Australian National University Press.

WILLIAMS, D.E. (1984). Morals, markets and the English crowd in 1766. *Past and Present*, 104.

WILSON, C. (1955). The entrepreneur in the Industrial Revolution in Britain. *Explorations in Entrepreneurial History*, 3.

WOLFE, A. (1977). *The Limits of Legitimacy*. Nova York: Free Press.

WRIGLEY, E.A. (1985). Urban growth and agricultural change: England and the Continent in the early modern period. *Journal of Interdisciplinary History*, 15.

WRIGLEY, E.A. & SCHOFIELD, R.S. (1981). *The Population History of England, 1541-1871*. Londres: Arnold.

5
A Revolução Americana e a institucionalização do liberalismo capitalista confederal

No continente britânico, a guerra e a reforma foram separadas – uma no estrangeiro, a outra no país. No entanto, em outros países, incluindo a Irlanda britânica, as lutas armadas fundiram as duas. Na França e na América ocorreram as duas grandes revoluções do período. O resultado na América foi que os Estados Unidos se tornaram, provavelmente, o mais capitalista dos países, com um dos estados menos nacionais e mais confederados. Caracterizo o novo Estado americano como uma cristalização capitalista-liberal, confederal e democrática partidária, acrescentando um militarismo desigual, mais pronunciado internamente do que geopoliticamente. Procuro explicar como ele adquiriu essas características.

As colônias americanas

Em 1760, 2 milhões de pessoas foram contadas como vivendo sob a coroa britânica nas colônias da América do Norte. Os nativos americanos (*índios*) não eram contados. (Eles eram mais de 100 mil nas colônias, mais a oeste.) Escravos de ascendência africana compreendiam 20% dos contabilizados. Dos brancos, cerca de 75% eram de descendência britânica ou irlandesa. Assim, exceto pelos nativos americanos e escravos, a maioria dos habitantes estava acostumada ao domínio britânico. A América era britânica. Suas instituições ideológicas e econômicas eram semelhantes às do país-mãe – essa foi a segunda casa daquela *sociedade civil* difusa, compreendendo o capitalismo e a rota capitalista comercial para a alfabetização discursiva em massa, introduzida no capítulo 2. As suas instituições militares e políticas também foram modeladas com base nas da Grã-Bretanha. Poderíamos esperar uma variante americana do liberalismo do Antigo Regime moderadamente centralizado, descrito no capítulo 4. No entanto, as pressões fiscais-militares irromperam em uma *revolução*, que primeiro amplificou as peculiaridades americanas e então, finalmente, retrocedeu em um liberalismo capitalista e confederal. Mas, mesmo antes da crise, cinco particularidades do poder americano já haviam surgido, destacando principalmente as maneiras pelas quais a Grã-Bretanha diferia da maioria dos países europeus:

1) As colônias estavam a 3 mil milhas do país-mãe, com considerável autonomia logística e, portanto, liberdades civis e políticas de fato. Nas condições da comunicação do século XVIII, a América não poderia ser governada a partir de Londres. As condições locais eram tão diferentes que, para tomar decisões importantes em Londres, era necessária consulta constante. No entanto, as embarcações a vela levavam pelo menos quatro meses para completar a viagem de ida e volta, praticamente toda uma campanha eleitoral ou época agrícola. Londres estava, de qualquer forma, mais interessada no lucro comercial do que na organização imperial, adotando a política que descreveu como *negligência salutar*, permitindo autonomia a pessoas que, afinal de contas, eram primos coloniais, não estrangeiros ou *nativos*. A regra despótica não foi legitimada por uma coroa britânica, ao passo que a eleição de parlamentares coloniais para se sentarem em Westminster era considerada impraticável (embora os revolucionários franceses tenham adotado mais tarde essa solução centralizada). As colônias americanas eram substancialmente livres.

Autonomia significava autonomias plurais e descentralizadas, pois nunca houve uma capital colonial – de fato, não houve separação clara entre essas colônias, o Canadá e o Caribe britânico. A orla marítima também tinha 1.200 milhas de comprimento. Como indica a tabela 4.1, a América tinha um Estado constitucional descentralizado. Cada colônia administrava seus próprios assuntos, com suas próprias assembleias eleitas e autoridades policiais e fiscais. A rotina desses miniestados – seus nervos fiscais, seus processos judiciais e sua aprovação de leis – era americana. Apenas 5% das leis de assembleia foram rejeitadas pelo Parlamento britânico (PALMER, 1959: 190). A maioria das assembleias coloniais estava formalmente subordinada a um governador que representava a coroa, embora algumas ainda estivessem sob governo de um proprietário ou fundador. O governador tinha grandes poderes formais: ele podia vetar projetos de lei, dissolver a assembleia e nomear uma câmara superior ou conselho legislativo como autoridade executiva. Mas ele não podia implementar sua vontade, exceto por acordo com os notáveis da colônia. O Parlamento britânico se recusou a acrescentar à lista civil os salários dos governadores, do seu pessoal e dos juízes. As legislaturas locais votavam os seus salários. Assim, o governador se tornou um "negociador bastante forte em um país estrangeiro" (POLE, 1966: 503), governado na prática pelos parlamentos locais. O Estado nominalmente soberano de Westminster não foi muito institucionalizado na vida local. Em meio a essa autonomia, as variações locais-regionais poderiam florescer.

2) A economia colonial era singular – fundamentalmente agrária, mesmo primitiva, mas altamente capitalista. Mais de 90% dos brancos americanos eram agricultores, extraindo de um ambiente que era menos domesticado do que qualquer outro na Europa. A manufatura permaneceu insignificante. Contudo, a abundância natural e as habilidades no trabalho fizeram dos americanos brancos mais prósperos do que os europeus. Os recrutas do exército americano

eram, em média, duas polegadas mais altos do que seus homólogos britânicos, indicando substancial superioridade alimentar (SOKOLOFF & VILLAFLOR, 1982). A agricultura gerou maiores excedentes para o mercado. Suas duas formas dominantes, a pequena agricultura e as plantações no sul de algodão e tabaco, produzindo para os mercados mundiais, geraram três classes sem contrapartida europeia exata: produtores, escravos das plantações e agricultores camponeses altamente autônomos. A Grã-Bretanha foi o país mais capitalista da Europa; uma vez que os agricultores camponeses começaram a produzir para os mercados mundiais, a América o foi ainda mais.

3) As colônias institucionalizaram o racismo. Os europeus em todo o globo teorizaram a sua evidente superioridade de poder sobre os povos de outros continentes em racismo ideológico. Mas a experiência americana envolveu a colonização europeia em massa em meio a duas raças muito diferentes: a competição feroz pela terra com *índios vermelhos*, muitas vezes guerreiros, e a exploração do trabalho dos escravos negros africanos. A sua relação triangular foi mais duradoura do que na América Central ou do Sul. O clima era mais benigno para os europeus; os índios permaneceram mais resilientes a uma ameaça militar, e o trabalho escravo permaneceu útil para cultivar algodão e tabaco. O horror dual do genocídio indígena e da escravização africana permaneceu central para a sociedade norte-americana durante todo o período coberto por este volume. O efeito sobre os europeus foi profundo, promovendo uma violência generalizada nas relações de poder – flagrante no enfrentamento dos índios, mal-escondido nas instituições da escravidão e rotinizado no porte de armas pelos brancos. Isso aprimorou o militarismo doméstico e uma definição racial de solidariedade e comunidade normativa. Apesar da diversidade de origens, os brancos constituíam em meio a *raças alienígenas* uma comunidade mais homogênea do que existiu em qualquer país europeu do século XVIII.

4) A comunidade branca foi fortalecida pela religiosidade comum e pela relativa igualdade econômica. Quase todos eram protestantes. A maioria das denominações religiosas se estabeleceu em conjunto, solidificando comunidades em torno de instituições de culto e encorajando a alfabetização em massa. A primeira das três grandes infraestruturas ideológicas do século XVIII, a alfabetização patrocinada por religiosos, aqui se expandiu em sua maior extensão. No final do século XVIII, os americanos brancos eram tão alfabetizados quanto os ingleses, apesar de viverem em uma sociedade muito mais agrária. Cerca de dois terços de todos os homens, não muito menos mulheres, e praticamente todos os homens na Nova Inglaterra puritana eram alfabetizados (LOCKRIDGE, 1974: 72-101). A expansão das redes ideológicas de poder (discutida no capítulo 2) poderia difundir ideologias discursivas por meio da comunidade branca, como na metade do século XVIII, o Grande Despertamento, um movimento de ressurgimento religioso. Sermões e panfletos aumentaram o mercado livre da salvação. Embora a Igreja Anglicana se estabelecesse lá também, ela era dominante em

apenas algumas áreas, sua hierarquia foi enfraquecida por um fermento religioso ultrapassando as divisões da Igreja. O protestantismo não denominacional poderia potencialmente dividir as almas dos colonos das dos governantes.

A igualdade econômica relativa também integrou os brancos. De fato, os colonos incluíam a maioria das classes britânicas distinguidas na tabela 4.2. O Antigo Regime era representado por aristocratas e senhorio, especialmente na Virgínia e nas Carolinas (muitos tinham retido riqueza e posição durante várias gerações), por oligarquias mercantis costeiras dominando o comércio exterior, e pelos clérigos, advogados e oficiais do exército, que buscavam o patronato oficial e administrações providas de pessoal. Mas entre o *povo* proprietário ordinário havia bem mais pequenos agricultores independentes do que na Europa, compreendendo cerca de 40% dos brancos e um terço de toda a população contabilizada e alguns comerciantes pequeno-burgueses, lojistas, artesãos e trabalhadores urbanos. Assim, entre a *plebe* mais pobre, a América se diferenciava, tendo índios e escravos, mas poucos trabalhadores casuais brancos ou pobres. Embora a desigualdade tenha piorado ao longo do século XVIII (HENRETTA, 1973: 102-112; NASH, 1975-1976), a abundância e a beneficência da terra e a escassez de mão de obra garantiram a subsistência de quase todos os brancos. Não existia nenhuma grande plebe branca excluída, e por isso nem uma concepção tão clara de uma classe oposta para se contrapor ao *povo* proprietário, como na Grã-Bretanha. Os brancos estavam dentro da sociedade civil e podiam participar de suas atividades rotineiras, até mais do que na Grã-Bretanha. Negros e índios não poderiam.

5) A migração libertou mais brancos da dependência das organizações de poder segmentares. O regime local não era *velho*, enraizado nos costumes e na deferência – embora se esforçasse muito para cultivá-los, especialmente nas áreas de assentamento antigo no sul e nos municípios patriarcais da Nova Inglaterra puritana. Faltavam a eles as redes da *velha corrupção* da Igreja-Estado e dos senhorios do condado. A Igreja Anglicana, apoiada pelos britânicos, se estabeleceu apenas no sul. A cidadania civil individual foi totalmente alcançada no início do século XVIII nos Estados Unidos (BAILYN, 1962: 348), assim como na Grã-Bretanha, enquanto a cidadania política se desenvolveu mais porque mais pessoas podiam votar. O patronato dos cargos também era limitado. No entanto, havia, em vez disso, a corrupção orientada para o mercado. As administrações coloniais foram a principal fonte de concessão de terras e de privilégios comerciais e de escravatura. O regime incorporou a *nova corrupção capitalista* contra a velha versão inglesa.

Os agricultores, especialmente, foram libertados pela migração. Até 20% de migrantes tinham sido agricultores pobres arrendatários, espremidos das suas terras na Inglaterra, Escócia e Ulster pelos proprietários de terra. Agora a maioria era genuinamente livre, e um pouco mais rica, nas suas pequenas fazendas nos interiores e fronteiras. Um grupo maior – Bailyn (1986) os estima em cerca de metade dos migrantes britânicos – era de artesãos e comerciantes empobrecidos de áreas urbanas. Em troca da sua passagem, eram contratados como servos. Eles eram vendidos no convés como escravos e depois suportavam a sujeição pessoal de seu empregador, geralmente por quatro anos. Ao cumprir seu tempo, a maioria abandonava o comércio e comprava pequenas fazendas no interior. Na década de 1770, os contratos de aprendizes declinaram, diante do trabalho assalariado livre (como na agricultura inglesa).

Todas essas variações foram movimentos para fora da organização segmentar do poder, uma mobilidade muito mais significativa do que as meras mudanças ocupacionais que o termo *mobilidade* significa na sociologia moderna (embora Main (1965) argumente que também havia uma considerável mobilidade ocupacional). Como em outras colônias em seus anos de formação, várias oportunidades surgiram para o avanço pessoal. Trabalho duro, talento, sorte e recursos mínimos poderiam mais facilmente transformar artesãos em mestres, pequenos comerciantes em lojistas e qualquer pessoa em um agricultor independente do que na Europa mais institucionalizada. Entre as classes altas, a mesma combinação permitiu que jovens talentosos de famílias respeitáveis, mas não ricas, usassem as ligações familiares alargadas para alcançar riqueza e posição, como vários dos Pais Fundadores fizeram (MANN & STEPHENS, 1991). A América, embora rural, não tinha a aristocracia relativamente fechada da Europa. Para os brancos na América, o interior representava a mobilidade e a independência, e não a estabilidade e a deferência. Os pequenos agricultores europeus do século XVIII – ou seja, os camponeses – eram muitas vezes economicamente independentes, mas, no melhor dos casos, raramente politicamente. A América inverteu a política da cidade e do país. *Pequena burguesia* é um termo muito urbano para delinear a vanguarda do capitalismo americano – pequenos agricultores independentes, livres de uma organização de poder segmentar.

Essas cinco variações garantiram que, embora os colonos americanos brancos fossem reconhecidamente britânicos, eles constituíram uma sociedade civil mais coesa, menos organizada segmentalmente, mais regionalizada e mais fluida do que a do país de origem, sem mencionar a maior parte da Europa continental. Os pequenos capitalistas eram mais numerosos e localmente independentes, especialmente nos estados médios e na agricultura do interior. A sua independência tinha sido duramente conquistada, em histórias de vida de luta contra a pobreza e a subjugação. No entanto, grandes concentrações de propriedade, o patronato político e a sujeição legal também desempenharam um papel na definição do que era considerado uma mercadoria nas cidades e portos e na agricultura do sul. Assim, o capitalismo americano continha quatro elementos distintos:

1) Um capitalismo de pequenas mercadorias predominantemente agrário, cujo espírito se tornou famoso pelo uso de Weber dos escritos de Benjamin Franklin em sua *A ética protestante e o espírito do capitalismo*.

2) Com grandes concentrações de propriedade privada empregando mão de obra livre, seus proprietários geralmente combinavam pelo menos dois interesses, sejam agrícolas, mercantis, financeiros e de manufatura.

3) Um capitalismo escravista repressivo no sul produzindo alimentos básicos para o mercado mundial.

4) O Estado e o *quase Antigo Regime* de patronato da atividade capitalista, inicialmente contendo muito trabalho de servos contratados.

Esses elementos variados por localidade e região, sobre treze colônias e sobre uma área de terra tão grande, asseguraram que a América fosse mais diversificada economicamente, menos centralizada politicamente e menos *nacional* em certos aspectos do que a Grã-Bretanha. Por meio da revolução, os colonos começaram a reduzir essa variedade. Em termos gerais, a Revolução Americana viu a vitória da primeira e terceira formas de capitalismo sobre a quarta. A segunda forma de capitalismo se dividiu ao meio, mas sua facção revolucionária conseguiu se agarrar ao poder no novo Estado. Assim, o Estado permaneceu confederal e descentralizado. Mais tarde, a guerra civil destruiu a terceira forma de capitalismo, a escravista. Os Estados Unidos por fim emergiram com um capitalismo que combinou descentralização e grandes concentrações de propriedade paradoxalmente infundidas com o espírito do capitalismo pequeno-burguês: se tornou distintamente capitalista-liberal e permaneceu confederal.

Antes da Revolução, a política tendia a colocar os envolvidos na primeira forma de capitalismo (pequena produção) contra as outras três. As assembleias coloniais eram eleitas a partir de qualificações britânicas de propriedade. Como havia muito mais pequenos agricultores proprietários, de 40% a 80% dos homens adultos brancos (variando entre colônias e em média talvez em torno de 50%) tinham direito ao voto. Isso foi muito mais amplo do que em qualquer outro lugar do mundo. (Os britânicos com direito de voto eram cerca de 15% dos homens adultos.) Em reuniões municipais (uma invenção americana) todos os proprietários poderiam participar normalmente e pequenos agricultores e a pequena burguesia urbana formavam a maioria. No entanto, famílias notáveis cujos membros normalmente combinavam os papéis de comerciantes, proprietários de terras, funcionários públicos e advogados (e que geralmente eram proprietários de escravos no sul) costuravam os conselhos legislativos dos governadores e administrações; e eles eram a maioria eleita para servir nas assembleias e nos comitês das reuniões municipais. O governo foi efetivamente comandado como um condado inglês, por uma pequena rede de intercasamentos de famílias extensas.

Os grandes portos marítimos viram a maioria dos conflitos. Partidos de conservadores e reformadores apelaram para seguidores definidos pela classe em meio à violência esporádica. No entanto, a mesma dinâmica confusa estava em evidência como no radicalismo inglês: a multidão podia protestar, mas não se organiza em busca de alternativas; e a principal liderança da reforma, escolhida entre notáveis *de fora*, só raramente cooperaria com pequenos ativistas burgueses e artesãos cuja consciência de classe era, em qualquer caso, ambígua e variada entre as cidades (como era na Inglaterra). Dos três principais portos marítimos, Filadélfia foi se movendo para a esquerda no início da década de 1770, Boston se movia para a direita, e a direção de Nova York não era clara (NASH, 1986: 200-247).

Na maioria das outras áreas, o eleitorado em massa aceitou a sua impotência política, não compareceu às urnas e aceitou as redes de patronato e deferência do regime colonial dos notáveis (DINKIN, 1977). Nas palavras de um contemporâneo, era "uma aristocracia falante face a uma democracia silenciosa" (FISCHER, 1965: 4). A maioria dos colonos avançava com o negócio de conquistar a natureza, cooperando com seus vizinhos brancos, e explorando ou exterminando os outros. Como enfatizei, a política e o Estado não eram assuntos vitais para a maioria das pessoas em qualquer país ocidental do início do século XVIII. Para os americanos vivendo no mais próspero, menos tributado, mais logisticamente isolado e mais disperso posto avançado da civilização ocidental, tanto o Estado britânico como o governo individual da colônia pareciam insignificantes. Então, por omissão, o governo não era ilegítimo.

Em meio à indiferença política em massa, antigos regimes segmentares surgiram. As colônias poderiam ter continuado assim por muitos anos, adiando, para facilitar, o governo corrupto da Grã-Bretanha. Com efeito, houve peculiaridades americanas iniciais, como listadas anteriormente, mas não houve uma evolução constante das mesmas para o florescimento do liberalismo capitalista americano do século XIX, como Hartz (1955) argumentou. Os regimes coloniais locais-regionais tinham começado a se institucionalizar no topo de uma sociedade agrária próspera e estabelecida. Os regimes necessitam de tempo e estabilidade para se tornarem velhos, mas isso estava acontecendo entre o senhorio do sul e os patriarcas da Nova Inglaterra puritana. Um liberalismo do Antigo Regime bastante descentralizado, modelado na Grã-Bretanha, poderia ter florescido, com colorações locais-regionais variadas.

Podemos estender o argumento contrafactual ao poder geopolítico. Sem a Revolução, em algum momento, em meados do século XIX, o crescimento das colônias teria ultrapassado o domínio da rainha no Parlamento. A essa altura, os governos britânicos estariam provavelmente prontos para formas mais flexíveis de associação política, como as que então foram concedidas ao restante dos seus domínios brancos. O poder político e geopolítico moderno poderia ter sido muito diferente: dominado continuamente por uma vasta comunidade confederal de língua inglesa, com seu centro se deslocando por meio do Atlântico – talvez evitando o período desestabilizador de conflito das grandes potências, que ocorreu entre o declínio britânico e a hegemonia americana, que aterrorizou e mudou o mundo.

Rebelião

Mais ainda do que na Grã-Bretanha, porém, o ciclo de extração fiscal-militar, impulsionado pela geopolítica, interveio para conduzir as relações de poder por caminhos diferentes. Isso pressionou o governo britânico em políticas que apontavam para as peculiaridades americanas. Por sua vez, isso forçou muitos americanos a considerar o Estado colonial primeiro como significativo e depois como ilegítimo. Eles então o derrubaram e institucionalizaram um regime diferente.

Durante a Guerra dos Sete Anos, de 1756-1763 (chamada na América de Guerra Franco-indígena), os colonos pagaram impostos de emergência em troca de um aumento no poder de suas assembleias locais – aumentando sua autonomia política descentralizada. A vitória britânica acabou com os subsídios franceses e espanhóis aos índios hostis e estabeleceu fronteiras coloniais. A ameaça militar às colônias estava praticamente acabada. Do ponto de vista dos britânicos na América, a vitória foi um desastre. Os colonos então mal precisavam de proteção ou do governo britânico; de fato, muitos viram o governo britânico como interferindo desnecessariamente no deslocamento dos índios e na expansão para o oeste. No entanto, a guerra permitiu que o governo britânico adquirisse um império global e uma área de livre-comércio, além de um exército residente na América. Ele procurou organizar esse império como um todo coerente. Ele desejava que os colonos contribuíssem com a sua cota-parte para a sua manutenção e acreditava que possuía um novo meio de fazer cumprir os seus desejos, um exército permanente.

O governo britânico nunca pediu aos americanos que pagassem impostos tão altos como os que os súditos pagavam na Grã-Bretanha. Em termos comparativos, a dor fiscal direta foi menor do que em meus outros casos, mesmo na Prússia (aonde muitas receitas vieram de domínios reais). Mas, como veremos também no caso da França, a dor fiscal resulta da combinação do aumento das cobranças e do grau em que os estados podem institucionalizar sua extração. As colônias não tinham essa última. Não havia nenhum débito nacional institucionalizado, assim aos colonos foi solicitado pagarem mais impostos. No entanto, a maioria era então alheia à geopolítica e ao império, tinha uma concepção local de interesse, e praticou por muito tempo o controle fiscal local, escapando das taxas alfandegárias. A autonomia logística americana foi atacada por um regime impulsionado, no seu entender, pela necessidade geopolítica. A pressão fiscal-militar mais uma vez intensificou a luta política e a centralização do descontentamento.

No final das décadas de 1760 e 1770, esse conflito direto entre interesses fiscais se tornou mais extensivo e baseado em princípios. Ele mobilizou uma rede de poder ideológico alternativa, assim como na Grã-Bretanha (discutido no capítulo 4) e na França (capítulo 6). Escritores e oradores americanos generalizaram interesses em princípios. Eles poderiam se basear nas cinco peculiaridades americanas discutidas anteriormente. Interesses e princípios poderiam ser debatidos no âmbito do espírito democrático e da soberania logística de fato das suas assembleias. A tradição semienterrada do radicalismo puritano do século XVII se combinou com a tradição mais respeitável de Locke e do Iluminismo escocês, para ressoar entre a independência econômica prática e o espírito contratual do pequeno capitalismo e do protestantismo moral. Sob pressão fiscal, as tradições americanas ampliaram as tradições britânicas para proclamar o princípio de *nenhuma tributação sem representação*, um princípio que também ganhou muito apoio na Grã-Bretanha. A homogeneidade de uma comunidade branca religiosa, alfabetizada e bastante igualitária difundiu então o protesto moral de princípios em dois níveis das redes de poder político e ideológico americanos.

O nível de protesto mais popular foi centrado nos pequenos agricultores, um pouco menos nos pequeno-burgueses e artesãos. Eles foram mobilizados principalmente por meio de assembleias orais – multidões, manifestações, alcatrão e penas e outras intimidações dos oficiais reais e seus clientes locais – fazendo a ponte entre *povo* e *plebe*, como no caso da multidão revolucionária francesa ou as manifestações britânicas do período de Peterloo. Na América, como em certa medida na Grã-Bretanha, clubes e tabernas, mais a instituição americana das reuniões municipais, foram os pontos de contato cruciais dos pequenos agricultores burgueses com o segundo nível, as redes de famílias notáveis. Essas se centraram inicialmente nas assembleias coloniais, mas como essas começaram a estagnar, os notáveis expandiram a sua rede sobre as colônias por meio de ligações familiares alargadas, infraestruturas de alfabetização discursiva e da profissão de advogado.

As ideologias discursivas floresceram. Entre 1763 e 1775, o número de jornais duplicou (DAVIDSON, 1941: 225). Em 1776, cerca de quatrocentos panfletos foram publicados, a maioria com dez a cinquenta páginas, predominantemente do tipo discursivo, explicativo, que investigou premissas, explorou a lógica dos argumentos e considerou conclusões. O seu estilo pressupunha um público alfabetizado, de proprietários, e sofisticado (BAILYN, 1967: 1-21). *Senso comum* de Tom Paine, publicado naquele ano, vendeu massivamente 120 mil cópias (um número que equivale a cerca de 3% de toda a população colonial, a mesma proporção que o seu *Direitos do homem* vendeu mais tarde na Grã-Bretanha). Os panfletários e jornalistas raramente eram profissionais. Os panfletos foram escritos por notáveis que ainda tinham tempo de lazer, mesmo depois de preencherem seus papéis variados como advogado, ministro-professor, comerciante e produtor; os jornais eram cheios de suas cartas e trechos dos seus discursos, sermões e relatos oficiais. Eles não eram realmente radicais, mas sim um *partido* progressivo entre o regime colonial dominante. Como entre seus homólogos modernizadores e *iluministas* do velho regime francês, eles foram, por pressão governamental, empurrados para a oposição *nacional* em direção a ideologias de princípios alternativos.

Os advogados se tornaram críticos. Ao longo do século XVIII, eles se tornaram um complemento útil ao regime colonial, assim como a profissão jurídica britânica serviu ao Antigo Regime britânico. O treinamento em Direito se tornou um trampolim para o patronato real, a preferência política e o *status*. No princípio, a maioria dos advogados era tories leais. No entanto, os impostos britânicos causaram dificuldades ideológicas aos advogados. Os impostos eram compatíveis com a soberania parlamentar britânica, mas eram contrários à prática política e jurídica local. O costume estava sendo violado, e o costume era essencial para os conceitos ingleses de direitos legais. Tal como no país de origem, os radicais utilizaram o quadro jurídico inglês para defender as liberdades existentes contra o *despotismo*. Mas quando a autoridade política legítima, o rei no Parlamento, não concedia essas liberdades, alguns advogados foram forçados além do costume a inventar novos princípios de liberdade. Eles tinham realmente teorias prontas disponíveis por Locke e pelo Iluminismo escocês, mas os advogados as fizeram ressoar, fundamentando-as em noções essencialmente comerciais de contratos feitos entre indivíduos livres.

Os advogados se tornaram os principais teóricos práticos, os "intelectuais orgânicos" (para usar o termo de Gramsci), de uma concepção mais burguesa da liberdade. Os advogados mais proeminentes eram proprietários substanciais e ativos, não profissionais especializados. Os interesses dos advogados mais antigos estavam emaranhados com o regime colonial e a maioria se tornou lealista. Mas os homens mais jovens, treinados na década de 1770 e ainda não tão enredados, se tornaram líderes de patriotas dissidentes e eventualmente rebeldes (McKIRDY, 1972; MURRIN, 1983). Tal como na França, não há provas de que esses homens estivessem sofrendo de *mobilidade bloqueada*; a maioria parece ter sido muito bem-sucedida. Eram, antes, ideólogos práticos genuínos. Como o general britânico Gage reclamou aos seus superiores após a Lei do Selo: "Os advogados são a fonte de onde brotam os clamores em todas as províncias". Eles estavam bem representados entre os líderes revolucionários.

O domínio britânico estável dependia de uma aliança entre a coroa e os notáveis locais-regionais. Mas esses então se desintegraram nos partidos Lealista e Patriota. Os patriotas mobilizaram as redes de alfabetização discursiva e a lei e fizeram ligação com, e por vezes controlaram, as redes mais populares de assembleias orais. Porque havia menos "classes perigosas" empobrecidas entre os brancos, os patriotas notáveis foram menos disciplinados pelo medo da revolução da *plebe* do que seus homólogos na maior parte da Europa.

A primeira grande resistência organizada foi à Lei do Selo, no início de 1766. Os Filhos da Liberdade estabeleceram ligações sobre as colônias por meio de jornais, panfletos e redes de correspondência entre homens de propriedade – cavalheiros, proprietários, mestres artesãos e comerciantes independentes. No entanto, contra o exército britânico, eles precisavam do apoio daqueles que estavam abaixo, a multidão. O seu protesto combinado funcionou. O ato foi revogado em 1776, e os Filhos foram dissolvidos. Foram revividos quando o governo mudou para as leis de Townshend, tributando o consumo, no ano seguinte. Como os impostos caíram sobre todos os consumidores, foi fácil obter apoio das massas. As táticas então mudaram para um boicote aos bens britânicos e para disciplinar aqueles que quebravam o boicote. Os tribunais deram a isso um ar judicial, eleitos por aqueles elegíveis para votar em assembleias e recrutados por notáveis, geralmente também praticando a advocacia (DAVIDSON, 1941: 63-82; MAIER, 1973: 77-112, 280-287). Uma rebelião estava a caminho, mas foi conduzida por membros do regime colonial e organizada em todas as colônias, com apoio em massa e novos métodos de mobilização ideológica.

O governo britânico, no entanto, não cederia aos seus princípios. Birch (1976) e Pocock (1980) argumentam que os políticos britânicos tinham seus próprios princípios. Representação e soberania eram indivisíveis na fórmula o *rei no Parlamento*. Se as assembleias coloniais fossem autorizadas a ratificar e vetar os impostos, isso dividiria a soberania parlamentar, sobre a qual as concepções britânicas centralizadas de liberdade dependiam. Sou cético, no entanto, quanto à visão de que a Revolução foi causada por um choque de princípios. Essa é uma visão muito estática de ideologias poderosas, normalmente criadas a partir das próprias lutas pelo poder. Como vimos no capítulo 4, o Antigo Regime britânico era em grande parte sem princípios. Foram seus oponentes – exatamente como na América – que gradualmente articularam em princípios os seus ressentimentos com a exclusão do poder. O governo britânico tinha duas visões mais cínicas sobre esses eventos. Em primeiro lugar, acreditava que os princípios americanos eram uma cortina de fumaça para a relutância em pagar a sua justa parte pela defesa imperial e isso o deixava relutante para aumentar a carga fiscal na Grã-Bretanha. Em segundo lugar, o governo buscou pragmaticamente a forma menos dolorosa de extração fiscal, mas como último recurso então tinha um exército residente para aplicá-la. Ele percorreu seu repertório de impostos, desde fundiários, aduaneiros e tributários até impostos de selo.

Ou o governo britânico calculou mal, não percebendo as peculiaridades americanas, ou, em última análise, não tinha alternativa. Nas colônias, ao contrário da Grã-Bretanha, tais esquemas fiscais não estavam já institucionalizados em infraestruturas de arrecadação de impostos supervisionadas por organizações segmentares de notáveis locais. Assim, a coerção armada foi não apenas uma ameaça mantida em reserva (como na Grã-Bretanha); tinha de ser usada para realmente cobrar os impostos. Cada expediente, cada ordenamento das tropas, ferindo e ofendendo, contradizia o sentido de autonomia local e liberdade e provocava mais resistência, mais coerção britânica, e então mais oposição de princípios. Os americanos então percebiam duas coisas: (1) que um pequeno exército regular estava mal-equipado para cobrar impostos em um país tão grande em meio à resistência generalizada e (2) que os impostos eram exigidos não apenas por ministros mal-intencionados, mas pelo rei no Parlamento. A resistência foi forçada à rebelião de princípios contra a soberania do Parlamento.

No verão de 1775, os britânicos recorreram à repressão militar em grande escala. No entanto, não possuíam uma enorme superioridade militar. Os americanos estavam bem equipados, a maioria com armas de mão, muitos com experiência em milícia, alguns com autoridade de milícia para se apropriar rapidamente de canhões, munições, carrinhos, cavalos e mapas (uniformes e manuais de exercícios poderiam vir mais tarde). Os exércitos do século XVIII não tinham outros recursos. Um número suficiente de pessoas resistiu com recursos militares suficientes para frustrar os primeiros empurrões britânicos e dar tempo para criar uma rebelião mais organizada.

O recurso às armas dividiu os colonos. Pelo menos 20% dos brancos se tornaram lealistas. Não era uma divisão baseada simplesmente em classe, região ou setor. Vários escritores têm sugerido que patriotas e lealistas foram divididos por setor econômico, com os patriotas materialmente envolvidos na expansão para o oeste – sendo frustrados pela política britânica (p. ex., EGNAL, 1988). No entanto, essa evidência é escassa e entra em conflito com o que Stephens e eu (1991) descobrimos, que os interesses econômicos dos líderes patriotas eram essencialmente diversos. Talvez a divisão mais clara, embora ainda rudimentar, tenha separado dois modos de produção capitalistas do terceiro. Os *de dentro*, que fugiram e lucraram com a economia política do Estado – a administração e o comércio coloniais –, eram mais prováveis de ser lealistas (BROWN, 1965). A maioria dos agricultores independentes, pequeno-burgueses urbanos e proprietários de escravos, pouco envolvidos na administração e no comércio, era de patriota. (A escravidão era tão institucionalizada no sul que já não precisava de apoio militar da coroa.) A distinção mais clara era provavelmente segmentar – um partido dos *de dentro* contra um partido dos *de fora*. Como em outros lugares, os *de dentro* proclamaram princípios universais, e os *de fora*, a tradição particularista. Mas tais distinções eram por vezes confusas: um grupo coeso de notáveis locais poderia organizar a sua comunidade em torno da sua posição, silenciando a maioria dos oponentes.

Como observa Brown, os julgamentos foram influenciados por quem eles pensavam que ganharia, e isso variou de acordo com o equilíbrio visível do terror local. Os patriotas se centraram em uma curiosa aliança de cavalheiros da Virgínia e democratas da Nova Inglaterra, enquanto os lealistas possuíam Nova York e muitas comunidades de colônias médias. De ambos os lados, quase todos os líderes proeminentes foram extraídos das mais saudáveis, proeminentes e notáveis famílias. A rebelião ainda não era uma revolução. Longínquas, as pressões militares e fiscais tinham aumentado, e não diminuído, as peculiaridades americanas para a guerra.

Guerra e revolução

O conflito armado se transformou em uma guerra civil. Em cada fase, ambos os lados acreditavam que o outro recuaria. Ambos então arriscaram uma guerra em grande escala, acreditando que poderiam vencê-la – e essa guerra foi disputada rigorosamente. A tradição histórica enfatiza os erros britânicos e a vontade superior e o poder de permanência dos rebeldes. O revisionismo recente tem enfatizado a geopolítica mais ampla. O governo britânico temeu que a rebelião pudesse se espalhar para a Irlanda, de onde a intriga francesa poderia ameaçar a própria Grã-Bretanha. Assim, mais tropas foram estacionadas para lidar com os irlandeses do que as que foram disponibilizadas aos generais britânicos na América. A balança inclinou quando a França e a Espanha entraram na guerra. A frota francesa, carregando o exército francês, atravessou o oceano para assegurar a decisiva rendição do General Cornwallis em Yorktown em 1781. Sem a França a guerra teria se arrastado, talvez, para um eventual acordo. A guerra teve consequências importantes para a América. Seu processo e os resultados foram determinados predominantemente por relações de poder militares e geopolíticas – em última instância, pela sorte da guerra. Essa foi a descontinuidade essencial da história americana inicial.

A guerra também aproximou os rebeldes da revolução. O quanto a Guerra da Independência foi *revolucionária* sempre é, com razão, controverso. Uma revolução pode ser definida sociologicamente como uma transformação violenta das relações de poder dominantes; mas as revoluções do mundo real são uma questão de grau. Os eventos americanos foram decididamente ambíguos. A relutância em considerá-los revolucionários deriva de quatro fontes:

1) A Guerra da Independência continha três lutas distintas: derrubar o Antigo Regime britânico, estabelecer uma nova constituição política e estabelecer novas relações sociais entre as classes. As três se fundiram em um único e violento cataclisma, como fizeram nos eventos que conhecemos como as revoluções francesa e russa, que chamaríamos sem hesitação de *revolução*. Mas elas nunca o fizeram.

2) Embora a luta com os britânicos tenha sido resolvida violentamente, as outras duas lutas ficaram comprometidas e então depois foram institucionalizadas por meio do conflito das gerações seguintes. Essa *revolução* começou violentamente, depois gaguejou de forma semiturbulenta durante várias décadas, no final das quais o poder político e ideológico tinha sido substancialmente transformado, mas as relações de classe bem menos.

3) Embora tais mudanças tenham sido substanciais, pode-se argumentar que elas estavam ocorrendo de qualquer forma, resultado de processos evolutivos profundos, dada, talvez, uma injeção de ajuda pelo conflito violento.

4) Os líderes da Revolução, os Pais Fundadores, permaneceram homens brancos com propriedade substancial do princípio ao fim. Minha pesquisa com

Stephens (1991) mostra que os Pais Fundadores eram ainda mais classe alta e mais organizados como classe alta do que as pesquisas anteriores de Beard (1913), Solberg (1958: 387ss.) e McDonald (1958) haviam indicado.

Cento e vinte e nove Pais Fundadores assinaram a Declaração de Independência em 1776 ou os Artigos da Confederação em 1783 ou foram delegados na Convenção Constitucional em 1787. Quase todos eram provenientes das famílias coloniais mais ricas e proeminentes. Nenhuma era pobre ou fazia trabalho manual (além de médicos e um punhado de agricultores ativos e intermediários). Apenas cerca de vinte até tinham uma ocupação ou carreira ocupacional no sentido moderno. O resto combinou diversas atividades econômicas de cavalheiro – em média três cargos tais como produtor, advogado, comerciante, financista, fabricante, alto oficial, e outra posição profissional. Eles também pertenciam às ricas famílias extensas quase sempre proeminentes na comunidade local, e receberam patronato, casamentos e heranças por meio de tais ligações. Apenas dois Pais Fundadores parecem ter sido genuinamente bem-sucedidos por mérito; os homens de talento restantes com mobilidade ascendente eram relativamente "parentes pobres", beneficiados por ligações da família extensa. A sua educação foi quase sempre do mais alto nível, disponível para bem menos de 1% dos colonos, e as suas redes culturais eram elevadas, extensas e densas. Embora seja impossível elaborar um grupo de liderança comparável de lealistas, eles não podiam possivelmente vir de famílias mais abastadas, embora os líderes lealistas, também, parecessem mais ricos (BROWN, 1965). Não era isso mero faccionalismo entre um antigo regime emergente? Afinal, Burch (1981, volume I) mostrou que a mesma classe alta continuou dominando gabinetes americanos bem depois da Revolução.

Mas quatro forças compensatórias, potencialmente "revolucionárias", também tiveram impacto:

1) Durante a guerra, os participantes usaram violência extrema, social e politicamente dirigida. A guerra não foi apenas entre a Grã-Bretanha e a América, foi também uma guerra civil entre comunidades, vizinhos e amigos, e foi travada até a morte. Mesmo excluindo as batalhas, em termos comparativos, a violência foi tão grande como em eventos geralmente aceitos como revolucionários – por exemplo, as revoluções francesa e russa. Os lealistas eram tão propensos a ter sua propriedade expropriada e eram quase cinco vezes mais propensos a fugir para o exílio do que os realistas na Revolução Francesa (PALMER, 1959, volume I: 188, 202). A redistribuição de terras, geralmente de lealistas ricos para agricultores e pequena burguesia, também constituiu pelo menos uma expropriação tão substancial e violenta do poder econômico quanto eventos similares na França (embora não na Rússia).

2) Tais ações foram legitimadas por referência à ideologia política revolucionária. Patriotas se referiam à autoridade moral do *povo* contra o *despotismo*, a es-

cravidão (embora não dos negros), o *privilégio*, a *corrupção* e a *conspiração* – tanto quanto na França. Os princípios lealistas e britânicos eram apenas para defender a autoridade devidamente constituída, e estavam pouco interessados em grandes batalhas ideológicas. Tal assimetria ideológica também se assemelha a revoluções em outros lugares.

3) Os acontecimentos representaram uma súbita transformação na legitimação política. Derrubar os britânicos e os lealistas envolvia encontrar um Estado novo, para *constituí-lo* em um documento escrito. O poder foi investido em *Nós, o povo* e em suas assembleias popularmente eleitas, cujo voto foi proclamado soberano, capaz de criar um Estado. Em 1780, os rebeldes de Massachusetts, movidos pela intransigência britânica além da reorganização política *ad hoc*, introduziram a sua *constituição* com a declaração "Nós, o povo, ordenamos e estabelecemos". Foi um afastamento do conservadorismo vindo da tradição rebelde ocidental. Os europeus tinham há muito tempo defendido a rebelião em termos de direitos consuetudinários legitimados por longas tradições. Na verdade, os americanos tinham começado assim.

Como diz Bailyn (embora justificando uma descrição conservadora, não revolucionária dos eventos), eles alegaram não buscar "a derrubada ou mesmo a alteração da ordem social existente, mas a preservação da liberdade política ameaçada pela aparente corrupção da constituição e o estabelecimento de princípios das condições existentes da liberdade" (1967: 19). Com efeito, se a coroa tivesse parado de os tributar de novas maneiras, tudo poderia ter sido restaurado. Mas como a coroa não desistiu, a ordem política não pôde ser restaurada. Apesar das suas melhores intenções, os rebeldes se tornaram revolucionários políticos. Eles foram forçados a criar seu Estado para introduzir o *povo* como uma força política ativa, não a mera incorporação passiva das liberdades costumeiras. A partir de então, os rebeldes em outros países também se tornavam revolucionários quando eles imitavam conscientemente essa invenção americana e criavam *assembleias constituintes*, assim como os revolucionários franceses e russos.

4) Deixar o *povo* no palco provou mais do que meramente legitimação simbólica. Isso conduziu à democracia política e a uma economia política mais democrática. Os notáveis ricos que proclamaram a rebelião em nome do *povo* não eram democratas. Por *povo*, eles queriam dizer o que os ingleses queriam dizer – proprietários brancos do sexo masculino, *homens de educação e fortuna*. Mas eles estavam em combate contra o maior poder no mundo, mesmo que a maioria das tropas estivesse a 3 mil milhas de distância. Eles precisavam de mais pessoas do que isso. Na verdade, eles precisavam do *povo* mais a *plebe*. Na América, esses eram muito violentos, habituados a ter armas, úteis para a rebelião. No lado rebelde, havia então algo como uma luta de classes entre líderes de classe alta e militantes de base (COUNTRYMAN, 1981; 1985; NASH, 1986; ROSSWURM, 1987), explícita e reconhecida, mas contida apenas pela disciplina exigida pela cooperação militar contra um inimigo mais perigoso.

A organização das relações de poder militar então entrelaçava com todas essas forças anti e pró-revolucionárias à medida que a guerra desenvolvia ambiguamente resultados *revolucionários*. Essa se tornou a primeira guerra de mobilização de massas dos tempos modernos, embora distintamente descentralizada, muitas vezes de tipo guerrilheiro. Durante as principais crises, os rebeldes proclamaram o serviço universal de milícia nas áreas em que controlavam, e gradualmente fixaram isso. O papel principal da milícia não era ganhar batalhas (embora alguns destacamentos fornecessem uma exibição valiosa para o exército continental regular), mas mobilizar coercivamente a maioria indiferente para uma ação militar mínima. Uma vez que fossem persuadidos ou presos em saques locais contra destacamentos britânicos ou vizinhos lealistas, não poderia haver volta atrás: eram rebeldes em guerra contra a coroa (SHY, 1973).

A guerra de mobilização de massas teve efeitos variáveis sobre a estrutura de poder interna. Ela não precisa ter consequências radicalizantes se a estrutura hierárquica de comando do regime pode processar a guerra com sucesso. Veremos no capítulo 12 que austríacos e prussianos mantiveram o controle de seus exércitos de massa em 1812-1813 e foram capazes de derrotar os franceses e resistir à reforma. Mas a guerra americana produziu organizações militares mais variadas. Era muito mais descentralizada, combatida entre treze colônias autônomas, envolvendo numerosas frentes frouxamente definidas e escaramuças, com importantes elementos de guerrilha em ambos os lados. Até mesmo o Exército Continental rebelde era um tanto descentralizado, dividido por facções regionais e forçado à autossuficiência local devido a abastecimentos inadequados. Também foi liderado por Washington, um general-comandante cuja genialidade estava mais na política militar do que em qualquer estratégia de campanha integrada. Assim, quando o *povo* lutou, ele o fez em grupos locais bastante autônomos, como homens livres (e às vezes mulheres), perseguindo e até matando notáveis locais a quem tinham anteriormente respeitado.

Assim, como Palmer (1959) enfatizou, a guerra rapidamente desestabilizou as redes de apadrinhamento colonial local e ampliou enormemente a vertente popular e democrática das relações de poder colonial local. "Quando o pote ferver, a escumalha vai surgir", como um rebelde notável de Massachusetts insatisfeito reclamou (HANDLIN & HANDLIN, 1969: 11). Os jovens homens alistados no exército e recrutados nas milícias eram aqueles menos propensos a serem proprietários de terras e eleitores com direito de voto. Suas exigências de cidadania política eram claras – e por um tempo difíceis de resistir.

A campanha também dependia logística e estrategicamente de portos e outras cidades em rotas de comunicação, e de agricultores no interior para abastecimentos e movimentos evasivos. Na maioria das áreas essa força organizacional se elevou numericamente às custas de notáveis.

Dois grupos marginais ao regime colonial se tornaram fundamentais para o sucesso rebelde. Em primeiro lugar, artesãos urbanos, mecânicos e pequenos lojistas – a pequena burguesia inferior – foram capazes de pressionar as reuniões municipais e organizar a violência contra os lealistas, à medida que cada localidade se declarava a favor do rei ou da rebelião. Em segundo lugar, os pequenos agricultores em áreas ocidentais recém-assentadas, ainda sem voto ou com voto restrito, tinham comunidades autônomas e organizações comerciais. Eles poderiam impedir os lealistas de operar em suas áreas, e eles alistaram e abasteceram as forças rebeldes. Eles simpatizavam com a causa, especialmente com a abolição de privilégios econômicos conferidos pelo governo e monopólios – o que eu chamo de *nova corrupção capitalista*. O que foi revolucionário sobre a situação da guerra foi que as exigências dos pequeno-burgueses e agricultores podiam ser implementadas pelas suas organizações políticas locais e militares. As populares reuniões municipais e as organizações da comunidade rural se tornaram órgãos locais do Estado rebelde emergente e da milícia. Na cidade e no interior, as redes restritas da palavra impressa – de jornais, panfletos e comitês de correspondência – foram ultrapassadas por assembleias orais populares (cf. HENRETTA, 1973: 162-165; YOUNG, 1976; STEFFEN, 1984).

Assim, quando os notáveis patriotas apelaram ao povo para lutar, gradualmente – sem plena consciência do seu significado – eles começaram a justificar a rebelião em termos de princípios populares de governo. Sua retórica se tornou gradualmente mais populista em tom, mais democrática em substância. Os princípios ideológicos se tornaram generalizados e transcendentes em um apelo por ajuda. Seguiu-se uma ratificação política formal. Os requisitos de propriedade foram ligeiramente reduzidos na maioria dos estados, aumentando a proporção de homens adultos brancos com direito a voto na faixa de 50% a 80% para uma faixa de 60% a 90%, abolindo as proibições religiosas locais, e até mesmo concedendo direito a voto a alguns negros e mulheres (WILLIAMSON, 1960; DINKIN, 1982: 27-43). O controle local segmentar dos notáveis por meio de redes de patronato e deferência foi minado por uma participação eleitoral mais do que duplicada na década de 1780, pela disseminação da prática de representantes mandatários (iniciada nas assembleias municipais das décadas de 1760 e 1770), e pela votação em massa para resolver questões.

A *contestação* de Dahl, minha *democracia partidária*, foi institucionalizada. De fato, a liderança desceu apenas ligeiramente para baixo da estrutura de classes, sendo ainda dominada pelo *melhor tipo*, mas seu relacionamento organizado com os eleitores havia mudado, como explica Cook para a Nova Inglaterra: "Quando a Revolução destruiu as fundações das noções hierárquicas dos arranjos sociais, a política deferencial começou a desaparecer. Os líderes políticos deixaram de ser considerados superiores sociais e se tornaram explicitamente servidores do povo" (1976: 192).

Os pequenos proprietários aumentaram seus números nas legislaturas. Em 1765, mais de 50% dos eleitos de Massachusetts possuíam riqueza superior a 2 mil dólares; em 1784, a proporção era de apenas 22%. Menos de 20% dos delegados das assembleias coloniais durante 1750-1775 eram artesãos e pequenos agricultores. Em 1784, eram 40% de todos os legisladores, mas eram maioria no norte (MAIN, 1966: 406-407; HENRETTA, 1973: 168). O poder político ainda era local, mas mudava para a pequena burguesia e pequenos agricultores. Em um país rural cujas instituições eram basicamente britânicas, esse era em parte um processo evolutivo. Mas foi acelerado para além de um compromisso ao estilo britânico entre o velho regime e a pequena burguesia emergente como consequência de uma guerra evitável com um resultado militar conjuntural e contestado.

Isso foi reforçado pelas reformas econômicas. Lutando contra o despotismo, os rebeldes favoreciam a liberdade econômica. Reduziram o mercantilismo estatal, aboliram foros pagos e a primogenitura, aumentaram a proporção de funcionários públicos eleitos, e tentaram liberar concessões de terra por patronagem. Os efeitos foram maiores nos estados médios, onde mais notáveis tinham sido lealistas. Suas terras e escritórios foram expropriados e o poder local passou para os pequenos agricultores e para a pequena burguesia. Fora do sul não havia mais uma diferença qualitativa de poder entre grandes e pequenos capitais. O "espírito (da pequena mercadoria) do capitalismo" de Weber predominava no norte e no oeste; e partilhava o sul com o capitalismo escravista. Essa mudança foi reforçada por uma tendência europeia não relacionada com a guerra. O crescimento da população europeia ultrapassou as capacidades da sua agricultura. Produtores de grãos americanos, na sua maioria pequenos agricultores, podiam exportar de forma rentável. Na década de 1790, o norte tinha ultrapassado os estados do sul em riqueza *per capita* e exportações (APPLEBY, 1984). O crescimento foi novamente maior nos estados médios, especialmente na Pensilvânia. As suas economias se tornaram dominadas pelo pequeno capital agrário. O novo sistema eleitoral pôde traduzir isso em poder político.

Mudanças para a esquerda, no entanto, foram revertidas pela centralização das relações de poder militar durante os últimos estágios da guerra à medida que as campanhas se tornaram mais integradas e que seu centro estratégico se moveu para o sul mais conservador. Os pais fundadores de classe alta, no comando do quartel-general militar e político, encontraram então maior apoio local para seu conservadorismo social entre as organizações segmentares de produtores do sul. A crescente disciplina militar do Exército Continental também reforçou seu poder. Os proprietários radicais podiam dominar assembleias locais em outros lugares, mas não a dimensão centralizada do último esforço de guerra dos patriotas.

Acordo constitucional

A guerra terminou em 1783. Os britânicos e os lealistas foram expulsos e as milícias populares, dispersas. Embora os radicais tenham permanecido influentes em estados individuais, eles perderam influência sobre a liderança. Algumas assembleias estaduais estavam então extremamente voltadas para a economia política radical, a anulação de dívidas (em sua maioria, de agricultores pobres) e a tributação progressiva e as concessões de terras. A constituição provisória representada pelos artigos da Confederação de 1783 continha apenas um Estado central fraco. Ameaçados pelo radicalismo de classe local, os notáveis se organizaram para fortalecer o Estado.

A construção da Constituição na Convenção da Filadélfia em 1787 foi a sua principal resposta. Houve amplo consenso de que o Estado deveria ser representativo (para homens brancos), que ideologicamente não deveria entrincheirar qualquer religião, e que deveria gozar de pouco poder militar sobre os seus cidadãos brancos (e o suficiente para coagir os seus não brancos). Naturalmente, sua natureza patriarcal permaneceu inquestionável. O debate se centrou nas duas restantes daquilo que o capítulo 3 identifica como as "cristalizações de nível superior" dos estados modernos – como capitalistas e como estados-nações.

A primeira não ativou o capitalismo *versus* algum outro modo de produção, mas ativou economias políticas capitalistas alternativas, cujo modelo de desenvolvimento econômico o Estado deveria auxiliar, o dos proprietários pequenos ou substanciais (com proprietários de escravos complicando a questão). Isso envolveu a questão de quem deveria ser representado nesse Estado, e também o que deveriam ser os poderes econômicos do Estado. Isso foi intimamente ligado a outra cristalização problemática, o quão centralizado e *nacional* esse Estado deveria ser. Como todos os partidos tinham acabado de travar uma guerra contra o despotismo, eles evitariam um Estado tão centralizado como os revolucionários franceses mais tarde introduziram, ou mesmo tão centralizado como o Estado britânico. A maioria dos notáveis favoreceu um Estado mais centralizado do que os radicais queriam, pois os notáveis controlavam o nível continental. Mas os proprietários de escravos e alguns notáveis de pequenos estados divergiam. Como ambas as cristalizações estavam entrelaçadas, não houve confronto direto de classes.

A Convenção Constitucional foi o único grande processo decisório do período tomado a portas fechadas, sem pressão ou consulta popular direta (para uma explicação ilustrativa, cf. COLLIER & COLLIER, 1986). Após duas semanas de intenso debate, 55 delegados participantes elaboraram uma nova constituição para ratificação pelos estados. Os delegados eram todos proprietários substanciais, o mais rico, o mais notável dos três grupos de Pais Fundadores. Todos eles queriam poderes para conter as tendências *anarquistas* reveladas pelas legislaturas locais. Cenários perigosos tinham acabado de ser apresentados, como exemplificado pela Rebelião de Shays, em grande parte uma insurreição de classe contra os impostos e dívidas em Massachusetts. Mas seus debates não se centraram em questões de classe, nas-quais os delegados compartilhavam suposições comuns não ditas. Nem se debruçaram muito sobre religião. Embora houvesse diversidade de Igrejas, eles eram não sectários, membros de delegações estatais multi-igreja. Eles rapidamente concordaram que o Estado deveria ser secular.

Em vez disso, os delegados debateram a questão da centralização *nacional*, que os dividiu. Um Estado relativamente centralizado era temido pelos delegados de pequenos estados, cautelosos com a *tirania* dos grandes eleitorados, e especialmente pelos delegados do sul, que acreditavam que um Estado central forte poderia legislar contra a escravidão. Para emergir com um acordo sobre a constituição, e assim evitar os radicais, eles tiveram que se comprometer com os direitos dos estados. Fizeram-no de forma pragmática, deixando lacunas (especialmente sobre as constituições dos futuros estados) e, por conseguinte, garantindo que a questão dos direitos dos estados – e sua conexão com a escravidão no sul e nos novos estados do oeste – continuaria a ser problemática. Mas eles emergiram quase unidos por trás de uma constituição que poderia evitar a confrontação de classe – parte por projeto, parte involuntariamente.

Totalmente planejada foi a separação de poderes, produzindo um Estado central dividido destinado ao apelo dos descentralizadores radicais, bem como dos conservadores, prevenindo igualmente o despotismo e as expressões súbitas de vontade popular. Os poderes públicos foram divididos entre nada menos que cinco instituições representativas – a presidência, as duas câmaras do Congresso, os treze estados e os governos locais. A divisão não foi feita por princípios consistentes que permitissem o desenvolvimento de hierarquias entre eles. Os poderes econômicos existentes nesse momento nas legislaturas estatais estavam divididos entre várias instituições. O Senado e a Câmara dos Deputados tinham sufrágios diferentes e eleições escalonadas; a Câmara criava os orçamentos; o Senado tinha mais poderes sobre os orçamentos presidenciais e tratados estrangeiros, mas uma votação mais restrita; o presidente era eleito indiretamente por um colégio eleitoral, que se supunha que representaria melhor a propriedade; o presidente não poderia implementar a legislação, mas poderia vetar a legislação do Congresso (a menos que ambas as casas aprovassem por maioria de dois terços). Nenhum direito eleitoral foi significativamente estendido (exceto para a remoção de incapacidades religiosas). Os círculos eleitorais foram deliberadamente alargados de modo que eles fossem entre as classes, supostamente invulnerável ao controle da multidão.

A separação final dos poderes criou a Suprema Corte. Isso provou ser um golpe de gênio, mas foi uma estratégia menos consciente do que um consenso sobre a natureza dos direitos, que provou ter enormes consequências não intencionais. Ela resultou da predominância de notáveis advogados-proprietários na Revolução e na elaboração da própria Constituição – pelo menos 33 dos 55 delegados praticavam a advocacia, mas apenas quatro deles eram *apenas* advogados (MANN & STEPHENS, 1991). A rebelião foi contra o despotismo soberano do rei no Parlamento; foi seguida por um período em que as legislaturas locais atuaram contra a lei de propriedade. Assim, os delegados consideraram prudente *consolidar* sua Constituição como um Estado de Direito, supervisionado por uma Suprema Corte – se necessário (embora as implicações disso pareçam não ter sido reconhecidas pela oposição), tanto contra o executivo quanto contra o legislativo.

A Constituição mudaria à medida que o poder social mudasse, mas as modificações tinham de ser amplamente coerentes com os princípios estabelecidos pelos Pais Fundadores propriamente ditos. A Constituição exigia tais maiorias substanciais para as alterações constitucionais, que necessitavam de consideráveis linhas de consenso entre as classes (e entre estados). O presidente nomeava os juízes da Suprema Corte, mas para toda a vida, de modo que eles geralmente duravam mais do que seu benfeitor. Podiam vetar a legislação ou ação governamental ou decidir que as ações empreendidas pelo governo ou uma entidade privada estavam de acordo com o espírito da Constituição. Os tribunais menores exerciam julgamentos regulatórios semelhantes sobre órgãos menores.

Assim, a profissão de advogado, até a Suprema Corte, se tornou reguladora ativa de agências privadas, corporativas e governamentais – um substituto de uma administração estatal mais centralizada (como observa SKOWRONEK, 1982: 24-30). Foram necessárias algumas décadas para que as instituições legais atingissem a sua preeminência total. Mas em meados do século XIX a lei estava acima da política e portanto, em certos sentidos, acima da democracia partidária. Pode parecer (T.H. Marshall acreditava assim) que a América tinha institucionalizado precocemente a cidadania civil e política. Mas a sua cidadania civil permaneceu altamente individualista e capitalista e estava entrincheirada mesmo contra a cidadania política soberana. "As maiorias populares [...] seriam constrangidas para sempre", conclui Appleby (1987: 804).

Em suas observações sobre a democracia americana, Tocqueville enfatizou o poder dos advogados, fazendo a declaração famosa de que *o tribunal e o bar* eram a *aristocracia americana*. Mas isso não era muito preciso, pois a lei americana era então, como é agora, inseparável da propriedade capitalista. Esses advogados proprietários notáveis tinham uma concepção distinta dos direitos. Eles foram criados nessa equação de liberdade humana particular e direitos de propriedade individual rotulados por MacPherson (1962) como "individualismo possessivo". Embora MacPherson tenha localizado essa ideologia muito cedo, distorcendo a visão de Hobbes e Locke para colocá-la no século XVII, ela dominou o pensamento dos Pais Fundadores. A propriedade privada se tornou verdadeiramente sagrada, inviolável tanto pelo Estado como pelo anarquismo. A consolidação do Estado de Direito nesse contexto protegeu a liberdade da pessoa e da sua propriedade. A principal oposição radical repousou entre a pequena burguesia e os pequenos agricultores. Eram também proprietários individuais, por isso não se opuseram a esse princípio. Sobre essa questão vital não havia nenhum conflito de classe dialético e direto de variedade marxiana. A solução, que gradualmente provou favorecer a grande propriedade (conforme a propriedade financeira e a industrial se tornavam mais concentradas, e à medida que os pequenos agricultores ficavam mais uma vez endividados), passou muito desapercebida entre os conflitos pós-revolucionários.

Uma vez que os grupos sociais explorados – classes mais baixas, mulheres, negros, talvez até mesmo os poucos nativos americanos sobreviventes – foram admitidos ao *status* de cidadania civil e política individual, nenhum regime seria mais ativo na promoção de seus direitos e liberdades individuais de propriedade do que o americano. Mas os direitos coletivos estariam sempre subordinados aos direitos individuais, como os sindicatos (cf. capítulo 18), os agricultores radicais (cf. capítulo 19) e os advogados do século XX, defensores de uma cidadania mais social, descobririam por sua própria conta. Eles não experimentariam direitos coletivos, mas sim uma feroz repressão militar-judicial. Ao contrário da teoria evolucionária de Marshall da difusão da cidadania, a América nunca desenvolveu muita cidadania social, enquanto os poderes coletivos de seu trabalho e os movimentos agrícolas permaneceram paralisados pelo entrincheiramento da cidadania civil individual maior do que em qualquer outro dos meus países abordados. Legislaturas estaduais não podiam anular constitucionalmente as dívidas, nem podiam (até o século XX) aprovar leis que legalizassem piquetes ou outras *conspirações* contra a liberdade de propriedade dos patrões. A grande propriedade capitalista ficou entrincheirada contra as principais queixas do século XIX dos trabalhadores e também os pequenos agricultores, como revelam os capítulos 18 e 19. Conforme interpretada pelos advogados, a Constituição entrincheirada se tornou a melhor garantia possível do poder da propriedade capitalista na América (como também observa HARTZ, 1955: 103). Os advogados se tornaram nesse período, e permaneceram desde então, os *intelectuais orgânicos* do capitalismo. Dentro de quarenta anos, isso os mudou do campo revolucionário para o conservador – e isso foi obtido em grande parte sem oposição dos pequenos radicais burgueses.

Embora a Constituição tenha sido escrita em um vácuo na Filadélfia, as pressões populares não poderiam ser ignoradas. Os delegados garantiram por estreita margem a ratificação da nova Constituição pelos estados individuais, às vezes contra uma oposição considerável. Eles também foram forçados a fazer concessões para proteger os direitos individuais garantidos nas primeiras emendas constitucionais contra o novo governo, conhecidos coletivamente como Declaração dos Direitos. Mas, como nenhuma parte da Constituição parecia proibir diretamente os objetivos políticos econômicos dos radicais, eles não se opuseram a ela com tanta energia quanto poderiam ter feito.

Ao longo da década de 1780, surgiram dois *partidos* amplamente iguais, compreendendo cerca de três quartos dos representantes nas legislaturas. Main (1973, capítulo 2) os denomina *cosmopolitas-comerciais* e *localistas-agrários*. Os cosmopolitas eram predominantemente comerciantes urbanos e homens profissionais, com o apoio de produtores e proprietários de terras perto das cidades – de fato, um antigo regime semelhante aos regimes coloniais locais antes de 1776. Os localistas eram novos políticos, representando predominantemente pequenos agricultores capitalistas em municípios do interior. Artesãos, pequenos fabricantes, e os comerciantes menores (a pequena burguesia inferior) foram despedaçados entre as duas facções, a sua classe os atraindo para os localistas, os seus interesses urbanos para os cosmopolitas. Ao longo da década de 1790, os dois se tornaram partidos políticos soltos, muitos cosmopolitas se tornaram federalistas, muitos localistas (juntando-se aos produtores do sul) se tornaram primeiro antifederalistas, depois republicanos jeffersonianos e democratas. A política americana se cristalizou, em terceiro lugar, mais cedo do que em qualquer outro lugar, como uma democracia partidária bastante completa.

As cristalizações problemáticas – Qual era a forma do capitalismo e como deveria ser o governo *nacional*? – ainda dividiam os partidos. Os federalistas preferiam um governo central forte e um direito ao voto restrito, para garantir o desenvolvimento econômico e os direitos de propriedade; seus adversários, o contrário. O seu conflito se revelou paradoxal. Os federalistas conseguiram a maior parte de seus fins desejados, mas sem os meios escolhidos.

O medo de ressuscitar o despotismo centralizado foi amplamente compartilhado por todas as classes e regiões. Portanto, o Estado permaneceu amplamente descentralizado. A maioria das infraestruturas e funções governamentais (educação, saúde, família, direito, a maioria das obras públicas, polícia, assistência aos pobres) foi devolvida pela Constituição às administrações individuais dos estados (cf. o resumo de Lowi (1984) sobre o poder dos três níveis de governo). Com efeito, a Constituição devolveu *poderes residuais* – poderes não especificados em lugar algum – nesses assuntos para os estados individuais. Para os padrões europeus, até mesmo britânicos, o Estado nacional americano nasceu insignificante. O capítulo 11 mostra que ele permaneceu menos poderoso do que os seus homólogos europeus ao longo de todo o período em análise.

No entanto, os federalistas triunfaram em duas frentes mais estreitas, o que foi decisivo para alcançar seus objetivos. Em primeiro lugar, a lei que consagrava segurança aos direitos de propriedade individuais foi entranhada, como descrito anteriormente. Isso não parecia uma centralização e a potencial oposição de classe não resistiu. Em segundo lugar, os federalistas (especialmente Hamilton) criaram teorias do "desenvolvimento tardio". Acreditando que a Grã-Bretanha forneceu o modelo da economia futura, eles quiseram que o governo incentivasse a concentração financeira e a indústria de manufatura. Eles concentraram sua ofensiva centralizadora de forma bastante estreita ao assegurar as infraestruturas do governo federal para a atividade econômica em larga escala, especialmente na obtenção de uma estrutura bancária, monetária e de crédito nacional, mas também buscando tarifas de proteção para os fabricantes (FERGUSON, 1964; McGUIRE & OHSFELDT, 1984). De modo menos controverso, eles também preferiram um serviço postal, alfândegas e cartórios ampliados, além de uma pequena marinha para proteger o transporte marítimo e um pequeno exército permanente para matar índios e realizar obras de engenharia civil. Esse centralismo *modernizador* mais estreito conquistou muitos convertidos. Tom Paine, supostamente seu inimigo político, passou a ver seus aliados democráticos rurais como paroquiais, indiferentes às necessidades econômicas da nação emergente (FONER, 1976). Estados individuais na primeira metade do século XIX também se tornaram subsidiários ativos de estradas e canais e fretes das empresas, embora menos no sul do que em outros lugares (PISANI, 1987; suas cifras de gastos são fornecidas em HOLT, 1977). Os federalistas obtiveram direitos de propriedade e desenvolvimento de infraestrutura, mas por meio de um Estado predominantemente *confederal* – por meio dos tribunais e de uma divisão do trabalho entre os governos federal e estadual – não na forma antecipada de um Estado-nação centralizado.

Com relação ao direito de voto, os federalistas superestimaram seus poderes segmentares sobre as eleições. Suas redes de patronato lutaram para controlar o eleitorado de massas emergente. As redes ideológicas de poder se expandiram, em parte por causa das políticas federalistas: os correios aumentaram doze vezes mais do que na década de 1790, os jornais duas vezes e meia. Sociedades de correspondência e reuniões de campanha republicanas e democratas se espalharam. Agricultores, pequeno-burgueses e mecânicos tinham organizações alternativas. Os notáveis também foram divididos por região. Os produtores do sul preferiam os federalistas por motivos de classe, mas a ameaça dominante que a centralização suscitava na escravidão os trouxe para o campo democrata. Uma aliança eleitoral das classes proprietárias e seus clientes (como a que foi dominada pela Grã-Bretanha no século XIX) nunca se materializou. Isso diminuiu a luta de classes política e direta. Ela também colocou os federalistas em problemas eleitorais. A geopolítica piorou isso. Os federalistas tomaram a Grã-Bretanha como seu modelo de sociedade capitalista moderna, com capacidade de tributação legítima e forte ação estatal, constitucional, mas sem democracia. Mas a Grã-Bretanha tinha acabado de ser o principal inimigo; a Grã-Bretanha ainda era inimiga da França, a herdeira revolucionária da América; e a Grã-Bretanha era então a principal rival comercial. A política externa federalista poderia ser difamada como não americana.

Os democratas jeffersonianos conseguiram uma vitória esmagadora na eleição de 1800. "Nunca mais nenhum grupo de americanos buscaria seriamente o poder em uma eleição nacional defendendo valores hierárquicos ou práticas políticas de deferência", conclui Appleby (1984: 3). A intensa competição partidária resultou em um comparecimento consistente para a votação de mais da metade dos homens brancos adultos até 1810, uma proporção muito maior do que no período colonial (FISCHER, 1965: 182-192). Democratas jacksonianos, liderando os pequenos agricultores e a pequena burguesia urbana e os artesãos, se esforçaram por uma nova reforma do sufrágio na década de 1830. Jeffersonianos e jacksonianos poderiam às vezes expressar uma ideologia populista anticapitalista contrastando os *industriais* e *rurais* com os *capitalistas* parasitas (HARTZ, 1955: 120-125). Os partidos americanos poderiam, por vezes, soar como radicais britânicos e *sans-culottes* franceses. Mas o seu objetivo de ampliar o direito ao voto poderia ser alcançado com menos violência, amplamente dentro das instituições da América colonial, conforme amplificada pela guerra e institucionalizada pela Constituição. Como a Constituição entranhou o direito de propriedade e rigorosamente dividiu os poderes, os federalistas e notáveis tinham menos a temer do que os outros com a reforma do direito ao voto. Em 1840, todos os homens brancos adultos tinham direito ao voto e a primeira democracia bipartidária moderna surgiu. Os *despojos* do sistema segmental distribuíram cargos entre eles (cf. capítulo 13). A luta de classes, transversal à democracia partidária e ao clientelismo segmentar, não ameaçou o direito de propriedade.

Em 1840, essa situação se concluiu em uma estratégia de regime bastante coerente. O regime americano não poderia ser *velho*, exceto no sul. O governo por nascimento, religião, patronato costumeiro e deferência foram destruídos por uma guerra colonial, seguida de um pequeno ataque eleitoral capitalista. A pequena burguesia, liderada exclusivamente por pequenos agricultores, alcançou a democracia de massa antes de qualquer outro lugar do mundo. Isso teve outras implicações potencialmente radicais. No entanto, o radicalismo não era anticapitalista. O Estado, sendo uma verdadeira separação de poderes, se tornou conservador. Suas infraestruturas divididas foram discretamente voltadas para os projetos de grande escala do capitalismo. E o Estado de Direito entranhou as concepções de propriedade privada capitalista. A combinação equivalia à hegemonia do liberalismo capitalista em todo lugar fora do sul. A Constituição como Estado de Direito – e não, como em outros lugares, o Estado ou parlamento soberano – se tornou, no final do século XIX, o coração simbólico e venerado da nação.

Nem a Constituição nem o Estado provaram ser de grande ajuda na questão nacional dos direitos dos estados. A escravidão entrou cada vez mais em desacordo com os direitos do capitalismo do norte, mas esse fraco Estado federal não tinha recursos para resolver o conflito ou mesmo a autorização para atribuir constituições (contendo escravidão ou não?) nos novos estados ocidentais. A União se envolveu em uma guerra civil que apenas aumentou temporariamente a centralização do Estado. A geopolítica americana não envolveu desafios a outras grandes potências e exigiu pouca mobilização nacional e pouco militarismo tecnológico até o século XX. Assim, o Estado-nação se atrasou. Como as infraestruturas do governo estadual e local se fortaleceram ao longo do final do século XIX, o governo americano passou da forma confederal a uma forma mais federal, nos sentidos que especifico na tabela 3.3. Suas instituições federais enfrentaram a Segunda Revolução Industrial – e os desafios de agricultores, trabalhadores e outros descontentes – com uma estratégia de regime capitalista-liberal e político-democrático coerente, apoiada por um forte militarismo interno. Esses desafios e respostas são discutidos nos capítulos 18 e 19.

Conclusão americana

Abordei três problemas principais na fundação da República Americana: como caracterizar seu regime emergente, como explicar sua ascensão e se foi verdadeiramente revolucionário.

Ao denominar o novo regime americano de confederal, democrático-partidário e capitalista-liberal, pouco mais fiz do que aceitar a sabedoria convencional. Como mostrarão os capítulos seguintes, a estratégia capitalista-liberal absorveu com sucesso tudo o que a sociedade industrial (e a imigração étnica massiva) lhe lançou. Desde que os Estados Unidos finalmente se tornaram a potência ocidental hegemônica, seu liberalismo capitalista influenciou grande parte do globo. Seus partidos, o liberalismo capitalista consagrado em seus tribunais de justiça, e seu confederalismo também sobreviveram à maior parte da Segunda Revolução Industrial, embora o confederalismo tenha sido finalmente modificado pelo New Deal e pela aquisição do *status* de superpotência (que também acabou com a irregularidade de seu militarismo).

Ao explicar seu surgimento, tomei partido em um debate entre historiadores, com Bailyn (1967) e Appleby (1984), contra o evolucionismo de Boorstin (1959), Degler (1959), Hartz (1955) e Lipset (1964), que traçaram o caminho do liberalismo capitalista por meio dos Pais Fundadores até o início do assentamento colonial e até a suposta ausência do *feudalismo* no Novo Mundo. Em vez disso, argumentei que a Guerra da Independência e as lutas políticas subsequentes intervieram para destruir a viabilidade de regimes locais-regionais que se tornavam reconhecidamente *velhos*. Sem essa intervenção, esses regimes poderiam ter se desenvolvido de forma muito semelhante ao seu homólogo na Grã-Bretanha, sob controle britânico ou não. De fato, as colônias também continham organizações de poder alternativo que, quando amplificadas, levaram a trilhas mais puramente capitalistas, mas essa amplificação ocorreu por meio de três processos contingentes adicionais:

1) As pressões geopolíticas e fiscais-militares que operavam no Império Britânico faccionalizaram seus clientes americanos e, reforçadas pelo poder militar francês na guerra, tornaram os britânicos (estreitamente) incapazes de defender suas colônias.

2) As pressões militares de guerra de semiguerrilha aumentaram moderadamente as reformas para a democracia. O velho regime não podia simplesmente ser transferido ao controle americano local, uma vez que os notáveis rebeldes foram forçados a procurar a ajuda do *povo* (no sentido de massas do início do século XX), em uma luta armada contra os britânicos e os lealistas. Fora do sul, a localidade foi mais capturada pela classe do que pela organização segmentar. No entanto, para ganhar a guerra, os atores de poder, povo e notáveis, tiveram de se comprometer.

3) No final da guerra, o equilíbrio de poder político, quase semelhante embora confuso, entre a classe e as forças nacionais, assegurava que os vencedores não brigassem entre si. Em vez disso, as suas relações de poder e conflitos se tornaram institucionalizados em uma estratégia de regime capitalista-liberal por meio de compromissos do pós-guerra que combinaram capitalismo com democracia. Os notáveis tinham o campo inicial de elaboração da constituição para si mesmos. Por meio de uma mistura de intenção, erro de cálculo e consequências involuntárias, eles conceberam uma constituição cuja separação de poderes trazia consequências conservadoras. Eles se comprometeram sobre a questão dos direitos dos estados, institucionalizando as cristalizações políticas norte-sul (e outras cristalizações regionais) que cortaram e enfraqueceram a luta de classes. Federalistas e notáveis também reduziram suas ofensivas sobre propriedade e pró-centralização a duas áreas, entrincheirando o direito de propriedade na Constituição e disponibilizando infraestruturas centrais do Estado para o desenvolvimento do grande capitalismo (então inesperadamente reforçado pelos estados individuais). Mas eles calcularam mal a sua capacidade de controle segmentar das eleições, e as massas (homens brancos) garantiram uma democracia bipartidária. O resultado confuso foi a consolidação de um regime hegemônico capitalista-liberal, democrático-partidário e confederal fora do sul. Como as lutas pelo poder entrelaçaram elementos díspares, o conflito de classe nunca foi *puro* ou transparente. Notáveis e massas nunca se enfrentaram frente a frente, dialeticamente, como inimigos de classe. Eles primeiro se aliaram na guerra, depois passaram uns pelos outros, concentrando as suas energias em cristalizações políticas diferentes, embora entrelaçadas, e redes de poder político.

De um modo mais geral, tracei uma transição nas relações de primazia entre as quatro fontes de poder social. As relações ideológicas de poder tiveram um papel decrescente na estruturação das relações de poder. Os resultados iniciais – a espiral descendente para a rebelião, o equilíbrio mutável de poder na guerra entre rebeldes notáveis e populares, e os resultados militares da própria guerra – foram predominantemente determinados pelo entrelaçamento das relações de poder econômico e militar. Em um contexto muito confuso – e sempre lembrando que as relações econômicas tinham fortes componentes segmentares, regionais e nacionais, bem como de classe –, eles moldaram conjuntamente as instituições da nova República. Mas depois disso (como o estatismo institucional poderia sugerir), suas instituições políticas tinham a sua própria autonomia de poder, restringindo significativamente o desenvolvimento americano. Em um país não ameaçado por outras grandes potências, o militarismo geopolítico, embora não o doméstico, provou ter menos poder geral significativo ao longo do século XIX. Então o desenvolvimento americano foi predominantemente capitalista, mas limitado pela institucionalização confederal, democrático-partidária e organização estatal militar doméstica. Essa foi a versão americana da transição geral observada durante esse período no capítulo 1 de uma dupla determinação muito *derradeira* e grosseira – as relações de poder desde as econômicas-militares até as políticas-econômicas.

Finalmente, isso foi uma revolução? A completude da transformação americana ao liberalismo capitalista – seu aspecto *revolucionário* no sentido cotidiano dessa palavra – se deveu à ausência de revolução no sentido sociológico de uma transformação violenta das relações de poder. As forças de classe opostas não se enfrentaram e lutaram, como fizeram na França. Além disso, o liberalismo capitalista logo se tornou conservador. Depois de quarenta anos ou mais, ele foi mais institucionalizado, mais resistente à mudança, do que qualquer outro regime. Ele descobriu como evitar a luta de classes – não totalmente, é claro, mas como melhor forma de evitar um conflito político único, extensivo e direto. A comercialização da agricultura provou ser tão perturbadora, os pequenos agricultores, tão descontentes, a Revolução Industrial, tão brutal, o proletariado, tão descontente, como em qualquer outro lugar. Mas as suas aspirações eram mais seguidas por instituições políticas e militares em organizações não classistas do que em qualquer outro país. A institucionalização precoce de uma revolução colonial estruturou posteriormente de forma decisiva a estrutura de poder americana.

Referências

APPLEBY, J.A. (1987). The American heritage: the heirs and the disinherited. *Journal of American History*, 74.

_____ (1984). *Capitalism and a New Social Order*: The Republican Vision of the 1790s. Nova York: New York University Press.

BAILYN, B. (1986). *Voyagers to the West*: A Passage in the Peopling of America on the Eve of the Revolution. Nova York: Knopf.

_____ (1967). *The Ideological Origins of the American Revolution*. Cambridge, Mass.: Harvard University Press.

_____ (1962). Political experience and enlightenment ideas in eighteenth-century America. *American Historical Review*, 67.

BEARD, C. (1913). *An Economic Interpretation of the Constitution*. Nova York: Macmillan.

BIRCH, R.C. (1976). *1776*: The American Challenge. Londres: Longman Group.

BOORSTIN, D. (1959). *The Americans*: The Colonial Experience. Nova York: Random House.

BROWN, W. (1965). *The King's Friends*. Providence, R.I.: Brown University Press.

BURCH JR., P.H. (1981). *Elites in American History* – Vol. I: The Federalist Years to the Civil War. Nova York: Holmes & Meier.

COLLIER, C. & COLLIER, J.L. (1986). *Decisions in Philadelphia*. Nova York: Ballantine Books.

COOK JR., E.M. (1976). *The Fathers of the Towns*: Leadership and Community Structure in Eighteenth-Century New England. Baltimore: Johns Hopkins University Press.

COUNTRYMAN, E. (1985). *The American Revolution*. Nova York: Hill & Wang.

_____ (1981). *A People in Revolution*: The American Revolution and Political Society in New York. Baltimore: Johns Hopkins University Press.

DAVIDSON, P. (1941). *Propaganda and the American Revolution, 1763-1783*. Chapel Hill: University of North Carolina Press.

DEGLER, C.N. (1959). *Out of Our Past*: The Forces That Shaped Modern America. Nova York: Harper.

DINKIN, R.J. (1982). *Voting in Revolutionary America*: A Study of Elections in the Original Thirteen States, 1776-1789. Westport, Conn.: Greenwood Press.

_____ (1977). *Voting in Provincial America*: A Study of Elections in the Thirteen Colonies, 1689-1776. Westport, Conn.: Greenwood Press.

EGNAL, M. (1988). *A Mighty Empire*: The Origins of the American Revolution. Ithaca, N.Y.: Cornell University Press.

FERGUSON, E.J. (1964). *The Power of the Purse*: A History of American Public Finance, 1776-1790. Chapel Hill: University of North Carolina Press.

FISCHER, D.H. (1965). *The Revolution of American Conservatism* – The Federalist Party in the Era of Jeffersonian Democracy. Nova York: Harper & Row.

FONER, E. (1976). *Tom Paine and Revolutionary America*. Nova York: Oxford University Press.

HANDLIN, O. & HANDLIN, M.F. (1969). *Commonwealth*: A Study of the Role of Government in the American Economy. Massachusetts, 1774-1861 [2. ed., Cambridge, Mass.: Harvard University Press].

HARTZ, L. (1955). *The Liberal Tradition in America*. Nova York: Harcourt, Brace & World.

HENRETTA, J.A. (1973). *The Evolution of American Society, 1700-1815*. Lexington, Mass.: D.C. Heath.

HOLT, C.F. (1977). *The Role of State Government in the Nineteenth-Century American Economy, 1840-1902*. Nova York: Arno Press.

LIPSET, S.M. (1964). *The First New Nation*. Londres: Heinemann.

LOCKRIDGE, K.A. (1974). *Literacy in Colonial New England*. Nova York: Norton.

LOWI, T.J. (1984). Why is there no socialism in the United States? – A federal analysis. In: R.T. Golombiewski & A. Wildavsky (orgs.). *The Costs of Federalism*. New Brunswick, NJ: Transaction Books.

McDONALD, F. (1958). *We, the People*. Chicago: University of Chicago Press.

McGUIRE, R. & OHSFELDT, R. (1984). Economic interests and the American Constitution: a quantitative rehabilitation of Charles A. Beard. *Journal of Economic History*, 44.

McKIRDY, C.R. (1972). A bar divided: the lawyers of Massachusetts and the American Revolution. *American Journal of Legal Library*, 16.

MacPHERSON, C.B. (1962). *The Political Theory of Possessive Individualism*. Oxford: Clarendon Press.

MAIER, P. (1973). *From Resistance to Revolution*: Colonial Radicalism and the Development of American Opposition to Britain. Londres: Routledge & Kegan Paul.

MAIN, J.T. (1973). *Political Parties Before the Constitution*. Chapel Hill: University of North Carolina Press.

_____ (1966). Government by the people: the American Revolution and the democratization of the legislatures. *William and Mary Quarterly*, 23.

_____ (1965). *The Social Structures of Revolutionary America*. Princeton, NJ: Princeton University Press.

MANN, M. & STEPHENS, M. (1991). *American revolutionaries: social class and the Founding Fathers*. Unpublished paper, Department of Sociology, University of California, Los Angeles.

MURRIN, J.M. (1983). The legal transformation: the bench and bar of eighteenth century Massachusetts. In: S.N. Katz & J.M. Murrin (orgs.). *Colonial America*: Essays in Politics and Social Development. Nova York: Knopf.

NASH, G. (1986). *The Urban Crucible*: The Northern Seaports and the Origins of the American Revolution. Cambridge, Mass.: Harvard University Press.

_____ (1975-1976). Urban wealth and poverty in pre-revolutionary America. *Journal of Interdisciplinary History*, 6.

_____ (1973). The transformation of American politics, 1700-1765. *Journal of American History*, 60.

PALMER, R. (1959). *The Age of the Democratic Revolutions.* 2 vol. Princeton, NJ: Princeton University Press.

PISANI, D. (1987). Promotion and regulation: constitutionalism and the American economy. *Journal of American History*, 74.

POCOCK, J.G.A. (1980). 1776: The revolution against Parliament. In: *Three British Revolutions*: 1641, 1688, 1776. Princeton, NJ: Princeton University Press.

POLE, J.R. (1966). *Political Representation in England and the Origins of the American Republic.* Londres: Macmillan.

ROSSWURM, S. (1987). *Arms, Country and Class*: The Philadelphia Militia and the "Lower Sort" During the American Revolution. New Brunswick, NJ: Rutgers University Press.

SHY, J. (1973). The American Revolution: the military conflict considered as a revolutionary war. In: S.G. Kurtz & HUTSON, J.H. (orgs.). *Essays on the American Revolution.* Chapel Hill: University of North Carolina Press.

SKOWRONEK, S. (1982). *Building a New American State*: The Expansion of National Administrative Capacities, 1877-1920. Cambridge: Cambridge University Press.

SOKOLOFF, K. & VILLAFLOR, G. (1982). The early achievement of modern stature in America. *Social Science History*, 6.

SOLBERG, W. (1958). *The Federal Convention and the Formation of the Union of the American States.* Nova York: Liberal Arts Press.

STEFFEN, C.G. (1984). *The Mechanics of Baltimore*: Workers and Politics in the Age of Revolution, 1763-1812. Urbana: University of Illinois Press.

WILLIAMSON, C. (1960). *American Suffrage*: From Property to Democracy, 1760-1860. Princeton, NJ: Princeton University Press.

YOUNG, A.F. (org.) (1976). *The American Revolution*: Explorations in the History of American Radicalism. DeKalb: Northern Illinois University Press.

6
A Revolução Francesa e a nação burguesa

A questão central na análise da Revolução Francesa tradicionalmente tem sido se foi uma revolução de classe. Historiadores, de Jaurès a Lefebvre, disseram que sim, analisando a Revolução como uma luta de classes entre um antigo regime feudal e uma burguesia capitalista. Mas três revisões contestaram isso. Desde Cobban (1964), estudos empíricos mostram que a Revolução começou como uma velha luta de facções do regime e continuou sob liderança não burguesa. A segunda revisão, centrada em Behrens (1967) e Skocpol (1979), vê a Revolução desencadeada por uma crise fiscal causada pela rivalidade das grandes potências. Só por meio dessa crise fiscal é que a luta de classes surgiu. A terceira revisão, oferecida por Ozouf (1976), Furet (1978), Agulhon (1981), Hunt (1984) e Sewell (1985), vê a Revolução como essencialmente ideológica, impulsionada por ideias, emoções e formas culturais, sendo as classes mobilizadas mais simbólica do que materialmente. Essa se tornou o novo saber convencional: os códigos substituíram as classes entre os historiadores da França. A *intelligentsia* se voltou para dentro.

Eu aceito alguns desses argumentos. Como de costume, minha explicação entrelaça redes de poder ideológicas, econômicas, militares e políticas. A Revolução não começou como uma luta de classes, exceto pelo campesinato, mas se tornou uma luta de classes, assim como se tornou uma luta nacional. As classes não eram *puras*, pois também se definiam por forças ideológicas, militares e políticas. A Revolução se tornou burguesa e nacional menos a partir da lógica do desenvolvimento dos modos de produção, do feudal para o capitalista, e sim pelo militarismo estatal (gerando dificuldades fiscais), da sua incapacidade de institucionalizar as relações entre elites e partidos em guerra, e da expansão das infraestruturas ideológicas discursivas, sustentando princípios alternativos. Eu também forneço evidências para sustentar um argumento geral sobre o conflito de classes feito neste volume: onde o conflito de classes é relativamente *puro* – onde as classes emergem mais diretamente dos modos de produção para confrontar umas às outras – elas se percebem mais precisamente umas às outras. As vantagens organizacionais da classe dominante no controle do Estado permitem a elas reprimir ou incorporar o conflito, evitando assim a revolução. Quando o conflito de classes está entrelaçado de forma confusa com outros conflitos, as classes dominantes perdem a concentração nos seus interesses de classe. Então o descontentamento popular pode desequilibrá-los, induzindo a erros e alimentando uma situação revolucionária, como na França. Voltarei aos erros logo mais.

Aceito muito do revisionismo fiscal-militar de Behrens e Skocpol; de fato, este volume o generaliza a todos os países do período. No entanto, também me baseio nas críticas de Goldstone (1991: 172-174) a Skocpol. Como ela tinha então uma verdadeira teoria elitista do Estado, Skocpol via a crise fiscal como uma crise *objetiva* que confrontava uma elite estatal singular. Ela negligencia as lutas intraelite e partidárias. As finanças francesas eram uma bagunça, mas elas entraram em colapso – derrubando o Antigo Regime inteiro – apenas por causa da deterioração das relações faccionais entre os dois principais elementos do Estado francês, a elite monárquica do Estado e um grupo de privilégios profundamente enraizado na sociedade francesa. Como o Estado francês não institucionalizou mecanismos representativos soberanos para resolver disputas faccionais, as disputas fiscais que outros estados poderiam resolver fizeram com que ele desmoronasse. O verdadeiro elitismo de Skocpol explica menos a Revolução do que seu estatismo institucional.

Com o revisionismo de classe, tenho três discordâncias. Discordo da visão de Cobban sobre a liderança revolucionária como uma velha fração do regime em declínio e com a visão de Goldstone sobre os revolucionários sofrendo *mobilidade bloqueada*. Eu também discordo do curioso modelo de *uma classe* de Skocpol e Goldstone: eles enfatizam corretamente o campesinato, mas ignoram amplamente a burguesia e a pequena burguesia. Nas cidades e em Paris, onde a Revolução adquiriu sua direção básica, a teoria da revolução deles é de cima para baixo, e não de baixo para cima (como as teorias de classe). No entanto, o fracasso em institucionalizar as lutas elitistas-partidárias admitiu as classes excluídas, os camponeses e a pequena burguesia. A Revolução nas cidades e no interior passou de cima para baixo para de baixo para cima. Em terceiro lugar, o surgimento dos grupos burgueses e pequeno-burgueses foi contínuo, não uma *derrapagem* que começou depois de 1791, não relacionada com os acontecimentos de 1789, como argumentam Furet e Richet (1970; cf. FURET, 1981), desejando sustentar os objetivos da Revolução antes, mas não depois de 1791.

Aceito alguns dos argumentos empíricos da escola ideológica dominante hoje em dia. Como o poder ideológico desempenhou um papel substancial na Revolução (mais do que nos eventos na Grã-Bretanha e América), desejo agora considerar brevemente os argumentos da escola cultural. O problema é que ela tem sido idealista. No momento, os idealistas poderiam produzir argumentos causais úteis e testáveis, enfatizando o papel das instituições ideológicas, das práticas simbólicas e rituais e do conteúdo das ideologias. No entanto, eles raramente fazem isso, pois seus argumentos causais geralmente são incluídos sob um idealismo mais totalizante, evitando a análise causal e, no lugar disso, reescrevendo processos sociais inteiros em termos culturais. Esse é o legado de Hegel e do idealismo alemão, sustentado na ciência social contemporânea pela análise do discurso e por escritores como Foucault e Geertz.

Assim, Lynn Hunt analisa a Revolução como *texto*: "em termos de seus padrões internos e suas conexões com outros aspectos da cultura política". A importância do seu trabalho é demonstrar que os revolucionários mostraram grande interesse na cultura simbólica e moralidade. Devemos levá-los a sério. Mas ela rejeita *olhar sob ou fora das palavras*, para as causas. Assim, sua conclusão de que as origens da revolução "deve ser procurada na cultura política" não é um argumento causal, mas uma tautologia. Ela estabeleceu não relações causais entre cultura e qualquer outra coisa (1984: 24-25, 234). Para estabelecer a importância da cultura, devemos olhar fora das palavras revolucionárias e dos textos, para ver de onde vieram. Será que eles apenas articulam relações de poder econômico, militar e político? Ou expressaram as necessidades de instituições especificamente ideológicas? Tais questões causais são evadidas por Hunt.

Furet também tende a redescrever a Revolução como um processo simbólico-cultural, mas acrescenta argumentos causais. Por exemplo, ele sugere que, quando o poder real entrou em colapso, no início da Revolução, ele foi substituído por *la parole*, pela palavra falada. Quem quer que pudesse reivindicar falar com sucesso em nome da nação, falou pela vontade geral e poderia assumir o poder. Depois disso, a Revolução se tornou, literalmente, uma batalha de palavras, diz ele (1978: 83).

Isso focaliza de modo útil nossa atenção não em uma totalidade composta de textos e discursos simbólicos, mas em meios de comunicação e mensagens específicos, interagindo com outras fontes de poder social. Para que as pessoas sejam movidas por mensagens culturais elas precisam ser alcançadas. Não podemos assumir que elas compartilham a mesma cultura. Sabemos por inúmeros estudos sociológicos, históricos e antropológicos (e apesar da teoria funcionalista normativa) que as sociedades extensivas quase nunca o fazem. As infraestruturas de comunicação devem ser o objeto da nossa análise do poder ideológico (ou cultura, se esse for o termo preferido). Assim (com base no trabalho de EISENSTEIN, 1986), minha análise começa com a expansão das infraestruturas no século XVIII, a criação da *opinião pública*, e sua fuga do controle absolutista.

Tanto Furet como Hunt enfatizam corretamente que a Revolução priorizou políticas de princípio em vez de compromissos pragmáticos. Como a crise se aprofundou, e como a política prática não poderia enfrentar, os atores do poder se voltaram para soluções de princípio. *Princípio* tem o seu duplo significado de uma regra geral e moral, pois os revolucionários ficaram obcecados com *virtude* e *pureza*, bem como com esquemas de reconstrução racional, com a "política das emoções autênticas" (frase de Hunt), bem como com as ideologias. Quando os princípios são evocados, podemos realmente suspeitar que as instituições ideológicas e elites estão exercendo algum poder. Ao contrário de atores práticos – econômicos, militares e políticos –, elas perseguem o conhecimento geral, transitivo e baseado em princípios.

Para testar essa suspeita, temos de responder a duas perguntas: em primeiro lugar, o conteúdo dos princípios é meramente a experiência de atores de poder prático, como generalizado pelos ideólogos? Ou são criados por ideólogos a partir de sua própria experiência distinta? Em segundo lugar, os ideólogos possuem técnicas de poder coletivo ou distributivo sobre os atores práticos, de tal forma que eles influenciam quais princípios devem ser evocados e implementados? Explorando infraestruturas ideológicas e respondendo a essas duas questões, avaliarei o significado causal do poder ideológico. Começo essa tarefa neste capítulo e a concluo no capítulo 7.

Finalmente, volto aos erros. A Revolução Francesa foi um acontecimento histórico-mundial único. Foi a primeira, e virtualmente a única, revolução burguesa de sucesso. Seus atores de poder eram *inconscientes*, ao contrário dos atores do poder subsequentes em qualquer país. Eles não sabiam no início que estavam em uma revolução. Portanto, eles fizeram o que a retrospectiva pode retratar como erros de cálculo horríveis – o rei e as ordens privilegiadas, especialmente. Seus erros de cálculo contribuíram para o esgotamento da política prática e para o recurso aos princípios ideológicos da revolução. Se o rei e as ordens privilegiadas soubessem o que os espreitava nos bastidores, teriam agido de forma diferente, como fizeram mais tarde suas contrapartes em outros países (com o exemplo da Revolução Francesa antes deles). Havia processos de poder profundamente enraizados – de classe, geopolítica e ideologia – e tento explicá-los. Mas podiam ter sido parados ou redirecionados por atores de poder tomando decisões diferentes. Eu enuncio isso não como um princípio universal da sociologia, mas como aplicação a um tipo específico de situação estrutural em que os atores de poder estão inconscientes da emergência de novas redes de poder intersticiais e por isso estão propensos a erros de cálculo nas possibilidades de poder. Como as revoluções ocorrem quando os regimes perdem seus poderes de concentração nos seus interesses, os erros são *essenciais* às revoluções.

Poder político e econômico sob o Antigo Regime

A Revolução não aconteceu em um país subdesenvolvido ou em desenvolvimento atrasado ou irregular (como afirma Skocpol). Em 1789, a França tinha sido a maior potência e um dos países mais prósperos do mundo durante um século. No entanto, a França parecia ter uma *lentidão*: estava defasada em relação à sua grande potência rival, a Grã-Bretanha. Na década de 1780, o químico Lavoisier estimou a produtividade da terra inglesa em 2,7 vezes do que a francesa. De fato, alguns historiadores classificam toda a economia britânica como mais avançada (CROUZET, 1966; 1970; KINDLEBERGER, 1984). Outros discordam, vendo os dois como quase iguais (O'BRIEN & KEYDER, 1978).

Os cálculos econômicos de Goldstone parecem ser os mais persuasivos (1991: 176-192; cf. tb. VOVELLE & ROCHE, 1965; CROUZET, 1970; LEON, 1970; CHAUSSINAND-NOGARET, 1985: 90-106; DEWALD, 1987). Goldstone estima que a economia francesa cresceu em termos reais em 36% entre 1700 e 1789, mas estava desigualmente distribuída por setor – o comércio dobrou; a indústria cresceu 80%; a agricultura, apenas 25%. Cada taxa de crescimento setorial era semelhante à da Grã-Bretanha, de modo que nenhum setor foi particularmente retrógrado (embora os dados anteriores encontrassem maior crescimento agrícola na Grã-Bretanha). Mas apenas um terço da população britânica estava na agricultura, o setor de baixo crescimento, em comparação com quatro quintos dos franceses. A economia francesa ficou para trás por causa do tamanho de sua agricultura. Por isso que um modesto crescimento populacional de 30%, menos do que o da Grã-Bretanha, tenha prejudicado duramente essa população agrária, fazendo com que a produção agrícola *per capita* caísse 4,3% entre 1700 e 1789. O problema econômico não era o produto nacional bruto baixo ou defasado, mas sim as pesadas desigualdades setoriais. No entanto, esse *problema* era mais grave em quase todos os outros países europeus – e não resultou em revolução. Não podemos atribuir a Revolução Francesa ao estado geral da economia. O que importava mais, e o que diretamente estava na base de todas as causas da Revolução, eram as finanças do Estado.

O militarismo geopolítico francês trouxe dificuldades fiscais. Em todo o século XVIII, a Grã-Bretanha e a França lutaram pela supremacia global. A Grã-Bretanha foi vitoriosa em três das quatro guerras, perdendo apenas quando confrontada também por colonos americanos rebeldes. Mesmo nessa guerra, a França não conseguiu ganhos para pagar o seu alto custo. A Grã-Bretanha conseguiu um império global; a França, dívidas. Embora tanto a sorte quanto a geopolítica contribuíssem com o resultado (discutido no capítulo 8), o Estado britânico possuía maior poder infraestrutural, centrado sobre sua eficiência fiscal. O Estado francês só podia obter impostos de uma fração muito menor de riqueza nacional (MATHIAS & O'BRIEN, 1976; MORINEAU, 1980). A França cobrava mais, mas obtinha menos, gastando bem mais no pagamento de seus coletores de impostos e credores.

Com a intensificação da rivalidade anglo-francesa, as finanças públicas britânicas melhoraram e as dos franceses pioraram visivelmente (BEHRENS, 1967: 138-162; RILEY, 1987). A maioria dos comentadores deduziu que os britânicos foram ajudados pelo seu regime parlamentar. Os proprietários britânicos consentiram em impostos indiretos e taxas de deveres e empréstimos organizados pelo Banco da Inglaterra. O sucesso geopolítico fez com que a extração militar-fiscal fosse ainda menos dolorosa. Mas, como sugere a tabela 4.1, outras formas de *representação* da soberania podem ter sido igualmente eficazes. Na Prússia não havia parlamento, mas as classes dominantes estavam efetivamente *representadas* na administração real central. Monarquismo e democracia partidária ofereciam formas alternativas de cristalização *representativa*. Ambos poderiam institucionalizar de forma estável as relações elitistas-partidárias, como a Prússia e a Grã-Bretanha mostraram. Mas isso não era verdade para a França.

Como as finanças eram o cerne do Estado francês, sua crise envolveu todas as suas instituições. A França se desenvolveu como um reino maior e mais frouxo. A monarquia se expandiu para fora da Île de France, por meio de acordos particularistas com redes de poder local e regional, criando um absolutismo bastante descentralizado de *corporações* e *ordens*. O consentimento das regiões, dos três estados (clero, nobreza e plebeus) e das comunidades urbanas e profissionais (especialmente as assembleias de advogados conhecidas como *parlements*) foi comprado com *privilégios*, direitos sobre os camponeses e isenções de deveres cívicos, especialmente impostos. Ao contrário da Grã-Bretanha e Prússia, o consentimento foi baseado na exclusão, e não na participação, do Estado central. Apesar do absolutismo e dos intendentes (funcionários reais que supervisionavam as províncias), rejeito o famoso argumento de Tocqueville de que o Estado francês já era altamente centralizado antes da Revolução (1955). Ele era institucionalmente dual: uma elite estatal monárquica centralizada e privilegiada, e grupos de notáveis descentralizados. Ambos se tornaram menos coerentes ao longo do século XVIII.

A maioria dos impostos era de impostos sobre a terra, gerando cada vez menos receitas, uma vez que os proprietários de terra obtiveram isenções e poderes para se taxarem a si mesmos. Como observa Goldstone (1991: 196-218), o problema fiscal da França não era a falta de riqueza, mas um sistema tributário que sobrecarregava mais aqueles que se tornavam os menos capazes de pagar: os camponeses. A salvação poderia ter vindo, como parcialmente na Inglaterra, dos impostos indiretos sobre o comércio, mas os comerciantes e as corporações urbanas também possuíam privilégios. A resposta da coroa reforçou a integração particularística e corporativa ao Estado. Ele vendeu seus próprios cargos por dinheiro, concedeu anuidades aos que lhes emprestaram fundos e direitos de cobrança de impostos a qualquer um que adiantasse seus recibos à coroa. A contrapartida mais próxima do Banco da Inglaterra foi uma empresa autônoma de homens ricos, a Companhia de Cobranças Gerais (ou seja, cobradores fiscais), que negociava com banqueiros estrangeiros para conseguir empréstimos para o Estado.

A venda de cargos e os tributos agrícolas pagaram as guerras de Luís XIV e seus sucessores (CHAUSSINAND-NOGARET, 1970; BIEN, 1987), mas tiveram consequências para a estrutura de classes. Calculo que tenha havido mais de 200 mil cargos públicos venais (cf. capítulo 11). A posse de cargos e os tributos agrícolas envolveram praticamente todas as famílias ricas, cimentando-as em um imenso *grupo de privilégio* que bloqueou a modernização do Estado (MATTHEWS, 1958: 249; DURAND, 1971: 282-362; DOYLE, 1980: 120). As agências de finanças foram transformadas de escritórios judiciais e administrativos a instituições de empréstimo, dos proprietários à coroa (BOSSENGA, 1986). Esse absolutismo diferia do prussiano ou mesmo do absolutismo austríaco. O seu tesouro tinha apenas 264 empregados; os equivalentes austríacos nos ministérios e no banco estatal eram quantificados aos milhares (DICKSON, 1987, volume I: 306-310). A elite estatal francesa era um monarca, uma corte, alguns clérigos e uma pequena administração no centro de redes dispersas de grupos de notáveis privilegiados (o melhor relato é de seu ramo Languedoc; cf. BEIK, 1985). A nobreza e a burguesia se fundiram em uma *classe proprietária*, na sua maioria não capitalista, derivando a maior parte do seu rendimento de impostos feudais, rendas, cargos e anuidades. A venalidade até mesmo fomentou a *moderna* economia monetária, já que os cargos eram mercadorias comercializáveis (TAYLOR, 1967; BEIK, 1985: 13).

Por compartilharem privilégios, os comerciantes e fabricantes expressaram pouca oposição à nobreza ou compromisso com valores *capitalistas* alternativos. Eles queriam o enobrecimento, e o sistema de dote favorecia a *mésalliance* entre burgueses ricos e nobres pobres (BARBER, 1955; LUCAS, 1973: 91). Havia poucos sinais do Antigo Regime feudal contra a burguesia antes da Revolução, nenhuma identidade de classe burguesa óbvia ou oposição, nenhum *choque brusco* entre famílias privilegiadas e ascendentemente móveis (como sugere GOLDSTONE, 1991: 237), exceto no exército (cujos faccionalismos mais complexos serão discutidos mais tarde). Darnton afirma que um relato contemporâneo de Montpellier revela uma tensão de classe. Seu autor burguês diz que a riqueza deveria ser mais significativa do que a honra e critica suavemente os privilégios da nobreza. No entanto, ele mostra maior medo das pessoas comuns, "naturalmente más, licenciosas e inclinadas para o motim e a pilhagem" (1984: 128-130). A burguesia estava se infiltrando em organizações segmentares do regime, exibindo *deferência manipuladora*, procurando vantagem material por meio da aquisição de privilégios. "A busca pela nobreza fazia parte de uma perspectiva burguesa de investimento", conclui Favier sobre uma família de comerciantes de Gap (1987: 51; cf. BONNIN, 1987). A busca pelo privilégio sufocou identidades universais como classe e nação.

Por sua parte, os nobres se urbanizaram, distanciando-se dos camponeses. Alguns se tornaram industriais rentistas. Mais da metade das forjas e minas eram de propriedade (raramente administradas) de aristocratas. Eles eram então tanto a aristocracia de riqueza como de nascimento. Chaussinand-Nogaret (1985: 23-34) calcula que um quarto das famílias nobres em 1789 tinha sido enobrecida desde 1700, e provavelmente dois terços desde 1600; acrescentando que "um nobre era então nada mais que um plebeu que se fez". Darnton (1984: 136-140) sugere que eles estavam se tornando um pouco burgueses, já que a moda e a cozinha se tornavam mais simples. Mas o termo *burguês* se referia tanto às pessoas que *viviam nobremente* de aluguéis, anuidades e cargos quanto aos comerciantes, lojistas e fabricantes. Taylor (1967) calcula que, mesmo na comercial Bordeaux, o terceiro Estado continha centenas de proprietários não nobres e profissionais contra setecentos comerciantes e lojistas, muitos deles enobrecidos. Os proprietários urbanos estavam se fundindo, não entrando em conflito.

A vida rural era mais discordante. A França do Antigo Regime tinha três tipos de exploração. O mais velho derivava do modo de produção feudal: os proprietários de terra exploravam os camponeses por meio de aluguéis e taxas em meio a uma hierarquia de nascimento e privilégio. O segundo, politicamente determinado, derivava das necessidades fiscais do absolutismo tardio e estava organizado por privilégios e corporações. Muito do que consideramos feudal foi produzido e sustentado pelo Estado (BIEN, 1987: 111). A palavra *feudalismo* então entrou em uso (se espalhando para outros países) como termo de abuso para essa fusão de exploração feudal e absolutista. O terceiro era a pequena produção capitalista de mercadorias, muitas vezes dominando a produção e os mercados, mas política e socialmente subordinada aos dois primeiros (DEWALD, 1987). Havia pouca produção capitalista em larga escala, então poucos agricultores controlavam a força de trabalho de outros (COMINEL, 1987). A terra e a produção, raramente o trabalho, eram mercadorias. Camponeses e senhores, e até mesmo muitos comerciantes, fabricantes, artesãos e trabalhadores, estavam vinculados à regulação costumeira do trabalho.

O capitalismo rural começou então a entrar em conflito com os outros dois tipos de exploração. Pressionado pela expansão da população e pelo aumento dos preços, os camponeses ficaram irritados com a exploração feudal-absolutista. Eles pagavam antigas taxas feudais, então principalmente em dinheiro ou colheitas em vez de trabalho, e cumpriam com os odiados monopólios senhoriais, as *banalités* – obrigações de usar o moinho, forno ou prensa do senhorio. O fardo não era esmagador, a menos que as más colheitas os aproximassem da subsistência, como ocorreu em 1787 e 1788. Mas a França não era a Europa oriental. A servidão, as propriedades senhoriais e o trabalho de corveia quase desapareceram. Quase todos os camponeses eram pessoalmente livres e cultivavam e vendiam produtos autonomamente do seu senhor. Esses insignificantes produtores livres de mercadorias foram então dependentes dos privilégios senhoriais que não estavam enraizados nas relações de produção ou comunitárias locais. Exceto pela Igreja – a maior proprietária de terras do país e entrincheirada em todas as aldeias –, havia pouco poder segmentar direto exercido sobre eles, restringindo a ação de classe. O privilégio parecia vir de fora, de Paris e do tribunal. Como Barrington Moore (1973: 73) observou, o descontentamento veio de "sua posição intermediária: eles possuíam a terra sem realmente serem donos dela".

O conflito de classes rural estava assim em ebulição a partir do seu habitual nível latente. A manutenção da cristalização de classe do Antigo Regime de privilégios dos proprietários dependia cada vez mais do reforço externo, de três outras cristalizações como o absolutismo político, o militarismo e o catolicismo. Enquanto o Antigo Regime mantivesse seu próprio corpo político, seu braço direito e sua alma juntos, os camponeses, com apenas a organização local de classe, poderiam fazer pouco. No entanto, era um momento perigoso para a elite monárquica, a classe proprietária, os oficiais e os clérigos brigarem.

Poder ideológico e militar no Antigo Regime

O poder ideológico contribuiu para a revolução em quatro etapas. Em primeiro lugar, o regime perdeu o controle impositivo sobre a maioria de suas próprias redes de alfabetização discursiva durante a segunda metade do século XVIII. Em segundo lugar, na década de 1780, a profissão de advogado e o Iluminismo se juntaram para abraçar os princípios ideológicos e políticos alternativos em relação aos da elite estatal. Em terceiro lugar, repentinamente a partir de 1789, as redes ideológicas mais populares empurraram essa união para a esquerda, desenvolvendo a organização dual da palavra impressa e da assembleia oral que vimos emergir na Revolução Americana. Em quarto lugar, a fusão de todas essas redes em meio a uma crise que os políticos práticos não podiam resolver produziu um recurso a ideologias transcendentes pelas quais o Estado e a sociedade poderiam ser reorganizados. O papel dos ideólogos aumentou ao longo de todas as quatro etapas.

Assim como em outros países avançados do século XVIII, a alfabetização básica de assinaturas disparou, chegando a 70% e 80% entre os homens urbanos em 1750. A alfabetização discursiva cresceu ainda mais rapidamente. A Igreja patrocinou o maior crescimento, empregando professores e aumentando a assistência da Igreja entre as massas. As Igrejas europeias começaram um reavivamento local-regional, mesmo perdendo influência sobre os estados. Mas não foi uma doutrinação em sentido único. Padres e professores "tenderam gradualmente a secularizar a moralidade que ensinavam às crianças e às famílias" (FURET & OZOUF 1982: 80). A alfabetização popular não era diretamente subversiva, porque as suas mensagens eram principalmente religiosas e práticas. Mas estava sob um controle impositivo menos seguro.

O capítulo 2 identifica duas rotas tardias predominantes na expansão da alfabetização discursiva. Como a França tinha uma economia comercial e um grande Estado e exército, ela combinava tanto o capitalismo comercial quanto a rota estatista militar. O crescimento do comércio e do Estado – do corpo de oficiais, funcionários públicos e das instituições jurídicas semioficiais – rapidamente expandiu a educação secundária, a edição de livros e periódicos, as bibliotecas de inscrição e as academias (clubes literários). Os meios de comunicação e as mensagens sob o absolutismo diferiam dos regimes constitucionais. O comércio e a lei estavam mais integrados no Antigo Regime proprietário; a escolaridade foi monopolizada pela Igreja Católica, também entrelaçada com o regime. Isso pode parecer um controle impositivo eficaz, mas também trouxe problemas ideológicos ao próprio regime.

O Iluminismo foi durante muito tempo culpado pelos conservadores por ser pai da Revolução. Em *Les misérables*, Victor Hugo os parodia:

> Eu caí no chão,
> Foi culpa do Voltaire,
> O meu nariz na água,
> Foi culpa do Rousseau.

Mas se os filósofos empurravam, o regime puxou. O Iluminismo estava no regime pela metade. Quase todos os filósofos nasceram nobres ou compraram títulos (Rousseau era excepcional). Muitas das suas ideias – condenação do feudalismo, superstição, metafísica e escolástica, e o louvor da razão – eram correntes entre as pessoas educadas. Sete dos últimos dezoito ministros das finanças afirmaram ser partidários do Iluminismo (BEHRENS, 1967: 136). Embora os filósofos fossem perseguidos e censurados, eles eram capazes de reverter isso. Eles tinham Malesherbes encarregado da censura durante 1750-1763 e capturaram a Academia Francesa entre 1760 e 1772 (GAY, 1967, volume I: 22-23, 76). Malesherbes alegou (assim como outros homens de letras): "O que foram os oradores de Roma e Atenas no meio de um povo *reunido*, os homens de letras são no meio de um povo *disperso*" (EISENSTEIN, 1986: 200; cf. STAROBINSKI, 1987). Filósofos escoravam os salões aristocráticos, incluindo o do duque de Orléans, primo do rei. Madame de la Tour du Pin, dama de honra da Rainha Maria Antonieta, registra princesas e duquesas se definindo como filósofas, o que ela explica significando *livre-pensadoras* (1985: 81). Versalhes perdeu preeminência cultural para os salões parisienses (LOUGH, 1960, capítulo 8). A tensão aumentou entre os princípios dos salões e o particularismo, a *luxúria* e a suposta *lassidão moral* da corte. Enquanto a corte e o conselho do rei governavam a política do regime, os salões e as academias governavam a sua teoria e moralidade. O Iluminismo foi se tornando a consciência do regime, se não o seu coração. A modernização poderia ser pensada e valorizada; era menos fácil fazê-la.

A *Enciclopédia* foi o manifesto do Iluminismo. Seus artigos cobriam todos os ramos do conhecimento, argumentando que em todos os lugares a razão humana, *o hábito organizado da crítica*, poderia derrotar a superstição, o particularismo e o privilégio. A razão cultivada pela educação poderia estabelecer uma sociedade governada por princípios racionais, universais, administrados pelo mérito. Como revela a pesquisa de Darnton (1979: esp. 273-299), tais ideias subversivas penetraram no meio do Antigo Regime. Em 1789, 15 mil cópias foram vendidas, com vendas muito melhores em cidades administrativas com paralelepípedos do que em portos ou cidades industriais, e entre nobres e clérigos do que entre comerciantes ou fabricantes. Cópias então se espalharam para baixo – por meio de clubes de livros, representando metade das vendas – para advogados, clérigos, funcionários e notáveis locais inferiores servindo o regime, em vez do comércio ou da manufatura.

O estudo de Roche sobre as academias literárias provinciais revela um padrão semelhante. 20% dos acadêmicos eram do primeiro (clerical) Estado, 37% do segundo (nobre) Estado, e 43% eram comuns do terceiro Estado. Menos de 4% dos comuns estavam no comércio ou manufatura, 29% eram advogados e funcionários públicos (35% dos nobres eram funcionários públicos), 23% eram clérigos inferiores, 26% médicos e cirurgiões e 18% eram simplesmente homens de meios independentes. Embora as mulheres fossem ativas nos salões, os clubes, as academias e Lojas Maçônicas eram masculinos. Assim, a *intelligentsia* era "uma burguesia de serviço em todos os lugares assimilada à hierarquia social consagrada" (ROCHE, 1978, volume I: 245). As Lojas Maçônicas em expansão, predominantemente centros de discussão, tinham uma composição semelhante, exceto por menos clérigos por causa do suave anticlericalismo (LE BIHAN, 1973: 473-480). O número de jornais aumentou constantemente (CENSER & POPKIN, 1987: 18), mas até o final dos anos de 1780 eles retratavam um mundo nobre urbano, ao contrário de suas contrapartes maiores e mais pequeno-burguesas inglesas e americanas (BOTEIN et al., 1981). O ensino secundário era diferente. Segundo Palmer (1985: 23): "Os filhos dos nobres e dos comerciantes se encontravam na mesma sala de aula". Posteriormente, entraram em diferentes redes culturais. Mas eles conversariam novamente na Revolução.

Esses meios de comunicação abraçaram ambas as vias de modernização mencionadas no capítulo 2: uma liderada pelo Estado, a outra integrada à sociedade civil. Alguns filósofos elogiaram os monarcas que incorporavam o *absolutismo benevolente*. D'Alembert disse que o adulatório *Pedro o Grande*, de Voltaire, o fez querer vomitar, embora o próprio d'Alembert recebesse uma pensão real francesa. O legislador deveria promulgar direitos civis, patrocinar a educação e o bem-estar social e eliminar as corporações e os privilégios particularistas. O *governo absoluto* era bom, se respeitasse a lei. Assim, Voltaire apoiou a monarquia contra o privilégio e criticou os *parlements* (assembleias de advogados) como controles arcaicos e egoístas de uma administração eficiente (GAY, 1967, volume II: 67, 474). No entanto, os filósofos achavam mais fácil aplicar esse programa a estados os quais eles sabiam pouco (como a Rússia ou a Áustria) do que às suas próprias corte e administração venais. O Estado francês precisava de uma grande reforma para tornar o absolutismo benevolente.

O segundo programa do Iluminismo viu a razão como descentralizada na sociedade civil. A educação poderia iluminar os homens (e até mesmo as mulheres), cultivando sua razão inerente. A autonomia pessoal deveria ser encorajada, o mérito recompensado e as liberdades econômicas, políticas, religiosas e sexuais cautelosamente aumentadas. A maioria dos filósofos era paternalista, desejando levar as pessoas gradualmente para o esclarecimento. Ninguém acreditava na democracia. A maioria defendia o constitucionalismo anglo-americano. Como todos os adultos possuíam uma humanidade comum, todos deveriam ter a mesma cidadania civil ou *passiva*. Os chefes de família alfabetizados, detentores de propriedade, que possuíam *independência*, deveriam ter então cidadania política ou *ativa*. Basear os direitos em princípios *racionais* contradizia a sociedade real de ordens e privilégios: todos deveriam ser iguais perante a lei; todos eram eventualmente capazes, por meio do autoaperfeiçoamento, da participação política. O sucesso da Revolução Americana encorajou, assim, esse caminho da sociedade civil para a reforma.

A elite monárquica não era cega ao fermento ideológico dentro do regime. Ela censurou: encarcerou na Bastilha, entre 1600 e 1756, mais de oitocentos autores, impressores e vendedores de livros e gravuras (EISENSTEIN, 1986: 201). Concordaram mais tacitamente em conservar as ideologias alternativas das massas. Como observou Becker (1932: 31): "Eles discutiam corajosamente o ateísmo, mas não na frente dos servos". O absolutismo sempre considerou a tomada de decisão secreta uma prerrogativa essencial. Mas o aparecimento do termo *opinião pública* pressagiava então a possibilidade de um governo restrito pelo que Baker (1987: 246) designa com otimismo "a política do consenso nacional" (cf. OZOUF, 1987). Mas não houve consenso. O regime já não sabia no que acreditar.

Isso era especialmente verdade na Igreja. A hierarquia se opunha ao ataque do Iluminismo à sua própria riqueza, corrupção e manipulação da superstição. A maioria dos filósofos endossou a descrição de Hume da religião como "o sonho do homem doente", que homens saudáveis e esclarecidos poderiam deixar de lado. Grande parte da Igreja também se irritou com a secularização da corte, a censura sem convicção e a tolerância aos protestantes. Retirou tacitamente a sacralização da autoridade real (JULIA, 1987). No entanto, a razão também penetrou na Igreja. As lutas entre jansenistas e jesuítas tinham relativizado a doutrina, atacando a verdade literal da Bíblia e incorporando a ciência às justificações da crença (CASSIRER, 1951: 140-184). Entre as classes proprietárias, a frequência à Igreja caiu depois de meados do século (VOVELLA, 1984: 70-71). Como a maioria dos altos prelados era de aristocratas, a não presença teve efeitos infelizes. Vários arcebispos (incluindo dois ministros de Estado proeminentes na década de 1780) já não acreditavam em Deus. Baixos *curés* e professores se ressentiram da irreligião e privilégios de superiores aristocráticos sem qualificações religiosas genuínas (McMANNERS, 1969: 5-18). O descontentamento dentro da Igreja era perigoso, pois o controle segmentar local sobre os camponeses dependia criticamente dela. A modernização secular e o fermento do Iluminismo estavam dividindo monarquia e Igreja, enfraquecendo a moral imanente do regime e do Estado. O seu poder ideológico era vacilante.

Assim como o seu poder militar. A modernização do exército, essencial para todos os estados, produziu conflitos. Embora os regimes europeus discutissem sobre a modernização fiscal, eles rapidamente reformularam seus exércitos. Após os desastres da Guerra dos Sete Anos, as táticas e técnicas do exército francês foram reformadas, os oficiais não comissionados e muitos oficiais aspirantes se tornaram profissionais, e os recrutas então vieram desproporcionalmente da pequena burguesia urbana alfabetizada e qualificada (cf. capítulo 12). Mas os cargos permaneceram venais, os regimentos foram controlados por patronos nobres e permaneceram efetivamente independentes, e havia muitos oficiais superiores incompetentes. Ministros de guerra ajudados por alguns generais tentaram eliminar a corrupção e incentivar o profissionalismo.

A reforma foi divisiva (CORVISIER, 1964; BIEN, 1974; 1979; SCOTT, 1978: 4-45). Três facções do regime possuíam privilégios militares. Os grandes nobres apresentados na corte dominavam as mais altas patentes; os homens ricos e recentemente enobrecidos podiam comprar patentes; e as famílias antigas, muitas vezes pobres e nobres, com tradição de serviço militar, buscavam promoção usando conexões e experiência. Nunca houve muita chance, em qualquer regime antigo, de que as nomeações e as promoções pudessem ser feitas em alguma medida direta de experiência e mérito. Mas a experiência militar da terceira facção, a velha nobreza, oferecia uma aproximação à competência. Assim, a reforma combinou (bizarramente aos olhos modernos) a abolição da venalidade com o Édito de Ségur de 1781, que exigia quatro gerações de nobreza de qualquer pessoa que entrasse diretamente no corpo de oficiais (a promoção das fileiras permaneceu para alguns *officiers de fortune*). Isso aumentou o profissionalismo, mas intensificou o fosso entre oficiais e outras fileiras, simplificando-o em um conflito de quase-classe entre *nascimento* e *mérito*, e criando inimigos entre ricos e plebeus. Como os oficiais e os oficiais não comissionados eram alfabetizados, esses conflitos foram exibidos amplamente em panfletos, livros e academias. O braço direito do regime se revelou fraco em 1789.

A crise fiscal e o crescimento da resistência de princípio

Exército e Igreja não causaram as lutas de 1788 e 1789. Tudo o que fizeram foi contribuir para a fraca resposta do regime. A causa estava diretamente ligada à incapacidade da coroa de resolver seus problemas fiscais. Por volta da década de 1730, as finanças chegaram a um ponto crítico. Os custos da arrecadação de impostos, do pagamento de empréstimos feitos por cobradores fiscais e financistas e da extração de impostos em meio a isenções privilegiadas se tornaram um sério dreno. A Guerra dos Sete Anos (1757-1763), uma enorme derrota, provocou a crise. Na ausência de uma tributação universal, o governo pediu emprestado, de forma particularista, a custos e taxas de juros elevados. A manutenção da dívida aumentou de 30% da receita total antes da guerra para mais de 60% depois da guerra (RILEY, 1986: 231). Nesse nível, a dívida era autossustentável, pois o governo só podia pagar as despesas normais com mais empréstimos. Esse foi o principal problema, embora os custos da Revolução Americana o agravassem. Entre 1776 e 1787, apenas 24% dos impostos diretos e indiretos cobrados chegaram até o tesouro; o restante foi usado para pagar a dívida acumulada, principalmente as comissões dos coletores de impostos.

Os ministros então perceberam que os camponeses tinham sido empurrados perigosamente para perto da subsistência. Do final da década de 1760 até a Revolução, os ministros sugeriram esquemas de reforma. Turgot, controlador-geral durante 1774-1776, e Necker, controlador-geral durante 1777-1781, reduziram os cargos venais e fiscais, tentaram libertar o transporte e o comércio de grãos do controle fiscal dos agricultores, e limitaram a autonomia da GCF (a principal empresa agrícola) (BOSHER, 1970: 90, 145-162). Os privilégios eram o principal problema, como explicou o Ministro das Finanças Calonne à Assembleia de Notáveis em 1787:

> Nesse vasto reino é impossível dar um passo sem encontrar leis diferentes, costumes contrários, privilégios, isenções [...] e essa desarmonia geral complica a administração, a interrompe, obstrui as suas rodas e multiplica as despesas e a desordem por toda a parte (VOVELLE, 1984: 76).

Durante meio século, a elite estatal atacou erraticamente o grupo e a classe de privilégio, seu pilar tradicional. A unidade política do feudalismo e do absolutismo e das cristalizações estatais proprietárias e absolutistas enfraqueceu, afetando também os seus apoios ideológicos e militares. Os ministros da reforma enfrentaram a oposição de proprietários privilegiados no controle dos *parlements* e da corte. O rei – e ele deve ser considerado como uma causa necessária da Revolução – hesitou, capturado entre a elite e os interesses dos grupos, um absolutista, mas protetor de direitos de propriedade. A cada crise, ele apoiava em primeiro lugar a reforma e desafiava os *parlements*, depois se curvava às intrigas da corte, dispensando o ministro reformador e abortando o plano de reforma.

Tal como os seus colegas monarcas executados, Luís recebeu uma má imprensa. Isso foi merecido depois de 1789, mas antes disso ele teve que lidar com um grave problema institucional de Estado, único entre os meus cinco estados. Todos os estados têm elites e grupos beligerantes. A questão é se eles têm meios para resolvê-los. Um chefe executivo extraordinário – nesse período, um Frederico Guilherme I da Prússia, um Bonaparte ou um Bismarck – poderia ter sucesso. Luís claramente não estava nessa classe, mas não há muitos executivos-chefes na mesma. A maioria dos estados encontra mais soluções institucionais. Eles localizam a *soberania* em instituições estatais específicas, de modo que as decisões tomadas em algum lugar do Estado possam ser impositivas. A soberania parlamentar britânica é um exemplo óbvio. Os Estados Unidos desenvolveram soberanias complexas e especializadas, cujas inter-relações são especificadas pela Constituição e pela Suprema Corte. Veremos que a política externa foi o calcanhar de Aquiles da soberania em tais estados constitucionais.

Mas havia também uma versão absolutista da soberania. Os reis prussianos do século XVIII a localizaram nas relações entre o rei e os seus ministros em uma forma muitas vezes (embora erradamente) chamada de *burocrática* (cf. capítulo 13). Eles foram capazes de fazer isso porque os ministros eram realmente *representantes de grupo* de toda a classe nobre. Embora o rei prussiano dividisse e governasse entre os ministros, e embora as intrigas da corte fossem tecidas por meio das suas relações, a maioria das decisões tomadas dentro dessas instituições ficariam atoladas, no entanto. As instituições poderiam não vacilar até ao final do século XIX, quando as funções do Estado se expandiram muito. Mesmo as instituições austríacas possuíam coerência em virtude de uma divisão bastante clara entre dois níveis de soberania, o real e o provincial. Maria Teresa e José II sabiam quais eram as suas instituições. Mas Luís enfrentou a incoerência institucional, com uma classe proprietária cujo faccionalismo permeava quase todos os cargos do Estado. Os seus ministros não controlavam os seus próprios departamentos (cf. capítulo 13), os seus funcionários legais pertenciam a assembleias corporativas autônomas e a sua Igreja e exército estavam divididos. Os vacilos de Luís eram compreensíveis porque coincidiam com a incapacidade de institucionalizar o conflito entre elites e grupos.

Uma consequência foi que, a partir da década de 1750, os ministros de Luís abdicaram de seu proclamado programa de reformas, o déficit piorou e sua incompetência foi cada vez mais denunciada. A monarquia declarou repetidamente sua intenção de abolir privilégios, mas não pôde. A rota prussiana, a "modernização conservadora de cima", foi bloqueada por dentro (MOORE, 1973: 109), por incoerência institucional. Assim, o Antigo Regime não podia implementar o primeiro programa do Iluminismo, *estatista*, e seus membros se voltaram ainda mais em direção ao segundo, o programa da sociedade civil, e à representação.

Assim, o conflito elite-grupos se tornou de princípio e centralizado. Turgot era um filósofo líder, a casa de Necker era um salão do Iluminismo. Os seus opositores ao regime também cresceram em princípios. A propriedade privada, a posse dos cargos, os tributos agrícolas e o privilégio se tornaram entrelaçados. Um assalto real em um envolvia a todos. Os escritórios de finanças responderam com indignação à reforma: a coroa estava interferindo arbitrariamente nos direitos fundamentais de propriedade e nas garantias locais contra o despotismo. Sua linguagem passou da defesa de privilégios particularistas à apelação de leis e costumes fundamentais, e por isso à enunciação dos direitos *imprescritíveis* dos proprietários contra o despotismo (BOSSENGA, 1986). Os *parlements* deslocaram suas defesas, de privilégios antigos para *liberdades* para uma única *liberdade* universal, adquirindo breve popularidade nos anos de 1780. O direito não era mais uma pequena corporação. Ao longo do século XVIII, a profissão mais do que dobrou, pois se tornou a rota dominante para a posse de cargos e como educação jurídica alargada. Advogados mais jovens participavam das redes discursivas do Iluminismo.

Os advogados que mais tarde se tornaram líderes revolucionários já tinham começado suas carreiras no Antigo Regime, comprando os primeiros cargos de cujos frutos viveriam. Mas Robespierre, Bailly, Brissot e Barere também estavam escrevendo ensaios sobre a natureza da verdade, justiça e liberdade para suas academias locais. Thompson (1936: 40) argumentou que a profissão de advogado se dividia em duas, os *gens de lettres* e os vencedores práticos dos casos, sendo Robespierre um dos primeiros. Mas a prática jurídica e os princípios sociais, filosóficos e estéticos foram fundidos. Depois de uma educação brilhante, Robespierre assumiu casos de defesa dos pobres. Isso era comum entre os advogados-revolucionários, indicando uma consciência social que se desenvolvia ao lado das teorias políticas.

De onde veio isso? Não era interesse de classe, pois os jovens advogados eram de famílias privilegiadas, desfrutando dos estágios iniciais de carreiras aparentemente bem-sucedidas. Não há nenhuma evidência de que eles se tornaram amargos e radicais porque não tiveram sucesso (como sugere GOLDSTONE, 1991). Em vez disso, suas políticas surgiram por meio da interação entre suas práticas e princípios. As suas práticas se alargaram à medida que a França se tornou comercial e próspera, envolvendo camponeses e classes urbanas em litígio (KAGAN, 1975: 54, 68). Os seus princípios foram influenciados pela moralidade paternalista, originária da Igreja, então sustentada pelas infraestruturas discursivas do Iluminismo.

Assim, enquanto praticava, Robespierre também assistiu a um salão de Arras discutindo filosofia, estética e reforma política. Ele começou a pensar em si mesmo como um escritor depois de ajudar um advogado iluminista de Arras a defender contra a superstição local um homem que tinha colocado um para-raios na sua casa. Seu relatório foi publicado em um periódico (ele enviou uma cópia para Benjamin Franklin), e ele se juntou a um clube literário e à Academia de Arras, onde ganhou prêmios e acabou por ser eleito diretor (MATRAT, 1971: 11-35). Um ensaio de juventude sobre vergonha criminal revela a influência iluminista e as origens da sua fé republicana. Ele argumentou:

> A mola mestra da energia em uma república, como foi provado por [Montesquieu], é *vertu*, isto é, virtude política, que é simplesmente o amor às próprias leis e ao seu país [...]. Um homem de princípios elevados estará disposto a sacrificar para o Estado a sua riqueza, a sua vida, o seu próprio eu – tudo, na verdade, exceto a sua honra.

Robespierre estava pronto para a *república da virtude*, mas era menos claro sobre como criar homens de virtude, confiando indevidamente no idealismo iluminista: "Razão e eloquência – essas são as armas com as quais atacar [...] o preconceito" (THOMPSON, 1936: 23-24).

Um motivo menos elevado era o de Vadier, o futuro chefe de polícia do Comitê de Segurança Geral da Revolução (LYONS, 1977; TOURNIER, s.d.). A política de Vadier se desenvolveu parcialmente a partir da luta faccional de advogados notáveis, proprietários de terras locais. Os vadiers eram os *de fora* e os darmaings os *de dentro* da pequena cidade de Pamiers, no sopé dos Pireneus. Assim, diz Lyons, Vadier se tornou um revolucionário a fim de guilhotinar os darmaings (o que ele fez). No entanto, isso é muito cínico. Depois de uma educação religiosa e legal provincial, os horizontes intelectuais de Vadier se expandiram durante um período no exército. Ele retornou a Pamiers, leu Voltaire, Hume e a *Enciclopédia*, e alcançou destaque local depois de assumir um caso envolvendo um hospital local no qual ele defendia os pobres. Como juiz local, era considerado liberal. Apesar de ser um homem de poucas palavras e menos ainda de discursos, Vadier demonstrou uma consciência política, assegurando por pouco a sua eleição para o Estado Geral. Ele assinou o Juramento do Jogo da Pela e entregou voluntariamente os privilégios de sua família. Mudou-se para a esquerda enquanto os darmaings se tornaram direitistas. Ao longo da Revolução, a política local das facções dos *de dentro* e dos *de fora* se tornou bem mais baseada em princípios do que na Inglaterra e mais do que na América.

Advogados iluministas como Robespierre e advogados levemente descontentes como Vadier ainda não se pensavam como revolucionários. Mas a ofensiva inepta da monarquia cristalizava antigas tensões do regime de Paris a Pamiers, empurrando gradualmente os advogados para a afirmação de princípios. Da mesma forma, os filósofos se afastavam da monarquia. Diderot primeiro apoiou o ataque aos privilégios do Parlamento, depois acreditou que se tratava de uma ameaça à liberdade (GAY, 1967, volume II: 474). Os reformadores passaram da rota estatista para a rota da sociedade civil para a modernização. A monarquia se tornou isolada à medida que o Iluminismo e a lei uniram forças para liderar um cada vez mais velho movimento do Antigo Regime que afirmava falar em nome do *povo*, exigindo representação. Nas franjas estavam os jornalistas e advogados como os radicais Marat e Brissot, prontos para substituir o velho regime com esquemas de princípios. Em 1780, Brissot respondeu a um amigo que argumentou que a mudança fosse construída com base na prática do momento: "Você tem uma pobre ideia do meu julgamento, se você acha que eu preferiria aceitar a prática de hoje, que eu conheço muito bem. Por mais monstruosas que as novas teorias possam ser, nunca serão iguais à prática do absurdo e da atrocidade" (PALMER, 1959, volume I: 261). Poucos ainda escutavam Brissot. Eles o fariam mais tarde.

Em 1787, um ministro das finanças desesperado, Calonne, convocou uma Assembleia de Notáveis *ad hoc*. Houve paz durante quatro anos e Necker, seu antecessor, publicou prestações de contas otimistas (para manter a classificação de crédito do regime). Portanto, a assembleia ficou chocada com o tamanho do déficit. Os membros exigiram ver os livros, se recusaram a acreditar neles e, por meio da intriga da corte, forçaram a demissão de Calonne. Seu sucessor, o descrente Arcebispo Lomenie de Brienne, foi pressionado pela escassez de fundos. Ele tentou roubar a causa da representação. Ele apelou para além dos Notáveis altamente privilegiados, convocando a única assembleia representativa que a França conheceu, os antigos estados gerais. A coroa perseguia táticas absolutistas de dividir e governar nas águas inexploradas do governo representativo. Cada comunidade local foi também convidada, como na tradição antiga, a enviar queixas escritas a Paris. Ambas as táticas tinham consequências não intencionais. Se o regime tivesse percebido isso de antemão, teria feito diferente. O monarca francês poderia ter sobrevivido, como o monarca prussiano o fez, reformando sua administração de acordo com princípios mais universalistas.

As queixas foram publicadas em *Cahiers de doléance* (livros de queixas) elaborados por representantes locais de cada estado (TAYLOR, 1972; CHARTIER, 1981; CHAUSSINAND-NOGARET, 1985: 139-165; e sobre camponeses: GAUTHIER, 1977: 131-144). Alguns foram escritos em uma reunião *primária*, outros foram levados para discussão no distrito, *bailliage*, encontros, e esses também elegeram representantes para os estados gerais. Isso iniciou inesperadamente um processo político *nacional* com sua própria dinâmica. Ele apressou a expressão do princípio ideológico e a fusão de três infraestruturas de comunicação que eventualmente forneceram uma elite ideológica e revolucionária: regime iluminista, advogados de direitos políticos e alfabetização difundida entre a pequena burguesia, o baixo clero e o alto campesinato. As assembleias do terceiro Estado trouxeram a burguesia e o alto campesinato, mas a redação foi feita principalmente por advogados e funcionários reais. Parecia haver pouco a preocupar o regime – queixas e reclamações estariam nas mãos dos seus próprios funcionários. Ele suspendeu a censura para permitir a circulação dos *cahiers*. Periódicos e jornais proliferaram. As infraestruturas ideológicas fluíam além do controle impositivo.

A maioria dos *cahiers* sobrevivem. Seu conteúdo não parecia uma notícia muito ruim para o regime. A maioria professou lealdade ao rei e se queixou de injustiças locais sem se referir a princípios gerais. Os camponeses protestavam contra os privilégios dos senhores e da Igreja e contra os impostos. Os *cahiers* dos nobres e do terceiro Estado se queixavam da arbitrariedade real. Mas cerca de metade dos documentos do *bailliage*, mais em Paris e nas principais cidades, se referiam a um programa de reforma mais baseado em princípios: geralmente pedindo reuniões regulares dos estados gerais e, às vezes, uma constituição escrita, liberdade de imprensa e igualdade de encargos fiscais. Não há insinuação de democracia ou revolução, e a sua linguagem era mais de advogados do Antigo Regime do que de filósofos.

No entanto, muitos dos *cahiers* redigidos após as reuniões de *bailliage* revelam a universalização do discurso político e o crescimento clandestino do capitalismo e da nação. Os camponeses reclamavam que o privilégio e o feudalismo eram remanescentes de um passado bárbaro, uma ofensa à igualdade natural e ao desenvolvimento econômico. A maioria dos *cahiers* aceitou a França como um único país e povo ou *nação* cujos direitos naturais, incluindo o consentimento à tributação, deveriam ser respeitados. A palavra *nação* sofreu uma transformação semelhante à que a política fiscal comparável fez na Inglaterra, Holanda e Hungria. Originalmente significava um povo da mesma origem – unido pelo sangue, mas não necessariamente por laços territoriais ou políticos – ela foi então proclamada por contribuintes privilegiados descontentes que reivindicavam *liberdades nacionais* baseadas em constituições antigas (DANN, 1988: 4-7).

O principal instrumento de reforma era supostamente o Estado geral antigo, mas dificilmente tradicional. Não se realizando desde 1614, ninguém sabia como controlá-lo. Suas regras antigas provaram ter duas consequências *institucionais estatistas* não intencionais. Em primeiro lugar, todos sabiam que ele tinha três estados, mas quem deveria ser elegível para cada um, e como deveriam votar? Muitos temiam que o rei estabelecesse regras arbitrárias, então o Parlamento de Paris assumiu as regras de 1614. Isso foi aceito antes que suas consequências fossem percebidas. Mas as regras de 1614 limitavam o número de membros do segundo Estado à velha *nobreza da espada*. A França era muito mais desenvolvida em 1789 do que em 1614. Muitos proprietários de substância não eram nobres, e muitos enobrecidos no século XVIII eram inelegíveis para o segundo Estado. Uma inesperada divisão política emergiu entre os antigos proprietários do regime, uma vez que se revelou que apenas uma minoria era elegível (LUCAS, 1973: 120-121; GOLDSTONE, 1991: 243-247 – embora ele sugira que a luta das facções tinha começado mais cedo). Aristocracia e clero receberam poderes políticos corporativos. Em um golpe, foi dada alguma realidade política a feudalismo contra burguesia.

Alguns críticos exigiam mais representantes do terceiro Estado; outros, que as propriedades fossem fundidas em uma única assembleia. Isso era muito radical, mas Necker (apoiando a favor) persuadiu o rei a ampliar o terceiro Estado a fim de melhor representar os proprietários e servir de contrapeso aos dois primeiros: ele deveria dividir e governar. Assim, seus números excederam os dos outros dois estados combinados, embora os três se encontrassem separadamente. Parecia um compromisso razoável, mas aumentou o volume da voz do terceiro Estado protestando contra o súbito entrincheiramento dos privilégios.

Em segundo lugar, ninguém previu os efeitos das eleições abertas. No primeiro Estado, os curés superaram os prelados e forneceram a maioria dos representantes, incluindo muitos descontentes. As eleições do segundo Estado foram inesperadamente dominadas pelos conservadores, deixando os nobres iluministas, urbanos e vociferantes com cerca de um terço apenas no Estado. Esses dois

Tabela 6.1 Porcentagem das ocupações dos revolucionários franceses pré-1789

	Oficiais da coroa	Advogados independentes	Outros profissionais	Negócios, comércio, agricultura	Meios privados ou desconhecidos	Total %	N
1) Assembleia Nacional, 1789	49	23	7	20	--	100	648
2) Ativistas da Assembleia Constituinte, 1789	44	33	16	6	--	100	62
3) Revolucionários incondicionais da Assembleia Constituinte	23	26	18	20	12	100	287
4) Convenção Nacional, 1792-1794	27	27	24	15	7	100	749
5) Ativistas da Convenção Nacional, 1792-1794							
5a) Proeminentes em Kuscinski	23	27	43	6	3	100	162
5b) Membros do CPS, membros principais do CGS ou executados 1792-1794	25	26	38	7	4	100	80

Nota: "Assembleia Nacional" e "Assembleia Constituinte" referem-se essencialmente ao mesmo órgão, reunido em junho de 1789, reformulando a Assembleia Legislativa em outubro de 1790 e substituída pela Convenção Nacional em setembro de 1792. A Convenção foi finalmente dissolvida em outubro de 1795.

Fontes:

1) e 2): Lemay (1977), que provavelmente inclui aqueles de meios privados na agricultura.

3) Nomeado em um documento de 1792, *Le véritable portrait de nos législateurs*, como *patriotas que não variaram* durante o período de 1789-1791. Dados fornecidos em Dawson (1972: 238-239), que os atribui especulativamente ao Deputado Alquier. No entanto, as memórias do deputado patriota Prieur de la Marne são atribuídas a Dubois-Crance.

4) Patrick (1972: 260), usando as biografias de Kuscinski (1916).

5a) Os *conventionnels*, cujas biografias recebem dois ou mais espaços em colunas por Kuscinski (mais Robespierre, omitido por Kuscinski).

5b) Todos os 23 membros do Comitê de Segurança Pública (CPS), os 36 membros mais antigos do Comitê de Segurança Geral (CGS) (cf. PATRICK, 1972: 374-375), e os *conventionnels* guilhotinados ou assassinados entre 1792 e 1794 (os principais dantonistas e girondistas, mais Philippe Egalité, antigo duque de Orléans).

estados foram faccionalizados, e a distância entre os nobres do segundo Estado e seus coproprietários do terceiro Estado aumentou. Subjacente ao seu faccionalismo, estava a tentativa do rei de manter táticas segmentares *dividir e governar* absolutistas para terrenos representativos desconhecidos. Os parlamentos e a aristocracia tinham resistido ao particularismo. Isso produziu um conflito aberto com o universalismo então forçado no terceiro Estado *excluído*, que era então potencialmente *burguês*. Parecia um pouco mais que uma luta de classes, apesar de ter sido produzida por antigos grupos do regime.

A emergência da elite ideológica

O terceiro Estado, no entanto, ainda não parecia muito uma classe ou uma ameaça. A burguesia emergente estava muito entrelaçada com o Antigo Regime para gerar consciência ou organização independente e, portanto, as eleições não produziram uma oposição burguesa. Isso é evidente nos bastidores dos representantes eleitos da Revolução. A tabela 6.1 analisa as ocupações pré-1789 das assembleias revolucionárias. Sua primeira linha categoriza os fundos dos deputados do terceiro Estado (que depois eles transformaram na Assembleia Nacional no final de junho de 1789).

Metade dos deputados eram funcionários da coroa, normalmente funcionários legais das *bailliages* locais. Um quarto era de advogados em prática independente. Pelo menos 72% tinham recebido formação jurídica. Havia 14% envolvidos em negócios ou comércio privados e apenas 6% (todos grandes agricultores) na agricultura, que representava três quartos da população francesa. Os 7% que eram *outros profissionais* eram uma coleção díspar de médicos, oficiais militares, acadêmicos e filósofos. Cobban (1964: 59-61) usou números como esses para levantar teorias de classe por sua conta: a Revolução foi feita não pela burguesia, mas por uma classe de funcionários e advogados amargurados com o declínio do *status* social e econômico. Goldstone (1991: 247-249), alternativamente, creditou a Revolução às elites jovens cuja *corrida por credenciais* resultou em *mobilidade bloqueada*. Mas a evidência não sustenta nem uma, nem outra sugestão. Os deputados do terceiro Estado foram livremente eleitos, geralmente sem grande conflito, por todas as classes proprietárias. Entre os deputados, havia membros das mais célebres famílias legais da França. Os advogados que aderiram à Revolução não diferiam significativamente em termos de idade, laços familiares e riqueza daqueles que não o fizeram (SELIGMAN, 1913, volume I: 118-186; BERLANSTEIN, 1976: 177-182; FITZSIMMONS, 1987: 34-38).

Quem os eleitores, sem experiência eleitoral prévia, escolheriam para representá-los? Razoavelmente, eles foram para homens localmente proeminentes com habilidades relevantes. Em primeiro lugar, eles escolheram advogados com cargos públicos, as pessoas com maior experiência em deveres públicos e, sob o absolutismo, a coisa mais próxima dos políticos. Eles tinham acabado de se tornar proeminentes fazendo o que podiam fazer de melhor: esboçar documentos de queixas (os *cahiers*). Uma segunda habilidade valorizada, de ideólogo, também emergiu. Ela é exemplificada por Robespierre: ainda não um orador radical, mas um reformador proeminente em academias e salões alfabetizados, onde praticou suas técnicas retóricas. O eleitorado já considerava as questões de princípio, como reuniões de *cahier*, serem seguidas de debates sobre como os estados deveriam se encontrar. Quase todos os deputados chegaram a Paris favorecendo reformas, afetados por princípios políticos alternativos. Quem melhor para deliberar princípio do que competidores de ensaios premiados de famílias respeitáveis, como Robespierre?

Houve o que Doyle (1980: 155) denomina "uma vitória esmagadora da burguesia não comercial, profissional e proprietária". Cobban estava certo: uma burguesia de tipo marxiano não liderou a Revolução. Em seguida até 1794, da direita para a esquerda (termos inventados a partir do assento da Assembleia Nacional), dos monarquistas constitucionais e dos termidorianos à direita, até o centro de brissotinos e girondinos, para os jacobinos esquerdistas e *enragés*, os líderes não eram uma seção transversal da burguesia, da pequena burguesia ou de qualquer outra fração de classe. A quarta linha da tabela 6.1 mostra que as classes diretamente produtivas e comerciais permaneceram apenas 15% dos deputados eleitos na Convenção Nacional de 1792 – predominantemente homens de negócios mais uns poucos fazendeiros. Apenas um punhado de artesãos e pequeno-burgueses entraram na Assembleia Constituinte, apesar de terem fornecido as tropas de choque da Revolução. Essas classes forneceram ainda menos líderes, como as linhas 2 e 4 da tabela 6.1 revelam. 62 deputados da Assembleia Nacional são classificados como ativistas por Lemay (ela não explica como ela mensurou ativismo). Agricultores, comerciantes e mercadores constituíam apenas 6% desses. Eu estimo que eles constituíram 20% da lista do deputado revolucionário Dubois-Crance de *patriotas que não variaram* em seu apoio à Revolução entre 1789 e 1791. Talvez aqui estivesse o núcleo de um movimento revolucionário burguês-camponês. No entanto, na Convenção Nacional, eles então declinaram para apenas 3% a 4% de ativistas em ambas as medidas utilizadas nas linhas 5a e 5b.

Então, quem era a maioria dos líderes revolucionários? Os advogados e funcionários que tropeçaram na revolução continuaram importantes, embora a tabela 6.1 mostre que seu peso combinado caiu de 72% para 54% na Convenção Nacional. Os oficiais pré-revolucionários diminuíram mais, de 49% para 27% (quase todos os oficiais de justiça). A tabela pode exagerar a mudança, analisando apenas as ocupações anteriores a 1789, já que alguns novos líderes entraram na Convenção Nacional depois de servirem nos gabinetes revolucionários. Se incluirmos as ocupações pós-1789, a proporção de funcionários públicos aumenta de 27% para pelo menos 43%, enquanto os advogados independentes caem para menos de 5% (estimativas gentilmente fornecidas por Ted Margadant a partir de pesquisas em andamento).

Advogados estavam então unidos por outras profissões eruditas, contribuindo com 24% da Convenção Nacional e incluindo poucos oficiais pós-1789. Entre eles estavam 55 clérigos, 46 médicos, 41 acadêmicos e figuras literárias, e 36 oficiais militares. Advogados independentes e outras profissões eruditas contribuíram ainda mais com ativistas. Na Assembleia Nacional, eles forneceram metade dos ativistas (conforme classificação de Lemay), embora apenas 30% dos membros, aumentando na Convenção Nacional para dois terços em ambas as medidas. As outras profissões eruditas então forneciam cerca de 40% dos ativistas por conta própria. Entre eles, escritores e clérigos predominavam sobre as profissões mais técnicas, como o direito e a militarista. Essas tendências são especialmente marcadas entre os *conventionnels* de Paris e *départements* circundantes. A liderança tinha mudado à medida que os oficiais legais declinavam e os ideólogos aumentavam. "Os homens da sala de conferências" deram lugar aos "homens do pódio" (DAWSON, 1972: 125), enquanto a persuasão retórica substituiu a luta entre as facções oficiais.

Quantos deles participaram de redes discursivas da palavra impressa do Iluminismo? Os quadros que se seguem devem ser subestimados de muitas obras e atividades as quais não sobreviveram. As listas de membros maçônicos revelam uma presença substancial, embora dificilmente esmagadora, de maçons entre os líderes. Nos estados gerais, eles compreendiam 28% do segundo Estado, nobre, em comparação com 17% a 19% entre o terceiro Estado e apenas 6% no clero (a maçonaria era anticlerical). Esses são os números de Lamarque (1981). Ele não coletou dados sistemáticos para a Convenção Nacional, mas provisoriamente coloca maçons em 15% dos membros. Acho que os maçons compreendem pelo menos 20% de ambos os meus dois grupos de ativistas *conventionnels*.

Tabela 6.2 Porcentagem de conhecidos *conventionnels* que publicaram trabalhos culturais, sociais ou científicos

Publicação	Porcentagem	Total
1) Convenção Nacional, 1792-1794	23	892
2) Ativistas da Convenção Nacional (Kuscinski)	56	162
3) Ativistas da Convenção Nacional (CPS, CGS, executados)[a]	58	80

[a] Cf. nota 5b na tabela 6.1.
Fonte: Kuscinski (1916) e numerosas memórias e biografias.

Eu também investiguei as publicações dos *conventionnels* a partir do monumental *Dictionnaire des Conventionnels* de Kuscinski (1916), que lista a maioria das obras publicadas conhecidas dos membros da Convenção Nacional. Complementei-o com numerosas autobiografias e biografias dos revolucionários. Ignorei memórias e trabalhos publicados que eram apenas comentários políticos sobre as questões do dia – embora Darnton (1987) argumente que mesmo as publicações políticas de dois *conventionnels*, Rivard e Fabre d'Eglantine, exemplificassem gêneros literários e o culto das virtudes absolutas mais do que fizessem política prática. Eu não restringi as publicações a pré-1789. Quantos *conventionnels* que publicaram em qualquer momento obras culturais, sociais ou científicas que indiquem interesses intelectuais semelhantes na amplitude das preocupações do Iluminismo? Os resultados estão na tabela 6.2, linha 1. Mais uma vez, devem estar gravemente subestimados.

Pelo menos um quarto dos deputados da Convenção Nacional publicou trabalhos que indicavam amplos interesses intelectuais. Alguns indicam aprendizagem profissional. O *Ensaio sobre novos princípios das equações diferenciais...* de Arbogast e as *Observações sobre um tipo de epilepsia...* de Barailon são os trabalhos de um matemático e de um médico. Mas nós podemos, no entanto, perguntar por que razão essas publicações parecem constituir uma qualificação para o cargo. Seu volume era muito superior ao de trabalhos comparáveis de membros de assembleias modernas como o Congresso dos Estados Unidos ou a Câmara dos Comuns britânica. Outros trabalhos eram mais gerais. Alguns escreveram sobre quase tudo sob o sol, como Bonet de Treyches em seu *Paz geral e perpétua entre nações fundada no direito natural* ou Bonnemain em seu *Instituições republicanas, ou o desenvolvimento analítico das faculdades civis e políticas naturais do homem*. Outros generalizaram a partir da política, como as *Reflexões sobre as bases de uma constituição* de Bresson, ou escreveram sobre filósofos antigos – como Deleyre sobre Bacon e Montesquieu. Alguns escreveram sobre as artes, como Eschasseriaux no seu *Opinião sobre teatros e o incentivo à arte dramática*, ou Bouquier em sua *Epístola a M. Vernet, pintor do rei*. Alguns escreveram obras de ficção: a tragédia de Himbert *A morte de Henrique de Guise*, ou as *Fábulas* de Deville. Esses *conventionnels* eram subtrabalhadores do Iluminismo.

Todos esses eram *bancadas de apoio*, cuja política era anã em relação a deputados como Brissot ou Robespierre e cujas obras eram anãs em relação a deputados como o filósofo Condorcet ou o pintor David. Mas a proeminência estava relacionada com a amplitude dos interesses intelectuais? Os ativistas publicaram mais? Eles publicaram. As linhas 2 e 3 da tabela 6.2 indicam que mais da metade dos ativistas, mais do que o dobro da proporção entre o início e o fim da fila, publicou obras não políticas. Mas é mais fácil descobrir as conquistas dos líderes do que das bancadas de apoio. Não encontrei nenhuma obra publicada por Merlin de Thionville além de um livro de memórias. No entanto, ele foi professor de Latim, misturado com filósofos, e se tornou maçom. Será que ele mesmo não escreveu nada de cultural? Não o fizeram Pinet ou Petit ou Reubell, cuja biblioteca tinha 1.500 livros? (E cujo biógrafo Homan (1971) é omisso sobre esse assunto.) Talvez todos eles contribuíssem com ensaios para revistas ou poemas publicados às suas próprias custas. Mas eu não encontrei nada nas bibliotecas de Londres e Los Angeles (uma extensa pesquisa na França poderia revelar o contrário), e então eu contei esses homens como não publicados. Sabemos mais sobre os maiores líderes, os *doze que governaram*, os principais membros do Comitê de Segurança Pública que governaram a França entre 1793 e 1794. A tabela 6.3 contém os seus *curricula vitae*.

Tabela 6.3 Atividades culturais dos doze que governaram (pré-1789, salvo indicação em contrário)

Robespierre	Advogado independente. Presidente da Academia de Arras; escreveu pelo menos três ensaios para os prêmios da Academia (premiado com um segundo prêmio) mais um poema inédito sobre beleza.
Saint-Just	Estudante de Direito. Publicou *Organt*, um poema épico longo, satírico e sexual.
Barère	Advogado, depois juiz. Membro dirigente da Academia de Floral Games, Toulouse; escreveu numerosos ensaios sobre reforma legal e penal e sobre Rousseau (um comparando *A nova Heloísa* com *Clarissa*, de Richardson); ganhou um prêmio da Academia. Maçom.
Carnot	Oficial do exército. Ativo na Academia de Arras. Publicou canções, poemas, *Ensaio sobre máquinas*, *Elogio a Vauban* e um esquema de reorganização do exército.
Billaud-Varenne	Professor. Ativo em academias; publicou numerosas peças de teatro (p. ex., *Mulheres, pois ela não existe mais*) e uma polêmica contra a Igreja, *Último golpe contra o preconceito e a superstição*. Publicou *Princípios regenerativos do sistema social* (1795).
Hérault de Séchelles	Nobre e juiz. Ativo em salões literários e academias; publicou *Reflexões sobre declamação*, *A teoria da ambição*, livros de viagens e um livro sobre o geólogo Buffon.
Collot d'Herbois	Ator, diretor e empresário. Publicou muitas peças de teatro (p. ex., *Lucy, ou Pais imprudentes, O magistrado camponês, O bom Angevin*).
Jeanbon Saint-André	Comandante de navio, depois pastor protestante. Publicou sermões e *Considerações sobre a organização civil das Igrejas protestantes*. Membro da Academia de Montauban. Maçom.
Couthon	Advogado independente. Ativo na Academia de Clermont-Ferrand, inscrito em concursos de prêmios, elogiou o *Discurso sobre a paciência*. Publicou uma comédia política em dois atos, *O aristocrata convertido*. Maçom.
Prieur of the Côte-d'Or	Oficial do exército. Membro da Academia de Dijon e da Sociedade de História Natural de Paris. Publicou artigos nos *Anais de Química* e na *Revista da Escola Politécnica*. Mais tarde escreveu sobre estratégia militar e *Da decomposição da luz nos seus elementos mais simples*.
Prieur de Marne	Advogado independente. Membro da Academia. Maçom. Mais tarde no exílio escreveu *Estudo da língua flamenga*, uma história da maçonaria, um *Dicionário de Direito* e numerosos poemas.
Lindet	Procurador. Nenhuma atividade cultural conhecida antes de 1789, para além da publicação local de um discurso advogando a reforma. Mais tarde publicou *Memórias* e *Ensaio sobre crédito público e subsistência*.

Nada menos que onze dos doze – Lindet é a exceção – escreveram para publicação sobre assuntos não políticos. Mesmo os burros de carga administrativos do comitê – Couthon, os Prieurs e Carnot, o "organizador da vitória" – eram acadêmicos com amplos interesses culturais. Mesmo o mais jovem, Saint-Just, apenas 22 anos em 1789, tinha precipitado ao impresso iluminista. Os doze constituem um belo *Departamento de Civilização Ocidental*! Assim como os membros de um departamento moderno, ninguém, dois séculos mais tarde, leria nenhuma de suas obras se seus autores não se tornassem terroristas histórico-mundiais. Em 1789, apenas Saint-André havia se engajado no comércio (sem sucesso), e nenhum deles havia tentado a produção. Eles estavam confortavelmente fora, vivendo de aluguéis, pensões e cargos – membros intermediários do Antigo Regime. Sua outra identidade comum era que "todos os doze eram intelectuais [...] mergulhados na filosofia do século XVIII" (PALMER, 1941: 18).

Ou a tendência revelada é genuína – quanto mais proeminente o líder, mais suas qualificações para o cargo incluem ser um intelectual do Iluminismo – ou a tendência é um artefato e uma pesquisa mais completa revelaria praticamente todos os *conventionnels* como ativistas do Iluminismo. Até mesmo os poucos comerciantes e fabricantes incluíam *capitalistas culturais*, provenientes da impressão ou de indústrias de consumo cujas premissas eram centros de discussão revolucionários e de onde multidões emergiriam – de modo mais proeminente, o cervejeiro Santerre e o açougueiro Legendre. Praticamente todos os *conventionnels* tinham renda de propriedade, incluindo cargos venais. Eles não trabalhavam em tempo integral no senso moderno, mas tinham tempo para escrever panfletos e ensaios e discursar em assembleias.

De qualquer forma, os líderes revolucionários constituíram uma elite ideológica, as tropas de choque de duas grandes redes de poder ideológico do século XVIII, a profissão de advogado e a circulação discursiva da palavra impressa. À medida que a Revolução se desenvolveu, os princípios do Iluminismo começaram a predominar sobre os *semiprincípios* da lei (uma distinção explicada no capítulo 7). A elite tinha "interesses ideais" distintos (para usar o termo de Weber). Os advogados se voltaram contra o rei, generalizando os preceitos legais em princípios políticos; os homens de letras acreditavam que a razão poderia reconstruir o Estado e a sociedade. Eles forneceram ideias do Iluminismo no estilo de prosa do Antigo Regime. Os discursos em assembleias revolucionárias foram escritos antes do tempo, seguiram as regras de Quintilian de argumento e técnicas retóricas clássicas, paradigmas e exemplos (HUNT, 1984: 33). Os líderes iluministas estavam obcecados com *vertù*, a virtude política. Eles arriscavam vidas em questões políticas e não econômicas. Contra o rei e o privilégio particularista eles contrapuseram os "direitos do homem e do cidadão", a "justiça", "liberdade, igualdade, fraternidade" e cidadania para o "povo" e a *nação*. As redes de alfabetização discursiva em toda a Europa estavam estendendo o espaço potencial da *nação* dos privilegiados para todos com propriedade e educação.

Em uma luta contra o privilégio, os líderes do terceiro Estado a estenderam mais para baixo. Os povos e a nação eram um, como Rousseau tinha discutido excepcionalmente. O velho lema do regime *Un roi, une foi, une loi* (um rei, uma fé, uma lei) foi substituído por *La nation, la loi, le roi* – apenas com a nação capitalizada (GODECHOT, 1973; 1988).

Os líderes misturaram valores e normas com fatos – a "política das emoções autênticas" de Hunt. Os jacobinos expressaram o "sentido flamejante do imediatismo do ideal", como Brinton (1930) disse. Robespierre e Saint-Just declaram a virtude e a pureza como sua filosofia política e econômica. A virtude e o terror acabaram por se fundir. Saint-Just aparentemente acreditava que os moderados que atacavam o terror eram corruptos financeira e sexualmente: "Pensar-se-ia que cada um, assustado pela sua consciência e pela inflexibilidade das leis, dizia a si mesmo: Não somos suficientemente virtuosos para sermos tão terríveis; legisladores filosóficos, tenham piedade da minha fraqueza; não ouso dizer-vos que sou corrupto; prefiro dizer-vos que sois cruéis!" (CURTIS, 1973: 189).

Saint-Just acreditava em suas perorações moralizantes. Um oportunista como Barère provavelmente não, mas ele fez relatórios regulares do Comitê de Segurança Pública à Convenção Nacional nesse sentido: "O Comitê está ocupado com um vasto plano de regeneração, cujo resultado seria banir da República a imoralidade e o preconceito, a superstição e o ateísmo [...]. Devemos fundar a República em princípios e moralidade. Se lhe der o seu apoio, ela dedicar-se-á ao grande desígnio" (GERSHOY, 1962: 226).

Alguns revolucionários acreditavam, outros achavam útil acreditar, na *república da virtude*. A elevação dos princípios morais não se encontra em todas as revoluções. Os bolcheviques reivindicavam leis científicas, mas seus princípios morais (notadamente a camaradagem) vieram diretamente da sua *científica* teoria da luta de classes. Os revolucionários franceses diferiram: Vieram do Iluminismo como uma fusão de religião, ciência, filosofia, e as artes. Esse é o significado dos ensaios e da poesia de Robespierre, Saint-Just, Collot d'Herbois e do resto. Havia uma cadeia causal ideológica desde a Igreja até as academias do Iluminismo e à *república da virtude*. Políticos práticos dos tribunais reais, tribunais de justiça e das ruas tiveram que aceitar o seu poder de inspirar e coagir moralmente.

A elite ideológica também representou a burguesia? As histórias narrativas descrevem persistentemente os líderes durante 1789-1792 como a *burguesia* ou como representando frações de classe burguesas (FURET & RICHET, 1970; BOILOISEAU, 1983; VOVELLE, 1984). De fato, os quadros revolucionários provinciais estavam se tornando burgueses. Em 1789, a administração municipal real foi substituída por comitês permanentes *ad hoc* dominados por comerciantes e advogados. Então veio uma segunda onda, substituindo advogados por comerciantes e lojistas menores, mestres artesanais e artesãos profissionais mais baixos, como professores e cirurgiões barbeiros. Por volta de 1791, a maioria os conselhos municipais era dominada por quem dirigia a economia local, mais profissionais alfabetizados; e cidades rurais, por pequenos agricultores, artesãos, lojistas e, cada vez mais, professores (HUNT, 1984: 149-179). A política provincial refletiu a estrutura de classes mais diretamente do que o fez a política nacional. Mesmo os líderes nacionais muitas vezes falavam *slogans* burgueses. Favoreciam o mérito e o trabalho sobre o privilégio, o universalismo sobre o particularismo, o *laissez-faire* sobre o mercantilismo e monopólio. Acima de tudo, acreditavam na propriedade privada absoluta, a ser defendida contra privilegiados e sem propriedade.

Durante muito tempo, porém, a elite desconhecia as forças de classe que surgiram em torno e por meio do seu poder. Essa é talvez a principal razão pela qual esses homens proprietários, no entanto, lideraram uma verdadeira revolução. Eles começaram a identificar atores de quase-classe: a corte e a aristocracia, os notáveis burgueses e o *povo* (uma combinação de pequena burguesia e multidão). Mas eles não formaram a aliança de classes óbvia. Direitistas como Ferrières, Malouet e Mirabeau procuraram uma reforma suave para cimentar um *partido da ordem* entre a corte e os notáveis contra o povo. Até mesmo esquerdistas como Barnave e Robespierre nessa fase queriam mais uma reforma radical para aliar toda a burguesia contra a corte e a multidão. Direita e esquerda diferiram nas suas avaliações das ameaças da corte e das ruas. O que era excepcionalmente revolucionário na França era que, de 1789 até 1794, a maioria dos líderes políticos temia as ruas menos do que a corte. Mesmo a escolha do local para a Assembleia Constituinte revela isso: o clamor da galeria parisiense foi preferido à intriga do tribunal de Versalhes. Ao contrário da Grã-Bretanha, o partido do velho regime-burguês não prevaleceu.

Princípios ideológicos e classes se fortaleceram como resultado de uma espiral descendente da política prática. A hostilidade ineficaz do rei e da aristocracia intensificou os princípios morais e a ideologia de classe. Uma burguesia emergente foi dominada pela velha intransigência do regime e liderada pela elite ideológica para defender o capitalismo contra o feudalismo. Sem esses dois processos de poder político e ideológico, a burguesia francesa poderia ter continuado como uma classe latente, enredada na organização segmentar do velho regime. Lucas (1973: 126) observou que "a Revolução fez a burguesia mesmo que não tenha sido feita pela burguesia". Mais precisamente: um oponente político e uma liderança ideológica fizeram revolução e burguesia.

Assim que os estados gerais se reuniram em Paris no início de maio de 1789, os ministros do rei desapontaram os reformadores. A crise era fiscal, argumentaram eles, e os estados deveriam discutir apenas isso em suas assembleias separadas. A coroa não produziu nenhum plano de reforma desde então até sua queda. O rei parecia surdo aos apelos dos monarquistas constitucionais *para se colocar à frente da vontade geral*, ou seja, para liderar um partido nacional de ordem. Seu fracasso os condenou, e a si mesmo.

O primeiro confronto foi sobre se os estados deveriam se reunir separadamente ou juntos. Um grupo de advogados e homens de letras, que se intitulavam Os Comuns, de acordo com o modelo britânico, argumentaram que, uma vez que a nação era indivisível, os estados deveriam ser fundidos. Os votos revelaram que os nobres se opunham três a um à fusão e começavam a se reunir em torno do rei. O clero provou ser o elo mais fraco. Muitos dos clérigos inferiores estavam mais próximos dos seus paroquianos do que da hierarquia. Como um panfleto argumentou:

> É um erro atribuir um *esprit de corps* unido ao clero [...]. Por que falar de três ordens de cidadãos? Dois bastam [...]. Todo mundo é alistado sob uma de duas bandeiras – nobreza e Comuns. Esses são os únicos gritos de mobilização que dividem os franceses. Tal como o próprio país, o clero está dividido [...]. O *curé* é um homem do povo (McMANNERS, 1969: 18).

De 13 de junho em diante, os clérigos passaram para o terceiro Estado, que se renomeou Assembleia Nacional em 17 de junho. Em 19 de junho, o clero votou por pouco para se juntar à Assembleia Nacional. O rei perguntou se um exército descontente reprimiria um corpo chamado *nação reunida*, liderado por autodenominados *patriotas*. Seus generais aconselharam cautela. Como os nobres iluministas também se afastaram, Luís pareceu ceder, aconselhando todos os nobres e clérigos a se juntarem à Assembleia Nacional. O Antigo Regime havia cedido antes que os revolucionários realmente o atacassem, e antes que a burguesia se tornasse consciente.

Mas o rei e a corte não foram sinceros. No princípio de julho, 20 mil tropas foram reunidas em torno de Paris (SCOTT, 1978: 46-80). No entanto, a soldados e oficiais não comissionados viram mais oficiais civis do que nobres. Metade dos oficiais estava de licença, como era costume em 1789 e, incrivelmente, 1790. A maioria dos soldados era alfabetizada e estava lendo panfletos parisienses. Os oficiais aconselharam que seria mais sensato afastar os regimentos franceses *para fora* de Paris! Os regimentos estrangeiros pareciam leais. Mas depois de 14 de julho (a queda da Bastilha), a multidão e a nova autoridade municipal de Paris foi armada e reforçada pelos desertores do exército. Usar regimentos estrangeiros contra milícias cidadãs nas ruas de Paris parecia politicamente arriscado (embora se o rei não estivesse preparado para o compromisso, essa fosse a única alternativa). O poder militar do regime derreteu e o poder político e ideológico poderia permanecer primário.

Em 4 de agosto de 1789, a Assembleia Nacional votou quase unanimemente *para destruir completamente o regime feudal*. Nobre depois de nobre surgiu, em meio a um grande entusiasmo, para propor a abolição de ainda mais direitos feudais e privilégios. A cena tem historiadores fascinados. Sewell (1985) argumenta que se tratava de uma súbita declaração de princípio emocional, que, uma vez oferecida, constrangia a política prática pela necessidade de ser consistente com os metafísicos "direitos naturais, inalienáveis e sagrados do homem", conforme promulgados na Declaração de Direitos. Os cínicos observam que os nobres propunham a abolição dos privilégios de seus vizinhos. As emoções podem ter sido genuínas e surpreendentes, mas o palco também tinha sido montado por *patriotas* do terceiro Estado e planejado com nobres iluministas, pressionados pela multidão urbana e pela revolta camponesa (discutida mais tarde). A reforma era necessária para evitar a anarquia. Eles concordaram que os nobres deviam falar para que a hostilidade de classe não prejudicasse a unidade da nação.

Suas expectativas foram muito excedidas. A elite ideológica descobriu sua técnica básica de poder: a persuasão moral para evocar uma grande declaração de princípio, que então provou ser coerciva e autorrealizável. A pressão popular assegurava que mais tarde a *traição* arriscaria a dignidade, a posição e até mesmo a vida. Os líderes não anteciparam apenas quão bem-sucedida seria uma estratégia. A renúncia era política prática – uma solução para a crise fiscal e a insurreição camponesa. Mas seu conteúdo saiu diretamente do Iluminismo: o fim do feudalismo e a denúncia do privilégio e do localismo como barreiras à *nation une et indivisible*. A nação e o *feudalismo* tinham sido imaginativamente criados, o primeiro como moral e unificador, o segundo como imoral e divisivo. As fronteiras das alianças pragmáticas foram então redefinidas. Em vez de os três estados serem aliados naturais (com o rei) contra os sem-propriedade, eles se dividiram em privilegiados contra a nação – com um limite abaixo do ambíguo. A nação principiante surgiu intersticialmente.

Como observa Fitzsimmons (1987: 41), o princípio tinha o seu próprio impulso: ele aboliu órgãos corporativos como a Ordem dos Advogados, embora não houvesse nenhuma hostilidade aparente à ordem. Era uma declaração de princípio em seu duplo sentido, evocando uma nova ordem social e moral. As emoções não vieram apenas dos oradores das assembleias, mas da interação dinâmica entre suas palavras, dos *slogans* das redes discursivas emergentes (centradas em clubes, panfletos e jornais) e dos *slogans* gritados pelas multidões do lado de fora. Depois que a Assembleia Nacional se mudou de Versalhes para Paris, em outubro, a interação se intensificou. As galerias – em parte claques pagas, em parte representando as forças populares de fora – interviram nos debates. Em parte por acaso, os líderes revolucionários descobriram que os *slogans* de princípios poderiam forjar laços emocionais entre atores de poder díspares. Mas aqueles que os proclamaram foram forçados a ultrapassar pontos sem retorno – e os privilegiados ao esquecimento político. As técnicas de poder ideológico proporcionaram um momento transcendente. O princípio era uma propriedade emergente da política revolucionária, uma consequência não intencional da ação.

Luís se destacou, declarando: "Nunca permitirei que *meu* clero e *minha* nobreza sejam despojados de seus bens". Luís estava certo em sua análise do que estava acontecendo, errado em sua crença de que ele poderia parar com isso. O clero foi rapidamente despojado. Em outubro, a venda da propriedade da Igreja estava vinculando muitas famílias de riqueza, incluindo camponeses ricos, à Revolução. Mas os patriotas, inconscientemente, exibiram seu secularismo iluminista, em novembro de 1790, obrigando os clérigos a fazer um juramento de lealdade à nação, acima da Igreja ou do papa. A metade (dois terços dos membros clericais da assembleia) se recusou a jurar. A Igreja se dividiu em duas – a *Igreja constitucional* contra a *Igreja contrarrevolucionária do não juramento*. A maioria do clero local se voltou para a contrarrevolução, mais eficaz então, uma vez que eles não tinham privilégios, se alienando dos camponeses. Os nobres não foram tão rapidamente despojados, mas os seus poderes se desvaneceram. Supunha-se que eles recebiam compensação pela perda do privilégio, mas o controle camponês do campo fez disso uma letra morta. Os nobres conservadores se retiraram para as suas terras ou emigraram para organizar a contrarrevolução. Os nobres liberais se tornaram menos proeminentes na Assembleia Constituinte e não tiveram um papel separado na Assembleia eleita em outubro de 1791.

A revolução se torna luta de classes

A chave para o processo revolucionário após 1790 foi a interação entre cinco atores de poder. Quatro começaram a se aproximar das classes – o Antigo Regime, com o seu núcleo na corte; a burguesia substancial; a *petite bourgeoisie*, com seu núcleo de *sans-culotte*, e o campesinato – embora todos resultassem de processos de poder claramente políticos. Seu conflito levou à divisão em facções de direita e esquerda do quinto ator de poder, a elite ideológica que inicialmente liderou a Revolução. Começo pelo Antigo Regime.

Em meados de 1790, havia instituições estatais duais. A monarquia, a aristocracia e a hierarquia clerical perderam o controle das novas instituições de eleições, assembleias e clubes. Recuaram para a instituição tradicional, a intriga da corte. O rei e sua família fingiram cumprir a Revolução e financiaram e negociaram secretamente com os moderados de Mirabeau e LaFayette aos brissotinos e Danton. Nada disso foi sincero, pois o rei realmente viu a intervenção armada estrangeira como sua libertação e planejou com emissários aristocráticos para levantar exércitos provinciais e estrangeiros. Uma facção da corte, o comitê austríaco em torno da rainha, era considerado especialmente intransigente. Muitas conspirações foram reveladas, muitas mais suspeitas. Furet (1978) argumenta que a conspiração se tornou o mito central da Revolução, mas isso é enganoso – e de modo pesado e ideológico inocente. A trama não foi inventada. Os revolucionários tiveram que lidar com tentativas reais da corte para dividi-los, para levantar revolta nas províncias e para se armar da intervenção dos príncipes da Europa.

Essas tramas contrastam também com a verdadeira abertura e *moralidade* das infraestruturas próprias da Revolução: liberdade de expressão na assembleia (imitada nas assembleias e clubes de toda a França) e liberdade de imprensa. Essas envolveram realmente o *povo*, se estendendo para além dos homens de propriedade para abraçar a plebe. As intrigas do rei e da aristocracia demonstravam o que era verdade: eram contra o *povo*; eram imorais, dissimulando esquemas e subornos. Durante o julgamento do rei, a denúncia de Saint-Just ressoou em toda a França: "Ninguém pode governar inocentemente: a loucura é demasiado evidente. Cada rei é um rebelde e um usurpador" (CURTIS, 1973: 39). O contraste entre a trama aristocrática e a comunicação revolucionária aberta tornou o *povo* sagrado e os demônios conspiradores. Em 1791, Robespierre viu todos os homens de riqueza como conspiradores: a virtude residia no povo, no sentido da plebe.

À medida que esse contraste se tornou mais claro, minou os políticos pragmáticos que procuravam fazer a ponte entre os dois conjuntos de instituições estatais. As memórias de Ferrières (1822) e Malouet (1874) são longas lamentações: seu partido monarquista constitucional é continuamente frustrado pela intriga da corte e pela insinceridade de Luís. A tentativa frustrada do rei de fugir para o exterior, seguida de uma invasão estrangeira, mostrou aos centristas o que podiam esperar do Antigo Regime. A maioria se moveu para a esquerda, por acreditar ou papaguear princípios gerais que antes consideravam impraticáveis. Aqueles que ainda negociavam com o rei podiam esperar o pior se fossem expostos. Eram traidores da *nação*. Eventualmente, o rei e sua família fizeram com que suas próprias cabeças tombassem. Sua intransigência quebrou o partido proprietário da ordem, polarizou as infraestruturas políticas e ideológicas, converteu seus inimigos em representantes de princípios e transformou o seu próprio partido em agentes demoníacos. O velho regime foi finalizado no final de 1791.

Três classes organizadas permaneceram então. A primeira, em tamanho e impacto inicial, foi o campesinato (cf. LEFEBVRE, 1924; 1954; 1963, capítulo 4; 1973; MOORE, 1973: 70-101; SKOCPOL, 1979: 118-128; GOLDSTONE, 1991: 252-268). Más colheitas em 1787 e 1788 e um inverno rigoroso em 1788, assistidos pela crescente pressão demográfica e dos preços, exacerbaram o êxodo rural e o desemprego. Mas por que isso levaria a um movimento camponês *revolucionário*? Como mostra o capítulo 4, as rebeliões pelo pão na Inglaterra não foram dirigidas ao Estado, mas a classes que supostamente ditam o mercado. O absolutismo francês aceitou a responsabilidade para a fonte do pão, fazendo do pão uma tarefa *política*. Assim era o *privilégio*; as dívidas e os impostos feudais derrubavam com força quando os rendimentos da colheita eram baixos.

No entanto, os controles segmentares estavam então fracos, com a maioria dos nobres ausentes e divisões no exército e na Igreja – todos cruciais nas aldeias. Os camponeses estavam mais livres para explorar identidades e oposições de classe. Os *cahiers* camponeses revelam um profundo descontentamento, sobretudo em relação ao Estado. Os camponeses apoiaram o terceiro Estado contra o rei e nobres. O verão de 1789 também viu insurreições rurais dispersas, conhecidas como *la grande peur*. Por toda a França se espalharam rumores de bandos de bandidos liderados por aristocratas que saqueavam propriedades camponesas. Os camponeses pegaram em armas mas, não encontrando ladrões, queimavam castelos e destruíam registos senhoriais das suas obrigações feudais.

As forças urbanas estavam imobilizando o regime; os camponeses enfrentavam o controle segmentar enfraquecido. Uma revolta camponesa poderia ser recompensada, invulgarmente, com sucesso. Os camponeses tomaram o controle do campo e o Antigo Regime foi privado da sua base de poder rural. A Revolução Urbana poderia continuar. Como observa Moore (1973: 77), "O campesinato era o árbitro da Revolução, embora não seja a principal força propulsora". Seu núcleo militante estava então consciente de classe.

Os camponeses queriam liberdade do privilégio e dos direitos de propriedade absoluta. Assim como a elite ideológica. Ela aboliu os direitos feudais em princípio – os camponeses aplicavam na prática – e vendeu terras nobres da Igreja e dos emigrantes em lotes bem pequenos a preços moderados. Até 1791, a Revolução era popular entre os camponeses capazes de se organizar (não sabemos o que os outros pensavam). Sem essa *conexão capitalista* entre movimentos urbanos e rurais, a Revolução não poderia ter continuado seu movimento para frente. A revolução urbana tinha se ativado politicamente e um conflito ideológico entre o feudalismo e o capitalismo comercial e o mesquinho capitalismo no campo que, de outra forma, teria permanecido latente, como na maior parte da Europa Central.

Depois disso, a desilusão rural e as divisões apareceram. O colapso do feudalismo trouxe poucos ganhos à maioria dos camponeses. As vendas de terras só beneficiaram aqueles que tinham recursos para comprar. Elas criaram uma nova classe de exploração composta de camponeses mais ricos e burguesia comprando a terra. Os revolucionários urbanos então tinham que resolver conflitos sobre o cercamento da terra comum, da qual tinham pouco entendimento. Eles também precisavam desesperadamente de pão para o exército e as cidades. A burguesia favoreceu o livre-mercado de abastecimento; os *sans-culottes* favoreceram os controles de preços e quantidades apoiados pela coerção. Tanto os agricultores ricos como os pobres favoreciam um mercado que mantivesse os preços elevados. À medida que a Revolução avançou para a esquerda em 1792 e 1793, ela avançou para controles e alienou os camponeses. Sob o terror, ela tentou distribuir bens e terras confiscados aos pobres, mas não dispunha de infraestruturas para a sua implementação. A opção camponesa esquerdista, favorecendo o coletivismo comunitário contra os nobres e camponeses mais ricos, era abortiva. O interior se moveu para direita, e os clérigos com uma organização local-regional mais densa lideraram as contrarrevoluções. Os *sans-culottes* foram isolados nas cidades. A maioria de camponeses organizados deram boas-vindas ao golpe termidorista direitista de agosto de 1794, mas as tensões urbano-rurais permaneceram durante toda a década de 1790. O poder camponês tinha sido uma causa necessária do início da revolução; foi uma causa necessária também para seu colapso. Do começo ao fim, a revolução rural tinha favorecido o capitalismo agrário mesquinho. Os proprietários camponeses tomaram e controlaram a terra. Mas, como mostra o capítulo 19, eles aderiram a diversas políticas locais e regionais.

A partir de 1790, a Revolução se centrou nos três atores de poder remanescentes nas cidades. Ela foi liderada pela elite ideológica com substancial apoio burguês e pequeno-burguês. O novo princípio legitimador era o *povo* ou a *nação*. Mas, como na Grã-Bretanha e na América, a identidade do povo era ambígua, variando de homens de propriedade substancial a toda a população masculina. Os donos substanciais de propriedades lideraram a Revolução, mas precisavam de apoio da multidão contra uma corte hostil. Eles interagiram por meio de cinco organizações políticas principais: clubes, imprensa, assembleias, guarda nacional e multidão urbana. Todos, menos a multidão, foram primeiro controlados pela elite ideológica, mas depois se espalharam para baixo entre a pequena burguesia e os artesãos, criando um movimento autônomo de classe dos *sans-culotte* que dividiu o a elite ideológica e a intensificação da luta de classes entre a burguesia substancial e a pequena burguesia.

A multidão urbana era essencial para a Revolução porque só ela podia coagir o rei. Para a turba, o mais importante era o pão. Em todos os países durante o século XVIII (como vimos na Inglaterra no capítulo 4), as revoltas pela comida predominaram nos distúrbios populares. O artesão parisiense gastava metade do seu salário no pão; se o seu preço subisse, a fome ameaçava. As rebeliões pelo pão provocaram muitas das *journées* revolucionárias, especialmente entre as militantes mulheres. O consumo, mais do que a produção, forneceu a mobilização popular centrada na comunidade. A intensidade dos movimentos populares nessa era derivou do reforço familiar e comunitário da classe (o capítulo 15 leva esse argumento mais longe). Os amotinados começaram por gritar o *slogan* dos ideólogos de *liberdade* dos privilégios e da corrupção. Os *interesses* do Antigo Regime – privilégio nobre e da Igreja, o comerciante rico, o monopolista burguês – estavam impedindo a distribuição justa de alimentos. A multidão marchou até Versalhes para capturar a família real cantando "Cherchons le boulanger, la boulangère et le petit mitron" ("Vamos pegar o padeiro, a esposa do padeiro, e o menino do padeiro"). Depois da boa colheita de 1790, o mercado funcionou e a elite ideológica e a pequena burguesia lutaram como aliados. Mas na má colheita de 1791, os contrarrevolucionários e a instabilidade da moeda produziram escassez de alimentos. Os motins exigiam a intervenção do governo, anátema para a maioria da elite ideológica. Quem prevaleceria?

Os clubes eram o núcleo organizado da Revolução. Em 1790, a Confederação dos Amigos da Verdade tinha de 3 mil a 6 mil membros. De seus 121 membros principais, pelo menos cem são conhecidos por terem sido publicitários, políticos e escritores altamente qualificados, apaixonados pelo Iluminismo, especialmente por Rousseau, exaltando a alfabetização discursiva: "A grande tribuna da humanidade foi encontrada: é a imprensa", "sem jornais e gazetas a Revolução Americana nunca teria ocorrido" (Brissot); "um povo esparsamente povoado em um grande território pode então ser tão livre quanto os moradores de uma pequena cidade [...]. É apenas por meio do processo de impressão que a discussão entre um grande povo pode ser verdadeiramente uma [discussão]" (Condorcet, resolvendo o problema de Rousseau de como alcançar a democracia em qualquer coisa maior que uma cidade-Estado) (KATES, 1985: 83-85, 177, 180; EISENSTEIN, 1986: 191). Brissotinos e girondinos se centraram nas editoras. Os jacobinos então diminuíram todos eles – de 24 clubes em fevereiro de 1790 para mais de duzentos em dezembro de 1790, 426 em março de 1791 e mais de 6 mil no início de 1794, chegando até as aldeias. Os clubes maiores tinham salas de leitura e prensas de impressão, e as suas reuniões eram marcadas com a chegada dos principais periódicos. As resoluções eram comunicadas por meio de uma rede de correspondência a centros regionais e Paris. Os clubes foram assembleias orais que discutiram a palavra impressa.

A maioria dos primeiros jacobinos era de proprietários, depois os membros aumentaram. Havia poucos nobres e virtualmente nenhum camponês, trabalhador ou servo. Dos sócios de treze clubes durante 1789-1791, 16% eram oficiais ou empregados assalariados, 16% eram burgueses substanciais (comerciantes atacadistas, investidores, fabricantes e rentistas), 14% mestres e comerciantes artesanais, 13% profissionais liberais (principalmente advogados), 7% sacerdotes e 5% oficiais e funcionários não comissionados. Outros 24% eram artesãos mais baixos, entre os quais pequenos mestres que se confundiam com empregados (KENNEDY, 1982: 73-87 e apêndice F). Assim, os jacobinos vieram de toda a burguesia e pequena burguesia, especialmente depois que os clubes abriram sua filiação a cidadãos *passivos* no final de 1791. A maioria dos líderes permaneceu substancialmente burguesa, mas, pressionados por suas galerias, passaram a favorecer a democracia.

As unidades da guarda nacional e os comitês da seção do governo local eram mais pequeno-burgueses. A maioria dos ativistas nas seções de Paris (SOBOUL, 1964: 38-54) e nas multidões e seções na Provença (VOVELLE, 1976) eram mestres artesãos, trabalhadores qualificados e pequenos comerciantes produzindo e vendendo para sua vizinhança. Seus líderes eram pequenos fabricantes e profissionais e administradores de nível inferior (ANDREWS, 1985). Eles mobilizaram multidões locais cujos registros de prisão os revelam principalmente como mestres de oficina, artesãos, lojistas e pequenos comerciantes, pessoas de substância moderada que misturavam propriedade e trabalho. Os assalariados estavam sub-representados, e os tumultos estavam centrados em bairros pequeno-burgueses, não nos subúrbios industriais (RUDÉ, 1959). Sua ideologia contrastava seu próprio trabalho árduo e sua robusta independência com o parasitismo ocioso dos ricos. Os militantes se autodenominavam *sans-culottes* – literalmente, sem calças nos joelhos (usando calças em vez disso) – indicando o orgulho dos trabalhadores produtivos. Essas políticas e ideologias de vizinhança envolveram tanto mulheres quanto homens. Mas, embora formidáveis em Paris e ferozes em seus ataques à burguesia substancial, esses *enragés* careciam de uma organização nacional coerente. Embora fossem o *povo*, eles não podiam organizar a nação.

Os revolucionários foram divididos entre instituições duais. A elite ideológica, em grande parte da burguesia substancial, controlava as infraestruturas discursivas nacionais nos clubes e na Assembleia/Convenção Nacional. Mas eles compartilharam a administração e o exército com um rei não confiável. Para pressionar o rei, eles precisavam da violência popular, mas isso foi exercido por turbulentas instituições pequeno-burguesas, ligando uma imprensa inflamatória às seções, às unidades semidisciplinadas da guarda nacional e à multidão. A divisão entre essas duas bases organizadas do poder de classe só poderia ser superada pela esquerda jacobina, cuja organização parisiense e nacional apoiava algumas aspirações de ambas as classes. A partir do final de 1792, os sucessos dos jacobinos e o fracasso final se tornaram aqueles da própria Revolução.

A revolução se torna luta nacional

No entanto, mesmo então, a luta de classes não foi *pura*. A questão do direito ao voto foi comprometida com sucesso; o conflito foi contido pela falta de organização nacional da pequena burguesia, permitindo que a elite preservasse a *liberdade* do mercado; e a unidade foi exigida contra os contrarrevolucionários. No entanto, uma segunda fase das relações de poder militares e geopolíticas interveio para intensificar e centralizar a classe e a nação.

Dentro da elite ideológica, o poder mudou de monarquistas constitucionais para jacobinos no final de 1791. Eles responderam às tramas aristocráticas virando os *slogans* de *povo* e *nação* para a esquerda. A nação era uma comunidade de cidadãos livres e independentes, dos quais a nobreza, clero, e provavelmente também o rei deveriam ser excluídos. A propriedade do *émigré* foi expropriada. Nas margens da França, isso fez do conflito nacional e geopolítico, pois a *nação* francesa estava confiscando as propriedades de nobres alemães. Os alsacianos *queriam* ser franceses, mas esse princípio revolucionário da cidadania voluntária revogou a propriedade e direitos de tratados antigos. Os monarcas austríacos e prussianos foram persuadidos (contra o seu melhor julgamento) de que a sua causa era também a de Luís, *émigrés* e nobres alemães. Era o particularismo dinástico contra a nação universal.

O líder *émigré*, o duque de Brunswick, jogou a precaução de lado. Seu manifesto apelava a uma revolta geral contra a Revolução, prometendo misericórdia alguma para Paris, se ela resistisse. Isso fortaleceu a unidade dos revolucionários parisienses, soou o golpe de morte para o rei se o exército *émigré* falhasse, e enfraqueceu os conservadores burgueses. Organizações pequeno-burguesas se mobilizaram para defender a nação. A guarda nacional e os militantes da seção de Paris invadiram as Tulherias em 10 de agosto de 1792. O rei foi pego; a França, declarada uma república; e o sufrágio universal adulto e masculino foi anunciado. Uma comuna pequeno-burguesa permaneceu ao lado de uma convenção liderada por uma elite ideológica que defendia a propriedade. Os brissotinos moderados então buscaram a guerra, acreditando que isso fortaleceria a unidade nacional sob sua liderança, desviaria a agitação popular para a ameaça estrangeira e aumentaria o prestígio do exército. Eles e a corte se quiseram mutuamente em direção à guerra.

Em 20 de setembro de 1792, os exércitos *émigré* e prussiano invasor (os austríacos atrasaram) chegaram a Valmy, um vilarejo no Departamento de Marne, no norte do país. Lá eles encontraram um exército francês representativo da Revolução. Uma seção do antigo exército real estava praticamente intacta, a artilharia burguesa oficial. Ele foi apoiado por batalhões remendados juntos a partir de antigos regimentos da linha e unidades de voluntários revolucionários. Os oficiais de linha que permaneciam leais à Revolução eram em grande parte burgueses, atraídos especialmente de profissões e cidades. Com privilégios nobres varridos, eles podiam esperar uma promoção baseada no mérito e na experiência de combate. Muitos tinham sido recentemente promovidos a partir do estatuto de oficiais não comissionados, raros antes da Revolução. A maioria dos voluntários era lojista, artesã, e profissional liberal de Paris e das outras cidades. A *nação em armas* era burguesa e pequeno-burguesa e altamente letrada (SCOTT, 1978).

Felizmente para a nação, foi uma batalha de artilharia jogada com a força da França. Durante doze horas, os canhões bateram uns nos outros à volta do moinho de vento Valmy. Os franceses mantiveram-se firmes, gritando *Vive la nation*. No final do dia, os prussianos, combatentes relutantes, recuaram para fora da França em boa ordem. A revolução e a nação foram salvas; o destino de Luís, selado. Ele e sua família foram executados em janeiro de 1793. Não havia como voltar atrás nos regicídios. O que quer que tivesse acontecido então, o Antigo Regime havia falecido. *A canonada de Valmy* foi um compromisso militar menor, mas foi um dos pontos de virada da história moderna. Goethe foi uma testemunha ocular. O final do dia o encontrou sentado em meio a soldados prussianos desanimados ao redor de uma fogueira. Ele pensou em animá-los dizendo: "Desse lugar e desse dia começa uma nova era na história do mundo, e você será capaz de dizer, eu estava lá" (BERTAUD, 1970; BEST, 1982: 81).

O significado de Valmy ultrapassou a Revolução. Os cidadãos de uma nação, mobilizados por seu Estado, triunfaram no campo de batalha. Eles repetiram o triunfo um ano depois, quando os austríacos tomaram sua vez. Eles foram repelidos pelo *levée en masse*, uma mobilização em massa de 300 mil a 400 mil soldados, predominantemente artesãos e camponeses com oficiais burgueses. Em 1799, a nação em armas expulsou os invasores pela terceira vez. Durante quinze anos, esse exército foi composto apenas por franceses (mais *legiões de patriotas* de *nações irmãs*), o único exército nacional na Europa. Mesmo entre crises, quando o exército estava menor e profissional, permanecia penetrado por panfletos e clubes, comprometido com *a grande nação*. Volto a ele no capítulo 8.

Com a guerra e o *levée en masse*, os revolucionários recorreram novamente à sua experiência ideológica para emergir com um princípio transcendente coercivo e autorrealizado. Brissot não ganhou o apoio da assembleia, dos clubes, das seções e da guarda nacional com argumentos pragmáticos. Robespierre, opondo-se à guerra, mostrou como esses eram frágeis, como era perigoso confiar em generais cuja lealdade era suspeita, e como a derrota acabaria com a Revolução. Em palavras de aplicação universal, Robespierre argumentou:

> É na natureza das coisas que a difusão da razão deveria prosseguir lentamente. O governo mais pernicioso é fortemente apoiado pelos preconceitos, os hábitos e a educação de seu povo [...]. A ideia mais selvagem que pode se formar na mente de qualquer político é a crença de que o povo de um país, para induzir o povo de outro país a adotar suas leis e constituição, só precisa submetê-los à invasão armada. Ninguém faz acepção de pessoas para com os missionários armados (GAUTHIER, 1988: 31).

Mas a assembleia escolheu a belicosidade como uma declaração de alto princípio emocional para unir facções de poder díspares e proteger a propriedade. De acordo com as atas, a assembleia entrou em erupção quando um deputado girondino gritou que a nação estava pronta para morrer por sua constituição:

> Todos os membros da Assembleia, inspirados pelo mesmo sentimento, se levantaram e choraram: *Sim, nós juramos!* Essa onda de entusiasmo se comunicou a todos aqueles presentes, disparando os seus corações. Os ministros da Justiça e dos Negócios Estrangeiros, os porteiros, os cidadãos, homens e mulheres, presentes na Assembleia, se juntaram a nós com os deputados, se levantaram, agitaram os chapéus, esticaram os braços para a mesa do presidente, e fizeram o mesmo juramento. O grito era: *Viveremos livres ou morreremos. A Constituição ou morte,* e a câmara ressoou em aplausos (EMSLEY, 1988: 42; ênfases no original).

O entusiasmo realmente juntou o princípio ao cálculo. Muitos moderados viram a guerra como uma ativação do princípio do Iluminismo. Como Pocock

(1975) demonstrou, uma noção clássica idealizada de repúblicas de propriedade de cidadãos-soldados há muito tempo circulou entre os intelectuais europeus. Uma milícia cidadã propriamente dita poderia manter o centro contra a monarquia e a multidão. No entanto, pequenas seções burguesas e a guarda nacional também viram a mobilização como um reforço de seu papel na Revolução. A liderança ideológica dos jacobinos, o revestimento de papel entre burguesia e pequena burguesia, criou uma nova e poderosa arma ofensiva, uma nação em armas contra velhos regimes em toda parte. O princípio criativo enfraqueceu seus iniciadores, assim como antes a abolição do privilégio feudal. Contra as expectativas dos brissotinos, a guerra levou a liderança para a esquerda e trouxe para o Estado pequenos comitês de guarda nacional e de seção burguesa. A *nação* havia mudado na composição de classes, agora incluindo a população urbana (masculina). Um novo ator coletivo tinha emergido intersticialmente, pegando de surpresa a maioria dos atores de poder cujas ações o tinham criado.

Então, uma luta se desenvolveu entre direita e esquerda, girondistas e montanheses, facções entre os jacobinos. Até certo ponto, esse foi um conflito de classes, embora entrelaçado e focado na outra grande questão política do período: quanto o Estado deveria ser centralizado ou local-regional. A multidão e as seções parisienses eram essenciais para as concepções esquerdistas da Revolução. Por isso, a direita procurou combater o governo da plebe por meio da descentralização do Estado. Isso era exatamente o oposto da estratégia conservadora dos Estados Unidos depois de sua revolução, onde a resposta ao governo da plebe em estados individuais tinha sido centralizar o poder político. É por isso que o federalismo, em ambos os países conservador, inicialmente significou centralização nos Estados Unidos e descentralização na França. Os girondinos buscavam um estado federal, descentralizado e capaz de proteger melhor a propriedade.

Os girondinos foram prejudicados pelo crescimento da centralização da política desde 1789 e por terem de lutar no coração do seu inimigo, Paris. No entanto, antes de 1789, o Estado francês tinha sido dual, sua monarquia absoluta centralizada, a maioria da administração e dos tribunais de justiça locais-regionais. Embora a assembleia tenha legislado grande parte disso, não podia abolir o localismo de um só golpe. A luta foi equilibrada, mas a guerra inclinou as escalas. Ela fortaleceu as instituições montanhesas parisienses e também a lógica do caso centralista. Os Estados Unidos federais e a Suíça tinham admiráveis liberdades internas, observaram os panfletários, mas eram geopoliticamente fracos. Para resistir à invasão era necessária uma "nação indivisível" (GODECHOT, 1956; 1988: 17-18). Os seus aliados brissotinos agravaram a situação dos girondinos ao vacilarem na sua prossecução da guerra, alguns deles negociando com o inimigo. Acusações de conspiração levaram ao terror, dirigido contra os girondinos, a burguesia substancial e a aristocracia. Os girondinos perderam.

A França foi ainda mais centralizada à medida que a guerra acrescentou a intervenção econômica do governo. Os exércitos tiveram que ser provisionados, como fizeram suas principais bases de recrutamento, as cidades. A elite ideológica restante desejou ainda proteger a propriedade e os mercados livres, mas teve que fornecer o pão para evitar a ira popular. O Comitê de Segurança Pública, liderado por Robespierre, organizou a intervenção econômica e o terror enquanto ainda se faziam de qualquer jeito as divisões de classe. Robespierre declarou: "O Estado deve ser salvo por qualquer meio e nada é inconstitucional, exceto o que pode levar à sua ruína" (BOILOISEAU, 1983: 9). A *república da virtude* exaltou a *pureza* e expurgou a *corrupção*, mas a política foi menos baseada em princípios. Robespierre se guiava entre a liberdade de propriedade burguesa e o radicalismo pequeno-burguês. Deputados jacobinos radicais e destacamentos armados de *sans-culottes* percorriam as províncias para garantir que houvesse suprimentos, organizar ativistas e eliminar os oponentes. Eles foram bem-sucedidos, mas por táticas variadas, aqui pelo terror, ali pela conciliação, de acordo com as exigências locais e suas predileções. O comitê eliminou o que parecia ser a ameaça corrente, então expurgando conciliadores burgueses, então seções, *enragés* e terroristas, aqui impondo o cumprimento da lei de cotas de grãos e preços máximos (prejudicando os agricultores e comerciantes), ali aplicando os máximos salariais (prejudicando trabalhadores e artesãos). Embora eles tivessem mantido os exércitos bem abastecidos, as cidades sofreram.

O apoio dos ativistas foi à deriva e os *sans-culottes* pouco fizeram para deter Thermidor, o golpe de Estado de 1794 que derrubou Robespierre e enfraqueceu fatalmente a elite ideológica. Veio um regime burguês que acabou com a Revolução. As ambiguidades de classe da Revolução finalmente entraram em colapso diante de uma burguesia consciente de classe, sem conexão com o privilégio, exercendo os poderes do Estado-nação centralizado como outrora seus inimigos o fizeram.

A guerra continuou. Furet argumenta: "É a guerra que sobrevive ao terror e constitui o último refúgio de legitimidade revolucionária" (1978: 128). Mas a guerra também tinha mudado essa legitimidade revolucionária, então repousando em um Estado-nação mais forte e centralizado. Sob Bonaparte, sua disciplina militar lhe deu um tom autoritário. Depois de Thermidor, sua administração centralizada também impôs o liberalismo burguês mais diretamente do que na Grã-Bretanha. Depois de 1815, ela provou ser apenas uma diferença de grau, mas foi a fonte de uma divisão duradoura entre os estados capitalistas: por um lado, o modelo anglo-saxão do Estado como centro e locação territorial de uma sociedade civil e nação capitalista; por outro lado, um modelo continental de um Estado mais centralmente organizado, explicitamente nacionalista e ligeiramente mais despótico, estabelecendo e impondo centralmente normas mais capitalistas (BIRNBAUM, 1982). Ainda assim, a monarquia restaurada e a Igreja ressuscitada deveriam lutar muitas batalhas contra esse Estado-nação republicano centralizado antes de ele finalmente triunfar.

Conclusões francesas

Em suas origens, a Revolução Francesa não era nem burguesa nem nacional, nem era dominada por classes. Começou porque o militarismo estatal produziu uma crise fiscal em que a incapacidade de institucionalizar o faccionalismo normal entre a elite do Estado e os partidos privilegiados imobilizou o Antigo Regime inteiro. Isso foi reforçado pelo faccionalismo não resolvido no exército e na Igreja. Em 1789, as defesas segmentares habituais contra a oposição política, motins urbanos e *jacqueries* camponeses, estavam em queda. O confronto direto de classes estava emergindo intersticialmente. Os camponeses fizeram sua revolução de classe cedo e mantiveram seus ganhos. Nas cidades, o poder foi tomado por uma elite ideológica, em parte burguesa, em parte modernizadora do Antigo Regime, mas não do convencional de qualquer uma das classes, e com preocupações distintas do Iluminismo com o princípio moral.

Ao longo dos cinco anos seguintes, essa elite ideológica estatal foi fustigada pela direita pela intransigência ineficaz do rei e da corte, apoiada de forma hesitante por exércitos estrangeiros, e pela esquerda por uma classe pequeno-burguesa cada vez mais forte em identidade e oposição, mas fraca em totalidade política e alternativas. Sob a pressão da elite ideológica, fez descobertas criativas de poder, desenvolvendo ideologias e técnicas de poder transcendentais e baseadas em princípios para aplicá-las. (Eu discutirei isso no capítulo 7.) A interação da elite com as classes intensificou a realidade de um segundo ator de poder intersticial, a nação burguesa e pequeno-burguesa. Isso derrubou a monarquia e forçou a Igreja de volta para uma organização segmentar local-regional. No processo, porém, a unidade da elite ideológica se desintegrou. Sua liderança foi forçada finalmente para uma identidade de classe mais burguesa.

Assim, o conflito *se tornou* definido pela classe e nação, que emergiram intersticialmente entrelaçadas com relações de poder ideológico, militar e político. A luta final entre as frações de classe burguesa substancial e pequeno-burguesa deslocou a elite ideológica e permitiu a vitória de uma burguesia nacional e o fim da Revolução. A França era, e permaneceu, uma nação burguesa – o seu Estado se cristalizando como capitalista e como Estado-nação – quer a sua constituição fosse subsequentemente republicana, imperial ou monárquica.

Como parte do mesmo processo, o Estado francês e até mesmo a identidade francesa mudaram. A ligação entre o Antigo Regime e a burguesia pós-revolucionária foi fornecida pela elite ideológica. Ela se solidificou e se tornou burguesa sob a pressão geopolítica de velhos regimes. Essas mediações garantiram que os elementos absolutistas fossem transmutados na era burguesa na forma de um Estado-nação despoticamente forte. Depois que a guerra derrotou a alternativa federal girondina, a cidadania política foi concebida como centralizada – o oposto da solução americana. Assim, o Estado francês foi capaz de mobilizar sentimentos até um grau até então desconhecido no mundo (como veremos no capítulo 7). A França não era então uma agregação de corporações impositivas particularistas, soldadas entre si pela monarquia e pela Igreja. Era uma sociedade civil capitalista como a Grã-Bretanha, mas com uma sociedade civil mais dependente de um Estado-nação. A Europa tinha então mais do que um modelo de modernização.

Referências

AGULHON, M. (1981). *Marianne in Combat*: Imagery and Republican Symbols from 1789 to 1880. Cambridge: Cambridge University Press.

ANDREWS, R.M. (1985). Social structures, political elites and ideology in revolutionary. Paris, 1792-1794. *Journal of Social History* 19.

BAKER, K.M. (1987). Politics and public opinion under the old regime: some reflections. In: J.R. Censer & J.D. Popkin (orgs.). *Press and Politics in Pre-Revolutionary France*. Berkeley: University of California Press.

BARBER, E.G. (1955). *The Bourgeoisie in Eighteenth-Century France*. Princeton, NJ: Princeton University Press.

BECKER, C.L. (1932). *The Heavenly City of the Eighteenth-Century Philosophers*. New Haven, Conn.: Yale University Press.

BEHRENS, C.B.A. (1985). *Society, Government and the Enlightenment*: The Experiences of Eighteenth-Century France and Prussia. Londres: Thames & Hudson.

_____ (1967). *The Ancien Regime*. Londres: Thames & Hudson.

BEIK, W. (1985). *Absolutism and Society in Seventeenth-Century France*. Cambridge: Cambridge University Press.

BERLANSTEIN, L. (1976). *The Barristers of Toulouse, 1740-1783*. Baltimore: Johns Hopkins University Press.

BERTAUD, J.P. (1979). *La révolution armée*. Paris: Laffont.

_____ (1970). *Valmy*. Paris: Julliard.

BEST, G. (1982). *War and Society in Revolutionary Europe*: 1770-1870. Leicester: Leicester University Press.

BIEN, D.D. (1987). Offices, corps and a system of state credit: the uses of privilege under the Ancien Regime. In: K.M. Baker (org.). *The French Revolution and the Creation of Modern Political Culture* – Vol. I: The Political Culture of the Old Regime. Oxford: Pergamon Press.

_____ (1979). The army in the French Enlightenment: reform, reaction and revolution. *Past and Present*, 88.

_____ (1974). La réaction aristocratique avant 1789: l'exemple de l'armée. *Annales E.S.C.*, 29.

BIRNBAUM, P. (1982). *La Logique de l'État*. Paris: Fayard.

BOILOISEAU, M. (1983). *The Jacobin Republic, 1792-94*. Cambridge: Cambridge University Press.

BOIS, P. (1960). *Paysans de l'ouest* – Des structures economiques et sociales aux options politiques depuis l'époque revolutionnaire dans la Sarthe. Paris: Vilaire.

BONNIN, B. (1987). Un bourgeois em quête de titres et de domaines seigneuriaux: Claude Perier dans les dernières années de l'Ancien Régime. In: M. Vovelle (org.). *Bourgeoisies de Province et Revolution*. Grenoble: Presses Universitaires de Grenoble.

BOSHER, J.F. (1970). *French Finances, 1770-1795*. Cambridge: Cambridge University Press.

BOSSENGA, G. (1986). From corps to citizenship: the Bureaux des Finances before the French Revolution. *Journal of Modern History*, 58.

BOTEIN, S. et al. (1981). The periodical press in eighteenth-century English and French society: a cross-cultural approach. *Comparative Studies in Society and History*, 23.

BRINTON, C. (1930). *The Jacobins*: An Essay in the New History. Nova York: Russell & Russell.

CASSIRER, E. (1951). *The Philosophy of the Enlightenment*. Princeton, NJ: Princeton University Press.

CENSER, J.R. & POPKIN, J.D. (1987). Historians and the press. In: J.R. Censer & J.D. Popkin (orgs.). *Press and Politics in Pre-Revolutionary France*. Berkeley: University of California Press.

CHARTIER, R. (1981). Cultures, lumières, doléances: les cahiers de 1789. *Revue d'Histoire Moderne et Contemporaine*, 24.

CHAUSSINAND-NOGARET, G. (1985). *The French Nobility in the Eighteenth Century*. Cambridge: Cambridge University Press.

_____ (1970). Capital et structure sociale sous l'Ancien Régime. *Annales E.S.C.*, 25.

COBBAN, A. (1964). *The Social Interpretation of the French Revolution*. Cambridge: Cambridge University Press.

COMINEL, G. (1987). *Rethinking the French Revolution*: Marxism and the Revisionist Challenge. Londres: Verso.

CORVISIER, A. (1964). *L'Armée française de la fin du XVIIe siècle au ministère de Choiseul*: Le Soidat. 2 vol. Paris: Presses Universitaires de France.

CROUZET, F. (1970). An annual index of French industrial production in the 19th century. In: R. Cameron (org.). *Essays in French Economic History*. Homewood, Ill.: Irwin.

_____ (1966). Angleterre et France en XVIIIe siècle: essai d'analyse de deux croissances economiques. *Annales E.S.C.*, 21.

CURTIS, E.N. (1973). *Saint-Just, Colleague of Robespierre*. Nova York: Octagon Books.

DANN, O. (1988). Introduction. In: O. Dann & J. Dinwiddy (orgs.). *Nationalism in the Age of the French Revolution*. Londres: Hambledon Press.

DARNTON, R. (1987). The facts of literary life in eighteenth-century France. In: K.M. Baker (org.). *The French Revolution and the Creation of Modern Political Culture* – Vol. I: The Political Culture of the Old Regime. Oxford: Pergamon Press.

_____ (1984). A bourgeois puts his world in order: the city as a text. In: *The Great Cat Massacre and Other Episodes in French Cultural History*. Nova York: Basic Books.

_____ (1979). *The Business of Enlightenment*: A Publishing History of the Encyclopedie, 1775-1800. Cambridge, Mass.: Harvard University Press.

DAWSON, P. (1972). *Provincial Magistrates and Revolutionary Politics in France, 1789-1795*. Cambridge, Mass.: Harvard University Press.

DEWALD, J. (1987). *Pont-St.-Pierre, 1398-1789*. Berkeley/Los Angeles: University of California Press.

DICKSON, P.G.M. (1987). *Finance and Government Under Maria Theresa, 1740-1780*. 2 vol. Oxford: Clarendon Press.

DOYLE, W. (1980). *The Origins of the French Revolution*. Oxford: Clarendon Press.

DURAND, Y. (1971). *Les fermiers-generaux au XVIIIe siècle*. Paris: Presses Universitaires de France.

EISENSTEIN, E. (1986). On revolution and the printed word. In: R. Porter & M. Teich (orgs.). *Revolution in History*. Cambridge: Cambridge University Press.

EMSLEY, C. (1988). Nationalist rhetoric and nationalist sentiment in revolutionary France. In: O. Dann & J. Dinwiddy (orgs.). *Nationalism in the Age of the French Revolution*. Londres: Hambledon Press.

FAVIER, R. (1987). Un grand bourgeois à la fin de l'Ancien Régime: Pierre-Daniel Pinet. In: M. Vovelle (org.). *Bourgeoisies de Province et Revolution*. Grenoble: Presses Universitaires de Grenoble.

FITZSIMMONS, M.P. (1987). *The Parisian Order of Barristers and the French Revolution*. Cambridge, Mass.: Harvard University Press.

FURET, F. (1981). *Interpreting the French Revolution*. Cambridge: Cambridge University Press.

_____ (1978). *Penser la Révolution Française*. Paris: Gallimard.

FURET, F. & OZOUF, J. (1982). *Reading and Writing*: Literacy in France from Calvin to Jules Ferry. Cambridge: Cambridge University Press.

FURET, F. & RICHET, D. (1970). *French Revolution*. Londres: Weidenfeld & Nicolson.

GAUTHIER, F. (1988). Universal rights and the national interest in the French Revolution. In: O. Dann & J. Dinwiddy (orgs.). *Nationalism in the Age of the French Revolution*. Londres: Hanbledon Press.

_____ (1977). *La voie paysanne dans la Révolution Francaise*: l'exemple picard. Paris: Maspero.

GAY, P. (1967). *The Enlightenment*: an interpretation. 2 vol. Londres: Weidenfeld & Nicolson.

GERSHOY, L. (1962). *Bertrand Barère*: Reluctant Terrorist. Princeton, NJ: Princeton University Press.

GODECHOT, J. (1988). The new concept of the Nation and its diffusion in Europe. In: O. Dann & J. Dinwiddy (orgs.). *Nationalism in the Age of the French Revolution*. Londres: Hambledon Press.

_____ (1973). Nation, patrie, nationalisme et patriotisme en France au XVIIIe siècle. *Actes du colloque Patriotisme et nationalisme en Europe a l'époque de la Revolution Française et de Napoléon*.

_____ (1956). *La grande nation*. Paris: Aubier.

GOLDSTONE, J. (1991). *Revolution and Rebellion in the Early Modern World*. Berkeley: University of California Press.

HOMAN, G. (1971). *Jean-François Reubell*. The Hague: Nijhoff.

HUNT, L. (1984). *Politics, Culture and Class in the French Revolution*. Berkeley: University of California Press.

JULIA, D. (1987). The two powers: chronicle of a disestablishment. In: K.M. Baker (org.). *The French Revolution and the Creation of Modern Political Culture* – Vol. I: The Political Culture of the Old Regime. Oxford: Pergamon Press.

KAGAN, R.L. (1975). Law students and legal careers in eighteenth-century France. *Past and Present*, 68.

KATES, G. (1985). *The Cercle Social, the Girondins and the French Revolution*. Princeton, NJ: Princeton University Press.

KENNEDY, M.L. (1982). *The Jacobin Clubs in the French Revolution*: The First Years. Princeton, NJ: Princeton University Press.

KINDLEBERGER, C. (1984). Financial institutions and economic development: a comparison of Great Britain and France in the eighteenth and nineteenth centuries. *Explorations in Economic History*, 21.

KUSCINSKI, A. (1916). *Dictionnaire des Conventionnels*. Paris: Société de l'Histoire de la Revolution Française.

LAMARQUE, P. (1981). *Les francs-maçons aux états-généraux de 1789 et à l'assemblée nationale*. Paris: Edimaf.

LA TOUR DU PIN (Madame de) (1985). *Memoirs*. Londres: Century.

LE BIHAN, A. (1973). *Francs-maçons et ateliers parisiens de la Grande Loge de France au XVIIIe siècle*. Paris: Bibliotheque Nationale.

LEFEBVRE, G. (1973). *The Great Fear of 1789*: Rural Panic in Revolutionary France. Nova York: Pantheon.

_____ (1963). *Études sur la Révolution Française*. Paris: Presses Universitaires de France.

_____ (1954). *Questions Agraires au temps de la terreur*. La Roche-sur-Yon: Henri Potier.

_____ (1924). *Les Paysans du Nord pendant la Révolution Française*. Lille: Librairie Papeterie.

LEMAY, E. (1977). La composition de l'Assemblée Nationale Constituante: les hommes de la continuité? *Revue d'Histoire Moderne et Contemporaine*, 24.

LÉON, P. (1970). L'élan industrial et commercial. In: F. Braudel & E. Labrousse (orgs.). *Histoire économique et sociale de la France*. Paris: Presses Universitaires de France.

LOUGH, J. (1960). *An Introduction to Eighteenth-Century France*. Londres: Longman Group.

LUCAS, C. (1973). Nobles, bourgeois and the origins of the French Revolution. *Past and Present*, 60.

LYONS, M. (1977). M.-G.-A. Vadier (1736-1828): the formation of the Jacobin mentality. *French Historical Studies*, 10.

MALOUET, P.V. (1874). *Memoires*. Paris: Plon.

MARQUIS DE FERRIERÈS (1822). *Memoires*. 2. ed. Paris: Baudouin Freres.

MATHIAS, P. & O'BRIEN, P. (1976). Taxation in England and France, 1715-1810. *Journal of European Economic History*, 5.

MATRAT, J. (1971). *Robespierre, or the Tyranny of the Majority*. Paris: Hachette.

MATTHEWS, G. (1958). *The Royal General Farms in Eighteenth-Century France*. Nova York: Columbia University Press.

McMANNERS, J. (1969). *The French Revolution and the Church*. Londres: SPCK.

MOORE JR., B. (1973). *Social Origins of Dictatorship and Democracy*. Harmondsworth, Middlesex: Penguin Books.

MORINEAU, M. (1980). Budgets de l'état et gestation des finances royales en France au dix-huitième siècle. *Revue Historique*, 264.

O'BRIEN, P. & KEYDER, C. (1978). *Economic Growth in Britain and France, 1780-1914*. Londres: Allen & Unwin.

OZOUF, M. (1987). Public opinion. In: K.M. Baker (org.). *The French Revolution and the Creation of Modern Political Culture* – Vol. I: The Political Culture of the Old Regime. Oxford: Pergamon Press.

_____ (1976). *La Fête revolutionnaire, 1789-1799*. Paris: Gallimard.

PALMER, R.R. (1985). *The Improvement of Humanity*: Education and the French Revolution. Princeton, NJ: Princeton University Press.

_____ (1959). *The Age of the Democratic Revolutions*. Vol. I. Princeton, NJ: Princeton University Press.

_____ (1941). *Twelve Who Ruled*: The Committee of Public Safety During the Terror. Princeton, NJ: Princeton University Press.

PATRICK, A. (1972). *The Men of the First French Revolution*: Political Alignments in the National Convention of 1792. Baltimore: Johns Hopkins University Press.

POCOCK, J.G.A. (1975). *The Machiavellian Moment*: Florentine Political Thought and the Atlantic Republic Tradition. Princeton, NJ: Princeton University Press.

RILEY, J.C. (1986). *The Seven Years War and the Old Regime in France*. Princeton, NJ: Princeton University Press.

ROCHE, D. (1978). *La Siècle des lumières en province*: Academies et academiciens provinciaux, 1680-1789. 2 vol. Paris: Mouton.

RUDÉ, G. (1959). *The Crowd in the French Revolution*. Oxford: Clarendon Press.

SCOTT, S.F. (1978). *The Response of the Royal Army to the French Revolution*. Oxford: Clarendon Press.

SELIGMAN, E. (1913). *La justice en France pendant la Revolution*. 2 vol. Paris: Plon.

SEWELL JR., W.H. (1985). Ideologies and social revolutions: reflections on the French Revolution. *Journal of Modern History*, 57.

SKOCPOL, T. (1979). *States and Social Revolutions*. Cambridge: Cambridge University Press.

SOBOUL, A. (1964). *The Parisian Sans-Culottes and the French Revolution, 1793-4*. Oxford: Clarendon Press.

STAROBINSKY, J. (1987). Eloquence ancient and modern: aspects of an Old Regime commonplace. In: K.M. Baker (org.). *The French Revolution and the Creation of Modern Political Culture* – Vol. I: The Political Culture of the Old Regime. Oxford: Pergamon Press.

TAYLOR, G.V. (1972). Revolutionary and non revolutionary content in the cahiers of 1789: an interim report. *French Historical Studies*, 7.

_____ (1967). Non-capitalist wealth and the origins of the French Revolution. *American Historical Review*, 72.

THOMPSON, J.M. (1936). *Robespierre*. 2 vol. Nova York: Appleton-Century.

TOCQUEVILLE, A. (1955). *The Old Regime and the French Revolution*. Nova York: Doubleday.

TOURNIER, A. (s.d.). *Vadier Sous le Terreur*. Paris: Flammarion.

VOVELLE, M. (1984). *The Fall of the French Monarchy, 1787-1792*. Cambridge: Cambridge University Press.

_____ (1976). *Les Métamorphoses de la fête en Provence, 1750-1830*. Paris: Flammarion.

VOVELLE, M. & ROCHE, D. (1965). Bourgeoisie, rentiers and property owners: elements for defining social categories at the end of the eighteenth century. In: J. Kaplow (org.). *New Perspectives on the French Revolution*: Readings in Historical Sociology. Nova York: Wiley.

7
Conclusão dos capítulos 4-6
A emergência das classes e nações

Muitos saudaram o meio século que começou em 1770 como uma época revolucionária tanto na Europa como nas Américas. Alguns identificam isso com classe e democracia – a "era das revoluções democráticas" é o rótulo de Palmer (1959) – outros com a ascensão revolucionária das nações sobre os dois continentes (ANDERSON, 1983). Alguns países caminharam em direção ao nacionalismo e à democracia; mas a maioria das revoluções não teve sucesso, a Revolução Francesa permaneceu incompleta e a americana foi apenas ambiguamente revolucionária. Com a mudança, esses eventos inspiraram outros regimes a evitar a revolução, se comprometendo com classes e nações em ascensão. Seus compromissos provaram ter um significado histórico mundial, pois foram institucionalizados em formas duradouras. Este capítulo resume o que provou ser a principal fase criativa da história ocidental moderna. As quatro maiores cristalizações do Estado moderno – capitalismo, militarismo, representação, e a questão nacional – foram institucionalizadas juntas. E, longe de serem opostos, classes e nações surgiram juntas, estruturadas por todas as quatro fontes de poder social; e, embora as organizações segmentares e locais-regionais rivais tenham diminuído, elas sobreviveram, se transformaram.

Para explicar tudo isso, parto das três revoluções de poder do período. Em primeiro lugar, a revolução econômica se voltou mais para o capitalismo do que para o industrialismo. Somente na Grã-Bretanha (e em regiões menores da Europa) a industrialização ocorreu então, mas as mudanças do poder distributivo britânico não foram maiores do que em outros lugares. O capítulo 4 mostra como o industrialismo britânico foi moldado por um capitalismo comercial que já estava institucionalizado. Nesse período, a industrialização aumentou muito o poder coletivo e geopolítico somente na Grã-Bretanha. Seu impacto sobre o poder distributivo foi menor em todos os outros lugares: os capitalistas da manufatura e os trabalhadores mal apareceram na minha narrativa. Uma difusão mais ampla do capitalismo agrário, protoindustrial e comercial gerou redes mais densas de organização, bem como novas classes burguesas e pequeno-burguesas, cujo confronto com o Antigo Regime foi a principal luta de poder doméstico do período.

Em segundo lugar, a intensificação do militarismo geopolítico impulsionou o crescimento e a modernização massiva do Estado. Nos primeiros séculos, os gastos do Estado consumiram menos de 3% do Produto Nacional Bruto em tempo de paz, talvez cerca de 5% em tempo de guerra. Na década de 1760, isso tinha aumentado para 10% em tempo de paz e 20% em tempo de guerra (30% na Prússia), e durante as Guerras Napoleônicas subiu de 30% para 40% (cf. tabela 11.3). Quase todo o aumento foi para as forças armadas, tanto em paz como em guerra. A mão de obra militar duplicou em meados do século e voltou a duplicar durante as Guerras Napoleônicas, atingindo 5% do total das populações (cf. tabela 11.6). Essas exações, muito superiores às de qualquer Estado ocidental hoje em dia, são idênticas às das sociedades mais militarizadas de 1990: Iraque nas despesas, Israel na mão de obra. Se considerarmos as transformações que tais compromissos militares produziram no Iraque[8] e em Israel, podemos apreciar o seu impacto na Europa do século XVIII: os estados se tornaram muito mais significativos para os seus súditos; os regimes se tornaram desesperadamente econômicos e modernizados; e os protestos políticos abrangentes – enredados na luta de classes extensiva e política, deslocando a organização segmentar, e na luta nacional, deslocando a organização local-regional. A representação e a questão nacional entraram plenamente na agenda ocidental, produto do crescente militarismo estatal.

Em terceiro lugar, o crescimento entrelaçado do capitalismo e dos estados alimentou uma revolução no poder ideológico, já iniciada pelas Igrejas. Suas demandas conjuntas se expandiram e transformaram as redes de alfabetização discursiva – a capacidade de ler e escrever textos não formais – que então desenvolveram poderes autônomos econômicos. Após a fase liderada pelas Igrejas, a alfabetização discursiva cresceu de duas maneiras. Uma, predominante na Grã-Bretanha e em suas colônias americanas, foi estimulada principalmente pelo capitalismo comercial; a outra, predominante na Áustria e na Prússia, foi estimulada principalmente pelo crescimento das forças armadas e das administrações estatais. A França misturou ambas. Essas rotas capitalistas e estatais para a alfabetização discursiva eram condições prévias para o desenvolvimento da classe e da nação como comunidades extensivas.

Em relação às classes e nações, aderi mais ao *modernismo* do que ao *perenialismo* ou *primordialismo* (para essas distinções da literatura sobre nacionalismo, cf. SMITH, 1971; 1979: 1-14). Uma nação é uma comunidade extensiva interclasse que afirma a sua identidade étnica e história distinta e reivindica o seu próprio Estado. As nações tendem a se conceber como possuindo reivindicações distintas de virtude, e muitas deram mais um passo à frente no persistente conflito agressivo com outras nações *inferiores*. Nações, agressivas ou não, surgiram

---

8. Isso foi escrito antes da Guerra do Golfo de 1990-1991, depois da qual o Iraque foi transformado militarmente de outras formas.

apenas a partir do século XVIII na Europa e na América, e muito mais tarde em outros lugares, como a maioria dos escritores concordaram (p. ex., KOHN, 1944; ANDERSON, 1983; GELLNER, 1983; HROCH, 1985; CHATTERJEE, 1986; HOBSBAWM, 1990). Antes disso, as classes dominantes, mas apenas raramente as classes subordinadas, poderiam se organizar de forma extensiva e política. Como a cultura de classe dominante tinha sido amplamente isolada da cultura das massas camponesas, poucas unidades políticas foram definidas pela partilha da cultura, como ocorre nas nações (cf. volume I deste trabalho; cf. tb. GELLNER, 1983, capítulo 1; HALL, 1985; CRONE, 1989, capítulo 5). Por baixo de uma classe dominante extensiva e política, surgiram redes segmentares particularistas, cujos blocos de construção eram localidades e regiões, não classes.

Essas afirmações genéricas precisam de ser qualificadas. Como vimos no volume 1, a luta de classes poderia se desenvolver em sociedades incomuns como a Grécia clássica ou a Roma republicana primitiva; em outros lugares poderia aparecer se estruturada fortemente por comunidades religiosas. Como observa Smith, a *consciência étnica*, a sensação de que uma população compartilha uma identidade e uma história comuns (geralmente míticas), não era incomum na história prévia, especialmente dada a presença de uma língua, religião ou unidade política compartilhada. Então (como na Inglaterra, com todas as três) poderia surgir um sentido difuso de *nacionalidade*. Contudo, essa era apenas uma entre várias identidades *especializadas*, consideravelmente enfraquecidas por identidades locais, regionais, corporativas e de classe.

Antes da Revolução Francesa, o termo *nação* geralmente significava um grupo de parentes que partilhavam uma ligação de sangue comum. Um termo como *nação política*, encontrado na Grã-Bretanha do século XVIII, se referia àqueles com direito ao voto e da posse de cargos (conferidos por conexões de sangue e propriedade). As nações ainda eram predominantemente (no termo de Smith) *laterais*, confinadas às classes dominantes. Smith também identifica comunidades étnicas *verticais* (ou seja, transversais), que ele afirma serem comuns nas sociedades agrárias, avançando assim uma teoria *perenialista* de compromisso (como faz ARMSTRONG, 1982). Eu geralmente contestei esse perenialismo no volume 1 – e de fato Smith concorda que "o nacionalismo, tanto como ideologia quanto como movimento, é um fenômeno totalmente moderno" (1986: 18, 76-79).

No entanto, eu admito alguma história *pré-moderna* da nação. Identifico duas fases *protonacionais* no desenvolvimento das nações já em curso antes do início do meu período. Eu as rotulo como as fases religiosa e comercial-estatista. Então eu argumento que o *longo século XIX* transformou protonações em nações de pleno direito em duas outras fases, a fase militarista e a fase capitalista industrial. Neste capítulo, discuto completamente a fase militarista, dividindo-a em duas subfases, pré-1792 e pós-1792. A quarta fase, capitalista industrial, está reservada para capítulos futuros; sua história está resumida no capítulo 20.

Na primeira fase, religiosa, a partir do século XVI, o protestantismo e a contrarreforma católica criaram dois tipos de protonação potencial. No primeiro, as Igrejas cristãs espalharam redes de alfabetização discursiva lateralmente pelo alcance de cada grande língua vernácula nativa e (mais variavelmente) para baixo, para pessoas de classe média. Enquanto Chaucer e seus contemporâneos escreviam em três línguas (inglês, francês anglo-normandês e latim), Shakespeare e os seus escreveram só em inglês, uma língua que se tornou totalmente padronizada em sua forma escrita no final do século XVII. Na maioria dos países, o vernáculo escrito do regime e da Igreja se espalhou gradualmente a partir dos países de origem à custa de outros dialetos e línguas, principalmente porque era a língua de Deus. As línguas provinciais e fronteiriças, como o galês e o provençal, foram deixadas às classes mais baixas na periferia. Onde o vernáculo triunfante correspondia aproximadamente aos territórios do Estado como um todo, isso aumentava um pouco o sentimento de comunidade partilhada entre os seus súditos alfabetizados. Em segundo lugar, onde diferentes Igrejas organizavam diferentes estados ou regiões, seus conflitos podiam atingir uma força protonacional mais popular, como fizeram nas guerras da religião. No entanto, ambas as tendências *naturalizantes* eram altamente variáveis, pois a maioria das Igrejas (e toda a Igreja Católica) eram essencialmente transnacionais, enquanto os limites estaduais, linguísticos e eclesiásticos coincidiam apenas algumas vezes.

Se olharmos para a história ocidental teleologicamente, do presente ao passado, então essa fase religiosa de construção da nação aparece como uma imposição massiva de poder ideológico sobre o mundo. No entanto, em si mesma, ela produziu apenas protonações rudimentares. Mesmo na Inglaterra, onde o Estado, a língua e a Igreja provavelmente coincidiram mais do que em qualquer outro lugar, a sensação de ser *inglês* no século XVII ou início do século XVIII ainda era de certa forma limitada pela classe e profundamente infundida pelo protestantismo e por seus cismas. O Estado ainda não era suficientemente relevante para toda a vida social para ser fundido com, e reforçar, uma identidade tão protonacional. No entanto, o legado mais importante dessa fase estava provavelmente no domínio da mobilização do que chamo de *poder intensivo*. As Igrejas haviam sido profundamente implantadas nos rituais do ciclo da vida familiar e do ciclo sazonal da comunidade, especialmente nas aldeias. Ao inculcar a alfabetização, as Igrejas estavam começando a ligar a esfera íntima e moral da vida social com práticas sociais mais amplas e mais seculares. Traçarei o significado crescente dessa mobilização, pois a mais ampla unidade *familiar* acabou se tornando a nação.

Na segunda fase, comercial-estatal, iniciada por volta de 1700, esse senso limitado de comunidade compartilhada foi secularizado ainda mais à medida que o capitalismo comercial e a modernização do Estado militar assumiram grande parte da expansão da alfabetização, cada qual predominando em diferentes tentativas de alfabetização. Contratos, registros governamentais, manuais de exercícios do exército, discussões sobre negócios em cafeterias, academias de oficiais notáveis – todas essas instituições – secularizaram e espalharam ligeiramente para baixo a cultura alfabetizada compartilhada das classes dominantes (como os capítulos anteriores demonstram em detalhes). Uma vez que todos os estados então eram governados por lei, uma *cidadania civil* elementar compartilhada também se difundiu bastante sobre os territórios dos estados, e as religiões compartilhadas difundiram de forma variável solidariedades mais universais. Contudo, sob o capitalismo, a alfabetização discursiva das classes e Igrejas dominantes permaneceu um tanto transnacional, e a *naturalização* permaneceu limitada. O *capitalismo impresso* de Anderson poderia gerar tão facilmente tanto um Ocidente transnacional quanto uma comunidade de nações. A nação ainda não mobilizava a sociedade.

A transformação de tais protonações em comunidades de classe cruzada, ligadas ao Estado, e finalmente agressivas, começou na terceira fase de abrangência deste capítulo. Em 1840, todas as principais potências continham quase-nações, mas de três tipos diferentes. As nações britânicas e francesas continentais reforçaram os estados existentes; elas são exemplos da nação como um reforço do Estado. Na Prússia-Alemanha, a nação era maior do que qualquer Estado existente e estava passando de um papel apolítico para um papel criador de estados (ou pan-Estado). Em terras austríacas, as nações eram menores do que as fronteiras estaduais e se tornavam estados subvertidos. Por que as nações se desenvolveram, mas sob essas formas variadas? A minha resposta se centra na inserção do crescente militarismo dessa terceira fase em diferentes relações de poder econômicas, ideológicas e políticas.

O drama central para as classes foi a Revolução Francesa. O capítulo 6 mostra que essa não foi inicialmente uma luta de classes, mas se tornou o principal exemplo de luta de classes no sentido de Marx – extensiva, simétrica e política. No entanto, foi o único evento de sua época, sendo seu principal emulador a revolta de escravos do Haiti. Na América, o liberalismo capitalista surgiu, mas a revolução foi menos baseada na classe e menos revolucionária socialmente. A Revolução Francesa, a única revolução burguesa a ter sucesso em grande parte pelos seus próprios méritos. As outras foram assistidas pelos exércitos franceses e se desvaneceram quando eles partiram. (Vimos uma sequência semelhante ocorrendo de 1945 a 1989 na Europa Oriental.) Tendo analisado resultados mais moderados de reformas na Grã-Bretanha e na América, e antecipando minha posterior discussão sobre a Alemanha e a Áustria mais conservadoras, avalio em perspectiva comparativa a visão de Marx da luta de classes entre feudalismo e capitalismo e entre o velho regime e a burguesia crescente. Como foi aparentemente possível uma revolução burguesa na França, mas não em outro lugar? Eu defendo que resultados de classe e nacionais tão variados estavam intimamente interligados. Explico a sua emergência conjunta em quatro fases, começando por se focalizar mais nas classes e depois nas nações.

1 Do feudalismo ao capitalismo

Como Marx observou, o capitalismo foi revolucionário, acelerando as forças de produção, primeiro na agricultura e no comércio, depois na indústria, e difundindo suas relações de mercado mais livres e suas relações de produção de propriedade privada absoluta de forma mais universal sobre toda a sociedade civil. O capitalismo também ajudou a difundir a alfabetização discursiva (capitalismo impresso) e suas mensagens ideológicas comuns de forma mais ampla. Poderes coletivos se tornaram revoltosos, de forma bastante uniforme. Nenhum regime poderia sobreviver sem se acomodar aos poderes distributivos do capitalismo, empunhado por suas classes emergentes; suas lutas proporcionaram grande parte do drama do período, incluindo a maior parte da política de representação. Esses argumentos são muito familiares para serem desmentidos.

No entanto, Marx estava errado ao sugerir que a transição do feudalismo para o capitalismo revolucionou o poder distributivo no sentido de trazer um conflito de classes extensivo e político entre *senhores feudais* e *burguesia capitalista*. Na Alemanha (como, mais tarde, no Japão) e, em certa medida, na Grã-Bretanha, esses senhores *se tornaram* na realidade capitalistas na agricultura e no comércio, depois na indústria, mudando a sua base de poder sem convulsões sociais. As tensões de classe permaneceram latentes, por vezes perturbadoras, mas locais e apolíticas. Mesmo onde os senhores desdenharam o capitalismo, o conflito permaneceu surpreendentemente adormecido. Na França do século XVIII, como mais tarde na Áustria-Hungria e na Rússia, os capitalistas burgueses estavam subordinados a velhos nobres, mas reagiram com deferência manipuladora dentro de organizações segmentares e não com hostilidade de classe. De fato, eles chegaram a aceitar o velho regime em parte porque ambos temiam *povo* e *plebe* abaixo. Mas essa não era a preocupação principal que se tornaria em 1848. A falta de tal medo, e de um amplo *partido de ordem*, fez com que a Revolução Francesa fosse possível. Na falta de organizações próprias, os capitalistas burgueses usaram as do Antigo Regime para alcançar seus objetivos. Eles enraizaram suas práticas econômicas e seus filhos e filhas no Antigo Regime, comprando patronato, cargos, títulos e parceiros matrimoniais nobres. Eles não estavam sacrificando riqueza por *status*, mas entrando no regime para garantir os frutos dos cargos do Estado e assegurar privilégios contra as incertezas do mercado.

O argumento pode ser ampliado. O modo capitalista de produção requer apenas a propriedade privada e a concorrência do mercado. Ele tem pouca organização extensiva além das cortes e do mercado e tende a não revolucionar, mas a se acomodar a outras organizações de poder distributivo. Se, digamos, as diferenças étnicas são institucionalizadas como *apartheid*, ou se o patriarcado já está institucionalizado, então os capitalistas os incorporam nos seus cálculos de mercado. Alternativamente, em outras circunstâncias, eles calculam em torno de suposições de igualdade étnica e de gênero. Suas manipulações podem reforçar antigos regimes, *apartheid* e patriarcado, mas os capitalistas não são responsáveis por eles. Se essas organizações de poder distributivo começam a se desmoronar, então os capitalistas se alertam para mudar as suas estratégias manipuladoras de modo a obterem lucros sem elas. O capitalismo não era um transformador tão poderoso das relações de poder distributivo como Marx acreditava – nem qualquer modo de produção econômica.

Em nenhum lugar nesse período a burguesia substancial se concebeu como pertencendo à pequena burguesia em uma luta de classes da burguesia contra um Antigo Regime feudal. A burguesia no sentido clássico de Marx, unindo frações *grandes* e *pequenas*, não era um ator de poder significativo – no próprio período em que deveria ter sido. Embora alguns poucos burgueses substanciais tenham se oposto ao feudalismo, eles o fizeram em aliança com uma facção do Antigo Regime modernizador e não com a pequena burguesia (a menos que as relações de poder não econômicas interviessem, como detalhado mais adiante). Isso não foi um fracasso da consciência de classe, mas da organização de classe. Os capitalistas estavam inseridos na economia política do velho regime, comprando influência da corte ou do Parlamento para ganhar monopólios e privilégios comerciais, adquirindo tributos agrícolas e cargos do governo e usando casamentos para entrar em redes patrão-cliente. Com efeito, essas práticas *corruptas* diminuíram gradualmente, mas mais por pressão dos modernizadores do Antigo Regime que se tornam capitalistas do que por uma burguesia independente. O novo capitalismo manufatureiro se baseava numa infinidade de pequenas empresas ligadas por um mercado difuso. A *burguesia manufatureira* carecia de uma organização impositiva. A burguesia era apenas uma *classe latente*. Aqueles que poderiam ter pertencido a ela não precisavam de classe ou do seu próprio Estado para alcançar os seus objetivos.

Os pequenos capitalistas burgueses demonstraram mais identidade e organização de classe. Como McKendrick, Brewer e Plumb sugeriram em relação à Inglaterra, Soboul em relação à França e Nash em relação às colônias americanas, os pequenos comerciantes, comerciantes e mestres artesãos farejaram a forma como a corrupção e o parasitismo da economia do Antigo Regime subordinavam seu trabalho e os mercados em que vendiam seus produtos aos privilégios. Em crises, esse senso de produção, identidade de classe de mercado e oposição poderia irromper em denúncias políticas de *velha corrupção* e *tramas aristocráticas*. Contudo, as percepções de exploração econômica direta ocorreram mais por meio de relações de mercado do que de produção. Erupções pequeno-burguesas, especialmente se apoiadas pela população mais abaixo, foram mais frequentemente precipitadas por rebeliões pelo pão. Essas foram centradas no mercado, mobilizadas por meio da intensa penetração pequeno-burguesa das suas comunidades locais, auxiliadas por redes discursivas de comunicação por meio de folhetos, panfletos e outros materiais impressos. Isso envolveu famílias, mulheres e homens, organizando localmente, por rua e bairro, mais do que por emprego. A integração da família íntima com a política extensiva (também evidente nas rebeliões de alistamento) deu a tais movimentos uma força moral considerável.

Mas essas erupções de classe tinham objetivos limitados: demonstrar queixa ao Antigo Regime e buscar concessões pragmáticas, não novas estruturas de representação, ainda menos revolução. Elas eram organizadas localmente, embora os tumultos na capital pudessem ser dirigidos ao Estado central, e se o Estado distribuísse ou precificasse o pão, era mais politizado. As rebeliões do pão podiam preocupar, até mesmo desestabilizar, antigos regimes; elas não instituíam os burgueses. Se politizadas, a maioria ficava sob o controle de organizações de poder de classe cruzada centradas na transmissão da alfabetização discursiva (discutida mais tarde). No entanto, como isso ajudou no protesto político e extensivo, também domesticou sua ferocidade moral, diminuiu sua intensidade e estreitou sua base, especialmente ao excluir as mulheres. (Continuo esse argumento nos capítulos 15 e 17.)

Assim, a combinação das organizações econômicas de produção e mercado pode explicar os conflitos de classe latentes mais os intensos protestos locais que podem levar a concessões do regime. Mas não pode explicar uma reforma ou revolução democrática estrutural, ainda menos política, de classes ou extensiva. Os pequeno-burgueses operavam em mercados difusos, cujos amplos parâmetros eram fixados difusamente por seus melhores, com apenas uma ajuda limitada do Estado. O ressentimento que por vezes manifestavam era uma condição necessária para todos os conflitos de classe posteriores, mas não produzia diretamente, *puramente*, o conflito de classes extensivo e político do período. Como os estados não eram centrais na vida econômica, a revolução capitalista não se impulsionou sem ajuda das *nações* populares. Os descontentes pequeno-burgueses lutaram contra o Antigo Regime e pela cidadania; as suas lutas geraram uma consciência *nacional*. No entanto, eles foram incitados a agir à medida que o militarismo e as ideologias intervinham.

2 Militarismo pré-1792

Por que uma classe *deve* se organizar de forma extensiva e política? Marx pensou que isso era óbvio: a organização de classes emergia diretamente das relações de produção. Ele estava errado. Como vimos, a burguesia tinha mais probabilidade de escolher uma organização segmentar do que de classe. Capítulos posteriores revelam mais organização de classe proletária, mas sempre em competição com organizações seccionais-segmentárias ou locais-regionais. No entanto, não deve surpreender ninguém que a organização política por classes também tenha causas especificamente políticas, envolvendo as particularidades institucionais dos estados.

Essas particularidades institucionais agora se centram no militarismo estatal. Em primeiro lugar, discuto a subfase pré-1792, antes da Revolução Francesa e das Guerras Napoleônicas. Tilly (1975; 1990) e eu (no volume 1) temos mostrado que durante séculos as lutas políticas foram estruturadas por crises fiscais induzidas pela guerra. Da mesma forma, vimos que, nesse período, os pequeno-burgueses se organizaram ampla e politicamente apenas quando os estados, pressionados pela força de trabalho e pelas necessidades fiscais da rivalidade das grandes potências, não conseguiram obter recursos por meios institucionalizados e procuraram cobrar novos impostos, empréstimos e contribuições. À medida que a extração estatal aumentava e se tornava mais regressiva, as tensões sociais eram forçadas para o nível político *nacional*. O descontentamento se concentrou nos custos (impostos e serviço militar) e benefícios do Estado (posse de cargos lucrativos, monopólios econômicos, obrigações, e isenções fiscais e de recrutamento). Essas, não a produção e as relações de mercado do capitalismo, constituíram a economia política mais contenciosa do período. Permitam-me esclarecer um ponto: não estou afirmando que esses descontentamentos foram maiores do que o descontentamento nivelado contra a exploração econômica direta; de fato, eles foram quase certamente menores na vida da maioria das pessoas. Mas afirmo que tal descontentamento evocava de forma mais consistente a *política*.

O militarismo também encorajou as elites estatais monárquicas a racionalizar a administração e a atacar os dispendiosos privilégios particularistas que até então os sustentavam. Assim, as lutas políticas começaram com uma elite com poucos princípios e conflitos partidários *dentro* dos antigos regimes. Mais dores fiscais e de conscrição e a oportunidade oferecida pela luta das facções do regime forçou as classes mais amplas pagadoras de impostos a sair de sua indiferença política histórica para questionar a legitimidade do Estado. Se as instituições estatais não poderiam resolver as lutas faccionais de elites-partidos, apareceram pequenos ideólogos e organizações burguesas, ampliando duas exigências dos modernizadores do regime. Eles reivindicavam a cidadania civil para protestar livremente contra a economia política, e quando o protesto era ineficaz, eles exigiam cidadania política.

Somente essa via poderia potencialmente levar à revolução, pois só ela poderia mobilizar a população – trabalhadores urbanos e rurais e pequenos camponeses – por trás das reivindicações dos proprietários. Nem a Revolução Francesa nem a Revolução Americana poderiam ter tido sucesso sem o apoio da população. A revolta dos camponeses franceses de 1789 pressionou os modernizadores do regime de esquerda para a reforma estrutural; os *sans-culottes* urbanos mantiveram a pressão. A plebe urbana americana e os pequenos agricultores forneceram tropas e suprimentos para vencer a guerra e pressionaram os notáveis rebeldes de esquerda durante toda a década de 1780. O seu principal alvo era a economia política – impostos, obrigações e privilégios econômicos, leis de endividamento, monopólios e preços atribuídos pelo Estado. A aliança de classe da pequena burguesia, dos camponeses e, às vezes, dos pobres urbanos era politizada pelas particularidades institucionais dos estados.

As crises fiscais tinham dois componentes. Primeiro, a taxa de aumento das cobranças tinha de ser substancial para causar descontentamento. No entanto, determinadas taxas não produziam uma reação política idêntica. A Grã-Bretanha era o país mais tributado, a Prússia com o maior recrutamento, seguida pela França e Áustria, com as colônias americanas as menos tributadas ou recrutadas. Essa classificação por nível de cobrança não se correlaciona com o grau de ultraje político. As taxas de impostos são preditoras particularmente pobres de revolução ou rebelião no período, pois a maioria das taxas de impostos eram bastante estáveis. A maior parte do aumento das despesas foi financiada por empréstimos.

Portanto, em segundo lugar, o grau em que um Estado institucionalizou conflitos entre elites e partidos também explica a gravidade da crise. Em termos das distinções expressas na tabela 4.1, esses regimes – Grã-Bretanha e Prússia – que tinham uma coordenação infraestrutural centralizada entre as elites estatais e os partidos das classes dominantes podiam conduzir receitas mais elevadas por intermédio dessas instituições, reduzindo as antigas disputas entre as facções do regime. Na Grã-Bretanha, o Parlamento continuava a votar impostos e o banco continuava a levantar empréstimos – um para pagar o outro. As negociações sobre ambos foram institucionalizadas, com a soberania última localizada no Parlamento, onde a elite do Estado, os partidos *de dentro* e *de fora* interagiam. Na Prússia, a soberania estava nas relações entre o rei e os nobres, institucionalizada em todos os níveis dentro da administração estatal. Eles tinham concordado em conjunto em extrair impostos do resto. O rei também podia extrair recursos consideráveis da gestão institucionalizada de seus próprios domínios.

No entanto, na França e nas colônias americanas, as instituições supostamente soberanas do Estado estavam menos enraizadas entre os notáveis locais. Tentativas moderadas de cobrar aumentos (França) ou mesmo suaves (América) atingem partidos notáveis *de fora*, para acabar com seus privilégios ou cobrar novos impostos sobre eles. A Áustria estava no meio. Embora o seu Estado central estivesse pouco integrado entre os notáveis locais, tinha institucionalizado contratos particularistas com notáveis provinciais, nos quais os impostos e o recrutamento poderiam ser aumentados em tempo de guerra, embora apenas até certo ponto.

Os empréstimos, quando levados a uma vasta escala, criavam problemas de equidade distintos. Como os detentores de obrigações abastados eram pagos pela massa dos contribuintes, os empréstimos eram regressivos. Essa situação perdurou para além da própria guerra, e se tornou menos fácil de legitimar. A

Grã-Bretanha e a França pediram emprestado mais do que os outros e, por isso, a esse respeito, suscitaram mais descontentamento em tempo de paz.

Assim, as crises de cobrança eram diferentes entre os estados. As cobranças prussianas eram geridas por instituições fiscais existentes. A Prússia também tinha a Igreja mais estatista entre os países, com pouca base moral de descontentamento na religião. O protesto surgiu, mas foi amplamente expresso *de dentro* do Estado na forma de um movimento de reforma administrativa e na fusão final das duas Igrejas protestantes em uma única Igreja estatal. Isso garantiu novas regras para o acesso ao cargo administrativo (e também às assembleias de representantes locais), fundiu a elite estatal e os partidos de classe apropriados, e isolou suas políticas e moralidade do descontentamento de classe mais amplo. Como o Estado prussiano tomou pouco empréstimo, os contribuintes não estavam subsidiando os detentores de títulos. Na Grã-Bretanha, cobranças substanciais eram feitas pela elite do Estado e pelos partidos *de dentro*, mas os empréstimos regressivos e os impostos indiretos causavam descontentamento entre os partidos *de fora* e *excluídos*. Esses poderiam mobilizar grandes classes emergentes então capazes de organização coletiva, especialmente a pequena burguesia, ideologicamente fundamentada na noção da *constituição protestante*, moralmente reforçada pelos rituais religiosos cotidianos. Mas a sua organização de classe nunca se tornou autônoma, permanecendo dividida entre alianças com partidos *de fora* e mesmo partidos *de dentro* compostos de antigos modernizadores do regime e da plebe abaixo excluída, sua organização religiosa também gerando mensagens morais ambíguas. O resultado foi uma reforma democrática, muitas vezes turbulenta, mas não revolucionária.

As cobranças austríacas acabaram por exceder as capacidades dos acordos provinciais institucionalizados. A crise apareceu como lutas provinciais plurais e não como singular e centralizada. O descontentamento foi pressionado menos pelas classes do que pelas nações regionais (como veremos em breve). Mas os antigos regimes das colônias americanas e da França começaram a se desintegrar sob protesto contra cobranças e reformas fiscais não institucionalizadas, *ilegítimas*, moralmente fundamentadas no descontentamento das Igrejas de nível inferior (França) e das seitas protestantes (as colônias americanas). A pequena burguesia e os camponeses excluídos apareceram então, inicialmente encorajados pelos antigos modernizadores do regime, depois autonomamente.

Sem crise fiscal-militar, o Estado e a política *nacional* não eram suficientemente relevantes para a experiência popular para provocar a luta de classes pela representação. Sem essa politização, os capitalistas poderiam se gratificar de forma segmentada na economia do Antigo Regime, enfraquecendo a organização de classe autônoma. A maioria das pessoas provavelmente preferiria continuar ignorando o Estado. Então, intencionalmente, elas foram *enjauladas*, politizadas, e *naturalizadas* por cobranças fiscais do Estado.

Como na maior parte da macrossociologia comparativa, há poucos casos em que se possam basear generalizações tão abrangentes. No entanto, sinto-me encorajado por variações comparáveis do início do século XX. A essa altura, essas pressões fiscais-militares já não eram o principal mecanismo pelo qual as classes eram politizadas. Mas um mecanismo análogo havia se desenvolvido à medida que a lógica da geopolítica militar havia mudado a extração estatal para a mobilização em massa da força de trabalho. No rescaldo da Primeira Guerra Mundial, o grau de turbulência revolucionária, instigada dessa vez pelo proletariado, variou diretamente com a gravidade da ruptura do regime na guerra de mobilização de massa. Entre essas duas grandes fases revolucionárias da história ocidental, a Comuna de Paris e a Revolução Russa de 1905 resultaram de pressões comparáveis. Com exceção da Revolução de 1830 na França e nos Países Baixos e de algumas revoluções fracassadas de 1848[9], todas as revoluções ocidentais tiveram um mecanismo de desencadeamento semelhante: a geopolítica militar colocou pressões de classe – primeiro fiscais, depois de mão de obra – sobre as instituições estatais. Dados os caprichos da história e a singularidade dos casos, essa é uma relação tão consistente como a que encontramos na macrossociologia.

Muitos desses mesmos processos também impulsionaram as primeiras *nações* para além do nível protonacional para uma autoconsciência de classe cruzada. Aqueles capazes de resistir às cobranças estatais eram proprietários; mas o seu número estava então excedendo as capacidades das tradicionais políticas segmentares particularistas, que em qualquer caso não respondiam prontamente às suas exigências. Eles se voltaram para os gritos de mobilização universal, como *povo* ou *nação*. Se a crise fiscal fosse evitada, como na Prússia, esses mal apareciam. Onde o compromisso fiscal ocorreu, como na Grã-Bretanha, sua importação radical poderia ser enfraquecida. Mas na América, e ainda mais na França, as crises fiscais politizaram *povo* e *nação*. Tanto na Grã-Bretanha como na França, a nação foi assim reforçada pelo Estado. *Nação* alargou o seu significado de sangue para cidadania. No entanto, manteve as metáforas familiares – a nação se tornou *terra-mãe* ou *pátria natal* para todos, unidos em uma única família nacional, juntamente com outras famílias nacionais. Em vez de reis, nobres e clérigos simbolizando a família de parentes, na Revolução Francesa eles foram formalmente excluídos da família dos cidadãos. O Abade Volfius declarou: "O verdadeiro patriotismo é aquela comunidade política onde todos os cidadãos, protegidos pelas mesmas leis, unidos pelos mesmos interesses, gozam dos direitos naturais do homem e participam da causa comum" (KOHN 1967: 43).

---

9. A Revolução Francesa de 1848 não foi causada assim, nem a maioria dos distúrbios alemães; mas os distúrbios mais graves, nas terras austríacas, foram principalmente uma crise fiscal-constitucional (cf. capítulo 10) e o cartismo na Grã-Bretanha foi parcialmente causado assim (cf. capítulo 15).

As crises fiscais impulsionaram o que se poderia chamar de *surgimento de classes-nações*. Assim, as nações autoconscientes nasceram essencialmente da luta em direção a um governo representativo. Quaisquer que sejam as atrocidades cometidas mais tarde em nome da nação, não devemos esquecer que o seu surgimento se deu com aqueles ideais democráticos desse período que mais valorizamos hoje.

Contudo, o lado negro da nação surgiu precisamente porque os ideais democráticos nasceram da guerra. Sem as pressões do recrutamento, dos impostos de guerra e empréstimos de guerra regressivos, o *povo* teria permanecido apolítico, contente em ignorar amplamente o Estado. Agora um *povo* limitado estava no controle parcial do Estado – mas a principal função do Estado era fazer a guerra. Assim, a nação se tornou um pouco mais agressiva. A política externa não podia permanecer tão limitada, dinástica e privada. A luta do século XVIII entre a Grã-Bretanha e a França se tornou supercomandada por grupos de pressão extrarregimes e manifestações patrióticas, embora as cobranças estatais também trouxessem oposição popular à guerra. As redes de alfabetização discursiva geraram estereótipos das virtudes e dos vícios nacionais do inimigo (como indicam Newman e Colley, referidos no capítulo 4). As nações tinham as qualidades individuais e eram amadas e odiadas. O nacionalismo agressivo não tinha ido longe em 1792, mesmo nesses países, mas tinha surgido.

Também a parte pré-1792 da fase militarista começou a gerar uma complicação importante e duradoura. O impulso para a cidadania política criou tanto uma questão representativa como uma questão *nacional*, bifurcando as nações naquelas que reforçam ou subvertem o Estado. A Grã-Bretanha continental e a França foram exemplos do primeiro; o caso austríaco exemplifica o segundo. A crise fiscal austríaca foi distinta, não em sua escala, mas em suas consequências organizacionais. A maioria das despesas militares derivou dos impostos conhecidos como as *contribuições militares* das chamadas províncias históricas; a maior parte do resto foi emprestada (DICKSON, 1987). Mas as fórmulas das contribuições (geralmente fixando o número de tropas que podiam ser levantadas) se revelaram insuficientes, e o crédito da monarquia era pobre (declarou falência em 1811). Exigências mais elevadas tiveram que ser negociadas por meio da pesada estrutura confederal das dietas e administrações provinciais. Portanto, os dissidentes austríacos se organizavam por região.

Os *slogans* de *não tributação sem representação* provêm de notáveis entrincheirados nas assembleias e administrações provinciais. De fato, na década de 1780, José II tinha provocado os dois primeiros movimentos *patrióticos* na Europa – um na província economicamente mais avançada, a Holanda austríaca, o outro em uma das mais atrasadas, a Hungria. O que eles compartilharam foi uma poderosa organização política provincial, na Holanda entre todas as classes mais abastadas, na Hungria confinada à nobreza. Até então só as chamadas nações históricas (ou seja, das autonomias políticas) organizaram a dissidência. De atores regionais tão diversos surgiriam as primeiras nações que subvertiam do Estado.

Essa primeira fase militarista da emergência de nações autoconscientes foi construída sobre as duas fases protonacionais. Por exemplo, os movimentos provinciais austríacos não surgiram do nada – eles ressoaram em meio aos antigos Magiar, Boêmia, Morávia e outras nobrezas e Igrejas similares (com a adição de burgueses na Holanda austríaca e camponeses mais ricos e outros estratos intermediários intermitentemente em outros lugares). Mas o que era distintivo nesse período (e aqui me afasto da teoria *perenialista* do nacionalismo de Anthony Smith) era o crescimento exponencial da nação vertical existente ao longo das fronteiras de classe. As nações de classe cruzada eram impulsionadas mais pelas forças armadas dos estados do que pelas suas cristalizações capitalistas. Como as pressões fiscais-militares atingiram os estados mais direta e uniformemente do que o capitalismo comercial ou industrial, as nações apareceram em meio a todas elas com instituições políticas regionais, não apenas nas mais avançadas economicamente. As nações apareceram sob diferentes disfarces porque as instituições estatais eram diferentes: reforçadoras do Estado, como na Grã-Bretanha; subversivas do Estado, como na Áustria. Mas as nações emergentes partilhavam com as classes um novo ponto em comum emergente: Elas mobilizavam ideologias invulgarmente fervorosas. Como isso teve um impacto considerável, ainda que variável, no militarismo pós-1792, faço uma pausa para discutir o poder ideológico.

3 Poder ideológico

Mesmo quando inflamados pelas consequências fiscais e constritivas do militarismo, a pequena burguesia e o *povo* ainda precisavam de mais recursos organizacionais. Para lutar com sucesso como classe ou nação é necessário um sistema de significado que incorpore valores, normas e práticas rituais e estéticas fundamentais. Isso requer ideologia no duplo sentido de moral coletiva imanente e uma mensagem transcendente para conferir moralidade à própria identidade coletiva, negá-la ao oponente, totalizar a luta e conceber uma sociedade alternativa digna da luta. De fato, a força moral das classes e, especialmente, das nações, tem sido perfeitamente evidente. As teorias da sociedade *movidas por interesses* – como o marxismo ou a economia neoclássica ou a teoria da escolha racional – não podem explicar por que os membros de organizações coletivas como classes e nações são varridos por intensas emoções coletivas, quebram fortes *tabus* sobre tortura, matança, até mesmo genocídio, e sacrificam suas próprias vidas nas barricadas ou trincheiras. A única tentativa séria de explicar a força emocional do nacionalismo veio das escolas *primordialistas* e *perenialistas* – o nacionalismo é tão forte porque é tão antigo, tão profundamente enraizado (ARMSTRONG, 1982; SMITH, 1986). Mas eu não acredito que isso seja correto.

    Reivindico fazer um pouco melhor. Digo *um pouco melhor* porque uma explicação completa requer uma análise mais rigorosa da esfera íntima da vida social do que aquela aqui empreendida. Vemos nesse volume que classes e nações extensivas possuem mais fervor moral, mais paixão, quando podem também mobilizar as redes mais *intensivas* de seus membros. Acompanharei um declínio no fervor das classes proletárias quando suas raízes se afastaram da família e da comunidade local em direção às relações empregatícias. Nesse período inicial, como vimos (e veremos novamente no capítulo 15), o protesto das classes baixa e média foi mais apaixonado e tumultuoso quando a exploração era de famílias, quando dizia respeito a homens e mulheres juntos, e quando sua organização era fundamentalmente a da rua, aldeia e vizinhança. O protesto foi mais apaixonado porque a injustiça dos preços do pão, das vendas regressivas e dos impostos sobre a terra, e do alistamento, dizia respeito imediatamente não apenas a si mesmo, mas também a entes queridos íntimos. A família era o principal agente moral e emocional porque era o local da maior parte da socialização, incluindo o encadeamento e a canalização social do amor e do ódio. O nacionalismo, em qualquer lugar, também gerou uma família fictícia: A nação é suposta, erroneamente, ser uma comunidade de descendência; é também a nossa mãe ou pai simbólico. Acredito que o fervor moral do nacionalismo deriva da sua capacidade de ligar família, comunidade local e terreno nacional extensivo.

    A organização familiar e comunitária intensiva pode gerar fortes emoções, talvez incêndios ou tumultos, mas não uma ampla solidariedade entre toda a classe e nação. Essa intensidade deve ser mobilizada por organizações de poder mais extensivas. É aqui que as duas primeiras fases protonacionais da nação provaram ser tão significativas. As Igrejas há muito dominavam as ligações entre família, vizinhança e a arena do poder extensivo. Durante muito tempo monopolizaram a moralidade social formal; seus rituais se centraram nos estágios do ciclo de vida individual e familiar (batismo, casamento, morte); a *classe* e o descontentamento regional haviam sido expressos por meio da mobilização herética e cismática dos albigenses para a Guerra Civil inglesa. Mais recentemente, as Igrejas tinham se tornado os principais instrutores de conhecimento socialmente útil, patrocinando a alfabetização em massa. Essa instrução era também moral porque o seu principal instrumento, o livro, permaneceu dominado pela Bíblia, homilias e sermões.

    As hierarquias das Igrejas estavam muito estreitamente associadas a antigos regimes para encorajar diretamente as identidades de classe ou nacionais, mas os regimes de Henrique VIII a Napoleão desapropriaram a terra da Igreja e substituíram o direito real pela lei canônica. Então eles também estavam invadindo a educação eclesiástica. As relações de poder protonacional mais extensivas estavam sendo secularizadas. Os membros da Igreja que eram influentes nos estados eram cada vez mais vistos como seculares e imorais, frequentemente por seus próprios subordinados clericais ou paroquianos, como eram os bispos franceses e ingleses do final do século XVIII. Os inovadores religiosos do século XVIII e as seitas dissidentes estavam geralmente menos interessados na transformação doutrinária da Igreja, mais preocupados com a melhoria social local do que tinham sido os seus homólogos anteriores (o jansenismo seria uma exceção a isso). O grande despertar, o metodismo, os *curés* alienados das aldeias francesas – todos estavam vinculando suas preocupações morais às práticas sociais populares enquanto realizavam religiosamente os rituais que as implantavam nos ciclos familiares e comunitários. A religião tinha começado o retiro para as relações de poder local-regional que traço em capítulos posteriores, mas estava deixando um grande legado de comunicação moral entre a família, a localidade e relações de poder mais vivas.

Na segunda fase protonacional, o capitalismo comercial e os estados militares deslocaram as Igrejas como o principal comunicador de mensagens entre o nível intensivo e o mais extensivo de poder. No entanto, nenhuma das organizações impositivas se mostrou adequada para a tarefa. O capitalismo comercial forneceu apenas pequenas organizações produtivas ligadas por um mercado difuso e amoral. A crescente organização impositiva do Estado militar foi experimentada como exploradora e imoral. Assim, tanto o capitalismo quanto o Estado se mobilizaram menos diretamente, principalmente pelas redes em expansão de alfabetização discursiva que haviam gerado. A escrita, a leitura e as redes de assembleias orais se tornaram as principais ligações entre o intensivo e o extensivo, entre o instrumental secular e a moral sagrada; e, como as Igrejas e a religiosidade continuaram influentes, uma disputa ideológica entre as moralidades religiosas e seculares prosseguiu dentro dessas redes. Surgiu uma *intelligentsia* disputada, fornecendo recursos de poder ideológico para o desenvolvimento nacional e de classe. Como vimos, suas ideologias não eram apenas avançadas como princípios científicos; elas eram extraordinariamente moralizadoras.

Os capítulos anteriores mostram que grande parte da ideologia e liderança dos movimentos de classe e nacionais em ascensão veio de fora da pequena burguesia, especialmente onde eles se tornaram radicais. Eu avaliei os antecedentes sociais dos radicais. Eles são caracterizados por essa lista de ocupações de uma célula Vonckist (patriotas radicais na Holanda austríaca) reunida pela polícia de Bruxelas nos anos de 1780: oito advogados, quatro médicos ou boticários, um arquiteto, três comerciantes, três rentistas, três fabricantes de perucas, três proprietários de cafés, dois tipógrafos e três padres (PALMER, 1959, volume I: 353). Somente os comerciantes e os rentistas parecem estar no coração das grandes classes sociais, e estavam divididos igualmente entre a burguesia e o Antigo Regime. Essa pode ser realmente uma burguesia em ascensão? Os outros patriotas eram todos, pelo menos, ideólogos semiprofissionais. O seu trabalho pressupunha uma alfabetização e uma aprendizagem discursiva; as suas premissas eram vitais para as redes de comunicação. Os fabricantes de perucas (radicais ativos em vários países) me intrigaram até que percebi que suas lojas (como cafeterias e tabernas) armazenavam jornais e panfletos para serem lidos e discutidos durante o longo processo de encaixe das perucas. Os capítulos 5 e 6 mostram que os líderes revolucionários na França e na América eram extraordinariamente bem-educados. Muitos revolucionários franceses tinham escrito ensaios apolíticos e obras literárias. Muitas organizações políticas eram *literárias* – os panfletos, as petições em massa, as redes de redação de cartas, as sociedades de correspondência, os dispositivos oratórios dos revolucionários. Esses radicais parecem menos burgueses do que *literati*, uma *intelligentsia* no sentido de um estrato distinto de intelectuais moralizadores.

Uma vanguarda ideológica liderou burgueses e algumas nações – um cenário bastante leninista. Parafraseando Lenin sobre a classe trabalhadora (discutido no capítulo 18): Deixada a si mesma, a burguesia só era capaz de economicismo – no século XVIII de deferência manipuladora segmentar. A consciência revolucionária, disse Lenin, pressupõe a liderança de intelectuais de vanguarda de fora da classe. Ele não explicou de onde eles vinham. O marxista Lucien Goldman (1964) tentou fazer isso. Embora a contradição entre os modos de produção subjacentes às crises sociais, acreditava Goldman, ela foi melhor articulada não pela classe em ascensão, mas por intelectuais experimentando *a máxima consciência possível* em virtude de sua posição de exposição e seu papel ideológico profissional. Mas, diz ele, a classe em ascensão se apropriou então de suas ideias e os dispensou. Esse argumento precisa ser ampliado porque as contradições não eram meramente econômicas. Uma vanguarda ideológica poderia articular melhor a experiência e as necessidades de outros atores do poder (econômicos, militares e políticos), mas sua ideologia foi então apropriada por eles. Alternativamente, poderíamos creditar à vanguarda um poder autônomo: suas ideias e soluções foram formuladas e impostas a partir de suas próprias redes discursivas e não a partir das contradições de classes ou estados.

Explorei os dois argumentos rivais mais completamente ao discutir a Revolução Francesa. Ambos tiveram alguma força, variando entre países. Os *slogans* e princípios dos ideólogos foram adotados como soluções plausíveis para os problemas reais dos atores do poder econômico, militar e político. No entanto, o recurso à ideologia também envolveu dois poderes emergentes conferidos pela expansão das redes de alfabetização discursiva.

1) Os princípios dos ideólogos eram *transitórios*, transgredindo a natureza essencialmente particularista e segmentar dos antigos regimes. O conhecimento era universal: os mesmos princípios podiam ser aplicados em toda a experiência humana a problemas filosóficos, morais, estéticos, científicos, sociológicos ou políticos. As redes discursivas difundiam não só a reconstrução racional, mas também a moral. Os antigos regimes eram conscientes do perigo e censurados, licenciados e apadrinhados, procurando isolar cada infraestrutura e prevenir a

transitoriedade. O Antigo Regime seria modernizado com segurança se os advogados se confinassem aos tribunais, se a alfabetização camponesa e pequeno-burguesa significasse melhores contas e contratos, se a escolarização na Igreja aumentasse a leitura das homilias, se os jornais afixassem as chegadas dos navios e as *communiqués* oficiais. O clientelismo particularista, a corrupção e a coerção poderiam disciplinar cada infraestrutura segmentar. Mas o isolamento não teve êxito; as infraestruturas do século XVIII continham três transitividades:

a) A especialização tornou o conhecimento moralizante generalista. Homilias e sermões diziam respeito à moralidade social ampla, não apenas ao dogma. Homilias, sermões, romances, ensaios sociais, panfletos sobre tudo – todos desfrutaram de vendas em massa. Questões de sentido e moralidade social estavam entrelaçadas em teologia, em filosofia, em poesia cuja métrica era adaptada ao vernáculo nativo, em histórias satíricas de grande circulação como o *Cândido*, e em pinturas satíricas, reproduzidas com novas técnicas de impressão, como a de Hogarth. A formação jurídica se entrelaçou com a educação humana de um cavalheiro, e os conceitos legais se tornaram direitos universais. Jornais discutiam e anunciavam tudo.

b) A alfabetização discursiva se difundiu por meio e a partir do Antigo Regime. Os modernizadores do regime articularam ideologias reformistas em disputas com facções conservadoras nas cortes, nos tribunais de justiça, nos parlamentos, na administração estatal, nas academias e salões, nos corpos de oficiais e nas Igrejas. Se a sua disputa faccional não podia ser institucionalizada, eles apelavam para baixo para obter apoio. Seitas religiosas, cafés, tabernas, algumas academias e a venda de jornais e panfletos a 5 mil intermediando agricultores, mestres artesãos, comerciantes, professores, padres, funcionários, oficiais e mulheres mobilizados.

c) Redes de alfabetização discursiva utilizaram pontos de referência comparativos, relativizando práticas sociais. As redes de religiosos, especialmente protestantes e puritanos, exortaram os membros a viver a vida simples e sem adornos das primeiras comunidades cristãs. O Iluminismo secular praticou a antropologia cultural, comparando a Europa, suas colônias e seus contatos com outras culturas. Como os ingleses, os franceses, os americanos, os persas (as *Cartas persas* de Montesquieu), até mesmo o modo como os índios Huron (em o *Ingênuo* de Voltaire) supostamente se comportavam foi considerado relevante para a forma como devemos nos comportar. De fato, esses supostos retratos factuais eram na verdade traços morais e políticos. Os Huron não eram tão ingênuos, tão naturalmente virtuosos. A questão de Voltaire é que *nós* devemos renunciar ao luxo, ao engano e à corrupção. Portanto, as redes de alfabetização desmascararam o que Bendix (1978) denominou de *sociedades de referência* alternativas. As revoluções americana e francesa forneceram então duas sociedades de referência particularmente atraentes ou pouco atraentes (dependendo da perspectiva de cada um) para a modernização política.

No entanto, a transitividade variou entre infraestruturas ideológicas e segundo a intensidade da crise fiscal-militar. A transitoriedade das infraestruturas religiosas, embora com implicações políticas, geralmente parou, sem que houvesse uma política de classe ou nacional explícita. A alfabetização da Igreja Galicana, o grande despertar nas colônias americanas e o crescimento do metodismo inglês, tudo isso democratizou implicitamente a religião, conferindo o conhecimento final ao indivíduo e a moralidade final em uma família e comunidade local melhorada e dessacralizando as hierarquias do Antigo Regime. Em qualquer caso, as invasões do Estado no ensino secundário e no direito de família e a apropriação da propriedade da Igreja também dessacralizaram a hierarquia. A Igreja Católica evoluiu para ser uma confederação transnacional de redes de poder local e regional, intensamente implantada na vida familiar e comunitária, dominando rituais do ciclo de vida familiar e do ciclo sazonal da comunidade rural, e controlando a maior parte da educação elementar. As Igrejas protestantes minoritárias fizeram o mesmo, embora as Igrejas protestantes estabelecidas tenham mantido um maior estatismo. As ideologias populares permaneceram assim mais suscetíveis à influência religiosa do que os intelectuais do Iluminismo realizaram. Mas essa influência poderia não apenas reforçar os antigos regimes.

As infraestruturas estatais austríacas e prussianas geraram ideologias como o cameralismo e o *absolutismo esclarecido*, atacando o particularismo das Igrejas, aristocracias e corporações privilegiadas, mas limitadas pelo absolutismo. A *intelligentsia* às vezes propôs reformas radicais, mas raramente as disseminou a potenciais movimentos de classe. Elas não se tornaram populares ou *nacionais*. Assim, a transitividade estatista era limitada.

As rotas capitalistas estatistas e comerciais se cruzavam na prática jurídica. Surgindo do controle real, a prática jurídica cada vez mais se referia aos contratos civis e a retórica generalizava isso. Direitos e liberdades residiam menos em costumes particulares de corporações e comunidades, mais em direitos universais de propriedade e pessoa. Embora incorporados ao estatismo austríaco e especialmente ao prussiano, os advogados foram importantes na reforma moderada: nas fases iniciais da reforma inglesa e da Revolução Francesa e na Revolução Americana. Na sua prática, advogados americanos, britânicos e franceses sentiram o choque entre antigos e novos modos de produção e regimes políticos (embora raramente o tenham articulado). Eles articulavam uma espécie de *meia ideologia* – meio oposicionista, meio de princípio. Mas à medida que os regimes aprenderam a lidar com o capitalismo, incorporaram isso às práticas de instituições estatais como a Suprema Corte dos Estados Unidos, o Código Civil de Napoleão ou o *rechtstaat* prussiano. Na década de 1840, a lei havia perdido seu papel desestabilizador e semi-ideológico e apoiado os novos regimes.

O capitalismo comercial era o principal gerador da maioria das outras infraestruturas de alfabetização discursiva – redes de discussão (academias, círculos de leitura, tabernas e cafés), jornais, panfletos e revistas, e a mídia literária. Na Grã-Bretanha, especialmente quando forçadas pela moralização religiosa, elas disseminaram o reformismo e a *melhoria* entre as classes, um programa pragmático de realização pessoal e de reforma social e política. Onde o capitalismo comercial se tornou entrelaçado com o absolutismo militar, na Europa continental ocidental, o programa do Iluminismo propriamente dito emergiu – metáforas da luta justificando mudanças sociais baseadas em princípios para uma forma melhor da sociedade. Seus lemas eram a transitividade do conhecimento, o *Sapere aude* (Atreva-se a conhecer) de Kant, o *Ecrasez l'infame* (Esmague a infâmia; ou seja, a superstição) de Voltaire. Ela combinava política comparativa, sociologia e ética, encorajando a propagação descendente da razão cultivada e moralizadora. Não trazia mensagens de classe explícitas, e seu radicalismo era limitado pelo absolutismo; mas onde a crise fiscal se aprofundou fora do controle institucionalizado pela elite prática e pelos políticos partidários, como na França, o Iluminismo gerou ideologias alternativas, baseadas em princípios, abraçadas por uma *intelligentsia* profissional.

A alfabetização discursiva foi gerada primeiro pelas Igrejas e depois pelos estados e pelo capitalismo, mas desenvolveu uma transitoriedade de poder emergente. Sem isso, as tensões isoladas da modernização da Igreja, da economia, dos militares e do Estado poderiam permanecer segmentares, separadas umas das outras. Os burgueses reclamando do privilégio econômico podiam acreditar que não havia alternativa à deferência manipuladora, os aristocratas liberais podiam recuar para melhorar suas propriedades, os clérigos missionários podiam adotar o retiro e a meditação jansenista. Lembre-se de Vadier, o notável advogado-soldado da pequena cidade descontente, que leu textos do Iluminismo e se dirigiu para a política, para eventualmente se tornar o chefe da polícia da Revolução. A transição se tornou uma arma ideológica potente. Os ideólogos podiam encontrar aliados para atacar antigos regimes, expor suas corrupções particularistas a princípios morais, mobilizar sentimentos democráticos, e relativizar tradições sagradas.

As classes e as nações emergentes eram na verdade bastante díspares. O movimento de pequenos burgueses compreendia pequenos comerciantes, lojistas e pequenos negociantes e intermediários, profissionais menores, pequenos fabricantes, mestres artesãos e artesãos. Suas relações de produção eram diversas e segmentadas. A maioria era de empreendedores independentes, com pouca mão de obra, mas muitos profissionais menores (professores, jornalistas, advogados, panfletários) eram empregados, e muitos artesãos eram empregados por outros artesãos. Apenas uma identidade de classe limitada, ao lado de identidades seccionais e segmentares, poderia derivar de tais relações para os meios de produção. Muito mais identidade de classe foi gerada pela crise fiscal. Mas a transitoriedade das infraestruturas ideológicas encorajou noções morais e de princípio de conflito sistêmico entre antigas e novas sociedades, entre particularismo, dependência, sofisticação, ociosidade e corrupção do feudalismo e a independência robusta, honestidade e o trabalho árduo das classes trabalhadoras e a nação. Os contemporâneos geralmente dividiam a burguesia em classes trabalhadoras ou intermediárias; mas o entrelaçamento de classes em ascensão com crises políticas fiscais e infraestruturas ideológicas poderia, por vezes, torná-las uma comunidade, uma classe e uma nação.

As classes, mesmo quando geradas pelo capitalismo, não são *puras*. Os atores de classe desse período não eram meramente econômicos, mas foram criados pelo entrelaçamento das relações de poder ideológico, militar e político em uma espécie de *trialética* entre classe, crise fiscal-militar e princípios ideológicos. Os ideólogos ajudaram a integrar a experiência díspar das famílias *intermediárias* em uma pequena burguesia coerente. A batalha entre velhas e novas formas de sociedade foi associada principalmente por meio de organizações ideológicas, não econômicas, e a primeira autonomia emergente do poder ideológico foi além da noção reducionista de Goldman de *máxima consciência possível*. A *intelligentsia* não se limitou a ajudar uma classe e uma nação existentes a desenvolver uma moral imanente. Ela também ajudou a imaginar e assim criar essa classe e nação.

2) Somente em raras crises revolucionárias, quando a política prática falhava, surgiu um segundo poder ideológico emergente – uma vanguarda ideológica com poderes sobre outros atores de poder. Os ideólogos tinham confiança no conhecimento superior, nos princípios e na moralidade. Moralidade, ciência e história estavam do seu lado; eles desprezavam os pragmáticos e os desbravadores. Os políticos práticos sabiam que não os princípios, mas os compromissos, as corrupções e a coerção governavam o mundo. Mas à medida que a crise fiscal-militar se agravou e o regime se recusou a ceder, suas habilidades práticas de institucionalização se tornaram obsoletas, recorrendo cada vez mais a princípios e àqueles que os empunhavam. O privilégio *poderia* ser abolido, a nação convocada às armas, a superstição abolida – declarando-a. É verdade que a retórica de Barnave, Brissot, Danton e Robespierre era muitas vezes calculada. Mas com a política prática em suspensão, eles possuíam um poder ideológico distinto – a capacidade de mover as pessoas para ações de autorrealização, invocando princípios e emoções que fluem entre as infraestruturas escritas e verbais geradas pela crise.

A multidão, o panfleto e as regras clássicas de composição e retórica se juntaram nas assembleias revolucionárias francesas enquanto discursos, moções e galerias interagiam em meio a emoções intensas. Aqui o enunciado de princípio alcançou um conteúdo emocional, ritualístico e ético que teria sido ridicularizado em situações não revolucionárias. Foi longe demais, mesmo na França. Para Robespierre e Saint-Just, a busca da *virtude* e da *pureza* se tornou obsessiva, contribuindo para a sua queda. Muitas vezes rejeitando compromissos práticos, eles eram suspeitos de conspirar para a ditadura, mas permaneceram curiosamente passivos enquanto o golpe termidoriano se desenvolvia contra eles.

Assim, o segundo nível de poder ideológico na França e às vezes na América repousava sobre a capacidade de mover pessoas com princípios autorrealizadores. Os ideólogos manipularam e coagiram moralmente os seguidores em passos declarativos ousados, iniciáticos, pontos passados sem retorno, dos quais o recuo era difícil. Uma vez que o privilégio foi declarado abolido, nenhum político da Revolução poderia apoiá-la. Os políticos pragmáticos podiam recuar nos detalhes, mas não no princípio da abolição. A França mudou permanentemente. Uma vez que os vizinhos aristocráticos ou apropriadamente arrogantes fossem declarados traidores à nação ou à causa, eles poderiam ser arrastados para os mandris, suas propriedades confiscadas, rompendo as redes de deferência segregacionista. Luís foi executado como um traidor da nação, assim declarado pela Assembleia Nacional, polarizando assim a Europa em dois grupos armados. A nação foi declarada militar, e estava armada, com consequências globais. As constituições foram escritas, incorporando os princípios mais grandiosos, os direitos fundamentais de todas as pessoas. A Constituição americana ainda constrange a política prática. As lutas de classe francesa do século XIX se voltaram sobre constituições rivais.

Nesses *momentos*, as elites do poder ideológico chegaram a mensagens de princípio que derivavam em parte de sua experiência anterior em redes de alfabetização discursiva. Os americanos se voltaram para os princípios predominantemente legais e protestantes, os franceses para os do Iluminismo moral. Claro que havia também um conteúdo econômico-político substancial para os direitos *autoevidentes*, para uma nação sem privilégios, para uma nação com armas. Tinham resultado na generalização dos descontentamentos das classes contribuintes. Mas a generalização ocorreu enquanto os escritos e discursos da vanguarda ideológica interagiam com os *slogans* das assembleias populares, os panfletos e as multidões. Nessa interação dinâmica da comunicação escrita e verbal, os ideólogos tropeçaram e exploraram fórmulas simples e emoções populares, concebendo uma técnica de poder para implementar princípios ideológicos. Eles tinham descoberto os princípios *transcendentes* da organização do poder.

Naturalmente, os revolucionários dependiam de organizações econômicas, militares e políticas para institucionalizar seu governo. Mas a ideologia deles também os mudou. A transcendência francesa e, em menor grau, a transcendência americana fundiram o poder econômico e político em uma cidadania mais ativa, mobilizando a classe e a nação, especialmente nos exércitos, como nas revoluções modernas em geral. Esse Estado-nação mobilizou um poder coletivo maior do que os antigos regimes poderiam reunir. Eles tiveram que se reformar em legítima defesa. O poder ideológico só podia influenciar momentos revolucionários, mas eles se revelaram marcos históricos mundiais.

No entanto, a Europa Central tinha desenvolvido ideologias mais conservadoras, mais difundidas por meio de canais estatais. O luteranismo, que tradicionalmente reforçava o Estado em toda a Alemanha do Norte, confirmou isso; a maioria das Igrejas cooperou de forma mais precária com os estados e ficou cada vez mais dividida em níveis mais baixos. As administrações, as escolas da Igreja, os exércitos e as cidades capitais cresceram mais rapidamente do que o capitalismo comercial. A alfabetização discursiva floresceu entre os clientes dos antigos regimes, menos entre a pequena burguesia. A taxa de alfabetização alemã, embora aumentando firmemente, era somente em torno de 25%. Academias, clubes e jornais eram dominados por funcionários, oficiais, professores e clérigos (BLANNING, 1974). As ideologias radicais tinham apelo limitado aos funcionários e clientes de regimes absolutistas, embora muitos se referissem a um conflito entre educação e privilégios e se referissem a si mesmos como *Mittelstand* ou *Bildungsstand* – *Estado intermediário* ou *Estado educado* (SEGEBURG, 1988: 139-142). O descontentamento fiscal era baixo na maioria dos estados alemães (embora não na Áustria), porque eles retiravam mais de suas receitas dos direitos reais e das terras da coroa (cf. capítulo 11). Assim, os reformadores políticos alemães, provocados como em toda parte por questões fiscais e de recrutamento, estavam menos enfurecidos do que em qualquer outro lugar.

Ainda assim, as redes de alfabetização discursiva estavam fora do controle do Estado em outro sentido, na Europa Central. Ao contrário da Grã-Bretanha e da França, as fronteiras estatais e as comunidades linguísticas não coincidiam, *grosso modo*, entre as classes proprietárias. O Estado austríaco era maior do que qualquer comunidade linguística; os estados alemães eram muito menores. A Áustria governava mais de nove línguas principais mais muitas línguas menores. A Alemanha tinha mais de trezentos estados mais 1.500 principados menores em 1789; 39 sobreviveram em 1815. Ambos continham pelo menos duas grandes comunidades religiosas, protestante e católica (na Áustria havia também Igrejas ortodoxas orientais). Assim, na Áustria (no início) e na Alemanha, ao contrário da Grã-Bretanha ou da França, a alfabetização discursiva era, em certo sentido, apolítica, não orientada positiva ou negativamente para o Estado, produzindo o que normalmente é descrito como um fermento nacional menos mundano, mais estritamente *cultural*, entre uma *intelligentsia* menor.

Nos movimentos românticos alemães e da Europa Central, os intelectuais exploravam as emoções e a alma mais do que a razão e a política. Schiller definiu a *grandeza* alemã como derivando menos da política do que do *mergulho no mundo espiritual*. A ausência de um Estado central deixou os intelectuais livres para inventar um *espírito do mundo*: a *Bildung* (combinando educação formal e cultivo moral) triunfaria, e não geopolítica. Para Holderlin, a *Sacerdotisa Germânia* guiaria *povos e príncipes*. A Alemanha exerceria um poder ideológico e não militar ou político – um ideal cosmopolita. Schiller e Goethe escreveram conjuntamente: "Esqueçam, ó alemães, suas esperanças de se tornar uma *nação*.

Eduquem-se a vocês mesmos [...] para serem seres humanos" (DE SEGEBURG, 1988: 152).

Os intelectuais alemães estudaram história, literatura, filosofia e o próprio meio de comunicação, a língua. Eles formaram a gramática e codificaram o alemão e foram imitados em toda a Europa Central como outros codificaram o polonês e o magiar, depois o tcheco, o eslovaco e outras línguas eslavas. Os materiais para a sua tarefa estavam, naturalmente, nas comunidades linguísticas existentes. Os tchecos de várias regiões e classes falavam dialetos de uma língua mutuamente inteligível, o que lhes dava algum sentido de comunidade partilhada; mas em geral, como mostra Cohen (1981), poucos tchecos imaginavam que essa era uma identidade total, *nacional*. O tcheco era a língua de identidades especializadas emergentes do agregado familiar e da comunidade local, o alemão a língua de identidades especializadas emergentes dos setores públicos do capitalismo e do Estado. Aqueles que utilizam essa última se classificam frequentemente como *alemães*, apesar de terem sobrenomes tchecos. As identidades intensivas e extensivas não eram uma só. Filólogos e intelectuais protonacionalistas não pareciam ameaçar os estados. Na verdade, estados, Igrejas e até mesmo alguns nobres do Antigo Regime favoreceram a padronização da linguagem para facilitar o seu domínio. Porém, isso subverteu sutilmente os poderes estatais porque encorajou as identidades comunitárias que atravessavam ou subvertiam as fronteiras estatais.

As identidades *nacionais* desses ideólogos eram ostensivamente apolíticas, mas tinham implicações políticas variadas. Eles imbuíam a defesa iluminista da razão, da educação e da alfabetização para se modernizarem, geralmente com implicações políticas liberais. Mas outras correntes ideológicas tiveram implicações conservadoras (DROZ, 1966). Os românticos alemães viram o progresso ser menos levado pelo indivíduo do que pela comunidade, o *Volk*. Herder descobriu um *Volksgeist* expresso em canções populares e dialetos vernáculos e o projetou de volta à história. Ele acreditava estar revivendo, não criando, a nação alemã. Em um contexto político diferente, isso poderia encorajar as exigências dos burgueses radicais por uma democracia limitada, mas em meio ao estatismo alemão, ao clericalismo e a um menor descontentamento fiscal, muitas vezes isso romantizava uma ordem passada: o governante absoluto articulou uma união espiritual entre governante, comunidade antiga e religião. Os românticos austríacos e católicos idealizaram um Sacro Império Romano de comunidade composta pelo imperador, a Igreja e as propriedades.

Tudo isso poderia ter importado pouco. O protonacionalismo europeu central interessou a grupos pequenos de *intelligentsia*, leais na maior parte a seus governantes, se ocupando com formas abstrusas do conhecimento. Hroch (1985: 23) chama esse *nacionalismo de fase A* (o período do interesse erudito), desenvolvendo-se mais tarde em *fase B* (o período da agitação patriótica), e então *fase C* (a ascensão de um movimento nacional maciço). Ele procura rigorosamente explicações econômicas e de classe, admitindo que elas produzem poucas conclusões simples. Infelizmente, ele ignora a maioria das causas políticas e todas as causas geopolíticas. Essa última é especialmente estranha porque os estudiosos causaram o seu primeiro impacto dramático quando o militarismo revolucionário francês intensificou as identidades de classe e nacionais em toda a Europa.

4 O militarismo pós-1792

A Grã-Bretanha, depois rapidamente a América, tinha começado o que Bendix chamou de *sociedades de referência* para os modernizadores, mas depois de 1789, a influência francesa anulou a deles. A Revolução atraiu os modernizadores, mas quando se tornou violenta e atacou velhos regimes no estrangeiro, a França se tornou um péssimo exemplo, exceto para os radicais. A partir de então, velhos regimes e burguesias substanciais perceberam que suas lutas facciosas poderiam levar ao abismo. Isso os levou a se comprometerem, mobilizando mais administrações e exércitos estatais *nacionais*. A França foi derrotada, mas por meias-nações.

A França se tornou um Estado-nação rapidamente, depois lentamente. Uma contrarrevolução puramente burguesa poderia ter adotado a estratégia americana e descentralizado a França como uma precaução contra futuras *multidões*. Mas Napoleão se representava a si mesmo, não à burguesia. Ele era um general e ditador, confiando em um exército nacional formidável e em um Estado central, expandindo ambos. As reformas legais do diretório foram desenvolvidas no Código Napoleônico, um código legal abrangente; as tentativas dos revolucionários de centralizar a administração foram parcialmente implementadas (capítulo 14); a educação se tornou centralizada; e as hierarquias da Igreja e do Estado foram reconciliadas. Napoleão institucionalizou o Estado-nação enquanto enfraquecia a cidadania política. Após sua queda, o Estado-nação foi enfraquecido até 1848 pelo monarquismo e mais duradouramente por um clericalismo forçado a voltar ao nível local-regional. A partir da década de 1870, o Estado-nação republicano começou o seu triunfo final.

As estruturas sociais britânicas e russas foram as menos diretamente afetadas pelos exércitos franceses. Nenhuma delas experimentou uma ocupação de rotina, nem foi militarmente humilhada. Suas formações militares tradicionais provaram ser adequadas – a marinha britânica, mais o pagamento de europeus para fazer grande parte da luta pela terra; e a autocracia russa, ajudada pelo General Inverno, liderando a nobreza e os camponeses na defesa da pátria. O terror e Bonaparte fizeram da França uma sociedade de referência negativa, atrasando a reforma interna. A autocracia permitiu que Alexandre passasse da reforma para a reação sem causar sérios distúrbios ou encorajar uma nação russa.

Durante as guerras, a pequena burguesia britânica se dividiu e os radicais foram reprimidos. Mas as pressões fiscais acabaram por forçar a reforma econômica e política. A pequena burguesia e o velho regime se comprometeram, e a cidadania política foi concedida aos detentores de propriedades. A nova *classe dominante-nação* se via como a única capaz de compromisso e evolução gradual, moralmente qualificada para governar o império global de povos incivilizados e *de cor*, então sob o seu domínio. Com o *laissez-faire* institucionalizado, a nação britânica parecia pacífica; já desfrutando do poder global, ela tinha menos necessidade de agressão. O seu nacionalismo era complacente, alcançado – apenas se tornando desagradável em lugares coloniais longínquos. A conversão britânica de Estado-nação nacional para pleno prosseguiu com relativa suavidade (cf. capítulo 16).

O impacto francês foi muito maior no continente. A França propagandeou a liberdade de opinião, de imprensa e de associação, a igualdade perante a lei, o fim do privilégio, a expropriação dos bens da Igreja, a liberdade de culto, a liberdade econômica das guildas e de outras corporações e a cidadania política para os homens condecorados. Bonaparte revogou a cidadania política, mas não civil. Em 1808, ele escreveu a seu irmão Jerônimo, que acabava de se tornar rei da Westfália:

> Na Alemanha, como na França, Itália e Espanha, as pessoas anseiam por igualdade e liberalismo. Os benefícios do Código de Napoleão, o procedimento legal em tribunal aberto, o júri, esses são os pontos pelos quais a sua monarquia deve ser caracterizada [...]. O seu povo deve gozar de uma liberdade, de uma igualdade desconhecida no resto da Alemanha (MARKHAM, 1954: 115).

Grande parte da Europa era governada por dinastias longínquas. Houve descontentamento entre as poderosas oligarquias locais-regionais e oligarquias burguesas, e onde a Igreja local não era aquela da dinastia. Aqui, as relações locais-regionais intensivas do poder não reforçaram o Estado extensivo. Em grande parte da Itália, Holanda, Polônia e Irlanda, nobrezas ou burguesias substanciais – confiando nos clérigos no nível aldeão – reuniram forças locais para cumprimentar os franceses como libertadores *nacionais*. As suas *nações* eram frequentemente tradicionais, segmentares e particularistas: os notáveis unidos pela residência territorial comum e pelas relações de sangue deveriam se governar a si próprios. No entanto, grupos burgueses e pequenos grupos burgueses em áreas economicamente avançadas – Holanda, partes da Suíça e algumas cidades italianas – abraçaram um jacobinismo mais secular e democrático. A nação deveria incorporar a cidadania civil e política para todos os homens ou todos os proprietários do sexo masculino. Nos anos de 1790, poucas dessas áreas eram industrializadas, mas eram comerciais e urbanas. Seus radicais acreditavam que o governo deveria transitar de dinastias, aristocracias e clientes particularistas para o *povo* universal proprietário.

Entre o clérigo conservador e *patriotas* radicais, assim como entre os movimentos de classe, os líderes foram desproporcionalmente puxados das profissões ideológicas – padres, advogados, professores, impressores e jornalistas –, muitas vezes com estudantes e seminaristas como tropas de choque. Na Irlanda atrasada isso apresentou o curioso espetáculo de Wolfe Tone, um advogado protestante e zelote do Iluminismo secular, liderando uma revolta camponesa-clerical contra os britânicos. Em quase todos os movimentos patrióticos a *burguesia ascendente* – ou seja, a burguesia manufatureira – estava malrepresentada. Os alemães também estavam. Nenhuma das várias centenas de estados alemães (incluindo alguns débeis) foi derrubada por patriotas, apenas pelos exércitos franceses. A rota predominantemente estatista e luterana para as ideologias discursivas na Alemanha tinha criado poucos patriotas (BLANNING, 1974: 305-334).

Em outros lugares, os patriotas mobilizaram federações transnacionais intensivas localmente das redes de alfabetização discursiva. Com a aproximação do exército francês, explodiram redes de lojas maçônicas, clubes de *illuminati*, jacobinos e sociedades secretas. Embora pequenos e não representativos (apenas na Holanda austríaca organizaram um grande partido popular, os Vonckistas), os seus surgimentos distraíram os estados locais. Mais tarde, eles formaram milícias auxiliares e administrações de clientes. Em torno das fronteiras francesas, os patriotas eram constituídos por *repúblicas irmãs* protegidas por armas francesas.

Uma segunda faísca linguística intensiva foi por vezes acrescentada. Recorrendo ao apoio local no sentido mais baixo, os patriotas expressaram as suas exigências na língua escrita local, muitas vezes não na língua da dinastia governante. Nem era a língua falada pela maioria da plebe, cujos muitos dialetos eram muitas vezes mutuamente inteligíveis. Esse apelo patriota era bastante restrito, o que os levou a uma maior atividade linguística. Os revolucionários franceses tinham procurado estender a língua francesa para baixo. A pesquisa linguística do Abade Grégoire de 1790 revelou que três quartos da população sabia um pouco de francês, mas apenas pouco mais de 10% conseguiam falá-lo adequadamente. Como o Comitê de Segurança Pública declarou em 1794:

> A monarquia tinha boas razões para se parecer com a Torre de Babel; mas em uma democracia, deixar os cidadãos ignorantes da língua nacional e incapazes de controlar o governo significa trair a pátria. Significa não reconhecer as bênçãos da imprensa, pois cada tipógrafo é um professor da língua e da legislação [...]. Em um povo livre, a língua deve ser uma e a mesma para todos (KOHN, 1967: 92).

Na Itália, nos Países Baixos e na Polônia isso reforçou a relevância política da comunidade linguística, dos clérigos que ainda fornecem a maior parte da educação e dos filólogos obscuros.

O termo *nacionalismo* parece ter sido usado primeiro na Alemanha, em 1774, e na França, em 1798. Ainda não era usado de forma rigorosa. Os líderes da França, descritos como *la grande nation* de 1797, não se consideravam opostos a outras nações; nações eram aliadas contra dinastias reacionárias em uma luta para estabelecer a liberdade e a paz universal (GODECHOT, 1956; MOMMSEN, 1990). Mas, à medida que as guerras se traduziam em mobilização de massas, ocorreram dois desenvolvimentos. Em primeiro lugar, as necessidades fiscais e de mão de obra forçaram reformas econômicas e políticas limitadas. Essas reformas afastaram os estados do particularismo segmentar, visto cada vez mais como *corrupção* imoral, rumo a princípios mais universais de administração, serviço militar e moralidade. Em segundo lugar, a escala da mobilização da guerra – 5% do total das populações recrutadas, talvez metade dos excedentes agrícolas e industriais alimentados pelas máquinas de guerra – significou que *povos* inteiros foram organizados para lutar uns contra os outros. Na Grã-Bretanha e na França, os combatentes mais avançados, esse nacionalismo popular agressivo alimentado depois de cerca de 1802 – após o jacobinismo britânico e a contrarrevolução francesa terem desaparecido e quando se tornou claro que os dois estados lutariam até à morte. Os estereótipos nacionais negativos do inimigo se tornaram mais amplamente compartilhados. A lenda local diz que os cidadãos de West Hartlepool, encontrando o macaco de um navio com um uniforme, levaram-no para a praia e o enforcaram no lugar de um francês.

O crescimento do nacionalismo no continente foi mais complexo[10]. No início, a maioria das populações estava dividida, especialmente em áreas mais avançadas. Muitas reformas francesas foram populares, particularmente os códigos de direito civil. A Confederação Napoleônica do Reno permitiu que estados de médio porte (como Baden, Württemberg e Baviera) se modernizassem e eliminassem pequenos estados, contrapondo o poder austríaco. As indústrias se beneficiaram da demanda francesa por uniformes, armas e forragens. Mas os franceses alimentaram os nacionalismos locais como *libertação*, que se transformaram em imperialismo. Os tratados comerciais bilaterais favoreceram a França. A riqueza, as invenções e os trabalhadores qualificados eram muitas vezes simplesmente levados para a França. Em 1799, as revoltas contra os franceses eram generalizadas. Alguns atacaram sob as bandeiras conservadoras de antigos regimes e religiões, outros proclamaram radicalmente a autodeterminação nacional. Como na Inglaterra, apareceram estereótipos contrastantes de *caráter nacional*, baseados no caráter individual. Os alemães se caracterizavam como

---

10. Hobsbawm (1962: 101-116) fornece uma bela e breve visão de conjunto desses nacionalismos, e Palmer (1959), uma mais longa. Godechot (1956) é bom até 1799; depois, para casos detalhados, cf. Dunan (1956), Connelly (1965), Devleeshovwer et al. (1968), e Dovie e Pallez--Guillard (1972). Para um estudo contrastante da Renânia, fiel à França, cf. Diefendorf (1980).

abertos, íntegros e tementes a Deus, os franceses como dissimulados, frívolos e pouco confiáveis. A nação e *la grande nation* não eram mais uma.

Bonaparte agravou a contradição. Sua própria carreira inspirou patriotas radicais em toda a Europa, prova de que o berço burguês acrescido de mérito poderia governar. No entanto, ele se opôs ao nacionalismo e só ajudou os movimentos patrióticos quando eles se adequavam aos seus interesses pessoais (GODECHOT, 1988: 23-26). Ele favoreceu um império dinástico, não uma confederação de estados nacionais soberanos. Ele nomeou sua família e marechais como reis e os casou com as famílias reais da Europa, e se divorciou de Josefina para se casar com a filha mais velha de Francisco da Áustria, em 1810. Como a ditadura vienense o expressou:

> As saias de Luísa e as calças de Napoleão
> agora unem a Áustria e a França
> (LANGSAM, 1930: 142).

À medida que o domínio imperial degenerou em ciclos de revolta e repressão, até os seus reis-clientes aconselharam concessões a patriotas. Mas Bonaparte só reforçava o seu despotismo. Isso teria sido menos importante se tivesse trazido paz e prosperidade, mas as guerras trouxeram impostos, alistamento e bloqueio britânico. Em 1808, quase todos os patriotas estavam se voltando contra os franceses; depois de 1812, até mesmo colaboradores ativos estavam abandonando uma causa perdida.

Mas a quem eles poderiam se voltar? Os patriotas conservadores – nobres e clérigos que mobilizavam os camponeses – poderiam organizar uma guerra de guerrilha segmentar, intensiva e local-regional na Espanha atrasada e na Suíça montanhosa e no Tirol. Em outros lugares, os grandes exércitos eram obrigados a expulsar os franceses. Como na Revolução, e como no final do século, a guerra entre grandes exércitos favoreceu o Estado *único e indivisível*. Um patriota milanês percebeu a fraqueza militar do federalismo italiano:

> A facilidade com que a Itália pode ser invadida, a [...] inveja nacional que realmente surge entre as repúblicas confederadas, a lentidão com que operam as federações, me levam a rejeitar o plano federalista. [A Itália] precisa receber uma forma de governo capaz de oferecer a maior resistência possível à invasão; e o único governo desse tipo é um governo *republicano e indivisível* (GODECHOT, 1988: 23).

Ele recomendou uma constituição italiana modelada na Constituição de 1793 da França – o Estado que mais resistiu com sucesso à invasão estrangeira.

O que era utópico na Itália poderia ser realidade na Europa Central sob os poderosos estados, Prússia e Áustria. Os patriotas alemães tinham que escolher de forma realista entre o domínio francês ou apoiar essas monarquias absolutas. Os auspícios não eram bons nem para os estados alemães menores nem para os patriotas radicais, comprometidos por seu apoio a Bonaparte, enfraquecido por sua derrocada. O liberalismo parecia aliado ao particularismo e ao fracasso militar dos estados menores. O liberalismo e o nacionalismo radical tinham acabado de começar na Alemanha; em 1815, eles estavam muito hesitantes.

As decisivas vitórias francesas em Ulm e Austerlitz e em Jena e Auerstadt tinham, respectivamente, devastado a Áustria e a Prússia em 1805-1806. No entanto, as duas monarquias não estavam terminadas. Eles ficaram chocados com a derrota para contemplar a reforma, aprendendo a utilizar um pouco de nacionalismo para o absolutismo. Na Europa Central, os franceses raramente tinham abolido privilégios nobres (eles precisavam de apoio nobre). Mas o Código Civil e a venda de terras comuns e eclesiásticas tinham criado um ambiente mais capitalista tanto para os nobres como para os burgueses. Na França, a Revolução tinha encorajado o capitalismo mais o liberalismo jurídico e político. Com a gestão cuidadosa do regime, a modernização alemã pôde assegurar mais capitalismo e mais burocracia, mas não mais liberdade. A representação administrativa, não parlamentar, poderia ser suficiente.

Os reformadores prussianos, na sua maioria funcionários universitários, fizeram progressos depois de Jena, e então tiveram que se comprometer (GRAY, 1986; para mais detalhes, cf. capítulo 13). O seu plano de conquistar todos os detentores de propriedades em uma assembleia nacional foi derrotado, mas parcialmente implementado em nível municipal. A administração central foi racionalizada, sujeita à lei e aberta à burguesia educada. A educação pública foi expandida e a alfabetização discursiva alemã foi estendida para baixo sob a liderança luterana e prussiana. Os servos (e os judeus) foram emancipados e o trabalho de corveia foi abolido. Em troca, os camponeses entregaram um terço da sua terra aos seus nobres. Os nobres então tinham trabalhadores sem-terra livres, não servos. O capitalismo agrário avançou. No alistamento geral do exército, foram introduzidas regras de promoção do mérito e colégios de funcionários. Todos os súditos foram autorizados pela primeira vez a usar as cores prussianas como um laço nacional. A milícia Landwehr foi criada, em clara imitação do exército de cidadãos franceses (cf. capítulo 12). Em 1813, o rei declarou guerra contra a França, apelando *ao meu povo – Meu* e *povo* sendo algo contraditório. O entusiasmo da Landwehr durante as campanhas de 1813-1815 suscitou esperanças liberais. Hegel, apoiador de Bonaparte em 1806, então via a burocracia prussiana como uma *classe universal*, percebendo as potencialidades do espírito humano. Embora isso nos pareça bizarro, muitos nacionalistas liberais alemães olharam com esperança para a Prússia.

Houve alguma reação depois de 1815. Como na Áustria, o monarca e a corte tinham medo de armar a multidão. O comandante da guarda e o ministro da polícia advertiram: "Armar uma nação significa organizar e facilitar a rebelião e a sedição" (RITTER, 1969, volume I: 103). No entanto, muitos oficiais profissionais favoreceram a mudança, por isso a Landwehr ficou, mas como uma força de reserva, não como uma milícia permanente. Lá, desenvolveu uma identidade nacional luterana prussiano-alemã, ligando sentimentos religiosos e nacionais à lealdade a um Estado forte.

Os Habsburgos tinham opções diferentes. Quando alguém foi recomendado ao Imperador Francisco como patriota para a Áustria, Francisco respondeu: "Ele pode ser um patriota para a Áustria, mas a questão é se ele é um patriota para mim" (KOHN, 1967: 162). Os Habsburgos não podiam governar um Estado nacional. Eram dinastias que governavam um império multilíngue e multiprovincial, em algumas províncias auxiliadas pela Igreja Católica. Embora o núcleo austríaco fosse germânico, a maioria da população falava outras línguas. Mas a dinastia possuía a chefia titular do Sacro Império Romano (alemão) há quase quatrocentos anos e os austríacos podiam conjurar um nacionalismo alemão alternativo. Aqui está um relatório francês sobre as atividades de um confidente do Arquiduque João e, mais tarde, um líder de revoltas contra os franceses:

> O Barão Hormayr [...] assumiu a redação de um periódico chamado *Archives of Geography, History, Politics and Military Science*. Sob esse título bastante inocente, ele continua a seguir Thomas Paine na pregação de doutrinas revolucionárias. Essas doutrinas, ele afirma, deveriam trazer a regeneração da Alemanha e a reunião daquele vasto país sob uma nova constituição. Raramente o próprio Sr. de Hormayr fala. Em vez disso, ele faz citações muito inteligentes de muitos escritores alemães justos que pensaram em tudo menos em revolução. Até Lutero é colocado como contributo [...]. Os temas favoritos desses excertos são a *unidade* e *indivisibilidade* da Alemanha, e a conservação dos seus *costumes*, dos seus usos e da sua língua. Como historiador e arquivista imperial, Sr. de Hormayr tem acesso a muitos detalhes a respeito da antiga unidade da Alemanha, da qual somos inteiramente ignorantes (LANGSAM, 1930: 49).

Assim, um arquivista poderia preocupar um exército de ocupação – mas ele também preocupava o seu próprio imperador.

Francisco queria se ver livre dos franceses, mas não em termos populares. Ele se comprometeu reformando o exército, criando um Landwehr na Áustria e na Boêmia, prometendo uma reforma geral (que ele nunca implementou), e em 1809, lançando uma revolta contra os franceses, apelando para a *nação alemã* como *aliados* e *irmãos* dos Habsburgos e da Áustria. O Arquiduque Carlos infligiu a primeira grande derrota no campo de batalha de Napoleão em Aspern, uma derrota que quebrou o mito da invencibilidade. Napoleão se recuperou, pressionando os generais austríacos a procurar a paz. No entanto, a Áustria permaneceu como líder da resistência alemã, com os maiores exércitos, capazes de nomear o Arquiduque Carlos como o comandante supremo aliado na perseguição final de Napoleão. Com a revitalização do poder militar dos Habsburgos, voltou a resistir à *cartada alemã*. Francisco recusou a coroa imperial alemã. Os oficiais foram instruídos a se referir apenas ao patriotismo austríaco – e até mesmo a falar respeitosamente de Napoleão, "já que, afinal, ele é genro do nosso monarca" (LANGSAM, 1930: 160). O sistema de dinastia segmental tinha ressuscitado.

Mas os problemas regionais-nacionais da Áustria tinham sido agravados pelas guerras. Os Habsburgos sofreram mais com os patriotas jacobinos na Holanda, na Polônia e na Itália. A partida de Napoleão aliviou brevemente a dor, mas os dissidentes foram encorajados durante todo o período napoleônico e suas mágoas permaneceram. Durante o século seguinte (e último) do seu domínio, os Habsburgos foram atacados por nacionalistas que afirmavam que um povo, definido pela cultura étnico-linguística mas governado por estrangeiros, deveria ter o seu próprio Estado. Eventualmente, essas nações subvertedoras do Estado triunfaram.

Os movimentos nas terras austríacas não foram diretamente causados pelo desenvolvimento do capitalismo ou do industrialismo (como argumentam os marxistas e GELLNER, 1983, capítulo 2) porque surgiram entre diversas economias e classes. O nacionalismo surgiu em toda a Europa em meio a diferentes níveis de desenvolvimento capitalista e industrial (MANN, 1991) – e esse é o único sentido perverso que posso fazer da noção marxista revisionista de que o nacionalismo resultou do "desenvolvimento desigual" (como defendido por NAIRN, 1977). Os nacionalistas não disseram praticamente nada sobre classes ou capitalismo ou industrialismo (até que os nacionalismos camponeses de massa apareceram muito mais tarde). Por que, então, devemos acreditar que eles são redutíveis a essas forças?

Hroch (1985) faz a análise mais cuidadosa das economias e das classes, baseando-se principalmente em amostras dos adeptos das sociedades nacionalistas em oito pequenas nações estatais em toda a Europa (incluindo duas minorias austríacas, tchecos e eslovacos). Seu nacionalismo de fase B, quando movimentos patrióticos significativos começaram a agitação popular, mas antes de terem tido seguidores em massa, corresponde aproximadamente à primeira metade do século XIX na maioria das terras austríacas. Hroch sustenta algumas generalizações. A maioria dos casos ainda envolvia a *intelligentsia* (sua ala clerical então geralmente desaparecendo), e a maioria desproporcionalmente envolvia ocupações urbanas alfabetizadas provavelmente nos níveis mais altos aos quais a minoria oprimida poderia alcançar. A burguesia diretamente produtiva estava sub-representada, assim como quase todos os setores manufatureiros. Mas os nacionalistas eram normalmente mais ativos em áreas onde os mercados estavam mais desenvolvidos.

No entanto, os países de Hroch não incluem as regiões mais avançadas e subversivas do Estado nas terras austríacas, nos Países Baixos austríacos e no norte da Itália. Elas haviam sido urbanizadas e mercantilizadas na época de sua primeira fermentação patriótica (assim eram os tchecos na época em que a fermentação os atingiu). Mas a Polônia, Hungria, Eslováquia e os Bálcãs acolheram movimentos nacionalistas enquanto ainda eram muito mais agrários e atrasados. Havia provavelmente um nível limite de alfabetização e de comunicação apoiado pelo mercado para além do qual os patriotas podiam se organizar de forma segura – como Hroch parece, finalmente, concluir. Mas, para além desse nível de mobilização, havia diversidade econômica e de classes. De fato, as sociedades nacionalistas de Hroch nem sempre foram os atores mais significativos. Na Revolução de 1848, a maioria dos líderes dos movimentos *nacionais* provinciais eram nobres em busca de representação apenas para si mesmos (SKED, 1989: 41-88). Os nobres magiares permaneceram no controle, embora a maioria das nobrezas não o tenha feito. Como observa Hroch, o nacionalismo subversivo em massa (sua Fase C, a maioria ocorrida no final do século XIX) adquiriu uma base camponesa. Que motivação de classe comum poderia levá-los todos a se proclamarem nacionalistas? (cf. SUGAR, 1969).

A minha explicação se centra no impacto político do militarismo e das ideologias discutidas anteriormente. A maioria das queixas dizia respeito à economia política do Estado: as suas crescentes exigências fiscais e de mão de obra e os seus despojos de posse de cargos – custos e benefícios. Mas o descontentamento fiscal foi aqui expresso territorialmente, por região. Isso teve consequências infelizes para a cristalização *nacional* do Estado. O descontentamento fiscal ou da força de trabalho na Grã-Bretanha podia produzir motins de classe que a aristocracia local e o governo local podiam lidar. Mas o descontentamento de base territorial levou a revoltas de notáveis provinciais, empregando milícias, às vezes tropas regulares, com simpatia inicial de clérigos de nível inferior, e mobilizando sentimentos locais intensos de que as famílias e as casas estavam sob ataque de estranhos. A representação política foi estruturada tanto pela comunidade local e regional como pela classe – *onde* situar a cidadania era tão importante quanto *quem* a obteria.

A Áustria não era o único país, pois os Estados Unidos também estavam atormentados por lutas regionais e nacionais. Durante meados do século XIX, nos Estados Unidos, os direitos dos estados mobilizavam intensas paixões locais, dominavam a política e acabavam em guerra civil. Através das terras austríacas, os distúrbios civis – banidos no século XIX – em 1821, 1830, 1848-1849, 1859, 1866 e 1908 – foram geralmente incentivados por potências estrangeiras. A resistência local-regional a um Estado centralizador voltou nos cinco países, embora apenas nesses dois tenha gerado uma guerra civil.

No entanto, o nacionalismo regional austríaco também envolveu de forma única (entre os cinco países) questões linguísticas, especialmente por meio de despojos de cargos. Duas questões surgiram: Qual deveria ser a língua da esfera pública, especialmente do governo, e que línguas deveriam ser ensinadas nas escolas públicas? Como defende Gellner (1983), a alfabetização era capital cultural, realizável no emprego no exército, na administração civil, nos tribunais de justiça e na economia capitalista. À medida que o capitalismo e os estados se expandiam, eles eram formados por mais pessoas que não falavam alemão. Mais nobres, burgueses e pequeno-burgueses tinham interesse em que o idioma local fosse o do Estado. Os Habsburgos não eram antipáticos, incentivando o bilinguismo no exército. No entanto, para extrair impostos, eles se voltaram intermitentemente para a repressão, forçando-os a depender do corpo de oficiais principalmente austro-alemão e da administração central. Outras comunidades linguísticas foram bloqueadas da administração e dos tribunais, por isso os revolucionários de 1848 protestaram (SKED, 1989: 41-88).

Mas o nacionalismo linguístico não foi apenas uma exigência instrumental (como no modelo de Gellner). Como clérigos e filólogos trabalharam para produzir vernáculos locais padronizados, esses se tornaram o cimento de redes públicas de interação local-regional, reproduzidas em escolas primárias, Igrejas e trocas de mercado. A linguagem se tornou gradualmente uma ideologia unificadora de uma comunidade local enraizada entre classes, apontando para o contraste entre *nós*, falando inteligivelmente, e conquistadores *alienígenas* ininteligíveis. Os movimentos se legitimaram em termos da *nação*, mesmo onde (como na Hungria) permitiam apenas a cidadania política nobre, mesmo onde (como na Eslováquia) a *nação* foi inventada por um punhado de intelectuais. A fusão de identidades regionais e linguísticas significou que os Habsburgos vieram a ser atacados menos pelas classes do que por *nações* apaixonadas e subversivas do Estado.

Nesse pós-1792, parte dos revolucionários da fase militarista e Bonaparte tinham surgido em grande escala. Embora a ascensão da nação pareça inexorável quando vista teleologicamente a partir do século XX, nesse período ela avançou de forma contingente, já que as decisões tomadas pelos líderes do principal poder agressor tiveram enormes repercussões geopolíticas. Se Luís XVI tivesse se comprometido, se os brissotinos tivessem previsto que a guerra os destruiria, se as tropas francesas em Valmy tivessem fugido (como era esperado), se o diretório não tivesse produzido um general contumaz que provasse ser um conquistador insensível e que tivesse tomado a terrível decisão de invadir a Rússia... esses e outros *talvez tivessem sido* poderiam ter interrompido a maré nacional.

Os acontecimentos de 1815 pareciam, de qualquer maneira, inverter a maré. Com a derrota da França, as decisões políticas concertadas se esforçaram por reduzir o nacionalismo. O Concerto dos Poderes e a Santa Aliança das Dinastias agiu de forma decisiva contra os patriotas radicais (cf. capítulo 8). Embora a Grã-Bretanha estivesse se tornando um Estado-nação, não defendia princípios nacionais de governo para a Europa. O regime prussiano pôde ser tentado jogar o cartão alemão em sua rivalidade com a Áustria, mas momentaneamente o medo do povo manteve seu Estado fiel à dinastia segmental. O poder dos

Habsburgos era dinástico de forma autoconsciente; a Rússia conhecia somente o sistema dinástico. Os Estados Unidos eram um oceano distante, não mais infectando a Europa com germes democráticos. O mundo parecia embarcado na modernização cautelosa, governado por dois transnacionalismos, por redes dinásticas do Antigo Regime e pela economia britânica global e liberal.

Mas havia três razões para que o nacionalismo não fosse dissipado. Primeiro, as muitas contingências desta curta subfase tinham transformado as organizações de poder. A Grã-Bretanha, a França e os Estados Unidos eram então estados nacionais e não podiam voltar a ser velhos regimes particularistas. Embora os Estados Unidos continuassem a ser regionalmente confederados, a Grã-Bretanha e a França estavam cada vez mais centralizados. Embora as situações austríaca e prussiana fossem mais abertas, as nações dentro delas também tinham sido fortalecidas. Em segundo lugar, o capitalismo e a modernização do Estado eram impossíveis de parar, identificados com o *progresso* material e moral, tornando os estados melhores na luta contra as guerras. Sua conjunção significava que as classes e nações continuariam a desenvolver uma organização extensiva e política. Não era inevitável que os estados-nações democráticos dominassem, pois a Prússia mais estatista e a Áustria mais confederativa sobreviveram por muito tempo. Mas a velha ordem particularista e segmentar havia declinado substancialmente. Em terceiro lugar, o capitalismo industrial foi mais tarde para aumentar a densidade da ação social intersetorial e transformar as funções estatais. As consequências não intencionais dessa fusão produziram estados-nações de pleno direito na quarta fase de desenvolvimento, relatadas em capítulos posteriores.

Conclusão

Esse período assistiu ao surgimento de classes e nações. Como Marx percebeu, o capitalismo do século XVIII deslocou (mais ou menos) o que era então chamado feudalismo, e houve uma luta de classes extensiva e política entre Antigo Regime e elementos burgueses. No entanto, isso quase sempre envolveu a pequena burguesia, não a burguesia como um todo. A burguesia, o caso do paradigma histórico de Marx da classe ascendente, estava em grande parte ausente do registro macro-histórico. Veremos que Marx também exagerou os poderes de sua outra classe em ascensão, o proletariado. Mesmo no modo de produção capitalista, as classes provaram ser muito menos extensivas e políticas do que ele e muitos outros afirmaram.

Um pequeno conflito entre o Antigo Regime e os pequenos burgueses surgiu diretamente a partir de uma dialética econômica. As cristalizações do Estado militarista intervieram, gerando uma crise fiscal e um grave conflito entre as elites estatais, os partidos *de dentro* e *de fora*, *o povo* e *a plebe*. As relações diretas de produção econômica foram mais particularistas, diversas, e passíveis de compromissos segmentares e seccionais. A maioria dos conflitos entre a pequena burguesia e o Antigo Regime derivava da economia política do Estado. A expansão das redes de alfabetização discursiva ajudou então alguns modernizadores do regime e petistas burgueses emergentes a transcenderem seu conflito e modernizarem o Estado. Onde o conflito entre elite e partido não foi institucionalizado, a crise fiscal se aprofundou, permeando a estrutura de classe e gerando hostilidades de classe. Revolucionários que exerciam poderes ideológicos poderiam então tomar o comando e transformar a estrutura social. Os revolucionários franceses marcharam então sobre todos os antigos regimes. A Revolução Francesa e as Guerras Napoleônicas intensificaram o militarismo e engrossaram a já velha e impura trama.

Nenhuma revolução foi totalmente concluída, a maioria dos conflitos de classe permaneceu silenciosa e parcial, e as nações emergiram apenas pela metade. A democracia partidária totalizou de forma instável e desigual o avanço das classes e nações emergentes comprometidas com antigos regimes. Os regimes se tornaram mais capitalistas, pois as classes foram parcialmente incorporadas à sua organização segmentar e local-regional. Os estados e as forças armadas se modernizaram e se profissionalizaram, admitiram filhos de profissionais altamente instruídos e se tornaram menos particularistas e corruptos. A intermediação entre o Antigo Regime, a burguesia substancial e os profissionais aumentou. O capitalismo britânico manteve um velho regime comercial, o capitalismo alemão adquiriu matizes estatistas. As novas riquezas do século XIX em todos os países foram incorporadas tanto em regimes nacionais como em redes de poder local-regional e segmentar.

A incorporação da pequena burguesia (e mais tarde da classe média; cf. capítulo 16) parecia mais problemática. O seu número era muito maior e as suas exigências de cidadania mais radicais. O regime não queria casar seus filhos com suas filhas. No entanto, mesmo as suas lealdades podiam estar vinculadas por uma cidadania civil plena e política parcial. Os códigos legais consagravam o *individualismo possessivo*, combinando liberdades pessoais e de propriedade, embora os regimes variassem em suas concessões de direitos civis mais coletivos como a liberdade de associação ou de imprensa (nenhum permitia aos trabalhadores direitos de organização sem constrangimentos). A pequena-burguesia foi limitada e com diferentes graus de democracia partidária.

Então começou a era dos partidos políticos *notáveis*, predominantemente controlados segmentalmente por proprietários substanciais, usando suborno, clientelismo, deferência de *status* e coerção leve (geralmente a cédula não era secreta) para persuadir as classes médias a votar em seus candidatos. Os Estados Unidos foram impelidos para o sufrágio masculino adulto fora do sul, mas a região, a religião e a etnia atravessaram a classe e mantiveram seus partidos segmentados e notáveis. Na Grã-Bretanha, dois partidos notáveis estenderam o direito ao voto para *servir* um ao outro. Áustria e Prússia ficaram para trás, mas eventualmente concederam alguma representação local e depois central. Dois notáveis antidemocratas, Bismarck e Napoleão III, foram os primeiros a introduzir o sufrágio universal masculino adulto (embora para assembleias de soberania limitada). Partidos notáveis incorporaram segmentalmente a maioria da pequena burguesia (embora nas províncias austríacas fossem frequentemente antirregimes). O aumento maciço da densidade social e a emergência de classes e nações significou uma maior mobilização coletiva e distributiva do poder. O *povo* e a *plebe* tinham relações mais diretas com os antigos regimes. Mas essas permaneceram mais cooperativas e mais variadas do que Marx ou qualquer um dos outros teóricos dicotômicos referidos no capítulo 1 se aperceberam.

Eu apresentei uma teoria predominantemente modernista da emergência da nação na história mundial. As nações não são o oposto das classes, pois elas se ergueram juntas, ambas (em graus variados) produto da modernização das Igrejas, do capitalismo comercial, do militarismo e da ascensão do Estado moderno. Assim, a minha teoria combinou todas as quatro fontes de poder social. O poder ideológico tinha dominado a primeira fase protonacional à medida que as Igrejas difundiam identidades sociais mais amplas por meio de uma alfabetização espontânea e discursiva em massa. Na segunda fase protonacional, combinações variáveis de capitalismo comercial e estados modernizadores continuaram a difundir identidades protonacionais (e de classe) mais universais, envolvendo papéis econômicos particularistas, localidades e regiões. Na terceira fase decisiva, militarista, os custos crescentes da geopolítica do século XVIII e do início do século XIX impulsionaram identidades mais amplas para o Estado nacional, do mesmo modo que politizaram as reivindicações de classe e regionais. A intensificação das rivalidades geopolíticas conferiu às identidades nacionais os primeiros sentimentos de agressividade em relação umas às outras. Assim, as protonações se tornaram verdadeiras nações autoconscientes, transversais e um tanto agressivas. No entanto, as nações (e classes) também mobilizaram uma paixão moral distinta, como relações de poder ideológicas que ligavam intensas redes familiares e comunitárias locais a percepções de exploração extensiva pelo capitalismo e pelo Estado militar. A classe extensiva e política e o descontentamento nacional foram organizados principalmente por redes de alfabetização discursiva, com pessoal de *intelligentsia* secular e religiosa.

As classes e nações emergentes então influenciaram, e foram elas próprias influenciadas pelas instituições estatais. Galvanizados pelo militarismo, suas paixões morais intensificadas por ideologias, classes e nações exigiam um governo mais representativo e visavam a democracia. Assim, as nações se originaram essencialmente como movimentos pela democracia. No entanto, as nações foram nesse momento confrontadas por uma escolha: democratizar um Estado central ou reduzir os poderes de um Estado central e procurar democratizar as sedes de governo local-regional. Suas escolhas foram determinadas principalmente como relações de poder político e ideológico entrelaçadas.

Politicamente, as escolhas dependiam do fato de as instituições do Estado já estarem bastante centralizadas. As britânicas eram; as austríacas e as coloniais americanas não eram. Nessa última, os defensores da representação podiam recorrer às instituições locais-regionais que consideravam mais controláveis do que qualquer Estado central. Ideologicamente, o legado das duas primeiras fases protonacionais foi então fortemente sentido porque os territórios políticos se relacionavam de forma variável com comunidades religiosas e linguísticas, ambas capazes de mobilizar a intensidade local para fins extensivos. A questão linguística também gerou a política de educação pública e qualificações para cargos públicos. Se essas relações de poder político e ideológico centralizaram o conjunto (ou o núcleo) dos territórios estatais, resultou um nacionalismo que reforçou o Estado, como na Grã-Bretanha continental e (após vicissitudes revolucionárias) na França. Onde eles resultaram, como na Áustria, em um nacionalismo descentralizado e subversivo do Estado. Os Estados Unidos e a Alemanha representaram casos intermediários. Os Estados Unidos tiveram uma descentralização política sem muito reforço ideológico, e por isso o seu sentido de *nação* permaneceu ambiguamente posicionado entre os dois. A Alemanha era um caso intermediário diferente porque a descentralização política estava dentro de uma comunidade ideológica mais ampla. Sua condição de nação também permaneceu ambígua, embora logo tenha passado para a terceira faixa, geradora de Estado.

A maioria das teorias tem explicado o nacionalismo em termos de relações de poder econômico ou político, ou ambos. Contudo, as nações emergiram quando as quatro fontes de poder social se entrelaçaram. As relações entre estas fontes mudaram ao longo do período. Antes e no início desse período, a geopolítica gerou uma revolução militar que provocou repetidas crises fiscais estatais que politizaram e *naturalizaram* as relações de classe. A última e mais profunda crise veio no final do século XVIII. Os estados anteriores tinham sido relativamente frágeis em casa; embora muitas vezes bastante autônomos mesmo das classes dominantes, tinham exercido poucos poderes sobre eles. A natureza das elites estatais ou das instituições estatais pouco importava para a sociedade. Agora eles importavam muito. A ascensão da cidadania é convencionalmente narrada como a ascensão das classes modernas ao poder político. Mas as classes não são *naturalmente* políticas. Ao longo da maior parte da história, as classes subordinadas tinham sido em grande parte indiferentes ou tinham procurado fugir dos estados. Elas agora estavam enjauladas na organização nacional, na política, por dois grandes guardiões do jardim zoológico: cobradores de impostos e agentes de recrutamento.

Durante o mesmo período, e mais além, as relações de classe também foram revolucionadas pelo capitalismo comercial, então industrial. O capitalismo e os estados militaristas começaram a moldar as ideologias em torno das classes e nações. Até agora eles foram muito influenciados pela mobilização moral-religiosa – a mobilização do poder intensivo, mas no início do período talvez seja possível isolar duas fontes de poder social, a econômica e a militar, como em certo sentido *fundamentalmente primárias*.

No entanto, as revoluções militares e econômicas entrelaçadas haviam gerado o Estado moderno, que provou ter propriedades de poder emergente. Na questão representativa, os estados cristalizados em várias posições – entre uma monarquia autoritária mais mobilizada e uma democracia partidária embrionária (mais as variantes coloniais dos assentamentos). Na questão nacional eles se cristalizaram entre os estados-nações centralizados e o confederalismo. A última fase da crise fiscal-militar aumentou enormemente a escala dos estados e das classes politizadas e naturalizadas. Isso não aumentou o poder distributivo das elites estatais, mas aumentou os poderes estruturantes coletivos das instituições estatais, ampliando a relevância do que eu denominei de teoria estatista institucional. Assim, a primazia final pode ter se deslocado para uma combinação de poder econômico e político. Capítulos posteriores mostram que enquanto o capitalismo continuou a revolucionar a vida econômica, as instituições políticas exerceram efeitos conservadores. As instituições pelas quais a representação de classe e os conflitos nacionais foram resolvidos – a Constituição americana, a contestada constituição francesa, o liberalismo do velho regime britânico, a monarquia autoritária prussiana, e o confederalismo dinástico dos Habsburgos – sofreram. Eles interagiram com a Segunda Revolução Industrial para determinar os resultados da fase seguinte da luta de classes, entre capitalistas e trabalhadores.

Finalmente, mostrei que as sociedades modernas não se esforçaram em prol da cidadania democrática e nacional, como parte de alguma evolução humana geral em direção à realização da liberdade. Pelo contrário, as sociedades modernas reinventaram a democracia, como os antigos gregos a haviam reinventado, porque seus estados não podiam escapar, como os estados medievais puderam escapar. O que chamamos de *democracia* não é simplesmente liberdade, porque resultou do confinamento social. Giddens descreve o Estado moderno como um *contentor de poder*. Eu prefiro o termo mais carregado *jaula*. No início do período moderno as pessoas ficaram presas dentro de jaulas nacionais e assim procuraram mudar as condições dentro dessas jaulas.

Isso também tinha acontecido em duas fases anteriores de crescimento do Estado, descritas no volume 1. Os primeiros estados permanentes, nas *civilizações primitivas* do mundo, resultaram da jaula pelo cultivo aluvial e irrigado do vale dos rios. Esses primeiros estados parecem ter tido instituições representativas, mais tarde subvertidas pela guerra, concentração comercial e o surgimento da propriedade privada. Uma segunda fase, a democracia grega, foi também o produto de enjaulamento, em parte econômico, em parte por guerra de hoplitas.

No volume 1, eu argumento que os gregos não eram necessariamente mais livres politicamente do que seus grandes adversários, os persas. O despotismo do grande rei persa era menos importante do que o despotismo nas cidades-estados gregas, porque os súditos persas tinham relações mais fracas com o seu Estado do que os gregos. Nos três casos – as civilizações primitivas, a Grécia e o final do século XVIII – a jaula se apertou. Ao fazê-lo, ocorreu a mesma reação popular: Os reclusos se preocupavam mais com as condições dentro das suas jaulas do que com as próprias jaulas.

Referências

ANDERSON, B. (1983). *Imagined Communities*. Londres: Verso.

ARMSTRONG, J. (1982). *Nations Before Nationalism*. Chapel Hill: University of North Carolina Press.

BENDIX, R. (1978). *Kings or People*: Power and the Mandate to Rule. Berkeley: University of California Press.

BLANNING, T.C.W. (1974). *Reform and Revolution in Mainz, 1743-1803*. Londres: Cambridge University Press.

CHATTERJEE, P. (1986). *Nationalist Thought and the Colonial World*. Totowa, NJ: Zed Books.

COHEN, G. (1981). *The Politics of Ethnic Survival*: Germans in Prague, 1861-1914. Princeton, NJ: Princeton University Press.

CONNELLY, O. (1965). *Napoleon's Satellite Kingdoms*. Nova York: Free Press.

CRONE, P. (1989). *Pre-Industrial Societies*. Oxford: Blackwell

DEVLEESHOVWER, R. et al. (1968). *Les pays sous domination française (1799-1814)*. Paris: CDU.

DICKSON, P.G.M. (1987). *Finance and Government Under Maria Theresa, 1740-1780*. 2 vol. Oxford: Clarendon Press.

DIEFENDORF, J.M. (1980). *Businessmen and Politics in the Rhineland, 1789-1834*. Princeton, NJ: Princeton University Press.

DOVIE, J. & PALLEZ-GUILLARD, A. (1972). *L'épisode napoléonien* – Aspects exterieurs. Paris: Presses Universitaires de France.

DROZ, J. (1966). *Le Romantisme allemand et l'Etat*: Résistance et collaboration dans l'Allemagne napoléonienne. Paris: Payot.

DUNAN, M. (1956). *L'Allemagne de la Revolution et de l'Empire*. 2 vol. Paris: Centre de Documentation Universitaire.

GELLNER, E. (1983). *Nations and Nationalism*. Oxford: Blackwell.

GODECHOT, J. (1988). The new concept of the nation and its diffusion in Europe. In: O. Dann & J. Dinwiddy (orgs.). *Nationalism in the Age of the French Revolution*. Londres: Hambledon Press.

_____ (1956). *La Grande Nation*: Expansion révolutionnaire de la France dans le monde de 1789 a 1799. 2 vol. Paris: Aubier.

GOLDMAN, L. (1964). *The Hidden God*. Nova York: Humanities Press.

GRAY, M. (1986). Prussia in transition. In: Society and politics under the Stein reform ministry of 1808. *Transactions of the American Philosophical Society*, 76.

HALL, J.A. (1985). *Powers and Liberties*. Harmondsworth: Blackwell.

HOBSBAWM, E.J. (1990). *Nations and Nationalism Since 1780*. Cambridge: Cambridge University Press.

_____ (1962). *The Age of Revolution, 1789-1848*. Nova York: Weidenfeld & Nicolson.

HROCH, M. (1985). *Social Preconditions of National Revival in Europe*. Cambridge: Cambridge University Press.

KOHN, H. (1967). *Prelude to Nation-States*: The French and German Experience, 1789-1815. Princeton N.J.: Van Nostrand.

_____ (1944). *The Idea of Nationalism*. Nova York: Collier.

LANGSAM, W.C. (1930). *The Napoleonic Wars and German Nationalism in Austria*. Nova York: Columbia University Press.

MANN, M. (1991). The emergence of modern European nationalism. In: J. Hall & I.C. Jarvie (orgs.). *Power, Wealth and Belief*: Essays for Ernest Gellner. Cambridge: Cambridge University Press.

MARKHAM, F. (1954). *Napoleon and the Awakening of Europe*. Londres: English Universities Press.

MOMMSEN, W.J. (1990). The varieties of the nation state in modern history: liberal, imperialist, fascist and contemporary notions of nation and nationality. In: M. Mann (org.). *The Rise and Decline of the Nation State*. Oxford: Blackwell.

NAIRN, T. (1977). *The Break-up of Britain*. Londres: Verso.

PALMER, R. (1959). *The Age of the Democratic Revolution*. 2 vol. Princeton, NJ: Princeton University Press.

RITTER, G. (1969). *The Sword and the Scepter: The Problem of Militarism in Germany* – Vol. I: The Prussian Tradition, 1740-1890. Coral Gables, Fl.: University of Miami Press.

SEGEBURG, H. (1988). Germany. In: O. Dann & J. Dinwiddy (orgs.). *Nationalism in the Age of the French Revolution*. Londres: Hambledon Press.

SKED, A. (1989). *The Decline and Fall of the Habsburg Empire*, 1815-1918. Londres: Arnold.

SMITH, A.D. (1986). *The Ethnic Origins of Nations.* Oxford: Blackwell.

_____ (1979). *Nationalism in the Twentieth Century.* Oxford: Martin Robertson.

_____ (1971). *Theories of Nationalism.* Londres: Duckworth.

SUGAR, P.F. (1969). External and domestic roots of Eastern European nationalism. In: P.F. Sugar & I.J. Lederer (orgs.). *Nationalism in Eastern Europe.* Seattle: University of Washington Press.

TILLY, C. (1990). *Coercion, Capital and European States, AD 990-1990.* Oxford: Blackwell.

_____ (1975). Introduction. In: *The Formation of National States in Western Europe.* Princeton, NJ: Princeton University Press.

8
Geopolítica e capitalismo internacional

Perspectivas teóricas

Este capítulo é uma tentativa de explicar as relações gerais entre geopolítica e capitalismo no decorrer do *longo século XIX*. No entanto, ele também introduz um terceiro termo na equação: a civilização europeia (tornando-se Ocidente). Durante muito tempo a Europa foi uma civilização com múltiplos atores de poder encarnando uma contradição inerente: geopoliticamente muito competitiva com relação à guerra, mas regulada por normas comuns. As guerras do século XVIII se tornaram mais destrutivas e dispendiosas, mas também mais lucrativas para as grandes potências e também parcialmente reguladas por instituições transnacionais e pela diplomacia multiestatal. A sociedade tinha dois níveis, o Estado e a Europa. O enorme aumento do poder coletivo gerado pelo capitalismo e pelo industrialismo eclodiu nesse mundo de dois níveis semirregulamentado, carregando contraditórias implicações transnacionais, nacionais e nacionalistas.

1) As revoluções nas relações de poder ideológicas e econômicas impulsionaram uma sociedade civil parcialmente transnacional (como se observa no capítulo 2). As redes de alfabetização discursiva e moralizadora penetraram as fronteiras estatais; os direitos de propriedade privada foram institucionalizados em toda a Europa, em grande parte de forma autônoma em relação aos estados. Assim, a expansão capitalista podia surpreender as rivalidades estatais. A Europa podia se industrializar transnacionalmente para se tornar o núcleo da economia e sociedade globais, como a maioria dos escritores do século XIX esperava.

Podemos separar as versões *forte* e *fraca*. A versão forte prediria o desaparecimento virtual dos estados. As classes transnacionais seriam pacíficas. A paz universal podia ocorrer, como esperavam os liberais de Kant a John Stuart Mill. As infraestruturas estatais podiam permanecer para ajudar o desenvolvimento capitalista, mas os velhos estados militares seriam eliminados. Concepções de interesse *laissez-faire* afastariam as concepções mercantilista e imperialista – que antes como outrora invocavam um pouco de protecionismo seletivo. Sob o transnacionalismo *fraco*, os estados podiam continuar as suas políticas externas particulares, até mesmo fazer guerra, mas sem grandes implicações para a economia ou a sociedade. A estrutura de poder seria dupla: uma economia capitalista transnacional e rivalidades limitadas entre estados.

2) Mas a industrialização capitalista, quando entrelaçada com a modernização do Estado, também fortaleceu a organização nacional. A expansão infraestrutural do Estado no século XIX, sem querer, *naturalizou* os atores econômicos (explico isso no capítulo 14). O capitalismo também impulsionou as classes extensivas, politizadas pelas finanças do Estado, exigindo cidadania. Os velhos regimes contra-atacaram por meio da incorporação dessas classes nas organizações segmentares mais mobilizadas da monarquia autoritária. Tanto as demandas de classe quanto as respostas do regime levaram a Europa na direção dos estados-nações nas três formas distinguidas no capítulo 7. Em países como a Grã-Bretanha e a França, um Estado instalado, controlado por uma *classe dominante nacional*, cultural e linguisticamente homogênea, foi ampliado para uma nação que reforça o Estado. Em segundo lugar, países como a Alemanha e a Itália, comunidades ideológicas unidas pela cultura e pela língua, mas divididas em muitos estados, se tornaram politicamente unidas, formando uma nação criadora de estados. Em terceiro lugar, grandes estados confederados como os impérios austríaco e otomano foram desmontados por nacionalismos regionais, nações subvertedoras do Estado, formando mais tarde os seus próprios estados-nações. Os estados-nações dominaram praticamente todo o Ocidente até 1918. As classes ficaram mais confinadas nacionalmente, pressionando os estados para longe da sua autonomia tradicional e pressionando a sociedade para longe do transnacionalismo.

3) O capitalismo e o industrialismo também implicaram uma organização nacionalista. O capitalismo se desenvolveu entrelaçado com uma geopolítica agressiva. Os seus poderes mobilizadores podiam reforçar as concepções territoriais de interesse e conflitos entre nações. O mercantilismo podia nesse momento se tornar realmente, como Colbert disse, *un combat perpetuel*. A Europa se consolidava constantemente por meio da guerra em um número menor de estados maiores, e o colonialismo lucrativo reforçava o militarismo. Como os teóricos dos sistemas mundiais (WALLERSTEIN, 1974; CHASE-DUNN, 1989: 201-255) demonstraram, o *sistema mundial capitalista* se tornou dual – mercados livres e trabalho livre no seu núcleo ocidental, intercâmbio desigual e trabalho coercivo na sua periferia. Isso podia ter impacto sobre o Ocidente, reforçando a sua organização nacionalista agressiva.

Assim, o capitalismo e o industrialismo eram tridimensionais. A concorrência de mercado era intrinsecamente transnacional, oferecendo oportunidades de lucro difusas aos donos de propriedades onde quer que as mercadorias pudessem ser produzidas e trocadas, independentemente das fronteiras políticas. Em segundo lugar, as classes sociais politizadas se organizavam no nível do Estado impositivo e territorial. Quanto mais elas atuavam, mais territorializadas e naturalizadas elas se tornavam. Em terceiro lugar, à medida que o capitalismo se tornava enjaulado pelas fronteiras estatais, ele criava rivalidades territoriais coloniais e europeias. O capitalismo e o industrialismo foram sempre e simultaneamente transnacionais, nacionais e nacionalistas, gerando relações de poder complexas e variáveis.

No entanto, as versões *fortes* das teorias 1 e 3 dominaram principalmente a teoria social, como rivais e com compromissos ocasionais que surgem entre elas. Os teóricos desde Vico, passando pelo Iluminismo, até Saint-Simon, Comte, Spencer e Marx, esperavam o triunfo de um forte transnacionalismo. No início do século XX, essa visão liberal-marxista parecia dramaticamente errada, por isso os nacionalistas proclamaram, e os liberais e marxistas lamentaram, o triunfo do nacionalismo (muitas vezes também do racialismo), ou seja, a *superestratificação* por um Estado-nação sobre outro. O fascismo e o nazismo levaram isso ao extremo. Com o triunfo dos aliados liberais-marxistas na Segunda Guerra Mundial, o nacionalismo explícito se tornou antiquado, mas a sua influência persiste. Muito da história é escrita como a história de estados nacionais rivais. O realismo também teoriza a história diplomática como o poder do conjunto dos estados soberanos no meio da anarquia internacional. Giddens (1985) também ofereceu uma teoria do Estado compatível: os estados-nações, os *grandes recipientes de poder*, os *disciplinadores*, e os *fiscalizadores* da vida social sempre fortaleceram o seu domínio doméstico e geopolítico sobre a sociedade. O transnacionalismo liberal-marxista foi outra perspectiva a ressurgir no contexto pós-1945, sob a forma das teorias da interdependência e dos sistemas mundiais. E surgiu um compromisso liberal-marxista-realista: a interdependência global depende da presença de um único e benigno poder hegemônico.

Devido ao domínio marxiano-liberal, as teorias mais recentes da geopolítica têm sido ostensivamente economicistas, reduzindo o *poder* ao poder econômico. Dispondo de estatísticas militares e econômicas, Kennedy conclui:

> Todas as grandes mudanças nos equilíbrios mundiais de poder militar se seguiram de alterações nos equilíbrios produtivos; e [...] a ascensão e queda dos vários impérios e estados [...] foi confirmada pelos resultados das grandes guerras das grandes potências, onde a vitória sempre foi para o lado com os maiores recursos materiais (1988: 439).

As guerras apenas *confirmam* as mudanças nos poderes produtivos, que determinam a geopolítica. No entanto, a teoria de Kennedy é, na verdade, em última análise, dual. Como ele trata a rivalidade entre as grandes potências e a guerra como constantes no desenvolvimento social, o poder econômico apenas fornece os meios para perseguir os fins por elas definidos. Kennedy não tenta teorizar as relações entre as duas, nem discute como ordem e paz, em vez de desordem e guerra, às vezes caracterizam as relações internacionais.

Essa última questão tem sido abordada pelo realismo e pelo marxismo, explicando as alternâncias de guerra e paz dos séculos XIX e XX em termos de hegemonia ou estabilidade hegemônica. Os estados hegemônicos, ou hegemonias, são estados poderosos que podem estabelecer normas e exercer funções governamentais na arena internacional como um todo. Kindleberger (1973) deu origem à teoria ao explicar a crise da década de 1930 como o fracasso dos Estados Unidos em seguir os passos da hegemonia britânica descartada. Os Estados Unidos poderiam naquele momento ter estabelecido normas internacionais, mas recusaram, aceitando o seu papel hegemônico apenas depois de 1945. *Os britânicos não podiam, os Estados Unidos não o fariam.* O capitalismo internacional precisava de uma hegemonia para evitar desvalorizações competitivas, guerras tarifárias e até mesmo guerras reais.

Os realistas desenvolveram esse argumento, que se tornou uma enorme literatura (vinte artigos somente no periódico *International Organization*). A maioria dos autores identifica duas hegemonias, estabelecendo normas globais de livre-comércio e evitando a instabilidade econômica e as grandes guerras: a Grã-Bretanha durante a maior parte do século XIX e os Estados Unidos desde 1945. O caso da Grã-Bretanha indica que o hegemônico não deve ser a maior economia, mas sim a economia mais avançada, capaz de estabelecer novas normas e instituições econômicas. A Grã-Bretanha estabeleceu a libra esterlina como a moeda de reserva mundial, a cidade de Londres como seu centro financeiro e o transporte marítimo como sua principal via de operação. Por outro lado, quando a rivalidade entre múltiplas potências prevaleceu, o desenvolvimento capitalista foi instável e as guerras ocorreram – como no século XVIII, a rivalidade anglo-alemã conduziu à Primeira Guerra Mundial, e entre as duas guerras mundiais (CALLEO & ROWLAND, 1973; GILPIN, 1975: 80-85; 1989; KRASNER, 1976; KEOHANE, 1980). No entanto, muitos autores se tornaram céticos sobre isso (p. ex., KEOHANE, 1980; ROSECRANCE, 1986: 55-59, 99-101; NYE, 1990: 49-68; WALTER, 1991) – e eu me aproprio do ceticismo deles.

Os teóricos marxistas do sistema mundial levam a hegemonia a um passo adiante, procurando acabar com o seu dualismo teórico. Eles explicam a rivalidade das grandes potências em termos da "lógica única da economia-mundo capitalista" (WALLERSTEIN, 1974; 1984; 1989; CHASE-DUNN, 1989: 131-142, 154, 166-198; ARRIGHI, 1990), mantendo um dualismo maior. Eles acrescentam outra hegemonia, a República holandesa do final do século XVII, cuja moeda, instituições financeiras e navegação governavam o capitalismo naquela época. Para as hegemonias holandesa, britânica e americana, o poder naval é o principal elo entre a hegemonia econômica e militar (MODELSKI, 1978; 1987; MODELSKI & THOMPSON, 1988). A economia nacional capitalista mais avançada confere poder, especialmente o poder naval, ao seu Estado, que então fornece ordem geopolítica à economia internacional. Wallerstein conclui, em termos idênticos aos de Kennedy:

> Não é o Estado que se antecipa política e militarmente que ganha a corrida, mas sim aquele que se esforça por melhorar, centímetro a centímetro, a sua competitividade a longo prazo [...]. As guerras podem

ser deixadas a outros, até a escalada da guerra mundial, quando o poder hegemônico deve finalmente investir seus recursos para conquistar a vitória (1984: 45-46; cf. GOLDSTEIN, 1988; MODELSKI, 1987).

Esses são grandes líderes, hobbesianos; vemos aqui teorias sobre a história transferidas para o Estado. Eles são nacionalmente autoindulgentes – quase todos os teóricos são americanos, satisfeitos por celebrar o significado histórico-mundial e o governo benigno dos Estados Unidos. Os britânicos se juntam a eles, satisfeitos por sua história ser considerada tão grande e benfazeja. Mas a teoria é, em última análise, pessimista. Os realistas assumem que as potências continuarão a lutar até o fim dos tempos, a menos que uma delas se torne tão hegemônica a ponto de instituir um governo mundial. Eles são dualistas: a rivalidade anárquica entre as grandes potências é uma característica quase eterna, determinante das relações de poder humanas; os resultados da rivalidade e das explosões de ordem são determinados pelas relações de poder econômico. Os teóricos dos sistemas mundiais, como convém aos marxistas, veem um eventual resultado utópico e economicista quando a economia capitalista penetra em todo o globo final e igualmente, permitindo a revolução mundial e o governo mundial.

Tais teorias economicistas e duais estão erradas, pelo menos sobre o passado aqui discutido. A geopolítica e a economia política internacional eram mais variadas, complexas e intermitentemente esperançosas, determinadas dinamicamente por todas as fontes de poder social. Capitalismo, estados, poder militar e ideologias continham princípios contraditórios e entrelaçados de organização social. Vejamos como eles determinavam conjuntamente o poder geopolítico.

Os determinantes do poder

Identifico cinco grandes determinantes do *poder* geopolítico: as minhas quatro fontes, mais uma combinação distinta de duas delas na liderança militar e diplomática. (Esta seção se baseia livremente em Knorr (1956) e Morgenthau (1978: 117-170).)

1) *Poder econômico* – Um poder considerável é de fato conferido por combinações variáveis do tamanho e da modernidade da economia de um Estado. As potências genuinamente pobres ou atrasadas quase nunca se tornam grandes potências – e apenas se todas as outras fontes de poder forem tão favoráveis a ponto de compensar. Mas na geopolítica, a geoeconomia – como uma economia está inserida na geografia regional e global – também afeta o tamanho econômico e a modernidade, talvez aumentando sua relevância para a geopolítica. A Grã-Bretanha *esperou* séculos até que a revolução náutica e a *descoberta* do Novo Mundo significassem que a riqueza e o poder poderiam ser conferidos pela sua geoeconomia marítima. O poder econômico somente se traduz em poder se for geopoliticamente relevante, como veremos com todas as fontes de poder.

2) *Poder ideológico* – Os atores envolvidos em aventuras de poder podem ser impulsionados por recursos ideológicos relevantes para a geopolítica: um forte sentido de identidade coletiva – moral imanente – e crenças moralmente transcendentes que legitimem a agressão. Se uma classe capitalista rica não tem uma identidade nacional, seus recursos são menos mobilizáveis para um projeto de grande potência; se um exército grande e bem-equipado não tem um bom moral, será frágil.

3) *Poder militar* – Em meio a uma geopolítica agressiva, os países ricos sem forças armadas eficazes serão derrotados e absorvidos por estados mais eficazes militarmente. Algumas forças armadas são especialmente eficazes para um projeto de poder imediato, como foi o caso da Grã-Bretanha do século XVIII ou da Prússia-Alemanha na época e mais tarde. Alguns são ineficazes, como a Rússia do final do século XIX. O poder militar tem a sua própria lógica: a sua organização *concentra* recursos *coercitivamente*. O poder econômico, por maior que seja, deve ser mobilizado como mão de obra, armamento e suprimentos, coercitivamente disciplinado, e depois concentrado como coerção eficaz contra o inimigo. Isso requer não apenas um Produto Nacional Bruto, mas também um exército capaz de se concentrar no treinamento e no campo de batalha. Em 1760, os recursos econômicos prussianos eram inferiores aos austríacos, mas como eram melhor aplicados a projetos militares precisos, a Prússia se tornou a maior potência, adquirindo territórios sobre os quais ocorreu mais tarde um desenvolvimento econômico substancial. Quando as duas potências travaram a sua batalha final em 1866, a economia prussiana apenas liderou a austríaca. Mas a mobilização militar (e política) prussiana dessa economia foi decisivamente superior. Os recursos de poder militar também devem ser relevantes para a missão geopolítica em curso – são necessárias canhoneiras, não baterias de artilharia em massa (ou armas nucleares), para a diplomacia das canhoneiras.

4) *Poder político* – Os estados modernos convertem os recursos do poder econômico e ideológico, do Produto Nacional Bruto e moral, em poder militar – uma tarefa na qual eles podem ser mais ou menos eficazes. Organski e Kugler (1980: 64-103) mostram que, nas guerras travadas desde 1945, os recursos econômicos não anteciparam os resultados. O que eles chamam de organização política superior (embora, na verdade, seja uma mistura de poder ideológico, militar e político) foi decisivo, como nas vitórias de Israel sobre os estados árabes e do Vietnã do Norte sobre o Vietnã do Sul e os Estados Unidos. O regime e a administração do Estado devem fornecer efetivamente recursos relevantes para a missão geopolítica em curso. Isso geralmente favoreceu os regimes políticos mais coesos, aqueles cujas cristalizações e cujas lutas de facção foram mais institucionalizadas.

Isso foi especialmente relevante para a diplomacia estatal. Teóricos economicistas parecem esquecer que todas as grandes guerras modernas têm sido travadas entre alianças. Kennedy – curiosamente, um historiador diplomático –

toma como certo o fato de que a França sob Napoleão enfrentou todas as outras grandes potências; que a Áustria, sem aliados, enfrentou tanto a Prússia quanto a Itália em 1866; que a Áustria e a Alemanha enfrentaram a Grã-Bretanha, a França e a Rússia (e, mais tarde, a Itália e os Estados Unidos também) na Primeira Guerra Mundial. Ao somar os seus recursos econômicos combinados, ele prevê com precisão quem vencerá. Mas as alianças venceram. Elas exigem uma explicação, mas não conseguem obtê-la. Somente após tal explicação, que eles não oferecem, os teóricos hegemônicos poderiam descrever a França ou a Alemanha como um *concorrente hegemônico fracassado* e não como uma hegemonia efetiva. Se os perdedores tivessem negociado eles mesmos com aliados mais poderosos, eles poderiam ter sido vencedores, candidatos plausíveis à hegemonia.

Como veremos, eles falharam na diplomacia por duas razões, uma política e outra ideológica. Em primeiro lugar, seus estados eram incoerentes, com diferentes cristalizações políticas os puxando em direções diplomáticas contrárias, sem instituições soberanas para resolver as lutas entre facções. Em segundo lugar, ideologias nacionalistas distintivas os faziam olhar para si mesmos, negligenciando a utilidade dos *estrangeiros* nas alianças. A diplomacia também ajuda a determinar a paz. A paz do século XIX pode ter resultado mais da diplomacia entre as grandes potências do que de qualquer hegemonia britânica; pode ter vacilado quando essa diplomacia mudou, mais do que quando a Grã-Bretanha declinou.

5) *Liderança* – A complexa causalidade introduz o curto prazo e a contingência. As decisões diplomáticas e militares nas crises se tornam críticas. Então a arena internacional se assemelha à *anarquia* sem normas promovida pelo realismo. Os diplomatas então tomam decisões de acordo com as suas concepções de interesses do seu Estado, independentemente uns dos outros. Eles não podem facilmente prever resultados, pois cada decisão tem consequências involuntárias para os outros (capítulo 21 discute isso mais adiante, no caso dos desdobramentos em direção à Primeira Guerra Mundial). A incerteza das campanhas é ainda maior. Em *Guerra e paz*, Tolstói deixou relatos memoráveis das batalhas de Austerlitz e Borodino, colhidos da experiência pessoal como oficial de artilharia nas guerras turcas da Rússia. Assim que os canhões disparam, o campo de batalha é coberto de fumo denso. Os comandantes nem conseguem ver o que está acontecendo, quanto mais tomar as decisões táticas apropriadas. Às vezes eles acertam, mais frequentemente (de acordo com historiadores militares de poltrona, que podem ver o campo inteiro) eles erram.

Em um cenário contingente de decisões individuais e de pequenos grupos, alguns resultados aparecem como acaso e acidentes – não estritamente aleatórios, mas que emanam da concatenação de muitas cadeias causais fracamente relacionadas (as decisões de vários comandantes de ambos os lados, o moral das suas tropas, a qualidade das suas armas, a mudança do tempo, a variação de terreno, e coisas do gênero). Isso requer habilidades diplomáticas e militares incomuns. Na ausência de um conhecimento objetivo e abrangente, alguns tomam decisões que parecem desastrosas e incompetentes. As derrotas de uma lamentável sucessão de generais austríacos (do *le malheureux Mack* de Tolstói em Austerlitz em diante, com exceção do Arquiduque Carlos) são frequentemente atribuídas aos seus erros. Outros estadistas e generais desenvolvem uma espécie de visão da diplomacia ou da guerra, uma espécie de percepção do que funcionará, do que inspirará as tropas, que não articulam plenamente, mas que de fato funciona. Tolstói creditou ao General Kutuzov uma notável combinação de letargia, velhice e astúcia que derrubou o grande Bonaparte.

Convencionalmente atribuímos tal *gênio* a características de personalidade idiossincrática (ROSENAU, 1966), embora isso floresça em papéis de liderança socialmente prescritos. Visão e gênio podem ocorrer em qualquer organização de poder, os inventores e empreendedores de sucesso podem possuí-lo. Mas nas redes de poder econômico, a competição, a imitação e a adaptação são mais padronizadas, repetitivas e de ritmo mais lento. A visão pode ser controlada e contida pelas forças do mercado. O que generais e diplomatas decidem em poucas horas (até minutos) pode mudar o mundo – assim como o gênio militar defeituoso de Bonaparte e o gênio diplomático de Bismarck.

Assim, a ascensão e queda das grandes potências foi codeterminada por cinco processos de poder entrelaçados. Porque o poder econômico tem sido crucial para as teorias de hegemonia, e porque pode ser medido estatisticamente, eu começo por ele. Depois passo a uma narrativa que combina os cinco processos.

Poder econômico e hegemonia, 1760-1914

Avalio a força econômica das potências com a ajuda das heroicas compilações de estatísticas econômicas de Paul Bairoch. Dadas as imperfeições dos dados, os números só podem ser indicadores grosseiros e alguns são controversos (os números franceses são um campo de batalha para os estudiosos, e os do Terceiro Mundo são, em grande parte, adivinhações). Como os números do Produto Nacional Bruto não são confiáveis quando se comparam países com níveis de desenvolvimento muito diferentes, eu me concentro nas estatísticas setoriais. O poder econômico ajuda a determinar o poder. Nesse período, isso significa grandes indústrias manufatureiras e uma agricultura eficiente. Que potências tinham essas características?

A descoberta mais marcante nas tabelas 8.1-8.4 é a expansão global do poder econômico ocidental. A tabela 8.2 mostra que a produção industrial ocidental total foi inferior à da China até depois de 1800. Então, a Europa e a América do Norte ultrapassaram e se distanciaram rapidamente do resto do mundo. Em 1860, elas contribuíram com dois terços da produção industrial global, em 1913, mais de nove décimos. Esses números podem exagerar a mudança porque provavelmente subestimam a produção das economias de subsistência (que consomem a maior parte do excedente antes de ser comercializada ou antes de podermos medi-la). Mas a ultrapassagem é indiscutível. Os números também podem indicar melhor o poder geopolítico do que o poder econômico, porque os estados e as forças armadas dependem de excedentes comercializáveis e mensuráveis. Bairoch argumenta que o capitalismo ocidental desindustrializou o Terceiro Mundo, como a tabela 8.4 indica. A China e a Índia foram inundadas com produtos ocidentais baratos e reduzidas à exportação de matérias-primas. Essa mudança sem precedentes no poder geoeconômico tornou o Ocidente do século XIX decisivo para o globo, a vanguarda do poder, uma civilização hegemônica.

Tabela 8.1 – Porcentagem nacional de poderes no total do Produto Nacional Bruto Europeu, 1830, 1913

	1830		1913	
	% PNB	Posição	% PNB	Posição
Rússia	18,1	1	20,4	1
França	14,8	2	10,7	4
Grã-Bretanha	14,2	3	17,2	3
Alemanha	12,5	4	19,4	2
Áustria-Hungria	12,4	5	10,1	5
Itália	9,6	6	6,1	6
Espanha	6,2	7	2,9	7

Fonte: Bairoch, 1976a: 282.

Tabela 8.2 Volume bruto da produção industrial nacional, 1750-1913 (Reino Unido, em 1900 = 100)

	1750	1800	1830	1860	1880	1900	1913
Todos os países desenvolvidos	34	47	73	143	223	481	863
Áustria-Hungria	4	5	6	10	14	26	41
França	5	6	10	18	25	37	57
Alemanha	4	5	7	11	27	71	138
Rússia	6	8	10	16	25	48	77
Reino Unido	2	6	18	45	73	100	127
Estados Unidos		1	5	16	47	128	298
Japão	5	5	5	6	8	13	25
Terceiro Mundo	93	99	112	83	67	60	70
China	42	49	55	44	40	34	33
Mundo	127	147	184	226	320	541	933

Fonte: Bairoch 1982, tabela 8.

Na Europa, a Rússia predominou em recursos globais durante todo o período, devido ao tamanho da população e a uma economia não totalmente retrógrada. A tabela 8.1 indica que o Produto Nacional Bruto russo era facilmente o mais elevado em 1830 e por pouco liderava em 1913. A tabela 8.2 mostra que o volume bruto da indústria russa ficou atrás do da Grã-Bretanha, depois atrás do dos Estados Unidos e da Alemanha, mas permaneceu o de uma grande potência. Em contraste, as tabelas 8.3 e 8.4 mostram que os níveis *per capita* russos na agricultura e na indústria ficaram muito abaixo dos de outras potências. Em um século em que a modernização expandiu enormemente a capacidade organizacional, isso se mostrou oneroso. A mobilização militar russa permaneceu elevada, mas sua eficiência diminuiu.

Tabela 8.3 Nível de desenvolvimento *per capita* da agricultura nacional, 1840-1910 (100 = produção anual líquida de 10 milhões de calorias por trabalhador agrícola masculino)

	1840	1860	1880	1900	1910
Áustria-Hungria	75	85	100	110	–
França	115	145	140	155	170
Alemanha	75	105	145	220	250
Rússia	70	75	70	90	110
Reino Unido	175	200	235	225	235
Estados Unidos	215	225	290	310	420
Japão	–	–	16	20	26

Fonte: Bairoch, 1965, tabela 1. Números austríacos de Bairoch, 1973: tabela 2.

Tabela 8.4 Industrialização *per capita*, 1750-1913 (Reino Unido em 1900 = 100)

	1750	1800	1830	1860	1880	1900	1913
Todos os países desenvolvidos	8	8	11	16	24	35	55
Áustria-Hungria	7	7	8	11	15	23	32
França	9	9	12	20	28	39	59
Alemanha	8	8	9	15	25	52	85
Rússia	6	6	7	8	10	15	20
Reino Unido	10	16	25	64	87	100	115
Estados Unidos	4	9	14	21	38	69	126
Japão	7	7	7	7	9	12	20
Terceiro Mundo	7	6	6	4	3	2	2
China	8	6	6	4	4	3	3
Mundo	7	6	7	7	9	14	21

Fonte: Bairoch, 1982: tabela 9.

Por volta de 1760, a Rússia foi seguida, em recursos econômicos totais, por dois países quase iguais, a Grã-Bretanha e a França. Mas a França do século XIX escapou do grupo líder, ultrapassada pela Grã-Bretanha, Alemanha e Estados Unidos. A Grã-Bretanha se tornou a primeira potência a alcançar uma clara liderança econômica, com uma vantagem industrial significativa entre 1830 e 1880 e (juntamente com os Estados Unidos) a agricultura mais eficiente até 1900 (cf. tabela 8.3.) Os Estados Unidos estavam a um oceano de distância, não muito envolvidos na geopolítica europeia depois de 1815. Mas as tabelas revelam o crescimento fenomenal de seu poder econômico. Em 1913, a sua economia industrial tinha o dobro do tamanho de qualquer outra – uma potência gigantesca, embora ainda adormecida. A terceira história de sucesso foi a Alemanha, subindo da paridade com sua rival da Europa Central, a Áustria, para liderar a Europa na produção industrial e agrícola bruta até 1913 (embora ainda atrás da Grã-Bretanha na indústria *per capita*). A Áustria continuou a ser a quarta potência econômica europeia no *ranking* durante todo o período, tendo a sua indústria inclusive vencido a da França. Mas, como mostra a tabela 8.3, a agricultura austríaca permaneceu atrasada. Isso, mais a fraqueza política (discutida no capítulo 10), enfraqueceu seriamente a Áustria.

A hegemonia indiscutível revelada nessas tabelas não é um Estado único ou potência no sentido habitual, mas a civilização ocidental como um todo, capaz de *pacificar* o globo sob os seus próprios termos. Do ponto de vista dos índios ou dos africanos, pouco importa se o seu comerciante-empregador-administrador colonial era britânico, francês ou mesmo dinamarquês. A dominação era ocidental, cristã e branca, apresentando instituições de poder essencialmente semelhantes. De uma perspectiva global, as lutas entre a França, a Grã-Bretanha e a Alemanha podem parecer epifenômenos. Quem quer que ganhasse, os europeus (ou os seus primos coloniais) governavam o mundo de formas bastante semelhantes. Grande parte da hegemonia dessa civilização com múltiplos atores de poder não derivou de um Estado individual.

No entanto, as tabelas também revelam um potencial hegemônico de segundo nível dentro do Ocidente. Embora a Grã-Bretanha nunca tenha alcançado no Ocidente a predominância econômica esmagadora que o Ocidente alcançou globalmente, ela foi nitidamente a liderança econômica do século XIX. Será que isso era hegemonia? Depende de como definimos *hegemonia*. Em primeiro lugar, adoto uma medida um pouco arbitrária. De 1817 a 1890, os governos britânicos exigiam que a Marinha Real cumprisse o *padrão de duas potências* de Castlereagh, possuindo mais navios-capitânia do que as duas marinhas seguintes juntas (normalmente tinha mais do que as três ou quatro seguintes). Isso era indiscutivelmente uma hegemonia naval – e ninguém a contestou até depois de 1900. Será que a economia da Grã-Bretanha atingiu esse padrão? A sua economia era maior ou mais avançada do que as duas potências seguintes combinadas?

O Produto Nacional Bruto global da Grã-Bretanha não atingiu o padrão de duas potências. Nunca foi sequer a maior das economias ocidentais (essa distinção passou da Rússia para os Estados Unidos). Mas a modernidade econômica da Grã-Bretanha cumpriu o padrão. A tabela 8.2 mostra que o volume da produção industrial britânica entre 1860 e 1880 foi maior do que o das duas potências seguintes combinadas. Mas, em 1900, a indústria britânica não estava sequer em primeiro lugar; e, em 1913, esse padrão industrial de duas potências havia passado para os Estados Unidos, que o mantiveram por cinquenta anos. O padrão industrial de duas potências *per capita* da Grã-Bretanha, uma medida melhor da modernidade econômica, durou mais tempo, desde os anos de 1830 até 1880. A Grã-Bretanha ainda manteve a primeira posição em 1900, ficando logo atrás dos Estados Unidos em 1913 (cf. tabela 8.4.) Nas indústrias mais modernas, o domínio britânico por volta de 1860 foi ainda mais marcante, produzindo metade do ferro, carvão e linhito do mundo e fabricando metade da oferta mundial de algodão bruto. Assim, as qualificações estatísticas britânicas para a hegemonia seriam algo como um compromisso entre o tamanho econômico e a modernidade.

Isso indica uma fronteira, de curta duração, para a hegemonia econômica britânica em geral, que eu chamo de quase-hegemonia. No entanto, isso deve ter ultrapassado em muito o domínio econômico da república holandesa do século XVII, sugerido pela teoria dos sistemas mundiais como a hegemonia anterior. Embora os holandeses tivessem a economia capitalista comercial mais moderna do período, o seu poder econômico global e o seu poder militar em terra não ultrapassou o da Espanha. A economia holandesa não poderia ter atingido o meu padrão de duas potências, embora a sua marinha o tivesse feito. Ainda antes, os portugueses tinham diminuído todas as outras marinhas, enquanto permaneciam uma pequena potência econômica e terrestre. Qualquer que fosse o triunfo americano posterior, nenhuma potência ocidental desde o Império Romano tinha ainda alcançado a hegemonia econômica e militar global. Como veremos novamente neste capítulo, os europeus tinham uma longa experiência na prevenção da hegemonia global.

No entanto, as hegemonias britânicas especializadas estavam presentes. Em primeiro lugar, a hegemonia foi regionalmente especializada em acordos diplomáticos com outras potências, como nos recentes acordos tácitos entre os Estados Unidos e a União Soviética para deixarem um ao outro dominar as suas próprias esferas do globo. Nesse período, a Grã-Bretanha entrou em acordos diplomáticos pelos quais ela cedeu a parte continental em troca do domínio global naval. Em segundo lugar, a hegemonia foi setorialmente especializada, como reconhecem os próprios teóricos hegemônicos. Na manufatura, a Grã-Bretanha adquiriu uma liderança histórica maciça, mas de curta duração; outros imitaram e se apoderaram dela. Mas outras especializações britânicas foram de vida mais longa, algumas sobrevivendo além de 1914. A maioria dizia respeito à circulação de mercadorias, o que Ingham (1984) chama de "capitalismo comercial": instrumentos financeiros, transporte e distribuição, e a libra esterlina como moeda de reserva. Esses foram instrumentos distintamente transnacionais do capitalismo. Por isso o paradoxo: o capitalismo transnacional também era distintamente britânico.

Portanto, em termos econômicos, ocorreu apenas uma *especialização quase-hegemônica* pela Grã-Bretanha. Isso pressupunha uma hegemonia militar especializada, mas absoluta – o padrão naval de duas potências. Isso garantia a navegação britânica e as transações comerciais internacionais, enquanto o papel de moeda de reserva da libra esterlina derivou muito da conquista da Índia, dando uma balança comercial favorável e reservas substanciais de ouro. Também havia condições políticas prévias: o poder da câmara de compensação estava entrincheirado no tesouro e no Banco da Inglaterra (INGHAM, 1984). Isso também foi aceito no exterior. Outros notaram que a hegemonia parece precisar de pouca coerção – as normas da hegemonia aparecem como interesse de todos, benignas e até *naturais* (KEOHANE, 1984; GILPIN, 1987: 72-73; ARRIGHI, 1990). Mas tenho argumentado que isso foi um pouco menos do que *hegemonia*; a Grã-Bretanha era apenas a potência dirigente, fixando regras transnacionais na *negociação* com outras potências. A Grã-Bretanha não era tão poderosa como afirmam os teóricos hegemônicos. O Ocidente era hegemônico no mundo, mas ainda era uma civilização com múltiplos atores de poder. Sua diplomacia e suas normas transnacionais ajudaram a estruturar o capitalismo. Como isso funcionou no período anterior, de intensa rivalidade?

A rivalidade anglo-francesa

O século XVIII

Por volta de 1760, três potências – a Grã-Bretanha, a França e a Rússia – ficaram acima do resto. No leste, vastas terras e grande população tornaram a Rússia defensivamente invulnerável e capaz de se expandir para o sul e o leste à medida que os turcos otomanos e estados da Ásia Central declinavam. A Rússia ficou um pouco apartada na geoeconomia e na geopolítica devido a metade de seu território estar na Ásia, deixando o oeste para a rivalidade anglo-francesa. Depois desses três vinham a Áustria e a Prússia, cuja luta pela Europa Central eu discuto nos capítulos 9 e 10. As lutas e alianças desses cinco formaram o núcleo geopolítico ocidental. Em seguida, perifericamente, vinham os Estados Unidos, com apenas um papel geopolítico intermitente fora do seu próprio continente, e depois as potências cuja análise parcial está em andamento neste volume – Espanha, Holanda, Suécia e uma série de estados menores.

Durante quase todo o século XVIII, a Grã-Bretanha e a França disputaram a liderança da Europa Ocidental e colonial, geralmente liderando coalizões de outras potências envolvidas na guerra terrestre europeia. De acordo com a contagem de guerras de Holsti (1991: 89) entre 1715 e 1814, o domínio territorial foi um motivo significativo em 67% das guerras, seguido por questões comerciais ou de navegação com 36%. Depois vêm os problemas de sucessão dinástica com 22%, seguidos de mais problemas menores. Com o território à frente do comércio, contudo ambos importantes, as concepções de lucro foram significativamente infundidas por opções territoriais. As rivalidades misturaram elementos extraídos de cinco das seis economias políticas internacionais identificadas no capítulo 3. O domínio territorial dentro da Europa foi intermitentemente tentado pela França e outras potências, em todo o resto do mundo pela Grã-Bretanha e pela França, impulsionado pelo imperialismo econômico e geopolítico (os regimes ainda não tentavam mobilizar o imperialismo social popular). "O comércio do reino foi feito para florescer por meio da guerra", observou Burke, sem rodeios. De postos de reabastecimento militares e comerciais relativamente baratos, as marinhas europeias forçaram os termos de comércio com não europeus. Havia duas colônias especialmente lucrativas, na Índia e na América do Norte. As companhias comerciais francesas e britânicas invadiram a Índia à medida que o seu Império Mugal desmoronava. Enquanto os estados monopolizaram o poder militar, os estados francês e britânico assumiram o controle. A riqueza e o comércio indianos provaram ser imensamente lucrativos. O fluxo de colonos europeus à América do Norte, alguns explorando o trabalho escravo, também conduziu ao comércio lucrativo lá. O fascínio econômico do imperialismo moderno se apoiava substancialmente nessas duas bases lucrativas.

Mas as potências nem sempre estiveram em guerra. Em tempo de paz, elas adotaram a forma mais moderada de mercantilismo que surgiu no século XVIII: o Estado, embora sem encorajar a pirataria contra os seus rivais, deveria usar ativamente o *poder* para assegurar *abundância*, encorajando as exportações e desencorajando as importações com tarifas, cotas e embargos comerciais e de transporte – tudo isso apoiado por posturas diplomáticas e ocasionais embarques de navios estrangeiros. O mercantilismo não fazia sentido por si mesmo, uma vez que, sem esta política, a economia efetiva teria consistido em múltiplos mercados locais-regionais e transnacionais, nos quais as fronteiras estatais teriam pouca importância. No entanto, os estados continuavam a ser frágeis. Eles podiam apenas restringir ligeiramente os direitos de propriedade privada e tinham poucos poderes infraestruturais de execução. O contrabando provavelmente sempre excedeu o comércio registrado; e as ideologias transnacionais escaparam à censura. Os estados desenvolveram duas economias políticas mais orientadas para o mercado – o protecionismo nacional moderado e o *laissez-faire*. No final do século, uma série de tratados bilaterais reduziu algumas tarifas, embora mais frequentemente por motivos geopolíticos do que econômicos.

Assim, a economia política internacional do século XVIII oscilou consideravelmente, mas a expansão colonial foi facilitada: o declínio islâmico e espanhol proporcionou um vácuo de poder; os estados maiores ainda absorveram os pequenos. Três potências (Grã-Bretanha, França e Espanha) geraram a maioria das guerras coloniais; as restantes se especializaram na guerra terrestre europeia. Embora a guerra ainda fosse *limitada* e *cavalheiresca* em seus métodos, como comenta Holsti, a guerra terrestre não era limitada em seus objetivos, pois as potências então procuravam se desmembrar totalmente umas das outras. O fascínio da agressão se fortaleceu e as guerras se intensificaram. Somente a dissuasão da aliança, o custo da guerra e talvez também um sentimento civilizacional difuso de que a paz era intrinsecamente preferível à guerra retiveram as potências de uma guerra mais contínua (HOLSTI, 1991: 87-95, 105-108).

Quem ganharia? A França era no início a maior, mais populosa e mais rica em recursos em geral. O Estado francês mobilizou esses recursos para uma força militar eficaz, tornando-se o principal poder do final do século XVII e início do século XVIII, contido apenas por grandes alianças reunidas pela Holanda e Grã-Bretanha. Então, a Grã-Bretanha começou a ameaçar. Sua agricultura se tornou mais eficiente, e seu comércio marítimo facilitou a predominância naval (marinheiros qualificados podiam ser treinados em tempo de paz na marinha mercante). As suas manufaturas avançaram depois de meados do século, embora a agricultura e os serviços ainda fossem mais importantes em toda a parte do que a indústria. O avanço econômico britânico foi necessário, mas insuficiente para sustentar um desafio à França.

Em segundo lugar, o Estado britânico se tornou mais coeso do que o francês (como argumenta o capítulo 4). O território da França enfrentava dois caminhos, o da Europa e o do outro lado do Atlântico. Ambas as *duas Franças* cristalizaram facções dentro do Estado francês e a sua pressão fez da França uma potência terrestre europeia e uma potência colonial naval. Com a ascensão da Grã-Bretanha, a França ficou dividida entre as suas duas ambições. Faltavam à França instituições políticas soberanas para resolver políticas conflituosas de forma oficial. A Grã-Bretanha estava menos dividida e tinha um *rei soberano no Parlamento*. Além de manter Hanover (o lar de sua dinastia), a Grã-Bretanha abandonou as aspirações territoriais europeias em favor da expansão naval-comercial através do Atlântico, além de adquirir estações navais em torno das franjas europeias, onde outras potências estavam em declínio. Essa estratégia foi rotulada na época como "política de águas azuis" (BREWER, 1989). O exército era pequeno, o regime se concentrava mais na sua marinha para defender o canal, para que nenhum inimigo pudesse desembarcar em solo britânico. O prestígio, os recursos e a eficiência da Marinha Real cresceram. A *classe-nação dominante* contestava, mas resolvia suas disputas nas maiorias parlamentares. Assim foi formado um propósito geopolítico e um instrumento militar.

Em terceiro lugar, isso também foi ajudado pela estrutura do capitalismo britânico. Com mais comércio, a Grã-Bretanha desenvolveu instituições financeiras que aproveitavam a riqueza agrária e comercial para o poder naval por meio do Banco da Inglaterra, da câmara de compensação e o tesouro (como vimos no capítulo 4). No que Cain e Hopkins (1986; 1987) chamam a fase de *interesse de desembarque* do *capitalismo de cavalheiros*, o velho regime, as cristalizações militares e do Estado capitalista se fundiram. Eles concordaram que impostos e empréstimos deveriam financiar a expansão naval. Os vertiginosos custos da guerra significavam que estados com maior acesso à riqueza líquida (comércio) poderiam extrair mais recursos militares do que um Estado cuja riqueza estivesse amarrada à terra. Isso deu uma vantagem à Grã-Bretanha sobre a França, tal como deu à Holanda sobre a Espanha. Embora nenhuma guerra tenha se financiado a si própria, uma guerra naval bem-sucedida sobre o globo trouxe mais retornos comerciais do que a luta por terras europeias. As guerras do século XVIII esticaram todas as potências, mas elas esticaram a Grã-Bretanha por uma soma gasta menor do que qualquer outra potência.

Em meados do século XVIII, uma liderança astuta combinou essas três vantagens para trazer vitórias decisivas. Os governos britânicos usaram o seu capital mercante líquido para subsidiar os aliados continentais (primeiramente incorporados para defender Hanover), amarrando os recursos franceses na Europa enquanto a Marinha Real atacava o Império Francês e bloqueava os portos franceses, reduzindo assim a riqueza mercantil líquida da França para pagar aos seus próprios aliados. Pitt comentou corretamente: "O Canadá será conquistado na Silésia", onde seus aliados prussianos lutavam. A riqueza indiana apreendida após a Batalha de Plassey permitiu à Grã-Bretanha comprar de volta a sua dívida nacional da Holanda (DAVIS, 1979: 55; WALLERSTEIN, 1989: 85, 139-140, 181). Além disso, a Prússia, ameaçada pela derrota, lutou inesperadamente para chegar à vitória. A Grã-Bretanha e a Prússia ascenderam como aliados por meio da guerra, enquanto a França e seus aliados declinaram. Os britânicos responderam com o tradicional voto de agradecimento, nomeando os *pubs* londrinos de *O rei da Prússia* e *A princesa da Prússia*.

Durante o século XVIII, a Grã-Bretanha ganhou as três guerras em que o Antigo Regime francês estava encurralado numa guerra de duas frentes: o exército e a marinha; ela perdeu uma única guerra em que a França virou o jogo ao financiar rebeldes americanos e irlandeses. A Grã-Bretanha estendeu o seu exército entre a América e a Irlanda e a sua marinha por todo o globo. Uma frota francesa escapou sem oposição para desembarcar seu exército, ao qual o General Cornwallis se rendeu em Yorktown. Mas a Guerra dos Sete Anos, 1756-1763, garantiu o domínio britânico sobre a América do Norte, as Índias Ocidentais e a Índia, danificou as economias dos portos franceses e devastou as finanças do Estado francês. A perda das colônias americanas provou não ser desastrosa, porque o comércio continuava a fluir entre a América e a Grã-Bretanha. A Grã-Bretanha controlava as duas colheitas mais lucrativas do século XVIII: a Índia e o comércio com a América do Norte.

Esse resumo abreviado da ascendência britânica inclui os cinco determinantes do poder. A economia britânica cresceu e se modernizou, geoeconomicamente ligada à expansão naval-comercial. Isso aumentou a coesão ideológica das elites estatais e da classe dominante, e aumentou a eficiência estatal na conversão da riqueza e da ideologia no poder naval. Seus diplomatas cresceram habilitados a redirecionar ativos comerciais líquidos para um aliado militarmente eficaz na segunda frente. Como Kennedy enfatiza, o poder geopolítico é relativo a outras potências. O poder britânico teve a vantagem em relação às especificidades de sua rivalidade com a França.

Na década de 1780, os franceses ainda lideravam na Europa continental, mas a Grã-Bretanha e a sua marinha dominavam as vias marítimas e os impérios em expansão. Não devemos exagerar o poder de nenhum dos dois. As indústrias britânicas de algodão, ferro e mineração começavam a sua revolução. Mas grande parte do seu poder foi expresso transnacionalmente e não por meio do poder estatal; e o governo francês ainda estava suficientemente confiante (talvez erroneamente) em assinar o Tratado Comercial Anglo-francês de 1786, que reduziu o mercantilismo e as tarifas entre os dois países. Nem a economia nem o poder eram hegemônicos. Ambas as potências dependiam dos aliados para assegurar mais ganhos, mas os aliados também não contribuiriam para serem hegemônicos. Os franceses tinham aprendido a lição diplomática e se concentraram na ameaça britânica, mantendo um comportamento pouco chamativo no continente (eles também tinham pouco dinheiro).

Nenhuma das potências poderia infligir danos no território da outra, pois o exército britânico não conseguiu derrotar o exército francês e o exército francês não podia atravessar o canal. Kennedy descreve um impasse semelhante por volta de 1800: "Como a baleia e o elefante, cada um era de longe a maior criatura no seu próprio domínio" (1988: 124). A baleia da Marinha Real pode parecer imponente, mas tinha muito oceano para cobrir. As dificuldades logísticas eram imensas. Os navios de guerra eram minúsculos, com menos de três mil toneladas, e as frotas eram compostas por menos de trinta navios. Eles se comunicavam por sinais de bandeira dentro do alcance do telescópio. As marinhas raramente conseguiam se encontrar nos vastos oceanos, muito menos lutar com engajamento decisivo. Os franceses os evitaram; os britânicos procuraram, mas raramente os alcançaram. A Grã-Bretanha ascendeu para ser igual à França.

Os diplomatas do Antigo Regime da Europa tinham bons entendimentos normativos: preservar o equilíbrio do poder contra uma possível hegemonia. A geopolítica pôde descansar ali durante algum tempo, os custos crescentes da guerra e os despojos globais menores então disponíveis dissuadindo ainda mais o militarismo.

Isso levanta especulações contrafactuais. E se a Revolução Francesa não tivesse acontecido? Se não ocorressem mais guerras, a Revolução Industrial, os instrumentos transnacionais do capitalismo e os impérios globais seriam tão britânicos? Haveria alguma dúvida sobre a hegemonia britânica? Não podemos ter certeza. Wallerstein (1989), em uma reviravolta do economicismo de seus escritos anteriores, argumenta que a hegemonia britânica resultou de dois triunfos geopolíticos, que, diz ele, não podem ser explicados economicamente. O primeiro triunfo acabo de descrever; o segundo, envolvendo Napoleão, abordarei logo à frente. Prefiro uma visão menos otimista da manufatura francesa do que Wallerstein e separo a manufatura das vantagens comerciais e navais. A Revolução Industrial foi auxiliada na Grã-Bretanha e prejudicada na França pela geopolítica, mas a liderança da manufatura britânica teria ocorrido de qualquer forma porque resultou das suas diferentes economias domésticas e da atitude mais favorável do Estado britânico. Mas sem os ganhos da guerra colonial-comercial os britânicos não poderiam ter dominado tanto a navegação do século XIX, o comércio internacional e o crédito internacional, e as normas britânicas teriam sido menos significativas na economia internacional. Poderia ter havido mais desordem (como argumentam os realistas) ou (mais provavelmente) mais regulação pelo transnacionalismo e pela negociação entre potências que partilham identidades e normas sociais.

A hegemonia fracassada de Bonaparte

A Revolução Francesa ocorreu de forma inesperada. Como vimos no capítulo 6, seu desvio para a guerra e a conquista teve fontes bem diferentes da diplomacia tradicional ou das estratégias realistas de poder. Ela introduziu pela primeira vez desde as guerras de religião um grande valor – em vez de guerras orientadas para o lucro. Ela introduziu também na era moderna o regime final da economia política: o imperialismo social. Suas ameaças de classe, seculares e nacionais, aos velhos regimes levaram a um feroz confronto de classes e a um exército revolucionário francês buscando derrubar os velhos regimes e suas diplomacias. A guerra era então menos limitada, menos profissional e menos separada dos mercados e das classes do capitalismo em ascensão. No início, o confronto variava entre a França revolucionária e seus aliados *patriotas* contra uma aliança entre o velho regime da Áustria e da Prússia e os estados principescos e eclesiásticos menores. Mas quando a Revolução vacilou, seu salvador-oficial foi revelado como uma suposta hegemonia. Os outros regimes europeus responderam como de costume, mas com o realismo reforçado pelos interesses de classe.

Napoleão Bonaparte exemplifica o meu quinto determinante de poder – o gênio da liderança. Ele governou de forma única, sem legitimidade monárquica, mas absoluta, um general extraordinário apenas derrotado em virtude de circunstâncias altamente improváveis, um político capaz de institucionalizar a revolução enquanto dominava pessoalmente todos os rivais. As qualidades de Napoleão tiveram provavelmente um significado maior para a história mundial do que as de qualquer outra pessoa no período abrangido por este volume. Nós devemos examinar seus motivos, seus sucessos, seus erros.

Bonaparte parece ter realmente pretendido uma hegemonia global ainda em 1799; os britânicos em parte conspiraram para tanto e em parte foram conduzidos a ela. Ele tentou o imperialismo geopolítico. Embora consciente de que o *poder* traria *abundância* para a França, ele pensou pouco sobre isso e não escolheu alvos precisos de lucro econômico. Ele foi claro: "Meu poder depende da minha glória e minha glória das vitórias que eu ganhei. Meu poder falhará se eu não o alimentar com novas glórias e novas vitórias. A conquista fez de mim o que sou e só a conquista pode permitir manter a minha posição". Ele institucionalizaria então a hegemonia com o direito civil francês, um mercado comum francês (o Sistema Continental) e instituições estatais modeladas nas instituições francesas. A integração no topo era dinástica – seus generais e familiares eram nomeados governantes de seus estados-clientes – embora nos níveis inferiores ele mobilizou identidades de classe e nacionais desconcertantes.

O poder econômico de Bonaparte era apenas o disponível para os Bourbons antes da Revolução. A França era rica, uma condição necessária para o seu sucesso, mas os recursos franceses eram apenas iguais aos da Grã-Bretanha, muito menos do que os da Grã-Bretanha, Prússia e Áustria combinados e aliados, mesmo sem o seu outro inimigo intermitente, a Rússia. A hegemonia continental de Bonaparte se baseava principalmente na sua extraordinária capacidade de mobilizar recursos como coerção concentrada, como poder *militar*. Ele expandiu a excelência e o impulso ideológico dos exércitos revolucionários de três maneiras, cada uma delas impactando no problema da ordem:

1) Ele explorou os ideais nacionais revolucionários dos cidadãos-oficiais na França e nas *repúblicas irmãs* clientes, dando carreiras, autonomia e iniciativa. Depois de aproximadamente 1807, seus soldados comuns eram recrutas e mercenários não muito diferentes dos soldados de outros exércitos – embora ainda com uma moral distinta baseada na aparente veneração do *seu* imperador. Mas o corpo de oficiais, profissionais comprometidos com valores modernos e carreiras meritocráticas garantidas, continuava mais empenhado politicamente do que os oficiais da maioria dos outros exércitos, especialmente na Europa Central, onde muitos duvidavam se os seus regimes não reformados eram suficientemente *modernos* para sobreviver. Bonaparte aproveitou o poder ideológico para o poder militar, reforçando o *moral imanente* dos soldados cidadãos, especialmente entre oficiais inferiores e oficiais não comissionados. Isso alienou ainda mais os seus inimigos do Antigo Regime. Ele não apenas parecia um inimigo realista externo, ele também parecia incitar a classe e a subversão nacional nos reinos. Essa guerra trouxe ideologias e o espectro de uma nova ordem social.

2) Ele mobilizou militarmente o poder econômico conferido pela revolução agrícola da Europa, ligando essa revolução ao moral dos oficiais. No volume I, a

tabela 12.2 revela que a população no noroeste e leste europeu aumentou quase 50% durante o século XVIII, principalmente devido a um aumento semelhante nas taxas de rendimento dos cultivos mostradas na tabela 12.1 desse volume. À medida que a densidade populacional e os excedentes alimentares aumentavam, eles aliviavam a principal restrição logística da guerra histórica – as dificuldades de movimentação do abastecimento alimentar ao longo de mais de 50 milhas. Os grandes exércitos podiam circular livremente em campanha apenas do final da primavera até meados do outono. Mas, durante esse período, os abastecimentos para homens e cavalos podiam ser encontrados localmente em toda a Europa. As táticas divisionais de Bonaparte exploraram isso. Os exércitos do século XVIII se moviam para uma estrutura divisional mais solta, mas ele levou isso muito mais longe. Ele contava com uma guerra de *movimentos* para preservar a iniciativa tática. Ele dispersou exércitos autônomos apenas com ordens gerais e então se dividiram em corpos e divisões com autonomia semelhante por meio de uma ampla frente e muitas vias de comunicação. Os oficiais deviam usar sua iniciativa para viver na área rural, ignorando as fortalezas (para ficarem parados até exaurirem o abastecimento alimentar local). Ele calculava que um corpo de 25 mil-30 mil homens poderia ficar sozinho indefinidamente se evitasse a batalha, e poderia ficar sozinho durante a maior parte de um dia se fosse atacado por uma força superior. Tudo isso aumentou enormemente o tamanho dos exércitos e das economias mobilizados. Essa guerra trouxe mais desordem econômica, embora pudesse potencialmente reordenar a economia mais do que as guerras do século XVIII ocasionaram.

3) Em seguida, ele vinculou o moral dos oficiais, os excedentes agrários e as táticas de divisão e mobilidade a uma estratégia de campanha distinta. Vários corpos militares seriam enviados separadamente, por meio de uma ampla frente, para envolver o inimigo e forçar um combate, ameaçando sua capital e corte (as capitais eram nesse momento grandes demais para serem defendidas como fortalezas). Quando o inimigo se preparava para dar batalha, Napoleão rapidamente concentrava seu exército contra uma parte da linha inimiga para lá o superar, quebrar a linha e induzir uma fuga geral. Após a vitória, os franceses foram abastecidos pelo inimigo derrotado. Na Europa Ocidental e Central funcionou, especialmente contra os exércitos aliados, coordenados frouxamente. Os franceses atacaram antes que os aliados pudessem unir forças. Onde quer que um adversário se retirasse, os franceses encontravam mantimentos para avançar sobre ele. Quando o governante perdia a sua capital ou ficava sem territórios, ele pedia a rendição (sobre logística, cf. VAN CREVELD, 1977: 34-35, 40-74; sobre tática, cf. CHANDLER, 1967: 133-201; STRACHAN, 1973: 25-37). Isso aconteceu com as potências menores e com as duas grandes potências da Europa Central, Áustria e Prússia. Até mesmo o imenso exército russo foi agravado, forçando o czar a pedir a rendição. Bonaparte tinha derrotado poderes econômicos maiores e forças militares imensas devido à concentração e mobilidade

superiores do poder militar. A sua mobilização de todas as fontes de poder social significava que os estados podiam ser mais facilmente invadidos, derrotados e depois imperiosamente integrados e reestruturados do que nas guerras do século XVIII.

Em terra, Napoleão impôs a sua ordem imperial. Mas as suas pretensões naufragaram no mar. Depois de 1789, a marinha francesa estagnou porque não podia defender a Revolução. Embora Napoleão tenha reconstruído a marinha, ele não tinha experiência ou visão naval. As suas pretensões no Oriente Médio e no Báltico foram afundadas pelos navios de Nelson nas batalhas do Nilo e de Copenhague. Ele então decidiu (como Hitler fez mais tarde) que a maneira mais fácil de obter o Império Britânico era invadir a Grã-Bretanha. Atravessando o canal, os britânicos não estariam à altura da *Grande Armée* (GLOVER, 1973). Mas a *Marinha Real* comandou o canal e teve que ser atacada ou atraída para longe de suas águas. As frotas aliadas da França, Holanda e Espanha superaram em número os britânicos, mas não se igualaram à experiência britânica de navegação e batalha – a pusilanimidade de seus almirantes indicava que eles também acreditavam nisso. Intimidadas por Napoleão, as principais frotas de batalha francesa e espanhola finalmente foram atacadas perto do Cabo Trafalgar.

Como todas as batalhas, Trafalgar tinha elementos de acaso e poderia ter sido diferente, mas o seu resultado parecia provável para os combatentes, como para nós. A dúvida não durou muito tempo, uma vez que a superioridade britânica nas manobras explorou a tática ousada de Nelson de navegar diretamente através da linha de batalha francesa e espanhola. Após seis horas, mais da metade dos navios franceses e espanhóis foram destruídos ou levados, com pesadas perdas de vidas (para um relato gráfico cf. KEEGAN, 1988). Às 18h do dia 21 de outubro de 1805, Nelson estava morto, mas não haveria hegemonia francesa, nenhum império europeu de dominação. O ar do mar ainda era capaz de libertar – dentro da jaula menor de uma civilização de múltiplos atores de poder.

O poder naval britânico triunfou. O bloqueio econômico britânico poderia então ser imposto pelo comando dos mares e o sistema continental minado pelo contrabando. A Rússia o abandonou em 1810, indicando como o czar sentiu o vento soprando. O comércio internacional francês foi destruído (um processo iniciado em 1793, quando os britânicos tomaram Santo Domingo, o maior porto francês das Américas). Os britânicos bloquearam Amsterdã, o principal rival financeiro da cidade de Londres. As exportações britânicas duplicaram antes de 1815. Algumas indústrias francesas prosperaram em meio ao protecionismo, mas as técnicas ficaram aquém dos britânicos e o acesso aos mercados e créditos globais diminuiu. A maioria dos bens franceses no Caribe, no Oceano Índico e no Pacífico foram absorvidos. A hegemonia naval-comercial da Grã-Bretanha foi assegurada e sua liderança de manufatura foi promovida pela força. As vitórias da Grã-Bretanha selavam a conexão entre a liderança de manufatura e o domínio comercial, garantindo uma hegemonia quase global.

Com o Mediterrâneo, o Báltico e o Atlântico bloqueados, Napoleão podia ou tentar novamente no mar, ou tentar a hegemonia dentro da Europa continental. Ele escolheu essa última opção (novamente como Hitler). Depois de 1807, apenas Espanha e Rússia resistiram, dois dos maiores países e mais atrasados. A Espanha era um problema especial porque o poder naval britânico podia fornecer e desembarcar tropas para apoiar as revoltas lá. Bonaparte conquistou a Espanha e entronizou o seu irmão José. Mas José lutou para lidar com uma revolta popular, auxiliada pelas tropas britânicas sob o comando de Wellington, abastecidas pelo mar. Enquanto a guerrilha e as táticas evasivas de Wellington imobilizavam 270 mil homens das tropas francesas, Bonaparte invadiu a Rússia.

Esse foi o erro decisivo, o primeiro de três erros similares cometidos por pretendentes ao império de dominação da Europa Central durante os 130 anos seguintes. A decisão de Bonaparte de lutar simultaneamente no Oriente e no Ocidente se assemelhava à do alto-comando alemão em 1914 e à de Hitler em 1941. Tendo como apoio a confiança gerada por uma série de sucessos rápidos, a sua estratégia comum era infligir uma vitória rápida e decisiva a um inimigo que subestimava e depois atacar o inimigo mais persistente. Mas a vitória rápida não se concretizou. Em uma guerra de desgaste, os grandes batalhões provavelmente triunfariam (como Kennedy argumenta). Em 1914, o alto-comando alemão subestimou seus inimigos ocidentais (julgando mal a força do exército francês e do esforço diplomático britânico). Em 1812 e 1941, o fracasso foi o de entender mal um regime russo significativamente diferente de todos os outros encontrados. A Rússia era atrasada. A autocracia russa e o corpo nobre de oficiais russos eram indivisíveis pela política de modernização e no controle total dos seus camponeses.

Em junho de 1812, Napoleão cruzou a fronteira russa com 450 mil homens (metade franceses, metade aliados), deixando mais 150 mil para cobrir os seus flancos e retaguarda – o maior exército então conhecido pela história ocidental, talvez para a história mundial (sou cético de que os exércitos chineses de *milhões* pudessem mobilizar esse número em uma só campanha). Eles carregaram provisões suficientes (embora a forragem não fosse suficiente para os animais) para 24 dias – carroças e barcaças carregando 20 dias de provisões, os homens 4 dias, complementados pela subsistência na zona rural. Os generais russos se dividiram em táticas, mas o efeito (talvez não intencional) foi copiarem as táticas espanholas de Wellington e evitar a batalha. Linhas estendidas de comunicação, dificuldades logísticas e perseguições russas diminuíram o exército de campo efetivo de Napoleão. Ele tinha 130 mil disponíveis no octogésimo dia, quando chegou diante de Moscou. Sob pressão do tribunal, Kutuzov relutou em preparar as suas forças no campo de Borodino. Como de costume, oficiais e soldados russos não fugiram, mas ficaram de pé e morreram, infligindo pesadas perdas aos franceses. Kutuzov, chocado com as terríveis baixas, finalmente se retirou. O exército francês ocupou mais uma capital.

Mas o regime russo, inesperadamente para Bonaparte, não se rendeu; Kutuzov dispersou as suas forças e se deslocou para leste no início do inverno. As vantagens econômicas, geoeconômicas e políticas da Rússia – seu tamanho, seu inverno e seu atraso econômico e político – então se tornaram mais relevantes. Como em 1941, o regime russo era autocrático, menos incorporado na sociedade civil do que qualquer regime europeu. Ele podia abandonar o território, queimar as casas e cidades de seus súditos e destruir as colheitas de seus camponeses com mais facilidade do que os outros inimigos de Bonaparte poderiam fazer. O czar e sua corte, ao contrário de seus primos em Berlim e Viena, não contemplavam seriamente a negociação.

Pela primeira vez, Napoleão não pôde seguir o seu inimigo. Nem podia passar o inverno numa Moscou que o exército russo tinha incendiado. Em outubro, ele ordenou que seu exército de campo, então com 100 mil homens, se retirasse. À medida que ganhava impulso, a retirada atraiu o resto da *Grande Armée*. Eles tinham poucas provisões e poucas perspectivas de subsistência na zona rural. O *General Inverno* russo tem duas táticas. No início e no fim, a chuva e o degelo produzem lama que imobiliza armas, transportes e suprimentos e mata pela fome um exército de equipamentos e comida. No meio, a neve e o gelo congelam até a morte. Ambos devastaram os franceses. O *General Inverno* foi apoiado por destacamentos dispersos das tropas russas, evitando a batalha e devastando o campo (e os camponeses) em torno da linha de marcha. Como Napoleão e seu batalhão abandonaram seus homens, como os homens abandonaram sua pesada artilharia e transportes, como os aptos abandonaram os fracos, como a cavalaria comeu seus cavalos, a *Grande Armée* se desintegrou em uma ralé sem forma.

O Marechal Ney escreveu à sua esposa com a angústia da guarda de retaguarda que comandou: "É um bando sem propósito, faminto, febril [...] o General Fome e o General Inverno conquistaram a *Grande Armée*" (MARKHAM, 1963: 184-185). Ela foi literalmente dizimada: menos de 40 mil homens mancaram de volta à Alemanha, a perda mais completa de um grande exército desde 9 d.C., quando as legiões de Varo desapareceram nas florestas alemãs.

Uma vez perdida a campanha russa, a oportunidade hegemônica também se perdeu. Os monarcas, temendo seus próprios patriotas, bem como Napoleão, queriam o *equilíbrio* do velho regime de volta, mesmo com Bonaparte. Eles ofereceram condições, mas Napoleão não aceitou a perda do seu império. Ele levantou novos exércitos, mas seus inimigos então o copiavam. Como vimos no capítulo 7, eles foram forçados a uma mobilização patriótica. As vantagens singulares de Napoleão estavam desaparecendo. Áustria e Prússia tiveram a sua confiança fortalecida pelas vitórias dos exércitos russo e britânico (e subsídios britânicos), convergindo para a França no leste e no sul. Todos os quatro, mais a Suécia, se uniram em torno de Napoleão. Entre 1812 e 1815, uma aliança de potências restaurou a civilização europeia de múltiplos atores de poder. Os aliados se juntaram nos campos de batalha desde Leipzig (a *Batalha das nações*) até

Waterloo (onde as tropas de Wellington resistiram aos franceses até a chegada dos prussianos). Os aliados do Antigo Regime institucionalizaram então o equilíbrio nos salões diplomáticos de Versalhes.

Novamente especularei sobre o contrafactual. Com uma visão em retrospecto vemos que as capacidades de liderança de Bonaparte falharam com ele. Ele escolheu a diplomacia errada. Ele deveria ter conduzido as coisas mais devagar, concentrando-se primeiro na frente hispano-portuguesa ou na frente russa, enquanto acalmava o outro inimigo. Depois ele podia se virar contra esse outro inimigo. O seu exército principal poderia ter forçado a retirada de Wellington; uma marinha reconstruída poderia proteger a sua linha costeira. Talvez ele não pudesse ter conquistado a Grã-Bretanha ou a Rússia de qualquer maneira, mas sua habilidade de ganhar batalhas terrestres e ocupar a Rússia europeia teria feito a Grã-Bretanha e o czar, seu cliente, recear. Isso poderia ter inaugurado um período de hegemonia continental francesa contra a hegemonia britânica ultramarina – um confronto de duas potências comparável ao dos últimos anos. A Grã-Bretanha e a França poderiam ter aceitado um *modus vivendi* de guerra fria. Caso contrário, os bloqueios continuariam; a França teria de construir uma frota maciça ou a Grã-Bretanha aumentaria os seus compromissos continentais. Os estados clientes seriam procurados; forças expedicionárias, despachadas; e bloqueios, escalados contra o Sistema Continental. O transnacionalismo teria sido enfraquecido pela intervenção doméstica e geopolítica dos dois estados. O desenvolvimento industrial teria sido retrocedido em relação ao seu destino predominantemente transnacional.

Provavelmente, a hegemonia continental francesa não teria durado. Os principais estados humilhados – Áustria, Prússia e Rússia – teriam subido, com o apoio britânico, tal como os dois primeiros realmente fizeram com o apoio britânico e russo. Não podemos ter certeza sobre resultados hipotéticos. Apenas uma coisa é clara: a estratégia diplomática e militar daqueles que tentam a hegemonia em um sistema essencialmente multiestatal deve ser quase impecável. A estratégia de Bonaparte não foi. Na Idade Média, o papado tinha excomungado governantes poderosos, sendo esse o sinal diplomático para que outras potências atacassem. Agora a diplomacia secular britânica e russa sinalizavam o mesmo ataque em 1812, quando Bonaparte cometeu seu erro fatal. O poder geopolítico envolve a diplomacia, bem como a mobilização de recursos econômicos como poder militar. Como Pareto observou, as qualidades da raposa e do leão raramente são combinadas na mesma pessoa – ou grande potência. Napoleão surgiu por meio do militarismo leonino; ele desprezava as raposas diplomáticas. A hegemonia era a estratégia do leão francês, mas ele foi derrubado pelas raposas anglo-russas. A astúcia diplomática foi fundamental para as relações de poder ocidentais.

A derrota de Napoleão não derivou do poder econômico. Como ocorreu com os alemães no século XX, as probabilidades econômicas só se acumularam contra ele *depois* de ter criado tantos inimigos aliados. Numa guerra de desgaste, a economia de qualquer potência, por mais eficaz que as suas forças armadas fossem militarmente, seria sobrecarregada por uma disputa com várias potências. Mas infelizmente Bonaparte, como o kaiser e Hitler, tinha convertido uma *blitzkrieg* numa guerra de desgaste. Ele havia perseguido uma busca hegemônica semelhante à de três alemães: o imperador medieval Henrique IV, o Kaiser Guilherme e Hitler. Talvez, como Wellington comentou de forma famosa sobre suas próprias vitórias, cada uma delas foi *uma maldita corrida fechada*, mas a semelhança geográfica do fracasso é impressionante.

Uma potência centralmente localizada na Europa, seus principais rivais em ambos os flancos, mobilizou recursos econômicos consideráveis para uma potência militar excepcionalmente eficaz; mas isso provocou uma aliança diplomática entre rivais capazes de travar uma guerra em duas frentes. Aliados de duas frentes não podem facilmente coordenar táticas; dada a logística do início do século XIX, eles não podiam nem mesmo transportar tropas e suprimentos para o *front* um do outro a tempo de combater o perigo (como poderia ser feito na época da Primeira Guerra Mundial). Mas eles podem lançar recursos frontalmente para desgastar seu inimigo e impedi-lo (com a vantagem de linhas de comunicação interiores) de transferir tropas. Se eles forem muito superiores em recursos econômicos e militares em geral, essa guerra de desgaste normalmente trará vitória. Todas as capacidades extraordinárias de um Bonaparte ou de um Hitler, todas as forças combatentes dos exércitos francês e alemão, trabalharam contra essa desvantagem diplomática crucial, convertida em desvantagem militar. Todos, exceto Henrique, agravaram essa inferioridade, atacando o leste e o oeste simultaneamente. Apenas Henrique era uma raposa, capitulando, apenas caindo de joelhos diante do papa. Os outros lutaram como leões, e perderam tudo.

Essa quase derrota na hegemonia foi determinada por relações de poder ideológicas, econômicas, militares, políticas e diplomáticas, combinadas pela liderança nas crises – nesse caso, por um gênio imperfeito. O seu erro crucial deu o prêmio de quase hegemonia ao seu inimigo. Como comentou de forma sarcástica o general prussiano Gneisenau:

> A Grã-Bretanha não tem maiores compromissos do que aquele facínora. Pois por meio dos acontecimentos que ele trouxe, a grandeza, a prosperidade e a riqueza da Inglaterra aumentaram vertiginosamente. Ela é senhora do mar e nem nesse domínio nem no comércio mundial ela tem agora um único rival a temer (KENNEDY, 1988: 139).

O concerto e o equilíbrio de poder, 1815-1880

O período 1815-1914 não foi propriamente um *século de paz*. Holsti (1991: 142) mostra que a guerra era apenas 13% menos provável em todo o sistema internacional entre 1815 e 1914 do que nos cem anos anteriores. No entanto, a paz predominou no núcleo da Europa (embora não na sua periferia). As grandes potências aprenderam a ter cautela em relação umas às outras. Embora o núcleo tenha visto guerras entre 1848 e 1871, elas foram curtas, pontuais e decisivas. A tensão internacional então aumentou, culminando na conflagração de 1914. As variações fazem do século XIX um século interessante para explorar as causas da paz e da ordem internacional. Muitos escritores atribuem a paz e a ordem no centro, após 1815, ao desenvolvimento do capitalismo industrial transnacional sob a hegemonia britânica e atribuem o aumento da tensão, após 1880, à perda da hegemonia britânica. Mas isso é muito economicista e muito relacionado com o poder britânico. A ordem mundial do século XIX dependia na verdade de três redes de poder entrelaçadas: um concerto de potências negociado diplomaticamente (sustentado pela solidariedade normativa dos antigos regimes restaurados), a especialização quase hegemônica do Império Britânico e um transnacionalismo capitalista difuso. As tensões pós-1880 foram causadas pelo declínio entrelaçado de todos os três.

Para a maioria dos liberais, o período de relativa paz anunciava uma nova ordem mundial – por isso o pacifismo transnacional da teoria social do século XIX, discutida no capítulo 2. A retrospectiva sobre 1914 e 1939 faz com que esse otimismo despreocupado pareça descabido. Mas quão razoável era no seu próprio tempo? Em meados do período vitoriano, o pacifismo transnacional quase conquistou o Ocidente?

Como veremos no capítulo 12, os estadistas desse período foram retirados esmagadoramente da classe do Antigo Regime. A sua identidade social comum reforçou o equilíbrio do realismo de poder. Eles construíram um elaborado sistema de alianças para evitar qualquer repetição da alarmante conjunção de guerra devastadora e mobilização revolucionária de classe e de nação. A França transformou as atitudes dos estadistas em relação à guerra, à economia política internacional e às relações de classe. Os três tinham sido subversivamente ligados, como não tinham sido no século XVIII. A guerra trouxe o desastre social. Eles determinaram estabilizar os territórios europeus e mesmo (em certa medida) coloniais e policiar as relações de classe de forma repressiva, mas depois deixaram os mercados governar a economia (com uma dose de protecionismo pragmático). A Rússia confinou a sua expansão para fora da Europa, no que era em grande parte a sua própria esfera de influência. A Prússia e a Áustria perseguiram uma expansão mais encoberta contra as pequenas potências e não contra as grandes potências. A solidariedade normativa das potências europeias se fortaleceu, enraizada em interesses de classe e geopolíticos compartilhados.

Seu equilíbrio de poder era assim tanto geopolítico – entre potências – quanto de classe – entre velhos regimes, burguesias e pequenas burguesias.

O trabalho deles foi um sucesso impressionante[11]. No centro, o concerto e equilíbrio de poderes entre a Grã-Bretanha, Rússia, Áustria e Prússia inaugurou trinta anos de paz e estabilidade interna. O constitucionalismo entrou em cena, mas as cabeças coroadas permaneceram presas aos seus corpos e à maioria de seus poderes, e as Igrejas permaneceram presas às almas. As estratégias de regime anormalmente concertadas e conscientes deram à Europa estabilidade de classe, apesar da ruptura capitalista e industrial, e paz internacional, apesar da ascensão e declínio das potências. A França foi circundada por estados cuja soberania foi garantida pelas grandes potências – reinos ampliados da Holanda e Sardenha-Piemonte, uma Espanha restaurada pelos Bourbon e uma Renânia dada à Prússia. A revolução por baixo e por fora foi substituída pela repressão misturada com uma reforma suave vinda de cima. Em meados do século, as revoluções frustradas haviam sido reprimidas e uma França domesticada foi admitida ao concerto.

Não é óbvio como classificar o concerto de potências, mas nenhuma se aproximou da hegemonia geopolítica. Não havia dúvida de onde o poder residia nos acontecimentos de 1815: 200 mil soldados russos marcharam com seu czar por Paris (havia outros 600 mil mobilizados em outros lugares) enquanto o exército de Wellington permaneceu por perto e os navios de guerra britânicos circundaram as costas francesas. Mas o exército russo marchou de volta para casa, o Czar Alexandre ficou envolvido por seus sonhos, e o poder militar russo declinou até meados do século. As duas figuras dominantes em Versalhes foram os representantes das duas potências que mais favoreceram o *status quo* – o ministro austríaco, o Príncipe Metternich e o secretário britânico de Assuntos Exteriores, Castlereagh. O domínio de Metternich no continente continuou por duas décadas. A Áustria foi minada por distúrbios internos e a ocupação da Europa Central acabou por favorecer mais a Prússia do que a Áustria. No entanto, já em 1850, a Prússia recuou e desmobilizou seu exército em vez de arriscar a guerra com a Áustria no incidente conhecido como a *humilhação de Olmutz*. As potências continentais foram quase iguais. Os Estados Unidos, embora crescendo constantemente no poder, contribuíram apenas ocasionalmente para o concerto, como convinha aos seus distantes interesses.

---

11. Esse julgamento não é partilhado por muitos especialistas em relações internacionais que têm maiores ambições para a ordem internacional, esperando mais ideais da diplomacia do que ela certamente pode entregar. Morgenthau (1978: 448-457) ficou especialmente desapontado com o concerto, mas se concentrou na Grã-Bretanha e na Rússia, que não estavam muito limitadas por ele, e não nos liberais do sul ou da Europa Central, que estavam. Holsti (1991: 114-137) dedica mais espaço aos afoitos ideais kantianos da juventude do Czar Alexandre do que aos seus próprios dados: as potências não entraram em guerra umas com as outras, e elas regulavam conjuntamente as regiões cujas instabilidades ameaçavam a guerra.

A posição de liderança vaga não foi preenchida pela Grã-Bretanha, que se retirou da maioria dos assuntos continentais. O Ministro dos Assuntos Exteriores Canning (sucessor de Castlereagh) deixou o concerto porque acreditava que ele seria dominado pela Rússia. A Grã-Bretanha nunca foi hegemônica sobre a Europa, no sentido que Bonaparte tinha visado e os Estados Unidos mais tarde conseguiram. É errado afirmar, como faz Arrighi (1990), que o concerto "desde o início foi principalmente um instrumento de domínio britânico na Europa continental". A Grã-Bretanha ainda contava com os custos das suas intervenções no continente e se contentava com a sua presença naval mais barata no Mediterrâneo e com o domínio naval em outros locais. É verdade que as potências continentais estavam em piores condições econômicas, endividadas com credores britânicos. Canning considerou o uso do poder financeiro britânico para chantagear as potências. Mas ele se afastou disso, temendo, significativamente, que isso desestabilizasse o equilíbrio de poder.

O poder britânico experimentou poucas restrições em outros lugares. Não restaram rivais coloniais ou navais. Os impérios francês, espanhol, português e holandês tinham sido muito reduzidos. O Império Britânico cresceu maciçamente nesse momento (SHAW, 1970: 2). Em seus limites externos, no Mediterrâneo oriental, no Extremo Oriente e na fronteira noroeste indiana, o principal rival parecia a Rússia – um sinal de como o alcance global da Grã-Bretanha tinha se transformado. A Grã-Bretanha tinha atingido uma hegemonia naval-comercial especializada, intercontinental e colonial. Tinha motivos para agradecer a Bonaparte, *aquele facínora*. Contudo, a Grã-Bretanha governou *conjuntamente* a ordem geopolítica por uma divisão negociada dos poderes com um concerto de dinastias europeias semelhantes.

O concerto durou, não apenas como um compromisso geral de preservar o *status quo*, mas como uma série de tratados detalhados e operações conjuntas. O Congresso de Viena de 1815 foi seguido por um em Aix-la-Chapelle, em 1817. Na Santa Aliança, a Rússia ortodoxa, a Áustria católica e a Prússia protestante anunciaram o seu direito de intervir contra movimentos liberais, seculares ou nacionalistas no país ou no estrangeiro *de acordo com a Sagrada Escritura*. As dinastias não implementaram os ideais elevados da aliança (esses foram proclamados apenas para apaziguar o czar), mas os seus motivos reacionários. Os decretos de Karlsbad de Metternich de 1819, proibindo os movimentos liberais, foram impostos a todos os estados alemães. Os congressos autorizaram as forças austríacas a esmagar a revolta em Nápoles em 1821 e no Piemonte em 1823 e as forças conjuntas da França e da Espanha de Bourbon a esmagar a revolta na Espanha em 1823. Em 1823, a Grã-Bretanha demonstrou os limites europeus do concerto ao anunciar que sua marinha interceptaria qualquer expedição franco-espanhola para reprimir a revolta nas colônias do Novo Mundo da Espanha. O Atlântico era britânico.

As potências lidaram com três instabilidades principais regionais, que se tornaram *nacionais*. Muitas vezes elas discordaram, mas estavam conscientes de que tais discordâncias poderiam levá-las à guerra, o que elas desejavam evitar. Os governos dos Países Baixos não tinham legitimidade, os pequenos estados sobreviviam na Alemanha e na Itália em meio a outros maiores, predadores, e nos Bálcãs o declínio otomano continuava. Ao longo dos anos de 1820 e 1830, as potências desencorajaram conjuntamente as ambições francesas nos Países Baixos. A Prússia e a Áustria permaneceram em baixa na Europa Central. A Grã-Bretanha, França e Rússia apoiaram a independência grega contra a Turquia, garantida em 1829 com a mediação prussiana. Mas nesse momento surgiram as divisões. O concerto enfraqueceu um equilíbrio de poder substancialmente realista. Os interesses austríacos e russos divergiram nos Bálcãs e a Grã-Bretanha liberal e a França (após a derrubada do domínio dos Bourbon em 1830) discordaram frequentemente dos três monarcas reacionários. Mas ainda conseguiram regular a formação de um Estado belga, garantindo a sua *eterna neutralidade* em 1830 (como tinham feito em 1815 com a Suíça), e finalmente estabeleceram as fronteiras dos Países Baixos em 1839. Os três monarcas estavam muitas vezes em desacordo, mas continuaram ações conjuntas. Em 1846, eles suprimiram conjuntamente as revoltas polacas e concordaram que a Áustria anexasse a cidade livre de Cracóvia. A Áustria chamou as tropas russas para a Hungria para ajudar a esmagar a Revolução de 1848 – a última tentativa de revolução na Europa do século XIX (com exceção da Comuna de Paris). Mesmo em 1878, as outras potências, por mera declaração diplomática, forçaram a Rússia a desagregar os territórios otomanos que tinha acabado de conquistar. Alguns foram declarados estados independentes e outros foram entregues à Áustria, a fim de preservar o equilíbrio de poder dos Bálcãs.

Todos esses acordos tinham dois objetivos: evitar que uma única potência se tornasse hegemônica em qualquer região da Europa e preservar a ordem. *Ordem* significava regular os conflitos internacionais e domésticos – para os monarcas reacionários significava reprimir a reforma, para as potências liberais significava evitar a revolução, permitindo a autodeterminação burguesa e *nacional*. A diplomacia foi conscientemente orientada para o oposto da teoria da estabilidade hegemônica: preservar a paz e a ordem, incluindo a classe reacionária e a ordem do mercado, *evitando* a hegemonia. Na verdade, os diplomatas tiveram que trabalhar horas extras ao longo do século XIX. Eles tiveram que lidar com uma nova questão com impacto potencialmente devastador: a ascensão da nação em desacordo com a existência de muitos estados que já existiam. Holsti (1991: 143-145) calcula que mais da metade das guerras entre 1815 e 1914 – comparadas com apenas 8% das guerras nos cem anos anteriores – envolveu problemas de criação de novos estados. Tais questões ultrapassaram de longe o aumento territorial e as motivações comerciais que dominaram as guerras do século XVIII. Nos Países Baixos, nos Bálcãs e na Itália, o ajuste entre Estado e nação causou conflitos armados quase contínuos. Que isso não tenha, contudo, levado a guerras sérias entre as grandes potências, pode ser contado como o seu principal êxito de negociação. Na verdade, a diplomacia concertada só falhou com uma potência, a Rússia, que acabou por ver oportunidades na exploração dos nacionalismos orientais, enquanto uma segunda potência, a Prússia, transformou as suas ambições em *nacionais* na Europa Central – e essas duas ambições desestabilizaram uma terceira potência, a Áustria multinacional. A ordem e uma hegemonia regional e *nacional* estavam inversamente relacionadas na geopolítica ao longo do século XIX.

Os estados também deslocaram as suas economias políticas internacionais para opções mais mercadológicas e pacíficas. Como foi demonstrado recentemente, a guerra entre as grandes potências era demasiado perigosa para os antigos regimes. Os nativos do Terceiro Mundo podiam ser aterrorizados e colonizados, mas as potências pisaram cautelosamente em território colonial alheio e aceitaram a conciliação de uma terceira potência caso se cruzassem com os caminhos coloniais uns dos outros. As concepções territoriais de interesse não terminaram, mas eram estabilizadas em negociações conjuntas. Entre 1814 e 1827, houve uma explosão de tratados comerciais: a Grã-Bretanha negociou tratados comerciais com a Argentina, Dinamarca, França (dois), Holanda, Noruega (dois), Espanha (dois), Suécia (dois), Estados Unidos (três) e Venezuela. Esta explosão estabeleceu os termos do comércio internacional da Grã-Bretanha, pois (com exceção da Venezuela e da China) não houve mais tratados comerciais até depois de 1850 (*Foreign Office*, 1931). Nenhuma negociação era puramente comercial; de ambos os lados, os interesses da aliança geopolítica estavam entrelaçados com interesses comerciais.

Capitalismo transnacional, 1815-1880

O concerto e o equilíbrio também receberam uma ajuda transnacional mais difusa do capitalismo industrial. As Guerras Napoleônicas tinham diminuído o comércio internacional e até cerca de 1830 os níveis de produção europeus subiram mais rapidamente do que o comércio internacional. Nessa fase, a primeira fase da Revolução Industrial, a naturalização das economias realmente aumentou. Depois, na Grã-Bretanha e na França, como revela a tabela 8.5, o comércio internacional como porcentagem do produto nacional aumentou, especialmente depois de meados do século. Ele se nivelou na década de 1880.

Tabela 8.5 Comércio externo de *commodities* como porcentagem do produto interno bruto, 1825-1910, na Grã-Bretanha, França, Alemanha e Estados Unidos

	Grã-Bretanha	França	Alemanha	Estados Unidos
1825	23(27)	10	-	-
1850	27(33)	13	-	12(13)
1880	41(49)	30	35	13(14)
1910	43(51)	33	36	11(12)

Notas:
1) Kuznets não fornece números para os mesmos anos para todos os países. Os meus números ou são para o ano indicado ou anos adjacentes ou um período inclusivo, ajustado quando necessário para a tendência subjacente. Portanto, são aproximações (assim como todas as estatísticas das contas nacionais).
2) Os números britânicos entre parênteses acrescentam os serviços; os números americanos entre parênteses acrescentam a maioria dos serviços.
3) As contas francesas calculadas sobre o produto nacional líquido. Portanto, ajustei ligeiramente para baixo a porcentagem dada na fonte (em 5%).
Fonte: Kuznets, 1967, tabelas 1.1, 1.2, 1.3, 1.10 do apêndice; volumes de preços correntes.

O comércio internacional britânico tinha subido de um quarto para metade do Produto Nacional Bruto. As importações aumentaram mais rapidamente e por mais tempo do que as exportações, atingindo um pico na década de 1880, e o equilíbrio foi obtido das reexportações e do retorno dos investimentos no exterior. Embora nos faltem bons dados de outros países, o comércio internacional em geral provavelmente cresceu muito mais rápido do que a produção mundial até cerca de 1880, quando se estabilizou. Kuznets estima que o comércio externo aumentou de apenas 3% da produção mundial em 1880 para 33% em 1913, sendo que a maior parte do aumento foi contribuição dos estados europeus. Os Estados Unidos foram excepcionais, sem aumento proporcional no comércio exterior, ainda penetrando em seu próprio continente. Com a expansão, o comércio se tornou menos bilateral, necessitando de menos tratados e gerando mais interdependências transnacionais. O comércio entre duas potências se desviou mais do equilíbrio, então as moedas e o crédito se tornaram mais importantes como meio de pagamento. As moedas se tornaram totalmente convertíveis com a adoção geral do padrão ouro, iniciada pela Grã-Bretanha em 1821, continuada pela Alemanha em 1873, e concluída pela Rússia em 1897. Com a libra esterlina como moeda de reserva, a estabilidade monetária durou até a Primeira Guerra Mundial. Todos os países com comércio exterior significativo integraram suas práticas bancárias e de crédito após 1850.

A expansão do comércio coincidiu com a quase hegemonia da economia britânica e normalmente é atribuída a ela – certamente uma causa, mas juntamente com outras. A partir de 1815, a industrialização ocidental foi intrinsecamente transnacional. Tal expansão massiva da troca inter-regional de mercadorias não podia ser controlada pelas frágeis infraestruturas dos estados contemporâneos. Não foram os estados, mas os donos de propriedades privadas que iniciaram o crescimento econômico, a maioria dos quais emergiu intersticialmente para governar o Estado por meio de mercados consideravelmente livres. É claro que as colônias eram diferentes, adquiridas e mantidas pela força militar. Mas as exportações britânicas e a necessidade de importações se difundiram então como oportunidades menos para os estados do que para os donos de propriedades privadas, inventores e trabalhadores qualificados que operavam nos mercados europeus e americanos.

A industrialização se espalhou principalmente em resposta a três características dos mercados transnacionais. Em primeiro lugar, o nível existente da agricultura e da indústria de uma região era importante. Para comercializar lucrativamente com a Grã-Bretanha era necessário uma organização social avançada. Para competir com os produtos britânicos era preciso instituições capitalistas apenas ligeiramente atrás das britânicas. Em segundo lugar, a industrialização dependia do acesso ao carvão, mais tarde também ao ferro, do qual dependia a energia do vapor. Em terceiro lugar, a facilidade de comunicação com a Grã-Bretanha, e depois com outras áreas de industrialização, reduzia os custos de transação. Assim, a industrialização se difundiu primeiro para áreas relativamente avançadas que possuíam carvão e estavam próximas do núcleo capitalista original.

A difusão era regional e não nacional; ela passou por fronteiras. Ela se espalhou pelos Países Baixos – partes da Holanda e dos Países Baixos austríacos (esses últimos se tornaram Bélgica em 1830) e o norte da França – e não pelo território de um único Estado; e depois pela Renânia, o Sarre e partes da Suíça, também regiões transfronteiriças, e não os territórios centrais dos grandes estados. A industrialização na Silésia, Saxônia e Tchecoslováquia atravessou as fronteiras da Prússia, Áustria e estados menores; o norte da Itália era território contestado; a Catalunha era uma zona fronteiriça, não totalmente integrada ao reino da Espanha. A industrialização precoce ocorreu principalmente fora das áreas centrais de penetração da infraestrutura estatal. Como enfatiza Pollard (1981), nesse período os mecanismos econômicos eram menos nacionais e internacionais do que regionais e inter-regionais. O capitalismo se difundiu tanto intersticial como transnacionalmente.

Foram estabelecidos mais termos de mercado na Grã-Bretanha do que em qualquer outro lugar porque os produtos industriais e o capital comercial eram desproporcionalmente originados na Grã-Bretanha, ou passavam por ela. Nesse sentido, a maioria das normas eram *britânicas*. Mas essa é apenas uma forma conveniente de expressão de normas que não tinham um único lugar de origem e dependiam da institucionalização da propriedade privada absoluta e, em quase todo o Ocidente, da mão de obra formalmente livre. O que se tornou instrumento transnacional do capitalismo comercial desenvolveu sua forma mais completa na Grã-Bretanha, mas não era exclusivamente britânico. McKeown (1983) mostrou que a Grã-Bretanha não teve grande impacto nas políticas tarifárias e de cotas de importação de outros países – uma demolição crucial da noção de que a Grã-Bretanha impunha a estabilidade hegemônica. Como Palmerston reconheceu, "o governo inglês não tem o poder nem a força para impedir que estados independentes entrem em tais acordos no que diz respeito ao seu comércio mútuo, como lhes parece melhor calculado para promover os seus respectivos interesses" (O'BRIEN & PIGMAN, 1991: 95).

No entanto, a Grã-Bretanha não usou a *força*. A *sua* economia era amplamente considerada benéfica para o mundo (como observa ARRIGHI, 1990). Era aberta e liberal. A política externa britânica não foi agressiva contra os territórios de outras potências ocidentais. O Império Britânico e a influência mediterrânea estavam instalados; eles precisavam apenas de defesa. Portos estratégicos dispersos e postos de reabastecimento (mais tarde, estações de carvão para navios de ferro) como Aden, Singapura e Hong Kong, e não grandes novos territórios, eram então procurados pelos governos britânicos (embora os colonos brancos por vezes os arrastassem mais para dentro dos continentes). Gallagher e Robinson (1953) afirmaram que, embora a Grã-Bretanha preferisse o *Império informal*, ela passou ao controle político formal quando necessário. Mas isso quase nunca foi necessário contra outras potências ocidentais. O poder naval britânico assegurou o comércio livre e igualitário, não a discriminação em favor dos produtos britânicos ou a intervenção nos países do Terceiro Mundo que poderiam controlar seus próprios territórios e garantir o livre-comércio (PLATT, 1968a; 1968b; SEMMEL, 1970; CAIN & HOPKINS, 1980: 479-481).

Para outras potências, os termos de troca *britânicos* pareciam meramente técnicos. A Marinha Real pacificou as rotas comerciais e chancelou estados recalcitrantes não ocidentais. A Grã-Bretanha forneceu um modelo do futuro capitalista industrial a ser imitado – às vezes a ser evitado. As transações internacionais poderiam ser convenientemente denominadas em libras esterlinas apoiadas pela promessa de convertibilidade em ouro e creditadas por meio da principal câmara de compensação do mundo, a cidade de Londres. Técnicas britânicas, trabalhadores qualificados, gerentes e capital foram atraídos e imitados por outros estados.

Por que a maioria dos países estrangeiros desejaria o contrário? As indústrias estrangeiras estabelecidas – por exemplo, as têxteis na maioria dos países avançados ou a indústria francesa do ferro – poderiam competir com as britânicas (muitas vezes apoiadas por uma proteção suave do seu Estado), a perícia local e custos de transporte mais baixos nas suas regiões as auxiliavam. A prosperidade e a procura de bens de consumo especializados criou condições de crescimento para o artesanato e as indústrias artesanais das cidades ocidentais. A maioria dos países poderia usar o capital britânico para desenvolver suas próprias infraestruturas e manufaturas. A Escandinávia, a costa báltica, Portugal e a América há muito que forneciam bens primários para os fabricantes e consumidores britânicos. A industrialização se difundiu pela Bélgica, Holanda, Suíça e territórios de estados menores ao longo do Reno e do Sarre. Um cinturão econômico se estendeu pelo noroeste da Europa, no qual os produtos dos primeiros comerciantes, como a Bélgica e a Suíça, podiam competir com os produtos britânicos e os produtores primários na Dinamarca e na Suécia podiam prosperar. Eles aceitaram a economia transnacional sem considerar se essa era *britânica* em excesso.

Por que os *estados* estrangeiros o desejariam de outra forma? Os pequenos estados aceitaram a liderança das grandes potências que pretendiam garantir a integridade territorial. O interesse de todos os estados no comércio era principalmente fiscal. Eles o ordenhavam para obter receitas, beneficiando-se do aumento do comércio nacional e internacional (HOBSON, 1991). Eles estavam felizes em trocar complicadas licenças de monopólio por taxas alfandegárias gerais e impostos de consumo cobrados sobre o fluxo bruto do comércio. À medida que o comércio aumentava, o interesse dos estados em manter as tarifas altas diminuía. Em períodos de depressão e, portanto, de declínio do comércio e das receitas aduaneiras, os governos aumentaram as tarifas (McKEOWN, 1983). Como veremos no capítulo 11, a pressão fiscal sobre os estados em meados do século XIX foi a mais baixa em séculos.

Assim, as motivações geopolíticas, econômicas e fiscais coincidiram em meados do século para afastar a economia política ocidental do protecionismo para o *laissez-faire*. Entre 1842 e 1846, a Grã-Bretanha aboliu as *Corn Laws* e proclamou o livre-comércio em tudo. Os estados reduziram tarifas em uma série de tratados comerciais bilaterais nos anos de 1850 e 1860, nos quais as motivações das alianças geopolíticas eram secundárias às motivações comerciais-fiscais. As negociações também abrangeram marcas comerciais e o reconhecimento das sociedades anônimas e leis de rios internacionais, estreitos e pessoas envolvidas no comércio internacional – uma segunda explosão de tratados comerciais que durou desde a década de 1850 até a de 1880 (*Foreign Office*, 1931). O transnacionalismo econômico também foi negociado entre as potências.

Portanto, o otimismo em relação às implicações pacíficas e transnacionais da economia estava bem alicerçado. A Grã-Bretanha favoreceu o transnacionalismo, assim como as monarquias das grandes dinastias, assim como a maioria das potências menores, e foi a tendência predominante do próprio capitalismo. O forte transnacionalismo – o declínio do Estado em meio a uma sociedade transnacional – era improvável. Mas por que não um transnacionalismo fraco, estados relativamente privados envolvidos em diplomacia e mesmo guerras intermitentes porém limitadas, mas sem muita importância para a sociedade civil? As guerras foram poucas e as despesas militares permaneceram estáticas ou diminuíram em termos absolutos em meio a um crescimento econômico maciço (cf. capítulo 11). Na verdade, a primeira dessas guerras parecia encarnar perfeitamente o *transnacionalismo fraco*, pois os governos distinguiam claramente entre as esferas militar e civil. Enquanto as tropas britânicas e francesas lutavam contra os russos na Crimeia, os britânicos permitiram que o governo russo levantasse um empréstimo na bolsa de Londres, e os franceses convidaram o governo russo a participar numa exposição internacional da indústria e das artes. "O modo normal de negócios" não deve ser interferido, declarou o secretário britânico das Relações Exteriores (IMLAH, 1958: 10; PEARTON, 1984: 28). A guerra limitada estava de volta, a mobilização popular nacionalista parecia estar em declínio. A economia política do *laissez-faire*, chamada pelos alemães de *Manchestertum*, parecia aos modernizadores de toda parte incorporar as leis econômicas naturais, e para a maioria dos regimes não parecia subversiva.

Mas as leis de Manchester se apoiaram, como todas as leis econômicas, no poder social: sobre o poder expropriador da classe capitalista difundido transnacionalmente e sobre normas geopolíticas. O transnacionalismo não era *natural*, resultado da interação da propriedade privada, da mercadoria, do mercado e da divisão do trabalho. O capitalismo industrial pressupunha uma regulamentação coerciva e normativa, proporcionada sobre o território internacional por dois mecanismos diplomáticos principais. O concerto de poderes e o equilíbrio de poderes regulavam as relações internacionais de todos os tipos; e as rotas comerciais globais, o dinheiro e o crédito eram regulados pela quase hegemonia especializada da Grã-Bretanha. Quando ambos vacilaram, o capitalismo transnacional também vacilou.

Geopolítica e capitalismo vacilantes, 1880-1914

A economia política nunca tinha sido totalmente *laissez-faire*: o mercantilismo foi moderado pelo protecionismo nacional seletivo; tarifas e cotas de importação nunca estiveram ausentes; economistas estrangeiros defendiam produtos nacionais contra produtos britânicos; os industriais procuraram proteção seletiva. Mas, na década de 1840, a economia transnacional mudou de velocidade. As ferrovias impulsionaram a demanda por mais bens de capital pesados do que a indústria local poderia fornecer. A indústria britânica exportava e recebia em troca artesanato e alimentos. A ameaça potencial aos fabricantes estrangeiros se tornou real quando o crescimento vitoriano terminou por volta de 1873. A agricultura foi atingida por navios a vapor e ferrovias carregando grãos norte-americanos e russos. A competição foi maior na agricultura (BAIROCH, 1976b), mas os agricultores eram mais de 60% dos consumidores europeus, por isso a procura de bens manufaturados diminuiu. Uma maior eficiência permitiu aos britânicos baixar os preços, e os fabricantes continentais se juntaram aos agricultores para exigir proteção. As elites estatais tinham seu próprio interesse em proteção: tarifas mais elevadas manteriam as receitas ameaçadas pela depressão econômica.

A diplomacia também se deslocou à medida que o equilíbrio de poder vacilava. Isso teve pouco a ver com a hegemonia britânica comercial e no estrangeiro, e muito mais com o equilíbrio de poder no continente. O declínio do poder otomano, as dificuldades internas austríacas e o crescimento prussiano desestabilizaram a diplomacia e criaram temores de duas hegemonias regionais, a Rússia no leste e no sudeste e a Prússia na Europa Central. Nenhuma das duas expansões foi dirigida contra a Grã-Bretanha e nenhuma delas estava seriamente ligada à questão da liderança capitalista. A Prússia estava absorvendo estados menores e ameaçando a Áustria e a França. A Rússia estava tirando vantagem do declínio de uma potência pré-capitalista. Essa última afetou os interesses geopolíticos britânicos. Em 1852-1854, a Grã-Bretanha e a França lutaram como aliados na Crimeia para impedir que a Rússia chegasse ao Mediterrâneo. O poder naval permitiu o seu sucesso. Mas na Europa continental, a Grã-Bretanha – no auge de sua suposta *hegemonia* econômica e naval, mas com apenas um pequeno exército – somente podia assistir passivamente como, inicialmente, a França e depois a Prússia usaram as revoltas italianas para derrotar a Áustria em 1859 e 1866; como a Prússia e a Áustria confiscaram território dinamarquês em 1865 (Palmerston tentou se intrometer aqui, sem grande proveito); e como a Prússia derrotou a França em 1870 (os britânicos garantiram apenas uma promessa prussiana de respeitar a neutralidade belga).

Ao longo dessa explosão de imperialismo geopolítico calculado, Bismarck estabeleceu metas limitadas, de modo a não quebrar o equilíbrio decadente. Mas o poder prussiano-alemão começava a dominar o continente. A Rússia também teve o cuidado de se expandir através dos Cárpatos e por toda a Ásia, tornando a potência marítima britânica irrelevante. As ferrovias acabaram com a fraqueza logística dos poderes terrestres. Na Crimeia, a Grã-Bretanha e a França haviam fornecido mais facilmente seus exércitos através de mil milhas de mar do que a Rússia poderia em suas próprias províncias. Mas esses dias estavam para acabar, como reconheceram geopolíticos como Mackinder. A Britânia ainda governava as ondas, mas ninguém governava a massa terrestre eurasiática, seja como hegemonia ou em concerto ou em equilíbrio coletivo. Nem o equilíbrio nem o concerto significavam problemas, já que as potências em ascensão se comportaram bem com a agressão. A Alemanha institucionalizava em seu Estado duas das três principais condições de seu sucesso: esquecendo os cuidados diplomáticos bismarckianos, manteve o militarismo e uma estratégia segmentar de dividir para conquistar. A tendência das grandes potências de institucionalizar o que as tornava grandes em primeiro lugar era uma má notícia tanto para a paz como para o realismo (cf. capítulos 9 e 21).

A decadência do concerto estimulou as potências a entrarem em alianças defensivas e aumentar as despesas militares. As ferrovias, a artilharia e os navios de ferro levaram à industrialização da guerra. Os custos subiram depois de 1880 e as despesas civis também (cf. capítulo 11). Os estados necessitavam de mais receitas – e as tarifas serviriam muito bem. Motivos fiscais e econômicos em conjunto deslocaram a economia política para mais territorialismo, embora a princípio apenas para o protecionismo (investigo isto no caso da Alemanha; cf. capítulo 9). As tarifas foram aumentadas em quase todos os países entre 1877 e 1892. Em 1900, os níveis eram substanciais, embora não proibitivos. Apenas a Grã-Bretanha, Bélgica, Holanda e Suíça se mantiveram fiéis ao *laissez-faire*. Como mostra a tabela 8.5, o comércio internacional então se nivelou como uma proporção da produção mundial. O primeiro surto transnacional de capitalismo industrial de 50 anos terminou.

Esse é o relato convencional apresentado por muitos historiadores econômicos e cientistas políticos para explicar como a Europa se meteu num caminho escorregadio descendo até 1914. No entanto, esse relato não explica isso. O afastamento do *laissez-faire* parou bem aquém do mercantilismo – e muito aquém do imperialismo econômico. Além disso, o comércio exterior ainda crescia, mais rápido durante a fase protecionista depois de 1879 do que durante o período anterior de livre-comércio (BAIROCH, 1976b). O crescimento da Europa continental estava então florescente, e as instituições internacionais estabelecidas por volta de meados do século ainda expandiam. As tarifas eram seletivas, pragmáticas e cautelosas. Elas não enjaulavam cada economia nacional, nem geravam seriamente nacionalismo econômico. A economia se dividia menos em economias nacionais do que em esferas de interesse das grandes potências. Essas esferas encarnavam diferentes graus de territorialidade.

A maior economia, mais orientada para o mercado, era a anglo-americana. As economias britânica e americana sempre estiveram estreitamente integradas, apesar das altas tarifas americanas. Os países partilhavam uma língua e grande parte de uma cultura. Em meados do século, eles concordaram em dividir os esforços geopolíticos. A Grã-Bretanha cedeu autoridade para os Estados Unidos nas Américas, os dois negociaram amigavelmente no Pacífico, e os Estados Unidos fizeram concessões para outros lugares. A tabela 8.6 mostra que a Grã-Bretanha e os Estados Unidos permaneceram o maior parceiro comercial um do outro até o século XX. Os seus investimentos estrangeiros interpenetraram nos dois países, na América Latina e no Canadá. A Grã-Bretanha também se vinculou mais ao seu império, menos à Europa.

Entre 1860 e 1913, a proporção das exportações britânicas indo para o império subiu de 27% para 39% (WOODRUFF, 1966: 314-317). Jenks (1963: 413) estimou que, em 1854, 55% dos investimentos britânicos no exterior estavam na Europa, 25% nos Estados Unidos e 20% na América Latina e no império. Em 1913, o investimento na Europa caiu drasticamente, para 6%, o nível dos Estados Unidos se manteve estável, e o investimento no império subiu para 47% (autores diferentes dão números ligeiramente diferentes; cf. WOODRUFF, 1966: 154; SIMON, 1968; THOMAS, 1968: 13; BORN, 1983: 115-119; DAVIS & HUTTENBACK, 1986). A maioria dos investimentos diretos de empresas britânicas em filiais estrangeiras também foi para o império (BARRATT-BROWN, 1989). Como as instituições de investimento britânicas e americanas eram independentes do governo, o transnacionalismo *laissez-faire* governou dentro do reino anglo-americano, moderado por suas duas linhas de falha internas, o protecionismo seletivo dos Estados Unidos e o Império Britânico (FEIS, 1964: 83-117).

Com a Grã-Bretanha à frente, os tentáculos globais se espalharam da esfera anglo-americana para o Terceiro Mundo, especialmente, e países europeus menores e de comércio livre. Em 1914, somente a Grã-Bretanha contribuiu com 44% do investimento estrangeiro mundial (perto de sua norma do século XIX), França 20%, Alemanha 13%, Bélgica-Países Baixos-Suíça juntos 12%, e os Estados Unidos 8% (WOODRUFF, 1966: 155; BAIROCH, 1976b: 101-104). O comércio britânico e o americano foram os mais orientados globalmente, como revela a coluna *todos os outros* países da tabela 8.6. O seu transnacionalismo se difundiu em todo o mundo.

Tabela 8.6 Porcentagem do comércio total de um Estado realizado com outros estados principais, 1910

Estado	Negociação com esses estados								
	Áustria--Hungria	Bélgica	França	Alemanha	Rússia	Reino Unido	Estados Unidos	Todos os outros	Total %
Áustria--Hungria	-	- 3	- 3	42	5	14	6	33	100
Bélgica	- 3	-	18	19	6	14	5	38	100
França	- 3	11	-	12	- 3	16	8	53	100
Alemanha	10	4	6	-	12	11	11	46	100
Rússia	3	- 3	6	33	-	15	- 3	43	100
Reino Unido	- 3	- 3	6	8	5	-	12	69	100
Estados Unidos	- 3	- 3	7	12	-3	23	-	58	100

Fonte: Mitchel 1975, 1983: tabelas F1, F2.

A segunda maior esfera era a dos franceses. Inicialmente, ela foi bastante orientada para o mercado. A indústria francesa era menos organizada nacionalmente do que a britânica ou alemã. Como diz Trebilcock, "a revolução industrial internacional passou pela França, deixando fortes bolsões domésticos de manufatura, mas mobilizando homens e dinheiro para uma tarefa mais ampla e transcontinental" (1981: 198). A orientação do comércio externo francês na tabela 8.6 ocupa o terceiro lugar, depois da Grã-Bretanha e dos Estados Unidos, mas foi o maior em termos de investimento. Em 1911, 77% das ações vendidas na França eram para empresas estrangeiras, em comparação com apenas 11% na Alemanha (CALLEO, 1978: 64). Os investimentos estrangeiros franceses eram supervisionados diplomaticamente. Com o declínio do poder militar francês, o Ministério das Relações Exteriores francês começou a ver o capital como sua arma secreta contra as divisões prussianas e esquadrões britânicos. Qualquer empréstimo estrangeiro tinha que ser aprovado para ser lançado na Bolsa de Valores de Paris. Os arranjos para o investimento francês figuraram em grande parte na Aliança Dupla Franco-russa de 1894. Em 1902, o investimento francês no estrangeiro refletiu as suas alianças diplomáticas. Investimentos substanciais foram para aliados e clientes – 28% para a Rússia, 9% para a Turquia, 6% para a Itália e 6% para o Egito. Seguindo o acordo de 1904 com a Grã-Bretanha, o comércio com a esfera anglo-americana aumentou, 30% indo para a América do Sul (TREBILCOCK, 1981: 178-184; cf. tb. FEIS, 1964: 33-59, 118-159; BORN, 1983: 119-123). A geopolítica aproximava as esferas francesa e anglo-americana.

A terceira esfera era a Alemanha. Ela era a mais demarcada territorialmente. O investimento estrangeiro alemão era baixo e era supervisionado pelo *Reichsbank* chefiado pelo chanceler. O investimento foi dirigido pela diplomacia alemã. Por volta de 1913, a maioria foi para estados-clientes e estados-tampão adjacentes – Áustria-Hungria e os Bálcãs – embora também se expandisse para a Rússia e América Latina (FEIS, 1964: 60-80, 160-188; BORN, 1983: 123-134). A Alemanha era a única grande potência cujo comércio e investimento estrangeiros estavam diminuindo em proporção ao Produto Nacional Bruto no início do século XX. A tabela 8.6 mostra que o comércio alemão se espalhou mais do que o seu investimento estrangeiro, estando igualmente dividido entre os países anglo-saxões e o leste da Europa. Mas o leste da Europa (na tabela 8.6, Áustria-Hungria e Rússia) dependia da Alemanha. O comércio de exportação da Alemanha envolveu o *dumping* subsidiado de produtos manufaturados a partir de 1904. Uma das três maiores economias se organizava contra o que ela via como a *farsa* do transnacionalismo das potências estrangeiras. A economia política da Alemanha se tornou mais territorial do que suas duas principais rivais ocidentais, como exploro mais adiante no capítulo 9.

Mas esses grandes contrastes de poder são apenas de grau. Os padrões de comércio e investimento eram apenas vagamente segregados; e os capitalistas privados em todos os lugares negociavam e investiam livremente uns com os outros e com países terceiros em comum. A tabela 8.6 mostra que o comércio britânico, americano, francês e alemão se difundiu por todo o mundo. Isso pressupunha instituições financeiras. Assim, quando a quase-hegemonia britânica terminou, seus rivais procuraram preservar o transnacionalismo fiscal *britânico*. A libra esterlina nunca tinha sido tão segura ou tão firmemente baseada no ouro como o dólar americano foi depois de 1945. Dependia mais da *confiança* internacional. O padrão-ouro exigia ajuda de outros governos, especialmente aqueles com mais controle sobre as instituições financeiras do que o *laissez--faire* que a Grã-Bretanha possuía (WALTER, 1991). Nas crises financeiras de 1890 e 1907, o Banco da Inglaterra possuía reservas insuficientes para assegurar a confiança internacional. Assim, o Banco da França e o governo russo lhe emprestaram ouro e compraram notas de libras esterlinas no mercado. Em 1907, o Banco da França interveio especificamente para defender o padrão-ouro britânico. Eichengreen (1990) comenta: "a estabilidade do padrão ouro [...] dependia da colaboração internacional eficaz de um núcleo de países industriais". O que poderia parecer transnacional ou hegemônico pressupunha uma diplomacia multilateral. Tais arranjos poderiam ter dominado o século XIX não tivesse Bonaparte, *aquele facínora*, elevado tanto o *transnacionalismo britânico*.

O capital financeiro era o mais organizado transnacionalmente. Os Rothschilds, Warburgs, Barings e Lazards eram quase apátridas, colocando deliberadamente membros da família em cada grande país. Os financiadores eram um *lobby* de paz transnacional (POLANYI, 1957: 5-19). Eles argumentavam que a guerra prejudicaria maciçamente todas as economias nacionais. Na verdade, as ameaças de guerra invariavelmente produziam pânico no mercado de ações, e os mercados de ações e os ciclos comerciais em cada país estavam intimamente ligados, mais do que depois da Primeira Guerra Mundial (MORGENSTERN, 1959: 40-53, 545-551). O transnacionalismo estava vivo e em negociação.

Contudo, o período terminou com o fracasso catastrófico do transnacionalismo. Sem entrar aqui nas causas da Primeira Guerra Mundial (discutidas no capítulo 21), basta dizer que as finanças transnacionais contribuíram com duas fraquezas. Primeiro, a maioria dos investimentos estrangeiros foi *passiva* – colocada em uma carteira de ações, títulos do governo ou uma única empresa estrangeira (geralmente uma empresa ferroviária). Só raramente os investidores controlavam as empresas no estrangeiro. O investimento estrangeiro direto por uma empresa era incomum, embora tenha crescido pouco antes da guerra (BARRATT-BROWN, 1989). Nessa economia rentista internacional, poucos capitalistas controlavam os recursos em outros estados ocidentais – como o fazem hoje as empresas multinacionais. Os governos francês e alemão controlavam mais diretamente alguns investimentos no exterior. Mas isso foi esmagado quantitativamente pelo transnacionalismo passivo dos britânicos. A Grã-Bretanha se tornou mais o rentista passivo do capitalismo internacional do que o poder de reestruturação que tinha sido anteriormente. Em segundo lugar, o capital dependia da proteção geopolítica geral. A maioria fluía para o território de estados amigos, protegidos pelo Estado local ou pelo Estado-mãe. O capital britânico se deslocou para o seu império e para os Estados Unidos e estados clientes do Terceiro Mundo; o capital francês e alemão se deslocou para estados-aliados e estados-clientes dentro das suas esferas.

Assim, a economia capitalista se tornava ligeiramente menos transnacional à medida que a importância econômica dos limites do Estado crescia. A economia ocidental tinha atingido uma fase ambígua de coexistência complexa entre redes nacionais e transnacionais. Até 1910, a Europa não tinha atingido um nível de rivalidade econômica territorial e nacionalista suficiente para explicar a

Primeira Guerra Mundial. A guerra provavelmente não resultou essencialmente do capitalismo internacional (o capítulo 21 confirma essa suspeita). No entanto, temos de diferenciar pela geopolítica. Uma economia mundial dominada pela Grã-Bretanha e pelos Estados Unidos seria mais transnacional do que uma dominada pela França que, por sua vez, seria mais transnacional do que uma dominada pela Alemanha. À medida que a Alemanha se levantava para combater, as razões para a sua ascensão e para a sua economia política relativamente territorial e política nacionalista se tornam cruciais. Passo agora a isso. Há ainda muito mais a discutir antes de poder explicar o colapso da ordem econômica e geopolítica cuja ascensão este capítulo traçou.

Conclusão

Embora minha narrativa termine com uma nota de incerteza, seu tema é claro: a história da geopolítica marchou a ritmos mais complexos do que os sugeridos pelas teorias economicistas, dualistas e hegemônicas. A intensidade crescente das guerras do século XVIII resultou mais da sua insólita rentabilidade, tanto nas colônias como na Europa, do que da ausência de uma hegemonia. No entanto, elas não indicaram a ausência de normas internacionais. A guerra foi regulada e coexistiu com outras fontes de ordem. A tentativa de hegemonia de Napoleão foi acompanhada pela inesperada emergência de ideologias mobilizadoras de classe nacionais na revolução e na guerra orientada para o lucro. Isso ameaçou a ordem do Antigo Regime mas falhou porque as potências se uniram para preservar essa ordem, porque tinham normas de aliança bem-estabelecidas em mãos, e por causa dos erros diplomáticos de Bonaparte. Eu identifiquei o período que se seguiu vendo apenas uma *especialização quase hegemônica* por parte da Grã-Bretanha. Isso proporcionou ordem e paz somente por causa do reforço das normas que fluíram da diplomacia concertada dos antigos regimes e do transnacionalismo capitalista. A paz e a ordem falharam no final do século, quando todas essas três condições prévias também falharam, cada uma delas por razões específicas que necessitam de uma análise mais aprofundada.

O mundo não era dual. Nem o capitalismo, nem o Estado soberano surgem tão poderosos quanto diversas escolas teóricas sugeriram. Ambas foram entrelaçadas e, em parte, moldadas pelas quatro fontes de poder social. Em particular, rejeitei as ideologias imperialistas autointeressadas da Grã-Bretanha do século XIX e da América do século XX. A paz e a ordem não dependeram da sua hegemonia benigna; nem a *ordem* produzida de forma mais complexa era necessariamente benigna. Assim como a história desmentiu a crença de Hobbes de que a paz e a ordem interna exigiam um único soberano poderoso, também desmentiu a noção de que a paz internacional e a ordem benigna precisam de uma hegemonia imperial. Pelo contrário, ela requer normas partilhadas e uma diplomacia multiestatal cuidadosa.

Referências

ARRIGHI, G. (1990). *Three hegemonies of historical capitalism*. Paper apresentado na ESRC Conference on States and International Markets. Cambridge, 5-7 de setembro.

BAIROCH, P. (1982). International industrialization levels from 1750 to 1980. *Journal of European Economic History*, 11.

_____ (1976a). Europe's gross national product, 1800-1975. *Journal of European Economic History*, 5.

_____ (1976b). *Commerce exterieur et developpement économique de l'Europe au XIXe siecle*. The Hague: Mouton.

_____ (1973). Agriculture and the Industrial Revolution, 1700-1914. In: C. Cipolla (org.). *The Fontana Economic History of Europe* – Vol. 3: The Industrial Revolution. Glasgow: Fontana.

_____ (1965). Niveaux de developpement economique de 1810-1910. *Annales ESC*, 20.

BARRATT-BROWN, M. (1989). *Imperialism in theory and practice*. Paper apresentado no Center for Social Theory and Comparative History, Universidade da Califórnia. Los Angeles, 13 de março.

BORN, K.E. (1983). *International Banking in the Nineteenth and Twentieth Centuries*. Nova York: St. Martin's Press.

BREWER, J. (1989). *The Sinews of Power*: War, Money and the English State, 1688-1783. Nova York: Knopf.

CAIN, P. & HOPKINS, A. (1987). Gentlemanly capitalism and British expansion overseas – II: New imperialism, 1850-1945. *Economic History Review*, 40.

_____ (1986). Gentlemanly capitalism and British expansion overseas – I: The old colonial system, 1688-1850. *Economic History Review*, 39.

_____ (1980). The political economy of British expansion overseas, 1750-1914. *Economic History Review*, 33.

CALLEO, D. (1978). *The German Problem Reconsidered*: Germany and the World Order, 1870 to the Present. Cambridge: Cambridge University Press.

CALLEO, D. & ROWLAND, B. (1973). *America and the World Political Economy*. Bloomington: Indiana University Press.

CHANDLER, D. (1967). *The Campaigns of Napoleon*. Londres: Weidenfeld & Nicolson.

CHASE-DUNN, C. (1989). *Global Formation*: Structures of the World Economy. Oxford: Blackwell.

CREVELD, M. (1977). *Supplying War*: Logistics from Wallenstein to Patton. Cambridge: Cambridge University Press.

DAVIS, L. & HUTTENBACK, R. (1986). *Mammon and the Pursuit of Empire.* Cambridge: Cambridge University Press.

DAVIS, R. (1979). *The Industrial Revolution and British Overseas Trade.* Leicester: Leicester University Press.

EICHENGREEN, B. (1990). *Phases in the development of the international monetary system.* Paper apresentado na ESRC Conference on States and International Markets. Cambridge, 5-7 de setembro.

FEIS, H. (1964). *Europe*: The World's Banker, 1870-1914. New Haven, Conn.: Yale University Press.

FOREIGN OFFICE, U.K. (1931). *Handbook of Commercial Treaties etc. with Foreign Powers.* 4. ed. Londres: H.M.S.O.

GALLAGHER, J. & ROBINSON, R. (1953). The imperialism of free trade. *Economic History Review*, 2. ser., 6.

GIDDENS, A. (1985). *The Nation-State and Violence.* Cambridge: Polity Press.

GILPIN, R. (1989). *The Economic Dimension of International Security.* Princeton, NJ: Princeton University Press.

_____ (1987). *The Political Economy of International Relations.* Princeton, NJ: Princeton University Press.

_____ (1975). *U.S. Power and the Multinational Corporation.* Nova York: Basic Books.

GLOVER, R.A. (1973). *Britain at Bay*: Defence Against Bonaparte, 1803-1814. Londres: Allen & Unwin.

GOLDSTEIN, J. (1988). *Long Cycles, Prosperity and War in the Modern Age.* New Haven, Conn.: Yale University Press.

HOBSON, J. (1991). *The Tax-Seeking State.* Ph.D. diss. Londres School of Economics and Political Science.

HOLSTI, K. (1991). *Peace and War*: Armed Conflicts and International Order, 1648-1989. Cambridge: Cambridge University Press.

HOPKINS, T. & WALLERSTEIN, I. (1979). *Processes of the World System.* Beverly Hills, Cal.: Sage.

IMLAH, A.H. (1958). *Economic Elements in the "Pax Britannica".* Cambridge, Mass.: Harvard University Press.

INGHAM, G. (1984). *Capitalism Divided?* Londres: Macmillan.

JENKS, L.H. (1963). *The Migration of British Capital to 1875.* Londres: Nelson.

KEEGAN, J. (1988). *The Price of Admiralty.* Londres: Hutchinson.

KENNEDY, P. (1988). *The Rise and Fall of the Great Powers.* Londres: Unwin Hyman.

KEOHANE, R. (1984). *After Hegemony*. Princeton, NJ: Princeton University Press.

_____ (1980). The theory of hegemonic stability and changes in international economic regimes, 1967-1977. In: O.R. Holsti et al. (org.). *Change in the International System*. Boulder, Col.: Westview Press.

KINDLEBERGER, C.P. (1973). *The World in Depression, 1929-1939*. Berkeley: University of California Press.

KNORR, K. (1956). *The War Potential of Nations*. Princeton, NJ: Princeton University Press.

KRASNER, S. (1976). State power and the structure of international trade. *World Politics*, 28.

KUTZNETS, S. (1967). Quantitative aspects of the economic growth of nations – X: Level and structure of foreign trade: Long-term trends. *Economic Development and Cultural Change*, 15.

MARKHAM, F. (1963). *Napoleon*. Londres: Weidenfeld & Nicolson.

McKEOWN, T. (1983). Hegemonic stability theory and nineteenth-century tariff levels in Europe. *International Organization*, 37.

MITCHELL, B.R. (1983). *International Historical Statistics*: The Americas and Australasia. Detroit: Gale Research.

_____ (1975). *European Historical Statistics, 1750-1970*. Nova York: Columbia University Press.

MODELSKI, G. (1978). The long cycle of global politics and the nation-state. *Comparative Studies in Society and History*, 20.

MODELSKI, G. (org.) (1987). *Exploring Long Cycles*. Boulder, Col.: Rienner.

MODELSKI, G. & THOMPSON, W.R. (1988). *Seapower in Global Politics, 1494-1933*. Seattle: University of Washington Press.

MORGENSTERN, O. (1959). *International Financial Transactions and Business Cycles*. Princeton, NJ: Princeton University Press.

MORGENTHAU, H. (1978). *Politics Among Nations*: The Struggle for Power and Peace. 5. ed. Nova York: Knopf.

O'BRIEN, P.K. & PIGMAN, G. (1991). *Free trade, British hegemony and the international economic order in the nineteenth century*. Paper apresentado na ESRC Conference on States and International Markets. Cambridge, 5-7 de setembro.

ORGANSKI, A.F.K. & KUGLER, J. (1980). *The War Ledger*. Chicago: University of Chicago Press.

PEARTON, M. (1984). *Diplomacy, War and Technology Since 1830*. Lawrence: University of Kansas Press.

PLATT, D.C.M. (1968a). *Finance, Trade and Politics in British Foreign Policy, 1815-1914*. Oxford: Clarendon Press.

_____ (1968b). Economic factors in British policy during the new imperialism. *Past and Present*, n. 39.

POLANYI, K. (1957). *The Great Transformation*. Boston: Beacon Press.

POLLARD, S. (1981). *Peaceful Conquest*: The Industrialization of Europe, 1760-1970. Oxford: Oxford University Press.

ROSECRANCE, R. (1986). *The Rise of the Trading State*: Commerce and Conquest in the Modern World. Nova York: Basic Books.

ROSENAU, J. (1966). Pre-theories and theories of foreign policy. In: R.B. Farrell (org.). *Approaches to Comparative and international Politics*. Evanston, Ill.: Northwestern University Press.

SEMMEL, B. (1970). *The Rise of Free Trade Imperialism*. Cambridge: Cambridge University Press.

SHAW, A.G.L. (org.) (1970). *Great Britain and the Colonies, 1815-1865*. Londres: Methuen.

SIMON, M. (1968). The pattern of new British portfolio foreign investment, 1865-1914. In: A.R. Hall (org.). *The Export of Capital from Britain*. Londres: Methuen.

STRACHAN, H. (1973). *European Armies and the Conduct of War*. Londres: Allen & Unwin.

THOMAS, B. (1968). The historical record of international capital movement to 1913. In: A.R. Hall (org.). *The Export of Capital from Britain*. Londres: Methuen & Co.

TREBILCOCK, C. (1981). *The Industrialization of the Continental Powers, 1780-1914*. Londres: Longman Group.

WALLERSTEIN, I. (1989). *The Modern World System III*. São Diego, Cal.: Academic Press.

_____ (1984). *The Politics of the World Economy*. Cambridge: Cambridge University Press.

_____ (1974). *The Modern World System*. Nova York: Academic Press.

WALTER, A. (1991). *World Power and World Money*: The Role of Hegemony and International Monetary Order. Hassocks/Sussex: Harvester.

WOODRUFF, W. (1966). *Impact of Western Man*: A Study of Europe in the World Economy, 1750-1970. Londres: Macmillan.

WOYTINSKI, W.S. & WOYTINSKI, E.S. (1955). *World Commerce and Governments*: Trends and Outlooks. Nova York: Twentieth Century Fund.

9
A luta na Alemanha I
A Prússia e o capitalismo nacional autoritário

Três rivais, três questões teóricas

Pouco antes de 1900, a Segunda Revolução Industrial trouxe concentração econômica, corporações e cartéis justamente quando as infraestruturas estatais estavam *naturalizando* as sociedades civis (cf. capítulo 14). Até mesmo a Grã-Bretanha, a terra do transnacionalismo, se tornou mais centralizada e territorializada. Mas a Alemanha, ao se tornar a maior potência europeia, foi mais longe. Em 1914, o Reich alemão era o expoente máximo do *capitalismo nacional autoritário* – aliando monarquia semiautoritária, capitalismo organizado e Estado-nação. A vanguarda do poder havia se deslocado para a Europa Central. Por quê? Qual era a natureza dessa configuração de poder, e quais eram as suas consequências?[12]

Se começarmos por volta de 1800, temos muitas explicações a dar. O Estado que obteve o Reich alemão foi o reino da Prússia, uma potência de segunda linha, controlando apenas dois terços da Alemanha do Norte, na sua maioria bastante retrógrada. Seu território, população e recursos econômicos eram menores do que suas pretensões ao poder. Ela estava longe de ter alcançado a hegemonia alemã. Dois rivais também bloquearam o caminho, a Áustria e a Alemanha confederal. Em 1815, a Alemanha era uma confederação solta composta pela Áustria (sua presidente), Prússia, e trinta e sete estados menores. A maioria era insignificante; no entanto, eles eram protegidos pelas grandes potências vizinhas e pela crença de muitos alemães de que a confederação protegia a liberdade religiosa (a Prússia luterana[13] e a Áustria católica tinham Igrejas estatais);

---

12. Fontes gerais utilizadas para a Alemanha do século XIX foram Hamerow (1958), Taylor (1961a), Henderson (1975), Berchardt (1976), Geiss (1976), Milward e Saul (1977, capítulo 1), Böhme (1978), Kitchen (1978) e Snyder (1978, esp. capítulo 3).

13. De fato, o protestantismo prussiano e o protestantismo alemão tinham compreendido duas Igrejas principais, a luterana e a calvinista. Em 1817, eles se fundiram na Prússia (e mais tarde em outros estados alemães) em uma única Igreja evangélica. Eu me referirei a essa Igreja como luterana, pois isso indica o seu caráter principal e é um termo mais familiar.

principados secundários, cidades e comunidades mercantes; e liberdades civis em geral. Com tantas fronteiras estatais, por exemplo, a censura era ineficaz; a alfabetização discursiva fluía por toda a Alemanha. Em 1800, a Áustria era uma grande potência, governando mais do dobro dos territórios e da população da Prússia. No entanto, a economia da Áustria era mais atrasada e as suas províncias gozavam de uma autonomia considerável, pelo que os recursos austríacos não eram tão mobilizáveis pelo seu Estado. As duas potências rivais foram igualadas de forma equilibrada.

No século XIX, a Prússia venceu tanto a Áustria quanto a confederação alemã, inicialmente de forma furtiva, depois de forma mais agressiva. As tabelas 8.1-8.4 indicam a superação econômica. Antes de 1850 ou 1860, havia pouca diferença entre os recursos agrícolas ou industriais da Áustria e da Prússia. Contudo, na década de 1890 a Alemanha prussiana dobrou a eficiência agrícola e o tamanho industrial bruto e *per capita* da Áustria e depois avançou mais adiante. Nas guerras de 1866-1870 e 1870-1871, a Prússia devorou os estados menores, derrotou a Áustria e a França, e fundou o Reich alemão. Em 1914, a Alemanha prussiana dominou a Europa continental e a Áustria não era muito mais do que o seu Estado-cliente. Essa foi também uma vitória para um Estado-nação mais autoritário e centralizado, com uma relação mais próxima com o capitalismo industrial. A Alemanha prussiana havia soldado uma estratégia de *incorporação autoritária* ao capitalismo industrial e ao Estado-nação. Na Áustria, os nacionalismos provinciais tinham então reforçado as suas tendências confederais. A Prússia *nacional* centralizada triunfou sobre a Alemanha confederal e a Áustria multinacional.

O triunfo do capitalismo nacional autoritário era seguro e quase inevitável, ou era contingente e precário? Quão viável a longo prazo foram os três modelos de desenvolvimento de poder, aquele que teve sucesso e os dois que falharam? Esse é o primeiro conjunto de questões abordadas aqui.

Um segundo conjunto de questões surge da organização cada vez mais *nacional* da economia alemã. Na verdade, ele se deslocou duas vezes por meio desse *continuum* de economias políticas, das concepções de mercado às concepções territoriais de interesse, identificadas no capítulo 3. A maioria dos estados alemães começou como protecionista, depois se tornou *laissez-faire*. Mas então o protecionismo cresceu e se tornou menos seletivo; por volta de 1990, ele se aproximou do mercantilismo. Finalmente, ele incorporou elementos dos três imperialismos – econômico, social e geopolítico – enquanto a economia política se entrelaçou com a defesa da conquista territorial. O deslocamento também alterou o equilíbrio da organização de classes, de predominantemente transnacional (passando por fronteiras estatais) para predominantemente nacional (confinada a elas) para predominantemente nacionalista (onde os cidadãos de um Estado são organizados contra os de outros). Instáveis, contestadas e apenas parciais, essas transições, no entanto, levaram ao que foi nesse período a demonstração final do interesse nacional-territorial: a corrida alemã à guerra em 1914. Este capítulo inicia uma explicação da mudança do mercado para os deslocamentos territoriais e das classes transnacionalistas para as nacionalistas. (O capítulo 21 completa essa explicação.)

Há tensão entre os termos *estratégia* e *deslocamento*. A *estratégia* indica a escolha racional de meios adequados a um objetivo – aumentar o lucro econômico. O *deslocamento* sugere que essas concepções racionais estavam sendo sutilmente, subconscientemente mudadas por processos de poder não econômicos. Isso difere da maioria da história econômica neoclássica e marxista, que tende para um economismo de escolha racional – *interesse econômico* explica o desenvolvimento. Vê uma estratégia economicamente racional de *desenvolvimento tardio* trazendo a organização capitalista autoritária, o planejamento estatal e o protecionismo (discutido mais adiante no capítulo 14). Gerschenkron (1962) originou a versão contemporânea da teoria, embora seus antecedentes alemães remontem a Friedrich List. Senghaas (1985) reavivou a teoria de List, argumentando que o *laissez-faire* britânico, que ele denomina *associativo*, é menos racional economicamente para a maioria dos países do que o protecionismo *dissociativo*. É por isso que a Alemanha adaptou esse último, ele argumenta.

Faço duas afirmações diferentes:

1) Mostro que o próprio conceito de identidade econômica – sobre quem é o *nós* que pode compartilhar um interesse econômico – é problemático e é estruturado pelas fontes entrelaçadas do poder social. O emergente *nós* alemão, o *interesse econômico nacional*, foi determinado por relações de poder não meramente econômicas, mas também ideológicas, militares, políticas e geopolíticas.

2) Os teóricos do desenvolvimento tardio não explicam o deslocamento posterior da política alemã, do protecionismo ao mercantilismo, ao imperialismo e à guerra. Eles acreditam que esse não é um problema econômico, mas uma interferência externa à racionalidade econômica. Em contraste, explico o deslocamento geral do século XIX em direção a concepções mais territoriais de interesse. As questões econômicas, a economia política e a luta de classes foram entrelaçadas com a questão nacional, trazendo assim relações de poder ideológicas, militares, políticas e geopolíticas. Os atores do poder raramente enfrentavam um sem o outro. O deslocamento resultou da forma como essas duas lutas se uniram de forma inesperada a qualquer ator de poder.

Uma teoria puramente econômica não pode explicar o deslocamento do mercado para o território. Em meados do século XX, a própria identificação da *economia* passou da transnacional para a nacional. Os economistas políticos britânicos tinham visto o mercado e a divisão do trabalho como abstratos e transnacionais. De fato, o famoso tratado de Adam Smith, *A riqueza das nações*, inscreveu *nações* em seu título. Mas as suas *nações* eram meros exemplos geográficos, não desempenhando qualquer papel na sua teoria. Ele usou *Escó-*

cia e *Inglaterra* (regiões nacionais) em intercâmbio com *Grã-Bretanha* (um Estado nacional) para ilustrar seus pontos (como a maioria dos britânicos faz). Ele teorizou indivíduos maximizando suas utilidades e classes se formando em torno de fatores de produção e estruturas transnacionais como mercados e a divisão do trabalho. As *nações* estavam ausentes das teorias dos economistas clássicos.

Isso não era verdade para a teoria alemã. Cameralistas (cf. capítulo 13) favoreceram a intervenção econômica estatal, citaram Alexander Hamilton, e apontaram para o sucesso das tarifas americanas. A Friedrich List concordava que Smith tinha proposto não uma *economia política* mas uma *economia cosmopolita* de indivíduos desencarnados representando a humanidade como um todo – ignorando a realidade das sociedades nacionais. O *laissez-faire* era na verdade uma cortina de fumaça atrás da qual os britânicos podiam dominar o mundo. A Alemanha deveria se contrapor com tarifas seletivas ajustadas às necessidades de diferentes setores e regiões. À medida que o desenvolvimento avançava, o protecionismo seletivo podia ser amenizado (1885; cf. SNYDER, 1978: 1-34).

Os pontos de vista listianos ressoavam mais na ideologia luterana estatista do norte da Alemanha do que no sul católico transnacional. Mas enquanto os alemães debatiam as necessidades das *economias nacionais*, eles estavam admitindo com plenos poderes o seu ponto fundamental. Uma vez que a questão foi formulada em termos não da *economia*, mas da *economia alemã* (*ou francesa ou russa*), a solução poderia ser nacional e não transnacional. No entanto, a *Alemanha* ainda não existia política ou culturalmente (pelo menos para as massas). Goethe e Schiller comentaram: "Alemanha? Mas onde ela está? Eu não sei como encontrar um país assim" (SHEEHAN, 1981). Quem criou a Alemanha? A resposta funde as quatro fontes de poder social.

O terceiro conjunto de questões diz respeito à natureza do Estado moderno. Em 1900, a Alemanha era *moderna*, sua economia ultrapassando a britânica e sua organização de capital, tecnologia e capital humano avançando mais rapidamente. No entanto, permaneceu uma monarquia semiautoritária e militarista. Esse foi um peculiar *Sonderweg* (um caminho especial) alemão? Que tipo de Estado era? Eu reviso as teorias marxistas de que ele era *bonapartista*, desfrutando de uma autonomia de poder limitada, e a ênfase de Max Weber em suas autonomias de poder plural. Eu mostro que sua autonomia não era unitária, centrada em uma elite estatal. Embora muito focalizada no centro, suas instituições centrais eram excepcionalmente polimórficas (como definido no capítulo 3). Eventualmente, a falta de instituições de decisão soberanas na Alemanha acabou por derrubá-la, como mostra o capítulo 21. O cataclismo de 1914 foi o triunfo das consequências não intencionais da ação, institucionalizada no polimórfico *Kaiserreich*.

Desenvolvimento *alemão*

Em 1815, a *Alemanha* teve uma meia-vida política, na fraca confederação e no mito histórico do Sacro Império Romano-germânico. Tinha uma vida mais vibrante em meio a redes de alfabetização discursiva, mal tocando as massas, mas absorvendo a burguesia profissional e administrativa. Como mostra o capítulo 7, essa pequena *nação alemã* existia ideologicamente antes da unificação política e antes de uma economia integrada. Mas a luta contra Bonaparte a havia conduzido aos braços não acolhedores das dinastias dos Habsburgos e Hohenzollern. Desse envolvimento surgiu o Estado-nação alemão, por um caminho sinuoso.

Tanto a Áustria quanto a Prússia eram monarquias dinásticas, desinteressadas no nacionalismo popular, mesmo que isso estivesse confinado às classes proprietárias. Tendo percorrido a Europa Central, Áustria e Prússia então se enfrentaram diretamente. Nenhuma delas podia facilmente se expandir à custa da outra. A geopolítica, no sentido restrito da estruturação geográfica das relações interestados, os orientou para projetos diferentes. Para o sul e leste, a Prússia tinha vizinhos da grande potência, Áustria e Rússia. A expansão era mais fácil entre pequenos estados de língua alemã do oeste e sudoeste do país. Um acidente dinástico, reforçado pela geopolítica, tornou o expansionismo *alemão* mais sedutor. Os Hohenzollerns tinham adquirido por matrimônio territórios espalhados, mas prósperos, na Renânia. O povoamento de 1815, concebido para contrariar a hegemonia francesa, o ampliou em um único bloco. Os territórios prussianos abrangeram o norte da Alemanha, mas faltava a contiguidade. O objetivo prussiano era juntá-los. Era implicitamente uma estratégia *Kleindeutsch* (*pequena Alemanha*), ignorando os milhões de alemães que viviam sob o domínio austríaco.

A Áustria seria o líder evidente para qualquer integração nacional da *Grossdeutsch* (*grande Alemanha*), porque a Áustria tinha provido os santos imperadores romanos/alemães e era então presidente da confederação. Mas a confederação era pluralista e legalista, dificilmente um instrumento para a hegemonia austríaca (AUSTENSEN, 1980). A expansão austríaca seria melhor recompensada para o sudeste, porque o poder otomano nos Bálcãs estava em decadência e porque em 1815 a Áustria havia desistido de Flandres em troca dos territórios italianos. A expansão austríaca não foi entre os alemães. A Áustria se tornou ainda mais multinacional. Ela estava ainda menos interessada do que a Prússia em jogar a carta alemã. A Europa ainda era governada pelo dinasticismo e pelo transnacionalismo econômico – mas o último trouxe consequências não intencionais para o primeiro.

A economia alemã cresceu rapidamente ao longo do século XIX e início do século XX, como revelam as tabelas 8.1-8.4. Isso também pôde ser impulsionado por volta da década de 1850, quando passou da transferência de inovações britânicas para a Europa Central para o desenvolvimento de suas próprias indústrias. As exportações de fio de algodão como proporção do abastecimento doméstico cresceram de 25% em 1835 (dependente das importações britânicas) para 44% em 1853 (libertando-se) e para 88% em 1874 (autonomia alcançada) (TIPTON, 1974; TILLY, 1978; TREBILCOCK, 1981: 22-111; PERKINS, 1984). Esse crescimento sustentado foi inigualável na Europa. Em certa medida foi sem surpresas. A Alemanha Ocidental tinha prosperado durante muito tempo, e os depósitos de carvão e ferro no Ruhr e Saar tornavam provável o desenvolvimento industrial. Mas o desenvolvimento se tornou relativamente *estatista* e *nacional*. Três infraestruturas econômicas principais foram patrocinadas pelo Estado prussiano e facilitaram a integração de uma nação Kleindeutsch: a Zollverein e as ferrovias (os *gêmeos siameses* do desenvolvimento alemão de List) e a educação.

1) *A Zollverein* – Em 1815, os atores do poder na Alemanha concordavam que a industrialização era desejável, mas não concordavam com a economia política internacional. O livre-comércio britânico tinha sido associado a avanços econômicos, mas conflitava com a sabedoria protecionista do mercantilismo e com os interesses fiscais dos estados – a maioria dos impostos vinha das taxas alfandegárias. No entanto, 39 conjuntos de postos aduaneiros e tarifas eram considerados excessivos, e os alemães do norte, competitivos nos mercados internacionais, queriam tarifas externas mais baixas do que a Áustria e alguns estados do sul. Como os territórios prussianos estavam espalhados pelo norte da Alemanha, a Prússia tinha de negociar acordos econômicos com seus vizinhos; a Áustria e seus vizinhos com blocos de territórios distintos não precisavam fazer isso. Os estados do norte também controlavam as saídas dos principais rios e rodovias da Alemanha para os mercados europeus mais avançados. A Prússia poderia apresentar a reforma aduaneira como uma questão técnica e montar uma coalizão de baixa tarifa do norte para liderar a economia alemã.

A Prússia combinou com os seus vizinhos a abolição dos postos aduaneiros internos, garantindo-lhes as suas antigas receitas. Em 1834, os acordos locais foram expandidos para a Zollverein, uma união alfandegária de dezoito estados abrangendo a maior parte do norte e oeste da Alemanha. Os estados aceitaram tarifas externas prussianas baixas e permitiram que a Prússia as negasse, negociando-as com potências estrangeiras. Uma administração comum recolheu as tarefas e as distribuiu de acordo com as populações dos estados. As economias administrativas foram consideráveis, o comércio externo estava em expansão e os estados obtiveram um grande lucro fiscal. A Zollverein foi um sucesso, creditado à liderança prussiana (HENDERSON, 1959; 1975). Ela formou uma economia nacional embrionária e uma verdadeira administração econômica nacional. Foi a consequência não intencional dos interesses econômicos entrelaçados, das estratégias político-fiscais dos estados confederados e da geopolítica prussiana.

Incapaz de entrar em uma união aduaneira alemã sem envolver também as suas terras orientais, não alemãs, algumas das quais favoreciam uma maior proteção, a Áustria não tinha aderido. Em 1850, a Áustria estendeu a sua própria união aduaneira à metade húngara do seu império. Mas os estados do sul da Alemanha se comunicavam mais facilmente com o noroeste do que com a Áustria e foram gradualmente introduzidos na união prussiana de baixa tarifação. Além disso, a Áustria foi isolada pela capacidade da Prússia de negociar tarifas estrangeiras. Quando a tarifa prussiana com a França foi ratificada pela Zollverein em 1865, a Áustria, ainda presidente da confederação, não foi consultada. A economia austríaca não era mais alemã, e a prussiana era.

Isso importava muito? A Zollverein tinha realmente baixado as tarifas, em sintonia com a predominância contemporânea do *laissez-faire* sobre o mercantilismo. As tarifas eram seletivas e pragmáticas, e os mercados eram menos impedidos pelas fronteiras. Tal como em outras regiões, as principais regiões industriais também se encontravam nas fronteiras. Na Renânia-Vestefália, Saxônia e Boêmia, e na Baixa Áustria, as indústrias importavam fios, ferro-gusa e maquinaria da Grã-Bretanha; acabavam os têxteis e trabalhavam o ferro para vender regionalmente e mais a leste, geralmente em troca de alimentos. A matéria-prima crucial era o carvão e, por coincidência, a maior parte das jazidas de carvão se situava além ou perto das fronteiras.

Para essa economia inter-regional e não internacional, a Zollverein era apenas discretamente subversiva, com pouco impacto imediato no crescimento econômico (TREBILCOCK, 1981: 37-41). A Áustria tinha sofrido um revés, e a confederação tinha aceitado a liderança econômica prussiana, mas nenhuma das duas foi decisiva. A Zollverein era uma técnica fiscal útil, não um modelo de qualquer organismo para um Estado alemão. De fato, em 1867, quando os estados alemães entraram em guerra, seus funcionários aduaneiros continuaram a arrecadar as receitas – havia um déficit de apenas 10% em tempo de guerra. Tais acontecimentos evocam um fraco transnacionalismo: Lutas geopolíticas e guerras podem continuar, mas com pouco significado social. Para que a mudança geoeconômica para a Prússia começasse a ter grande significado, outras forças devem ter ajudado o declínio do capitalismo transnacional.

2) *Ferrovias* – Como em outros lugares, as ferrovias impulsionaram a produção de carvão, ferro e aço e a fabricação de metais, e comercializaram a agricultura, reduzindo os custos de distribuição. As ferrovias alemãs reduziram os custos de frete em 5% a 10% do Produto Nacional Bruto, uma economia considerável. Na Alemanha Ocidental, especialmente na Renânia prussiana, a indústria cresceu mais rapidamente a partir da década de 1840, auxiliada pelo carvão e ferro locais e pela proximidade do núcleo britânico-belga-norte da França. Os caminhos de ferro alargaram os mercados, reforçaram a integração regional e ligaram a agricultura ao passado e o ferro e o aço ao futuro. Os grãos prussianos se deslocaram para oeste, e os produtos semiacabados do oeste foram acabados

na Alemanha e deslocados para leste com custos de transporte mais baratos do que os estados ocidentais enfrentavam e com um avanço tecnológico sobre o leste. As ferrovias encorajavam uma economia mais integrada. Elas foram o "herói da revolução da indústria alemã", diz Fremdling (1983).

As ferrovias eram patrocinadas pelo Estado e geralmente financiadas pelo Estado e de propriedade do Estado. Na maior parte da Alemanha, ao contrário da Grã-Bretanha, elas existiam *antes* da industrialização, pelo que o planejamento estatal das linhas era muitas vezes mais importante do que as forças do mercado. Três cristalizações estatais estavam envolvidas – capitalista, monárquica e militarista. As receitas ferroviárias trouxeram lucro para a monarquia: Em 1910, elas forneciam 44% das receitas do Estado prussiano, aumentando a autonomia da elite do controle parlamentar. Como outros estados, a Prússia logo viu as ferrovias em termos de logística militar, entregando tropas e suprimentos a locais de fronteira e reserva para ataque ou defesa em larga escala. Pouco conflito foi percebido entre motivos monárquicos, militares e capitalistas. O Estado viu que a distribuição eficiente dos produtos das minas, usinas de ferro e aço, fábricas de metais e fábricas têxteis também forneceu equipamento do exército, poder geopolítico e recursos fiscais autônomos. Com a urbanização da população, a logística do transporte de mercadorias, passageiros, tropas e suprimentos militares se tornou quase idêntica. O antigo núcleo do regime estava nas fazendas junker. As ferrovias lhes permitiram alimentar as cidades em crescimento. Uma economia mais centrada territorialmente e uma classe dominante agrário-industrial-militar mais coordenada estavam surgindo.

As ferrovias também enfraqueceram o transnacionalismo, consolidando as economias dentro das fronteiras estatais. As ferrovias se assemelhavam a teias de aranha, cada uma girando sobre os territórios de um Estado, com apenas alguns fios que ligavam as teias nacionais. Isso foi deliberado. Uma linha prussiana corria dentro de quase toda a extensão da fronteira saxônica, com muitas conexões de volta para a Prússia e apenas uma para a Saxônia. Considerações militares e econômicas nacionais se combinaram. Essa área da Saxônia era mais desenvolvida do que a Prússia adjacente, mas a linha ferroviária estabelecida restringiu seu acesso ao mercado prussiano e permitiu que os prussianos se voltassem para outro lugar na rede ferroviária prussiana para mercadorias mais baratas. E na guerra o exército prussiano poderia inundar a fronteira da Saxônia, como fez em 1866. As ferrovias naturalizaram parcialmente a economia, tornando-a mais estatista.

3) *A educação* – O mesmo argumento pode ser aplicado aos canais, estradas, o telégrafo e especialmente às infraestruturas educativas herdadas do absolutismo esclarecido. O capítulo 13 mostra a monarquia prussiana centralizando o seu compromisso com a nobreza e os profissionais nas universidades e entre os *Bildungsbeamten* (administradores educados). Grande parte do nacionalismo cultural burguês se deslocou para dentro do Estado. Isso foi então difundido

para fora e para baixo à medida que a Prússia se tornou o primeiro grande Estado a impor o ensino primário obrigatório e a desenvolver um grande quadro de professores formados (29 mil até 1848). Sua taxa de alfabetização de leitura e escrita era de 85% em meados do século, em comparação com 61% na França (somente leitura) e 52% na Inglaterra (leitura e escrita); visitantes estrangeiros escreveram admiravelmente sobre a educação prussiana (BARKIN, 1983). A educação tomou um rumo conservador depois de 1853, mas ainda encorajou o treinamento técnico bem-adaptado à Segunda Revolução Industrial. Bismarck proclamou: "A nação que tem as escolas, tem o futuro". Por *nação* ele realmente queria dizer *Estado*.

Após 1872, o *Kaiserreich* gastou tanto em educação como nas forças armadas. Não via os dois como uma alternativa *armas* versus *manteiga*. A alfabetização entre os recrutas do exército alemão era a mais elevada da Europa, um fato orgulhosamente divulgado (cf. capítulo 14). Mas isso não era uma educação universal no sentido moderno. Em 1882, o tamanho médio das classes nas escolas prussianas era de 66, foi reduzido para 51 em 1911 (ROHORST et al., 1975: 157), e até então outros países estavam alcançando esse nível. Mas a educação prussiana era estatista, reforçada pela outra operadora da alfabetização do norte, a Igreja Luterana (evangélica) pietista. Embora não intencionalmente, o regime tinha aproveitado as lealdades *nacionalistas*.

Estas infraestruturas não se limitaram a ajudar ao crescimento econômico. Com poucas pretensões, as infraestruturas aproveitaram o crescimento para o Estado prussiano, impulsionando a naturalização e o estatismo dessa economia originalmente multiestatizada e regionalizada e dos seus proprietários. Junkers prussianos, industriais, comerciantes, profissionais e funcionários de toda a Alemanha (*Kleindeutsch*), todos falando e escrevendo cada vez mais uma língua padronizada, frequentando as mesmas escolas e universos, foram trazidos para uma sociedade civil cujas principais infraestruturas eram da Prússia.

Há uma versão fraca e uma versão forte desse argumento estatal. A versão fraca, exposta por muitos economistas, é que a política estatal era *permissiva e não propulsiva* (TREBILCOCK, 1981: 78; cf. BOHME, 1978): As infraestruturas estatais apenas *removiam os grilhões* (SCHUMPETER, 1939: 280) da difusão da *mão invisível* do capitalismo de mercado. De fato, a intervenção substantiva do Estado na economia *diminuía* à medida que a proteção e o mercantilismo recuavam (POUNDS, 1959). Outros têm uma visão mais forte, a qual eu comungo. Kindleberger (1978, capítulo 7; cf. EPSTEIN, 1967: 109) observa que a intervenção tornou a integração econômica nacional e, portanto, aumentou o crescimento. Mas como isso foi em grande parte não intencional e intersticial, ainda tinha que superar relações de poder político e geopolítico institucionalizadas.

A criação do *Kaiserreich*: o *Sonderweg*

Entre 1865 e 1871, a Prússia conquistou a confederação, expulsou a Áustria da (*Kleindeutsch*) Alemanha, e estabeleceu o Segundo Reich. A natureza desse novo Estado ocasionou duas grandes controvérsias, levantando grandes questões de teoria sociológica – decorrentes do *Sonderweg* e da *autonomia* desse Estado. Eu lido com uma delas de cada vez.

Muitos historiadores e sociólogos liberais têm visto o *Kaiserreich* como uma aberração do desenvolvimento, considerando o liberalismo anglo-saxão e francês como o caminho normal do desenvolvimento capitalista. Eles identificam um *Sonderweg* alemão, um país com seu *próprio caminho especial* de desenvolvimento, semiautoritário e não democrático partidário. Eles atribuem isso à rápida industrialização em um país dominado por elites estatais e classes proprietárias reacionárias. A burguesia emergente se mostrou politicamente fraca, incapaz de estabelecer a democracia partidária. Max Weber deu expressão clássica a essa visão (BEETHAM, 1985, capítulo 6); ela foi repetida muitas vezes (DAHRENDORF, 1968; BOHME, 1978; KITCHEN, 1978; WEHLER, 1985 dá uma versão revisionista). O argumento pressupõe que as burguesias são normalmente pró-democráticas – a visão tradicional da sociologia comparativa (MOORE, 1973; LIPSET, 1980).

Os escritores marxistas têm atacado essa visão liberal do *Sonderweg*. Blackbourne e Eley (1984) recorrem ao trabalho que recusa qualquer relação necessária entre capitalismo e democracia (POULANTZAS, 1973; JESSOP, 1978). Dizem que a burguesia alemã nunca quis seriamente o liberalismo, contentando-se com um regime semiautoritário que promovia o desenvolvimento capitalista e uma cidadania civil mínima, e ao mesmo tempo restringia a cidadania política e negava os direitos civis coletivos do trabalho. Rueschemeyer, Stephens e Stephens (1992) expandiram este argumento. Citando muitos estudos de caso históricos e contemporâneos, eles mostram que a burguesia raramente tem pressionado pela democracia. Se empurrada de baixo pela classe trabalhadora, e mais variavelmente pelos camponeses, ela pode favorecer mais a democracia. Sem essa pressão, raramente o faz. Emergindo-se em meio a uma poderosa nobreza fundiária e Estado militar, os burgueses abraçam livremente um governo autoritário, como no *Kaiserreich*. Não houve *Sonderweg* alemão; o autoritarismo burguês tem sido tão *normal* quanto o liberalismo.

Mas, apesar das suas diferenças, os liberais e os seus críticos oferecem versões alternativas do mesmo cenário subjacente. Ambos veem o *Kaiserreich* semiautoritário emergindo como um compromisso entre dois atores do poder: um antigo regime e uma burguesia em ascensão. Os liberais veem o velho regime dominante, a burguesia forçada ao compromisso. Os críticos veem o velho regime e a burguesia concordando em dividir os despojos: o velho regime para controlar a política; a burguesia, a economia. Os liberais veem o militarismo como um velho regime, instável e condenado, pois o capitalismo moderno é, no final das contas, liberal. Os críticos veem o militarismo como conjunto: o velho regime como bélico, mas a burguesia a favor da repressão da classe trabalhadora. Compartilhando o pessimismo do marxismo muito recente, Blackbourne e Eley veem isso como um caminho viável para o desenvolvimento capitalista: "A reprodução ordeira das relações produtivas capitalistas poderia ser garantida dentro de uma forma de Estado que ficou consideravelmente aquém da democracia representativa pura". Foi uma *revolução burguesa vinda de cima*, a *modernização conservadora vinda de cima* de Moore ocorrendo aqui e no Japão de Meiji e na Itália do *Risorgimento* (BLACKBOURNE & ELEY, 1984: 84, 90; ELEY, 1988). Eu me sirvo desses pontos de vista ao mesmo tempo em que corrijo duas falhas compartilhadas:

1) Eles estão excessivamente preocupados com as relações de classe, negligenciando a questão nacional. Eles não põem em questão a identidade da sociedade. Eles diferem sobre as relações entre regime e burguesia em um determinado Estado-sociedade, Alemanha (Evans (1987: 114) também faz essa crítica). Mas onde estava a *Alemanha* se ela estivesse afetada, tanto na identidade do capitalismo quanto na do regime? *Dois* conjuntos de incorporação política estavam em curso: a incorporação burguesa em um Estado autoritário e a incorporação em uma única Alemanha federal de 39 estados, de duas religiões regionais, e da geopolítica prussiana, austríaca e confederal. Muitos desses escritores, especialmente Blackbourne e Eley, estão empiricamente bem cientes disso. Mas suas teorias o ignoram. O antigo compromisso regime-burguês também estava relacionado com a cristalização nacional do Estado, como em outros países. Nesse período, o *Sonderweg* alemão residia apenas nos detalhes. Como os marxistas apontam, muitos estados permaneceram algo autoritários. Como Rokkan observou, e como estou me estendendo neste volume, todos os estados foram dilacerados por conflitos nacionais, diferindo de acordo com as peculiaridades de região, religião e afins. Essas, devemos especificar.

2) Como eles se concentram em atores de classe que se debatem diretamente uns com os outros, essas visões enfatizam estratégias e interesses coletivos deliberados e racionais. Elas assumem que o regime e a burguesia sabiam o que queriam, lutavam, e ganhavam ou perdiam. Mas não foi isso que aconteceu. Como as questões de classe e nação estavam tão entrelaçadas, as identidades coletivas se tornaram extremamente complexas, os resultados de cada luta tendo consequências não intencionais para o outro. A incorporação dentro do capitalismo nacional autoritário (o resultado) não foi intencional nem consistentemente combatida por nenhum ator poderoso. Era o produto de várias redes de poder cujas relações transversais e entrecruzadas eram muito complexas para serem controladas por qualquer um.

A Revolução de 1848 é um bom exemplo de entrelaçamento de classes e nacional. Em muitos aspectos, as revoluções que eclodiram na Europa Central em 1848 foram versões em desenvolvimento tardio da década revolucionária francesa – e foram iniciadas por outra tentativa de revolução em Paris. Contudo, se a história se repete, em uma civilização multiestatal, ela o faz de forma consciente. Os três principais atores de classe de 1848 – Antigo Regime, grande burguesia e pequena burguesia/multidão (incluindo artesãos e alguns trabalhadores) – assemelhavam-se aos da década revolucionária francesa (embora houvesse então uma maior participação de artesãos e proletários, discutidos nos capítulos 15 e 18). Uma grande expansão das redes de alfabetização discursiva também precedeu 1848, especialmente na Alemanha.

Mas havia uma grande diferença: os atores de 1848 possuíam uma consciência de classe precoce baseada na experiência ocidental anterior. Os radicais exigiam imediatamente a cidadania civil e política, e os regimes acreditavam que deveriam evitar o destino de seus primos franceses. Quando a desordem civil irrompeu, os antigos regimes e burgueses cometiam menos *erros* sobre suas próprias identidades e interesses. A maioria percebeu que a maior ameaça vinha de baixo e não uns dos outros. O *partido da ordem* se consolidou em 1848, como não havia se consolidado em 1776 ou 1789. A maioria da substancial burguesia e alguns profissionais, governantes e pequeno-burgueses abandonaram as revoluções, deixando os radicais e seus poucos milhares de pequeno-burgueses, artesãos e estudantes seguidores sozinhos nas barricadas (STEARNS, 1974; PRICE, 1989). Durante o *Kaiserreich* a maioria dos *liberais* não endossou o sufrágio universal masculino, por medo das massas (SHEEHAN, 1978), como Blackbourne e Eley argumentaram.

Esse processo de descoberta de classe veio embalado com um segundo, de descoberta nacional – que a nação alemã foi melhor servida pela Prússia conservadora. Os *liberais nacionais* luteranos do norte viram as liberdades e o progresso como vindo por meio de uma Prússia reformada. Os *liberais confederais* do sul da Alemanha, predominantemente católicos, viam a liberdade como intersticial aos estados e buscavam a reforma da confederação. Essa cisão, mais por causa da unificação do que por causa de classes, paralisou os debates dos aspirantes a revolucionários no Parlamento de Frankfurt em 1848 e impediu o surgimento de um programa coerente de reforma. Muitos líderes burgueses viram a anarquia nesse impasse e convocaram o exército prussiano. Ela reprimiu a revolução e expôs os príncipes alemães como dependendo da Prússia para seus tronos. Defensores da confederação então se dividiam entre defensores do *status quo* particularista e democratas que favorecem um parlamento soberano em Frankfurt (HOPE, 1973).

A Prússia não era um caso sem esperança para a reforma. Seus *Bildungsbeamten*, professores e funcionários públicos, tinham desempenhado um papel proeminente em 1848, e pressionaram pela reforma a partir de dentro. O regime admitiu uma constituição de compromisso. Um sistema parlamentar fraco foi estabelecido com o entendimento de que movimentos mais radicais seriam reprimidos. O rei podia nomear livremente ministros, funcionários, juízes e membros de uma câmara alta e ele comandava o exército. A câmara baixa, o *Landtag*, podia debater, participar informalmente na legislação e aprovar ou rejeitar o orçamento (não era tão claro que o orçamento não pudesse ser implementado). Era eleita por sufrágio universal masculino (para homens maiores de 25 anos), mas com voto ponderado. Três *classes* tinham cada uma o mesmo número de votos: os 4% dos grandes proprietários, os 16% dos pequenos proprietários e os restantes 80% dos homens. Alguns reformadores se contentaram com isso; outros pressionaram por mais. A partir de 1859, os liberais, uma maioria no Parlamento da terra prussiana, rejeitaram os orçamentos militares. A constituição não era clara. Bismarck (primeiro-ministro prussiano de 1862) argumentou que o *interesse do Estado* deveria prevalecer. As receitas foram levantadas arbitrariamente. No entanto, o impasse precisava de uma solução.

Bismarck se voltou para a geopolítica. Os Hohenzollerns haviam até então procurado o consentimento dos estados alemães para excluir gradualmente a Áustria, a França e a Dinamarca dos assuntos alemães. Mas, na década de 1860, Bismarck mudou para a agressão. O ultraje popular contra supostos maus-tratos de alemães nas províncias fronteiriças dinamarquesas deu à Prússia um pretexto para invadi-la, juntamente com as forças austríacas, em 1864. A vitória obteve o controle sobre Schleswig para a Prússia, Holstein para a Áustria (um prêmio duvidoso, pois estava longe de outros territórios austríacos). Em 1866, Bismarck assumiu o seu maior risco. Ele persuadiu o rei a invadir a Áustria e seus aliados alemães, efetuando um tratado secreto com a Itália para forçar a Áustria a uma guerra de duas frentes. A mobilização prussiana foi favorecida por ferrovias melhores. A disparidade foi ampliada pelo fato de a Áustria ter que dispersar seus exércitos sobre duas frentes. Mesmo assim, a maior parte da Europa, incluindo a França, a Bolsa de Berlim e Friedrich Engels, se preparou para uma vitória austríaca. Os austríacos derrotaram os italianos, mas foram devastados pelos prussianos em Koniggratz-Sadowa (CRAIG, 1964; ROTHENBERG, 1976: 67-73; McNEILL, 1983: 249-250).

Isso não foi necessariamente o fim. Uma vez chegados à Áustria, os exércitos prussianos ficaram sem vantagem ferroviária e apresentaram o habitual espetáculo caótico de carroças, bestas, homens e armas atolados em faixas rurais enlameadas, intermitentemente sem comida e munições, nunca nas posições solicitadas pela grande estratégia de campanha. Se a Áustria tivesse continuado a guerra, os generais europeus poderiam ter absorvido as lições de uma invenção americana recente: a guerra de desgaste da sociedade industrial, lutada impiedosamente pelo norte na Guerra Civil americana. Bismarck sabia que a Áustria estava em crise financeira, enfrentando distúrbios nacionais no sudeste, mas ele também temia a intervenção francesa. Ofereceu prontamente condições de paz, não pedindo nenhum território austríaco, mas alcançando seu objetivo limitado – demonstrar a impotência austríaca aos seus aliados alemães. A maioria concordou em ser engolida pela Confederação do Norte da Alemanha, dominada pela Prússia.

As relações com uma França alarmada mas isolada então pioraram. Em 1870, vendo que nem a Áustria desmoralizada nem a Grã-Bretanha *águas profundas* interviriam, Bismarck avançou frontalmente contra a França. O exército prussiano endurecido triunfou mais facilmente do que seria bom para uma Europa ainda ignorante dos horrores da guerra industrial. A Prússia varreu os últimos estados alemães e, insensatamente, tomou a Alsácia-Lorena da França. A estratégia de Bismarck tinha demolido – primeiro por consentimento, depois por diplomacia manipuladora, depois por *sangue e ferro* – alternativas confederais e austríacas para a Alemanha. O Segundo Reich estava em formação – seu regime, leis, redes de comunicação e coerção, predominantemente prussianos. O poder autoritário da monarquia e do exército prussiano, reconhecido por ter alcançado a unificação, liderou a nação.

Esses acontecimentos dramáticos tinham entrelaçado quatro das cinco causas da ascensão e queda dos poderes identificados no capítulo 8. As diferenças de poder ideológico parecem pequenas, embora o moral das tropas prussianas tenha sido reforçado por vitórias. A modernização econômica da Prússia proporcionou a primeira vantagem fundamental, tornou-se relevante para o campo de batalha por meio das ferrovias e das pistolas de agulhas de carregamento rápido. Em segundo lugar, o equilíbrio do próprio poder militar tinha se inclinado para a Prússia, pois Moltke e o seu pessoal tinham desenvolvido táticas e treinamentos mais relevantes para a industrialização da guerra do que os seus oponentes. Em terceiro lugar, o Estado prussiano era mais integrado e mais receptivo ao militarismo industrial do que os seus adversários. Mas a sua vantagem política decisiva veio da diplomacia. Bismarck tinha escolhido cuidadosamente quando lutar e quando fazer a paz, com aliados nas duas primeiras guerras, tendo neutralizado outros inimigos potenciais nas três, deixando seus generais com objetivos focalizados únicos. Em contrapartida, a diplomacia austríaca e francesa deixou os seus generais com objetivos confusos. Em quarto, a capacidade de decisão e a autoridade dos indivíduos – Moltke, mas especialmente Bismarck – fizeram a diferença em meio a crises complexas e mutáveis. Sem o domínio político de Bismarck a aposta não teria sido feita nesse momento, e as três opções alemãs poderiam ter permanecido viáveis (PFLANZE, 1976). Há um papel para o indivíduo – em posições institucionalizadas de alto poder – na história mundial. Mais uma vez, tal como nas anteriores vitórias britânicas sobre a França, foi um *conjunto* de vantagens contra inimigos particulares em situações particulares, cuja totalidade foi habilmente mobilizada para a realidade. E novamente a diplomacia de aliança superior foi crucial para essa mobilização.

As vitórias prussianas tiveram consequências imensas para a Alemanha e para o mundo. A unificação havia sido alcançada e o confederalismo havia terminado pela força. O militarismo tinha então grande legitimidade, e o transnacionalismo tinha sido enfraquecido. Os nacionalistas burgueses e os modernizadores foram aproveitados para o Estado prussiano. Eles viram a superioridade prussiana descansar na sua aceitação da indústria, da ciência, da educação e do capitalismo. O Estado autoritário não era mais propriedade privada de uma monarquia e de um antigo regime, sem ligação com a burguesia (como na teoria liberal). Nem era apenas o produto do seu interesse conjunto em reprimir o trabalho (como no marxismo). Era a consequência não intencional de soluções para entrelaçar as lutas de classe e nacionais.

A partir de então, disse Bismarck, a Prússia "estará sempre em condições de dar leis à Alemanha, não de recebê-las de outros [...]. Se houver uma revolução, vamos antes realizá-la do que submetê-la" (GALL, 1986, volume I: 62, 278). As suas palavras levaram à expressão *uma revolução vinda de cima*, a entrar no vocabulário político. Os liberais se dividiram em progressistas minoritários recalcitrantes e liberais nacionais majoritários, declarando cooperação não condicional com Bismarck em assuntos nacionais e estrangeiros, enquanto observavam os *deveres de uma oposição vigilante e leal* em assuntos internos. Sua decisão-chave foi apoiar os orçamentos de dotações militares do regime – de modo a não *dividir a nação*. Suas prioridades internas eram mais centralistas do que liberais: estabelecer a liderança constitucional do chanceler imperial, unificar o código civil, e estabelecer o *Reichsbank*. Com algumas restrições à liberdade de expressão e associação coletiva, foi estabelecido um *Rechtstaat* prussiano, um Estado regido por leis mais do que pelo Parlamento, personificando mais a cidadania civil do que política.

A estrutura política prussiana foi estendida à Confederação do Norte da Alemanha em 1867 e ao Reich alemão em 1871. Era uma constituição federal, com muita administração rotineira, incluindo a polícia, a justiça e a educação, nas mãos dos estados individuais. A arrecadação de receitas era compartilhada com os príncipes e representantes dos estados, e o governo municipal era bastante autônomo. O sufrágio de classe foi abandonado no Reichstag, mas mantido no importante Parlamento prussiano. A distribuição dos círculos eleitorais também era tendenciosa em favor das áreas rurais. Reforçada pela migração das áreas rurais para as urbanas, essa situação subestimou substancialmente os votos dos trabalhadores. Houve um amplo sufrágio, mas não houve soberania parlamentar. O Reichstag não podia nomear ministros e não tinha o direito de debater a política externa. O exército era responsável não perante um ministro no Reichstag, mas perante o kaiser. Os Hohenzollerns mantiveram a liberdade de ação, e a burguesia recebeu um *Rechtstaat* (ou seja, a cidadania civil de Marshall), mas apenas uma democracia partidária estritamente limitada. Esse Estado se cristalizou quanto à questão representativa como semiautoritário.

Os opositores do novo regime podem depreciá-lo como um "Parlamento aduaneiro, um parlamento postal e um parlamento telegráfico" (ELEY, 1983: 282) – essas eram as funções do Estado civil empreendidas no nível do Reich –

mas ele ganhou as funções civis estatais em detrimento da divisão das oposições confederais e radicais. Seu *liberalismo* diferia do britânico ou do francês, tolerando um papel maior em um Estado moderno para práticas autoritárias, até militaristas, e para concepções mais territoriais de interesse. O regime era fortalecido. A burguesia se mobilizou por trás dele, desacreditando o federalismo como reacionário. O contrário estava ocorrendo na Áustria, onde as ideologias modernizantes foram arrancadas dos liberais centralizadores pelos *nacionalistas* regionais.

Os confederados não desapareceram. Agora estavam *dentro*, se defendendo contra o estado central. Alsacianos, dinamarqueses e poloneses eram sujeitos relutantes, organizando partidos regionais recalcitrantes no Reichstag. Alguns liberais defendiam autonomias regionais, a maioria do sul, contra a centralização do Reich; os católicos resistiam à centralização por um Estado luterano prussiano. As lutas por classe e nação estavam então entrelaçadas no interior de um único Estado. O Estado prussiano havia vencido, mas era agora mais polimórfico.

Além disso, essa aliança entre o Antigo Regime e a burguesia ainda era dificultada por desacordos sobre a economia política internacional. Quando a indústria pesada começou a competir com a Grã-Bretanha, ela favoreceu o protecionismo seletivo. Argumentou-se (e tem sido feito muitas vezes desde então) pela proteção de indústrias nascentes enquanto elas buscavam encontrar seus próprios passos, e se tinham mercados potenciais para explorar. Depois de 1850, List foi redescoberto. Mas a proteção foi tão necessária quanto o *lobby* ou List forjou isso? A transição alemã para a autonomia industrial tinha ocorrido em condições de livre-comércio em meados do século XX. O debate também foi influenciado pelas consequências não intencionais do nacionalismo modernizador. *Interesses* se tornaram articulados como *alemães*. Como os industriais foram incorporados ao Estado Prussiano-alemão, se identificavam a si próprios e à sua economia como nacional e não transnacional. A maioria era luterana; a maior parte dependia da ajuda estatal para combater o desemprego; a maioria era socializada no sistema educacional cada vez mais conservador do Estado; a maioria apreciava a Zollverein e consultava regularmente o Estado sobre facilidades de crédito e infraestruturas de comunicação; e muitos funcionários se deslocavam de um lado para o outro entre a indústria e a função pública (KOCKA, 1981). Os industriais e administradores do Estado geraram soluções *nacionais* para a concorrência estrangeira.

Schmoller observou que a proteção era

> a produção do Estado e a economia nacional ao mesmo tempo [...]. A essência do sistema não reside em alguma doutrina do dinheiro ou de uma balança comercial, ou leis de navegação, mas em algo muito maior – nomeadamente na transformação total da sociedade e da sua organização, bem como do Estado e das suas instituições na substi-

tuição de uma política econômica local e territorial pela do Estado nacional (ASHLEY, 1970: 55).

Mas, no início, os junkers não concordaram. Eles exportavam produtos agrícolas; a proteção de tarifas para bens industriais poderia convidar à retaliação estrangeira. Depois, o Novo Mundo interveio. A tabela 8.4 mostra que a agricultura dos Estados Unidos foi muito mais produtiva do que a alemã. O navio a vapor barateou o frete transatlântico na década de 1870. Com transporte ferroviário de mercadorias barato para e dos portos, os grãos americanos e outros bens primários entraram na Europa mais baratos do que os produtos locais. Os americanos também desenvolveram um grão mais macio do que o centeio prussiano. Os junkers e produtores camponeses se converteram ao protecionismo seletivo por motivos econômicos no final da década de 1870.

Isso, porém, importava menos do que a sua carga fiscal. O seu desejo de pagar menos impostos coincidiu com a necessidade de mais receitas por parte do Estado. O que parece ser um interesse *econômico* setorial direto veio entrelaçado com cristalizações estatais mais complexas – nacionais, de classe e militares. O vacilar da balança de poder, acrescido de uma corrida tecnológica armamentista, aumentou os custos militares enquanto as receitas caíam – o livre-comércio diminuiu as receitas aduaneiras, o pagamento de indenizações francesas terminou em 1875, e a depressão aumentou a inadimplência fiscal. O governo federal teve uma crise fiscal. Seus principais impostos diretos eram as *contribuições matriculares* dos estados individuais. Mas essas atingiram mais duramente os junkers e os proprietários camponeses, os próprios grupos que apoiavam Bismarck. Eles também descentralizaram o poder estatal, dando aos estados mais poder de decisão. Os impostos aduaneiros indiretos não tinham nenhuma desvantagem: Eles precisavam apenas do consentimento mínimo do Conselho Federal de estados e apenas do consentimento inicial do Reichstag, e atingiram mais os consumidores do que os produtores. O próprio Bismarck se converteu ao protecionismo por essas razões políticas.

Os liberais e progressistas nacionais, predominantemente comerciantes livres e parlamentares, foram o principal obstáculo aos seus planos. Mas Bismarck teve então um golpe de sorte. Em 1878, houve duas tentativas de assassinato de esquerda contra o kaiser. A primeira levou às leis antissocialistas. Quando Bismarck ouviu falar da segunda tentativa, ele disse: "Agora eu os tenho". "Os social-democratas?", perguntaram-lhe. "Não, os liberais nacionais!" (SHEEHAN, 1978: 183). Ele dissolveu o Reichstag e organizou uma eleição alarmista contra socialistas e liberais. E funcionou. Com o apoio fiscal da nova maioria, dos conservadores agrários e do centro católico, ele aumentou as tarifas para financiar o orçamento militar. O governo do Reich aumentou sua autonomia fiscal em relação aos estados confederados (e, em menor medida, ao Reichstag), e obteve o inesperado bônus de uma economia política mais consensual à medida que as concepções agrárias de interesse mudavam para tarifas (minha discussão sobre tarifas está em dívida com a pesquisa de HOBSON, 1991, capítulo 2). A aliança do *centeio e do ferro* foi formada, embora também incluísse muitos camponeses ocidentais. As tarifas alemãs foram aumentadas em 1885, 1887, 1902 e 1906.

Mas essas tarifas não eram mais altas do que as de outros países ou do que as tarifas alemãs de períodos anteriores (BARKIN, 1987). O seu significado reside, antes, nas suas consequências involuntárias adicionais. Com a unidade alcançada no protecionismo seletivo, a burguesia nacional, o Antigo Regime e alguns camponeses se aproximaram. Muito mais industriais, banqueiros e comerciantes entraram na nobreza, compraram mansões rurais e entraram para o exército com seus filhos. A burguesia substancial começou a se introduzir no Antigo Regime, desenvolvendo a mesma deferência manipuladora segmentar que tinha na França do século XVIII (cf. capítulo 6). No que foi chamado de *política de reunião*, os junkers e industriais trocaram produtos, filhos e filhas, cooperaram na economia política, conciliaram camponeses e reprimiram trabalhadores. Eles ainda tinham desacordos, especialmente sobre impostos, mas a oposição estava ainda mais dividida.

Durante a década de 1880, o capitalismo nacional autoritário foi institucionalizado. A indústria, organizada verticalmente em grandes corporações e horizontalmente em cartéis, e coordenando intimamente com os bancos, penetrou em uma monarquia autocrática, com pessoal de uma nobreza agrária. Seu sucesso arrastou a classe média a reboque, privada de uma parte da participação política de seus contrapartes britânicos, americanos e franceses, mas compartilhando igual sucesso econômico, oportunidades educacionais para forjar carreiras como *Beamten* na administração pública, na gestão e nas profissões, e um crescente senso de comunidade nacional baseada em um Estado-nação forte e bem-sucedido. Sucessos recentes foram alcançados por um militarismo de duas vertentes popular entre esses grupos: o advento militar no exterior e a repressão à classe trabalhadora em casa. A incorporação autoritária estava fundindo o velho regime, o novo capitalismo e a classe média em uma sociedade industrial moderna.

No entanto, o sucesso econômico alemão também produziu grandes mudanças de classe, desestabilizando essas relações amigáveis. A contribuição da agricultura para o Produto Nacional Bruto caiu pela metade, de 47% em 1850 para 25% em 1909. No leste, os junkers estavam se voltando para o interior, para seus problemas econômicos locais, ao mesmo tempo em que os industriais e financeiros se aglomeravam no Estado, resignados à economia política, impostos e geopolítica dominada pelos junkers. A comercialização agrícola diversificou as relações de classe ocidental, produzindo tanto um proletariado rural como camponeses mais independentes (cf. capítulo 19). A classe média – pequena burguesia, profissionais e carreiras na indústria privada e na burocracia estatal – estava aumentando em poder. Primeiro controlada por partidos segmentares notáveis, em 1900 estava respondendo aos partidos de massa que pressionavam pelo nacionalismo antiprofissional (cf. capítulo 16). Os trabalhadores industriais também estavam crescendo no poder. Firmemente excluídos do poder político, se uniram na organização de classes e no socialismo marxista (cf. capítulo 18). Isso limitou as opções de divisão e governo do regime.

As forças eleitorais de classe a partir de 1900 eram cerca de um terço agrárias, um terço da classe média (incluindo artesãos independentes) e um terço do proletariado industrial, mas a classe e o voto se correlacionavam imperfeitamente. Os controles segmentares ainda eram exercidos por notáveis, então incluindo industriais, enquanto todas as classes e a maioria dos partidos se dividiam sobre questões de poder nacional *versus* poder local-regional, especialmente expresso por meio das Igrejas. As identidades de classe, religiosas e regionais competiam. Os dois extremos de classe, o regime e o partido social-democrata, eram ambos centralizadores estatistas nacionais, já que ambos eram predominantemente do norte e luteranos. Os social-democratas optaram firmemente pelo socialismo estatista. Eles combinaram a social-democracia estatista e o marxismo, com poucas influências economistas ou sindicalistas descentralizadoras. Assim, ressoou mais em comunidades luteranas do que em comunidades católicas.

Nem o regime nem os social-democratas receberam muito apoio regionalista ou católico entusiástico. O conflito entre a Prússia luterana e a Áustria católica, seguida pelo *Kulturkampf*, fortaleceu um partido do centro católico. A Igreja Católica tinha sido privada de seus vastos latifúndios e de seus poderes seculares dentro dos estados alemães no início do século. Desde então, ela vinha consolidando seu poder em nível comunitário local, resistindo melhor à secularização do século XIX do que os luteranos mais estatistas. Durante o *Kulturkampf*, os padres e as associações católicas de voluntários se uniram mais em defesa dos direitos locais, especialmente nas áreas rurais, mas mesmo entre os trabalhadores industriais católicos (EVANS, 1987: 142-150). Em toda a Europa, a Igreja Católica lutava contra o marxismo, uma doutrina ateísta, mas também uma doutrina estatista. O centro se opunha tanto à centralização nacional como ao socialismo estatista; era clericalmente conservador, mas tinha o seu próprio programa social. A classe e a nação se entrelaçavam nas identidades da maioria das pessoas e nos programas de todos os partidos.

Para aprovar legislação nesse regime semiautoritário era necessária uma maioria no Reichstag. O regime era segmentarmente manipulado e seletivamente reprimido, mas ainda tinha que conduzir as principais políticas internas por intermédio dos partidos do Reichstag. Como o partido social-democrata dominava os trabalhadores luteranos e como os partidos das minorias étnicas estavam firmemente arraigados, o regime teve que se comprometer com pelo menos dois da classe média, os camponeses e os católicos. Suas preferências foram reduzidas pelo seu capitalismo, monarquismo e militarismo. Por isso, não tentava prejudicar os social-democratas, encorajando uma aliança centrista entre trabalhadores moderados e regime, classe média, camponeses e liberais católicos. Contra a oposição do regime, ninguém mais poderia avançar em direção a tal aliança. Como observa Blackbourne (1980), a partir de 1890, uma aliança entre os social-democratas, o centro católico e os progressistas burgueses poderia ter tido uma maioria permanente no Reichstag. Mas o centro preferiu se comprometer com o regime do que desafiá-lo com a política de hostilidade classista-regionalista. Como veremos no capítulo 19, o regime teve uma considerável influência rural. Os camponeses luteranos permaneceram leais ou foram pressionados pela direita; os camponeses católicos estavam dispostos a fazer adaptações pragmáticas. O regime permitiu alguma autonomia local-regional em troca do controle no centro.

A classe operária luterana permaneceu excluída, seu núcleo militante comprometido com um socialismo estatista ostensivamente revolucionário. Mas o partido social-democrata agravou o seu próprio isolamento. Depois de 1900, os progressistas fizeram propostas aos social-democratas, mas foram repudiados. O capítulo 19 evidencia a cegueira agrária dos social-democratas, que permaneceram comprometidos com a ortodoxia produtivista marxista: buscando o triunfo da classe trabalhadora industrial urbana. Os igualmente numerosos proletários e camponeses agrários foram obrigados a fazer arranjos políticos alternativos. Dirigiram-se aos partidos conservadores, aos partidos camponeses regionais, e – o maior número – ao centro católico. A política de classe foi polarizada entre os trabalhadores luteranos e os demais. A maior parte da classe média foi dissuadida do liberalismo existente na Grã-Bretanha e na França; os católicos permaneceram conservadores em questões de classe, uma *oposição leal* em relação à questão nacional. Assim, a pressão diminuiu sobre o regime para diluir o que em breve identificarei como suas cristalizações capitalistas, semiautoritárias, monarquistas e militaristas. Apenas diluiu o seu luteranismo. Embora suas opções de divisão e regra segmentar estivessem diminuindo, suas cristalizações *adicionais* permaneceram intactas.

O regime tinha duas prioridades internas: obter o orçamento anual e as dotações militares septenais (mais tarde quinquenais) por meio do Reichstag e do Conselho Federal; e modernizar-se, industrializar-se e empreender reformas sociais suaves enquanto reprimia ordenadamente a mão de obra e as etnias minoritárias. As principais incertezas residiam no centro, na direita e nos regionalistas moderados. Os conservadores apoiaram o regime, mas se opuseram à modernização. Os junkers se opuseram a privilégios para o desenvolvimento industrial e a reforma tributária. A indústria era impaciente por tudo isso. O centro católico e os estados do sul da Alemanha interpretaram a modernização do Estado como centralização e se opuseram a ela. O pesadelo do regime era que em uma crise um partido *de fora* e partidos *de dentro* temporariamente alienados pudessem se unir com os *inimigos do Reich*, o *Reichsfeinde*, para votar contra o orçamento ou as dotações militares.

Mas o pesadelo nunca se tornou realidade. O regime reagiu, alcançando seus principais objetivos, mantendo a liberdade de ação. Os ministérios caíram, as maiorias parlamentares desapareceram, e o (escasso) temperamento do kaiser foi desgastado pela humilhação de políticos apaziguadores. Mas as apropriações passaram e não houve mais avanços para a democracia. A incorporação autoritária parecia consolidada no que era então a grande nação industrial da Europa. A classe operária podia parecer ameaçar a revolução; no entanto, quanto mais o partido social-democrata crescia entre os trabalhadores urbanos e protestantes, mais os burgueses, camponeses, católicos e descentralizadores se apressavam em direção ao regime. As eleições de 1912 tornaram o Partido Social Democrata o maior partido, mas levaram a direita e o centro ao regime, permitindo que os ministros conseguissem uma reforma fiscal há muito desejada. O regime parecia seguro internamente. O seu *Sonderweg* não permaneceu *especial* por muito tempo: muitos outros regimes autoritários, da Áustria ao Japão, procuraram adaptar as suas instituições bem-sucedidas.

O *Kaiserreich* e a autonomia do Estado

Quanto de poder autônomo esse Estado tinha? As duas principais respostas foram dadas por marxistas e por Max Weber. Marx permitiu às elites estatais a autonomia *limitada* descrita em *O 18 brumário*, de Louis Bonaparte (MARX & ENGELS, 1968: 96-179). Lá, ele identificou três atores políticos autônomos: a *oposição republicana oficial*, oficiais do Estado, e Luís Bonaparte, enfatizando a capacidade de Bonaparte de disputar classes e frações de classe umas contra as outras em uma situação em que nenhum modo de produção ou classe era dominante. Os marxistas estendem essa análise a outros casos, sempre incluindo Bismarck e o *Kaiserreich* (POULANTZAS, 1973: 258-262; DRAPER, 1977: 311-590; BLACKBOURNE & ELEY, 1984; cf. WEHLER, 1985: 55-62); mas eles veem a manipulação bonapartista ou bismarckiana do conflito de classes como estruturalmente limitada pela crescente classe capitalista. Bonaparte sobreviveu porque ele ofereceu aos homens de propriedade a melhor garantia de ordem social contra a insurreição popular. Bismarck gerou uma "independência criativa em relação ao executivo estatal, dentro dos limites impostos pela dinâmica política do desenvolvimento social capitalista" (BLACKBOURNE & ELEY 1984: 150). A forma de tais estados pode ser liberal ou autoritária, mas o capitalismo dita os limites últimos da sua autonomia.

Weber creditou ao *Kaiserreich* (sob o qual ele viveu) muito mais autonomia, mas ele também identificou mais portadores de autonomia. O primeiro era a burocracia. O capítulo 3 cita a sua afirmação enfática sobre os burocratas que *se sobrepõem* aos governantes políticos nos estados modernos. Ele argumentou:

> Em um Estado moderno, o verdadeiro governante é necessariamente e inevitavelmente a burocracia, uma vez que o poder não é exercido por meio de discursos parlamentares ou enunciados monárquicos,

mas por meio das rotinas da administração [...]. Desde a demissão do Príncipe Bismarck, a Alemanha tem sido governada por "burocratas" (1978, volume II: 1.393, 1.400, 1.404).

Mas não devemos creditar os estados da época do próprio Weber com os poderes implícitos em tais declarações arrebatadoras. O capítulo 13 mostra que o número de burocratas ainda era muito pequeno para permitir uma penetração infraestrutural eficaz pelo Estado dos seus territórios. Bismarck tentou por duas vezes destruir organizações alternativas de poder. Contudo, o *Kulturkampf* contra a Igreja Católica e as leis antissocialistas contra o Partido Social-democrata falharam, apenas fortalecendo o seu oponente. A burocracia era muito pequena e politicamente pouco confiável para implementar a legislação (ROSS, 1984).

De fato, o próprio Weber diminuiu essa importância do poder burocrático. Ele observou que, embora eficientes na implementação de objetivos, os burocratas não os definiam. Na Alemanha, ele identificou dois principais formuladores de políticas: o chefe executivo – ou melhor, os dois executivos permitidos pela constituição, kaiser e chanceler – e *partidos*. Por chanceler, entenda-se Bismarck. Weber acreditava que Bismarck tinha dominado a política alemã, deixando "uma nação *sem qualquer vontade política propria*". Mas então a loucura do kaiser e do seu círculo, sem restrições de ministros ou de um parlamento soberano, teve um impacto desastroso na política externa (1978, volume II: 1.385, 1.392, 1.431-1.438; para uma revisão, cf. MOMMSEN, 1984: 141-155). Mas os burocratas *e* os dois executivos políticos também foram subservientes ao *partido* dos conservadores e junkers. O monarca governou como o chefe patrimonial de uma rede de parentesco dos senhores junkers, partilhou com eles ou com os seus clientes as suas suposições e o seu modo de vida, e fez da sua corte e da burocracia mais alta o seu pessoal:

> Porque uma burocracia é todo-poderosa não significa que não haja regra partidária. Qualquer coisa, exceto governos conservadores na Prússia, [é] impossível, e o parlamentarismo simbólico alemão repousa [...] sobre o axioma: todo governo e seus representantes devem ser necessariamente "conservadores", com exceção de algumas concessões patronais à burguesia prussiana e ao partido central. Isso e nada mais se entende pelo caráter de "partido acima" da regra burocrática [...]. Os interesses partidários do oficialismo conservador no poder, e dos grupos de interesse a ele associados, controlam sozinhos a direção dos assuntos [...]. Sempre que os interesses materiais ou de poder social do estrato que estava por trás do partido no poder estavam em jogo, o trono permanecia sempre sem poder (BEETHAM, 1985: 165, 179).

Assim, Weber também estabelece limites para a autonomia da elite da burocracia e dos chefes executivos: Eles não podiam desafiar, não o capitalismo, mas o partido conservador.

Esse partido não era uma elite estatal autônoma das classes sociais (como no trabalho dos teóricos elitistas verdadeiros). Os junkers *eram* uma classe, até então dominante, então em declínio. Mas eles mantiveram o poder na Alemanha porque seu domínio econômico anterior havia sido institucionalizado no Estado. Ao contrário, a burguesia capitalista, então dominando a economia alemã, era politicamente débil. A classe anteriormente dominante pode se apegar ao poder contra as classes atualmente dominantes, controlando as instituições estatais. Tais *partidos* são relações *entre* a sociedade civil e o Estado (como eu argumento no capítulo 3). O capítulo 4 também observa que o Antigo Regime britânico se agarrou ao poder político por meio de um antigo liberalismo de regime que permaneceu mais tolerante do que as necessidades industriais britânicas exigiam (cf. tb. MANN, 1988: 210-237). Eles detinham o poder *partidário*. Em contraste, Weir e Skocpol (1985), também reivindicando a linhagem de Weber, argumentam que o fracasso da Grã-Bretanha no século XX em adotar o corporativismo keynesiano resultou do poder de uma burocracia estatal autônoma. Quem está certo é uma questão empírica – e é a única questão que realmente conta – mas quem é mais weberiano está evidente: eu. A autonomia do Estado na Alemanha era plural, composta por dois elementos de elite distintos, a burocracia e o duplo chefe executivo, e um partido institucionalizado dominante.

Na verdade, os três atores políticos de Weber são uma subestimação. Se seguirmos a teoria do estatismo institucional, podemos enumerar nada menos que onze instituições políticas significativas no *Kaiserreich*. As duas primeiras eram os executivos principais de Weber:

1) O *kaiser* soberano, cujos poderes poderiam ser delegados (e arrogados por ele).

2) O *chanceler* do Reich e *ministros* subordinados – Nomeados, responsáveis e demitidos pelo kaiser, apenas exercendo erraticamente esses poderes. Eles eram geralmente oriundos dos junkers e da aristocracia ocidental e eram predominantemente luteranos.

E acrescento as instituições administrativas do Reich, incorporando as relações centro/território relativas ao *partido*, no sentido de Weber:

3) A *corte* – Embora sem uma única estrutura administrativa ainda próxima ao kaiser, especialmente por meio do *Kabinetten*, seus círculos de conselheiros pessoais, e por meio da divisão e da intriga. O tribunal representava mais diretamente os luteranos junkers e aristocratas, com um esmorecimento de industriais enobrecidos ou influentes, banqueiros, *Bildungsbeamten*, e (mais tarde) católicos.

4) Os *militares* – Essencialmente prussianos (embora Bavária, Saxônia e Württemberg tenham mantido seus próprios contingentes), responsáveis formalmente perante o kaiser, o comandante em chefe, ligado à corte, inseridos em classes semelhantes. O exército e a marinha tinham, cada qual,

a sua estrutura de comando separada, sem relações formais entre os dois. Cada um deles era também cortado no topo por ordem aristocrática e por *Immediatstellung* – o direito dos oficiais superiores a uma audiência privada com o kaiser (cf. capítulo 13).

5) A *burocracia* – A instituição mais coerente, em parte responsável pelos ministros ainda com seus próprios direitos legais coletivos e solidariedade em forma de casta. Ela representou um compromisso de classe, por intermédio das universidades, entre o Antigo Regime e a burguesia profissional. Os ministérios do final do século XIX logo minimizaram as diferenças religiosas, admitindo alguns católicos. No topo, a burocracia foi atravessada pela *Immediatstellung* e, em todos os níveis, pelo federalismo. A maioria das funções civis era administrada pelos estados individuais, enquanto infraestruturas militares, de política externa e de comunicação material eram administradas pelo Reich. O domínio prussiano, porém, contrariou essa diversidade.

Depois acrescento as instituições parlamentares – Reichstag e partidos políticos formais – que representam os membros e os eleitores na sociedade civil. O Reichstag não era soberano. Os seus poderes eram limitados e confusos, embora o seu direito formal de vetar orçamentos conferisse mais poder do que as partes tomaram. A deferência ao regime tornou a maioria das partes centralizada e oligárquica. A maioria dos partidos permaneceu mais segmentar do que o eleitorado em massa. Assim, o modelo tripartido usado para a Grã-Bretanha do século XVIII (cf. capítulo 4) é novamente apropriado:

6) *Partidos "de dentro"* – Formados por notáveis e normalmente consultados pelo kaiser, chanceler e ministros. Os partidos conservadores, representando os proprietários fundiários luteranos e seus dependentes, e os liberais nacionais, representando principalmente a burguesia urbana luterana. Ambos eram estatistas.

7) *Partidos "de fora"* – Normalmente não consultados, mas cujo apoio poderia dar uma maioria segura ao Reichstag, sem que o regime fizesse concessões palatáveis demais; os progressistas mais antiestatistas, os nacionalistas de classe média, o centro católico e os partidos camponeses. Estes foram saindo gradualmente do controle dos notáveis e se tornaram do eleitorado em massa.

8) *Partidos "excluídos"* – Chamados pelo regime *Reichsfeinde*, inimigos do Reich, cujo apoio o regime não buscaria em nenhuma circunstância; o Partido Social-democrata mais os partidos de minorias étnicas e separatistas.

Acrescento, ainda, as instituições federais. Embora o federalismo fosse em parte formal e deixasse pouca iniciativa política aos estados individuais, três instituições de poder distintas tinham de ser contabilizadas:

9) O *Conselho Federal* (Bundesrat) – A câmara alta dos representantes dos 25 estados confederados. Essa legislação foi coassinada (com o kaiser), jun-

to a declarações de guerra e lei marcial. O kaiser a presidiu, entretanto, e os representantes prussianos possuíam um veto coletivo. O seu principal poder residia nos complexos acordos de partilha de receitas dos impostos diretos.

10) O *estado prussiano* – Este governo *provincial* era na verdade maior do que o governo do Reich e governava o coração do regime, dando-lhe mais influência do que a constituição indicada, definindo o caráter da administração do Reich. Além disso, o controle civil que havia sobre o exército era realizado por intermédio do Ministério da Guerra prussiano.

11) *Governo local* – As cidades tinham autonomia considerável para decidir suas constituições, cobrar impostos suplementares e ampliar a propriedade pública (KOCKA, 1986). Variando muito por toda a Alemanha, isso mudou quais os partidos locais poderiam ser *de dentro*, *de fora*, ou *excluídos*. Em toda a Baviera, por exemplo, a Igreja Católica e os seus partidos-clientes eram *de dentro*. Mesmo o Partido Social-democrata era *de dentro* em um punhado de cidades.

Esse Estado era polimórfico, suas cristalizações surgiam em meio a instituições plurais. A modernização seguindo linhas semirrepresentativas, com múltiplas instituições responsáveis apenas ao kaiser, tornou este Estado muito menos unitário e coeso do que o seu antepassado prussiano do século XVIII. A soberania residia então nas relações entre o rei e os seus altos funcionários; então estava mais dividida. A Constituição dividiu os poderes, mas ao contrário da Constituição americana não os identificava claramente. A implementação de políticas exigia instituições cujos poderes constitucionais tinham sido deixados deliberadamente vagos de modo a preservar a liberdade de ação monárquica, como na maioria das constituições monárquicas do século XIX. Isso privilegiou os canais informais do poder e a centralidade do monarca e do chanceler. Um sectarismo segmentarista ascendentemente orientado dominava a capital. Suas intrigas, competições, e tentativas de conseguir o ouvido do kaiser eram processos políticos-chave, subvertendo burocracias supostamente racionais em ministérios e no exército.

As relações de poder segmentares no centro também encorajavam os grupos de pressão corporativos. Os atores do poder dependiam menos dos mercados econômicos e das eleições em massa do que os atores da maioria dos países. As organizações empresariais proliferaram na capital, para dobrar os corações dos cortesãos e para espreitar nos corredores dos ministérios e nas antecâmaras do Reichstag. Diefendorf (1980) mostra que as *corporações* caracterizavam desde cedo as relações entre homens de negócios e os estados alemães na Renânia. Ao longo do século XIX, elas cresceram em todos os níveis – desde organizações patronais e cartéis, passando por grupos de pressão como a Liga Marítima ou a Sociedade das Marchas Orientais, até organizações comunitárias como a enorme quantidade de associações empresariais. A Alemanha foi organizada de cima para baixo, de forma mais autoritária do que os países liberais. Os Estados Unidos assistiram a muita pressão das empresas capitalistas, mas seu governo era muito menor. Nos anos de 1920, um marxista alemão, Hilferding, cunhou o termo *capitalismo organizado*, que ele acreditava ter começado nesse período. Mas para a Alemanha ele deveria tê-lo pluralizado. Wehler chama mais apropriadamente o regime de "autoritarismo policrático, mas descoordenado" (1985: 62). Com efeito, era menos centralizado do que os estados liberais com órgãos de decisão soberanos, como a Grã-Bretanha ou a França. A política resultou de complexas intrigas segmentares em que os resultados raramente correspondiam às intenções.

No entanto, o polimorfismo de facções não era o mesmo que caos. Os responsáveis formais por tomar as decisões do Estado – monarca, chanceler, ministros – conceberam táticas de poder segmentar moderadamente coerentes para reter a direção dos assuntos. Grandes iniciativas políticas como a reforma tarifária ou fiscal, um grande programa naval, um *Kulturkampf*, ou legislação de bem-estar social exigiam o exercício arbitrário do poder. O Reichstag foi dissolvido; os ministros foram destituídos; os oponentes, assediados. A repressão seletiva e as persuasões e dividir e governar entre os partidos tornaram-se táticas que Bismarck podia usar com grande habilidade como ministros menos dotados ou mais ideológicos em dificuldades. Bismarck entrelaçou fluidamente classe com política nacional, política interna com política externa – adequada em um Reich cujos oponentes flutuavam, combinações de *de fora* e *excluídos*, burgueses liberais, camponeses, trabalhadores, católicos, regionalistas do sul e minorias étnicas. Nem tudo poderia ser reprimido, seria melhor dividir e governar segmentalmente. A política parecia instável porque ditada por realidades em mudança, nas quais ninguém estava no comando total de todas as correntes. Bismarck não se representava como estrategista-mestre, mas como alguém capaz de detectar relações e tendências gerais. Em uma metáfora que ele usava frequentemente, ele se descrevia como um homem caminhando em um bosque que, sem conhecer seu caminho exato, pressente sua direção como um todo.

Mas mesmo sem um Bismarck, a política coexistiu em torno da busca de objetivos amplos. Onze podem ser reduzidos a quatro. As instituições políticas estavam comprometidas com quatro objetivos funcionais difusos, sobrepostos e amplamente compatíveis, o que no capítulo 3 eu chamo de *cristalizações de nível superior*, cada uma relacionada a uma das fontes de poder social. Suas amplas compatibilidades soldaram juntas as facções do regime, embora eventualmente as tenham destruído.

1) *O capitalismo* foi a cristalização econômica do Estado. Qualquer pessoa que contasse era um proprietário substancial de terra ou indústria ou comércio, usando todos os fatores de produção como mercadorias. Preservar a propriedade privada era um fim inquestionável da política; assim como modernizar a indústria e a agricultura para aumentar o lucro privado e as receitas do Estado.

2) *O militarismo* aparentemente tinha criado o Estado-nação alemão. A corte e a *entourage* do kaiser eram carregadas com uniformes, medalhas e espadas. A burocracia foi hierarquizada e uniformizada. Os capitalistas se tornaram oficiais de reserva e seus filhos se juntaram às fraternidades uniformizadas e adquiriram cicatrizes de duelo nas universidades. Esse não era um estado composto de reacionários raivosos, empunhando sabres. Os militares eram diversos; muitos oficiais eram altamente cultivados, e alguns eram liberais; por exemplo, Caprivi, um general prussiano e chanceler por pouco tempo. No entanto, as soluções militares para problemas internos e externos foram alcançadas mais cedo no Estado alemão do que na maioria dos estados a oeste e sul. Quando Weber, Hintze, e mais tarde observadores escreveram sobre a *feudalização* dos capitalistas alemães, eles realmente usaram a palavra errada. *Militarização* seria melhor. *Feudalização* implica *mais feudal do que capitalista*, já que esses são modos de produção alternativos. A Alemanha era capitalista, não feudal. *Militarização* pode implicar militar, *como também* capitalista, já que os dois não são alternativos. Assim, à medida que a burguesia foi sendo incorporada ao regime, muitos se socializaram em concepções mais militaristas de interesse tanto na política interna como na externa. Eles se deslocaram para estratégias autoritárias, territoriais, repressivas. A *ordem* tornou-se sagrada – mais difusa que a mera preservação da propriedade – um valor orgulhosamente proclamado pelo regime e muitas vezes criticado pelos viajantes estrangeiros.

3) *A monarquia semiautoritária* – Sobre a *representação*, ela era essencialmente dual. Por um lado, era profundamente monárquica, centrada no kaiser. Os atores políticos tinham que operar por meio de redes orientadas para cima, centradas nele e adornadas com adereços monárquicos. Um monarca decisivo poderia ter se tornado um formidável ator de poder. O irascível Kaiser Guilherme II provou ser apenas inconstante, embora ocasionalmente perigoso (como Weber observou). As preferências do kaiser tiveram que ser consideradas ou manipuladas, embora o monarca alemão fosse mais institucionalizado, menos dinástico do que o austríaco ou o russo. No entanto, a constituição também era parlamentar. O Reichstag, embora não soberano, teve que ser consultado, até mesmo deferido. Era por isso que os monarquistas sonhavam com golpes de Estado. De tal dualidade surgiu a imprecisão em relação à localização da soberania nesse Estado.

Embora essas três cristalizações de nível superior incorporassem elas mesmas ideologias, o regime também se baseava sucessivamente em duas ideologias autônomas:

4a) *Luteranismo* – O luteranismo alemão tendeu a sacralizar o Estado[14]. Isso enfraqueceu um pouco depois do fracasso do *Kulturkampf*, quando o regime procurou se conciliar com os católicos e com uma ideologia estatista rival, o

---

14. Assim, o partido do nacionalismo estatista, os nazistas, também recebeu muito mais apoio dos luteranos do que os católicos.

socialismo marxista, que passou a dominar entre os trabalhadores luteranos. Como uma ideologia legitimadora do Estado, o luteranismo foi cada vez mais deslocado depois de cerca de 1880.

4b) *Nacionalismo estatista* – À medida que a cidadania se alargou e os partidos se tornaram eleitorais em massa, um nacionalismo estatista criou raízes em meio a algumas classes e regiões, exortando o Estado a mobilizar agressivamente o poder da nação contra *Reichsfeinde* internamente e os rivais da grande potência externamente. Embora tenha apoiado o capitalismo, a monarquia e o militarismo, depois de 1900, esse nacionalismo estatista exerceu sobre eles uma pressão *popular* desconcertante e independente (cf. capítulos 16 e 21).

Assim, o Estado alemão era um pouco autônomo – menos como uma elite coerente do que como uma série polimórfica de elites e partidos estatais incorporando cristalizações compatíveis mas distintas de nível superior. Deixe-me acrescentar que a quinta cristalização, sobre a questão nacional, permaneceu algo incoerente e volátil. A monarquia, auxiliada pelo luteranismo e pelo nacionalismo estatista, almejava mais centralização nacional do que a constituição permitia.

Posso agora reduzir ainda mais essas cristalizações de acordo com as linhas especificadas no capítulo 3? Será que uma finalmente se impõe às outras em algum *sentido final*, em última instância? No *Kaiserreich* as fichas caíram alguma vez, forçando o regime a escolher entre elas? Os marxistas dão respostas positivas, sugerindo que os *limites* finais foram impostos pelos interesses de classe do capital. De fato, esse era um Estado capitalista. Todos os estados europeus eram. Eles tinham provado isso durante 1848. O Estado alemão continuou a prová-lo até 1914 e mais além, continuamente se entrelaçando ao lado dos proprietários em disputas industriais, suprimindo de forma intermitente os movimentos democráticos e de trabalhadores. Se chegasse à crise, todos os regimes anteriores a 1917 estavam comprometidos com tais limites.

Porém, os estados não eram *apenas* estados capitalistas e essa cristalização nem sempre esteve à frente das mentes e emoções. O *Kaiserreich* não temia sistematicamente trabalhadores ou camponeses. Não era tão óbvio para os contemporâneos quanto para os marxistas que o socialismo era um modo de produção alternativo ao capitalismo. A propriedade era *natural*, não precisava de vigilância eterna. A *ordem* era primária em 1848, mas depois disso pouca *desordem* séria veio da base. Durante esse período, as tropas não eram mobilizadas com tanta frequência contra o trabalho como nos Estados Unidos, e – como sua mobilização na Alemanha era ritualizada e ordenada – havia muito menos violência e mortes (cf. capítulo 18). As leis antissocialistas de Bismarck e a legislação do Estado socialista foram menos uma investida temerosa no socialismo do que parte de sua estratégia normal de divisão segmentar e de incentivo à repressão seletiva e à indução, emanada da cristalização semirrepresentativa. As leis pretendiam dividir os partidos burgueses, uma vez que o programa de previdência social visava dividir a liderança social-democrata das bases, e os trabalhadores qualificados dos não qualificados (TAYLOR, 1961b; GALL, 1986, volume II: 93-103, 128-129).

A parte mais fraca do argumento marxiano de Blackbourne e Eley é a noção de que a burguesia se aliou ao velho regime por medo do socialismo de massas. Como mostra o capítulo 18, a maioria das vezes foi o contrário. Um socialismo marxista de massas surgiu *como resultado dessa aliança*, pois sindicatos e associações políticas poderiam encontrar menos aliados liberais do que na Grã-Bretanha ou na França. A repressão não era realmente necessária; a conciliação também teria funcionado. Pelo contrário, esse regime militarista, semiautoritário, capitalista e luterano estatizante-nacionalista a considerava a coisa natural a fazer. Ela se tornou então autossuficiente – e em resposta, a classe operária luterana central abraçou o marxismo revolucionário, provocando mais repressão que talvez fosse então necessária.

Tal política teve consequências não intencionais para o capitalismo e, finalmente, para os seus supostos *limites*. Era um Estado capitalista, mas não era só isso. Essas cristalizações não eram idênticas; nem eram opostas direta e dialeticamente. Elas eram apenas diferentes. Nenhuma escolha *final* teve que ser feita entre elas, e a soberania difusa assegurou que nenhuma fosse. O regime nunca as enfrentou diretamente, escolhendo entre elas. Apenas o luteranismo foi desvalorizado, e esse foi substituído pelo nacionalismo estatista. O regime se desviou para uma estratégia cumulativa – capitalista *e* semiautoritária *e* militarista *e* nacionalista estatista. Por não escolher prioridades, suas instituições se tornaram mais polimórficas. Mas encarnaram um capitalismo mais autoritário, centralizado, territorial e agressivo. O *Kaiserreich* rompeu com os supostos *limites* capitalistas.

A minha prova disso levará vários capítulos. Este capítulo já a iniciou. O capítulo 14 a incrementa em relação ao desenvolvimento econômico e ao bem-estar social; o capítulo 16, em relação ao nacionalismo supostamente burguês; e o capítulo 18, em relação à classe trabalhadora. A discussão nesses capítulos demonstra os pontos fortes domésticos do deslocamento cumulativo: ele aproveitou todas as quatro cristalizações em um capitalismo de nacionalismo autoritário, estável e bem-sucedido. Depois, o capítulo 21 demonstra a fraqueza da estratégia aditiva na política externa, já que o regime não conseguiu escolher entre políticas alternativas e suas cristalizações cumulativas aumentaram o número de seus inimigos estrangeiros. Ele se precipitou em uma guerra que o destruiu. Mais tarde ainda (fora do âmbito deste volume), essa guerra produziu fascismo na Alemanha e bolchevismo em outros lugares – regimes que infringiram ou revogaram completamente os *limites* do modo de produção capitalista.

Uma conclusão sobre a Prússia

Narrei a ascensão da Alemanha como a aplicação da incorporação autoritária a uma sociedade industrial, um compromisso entre relações de classe *verticais* e relações de poder segmentares mais *horizontais*. O capital industrial e comercial e grande parte da classe média entrou ou contornou o regime, os descentralizadores religiosos e regionais foram neutralizados com induções segmentares e as classes trabalhadoras e minorias étnicas foram excluídas, isoladas e reprimidas. Enquanto o velho regime se modernizava e esquematizava e atravessava lutas complexas de classe e nacionais, uma nova forma de sociedade moderna, o capitalismo nacionalista autoritário, foi criada involuntariamente. Permaneceu capitalista e militarista e tornou-se semiautoritário – evitando qualquer escolha *final* entre essas cristalizações políticas de nível superior. Apenas sua cristalização ideológica havia mudado, de luterana para nacionalista estatista. Os poderes autoritários segmentares eram essenciais para ela. Seu militarismo foi implantado domesticamente – contra o trabalho e minorias étnicas, mais seletivamente contra outros – e geopoliticamente contra grandes potências rivais e capitalistas estrangeiros. Seu nacionalismo apressou o regime a passar do conservadorismo liberal para um senso xenófobo de comunidade, incorporando conceitos de interesse econômico ao longo do caminho. Seu capitalismo havia se tornado um pouco mais repressivo, territorial e nacionalista do que a maioria dos capitalismos estrangeiros. Provavelmente estava na Alemanha para ficar, a menos que fosse derrubado por seu próprio militarismo. Sua ascensão não foi incontestável ou inevitável; seu triunfo não foi total. Não estou simplesmente identificando a Alemanha como autoritária ou militarista, ou a Grã-Bretanha como liberal ou transnacional. As suas diferenças eram de grau. Além disso, o deslocamento da Alemanha do conservadorismo liberal e do transnacionalismo foi lento e dependente de várias fontes de poder entrelaçadas. As vantagens prussianas foram, no início, quase acidentais. Foram depois ampliadas por capacidades militares, políticas e diplomáticas, especialmente por Bismarck. O desenvolvimento econômico de meados do século teve uma poderosa lógica autônoma, mas também foi estruturado por essas mesmas forças. A combinação de estatismo, nacionalismo e modernização não foi pretendida por nenhum dos principais participantes nos grandes compromissos políticos entre o Antigo Regime prussiano, as classes capitalistas e os descentralizadores locais-regionais. No entanto, isso mudou suas próprias identidades. A combinação provou a si mesma pelos resultados à medida que a Alemanha se tornou um grande e próspero Estado-nação. Posteriormente, ela foi ampliada por conflitos de classe e nacionais entrelaçados e rivalidades de grandes potências (discutido no capítulo 21). Uma rota alternativa para o industrialismo avançado, além daquelas oferecidas pelo liberalismo ou reformismo, foi institucionalizada domesticamente – embora em instituições um tanto incoerentes. O seu calcanhar de Aquiles ainda não tinha sido revelado.

Mas temos outra possibilidade metodológica para explicar o desenvolvimento alemão do século XIX. Pois havia outro grande Estado alemão, em muitos aspectos a antítese do seu rival. Narrar a história alemã sem a Áustria seria como narrar *Hamlet* sem o seu príncipe irresoluto, aparentemente amaldiçoado, mas eventualmente imprudente.

Referências

ASHLEY, P. (1970). *Modern Tariff History*: Germany, United States, France. Nova York: Howard Fertig; reimpressão da 3. ed., 1920.

AUSTENSEN, S. (1980). Austria and the struggle for supremacy in Germany: 1848-1864. *Journal of Modern History*, 52.

BARKIN, K.D. (1987). The second founding of the Reich, a perspective. *German Studies Review*, 10.

_____ (1983). Social control and the Volksschule in Vormiirz Prussia. *Central European History*, 16.

BEETHAM, D. (1985). *Max Weber and the Theory of Modern Politics*. Cambridge: Polity Press.

BERCHARDT, K. (1976). Germany, 1700-1914. In: C.M. Cipolla (org.). *The Fontana Economic History of Europe* – Vol. 4: The Emergence of Industrial Societies, I. Brighton: Harvester.

BERGHAHN, V. (1973). *Germany and the Approach of War in 1914*. Londres: St. Martin's Press.

BLACKBOURNE, D. (1980). *Class, Religion and Local Politics in Wilhelmine Germany*. Wiesbaden: Steiner.

BLACKBOURNE, D. & ELEY, G. (1984). *The Peculiarities of German History*. Oxford: Oxford University Press.

BÖHME, H. (1978). *Introduction to the Social and Economic History of Germany*. Oxford: Blackwell.

BORN, K.E. (1976). Structural changes in German social and economic development at the end of the nineteenth century. In: J.J. Seehan (org.). *Imperial Germany*. Nova York: Franklin Watts.

CALLEO, D. (1978). *The German Problem Reconsidered*. Cambridge: Cambridge University Press.

CRAIG, G. (1964). *The Battle of Koniggriitz*. Filadélfia: Lippincott.

DAHRENDORF, R. (1968). *Society and Democracy in Germany*. Londres: Weidenfeld & Nicolson.

DIEFENDORF, J. (1980). *Businessmen and Politics in the Rhineland, 1789-1834*. Princeton, NJ: Princeton University Press.

DRAPER, H. (1977). *Karl Marx's Theory of Revolution*: State and Bureaucracy. Nova York: Monthly Review Press.

ELEY, G. (1988). *In search of the bourgeois revolution: the particularities of German history*. Paper apresentado no Center for the Study of Social Theory and Comparative History, University of California, Los Angeles.

_____ (1983). State formation, nationalism and political culture in nineteenth-century Germany. In: R. Samuel & G. Stedman Jones (orgs.). *Culture, Ideology and Politics*. Londres: Routledge & Kegan Paul.

_____ (1980). *Reshaping the German Right*. New Haven, Conn.: Yale University Press.

EPSTEIN, K. (1967). The socio-economic history of the second German Empire. *Review of Politics*, 29.

EVANS, R. (1987). *Rethinking German History*. Londres: Unwin Hyman.

EVANS, R. (org.) (1978). *Society and Politics in Wilhelmine Germany*. Londres: Croom Helm.

FREMDLING, R. (1983). Germany. In: P. O'Brien (org.). *Railways and the Economic Development of Europe, 1830-1914*. Londres: Macmillan.

GALL, L. (1986). *Bismarck*: The White Revolutionary. 2 vol. Londres: Allen & Unwin.

GEISS, J. (1976). *German Foreign Policy, 1871-1914*. Londres: Routledge & Kegan Paul.

GERSCHENKRON, A. (1962). *Economic Backwardness in Historical Perspective*. Cambridge, Mass.: Harvard University Press.

HAMEROW, T.S. (1958). *Restoration, Revolution, Reaction*: Economics and Politics in Germany, 1815-1871. Londres: Oxford University Press.

HENDERSON, W. (1975). *The Rise of German Industrial Power, 1834-1914*. Londres: Temple & Smith.

_____ (1959). *The Zollverein*. Chicago: Quadrangle Books.

HOBSON, J. (1991). *The Tax-Seeking State*: Protectionism, Taxation and State Structures in Germany, Russia, Britain and America, 1870-1914. Ph.D. diss. Londres School of Economics and Political Science.

HOHORST, G. et al. (1975). *Sozialgeschichtliches Arbeitsbuch*: Materialien zur Statistik des Kaiserreichs, 1870-1914. Munique: Beck.

HOPE, N.M. (1973). *The Alternative to German Unification*: The Anti-Prussian Party, Frankfurt, Nassau and the Two Hessen, 1859-1867. Wiesbaden: Steiner.

HOWARD, M. (1965). *The Theory and Practice of War*. Londres: Cassell.

JESSOP, B. (1978). *The Capitalist State*. Oxford: Martin Robertson.

KINDLEBERGER, C. (1978). *Economic Response*: Comparative Studies in Trade, Finance and Growth. Cambridge, Mass.: Harvard University Press.

KITCHEN, M. (1978). *The Political Economy of Germany, 1815-1914.* Londres: Croom Helm.

KOCKA, J. (1986). La bourgeoisie dans l'histoire moderne et contemporaire de l'Allemagne. *Mouvement Social*, 136.

_____ (1981). Capitalism and bureaucracy in German industrialization before 1914. *Economic History Review*, 2. ser., 34.

KRASNER, S. (1984). Approaches to the state: alternative conceptions and historical dynamics. *Comparative Politics*, 16.

LIPSET, S.M. (1980). *Political Man*: The Social Bases of Politics. Baltimore: Johns Hopkins University Press.

LIST, F. (1885). *The National System of Political Economy.* Londres: Longman Group.

McNEILL, W.H. (1983). *The Pursuit of Power.* Oxford: Blackwell.

MANN, M. (1988). The decline of Great Britain. In: *States, War and Capitalism.* Oxford: Blackwell.

MARX, K. & ENGELS, F. (1968). *Selected Writings.* Londres: Lawrence & Wishart.

MILWARD, A. & SAUL, S.B. (1977). *The Development of the Economies of Continental Europe, 1850-1914.* Londres: Allen & Unwin.

MOMMSEN, W.J. (1984). *Max Weber and German Politics.* Chicago: University of Chicago Press.

_____ (1976). Domestic factors in German foreign policy before 1914. In: J.J. Sheehan (org.). *Imperial Germany*. Nova York: Franklin Watts.

MOORE JR., B. (1973). *Social Origins of Dictatorship and Democracy.* Harmondsworth: Penguin Books.

PERKINS, J. (1984). The agricultural revolution in Germany, 1850-1914. *Journal of European Economic History*, 10.

PFLANZE, O. (1976). Bismarck's Realpolitik. In: J.J. Sheehan (org.). *Imperial Germany*. Sheehan. NY: Franklin Watts.

POULANTZAS, N. (1973). *Political Power and Social Classes.* Londres: New Left Books.

POUNDS, N. (1959). Economic growth in Germany. In: H.G. Aitken (org.). *The State and Economic Growth*. Nova York: Social Science Research Council.

PRICE, R. (1989). *The Revolutions of 1848.* Atlantic Highlands, NJ: Humanities Press International.

ROSS, R.J. (1984). Enforcing the Kulturkampf in the Bismarckian state and the limits of coercion in imperial Germany. *Journal of Modern History*, 56.

ROTHENBERG, G. (1976). *The Army of Francis Joseph*. West Lafayette, Ind.: Purdue University Press.

RUESCHEMEYER, D.; STEPHENS, E. & STEPHENS, J. (1992). *Capitalist Development and Democracy*. Chicago: University of Chicago Press.

SCHUMPETER, J. (1939). *Business Cycles*. Vol. I. Nova York: McGraw-Hill.

SENGHAAS, D. (1985). *The European Experience*: A Historical Critique of Development Theory. Leamington Spa: Berg.

SHEEHAN, J.L. (1981). What is German history?: Reflections on the role of the nation in German history and historiography. *Journal of Modern History*, 53.

_____ (1978). *German Liberalism in the Nineteenth Century*. Chicago: University of Chicago Press.

SNYDER, L. (1978). *Roots of German Nationalism*. Bloomington: Indiana University Press.

STEARNS, P. (1974). *The Revolutions of 1848*. Londres: Weidenfeld & Nicolson.

TAYLOR, A.J.P. (1961a). *The Course of German History*. Londres: Methuen.

_____ (1961b). *Bismarck*: The Man and the Statesman. Londres: Arrow Books.

TILLY, R. (1978). Capital formation in Germany in the nineteenth century. In: P. Mathiason & M. Postan (orgs.). *Cambridge Economic History of Europe – Vol. 7: The Industrial Economies: Capital, Labour and Enterprise*. Cambridge: Cambridge University Press.

TIPTON, F.B. (1974). National consensus in German economic history. *Central European History*, 7.

TREBILCOCK, C. (1981). *The Industrialization of the Great Powers, 1780-1914*. Londres: Longman Group.

WEBER, M. (1978). *Economy and Society*. 2 vol. Berkeley: University of California Press.

WEHLER, H.-U. (1985). *The German Empire, 1871-1918*. Leamington Spa: Berg.

_____ (1976). Bismarck's imperialism, 1862-1890. In: J.J. Sheehan (org.). *Imperial Germany*. Nova York: Franklin Watts.

10
A luta na Alemanha II
A Áustria e a representação confederal

Como a chamamos?

A unidade política que estamos discutindo[15] agora tinha uma longa e poderosa história, mas nenhum nome fixo. A designação mais precisa durante o período mais longo seria dinástica, não territorial: foi governada desde o século XIII até o século XX pela Família Habsburgo. Ao longo do tempo, os Habsburgos governaram territórios hereditários na Áustria atual, sendo a sua capital Viena. Por isso, *Áustria* é uma designação abreviada aceitável para esse Estado. Mas se tornou uma grande potência em virtude da enorme expansão feudal e dinástica. A partir de 1438, os Habsburgos foram eleitos continuamente como imperadores sagrados romanos (ou seja, germânicos), conferindo-lhes um papel de líderes alemães. As alianças de casamento combinadas com mortes afortunadas conduziram a duas ampliações extraordinárias. No Ocidente, Borgonha, Flandres e Espanha caíram nas mãos dos Habsburgos; no Oriente, as coroas da Boêmia, Hungria e Croácia fizeram o mesmo. A maior parte do Ocidente não pôde ser mantida, mas os ganhos orientais de 1526-1527 foram mantidos até o fim.

Em 1760, os Habsburgos detinham essas possessões (exceto para a Silésia, perdida para a Prússia) mais a Flandres belga e parte do norte da Itália. Eles também ganharam com o desmembramento polonês e o declínio otomano. A maior parte do império era então não alemão, e em 1806, Francisco I se proclamou imperador da Áustria, abandonando o seu título imperial alemão (do qual Bonaparte o tinha acabado de destituir). Mas a Hungria e a Boêmia eram reinos com suas próprias instituições, incluindo assembleias, chamadas dietas. Em 1867, a Áustria foi forçada a conceder mais autonomia à Hungria e a se remodelar novamente. O seu título abreviado era então a dupla monarquia da Áustria-Hungria (o título completo ocuparia várias linhas). O *Reichshalf* hún-

---

15. Fontes gerais para este capítulo foram Kann (1964; 1974), Sugar and Lederer (1969), Macartney (1971), Bridge (1972), Gordon e Gordon (1974), Katzenstein (1976), e especialmente Sked (1989).

garo incluía a Croácia, a Eslovênia e a Romênia; o *Reichshalf* austríaco incluía todo o resto, percorrendo um grande arco desde a Bucovina na Ucrânia, passando pela Galiza (sul da Polônia), Boêmia (Tchecoslováquia), e Áustria até à Costa Adriática (embora a maior parte da Itália tivesse sido perdida, tal como a Bélgica). A única fórmula aceitável nessa metade era constitucional e não territorial: *Os reinos e terras representadas no Reichsrat* (a Hungria tinha a sua própria dieta). Em 1917, Carlos I finalmente proclamou essa metade como Áustria. No ano seguinte ele abdicou, e o seu Estado desapareceu.

A nomenclatura revela o caráter desse Estado, tal como as dificuldades anteriores de nomenclatura do grande duque da Borgonha tinham revelado o caráter do seu Estado (cf. volume 1). Esse não era um Estado nacional como a Grã-Bretanha ou a França ou como o que a Alemanha se tornou. Não havia uma única constituição. Habsburgos foram coroados separadamente e fizeram diferentes juramentos de coroação em suas principais províncias. José II se recusou a fazer isso na Hungria, mas o seu fracasso (cf. capítulo 13) forçou obediência aos seus sucessores. Dessa forma, em 1760, esse Estado tinha se cristalizado em quatro formas principais.

1) Na questão *nacional*, ele se cristalizou em um extremo como *confederal* (como definido na tabela 3.3). Habsburgos juraram defender cada província e respeitar os seus costumes tradicionais, leis, privilégios e religião. Nos termos da tabela 3.1, seus poderes infraestruturais para implementar seus pronunciamentos também eram fracos e particularistas, dependendo de acordos feitos com partidos de classes dominantes e Igrejas em cada província.

2) Na questão *representativa*, ela se cristalizou como *monárquica dinástica*. Os monarcas habsburgos eram governantes absolutos, intitulados a governar como queriam, mas dentro das leis estabelecidas no parágrafo anterior. Seu poder despótico era quase absoluto, como uma casa governante, um *Hausmacht*. O monarca, a corte, os ministérios e o alto-comando compunham uma elite estatal bastante autônoma e isolada, exercendo poderes despóticos. Mas essa dinastia se assentava acima, menos embebida na sociedade civil do que, por exemplo, os Hohenzollerns prussianos; de modo que seus poderes de infraestrutura mobilizadores eram menores. As províncias aceitaram o domínio da Dinastia Habsburga porque as alternativas eram o domínio por uma grande potência menos benigna (a Rússia, os turcos otomanos, a Prússia) ou por estados menores representando um único grupo *nacional* de notáveis (tchecos, magiares, sérvios). Esse é o problema persistente da Europa Oriental, enclausurada entre grandes potências e contendo *nações* antipáticas com poderes muito diferentes. Havia benefícios na rede de proteção dos Habsburgos; nos tempos modernos, ela provou ser, até então, a solução mais benevolente para as inseguranças regionais.

3) Todavia, isso também implicou a cristalização como *militarista*, para defesa geopolítica e para proteção das pequenas *nações* contra as grandes. O exér-

cito se tornou a infraestrutura-chave dos Habsburgos, descrita pelos observadores do século XIX como a sua *guarda-costas dinástica* e *escola de lealdade*.

4) Em termos econômicos, esse Estado governou terras relativamente atrasadas na transição das cristalizações *feudais* para as *capitalistas*, uma vez que os senhores agrários e os comerciantes das cidades começavam a tratar os recursos econômicos como mercadorias. Como o dinasticismo de Habsburgo era muito mais separado dos privilégios feudais do que o absolutismo francês, não havia muito conflito político entre o feudalismo e o capitalismo.

Na ideologia, os Habsburgos se cristalizaram de modo fraco e incerto, reforçados em algumas províncias por um catolicismo que também atacava com políticas de secularização, mantendo relações cautelosas com outras Igrejas. Incapazes de mobilizar o nacionalismo, suas preferências eram geralmente *reacionárias*, em grande parte determinadas pelo dinasticismo.

Ao longo do século XIX, os Habsburgos mantiveram o seu militarismo e se moveram sem dificuldades para o capitalismo. Seus problemas se situavam em meio às questões nacionais e representativas. Sob pressão, eles se moveram com relutância para um confederalismo mais representativo, reconhecendo direitos e liberdades *nacionais* provinciais sob uma monarquia centralizada. Mas o regime entrou em colapso em 1918, antes de estar completo, em uma série de pequenos estados-nações, então reemergidos do Império Soviético.

Isso levanta questões gerais. Estariam os estados confederados condenados quando confrontados com o poder da nação? Ou será que os Habsburgos pereceram porque a sua versão monárquica dinástica do confederalismo era incompatível com as pressões representativas de classes e nações? Ou eles pereceram de forma contingente, mesmo acidental? Os Habsburgos ofereceram uma forma de regime confederal viável para as sociedades industriais avançadas?

Sobre essas questões, a objetividade tem sido difícil de ser alcançada. Há nostalgia pela graça e brilho da velha Viena, acrescida da compreensível crença dos europeus do leste de que estariam melhores sob os Habsburgos do que sob os fascistas ou comunistas. Por outro lado, existem os vieses teleológicos: como os Habsburgos eram reacionários que falharam, parece que estavam condenados – a partir de algum ponto de virada histórica de fracasso entre 1790, quando José II revogou a maioria das suas reformas iluministas, e 1914, quando Francisco José mergulhou na Grande Guerra, que destruiu a sua dinastia (cf. SKED, 1981). Como essa foi a Viena de Freud, dos pintores secessionistas, de Musil e Kafka (este último, na verdade, de uma capital provincial, Praga), bem como da valsa e do uniforme branco, os escritores históricos populares se deliciaram com metáforas de graça exterior e tumulto interior, irracionalidade e decadência.

O meu argumento se situa entre essas posições. Os Habsburgos não estavam condenados pela lógica de desenvolvimento da sociedade industrial moderna.

De fato, eles se cristalizaram com sucesso como capitalistas. Seu militarismo de grande potência declinou relativamente para os seus rivais, mas isso foi causado fiscalmente, não economicamente, e não precisava ter terminado na catástrofe de 1918. O poder desintegrador do nacionalismo regional também tem sido exagerado; foi mais a criação do que o criador das dificuldades dos Habsburgos. Em um argumento bastante antiquado, mantenho que os Habsburgos falharam por seu dinasticismo militarista. Eles não se moveram para uma cidadania adequada a uma sociedade moderna. Isso pode ter sido liberal ou semiautárquico, confederal ou federal, conseguido por acordo ou pela força. Nesse período, a Prússia e os Estados Unidos resolveram problemas de classe e nacionais comparáveis por meio de tais misturas. Mas os Habsburgos desenvolveram apenas soluções particularistas e inconsistentes para a classe e a nação. Isso acabou por destruí-los, primeiro na guerra, depois no inesperado desenlace da guerra. Como essas dinastias militares escolheram a guerra, isso não foi fatalidade, mas arrogância, autoinduzida.

Capitalismo dos Habsburgos

O fracasso econômico do século XIX gerou um pesado preço político e militar. Como a Europa era uma comunidade ideológica única, o fracasso em relação a outras potências era visível e punível no campo de batalha, pelo que os modernos recursos industriais e agrários se tornaram essenciais. O fracasso econômico foi uma das causas do declínio e da queda dos Habsburgos? O grande historiador econômico Alexander Gerschenkron pensava assim. O título do seu livro, *An Economic Spurt That Failed* (1977), transmite a sua opinião de que a Áustria, um expoente sem coração do desenvolvimento tardio, não *decolou*. Essa era uma visão comum entre os historiadores econômicos, mas pesquisas recentes provam que está errada.

Em primeiro lugar, porque adere à teoria de Rostow, Gerschenkron e Kondratieff de que as economias industrializadas de repente *decolam* (Rostow) ou *jorram* (Gerschenkron) para a fase de ascensão de um *ciclo de ondas longas* (Kondratieff). Quaisquer que sejam os méritos dessa teoria aplicada às economias da Grã-Bretanha, Alemanha e Estados Unidos – e os céticos estão aumentando (sobre a Alemanha, cf. TIPTON, 1974) – ela não se aplica à França (como há muito foi reconhecido) e não se aplica à Áustria. Esta experimentou uma taxa de crescimento constante ao longo do século, quebrada por recessões no início dos anos de 1860 e 1873-1879 (RUDOLPH, 1972; 1975; 1976; GOOD, 1974; 1977; 1978; 1984; GROSS, 1976; ASHWORTH, 1977; HUERTAS, 1977; BAIROCH, 1982; KOMLOS, 1983, especialmente seu apêndice C). Em segundo lugar, a acusação de fracasso é colocada contra a Áustria em comparação com sua rival, a Alemanha prussiana. De fato, o crescimento austríaco ficou atrás do alemão por volta de 1850. Porém, o mesmo aconteceu com quase todos os países. As taxas de crescimento da Alemanha eram praticamente únicas. Em outras comparações, a Áustria se saiu bastante bem. Como a tabela 8.1 indica, ela manteve a quinta posição na Europa em termos de Produto Nacional Bruto. Good (1984: 240) argumenta que, de 1870 a 1914, sua taxa de crescimento anual de 1,3% foi igualada apenas pela Alemanha, Suécia e Dinamarca. A economia dos Habsburgos foi um sucesso capitalista.

Mas podem ser feitas mais duas acusações particulares de fracasso econômico. A primeira é fiscal. A recessão fiscal induzida no início da década de 1860 teve consequências geopolíticas, contribuindo para a derrota da Prússia em 1866-1867. A recessão se centrou na estagnação do valor real acrescentado *per capita* na produção industrial, causada principalmente por compromissos militares. A Prússia permaneceu em paz de 1815 a 1864, mas a Áustria esteve enredada na Itália, tendo havido pequenas revoltas em outros países – que pressionaram a mão de obra e a tributação – e os títulos do governo drenaram o investimento da opção pelo desenvolvimento econômico. A crise fiscal foi agravada pela restauração da moeda à paridade de prata anterior a 1848, de modo a rivalizar com a hegemonia econômica prussiana sobre a Alemanha. As emissões de dívida austríacas afastaram o investimento privado, enquanto o investimento privado alemão seguia um caminho ascendente suave (HUERTAS, 1977: 36-48).

Mas a acusação de falha fiscal é incompleta. As despesas militares austríacas não foram superiores às da Prússia – ou de outras potências (cf. capítulo 11) – e não puseram necessariamente a economia em perigo. Pelo contrário, o sistema fiscal era ineficiente na transformação das receitas em soldados. A antiga contribuição militar, negociada com as dietas provinciais, era muito complicada para lidar com os custos crescentes da guerra até 1815 (cf. capítulo 11). Os Habsburgos foram obrigados a pedir emprestado mais do que qualquer outra potência; e declararam falência em 1811. Depois de 1815, a pressão militar diminuiu menos para a Áustria do que para outras potências. Os rumores de falência foram feitos nas décadas de 1840 e 1850 e foram evitados por pouco em 1859.

As finanças austríacas eram como as do Antigo Regime francês; não no nível absoluto de extração, mas nas intermináveis negociações com grupos de poder particularistas resultaram em cargas fiscais visivelmente *injustas*, crises fiscais-políticas e empréstimos excessivos. A intenção de preservar privilégios, dietas e assembleias foi lenta para consentir com novos impostos, e a monarquia não tinha infraestruturas locais para cobrá-los sem consentimento. As dietas concordaram em ampliar o número particular de soldados, mas esses números se tornavam inadequados sempre que as pressões geopolíticas e nacionais aumentavam. Assim, o Estado voltou a pedir emprestado, drenando recursos de investimento (como Huertas argumentou). A pressão fiscal não era, no fundo, um problema econômico, mas sim representativo. Mais adiante, vou prosseguir com isso.

A outra acusação de fracasso econômico está relacionada com a substancial desigualdade entre as províncias. Em 1914, só a Tchecoslováquia contribuiu com 56% da produção industrial austro-húngara, sua potência industrial excedendo a da França. Os depósitos de poupança no interior da Áustria eram dez vezes superiores aos da Galiza, o rendimento *per capita* era três vezes maior e a alfabetização era duas vezes maior (BOM, 1984: 150, 156). Kennedy (1988: 216), seguindo a sua teoria economicista da rivalidade entre grandes potências (cf. capítulo 8), argumenta que as desigualdades regionais eram a *falha mais fundamental* do poder austríaco. Elas poderiam ter três possíveis consequências negativas: Os núcleos austríacos e tchecos poderiam explorar e conter o desenvolvimento da periferia; o atraso da periferia poderia conter os centros; ou as disparidades poderiam reduzir a integração econômica global. Apenas a terceira tem bastante substância.

Os nacionalistas formularam as duas primeiras acusações (de acordo com o local onde viviam), mas provavelmente estavam errados. A partir de 1850, o desenvolvimento austríaco seguiu o padrão alemão, com um atraso de vinte a trinta anos (POLLARD, 1981: 222-229). As terras tchecas e o interior da Áustria foram os primeiros intermediários, importando semimanufaturas e maquinaria da Europa avançada e enviando manufaturas acabadas para o sudeste. Depois se tornaram industrialmente autônomos, fornecendo ferrovias, máquinas e alta tecnologia para o sudeste. Cartéis bancários de estilo alemão e esquemas de crédito estatal canalizaram investimentos no sudeste, especialmente nas ferrovias. A industrialização se beneficiou de estratégias de desenvolvimento tardias (ferrovias nacionalizadas, tarifas e bancos de crédito) – os *reacionários* Habsburgos apreciaram o quanto o capitalismo industrial era essencial à sua própria saúde. Tomemos a Hungria como um exemplo: no início, ela trocou produtos agrícolas por produtos manufaturados austríacos, tornando-se eficiente do ponto de vista agrícola e assim penetrando nos mercados internacionais. Depois, a partir de 1900, surgiram as indústrias leves, utilizando a eletricidade, não precisando de proximidade com fontes de energia bruta, e utilizando os lucros agrícolas e as infraestruturas financeiras e de comunicação dos Habsburgos para a exportação (KOMLOS, 1983). Os dados das séries cronológicas regionais de Good (1981; 1984: 245-250) para 1867-1913 mostram que o benefício mútuo entre as regiões era mais generalizado. As disparidades regionais diminuíram (como aconteceu em todos os países nesse período). Em 1900, elas eram mais ou menos as mesmas que a americana e menos severa que a italiana ou sueca. Os Estados Unidos foram um fracasso capitalista durante esse período?

Mas tal sucesso capitalista trouxe um problema inesperado: não integrava necessariamente a economia das terras dos Habsburgos. Ao invés disso, a economia se tornou mais *transnacional*, integrando-se diretamente na economia transeuropeia. As indústrias tcheca e húngara estavam se tornando tão ligadas ao exterior quanto a outras regiões dos Habsburgos. E a expansão econômica exacerbou os conflitos linguísticos da monarquia porque mais pessoas que não falavam alemão entraram no domínio público da sociedade civil (mais sobre isso a seguir). A Áustria estava desenvolvendo duas economias capitalistas, uma transnacional, a outra *habsburga* (a palavra *nacional* não é apropriada aqui) – a primeira se afastando da lealdade à dinastia em direção à teoria do *laissez-faire* atomizado da escola austríaca de economistas (Menger, Von Mieses, Hayek), atacando o substantivismo e o nacionalismo dos sucessores alemães de List (Roscher, Knies, Schmoller) (BOSTAPH, 1978). Enquanto os sociólogos espelhavam as semelhanças de regime – o Gumplowicz prussiano e o Ratzenhofer austríaco enfatizavam as fundações militares do poder – os economistas espelhavam as diferenças em suas economias. Os Habsburgos ajudaram o sucesso econômico capitalista em suas terras, mas, ao contrário dos Hohenzollerns, menos em sua integração econômica. No entanto, isso foi talvez de pouca relevância política. O regionalismo precisaria de ajuda considerável de outros lugares se ameaçasse o centralismo dos Habsburgos.

Nacionalismo e representação, 1815-1867

As crises políticas dos Habsburgos acabaram por se tornar *nacionais*. Atores como os húngaros, os eslovacos, os eslovenos (só por vezes qualificados por classe, setor econômico, religião etc.) avançam pelas páginas da maioria das obras históricas, lutando uns contra os outros e contra o Estado dos Habsburgos e acabando por destruir esse Estado. Essas *nacionalidades* se tornaram quase invariavelmente comunidades linguísticas; algumas eram também comunidades religiosas. Mas elas também estavam enraizadas em instituições políticas regionais. As nacionalidades mal existiam no início do meu período, mesmo como *comunidades imaginadas*. No entanto, no final, eram comunidades reais com consideráveis poderes coletivos. Por quê? Porque o desenvolvimento das quatro fontes de poder social conferia significado social tanto às comunidades linguísticas (por vezes às comunidades religiosas) como às instituições políticas regionais, unindo-as em *nações*.

A monarquia falava muitas línguas durante a totalidade do período em discussão. De uma população de 24 milhões em 1780, 24% falavam alemão; 14%, magiar; 11%, tcheco; 8%, flamengo ou valão francês; 7%, italiano; 7%, ucraniano ruteno; 7%, romeno; 7%, sérvio ou croata; 5%, eslovaco; 4%, polonês; e havia diversos pequenos grupos linguísticos, totalizando 6%. Como flamengos, franceses e depois a maioria dos italianos foram perdidos, mais eslavos foram adquiridos. De 51 milhões em 1910, 23% falavam alemão; 20%, magiar; 13%, tcheco; 10%, polonês; 9%, sérvio ou croata; 8%, ruteno; 6%, romeno; 4%, eslovaco; e havia grupos menores totalizando 7%. Nenhum outro Estado se defrontou com tal diversidade linguística. Na verdade, esses números até a subestimam. Essas *línguas* não eram, no início, unitárias. A maioria da população era analfabeta e falava dialetos variados, alguns ininteligíveis entre si. Algumas línguas escritas só então estavam sendo padronizadas e tornadas gramaticais. No entanto, como mostra o capítulo 7, em 1815, as classes dominantes de várias províncias partilhavam a sua própria língua escrita e falada; e alguns intelectuais afirmavam que a sua comunidade *étnico-linguística* deveria ter direitos políticos coletivos.

No entanto, esses dissidentes ainda eram insignificantes. Antes de 1848, os *nacionalistas* eram poucos. A maioria era de pequenos grupos de intelectuais e profissionais lamentando a *indiferença nacional* da população ao seu redor. Onde ocorreu uma dissidência *nacional* significativa nesse período, ou foi reforçada pela coesão de classe do Antigo Regime de uma província – como entre a nobreza magiar – ou indicou o recente domínio dos Habsburgos, fracamente institucionalizado na sociedade civil (como na Itália). Na Boêmia, por exemplo, havia pouco sentido nas identidades étnicas tchecas ou alemãs em geral. O alemão era a língua do espaço público e da oportunidade econômica – da administração, do direito, da educação e do comércio –, o tcheco, da vida da maioria das famílias. As categorias do censo dos Habsburgos não mostravam a identidade étnica total nesse período. Muitas pessoas com sobrenomes tchecos se classificavam como falantes de alemão porque o alemão era a língua das oportunidades (COHEN, 1981, capítulo 1). Depois de 1867, muitos, no *Reichshalf* húngaro, se classificaram como falantes de magiar por razões pragmáticas semelhantes, explicando o grande salto nos falantes de magiar revelado nos números do censo citados anteriormente.

Não podemos tomar esses atores *nacionais* como óbvios; temos de explicar o seu aparecimento. Vários processos de modernização contribuíram para a sua emergência em toda a Europa – a expansão do capitalismo, a modernização do Estado, a luta pela representação, a expansão das infraestruturas de comunicações e a guerra de mobilização de massas. Na Áustria, a contribuição decisiva foi de uma luta pela cidadania que teve uma base tanto *territorial* como de classe.

A maioria das políticas do final do século XVIII e início do século XIX envolveu a tributação e a posse de cargos – os custos e benefícios do governo. Na Áustria, essas políticas se tornaram territoriais e confederais. As províncias possuíam ou tinham possuído dietas ou assembleias de alguma genealogia histórica. A dieta húngara preservava vigorosamente os seus direitos; as outras possuíam, na sua maioria, apenas meia-vida, reafirmando-se nas crises fiscais. Estas instituições *parlamentares* – apesar de limitadas, geralmente hereditárias, com direito ao voto confinado à nobreza – tornaram a Áustria peculiarmente comparável com o mundo anglo-americano e não com outras monarquias absolutas, como a Prússia ou a França do século XVIII. Os Habsburgos encontraram *slogans* de *não tributação sem representação* entre os nobres reacionários que dominavam as províncias atrasadas e, nas mais avançadas, entre as alianças burguesas-nobres substanciais. Como em outros lugares, a representação significava apenas sufrágios limitados para os parlamentos e a posse de cargos (cf. capítulo 13). Até 1848, os *liberais* exigiam apenas um veto das dietas aos impostos e uma participação nos despojos dos cargos. Mas em um Estado confederal isso era peculiarmente ameaçador porque o descontentamento regional, ao contrário do descontentamento de classe, podia ser expresso por notáveis provinciais que empregavam forças paramilitares – inclusive, por vezes, regimentos regulares do exército. Os Habsburgos eram virtualmente confrontados com guerras civis. Eles tinham que extrair mais impostos e mão de obra das províncias não rebeldes para sufocá-las. Mas essas províncias eram suspeitas (poderiam estar em breve em uma posição semelhante) e lentas em aceitar, forçando o regime a pedir empréstimos, a contentar-se com um exército pouco adequado, ou a ceder direitos particularistas às províncias.

O regime considerou estratégias alternativas longas e difíceis. Qualquer fracasso final não foi por falta de consciência ou de tentativa – ao contrário do fracasso final do regime alemão. Uma solução era reduzir o militarismo geopolítico, economizando até que um acordo constitucional pudesse ser alcançado. Esse foi o conselho dos ministros das finanças, especialmente de Kolowrat, ministro das finanças e primeiro-ministro virtual em assuntos domésticos durante a maior parte de 1815-1848. Foi sensato, mas reconheceu tacitamente que os Habsburgos ainda não deveriam se comportar como uma das grandes potências. Isso poderia ter consequências domésticas. Algumas comunidades étnico-linguísticas rebeldes se estenderam através das fronteiras dos Habsburgos e receberam assistência das potências vizinhas. Rebeldes franceses e flamengos em Flandres, no final do século XVIII, foram ajudados pelos revolucionários franceses, enquanto os húngaros entraram em entendimentos com a Prússia. Em meados do século XIX, os rebeldes italianos foram apoiados pelo Piemonte e pela França; no início do século XX, os sul-eslavos, pela Rússia. As cristalizações nacionais e militares eram tanto geopolíticas como domésticas. Um fraco perfil geopolítico poderia encorajar dissidentes internos, bem como potências rivais – assim argumentou Metternich, que dominou a política externa depois de 1815. Enquanto os monarcas viam a necessidade de economia e contenção militar, eles desejavam manter uma forte postura diplomática. O seu fracasso em encontrar uma forma de contornar esta contradição, embutida em diferentes departamentos de Estado, provou ser prejudicial.

Três possíveis estratégias constitucionais combinaram a representatividade e a questão nacional.

1) A *centralização dinástica* – Reforçar o absolutismo dinástico com poderes infraestruturais conferidos pela modernização. A elite do Estado imporia a centralização por meio do exército e da administração civil. Porém, ambos foram majoritariamente oficializados por austro-alemães. Isso estabeleceria o alemão como a língua oficial do Estado. A *incorporação* do governo entre austro-alemães minou o confederalismo e a neutralidade da dinastia, alimentando o desconten-

tamento fiscal e de funcionários entre as comunidades linguísticas criadas pelo crescimento econômico. A sociedade civil e o Estado se tornaram opostos.

2) *A democracia do partido confederal* – Tornar-se substancialmente democrática por meio de um acordo abrangente com as dietas provinciais. Direito ao voto, direitos fiscais e de posse de cargos seriam enunciados universalmente, concedendo uma autonomia provincial considerável.

3) *Semiautoritarismo federal* – Compromisso entre soluções 1 e 2, aceitando uma constituição semidemocrática como a alemã, embora com maior federalismo real – federalismo americano com um centro mais autoritário.

O regime não estava unido, mas até 1848 Metternich e monarcas o conduziram para a primeira solução, estendendo a centralização dinástica sem muitas pretensões de uma constituição acordada. Metternich expressou sem rodeios sua desconfiança do federalismo: "Somente centralizando os vários ramos da autoridade é possível estabelecer sua unidade e, portanto, sua força. Poder distribuído não é mais poder" (SKED, 1981: 188). O acordo de 1815 deu tempo à dinastia, aliviando a pressão geopolítica e o descontentamento interno. Com alguma economia, a estratégia funcionou fora da Hungria, onde foram feitas concessões à dieta. Mas a estratégia infringiu os entendimentos aceitos concernentes à cristalização essencialmente confederal do Estado. O ano de 1848 trouxe uma resistência maciça.

A Revolução de 1848 foi um movimento europeu de cidadania civil e política, liderado por qualquer classe social que se encontrasse logo abaixo da linha de cidadania política existente. Mas também se fundiu com os descontentamentos econômicos dos trabalhadores e camponeses que sofriam más colheitas, preços crescentes e um declínio na atividade manufatureira e no emprego. Na França e no cartismo britânico, tais fusões reforçaram o seu caráter de luta de classes. Contudo, em regimes mais confederados, isso veio embalado com questões *nacionais*, como vimos na Alemanha. À medida que a revolução se espalhou pela Áustria mais confederal, ela adquiriu mais organização territorial, provincial e *nacional* – o que levou facilmente à luta mais séria de 1848. Mais de 100 mil pessoas foram mortas nas revoluções austríacas[16].

As províncias italianas (auxiliadas por estados fora da Itália) e a Hungria exigiram seus próprios parlamentos e formaram exércitos rebeldes fora dos regimentos imperiais e milícias regionais. Mas Viena e Praga também viram os usuais conflitos de classes de 1848, com os pequeno-burgueses, artesãos e trabalhadores radicais exigindo democracia partidária e reformas sociais, enquanto a grande burguesia vacilou antes de se afundar no *partido da ordem*. Como o radicalismo de Praga entrelaçou a classe com o descontentamento linguísti-

---

16. As minhas principais fontes para as revoluções nas terras austríacas foram Rath (1957), Pech (1969), Deak (1979) e Sked (1979; 1989: 41-88).

co, dividiu-se entre alemães e tchecos. O radicalismo vienense, profundamente alemão, se dividiu (assim como os seus homólogos na Alemanha) entre duas democracias germânicas alternativas. Uma delas era o *Grossdeutsch* e esperava que o Parlamento de Frankfurt construísse a cidadania entre todos os alemães. A outra permaneceu austríaca e habsburga, em busca de uma monarquia constitucional em Viena. Uma vez que os alemães eram a nacionalidade *governante*, nenhum deles favoreceu as autonomias provinciais. Fizeram pouco apelo aos revolucionários de outras províncias.

Assim, a revolução se dividiu em classes e no *nacionalismo* provincial. A maioria dos movimentos provinciais era liderada por notáveis, descontentes com a centralização que os excluía do exercício de cargos e dos tribunais de justiça. Mas, para ampliar o apoio sem fazer concessões econômicas à população, os notáveis usaram *slogans* nacionalistas, especialmente manejando a questão da língua – vital para todos os literatos não alemães em busca de cargos públicos ou para a prática da advocacia. Eles exigiam que as escolas públicas ensinassem as línguas locais, assim como quaisquer que fossem as *línguas imperiais* acordadas. O nacionalismo cultural de um pequeno grupo de intelectuais se tornou assim uma ideologia universalizante, enfatizando a comunidade entre as classes dentro das províncias.

Um compromisso multiclasse e multinacional poderia ter surgido dos debates insurgentes, criando parlamentos federais com sufrágio limitado. Mas as guerras civis não esperam pelos debates. O regime foi confrontado por quatro inimigos – italianos, húngaros e radicais vienenses e de Praga – que lutavam para desenvolver programas compatíveis e colaboração militar. Mas a maioria dos militares permaneceu leal à dinastia. O corpo de oficiais levava consigo a maioria dos regimentos resmungões; até mesmo metade dos regimentos italianos estacionados na Itália seguiam ordens. Liderados habilmente por Radetsky, as tropas imperiais derrotaram os italianos rebeldes (cujos notáveis urbanos afastaram insensatamente os camponeses). As forças rebeldes húngaras permaneceram mais problemáticas, controlando a maior parte da Hungria e ameaçando Viena, que ficava logo após a fronteira. Mas eram liderados por nobres reacionários, com pouco apelo aos radicais vienenses ou de Praga.

Entretanto, os acontecimentos em Viena se desenrolaram como em Paris, Berlim ou Frankfurt. Notáveis burgueses, pequeno-burgueses e trabalhadores lutaram contra o regime e uns contra os outros nas ruas e nas milícias e comitês centrais formados apressadamente. Irritado, mas procurando dividi-los, o regime concedeu um parlamento (excluindo húngaros e italianos). Os camponeses (comprados pela abolição das dívidas feudais) e os leais eslavos superariam os radicais alemães. A verdadeira soberania estava então dividida entre esse Reichstag e os comitês e milícias. A monarquia descobriu então que metade da guarnição de Viena era de músicos. Após ações caóticas de rua, as tropas se retiraram da cidade. O regime se deteve até que o exército húngaro, que avançava sobre Viena, fosse rechaçado pelas forças imperiais e croatas (as queixas croatas eram contra os magiares, seus opressores regionais). Desnecessariamente, o regime chamou então um exército russo para ajudar a acabar com a Hungria. Viena foi invadida; os radicais, violentamente reprimidos. A revolução estava terminada, destruída pela incapacidade da classe e dos insurgentes nacionais de se unirem e pela lealdade do exército.

Da mesma forma que na Prússia, a dinastia vitoriosa prometeu a reforma. Isso foi simbolizado pela abdicação do Imperador Fernando em favor de seu sobrinho Francisco José, de dezoito anos. O debate sobre as constituições rivais continuou. A constituição liberal Kremsier propôs uma semidemocracia confederal. Ela deixou o monarca responsável pelos negócios estrangeiros e pela guerra, mas o limitou na política interna. Os ministros deveriam ser responsáveis perante o Parlamento. O monarca podia atrasar, mas não vetar a sua legislação. Ela garantiu a igualdade das línguas nas escolas, na administração e na vida pública, mas estritamente dentro de um único império: "Todos os povos do império são iguais em direitos. Cada povo tem o direito inviolável de preservar e cultivar sua nacionalidade em geral e sua língua em particular". A Constituição Kremsier seria aplicada a todas as províncias, exceto Hungria e Itália, que desenvolveriam as suas próprias constituições.

A contraproposta mais conservadora, a *constituição de Stadion*, concedeu parlamentos, mas com veto monárquico. Ela organizou o governo em uma hierarquia federal: abaixo de um parlamento bicameral e dos ministérios estavam as assembleias e administrações provinciais, depois as locais. Incluiu a Hungria e vislumbrou a entrada posterior das províncias italianas. Ofereceu uma versão mais genuinamente federal da incorporação semiautárquica alemã. Vários ministros se mostraram favoráveis a ela. Com o equilíbrio de forças deslocado para os conservadores, mas com vagas expectativas de reforma, a constituição de Stadion se tornou implementável.

No entanto, o jovem Francisco José se opôs a concessões. Ele era a favor da centralização dinástica. Uma dinastia vigorosa poderia sempre adquirir uma facção ministerial, e o triunfo de seus exércitos lhe deu poder de esmagamento. Os generais foram nomeados como governadores provinciais e os austro-alemães lideraram as administrações central e provincial. Esses eram responsáveis apenas por um *conselho da coroa* de ministros e conselheiros nomeados pelo imperador – um conselho e não um órgão executivo, com uma composição e estatuto constitucional incertos.

Mas a derrota na guerra em 1859 e 1866 levou a crises fiscais e a novas pressões de reforma por parte de notáveis provinciais e liberais alemães. A monarquia concedeu um *Rechtstaat* (como a Alemanha) que consagrava os direitos civis individuais, mas a cidadania civil coletiva permaneceu restrita. Todas as associações tinham de se registar na polícia e pedir autorização para reuniões e manifestações. Como na Alemanha (até 1908), os policiais normalmente participavam das reuniões de protesto, podendo declará-las fechadas assim que decidissem que estava ocorrendo *subversão*. Em 1860, Francisco José decretou um parlamento e assembleias e conselhos municipais e reavivou as dietas provinciais, todas com sufrágio limitado e soberania. No ano seguinte, outro decreto reduziu os poderes da dieta. As constituições estavam todas muito bem, mas se não funcionassem a contento de Francisco José, ele as mudaria. Ao império faltava uma constituição política inequívoca.

Francisco José permaneceu como um dinasta ativo em segmentar, dividir e governar, durante todo o seu longo reinado (1848-1916). Ele concedia mais de cem audiências por semana, terminando-as no momento que desejava. Ele solicitava e lia diligentemente centenas de memorandos em sua jornada regular de dez horas de trabalho. Ele usou (e permitiu que cortesãos e ministros usassem) privilégios particularistas, a *Protektion*, para interferir nas rotinas burocráticas. Ele ordenou sigilo em sua administração (proibindo a escrita de memórias). Ele interveio repetidamente na administração supostamente autônoma da cidade de Viena. Peremptoriamente demitiu ministros argumentativos (JOHNSTON, 1972: 30-44, 63; DEAK, 1990: 60). Francisco José não institucionalizou a intriga facciosa tão profundamente como os Hohenzollerns; ao contrário, ele a exemplificou em sua pessoa. Sua antipatia pela constituição e pelas instituições fez dele um verdadeiro dinasta. Eu não posso enumerar as instituições estatais dos Habsburgos tão formalmente como fiz com o Hohenzollern. Esse era um estado altamente polimórfico, mas suas cristalizações foram menos institucionalizadas do que na Alemanha. O Estado permaneceu em grande parte dinástico, militarista e capitalista, enquanto sua cristalização multinacional permaneceu em fluxo – mas todos giravam e conflitavam em torno da pessoa de Francisco José, assim como os ministérios, o Parlamento e as dietas.

Em retrospectiva, esse grau de discrição dinástica aparece como um erro – e cinquenta anos mais tarde um Francisco José idoso tentou reverter isso. O erro e a culpa são dele. Mas a centralização da dinastia também dependia de suas duas infraestruturas: exército e administração. Eles tinham poderes e limitações que exploro em termos mais gerais nos capítulos 11 e 12. Eles mantiveram esse império diverso surpreendentemente bem-ordenado e administrado, mas não podiam tomar duas iniciativas-chave: Eles não podiam reformar as finanças do Estado para alcançar os impostos mais elevados e a modernização militar exigida pela rivalidade entre as grandes potências e pela industrialização da guerra. Também não podiam aumentar muito a lealdade dos cidadãos a não ser fazendo concessões particularistas, como fizeram aos magiares, aos polacos na Galiza e aos judeus (cuja falta de nacionalidade política garantiu a sua lealdade). Esses grupos dividiram o trabalho de reprimir outras *nações*.

Para que a centralização dinástica funcionasse, Francisco José tinha que ganhar tempo com um perfil geopolítico discreto. A economia com os militares reduziria as queixas das nobrezas e dietas provinciais enquanto ele institucionalizava o autoritarismo. No entanto, ele não economizava (KATZENSTEIN,

1976: 87-88). Durante a Guerra da Crimeia, a Áustria se mobilizou em uma postura de neutralidade armada, para o caso de surgirem depredadores dos Bálcãs. Não havia nenhum, mas a Rússia estava afastada. O regime vendeu grande parte das ferrovias estatais para pagar a mobilização. Isso reduziu as receitas durante o período seguinte. "Vender a prata da família" não é uma grande estratégia econômica, como Harold Macmillan comentou causticamente sobre um exemplo mais recente (thatcherista) dessa política. Com o aumento das tensões com o Piemonte, a Áustria tornou-se belicosa. A guerra começou em 1859. Foi bem contra o Piemonte, mas quando a França previsivelmente se juntou a ele, a abrangente vitória francesa em Solferino selou a perda da maioria das províncias italianas. A guerra praticamente levou o Estado à bancarrota. Pequenas reformas foram feitas em troca do consentimento para o aumento dos impostos. Francisco José tinha então que economizar. Mas esse era o momento de Bismarck, e a Áustria não aceitou a sua posição. A Prússia e o Piemonte a invadiram em 1866. A derrota produziu um colapso fiscal e grandes concessões à nobreza húngara. A centralização dinâmica terminou, derrotada pela representação provincial ajudada pelos rivais da grande potência e pela excessiva ambição militar.

No *compromisso* de 1867, a nobreza húngara concordou em fornecer 30% do orçamento conjunto (principalmente para o exército conjunto controlado por Francisco José) em troca do controle da dieta e da administração civil no seu *Reichshalf*, o direito de ser consultado em política externa e o direito de formar o seu próprio exército de reserva, o Honved. Os húngaros eram agora livres para oprimir as suas próprias minorias. O compromisso envolveu três instituições: as administrações dos dois *Reichshälfe* e do monarca. Se as administrações não conseguissem chegar a acordo sobre assuntos de responsabilidade conjunta, Francisco José os decidia. O seu controle sobre a política externa e o exército não foi afetado. Eu, entretanto, distingo a política interna da política externa.

A política interna na dupla monarquia, 1867-1914

A posição doméstica de Francisco José foi fundamentalmente alterada: então colocado dinasticamente acima de dois *Reichshälfe*, ele não tinha as infraestruturas necessárias para desempenhar um papel significativo na Hungria, e tinha que renegociar a contribuição húngara para o orçamento conjunto a cada dez anos. Mas ele ainda podia segmentar e governar, jogando uma província e uma nacionalidade contra outra e oferecendo recompensas e punições seletivas. Como disse um participante:

> Nesse vasto conglomerado chamado Monarquia Austro-húngara [...] países, províncias, nações, denominações, classes sociais, grupos de interesses, todos sendo fatores na vida política e social, colocam em leilão a sua lealdade pela graça da corte (MOCSARY, apud JASZI, 1961: 135).

Mas dividir e governar tinha então que incluir classes e nações. Como em outros regimes semiautoritários do século XIX, foram feitas mais concessões aos parlamentos locais e regionais do que aos parlamentos centrais – eles tinham mais soberania (sobre assuntos locais) e direito ao voto mais amplo. Mas na Áustria isso teve consequências inesperadas. A participação na administração local alargou-se para além dos alemães e dos cidadãos notáveis. Especialmente em terras tchecas, o comércio e a indústria também estavam ampliando o poder econômico. As línguas provinciais estavam emergindo das esferas comunitárias familiares e informais para todas as esferas públicas, assim como as classes médias. A identidade nacional podia emergir como totalizante e a questão linguística podia mobilizá-la. Os classificados como falantes de tcheco aumentaram, e os falantes de alemão diminuíram. Os notáveis alemães em terras tchecas, especialmente os partidos liberais, perderam o poder (COHEN, 1981).

Isso mudou as próprias táticas de segmentação de poder da monarquia. Se continuou a contar com os austro-alemães, alienou as minorias, então com poderes econômicos e políticos locais e regionais – especialmente os tchecos, furiosos por não conseguirem uma representação comparável à dos húngaros. Assim, a solidariedade de Francisco José com os notáveis austro-alemães enfraqueceu, como a deles com ele. Depois de 1867, os eslavos ficaram amargurados com o domínio magiar no seu *Reichshalf*. Em 1880, os húngaros e os austro-alemães reprimiam muito mais a política dos outros do que Francisco José desejava.

Em 1879-1880, ele abandonou os partidos *liberais* austro-alemães (já não havia muito do seu liberalismo) e pediu ao Conde Taaffe para formar um ministério *conservador-nacionalista*, pelo qual a dinastia receberia apoio de tchecos e poloneses. Em 1882, o ministério ampliou muito o sufrágio local, consciente de que (segundo a província) os nobres ou nacionalistas, não burgueses notáveis-liberais, podiam então exercer um controle segmentar sobre as massas camponesas e pequeno-burguesas. Logo eles também se encarregaram do pessoal e controlaram as administrações provinciais e locais. Como em outros lugares (cf. capítulo 16), os principais portadores de nacionalismos eram então funcionários públicos. Todos os dissidentes provinciais se legitimavam em termos de nação, mesmo onde, como na Hungria, eram apenas nobres, e mesmo onde, como na Eslováquia, a *nação* e sua língua estavam sendo criadas por uma minúscula intelectualidade. Nações tinham sido criadas como verdadeiras comunidades pelo desenvolvimento de lutas de representantes confederais reforçadas por comunidades linguísticas (e por vezes religiosas). O nacionalismo era então peculiarmente contraditório, muitas vezes em aliança com a monarquia, mas também a fragmentando.

Com a centralização dinástica em ruínas, Francisco José começou a favorecer o semiautoritarismo federal. O sufrágio austríaco foi estendido em 1897, embora com uma franquia ponderada pela classe, modelada no esquema prussiano descrito no capítulo 9. Em 1905, Francisco José finalmente anunciou: "Decidi introduzir a instituição do sufrágio geral nas duas metades da monarquia", e fê-lo em 1907, no *Reichshalf* austríaco. A nobreza húngara, porém, arrastou o assunto, consciente de que isso poderia destruir sua hegemonia em seu *Reichshalf*. Francisco José estava se movendo para uma versão mais confederal da constituição do Reich alemão, mas isso lhe deixou opções muito diferentes. Como a principal oposição conservadora veio então da entrincheirada nobreza húngara e da burguesia alemã, seus aliados em algumas questões eram na verdade nações e classes oprimidas. Além disso, como um verdadeiro reacionário, crescentemente sem simpatia para com as classes nacionais dominantes, ele não era avesso à legislação social paternalista em moderar a cristalização capitalista de seu regime – embora as restrições orçamentárias impedissem a plena implementação e a dinastia ainda retivesse a soberania parlamentar e os direitos civis coletivos para o trabalho.

No entanto, o entrelaçamento da dinastia, das classes e das nações havia espremido o liberalismo. Originalmente centrados na resistência alemã ao absolutismo, os partidos liberais defendiam então um *status quo* que privilegiava a sua identidade nacional. Assim, partidos de classe representando a pequena burguesia, trabalhadores e camponeses emergiram em oposição ao liberalismo e à monarquia. Eles fundiram classe explorada e nação explorada em diversos partidos *sociais* – desde o antissemita socialismo cristão (BOYER, 1981), ao populismo camponês e eslavo (descrito no capítulo 19), ao pangermanismo, sionismo e socialismo marxista (SCHORSKE, 1981: 116-180). O resultado mais estranho foi a posição do partido socialista marxista austríaco. O proletariado, para o marxismo, é transnacional. A partir de 1899, os socialistas, sob a tutela ideológica de Renner e Bauer, viram os nacionalismos alemão e magiar como burgueses. Em outras nações, a exploração era apenas temporariamente análoga à do proletariado. Assim sendo, os socialistas se opuseram ao nacionalismo e apoiaram a democracia confederal. Os socialistas estavam implicitamente ajudando a sobrevivência dos Habsburgos como uma monarquia potencialmente constitucional.

As constituições funcionaram em algumas províncias; mas a dieta húngara se recusou a estender o direito ao voto, e sua extensão na Áustria e na Boêmia resultou no caos no Reichstag e na dieta boêmia, pois alemães e tchecos não conseguiram chegar a um acordo sobre a questão da língua e sobre os despojos dos cargos públicos. O obstáculo era então menos uma dinastia reacionária do que a dupla entranhada exploração por parte das classes dominantes húngara e alemã. Uma vez que cada uma compreendia apenas 20% a 25% da população do seu *Reichshalf*, nenhuma delas favorecia o sufrágio universal masculino na medida em que controlavam as respectivas administrações centrais. O compromisso tinha sido apenas um acordo particularista, para evitar mais concessões. O seu próprio sucesso nesse papel bloqueou a democracia plena. A menos que as nacionalidades entrincheiradas fizessem concessões, especialmente a tchecos, romenos, croatas e sérvios, a democracia estava bloqueada *dentro* do Estado.

Esse não era mais um Estado dinástico, militarista, capitalista e multiprovincial. Não era mais um Estado sitiado por nações. Era um Estado dinástico, militarista, capitalista e nacionalista internamente fragmentado. Permaneceu completamente polimórfico, mas então não podia resolver o seu sectarismo.

A dinastia continuou a dividir e a governar nações e classes segmentalmente, mas não conseguiu institucionalizar essa prática de forma estável. Duvido que o coração de Francisco José estivesse completamente voltado para a estratégia semiautoritária – ele tinha sido um dinasta durante cinquenta anos e havia declarado orgulhosamente: "Eu sou um príncipe alemão" (embora tenha sido calculado que ele era apenas 3% alemão), sem demonstrar uma simpatia genuína pelas nações oprimidas. Com o tempo, ele retomou os poderes dinásticos com os quais se sentia em casa, dissolvendo o *Reichstag* e a dieta em 1913 e 1914. Nenhuma solução parecia estar à vista. Ambos os herdeiros (Francisco Ferdinando foi assassinado em 1914; Carlos o sucedeu em 1917) desejaram que os húngaros se comprometessem; suas opiniões sobre o conflito alemão-tcheco eram menos claras. Mas será que eles possuiriam poderes infraestruturais para obrigá-los? Os Habsburgos provavelmente tinham perdido as suas hipóteses em relação às três estratégias. Os húngaros tinham bloqueado a centralização dinástica; várias nacionalidades bloquearam então estratégias mais democráticas.

Mas um nível mais modesto de viabilidade política permaneceu aberto aos Habsburgos. Taaffe, primeiro-ministro de 1879 a 1893, definiu o sucesso político como "manter todas as nacionalidades da monarquia em uma condição de descontentamento uniforme e bem modulado" (MACARTNEY, 1971: 615). O Estado poderia abrir caminho – Victor Adler definiu-o como "absolutismo temperado por confusões" – proporcionando duas funções, doméstica e geopolítica, que a maioria das nacionalidades e classes achava úteis.

No plano doméstico, a monarquia sustentava o equilíbrio entre administrações *nacionais* potencialmente mais repressivas. Húngaros, alemães, tchecos, croatas e poloneses poderiam mais efetivamente penetrar em suas sociedades civis e administrações locais e regionais. Se seus poderes fossem liberados, as minorias regionais seriam mais oprimidas – como todos puderam ver na Hungria depois de 1867 (e como as minorias da Europa Central poderiam ver novamente no final do século XX). Algumas classes também apreciaram isso: Os trabalhadores tchecos procuraram proteção contra os capitalistas alemães, assim como os camponeses de Ruthenian contra os proprietários poloneses. O fato de as línguas e as classes estarem espalhadas numa geografia tão complexa – aqui uma maioria, ali uma minoria – tornava as soluções de princípio difíceis de alcançar. Mas isso prolongou a regra de segmentação *confusa*. O Estado central fomentou o desenvolvimento econômico e a administração civil cresceu rapidamente no início do século XX (cf. tabelas 11.1-5 e apêndice, tabela A.I). Com exceção da questão da língua, seu crescimento foi amplamente consensual (como em outros estados do período; cf. capítulo 14). Ele forneceu funções civis úteis a pessoas em situação de *descontentamento equilibrado e bem modulado*.

Mas a principal função do Estado Habsburgo era o militarismo geopolítico. Cada nacionalidade poderia constituir apenas um pequeno Estado. Se os Habsburgos não os governassem, provavelmente alguém o faria. A missão histórica dos Habsburgos tinha sido coordenar a defesa cristã regional contra os turcos. A ameaça vinha então da Alemanha e da Rússia (TAYLOR, 1967: 132). Mesmo os eslavos do sul, recentemente incorporados e de compromisso duvidoso, estavam cautelosos com a Rússia reacionária. O partido majoritário da Coligação Croata-Sérvia considerava a questão dos eslavos do sul como um assunto interno da dupla monarquia. Só depois de 1914 é que eles se desmembraram e os separatistas emergiram. Depois de 1873, os poloneses, com autonomia local, proclamaram lealdade ao governo moderado austríaco – até que pudessem recuperar seu próprio Estado polonês. Como isso implicaria derrotar tanto a Rússia quanto a Alemanha, parecia muito distante. Tchecos, eslovacos e rutenos também temiam tanto a Rússia quanto a Alemanha. A maioria favorecia a monarquia dos Habsburgos como uma federação de nações da Europa Central – exigindo apenas um Estado central com autoridade militar e diplomática suprema e alguns poderes orçamentais. Isso, mais políticas econômicas progressistas, era o que eles tinham.

Se não conseguissem chegar a acordo sobre uma constituição que tornasse esse Estado devidamente representativo e responsável, não conseguiriam mobilizar o pleno compromisso dos cidadãos. Mas talvez isso não tivesse importância. Nada é mais intrigante, se considerarmos a Áustria-Hungria de uma perspectiva de Estado-nação moderna, do que a equanimidade com que os deputados alemães, tchecos e outros reduziram os parlamentos à desordem e depois se retiraram deles ao longo dos anos. Mas os seus interesses básicos foram assegurados pelo absolutismo dos Habsburgos, que podiam influenciar a partir de dentro por meio da administração local-regional e do capitalismo. Em todos os conflitos parlamentares, e em todas as disputas entre as administrações austríaca e húngara, a dissidência regimental ameaçadora diminuiu entre 1867 e 1914 (SKED, 1989: 231). Os socialistas dominaram cada vez mais a classe trabalhadora nas duas áreas industriais, mas foram isolados (como na Alemanha). A violência laboral declinou a partir da década de 1880. Ao contrário de 1848 ou 1867, nenhum grande movimento provincial reivindicou autonomia; nenhuma rebelião ocorreu em qualquer terra histórica (houve mais problemas nas novas províncias balcânicas). Uma *crise constitucional* de dez anos com a Hungria terminou em 1908, quando a contribuição orçamental húngara foi aumentada de 30% para 36,4%, um acordo eminentemente pragmático. As nações e classes provinciais tinham se assentado no domínio dos Habsburgos – mas a geopolítica ditava o contrário.

A arrogância final: geopolítica militar, 1867-1918

O compromisso de 1867 deixou Francisco José no comando exclusivo do exército e no controle predominante da política externa. A mesma contradição militarista continuou a persegui-lo. As fórmulas fiscais constitucionais ainda forneciam soldados e suprimentos militares insuficientes para uma estratégia de grande potência (cf. tabela 11.6; cf. tb. DEAK, 1990: 64). A Hungria desconfiou do exército conjunto e arrastou os assuntos fiscais, deixando os militares austro-húngaros de certa forma atrás dos seus rivais em qualidade de equipamento, artilharia e apoio logístico, protegendo o alto-comando da adoção de táticas modernas. Contudo, o compromisso não levou Francisco José a economizar. O fim das pretensões geopolíticas na Alemanha, em 1867, deslocou as prioridades para o sudeste. O declínio otomano permitiu que a Áustria e a Rússia se dirigissem para os Bálcãs. O regime se convenceu de que a solução para a questão interna dos eslavos do sul era incorporar mais eslavos do sul. Alguns argumentam que isso mostra a natureza reacionária, dinástica do regime. "Não é a própria finalidade das dinastias adquirir território?", pergunta Sked (1989: 265). Mas duvido que qualquer governo do início do século XX recusaria tais escolhas territoriais – como revela a luta pela África e a expansão dos Estados Unidos no Pacífico. A extensão do território estava implícita na própria noção de geopolítica, como argumento no capítulo 21.

Mas isso não trouxe economias ou diplomacias discretas. Poderia ter sido suportável se tivesse conseguido a cooperação com a Rússia para partilhar os Bálcãs entre os seus estados-clientes. No entanto, a Áustria entrou na estrutura oposta da aliança. Depois de 1867, a Áustria se tornou aliada da Alemanha, as suas disputas foram resolvidas, partilhando vínculos culturais e econômicos e regimes políticos semelhantes. Parecia uma associação tão natural como, digamos, a anglo-americana. Mas não fez sentido geopolítico, pois as duas potências logo manifestaram interesses opostos em relação à Rússia. A Alemanha passou a temer a aliança russa com a França e a sua rápida modernização econômica e militar. Com o desenvolvimento do nacionalismo alemão, esse medo se tornou quase racista: teutos e eslavos lutariam até à morte pela Europa Central. Assim, os regimes alemães favoreceram a repressão conjunta austro-alemã-magiar contra os eslavos. Isto não era do interesse dos Habsburgos e antagonizava ainda mais com a Rússia. A Áustria era então demasiado fraca para resistir a um ataque russo. Contudo, a diplomacia austríaca se tornou antieslava. Alguns atribuem isso à crescente influência dos húngaros na política externa. Mas Francisco José deve assumir parte da responsabilidade, considerando a Rússia como seu *inimigo natural* e sendo pessoalmente antieslavo. A diplomacia austríaca não apenas falhou em economizar; ela tinha criado um inimigo poderoso.

Eventos aconteceram rapidamente. Em 1912-1913, o domínio turco nos Bálcãs entrou em colapso. A Rússia apoiou os estados eslavos emergentes, especialmente a Sérvia, com ambições em território austríaco. Patriotas sérvios assassinaram o Arquiduque Francisco Ferdinando, herdeiro ao trono – ironicamente um defensor de menos diplomacia militarista e de maiores direitos para os eslavos do sul. A monarquia se sentiu compelida a retaliar ou a perder a sua capacidade de se sobrepor aos nacionalistas dissidentes. A resposta da Rússia era de recear, mas era supostamente onde a aliança alemã deveria proteger a Áustria. Como veremos no capítulo 21, a decisão da Áustria de atacar coincidiu com a decisão da Alemanha de que era melhor atacar naquele momento do que mais tarde, quando a modernização militar russa estaria completa. As duas potências centrais incitaram desastrosamente uma à outra à Primeira Guerra Mundial e ao seu final. Francisco José e seus ministros entraram deliberadamente em uma guerra maior. Eles provavelmente estavam errados: Uma diplomacia mais habilidosa poderia ter mostrado força ao mesmo tempo que evitaria a guerra. Talvez a Rússia tivesse encontrado outra oportunidade para demonstrar aos eslavos a fraqueza austríaca. Mas na diplomacia, amanhã é outro dia.

Eu exploro o deslize em direção à Primeira Guerra Mundial no capítulo 21, mostrando que a tomada de decisões em todos os regimes autocráticos e semiautoritários foi fragmentada. Mas ao menos a Alemanha ingressou com uma formidável máquina de combate que chegou perto da vitória. A Áustria declarou guerra com o menor, pior equipado, pior comandado exército das grandes potências. A maior parte foi encurralada entre duas frentes enquanto generais tentavam acompanhar as instruções dos diplomatas sobre com quem estavam realmente lutando (sérvios ou russos?). O fracasso continuado em alcançar um acordo constitucional significava um estado polimórfico particularista, bem-ajustado à confusão, mal-adaptado à diplomacia de crise e à guerra – ou seja, à rápida tomada de decisões e à implantação racional de infraestruturas para implementar essas decisões. As exigências da guerra austríaca do século XVIII tinham criado uma das primeiras administrações estatais modernas (cf. capítulo 13). Em 1914, a persistente crise constitucional tinha acabado com ela; não podiam evitar nem processar eficazmente a guerra.

No entanto, a guerra não trouxe um colapso imediato, mas um entusiasmo patriótico. Sigmund Freud expressou com propriedade a sua própria vaga de emoção: "Toda a minha libido está ligada à monarquia" (GERSCHENKRON, 1977: 64). Os soldados austríacos seguiram repetidamente os seus oficiais em ataques diretos às posições russas com apoio inadequado de artilharia (a artilharia tinha sido esvaziada de fundos de modernização). Eles perderam metade do seu contingente no primeiro ano, e a maioria dos seus quadros de oficiais treinados e de oficiais não comissionados – uma taxa de baixas espantosa e inigualável. Posteriormente, soldados austríacos, reforçados por oficiais prussianos e oficiais não comissionados, lutaram surpreendentemente bem até o verão de 1918, suportando pesadas baixas em três frentes (russa, sérvia e italiana), mas sofrendo menos deserções e motins do que os russos. À medida que a guerra se arrastava, algumas lealdades enfraqueciam. Desertores tchecos e romenos se juntaram em pequenos exércitos para lutar contra os Habsburgos; a maioria dos eslovacos e croatas permaneceu leal – mais temerosos dos potenciais governantes tchecos e magiares. No final, os exércitos austríacos estavam por toda a parte em solo estrangeiro à medida que se rendiam. Eles não haviam lutado com grande entusiasmo após o primeiro ano. Ao contrário dos exércitos da Entente, não lhes foi oferecida nenhuma visão de uma sociedade melhor, mas eles lutaram com muito afinco, com o profissionalismo da tradição militar dos Habsburgos, lembrando mais o Antigo Regime do que um exército de cidadãos (ZEMAN, 1961; LUVAAS, 1977; PLASCHKA, 1977; ROTHENBERG, 1977; DEAK, 1990: 190-204).

Se as potências centrais tivessem ganhado, a Áustria teria sobrevivido; mas a Áustria tinha escolhido o lado errado nessa guerra de alianças. Os inimigos da Áustria a desmembraram dos seus mais altos princípios morais. Os aliados ocidentais, sem a Rússia multinacional autocrática de 1917, começaram a equiparar a vitória à democracia e à autodeterminação nacional. Em janeiro de 1918, os Catorze Pontos do Presidente Wilson prometiam "aos povos da Áustria-Hungria [...] a oportunidade mais livre para o desenvolvimento autônomo", embora isso ainda estivesse previsto dentro de uma constituição confederal austro-húngara. No verão, a Entente reconhecia os comitês nacionais no exílio, e eles favoreceram principalmente a independência, acreditando que a Entente poderia protegê-los tanto da Rússia quanto da Alemanha. Os social-democratas eram favoráveis à separação, desde que isso significasse paz (ZEMAN, 1961; VALIANI, 1973; MAMETEY, 1977). Com a rendição, o Imperador Carlos foi forçado a abdicar. Cada grande grupo nacional recebeu o seu próprio Estado. O Estado-nação triunfou em todos os lugares.

Em 1900, a fraqueza potencial do regime era o fato de a lealdade essencialmente geopolítica da maioria das nacionalidades ser contingente e calculista. Até 1914, as lutas pela nacionalidade eram travadas partindo do pressuposto de que a Áustria sobreviveria. Por conseguinte, as classes nacionais disputavam posições dentro dela. Em 1914, a Áustria foi mostrada como um Estado dependente da Alemanha, aparentemente incapaz de manter o seu esquema de proteção militar. As incertezas remanescentes foram removidas quando a guerra teve um desfecho totalmente inesperado – o colapso tanto da Rússia como da Alemanha, além de uma nova ordem europeia prometida pelos vencedores. Imediatamente as nacionalidades decidiram se arriscar sem os Habsburgos. O regime não tinha chegado a uma constituição representativa ou semirrepresentativa com classes e nações. Assim, não conseguiu mobilizar a lealdade dos cidadãos. Na política, em tempo de paz, isso não era essencial, embora perturbador. Na guerra de mobilização de massas, provou ser uma desvantagem, embora não decisiva (uma vez que a Áustria lutou bastante bem). Na derrota, em meio a uma nova ordem europeia, desencadeou um fim imediato.

Estratégias de regime contrafactuais

A Áustria não sobreviveu a circunstâncias inesperadas. Para avaliar a sua viabilidade mais geral, devemos entrar no terreno traiçoeiro da história contrafactual. A Áustria poderia ter sobrevivido, e como teria sido se o tivesse feito? Ou seria um Estado tão solto e confederal, um anacronismo em um mundo em que o capitalismo avançado e a modernização exigiam um Estado-nação mais orgânico? Há dois planos nos quais a Áustria poderia ter persistido: alcançar uma das três constituições ideais que eu especifiquei ou retornar à desordem de antes.

A realização constitucional foi sempre difícil e se tornou ainda mais. A preferência da monarquia era pela centralização dinástica, mas ela não podia passar para uma forma *nacionalmente neutra* disso. Sua tendência para a centralização austro-alemã criou oposição provincial-nacional e não conseguiu ganhar tempo com diplomacia discreta e economias militares. Ela superestimou seu poder militar – não raro entre grandes potências em declínio. As repetidas oportunidades entre 1848 e 1866 para conciliar constituições rivais foram fechadas pela própria diplomacia do regime. Ela foi forçada a fazer compromissos meramente particularistas, especialmente com a nobreza húngara. Isto manteve o confederalismo de princípios fora do alcance e o encurralou no abraço das duas nacionalidades dominantes. Em tais circunstâncias de oportunidades, se a dinastia tivesse optado por uma versão da constituição de Stadion, por um governo federal semiautoritário, certamente teria se salvado.

Em certo sentido, qualquer compromisso constitucional o teria feito. Uma constituição é uma base de autoridade para alocar a soberania. Não precisa ser absolutamente abalizada. O Reich alemão trabalhou internamente por causa da margem discricionária conferida ao seu regime pela sua constituição. Mas os Habsburgos precisavam de muito mais instituições políticas do que as que asseguravam. A partir da década de 1870, a ampliação do nacionalismo linguístico com a chegada da industrialização, do sufrágio local-regional e da expansão administrativa do Estado exigiu mais soberania do que o regime poderia proporcionar. A representação multinacional poderia ter sido contida dentro do domínio dos Habsburgos. Mas as táticas particularistas do regime não tinham produzido uma constituição satisfatória quando os choques entre nacionalidades começaram a piorar a situação. Isso levou Francisco José a finalmente perceber – mentalmente, embora talvez não no coração – que uma constituição era a solução. Mas o particularismo polimórfico havia então arraigado a oposição dentro do Estado. Os Habsburgos estavam contemplando esse problema quando sua insensatez diplomática, nascida do militarismo, os dominou.

Portanto, a Áustria não foi morta pela lógica *interna* do desenvolvimento do capitalismo avançado ou pela modernização. Superficialmente, parece que os Habsburgos não morreram de causas naturais, mas foram assassinados – o herdeiro em 1914, todo o regime em 1918. De fato, se deixados sozinhos, eles poderiam ter se arrastado pela mera sobrevivência, provendo funções políticas e militares até mesmo a dissidentes nacionalistas. Eles poderiam até mesmo ter se atrapalhado na era do nacionalismo burguês e da luta de classes proletária e camponesa para um nível de realização bastante mais elevado: emergir ao longo do início do século XX com um Estado semirrepresentativo confederal. A Áustria pode não ter sido capaz de mobilizar o nível de comprometimento e sacrifício de seus cidadãos da mesma forma que estados-nações mais centralizados o fizeram. Essa demonstração não é necessária em paz, mas em guerra. O destino dos Habsburgos nos lembra que muitas formas de regime coabitaram com a modernização e que o desaparecimento da maioria delas resultou mais diretamente da geopolítica e da guerra.

Mas a verdadeira fraqueza do regime austríaco, aquela que realmente o destruiu, foi autoinduzida. Como Francisco José foi o governante durante todo um período de oportunidades, como era um dinasta ativo, pessoalmente responsável por grande parte da confusão constitucional particularista e pelo militarismo fatal da diplomacia austríaca, ele deve arcar com grande parte da culpa pelo fracasso do seu sucessor. A sua identificação com a belicosidade da grande potência para com políticas de controle de nacionalidades transfronteiriças implicou guerras dispendiosas, para as quais o regime estava mal-equipado e que o desviaram erraticamente por estratégias políticas contrárias. Não era o confederalismo, por si só, que era considerado insuficiente, mas sim a dinastia dos Habsburgos, o confederalismo militarista, permanecendo muito tempo depois de ser compatível com um grau necessário de representação multinacional. O dinasticismo era quase obsoleto. Apenas podia continuar a governar com extrema dificuldade, à maneira antiga e particularista, quando confrontado com classes e nações.

As pressões de modernização exigiam um acordo constitucional mais universal com classes e nações. A constituição poderia ser democrático-partidária, como na Grã-Bretanha, França e Estados Unidos, ou poderia ser semiautoritária, como no Reich alemão. Poderia ser centralizada, como na Grã-Bretanha ou na França, ou federal, como nos Estados Unidos. Mas o dinasticismo não poderia incorporar os direitos e deveres universais apropriados às quatro fontes de poder social em uma sociedade moderna – o Estado burocrático, a economia industrial capitalista, as forças armadas mobilizadas em massa e a comunidade ideológica imaginada de cidadania compartilhada. As pressões não eram insuportáveis em tempo de paz. Mas a guerra é o grande testador dos estados, ativada pela diplomacia de alianças. Os Habsburgos se submeteram com muita ansiedade aos testes militares e diplomáticos e foram descobertos em situação de carência. As cristalizações polimórficas desse Estado, ao contrário das do Estado alemão, acabaram por entrar em colisão direta. O dinamismo e o militarismo colidiram com a representação confederal. A monarquia reconheceu essa contradição, mas falhou em superá-la. Os Habsburgos não desenvolveram uma estratégia de regime consistente – e a sua tendência foi para o desastre. O seu epitáfio tinha sido pronunciado vinte anos antes pelo poeta Grillparzer:

> Essa é a maldição da nossa casa nobre,
> Esforçar-se em meios caminhos para meias conquistas,
> Sobrevivendo por meios meios.

Conclusões globais e sobre Alemanha

Este capítulo e o capítulo 9 discutiram a viabilidade de três vias alternativas de modernização na Europa Central alemã. Todas eram capitalistas, mas todas envolviam outras cristalizações políticas que então operaram no sentido de estruturar o capitalismo. Uma estratégia posterior do regime, a incorporação semiautoritária, aparentemente triunfou enquanto as outras duas, o confederalismo democrático e dinástico, naufragaram. Assim, o capitalismo alemão se tornou mais autoritário, territorial e nacional do que difuso, de mercado e transnacional – uma tendência que o triunfo de qualquer uma das outras formas de regime provavelmente teria revertido.

Esse não foi um acontecimento singular. Na verdade, no que parece uma convergência verdadeiramente extraordinária, durante o mesmo quarto de século seguinte a 1848, outros países posicionados entre alternativas comparáveis avançaram em direção à alternativa autoritária, territorial, nacional. Os Estados Unidos, também assolados por disputas regionais, entraram em uma guerra civil com consequências ligeiramente centralizadoras nacionais (embora ainda parcialmente federais). A Itália se tornou unida e o seu novo regime se empenhou na direção ao Estado-nação. Na Restauração Meiji de 1867, o Japão emergiu do feudalismo descentralizado por meio de uma versão da incorporação semiautoritária adaptada da prática alemã. No México e na Argentina, o confederalismo também foi derrotado. Em contrapartida, a Grã-Bretanha democrática e a França começaram a se centralizar um pouco – embora principalmente um pouco mais tarde, a partir da década de 1880. Assim, o que aconteceu na Alemanha começa a parecer parte de uma lógica de modernização, uma evolução global de um Estado-nação unitário. Isso tem sido assim descrito por Giddens (1985).

Devido às muitas contingências envolvidas, prefiro ver isso como uma tendência global, a princípio reversível, mas que ocorre empiricamente nesse período (mais recentemente tem sido invertida). Esse deslocamento operou por meio da conjunção de dois processos de poder distintos, embora entrelaçados:

1) A comercialização capitalista e a industrialização, quando entrelaçada com a modernização do Estado, se deslocou para os estados-nações, *naturalizando* a sociedade com suas infraestruturas e gerando classes emergentes que lutam por impostos e cargos. As demandas por democracia partidária (parla-

mentos e direitos de posse de cargos) geralmente se fundiram com a própria necessidade do regime de modernização do Estado para criar um senso de cidadania nacional limitada. Os regimes confederados, fossem eles quase democráticos ou dinásticos, tinham dificuldade em se sentar à margem dessa fusão de classes e nações, que parecia tão *moderna* para os seus dissidentes internos. Entretanto, a sobrevivência austríaca mostra que, assim como um formidável Estado centralizado e semiautoritário como a Prússia poderia afastar a burguesia de grande parte de seu liberalismo, também um regime confederal de sucesso moderado poderia aparentemente sobreviver à emergência da classe-nação. Com recursos mais fracos, os Habsburgos pareciam ser capazes de confinar o nacionalismo disruptivo à retórica e a espaços políticos manejáveis.

2) Nesse momento, interveio uma segunda força. Os estados estavam envolvidos em um militarismo geopolítico que exigia uma maior mobilização de todos os recursos de poder. O Estado-nação, coordenando a industrialização capitalista e a cidadania nacional, estava em alguma vantagem logística sobre um Estado confederal como a Áustria ou o Japão de Tokugawa, permanecendo em posição de livre-circulação nas redes regionais de poder, extraindo apenas aqueles compromissos materiais ou ideológicos honrados por práticas tradicionais particularistas. O poder dos navios de bandeira preta do Comodoro Perry ao largo de Kanagawa, das ferrovias prussianas e das pistolas de agulhas em Koniggratz, parecia aos reformadores serem as próprias encarnações da modernização e da mobilização nacional. Além disso, todos os vencedores foram impulsionados pela ideologia do Estado-nação como *moderno*. Para ser uma grande potência – e na Europa Central ou no Japão, simplesmente para sobreviver – era útil ter um governo central com uma maior coordenação infraestrutural dos seus territórios do que os regimes confederais poderiam reunir. Os autodenominados *modernizadores* em toda parte consideravam isso como essencial. Nem as confederações alemãs ou japonesas, nem as dinastias transnacionais, podiam facilmente prover isso. Sua sobrevivência na guerra ou na guerra antecipada estava em perigo, e assim elas caíram. Foi assim que Tilly analisou todo o processo do triunfo do Estado-nação europeu – a guerra exigiu e produziu estados que eram centralizados, diferenciados e autônomos, e destruiu estados com formas alternativas (1990: 183, 190-191). A maior ironia revelada nesses casos residia nos estados confederados da América. Eles tinham ido para a guerra para defender um confederalismo fraco (e a escravidão). Contudo, ao lutarem contra um inimigo superior, desenvolveram um Estado muito mais centralizado, coercivo e mobilizador do que aquele a que resistiam (BENSEL, 1990). O sul também foi fortalecido por uma ideologia comum que se assemelhava a um nacionalismo regional – um Estado-nação incipiente (apenas para os brancos).

Vemos o papel do militarismo geopolítico no desenvolvimento da sociedade moderna. Mas também vemos a influência das quatro fontes de poder social – de formas raramente transparentes para os participantes. Normalmente, os resultados não eram esperados nem aspirados por nenhum dos principais atores de poder envolvidos. A fusão de classe e nação na cidadania, a emergência de estratégias democráticas e semiautoritárias de regimes incorporadores, as sucessivas estratégias adaptativas dos regimes confederais, foram momentos de clareza e determinação em uma corrente enlameada de modernização. Particularmente obscuro foi o impacto da diplomacia e da guerra. Aqui, a *estratégia* não dependia apenas da criação de instituições para lidar com as demandas entrelaçadas de classes e localidades-regiões. Também exigia, em primeiro lugar, prever e influenciar a diplomacia de outras potências com as quais os entendimentos mútuos eram muitas vezes mínimos; e, em segundo lugar, prever o resultado das guerras de alianças travadas sob condições militares em mudança. Vislumbramos as dificuldades de Francisco José em tomar a decisão certa (aparentemente óbvia a partir de nossa poltrona do final do século XX) quando confrontado por tudo isso. Abordarei a questão mais adiante no capítulo 21.

Referências

ASHWORTH, W. (1977). Typologies and evidence: has nineteenth century Europe a guide to economic growth? *Economic History Review*, 30.

AUSTENSEN, R. (1980). Austria and the struggle for supremacy in Germany: 1848-1864. *Journal of Modern History*, 52.

BAIROCH, P. (1982). International industrialization levels from 1750 to 1980. *Journal of European Economic History*, 11.

BENSEL, R. (1990). *Yankee Leviathan*: The Origins of Central State Authority in America, 1859-1877. Cambridge: Cambridge University Press.

BOSTAPH, S. (1978). The methodological debate between Carl Menger and the German historicists. *Atlantic Economic Journal*, 6.

BOYER, J. (1981). *Political Radicalism in Late Imperial Vienna*. Chicago: University of Chicago Press.

BRIDGE, F.R. (1972). *From Sadowa to Sarajevo*: The Foreign Policy of Austria-Hungary, 1866-1914. Londres: Routledge & Kegan Paul.

COHEN, G. (1981). *The Politics of Ethnic Survival*: Germans in Prague, 1861-1914. Princeton, NJ: Princeton University Press.

DEAK, I. (1990). *Beyond Nationalism*: A Social and Political History of the Habsburg Officer Corps, 1848-1918. Oxford: Oxford University Press.

_____ (1979). *The Lawful Revolution*: Louis Kossuth and the Hungarians, 1848-49. Nova York: Columbia University Press.

GERSCHENKRON, A. (1977). *An Economic Spurt That Failed.* New Haven, Conn.: Yale University Press.

GIDDENS, A. (1985). *The Nation-State and Violence.* Cambridge: Polity Press.

GOOD, D.F. (1984). *The Economic Rise of the Habsburg Empire, 1750-1914.* Berkeley: University of California Press.

_____ (1981). Economic integration and regional development in Austria-Hungary, 1867-1913. In: P. Bairoch & M. Uvy-Leboyer (orgs.). *Disparities in Economic Development Since the Industrial Revolution.* Londres: Macmillan.

_____ (1978). The Great Depression and Austrian growth after 1783. *Economic History Review,* 31.

_____ (1977). Financial integration in late nineteenth-century Austria. *Journal of European Economic History Review,* 37.

_____ (1974). Stagnation and "take-off" in Austria, 1873-1913. *Economic History Review,* 27.

GORDON, H.J. & GORDON, N.M. (1974). *The Austrian Empire*: Abortive Federation? Lexington, Mass.: D.C. Heath.

GROSS, N.T. (1976). The Industrial Revolution in the Habsburg monarchy, 1750-1914. In: C. Cipolla (org.). *The Fontana Economic History of Europe –* Vol. 4: The Emergence of Industrial Societies. Brighton: Harvester.

HUERTAS, T. (1977). *Economic Growth and Economic Policy in a Multi-National Setting*: The Habsburg Monarchy, 1841-1865. Nova York: Arno Press [Republicado em *Journal of Economic History,* 38, 1978].

JASZI, O. (1961). *The Dissolution of the Habsburg Monarchy.* Chicago: University of Chicago Press.

JOHNSTON, W. (1972). *The Austrian Mind*: An Intellectual and Social History, 1848-1938. Berkeley: University of California Press.

KANN, R.A. (1974). *A History of the Habsburg Empire, 1576-1918.* Berkeley: University of California Press.

_____ (1964). *The Multinational Empire.* 2 vol. Nova York: Octagon Books.

KATZENSTEIN, P. (1976). *Disjointed Partners*: Austria and Germany Since 1815. Berkeley: University of California Press.

KENNEDY, P. (1988). *The Rise and Fall of the Great Powers.* Londres: Unwin Hyman.

KOMLOS, J. (1983). *The Habsburg Monarchy as Customs Union*: Economic Development in Austria-Hungary in the Nineteenth Century. Princeton, NJ: Princeton University Press.

LUVAAS, J. (1977). A unique army: the common experience. In: R.A. Kann et al. (orgs.). *The Habsburg Empire in World War I.* Nova York: Columbia University Press.

MACARTNEY, C. (1971). *The Habsburg Empire, 1790-1918*. Londres: Weidenfeld & Nicolson.

MAMETEY, V.S. (1977). The union of Czech political parties in the *Reichsrat*, 1916-1918. In: R. Kann et al. (orgs.). *The Habsburg Empire in World War 1*. Nova York: Columbia University Press.

O'BRIEN, P.K. (1986). Do we have a typology for the study of European industrialization in the nineteenth century? *Journal of European Economic History*, 15.

PECH, Z. (1969). *The Czech Revolution of 1848*. Chapel Hill: University of North Carolina Press.

PLASCHKA, R. (1977). Contradicting ideologies: the pressure of ideological conflicts in the Austro-Hungarian army of World War I. In: R.A. Kann et al. (orgs.). *The Habsburg Empire in World War I*. Nova York: Columbia University Press.

POLLARD, S. (1981). *Peaceful Conquest*: The Industrialization of Europe, 1760-1970. Oxford: Oxford University Press.

RATH, R.J. (1957). *The Viennese Revolution of 1848*. Austin: University of Texas Press.

ROTHENBERG, G. (1977). The Habsburg army in the First World War: 1914-1918. In: R.A. Kann et al. (orgs.). *The Habsburg Empire in World War I*. Nova York: Columbia University Press.

RUDOLPH, R.L. (1976). *Banking and Industrialization in Austria-Hungary*. Cambridge: Cambridge University Press.

_____ (1975). The pattern of Austrian industrial growth from the eighteenth to the early twentieth century. *Austrian History Yearbook*, 11.

_____ (1972). Austria, 1800-1914. In: R.E. Cameron (org.). *Banking in the Early Stages of Industrialization*. Londres: Oxford University Press.

SCHORSKE, C. (1981). *Fin-de-siècle Vienna* – Politics and Culture. Nova York: Vintage.

SKED, A. (1989). *The Decline and Fall of the Habsburg Empire, 1815-1918*. Londres: Arnold.

_____ (1981). Historians, the nationality question, and the downfall of the Habsburg Empire. *Translations of the Royal Historical Society*, 31.

_____ (1979). *The Survival of the Habsburg Empire*: Radetsky, the Imperial Army and the Class War, 1848. Londres: Longman Group.

SUGAR, P.F. & LEDERER, I.J. (orgs.) (1969). *Nationalism in Eastern Europe*. Seattle: University of Washington Press.

TAYLOR, A.J.P. (1967). The failure of the Habsburg monarchy. In: *Europe*: Grandeur and Decline. Harmondsworth: Penguin Books.

TILLY, C. (1990). *Coercion, Capital and European States, AD 990-1990*. Oxford: Blackwell Publisher.

VALIANI, L. (1973). *The End of Austria-Hungary.* Londres: Seeker & Warburg.

WANGERMANN, E. (1969). *From Joseph II to the Jacobin Trials.* Londres: Oxford University Press.

ZEMAN, A. (1961). *The Break-up of the Habsburg Empire.* Londres: Oxford University Press.

11
O surgimento do Estado moderno I
Dados quantitativos

O surgimento do Estado moderno é um lugar-comum dos escritos sociológicos e históricos, mas continua fracamente analisado. O que é denotado por modernização do Estado engloba quatro processos de crescimento: no *tamanho* do Estado, no *escopo* das suas funções, na *burocratização* administrativa e na *representação* política. A luta pela representação é geralmente separada dos três processos administrativos, que se supõe constituírem um processo único e global de modernização que ocorre mais ou menos continuamente durante um longo período de tempo (p. ex., BEER, 1973: 54-70; ECKSTEIN, 1982). Em 1863, Adolf Wagner formulou sua *lei* da expansão sempre crescente do Estado moderno, e isso ainda influencia os estatísticos que contemplam somas cada vez maiores nos orçamentos estatais (p. ex., ANDIC & VEVERKA, 1963-1964). O desenvolvimento do Estado moderno é descrito como uma evolução *para o alto e avante*.

Cientistas políticos e economistas se concentraram nas estatísticas financeiras disponíveis do século XX. Eles explicam o crescimento em termos funcionais e pluralistas. Higgs (1987) distingue quatro variantes de suas teorias: *teoria da modernização* (os estados cresceram para coordenar uma maior complexidade social e diferenciação), *teoria dos bens públicos* centrados na defesa nacional (os bens públicos são fornecidos pelo Estado porque não é do interesse privado de ninguém pagar por eles, ainda que sejam do interesse geral, e seu gozo por um consumidor não diminui sua disponibilidade para os outros), a *teoria do Estado de Bem-estar Social* (nas sociedades complexas, o mercado mina a caridade privada e o Estado intervém) e a *teoria da redistribuição política* (o direito ao voto permite que muitos aceitem de poucos). Higgs mostra que o crescimento nos Estados Unidos durante o século XX foi mais irregular do que qualquer uma dessas quatro teorias sugere. Ao contrário, o crescimento foi impulsionado pelo efeito catraca (*ratchet effect*) de três grandes crises: as duas guerras mundiais e a Grande Depressão. Essas crises levaram as ideologias políticas a uma intervenção estatal (PEACOCK & WISEMAN, 1961 abordam o mesmo ponto para a Grã-Bretanha) e isso, combinado com interesses burocráticos enraizados (um empréstimo da verdadeira teoria elitista do Estado), agiu para evitar um retorno aos níveis mais baixos de governo.

O papel da guerra nos estados em expansão é muito antigo, mas se ela pode ser subsumida sob uma noção mais geral de *crise* é questionável (RASLER &

THOMPSON, 1985 também abordam esse ponto). Presumivelmente, crises sociais e econômicas, além da guerra, ocorriam antes de 1850. Mas elas não alimentavam o crescimento do Estado. Apenas a guerra o fazia antes de 1850. A resposta intervencionista política à Grande Depressão parece peculiar, e não uma parte de um fenômeno geral. Quase pela primeira vez na história, as classes sociais subordinadas exigiram o que Marshall chamou de *cidadania social*. Além da guerra, o crescimento do Estado do século XIX não foi uma resposta à crise. Higgs, para seu crédito, reconhece isso e conclui: "O desenvolvimento do grande governo não foi uma questão de lógica, por mais complicada e multidimensional que fosse, mas de história [...]. As dinâmicas políticas e socioeconômicas reais são 'mais bagunçadas', mais abertas a influências ou choques exógenos e menos determinantes nos seus resultados do que os teóricos supõem" (1987: 259). Ele está certo. Suas quatro teorias do crescimento do Estado compartilham os defeitos de todas as teorias de Estado pluralistas. Os estados não refletem sistematicamente suas sociedades; eles não desempenham simplesmente uma modernização subjacente, bens públicos, bem-estar, redistribuição, ou mesmo uma função de crise. Nem refletem sistematicamente uma luta de classes dialética ou os interesses das elites estatais. Eles fazem tudo isso – e mais – em meio a uma complexidade institucional e funcional que requer uma análise cuidadosa.

Weber também tinha uma teoria sistêmica do crescimento do Estado: ele era parte de um único *processo de racionalização* que se estendeu durante séculos no Ocidente. Ele temia o poder de *superpotência* de um Estado burocrático de tamanho e abrangência cada vez maiores, e se referiu brevemente a três causas distintas desse crescimento do Estado: as necessidades interligadas de um exército permanente, lei e tributação uniformes, as necessidades das empresas capitalistas por serviços técnicos uniformes e previsíveis, e a pressão exercida pela cidadania por uniformidade de tratamento. Isso era perceptivo, mas Weber subordinou essa análise a uma história essencialmente para o alto e avante (embora não tivesse certeza de que gostasse do seu resultado).

A verdadeira teoria elitista do Estado (cf. capítulo 3) também conta essencialmente uma história de crescimento para o alto e avante. Para Poggi (1990), isso foi impulsionado pelas próprias tendências *invasivas* do Estado, embora interagindo com mecanismos pluralistas e de classe e com algumas contingências acrescentadas. Skocpol (1979) fornece uma verdadeira teoria elitista mais descontínua. Ela argumenta que os revolucionários de 1789 aumentaram o tamanho, escopo e burocratização do Estado (outra versão da teoria da crise de Higgs). (Lanço dúvidas sobre sua explicação no capítulo 13.) Giddens funde Weber com Foucault (1975) para descrever o surgimento de um Estado-nação todo-poderoso, todo-vigilante e todo-disciplinador, que ele acredita ser o maior *detentor de poder* do mundo moderno. Ele *absorve* e na verdade *é* a sociedade (1985: 21-22, 172). Mas ele não é muito específico sobre exatamente quando e onde esse Leviatã surgiu. Nem ele ou Foucault deixam claro quem é esse Leviatã: quem o controla? Quem está fazendo o que a quem? Existe, de fato, uma elite estatal no comando?

Os marxistas dão um relato para o alto e avante em termos de desenvolvimento do capitalismo. Eles apontam não para um *Estado superpotente*, mas para um capitalismo em constante expansão. O próprio Marx não analisou seriamente os estados, mas apimentou as descrições dos estados franceses e alemães com diatribes vitorianas contra as *burocracias inchadas*. Ele descreveu o Estado francês como "esse terrível corpo parasitário, que envolve o corpo da sociedade francesa como uma rede e sufoca todos os seus poros" (1968: 169). As tabelas deste capítulo mostram que o Estado francês não era maior do que outros estados europeus da época. Mais tarde, os marxistas invariavelmente escrevem sobre o *Estado capitalista*. Miliband (1969) abre assim seu livro: "A vasta inflação do poder e da atividade do Estado nas sociedades capitalistas avançadas [...] se tornou um dos lugares-comuns das análises políticas". Seu título, *O Estado capitalista*, revela sua explicação para essa inflação. A história do Estado capitalista de Wolfe atribui o crescimento e a burocratização às necessidades do capital concentrado e centralizado por bens públicos previsíveis e racionalizados e por uma agência aparentemente neutra para regular a luta de classes e amenizá-la com reformas de bem-estar (1977: 59-79, 263). Sua história, como quase todos os relatos marxistas, quase não menciona as atividades militares do Estado.

Tais histórias para o alto e avante refletem a confiança de que o Estado cresceu maciçamente durante esse período. Alguns números dispersos são geralmente agrupados como apoio (p. ex., POGGI, 1990: 109-111). Alguns se referem ao crescimento contínuo do número de funcionários do Estado (p. ex., ANDERSON & ANDERSON, 1967), citando frequentemente a compilação de Flora (1983) das estatísticas históricas de emprego público. As inestimáveis compilações fiscais de Bruce Mitchell (1975; 1983; MITCHELL & DEANE, 1980) também são citadas. Elas mostram um enorme crescimento nos desembolsos em dinheiro da maioria dos estados ocidentais ao longo do período. O historiador fiscal Gabriel Ardant afirmou ainda que os gastos do Estado cresceram conforme a proporção do Produto Nacional Bruto, embora esse último tenha se expandido consideravelmente ao longo do século XIX (1975: 221). Depois de apresentar brevemente ambos os tipos de estatísticas e reconhecer algumas das irregularidades do crescimento do século XIX, Grew (1984) passa às suas principais questões: Por que houve tanta expansão estatal no século XIX, e por que ela foi tão marcadamente semelhante em países tão diferentes? Grew parece confiante de que os estados apenas cresceram e cresceram.

Mas eles cresceram? Neste capítulo, apresento dados quantitativos sistemáticos sobre as finanças do Estado e seu emprego, separando cuidadosamente tamanho, escopo e burocratização para ver qual aumentou, quando e onde. O surgimento do Estado moderno foi um processo diferenciado, complexo e desigual. Muito surpreendentemente, o Estado não se tornou maior em relação à sua sociedade civil durante o *longo século XIX*. No entanto, essa falta de tendência geral confunde três processos – um declínio, cada vez mais isolado dos militares, um aumento da burocracia e um grande aumento no escopo civil. Cada um desses três é então analisado em seu próprio capítulo.

Para os cinco países, reuni dados sistemáticos sobre tamanho, alcance, e burocratização para os governos central e regional-local – todos os níveis de governo abaixo do nível central ou federal. Nas terras austríacas, o *governo central* antes de 1867 se refere apenas ao governo em Viena; depois de 1867, às duas sedes da dupla monarquia, em Viena e Budapeste. Expandi a metodologia do volume 1 para fundamentar a discussão dos estados nas estatísticas que eles geram. As contas de receitas e despesas são analisadas tal como no volume 1. As receitas nos indicam a relação do Estado com os atores do poder na sociedade civil, revelando até que ponto ele foi isolado ou incorporado nas redes de poder da sociedade civil (esses conceitos são explicados no capítulo 3). As despesas revelam funções estatais. Elas dão um índice fiscal do tamanho geral do Estado e da importância relativa das suas funções. Ajusto esses totais fiscais para a inflação e o crescimento populacional; e os relaciono com o Produto Nacional Bruto (PNB) ou o rendimento nacional, medindo a dimensão da economia do país.

Nos tempos modernos, podemos acrescentar estatísticas sobre o emprego estatal. O número de funcionários também parece medir o tamanho do Estado, e também é controlável pelo crescimento populacional. No entanto, os números de funcionários se revelarão extremamente pouco fiáveis – e na verdade nos dirão mais sobre a competência burocrática do que sobre o tamanho do Estado. No capítulo 13, discuto mais detalhadamente os dados de funcionários para iluminar o *status* de emprego dos servidores, suas funções, redes organizacionais e antecedentes sociais – revelando sua homogeneidade como elite ou burocracia e como isolados ou incorporados na sociedade civil. Podemos então chamar os números de *estatísticas* sem anacronismo, pois a palavra e seus cognatos surgiram pouco antes de 1800 em inglês e em todas as línguas europeias como significando dados pertencentes ao Estado – revelando a modernização do Estado então em curso.

Este volume contará um relato paradoxal sobre o desenvolvimento do Estado moderno. Por um lado, o século XIX assistiu ao surgimento de um Estado justificadamente denominado moderno – que não era maior em relação à sua sociedade civil, mas desempenhando muito mais funções civis, quase-representativas, tornando-se mais centralizado, burocrático e meritocrático, com infraestruturas capazes de penetrar eficazmente em todos os seus territórios. Por outro lado, essa modernização não foi unitária, mas polimorfa, em cada fase respondendo a diversas cristalizações políticas. Isso resultou em um Estado infraestruturalmente poderoso, que era, em certos aspectos, menos coerente do que seus antecessores.

A dimensão do Estado: tendências de despesa

Utilizo pela primeira vez as tendências das despesas como um indicador do crescimento geral do Estado. Os estados cresciam no sentido de gastar somas de dinheiro cada vez maiores?

A tabela 11.1 contém os valores de despesas disponíveis a preços correntes expressos nas moedas nacionais de meados do século XIX (vários países mudaram suas moedas durante o período). Os números para os estados centrais da Áustria, Grã-Bretanha, França e Prússia-Alemanha estão disponíveis virtualmente desde o início, e os números do governo federal dos Estados Unidos estão disponíveis a partir de 1790, imediatamente após seu estabelecimento. Os números austríacos necessitam ser cuidadosamente observados porque se referem às vezes a toda a terra dos Habsburgos e às vezes apenas à metade ocidental (o *Reichshalf* austríaco, composto por pouco mais de 60% da população total). Os governos locais e regionais estão eventualmente menos documentados. Os números para as autoridades locais britânicas, departamentos franceses e comunas, e *Länder* e *Gemeinde* alemães, e estimativas para os governos estaduais e locais americanos estão disponíveis em vários pontos ao longo de meados do século XIX. Alguns números locais austríacos se tornaram disponíveis no final do século, mas confesso não compreender plenamente a sua estrutura e os omiti.

Como todos os números apresentados neste capítulo, os valores das despesas devem ser tratados com alguma reserva. Os números posteriores tendem a ser mais fiáveis do que os anteriores, e os números do governo central são mais fiáveis do que os dos governos locais e regionais. Geralmente, tenho seguido a orientação de historiadores especializados quanto ao significado e precisão das contas sobreviventes. Não afirmo que esses números sejam totalmente precisos; nenhum poderia ser. Afirmo, no entanto, que eles são os dados mais abrangentes já montados para esse período.

Todos os estados centrais cresceram maciçamente em termos de dinheiro. Em 1760, o Estado central britânico gastou 18 milhões de libras; em 1911, gastou quase 160 milhões de libras. Esse aumento de oito vezes também ocorreu na França. Os outros estados cresceram ainda mais: a Áustria e a Prússia-Alemanha cresceram cerca de 40 vezes (tendo em conta o fato de, a partir de 1870, os números austríacos da tabela 11.1 se relacionarem apenas com o *Reichshalf* austríaco); e os Estados Unidos cresceram mais de duzentas vezes (a partir de um início modesto).

A adição de governos locais e regionais aumenta o crescimento, mas de forma problemática. Na primeira parte do período havia governos local-regionais, mas nem nós nem os governos centrais da época podíamos saber sua escala ou custo porque isso era efetivamente autônomo (um achado significativo discutido mais tarde). A parte do governo local-regional conhecida e, de certa forma, responsável perante o Estado central, começou pequena e, na parte final do período, geralmente cresceu mais rápido do que governo central. É improvável que o custo do governo local-regional tenha declinado na primeira parte do período, por isso o custo de todo o governo (central mais local-regional) deve ter escalado ainda mais do que a tabela 11.1 sugere.

Tabela 11.1 Despesas totais dos estados centrais e de todos os níveis de governo, 1760-1910, preços correntes

Ano	Áustria Central (milhões de florins)	Prússia-Alemanha Central (milhões de marcos)	Todos os governos	França Central (milhões de francos)	Todos os governos	Grã-Bretanha Central (milhões de pounds)	Todos os governos	Estados Unidos Central (milhões de dólares)	Todos os governos
1760	58	61		506		18.0			
1770		51		333		10.5			
1780	65	64		411+		22.6			
1790	113	90		633+		16.8	23.0	4.3	
1800	167	106		726		51.0	67.0	11.0	
1810	216			934		81.5	94.0	8.7	
1820	160	201		907		57.5	70.0	19.3	27.7
1830	138	219		1.095		53.7	65.0	17.0	33.1
1840	165	204	234	1.363		53.4	64.0	28.9	67.6
1850	269	252	334	1.473		55.5	66.0	44.8	89.2
1860	367	323	496	2.084		69.6	87.0	71.7	171.7
1870	332	1.380	2.360	2.482	3.348	67.1	92.0	328.5	611.7
1880	432	519	1.851	3.141	4.180	81.5	112.0	301.0	621.1
1890	560	1.044	2.690	3.154	4.289	90.6	123.0	378.9	854.1
1900	803	1.494	4.005	3.557	4.932	143.7	265.0	607.1	1.702.1
1910	1.451	2.673	6.529	3.878	5.614	156.9	258.0	977.0	3.234.0

Notas: Todos os governos = federal + Estado + governos locais. Para os Estados Unidos em todas as tabelas, 1900 é na verdade 1902, e 1910 é 1913.

Fontes:

• *Áustria:* Gastos líquidos normais e extraordinários do governo central.

- 1760: Janetscheck 1959: 188.

- 1780-1860: Czoernig 1861: 123-127 (nessa tabela e nas seguintes, 1780 é na verdade 1781 e 1860 é na verdade 1858). Os números se referem a todo o Império Austríaco.

- 1870-1910: Wysocki 1975: 109; o *Reichshalf* austríaco (desembolsando cerca de 70% das receitas fiscais da dupla monarquia austro-húngara). Os números húngaros não estão disponíveis.

Em 1858, 100 florins antigos foram reavaliados em 105 florins novos. Também não reajustei os números nessa tabela ou nas subsequentes.

• Prússia-Alemanha: Os anos adjacentes seguintes foram usados nessa e nas tabelas seguintes: 1821, 1829, 1852, 1862, 1872, 1881, 1892.

- 1760-1860: Números do governo central prussiano e todos os números do governo alemão entre 1870-1910: Riedel 1866, tabelas XV-XX; Leineweber, 1988: 311-321; Weitzel, 1967, tabela 1a. Note que Andie e Veverka (1963-1964) dão números um pouco mais altos para o governo local do que Leineweber e Weitzel.

- 1870-1910: Números do governo central alemão: Andie e Veverka, 1963-1964.

• França

- 1760-1770: Riley, 1986: 56-57, 138-148, para os anos de 1761 e 1765.

- 1780-1790: Morineau, 1980: 315 – despesas ordinárias apenas para os anos de 1775 e 1788, sendo assim uma ligeira subavaliação das despesas totais (porque não houve guerra em nenhum dos anos).

- 1800-1810: Marion, 1927, volume IV: 112-113, 325; os anos são 1799-1800 (Ano VII da Revolução) e 1811.

- 1820: Block, 1875, volume I: 495-512.

- 1830-1860: *Annuaire statistique de la France* 1913, "Resume retrospectif": 134.
- 1870-1910: Delorme e André, 1983: 722; 1870, 1900 e 1910 são, na verdade, 1872, 1902, 1909.

• Grã-Bretanha
- 1760-1910: Governo central: Mitchell e Deane, 1980, tabelas de finanças públicas. Até 1800, despesas líquidas, depois despesas brutas.
- 1790-1910: Todo o governo: Veverka, 1963: 114, para o Reino Unido, incluindo a Irlanda. Como Veverka não dá nenhuma referência, não fui capaz de verificar o material de origem dele. Seus números de população não são precisos. Os números de 1800 são na verdade 1801 em todas as tabelas.

• Estados Unidos
- 1790-1910: Governo central (federal), 1790-1910, e todo o governo, 1900 e 1910: U.S. Bureau of the Census, 1975, tabelas Y350-6. Como essa fonte-padrão contém apenas os lucros postais, os deduzi e adicionei o total de despesas postais dos Estados Unidos. Department of the Treasury, 1947: 419-422.
- 1820-1890: Governo do Estado, 1820-1890: calculado dos dados de Holt, 1977. Os dados incompletos de Holt para os estados foram convertidos em números *per capita* e depois agregados até o total da população dos Estados Unidos.
- 1820-1890: Governo local, 1820-1890, calculado a partir de Legler et al., 1988, tabela 4. Legler et al., 1990, tabela 3. Note que (a) essas são receitas totais, não despesas, números, e (b) Estimei os números para 1820-1840, assumindo que os rendimentos *per capita* para todos os governos locais representavam 8% do valor *per capita* das cidades em 1820, 9% em 1830, e 10% em 1840 (a proporção era conhecida como 12% em 1850, 16% em 1860, 21% em 1870, e depois continua ascendendo lentamente). Assim, esses números só podem ser aproximações.

Números como esses fornecem as principais evidências para histórias para o alto e avante. Eles não são, no entanto, muito significativos. Devemos levar em conta a inflação, que corroeu os valores de todas as moedas durante esse período, e devemos levar em conta o aumento da população, rápido em todos os lugares, embora maior na Prússia-Alemanha e nos Estados Unidos por causa da expansão territorial ou da imigração massiva. Se as populações cresceram mais rápido do que os gastos, então a real capacidade dos estados de penetrar na vida dos seus súditos pode, na verdade, ter declinado. Levo em conta tanto a inflação como o crescimento populacional na tabela 11.2, expressando despesas conforme uma porcentagem do seu nível *per capita* de 1911 a preços constantes.

Essas duas restrições eliminam muito do crescimento do Estado, embora em graus diferentes, de acordo com o país e o nível de governo. Em termos reais *per capita*, o governo local-regional cresceu mais e tardiamente do que o governo central, exceto na França, onde não houve diferença significativa entre suas taxas de crescimento. O crescimento foi substancial e estável na França e na Áustria. A Grã-Bretanha e a Prússia não experimentaram praticamente nenhum crescimento do governo central durante o período e tiveram um declínio pronunciado depois de meados do século; mas seus governos local-regionais cresceram de forma substancial e constante. Havia duas tendências americanas, uma ligeira tendência secular ascendente, exagerada pelo grande impacto da guerra civil sobre os números. Explico essas várias tendências mais tarde. No momento, observo que o crescimento do Estado era, de fato, real, embora fosse variável. Ao longo do século, os estados se tornaram maiores, embora não de forma espetacular, conforme medido pelas suas despesas, e o crescimento local-regional do Estado se tornou maior do que o crescimento do Estado central.

Tabela 11.2 Tendências da despesa *per capita* do Estado a preços constantes, 1780-1910, Estado central e todo o governo (1910 = 100)

Ano	França Central	França Todos	Grã-Bretanha Central	Grã-Bretanha Todos	Estados Unidos Central	Estados Unidos Todos	Prússia-Alemanha Central	Prússia-Alemanha Todos	Áustria Central
1780			70						
1790			45	32	12		63		
1800			74	51	14		86		21
1810			96	61	9				19
1820	27		77	50	18	8	94		19
1830	31		76	48	14	8	80		14
1840	35		68	42	16	13	68	32	19
1850	43		87	53	22	14	82	46	25
1860	50		86	57	23	18	69	44	25
1870	67	63	69	50	57	35	118	83	35
1880	85	81	71	67	56	37	32	48	41
1890	92	89	75	63	68	51	63	66	54
1900	99	96	103	118	91	80	78	86	72
1910	100	100	100	100	100	100	100	100	100

Fontes: Fontes de despesas e notas como na tabela 11.1. Abaixo estão as fontes para preços constantes:

• *França:* Lévy-Leboyer, 1975: 64. Preços definidos para 1908-1912.

• *Prússia/Alemanha:* 1790-1860, Prússia; 1870-1910, Alemanha. 1790 é, na realidade, 1786; 1800 é calculado com preços de 1804. 1820 é, na verdade, 1821.

 - 1790-1800: Weitzel, 1967, tabela 1a.

 - 1820-1910: Fischer et al., 1982: 155-157. Os preços são fixados em 1913.

• *Grã-Bretanha:* 1780-1840. Lindert e Williamson, 1983: 41; seus *sul urbano, o melhor palpite*, índice de preços; emendado com 1850-1910. Deane, 1968. Esses dois índices diferem ligeiramente durante seu período de sobreposição de 1830-1850.

• *Estados Unidos*: U.S. Bureau of the Census 1975, tabelas E52-89. Warren e Pearson, índice de preços no atacado para 1790-1890, emendado com o Bureau of Labor Statistics Index para 1890-1910.

• Áustria: Mühlpeck et al., 1979: 676-679. Preços estabelecidos até 1914.

Mas acrescento um terceiro elemento. Esse período viu um enorme crescimento econômico, contendo tanto a primeira como a segunda revoluções industriais, que na verdade se centrou nos cinco países em discussão. Assim, suas economias poderiam crescer mais rápido do que seus estados, caso em que a importância econômica do Estado pode ter efetivamente diminuído. A tabela 11.3 investiga essa possibilidade expressando as despesas do Estado como uma porcentagem da economia nacional – do rendimento nacional, do Produto Nacional Bruto (PNB) ou da produção total de mercadorias.

Tabela 11.3 Despesas públicas como porcentagem do rendimento nacional ou do produto nacional, 1760-1910

Ano	Prússia-Alemanha RN Central	Prússia-Alemanha RN Todos	Grã-Bretanha RN Central a	Grã-Bretanha RN Central b	Grã-Bretanha RN Todos a	Grã-Bretanha RN Todos b	Grã-Bretanha PNB Central	Grã-Bretanha PNB Todos	Áustria PNB Central	Estados Unidos PNB Central	Estados Unidos PNB Todos	França PNB Central	França PNB Todos	França PM Central
1760	35		22											16
1770	23		11											9
1780	22		22											
1790	24		12		16									13
1800	23		19	27	29	36			17					12
1810			27	37	31	43			27					14
1820	19		20	23	24	28				2.3	4.2	12		14
1830	17		16	19	19	23	12	15		2.4	3.5	7		12
1840	12	14	12		14		11	13	9	1.5	4.0	8		12
1850	9	12	10		13		10	12	9	2.9	3.4	12		13
1860	8	12	11		13		9	10	11	1.8	4.5	9		13
1870	15	18	7		10		6	9	11	1.7	8.3	10	13	14
1880	4	13	8		11		6	9	11	1.7	5.9	7		14
1890	5	13	7		10		7	9	12	1.9	6.5	13	16	18
1900	5	14	9		16		8	14	13	4.5	7.9	14	18	19
1910	6	16					7	12	15	2.9	8.2	12	16	19
									17	2.9		11	15	15
										2.8				
										2.5				

Notas: No final dos séculos XVIII e XIX, o Produto Nacional Bruto excedeu o rendimento nacional em cerca de 15% e a mercadoria em 25%.

RN = Rendimento Nacional; PNB = Produto Nacional Bruto; PM = Produção de Mercadorias.

Fontes: Fontes de despesas e notas como na tabela 11.1

Produto Nacional Bruto, rendimento nacional e produção de mercadorias

• Prússia-Alemanha
- 1760-1800: Weitzel, 1967, tabela 1a, usando as extrapolações que ele sugere para os anos em falta.
- 1820-1910: Leineweber, 1988: 311-321, renda nacional a custos de fatores.

• Estados Unidos: Todos os anos: Mitchell, 1983: 886-889 (PNB).

• *Áustria*

- 1780-1790: Rendimento nacional: Dickson 1987, volume I, 136-137, estimando o rendimento nacional de 1780 em 357 milhões de florins (o ponto médio da sua estimativa), de 1790 em 410 milhões de florins. Não usei as próprias estimativas percentuais de Dickson. Elas dizem respeito às receitas ordinárias de tempos de paz, que foram inferiores às despesas reais.
- 1830-1910: PNB para o *Reichshalf* austríaco: Kausel, 1979: 692. Calculei 70% das despesas de Czoernig para 1830-1860. Depois de 1867 com a divisão do império, a Áustria contribuiu com 70% do orçamento conjunto e a Hungria com 30% (em 1908, a contribuição húngara aumentou para 36,4%, mas não ajustei o meu número de 1910).
• Grã-Bretanha: Estimativas do rendimento nacional: a) Deane e Cole, 1962: 166; b) Crafts 1983, extrapolando para 1770, 1790, 1810, 1820, 1830-1910.

PNB: Deane 1968: 104-105.

• *França:* PNB 1760-1790: Goldstone, 1991: 202. PNB 1800-1810 (calculado a partir dos números de 1781-1790 e 1803-1812): Markovitch, 1965: 192. Despesas para 1788, de Morineau, 1980: 315; para 1820-1910, de Uvy-Leboyer, 1975: 64. Produção de mercadorias = valor de mercado de produtos agrícolas e produtos industriais (ou seja, excluindo serviços). 1740-1767: Riley, 1986: 146 (1770 é, na verdade, 1765). 1790-1910: Marczewski, 1965: LXX.

Aqui, faço uma advertência: estimativas do tamanho das economias nacionais são ainda menos precisas do que os números das despesas. Os economistas não concordam sobre as melhores medidas e trabalham com fontes por vezes rudimentares, com diferenças entre países. Seus números agregam a produção, vendas ou rendimentos de determinadas indústrias, áreas ou ocupações, até setores econômicos inteiros. Nesse período, é particularmente difícil de estimar a produção do setor de serviços. Alguns historiadores econômicos enfrentam essas dificuldades estimando o lado da produção (PNB), outros o rendimento (rendimento nacional) e ainda outros omitem completamente os serviços (produção de mercadorias). Assim, a não ser que as diferenças sejam grandes, as comparações entre países são perigosas. Também desconfio de comparações de diferentes conjuntos de estimativas ao longo do tempo, uma vez que são frequentemente baseadas no uso de métodos diferentes. Por isso esses números não podem ser usados para fins sutis. Felizmente, a tendência geral é clara.

A tendência é marcante e surpreendente. Ao contrário – estou bastante confiante – das expectativas da maioria dos leitores, as atividades estatais *diminuíram* em proporção à atividade econômica nacional entre meados do século XVIII e o início do século XX. Os dados não são completos ou unânimes, mas a maioria aponta na mesma direção.

Os números britânicos são os mais completos. No século XVIII, variam entre níveis altos e médios, atingem um pico no início do século XIX, e depois diminuem de forma bastante estável. Estou, no entanto, um pouco cético quanto ao conjunto mais extremo dos números britânicos da tabela 11.3, coluna b, derivada da estimativa de Crafts (1983) sobre a renda nacional durante a Revolução Industrial. Seu ajuste para baixo das estimativas de Deane e Cole (1962) resultaria em todos os gastos do governo para 1811 (para os quais temos números exatos), totalizando 43% da renda nacional. Embora 1811 tenha sido um ano de grandes guerras, duvido que qualquer governo antes do século XX tivesse o poder infraestrutural necessário para expropriar essa proporção da renda nacional. Mesmo na Primeira Guerra Mundial, a mobilização maciça da economia do governo britânico, mais as forças armadas proporcionalmente maiores, expropriaram apenas 52%. Em algum momento o vício dos historiadores econômicos pelos números deve ceder diante da plausibilidade sociológica. No entanto, qualquer que seja a proporção exata da atividade do governo britânico, ela diminuiu substancialmente ao longo do longo século XIX.

A tendência é ainda mais acentuada para a Prússia-Alemanha. Seu governo central inicial sozinho gastou uma porcentagem substancialmente mais elevada do PNB do que todos os níveis de governo na Alemanha imperial posterior. O valor mais alto da Áustria também é inicial, em 1790 (mas os números de 1800 e 1810, se disponíveis, seriam sem dúvida mais altos). Não há uma tendência geral francesa, embora argumente mais tarde que os números disponíveis subestimam a atividade estatal durante as guerras revolucionária e napoleônica. Não houve praticamente crescimento algum do Estado federal dos Estados Unidos, com exceção do impacto da Guerra Civil sobre os números de 1870. Mas o que é impressionante nos Estados Unidos é a diferença comparativa suficientemente grande para ser confiável: a pequena escala do governo estadunidense em cada nível em comparação com os estados europeus. Como sugere a sabedoria convencional, os Estados Unidos realmente tiveram muito menos governo do que a Europa – como poderíamos esperar do regime capitalista-liberal identificado no capítulo 5.

É provável que os estados do final do século XVIII tivessem as mais altas taxas de extração fiscal que o mundo tinha visto antes das guerras do século XX. Obviamente, não podemos fazer boas estimativas do PNB em períodos anteriores, mas a maioria dos palpites coloca os gastos do Estado europeu antes do século XVII bem abaixo de 5% do produto ou renda nacional (BEAN, 1973: 212; GOLDSMITH, 1987: 189). O primeiro cálculo que podemos fazer é para 1688, quando Gregory King estimou o PNB na Inglaterra e no País de Gales. Seus números foram revisados por Lindert e Williamson (1982: 393). Extrapolei a estimativa deles para a Grã-Bretanha como um todo e depois dividi por gastos médios do Estado durante 1688-1692 (os primeiros anos para os quais há bons dados de gastos; cf. MITCHELL & DEANE, 1980: 390). Isso produz uma estimativa de que o Estado britânico extraiu 5,5% do PNB. Rasler e Thompson (1985) podem ter feito um cálculo semelhante, embora, infelizmente, não deem detalhes sobre seus métodos. Eles estimam as despesas em 5% do PNB em 1700.

King também estimou o PNB e as receitas holandesas para 1695, mas seu PNB é considerado muito baixo e suas receitas muito altas. Ele colocou as receitas do governo em 25% do PNB (Goldsmith (1987: 226) aceita isso pelo valor nominal), mas isso é muito alto. Extrapolar as receitas *per capita* para a província da Holanda (RILEY, 1980: 275), e sendo agnóstico em relação às duas escolas de pensamento sobre o PNB holandês, produz uma estimativa de receitas de 8% a 15% do PNB. Estou mais impressionado com as da escola de alto PNB (MADDISON, 1983; DE VRIES, 1984) do que com as que permanecem mais próximas de King (p. ex., RILEY, 1984). Finalmente, opto por cerca de 10% – em um país considerado muito tributado. Os estados do século XVII podem, portanto, ter gasto 5% a 10% do PNB, e isso provavelmente permaneceu verdade no início do século XVIII. Rasler e Thompson estimam os gastos britânicos em 9% do PNB em 1720, embora novamente sem explicação de métodos. Podemos colocar a despesa francesa em 1726 em cerca de 6,5% do PNB (despesa em MORINEAU, 1980: 315; PNB seguindo GOLDSTONE, 1991: 202). A partir de então, a despesa aumentou: Riley (1986: 146) estima para os anos de paz durante 1744-1765 em 8% a 10% e os anos de guerra em 13% a 17%.

Assim, a tendência ascendente do século XVIII revelada nas tabelas começou antes. A conclusão parece tão clara quanto fontes de dados imperfeitas podem permitir. Conforme medido pelas finanças, os estados expandiram rapidamente ao longo do século XVIII, antes de 1815, desempenhando sua maior função nas sociedades até a Primeira Guerra Mundial; então, no século XIX, eles declinaram. *A primeira grande mudança radical na vida do Estado – no seu tamanho – ocorreu no século XVIII.* Como o volume 3 mostrará, a próxima fase de crescimento em tamanho do Estado ocorreu em meados do século XX, começando durante a Primeira Guerra Mundial. Assim, o medo de Weber da *superpotência* do Estado não refletiu a realidade ao longo da sua própria vida. Ou estava respondendo à Primeira Guerra Mundial ou era notavelmente presciente (ele morreu em 1920). Da mesma forma, as histórias para o alto e avante de um Estado cada vez maior, cada vez mais ameaçador à sua sociedade durante o período do capitalismo industrial estão erradas. Embora o tamanho financeiro absoluto dos estados crescesse a preços correntes e a maioria também crescesse modestamente em termos reais *per capita*, o tamanho fiscal do Estado em relação à sociedade civil estava então estático ou em declínio.

Essa é uma descoberta tão importante e contraintuitiva que pode parecer necessário dispensar algum tempo avaliando melhor as fontes de dados e métodos para verificar a fiabilidade e validade dos dados, mas não farei isso. A tendência descendente é quase certamente real porque é facilmente interpretável e porque se encaixa bem com outras tendências. O que veremos são duas tendências contrárias do século XIX que não se anulam completamente uma à outra: um grande aumento das funções civis do Estado foi mais do que contrabalançado na maioria dos países por uma maior diminuição do seu militarismo.

Por que a cristalização militar tradicional do Estado diminuiu, depois de subir no século XVIII? Três razões explicam a tendência geral de queda e as exceções na tabela 11.3. Em primeiro lugar, as despesas do Estado variaram, tal como ocorreu durante milênios, conforme o país se encontrava em paz ou em guerra, sempre disparando com o início da guerra. Isso só em parte é revelado pela tabela 11.3, que de certa forma obscurece o papel da guerra nas finanças públicas austríacas e estadunidenses. Na Áustria, o valor mais alto da despesa foi em 1790, ocasionado pela necessidade de combater as revoltas em Flandres e na Hungria. Mas as duas décadas seguintes, lutando contra Napoleão, revelariam números ainda mais elevados se as estimativas do PNB estivessem disponíveis. Os Estados Unidos estiveram em paz durante todos os anos listados na tabela. Se acrescentássemos as despesas para o período da Guerra Civil, então deveríamos encontrar o habitual efeito foguete. Em 1860, de acordo com a tabela 11.1, os gastos federais dos Estados Unidos eram de 72 milhões de dólares. Em 1864-1865, as duas facções beligerantes haviam saltado trinta vezes, para US$ 1,8 bilhão – as da União para US$ 1,3 bilhão em 1865, dos quais as despesas militares contribuíram com 90% (U.S. BUREAU OF THE CENSUS, 1961: 71), e as da Confederação para pouco menos de US$ 500 milhões em 1864 (TODD, 1954: 115, 153). Esse total excedeu em muito as despesas federais em todos os anos seguintes (apesar do grande crescimento da população e da riqueza nacional) até 1917, durante a Primeira Guerra Mundial. Depois absorveu 28% do PNB. Como revela a tabela 11.3, essa era a média dos estados envolvidos em grandes guerras. A paz normalmente tornava o Estado americano insignificante; as guerras de repente conjuravam gigantes.

A tabela 11.3 também mostra o impacto da guerra sobre os outros estados. Para Prússia-Alemanha, a maior despesa, em 1760, envolveu A Guerra dos Sete Anos, e a ascensão de 1870 foi para a Guerra Franco-prussiana, que deu o maior gasto real *per capita* encontrado na tabela 11.2. Para a Grã-Bretanha, os picos do século XVIII de 1760 e 1780 envolveram a Guerra dos Sete Anos e a Revolução Americana, enquanto que os enormes números para 1800 e 1811 indicam o fardo pesado das Guerras Napoleônicas. Para a França, o pico inicial é 1760, a Guerra dos Sete Anos, mas os custos da Revolução e das Guerras Napoleônicas não se refletem nos números de 1800 e 1811, porque a França foi subsidiada pelos seus países ocupados. Entre 1740 e 1815, a maioria dos estados travou grandes guerras durante dois terços do tempo, envolvendo exigências progressivamente maiores em termos de força de trabalho, tributação e produção agrícola e industrial. Seus estados se tornaram militarizados. Dizer isso da Prússia deve ser inteiramente convencional, e Brewer (1989) o disse enfaticamente da Grã-Bretanha constitucional; mas isso precisa ser dito de *todos* estados tardios do século XVIII. Os estados iniciaram o processo de modernização como pouco mais do que elaboradas redes de sargentos instrutores, recrutando oficiais, grupos de recrutamento forçado e funcionários fiscais correspondentes.

O século XIX não pôs fim a tais atividades estatais. Imediatamente depois do meu período atual terminar, a Guerra Mundial teve mais efeitos normais. Em 1918, as despesas totais do governo britânico dispararam para 52% do PNB, e os custos militares e da dívida de guerra contribuíram com mais de 90% das despesas (PEACOCK & WISEMAN, 1961: 153, 164, 186). Não é fácil calcular o PNB francês durante a guerra, mas os custos militares e da dívida de guerra também contribuíram com 90% do orçamento de um Estado imensamente inflacionado (*Annuaire Statistique de la France*, 1932: 490-491.) Aumentos similares ocorreram na Alemanha e provavelmente na Áustria (cujos números sobrevivem apenas durante o primeiro ano completo de guerra; cf. OSTERREICHES STATISTISCHES HANDBUCH, 1918: 313). Apenas os Estados Unidos escaparam levemente durante a Primeira Guerra Mundial, sua parcela do governo central no PNB triplicou, mas apenas de 2% a 6% entre 1914 e 1919.

Isso aponta diretamente para a principal causa do declínio relativo do Estado do século XIX: a frequência e a duração das guerras europeias foram elevadas no século XVIII e depois diminuíram entre 1815 e 1914. Nada na Europa se assemelhava ao impacto da Revolução Francesa e das Guerras Napoleônicas. Nada se equiparava às lutas de meados do século XVIII – a Guerra da Sucessão Austríaca e a Guerra dos Sete Anos. As guerras austro-prussiana e franco-prussiana envolveram grandes exércitos, mas apenas por curtos períodos. A Guerra da Crimeia não afligiu severamente a França ou a Grã-Bretanha; nem suas campanhas perenes nos seus impérios (embora todas tenham tido impacto nos gastos do Estado durante os anos relevantes). Apenas os Estados Unidos travaram uma guerra (civil) comparável às anteriores. Isso explica em grande parte por que as despesas diminuíram na Áustria, Grã-Bretanha e Prússia-Alemanha e aumentaram nos Estados Unidos.

A segunda causa das tendências indicadas na tabela 11.3 foi que os desenvolvimentos em táticas militares, organização e tecnologia diminuíram os custos do exército em tempo de paz no século XIX. O sucesso de Bonaparte em enviar massas relativamente destreinadas com armas ao inimigo significou que as habilidades dos soldados diminuíram. Menos soldados profissionais eram necessários. O exército permanente em tempo de paz consistia num quadro de profissionais permanentes mais coortes rotativas de jovens recrutas e reservistas reconvocados. Isso podia se expandir rapidamente no início da guerra. Em meados do século XVIII, os exércitos prussianos, austríacos e franceses dobraram após alguns meses de guerra; nas Guerras Napoleônicas e nas guerras austro-prussianas e franco-prussianas, eles aumentaram quatro a cinco vezes. Na Primeira Guerra Mundial, essa tendência continuou, aumentando oito vezes depois de dois anos de guerra. Esses desenvolvimentos do exército não se aplicaram às marinhas, que se mantiveram profissionais. Assim, a Grã-Bretanha, predominantemente uma potência naval, obteve menos economias em tempo de paz. Exploro a natureza mutável do militarismo de Estado no capítulo 12.

A terceira causa das tendências reveladas na tabela 11.3 era tradicional. O efeito da guerra nos gastos do Estado continuou em tempo de paz, como tinha acontecido durante a maior parte do milênio anterior. Os estados contraem empréstimos em tempo de guerra e, quando a guerra termina, têm de pagar a dívida. Depois das Guerras Napoleônicas, as despesas militares britânicas diretas diminuíram, mas o pagamento da dívida de empréstimos de guerra absorveu uma elevada proporção do orçamento por mais cinquenta anos. Como mostra a tabela 11.3, a despesa do governo britânico em relação ao rendimento nacional e ao PNB diminuiu lentamente, atingindo seu nível mais baixo apenas em 1870. Se as guerras são frequentes, como eram na maior parte da Europa entre 1740 e 1815, ou como na Áustria do século XIX, o fim da guerra só ocorreu a tempo para a guerra seguinte. Apenas o século XIX permitiu que a maior parte dos estados atingisse totalmente seu nível mais baixo.

Combinadas, essas três razões militares explicam as principais tendências discerníveis na tabela 11.3. Na realidade, seu poder explicativo levanta a questão de saber por que razão as despesas do Estado não diminuíram mais drasticamente. A resposta é que os estados estavam gastando cada vez mais em outros papéis civis (cf. GREW, 1984). A tabela 11.4 detalha a proporção das despesas do governo central para funções civis e militares e de todas as despesas governamentais (central mais local-regional) para funções civis (o governo local-regional incorreu em poucos custos militares). O residual, não indicado na tabela, são despesas de pagamento da dívida. O endividamento ofusca um pouco a distinção entre despesas militares e civis, pois durante o século XIX os empréstimos passaram do financiamento de guerras para o pagamento de grandes projetos de capital público, como ferrovias e escolas. No caso da Alemanha, as fontes estatísticas dão a finalidade exata de cada dívida e podemos corrigir essa subavaliação. Mesmo sem essa correção, porém, a tabela revela uma clara tendência secular.

Todas as colunas revelam que as despesas civis aumentaram relativamente ao longo do período. Em 1911, entre 60% e 80% de todas as despesas governamentais foram para funções civis. A adição da dívida civil aumenta o total alemão de 67% para 75% (LEINEWEBER, 1988: 312-316), de modo que a verdadeira faixa para o total das despesas civis entre todos os estados é de cerca de 70% a 85%. Para o início do período, não podemos produzir um número claro devido à falta de dados dos governos local e regional. Mas as tendências dos dados disponíveis me levam a supor que a faixa em meados do século XVIII era apenas ligeiramente superior aos números do Estado central apresentados na tabela – ou seja, eles estariam na faixa de 15% a 35%. *Esse aumento percentual das despesas civis – de cerca de 25% na década de 1760 para cerca de 75% na década de 1900 – indica uma segunda mudança radical no âmbito do Estado moderno, sem paralelo na história.* Esse crescimento foi bastante estável a partir de meados do século XIX. Não foi muito afetado pelo ciclo econômico: a grande depressão agrícola de 1873 não teve grande impacto (como a teoria da crise de Higgs poderia sugerir). Tampouco, como veremos, as despesas que mais aumentavam eram aquelas normalmente associadas às respostas às crises, como o gasto com bem-estar.

Tabela 11.4 Porcentagens de todos os orçamentos governamentais destinados a despesas civis e militares, 1760-1910

Ano	Áustria Central Civil	Áustria Central Militar	Prússia-Alemanha Central Civil	Prússia-Alemanha Central Militar	Prússia-Alemanha Todos Civil	França Central Civil	França Central Militar	França Todos Civil	Grã-Bretanha Central Civil	Grã-Bretanha Central Militar	Grã-Bretanha Todos Civil	Estados Unidos Central Civil	Estados Unidos Central Militar	Estados Unidos Todos Civil
1760			9	86		14	50		6	75				
1770			9	90					15	39				
1780	28	51	8	84					7	66				
1790	21	62	25	75		24	33		13	31	36	26	19	
1800	14	61	22	74		21	27		5	31	36	12	56	60
1810	15	57				24	64		11	59		16	49	
1820	33	35	45	38		9	75		17	29	31	16	56	60
1830	35	33	50	34		48	25		18	28	31	34	65	66
1840	35	33	53	35		47	30		19	26	31	34	65	72
1850	34	47	48	37		49	34		22	27	35	42	49	75
1860	39	51	49	36		29	35		34	25	41	49	46	79
1870	46	24	22	40	35	17	39	49	28	32	50	24	35	81
1880	45	19	15	82	63	32	26	54	35	53	61	24	41	80
1890	39	19	25	78	65	39	30	50	37	36	59	34	55	75
1900	47	17	35	59	64	32	34	54	36	48	65	28	64	74
1910	60	16	40	52	67	36	38	59	47	40	68	29	68	79
						40	37							

Nota: Despesas civis + despesas militares + cobranças de dívida (não listados aqui) = 100%.

Fontes: Cf. tb. tabela 11.1.

• Áustria
 - 1780-1860: Czoernig, 1861: 123-127.
 - 1870-1910: Wysocki, 1975: 109-113; Wagner, 1987: 300, 590-591; Mischler e Ulbrich, 1905, volume II, 95 (apenas o *Reichshalf* austríaco). Isso por vezes envolve recalcular os números da fonte. Todos os números de 1870 e 1910 e despesas totais de Wysocki; despesas militares de Wagner, recalculadas para excluir a contribuição militar húngara para o exército conjunto e para a força de reserva Honved. Números da dívida 1880-1900 de Mischler e Ulbrich. Despesas civis = o residual. Portanto, os números austríacos devem ser tratados com alguma cautela.

• Prússia-Alemanha: 1820-1870 = Prússia; 1880-1910 = Alemanha.
 - 1760-1860: Riedel, 1866, tabelas XV, XVI, XVIII, XX.

- 1820-1910: Andic e Veverka, 1963-1964: 262; Leineweber, 1988: 312-316. Ajustei seus números de 1820-1870 para eliminar *custos da dívida civil* dos gastos civis (para fazer os números alemães comparáveis aos de outros países).
• França
- 1760: Riley, 1986: 56-57, 138-148 (o ano é 1761).
- 1780-1790: Morineau, 1980: 315, apenas despesas ordinárias (provavelmente superando as despesas civis em cerca de 30%) para os anos de 1775 e 1788.
- 1800-1820: Marion, 1927, volume 4, 234, 238, 241-242, 325; 1928, volume V, 14, 19; Block, 1875, volume I: 495-512. 1.800 orçamentos médios para 1801, 1802, e 1803, que todos alocam 23-25% para despesas civis. 1810 é, na verdade, 1811; 1820 é um conjunto de itens dos orçamentos de 1821 e 1822, para os quais existem números disponíveis e apenas é aproximado.
- 1830-60: *Annuaire statistique de la France*, 1913; Block, 1875, volume I: 491-493.
- 1870-1910: Delorme e Andre, 1983: 722, 727.
• Grã-Bretanha: Fontes do governo central como para a tabela 11.1. Mitchell e Deane dão apenas os *principais itens constituintes* do orçamento. Assumi que os diversos itens residuais são todos civis. Em 1860, esses itens equivalem a 12% do orçamento total; em todos os outros anos, a muito menos. Governo local, 1790: número inglês de Veverka (1963: 119); outros governos locais de Mitchell e Deane (1980): tabelas das finanças públicas. Dados completos disponíveis a partir de 1880 (na realidade 1884). Procedimentos de estimativa para os anos anteriores: 1820-1860 mais receitas legais, Inglaterra e País de Gales mais receitas do condado da Inglaterra, País de Gales mais 12,5% de despesas escocesas adicionais. Note que Veverka (1963: 119) estima as despesas do Reino Unido em 34% para 1840 e 47% para 1890.
• Estados Unidos: Fontes como para a tabela 11.1. Pagamentos a veteranos contados como despesas militares. Assumo que não há despesas militares dos governos locais (os governos estaduais financiaram a guarda nacional).

Exceto pela Áustria, a maior parte do crescimento civil ocorreu no nível dos governos local e regional. Uma divisão do trabalho foi delegada: a maioria das novas funções civis foi delegada para governos locais ou regionais, com o Estado central mantendo seu militarismo histórico. Os estados centrais menores permaneceram a maior parte militares. O caso extremo é o dos Estados Unidos pós-guerra civil, cujo pequeno Estado federal era predominantemente militar, mesmo em 1910. Os estados centrais de tamanho moderado, os britânicos, franceses e alemães, estavam divididos de forma bastante equitativa entre as funções civis e militares. Nas terras austríacas, como vimos no capítulo 10, o fracasso em chegar a um acordo constitucional com as províncias significou que o governo central dos Habsburgos manteve a maior parte dos seus poderes e a maior parte das novas funções civis (depois de 1867, partilhadas com o governo central húngaro em Budapeste).

A divisão de funções entre central e local variou entre os países. O governo federal americano gastou menos do que os governos locais e estaduais desde o primeiro ponto para o qual há bons números disponíveis. No Reich alemão, o governo local-regional rapidamente ultrapassou o governo central, mas isso teve um significado distintivo. O maior dos *Länder* regionais, a própria Prússia, gastou mais dinheiro do que o governo do Reich central, mas em certo sentido era também o Estado *alemão*. Em ambos os países, a disparidade não foi invertida até o envolvimento na Segunda Guerra Mundial. Os estados centralizados austríacos, britânicos e franceses excederam as despesas regionais e locais durante todo o período. A coordenação também diferiu. Nos países centralizados Grã-Bretanha e França, todos os níveis de governo começaram a coordenar suas atividades no final do século XIX e as contas local-regionais foram submetidas ao governo nacional. Na Alemanha parcialmente federal, a coordenação e a contabilidade sofreram um pequeno atraso. Na Áustria confederal, era mais particularista, variando por província e *Reichshalf*. Nos Estados Unidos, o governo federal tinha pouco contato com o governo estadual ou local e nada sabia de suas contas durante todo esse período. A coordenação teria sido considerada uma violação das liberdades e rejeitada pela Suprema Corte. Os estados variavam substancialmente, o que chamo de suas cristalizações *nacionais* – o quão centralizados ou confederados estavam.

Essas variações tornam as semelhanças nas tendências gerais ainda mais notáveis. Como Grew (1984) observou, o alargamento do escopo ocorria em todos os estados europeus, de constituições e níveis de desenvolvimento econômico muito diferentes. O século XIX introduziu grandes despesas governamentais não militares. Em contraste com séculos anteriores, as despesas civis aumentaram em períodos de paz, em vez de serem, como no passado, um subproduto da guerra. Em 1846, as despesas civis do Estado central britânico eram mais ou menos o que tinham sido em 1820 e em cada ano intermediário. Mas a partir de 1847 um aumento constante ocorreu em quase todos os anos, de guerra ou de paz. O padrão é confirmado em todas as estatísticas nacionais disponíveis. A guerra já não era a única catraca de crescimento do Estado.

Podemos estabelecer datas simbólicas para a transição no Estado central: o ponto em que as despesas civis ultrapassam as militares pela primeira vez, controlando os efeitos do pagamento da dívida. Nas contas, isso ocorreu já em 1820 na Prússia, embora isso seja enganoso, já que o exército foi usado na administração principal e foi parcialmente financiado a partir de então. Mas a Grã-Bretanha atingiu essa posição na realidade em 1881 – provavelmente a primeira vez em toda a história dos estados organizados que o maior poder de uma era dedicou mais das finanças do seu Estado central à atividade pacífica do que à guerra. O Estado central continuou a ser uma máquina de fazer guerra, mas agora também era pelo menos metade civil. Podemos começar a jornada em direção a um modelo polimórfico do Estado moderno (como prometido no capítulo 3) rotulando esse Estado meio militar, meio civil como um *Estado diamorfo*. Como tal, foi novidade na história mundial dos grandes estados de sucesso. Não vimos esse Estado no volume 1. No final do século XIX e início do século XX, um Estado assim não era meramente um Estado isolado arriscando sua sobrevivência ao diminuir suas forças armadas como a Saxônia ou a Polônia fizeram antes suas. *Todas* as grandes potências fizeram isso, assim como potências menores como Bélgica, Noruega e Suécia (*Annuaire Statistique de la Belgique*, 1895; WOYTINSKY & WOYTINSKY, 1955; *Norges Offisielle Statistikk*, 1969, tabela 234; THERBORN, 1978: 114-116).

A semelhança é impressionante. As potências menores eram ligeiramente menos militaristas do que as maiores, enquanto o governo total dos Estados Unidos era um pouco menos militarista e seu governo central muito mais militarista do que entre as grandes potências europeias. Mas essas são as únicas diferenças significativas. Há pouco apoio aqui ou nas estatísticas de pessoal dadas mais tarde pela noção frequentemente expressa de que os estados austríaco, alemão ou francês eram, de alguma forma, de tamanho exagerado. Citei Marx anteriormente sobre a França, Kennedy (1988: 217) argumenta assim sobre a Áustria do século XIX, e Bruford (1965: 98-99) e Blanning (1974: 11-15) argumentam assim sobre os estados alemães do século XVIII. Nem dados fiscais ou de pessoal lidam amavelmente com tais estereótipos.

Eu também qualifico o argumento de Davis e Huttenback (1986), repetido por O'Brien (1988), de que no final do século XIX os compromissos militares do Império Britânico eram peculiarmente drenantes. As despesas *per capita* britânicas eram as mais elevadas, mas também o eram as despesas do Estado civil. A Grã-Bretanha era o país europeu mais rico e podia pagar os dois, como Kennedy (1989) também observa. Como proporção do PNB, nem as despesas britânicas civis ou militares diferiram significativamente das de outros países europeus. Até 1910 as despesas militares, como proporção do PNB, variaram: 4,1% na França, cerca de 2,9% na Alemanha, 2,8% na Grã-Bretanha, 2,7% na Áustria, com os Estados Unidos a 1,2%[17]. A França (tal como a Rússia) pressionava seus recursos econômicos para manter seu estatuto de potência principal, enquanto o isolamento hemisférico aliviava a pressão sobre a América. Esses são os únicos desvios de uma norma de grande potência.

Vimos duas grandes mudanças drásticas na vida do Estado moderno. Um Estado militarista maciço chegou no século XVIII, metamorfoseando-se num Estado civil-militar diamorfo no final do século XIX. Os estados do século XVIII foram os primeiros a penetrar completamente nos seus territórios – com redes de recrutamento de oficiais e assessores e cobradores de impostos. Embora esses permanecessem, já não eram simplesmente o *Estado*, mas sim instituições estatais partilhadas com um bando de funcionários civis.

---

17. Estes números não são diferentes dos cálculos de Hobson (1991) das despesas militares como porcentagem do rendimento nacional: França 4,0%, Alemanha 3,3%, Grã-Bretanha 3,0%, Estados Unidos 1,1%, e com a Rússia na faixa de 3,5% ou 3,8%.

O escopo do Estado

A mudança das despesas (e também do pessoal) de atividades militares para civis parece incomumente um alargamento do âmbito do Estado (como Grew (1984) enfatiza). Que funções civis cresciam? Os dados não são facilmente comparáveis a esse nível de detalhe. Só posso ser semissistemático para o período de 1870-1911. Felizmente, foi aqui que quase todo o crescimento civil ocorreu.

O Estado tradicional dominado pela guerra também tinha cumprido três funções civis principais. (O capítulo 4 mostra que também gerou uma legislação local muito particularista.) O seu coração tinha sido a casa e a corte do monarca; seus tendões, o aparato fiscal necessário para suportar suas atividades militares; e sua cabeça, a administração da lei e da ordem. Em meados do século XVIII, esses três desembolsaram mais de 75% das pequenas despesas civis dos estados austríacos, franceses e britânicos. (Falta-nos um colapso prussiano, e os Estados Unidos ainda não existiam.) No entanto, a tabela 11.5 mostra que esses tinham diminuído em 1910 para entre 5% e 20% das despesas civis, uma mudança notável. Depois de 1870, eles aumentaram em termos monetários (embora não na França), mas não em termos reais ou relativos. Na verdade, pode ter havido menos coletores de receita em 1911 do que em 1760; as famílias reais e as cortes também ficaram menores – e abolidas nos Estados Unidos e na França; e embora as forças policiais civis estivessem agora substancialmente, os funcionários legais não estavam.

A tabela 11.5 mostra que essas funções tradicionais do Estado tinham sido ultrapassadas em toda parte por duas áreas principais de crescimento, a educação e o transporte, seguido de dois menores, os serviços postais e telegráficos e *outros serviços econômicos* – principalmente atividades ambientais e subsídios agrícolas e industriais. Isso foi notavelmente semelhante em todos os países, embora a divisão de funções entre governo central e local-regional diferisse consideravelmente.

O aumento das despesas centrais britânicas foi essencialmente coadjuvante ao crescimento da alfabetização discursiva – educação, correios e telégrafo. Em 1901, esses contribuíram com 70% do total das despesas civis. As despesas local-regionais foram lideradas por comunicações tanto simbólicas como materiais, educação e rodovias. Nos orçamentos franceses, a educação, os serviços postais e telegráficos, e as estradas, pontes e docas também predominaram; nos orçamentos americanos, educação, rodovias e serviços postais lideravam, sendo apenas o serviço postal uma responsabilidade federal. Entre os estados americanos individuais, sem dúvida, a maior expansão foi na educação (HOLT, 1977).

Tabela 11.5 Aumento percentual dos itens da despesa civil, 1870-1910, e sua contribuição percentual para o orçamento total do Estado em 1910

	Áustria Central		França Central		Alemanha Todos os governos		Grã-Bretanha Todos os governos		Estados Unidos Todos os governos		Estados Unidos Governo estatal
	Inc.	Cont.	Inc.	Cont.	Inc.	Cont.	Inc.	Cont.	Inc.	Cont.	Inc.
Administração/lei e ordem	11	6	(33)	14	42	21	21	6		11	183
Educação	67	3	429	9	248	19	531	19		18	400
Bem-estar, outros			70	3	151	10	152	8		5	432
Transporte	398	29	34	9	89	11	338	12		17	238
Outros serviços econômicos	14	2	83	2	188	2	385	14		13	
Correios e telégrafos	74	6					259	8		8	
Outros		14		1		4		0		8	

Nota: Números entre parênteses indicam diminuição.

Fontes: Cf. tb. tabela 11.1.

- Áustria: Wysocki 1975: 230-241. Números para o *Reichshalf* austríaco. A grande categoria *outros* deriva da natureza incompleta da apresentação de Wysocki. Suspeito que a maioria das *outras despesas* foram desembolsadas pelo Ministério das Finanças para vários outros departamentos.
- Grã-Bretanha: O período coberto é 1880-1910: os números disponíveis apenas para o período de 1880 (1884 para alguns itens) a 1910 e para o governo central do Reino Unido mais o governo local para a Inglaterra e País de Gales. Portanto, esses números exagerarão ligeiramente a contribuição percentual dos itens fornecidos principalmente pelo governo central (ou seja, serviços postais). Eles também subestimam os custos administrativos, uma vez que esses não são apresentados separadamente para o governo local.
- Estados Unidos: Contribuição para as despesas dos governos federal, estadual e local de 1913 dos Estados Unidos em 1976, tabela Y533-66. Apenas o aumento durante o período 1870-1900 no nível do governo estadual está disponível – calculado a partir de Holt, 1977.

Na Alemanha, a educação foi novamente a maior área de crescimento, seguida de subsídios estatais e da propriedade de várias empresas, incluindo as ferrovias. Aqui, as ferrovias desempenharam um papel distinto no maior governo do país, o governo regional prussiano, absorvendo pouco menos da metade das suas despesas totais (e um pouco mais das suas receitas, como vemos mais adiante). As ferrovias absorveram a maior parte do orçamento civil austríaco, apoiado (como na Alemanha) por despesas com outras empresas estatais e privadas. Um padrão semelhante emerge entre as potências menores: na Noruega e na Bélgica, as ferrovias e outras empresas estatais e a educação lideraram. Lembre-se que essas são despesas *brutas*; as indústrias nacionalizadas também trouxeram receitas, muitas vezes lucros. Considero isso mais tarde.

Esses orçamentos revelam três formas de crescimento: o primeiro universal, os outros dois mais variáveis – mais variáveis do que Grew (1984) reconhece:

1) O principal crescimento em toda parte foi no que chamo de funções estatais *infraestruturais* (assim como Wysocki (1975) comenta sobre o crescimento austríaco). As infraestruturas permitiram aos estados estenderem as comunicações materiais e simbólicas aos seus territórios. Em termos fiscais, essa foi facilmente a maior e mais universal extensão das funções do Estado durante o período.

2) No entanto, os estados variavam significativamente na medida em que *nacionalizavam* as infraestruturas materiais e os recursos, especialmente as ferrovias. O Reino Unido, os Estados Unidos e a França não o fizeram, embora os tenham regulamentado e muitas vezes subsidiado; a França era proprietária da via, embora não do material circulante; alguns estados administravam as ferrovias e outros também administravam muitas outras empresas.

3) A tabela 11.5 também apresenta os inícios variáveis do *Estado de Bem--estar Social,* especialmente na Alemanha. O governo local há muito tempo que fornecia um alívio aos pobres (cujo nível geral é geralmente obscurecido por registros inadequados de sobrevivência). Alguns governos centrais há muito tempo que providenciavam assistência social a veteranos militares (cujo nível é obscurecido pela minha apresentação dos dados). Então, os estados centrais começavam a proporcionar os primeiros direitos de cidadania social.

O capítulo 14 analisa e explica esses três aumentos no âmbito civil. Mas me deixe fazer uma observação preliminar aqui: pelo menos em comparação com as funções civis históricas do Estado, eles podiam ser extensões de escopo consensuais muito populares, pelo menos entre a maioria dos atores com poder político nesse período. Das antigas funções do Estado, os exércitos e a ordem pública contiveram um militarismo nacional considerável; os exércitos e as marinhas também foram utilizados no estrangeiro para a glória privada do governante e dos antigos regimes; e os gastos da corte eram para seu consumo privado. Mas as novas despesas com infraestruturas podiam ser plausivelmente reivindicadas como úteis tanto para o desenvolvimento econômico como militar; enquanto as despesas com o bem-estar podiam supostamente contribuir para o bem-estar do povo como um todo. O maior alcance do Estado moderno poderia ser mais consensual do que o menor alcance do Estado tradicional. Discuto esse argumento no capítulo 14. Mas, é claro, o consenso dependeria de como era financiado.

Receitas e representação

As receitas do governo já figuravam de forma proeminente na minha narrativa das lutas políticas, como o foram no volume I[18]. As tentativas de aumentar ou racionalizar as receitas provocaram revolução na França e na América, revoltas nacionais na Áustria e reformas na Grã-Bretanha; enquanto a capacidade da Prússia de se contentar com as receitas tradicionais lhe permitiu minimizar tanto a reforma como a revolução. No final do século XVIII e no início do século XIX, a política *era* uma luta fiscal, como já era há séculos.

Essa intensa relação político-fiscal enfraqueceu consideravelmente durante o século XIX. Como acabamos de ver, um século em grande parte pacífico, mais a expansão da economia capitalista, reduziu a pressão fiscal. Os estados precisavam de proporcionalmente menos receitas do que tinham anteriormente (como Webber e Wildavsky (1986: 207) também notam). A extração geralmente trouxe murmúrios, e não uivos, de protestos baseados em princípios (exceto na problemática Áustria). Como o sofrimento diminuiu, ocorreu algo que teria surpreendido revolucionários e reacionários anteriores da mesma forma. As democracias partidárias se mostraram mais receptivas a esse nível mais baixo de extração de renda do que as monarquias. Os parlamentos podiam examinar as contas constitucionalmente apresentadas a eles, concordar que certos recursos eram necessários, debater alternativas e votar as receitas. A representação tornou a extração moderada de receita mais consensual. Os monarcas tinham que viver sob restrições mais particularistas, aceitando os rendimentos dos impostos honrados pelo tempo e as isenções fiscais dos seus aliados políticos. Em teoria, eles poderiam tributar como quisessem, mas na prática – como enfatizei o tempo todo – a monarquia envolveu uma contínua negociação faccional. Talvez as monarquias permanecessem mais presas na política de crise fiscal do que as democracias partidárias. Mas a salvação veio de uma fonte inesperada.

A tabela 11.6 revela a tendência geral nas fontes de receitas brutas extraídas pelos estados centrais. Três pontos preliminares devem ser destacados:

---

18. A melhor história geral de receitas estatais é dada por Webber e Wildavsky (1986). Seus capítulos 6 e 7 discutem esse período. Cf. tb. Ardant (1975) e Woytinsky e Woytinsky (1955: 713-733). No entanto, todos seus valores de receitas são menos abrangentes e fiáveis do que os dados aqui apresentados. Hobson (1991) fornece a melhor análise comparativa das receitas para o período de 1870-1914.

Tabela 11.6 Porcentagem das receitas do Estado provenientes dos impostos diretos e indiretos e da propriedade estatal, 1760-1910

	Áustria			Grã-Bretanha			França			Prússia			Estados Unidos		
Ano	Dir.	Ind.	Prop. est.	Dir.	Ind.	Prop. est.	Dir.	Ind.	Prop. est.	Dir.	Ind.	Prop. est.	Dir.	Ind.	Prop. est.
1760	53	35	12	26	69	4	48	45	7						
1770	48	33	19	16	70	4									
1780	41	37	23	20	71	5	41	49	10						
1790	27	36		18	66	9	35	47	18						
1800	29	45		27	52	12									
1810	30	42		30	57	11									
1820	44	50	6+	14	68	16				36	33	30			
1830	39	45	16	10	73	17	40	22	38						
1840	25	49	29	8	73	19	c30			24	34	41	10	62	26
1850	29	44	22	18	65	16	c28			22	32	46	5	71	21
1860	27	42	35	18	64	16	c23						18	42	37
1870	35	30	26	26	59	12	26	31	44	20	24	55	23	58	20
1880	32	31	37	25	61	16	21	38	41	17	25	58	26	54	18
1890			26	50	18	18	36	42	8	30	62	16	15	58	16
1900	28	20	42	27	47	22	21	36	43	7	28	65	64	67	17
1910	28	29	43	(44)	(36)	(17)	22	33	45	9	22	69	16	58	26

Notas: Os números austríacos, britânicos e franceses referem-se apenas ao governo central. Os números prussianos e americanos combinam números do governo central e regional, como explicado no texto e nas tabelas A.6 e A.12 do apêndice. Para os estados americanos, os impostos das empresas foram incluídos nos impostos diretos. Os números britânicos para 1910, na verdade, são de 1911. Os números de 1910 também são apresentados na tabela A.7 do apêndice.

Fontes: Cf. as tabelas para países individuais nas tabelas A.6-A.12 do apêndice.

1) *Bruto* significa que, sempre que possível, os custos de captação foram adicionados ao lucro gerado por uma fonte de receita (que é receita líquida). Isso significa que às vezes me desviei de estatísticas mais comumente usadas – por exemplo, somando as despesas totais dos Correios dos Estados Unidos ao lucro, o que só aparece nas fontes habituais para as estatísticas de receitas dos Estados Unidos.

2) *Ordinário* significa que excluí todos os empréstimos (e os excedentes ocasionais de anos anteriores) do cálculo. A exclusão de empréstimos está longe de ser ideal, mas os dados de origem dos empréstimos variam muito entre os países e são muitas vezes incompletos. No entanto, os dados disponíveis sobre os empréstimos revelam uma tendência: os empréstimos eram mais frequentes na parte inicial do período porque as guerras eram mais frequentes. Eles reavivaram durante o financiamento do *boom* ferroviário de meados do século, e depois declinaram, aparecendo apenas em momentos de crise (mais frequente na Áustria do que em qualquer outro lugar). O empréstimo e a emissão de moeda – então normalmente papel-moeda – se tornou menos um recurso *ad hoc* para os agiotas, ricos aliados estrangeiros, e rebaixamento das moedas do que uma sistemática e consciente tentativa de financiar despesas por meio de uma ligeira expansão inflacionista. A política indicou uma consciência limitada da existência de um *sistema* econômico e (juntamente com a política tarifária) um sentido mínimo de responsabilidade econômica do Estado. Enquanto a economia cresceu, o que geralmente aconteceu, a política funcionou bastante bem em fornecer quantias moderadas de dinheiro de modo indolor. Assim, a tabela 11.6 omite outro analgésico fiscal menor, mas útil.

3) Embora os meus dados austríacos, britânicos e franceses sejam descomplicados, os dados americanos e prússio-alemães apresentam problemas. Os Estados Unidos e a Alemanha (depois de 1871) tinham regimes federais nos quais receitas específicas eram constitucionalmente transferidas para o governo central – quase exclusivamente impostos alfandegários e especiais de consumo especificados. No entanto, seus governos regionais tiraram partido dos vários recursos encontrados em todos os níveis de governo em outros países. Portanto, comparar as fontes de receita do governo central da Alemanha e dos Estados Unidos com os dos outros países produziria resultados inteiramente artificiais. Devemos também incluir os dados dos seus governos locais e regionais. Na Alemanha, a minha solução na tabela 11.6 é continuar a contar os dados da receita prussiana depois de 1871 (quando a Prússia se tornou um dos governos regionais *Länder* do novo Reich) e acrescentar a isso a contribuição prussiana estimada para a receita do Estado do Reich federal. Essas duas somas estão separadas na tabela A.9 do anexo. A Prússia era, afinal, o Estado relevante antes de 1871 e ainda compreendia quase dois terços da Alemanha depois disso. Nos Estados Unidos não havia um governo estadual

tão dominante como a Prússia, por isso calculei os números *per capita* para os estados cujas receitas são conhecidas e os adicionei aos do governo federal. Algumas estimativas de agregação estiveram envolvidas aqui, pois no início do período nem todos os estados preservaram suas contas de receita. Os detalhes são apresentados nas tabelas A.11 e A.12 do apêndice. Esses dois níveis de governo na Prússia-Alemanha e nos Estados Unidos correspondem aproximadamente ao governo central nos outros países.

Cada país tem a sua própria combinação distinta de receitas. Não há uma simples explicação geral das diferenças. O nível de desenvolvimento econômico não prevê as fontes de receita. As cristalizações do Estado representativo ajudam a explicar uma preferência de receita – a *propriedade estatal* preferida das monarquias –, mas os regimes industrializantes aparentemente tinham escolhas e diversas influências entre eles. O padrão geral mais comum, com os Estados Unidos se desviando, é que a tributação diminuía na proporção da receita global em relação ao aumento da receita da propriedade estatal. Na Áustria, França e Prússia, os impostos diretos caíram dramaticamente; impostos indiretos, muito menos. Na Grã-Bretanha e nos Estados Unidos os impostos diretos flutuaram em torno de uma norma moderada, e os impostos indiretos diminuíram ligeiramente (apenas marginalmente nos Estados Unidos). Considero os três tipos de receita, por sua vez:

1) *A tributação direta* passou por três fases modernas, dominadas por impostos fundiários, impostos sobre a riqueza e, finalmente (mas só depois do nosso período presente), pelo imposto de renda. Os impostos fundiários há muito eram o principal imposto direto, cobrado sobre o tamanho geral e o valor da terra avaliado localmente. Os notáveis proprietários de terra avaliavam a si e aos seus camponeses locais. Nos mais comerciais Grã-Bretanha e Estados Unidos, o valor pretendido dos prósperos mercados de terras podia ser calculado com alguma precisão. Todas as elites estatais estavam profundamente enraizadas nas suas classes de proprietários de terras e não podiam facilmente se livrar de seu controle sobre uma questão que afetava tão diretamente seus interesses econômicos. Com a industrialização, a cooperação dos proprietários de terras e a submissão dos camponeses declinaram. Eles protestaram que era injusto para agricultura financiar o Estado, enquanto a indústria escapava impune. Os notáveis dos partidos advertiram sinistramente sobre a insurreição camponesa. Eles foram atendidos. Os impostos britânicos sobre a terra foram abolidos em 1816. As economias menos avançadas continuaram por mais tempo com os impostos sobre a terra, mas com taxas de extração mais baixas – como com o principal imposto fundiário da Áustria, a contribuição militar. Os estados tinham então que se dirigir para outro lugar para obter grandes receitas.

Eles recorreram aos impostos sobre manifestações externas de riqueza, tais como casas e edifícios industriais. Impostos sobre luxos como carruagens e os criados foram experimentados no final do século XVIII, mas o rendimento mal valia os elevados custos de avaliação. Os revolucionários franceses estenderam radicalmente os impostos sobre a riqueza, ao que se tornou mais tarde conhecido como *les quatres vielles*, inalterados desde 1799 até a Primeira Guerra Mundial. *Os quatro antigos* eram impostos sobre os bens imóveis, o valor do aluguel de alojamentos, as taxas de licença comercial e profissional, e o número de janelas e portas em imóveis. Outros estados improvisaram sobre esses modelos, mas sem uma revolução, poderiam exigir menos daqueles a que estavam tão integrados. Por volta de 1900, Grã-Bretanha, França e Alemanha acrescentaram impostos sucessórios, cobrados com a ajuda de documentos de sucessão. Os Estados Unidos desenvolveram impostos corporativos, especialmente sobre as corporações que se beneficiavam da regulamentação estatal, como ferrovias e seguros. No máximo, na França, os impostos sobre a riqueza podiam gerar cerca de 20% das receitas. Outros países chegaram a muito menos. Isso não foi uma solução importante para suas necessidades.

Ao contrário da maioria dos historiadores da tributação (p. ex., WEBBER & WILDAVSKY, 1986, capítulo 6), passo rapidamente pelo imposto de renda porque contribuiu pouco para a receita geral. Os políticos americanos da Guerra Civil tinham grandes esperanças no imposto de renda, mas ele rendeu pouco e foi então declarado inconstitucional. Só depois de 1911 é que começou a ter um ressurgimento permanente. Os governos britânicos estavam repletos de esquemas de imposto de renda, a partir do esquema de Pitt de 1799 (LEVI, 1988, capítulo 6). No auge das Guerras Napoleônicas, ele forneceu quase 20% do total de receita. Foi abandonado em 1816, modestamente reavivado por Peel em 1842, intermitentemente expandido depois disso, e imitado em toda a Escandinávia e na Alemanha.

Mas os impostos sobre a renda renderam pouco, sendo realmente modestas extensões de impostos sobre a riqueza. Eles foram cobrados a taxas baixas apenas em algumas fontes de riqueza e apenas em rendimentos acima de níveis bastante elevados. Os impostos de renda eram autoavaliados; os contribuintes entregavam seu próprio valor aos comissários locais sob juramento. Isso funcionou durante as Guerras Napoleônicas, quando as classes consideradas proprietárias lutavam por sua própria *nação*, mas a prática não podia ser sustentada em tempo de paz. Um imposto de renda também era difícil de avaliar. Ele não podia ser deduzido *na fonte*, exceto dos funcionários do governo, até que o emprego remunerado e assalariado fosse formalmente contabilizado. A maioria das pessoas não podia ser avaliada porque não tinha rendimentos regulares e formalmente contabilizados. Os impostos sobre o rendimento foram cobrados apenas de uma minoria de famílias em quase todos os países (a Dinamarca parece excepcional) até depois da Primeira Guerra Mundial (KRAUS, 1981: 190-193).

A tabela 11.6 mostra que apenas a Grã-Bretanha e os Estados Unidos mantiveram seu nível de tributação direta durante a maior parte do período. Mas seu nível inicial era bastante baixo. Como os níveis dos outros países caíram, todos, exceto a Prússia, terminaram, em 1910, com níveis bastante semelhantes, na faixa de 16% a 28% da receita total. Mas se continuarmos avançando mais um ano, até 1911, podemos ver os impostos diretos britânicos subitamente aumentar de 27% para 44% da receita total. Esse aumento proveio da extensão radical do imposto de renda e do imposto sucessório de Lloyd George, uma tentativa consciente, a primeira desde a Revolução Francesa, de extorquir os ricos. O Partido Liberal representava um círculo eleitoral misto de classe-religião-região, favorecendo políticas redistributivas, financiando gastos crescentes com impostos diretos progressivos e não com impostos indiretos regressivos derivados de tarifas ou impostos sobre vendas (HOBSON, 1991). Os progressistas americanos procuraram reformas semelhantes, embora ainda sem sucesso.

Uma estratégia de regime reformista estava recém-emergindo de algumas democracias partidárias, incorporando impostos de renda redistributivos, vindo mais tarde a influenciar a teoria governamental, embora nem sempre sua prática. O imposto de renda se tornou uma forma potente de redistribuição social, bem como de receita estatal, quando sua cobrança efetiva foi ao mesmo tempo burocratizada e legitimada. Isso aconteceu durante e após a Primeira Guerra Mundial, indicando um crescimento considerável dos poderes infraestruturais estatais.

Mas, com essa exceção, os impostos diretos não eram populares entre estados do século XIX. A sociedade já não era agrária, mas ainda não era industrial. As formas simples de tributação direta na agricultura rendiam menos e a indústria não podia ser ordenhada, porque não tinha trazido emprego remunerado e assalariado o suficiente. Além disso, durante a industrialização, a tributação direta foi tecnicamente mais fácil para os ricos, mas eles controlavam o Estado e estavam relutantes em se tributarem.

2) Os regimes poderiam recorrer a impostos indiretos, o tradicional sustentáculo regressivo dos estados agrários, aliviando a carga tributária daqueles a que ela pertencia? Foram cobrados impostos aduaneiros e sobre a venda de mercadorias em trânsito visível e nas fronteiras, portos e mercados onde até os estados agrários possuíam uma medida de poder infraestrutural. Mas, mesmo aqui, as técnicas de cobrança continuavam simples e particularistas. Ao longo do tempo, pelo menos metade dos impostos indiretos vinha de um punhado de mercadorias, geralmente sal, açúcar, tabaco e álcool. Os dois últimos impostos também eram (e ainda são) legitimados pela desaprovação moral do vício, por isso eram mais fáceis de impor. Tais impostos eram normalmente suplementados por receitas aduaneiras mais gerais, especialmente sobre alimentos importados. Assim, os impostos indiretos caíam desproporcionalmen-

te sobre itens de subsistência e sobre drogas bastante universais como o álcool e o tabaco. Eram regressivos, especialmente severos para os pobres urbanos. Os estados do século XVIII eram reacionários fiscais, especialmente estados comercialmente dinâmicos como a Holanda e a Grã-Bretanha, obtendo 70% da receita dos impostos indiretos (MATHIAS & O'BRIEN, 1976). Mas as décadas revolucionárias ensinaram as *pessoas* a temerem os tumultos da *plebe* contra os altos preços dos itens de subsistência. Isso estimulou os sucessivos aumentos no imposto de renda durante as Guerras Napoleônicas. Relembrado novamente em 1848, as classes dirigentes aliviaram o fardo para sempre. Os impostos indiretos declinaram em toda parte.

Assim, os estados foram apanhados numa versão mais intensa do seu tradicional dilema fiscal – alienar seus apoiadores proprietários ou suas populações excluídas, arriscar um golpe de dentro ou uma revolução a partir de baixo? Felizmente, no entanto, duas soluções estavam à mão, o relativo declínio das despesas totais e o crescimento de um terceiro tipo de receita.

3) A *propriedade estatal* consistia em receitas provenientes de bens reais ou nacionalizados ou da venda de privilégios e monopólios governamentais. Tradicionalmente, tais propriedades consistiam em grande parte em terras de domínio real, complementadas por taxas legais e pela venda de privilégios. Esses itens diminuíram muito em termos relativos (às vezes também em termos absolutos), embora o governo federal dos Estados Unidos tenha se beneficiado durante meados do século XIX de sua capacidade única de vender o que chamou de terras *virgens* – os índios simplesmente não eram contados como latifundiários.

Mas os *direitos regalianos* podiam ser modernizados e ampliados. As taxas podiam ser cobradas e os monopólios e privilégios concedidos e depois supostamente *regulados* sobre uma gama crescente de produtos econômicos e profissionais de serviços bancários, de seguros e de transporte a serviços médicos, arquitetônicos e jurídicos. O corte do Estado se solenizou com um conjunto de selos e carimbos. Tais receitas por vezes se sobrepunham a impostos diretos sobre empresas (tornando minha alocação de um item de receita a uma ou outra categoria, impostos diretos ou propriedade estatal, ocasionalmente bastante arbitrários). Outras formas de propriedade estatal são mais fáceis de distinguir. O monopólio postal do Estado pode gerar lucro. Então, devemos acrescentar a tradicional peculiaridade de que a propriedade privada só era regida *acima do chão*, por assim dizer. Os direitos regalianos da coroa incluíam uma parte nos lucros das minas e portos. A expansão da mineração e do transporte trouxe receitas crescentes, com ou sem a propriedade direta do Estado. As estradas, canais e especialmente as ferrovias do Estado também geraram pedágios e tarifas. Os canais dominaram a receita de alguns estados americanos no início do século XIX; as ferrovias foram significativas em quase todo lugar, mais tarde. A maioria dessas funções estatais novas ou expandidas eram serviços úteis, não controversos, até populares. Do lado da receita, eles tinham a vantagem de poder pagar sozinhos e até mesmo obter lucro.

Todos os estados derivaram receitas dos seus bens, mas em graus diferentes. Os estados favoreceram a maioria das ferrovias e outras indústrias (geralmente minas e outras indústrias de comunicações). As ferrovias eram os maiores fiadores de dinheiro, e a Prússia era seu principal explorador, assumindo praticamente todas as ferrovias privadas no início da década de 1880. Em 1911, a Prússia retirou nada menos que 58% da receita de sua própria conta e 47% da receita total (incluindo sua contribuição ao Reich) de sua propriedade das ferrovias. Fremdling (1980: 38) observa que o Estado prussiano era provavelmente o maior empreendedor do mundo, mas tinha uma concepção estatista de *lucro*. As taxas de frete e de passageiros eram influenciadas por seus objetivos político-fiscais, especialmente para fugir da tributação direta ou indireta que envolvia negociações com as autoridades legislativas prussianas ou do Reich.

Os Estados Unidos e a Grã-Bretanha dependiam menos da propriedade estatal. É difícil saber se a sua filosofia econômica do *laissez-faire* ou sua democracia partidária foram responsáveis por isso. Essa última significava que eles não tinham preferências políticas entre as fontes de receita, uma vez que todos os impostos, incluindo os da propriedade do Estado, exigiam o parecer favorável dos parlamentos. Era de outra forma, nas duas monarquias e (em menor medida) na França mais estatista. Na Prússia, a escolha das receitas foi sempre tão política quanto técnica. Como enfatiza Richard Tilly (1966), a tributação direta e indireta e o empréstimo implicava o consentimento de algum órgão organizado da sociedade civil, o que o regime preferia evitar. A propriedade estatal oferecia recursos fiscais *isolados*. Mas o regime austríaco não conseguiu isso, no final da década de 1850 sendo forçado a vender grande parte de sua rede ferroviária pelo dinheiro. A Rússia autocrática conseguiu um maior isolamento fiscal: em 1910, um terço das receitas vinha das ferrovias e um terço, do seu monopólio sobre as vendas de bebidas alcoólicas (HOBSON, 1991).

A propriedade do Estado tinha grande apelo nas monarquias. Para a elite estatal, oferecia recursos fiscais potencialmente autônomos; para os partidos políticos, parecia oferecer menos sofrimento fiscal do que os impostos. Aqui as cristalizações representativas preveem: as democracias partidárias não tinham preferências políticas por um tipo de receita a outro. Outros regimes preferiram, e por vezes atingiram, a receita da propriedade estatal porque proporcionava poder isolado da sociedade civil. A monarquia tinha encontrado benefícios fiscais.

Nesse período, os estados se afastaram das crises fiscais que tinham alimentado lutas representativas durante muitos séculos. Principalmente em paz, com economias em expansão, e capazes de inflar suavemente a moeda, eles foram solicitados a desempenhar novas funções estatais que muitas vezes podiam se pagar e, por vezes, obter grandes lucros. O impulso para a representação não estava no fim. Com o capitalismo comercial e industrial gerando classes extensivas, como poderia ser? Mas ele tinha perdido a sua tradicional mordida fiscal. Encontraria novas mordidas, mas, enquanto isso, o final do século XIX proporcionou alívio de impostos em uma escala histórico-mundial.

Pessoal civil e militar e burocracia

A outra medida do tamanho do Estado utilizada nas histórias do período é seu número de funcionários, mas isso pressupõe que nós – ou, na verdade, os estados do período – possamos contá-los. Se os estados podiam ou não contar é importante: se um Estado não pode contar seus funcionários não pode ser remotamente burocrático. A tabela 11.7 contém os totais de pessoal que descobri. Embora incompletas, especialmente no emprego civil, elas são mais completas do que qualquer compilação anterior.

Os estados ao menos sabiam o tamanho dos seus exércitos. Os números disponíveis são de três tipos: os menores compreendem exércitos de campo e marinhas operacionais; os maiores denotam *forças no papel*, ou aquelas que são nacionalmente mobilizáveis; e os números médios indicam aqueles que são realmente utilizáveis para todos os fins militares (ou seja, não apenas para combater tropas). Tentei estimar esse número médio: forças realmente sob disciplina militar em qualquer momento – exércitos de campo, guarnições, quartéis-generais e pessoal de abastecimento, e tropas e milícias de reserva se realmente mobilizadas (*incorporadas*, na fonte britânica), mais pessoal naval ativo no mar e em estabelecimentos portuários e de abastecimento.

Não utilizei as forças no papel e estimativas antecipadas para fins de extração de fundos dos parlamentos. A força no papel da *Grundbuchstand* levou a sobrestimações substanciais das forças austríacas e à dependência de estimativas antecipadas para pequenas imprecisões para a Grã-Bretanha (essas são usadas, p. ex., por Flora (1983), e para a marinha, até 1820, por Modelski e Thompson (1988)). Excluo as milícias e os reservistas que não são realmente convocados, mas incluo os nacionais que servem no exterior, incluindo os das colônias, bem como os mercenários europeus financiados pelo Estado que está sendo contado. Isso é particularmente importante para a Grã-Bretanha do século XVIII, cujos contingentes substanciais hessianos e hanoverianos são por vezes negligenciados. Mas excluí as tropas recrutadas nas colônias. Assim, por exemplo, o total das forças armadas do Império Britânico era maior do que meus números indicam, mas sua proporção da população do império seria muito menor. Nesse caso, o pequeno exército necessário para controlar a Índia em comparação aos seus 200 milhões de habitantes daria uma grave subestimativa do militarismo britânico comparado ao de outros estados ocidentais. A confiabilidade e a validade dos dados militares para fins comparativos são boas.

É muito diferente para o pessoal civil. A descoberta mais importante da pesquisa subjacente à tabela 11.7 é que nenhum Estado conhecia o número de funcionários públicos até ao final do século XIX. Uma vasculhada minuciosa dos arquivos desenterraria mais números comparáveis a esses, mas ainda não seriam números do *total* de funcionários públicos. Os meus primeiros números, para além da França, totalizam apenas funcionários contáveis pelo Estado central. Onde essas contagens eram absurdamente pequenas, não as incluí. Assim, os registros do governo prussiano para 1747-1748 e 1753-1754 permitem a Johnson (1975, apêndice I) construir um total de cerca de 3 mil pessoas consideradas pelo rei e ministros como responsáveis por eles. Isso mede o *serviço público* prussiano, mas era uma minúscula proporção de todos aqueles que exerciam funções públicas na Prússia. É também muito menos do que os 27.800 funcionários trabalhando nas propriedades reais prussianas em 1804 (GRAY, 1986: 21). O Estado civil prussiano consistia assim de um pequeno núcleo administrativo, controlável a partir do centro; uma administração descentralizada das propriedades reais; e uma incontrolável, incognoscível, mas grande penumbra administrativa. Os dois primeiros podem estar potencialmente isolados da sociedade civil (em diferentes formas); a terceira foi completamente inserida. Assim, seria absurdo chamar o Estado prussiano de *burocrático*, como faz a maioria dos historiadores. (Continuo esta questão no capítulo 12.)

A Áustria (com a Suécia) foi a primeira a produzir censos, incluindo censos de funcionários, em meados do século XVIII. Então, por volta de 1800, os Estados Unidos e a Grã-Bretanha contaram seus funcionários estatais. Todas as contagens foram apenas de funcionários de tempo integral acima de certo nível. Os números franceses na minha tabela são diferentes. São as estimativas dos historiadores atuais quanto ao número total exercendo funções públicas, muito mais elevadas do que contagens contemporâneas para qualquer país. Se pudéssemos fazer tais estimativas para outros países, chegaríamos a números muito mais altos para eles também. Por exemplo, na tabela 11.7, os números britânicos até a década de 1840 não incluem os cobradores locais de impostos fundiários, pela razão muito boa de que ninguém sabia quantos eram. Eles eram supostamente entre 20 mil e 30 mil, mais do que o total de pessoal de serviço civil contado (PARRIS, 1969: 22). Na França, o Ministro das Finanças Necker estimou que 250 mil pessoas ajudaram a recolher a receita, mas adivinhou – admitindo que não havia um registro preciso – que apenas talvez 35 mil o faziam em tempo integral, dependendo do cargo para sua subsistência (1784: 194-197). Somente com a burocratização (discutida mais tarde) de meados do século XIX a maioria dos funcionários públicos foi contada.

O próprio conceito de emprego estatal, e consequentemente também de burocracia, não é aplicável antes do final do século XIX. Quem estava *dentro* do Estado? A elite estatal era composta por algumas pessoas que trabalhavam nos níveis superiores dos ministérios, departamentos e conselhos da capital, além de alguns oficiais regionais importantes. Os cortesãos também estavam no coração do Estado, pois a corte era a instituição política central na maioria das capitais. No entanto, os cortesãos dificilmente eram funcionários do Estado: eram nobres privilegiados e seus clientes, geralmente com direitos hereditários incorporados às suas posições. O que poderíamos chamar de *elite local do Estado* incluía alguns funcionários assalariados, embora não necessariamente os mais altos. Esses poderiam ser notáveis locais em tempo parcial agindo como juízes de paz, *Landräte, maires* e afins. Esses estavam *dentro* do Estado? Os membros de organizações empresariais semiautônomas, como os juízes dos distritos franceses, estavam *no* Estado? A incerteza universal aqui é se os notáveis locais inseridos, que normalmente exerciam as principais funções civis do Estado em nível regional e local, estavam realmente *dentro* dele. Eles eram quase todos de tempo parcial, mas suas funções eram centrais para a própria existência do Estado. A resposta é claramente que, quando as administrações estatais estão tão diretamente enraizadas nas suas sociedades civis, faz pouco sentido falar de um *ele*. O *Estado* não era como uma totalidade de uma elite coerente, distinta da sociedade civil. *Ele* não existia.

O alcance do *emprego do Estado* também se confundia na parte inferior dos níveis, e isso durou mais tempo. As tarefas manuais e administrativas de rotina eram realizadas em tempo integral por trabalhadores ocasionais, que não foram inicialmente contados em registos oficiais. O escritório governamental mais bem-organizado do décimo oitavo século era provavelmente o Departamento Britânico de Impostos. Em 1779, seu gabinete central empregava quase 300 funcionários em tempo integral. Mas, naquele ano, um documento, por acaso, revela mais 1.200 como trabalhadores administrativos casuais (BREWER, 1989: 69). Thuillier (1976: 11-15) observa que os *auxiliares* casuais eram ainda quase tão numerosos quanto os *empregados* no Ministério das Finanças já em 1899. Embora a essa altura já tivessem sido contados no censo francês (e assim aparecem na tabela 11.7), não é claro quando começaram a entrar nas estatísticas oficiais. Van Riper e Scheiber (1959: 56-59) estimam que o pessoal americano foi subestimado em talvez 50% até 1816 e cerca de 25% para o resto do período.

A subcontagem também obscurece o aumento do emprego público feminino. No final do século, a maioria dos trabalhadores ocasionais era de mulheres, mas a sua ascensão permanece obscura. Em 1910, as mulheres compunham metade dos funcionários públicos na Grã-Bretanha e nos Estados Unidos, mas representavam apenas um quarto na França e na Áustria. Essas diferenças eram reais? A confiança é minada no censo mais detalhado do período, o da

França. Isso sugere uma descontinuidade súbita no emprego público feminino. Tendo aumentado constantemente para 333 mil em 1891, caiu para 140 mil no censo seguinte, o de 1901, antes de voltar a subir de forma constante. Esse é provavelmente forjado, o resultado de excluir subitamente o emprego em tempo parcial e os professores escolares. As estimativas do recenseamento do emprego feminino nesse período são geralmente pouco fiáveis. Bose (1987) reanalisou os manuscritos do censo americano de 1900 para supor que o número oficial do censo de 20% para mulheres que trabalham deveria ser mais do que duplicado. Não podemos estabelecer tendências gerais sem mais pesquisas sobre os procedimentos exatos do censo, organização do trabalho e gênero em cada país.

Os meus números anteriores derivam de exercícios de contagem limitados – daquilo a que os dois estados germânicos chamavam *Beamten* e os franceses chamavam *fonctionnaires* – homens de estatuto oficial, quase profissional, formalmente empregados pela hierarquia estatal (excluindo os profissionais independentes contados entre os *Beamten*). Depois, em meados do século XX, a capacidade de contagem se estendeu a todo o governo local-regional e a trabalhadores manuais e escriturários. Por volta de 1890, praticamente todos que exercem funções públicas oficiais – *exceto* nas categorias sobrepostas do nível mais baixo e do emprego feminino – eram contados nos censos. São contados, portanto, na tabela 11.7. O crescimento civil subsequente pode ser tratado como sendo em grande parte real.

Portanto, não podemos interpretar a tendência ascendente do emprego civil da forma aparentemente óbvia (como a maioria dos escritores; p. ex., ANDERSON & ANDERSON, 1967: 167; FLORA, 1984; GREW, 1984). As tendências absolutas e proporcionais parecem dramaticamente ascendentes. No entanto, a capacidade de contar também aumentava. Só depois de 1870 é que o crescimento foi quase certamente real. Foi então rápido, especialmente nos governos local e regional. Isso reforça a conclusão a que se chegou sobre as despesas. As atividades civis dos estados do final do século XIX cresceram substancialmente. Antes disso, o crescimento era menor em tamanho real do que na capacidade de contar funcionários. No entanto, essa capacidade era em si mesma significativa, refletindo um crescimento real do emprego de tempo integral no Estado. Os estados passaram a ter funcionários dispersos em 5% a 10% das famílias dos seus territórios, responsáveis perante (e contabilizáveis pelos) seus superiores nos governos local, regional ou central. Fora dos Estados Unidos, e por vezes da Áustria, havia também uma coordenação considerável entre esses níveis. Os estados estavam então potencialmente enraizados em meio a uma ampla faixa de *lealistas do Estado*, cuja política distintiva exploro no capítulo 16.

As tendências militares são muito mais claras. Com exceção dos Estados Unidos, as forças armadas maiores, absolutamente e em proporção à população, apareceram cedo, seja nas Guerras Napoleônicas ou na Guerra dos Sete Anos. O compromisso militar americano era muito menor, exceto durante a Guerra Civil. Depois, atingiu uma proporção tão alta como a de qualquer outro país durante esse período: 4,3% da população do norte, 3,7% da Confederação, e 7,1% da Confederação, excluindo escravos. (Quase não havia escravos nas forças armadas confederadas[19].) Essa expansão foi paralela no emprego do Estado civil. O Estado federal contou 37 mil oficiais em 1860. Em 1861-1862, os dois estados em guerra contavam cerca de 170 mil (VAN RIPER & SCHEIBER, 1959: 450). A esse respeito, a Guerra Civil americana provavelmente assemelhava-se à Primeira Guerra Mundial mais do que às guerras europeias anteriores (que não usaram pessoal civil para disparar).

A alta qualidade dos números militares permite comparações entre os estados, e houve grandes diferenças entre eles. A Prússia começou o período com a maior mobilização militar, depois declinou antes de reavivar parcialmente no último *Reich* alemão. Ao contrário dos estereótipos liberais populares, a Grã-Bretanha conseguiu o mais alto nível de mobilização militar visto na Europa durante esse período, nas Guerras Napoleônicas. Depois disso, a França tendeu a ter proporcionalmente as maiores forças armadas, e a Áustria teve as menores entre as potências europeias. O declínio da Áustria como uma grande potência foi revelado quando as mobilizações de seus rivais ultrapassaram as suas, como os contemporâneos perceberam.

Esses números permitem duas conclusões. Primeiro, confirmam, com números reconhecidamente imperfeitos, as tendências fiscais. Embora não possamos estar certos sobre a natureza do emprego civil, o crescimento global do emprego no Estado foi novamente menos acentuado do que as mudanças na sua composição interna. O emprego militar diminuiu muito (exceto nos Estados Unidos) e o emprego civil cresceu formalmente nos primeiros anos do período e, de fato, nos anos posteriores. Isso é consistente com os dados das despesas. Em segundo lugar, tomando a capacidade de contar o pessoal como um nível mínimo de burocratização, isso já tinha chegado em 1760 para os militares, mas levou pelo menos mais um século para o Estado civil.

---

19. Os números da Guerra Civil são de Coulter (1950: 68 – população); Kreidberg e Henry (1955: 95 – união militar que serviu efetivamente em 1865); e Livermore (1900: 47 – militares confederados servindo em 1864, assumindo que 80% dos inscritos estavam preparados para lutar como nas forças da União). Essas são pessoas inscritas em qualquer momento. Obviamente, a proporção inscrita em algum momento da Guerra Civil era muito mais elevada.

Tabela 11.7 Emprego estatal na Áustria-Hungria, França, Grã-Bretanha, Prússia-Alemanha e os Estados Unidos, 1760-1910 (porcentagem da população total)

	Pessoal civil										Pessoal militar				
	Estado central					Todos os níveis									
Ano	Áustria-Hungria	França	Grã-Bretanha	Prússia-Alemanha	Estados Unidos	Áustria-Hungria	França	Grã-Bretanha	Prússia-Alemanha	Estados Unidos	Áustria-Hungria	França	Grã-Bretanha	Prússia-Alemanha	Estados Unidos
1760	0,06		0,26			0,17					1,66	1,78	2,36	4,14	
1770											1,17	0,82	0,58		
1780	0,05										1,41	0,89	2,76	3,76	
1790					0,02		1,29				1,52	0,85	0,97	3,42	0,02
1800			0,18	0,37	0,04		1,01				1,35	2,93	4,91	3,73	0,12
1810			0,24		0,05	0,12	0,91				2,38	3,66	5,30	3,88	0,16
1820			0,22		0,07								1,02	1,33	0,16
1830	0,35		0,17		0,09	0,37					1,38	1,23	1,01	1,15	0,09
1840	0,37	0,26		0,11+	0,11	0,41		0,29			1,56	1,02	1,10	1,05	0,13
1850	0,40	0,41	0,24	0,20+	0,11	0,45	0,84	0,41	0,33		1,56	1,09	1,20	1,04	0,09
1860					0,12	0,57		0,41	0,47		1,60	1,23	1,74	0,82	0,09
1870		0,60		0,55	0,13	0,50	1,11	0,53	1,15		0,86	1,66	1,14	0,98	0,13
1880		0,87			0,19	0,53	1,53	0,46	1,56		0,73	1,40	0,96	0,96	0,07
1890	1,06	0,91	0,32		0,25	2,92	1,83	0,99	1,70		0,79	1,47	0,96	0,96	0,07
1900	1,14	1,10	0,40		0,31	3,30	1,80	1,66		1,36	0,88	1,59	1,51	1,12	0,17
1910	1,17	1,40	0,64		0,42	3,15	2,14	2,60	1,57	1,68	0,86	1,65	1,04	1,05	0,15

Para fontes e notas de rodapé, cf. tabelas A.1-A.5 do apêndice contendo dados sobre os países individualmente.

Conclusões provisórias

Evidenciei duas grandes mudanças radicais na vida do Estado moderno. Os estados do século XVIII se tornaram subitamente massivos em relação às suas sociedades civis. A determinação de se os estados do século XIX estavam em crescimento ou não vai depender da medida usada. As despesas cresceram enormemente em termos monetários e moderadamente, se levarmos em conta a inflação e o crescimento populacional. Mas, em relação ao crescimento da sociedade civil, nesse período, a maioria dos estados realmente declinou. O longo século XIX foi dominado mais pelo crescimento econômico privado do que pela expansão do Estado, exceto quando a guerra tenha ditado o contrário. No entanto, isso esconde a segunda mudança radical – duas grandes mudanças na natureza dos estados do século XIX:

1) As funções do Estado foram deslocadas de sua cristalização militar estreita tradicional para três papéis civis ampliados. O maior e mais uniforme proveio das novas infraestruturas de comunicação, materiais e simbólicas. O segundo, encontrado especialmente entre as monarquias e industrializadores retardatários, o aumento da intervenção do Estado na economia. O terceiro e último, encontrado logo no final do período em algumas das economias mais avançadas, proporcionou formas modernas de bem-estar social. Juntos, esses papéis civis ampliados marcam claramente a transição para um novo Estado diamorfo meio-militar, meio-civil.

2) Sugeri apenas provisoriamente a segunda mudança dramática. Os estados se tornaram largamente burocratizados durante o período, mas antes em suas administrações militares do que na sua administração civil. A burocratização diminuiu a incorporação funcional direta. Isso foi substituído por formas menos diretas, talvez mais democráticas, de incorporação? Ou a burocratização fez com que um grande número de lealistas do Estado fosse isolado da sociedade civil? Eram os mesmos padrões evidentes nas instituições civis e militares do Estado?

O desenvolvimento do Estado moderno foi um processo mais complexo e diferenciado do que a teoria do para o alto e avante sugere. Parecia um Estado menos exigente do ponto de vista fiscal, mais consensual. Mas essa tendência geral emergiu por meio de três processos distintos: um militar, que estava relativamente em declínio, mas que se tornava mais profissional e burocraticamente distinto, e potencialmente isolado da sociedade civil; uma burocratização crescente, primeiro no Estado militar, depois no civil, e um Estado civil talvez aumentando seu alcance de forma consensual. Esses são os temas dos próximos três capítulos, respectivamente.

Referências

Estas referências incluem aquelas citadas nas tabelas em anexo. Nelas estão excluídas as estatísticas oficiais adequadamente descritas nas notas das tabelas deste capítulo ou no apêndice A.

ABRAMOVITZ, M. & ELIASBERG, V. (1957). *The Growth of Public Employment in Great Britain*. Princeton, NJ: Princeton University Press.

ADDINGTON, L. (1984). *The Pattern of War Since the Eighteenth Century*. Bloomington: Indiana University Press.

ALBROW, M. (1970). *Bureaucracy*. Londres: Pall Mall Press.

ANDERSON, E. & ANDERSON, P.R. (1967). *Political Institutions and Social Change in Continental Europe in the Nineteenth Century*. Berkeley: University of California Press.

ANDIC, S. & VEVERKA, J. (1963-1964). The growth of government expenditure in Germany since the unification. *Finanzarchiv*, 23, 2.

ARDANT, G. (1975). Financial policy and economic infrastructures of modern states and nations. In: C. Tilly (org.). *The Formation of National States in Western Europe*. Princeton, NJ: Princeton University Press.

BEAN, R. (1973). War and the birth of the nation-state. *Journal of Economic History*, 33.

BEER, A. (1871). *Die Finanzen Osterreiches*. Praga: [s.e.].

BEER, S. (1973). Modern political development. In: *Patterns of Government*: The Major Political Systems of Europe. Nova York: McGraw-Hill.

BLANNING, T.C.W. (1974). *Reform and Revolution in Mainz, 1743-1803*. Londres: Cambridge University Press.

BLOCK, M. (1875). *Statistique de la France Comparee avec les Divers Pays de l'Europe*. 2 vol. 2. ed. Paris: Guillaumin.

BOLOGNESE-LEUCTENMULLER, B. (1978). *Bevolkerungsentwicklung und Berufsstruktur, Gesundheits- und Fursorgewesen in Osterreich, 1750-1918*. Munique: Oldenbourg.

BOSE, C.E. (1987). Devaluing women's work: the undercount in employment in 1900 and 1980. In: C.E. Bose et al. (org.). *The Hidden Aspects of Women's Work*. Nova York: Praeger.

BRANDT, H.-H. (1978). *Die Osterreichische Neoabsolutismus und Politik, 1848-1860*. Göttingen: Vandenhoeck und Ruprecht.

BREWER, J. (1989). *The Sinews of Power*. Londres: Unwin Hyman.

BRUFORD, W.H. (1965). *Germany in the Eighteenth Century*: The Social Background of the Literary Revival. Cambridge: Cambridge University Press.

BULOW-CUMMEROW, E. (1842). *Preussen, seine Verfassung, seine Verwaltung, sein Verhaltnis zu Deutschland*. Berlim: [s.e.].

CHANDLER, D.G. (1966). *The Campaigns of Napoleon*. Nova York: Macmillan.

CHURCH, C.H. (1981). *Revolution and Red Tape*: The French Ministerial Bureaucracy, 1770-1850. Oxford: Clarendon Press.

CORVISIER, A. (1979). *Armies and Societies in Europe, 1494-1789*. Bloomington: University of Indiana Press.

COULTER, E.M. (1950). *The Confederate States of America, 1861-1865*. Baton Rouge: Louisiana State University Press.

CRAFTS, N.F.R. (1983). *British Economic Growth During the Industrial Revolution*. Oxford: Oxford University Press.

CZOERNIG, C. & FREIHERRN (1861). *Statistisches Handbuchlein fur die Oesterreichische Monarchie*. Viena: K.K. Hof- und Staatsdruckerei.

DAVIS, L.E. & HUTTENBACK, R. (1986). *Mammon and the Pursuit of Empire*. Cambridge: Cambridge University Press.

DAVIS, L.E. & LEGLER, J. (1966). The government in the American economy, 1815-1902: a quantitative study. *Journal of Economic History*, 26.

DEANE, P. (1968). New estimates of gross national product for the United Kingdom, 1830-1914. *Review of Income and Wealth*, 3.

DEANE, P. & COLE, W.A. (1962). *British Economic Growth, 1688-1959*. Cambridge: Cambridge University Press.

DELORME, R. & ANDRÉ, C. (1983). *L'État et l'économie*: un essai d'explication de l'évolution des dépenses publiques en France (1870-1980). Paris: Du Seuil.

DICKSON, P.G.M. (1987). *Finance and Government Under Maria Theresa, 1740-1780*. 2 vol. Oxford: Clarendon Press.

DULL, J.R. (1975). *The French Navy and American Independence*: A Study of Arms and Diplomacy, 1774-1787. Princeton, NJ: Princeton University Press.

DUPEUX, G. (1976). *French Society, 1789-1970*. Londres: Methuen & Co.

ECKSTEIN, H. (1982). The idea of political development: from dignity to efficiency. *World Politics*, 35.

FABRICANT, S. (1952). *The Trend in Government Activity Since 1900*. Nova York: National Bureau of Economic Research.

FINER, H. (1949). *The Theory and Practice of Modern Government*. 2. ed. Nova York: Holt.

FISCHER, F.W. et al. (1982). *Sozialgeschictliches Arbeitsbuch* – Vol. I: Materialien zur Statistik des Deutschen Bundes, 1815-1870. Munique: Beck.

FLORA, P. (1983). *State, Economy and Society in Western Europe, 1815-1975*. 2 vol. Chicago: St. James Press.

FORTESCUE, J.W. (1915). *A History of the British Army*. 13 vol. Londres: Macmillan.

FOUCAULT, M. (1975). *Discipline and Punish*. Londres: Lane.

FREMDLING, R. (1980). Freight rates and state budget: the role of the national Prussian railways, 1880-1913. *Journal of European Economic History*, 9.

GIDDENS, A. (1985). *The Nation-State and Violence*. Cambridge: Polity Press.

GOLDSMITH, R.W. (1987). *Premodern Financial Systems*: A Historical Comparative Study. Cambridge: Cambridge University Press.

GOLDSTONE, J. (1991). *Revolutions and Rebellions in the Early Modern World*. Berkeley/Los Angeles: University of California Press.

GRATZ, A. (1949). Die österreichische Finanzpolitik von 1848-1948. In: H. Mayer (org.). *Hundert Jahre o Wirtschaftsentwicklung, 1848-1948*. Viena: Springer Verlag.

GRAY, M. (1986). Prussia in transition: society and politics under the Stein reform ministry of 1808. *Transactions of the American Philosophical Society*, 76.

GREW, R. (1984). The nineteenth-century European state. In: C. Bright & S. Harding (orgs.). *Statemaking and Social Movements*. Ann Arbor: University of Michigan Press.

HAMPSON, N. (1959). *La Marine de l'an II*: mobilisation de la flotte de l'Ocean, 1793-1794. Paris: M. Rivière.

HANSEMANN, D.J.L. (1834). *Preussen und Frankreich*: Staatswirthschaftl. u. polit., unter vorzuegl. Beruecks. d. Rheinprovinz. Leipzig: [s.e.].

HEITZ, W. (org.) (1980). *Quellen zur Deutschen Wirtschafts- und Sozialgeschichte im 18 Jahrhundert bis zur Reichsgrundung*. Darmstadt: Wiss. Buchgesellschaft.

HIGGS, R. (1987). *Crisis and Leviathan*: Critical Episodes in the Growth of American Government. Nova York: Oxford University Press.

HOBSON, J. (1991). *The Tax-seeking State*. Ph.D. diss. London School of Economics and Political Science.

HOHORST, G. et al. (1975). *Sozialgeschichtliches Arbeitsbuch* – Materialien zur Statistik des Kaiserreichs, 1870-1914. Munique: Beck.

HOLT, C.F. (1977). *The Role of State Government in the Nineteenth-Century American Economy, 1840-1902*. Nova York: Arno Press.

JANETSCHEK, K. (1959). *Die Fiananzierung des Siebenjahrigen Krieges* – Ein Beitrag zur Finanzgeschichte des 18. Jahrhunderts. Ph.D. diss. Universidade de Viena.

JANY, C. (1967). *Geschichte den Preussischen Armee*. 4 vol. Osnabruck: Biblio Verlag.

JOHNSON, H.C. (1975). *Frederick the Great and His Officials*. New Haven, Conn.: Yale University Press.

JULIEN-LAFFERRIÈRE, F. (1970). *Les députés fonctionnaires de France*. Paris: Presses Universitaires de France.

KAUSEL, A. (1979). Osterreichs Volkseinkommen 1830 bis 1913. In: *Geschichte und Ergebnisse der Zentralen Amtlichen Statistik in Osterrich 1829-1979* [Beitrage zur Osterreichischen Statistik, vol. 550].

KENNEDY, P. (1989). Debate: the costs and benefits of British imperialism, 1846-1914. *Past and Present*, 125.

_____ (1988). *The Rise and Fall of the Great Powers*. Londres: Unwin Hyman.

KENNETT, L. (1967). *The French Armies in the Seven Years' War*. Durham, N.C.: Duke University Press.

KRAUS, A. (1980). *Quellen Zur Bevolkerungsstatistik Deutschlands, 1815-1875*. Boppard/Rhein: Harold Boldt.

KRAUS, F. (1981). The historical development of income inequality in Western Europe and the United States. In: P. Flora & A.J. Heidenheime. *The Development of Welfare States in Europe and America*. New Brunswick, NJ: Transaction Books.

KREIDBERG, M. & HENRY, M. (1955). *History of Military Mobilization in the United States*. Washington, D.C.: U.S. Department of the Army.

KUNZ, A. (1990). The state as employer in Germany, 1880-1918: from paternalism to public policy. In: W.R. Lee & E. Rosenhaft. *The State and Social Change in Germany, 1880-1980*. Nova York: Berg.

LEGLER, J.B. (1990). *Growth and trends in U.S. city revenues, 1820-1902*. Unpublished paper. Department of Economics, University da Georgia.

LEGLER, J.B. et al. (1988). U.S. city finances and the growth of government, 1850-1902. *Journal of Economic History*, 48.

LEINEWEBER, N. (1988). *Das säkulare Wachstum der Staatsausgaben*. Gottingen: Vandenhoeck und Ruprecht.

LEVI, M. (1988). *Of Rule and Revenue*. Berkeley: University of California Press.

LÉVY-LEBOYER, M. (1975). Histoire economique et histoire de l'administration. *Histoire de L'administration française depuis 1800*, 23.

LINDERT, D.H. & WILLIAMSON, J.G. (1983). English workers' living standards during the Industrial Revolution: a new look. *Economic History Review*, 36.

_____ (1982). Revising England's social tables, 1688-1812. *Explorations in Economic History*, 19.

LIVERMORE, T.L. (1900). *Numbers and Losses in the Civil War in America, 1861-65*. Boston: Houghton Mifflin.

LYNN, J.A. (1984). *The Bayonets of the Republic*: Motivation and Tactics in the Army of Revolutionary France, 1791-94. Urbana: University of Illinois Press.

MACARTNEY, C.A. (1971). *The Habsburg Empire, 1790-1918*. Londres: Weidenfeld & Nicolson.

MADDISON, A. (1983). Measuring long term growth and productivity change on a macro-economic level. In: R. Fremdling & P.K. O'Brien. *Productivity in the Economies of Europe*. Munique: Klett-Cotta.

MARCZEWSKI, J. (1965). Le produit physique de l'économie française de 1789 à 1913. *Cahiers de Institut de Science Economique Appliquées I*, 163.

MARION, M. (1927). *Histoire Financière de la France Depuis 1715*. 6 vol. Paris: Rousseau.

MARKOVITCH, T. (1965). *L'industrie française de 1789 à 1964*. Paris: Institut de Science Économique Appliqué.

MARX, K. (1968). The Eighteenth Brumaire of Louis Bonaparte. In: K. Marx & F. Engels. *Selected Works*. Londres: Lawrence & Wishart.

MASSON, P. (1968). *Napoléon et la Marine*. Paris: Peyronnet.

MATHIAS, P. & O'BRIEN, P. (1976). Taxation in England and France. *Journal of European Economic History*, 5.

MILIBAND, R. (1969). *The Capitalist State*. Londres: Weidenfeld & Nicolson.

MISCHLER, E. & ULBRICH, J. (1905). *Osterreichisches Staatsworterbuch*. 5 vol. 2. ed. Viena: Holder.

MITCHELL, B.R. (1983). *International Historical Statistics*: The Americas and Australasia. Detroit: Gale Research.

_____ (1975). *European Historical Statistics, 1750-1970*. Nova York: Columbia University Press.

MITCHELL, B.R. & DEANE, P. (1980). *Abstract of British Historical Statistics*. 2. ed. Cambridge: Cambridge University Press.

MODELSKI, G. & THOMPSON, W.R. (1988). *Seapower in Global Politics, 1494-1993*. Seattle: University of Washington Press.

MORINEAU, M. (1980). Budgets de l'état et gestion des finances royales en France au dix-huitième siècle. *Revue Historique*, 263.

MÜHLPECK, V. et al. (1979). Index der Verbraucherpreise 1800 bis 1914. In: *Geschichte und Ergebnisse der Zentralen Amlichen Statistik in Osterreich 1829-1979* [Beitrage zur Osterreichischen Statistik, vol. 550].

NECKER, J. (1784). *De L'Administration des Finances de France*. 3 vol. Paris: [s.e.].

O'BRIEN, P.K. (1988). The costs and benefits of British imperialism, 1846-1914. *Past and Present*, 120.

PARRIS, H. (1969). *Constitutional Bureaucracy*: The Development of British Central Administration Since the Eighteenth Century. Londres: Allen & Unwin.

PEACOCK, A.T. & WISEMAN, J. (1961). *The Growth of Public Expenditure in the United Kingdom*. Princeton, NJ: Princeton University Press.

POGGI, G. (1990). *The State*: Its Nature, Development and Prospects. Stanford, Calif.: Stanford University Press.

PROCHNOW, P.-M. (1977). *Staat im Wachstum Versuch einer finanzwirtschaftlichen Analyse der preussischen Haushaltsrechnungen, 1871-1913*. Ph.D. diss. Universidade de Munster.

RASLER, K. & THOMPSON, W. (1985). War making and state making: governmental expenditures, tax revenues, and global wars. *American Political Science Review*, 79.

RIEDEL, A.F. (1866). *Der Brandenburgisch-Preussische Staatshaushalt in den likten beiden Jahrhunderten*. Berlim: [s.e.].

RILEY, J.C. (1986). *The Seven Years' War and the Old Regime in France*. Princeton, NJ: Princeton University Press.

―――― (1984). The Dutch economy after 1650: decline or growth? *Journal of European Economic History*, 13.

―――― (1980). *International Government Finance and the Amsterdam Capital Market*. Cambridge: Cambridge University Press.

ROTHENBERG, G.E. (1978). *The Art of Warfare in the Age of Napoleon*. Bloomington: Indiana University Press.

SCOTT, S. (1978). *The Response of the Royal Army to the French Revolution*. Oxford: Clarendon Press.

SKOCPOL, T. (1979). *States and Social Revolutions*. Cambridge: Cambridge University Press.

TEGEBORSKI, M.L. (1843). *Des Finances et du Crédit Public de l'Autriche, de sa dette, de ses ressources financières et de son système d'imposition, avec quelques rapprochements entre ce pays, la Prusse et la France*. 2 vol. Paris: Jules Renouard.

THERBORN, G. (1978). *What Does the Ruling Class Do When It Rules?* Londres: New Left Books.

THUILLIER, G. (1976). *Bureaucratie et bureaucrates en France au XIXe siècle*. Genebra: Droz.

TILLY, R. (1966). The political economy of public finance and the industrialization of Prussia, 1815-1866. *Journal of Economic History*, 26.

TODD, R.C. (1954). *Confederate Finance*. Atenas: University of Georgia Press.

TURNER, R.S. (1980). The Bildungsburgertum and the learned professions in Prussia, 1770-1830: the origins of a class. *Histoire Sociale-Social History*, 13.

U.S. BUREAU OF THE CENSUS (1975). *Historical Statistics of the United States, Colonial Times to 1970*. Washington: Bicentennial.

U.S. DEPARTMENT OF THE TREASURY (1947). *Annual Report*. Washington: Government Printing Office.

VAN RIPER, P.P. & SCHEIBER, H.N. (1959). The Confederate civil service. *Journal of Southern History*, 25.

VEVERKA, J. (1963). The growth of government expenditure in the United Kingdom since 1790. *Scottish Journal of Political Economy*, 10.

VIVIEN, A.F.A. (1859). *Études administratives*. 3. ed. Paris: Guillaumin.

VRIES. J. (1984). The decline and rise of the Dutch economy, 1675-1900. *Research in Economic History*, supplement 3.

WAGNER, W. (1987). Armee-Gliederung und Aufgabenstellung, 1848-1866. In: A. Wandruszka & P. Urbanitsch. *Die Habsburgermonarchie, 1848-1918* – Vol. 5: Die Bewaffnete Macht. Viena: Verlag de Osterreichischer Academie der Wissenschafter.

WEBBER, C. & WILDAVSKY, A. (1986). *A History of Taxation and Expenditure in the Western World*. Nova York: Simon & Schuster.

WEITZEL, O. (1967). *Die Entwicklung der Staatsaugaben in Deutschland*. Ph.D. diss. Universidade de Erlangen-Nurnberg.

WOLFE, A. (1977). *The Limits of Legitimacy*: Political Contradictions of Contemporary Capitalism. Nova York: Free Press.

WOYTINSKY, W.S. & WOYTINSKY, E.S. (1955). *World Commerce and Governments*: Trends and Outlook. Nova York: Twentieth Century Fund.

WRIGLEY, E.A. & SCHOFIELD, R. (1981). *The Population History of England, 1541-1871*: A Reconstruction. Cambridge, Mass.: Harvard University Press.

WYSOCKI, J. (1975). *Infrastructur und wachsende Staatsaufgaben* – Das Fallbespie/Osterreich, 1868-1913. Stuttgart: Fischer.

12
O surgimento do Estado moderno II
A autonomia do poder militar

O capítulo 11 mostra que as atividades militares dominaram as funções do Estado em 1760 e ainda absorveram metade dos recursos do Estado em 1910. O militarismo permaneceu central para o Estado moderno até 1914 – de fato, até o século XX. No entanto, o período incomum de paz geopolítica e social que dominou o Ocidente desde a Segunda Guerra Mundial levou a sociologia a negligenciar a importância da organização militar para a sociedade moderna. Este capítulo mostra a relevância geral de três questões-chave do poder militar: quem controlava as forças armadas, como era organizada internamente, e a que funções serviu[20].

1) A questão do *controle* pode ser colocada em termos derivados das principais teorias sobre o Estado discutidas no capítulo 3. Eram as forças armadas controladas pelas classes dominantes, pela democracia partidária pluralista ou por uma elite estatal autônoma? Alternativamente, eram institucionalmente autônomas de todo controle externo como uma *casta militar*? Uma única resposta pode não ser suficiente para todos os diversos tempos, lugares e regimes cobertos aqui.

2) A *organização* militar compreende a interação de duas hierarquias – as relações entre oficiais e homens e suas relações externas com as classes sociais – e dois processos de modernização – a burocratização e a profissionalização. Argumenta-se frequentemente que a ascensão dos *exércitos de cidadãos* enfraqueceu ambas as hierarquias (p. ex., BEST, 1982). No entanto, a organização militar é essencialmente *coercivo-concentrada*. Os soldados precisam de disciplina coerciva para arriscar suas vidas e tirar a vida de outros em batalha. A maioria das forças armadas são hierarquias disciplinadas. Como nesse período a maioria dos exércitos lutava em formações e campanhas ordenadas, a hierarquia militar era invulgarmente pronunciada. Os militares eram organizações de poder segmentar, e muitas vezes reprimiam noções populares de classe e cidadania. No entanto, a organização militar se transformou. Foi burocraticamente absorvida

---

20. As fontes gerais para este capítulo foram Vagts (1959), Janowitz (1960), Gooch (1980), Best (1982), McNeill (1983), Strachan (1983), Bond (1984), Anderson (1988) e Dandeker (1989).

pelo Estado – mas isso não pôs fim à sua autonomia institucional. E se profissionalizou enquanto permanecia entrelaçada com as classes e a burocracia estatal.

3) As *funções* militares, uma vez monopolizadas pelos estados, eram o que chamo de *cristalização militarista* do Estado. Isso era duplo: geopolítica, processando a guerra externa, e interna, reprimindo o descontentamento. Ambos permaneceram, mas também foram transformados.

No geral, mostro uma tendência surpreendente e paradoxal: apesar da incorporação formal do poder militar no Estado e do crescimento da ampla cidadania nacional, a autonomia das castas militares e o poder segmentar *aumentaram* ao longo do período, trazendo consequências profundas e algum perigo para a sociedade ocidental. Por que você separa os poderes político e militar? Os críticos me perguntaram (p. ex., RUNCIMAN, 1987; WRIGHT, em vários argumentos amigáveis). A minha resposta é porque eles foram separados, autônomos, na nossa própria era – com consequências devastadoras. Este capítulo termina quando os militares ocidentais se dirigem para um *momento histórico-mundial* de demonstração de poder.

Funções: I. Militarismo nacional

Os exércitos, raramente as marinhas, permaneceram essenciais para a manutenção da ordem doméstica, mas seu papel mudou muito ao longo do período[21]. Distingo quatro níveis de repressão doméstica. O mínimo seria um Estado que resolvesse a ordem pública *apenas pela conciliação, arbitragem e persuasão*, sem qualquer tipo de repressão. Claramente, nenhum Estado jamais foi inteiramente pacífico e, portanto, todos se deslocam, ocasionalmente ou por rotina, para a repressão. O segundo nível é o *policiamento* no sentido moderno – combater o crime e a desordem por uma força disciplinada que possui apenas armas simples, sem recorrer a uma demonstração de força militar. Isso raramente fora uma função de um exército. A maior parte do policiamento do século XVIII era feita por policiais indicados e controlados segmentarmente por notáveis locais. Até Londres, a maior cidade da Europa, foi policiada por uma colcha de retalhos de guardas paroquiais. Mas se os problemas se agravavam para um terceiro nível de distúrbios, para além dos recursos dos policiais, então tropas regulares do exército, milícias e outras formações essencialmente *paramilitares* eram chamadas para uma demonstração de força.

As rebeliões eram essencialmente manifestações. Se fossem enfrentados por uma manifestação de maior força, os rebeldes normalmente se dispersavam. As autoridades podiam então considerar remédios. Isso era normal-

---

21. Apoiei-me extensivamente, nesta seção, no estudo comparativo sobre o policiamento de Emsley (1983).

mente uma troca ritual de violências. Quando não funcionava, havia uma escalada para o quarto nível, de plena repressão *militar* em escala: combates e tiroteios reais, normalmente por tropas regulares. Nem os regimes nem os exércitos acolheram bem esse Estado porque, na verdade, ele representava a sua incapacidade de oferecer ordem rotineira. Seus instrumentos também eram relativamente incontroláveis. O comportamento dos rebeldes e soldados, uma vez disparados canhões, cavalos lançados e sabres agitados, talvez em ruas confinadas, não podia ser facilmente previsto. Poderia levar a resultados ainda mais desordenados – e os regimes muitas vezes eliminavam os oficiais que o ordenavam.

Entre 1600 e 1800, os estados centrais adquiriram mais do terceiro e quarto níveis de repressão à medida que o exército substituía os notáveis locais e seus serviçais. Os regimes absolutistas do século XVIII acrescentaram então novas organizações policiais paramilitares nas suas capitais e, ocasionalmente, em nível nacional. Os mais famosos foram os franceses Maréchaussée, mais de três mil homens responsáveis perante o ministro da guerra. Na década de 1780, uma guarda policial militar de mais de trezentos homens manteve a ordem em Viena. Esses eram paramilitares cuja presença de rotina era essencialmente uma demonstração de força, destinada a aumentar a vigilância geral e deter o crime e a desordem (AXTMANN, 1991). Os regimes constitucionais, desconfiados dos exércitos permanentes, desenvolveram milícias, mas seus oficiais provinham da aristocracia local, coordenando-as frouxamente com o exército.

O maior desenvolvimento do século XIX foi o surgimento de forças policiais municipais, regionais e nacionais com capacidades organizacionais paralelas aos exércitos, embora sem seus números, arsenais ou recurso potencial ao quarto nível de violência. Elas eram responsáveis não pelo exército ou pelo distrito, mas por autoridades civis mais amplas. A força policial britânica estava num extremo: desarmada, controlada local-regionalmente pelo bairro e pelo condado, mas coordenada a partir de Londres em situações de emergência. Em outros lugares, desenvolveram-se organizações civis e paramilitares uma ao lado da outra. Na França, a Sûreté Nationale, originalmente parisiense e responsável perante o Ministério do Interior, absorveu a polícia urbana, e a Gendarmerie se desenvolveu a partir da Maréchaussée, armada e responsável perante o ministro da guerra. A polícia prussiana manteve o tom mais militar, embora formalmente separada do exército e sob controle civil crescente a partir de cerca de 1900. O exército dos Estados Unidos cooperou com as milícias estatais, tornando-se a guarda nacional, que colaborou com as autoridades policiais locais. Essas forças policiais e paramilitares variadas tendiam a retirar exércitos do terceiro nível de aplicação da lei. Os exércitos agora se especializavam no quarto nível, limitando-se a graves surtos de violência organizada, em estreita coordenação com outras autoridades.

Os sociólogos contemporâneos têm interpretado esses desenvolvimentos sob a influência das duas teorias dominantes e relativamente pacíficas dos tempos modernos, o liberalismo e o marxismo. Eles leram nelas, especialmente no crescimento do policiamento rotineiro, uma transformação social mais profunda e essencialmente difusa: a *pacificação* da própria sociedade civil por meio do policiamento rotineiro e da *disciplina internalizada*. Foucault (1979) argumentou que a punição na sociedade se transformou de autoritária, aberta, punitiva, espetacular e violenta em difusa, escondida, rotineira, disciplinar e internalizada. Suas evidências diziam respeito apenas a prisões e asilos mentais, de relevância duvidosa para sociedades mais vastas. No entanto, Giddens (1985: 181-192) e Dandeker (1989) estenderam seu argumento, afirmando que um *poder disciplinar* mais amplo veio por meio da rotinização e *vigilância* fornecidas pelos registros e horários das administrações públicas e privadas – as rotinas de produção industrial, escritórios e práticas contabilísticas, a ubiquidade dos horários, a legislação escrita racionalizada, as restrições dos mercados econômicos (especialmente o contrato de trabalho livre), e a rotina supervisionada de instrução escolar. A recalcitrância foi disciplinada na obediência internalizada no ponto de tensão inicial, antes que pudesse irromper em violência.

Giddens enfatiza o local de trabalho, citando o comentário de Marx de que o capitalismo industrial introduziu a *monótona compulsão econômica* nas relações de classe. Isso se encaixa bem nos argumentos de marxistas como Anderson e Brenner que, enquanto modos históricos de produção extraíram excedentes de trabalho com a ajuda da violência, o capitalismo o faz por meio do processo econômico em si. A violência diminui nas relações de classe, um ponto também enfatizado por Elias (1983) no seu relato sobre o desenvolvimento do *processo civilizador* ocidental. A violência na sociedade moderna está escondida, institucionalizada (embora as feministas insistam que a violência familiar permanece). Nós não contamos mais os corpos, nós psicanalisamos as vítimas.

Nem Elias nem os marxistas mostraram interesse nas consequências disso para os militares, mas Giddens e Dandeker o fizeram. Giddens sugeriu que "isso envolve [...] não o declínio da guerra, mas uma concentração do poder militar 'apontando para fora', em direção a outros estados no sistema de estados-nações" (1985: 192). Tilly (1990: 125) apoia isso, mas acrescenta que essa transição não ocorreu no Terceiro Mundo do século XX. Suas forças armadas apontam um enorme poder de fogo militar para dentro, contra seus próprios súditos, com poucas das inibições demonstradas pelo histórico dos regimes ocidentais. Isso difere da história ocidental que, Tilly concorda, testemunhou uma grande transformação do poder militar – de função dupla (guerra/repressão) a singular (guerra), afastando os militares da luta de classes.

Isso é verdade? Substancialmente, sim – mas não durante esse período ou principalmente pelas razões citadas por Foucault, Giddens, Dandeker e Elias.

Eles estão certos de que a ordem social na sociedade ocidental contemporânea – além do interior das cidades americanas – é muito menos repressiva do que na maioria das sociedades históricas e que isso deixa os militares em grande parte apontando para fora. Mas isso foi obtido predominantemente no *século XX*, devido, sobretudo, a duas outras conquistas de poder: a cidadania política e social e a conciliação institucional das relações de trabalho. Embora essas tenham começado nesse período, foram alcançadas principalmente no século XX, na verdade, principalmente na segunda metade do século XX. Como a cidadania política e social não foi alcançada na maior parte do Terceiro Mundo, isso explica por que os militares ainda apontam para dentro lá[22]. As evidências mostrarão que nem a *disciplina* nem a retirada dos militares da repressão doméstica tinham chegado longe até 1914.

Para estabelecer um declínio na violência aberta, Dandeker e Giddens dependem de duas fontes de evidência: descrições contemporâneas da sociedade do século XVIII como caracterizada por pequenos furtos, arruaça e falta de segurança nas estradas, e a redução dos crimes violentos comuns no século XIX, evidenciada, por exemplo, por Gurr et al. (1977). Embora as estatísticas criminais sejam notoriamente pouco fiáveis, o declínio foi provavelmente real (embora parcialmente compensado por um provável aumento dos crimes não violentos contra a propriedade; EMSLEY, 1983: 115-131). A sociedade capitalista avançada normalmente é mais pacificada nas suas relações interpessoais e nas rotinas do dia a dia do que foram as sociedades históricas, e uma etapa dessa transformação começou no século XVIII e continuou até o século XIX, como argumentam Dandeker, Foucault e Giddens. (Elias argumenta que começou muito antes.) No entanto, o crime comum (o meu segundo nível de policiamento) não era a preocupação do exército do século XVIII, exceto em áreas atrasadas da Europa com banditismo organizado. O roubo e a violência foram reprimidos por agentes, magistrados ou guardas dos notáveis locais, ou eram tolerados como a condição normal da sociedade. Exércitos e milícias eram chamados somente se a violência aumentasse para o terceiro nível, para tumultos exigindo uma demonstração de força – principalmente protestos por alimentos, distúrbios de contrabando, disputas trabalhistas e motins contra o recrutamento militar forçado (como vimos no capítulo 4).

Tilly (1986) forneceu as melhores provas para o que aconteceu então, no caso da França. Ele não narra o declínio do protesto coletivo, mas sua dupla transformação, do motim do pão à greve do trabalho, e da organização local para a nacional – respostas ao desenvolvimento do capitalismo e do Estado nacional.

---

22. Que a institucionalização das relações laborais no Terceiro Mundo contribuiu menos para a desmilitarização da sociedade se deve provavelmente ao fato de a industrialização ter uma base mais estreita do que no Ocidente. A classe trabalhadora industrial em países como os da América Latina é muito menor proporcionalmente do que nas suas congêneres históricas ocidentais.

No século XX, culminando nos anos de 1950, ambos se institucionalizaram para que o sindicato e a agitação partidária não exigissem a supressão por parte do exército regular. Mas antes de 1914 era diferente. Grevistas e manifestantes políticos foram recebidos por soldados com a mesma frequência experimentada anteriormente por revoltosos nos motins do pão. Mais de 1.000 manifestantes foram mortos em lutas com tropas em 1830, 1848, e 1871. Embora nenhum evento posterior tenha correspondido a essas *revoluções*, Tilly diz que, em dezenas de ocasiões, centenas de pessoas tomaram espaços públicos e os mantiveram contra as tropas por mais de um dia. Um dos maiores ocorreu perto do final do período, nos distúrbios entre trabalhadores e fazendeiros de 1905-1907. Houve também golpes em 1851 e 1889 (que falharam).

Tilly rotula o século XIX como *um século rebelde* (1986: 308-309, 358-366, 383-384). As forças armadas francesas foram tão ativas na repressão no século XIX como no século anterior a 1789. Por outro lado, diferentes departamentos de Estado também se envolveram no extremo oposto, de conciliação. Como veremos no capítulo 18, os prefeitos e subprefeitos franceses, ajudados no final do século pelo Ministério do Trabalho, tentaram desanuviar as disputas laborais antes que essas se transformassem em violência. O militarismo nacional francês se diversificava.

A história francesa é distinta, mas sua violência não. Nos Estados Unidos, até 1860, a principal tarefa do exército era matar índios; depois, travou uma guerra civil, que se estendeu numa ocupação do sul, enquanto a grande guarda nacional reconstituída deixou de eliminar índios e escravos para ocupar o sul e depois para dispersar greves e tumultos urbanos (COLINA, 1964, capítulo 4; DUPUY, 1971: esp. 76). Goldstein (1978: 1-102, 548) documenta a *massiva e contínua* repressão da força de trabalho americana de 1870 a 1930, incluindo o recorrente destacamento da guarda nacional, apoiada, quando necessário, pelo exército. Isso atingiu seu auge nos anos de 1880 e 1890 e depois diminuiu um pouco. Mas isso porque o regime e os empregadores tinham concebido uma estratégia dupla para o trabalho – reprimir o protesto amplo e socialista, conciliar os protestos seccionais de trabalhadores qualificados (cf. capítulo 18). A repressão doméstica americana permaneceu militar e paramilitar, tornando-se mais seletiva. Somente no início do século XX é que outras agências do governo iniciaram a conciliação laboral.

A violência austríaca permaneceu praticamente inalterada. O exército estacionou guarnições em todas as grandes cidades e reprimiu distúrbios nacionais em todas as décadas. Embora a Revolução de 1848-1849 não tenha se repetido, o protesto e a repressão não diminuíram, e o regime confiou cada vez mais no exército regular do que nos menos confiáveis paramilitares das províncias (DEAK, 1990: esp. 65-67). Havia pouco trabalho genuíno de arbitragem pelos estados austríaco ou prussiano-alemães. Além disso, seus militares também poderiam intervir em assuntos civis. As guarnições alemãs e as cidades fortificadas foram os principais repressores de tumultos até o século XX. A partir de 1820, os comandantes locais do exército alemão tinham o direito de intervir arbitrariamente, sem serem solicitados pelas autoridades civis (embora os dois normalmente agissem juntos). Isso culminou no notório incidente Zabern de 1913, em que um coronel local arbitrariamente dispersou os manifestantes e prendeu seus líderes. Isso agitou o clamor público e o coronel foi levado à corte marcial – mas foi absolvido e o poder militar arbitrário foi mantido. Não houve um declínio secular na intervenção do exército alemão. Em 1909, soldados com metralhadoras, munições pesadas e baionetas fixas ainda intimidavam os mineiros em greve. No entanto, a essa altura, o exército alemão raramente tinha de usar muita violência real. A maior parte das vezes era suficiente um espetáculo bastante ritualizado do que era essencialmente a força paramilitar (TILLY, 1971; LUDTKE, 1989: esp. 180-198; cf. tb. capítulo 18).

Na maioria dos países a repressão militar continuou, mas *juntamente com* o crescimento de novas autoridades policiais e paramilitares – e nos estados de partidos democráticos também continuou, juntamente com o Estado de conciliação de conflitos de classe. Assim, os exércitos não enfrentaram rotineiramente distúrbios de níveis intermediários. Os tumultos eram tão comuns como no século XVIII, mas os regimes encontraram mais formas de repressão especificamente orientadas para o nível real de ameaça. Poucos regimes ou comandantes militares gostavam de atacar ou disparar contra multidões. Somente na Rússia é que fizeram isso frequentemente; apenas nos Estados Unidos, com suas tradições de violência individual e local, arriscaram isso rotineiramente (cf. capítulo 18). O militarismo repressivo permaneceu nas suas três formas tradicionais – principalmente uma *presença*, em segundo lugar um *espetáculo*, e somente muito raramente a *violência* real – mas agora tinha acrescentado um repertório mais amplo.

Na verdade, a experiência britânica foi verdadeiramente distinta, um claro caso de declínio na repressão militar. Durante o século XVIII, o exército em tempo de paz, 10 mil a 15 mil soldados, foi usado repetidamente em tumultos, sendo a última grande ocasião os tumultos de Gordon de 1780, quando espantosamente 285 pessoas foram mortas. O exército foi mantido pronto para a repressão durante as guerras francesas, a maior parte de seus quartéis não estava nas áreas de contrabando, mas distribuído para uso contra os radicais franceses e nacionais. A ele se juntaram duas milícias da aristocracia, os Voluntários e os Yeomanry. Os rebeldes foram então reprimidos pelos soldados em 1816, 1821 e 1830-1832, e pelos cartistas entre 1839 e 1848. A Irlanda era inteiramente uma colônia rebelde com um exército de ocupação. Depois disso (um pouco mais tarde na Irlanda), houve uma paz relativa até uma série de ondas de ataque entre 1889 e 1912. Mas essas foram, então, tratadas de forma diferente.

A partir da década de 1840, as autoridades britânicas também podiam recorrer ao município e às forças policiais do condado. Se a grande força de Manchester (um agente para cada 633 da população em 1849) não conseguia lidar com grevistas locais, a Polícia Metropolitana de Londres e o *Home Office* poderiam enviar dez vezes esse número de policiais em um dia. Embora o exército tenha sido usado pelo menos vinte e quatro vezes, provavelmente mais, entre 1869 e 1910 (EMSLEY, 1983: 178), a maioria dos grevistas foi confrontada com demonstrações de força dos meninos de azul, não dos casacos vermelhos (a essa altura já vestidos de cáqui). A repressão militar ainda estava em evidência, mas tinha declinado desde 1848.

Isso foi também complementado substancialmente pelas agências estatais mais substanciais para a conciliação de disputas laborais (cf. capítulo 17). Por que essa mudança única das forças armadas para policiamento (mais uma conciliação comum aos estados democráticos) ocorreu na Grã-Bretanha, e que tipo de pacificação representou? Havia três causas principais:

1) A urbanização capitalista estimulava os receios das classes proprietárias, incapazes de controlar suas localidades pelo tradicional apadrinhamento segmentar de poder, reforçado por um recurso ocasional ao exército. Elas tiveram que engolir seu medo de forças policiais *despóticas* centralizadas. Fizeram isso antes do que em outros países porque os deslocamentos do capitalismo urbano, depois industrial, coincidiram de forma única com o tumulto politizado das guerras francesas e o período de reformas até o cartismo (cf. capítulos 4 e 15). Além disso, uma grave ameaça já tinha surgido na Irlanda do século XVIII. Ali, a ascendência protestante engoliu seus receios de centralização para conceber a força policial que se tornou o modelo para a Grã-Bretanha metropolitana (AXTMANN, 1991).

2) Os próprios militares desejavam se retirar da repressão, acreditando que isso prejudicava o moral das tropas e interferia nos compromissos imperiais da Grã-Bretanha. Esta tinha, proporcionalmente, o menor e mais profissional exército caseiro. Não tinha regimentos de fronteira ou outras forças especializadas em tarefas de pacificação de baixa intensidade que pudessem facilmente mudar para o controle de tumultos.

3) O colapso do cartismo em 1848-1849 desmoralizou os manifestantes radicais e permitiu às novas forças policiais um período para se estabelecerem eficientemente no nível mais baixo de ameaça, lidando com o crime, antes que fossem convidadas a passar para o controle de tumultos. O novo sistema funcionou. Na época da greve das docas de Londres de 1889, a polícia tinha desenvolvido as táticas de *Continue andando, por favor*, que permitiam gritar e marchar para continuar sem culminar num confronto direto (McNEILL, 1983: 187-188). Então o regime poderia evitar a desestabilização, deslegitimando efeitos da violência completa, libertando o exército para defender o império.

O novo policiamento também funcionou por causa da difusa *disciplina* internalizada da sociedade geral? Giddens sublinha corretamente o desenvolvimento no século XIX do poder administrativo e das capacidades de comunicação. Mas isso foi mais impositivo do que difuso e *ambos* os lados poderiam usá-los. Embora a violência local espontânea possa ter reduzido, a guerra de classes organizada pôde aumentar – como no período cartista. Depois disso, a organização impositiva beneficiou o sindicalismo seccional para sair das ruínas do cartismo. A polícia também ganhou poderes impositivos, respondendo rapidamente e com números flexíveis em demonstrações de força adequadas aos tumultos de nível intermediário. A arma e a carga de cavalaria foram abandonadas com alívio.

Há poucos sinais de que desordeiros potenciais estivessem sendo *disciplinados* no sentido de Foucault-Giddens, ou explorados por meios puramente econômicos, no sentido marxista. Os cartistas sofreram uma derrota física e organizacional (o capítulo 15 explica isso); os trabalhadores rurais eram intimidados, pela queda nos números e pelo transporte a protestos locais e secretos (TILLY, 1982); o capitalismo fornecia comida adequada às cidades, reduzindo os motins do pão; e trabalhadores qualificados se voltaram para o protesto seccional e responsável (cf. capítulo 15). Essas causas decorrem do equilíbrio entre o poder impositivo organizado, não de uma *disciplina* mais difusa. Como outros regimes não possuíam tal superioridade organizacional sobre seus adversários, necessitavam de mais força militar para apoiar sua polícia emergente.

Olhar para a repressão historicamente e por nível gera conclusões mais complexas do que uma única transformação histórica mundial sugerida por Foucault, Giddens e os marxistas. Devemos incluir as particularidades da organização militar e policial e das estratégias do regime, negligenciadas nas suas narrativas. Na verdade, o período anterior, de cerca de 1600 a 1800, viu provavelmente uma transformação maior, quando os exércitos controlados pelo Estado se tornaram os principais responsáveis pelo segundo, assim como o terceiro nível de repressão. No entanto, os exércitos se tornaram mais tarde reconhecidos como instrumentos inadequados, especialmente nas cidades e quando a tecnologia de armas começou a oferecer muito pouco espetáculo e os disparos começaram a causar mortes demais às multidões. Veremos mais tarde neste capítulo que a guerra também foi se tornando mais profissional, mais preocupada com o poder de fogo concentrado, menos com sabres.

A guerra estava se tornando mais *diferente* da repressão doméstica. Os regimes viram que as duas funções militares estavam divergindo em táticas, armas, quartéis e disciplina. Isso ameaçou a eficiência do exército no seu papel externo principal. Assim, foram os regimes absolutistas – mais próximos dos militares, não governando com maior disciplina difusa – que se deslocaram primeiro para policiar suas cidades maiores (o capítulo 13 mostra que eles avançaram primeiro para uma administração mais burocrática em geral) e para instituir a polícia nacional paramilitar. A Grã-Bretanha se deslocou para as forças policiais, em parte devido à sua experiência irlandesa, em parte porque seu exército era o mais pressionado por seus dois papéis.

Então, uma segunda transformação começou por volta de 1800, pois a inadequação do instrumento militar foi exposta pelas sedições do período revolucionário e da industrialização. Uma divisão do trabalho em três partes (que ainda existe) apareceu na primeira metade do século XIX, quando a polícia, os paramilitares e o exército regular lidaram com níveis ascendentes de ameaças à ordem. Duas *pacificações* promoveram então essa transformação. O nível mais baixo de ameaça, o crime comum, provavelmente começou a diminuir, em parte devido à eficiência impositiva das novas forças policiais e talvez, também, a processos sociais e disciplinares mais amplos do tipo Giddens-Foucault-marxista. Em segundo lugar, e mais tarde, níveis mais elevados de força foram menos necessários à medida que a cidadania e a conciliação das relações de trabalho se desenvolviam, embora isso variasse entre regimes. Goldstein (1983) mostra que, depois de 1900, os militares ainda estavam envolvidos em todos os lugares, mas suas intervenções estavam em declínio nos regimes mais partidário-democráticos constitucionais do noroeste da Europa.

Goldstein observa o efeito particular de uma *válvula de segurança*, sem a qual as coisas poderiam ter sido piores: quarenta milhões de europeus jovens, vigorosos, talvez descontentes partiram para o Novo Mundo entre 1850 e 1914. Mas ele atribui a maior parte do declínio na repressão à política. Os regimes tinham promovido a industrialização, a alfabetização e a urbanização, mas isso criou uma pequena burguesia dissidente e uma classe trabalhadora. Com o tempo, após cinquenta anos de tumultos e repressão, os regimes mudaram de rumo e começaram a conciliar de forma seletiva e incorporar demandas das classes média e trabalhadora compatíveis com a boa ordem. A repressão militar seria agora reservada aos verdadeiros extremistas – uma polícia seletiva com profundas implicações para os movimentos da classe trabalhadora (explorada no capítulo 18). Um declínio na repressão militar ocorreu em três regimes democrático-partidários, quando institucionalizaram a cidadania política e as relações de trabalho. As classes médias britânicas foram incorporadas em meados do século; a república francesa e a união americana foram estabelecidas um pouco mais tarde. As relações industriais britânicas foram as mais institucionalizadas, depois as francesas, mas as grandes mudanças só ocorreram após a guerra (cf. capítulos 17 e 18). Como a Alemanha e a Áustria não tinham resolvido a sua cristalização representativa, nem a Áustria a sua cristalização nacional, suas forças armadas eram necessárias como antes.

Deixe-me também chamar a atenção para a natureza tendenciosa da minha própria amostra de estados. Todos eles eram grandes potências, exercendo mais força militar do que as potências menores. A maioria das potências menores do Ocidente partilhava muitas semelhanças – baixa capacidade do regime para reprimir, baixos níveis de repressão real, transição precoce para uma democracia plenamente representativa (incluindo sufrágio precoce das mulheres), institucionalização precoce das relações laborais, e transição precoce para estados de bem-estar social. É difícil acreditar que os habitantes da Austrália, Nova Zelândia, Escandinávia e (depois de 1830) os Países Baixos tivessem internalizado melhor as *disciplinas coercivas* da sociedade moderna do que os alemães ou americanos. É mais provável que eles tivessem menos coação militar os oprimindo e, assim, fossem capazes de alcançar maiores direitos civis (como argumenta STEPHENS, 1989).

A maioria dos exércitos das grandes potências ainda apontava tanto para dentro como para fora, mas era agora complementada pela polícia e organizações paramilitares e um pouco pela conciliação. Se a sociedade estava se tornando um pouco mais disciplinada, a maior parte da disciplina ainda era imposta autoritativamente por organizações coercivas hierárquicas, não difusamente internalizadas pelos próprios cidadãos. No longo prazo, o desenvolvimento do Estado moderno deveria tornar o Estado *mais civil*, reduzindo seu militarismo a níveis mais baixos. A maior parte do seu pessoal era de "pessoas convencionalmente vestidas, convencionalmente educadas, que operam de um modo muito não militar" e que relegou a força bruta para segundo plano (POGGI, 1990: 73-74). Mas nesse período os funcionários civis deslocaram os brutos para um papel mais especializado, junto a um papel policial especializado *semibruto* e (em alguns casos) de alguns conciliadores *civis* – e com a complacência dos próprios brutos. Isso permaneceu verdadeiro na maioria dos países até depois de 1945. A maioria das cristalizações militaristas domésticas declinou para níveis de força mais baixos, mas o militarismo nacional permaneceu.

Se alguns grupos sociais em alguns países obedeciam então um pouco mais ativa e voluntariamente, isso resultou principalmente do fato de terem alcançado direitos civis valorizados, não a partir de rotinas inconscientes da vida social moderna. Porque tanto o equilíbrio dos poderes impositivos como a realização dos direitos civis variaram, assim como os níveis e tipos de repressão militar. Por sua vez, os regimes não enfrentaram menos desordem por parte dos dissidentes, mas possuíam recursos repressivos com maior precisão do que mosquetes e sabres. Isso deixou a maioria dos militares com capacidade de se concentrar mais na guerra externa, modificando, em vez de acabar, seu papel duplo. A repressão militar interna continuou a ser dirigida contra cristalizações de classes e minorias étnicas, regionais e religiosas lutando por maiores direitos civis. Assim, as duas hierarquias da estratificação do exército – sua composição de classe e suas relações com os funcionários – continuaram a ser relevantes para sua função de repressão doméstica. Mostro mais tarde que o militarismo geopolítico levou a tendências de casta dentro das forças armadas, mas isso foi contido por relações estreitas com as classes conservadoras e proprietárias na repressão doméstica.

Funções: II. Militarismo geopolítico

A guerra e a preparação para a guerra sempre foram função predominante do Estado. O capítulo 11 mostra que isso permaneceu até meados do século XIX. No século XVIII, a ameaça e o uso da força militar eram uma parte inquestionável da política externa. A guerra não é o cotidiano da política externa, e os diplomatas muitas vezes a evitaram. Mas as grandes potências do século XVIII estiveram em guerra em 78% dos anos e no século XIX em 40% (TILLY, 1990: 72). Como a guerra é talvez a competição mais impiedosa conhecida pelas sociedades humanas, houve um processo contínuo de aprendizagem – estar em guerra ou ver uma de perto, aprendendo suas lições, modernizando as forças armadas, enfrentando uma ameaça, indo para guerra ou observá-la de perto, e assim por diante. Um regime que não prestasse muita atenção e não modernizasse suas forças armadas não sobreviveria muito. O militarismo também permeou a diplomacia mais pacífica – negociando alianças, casamentos reais e tratados comerciais. Praticamente nenhum acordo diplomático foi feito sem considerar o equilíbrio militar do poder e a segurança do próprio Estado. A guerra e os militares eram centrais para a liderança do Estado e para a política externa. Todos os estados se cristalizaram militarmente – como quase todos fazem atualmente.

Quem controlou seu militarismo geopolítico, tomando decisões de guerra e paz? As práticas tradicionais, que perduravam no final do século XVIII em regimes absolutistas, eram muito claras. A política externa, incluindo a guerra, era uma prerrogativa privada do monarca. Frederico II da Prússia descreveu como, em 1740, foi conquistar a Silésia – crucial na ascensão histórico-mundial da Prússia:

> Na morte do meu pai, encontrei toda a Europa em paz [...]. A minoridade do jovem Czar Ivan me fez esperar que a Rússia estivesse mais preocupada com assuntos internos do que com a garantia da Sanção Pragmática [o tratado permitindo a uma mulher, Maria Teresa, suceder ao trono austríaco]. Além disso, encontrei forças altamente treinadas à minha disposição, juntamente com um tesouro bem cheio, e eu mesmo estava possuído de um temperamento vivo. Essas foram as razões que me levaram a fazer guerra contra Teresa da Áustria, rainha da Boêmia e da Hungria [...]. Ambição, vantagem, meu desejo de fazer um nome para mim mesmo – isso me influenciou, e a guerra foi resolvida (RITTER, 1969, volume I: 19).

Subtrair a afetação do relato de Frederico ainda deixa um formidável poder de decisão pessoal para conduzir as guerras. Ele também nomeia seus inimigos pessoalmente, outro atributo da diplomacia dinástica.

Essa prerrogativa constitucional foi reforçada por uma segunda. O monarca se tornou comandante em chefe das forças armadas. Maria Teresa (1740-1783) foi a primeira governante austríaca a obter o selo final de autoridade: os soldados austríacos fizeram então um juramento de lealdade a ela e não ao seu comandante individual. Ela não conduziu seus soldados para a batalha; os reis franceses ou britânicos também não o fizeram mais; e os reis prussianos logo deixaram de fazê-lo. Eles precisavam de cadeias hierárquicas de comando (descritas adiante).

Como a democratização do século XIX se saiu contra essas prerrogativas monárquicas? Em uma palavra – mal. Os monarcas resistiram com sucesso na condução da política externa e militar. Como o capítulo 10 mostra, quando em 1867 os Habsburgos concederam uma autonomia substancial para o *Reichshalf* húngaro, a política externa ainda era em grande parte reservada como prerrogativa de Francisco José e o exército era *dele*. Ele supostamente consultava tratados comerciais, mas evitou isso ao despedir ministros das relações exteriores que discordaram dele. Assuntos militares e orçamentos estavam sob seu controle pessoal em seu longo reinado e ele os colocou em primeiro lugar, acima das considerações domésticas (MACARTNEY, 1971: 565-567, 586, passim). Naturalmente, a Áustria era uma distinta e gigantesca falcatrua de proteção, centrada na verdade na dinastia arbitrária e nos poderes militares dos Habsburgos para defender todos os seus povos briguentos das grandes potências ao redor. Mas os poderes dos Habsburgos não eram atípicos. No Reich alemão, o rei prussiano continuava a ser o comandante-chefe. Não precisava consultar o Reichstag sobre política externa ou guerra. Exigia o consentimento de outros governantes alemães no Reichsrat, mas seu domínio assegurava que isso era uma mera formalidade. Nesses países (e na Rússia), um monarca vigoroso poderia exercer um controle próximo da política externa ou delegá-la a chanceleres e ministros das relações exteriores da sua confiança.

Poderíamos assumir que as coisas mudaram à medida que os regimes se democratizaram, mas não é assim. Considere primeiro uma das monarquias constitucionais mais democráticas na Europa, a Noruega depois da independência, em 1905. A constituição tipicamente reservava para a prerrogativa real o poder executivo e emergencial para mobilizar tropas, declarar guerra, fazer a paz, entrar e dissolver alianças, e enviar e receber os enviados. Em todos os aspectos, ele tinha formalmente que consultar o Parlamento, mas na prática o Parlamento parecia indiferente. O Ministro das Relações Exteriores "dificilmente tinha qualquer sentimento forte de que a política estrangeira em uma sociedade democrática também diz respeito ao povo", conclui Riste (1965: 46). As classes norueguesas e outros grupos de interesse eram indiferentes porque estavam *nacionalmente* organizados e preocupados – como nós veremos, essa era (e ainda é) a norma do século XIX.

À medida que os estados-nações emergiam, as classes e outros grandes grupos de interesse se tornaram nacionalmente confinados, deixando a condução da política externa para supostos chefes executivos *democráticos* que, a esse respeito, assemelhavam-se aos velhos monarcas absolutos. Na Itália majoritariamente democrática, os monarcas tinham perdido a maioria dos poderes nacionais até 1900, mas não seu controle sobre a diplomacia. Bosworth (1983: 97) diz: "A política externa era um assunto para o rei e seus conselheiros mais próximos. A 'opinião pública' nacionalista era cansativa; contudo, se organizada e dirigida, poderia ter virtudes positivas. Mas nunca deveria tomar decisões".

Como a Grã-Bretanha era a maior democracia partidária da época, a sua tomada de decisões foi de especial importância. Sua política externa mais *o governo, comando e disposição do exército* continuaram prerrogativas reais, como era normal nas monarquias constitucionais. No entanto, desde 1688, a implementação militar foi severamente restringida. O Parlamento determinou o tamanho do exército e da marinha, o financiamento e os regulamentos internos. Foi necessário o consentimento do Parlamento para trazer tropas estrangeiras para a Grã-Bretanha e para manter um exército em tempo de paz (BREWER, 1989: 43-44). A tomada de decisão *última* na política externa estava formalmente com o Parlamento.

No entanto, a política externa de *rotina* não exigia o consentimento do Parlamento, a menos que violasse a lei do país ou incorresse em novas obrigações financeiras (ROBBINS, 1977a). Em 1914, o Parlamento teve de aprovar a declaração de guerra (como na França, mas diferente dos outros combatentes), mas a política externa cotidiana durante a crise de julho-agosto permaneceu em grande parte privada. O ministro das Relações Exteriores ficava em segundo lugar apenas em relação ao primeiro-ministro. O Parlamento não exercia muito controle sobre ele. Normalmente, um par hereditário, tinha assento na Câmara dos Lordes, não na dos Comuns – um dispositivo deliberado para evitar a discussão pública. Os pedidos de informações dos Comuns eram regularmente repelidos com a fórmula: *não de interesse público*. O ministro das Relações Exteriores consultava regularmente o primeiro-ministro e, intermitentemente, a seu critério, colegas de gabinete relevantes e estadistas experientes. Ele raramente consultava o gabinete completo. Uma figura dominante como Lord Rosebery dirigia sua própria política externa (MARTEL, 1985), uma figura meio preguiçosa, como Sir Edward Grey, conduzia seu curso geral e não fazia questão de consultar *membros de fora*. As poucas pessoas que se nomeavam *estadistas* se comunicavam por meio de cartas, enviadas entre casas de campo, e de conversas em clubes de cavalheiros. Na diplomacia liberal, a corte foi substituída pelo clube, não pelos Comuns (evidências de STEINER, 1969; STEINER & CROMWELL, 1972; ROBBINS, 1977a; KENNEDY, 1985: 59-65). Em contraste com esse grupo privado coeso, a opinião pública era amorfa, desunida e difícil de abordar em questões específicas (STEINER, 1969: 172-200; ROBBINS, 1977b). Um regime executivo essencialmente antigo permaneceu isolado na política externa, mesmo enquanto os MPs trabalhadores se aglomeravam nos Comuns. As classes britânicas eram nacionalmente preocupadas. Deixaram a política externa de rotina para os especialistas.

Na democracia partidária mais avançada, os Estados Unidos, poderíamos esperar que as coisas fossem diferentes. Afinal de contas, a Revolução tinha sido totalmente dirigida contra tais práticas – e especificamente contra os impostos executivos para a política externa sem consentimento. Na verdade, a Constituição privou explicitamente o executivo de poderes de tributação e investiu o Congresso com poderes de declarar guerras e de fazer tratados. No entanto, o Artigo II da Constituição conferiu ao presidente todos os poderes executivos não explicitamente limitados nos outros artigos. Esses poderes residuais foram assumidos com o tempo, e foram confirmados pelos Supremos Tribunais do século XIX, para se centrarem na condução da política externa rotineira. Na prática, isso significava que o presidente poderia conduzir a sua própria política externa, desde que não declarasse guerra, fizesse tratados ou necessitasse de recursos além daqueles já disponibilizados para a administração. Essa ainda parece ser a situação – e foi acordada por todos os lados durante o período de 1990-1991 às vésperas da Guerra do Golfo –, embora ainda possa causar controvérsia. (Cf. a troca entre Theodore Draper e o conselheiro jurídico do Presidente Bush no *The New York Review of Books*, 1º de março e 17 de março de 1990.)

Os presidentes do início do século XIX foram na prática restringidos pelo fato de que a maioria das questões estrangeiras e militares – relações com a Grã-Bretanha, França, Espanha, México e índios – tiveram impacto direto no território da América do Norte e na vida dos colonos e grupos de interesse americanos. Mas, à medida que o continente foi sendo preenchido, a política externa se voltou para um imperialismo mais distante, afastando-se das preocupações predominantemente nacionais (ou continentais) dos americanos. A autonomia executiva cresceu. Depois de 1900, os presidentes McKinley e Theodore Roosevelt manipularam o Congresso e a opinião pública para seguirem as políticas externas que eram essencialmente feitas por ações executivas. Em 1908, Woodrow Wilson argumentou que o imperialismo havia mudado a prática constitucional: "A iniciativa em assuntos externos, que o presidente possui sem qualquer restrição, é praticamente o poder de controlar absolutamente" (LaFEBER, 1987: 708, em quem este parágrafo se baseia). Mesmo nesse Estado mais constitucional, quando as classes e outros grupos de interesse se organizassem nacionalmente, a política externa poderia ser dominada por um executivo estatal bastante isolado – com o apoio formal da Constituição. A opinião pública e os partidos políticos desempenharam apenas um pequeno papel na formulação da política externa antes da Primeira Guerra Mundial (HILDERBRAND, 1981). A política externa continuou a ser domínio privado de um pequeno grupo de notáveis, mais os grupos de interesse especial que aconselhavam os poucos políticos que aspiravam a ser *estadistas* (discutido mais adiante nos capítulos 16 e 21). Uma elite estatal manteve a autonomia diplomática de rotina nas democracias partidárias, bem como nas monarquias semiautoritárias.

Se uma crise surgisse, isso mudava. Nos Estados Unidos, as grandes decisões de guerra e novos impostos foram (e ainda vão) para o Congresso. Na Grã-Bretanha, eles foram (e ainda vão) para todo o gabinete e foram (e são) discutidos lá em termos do que o partido, Parlamento ou opinião pública poderiam gastar. E se a guerra se aproximava, surgia a única restrição fundamental à liberdade de ação de todos os regimes: o dinheiro. Se mesmo um absolutista propusesse uma política estrangeira dispendiosa, então quem quer que fornecesse impostos ou empréstimos deveria normalmente consentir. A opinião pública, entre outros atores do poder, se tornava agora importante.

Mas o controle apenas nas crises ou guerras é limitado. A diplomacia é menos regulada e previsível do que a política interna. A diplomacia multiestatal envolve estados autônomos com laços normativos limitados, recalculando continuamente as opções geopolíticas. As ações de um – em agitar sabres, entrar numa nova aliança, ostentar exercícios de exército ou frota, aumentar o número de tropas para além do necessário para impor uma política existente de sanções econômicas ou de mera defesa do território, oferecendo em particular apoio a grupos de pressão agressivos de mercadores ou colonos brancos – podem parecer provocadoras para outras potências. O seu inverso poderia lhes indicar fraqueza. Qualquer um deles pode criar reações de ondulação imprevisíveis entre as potências. Os regimes descobrem que a diplomacia de rotina os encurrala numa crise emergente, defrontando-os com inimigos ou aliados indesejáveis, ou com a escolha de um Hobson entre recuar ou agir de forma agressiva. A diplomacia secreta restringe ainda mais as opções.

A crise então confronta repentinamente parlamentos, classes dominantes ou de contribuintes e a opinião pública com escolhas políticas potencialmente devastadoras, mas restritas. Como veremos no capítulo 21, em 1914, os governos geralmente apresentavam apenas duas alternativas aos parlamentos e à opinião pública – ir para a guerra ou recuar e ser humilhado, uma escolha encaixotada à qual nos habituamos (e que recentemente ocorreu de forma desastrosa novamente na Guerra do Golfo, tanto para os Estados Unidos como para o Iraque). Ajuda explicar por que os regimes obtêm apoio para a guerra. O controle da elite estatal sobre a diplomacia de rotina e as mobilizações militares, portanto, suprime os controles democráticos. Na verdade, chefes executivos, não nações ou classes, permaneceram basicamente responsáveis pela diplomacia americana, britânica e francesa, assim como monarcas decidiam a austríaca e a prussiana. As constituições e cristalizações representativas importavam menos na política estrangeira do que na nacional. A cidadania se mostrou nacional, estreita, de olhos vendados. E ainda é.

Mas os monarcas e os executivos não foram os únicos a decidir a política externa de rotina. Eles receberam conselhos de diplomatas profissionais. Esses diplomatas eram oriundos de uma base social estreita, esmagadoramente do velho regime: parentes dos monarcas, aristocracia, pequena nobreza e velhos capitalistas (para uma discussão geral, cf. PALMER, 1983). Na Áustria e na Alemanha, onde o Antigo Regime sobreviveu melhor, o serviço diplomático foi dominado por aristocratas até o século XX. Preradovich (1955) tentou uma comparação padronizada dos dois países entre 1804 e 1918. Descobriu que as proporções de nobres entre os *altos diplomatas* prussianos flutuavam apenas entre 68% e 79% (terminando no período em 71%). Na Áustria, oscilou entre 63% e 84% (terminando em 63%). As tendências foram semelhantes para a nobreza antiga (isso leva em conta a possibilidade de que os diplomatas possam ter sido enobrecidos pelos seus serviços). Em 1914, o corpo de embaixadores alemães consistia de oito príncipes, vinte e nove condes, vinte barões, cinquenta e quatro nobres sem título e apenas onze plebeus. O serviço consular de nível inferior era totalmente composto por plebeus, embora geralmente ricos e das universidades e fraternidades certas. Mas, da totalidade dos 548 funcionários do Ministério das Relações Exteriores, 69% tinham títulos de nobreza e eles monopolizaram os graus mais altos. A única mudança discernível entre 1871 e 1914 foi um declínio de junkers e de títulos concedidos antes de 1800, em oposição aos nobres mais ocidentais e recentes. Ambas as tendências resultaram de uma falta de nobres prussianos e mais velhos à medida que o serviço se expandia, e não de uma tentativa de abrir o serviço. A solidariedade do grupo foi reforçada pelas ligações de parentes, filiação em organizações fraternas reacionárias, preponderância de protestantes e ausência total de judeus (ROHL, 1967: 106-108; CECIL, 1976: 66-68, 76, 79-86, 174-176).

Na França, o Antigo Regime sofreu revoluções, mas seus diplomatas sobreviveram. De todos os embaixadores entre 1815 e 1885, 73% tinham sobrenomes aristocráticos. Durante o Segundo Império (1851-1871), cerca de 70% dos altos funcionários do Ministério das Relações Exteriores, cujos antecedentes são conhecidos, provinham do setor bancário ou de altos funcionários, uma proporção maior do que em qualquer outro departamento governamental (WRIGHT, 1972; CHARLE, 1980a: 154, 172). Depois, finalmente, um declínio: enquanto 89% dos enviados credenciados eram aristocratas no período 1871-1878, durante 1903-1914, eram apenas 7%, uma mudança bastante notável. Infelizmente, nenhum detalhe é dado sobre essa coorte. Aposto que representavam o equivalente republicano da aristocracia, dinheiro antigo, mas sem evidências para apresentar (o estudo não publicado citado por Cecil (1976: 67) pode dar isso). Ao longo do período, o Ministério das Relações Exteriores britânico e o serviço diplomático permaneceram dominados pelo Antigo Regime. Era ocupado no topo pelos segundos filhos da aristocracia e do senhorio rico, educados nas principais escolas públicas (esp. Eton), e cada vez mais em Oxbridge (CROMWELL & STEINER, 1972).

Os Estados Unidos diferiram pouco, apesar de terem perdido a aristocracia na sua revolução e de terem um serviço diplomático de prestígio bastante inferior ao de outros países. Seus diplomatas e o Departamento de Estado representavam o dinheiro antigo americano, o Eastern Establishment – talvez seus rebentos mais cultos, menos dinâmicos (foi afirmado na época que as crianças mais capazes ingressavam no setor bancário). Mesmo no século XX, os que entravam no corpo diplomático eram obrigados a ter uma renda privada, aparentemente porque o salário era baixo. Ilchman (1961) diz que o corpo foi composto por filhos de famílias antigas e ricas ao longo de todo o período. Embora o patrocínio pessoal fosse substituído por exames de qualificação, a *boa criação* ainda era considerada essencial: entre 1888 e 1906, pelo menos 60% tinham frequentado Harvard, Yale, ou Princeton, e 64% eram do nordeste (até então totalizando apenas 28% da população dos Estados Unidos).

Em todos os países, tal desequilíbrio de classes foi defendido por motivos supostamente técnicos: o Antigo Regime falava línguas estrangeiras, viajava muito para o exterior, casava com esposas estrangeiras e era cosmopolita cultural. Eles se entendiam entre si. Havia poucos protestos contra isso. Essa era – e ainda é – uma característica bizarra do Estado moderno. Numa época em que as atividades internas do Estado estavam sob ataque de classes subordinadas e outras, quando a maioria dos ministérios nacionais e das assembleias parlamentares era ocupada por uma seção transversal mais ampla de classes burguesas e profissionais (cf. capítulo 13), a política externa era pouco escrutinada e tinha pouco pessoal. Permaneceu bastante isolada e privada, controlada por uma aliança particularista entre uma elite executiva estatal e um partido do Antigo Regime cujo poder econômico estava em declínio.

Assim, a função geopolítica primária dos militares o puxou numa direção ligeiramente diferente de sua função nacional secundária. A importância do militarismo para a política externa o empurrou para relações privadas estreitas com o núcleo do antigo regime do Estado, enquanto a repressão o empurrou para os interesses do conjunto das classes proprietárias como um todo, especialmente para a proteção dos interesses dos capitalistas industriais e latifundiários modernos contra os trabalhadores descontentes. As forças armadas podem ser um elo importante entre essas classes econômicas dominantes no passado e no presente. Agora, vou dissecar os próprios militares.

Forças armadas: classe, burocratização e profissionalização, 1760-1815

Examino primeiro a composição social do corpo de oficiais do século XVIII. Isso era simples: praticamente, todos os oficiais superiores eram nobres, assim como a grande maioria dos oficiais inferiores, exceto pela marinha, artilharia e na Grã-Bretanha (com a maior marinha e a menor nobreza). O oficial *era* nobre, como há muito tempo fora. Apenas 5% a 10% dos oficiais do exército francês eram não nobres. No entanto, a maioria dos nobres não era oficial, exceto na

Prússia (em algum momento de suas vidas). Em outros lugares, o corpo de oficiais tinha se tornado uma rede nobre especializada, e não sua rede mais poderosa socialmente. Como mostra o capítulo 6, na França esse foi um desenvolvimento controverso, resolvido com o privilegiamento da *noblesse de l'épée*, mais velha, muitas vezes empobrecida. Na Áustria, Maria Teresa tentou, com um sucesso limitado, elevar os títulos aristocráticos conferidos aos seus oficiais, geralmente tirados da nobreza de serviço mais pobre. A guerra já não era o papel central da nobreza. O exército, apesar de ainda ser um regime esmagadoramente antigo, já não se encontrava no seu núcleo.

A Grã-Bretanha foi ostensivamente o Antigo Regime menos militarizado. No entanto, o corpo de oficiais do exército local era quase inteiramente Antigo Regime: suas fileiras mais altas eram predominantemente aristocráticas; suas mais baixas, a aristocracia rural (RAZZELL, 1963). A riqueza era necessária para comprar a comissão e para pagar a vida regimental. A vida era mais barata e menos desejável no exército indiano mais marginal, cujos oficiais eram na sua maioria de famílias mercantes e de profissionais. A marinha era ainda mais aberta, atraindo oficiais da aristocracia, comerciantes, profissionais e grupos marítimos de distritos costeiros (como fez a marinha francesa). A marinha não precisava de riqueza prévia. Os oficiais podiam viver do seu salário mais seu bônus distintivo, o prêmio em dinheiro. Muitos eram filhos mais jovens de famílias respeitáveis, embora não ricas. Todos os oficiais serviam durante dois anos como marinheiros, embora com um posto distinto como aspirante de marinha ou imediato. Cerca de 10% dos oficiais vinham de famílias *não respeitáveis*, incluindo aquele famoso filho de um trabalhador agrícola, o Capitão James Cook (RODGER, 1986: 252-272). A sua mobilidade teria sido impossível no exército – e talvez nas forças armadas de qualquer outro país.

Todos os exércitos e algumas marinhas ainda continham elementos de uma nobreza mercenária de *serviço* internacional – de famílias emigradas e de áreas *de fronteira* ou marginais, como os estados alemães menores, a Escócia ou a Irlanda. Esses se deslocavam frequentemente – Frederick von Schomberg serviu em cinco exércitos estrangeiros (BREWER, 1989: 55-56). Mesmo em 1760, o corpo de oficiais mostrava sinais de ser um grupo social distinto, não uma casta ainda inserida no Antigo Regime, mas um corpo profissionalizante cujas práticas não eram mais as das classes altas como um todo.

Entre oficiais e homens havia um grande abismo. Os soldados comuns e os marinheiros foram retratados por contemporâneos letrados como os resíduos da sociedade, a *escória* (BRODSKY, 1988). O rótulo permaneceu entre os estudiosos de hoje (JANY, 1967: 619ss.; ROTHENBERG, 1978: 12; DANDEKER, 1989: 79; HOLSTI, 1991: 102, 104 – Berryman (1988) o contesta para os Estados Unidos), mas sua precisão é questionável. Os contemporâneos letrados eram tendenciosos. Como acabamos de ver, os oficiais eram retirados de estratos invulgarmente elevados. Para eles, homens bastante comuns podiam parecer *resíduos*, especialmente recrutados e forçados a se recrutar, involuntariamente capturados, como animais enjaulados, e mantidos por uma disciplina cruel. O contato dos civis com os militares se dava principalmente quando o recrutamento forçado ou o aquartelamento os ameaçava; então, também eram hostis. Até um terço dos soldados era de mercenários estrangeiros, partilhando poucos valores com os civis locais. Os civis, compreensivelmente, odiavam os soldados e marinheiros, que se situavam um pouco distantes da sociedade.

Temos dados razoáveis sobre dois exércitos na segunda metade do século XVIII, o francês e o britânico. Os estudos franceses revelam que seus soldados não são resíduos, mas desproporcionalmente urbanos, artesãos e alfabetizados, sendo os camponeses e trabalhadores agrícolas substancialmente sub-representados. Em 1789, 63% dos que tinham ocupações registradas eram artesãos e comerciantes (CORVISIER, 1964, volume I, 472-519; SCOTT, 1978: 14-19; LYNN, 1984: 46-47). As cidades podiam disponibilizar homens jovens, provavelmente filhos mais jovens treinados nos ofícios de seus pais, e o exército ficava feliz em aceitar homens habilidosos e alfabetizados. Os recrutas do exército britânico vinham, na sua maioria, das classes de produção e de trabalhadores. Eles eram ligeiramente mais urbanos e mais escoceses, e talvez um pouco menos alfabetizados, do que a população britânica em geral. Isso os tornava classe trabalhadora, mas dificilmente escória (cf. dados em FLOUD et al., 1990: 84-118; como os autores observam, a aparentemente menor alfabetização dos recrutas do exército pode ser imprecisa – os oficiais individuais faziam suas próprias avaliações da alfabetização dos recrutas, mas provavelmente estavam procurando por mais do que a mera habilidade de assinar). Os exércitos da Europa Central eram provavelmente menos qualificados e alfabetizados do que os franceses e britânicos, pois seus sistemas de recrutamento geralmente isentavam as profissões especializadas (e os austríacos, no início, isentavam os proprietários camponeses), e a capacidade de alguém de comprar sua dispensa pagando por um substituto também oprimia os níveis inferiores. No entanto, algumas das principais áreas de recrutamento, nos menores estados da Alemanha, apresentavam elevadas taxas de alfabetização. Nas marinhas britânica e francesa, em tempo de paz, os marinheiros eram, em grande parte, uma seção transversal do comércio marítimo, embora o recrutamento forçado do tempo de guerra trouxesse os marinheiros de água-doce mais pobres (HAMPSON, 1959; RODGER, 1986). Talvez as forças armadas francesas e britânicas tivessem se tornado mais elevadas do que as outras, mas suspeito que os oficiais, mais do que os homens, fossem de meios sociais extremos.

O elo mediador crucial entre as fileiras extremas era o oficial não comissionado, que era quase sempre alfabetizado e normalmente tirado das classes médias. Os ONC foram recrutados das fileiras e realmente formaram as fileiras superiores da soldadesca, pois a promoção até para os níveis juniores do corpo de oficiais era rara. Os oficiais desempenhavam pouco papel nos seus regimentos durante o tempo de paz: os oficiais franceses ganhavam uma licença de sete meses e meio a cada dois anos; a licença britânica era generosa e mal-usada. Os ONC mantinham relações estreitas com os soldados quando os oficiais do exército não estavam. As marinhas eram diferentes, pois no mar soldados e oficiais estavam em estreito contato para viver e trabalhar. Rodger (1986) retrata os navios britânicos como tendo relaxado a disciplina na qual os oficiais persuadiam em vez de comandar seus homens e as habilidades profissionais importavam tanto quanto o poder do posto. Ou essa é uma visão romântica ou as condições tinham mudado até 1797, pois os motins navais daquele ano revelaram uma profunda hostilidade à disciplina que era altamente punitiva.

Dada essa distância social e o contato limitado, todos os estados e corpo de oficiais acreditavam que a disciplina deveria ser punitiva. Táticas de meados do século XVIII exigiam que os soldados ficassem expostos por longos períodos sob fogo que não era preciso, mas que foi errática e cumulativamente letal. Os marinheiros nos confrontos navais sofriam ataques mortais de poder de fogo de curto alcance. Mas pelo menos eram mantidos ocupados enquanto estavam sob fogo. Os soldados estavam frequentemente de pé passivamente à espera ou caminhando lentamente para a frente. Treinamento repetitivo constante para levar terror compreensível aos limites da consciência poderia ser necessário para quaisquer forças armadas enfrentando tal perigo. Tal instrução era uma característica notável dos exércitos do século XVIII. Mas, mesmo assim, a *disciplina* não foi totalmente internalizada. Soldados desertavam em massa, não em batalha, pois isso era difícil e conspícuo, mas em tempo de paz. Dizia-se que um terço do exército prussiano – um exército altamente eficaz – foi empregado na busca de outro terço desertando (deixando um terceiro pronto para a guerra). Os oficiais do século XVIII enfrentaram o problema, acrescentando à instrução castigos corporais brutais e arbitrários e pouquíssima humanidade, como fizeram muitos comandantes navais cuja autoridade no mar era bastante arbitrária. Scott (1978: 35) diz que muitos soldados franceses tiveram seu primeiro contato pessoal com seu oficial quando enfrentaram ação disciplinar por parte dele.

A sociedade militar era, portanto, distintamente, cruelmente hierárquica, com duas classes ligadas pelo poder punitivo arbitrário. Nesse sentido, era uma instituição segregada, não refletindo mais a sociedade civil mais complexa do exterior. Essa sociedade militar distintamente hierárquica se confrontou então com três processos de mudança: a burocratização, a profissionalização e a democratização. Os dois primeiros impactaram de forma bastante contínua durante todo o período, o último impactou subitamente por meio da Revolução Francesa e das Guerras Napoleônicas, e mais tarde foi supostamente reforçado pelo desenvolvimento da sociedade industrial do século XIX (Huntington (1957) e Janowitz (1960) fornecem os relatos clássicos; Dandeker (1989) é a melhor atualização).

Apresento meu modelo de burocracia no início do capítulo 13. A burocracia compreende cinco elementos: dois de pessoal, dois de arranjos de gabinete e um de estrutura geral. O pessoal burocrático é assalariado, sem direitos de propriedade ou apropriação sobre a administração; e é nomeado, promovido e extinto de acordo com medidas impessoais de competência. Os *gabinetes* dentro dos departamentos burocráticos são organizados racionalmente por função e hierarquia; e os departamentos são organizados de forma similar em uma administração única e centralizada. Finalmente, o todo é isolado das lutas políticas da sociedade civil, exceto no topo, onde recebe direção política. A burocratização militar, desde o início, foi dirigida pelo Estado.

A profissionalização é um atributo geral da modernização, não se limitando às forças armadas. Mas Teitler (1977: 6-8) observa que os militares acrescentaram um terceiro elemento profissional a dois elementos mais gerais. Assim como outros profissionais, soldados e marinheiros adquiriram o monopólio das habilidades especializadas, realocando todos os outros em nível de amadores incompetentes; e, em segundo lugar, esse corpo especializado adquiriu um *esprit de corps* distinto, ancorado na tradição e no senso de honra. Mas, em terceiro lugar, os serviços militares eram prestados de forma distinta ao Estado. A profissionalização, como a burocratização, se desenvolveu dentro dos estados.

Os sociólogos têm frequentemente observado que a burocracia e a profissão estão íntima, porém conflituosamente conectadas (p. ex., PARSONS, 1964). Em particular, as burocracias desenvolvem um *esprit de corps* profissional e um *ethos* distinto à medida que se isolam da sociedade. Isso pode então entrar em conflito com a racionalidade formal da burocracia. No caso dos militares modernos, este *ethos* burocrático-profissional entrelaçado também envolveu a solidariedade de classe distintiva. A combinação dos três encorajou a criação de uma casta de oficiais distintos.

A burocratização é antiga, embora sua história principal tenha ocorrido no meu período presente. Tinha sido originada principalmente fora do Estado, primeiro na Igreja, depois nas empresas privadas da Índia – embora a mais antiga delas, a Casa de Contratación de las Indias em Sevilha, fosse um monopólio controlado pelo Estado espanhol[23]. Seus sistemas de contabilidade ordenada, cadeias de comando especificadas e funcionários civis e militares assalariados foram respostas às dificuldades da administração de tamanho moderado lidando com um amplo escopo de funções espalhadas por enormes áreas geográficas. Talvez houvesse alguma pressão exercida pelo tamanho, algum nível de limite além do qual o controle administrativo se tornava difícil sem uma maior padro-

---

23. Na verdade, o Estado espanhol do século XVII pode ter alguma pretensão de ter antecipado inovações que atribuo aos meus estados do século XVIII – embora pareça ter tido curiosamente pouca influência sobre eles. A concentração em alguns casos de países, como este volume, acarreta o perigo de exagerar seu significado coletivo.

nização racionalizada. Mas, em um estudo de dez organizações modernas de 65 a 3.096 funcionários, Hall (1963-1964) não encontrou relação significativa alguma entre seu tamanho e seis medidas de burocratização que são muito similares às minhas medidas. Da mesma forma, no período pré-moderno, a principal pressão funcional para a burocratização era menos o tamanho do que o problema de organizar diversas funções espalhadas por grandes espaços.

A revolução militar de 1500-1640 trouxe a burocratização para o Estado. Em 1760, exércitos e marinhas foram divididos em unidades de tamanho padronizado e funções especializadas relacionadas entre si e ao quartel-general por meio de duas cadeias de comando interligadas. Uma, surgida no século XVIII, foi aquela peça fundamental da moderna organização empresarial, a divisão entre Estado-maior e a linha. A outra era uma hierarquia integrada, com fileiras padronizadas, desde oficiais generais, coronéis, majores, capitães e tenentes até oficiais não comissionados e soldados comuns. As duas cadeias de comando eram integradas pela divisão (uma unidade do exército contendo todas as especialidades, coordenada por um Estado-maior, subordinado a um único comandante), coordenada com outras divisões por um Estado-maior *geral* sob um oficial *geral*. As marinhas também estreitaram a coordenação para superar as dificuldades táticas apresentadas pela dispersão dos navios por vastos oceanos. Desenvolveu-se o fornecimento especializado padronizado, a artilharia e o corpo naval, bem como a sinalização e os manuais – todos integrados num sistema formal de "comando, controle, comunicação e inteligência" (DANDEKER, 1989: 77). Os gabinetes foram organizados burocraticamente, embora no topo monarcas e parlamentos permanecessem relutantes em confiar o comando operacional total a um oficial geral. Eles preferiam dividir e governar. Os empresários do exército (não normalmente da marinha) sobreviveram; os nobres ricos financiaram e operaram seus próprios regimentos. Mas em meados do século XVIII os monarcas e ministros da guerra na Áustria, Grã-Bretanha, França e Prússia promulgaram regulamentos centralizadores contra eles. Quando Maria Teresa garantiu o controle das promoções do exército em 1766, ela eliminou os proprietários restantes, talvez o último monarca ocidental a fazê-lo (KANN, 1979: 118-119; cf. SCOTT, 1978: 26-32; BREWER, 1989: 57-58).

A administração militar era relativamente centralizada, rotineira, disciplinada, homogênea e burocrática – sem dúvida, a mais *moderna* organização de poder do século XVIII (DANDEKER, 1989, capítulo 3). Essas características haviam emergido diretamente da lógica da eficiência do poder militar, das exigências da guerra conduzida entre forças armadas funcionalmente variadas e geograficamente dispersas. Novamente, o tamanho importava menos do que o escopo funcional e geográfico, pois a revolução militar havia se centrado na emergência de divisões claras e formalizadas entre infantaria, cavalaria e artilharia e seus departamentos de engenharia e abastecimento. A especialização exigia novos meios de coordenação em distâncias maiores, especialmente para as marinhas. Um exército e uma marinha de maior porte eram mais produto do que causa: a burocratização permitiu o crescimento dos exércitos. A burocratização prevaleceu à medida que a organização militar informal e mais frouxa pereceu no campo de batalha.

A política de pessoal foi menos burocratizada. Na verdade, os salários se tornaram normais. Marinheiros e soldados eram pagos como *empregados*, subordinados a uma cadeia de oficiais de comando. O estatuto dos oficiais ainda variava. A maioria era empregada do Estado com salários fixos, mas também compraram a sua comissão inicial e suas promoções subsequentes. Os oficiais prussianos ainda tinham direito a recursos fiscais apropriados que fluíam por meio dos seus comandos. Mesmo assim, tais práticas estavam sendo gradualmente eliminadas.

A burocratização estava defasada em relação ao segundo critério de pessoal, os padrões de competência. A alfabetização era exigida, mas outras qualificações formais e o treinamento extensivo eram raros, exceto entre os oficiais de artilharia e naval. As primeiras academias de cadetes gerais foram fundadas – a Academia Militar Maria Teresa em 1748, a École Militaire em 1751 (copiada em doze províncias francesas em 1776), muitas escolas de cadetes prussianas ao longo do século, com Sandhurst criando a retaguarda britânica em 1802. Mas o principal critério de recrutamento era a origem social. Presumia-se que uma criação aristocrática ou nobre produzia potencial oficial – experiência com esforço físico (especialmente equitação), bravura, dignidade, familiaridade em dar ordens às classes mais baixas, e um senso de honra. Certa vez, um marechal de campo austríaco destacou seus oficiais burgueses pela bravura em combate. Ele se recusou a elogiar seus oficiais nobres porque, disse ele, a bravura de um nobre deveria ser tomada como certa (KANN, 1979: 124). A maioria dos oficiais aprendeu no trabalho, ajudados por livros de treinamento e manuais simples, e foram mergulhados, jovens e inexperientes, na batalha. A promoção seria então decidida por uma mistura de conexões (justificadas em termos de facilidade com o posto) e desempenho sob fogo.

O aumento da intensidade da guerra expandiu então um corpo de oficiais endurecido pela batalha. Sua experiência era o núcleo de um novo profissionalismo. Guerreiros amadores estavam desaparecendo e eram desprezados: só nós, profissionais, sabemos como é a guerra. Um distinto *ethos* profissional, ainda nobre, mas menos particularista e genealógico, estava emergindo.

A revolução e as Guerras Napoleônicas tiveram um impacto maciço, reforçando a burocracia e a profissão e introduzindo uma democratização limitada que parecia ameaçar tanto a dominação nobre como a disciplina punitiva. Uma maior intensidade de guerra aumentou o profissionalismo experiente. Amadores pereceram perante as tropas de Bonaparte enquanto o aprendizado por livros e a escolaridade faziam poucos progressos. As ligações continuaram a ser importantes, mas menos diletantes aristocráticos e incompetentes ou intelectuais de guerra foram promovidos. As rivalidades e ciúmes do corpo de oficiais, que, como qualquer leitor de autobiografias militares sabe, centram-se sobre quem é promovido para comandar quem, menos sobre as conexões familiares, menos ainda sobre as qualificações formais, mais sobre o desempenho profissional.

O impacto foi naturalmente maior no exército revolucionário francês. A Revolução trouxe emigração e expurgos de nobres. As oportunidades de promoção se expandiram repentinamente para os ONC, para os poucos promovidos *officiers de fortune*, e até mesmo para os soldados comuns. Em 1793, 70% dos oficiais tinham servido algum tempo como homens alistados, em comparação com 10% em 1789, embora a maioria estivesse nos escalões mais baixos de oficiais. Os graus mais altos ainda continham muitos ex-nobres: 40% a 50% dos coronéis e tenentes-coronéis do exército de linha, comparado com 10% a 20% dos capitães e tenentes. Mas eles dividiram o posto com profissionais de classe média, oficiais, empresários e rentistas burgueses, compreendendo 40% dos níveis mais altos e 30% dos mais baixos. Artesãos, comerciantes, assalariados e pequenos camponeses compunham a maior parte do restante, fornecendo 5% e 33%. Entre os soldados, burgueses, grupos intermediários e artesãos diminuíram e os camponeses aumentaram, embora ainda sub-representados (SCOTT, 1978: 186-206; LYNN, 1984: 68-77).

De repente, esse exército se assemelhava à nova sociedade, em vez de ser uma caricatura de uma muito antiga. A disciplina foi codificada e aplicada a todos os postos: os oficiais franceses eram então mais propensos que seus homens a ir diante de um pelotão de fuzilamento. Ela equilibrava a punição com o entusiasmo, seu alto padrão de desempenho em combate individualizado e parcialmente internalizado. Os soldados, conclui Lynn (1984: 118), eram tratados *como cidadãos, e não como súditos*. Acho todas essas afirmações sobre exércitos um pouco exageradas. As tropas que enfrentam a distinta possibilidade de morte quase nunca internalizam totalmente a disciplina; ela tem que ser suplementada por formas de coerção concentrada, *obrigando-os* a ficarem de pé sob fogo ou a atacarem, em vez de se acovardarem ou fugirem[24]. Mas como uma declaração de tendência, do século XVIII até os exércitos revolucionários, Lynn será suficiente.

Durante as duas décadas seguintes, o corpo de oficiais se tornou mais burguês à medida que a mobilidade das fileiras aumentava. Em 1804, apenas três dos dezoito marechais de Napoleão eram antigos nobres e metade dos oficiais era das fileiras (CHANDLER, 1966: 335-338; LEFEBVRE, 1969: 219). Após a queda de Napoleão, o contexto social variou entre os regimes dos anos seguintes. A monarquia dos Bourbon, restaurada em 1815, aumentou

---

24. Considerarei essas técnicas coercivas com mais detalhes no volume 3, ao apresentar a excelente pesquisa que tem sido feita sobre o moral dos soldados da Primeira Guerra Mundial.

os nobres nos níveis mais altos, mas não conseguiu expurgar completamente um exército burguês das suas simpatias republicanas. Após duas décadas de problemas, foram encontrados expedientes. A repressão dos clubes republicanos do exército foi associada a três incentivos – oportunidades de promoção oferecidas pela conquista argelina, um aumento das pensões do exército e o fim do direito de demitir um oficial. O exército francês permaneceu dividido, incapaz de avançar contra a Revolução de 1848 ou contra Luís Bonaparte em 1851, mas seu caráter *cidadão* radical foi muito diminuído (PORCH, 1974: esp. 115-117, 138-139). Será que as guerras revolucionárias transformariam outros militares?

Rumo à casta militar

As guerras revolucionárias transformaram o controle sobre as patentes e o corpo de oficiais integrados e modernizados. Mas isso provou conter menos concessões à *cidadania nacional* do que os regimes e comandantes temiam inicialmente.

As relações entre oficiais e homens foram gradualmente transformadas. A eficácia do moral mobilizado em massa e da disciplina menos cruel foram demasiado surpreendentes para serem ignoradas. Na verdade, reforçaram as crenças das facções *iluministas* em todos os corpos de oficiais. As campanhas navais e coloniais também mostraram repetidamente que, quando oficiais e homens partilhavam dificuldades materiais semelhantes, eles lutavam melhor. Três anos após sua humilhação em Iena, o exército prussiano abandonou os castigos corporais arbitrários, estendeu seus livros de regras e começou a escrever neles injunções humanitárias. Em 1818, eles se referiram pela primeira vez à necessidade de tornar a disciplina conforme ao sentido de *honra* do soldado particular – uma noção radical de fato (CRAIG, 1955: 48; DEMETER, 1965: 178-180). Sob Maria Teresa, um código iluminista foi introduzido na artilharia já em 1759. Aconselhava que os homens fossem encorajados *por amor à honra e ao bom tratamento, e não por brutalidade, golpes inoportunos e espancamentos*. Mas só em 1807 o código foi estendido às massas da infantaria, e só no final do século XIX foi implementado com frequência suficiente para deter o tratamento brutal (ROTHENBERG, 1982: 117-118; DEAK, 1990: 106-108). A disciplina permaneceu essencialmente coerciva – como acontece hoje –, mas gradualmente foi sendo racionalizada e regida por regras. Oficiais e homens já não estavam tão segregados; ficavam sujeitos à racionalidade de uma única casta militar emergente.

Durante 1805-1807 e 1813-1814, parecia que a Áustria e a Prússia podiam ir muito além disso, para se tornarem também *nações armadas*, mobilizando o entusiasmo patriótico e permitindo relações mais livres entre oficiais e homens. O recrutamento de mercenários estrangeiros caiu para que os exércitos se tornassem *nacionais* em um sentido mínimo. Ambos os regimes iniciaram as forças de reserva, os Landwehr. Mas depois de 1815, todos os regimes se afastaram do exército cidadão, assustados com a noção de colocar armas nas mãos de um povo livre. O Arquiduque Carlos, o grande general austríaco, modestamente sugeriu aumentar o número de recrutas, reduzindo os anos de serviço do exército para oito (em muitos regimentos era vitalício). O seu esquema foi rejeitado porque os soldados dispensados poderiam contribuir com uma liderança especializada para as revoltas. O Conde Colloredo decidiu a discussão na corte, observando: "Eu posso a qualquer momento encher a boca de um inimigo vitorioso com uma província, mas armar o povo significa literalmente derrubar o trono" (LANGSAM, 1930: 52; ROTHENBERG, 1982: 72). O Landwehr austríaco foi abandonado em 1831. Os prussianos mantiveram seu Landwehr, mas o mantiveram disciplinado. Ao longo do século XIX, prussianos e outros alemães debateram os méritos dos exércitos *profissionais* versus *exércitos cidadãos*. Os profissionais sempre ganharam, se o debate fosse colocado nesses termos.

Contudo, a noção de compromisso de uma *cidadania militar* disciplinada de cima fez alguns progressos. Na Alemanha, teve influência na concessão do sufrágio universal masculino (em condições controladas) em troca da sua contribuição para o serviço militar (CRAIG, 1955; RITTER, 1969, volume I: 93-119). A definição francesa de cidadania como o *imposto de sangue* ressoou em toda a Europa e América. Nenhum país sustentou exércitos de cidadãos populares do tipo que tinha derrotado os prussianos em Valmy (cf. capítulo 6). Em vez disso, os exércitos de massa incorporavam uma forma de participação mais segmentar, definida por seus regimes governantes e disciplinada por uma hierarquia militar racionalizada. Como veremos, estados-nações armados não eram realmente *cidadãos*, mas *lealistas do Estado-nação*.

Dentro das hierarquias militares, os oficiais profissionais do século XIX certamente trataram seus homens melhor do que seus ancestrais trataram. As mudanças ocorreram em duas fases, quando o tamanho do exército diminuiu depois de 1815, e depois de meados do século XIX, quando ele se expandiu novamente. Na primeira fase, as restrições orçamentárias diminuíram. Os programas de bem-estar para comprar a lealdade dos oficiais e oficiais não comissionados se tornaram gerais, incluindo pensões e a oferta de emprego do Estado civil para veteranos (discutido mais adiante no capítulo 14). Os salários acompanharam na sua maioria as ocupações civis que os oficiais e soldados dispensados (exceto talvez os oficiais austríacos) podiam ter empreendido. As forças armadas também ofereceram um emprego mais seguro, prendendo a maioria dos oficiais na carreira (PORCH, 1974; 1981: 89; BERRYMAN, 1988: 26-27; DEAK, 1990: 105-106, 114-125).

Depois, quando a segunda fase de expansão foi atingida, os estados enfrentaram a expansão das suas forças de reserva. Profissionais de carreira em todos os níveis se tornaram quadros, liderando e treinando a série de reservistas conscritos que serviam por períodos curtos (três anos na Prússia) e depois passavam para formações de reserva e territoriais sob supervisão regular do exército. Os reservistas mobilizados constituíam então o grosso dos exércitos quando a guerra realmente ameaçava. Em meados do século XIX, os exércitos recrutaram mais soldados da população agrária, dando isenções aos ofícios urbanos e industriais qualificados – e estavam mais confiantes na sua lealdade. Com a ampliação do recrutamento a curto prazo na Europa continental, esse preconceito diminuiu. No entanto, a Grande Guerra tenderia a não convocar o núcleo organizado da classe trabalhadora. Na Primeira Guerra Mundial, a *vanguarda* da classe trabalhadora – trabalhadores especializados em mineração, transporte e fabricação de metais – foi obrigada a produzir, não a lutar. Apenas as marinhas procuravam recrutas com essa origem. Assim, os soldados, especialmente as tropas da linha de frente de alto calibre, tendiam a ser recrutados quer de áreas rurais, quer de pequenas cidades ou indústrias onde as identidades da classe trabalhadora eram mais fracas. A deslealdade da classe trabalhadora afetou os exércitos menos do que Engels ou muitos comentadores conservadores haviam antecipado.

Giddens (1985: 230) argumenta que na mesma época em que os oficiais se tornaram especialistas segregados, os soldados se tornaram cidadãos de massa. Mas não. Os comandantes estavam na verdade *tornando mais rigorosa* a organização militar sobre seus soldados, reduzindo sua capacidade de se identificarem como cidadãos ou como membros de classes. A lição das guerras de meados do século foi que a coordenação divisionária frouxa (desenvolvida por Bonaparte, como vimos no capítulo 8) se tornou obsoleta pelo planejamento e coordenação meticulosos de mapas e horários. A organização prussiana havia devastado o *élan* francês em 1870. Isso permitiu que os generais apertassem a disciplina mesmo sobre os soldados que foram treinados menos do que seus antepassados do século XVIII. Uma organização mais ampla e impositiva substituiu o treinamento direto mais restrito. As ferrovias, o telégrafo (com o tempo, o telégrafo sem fio) e os sistemas de pessoal permitiram que os comandantes coordenassem muitas unidades, cada uma das quais representava o horizonte distante do soldado individual. A maioria das unidades do exército foi recrutada territorialmente, seu moral unitário baseado nas solidariedades e camaradagens local-regionais.

O poder do moral local foi especialmente demonstrado na Guerra Civil americana, quando o recrutamento local garantiu que a maioria dos soldados lutasse e morresse acreditando que defendia a integridade ou os valores da sua comunidade de origem em vez de unidades maiores como o Sul ou a União (ou os valores com os quais esses estavam associados). 600 mil mortos e baixos índices de deserção atestam o espantoso poder dessa disciplina, mesmo sobre os soldados que foram levados para a frente de batalha com pouco treinamento.

Mas, além da mobilização em massa da Guerra Civil americana e da Grã-Bretanha esmagadoramente urbano-industrial, o recrutamento regional também foi tendencioso para as regiões agrárias mais atrasadas e conservadoras, capazes de fornecer força de trabalho excedente usada para segmentar a disciplina a partir de cima. Após a Guerra Franco-prussiana, uma batalha política foi travada na França sobre essas questões, enquanto os republicanos procuravam substituir o sistema de recrutamento regional. Mas eles perderam diante do peso combinado dos conservadores e do alto-comando do exército. Os exércitos permaneceram regionais e reacionários.

Se isso não bastasse, as estruturas de comando reforçavam o conservadorismo. A organização da unidade local-regional era composta por oficiais não comissionados recrutados a partir da mesma reserva territorial. Eles juntaram a camaradagem da unidade local à disciplina hierárquica. Os oficiais comissionados e não comissionados desenvolveram assim relações de poder *segmentar e local-regional* bastante bem-sucedidas no centro de exércitos de cidadãos em expansão e supostamente de *classe* e *nacionais*. Fora de suas relações imediatas com seus próprios oficiais, os soldados eram organicamente flanqueados. Suas unidades e navios se moviam por linha superior e comandos do Estado-maior para propósitos mais amplos que permaneciam escondidos deles. Os soldados então tinham pouca capacidade de ação coletiva fora de suas próprias unidades ou navios. Como veremos no volume 3, eles tinham pouca organização alternativa à obediência mesmo sob as condições horrendas da Primeira Guerra Mundial, e comandados de forma incompetente – a menos que seus oficiais também faltassem com lealdade. Tanto as forças regulares como as de reserva se provaram esmagadoramente leais na guerra durante esse período.

McNeill (1983: 260) argumenta que uma sociedade que estava se tornando industrial estava também consagrando a *primazia do princípio do comando*. Isso é uma generalização um pouco exagerada em referência à sociedade civil, mas é acurado ao descrever suas forças armadas em expansão. Esses eram apenas enganosamente exércitos de *cidadãos*, *nacionais*, ou de *classe*. Eram organizações de poder realmente *segmentares*, disciplinadas por conservadores sociais. Em 1910, talvez 20% dos homens adultos na maioria dos países já tinham sido disciplinados assim. O número subiu ainda mais na Primeira Guerra Mundial. Os estados modernos criavam lealistas em massa nas suas forças armadas (como nas suas administrações civis; cf. capítulos 13 e 16). Entre 1848 e 1917, praticamente nenhuma força armada vacilou nas suas lealdades segmentares. Isso se provou importante, muitas vezes decisivo, tanto nas principais funções militares como na guerra e repressão durante o século XX.

Houve também uma mudança duradoura dentro do corpo de oficiais, enquanto noções de competência experienciada continuavam a se desenvolver. Gradualmente, o componente educacional da competência foi sendo melhorado. Cartografia, logística e o estudo comparativo e histórico das táticas se tornaram uma parte da formação dos cadetes e do pessoal em geral, que emergiam no início do século XIX. Depois, o aumento maciço do poder de fogo sob a industrialização da guerra exigiu que alguns conhecimentos básicos de engenharia fossem ampliados para além do ramo da artilharia. As vitórias prussianas foram claramente lições tecnocráticas, aprendidas de modo rápido especialmente pelos franceses. Depois de 1870, a conclusão do colégio de cadetes se tornou necessária para entrar, e frequentar cursos adicionais se tornou uma parte habitual da promoção, especialmente do lado do pessoal de elite. Os arquivos eram mantidos rotineiramente no registro de serviço e qualificações dos oficiais, uma vez que o favoritismo diminuiu ainda mais face à universalidade de critérios tecnocráticos.

A Grã-Bretanha e a Áustria sofreram algum atraso, por razões diferentes. Como veremos em breve, a composição social do corpo de oficiais britânicos permaneceu rural e reacionária e não teve empatia com a única sociedade industrial do mundo. O exército britânico permaneceu conservador, rejeitando colégios de comando militar e os esforços de uma facção reformista, até que desastres nas guerras da Crimeia e dos Boer forçaram a profissionalização tardia (BOND, 1972; HARRIES-JENKINS, 1977; STRACHAN, 1984; BRODSKY, 1988: 72-82). A Áustria se atrasou por causa da agitação política. Como seu papel principal era a segurança interna, era conservadora, suspeitando da profissionalização como *liberal* (ROTHENBERG, 1976), mas depois de 1870 também mudou. Em 1900, suas escolas militares de elite e cursos de pós-graduação em treinamento dominaram as chances de promoção a longo prazo (DEAK, 1990: 187-189).

No final, os reacionários tinham pouco a temer. A educação não substituiu critérios mais antigos e nobres nem radicalizou a política militar. Foi fundida neles. Em antecipação das tendências mais gerais de mobilidade do século XX, à medida que a educação se tornou a principal via de mobilidade ascendente, a promoção direta a partir das fileiras foi realmente reduzida. No exército francês, 14% dos generais de divisão tinham vindo das fileiras em 1870, mas menos de 3% em 1901 (SERMAN, 1978: 1.325; CHARLE, 1980b). Os nobres não tiveram outra escolha a não ser ceder um pouco, por uma razão diferente – quando os exércitos começaram sua expansão no final do século XIX, simplesmente não havia nobres o suficiente para dar conta da demanda. Eles se aguentaram notavelmente bem, dadas as circunstâncias. Mesmo na França republicana, as mais altas fileiras permaneceram bastante aristocráticas. Em 1870, 39% dos generais de divisão eram de origem nobre; em 1901, ainda eram 20%. Mais para baixo houve necessariamente um maior aburguesamento, mas também um maior recrutamento em escolas católicas romanas em vez de em escolas estatais. Esse corpo de oficiais permaneceu social e politicamente reacionário. Confrontos repetidos com os governos republicanos culminaram no Caso Dreyfus, e só pouco antes de 1914 foram feitos compromissos políticos que em breve salvariam a República (GIRARDET, 1953; CHARLE, 1980a).

Uma força armada não tinha nobres, é claro. Os Estados Unidos também tinham outra característica única: uma grande guerra civil que rapidamente expandiu o corpo de oficiais de ambos os lados para ser representativo de homens brancos educados e bem-vestidos em geral. Mas, quando voltavam para as pequenas formações de tempo de paz, os oficiais americanos eram menos representativos. Os oficiais navais eram esmagadoramente das classes altas urbanas modernas, ou seja, das classes médias capitalista e profissional do nordeste. Eles eram desproporcionalmente filhos de (em ordem decrescente) oficiais militares, banqueiros, advogados e juízes, fabricantes, oficiais, profissionais *científicos* (médicos, farmacêuticos, engenheiros) e comerciantes (KARSTEN, 1972, tabela 1-2).

Em contraste, os oficiais do exército eram surpreendentemente – em vista do resultado da Guerra Civil americana – do sul e do Antigo Regime rural, talvez decadente. Treze dos catorze oficiais mais graduados em 1910 eram sulistas, na sua maioria oriundos de áreas rurais. Embora os dados mais amplos sejam escassos, a maioria dos oficiais parece ter sido filhos de oficiais ou de agricultores-colonizadores ou daqueles profissionais encontrados em cidades pequenas e grandes – advogados, médicos, professores, funcionários e ministros. Janowitz resume o corpo de oficiais do exército como "de família antiga, anglo-saxônica, protestante, rural, classe média-alta" – tão próximo de ser um regime antigo quanto os Estados Unidos permitem. Mas como essa classe já não governava os Estados Unidos (fora do sul), era um grupo um pouco segregado. Segundo um relato do norte de 1890, o exército era um "domínio próprio, independente e isolado por seus costumes e disciplina peculiares; uma aristocracia por seleção e o halo das tradições" (citações de JANOWITZ, 1960: 90, 100; cf. HUNTINGTON, 1957: 227; KARSTEN, 1980; SKELTON, 1980).

Esse pequeno corpo de castas também controlava distintamente seus homens. Não eram recrutas, mas voluntários profissionais, predominantemente imigrantes, em especial da Irlanda e da Alemanha (descendentes de antigos mercenários?), mas também negros. Estavam contentes pelo exército ter lhes dado entrada segura na sociedade americana (branca) (BERRYMAN, 1988, capítulo 2). Embora não fosse grande ou influente, o exército dos Estados Unidos era leal aos seus mestres conservadores, como veremos no capítulo 18.

Em outros lugares, o domínio nobre e reacionário permaneceu impressionante. Grã-Bretanha e Prússia ainda eram as mais extremas, com a Áustria no início semelhante. Razzell (1963) mostra que os contextos sociais dos oficiais do exército britânico pouco mudaram. Aristocratas e a aristocracia rural (menos de 1% da população) forneceram 40% dos oficiais no exército nacional em 1780 e 41% em 1912. Nas fileiras mais altas (generais maiores e superiores), seu domínio caiu ligeiramente de 89% em 1830 a 64% em 1912; mas isso foi contrariado pelo aumento da estratificação entre regimentos, já que os regimentos de elite se tornaram cada vez mais Antigo Regime na composição e de tom socialmente reacionários. Os mais altos postos também se mantiveram nobres no exército prussiano. Na comparação de Preradovich (1955) dos comandos militares gerais prussiano e austríaco de 1804 a 1918, os nobres compreendiam cerca de 95% dos generais austríacos entre 1804 e 1859, depois a proporção desceu para 41% até 1908. Mas na Prússia se mantiveram estáveis em cerca de 90% até 1897 e depois caíram apenas a 71% em 1908. (Entre os comandos gerais ampliados durante a Primeira Guerra Mundial, os dois números caíram mais). Baixando a hierarquia, o domínio nobre caiu, e mais ainda com a expansão por volta de 1900 – como era de se esperar, dado o número fixo de nobres. Dos generais e coronéis, 86% eram nobres em 1860, e 52% em 1913. A integração da força de reserva dos Landwehr mais burgueses em 1860 fez uma grande diferença nas fileiras inferiores dos oficiais. Em 1873, apenas 38% dos tenentes eram nobres, caindo para 25% até 1913 – essa foi também a única queda em números absolutos. Entre todos os oficiais, os nobres caíram de 65% para 52% (DEMETER, 1965: 28-29).

Assim, o padrão alemão e britânico foi tardio, *forçou* o declínio do domínio da aristocracia à medida que o número de oficiais aumentava e o de aristocratas não; uma hierarquia ainda dominada no topo pela velha nobreza; e uma ausência quase total de filhos de capitalistas manufatureiros ou comerciais. A classe econômica dominante deixou o exército para o Antigo Regime. O exército (juntamente com a diplomacia) deu ao velho regime uma cabeça de ponte para o núcleo do Estado alemão, assegurando mais militarismo na política externa e nas relações de classe do que teria acontecido de outra forma.

Mas o significado de *nobreza* também mudou, tornando-se menos particularista à medida que se fundiu num *ethos* profissional distinto, compartilhado pelos oficiais. A posição dentro da nobreza alemã tinha desempenhado um papel menor já no final do século XVIII, permitindo que os mais pobres, os menos nobres, como Gneisenau, Scharnhorst, e Clausewitz, passassem para o topo. As reformas do início do século XIX e o reforço da educação militar institucionalizaram a igualdade profissional dentro do corpo. A educação no corpo de estudantes universitários, nas fraternidades de duelo e nos colégios de comando militar reforçaram o *ethos*. A palavra *Bildung* não significava apenas *educação*, mas cultivo – nas forças armadas, o cultivo da honra. Como uma qualidade moral, *nobreza* agora significava *honra*, o atributo distintivo dos oficiais.

As consequências podem ser vistas na rápida expansão da marinha alemã, ostensivamente o ramo militar mais burguês. A marinha exigia uma extensa formação técnica e recrutava muito em portos urbanos. Sendo recente, carecia de tradições e *status*. Assim, atraía poucos nobres. Das classes executivas de cadetes do mar entre 1890 e 1914, apenas 10% a 15% eram de famílias nobres, embora isso fosse mais do que a percentagem de contextos capitalistas industriais ou comerciais. Na classe bem documentada de 1907, os antecedentes profissionais dominavam: 45% eram filhos de acadêmicos e 26%, filhos de oficiais não nobres do exército ou da marinha. A marinha ainda queria homens jovens bem-educados de *boas famílias* e explicitamente rejeitava candidatos de classes sociais mais baixas, porque esses poderiam impedir as boas famílias de se candidatarem. Contudo, a experiência de serviço não era burguesa. A nobreza era mais valorizada, a afluência vinha depois. Os oficiais executivos bem-sucedidos eram enobrecidos. Os oficiais modelavam seu tratamento dos marinheiros em formas prussianas arrogantes – o que lhes custou caro nas revoltas navais no final da Primeira Guerra Mundial. Cadetes oficiais de máquinas tinham origens inferiores, basicamente, do serviço público inferior ou médio. Eram tratados como pessoal *prático*, inadequados a posições de *comando*. Como no exército, os judeus (a menos que fossem batizados) e os socialistas eram anátemas. Embora o *ethos* do exército e da marinha não fosse idêntico – o militarismo da marinha era mais antibritânico e imperialista – "a marinha mostrava o caminho para 'feudalizar' a alta burguesia" (HERWIG, 1973: 39-45, 57-60, 76-78, 92, 103-104, 132). Nas forças armadas dominadas por nobres reacionários, até mesmo os ramos burgueses os imitavam. Numa época em que a Alemanha estava liderando o capitalismo industrial, seus capitalistas industriais e comerciais estavam evitando, e sendo evitados por suas forças armadas.

A Primeira Guerra Mundial demonstrou que a Alemanha tinha o melhor exército do mundo; 1866 e 1870 provavelmente já tinham deixado isso claro. Sua marinha também era tecnicamente excelente, embora muito pequena para o papel que lhe era pedido. Mas o paradoxo é que a sua extraordinária modernidade profissional era essencialmente Antigo Regime. Era certamente técnica, com um alto padrão de qualificações para oficiais, e, de acordo com estatísticas contemporâneas, a única com alfabetização universal de qualquer exército (*Annuaire Statistique de la France*, 1913: 181). O seu pessoal tinha um conhecimento avançado da industrialização da guerra, incluindo a melhor utilização da logística ferroviária. Como seu oficial e o corpo do ONC eram socialmente coesos, os oficiais eram confiáveis para usar sua própria iniciativa – mais do que, por exemplo, os oficiais do exército francês, devastado por conflitos. Essa disparidade foi especialmente evidente nas campanhas de 1870-1871 (GOOCH, 1980: 107). O discurso comum há muito compreendera o paradoxo da expressão *eficiência prussiana*, pois esse corpo de oficiais era tecnicamente avançado e socialmente reacionário. A combinação era um *ethos* de casta altamente desenvolvido, com o melhor quadro ONC do mundo para instilar segmentarmente seus valores abaixo. Mas essa era apenas a versão extrema de um paradoxo mais geral: esses corpos de oficiais socialmente reacionários estavam mobilizando os instrumentos mais avançados do capitalismo industrial, exercendo as mais avançadas habilidades tecnocráticas.

O corpo de oficiais austríaco também era socialmente conservador, mas também tinha qualidades únicas derivadas das cristalizações do seu Estado (discutidas no capítulo 10). Permaneceu dinástico e (desigualmente) multinacional. Já em 1859, uma pequena maioria dos seus oficiais foi recrutada no exterior, especialmente na Alemanha, mas com um contingente britânico substancial. A dinastia também dependia um pouco dos católicos romanos e fortemente dos austro-alemães, que eram 79% dos oficiais regulares em 1910 e apenas 23% da população. Todas as outras nacionalidades estavam sub-representadas. Os nobres primeiro dominaram os corpos de oficiais, mas depois declinaram, pois na Prússia-Alemanha não havia nobres alemães em número suficiente para a expansão do pessoal. Em 1870, apenas 20% dos tenentes de carreira eram nobres, a maioria de famílias recentemente enobrecidas para o serviço público. O declínio dos generais nobres ocorreu mais tarde, como era de se esperar e como evidenciado acima. Houve concessões aos magiares depois de 1867: Eles dominaram o exército de reserva Honved do seu *Reichshalf*, e os poucos oficiais magiares do exército conjunto regular se beneficiaram da discriminação positiva na promoção.

Depois de 1870, a Áustria também expandiu muito suas forças de reserva, que se tornaram completamente aburguesadas, uma vez que as principais qualificações eram educacionais. Isso eliminou a super-representação católica romana, reduziu o domínio alemão (para 60%), elevou os tchecos e magiares ao seu número legítimo, super-representou os luteranos e super-representou os judeus (que compunham 17% a 18% dos oficiais de reserva, apenas 4% a 5% da população). Outras nacionalidades e religiões permaneceram sub-representadas (ROTHENBERG, 1976: 42, 128, 151; DEAK, 1990: 156-189).

Esse era um corpo de oficiais peculiar, burguês, altamente educado e tecnocrático, mas a sua lealdade essencialmente dinástica era mediada por identidades nacionais e religiosas particularistas. O exército estava mais vinculado à dupla monarquia do que às classes dominantes dos seus territórios – e muito pouco à *nação*. O seu isolamento social e seus rituais impraticáveis (como seus uniformes brancos puros) aumentavam seu distanciamento e solidariedade como casta. Os oficiais austríacos, qualquer que seja a sua patente e seu *status*, mesmo que estrangeiros, mostravam a sua comunidade ao se dirigirem uns aos outros com a forma familiar *Du* de *você* (usado em outros lugares apenas para pessoas íntimas e servos), em vez do mais formal *Sie*, normalmente usado em outras esferas da sociedade germânica. Isso mais tarde levou a cenas desagradáveis na Primeira Guerra Mundial com oficiais alemães que acreditavam estarem sendo insultados por seus aliados austríacos ou que esses estivessem se insinuando a eles!

O isolamento social dos oficiais austríacos não era único. No exército russo, a proporção de oficiais não nobres também aumentou, de 26% em 1895 para 47% em 1911, enquanto os restantes nobres não estavam ligados à grande aristocracia russa. Em 1903, 91% dos que tinham pelo menos a patente de um grande general não possuíam terras ou propriedades, nem mesmo uma habitação urbana (WILDMAN, 1980: 23-24). Esse corpo de oficiais também estava se tornando segregado da estrutura de classe.

Mas os oficiais austríacos também eram mais segregados dos seus homens. Como, de um modo geral, os soldados recrutados eram, proporcional e territorialmente, de todas as nacionalidades e como a monarquia desconfiava de regimentos nacionais homogêneos, os oficiais e seus homens raramente partilhavam uma língua. Assim, a estrutura de comando do exército recebeu pouco reforço das hierarquias sociais fornecidas quer pela estrutura de classes quer pela comunidade linguística local-regional. Otto Bauer, o líder socialista, descreve o que acreditava serem os efeitos do aburguesamento (embora não de nacionalidade, pois parece descrever um regimento totalmente alemão) na sua própria formação de oficiais. O *ethos* profissional do exército exigia que o oficial tratasse a primeira classe privada com respeito. Mas

> a hierarquia de classes [...] distingue entre uma classe de cavalheiros e uma classe de trabalhadores e camponeses [...]. Toda a estrutura do antigo exército era para marcar essa separação entre a classe de cavalheiros e a classe trabalhadora de forma tão clara que às vezes parecia não como uma separação de classes, mas como uma de castas. [Mas, ao contrário do soldado prussiano, que enfrentava seu oficial junker, o] camponês austríaco era obrigado a ver o filho do pequeno-burguês com seu sabre como um indivíduo de ordem exaltada. Isso era particularmente absurdo [...] em relação aos oficiais de reserva (KANN, 1979: 122-123).

Absurda ou não, a hierarquia militar austríaca – vista pelos contemporâneos como a mais fraca entre as das grandes potências – ainda funcionava de forma aterradora. Nada testemunha melhor o profissionalismo de casta e os poderes disciplinares segmentares desse corpo de oficiais dinástico-aburguesado e dos seus clientes oficiais não comissionados do que sua capacidade de liderar aqueles camponeses nos repetidos ataques suicidas de infantaria sobre as posições de artilharia russa que destruíram metade do exército austríaco no primeiro ano da Grande Guerra.

Os velhos regimes militares absorviam com sucesso tudo o que a Era da Revolução e da Indústria podia lhes fornecer, cedendo pouco à cidadania democrática. Os filhos burgueses precisavam dos seus modos suaves para se tornarem oficiais; os pequeno-burgueses, camponeses e trabalhadores talentosos precisavam dos privilégios dos oficiais não comissionados; outros níveis precisavam ser governados pela lei, em vez da disciplina arbitrária. Essas eram muitas concessões? Eram muito menos significativas do que as concessões feitas nas redes de poder civil nos países em modernização. Essa mesma diferença aumentou a segregação distinta e o poder segmentar crescente das forças armadas do século XIX. Uma casta de oficiais foi reduzida por meio de quadros não oficiais e de carreira para disciplinar segmentarmente a massa de cidadãos, convertendo-os em lealistas do Estado. *Cidadania* não era meramente a realização dos direitos universais de Marshall; nem inaugurou o internacionalismo pacífico. Veio entrelaçada com relações de poder militares. A *nação* era parcialmente organizada em segmentos, estatista e violenta.

Rumo ao poder militar autônomo

Talvez tais formas de autonomia profissional, aproximando-se de uma casta militar distinta, com excelente quadro e controle segmentar sobre seus homens, podem não ter importância. Muitas sociedades históricas e algumas contemporâneas (como a Grã-Bretanha) possuem uma casta militar profissional sem grandes danos sociais. É verdade, se a guerra irrompe, seu poder sobre a sociedade pode ser considerável, mas em tempo de paz eles podem ter autonomia em relação à sociedade civil, mas pouco poder sobre ela. No entanto, na Europa em tempo de paz do século XIX, a *autonomia em relação a* poderia levar ao *poder sobre*. Vimos anteriormente que a diplomacia era pouco controlada pela sociedade civil. Era em grande parte um assunto privado para os executivos do Estado, dominado pelo pessoal similar do Antigo Regime como classe oficial. Isso não era necessariamente desastroso. Os comandantes são muitas vezes cautelosos em sua geopolítica, conhecedores do caos e da devastação da guerra, experienciados no medo da morte. O corpo de oficiais muitas vezes favoreceu empreendimentos coloniais para jogar verdadeiros jogos de guerra e para abrir perspectivas de promoção. Mas eram cautelosos em relação à guerra entre as grandes potências. A industrialização da guerra trouxe outro motivo de cautela, pois o aumento do poder de fogo disponível para o soldado pouco treinado aumentou muito o tamanho dos exércitos mobilizáveis. Isso significava ir além dos camponeses e das áreas marginais para armar a classe trabalhadora, um curso de ação perigoso – ou assim suspeitava o corpo de oficiais reacionários (em grande parte, desnecessariamente).

No entanto, a industrialização aumentou os poderes *tecnocráticos* e o perigo dos militares. Isso aconteceu de duas maneiras. Primeiro, o corpo de oficiais estava na vanguarda do desenvolvimento científico e industrial do século XIX, usando os produtos e formas de organização mais avançados do capitalismo, compartilhando seu otimismo positivista. Os militares passaram a acreditar que um planejamento e uma coordenação meticulosos poderiam dar resultados exatos e, em condições calculáveis, a vitória. Embora a modernização beneficiasse os militares, também poderia induzir a um excesso de confiança. Talvez *a* lição da guerra, *a* previsão que é possível sobre a guerra seguinte, seja que ela é imprevisível. Como o armamento e as táticas mudam entre as guerras, como nenhuma é travada precisamente sobre o mesmo terreno da última, e raramente contra o mesmo inimigo, a sorte da guerra seguinte é incerta. Um militar verdadeiramente sensato – preocupado em saber se uma guerra devastadora pode atingir um objetivo político preciso – só aconselharia a guerra se possuísse uma grande superioridade aparente sobre o inimigo. Tal superioridade é normalmente proporcionada pela diplomacia, produzindo aliados poderosos ou privando o inimigo de aliados. No entanto, os militares mais *modernos*, tecnocráticos e egocêntricos eram mais inclinados a desprezar aliados estrangeiros e a confiar nos seus próprios recursos internos. Embora diplomatas e comandantes fossem recrutados na mesma classe, sua formação e experiência profissional eram divergentes. Os diplomatas sabiam pouco sobre a nova guerra tecnocrática, os generais praticamente nada sabiam sobre a construção de alianças. No final do século XIX, o exército mais moderno, tecnocrático, egocêntrico e politicamente ignorante era o exército alemão. Esquecera que a diplomacia de Bismarck tinha contribuído tanto quanto a sua própria competência para as vitórias de 1865-1867 e 1870-1871 (cf. capítulo 9), e negligenciara as mudanças subsequentes em outros países que não eram puramente tecnocráticos, especialmente a consolidação da república francesa e da sua nova disciplina militar. Seu militarismo egocêntrico seria a sua arrogância.

Segundo, no final do século XIX, a tecnocracia militar privilegiou o ataque em detrimento da defesa. *Ir para a guerra* envolvia tradicionalmente três fases: mobilizar as forças, concentrá-las na ordem da campanha e fazê-las marcharem para a batalha real. Mas a industrialização, a artilharia e as ferrovias permitiram que um enorme peso de homens e de poder de fogo fosse transportado à frente. Isso favorecia o ataque rápido e coordenado a partir dos terminais ferroviários. O primeiro a atacar poderia conseguir um maior poder de fogo concentrado, mas a defesa também deve ser rápida e coordenada, para concentrar o fogo nos atacantes. Os planos do Estado-maior geral se tornaram complexos e agressivos, detalhando três movimentos preventivos em situações de emergência: mobilização de reservistas, tomada da rede ferroviária, e utilização de espaço terrestre e marítimo, por vezes independentemente das fronteiras estatais ou águas territoriais. Tomar o controle das linhas férreas em estados vizinhos era o mais provocador, porque constituía uma invasão real, embora sem uma declaração de guerra. O general russo Obruchev considerava a mobilização equivalente à guerra. No seu famoso memorando de 1892, ele escreveu que na guerra moderna a vitória vai para o lado que alcança a mobilização mais rápida, *antes do inimigo*. Ele concluiu: "A mobilização já não pode ser considerada como um ato pacífico; ao contrário, representa o ato de guerra mais decisivo".

A ofuscação da linha entre prontidão defensiva e agressão impediu a diplomacia. A aliança franco-russa em 1894 deu aos altos comandos poderes autônomos. Se a Áustria, a Alemanha ou a Itália se mobilizassem contra qualquer um deles, ambos se mobilizariam imediatamente. Em 1900, a aliança foi restrita ao caso da mobilização alemã, e esse acordo foi implementado de fato em 1914. Passos agressivos importantes, insuficientes para a guerra, mas que tendiam a precipitá-la, estavam fora das mãos de políticos e diplomatas civis (KENNAN,

1984: 248-253; ele reproduz o memorando de Obruchev na p. 264). Da mesma forma, as discussões independentes de 1909 entre os generais Moltke (da Alemanha) e Conrad (da Áustria) ameaçaram converter a aliança defensiva de Bismarck entre os países em um incentivo à agressão mútua (ALBERTINI, 1952: I, 73-77, 268-273). A entente anglo-francesa levou a que os arranjos militares entre as duas potências fossem mantidos em segredo dos seus gabinetes durante muito tempo (cf. capítulo 21).

Se a confiança tecnocrática e os planos dos altos comandos podiam de fato impedir os estadistas dependia dos canais de prestação de contas. Como veremos no capítulo 21, as instituições das democracias partidárias responsabilizavam mais suas forças armadas do que as das monarquias. Em julho de 1914, a sequência de mobilizações preventivas da Áustria, Rússia e Alemanha surpreendeu seus próprios regimes e depois a Europa. As castas militares autônomas e coesas provaram então ter poderes decisivos sobre a sociedade. Como a ideologia na Revolução Francesa, foi apenas um *momento histórico-mundial* de poder. Mas devastou o Velho Mundo.

Conclusão

Mostrei o desenvolvimento das relações de poder militar durante o longo século XIX. A maioria dos desenvolvimentos internos apoiou a teoria das castas militares – a autonomia institucional das forças armadas, tanto em relação ao controle civil como do Estado. A organização do exército e da marinha tinha se tornado mais restrita e mais segregada da sociedade civil e do Estado. No recrutamento, treinamento e *esprit de corps*, o corpo de oficiais tinha se voltado para si. Sua fusão distintiva do Antigo Regime e filhos burgueses, sob a dominação ideológica do primeiro, resultou em um corpo de oficiais diferente de qualquer classe importante da sociedade industrial avançada. O crescimento da burocracia interna, da profissão e da tecnocracia aumentou a privacidade de suas atividades. Os quadros de oficiais de serviço permanente e não comissionados, além de uma estrutura de comando mais rigorosa coordenando unidades militares local-regionais individuais, garantiram um controle segmentar eficaz sobre uma massa de soldados e marinheiros sem grandes concessões a cidadãos, nações ou classes. Os estados conseguiram estabelecer infraestruturas militares, tentáculos, abrangendo com segurança partes dos seus territórios e populações e disciplinando suas lealdades. Particulares, segregadas e coesas, as forças armadas tinham se tornado castas na sociedade industrializada moderna, produzindo uma cristalização *militarista* substancialmente autônoma dentro do Estado moderno e na sociedade civil.

Mas devo qualificar isso. Suas funções também entrelaçaram os militares com a sociedade e o Estado, contradizendo e reduzindo a autonomia das castas de várias maneiras. Sua inserção mais persistente na sociedade civil veio de sua função secundária, a repressão nacional. Isso incorporou o corpo de oficiais em redes de poder político mais amplas e em classes econômicas dominantes. Como os oficiais estavam imbuídos de valores reacionários do Antigo Regime, geralmente compartilhavam a hostilidade do Antigo Regime e capitalista aos tumultos urbanos e à agitação trabalhista. No entanto, como reacionários rurais, os oficiais não eram meros fantoches dos capitalistas industriais modernos. Seu profissionalismo também os tornava relutantes em empregar seus níveis mais altos de força, além de demonstrações de força cuidadosamente gerenciadas, no uso real de armas e sabres. A relutância os levou a colaborar com a polícia e as instituições paramilitares em expansão do Estado. A cautela profissional muitas vezes os fez favorecer o compromisso entre as classes urbanas. Para esse nível pragmático e moderado de repressão, suas estruturas disciplinares segmentares quase sempre proporcionaram soldados leais. Em suas funções repressivas, os militares representavam, portanto, uma integração entre as classes antigas e as novas classes dominantes. Em 1900, as redes de poder militar tinham mediado e ajudado a integrar duas cristalizações estatais de classe, como Antigo Regime e como capitalista. Sua coesão de casta e seu controle segmentar sobre seus homens tornaram as classes dominantes muito mais seguras.

Até certo ponto essas relações estreitas entre militares, Antigo Regime e capital também permearam sua função primária, a guerra. Elas colaboraram na política externa com o chefe do executivo e seu círculo de diplomatas e estadistas essencialmente do Antigo Regime, independentemente de partidos políticos de massa ou da opinião pública (documento isso mais adiante, nos capítulos 16 e 21). Colaboraram também tecnocraticamente com capitalistas industriais cujos produtos eram suas armas, comunicações e provisões (discutido no capítulo 14). Esse *complexo industrial-militar* incluía por vezes também relações mais amplas com o Estado e com grupos de pressão *estatistas* da classe média de massas (discutido no capítulo 21). Mas em outros aspectos da guerra, os militares também eram privados. A tecnocracia militar encorajou a privacidade das castas e isolou o excesso de confiança. Também contribuiu com sua própria bomba-relógio secreta – o desenvolvimento interno de táticas que favorecem o ataque em detrimento da defesa, especialmente a mobilização escalada.

Esses entrelaçamentos alimentaram um dualismo dentro da cristalização militar – a autonomia das castas juntamente com a defesa do Antigo Regime e do capitalismo. A autonomia voltou para o poleiro, em 1914. A combinação de burocratização, profissionalização, tecnocracia industrial-militar, o velho regime de domínio do alto-comando e diplomacia, e o isolamento das decisões militares e diplomáticas tinham recriado uma autonomia de poder militar que a sua incorporação formal no Estado apenas mascarou. Essa cristalização como militarismo era significativamente independente de, e poderosa sobre, todas as outras cristalizações estatais.

Alguns temiam que isso pudesse repercutir nas cristalizações do Antigo Regime e capitalistas. Muitos comandantes suspeitavam dos perigos de classe, caso enviassem suas tropas para a guerra de mobilização em massa. A revolução poderia ameaçar a casta militar, o velho regime, o Estado e o capitalismo. A maioria dos comandantes se preocupava desnecessariamente; alguns viram seus piores medos se concretizarem. Mas mesmo no meio da inútil matança da Primeira Guerra Mundial, o poder segmentar da casta militar se manteve coeso. Apenas os exércitos russos se desfizeram para fomentar a revolução. Em todos os outros casos, o militarismo segmentar sobreviveu: entre as tropas vitoriosas, reforçando o conservadorismo social, entre os vencidos, encorajando o autoritarismo radical da direita – e daí para o fascismo. O conflito de classes do pós-guerra em grande parte da Europa agora se fundia com o conflito entre os descontentes militares e lealistas. A maioria dos descontentes era de marinheiros inativos e tropas de reserva, sobre quem a disciplina no último ano de guerra tinha sido negligente, enquanto a maioria dos lealistas eram de tropas de quadros da linha de frente. Essa diferença no moral disciplinado dava uma vantagem decisiva ao *squadristi* e ao *freikorps* da direita autoritária e fascista. O poder militar – apesar da sua negligência por parte da sociologia do século XX – mostrou ter um efeito massivo e assassino na sociedade do século XX. Seu momento histórico-mundial de 1914, na verdade, duraria um pouco mais.

Referências

ALBERTINI, L. (1952). *The Origins of the War of 1914*. Vol. I. Oxford: Oxford University Press.

ANDERSON, M. (1988). *War and Society in the Europe of the Old Regime*. Londres: Fontana.

Annuaire Statistique de la France. 1913.

AXTMANN, R. (1991). *Geopolitics and Internal Power Structures*: The State, Police and Public Order in Austria and Ireland in the Late Eighteenth Century. Ph.D. diss. London School of Economics and Political Science.

BERRYMAN, S. (1988). *Who Serves?* – The Persistent Myth of the Underclass Army. Boulder, Col.: Westview Press.

BEST, G. (1982). *War and Society in Revolutionary Europe*: 1770-1870. Leicester: Leicester University Press.

BOND, B. (1984). *War and Society in Europe, 1870-1970*. Londres: Fontana.

_____ (1972). *The Victorian Army and the Staff College, 1854-1914*. Londres: Eyre & Methuen.

BOSWORTH, R. (1983). *Italy and the Approach of War*. Londres: Macmillan.

BREWER, J. (1989). *The Sinews of Power*. Londres: Unwin Hyman.

BRODSKY, G.W.S. (1988). *Gentlemen of the Blade*: A Social and Literary History of the British Army Since 1660. Nova York: Greenwood Press.

CECIL, L. (1976). *The German Diplomatic Service, 1871-1914*. Princeton, NJ: Princeton University Press.

CHANDLER, D. (1966). *The Campaigns of Napoleon*. Nova York: Macmillan.

CHARLE, C. (1980a). *Les hauts fonctionnaires en France au XVIIe siècle*. Paris: Gallimard.

_____ (1980b). Le recrutement des hauts fonctionnaires en 1901. *Annales, Economies, Societes, Civilisations*, 2.

CORVISIER, A. (1964). *L'armée française de la fin du XVIIe siècle au ministère de Choiseul*: Le soldat. 2 vol. Paris: Presses Universitaires de France.

CRAIG, G. (1955). *The Politics of the Prussian Army, 1640-1945*. Oxford: Clarendon Press.

DANDEKER, C. (1989). *Surveillance, Power and Modernity*. Oxford: Polity Press.

DEAK, I. (1990). *Beyond Nationalism*: A Social and Political History of the Habsburg Officer Corps, 1848-1918. Nova York: Oxford University Press.

DEMETER, K. (1965). *The German Officer Corps in Society and State, 1650-1945*. Londres: Weidenfeld & Nicolson.

DUPUY, R.E. (1971). *The National Guard*: A Compact History. Nova York: Hawthorn Books.

ELIAS, N. (1983). *The Court Society*. Nova York: Pantheon Books.

EMSLEY, C. (1983). *Policing and Its Context, 1750-1870*. Londres: Macmillan.

FIOUD, R. et al. (1990). *Height, Health and History*. Cambridge: Cambridge University Press.

FOUCAULT, M. (1979). *Discipline and Punish*. Harmondsworth: Penguin Books.

GIDDENS, A. (1985). *The Nation-State and Violence*. Cambridge: Polity Press.

GIRARDET, R. (1953). *La société militaire dans la France contemporaine, 1815-1939*. Paris: Plon.

GOLDSTEIN, R.J. (1983). *Political Repression in Nineteenth Century Europe*. Londres: Croom Helm.

_____ (1978). *Political Repression in Modern America*. Cambridge, Mass.: Schenkman.

GOOCH, J. (1980). *Armies in Europe*. Londres: Routledge & Kegan Paul.

GURR, T.R. et al. (1977). *The Politics of Crime and Conflict*: A Comparative History of Four Cities. Beverly Hills, Cal.: Sage Publications.

HALL, R.H. (1963-1964). The concept of bureaucracy: an empirical assessment. *American Journal of Sociology*, 69.

HAMPSON, N. (1959). *La Marine de l'an II*: Mobilisation de la flotte de l'Ócean, 1793-4. Paris: M. Rivière.

HARRIES-JENKINS, G. (1977). *The Army in Victorian Society*. Londres: Routledge & Kegan Paul.

HERWIG, H. (1973). *The German Naval Officer Corps*. Oxford: Clarendon Press.

HILDERBRAND, R.C. (1981). *Power and the People*: Executive Management of Public Opinion in Foreign Affairs, 1897-1921. Chapel Hill: University of North Carolina Press.

HILL, J.D. (1964). *The Minute Man in Peace and War* – A History of the National Guard. Harrisburg, Pa.: Stackpole.

HOLSTI, K. (1991). *Peace and War*: Armed Conflicts and International Order, 1648-1989. Cambridge: Cambridge University Press.

HUNTINGTON, S. (1957). *The Soldier and the State*. Cambridge, Mass.: Harvard University Press.

ILCHMAN, W. (1961). *Professional Diplomacy in the United States*. Chicago: University of Chicago Press.

JANOWITZ, M. (1960). *The Professional Soldier*: A Social and Political Portrait. Nova York: Free Press.

JANY, C. (1967). *Geschichte den Preussischen Armee*. 4 vol. Osnabruck: Biblio Verlag.

KANN, R. (1979). The social prestige of the officer corps in the Habsburg Empire from the eighteenth century to 1918. In: B. Kiraly & G. Rothenberg, G. (orgs.). *War and Society and East Central Europe*. Vol. I. Nova York: Brooklyn College Press.

KARSTEN, P. (1980). Father's occupation of West Point cadets and Annapolis midshipmen. In: P. Karsten (org.). *The Military in America*: From the Colonial Era to the Present. Nova York: Free Press.

_____ (1972). *Naval Aristocracy*: The Golden Age of Annapolis and the Emergence of Modern American Navalism. Nova York: Free Press.

KENNAN, G. (1984). *The Fateful Alliance*: France, Russia and the Coming of the First World War. Manchester: Manchester University Press.

KENNEDY, P. (1985). *The Realities Behind Diplomacy*. Londres: Fontana.

LaFEBER, W. (1987). The Constitution and United States foreign policy: an interpretation. *Journal of American History*, 74.

LANGSAM, W.C. (1930). *The Napoleonic Wars and German Nationalism in Austria*. Nova York: Columbia University Press.

LEFEBVRE, G. (1969). *Napoleon*: From 18 Brumaire to Tilsit, 1799-1807. Nova York: Columbia University Press.

LUDTKE, A. (1989). *Police and State in Prussia, 1815-1850*. Cambridge: Cambridge University Press.

LYNN, J. (1984). *The Bayonets of the Republic*. Urbana: University of Illinois Press.

MACARTNEY, C.A. (1971). *The Habsburg Empire, 1790-1918*. Londres: Weidenfeld & Nicolson.

MARTEL, G. (1985). *Imperial Diplomacy* – Rosebery and the Failure of Foreign Policy. Montreal: McGill-Queen's University Press.

McNEILL, W. (1983). *The Pursuit of Power*. Oxford: Blackwell.

PALMER, A. (1983). *The Chancelleries of Europe*. Londres: Allen & Unwin.

PARSONS, T. (1964). The professions and social structure. In: *Essays in Sociological Theory*. Glencoe, Ill.: Free Press.

POGGI, G. (1990). *The State* – Its Nature, Development and Prospects. Stanford, Cal.: Stanford University Press.

PORCH, D. (1981). *The March to the Marne*: The French Army, 1871-1914. Cambridge: Cambridge University Press.

_____ (1974). *Army and Revolution. France, 1815-1848*. Londres: Routledge & Kegan Paul.

PRERADOVICH, N. (1955). *Die Führungsschichten in Österreich und Preussen, 1804-1918*. Wiesbaden: Steiner.

RAZZELL, P.E. (1963). Social origins of officers in the Indian and British home army: 1758-1962. *British Journal of Sociology*, 14.

RISTE, O. (1965). *The Neutral Ally*: Norway's Relations with Belligerent Powers in the First World War. Londres: Allen & Unwin.

RITTER, G. (1969). *The Sword and the Sceptre* – Vol. I: The Prussian Tradition, 1740-1890. Coral Gables, Fl.: University of Miami Press.

ROBBINS, K.G. (1977a). The foreign secretary, the cabinet, parliament and the parties. In: F.H. Hinsley (org.). *British Foreign Policy Under Sir Edward Grey*. Cambridge: Cambridge University Press.

_____ (1977b). Public opinion, the press and pressure groups. In: F.H. Hinsley (org.). *British Foreign Policy Under Sir Edward Grey*. Cambridge: Cambridge University Press.

RODGER, N. (1986). *The Wooden World*. Londres: Collins.

ROHL, J. (1967). Higher civil servants in Germany, 1890-1900. *Journal of Contemporary History*, 2.

ROTHENBERG, G. (1982). *Napoleon's Great Adversaries*: The Archduke Charles and the Austrian Army, 1792-1814. Londres: Batsford.

_____ (1978). *The Art of Warfare in the Age of Napoleon*. Bloomington: Indiana University Press.

_____ (1976). *The Army of Francis Joseph*. West Lafayette, Ind.: Purdue University Press.

RUNCIMAN, W.G. (1987). The Old Question. *London Review of Books*, february 19.

SCOTT, S. (1978). *The Response of the Royal Army to the French Revolution*. Oxford: Clarendon Press.

SERMAN, S. (1978). *Le corps des officiers français sous la Deuxième République et la Second Empire*. Thesis, University of Lille III.

SKELTON, W. (1980). Officers and politicians: the origins of army politics in the United States before the Civil War. In: P. Karsten (org.). *The Military in America*: From the Colonial Era to the Present. Nova York: Free Press.

STEINER, Z. (1969). *The Foreign Office and Foreign Policy, 1898-1914*. Cambridge: Cambridge University Press.

STEINER, Z. & CROMWELL, V. (1972). The Foreign Office before 1914: a study in resistance. In: G. Sutherland (org.). *Studies in the Growth of Nineteenth Century Government*. Londres: Routledge & Kegan Paul.

STEPHENS, J. (1989). Democratic transition and breakdown in Western Europe, 1870-1939. *American Journal of Sociology*, 94.

STRACHAN, H. (1984). *Wellington's Legacy*: The Reform of the British Army, 1830-54. Manchester: Manchester University Press.

_____ (1983). *European Armies and the Conduct of War*. Londres: Allen & Unwin.

TEITLER, G. (1977). *The Genesis of the Professional Officers Corps*. Beverly Hills, Cal.: Sage Publications.

TILLY, C. (1990). *Coercion, Capital and European States, AD 990-1990*. Oxford: Blackwell.

_____ (1986). *The Contentious French*. Cambridge, Mass.: Harvard University Press.

_____ (1982). Proletarianization and rural collective action in East Anglia and elsewhere, 1500-1900. *Peasant Studies*, 10.

TILLY, R. (1971). Popular disorders in nineteenth-century Germany: a preliminary survey. *Journal of Social History*, 4.

VAGTS, A. (1959). *A History of Militarism*. Glencoe, Ill.: Free Press.

WILDMAN, A. (1980). *The End of the Imperial Russian Army*. Princeton, NJ: Princeton University Press.

WRIGHT, V. (1972). *Le conseil d'état sous le Second Empire*. Paris: Colin.

13
O surgimento do Estado moderno III
A burocratização

No trabalho histórico sobre a emergência do Estado moderno, o termo *burocracia* é onipresente. No entanto, é raramente definido e, com frequência, mal-utilizado. Isso é uma pena, pois, desde Weber, os sociólogos têm, geralmente, usado o termo com precisão. Weber (1978, volume I: 220-221) identificou dez elementos constitutivos da burocracia:

1) os funcionários são livres, sujeitos à autoridade apenas nas suas tarefas oficiais;

2) os funcionários estão organizados em uma hierarquia de cargos claramente definida;

3) cada cargo tem uma esfera de competência claramente definida;

4) os cargos são preenchidos por livre-contrato;

5) os candidatos ao cargo são selecionados de acordo com suas qualificações, normalmente exames e treinamento técnico;

6) os funcionários são assalariados e recebem pensões;

7) o cargo é a única ou principal ocupação do incumbente;

8) o cargo constitui uma carreira, envolvendo a promoção por antiguidade ou por desempenho;

9) o funcionário está separado da posse dos meios de administração;

10) o funcionário está sujeito à disciplina e controle sistemáticos na conduta oficial.

Isso é certamente mais detalhado do que precisamos – e a pesquisa em escritórios atuais demonstra que a maioria dos dez estão intimamente inter-relacionados (HALL, 1963-1964). Para fins de generalização macro-histórica, simplifiquei as dez características-chave da burocracia propostas por Weber em cinco, duas de pessoal, duas de cargos e uma indicando a sua relação com a sociedade mais ampla:

Burocratas são funcionários (1) separados da posse do cargo por um *status* assalariado, remunerado e (2) nomeados, promovidos e demitidos de acordo com critérios impessoais de competência.

Os cargos *burocráticos* estão (3) organizados dentro de departamentos e cada um dos quais é centralizado e incorpora uma divisão funcional do trabalho; (4) os departamentos estão integrados em uma única administração geral, incorporando também uma divisão funcional do trabalho e uma hierarquia centralizada.

Finalmente, a burocracia pressupõe (5) o *isolamento* das lutas da sociedade mais ampla sobre valores. Weber via a burocracia como dominada pela racionalidade *formal* ou *instrumental*, isolando-a da racionalidade *substantiva* integrada na política e nos valores da sociedade. As burocracias são eficientes na implementação de objetivos sólidos estabelecidos de fora de sua própria administração. Se uma administração importa racionalidade substantiva ou de valor e lutas partidárias, então está integrada à sociedade, o que reduz sua racionalidade formal. Burocracia pressupõe o isolamento entre a administração e a política.

Esses cinco elementos podem estar presentes em diferentes graus, e cada um deles pode estar presente sem os outros – embora o elemento 2 sem o 1 seja improvável e o 5 tende a pressupor o resto. As administrações podem ser mais ou menos burocráticas, mas uma burocracia completa requer todos os cinco. É também um tipo de administração civil universal e nacionalmente uniforme. A burocratização tem acompanhado e encorajado o crescimento dos estados nacionais.

Dado que a maioria dos estados ocidentais são agora em grande medida burocráticos, este capítulo faz duas perguntas empíricas simples: quando se tornaram assim, e por quê? Não pretendo dar respostas totalmente originais a tais perguntas, mas apenas sintetizar a literatura de pesquisa existente. Como é bem sabido, a maioria dos estados se burocratizou nesse período, mas cada um dos meus cinco estados provou, em algum momento, ser o pioneiro, pois todos reagiram aos entrelaçamentos das fontes do poder social. No entanto, a burocratização permaneceu incompleta (como ainda hoje acontece), especialmente no topo das administrações. Como nas forças armadas, a burocratização e as identidades sociais dos funcionários se restringiram mutuamente para produzir uma dupla cristalização dentro da administração estatal: como uma *elite*, era moderadamente tecnocrática e burocrática; como um *partido*, refletia amplamente a política das classes dominantes. Os estados ainda não eram unitários.

Administração no Antigo Regime

Como demonstra o capítulo 12, a burocracia entrou nos estados principalmente por meio das suas forças armadas, substancialmente burocratizadas muito antes das administrações civis. Em 1760, as reformas militares impactaram a administração civil, especialmente nos departamentos de abastecimento das marinhas e nos departamentos fiscais. Contudo, isso não havia ido muito longe ainda. Na administração civil do século XVIII, a própria noção de *emprego* é duvidosa. Havia cinco *status* de ocupação de cargos e quatro formas de remuneração.

A ocupação do cargo

1) No nível mais alto, a ocupação do cargo era dominada pela posse hereditária – evidentemente, a própria posição do monarca. Os altos cargos poderiam ser passados diretamente aos herdeiros masculinos. Além das famílias reais e das damas de companhia, não havia mulheres titulares de altos cargos nesse período.

2) O funcionário poderia ser eleito, geralmente pelos seus pares, ocupando cargos por toda a vida ou por um mandato fixo.

3) Os cargos poderiam ser comprados. Na lei estrita, esses raramente seriam transmitidos aos herdeiros, mas na prática muitas vezes se tornavam hereditários, indistinguíveis do *status* 1.

4) Os cargos poderiam ser adquiridos por meio do patrocínio de um funcionário superior, muitas vezes adocicado com um suborno. Os direitos de posse pertenciam ao patrono e não ao funcionário cliente, podendo ser rescindidos quando aquele desejasse.

5) Um cargo poderia ser adquirido ou rescindido da forma moderna por critérios impessoais como capacidade ou experiência, em cujo caso ninguém o possuía.

Remuneração

1) Muitos funcionários não recebiam remuneração formal, mas desempenhavam funções honoríficas decorrentes de sua posição social.

2) Os funcionários usufruíam dos frutos do cargo, ou seja, apropriação de taxas e gratificações que passavam por ele.

3) O salário era pago não à pessoa que fazia o trabalho de gabinete (como na forma moderna), mas a um patrono sinecurista que então empregava e pagava um substituto para fazer o trabalho.

4) Um salário era pago da maneira moderna ao funcionário que trabalhava.

Há muitas combinações possíveis entre *status* de ocupação de cargos e remunerações, embora poucas delas tenham dominado. Apenas uma combinação – funcionários não proprietários, assalariados, trabalhadores – pode ser vista como burocratas potenciais, que era então uma pequena minoria de oficiais de Estado de meados do século XVIII. O resto foi inserido em formas particularistas, descentralizadas e segmentares de controle administrativo. Conforme observou Weber, a burocracia pressupõe a separação do funcionário de seus meios de administração (ele estava empregando a definição de Marx do proletariado). Para que a administração seja burocrática, os funcionários não devem obter lucro em suas decisões, devem ser controláveis pela hierarquia administrativa e devem ser removíveis se não seguirem regras administrativas impessoais. Tais condições não poderiam ser satisfeitas no século XVIII, pois os funcionários ou seus patrões *possuíam* gabinetes e poderiam lucrar com eles. Os direitos de propriedade de proprietários e patronos bloqueavam a centralização, a racionalização e o isolamento das administrações estatais.

Seus direitos nos parecem *corrupção* – e eles acabaram por ser reconhecidos como tais e abolidos. Mas, no século XVIII, tais direitos constituíam uma espécie de *representação administrativa*, restringindo o despotismo da realeza ao permitirem que os partidos locais e regionais das classes dominantes compartilhassem o controle da administração estatal. Uma democracia partidária embrionária na Grã-Bretanha e na Holanda não significava apenas parlamentos; e na Áustria, Prússia e França absolutistas, a posse de cargos era a principal restrição contra o despotismo centralizado, reduzindo a autonomia do Estado. Na verdade, isso torna difícil falar sobre o *Estado* como um ator. Os funcionários do Antigo Regime estavam altamente integrados na sociedade civil.

Depois vieram duas tentativas de reforma, a primeira do absolutismo, a segunda de uma redefinição de representação revolucionária e reformista, da posse de cargos em direção à democracia.

Fase 1: monarquia dinástica e guerra, 1700-1780

Os primeiros precursores da burocracia moderna foram monarcas dinásticos, formalmente acima da sociedade local-regional nas suas potências militar e civil. A administração da família real e dos domínios privados, na verdade, pertencia ao monarca, agora também o comandante-chefe incontestável das forças armadas. A elite do Estado existia potencialmente como um *ele*, um ator, nos personagens do séquito, os amigos, as relações e os servos do monarca. Este *ele* compreendia apenas uma parte bastante pequena do núcleo monárquico, não todo o Estado. Fora estavam grupos de nobres, altos clérigos e personalidades locais exercendo autonomia efetiva em suas próprias esferas administrativas. O verdadeiro poder despótico era limitado por frágeis poderes infraestruturais, tipificados por dependerem de funcionários local-regionais – e às vezes também centrais – que possuíam seus cargos. Monarquias dinásticas se cristalizaram como duplas: dinastas centralizadores e grupos descentralizados do Antigo Regime, representados como faccionalismo e intriga na corte e na administração.

Por razões ligeiramente distintas, os dois regimes menos representativos, as dinastias Hohenzollern e Habsburga da Prússia e da Áustria, lançaram uma ofensiva burocrática no século XVIII. Outros estados alemães, a Suécia e, depois, a Rússia, também aderiram. O primeiro grande movimento ideológico pela reforma do Estado, o cameralismo, surgiu principalmente nas universidades da Alemanha do Norte Luterana e Católica Romana da Áustria (JOHNSON, 1969; RAEFF, 1975; KRYGIER, 1979; TRIBE, 1984; 1988). Ao longo do século XVIII, os cameralistas desenvolveram uma *ciência da administração*, argumentando que os departamentos estatais (*Kammer*) deveriam ser centralizados, racionalizados, informados através da reunião de estatísticas sistemáticas e submetidas a regras administrativas e fiscais universais. Isso poderia atingir melhor três objetivos políticos: proporcionar uma boa ordem, encorajar atividades econômicas dos súditos (não dos cidadãos) e extrair rotineiramente a sua riqueza como receita. Sua metáfora favorita era uma máquina.

> Um Estado devidamente constituído deve ser exatamente análogo a uma máquina, na qual todas as rodas e engrenagens estão precisamente ajustadas umas às outras; e o governante deve ser o chefe, a mola mestra, ou a alma [...] que põe tudo em movimento (Justi, um cameralista, apud KRYGIER, 1979: 17).

Os cameralistas do início do século XVIII eram juristas, professores universitários e funcionários proeminentes ou seus conselheiros, que incitavam os monarcas a abandonarem o particularismo. Esses *burocratas subservientes* (termo de Johnson) foram então aliciados pelo despotismo esclarecido da Europa Central, insistindo na reforma global do Estado. O anticlericalismo também caracterizou o cameralismo austríaco. Em 1790, havia mais de trinta professores de cameralismo nas universidades alemãs e austríacas e cerca de sessenta livros didáticos publicados sobre o tema. Em seguida, o cameralismo desvaneceu-se perante a influência de fisiocratas franceses e economistas políticos britânicos (TRIBE, 1988). A fase estatista da teorização da *modernização* da Europa Central deu lugar à fase capitalista britânica.

O Estado dos Habsburgos era mais dinástico e, por isso, mais isolado da sociedade civil do que qualquer outro Estado do Ocidente. Era uma confederação gigantesca, na qual o governo central real e o exército constituíam uma camada separada das propriedades dominadas por nobres e administrações senhoriais de suas muitas províncias e reinos históricos. Como o capítulo 10 mostra, os Habsburgos operavam um esquema de proteção: as províncias concordavam com o domínio despótico dos Habsburgos para evitar o despotismo potencialmente pior dos outros e entre eles. O núcleo da realeza era um *ele* neutro, relativamente não restringido pela ocupação do cargo representativo – naquele país católico, muitos funcionários e oficiais eram estrangeiros *neutros* e protestantes; mais tarde, muitos eram judeus.

A principal onda de reformas ocorreu em resposta à Guerra da Sucessão Austríaca (1740-1748), uma tentativa conjunta das potências circundantes de desmembrar os domínios dos Habsburgos com a adesão de uma mulher, Maria

Teresa. Face à eliminação, forçada a voltar ao seu núcleo de domínios reais, a enérgica rainha economizou e maximizou os recursos fiscais sob os modelos conjuntos fornecidos pelo cameralismo e pela administração militar prussiana. Seus altos funcionários foram particularmente estimulados pela visão do exército prussiano extraindo o dobro das receitas da Silésia que eles próprios tinham obtido antes de 1740, quando era uma província austríaca (AXTMANN, 1991). O exército austríaco foi finalmente subordinado à monarquia e profissionalizado. A maioria dos altos funcionários reais tornou-se assalariada, e suas pensões foram convertidas em um único fundo de pensão racionalizado, antes do que em qualquer outro lugar. A partir de 1776, os altos funcionários tiveram de provar que haviam estudado o cameralismo, e as universidades e a imprensa foram liberadas e secularizadas. A maioria dos departamentos centrais do Estado – especialmente o Banco da Cidade de Viena (efetivamente, o Tesouro), o departamento de minas e de cunhagem, e o *Camerale* (ministérios centrais) – tornava-se agora burocraticamente organizada. Tudo isso se refletiu no surgimento dos primeiros censos estatísticos austríacos revelados na tabela 11.7.

Contudo, a burocratização austríaca tinha dois limites. Primeiro, os departamentos individuais não eram integrados em uma única estrutura funcional e hierárquica. Coexistiam em Viena junto a instituições estatais anteriores centradas na corte. Não havia um gabinete único duradouro, nenhum primeiro-ministro efetivo, mas sim conselhos e ministros plurais competindo pelo acesso ao monarca e pela influência na corte. Os laços sociais entre monarquia, corte, Igreja, altos oficiais militares e administradores eram tão estreitos que podemos identificá-los como uma elite estatal, embora raramente unida. Mas o Estado austríaco não consistia em uma burocracia única. Era uma monarquia cujos objetivos foram implementados por meio de administrações interpenetrantes infiltradas por grupos.

Em segundo lugar, tal burocratização parcial caracterizava apenas o escalão imperial central do governo, principalmente em Viena, situado acima das administrações local-regionais da Áustria, Boêmia, Hungria etc., cujos cargos eram escolhidos pelos proprietários de terras ou pertencentes a personalidades locais e dignitários da Igreja. Conforme indica a tabela 4.2, a administração imperial tinha menos poder infraestrutural provincial do que os estados cujos funcionários estavam mais localmente integrados. Maria Teresa e seu filho, José II, vinham realizando projetos *esclarecidos* ambiciosos no maior império da Europa, mas não puderam ali institucionalizá-los. José II lutou muito e de forma consciente contra o particularismo regional, mas perdeu. Nobres húngaros e dos Países Baixos, comerciantes e clérigos, rebelaram-se em nome de liberdades particularistas e privilégios representativos. Ambos começaram a negociar com a Prússia (oferecendo um esquema de proteção rival) quando José excedeu os limites com eles. Seu sucessor, Leopoldo, restaurou suas liberdades e cargos. O despotismo esclarecido recuou para sua capital (MACARTNEY, 1969; BEALES,

1987; DICKSON, 1987; AXTMANN, 1991). Um Estado setecentista autônomo, protoburocrático, era infraestruturalmente frágil. O Estado austríaco não conseguiu burocratizar-se e modernizar-se muito além dessa base.

A administração prussiana é quase invariavelmente (embora não de forma útil) chamada *burocracia* pelos historiadores em cuja pesquisa empírica confio (ROSENBERG, 1958; FISCHER & LUNDGREEN, 1975: 509-527; GRAY, 1986; mas JOHNSON, 1975 difere). Seu núcleo do Estado imperial também se moveu cedo em direção ao corpo burocrático – novamente sob a pressão da guerra. Aqui o inovador era menos diretamente o cameralismo, e mais o exército. Enquanto a Prússia triunfava através dos testes das guerras de meados do século, uma administração militar-fiscal em expansão envolveu os domínios imperiais, os direitos imperiais (a casa da moeda e as minas), as propriedades e as cidades. Sob Frederico Guilherme I, um diretório geral de quatro ministros supervisionou os conselhos provinciais de guerra e domínios, inspecionando comissários de impostos e comissários do condado (*Landräte*). Um ministro notoriamente comentou: "A Prússia não era um país com um exército, mas um exército com um país que serviu de quartel-general e depósito de alimentos" (ROSENBERG, 1958: 40).

Assim, depois de 1750, havia pouca posse de cargos. Funcionários centrais e de alto nível local-regional recebiam salários e pensões e eram nomeados e demitidos pelo monarca. Sob influência cameralista, os finais dos anos da década de 1730 assistiram à formação e ao recrutamento de juízes. Em 1780, os juízes tinham de ter obtido um diploma universitário de direito, realizado dois anos de formação em serviço e depois passado em um exame (WEILL, 1961; JOHNSON, 1975: 106-133). A exigência de prestar os exames de admissão se espalhou pela administração superior entre 1770 e 1800. Um diploma universitário tornou-se a qualificação normal, dando aos funcionários coesão cultural *nacional* – as universidades eram os principais transmissores da identidade *alemã*. O código de lei de 1794 reforçou tudo isso e concedeu aos funcionários uma estabilidade legal condicionada ao desempenho competente de suas funções. Agora não se chamavam funcionários reais, mas *funcionários profissionais do Estado* (*Beamten des Staats*). Eles eram de fato burocratas, talvez únicos no mundo na época. A Prússia tinha ultrapassado a Áustria como um precursor da burocracia. Como uma burocracia *nacional*, a Prússia estava muito à frente.

No entanto, a burocratização prussiana também tinha limites. Como seu progenitor, o exército, cristalizou-se como um *regime antigo* porque se tratava de um compromisso com os nobres, especialmente os junkers. Conforme indica a tabela 4.2, o Estado prussiano foi infraestruturalmente eficaz porque coordenou de forma centralizadora a elite estatal com grupos provenientes da classe dominante. Depois, vieram as tensões da modernização do Estado e da expansão burguesa. Até a década de 1820, poucos nobres foram para as universidades e o conflito entre funcionários notáveis *práticos*, educados privadamente, e funcionários *nacionais*, plebeus ricos de formação universitária era abertamente reconhecido. Os monarcas governavam entre eles, desconfiados tanto do controle demasiado dos nobres como da ameaça de uma casta burocrática. Na Prússia (e, mais tarde, na Rússia) as lutas entre o Antigo Regime e a grande burguesia ocorreram dentro da administração estatal.

As lutas prussianas foram acordadas com sucesso. Profissionais burgueses foram admitidos, e os nobres foram educados. Os mais altos dos oficiais civis e militares permaneceram nobres até a grande expansão do exército, da marinha e da administração civil, pouco antes de 1900, quando finalmente os nobres não puderam fornecer filhos suficientes (BONIN, 1966; KOSELLECK, 1967: 435; GILLIS, 1971: 30; dados militares apresentados no capítulo 12). De fato, como os junkers estavam perdendo seu poder econômico, dependiam mais das carreiras no serviço público (MUNCIE, 1944). Os concursos eram também qualificadores em vez de competitivos. Os funcionários superiores poderiam selecionar quem quisessem, desde que o candidato passasse. Eles selecionavam os seus, e a administração permanecia inserida no Antigo Regime. Assim, os funcionários serviam à coroa, mas também desfrutavam da independência conferida por sua classe. Tal como os funcionários de outros estados alemães, optaram frequentemente por não cumprir diretivas das quais não gostavam (BLANNING, 1974: 191).

A administração civil prussiana também se cristalizou como *militarista*. Os administradores foram colocados em uniformes e receberam uma patente formal. O militarismo também se espalhou pelos níveis médio e inferior (FISCHER & LUNDGREEN, 1975: 520-521). A mobilização do exército dependia de uma grande quantidade de reservistas treinados, especialmente oficiais não comissionados. O que fazer com esses veteranos no fim da guerra, e como mantê-los motivados para a próxima? Mesmo no século XVIII, os Hohenzollerns incitaram ministros a encontrarem emprego estatal para ex-soldados. Os veteranos eram preferidos como controladores na entrada das cidades, inspetores de fábrica, policiais, professores do ensino fundamental, até mesmo clérigos, e mais tarde como funcionários ferroviários. A partir de 1820, todos os oficiais não comissionados com nove anos de serviço podiam reivindicar preferência em empregos de escritório e contabilidade na administração, desde que fossem alfabetizados e pudessem contar. Mais tarde, a Áustria garantiu isso para oficiais não comissionados com doze anos de serviço, e a França incorporou práticas semelhantes na lei em 1872. Inclusive muitas regras do serviço público alemão do século XX diziam respeito à disciplina e à punição, e os regulamentos consagraram a primazia da ordem pública sobre outros objetivos e sobre os militares na sua aplicação. A lei marcial permaneceu uma forte constante na administração prussiano-alemã (LUDTKE, 1989).

Essas duas cristalizações, como Antigo Regime e como militarista, deram uma forma distintamente *prussiana* à administração. Ambas ampliaram o controle na e abaixo da administração, menos pelos procedimentos de contabilidade racional de Weber do que por aquela combinação de *esprit de corps* e medo disciplinado, que é a marca registrada de uma aristocracia militar eficaz. Essa administração moderna foi permeada por relações de poder de classe e militar tradicionais.

A terceira limitação à burocracia prussiana operou na direção oposta, para reduzir a homogeneidade do Estado. A Prússia não conseguiu integrar diferentes departamentos administrativos, como a Áustria. Dentro dos departamentos surgiram a hierarquia, a ordem e a estrutura de carreira. Mas as relações entre os departamentos permaneceram confusas. O diretório geral tinha surgido de uma crise em tempo de guerra, a invasão. Alguns de seus ministros tinham esferas de competência territoriais, outros funcionais. No início, sentavam-se coletivamente no conselho privado imperial, mas esse órgão caiu em desuso sob Frederico o Grande – ele queria poder concentrado nele, não ministros. Sua política segmentária de *dividir para governar* reduziu a burocratização e expulsava qualquer primeiro-ministro que pudesse constituir um poder rival (ANDERSON & ANDERSON, 1967: 37). Os chamados gabinetes não eram conselhos de ministros, mas de assessores judiciais que faziam a articulação independente com os ministérios. Com a expansão da Prússia, novas agências proliferaram ao lado de ministérios antigos:

> Cinco burocracias primárias operavam com propósitos cruzados, em oposição umas às outras, e reconheciam apenas o rei como um mestre comum [...]. Não existiu uma única burocracia depois de 1740, e as funções não eram divididas logicamente e atribuídas a pessoas colocadas em uma hierarquia burocrática. O governo prussiano se tornou cada vez mais descentralizado [...] dividido em partes mutuamente antagônicas (JOHNSON, 1975: 274).

A administração misturou dois princípios de rendição de contas: a tomada de decisão colegiada do corpo de funcionários e o *princípio de um homem só*, preferido pela maioria dos reformadores. A administração prussiana não era singular e centralizada. Em seus níveis superiores, alimentava-se de uma corte aristocrática centrada em um monarca não disposto a abandonar o sectarismo. Ministros, mesmo chanceleres, depois do desenvolvimento desse posto, dependiam da intriga da corte e da posição administrativa formal para exercerem influência. O objetivo era assegurar o acesso direto ao monarca. O absolutismo contava apenas com a unidade ficcional do monarca. Não poderia ser burocrático, qualquer que fosse o *status* empregatício dos seus funcionários.

No entanto, os estados austríaco e prussiano eram os mais burocráticos do século XVIII. Cada monarquia dinástica foi reforçada com maior autonomia, que emergia do confederalismo dinástico austríaco e do militarismo prussiano. A França, embora formalmente absolutista, não tinha tal isolamento. Séculos de acomodação aos privilégios das províncias nobres e grupos corporativos tinham integrado até seus mais altos níveis na sociedade civil, no que só pode ser descrito como uma forma peculiarmente corrupta e particularista de *representação* (BOSHER, 1970; MOUSNIER, 1970: 17ss.; FISCHER & LUNDGREEN, 1975: 490-509; CHURCH, 1981).

O Estado francês tinha dois principais *status* empregatícios. A maioria dos funcionários eram chamados *officiers*, que possuíam seu escritório, geralmente por compra, e seus direitos de propriedade protegidos por órgãos corporativos. Uma minoria de empregados assalariados era chamada de *comissaires*. Os limites entre os dois continuavam mudando, pois os *comissaires* buscavam a posse e o rei lutava para reduzir a venalidade. Na década de 1770, existiam no máximo 50 mil funcionários assalariados e removíveis, predominantemente nos ministérios, postos aduaneiros e correios. Eram eclipsados por e, usualmente, subordinados aos *officiers*. Necker (1784) estimou 51 mil gabinetes venais apenas em tribunais, municipalidades e repartições financeiras. A isso devemos acrescentar postos venais na casa imperial, na agricultura fiscal e em outras companhias financeiras utilizadas pelo Estado e postos mantidos por inspetores de guildas, inspetores e mestres – até mesmo fabricantes de perucas. Taylor (1967: 477) e Doyle (1984: 833) estimam o total em 2% a 3% da população masculina adulta – cerca de 200 mil pessoas. Devemos então acrescentar aproximadamente 100 mil dos 215 mil coletores de renda em tempo parcial estimados por Necker (os outros já podem ser contados como postos venais acima). Alguns deles eram venais, outros assalariados. Acredito que no máximo 20% dos funcionários eram *comissaires* assalariados. Mas é apenas um palpite, pois ninguém sabia – o que na verdade é o achado mais significativo (como observei de forma mais geral no capítulo 11).

Não havia regras impessoais para nomeação ou promoção em nenhum departamento. A maioria dos altos funcionários tinha formação jurídica prévia, mas isso era normal para homens cultos, em vez de formação técnica administrativa (que em parte era na Prússia). Talvez 5% dos funcionários franceses possam ser chamados burocratas em nossos dois índices weberianos de pessoal. O Estado estava repleto de direitos de propriedade privada e corporativa, profundamente integrados na sociedade civil.

Tampouco seus postos tinham muita organização burocrática, internamente ou entre departamentos. Dentro dos ministérios-chave, a hierarquia desenvolveu-se a partir da década de 1770, envolvendo diferenças salariais e linhas de carreira. Mas mesmo ali, e de forma desenfreada em outros lugares, os direitos de propriedade cortavam os fluxos hierárquicos e funcionais de informação e controle, como ocorria nas relações entre departamentos. A administração francesa misturou a regra colegiada e a de um homem só, e depois as abortou. O antigo *conseil d'état* tinha se especializado em vários conselhos, alguns absorvidos pela corte. Como na maioria dos países, o ministro das finanças havia surgido como o principal funcionário. Mas não tinha um *status* particular dentro dos conselhos ou da corte, além de pouca autoridade mesmo sobre grande parte da administração financeira em expansão. Nas províncias, muitos se voltaram para a energia do intendente individual e sua pequena equipe de trabalho, mas precisavam colaborar amigavelmente com os notáveis locais, cheios de privilégios particularistas.

Os reformistas sabiam o que seria uma administração racional e moderna, pois o Iluminismo francês se baseou no cameralismo (embora com exigências políticas mais explosivas). E eles tinham, em ministros como Necker, patrões que contavam números e custos, que eliminavam a corrupção que podiam e procuravam reorganizar amplas faixas administrativas (ninguém podia compreender, quanto mais reformar, o todo). Mas seu progresso, como Necker admitiu, foi limitado:

> Subdelegados, funcionários da *election*, administradores, recebedores e controladores dos *vingtièmes*, comissários e coletores do *taille*, funcionários dos *gabelles*, inspetores, servidores de processo, chefes dos *corvée*, agentes dos *aides*, do *contrôle*, dos impostos reservados; todos esses homens da fiscalização, cada um segundo seu caráter, submetem-se à sua pequena autoridade e entrelaçam na sua ciência fiscal o contribuinte ignorante, incapaz de saber se está sendo enganado ou não, mas que constantemente suspeita e teme (apud HARRIS, 1979: 97).

O principal estudioso do século XX concordou: "O Antigo Regime nunca teve um orçamento, nunca teve um ato legislativo que previsse e autorizasse o total de receitas e despesas para um determinado período [...]. Só conhecia estados fragmentados e incompletos" (MARION, 1927, volume I: 448).

Assim, acho bizarro que alguns historiadores se sintam atraídos pela palavra *burocracia* para descrever esse Estado. Por exemplo, Harris se refere ao Royal General Farms – aquele monumento ao cargo que ocupa como propriedade privada e lucro – como "aquele enorme aparelho burocrático" (1979: 75). Havia poucos traços de burocracia no Antigo Regime francês.

O dinasticismo viu alguma modernização burocrática, mas a administração só foi isolada das classes no nível imperial superior na Prússia e, especialmente, na Áustria. No geral, isso parece menos significativo do que a dominação partidária por um antigo regime que era simultaneamente de classes politizadas e de funcionários integrados. Isso foi especialmente notório na França. Na Grã-Bretanha e em suas colônias americanas, também encontramos antigos regimes altamente enraizados – mas em uma democracia partidária embrionária, contendo facções partidárias parlamentares, bem como detentores de cargos corruptos. Tal combinação produziu uma administração britânica tão coesa quanto a da Prússia, mas muito menos burocratizada. (Para a comparação britânico-prussiana, cf. MUELLER, 1984.)

Até quase 1800, na Grã-Bretanha, os funcionários superiores assalariados que trabalhavam eram muito mais numerosos do que os sinecuristas, que recebiam o salário ou os benefícios de um cargo empregando substitutos para fazer o trabalho efetivo. Praticamente todos os trezentos cargos do Tesouro eram preenchidos por substitutos (BINNEY, 1958: 232-233). No Departamento da Marinha, o tesoureiro nomeava e pagava seu próprio tesoureiro para fazer seu trabalho, e os dois auditores do adiantamento mantinham a maior parte dos seus consideráveis salários (mais de £ 16 mil e £ 10 mil por ano), mesmo depois de pagarem todas as despesas do departamento. Em 1780, foi revelado publicamente que nenhum dos dois tinha realmente interferido no trabalho do seu departamento por mais de trinta anos. No gabinete do secretário de Estado, até mesmo o limpador de salas empregava outro (COHEN, 1941: 24-26). Não havia qualificações ou exames predefinidos para o cargo e nenhum critério formal de promoção, exceto nos departamentos de Alfândega e de Impostos Especiais e nos departamentos técnicos da marinha. Mesmo eles tinham apenas formalizado a patronagem em recomendações escritas (AYLMER, 1979: 94-95).

Não poderia haver uma cadeia de comando centralizada entre ou mesmo dentro dos departamentos. Em todos os níveis, isso foi frustrado por direitos de propriedade autônomos para o cargo. Mas, no século XVIII, ocorreram mudanças. O primeiro senhor do Tesouro estava gradualmente se tornando *primeiro* ministro, na Câmara dos Lordes, representando o monarca no Parlamento. Abaixo dele estavam dois grandes secretários de Estado, ministros juniores e conselhos de administração de departamentos específicos. No entanto, monarca e membros de ambas as casas tinham canais independentes de influência e patronagem dentro dos departamentos.

> Os negócios públicos eram realizados em vários gabinetes mais ou menos independentes, que não estavam sujeitos a qualquer supervisão, nem quanto aos seus métodos de trabalho, nem quanto aos pormenores das suas despesas [...]. [O] primeiro senhor do Tesouro não podia fazer uma estimativa satisfatória das despesas do governo em qualquer ano (COHEN, 1941: 34).

Não houve tentativas de contabilizar os funcionários até 1797.

Como na França, a *corrupção* era firmemente defendida, mas na Grã-Bretanha a corrupção era centralizada, nacional, pois seus mananciais eram os soberanos e seus ministérios no Parlamento. Trazia recompensas para proprietários e patronos, mas também garantia que a administração imperial só poderia trabalhar *por meio* dos partidos *protonacionais* das classes proprietárias. A administração não foi isolada da política ou da classe. Sua *representação* particularista e corrupta era apropriada para sociedades agrárias tardias como a Grã-Bretanha e a França. Por um lado, faltavam-lhes as comunicações e as disciplinas partidárias que mais tarde reforçaram a representação parlamentar no capitalismo industrial; por outro lado, suas populações e capitalismos governavam de cima para baixo por redes particularistas de parentes a partir do Parlamento do Concílio Real. Na França, a representação administrativa produziu uma administração ineficiente, mas na Grã-Bretanha foi altamente eficiente. Permaneceu praticamente inalterada até os anos de 1780, apesar da extraordinária transformação da sociedade civil.

No entanto, a burocracia britânica se agitou quando o militarismo estatal aumentou as pressões fiscais – primeiro nos ramos técnicos da marinha (não no exército mais aristocrático), depois nas alfândegas e nas repartições de impostos sobre consumos específicos. Brewer (1989) mostra que o Departamento de Impostos Especiais de Consumo se tornou a primeira administração civil diretamente controlada por altos funcionários do Estado. Quatro mil e oitocentas pessoas, na sua maioria assalariadas, foram implicadas numa *tabela proto-organização* (embora este dispositivo figurativo ainda não tivesse sido inventado), incorporando canais formais de comunicação e controle funcional e hierárquico, submetendo relatórios escritos regulares, entregando de fato receitas previsíveis (incomum no século XVIII). Isso contrastava com a administração corrupta do venerável imposto fundiário, que recaía sobre os proprietários de imóveis que tinham elaborado um gabinete próprio em autodefesa. O imposto especial de consumo fora introduzido por um Estado despótico excepcionalmente eficaz, a Commonwealth de Cromwell. Embora constitucionalmente controverso, sua extração não tinha causado muito sofrimento no Antigo Regime. Era um imposto sobre os lucros excessivos do comércio e sobre o consumo dos pobres impotentes – e isso financiava a expansão global lucrativa. Contudo, o Departamento de Impostos Especiais de Consumo era um cavalo de Troia em potencial. Seu modelo burocrático foi aclamado nos anos de 1780 por reformadores que incitavam comissões parlamentares de inquérito.

Naquele momento, existiam também pressões externas para uma administração burocrática e, de forma mais ambivalente, para uma administração nacional. O capítulo 4 traça o crescimento de um movimento nacional de *reforma econômica* que investia contra o desperdício e a corrupção. Ele tinha duas fontes de inspiração. Primeiramente, como em outros lugares, vinha a pressão fiscal da guerra moderna. O movimento foi criado pela Guerra dos Sete Anos e suas primeiras reformas efetivas foram pressionadas pela Revolução Americana. Em segundo lugar, ressoava ideologicamente no meio da aliança nacional entre os *de fora* do Antigo Regime e os emergentes *excluídos* da pequena burguesia. Essa aliança também devia muito à difusão do capitalismo comercial, depois industrial, assim como à sua teoria de administração eficiente. O utilitarismo diferia do cameralismo: sua racionalidade era formal, sistêmica e descentralizada, regida por princípios inerentes às relações na sociedade civil, necessitando de uma orientação estatal menos autoritária. Percebo a influência da *mão invisível* da economia mais capitalista do mundo.

Procurei traçar uma primeira fase de modernização e burocratização do Estado, que foi em direção a funcionários contáveis, trabalhadores, assalariados e qualificados e em direção à racionalização funcional e hierárquica de departamentos individuais. Até agora, houve pouca mudança nos quarto e quinto critérios de burocracia, integrando diferentes departamentos e separando a política partidária da administração. As principais reformas tinham vindo de relações de poder que não pareciam muito *modernas*. Os primeiros movimentos vieram das monarquias menos representativas, Áustria e Prússia, dinastias absolutas, mal-equipadas com comércio, indústria e urbanização (como Aylmer (1979: 103) também observa). O dinasticismo poderia ser um *ele*, um ator centralizado isolado capaz de *se* reorganizar com a ajuda de uma ciência consciente de administração. Os dinasticismos austríaco e prussiano foram reforçados por suas cristalizações confederais e militaristas. Em contraste, na Grã-Bretanha democrático-partidária (embrionária), a administração era real e integrada – centralizada e descentralizada; assim era o Parlamento, dividido entre a corte e os partidos do país, funcionários apadrinhados e aristocracia do condado. Qualquer reforma deve ser acordada por ambas as partes. No entanto, a corrupção tinha sido institucionalizada pelo seu compromisso histórico, comprando a influência da coroa e a liberdade dos notáveis do despotismo. A esse respeito, o regime francês, formalmente dinástico, mas enraizado e *corruptamente representativo* quase até a sua cabeça, assemelhava-se ao britânico. Mas os monarcas prussianos e austríacos tiveram administrações superiores que eram suas para modernizar. O cameralismo podia ser pensado lá, não na Grã-Bretanha. De fato, dinastas só podiam acessar seus reinos se comprometendo com a nobreza e a Igreja, incorporados nas administrações local-regional. Mas, ao contrário do que acontece na Grã-Bretanha (ou em suas colônias americanas), ninguém questionava o direito do monarca de administrar seu próprio.

As dinastias também foram estimuladas para a reforma pela pressão de guerras territoriais, que foram mais severas na Europa Central. Os ritmos de modernização do Estado eram alimentados pelas tensões fiscais e de força de trabalho do militarismo; as administrações fiscal-militares foram as primeiras a serem racionalizadas (o judiciário prussiano, uma aparente exceção, estava intimamente ligado à administração militar); e, especialmente na Prússia, os militares forneciam modelos organizacionais. A pressão também foi sentida na França, mas o regime foi incapaz de levar as reformas militares para os departamentos fiscais. Quando as Guerras Napoleônicas finalmente trouxeram encargos fiscal-militares comparáveis para a Grã-Bretanha, a reforma viria também, e por meio de uma rota departamental semelhante.

Assim, a primeira fase da burocratização foi provocada menos por uma sociedade civil capitalista *moderna* do que pelas tradicionais cristalizações militares dos estados, mais intensamente experimentadas nas monarquias menos representativas. Houve uma exceção a isso: as pressões exercidas pela burguesia britânica e pelos reformadores da pequena burguesia, que nesse período foram sem sucesso. A burocratização vinha principalmente do antigo Estado monárquico e militar e não da nova sociedade civil, com seus limites estabelecidos basicamente pelas contradições do Estado: administração racional *versus* divisão segmentada e controle e autonomia da, ainda que dependente, nobreza.

Fase 2: revolução, reforma e representação, 1780-1850

Nesse período, a modernização do Estado enveredou por caminhos definidos principalmente pelas lutas por representação política e cidadania nacional que foram lideradas por revolucionários. A Revolução Americana tem precedência histórica[25]. Com a independência alcançada, não poderia haver um retorno americano à *velha corrupção*. O despotismo deveria ser evitado, ao tornar o Estado pequeno e responsável perante os órgãos eleitos. Em princípio, a racionalização do Estado era, pela primeira vez, politicamente aceitável. Os federalistas também estavam imersos em ideias cameralistas, iluministas e utilitaristas. Alexander Hamilton era um ávido leitor de Jacques Necker (McDONALD, 1982: 84-85, 135-136, 160-161, 234, 382-383). A comunidade ideológica europeia atravessou o Atlântico.

A constituição trouxe grande desenvolvimento em quatro dos meus cinco índices de burocratização, embora apenas no nível federal. *Todos* os funcionários federais têm sido assalariados, desde o final da década de 1780 até os dias de hoje. Cada departamento deveria ser racionalmente organizado por hierarquia e função. A autoridade foi investida no princípio do um homem, instado por Hamilton. A hierarquia culminou em três secretários (do Tesouro, do Estado e da Guerra), aos quais se juntaram mais tarde os chefes dos correios e da marinha além do procurador-geral. Tais departamentos eram financeiramente responsáveis pelo tesouro e se reuniam no gabinete sob o chefe do executivo, o presidente. Eles deveriam apresentar relatórios escritos ao presidente e ao congresso, e impunham relatórios semelhantes aos subdepartamentos. Uma separação formal dos poderes separava a administração da política, exceto pelo fato de o chefe do executivo ser também o chefe político. Em contraste, os governos estaduais e locais conceberam administrações muito mais integradas. Mas, no nível federal, as repartições do governo americano eram concebidas como uma verdadeira burocracia, a única no mundo há pelo menos mais de cinquenta anos. A comunidade internacional de reformadores iluminados e utilitários a aclamou como seu ideal. O precursor burocrático havia saltado o Atlântico.

A prática não correspondeu bem à teoria. Os estudos de White mostram que a administração inicial dependia tanto das redes patrão-cliente quanto das

---

25. Minhas principais fontes sobre a administração americana foram Fish (1920), White (1951; 1954; 1958; 1965), Van Riper (1958), Keller (1977), Shefter (1978) e Skowroneck (1982).

hierarquias formais. Os reformadores as reduziram um pouco com regras que regem as funções de contabilidade, licitação de contratos e concessões de terras. Em 1822, o congresso pediu aos chefes de departamento que informassem sobre a eficiência de todos os funcionários. O secretário de guerra os listou e acrescentou:

> O único funcionário ineficiente do departamento é o Coronel Henley, que tem setenta e quatro anos de idade e está no serviço [...] desde o ano de 1775 [...]. Na sua idade ele é incapaz de desempenhar as funções de escrivão, mas, pela sua memória dos acontecimentos revolucionários, ele é útil no exame das reivindicações revolucionárias (*American State Papers*, 1834, volume 38: 983).

Talvez o Coronel Henley fosse realmente o tio do secretário ou talvez o departamento gostasse muito de ouvir suas histórias sobre a Revolução. Mas o secretário tinha que prestar contas dele, como talvez nenhum chefe de departamento em qualquer outro país ainda o fizesse.

Ainda assim, os funcionários não eram tão burocratizados e tornaram-se notoriamente menos durante a maior parte do século XIX. Eles eram assalariados, mas os critérios de nomeação, promoção e demissão eram confusos. Washington não estabeleceu quaisquer regras a não ser contra a *relação familiar, indolência e bebida*. Isso era um progresso. Como Finer (1952: 332) ironicamente observa: na Grã-Bretanha, os dois últimos critérios não eram uma barreira ao cargo e o primeiro era uma recomendação positiva. Mas os requisitos formais de entrada estavam defasados. Qualificações e exames foram introduzidos entre os militares em 1818, mas (com exceção de alguns contadores) no serviço público apenas em 1853. Não foram padronizados até 1873 e não foram universais até 1883. A estabilidade por bom comportamento era a norma anterior, mas entrou em declínio à medida que o famoso sistema de espólios partidários se desenvolveu.

Todos os presidentes nomearam aliados políticos para o governo. Com a democratização da América, a regra da notoriedade deu lugar ao controle partidário dos cargos. No expurgo histórico de Jackson de 1828-1829, 10% a 20% de todas as autoridades federais e 40% dos altos funcionários foram dispensados e substituídos por apoiadores da facção republicana. Os expurgos partidários continuaram até meados do século e a patronagem dominou a maioria dos governos estaduais e locais. Como o partido presidencial podia subverter a burocracia, o congresso e o judiciário também intervieram. Os departamentos federais foram obrigados a submeter orçamentos aos comitês de apropriações congressionais, minando o controle centralizado pelo tesouro. Regular a competição entre partidos e administrações ficou por conta dos tribunais, transformando-os em substitutos procedurais para uma administração mais burocratizada (SKOWRONEK, 1982: 24-30). Com o avanço constante da reforma britânica, a burocracia do governo dos Estados Unidos regrediu, dominada pela burocracia empresarial, especialmente nas ferrovias (FINER, 1952; YEAGER, 1988).

Houve três razões pelas quais o governo federal ficou para trás. Primeira, os Estados Unidos eram relativamente pouco envolvidos em guerras no exterior e tinham um pequeno orçamento militar. Em outros lugares, as pressões fiscal-militares continuaram ampliando o tamanho e racionalizando a estrutura da administração central do Estado. Nos Estados Unidos, a Guerra de 1812 forçou uma reorganização dos departamentos militares e de contabilidade, mas esse pequeno Estado não teria rivais continentais até ao século XX. A Guerra Civil aumentou enormemente o tamanho de ambos os estados, mas apenas temporariamente, pois seu resultado deixou a União incontestada. Segunda, ocorreu uma peculiaridade inesperada. Esse Estado, constitucionalmente encarregado de expandir as receitas aduaneiras, provou ser surpreendentemente próspero, muitas vezes abençoado com excedentes, necessitando pouco da *organização eficiente ou econômica* que o congresso, em teoria, exigia. Esse Estado foi pouco afetado pelo militarismo geopolítico, que em outros lugares pressionava pela burocratização.

Terceira, a constituição não resolvera duas cristalizações políticas distintas – a representação e a questão nacional – e isso obstruía uma burocracia vista como potencialmente despótica. A constituição mostra que os contemporâneos reconheciam a viabilidade técnica da burocracia – muito antes do surgimento de uma sociedade industrial. Mas, no final, não a queriam. Os norte-americanos adultos, brancos e do sexo masculino discordavam sobre o que o governo, especialmente o governo central, deveria fazer. Redes de poder político cristalizaram-se em facções políticas complexas e partidos representantes de classe, religião, setores econômicos, economias regionais e estados individuais. De fato, a política dos Estados Unidos provavelmente viu a maior proliferação desses grupos plurais de interesse. Para garantir que o governo representasse realmente seus interesses, os partidos e facções restringiram o poder centralizado do Estado e se inseriram em múltiplas assembleias e cargos nos níveis federal, estadual e local.

Na ausência de um partido único forte o suficiente para controlar o Estado, a solução *confederada* foi escolhida. À medida que o governo americano cresceu, tornou-se fracionado por partidos institucionalizados em todos os níveis do governo. Assim, o resultado da Guerra Civil começou a produzir uma recentralização lenta e parcial (ainda dentro dos limites de uma constituição federal). A política entrelaçada por classe e localidade-região (assim como a segregação escravista, a religião etc.) manteve esse Estado pequeno, dividido, debilmente burocratizado ao longo de todo o período.

A França foi o lar da segunda e mais ambiciosa revolução. Em 4 de agosto de 1789, os revolucionários franceses aboliram o caráter venal dos cargos junto com o *feudalismo*. Eles pretendiam diminuir o número de cargos a um pequeno núcleo assalariado e delegar a maioria das funções públicas a cidadãos comprometidos e não remunerados. Sua racionalidade seria tão substantiva quanto formal, encarnando a moral e os valores do novo cidadão. Mas nem o idealismo nem a economia sobreviveram à guerra revolucionária e ao terror. A necessidade de abastecer os exércitos e as cidades, de perseguir contrarrevolucionários e de implementar várias novas leis recriaram a maior parte do Estado do Antigo Regime. Ele passou a ser assalariado, não venal, comprometido com princípios racionais de hierarquia e função e ostensivamente centralizado. Essas foram grandes modernizações, mas ficaram aquém dos seus objetivos e das alegações modernas em seu favor.

"À medida que uma inundação se espalha cada vez mais, a água torna-se mais rasa e suja. Assim, a Revolução evapora e deixa para trás apenas a lama de uma nova burocracia. Os grilhões da humanidade atormentada são feitos de burocracia." A denúncia amarga de Kafka a respeito da Revolução Bolchevique (JANOUCH, 1953: 71) tipifica o cinismo do século XX sobre o legado da Revolução – o triunfo não da liberdade, da igualdade e da fraternidade, mas da burocracia estatal e do despotismo. A Revolução Francesa levou ao nacionalismo militante e ao comunismo estatista, não à liberdade liberal, diz O'Brien (1990). Para Skocpol, as revoluções francesa, russa e chinesa aumentaram os poderes do Estado, especialmente sua centralização e racionalização. Na França, a Revolução produziu um *Estado burocrático profissional* que existia "como uma presença maciça na sociedade [...] como uma estrutura administrativa uniforme e centralizada", contida apenas por uma economia capitalista descentralizada (1979: 161-162). Tilly (1990: 107-114) afirma que a Revolução Francesa proporcionou o *movimento mais sensacional* em direção a um governo *direto* centralizado. Exércitos revolucionários depois impuseram isso (com variações regionais) a outros países.

No entanto, a comparação de Skocpol com as revoluções do século XX é enganadora. Como vimos no capítulo 11, apenas no final do século XIX é que os poderes infraestruturais estatais se desenvolveram mais. Inclusive, ainda eram restringidos pelos partidos em competição, por cristalizações estatais rivais e pelo capitalismo de mercado (Skocpol reconhece essa última restrição). Se os revolucionários capturassem um Estado do século XX e abolissem ou ultrapassassem os poderes do capital e da competição partidária (como fizeram os bolcheviques e os fascistas), eles poderiam usar essas infraestruturas expandidas para aumentar enormemente os poderes despóticos do Estado. Mas os revolucionários do século XVIII e do início do XIX não tinham esse potencial de poder em mãos caso se apoderassem do Estado.

Os revolucionários franceses tinham, em primeiro lugar, o poder ideológico distinto identificado no capítulo 6. Eles *proclamaram* os programas mais ambiciosos de regeneração social liderados pelo Estado e puderam mobilizar apoio político para eles. Como os americanos, eles sabiam antecipadamente como era um Estado burocrático – tomando emprestado modelos mecânicos cameralistas de administração (BOSHER, 1970: 296-297). No fervoroso clima revolucionário, eles passaram algumas coisas a limpo – abolindo a propriedade de cargos e os particularismos das administrações regionais de uma só vez e substituindo-as formalmente por salários e *départements*, o que foi importante. Como Tilly observa, isso nivelou as cidades francesas; elas já não eram cidades comerciais burguesas subordinadas a cidades administrativas do Antigo Regime. Em segundo lugar, os revolucionários centralizaram a representação política para que as facções dominantes na assembleia e nos dois grandes comitês pudessem legislar para toda a França. Com esses poderes, não há dúvida de que modernizaram e burocratizaram a administração do Estado para além das capacidades do Antigo Regime. Eles aspiravam a governar diretamente, e não indiretamente – e em certos aspectos conseguiram-no.

No entanto, isso não aumentou o tamanho ou o alcance da administração total. Skocpol (1979: 199) usa os números da Igreja sobre o aumento dos funcionários assalariados para presumir tal aumento. Mas, como revelam a tabela 11.7 e o apêndice da tabela A.3, é provável que o número *total* de cargos não tenha subido para os níveis do Antigo Regime até depois de 1850. O pessoal ministerial central proliferou rapidamente a partir de 1791, e a convenção e Comitê de Segurança Pública introduziram escalas salariais e racionalização de cargos. O departamento fiscal-chave foi integrado por função e hierarquia (Bosher (1970) o chama simplesmente uma *burocracia* até 1794). No entanto, seus critérios burocráticos foram misturados com critérios partidários. Quando o comitê regulamentou as qualificações dos cargos, insistiram na apresentação de um *curriculum vitae* contendo provas de lealdade à Revolução.

Além disso, o *desempenho* do Estado revolucionário, fora da esfera militar e do terror errático, foi mínimo. Margadant (1988) mostra que a sua inabilidade em recolher impostos era patética. Pode uma administração fiscal ser chamada de burocrática se consegue arrecadar 10% dos impostos que exige? Como vimos no capítulo 6, o Estado revolucionário foi forçado – no auge da suposta centralização sob o Comitê de Segurança Pública – a enviar *députés en mission* politicamente confiáveis para liderarem bandos armados e lhes permitir muita discrição tática para extrair suas necessidades básicas de subsistência. Vemos claramente seus poderes de penetração nas memórias da Madame de la Tour du Pin (1985: 202). Depois de descrever a sua rede contrarrevolucionária espalhada por toda a França, ela observa como é curioso que a sua correspondência não tenha sido interceptada. Viviam em segredo em porões e fazendas abandonadas, fugiam disfarçados à noite para a caixa de correio da aldeia e, depois, o serviço postal revolucionário – herdado do Antigo Regime – fazia o resto. A mão esquerda do terror não sabia o que a mão direita dos correios estava fazendo.

Quando o compromisso político e a consolidação se tornaram possíveis, sob o diretório e Bonaparte, alguns poderes estatais destacados por Skocpol se tornaram realidade. Ministérios, prefeitos e funcionários assalariados governaram a França sob as regras impessoais do código civil de Bonaparte (RICHARDSON, 1966; CHURCH, 1981). Woolf (1984: 168) afirma que, sob Napoleão, a França adquiriu uma *liderança indubitável* nas estatísticas oficiais (embora eu duvide que os dados coletados estivessem adiantados em relação às primeiras estatísticas austríacas). Ainda lhe faltavam características burocráticas: nenhuma qualificação prévia impessoal, nenhum exame, pouca integração de diferentes ministérios. Os ministros prestavam contas ou ao Conselho de Estado – um corpo de notáveis leais sem responsabilidades ministeriais – ou ao próprio Bonaparte. Ele recorria às estratégias segmentares de *dividir para governar* dos monarcas, procurando evitar uma burocracia unificada. Também recorria a acordos de tributação agrícola com financiadores privados, reminiscentes do Antigo Regime (BOSHER, 1970: 315-317). A fragmentação ministerial sobreviveu, então, a Bonaparte. A França do século XIX não tinha uma administração, mas sim ministérios plurais, diz Charle (1980: 14). Os ministros impuseram seus próprios critérios de nomeação, promoção e demissão em seus departamentos até depois da Revolução de 1848.

A mais difundida de todas foi a prática francesa de incorporar a administração na política partidária: Os funcionários permaneceram divididos entre *employés* e *fonctionnaires* ao longo do século (CHARLE, 1980). *Employés* eram descendentes dos *commissaires* do Antigo Regime, *burocratas* no seu uso moderno ligeiramente pejorativo, funcionários de nível médio a baixo que implementavam regras impessoais estabelecidas de cima por *fonctionnaires*, descendentes de *officiers* do Antigo Regime casados (metaforicamente) com cidadãos-oficiais revolucionários. *Fonctionnaires*, organizados em *corps*, forneciam funcionários à administração superior. Como oficiais militares, deveriam demonstrar o compromisso do partido com ideais comuns. Bonaparte procurou assegurar isso recrutando apenas homens jovens de famílias de notáveis imperiais, com formação em serviço. Seus sucessores também importaram lealistas, mas favoreceram a educação generalista da elite por meio das *grandes écoles* e, a partir de 1872, da academia ainda conhecida como *Sciences Po* (OSBORNE, 1983). O *corps* colegiado importou a racionalidade partidária substantiva, reduzindo a burocratização formal.

Como nenhum regime francês do século XIX durou mais de duas décadas, os partidos administrativos continuavam mudando enquanto os altos oficiais nos ministérios, prefeituras, magistratura e exército eram purgados. Como ocorria nas eleições americanas, isso trouxe um sistema de espólios partidários. Notáveis monarquistas mudaram de posição com os *députés-fonctionnaires* (JULIEN-LAFERRIERE, 1970). O republicanismo permaneceu mais solidamente enraizado no governo local, levando a conflitos, em meados do século, entre ministérios centrais e comunidades locais, com os prefeitos atuando frequentemente como mediadores (ASHFORD, 1984: 49-68). Porém, a corrente secular em direção ao republicanismo trouxe uma burocratização gradual. À medida que os regimes republicanos se institucionalizavam, favoreciam a meritocracia e separavam política de administração. Os concursos espalharam-se depois de 1848, compartilhando o palco com uma capacitação informal no trabalho e resistindo a uma reação final sob Luís Bonaparte (THUILLIER, 1976: 105-115; 1980: 334-362). Os republicanos finalmente ocuparam o serviço público na década de 1880. Agora, a administração francesa se tornava predominantemente burocrática, embora ainda governada por um *corps* colegial partidário.

Assim, a Revolução Francesa, como a americana, prometeu mais burocracia do que ofereceu. A razão era a mesma: a política partidária não podia ser separada da administração. Políticas de classe e nacional ainda não estavam estabelecidas. As democracias partidárias eram polimórficas, cristalizando-se em formas político-administrativas mutáveis e entrelaçadas. No entanto, esses desenvolvimentos administrativos complexos podem ser como um copo meio-cheio. Podemos enfatizar tanto o volume de água quanto o de ar. Skocpol e Tilly enfatizam a burocratização e o poder estatal; eu enfatizo seus limites. Uma medida melhor seria a comparativa. Teria a França sido empurrada – pela revolução, diretório ou Bonaparte – para uma burocracia maior do que em outros países? Todavia, a questão não pode ser colocada de forma tão simples. Como Tilly observa, a revolução e suas guerras impactaram outros estados, burocratizando-os também. Os estados não eram apenas casos comparáveis independentes, mas unidades interdependentes em uma comunidade geopolítica, econômica e ideológica europeia. Continuarei com os casos e, depois, voltarei à sua interdependência.

O capítulo 4 mostra que a luta britânica pela representação política estava ligada à reforma econômica administrativa. Como o militarismo geopolítico trouxe pressões fiscais, a reforma econômica se apressou, levando consigo a reforma eleitoral. Contribuintes proprietários de terras em tempo de guerra decidiram que a *velha corrupção* era muito cara. O Antigo Regime se reformou, ajudado pela pressão de classe vinda de baixo. Os comissários parlamentares do início da década de 1780 se declararam contra a corrupção, o Parlamento passou a legislar a partir do final da década de 1780 e os ministros reformadores foram reduzidos da década de 1790 em diante. A proporção dos rendimentos dos vinte funcionários do topo do Ministério do Interior que provinha dos salários aumentou de 56% em 1784 para 95% em 1796 (NELSON, 1969: 174-175). Em 1832, os salários eram a regra, e a posse do cargo tinha praticamente desaparecido. A abolição das sinecuras permitiu a reorganização funcional e hierárquica na maioria dos departamentos. A legislação proibia a indicação de funcionários e membros do Parlamento de ocuparem cargos. As guerras levaram a um governo de gabinete virtual sob um primeiro-ministro responsável diante do Parlamento. Os ministros passaram mais tempo no gabinete e no Parlamento, deixando seus departamentos sob o controle de secretários assalariados permanentes. Uma lei de 1787 integrou as finanças dos departamentos, até então pagos com fundos designados separadamente. Em 1828, todas as receitas e praticamente todas as despesas entravam e saíam de um único fundo e seus registros eram apresentados ao Parlamento (embora os desembolsos não fossem regulamentados pelo tesouro e permanecessem políticos). Em 1832, a administração havia se transformado (COHEN, 1941; FINER, 1952; PARRIS, 1969).

A Grã-Bretanha ficou para trás em um critério burocrático: nenhum padrão de competência para empregar ou promover foi introduzido até depois de meados do século – e, mesmo assim, a reforma foi mínima. Embora reformadores utilitaristas e radicais exigissem avaliações e treinamento técnico, não conseguiram nenhuma das duas coisas. Ao reformar a si próprio, o velho regime agarrou-se ao recrutamento e a algum patronato. O ímpeto era o de reduzir a administração e economizar. A tabela 11.7 mostra seu sucesso. Os funcionários públicos aumentaram menos do que a população entre 1797 e 1830. Os comissários informavam ao Parlamento que a *velha corrupção* deixara de existir e poucas economias ainda poderiam ser feitas. O movimento de reforma cessou, nenhuma burocratização a mais ocorreu até depois de meados do século. O compromisso foi duradouro.

Nessa segunda fase, houve duas causas principais de burocratização na Grã-Bretanha. Primeiramente, as pressões fiscais tradicionais do militarismo geopolítico forçaram um regime antigo a aumentar os impostos, cortar custos, racionalizar, centralizar e esquecer seus princípios ideológicos. Em segundo lugar, as classes burguesas emergentes exerceram uma pressão capitalista distintamente moderna em favor da cidadania política e da administração utilitarista. As duas causas se reforçavam mutuamente: o Estado capitalista mais avançado lutava por sua existência geopolítica. O resultado foi um acordo mais estável de conflitos entre o Antigo Regime e as classes emergentes do que na França e um acordo mais centralizado do que nos Estados Unidos. Isso, somado às pressões da terceira fase (discutidas a seguir), levou a Grã-Bretanha para além dos limites da burocracia encontrados em outros lugares. O precursor burocrático estava agora fora da Europa.

Após um início promissor, o dinasticismo prussiano conseguiu apenas uma modernização limitada no século XIX. Por volta de 1800, foi atravessado por disputas partidárias. Reformadores, em sua maioria nobres, ainda que com alguns profissionais burgueses, buscaram a racionalização administrativa. Na administração local, viam o controle particularista dos nobres e da elite como obstáculos e, nos níveis mais elevados do Estado, a corte. Discreta e cautelosamente, eles sugeriram assembleias representativas e uma administração mais aberta. A guerra parecia favorecê-los. Depois que Napoleão destruiu o exército prussiano em Lena e Auerstadt em 1805-1806, a monarquia buscou reformas para aumentar a eficiência, evitar convulsões sociais, mas sem antagonizar seu novo soberano francês. Os reformadores insistiam em assembleias limitadas e numa única administração exercida por um chanceler para as aldeias. Por um curto período eles tiveram a vantagem, mas por volta de 1808 tinham antagonizado com a maior parte da aristocracia e com os franceses. A burguesia e a pequena burguesia eram bem pequenas na arcaica Prússia para exercerem muita pressão popular. Esses modernizadores absolutistas pouco podiam fazer sem seu monarca. Para apaziguar os franceses, ele os abandonou.

Após a derrota de Napoleão, um compromisso foi estabelecido (MUELLER, 1984: 126-166; GRAY, 1986). Nos níveis local e regional, pouco mudou. Junkers e instituições da Igreja sobreviveram intactos até a Revolução de 1848. Na administração central, as qualificações acadêmicas e os exames foram fortalecidos e as universidades foram reformadas. Os nobres começaram a ir para a universidade, reduzindo gradualmente o velho facciosismo partidário e solidificando a integração cultural nacional dos funcionários. A colegialidade enfraqueceu antes do governo de um homem só. Um Conselho de Estado renovado passou a reunir ministros e cortesãos, tendo vantagem os ministros mais experientes. Durante o fraco governo de Frederico Guilherme III (1797-1840), o poder passou para o *Beamten*, menos como uma burocracia racionalizada do que como uma *aristocracia de serviço nobre-burguesa* de Hintze, *feudalizando* seus membros burgueses (MUNCIE, 1944) enquanto *iluminava* a nobreza prussiana. Mas como o Absolutismo, o particularismo também reviveu. Os *gabinetes* ressuscitaram, e o *Immediatstellung*, o direito de um comandante militar de ver o rei sozinho, foi estendido a funcionários civis. A burocracia permaneceu subordinada àqueles em quem o monarca escolhesse confiar – ministros profissionais ou amigos nobres. Os conflitos partidários reduziram a unidade burocrática, dividindo-a em 1848 – funcionários públicos e professores eram ativistas de ambos os lados naquela revolução abortada (GILLIS, 1971).

O Estado permaneceu intrigante, e seus partidos, inseridos na sociedade civil. Apenas quando a classe e a representação nacional foram diretamente confrontadas de novo, com a adição da burguesia, da pequena burguesia e dos católicos romanos no final do século XIX, é que o Estado pôde se modernizar no semiautoritarismo descrito nos capítulos 9 e 21. A Prússia ajudou a burocracia pioneira, mas, durante grande parte do século, o Estado, como *burocracia universal*, foi uma ideologia hegeliana, não a realidade alemã.

A Áustria, o primeiro precursor burocrático, falhou mais cedo e de forma mais completa. Por estar menos inserida no poder da nobreza provincial, a administração dinástica austríaca foi a que mais entrou em pânico com a Revolução Francesa e os movimentos representativos. Os sucessores de José II foram empurrados para a reação na década de 1790 – a principal burocratização ocorria agora na administração policial (WANGERMAN, 1969; AXTMANN, 1991). Derrotados, embora não humilhados por Bonaparte, os austríacos confinaram a reforma ao exército e se apoiaram na Igreja Católica para mobilizar apoio contra a França. Em 1815, o regime austríaco tinha se tornado o martelo da reforma na Europa. Os capítulos 7 e 10 mostraram esse Estado multirregional e dinástico lutando contra movimentos regionais de fragmentação. Em 1867, mesmo o governo real se dividiu em dois.

Esse foi um período de transição na vida do Estado, de um Estado predominantemente militar para um Estado civil-militar diamórfico. As cristalizações de pioneirismo burocrático estavam mudando de um monarquismo e militarismo geopolítico para uma cidadania representativa e nacional. O militarismo continuava pressionando na direção da eficiência burocrática, mas, por volta de 1810, o dinasticismo tinha atingido seus limites burocráticos, restringido pela contradição entre o despotismo monárquico e a centralização burocrática, bem como pela fraqueza da pressão de classe por cidadania. Em contraste, os regimes francês e anglo-saxão, que viviam em sociedades civis mais mercantilizadas, com classes extensas e políticas, institucionalizaram acordos entre o Antigo Regime, a burguesia e a pequena burguesia que permitiram mais democracia partidária e, portanto, mais responsabilidade burocrática na administração. Mas mesmo nesses casos, a democracia partidária e a burocracia não estavam em perfeita harmonia. Os partidos políticos muitas vezes colidiam com a burocracia tecnocrática de elite. Os estados permaneceram polimórficos. Embora a maioria dos partidos se opusesse ao particularismo do Antigo Regime, eles desconfiavam da eficiência do Estado. Por que dar ao Estado infraestruturas mais eficientes, coesas e burocratizadas? Isso poderia ajudar tanto na estratégia despótica da elite do Estado quanto os partidos rivais. Os partidos norte-americanos mudaram de estratégia para garantir que seu Estado se tornasse mais integrado e menos burocrático. Os partidos britânicos entraram em acordo. Os franceses entraram em acordo quando a república foi salva.

O que fazer agora com a afirmação de Kafka-Skocpol-Tilly de que a revolução estendeu o poder do Estado? Ofereço algum apoio a ela. Por meio da revolução, os franceses ultrapassaram a burocratização austríaca e prussiana. Sem revolução, a França poderia ter se tornado um Estado ainda mais atrasado do que a Áustria se tornou naquele momento. O Estado francês foi transformado – talvez porque antes fora tão atrasado e apático. Mas a modernização francesa foi menos longe do que a americana e menos completa do que a britânica. O ímpeto americano foi provavelmente revolucionário (embora Skocpol tenha negado isso em outros lugares). No entanto, a Grã-Bretanha não teve uma revolução, e a Áustria e a Prússia não ficaram para trás porque lhes faltou uma. Minha conclusão não é que a revolução fosse necessária para a modernização do Estado, ou que desse um impulso único aos poderes estatais (que é o argumento de Skocpol e Tilly). Em vez disso, nessa fase (embora não na anterior), o movimento em direção à democracia partidária, tanto através da reforma quanto da revolução, aumentou a burocracia estatal. Diferentemente da Revolução Bolchevique, foi o lado positivo e democrático da Revolução Francesa, e não o negativo e ditatorial, que encorajou a burocratização. As democracias partidárias confiaram mais na burocracia porque sentiram que a podiam controlar. Os regimes que resolveram as disputas representativas e as nacionais confiaram ainda mais nela.

A esses pontos comparativos acrescento outro sobre a interdependência, que aumenta a importância causal e militarista da Revolução Francesa. Isso se encaixa bem o bastante nos modelos teóricos mais gerais de Skocpol e Tilly, já que ambos enfatizam o militarismo no desenvolvimento social. As guerras continuaram estendendo e modernizando os estados. Mas seu principal ator, o exército francês, diferiu de seus predecessores militares. Politizado e popular, ele ameaçou todos os antigos regimes. Os efeitos diferiram entre a Grã-Bretanha e a Europa continental. Militarmente, a Grã-Bretanha viveu a guerra quase total que a Áustria e a Prússia atravessaram em meados do século XVIII, convertendo o Antigo Regime em modernização estatal. Os efeitos políticos sobre a Grã-Bretanha são mais difíceis de avaliar, mas o capítulo 4 argumenta que as guerras revolucionárias e francesas fizeram avançar a fusão do Antigo Regime e da burguesia, que permitiu a institucionalização de um governo representativo limitado (evitando um governo mais popular e democrático). Isso, por sua vez, permitiu uma modernização burocrática gradual. Assim, é provável que a Revolução Francesa tenha acelerado a modernização do Estado britânico. Mas as mesmas forças podem ter desacelerado a modernização do Estado na Europa Central. Lá, a pressão francesa modernizou exércitos mais do que estados e atrasou a representação política e, portanto, também a burocracia, maculando reformadores moderados, burgueses e pequeno-burgueses fracos, com o jacobinismo. Os regimes se tornaram reacionários. Apesar de Kafka, Skocpol e Tilly, a Revolução Francesa deixou um legado decididamente misto para o desenvolvimento do Estado.

Fase 3: infraestruturas estatais e capitalismo industrial, 1850-1914

O capítulo 11 mostra que todos os estados do final do século XIX aumentaram muito seu alcance civil e seu pessoal, especialmente nos níveis local e regional. A burocratização se desenvolveu a partir da década de 1880, lutando para manter o ritmo dessa expansão. Em 1910, Grã-Bretanha e França eram quase tão burocráticas quanto jamais se tornariam, os Estados Unidos iniciavam reformas que culminariam na década de 1920, e as duas monarquias eram tão burocráticas quanto podiam permitir. Nessa fase, havia duas causas interligadas de burocratização. Os estados institucionalizaram a cidadania (embora em graus variados), e a industrialização capitalista impulsionou seus poderes infraestruturais, a integração econômica nacional e os modelos de negócios corporativos da burocracia. Ambos tenderam a reduzir (embora não a eliminar) o conflito sobre o papel do Estado e a utilidade da eficiência administrativa. A burocratização cresceu, com menos oposição direta.

Não obstante, a tarefa diante dos futuros burocratas era assustadora. Será que o grande número de funcionários do Estado seria leal à hierarquia? Ou será que representariam seus próprios interesses privados ou os de sua classe ou comunidade religiosa ou linguística? Como grande parte da expansão foi no âmbito do governo local, a coordenação central diminuiria? E, como nenhum Estado era totalmente democrático-partidário, a política seria determinada por redes particularistas de acadêmicos, tecnocratas e grupos de pressão para a reforma, ceifando direitos por meio de instituições estatais formais?

A cidadania envolveu questões tanto de representação como de nação, com seus entrelaçamentos variando por país. Em 1850, os Estados Unidos haviam institucionalizado uma democracia bipartidária para homens brancos; no entanto, estavam entrando na fase mais amarga de sua luta nacional. Embora grandes disputas sobre os poderes do governo federal *versus* estadual prosseguissem, a administração não podia ser divorciada da política. Uma coordenação governamental eficaz em todos os três níveis dependia da lealdade partidária, bem como da burocracia. Sob Lincoln, o sistema de espólios atingiu seu apogeu: ele removeu 88% de todos os funcionários sob autoridade presidencial (FISH, 1920: 170). A questão nacional foi decidida pela força, na guerra civil, e depois pelo acordo de 1877. Isso reduziu a necessidade política de uma administração federal partidária, embora a política partidária tenha voltado a emascular os níveis estaduais e locais no curto prazo. A Grã-Bretanha e a França experimentaram a política oposta: mais unanimidade em relação ao Estado-nação, menos em relação à representação (de classe). Mas depois das Leis de Reforma de 1867 e 1884 na Grã-Bretanha e da consolidação da República Francesa na década de 1880, esses obstáculos foram sendo superados. Todas as três democracias partidárias podiam agora localizar a soberania com mais precisão e, depois, burocratizá-la parcialmente.

As duas monarquias semiautoritárias avançaram menos em direção à cidadania. Na Prússia, a representação e a nação foram confrontadas conjuntamente em meados do século. Em 1880, como mostra o capítulo 9, as duas foram semi-institucionalizadas. Na Áustria, ameaças representativas e regional-nacionais entrelaçadas continuaram a politizar a administração. No entanto, as nacionalidades dissidentes estavam mais indispostas entre si do que com os Habsburgos (cf. capítulo 10). Desenvolveu-se um compromisso *de facto*: a administração central de rotina dos Habsburgos foi autorizada a trabalhar autonomamente, já que persistia a turbulência sobre a cidadania política e sobre a questão da língua na administração.

Então, o crescimento infraestrutural do Estado reforçou um pouco essa tendência mais consensual em todos os países, inclusive compensando o atraso monárquico. Correios e telégrafos, canais e ferrovias não foram controversos. As escolas, sim, pois normalmente envolviam um Estado central relativamente secular contra Igrejas local-regionais (além da questão da língua na Áustria). Pouco depois de 1900, essas controvérsias foram geralmente resolvidas a favor do Estado central. As monarquias semiautoritárias usaram especialmente as infraestruturas estatais para patrocinar o desenvolvimento tardio, para a satisfação geral dos principais atores do poder (cf. capítulo 14). As classes e os grupos de interesse local-regional geralmente favoreceram a eficiência burocrática na expansão dos ramos de nível inferior e técnico da administração (cf. capítulo 11). Quando salários ou exames foram aceitos como norma em alguns departamentos, a sua extensão foi relativamente incontroversa.

Desde o *boom* ferroviário até a Segunda Revolução Industrial, o Estado e as grandes empresas capitalistas também convergiram para as economias nacionais e para a organização burocrática. A economia nacional (descrita para a Grã-Bretanha no capítulo 17) reduziu as diferenças locais e regionais e *naturalizou* ainda mais a população. O organograma corporativo, a corporação multidivisional e o catálogo de vendas padronizado eram análogos às estatísticas estatais, às divisões do quadro de funcionários e ao controle do tesouro: respostas burocráticas ao controle de organizações de tamanho crescente e, especialmente, de alcance funcional e geográfico crescente (YEAGER, 1980). Com lutas representativas e nacionais se institucionalizando, com consenso sobre muitas funções estatais, e com modelos também proporcionados pelo capitalismo industrial, a soberania nacional e a burocratização se expandiram.

Nessa fase, a burocratização teve um impacto ainda maior no governo local e regional: condados e municípios britânicos, governos estaduais e locais americanos, *Länder* e *Gemeinde* austríacos e alemães, *départements* e *communes* franceses. A maioria permaneceu controlada pela ocupação de cargos locais ou por notáveis honoríficos. Mas as funções estatais de infraestrutura e de bem-estar social geraram uma administração local rotineira, incompatível com notáveis não remunerados. Desenvolveu-se uma divisão do trabalho com as administrações centrais à medida que a partilha de receitas crescia – embora não em âmbito federal nos Estados Unidos.

A burocratização permaneceu mais fraca nos níveis mais altos da formulação de políticas centrais, especialmente na Áustria e na Prússia. A monarquia semiautoritária prolongou as táticas partidárias segmentares de *dividir e governar* e impediu o governo de gabinete integrado. Grupos políticos de pressão proliferaram porque ministérios, tribunais e parlamentos permaneceram fontes autônomas de formulação de políticas. Importantes associações acadêmicas e tecnocráticas de reforma – algumas chamadas de *socialistas de cadeira* cresceram com e interpenetrando o Reich e os serviços civis prussianos (ROSENHAFT & LEE, 1990). Evitar a fragmentação dependia tanto da solidariedade social desses *Bildungsbeamten* quanto da burocracia. Por volta de 1900, parte do serviço público burocrático se tornou *colonizado* por grupos de pressão nacionalistas agressivos (cf. capítulo 16). A fragmentação da política externa do Estado começou com seriedade – com consequências desastrosas para o mundo (conforme discutirei no capítulo 21).

Mas a burocracia também permaneceu incompleta nas democracias partidárias. Naquele momento, o Estado britânico tornou-se ostensivamente meritocrático. As reformas dos serviços públicos foram iniciadas a partir de 1850 – geralmente para ajudar a eficiência ministerial, sem consultar o Parlamento, onde a patronagem ainda importava. Com frequência, modelos foram retirados da prática colonial britânica. A auditoria interna foi melhorada. A entrada e a promoção por mérito foram instituídas em 1853, impulsionadas em 1879, e predominantes em 1885 (COHEN, 1941). Junto a reformas meritocráticas nas escolas públicas, Oxford, Cambridge e na Igreja, isso aboliu o patronato no recrutamento. As melhores *notas intelectuais* do serviço público eram meritocráticas, ainda que se mantivessem restritivas, com quase todos os recrutas vindos de escolas públicas ou secundárias e das duas antigas universidades. Ao contrário da Prússia, essas academias já eram dominadas pela aristocracia e por famílias de altos profissionais no tempo em que as reformas foram feitas. Assim, a composição de classes e a solidariedade da função pública superior foram confirmadas (MUELLER, 1984: 108-125, 191-223). Durante 1904-1914, 80% tinham estado em Oxford ou Cambridge.

A promoção nos *níveis mecânicos* inferiores de trabalho se tornou rara: entre 1902 e 1911, a chance de promoção anual foi de 0,12%, concentrada em departamentos menos prestigiados, como a alfândega. *Não* havia homens promovidos na guerra ou no escritório colonial (KELSALL, 1955: 40-41, 139, 162-163). Uma ideologia de serviço público racional e desinteressado permeou esses homens. O Estado não era mais um instrumento de autoridade familiar patriarcal, dotado de uma patronagem *corrupta*. Seus *funcionários públicos* eram declaradamente neutros, incumbidos dos melhores interesses da sociedade civil nacional. A classe universal de burocratas de Hegel, sempre um conceito curioso aplicado em sua própria época e país, fez uma aparição mais plausível, embora ainda ideológica, no final do século XIX no serviço público britânico – confinado dentro da classe dominante britânica.

O capítulo 11 mostra que o governo americano, durante a maior parte do século (excluindo a Guerra Civil), foi pequeno, barato e de fácil financiamento. Seu rápido crescimento no final do século expandiu grandemente o sistema de patronagem e corrupção, especialmente no âmbito do governo local. Sem controles burocráticos, os governos contavam com subornos e propinas para fazer as coisas (KELLER, 1977: 245). No entanto, terminaram surgindo exigências de economia e eficiência, embora muito mais tarde do que na Grã-Bretanha (SKOWRONEK, 1982). A invenção americana, a corporação, significava que modelos burocráticos de eficiência já estavam disponíveis (YEAGER, 1980). A Lei Pendleton de 1882 *classificou* alguns empregos do serviço público federal – protegendo-os de expurgos políticos e alocando-os por meio de concurso público. As posições classificadas subiram de 10,5% em 1884 a 29% em 1895. Depois, saltaram para 45% no ano seguinte e a 64% em 1909. Após a Primeira Guerra Mundial, subiram para mais de 80%, onde permanecem até hoje.

No início, os motivos por trás da proteção eram um tanto misturados à medida que os partidos que estavam deixando o governo buscavam estabelecer seus apoiadores, dando-lhes o *status* de funcionários públicos (KELLER, 1977: 313). Mas, tomando emprestado das corporações, o serviço público protegido gradualmente adotou as ciências da *administração de pessoal* (organização de cargos, carreiras, salários, promoções, pensões e relatórios de eficiência) e da *gestão administrativa* (contabilidade padronizada, arquivos e registros, compras e fornecimento, além de procedimentos de contratação). Grande parte disso também foi implementada nos governos estaduais e locais do norte. A Comissão Taft, de 1913, partiu da experiência de Chicago ao recomendar a criação de um orçamento único e de escritórios de pessoal para padronizar as contas federais, critérios de avaliação e promoção, classificação de cargos e sistemas salariais, registros de eficiência individual e normas disciplinares para todas as agências federais. No entanto, nem essas coisas nem a consolidação de um único orçamento federal apareceram até a década de 1920, incitadas pelo caos administrativo do esforço de guerra americano (VAN RIPER, 1958: 191-223).

Muito dessa burocratização foi obtida pelo movimento progressista. Em suas reformas administrativas, os progressistas tinham em vista a *eficiência* nacional, a ideologia de uma coalizão entre carreiristas emergentes e classes médias profissionais (WIEBE, 1967) e o liberalismo corporativo (WEINSTEIN, 1968; SHEFTER, 1978: 230-237). A ideologia de um executivo nacional, neutro e eficiente tinha mais de um século de existência. Agora podia finalmente começar a superar a patronagem partidária e o confederalismo, porque se entrelaçava com atores de classes poderosas em uma sociedade civil nacional. Também ajudou o fato de os presidentes Theodore Roosevelt e Taft terem experiência anterior na reforma do serviço público. A patronagem permaneceu – e ainda hoje permanece – no topo de todos os três níveis de governo. Indicados políticos geralmente têm qualificações educacionais e técnicas combinadas à lealdade partidária.

O dualismo também caracteriza o topo do governo central britânico e francês, e, diferente dos Estados Unidos, o governo local-regional foi subordinado ao governo central. Os britânicos recrutavam funcionários públicos de alto nível quase que inteiramente de escolas públicas de elite (ou seja, privadas) e de Oxbridge, oriundos das classes médias abastadas e leais ao *establishment* nacional. Os franceses recrutavam os seus de *les grandes écoles* e Sciences Po, bem-educados e tecnicamente qualificados, mas também leais à combinação entre capitalismo progressista e republicanismo centralizado que caracterizou os governos franceses do século XX.

O topo da administração permaneceu integrado à classe e aos lealistas partidários nacionais ao longo de todo o século XX. Todos os regimes rejeitaram tanto o confederalismo quanto uma burocracia weberiana madura. Nesse período, a separação entre a administração e a política foi realizada nos níveis funcionais mais baixos e médios – e na maioria dos países, no nível local-regional – mas não no topo do Estado-nação. A noção do senso comum de *burocrata* como o escrevente de nível inferior contém alguma verdade. Os altos administradores estatais permaneceram tão políticos quanto burocráticos, ainda que a socialização em ideologias de serviço público desinteressado esconda em parte sua política partidária.

Conclusão

No decorrer do longo século XIX, os cinco componentes burocráticos que identifiquei desenvolveram-se da seguinte maneira:

1) Por volta de 1914, quase todos os funcionários centrais recebiam salários, e a maioria dos funcionários local-regionais. Cargos adquiridos por direito hereditário ou por meio de compra tinham praticamente desaparecido. Apenas a posse de cargos honorários de dedicação parcial sobreviveu em grande número em nível local.

2) A nomeação e promoção por avaliação impessoal de competência também se desenvolveram, porém, mais tarde e ainda de forma incompleta, em alguns países, por volta de 1914.

3) Em princípio, a organização dos cargos dentro dos departamentos variou consideravelmente, mas na década de 1880 praticamente todos já se adequavam ao modelo burocrático, divididos por função sob uma hierarquia centralizada.

4) A integração de todos os departamentos em uma única administração nacional centralizada chegou antes aos Estados Unidos, que depois se afastaram fortemente dela. Sobreveio mais tarde na Grã-Bretanha e na França, mas na Alemanha e na Áustria apenas no final do período em discussão.

5) O isolamento das políticas partidárias em relação à administração veio por último. No topo do governo central, permaneceu incompleto em todos os lugares, tendo sido ainda mais débil na Alemanha e na Áustria.

Assim, alguma burocratização dentro de todos os cinco critérios ocorreu em todos os países ao longo do período. Em 1760, os estados não eram sequer remotamente burocráticos; por volta de 1914, a burocracia nacional e o isolamento da administração estavam institucionalizados, aumentando os poderes infraestruturais do Estado e, em muito menor medida, a coesão interna de seus administradores públicos. As administrações centrais dos estados avançaram no sentido de se tornarem unitárias, fossem semiautoritárias – com burocratas implementando as decisões de regimes monárquicos – fossem democracias partidárias – com burocratas implementando a legislação parlamentar da nação.

A burocratização foi precedida em toda parte por suas ideologias. O cameralismo, o Iluminismo, o utilitarismo, o progressivismo e outros radicalismos da classe média provinham principalmente de oficiais altamente qualificados do Antigo Regime e da classe média profissional. Todos defenderam o que chamavam de *administração racional* e o que nós chamaríamos de burocracia. É impressionante o quão consciente foi a burocratização, o quanto ela foi claramente formulada por ideólogos em todo o Ocidente antes de ser implementada. E os ideólogos eram persuasivos, em parte porque muito da burocratização era funcional. Era uma resposta eficiente de redução de custos para administrações que cresciam imensamente em escopo e diversidade funcional e geográfica. Dado que os ideólogos se comunicavam internacionalmente, os atores de poder num país costumavam ler sobre o aprimoramento de técnicas burocráticas em outros países antes de adaptá-las em casa (embora não tenha pesquisado isso sistematicamente). O Estado burocrático moderno aparece como inicialmente imaginado, depois, inexoravelmente funcional, na realidade.

Contudo, uma análise pormenorizada desses estados modifica tal impressão. Vista de perto, a ascensão da administração estatal moderna não foi evolutiva ou unidimensional. As causas estruturais variaram entre os períodos. As ideologias se mostraram ineficazes na ausência dessas causas, as quais também influenciaram as mudanças ideológicas (do cameralismo ao utilitarismo, e depois para o radicalismo etc.). Cada um dos países que examinei liderou a burocratização em momentos diferentes, do surto ao fracasso em superar novas barreiras. Diferenciei três fases na burocratização, dominadas por (1) cristalizações monárquicas e militaristas, (2) cristalizações representativas e nacionalistas e (3) a cristalização do capitalismo industrial. Subjacente a isso ocorria a transformação do Estado centralizado moderno de algo predominantemente militar para um ser diamorfo – meio civil, meio militar.

A administração civil foi a forma mais importante de penetração das elites estatais na sociedade civil. Foi também, em 1760, a forma mais importante de penetração partidária em estados absolutistas, e talvez até mesmo em estados partidário-democráticos (juntamente com as assembleias parlamentares). Nenhum Estado setecentista possuía infraestrutura efetiva para sustentar seu poder despótico formal sobre a sociedade civil porque *sua* administração civil era, na verdade, permeada pelos direitos de propriedade das classes dominantes e das Igrejas. Após a revolução militar anterior, as administrações militares não estavam tão permeadas por esses direitos, sendo de alguma maneira mais controladas pelo Estado (o capítulo 11 mostra que o Estado perdeu depois parte do controle para uma casta militar parcialmente autônoma).

A partir desses controles militares, pressionados pela guerra, os dinastas lançaram a primeira ofensiva burocrática. No entanto, seus elementos burocráticos estavam entrelaçados e restringidos pela estratégia segmentada de dividir para governar e pela dependência dos partidos do Antigo Regime. Na segunda fase, transitória, pressionados por movimentos populares (amplamente baseados em classes) de cidadania, bem como pela guerra, os regimes revolucionários e democrático-partidários assumiram a liderança e varreram do mapa a posse *corrupta* de cargos. Mas essa segunda ofensiva burocrática também tinha limites, pois tais regimes não resolveram satisfatoriamente seus principais problemas nacionais e de representação para que pudessem confiar num Estado coeso, eficiente e burocraticamente centralizado. Na terceira fase, a do capitalismo industrial, alguns regimes fizeram mais progressos na institucionalização da democracia partidária centralizada, e assim puderam se burocratizar mais. Mas a burocratização, especialmente nos níveis baixos e médios da administração, foi nesse momento auxiliada também de maneira considerável pela adição de infraestruturas estatais novas e amplamente consensuais que assistiam à industrialização da nação (e, também, o rearmamento em escala nacional dos militares). Apenas os níveis administrativos mais elevados resistiram à burocratização total, uma vez que os regimes continuaram precisando de lealistas partidários.

As administrações civis não perderam muito em coesão, e podem até mesmo ter ganhado alguma, pois cresceram durante o período – mas com duas qualificações. Em primeiro lugar, a coesão era menos característica de um Estado autônomo do que uma relação entre Estado e sociedade civil – como sugeri no capítulo 3. Para que os estados pudessem agir de maneira eficaz e coesa, dependia tanto de os oficiais estarem integrados e expressarem a coesão nacional das classes dominantes quanto de suas próprias capacidades burocráticas. A forma dessa incorporação e expressão mudou substancialmente durante todo o período, de uma posse particularista do cargo, predominantemente descentralizada, para uma meritocracia supostamente universal e predominantemente nacional.

Como mostra a tabela 4.2, a Prússia e a Grã-Bretanha do século XVIII foram exemplos de estados que expressaram sociedades civis nacionais relativamente coesas e, portanto, infraestruturalmente efetivas. O Estado francês do Antigo Regime era menos eficaz porque expressava (e contribuía para) a incoerência de sua sociedade. O Estado austríaco era tão eficaz quanto poderia ser um Estado substancialmente autônomo e *não* integrado em sua sociedade civil, não sendo, por isso, muito efetivo. Bem mais tarde, os três estados democrático-partidários se tornaram mais eficazes à medida que se fizeram genuinamente representativos (dos homens) das classes dominantes e organizadas nacionalmente nessa primeira sociedade industrial, especialmente dos capitalistas e da classe média profissional. Encontramos pouco *do* Estado como um ator autônomo, como sugerido pela teoria da elite. Nos lugares em que o Estado foi relativamente coeso, isso se deveu principalmente ao fato de os agentes do Estado centralizado terem se mantido integrados, ainda que de forma mais universalista, às redes de poder da sociedade civil, principalmente nas classes nacionais. Onde os agentes de Estado eram mais autônomos em relação à sociedade civil, tinham dificuldades de agir de forma coesa. O capítulo 3 registra que os estados autônomos anteriores (p. ex., os feudais) foram geralmente coesos, porém, débeis. Talvez o poder político autônomo na sociedade moderna seja, na verdade, a autonomia do Estado faccionalizado em partidos. O capítulo 20 reforça essa suspeita.

Em segundo lugar, os estados não eram unidades completas, pois suas redes de poder se estendiam para além dos departamentos da administração civil discutidos neste capítulo. Suas forças armadas eram em parte autônomas, em parte ainda mais integradas ao Antigo Regime do que os administradores civis. Seus corpos diplomáticos eram ainda mais antiquados e mais próximos do poder executivo supremo do Estado. Tribunais monárquicos e partidos políticos (de classe, setor, localidade-região e religião) adicionaram seus próprios faccionalismos, alianças sociais e pretensas capacidades de coordenar parte disso. A habilidade dos administradores civis para coordenar tudo foi apenas moderada. Como vimos, a coordenação da pluralidade de seus próprios departamentos continuou sendo o ponto fraco desses administradores. Ou eles coordenavam, mas tanto por meio das lealdades partidárias quanto da burocracia – e nesse caso poderiam ser uma fonte de divisão – ou não coordenavam – e nesse caso suas capacidades profissionais e tecnocráticas eram aplicadas a propósitos definidos antes por uma cristalização estatal técnico-burocrática mais restrita do que pelas necessidades e objetivos da *totalidade* do Estado. O capítulo 14 discute tais possibilidades.

Referências

ALBROW, M. (1970). *Bureaucracy*. Londres: Pall Mall Press.

AMERICAN STATE PAPERS (1834). *Documents, Legislative and Executive, of the Congress of the U.S., 1809-1823*. Vol. 38 [miscellaneous, Vol. 2, p. 983].

ANDERSON, E. & ANDERSON, P.R. (1967). *Political Institutions and Social Change in Continental Europe in the Nineteenth Century*. Berkeley: University of California Press.

ASHFORD, D. (1982). *British Dogmatism and French Pragmatism* – Central-Local Policymaking in the Welfare State. Londres: Allen & Unwin.

AXTMANN, R. (1991). *Geopolitics and Internal Power Structures*: The State, Police and Public Order in Austria and Ireland in the Late Eighteenth Century. Tese de doutorado, London School of Economics and Political Science.

AYLMER, G.E. (1979). From office-holding to civil service: the genesis of modem bureaucracy. *Transactions of the Royal Historical Society*, 30.

BEALES, D. (1987). *Joseph II* – Vol. I: In the Shadow of Maria Theresa, 1740-1780. Cambridge: Cambridge University Press.

BINNEY, J. (1958). *British Public Finance and Administration, 1774-92.* Oxford: Clarendon Press.

BLANNING, T. (1974). *Reform and Revolution in Mainz, 1743-1803.* Cambridge: Cambridge University Press.

BONIN, H. (1966). Adel und Burgertum in der hoheren Beamtenschaft der Preussischen Monarchie 1794-1806. *Jarhbuch fur die Geschichte Mittle- und Ostdeutschlands,* 15.

BOSHER, J.F. (1970). *French Finances, 1770-1795.* Cambridge: Cambridge University Press.

BREWER, J. (1989). *The Sinews of Power*: War, Money and the English State. Nova York: Knopf.

CHARLE, C. (1980). *Les Hauts Fonctionnaires en France au XIXe siècle.* Gallimard/Julliard.

CHURCH, C.H. (1981). *Revolution and Red Tape*: The French Ministerial Bureaucracy, 1770-1850. Oxford: Clarendon Press.

COHEN, E.W. (1941). *The Growth of the British Civil Service, 1780-1939.* Londres: Allen & Unwin.

DICKSON, P.G.M. (1987). *Finance and Government Under Maria Theresa, 1740-1780.* 2 vol. Oxford: Clarendon Press.

DOYLE, W. (1984). *The Origins of the French Revolution.* Oxford: Oxford University Press.

FINER, S.E. (1952). Patronage and the public service: Jeffersonian bureaucracy and the British tradition. *Public Administration,* 30.

FISCHER, W. & LUNDGREEN, P. (1975). The recruitment and training of administrative and technical personnel. In: C. Tilly (org.). *The Formation of National States in Western Europe.* Princeton, NJ: Princeton University Press.

FISH, C.R. (1920). *The Civil Service and the Patronage.* Cambridge, Mass.: Harvard University Press.

GILLIS, J.R. (1971). *The Prussian Bureaucracy in Crisis, 1840-1860*: Origins of an Administrative Ethos. Menlo Park, Cal.: Stanford University Press.

GRAY, M. (1986). Prussia in transition: society and politics under the Stein reform ministry of 1808. *Transactions of the American Philosophical Society,* 76.

HALL, R.H. (1963-1964). The concept of bureaucracy: an empirical assessment. *American Journal of Sociology,* 69.

HARRIS, R.D. (1979). *Necker, Reform Statesman of the Ancien Regime.* Berkeley: University of California Press.

JANOUCH, G. (1953). *Conversations with Kafka*. Londres: Derek Verschoyle.

JOHNSON, H.C. (1975). *Frederick the Great and His Officials*. New Haven, Conn.: Yale University Press.

_____ (1969). The concept of bureaucracy in Cameralism. *Political Science Quarterly*, 79.

JULIEN-LAFERRIERE, F. (1970). *Les députés fonctionnaires sous la monarchie de juillet*. Paris: PUF.

KELLER, M. (1977). *Affairs of State*: Public Life in Late Nineteenth Century America. Cambridge, Mass.: Harvard University Press.

KELSALL, R.K. (1955). *Higher Civil Servants in Britain, from 1870 to the Present Day*. Londres: Routledge & Kegan Paul.

KOSELLECK, R. (1967). *Preussen zwischen Reform und Revolution*. Estugarda: Klett.

KRYGIER, M. (1979). State and bureaucracy in Europe: the growth of a concept. In: E. Kamenka & M. Krygier (orgs.). *Bureaucracy: The Career of a Concept*. Londres: Arnold.

LUDTKE, A. (1989). *Police and State in Prussia, 1815-1850*. Cambridge: Cambridge University Press.

MACARTNEY, C.A. (1969). *The Habsburg Empire, 1790-1918*. Londres: Weidenfeld & Nicolson.

MADAME TOUR DU PIN (1985). *Memoirs*. Londres: Century.

MARGADANT, T.W. (1988). *Towns, taxes, and state-formation in the French Revolution*. Paper apresentado no 11º Annual Irvine Seminar on Social History and Theory. University of California.

MARION, M. (1927). *Histoire Financiere de la France Depuis 1715*. Paris: Rousseau.

McDONALD, F. (1982). *Alexander Hamilton*: A Biography. Nova York: Norton.

MOUSNIER, R. (1979). *The Institutions of France Under the Absolute Monarchy, 1598-1789*. Chicago: University of Chicago Press.

MUELLER, H.-E. (1984). *Bureaucracy, Education, and Monopoly*: Civil Service Reforms in Prussia and England. Berkeley: University of California Press.

MUNCIE, L.W. (1944). *The Junker in the Prussian Administration Under William II, 1888-1914*. Providence, R.I.: Brown University Press.

NECKER, J. (1784). *De l' Administration des Finances de France*. 3 vol. Paris: [s.e.].

NELSON, R.R. (1969). *The Home Office, 1782-1801*. Durham, N.C.: Duke University Press.

O'BRIEN, C.C. (1990). The decline and fall of the French Revolution. *New York Review of Books*, 13 de fevereiro.

OSBORNE, T.R. (1983). *A Grande Ecole for the Grands Corps*: The Recruitment and Training of the French Administrative Elite in the Nineteenth Century. Nova York: Columbia University Press.

PARRIS, H. (1969). *Constitutional Bureaucracy*: The Development of British Central Administration Since the Eighteenth Century. Londres: Allen & Unwin.

RAEFF, M. (1975). The well ordered police state and the development of modernity in seventeenth- and eighteenth-century Europe: an attempt at a comparative approach. *American Historical Review*, 80.

RICHARDSON, N.J. (1966). *The French Prefectoral Corps, 1814-1830*. Cambridge: Cambridge University Press.

ROSENBERG, H. (1958). *Bureaucracy, Aristocracy, and Autocracy*. Cambridge, Mass.: Harvard University Press.

ROSENHAFT, E. & LEE, W.R. (1990). *State and society in modem Germany –* Beamtenstaat, Klassenstaat, Wohlfahrtstaat. In: E. Rosenhaft & W.R. Lee (orgs.). *The State and Social Change in Germany, 1880-1980*. Nova York: Berg.

SHEFTER, M. (1978). Party, bureaucracy, and political change in the United States. In: *Political Parties*: Development and Decay. Nova York: Sage.

SKOCPOL, T. (1979). *States and Social Revolutions*: A Comparative Analysis of France, Russia, and China. Cambridge: Cambridge University Press.

SKOWRONEK, S. (1982). *Building a New American State*: The Expansion of National Administrative Capacities, 1877-1920. Cambridge: Cambridge University Press.

TAYLOR, G.V. (1967). Non-capitalist wealth and the origins of the French Revolution. *American Historical Review*, 72.

THUILLIER, G. (1980). *Bureaucratie et Bureaucrates en France au XIXième Siècle*. Genebra: Droz.

_____ (1976). *La vie quotidienne dans les ministères au XIe siècle*. Paris: Hachette.

TILLY, C. (1990). *Coercion, Capital and European States, AD 990-1990*. Oxford: Blackwell.

TRIBE, K. (1988). *Governing Economy*: The Reformulation of German Economic Discourse, 1750-1840. Cambridge: Cambridge University Press.

_____ (1984). Cameralism and the science of government. *Journal of Modern History*, 56.

VAN RIPER, P.P. (1958). *History of the United States Civil Service*. Nova York: Row, Peterson.

WANGERMAN, E. (1969). *From Joseph II to the Jacobin Trials*. 2. ed. Londres: Oxford University Press.

WEBER, M. (1978). *Economy and Society*. 3 vol. Nova York: Bedminster Press.

WEILL, H. (1961). *Frederick the Great and Samuel von Cocceji*. Madison: University of Wisconsin Press.

WEINSTEIN, J. (1968). *The Corporate Ideal in the Liberal State*: 1900-1918. Boston: Beacon Press.

WHITE, L.D. (1965). *The Federalists*: A Study in Administrative History, 1789-1801. 2. ed. Nova York: Free Press.

_____ (1958). *The Republicans*: A Study in Administrative History, 1869-1901. Nova York: Macmillan.

_____ (1954). *The Jacksonians*: A Study in Administrative History, 1829-1860. Nova York: Macmillan.

_____ (1951). *The Jeffersonians*: A Study in Administrative History, 1801-1829. Nova York: Macmillan.

WIEBE, R.H. (1967). *The Search for Order, 1877-1920*. Nova York: Hill & Wang.

WOOLF, S.J. (1984). Origins of statistics: France 1789-1815. In: J.C. Perrot & S.J. Woolf (orgs.). *States and Statistics in France*. Chur, Suíça: Harwood.

YEAGER, M.A. (1988). Bureaucracy. In: G. Porter (org.). *Encyclopedia of American Economic History*. Vol. III. Nova York: Scribner's.

14
O surgimento do Estado moderno IV
A expansão do escopo civil

O capítulo 11 identifica duas mudanças profundas no desenvolvimento do Estado. A primeira, que perdurou durante o século XVIII até 1815, viu uma grande expansão no tamanho do Estado, devido quase que inteiramente ao seu militarismo geopolítico. Capítulos anteriores mostram que isso politizou grandemente a vida social, intensificando o desenvolvimento de classes e nações. A segunda mudança profunda é assunto deste capítulo. Começando por volta de 1870, ela ampliou consideravelmente não só o tamanho, mas também o escopo civil no interior do Estado. Mantendo um (reduzido) militarismo somado a funções jurídicas tradicionais e de caridade, os estados adquiriram três novas funções civis, em torno das quais, como o capítulo 13 mostra, a burocratização também se centrou:

1) Todos os estados ampliaram massivamente as infraestruturas de comunicação material e simbólica: estradas, canais, estradas de ferro, correios, telégrafos e educação de massa.

2) Alguns estados assumiram a posse direta das infraestruturas materiais e das indústrias produtivas.

3) Pouco antes do final do período, os estados começaram a estender sua caridade na forma de programas mais abrangentes de bem-estar, formas embrionárias da *cidadania social* de Marshall.

Assim, os estados penetraram cada vez mais na vida social. Apesar de uma redução da carga fiscal, a sociedade civil foi cada vez mais politizada. As pessoas não podiam voltar à sua prática tradicional de ignorar o Estado. O enjaulamento nacional de classe continuou, mais silenciosamente, com menos drama histórico-mundial. A vida social estava se tornando mais *naturalizada*, e os estados, mais *poderosos* – mas em que sentido? Os estados autônomos estavam *intervindo* mais despoticamente na sociedade civil, ajudados por poderes infraestruturais maiores, como previsto pela teoria gerencial-elitista do Estado? Ou seria o crescimento do Estado uma mera resposta funcional e infraestrutural ao capitalismo industrial? Isso poderia aumentar não o poder estatal, mas os poderes coletivos da sociedade civil (como na teoria pluralista), ou poderia subordinar o Estado ao poder distributivo da classe capitalista (como na teoria de classes). Ou esses estados ampliados, mais diversos, eram agora mais polimorfos, cristalizando-se em formas plurais entre as quais não foram feitas escolhas *derradeiras*? E se se tornaram mais polimorfos, também se tornaram menos coerentes?

Crescimento infraestrutural, democracia partidária e a nação

As infraestruturas do Estado cresceram menos em regimes democrático-partidários. Esses raramente nacionalizaram os recursos econômicos, adiaram de forma mais visível para as necessidades do capital e, no início, moveram-se mais lentamente para a cidadania social. As três democracias partidárias obviamente diferiam – com os Estados Unidos tendo facilmente o governo mais fraco e mais dividido em termos federais, e a França o Estado mais ativo –, mas elas compartilharam muitas características. Discuto esses assuntos, primeiro, em relação à Grã-Bretanha. Argumento que o Estado britânico se tornou mais polimorfo, cristalizando-se como militarista, capitalista, ideológico-moral, nacional-federal, e mais profundamente democrático-partidário. Neste capítulo, desenvolvo apenas algumas das repercussões nacionais do militarismo geopolítico. Havia relações claras, talvez de *supremacia final*, entre tais cristalizações? No capítulo 3, defendo que as cristalizações estatais raramente se confrontam em conflito direto, dialético, forçando a uma escolha política direta ou acordo entre elas. Isso foi assim na Grã-Bretanha vitoriana e em outros países da época?

O Estado vitoriano certamente era capitalista. Quase todos os vitorianos esperavam que assim fosse. Mesmo os defensores do *laissez-faire* não duvidavam da necessidade da regulamentação estatal. Adam Smith queria que o Estado fornecesse os bens públicos que os atores privados não tinham interesse pessoal em financiar – defesa externa, segurança interna, educação nacional e uma rede rodoviária. Acrescente ferrovias, e isso foi o que os estados do século XIX fizeram em grande parte. Smith corretamente viu isso menos como uma intervenção estatal do que a sociedade civil (com a qual queria realmente dizer capitalismo de mercado) se coordenando. No início do século XIX, na Grã-Bretanha, como na maioria dos outros países, o ativismo das elites estatais autônomas estava de fato em declínio à medida que a corte e as redes reais de concessões e patronato decaíam. Depois de 1830, um tipo de ativismo estatal de *partido* coletivo, em vez de elitista, começou a crescer, em grande parte preocupado em assistir e regular o desenvolvimento do capitalismo industrial. A legislação se tornou menos *ad hoc* e mais programática, prolongando-se pelas sessões parlamentares, confiando em atos públicos (e não privados) do Parlamento iniciados pelos ministros do governo. O Parlamento agora também usava rotineiramente comitês seletos e comissões régias para investigar as condições sociais e legislação recomendada. Outras democracias partidárias criaram agências de planejamento similares. Depois de meados do século, suas infraestruturas administrativas também começaram a crescer, embora, novamente, mais coordenando do que intervindo na sociedade civil.

Mas a sociedade civil e a ação do Estado envolviam mais do que capitalismo. Os debates moral-religiosos ressoavam fortemente na política vitoriana (MARSH, 1979; WEEKS, 1981: 81; CRONIN, 1988). Weeks e Foucault (para a França) argumentam que isso indica *coerção* por parte das classes dominantes num período mais amplo da vida social, uma visão um tanto reducionista econômica da cristalização moral-ideológica. Mas, como a industrialização e o alcance do Estado aumentaram, a retórica moral se tornou mais complexa e mais disputada. Muitos vitorianos distinguiam entre assuntos comerciais, nos quais o Estado deveria meramente auxiliar a autorregulação capitalista, e questões sociais, que eram assuntos legítimos de intervenção estatal, até mesmo de coerção. Foi assim que Lorde Macaulay declamou, ao defender a Lei das Dez Horas no Parlamento:

> Estou tão firmemente apegado como qualquer cavalheiro nesta Câmara ao princípio do livre-comércio devidamente declarado [...] que não é desejável que o Estado interfira nos contratos de pessoas de idade madura e mente sã, tocando em assuntos puramente comerciais. Não tenho conhecimento de qualquer exceção a esse princípio, mas [...] o princípio da não interferência é um princípio que não pode ser aplicado sem grandes restrições no que diz respeito à saúde pública ou à moralidade pública (TAYLOR, 1972: 44).

Na realidade, porém, como observaram outros colaboradores do debate, não havia uma simples divisão de trabalho entre capitalismo e *saúde e moralidade públicas*. Eles se interpenetravam. A moralidade vitoriana fundia correntes ideológicas com vários graus de afinidade ao capitalismo – protestantismo moral, Iluminismo e teorias utilitárias do progresso, noções de *melhoria* individual e social, um senso imperial de que a Grã-Bretanha tinha responsabilidades morais globais, e um regime de medo das *classes perigosas* de baixo. A menos que as classes mais baixas estivessem em verdadeira revolta (como no cartismo ou em 1848), os regimes raramente se concentravam nos seus interesses de classe política. As classes mais baixas eram consideradas *perigosas* num sentido muito mais amplo do que a mera ameaça econômica. Os debates de política social eram permeados por amplas metáforas vinculando o interesse pessoal e de classe à saúde e à moralidade, como no discurso de Lorde Macaulay. Os problemas sociais criaram *degradações* e *doenças* que disseminavam *corrupções* e *infecções*. O industrialismo e a urbanização tinham aumentado muito a densidade social, de modo que a imoralidade das classes mais baixas poderia infectar todas as classes, como seus germes certamente fizeram. O censo de 1851 revelou que poucos trabalhadores ou suas famílias frequentavam igrejas ou capelas, o que realmente chocou o regime. Era tanto dever quanto interesse da classe governante orientar as classes mais baixas na direção da saúde, pureza, moralidade e religião.

De fato, a economia política clássica e o movimento de saúde pública, culminando na teoria dos germes, compartilhavam a mesma metáfora: forças invisíveis difundidas através dos efeitos não intencionais de inúmeras interações sociais, benignas, caóticas e também malignas. O Estado deve auxiliar a benignidade, de preferência com infraestruturas relativamente discretas – talvez melhor tipificadas pela introdução de canos subterrâneos de cerâmica canalizando água e esgotos sob as cidades. Os canos representavam um verdadeiro aumento dos poderes humanos coletivos, reduzindo as taxas de mortalidade a partir da década de 1870, e foram aclamados como tal. Aos poucos, foram surgindo políticas de saúde pública, iluminação pública, saneamento básico, padrões mínimos de habitação, cuidados de saúde rudimentares, uma força policial, a supervisão das prisões e a Lei dos Pobres, a regulamentação das horas de trabalho e das condições de emprego, além de educação primária e alguma secundária para a maioria das crianças. Acreditava-se que a comunicação eficiente, a boa saúde pública e a alfabetização em massa fossem funcionais para o capitalismo, o poder nacional e o desenvolvimento humano em geral. Como mostra o capítulo 11, mesmo a resistência fiscal ao alargamento do Estado diminuiu à medida que o crescimento econômico ultrapassou a expansão do Estado. Assim, o âmbito civil do Estado cresceu de forma um tanto consensual entre aqueles que podiam se organizar efetivamente, ou seja, entre as classes dominantes, regiões, grupos étnicos e Igrejas. Como Grew (1984) observa, o crescimento maciço da infraestrutura era compatível com uma ideologia emergente de *neutralidade do Estado* e preservação da liberdade, como novos *campos de atuação* mais definidos nos quais atores da sociedade civil poderiam atuar sem mais intervenção estatal.

Mesmo assim, o capitalismo e a moralidade podiam entrar em conflito e depois estabelecer limites um para o outro, não fixos, mas flutuantes, de acordo com processos políticos complexos. À medida que o século se aproximava do fim, o militarismo começou a influenciar as interações sociais. O poder imperial britânico era visto como sendo mais dependente da *eficiência nacional*, para a qual eram centrais mães e bebês (minimamente) saudáveis e um nível básico de educação para a nação. Na verdade, na noção de eficiência nacional tendiam a se fundir a rivalidade capitalista e militar, especialmente à medida que a Alemanha passava a ser considerada a principal potência rival. Se reformas eram exigidas na linguagem da luta de classes direta, como no cartismo, eram fortemente reprimidas; e então o Estado capitalista se afirmava. Se reformas eram apresentadas meramente como um compromisso de interesse mútuo racional para o conflito de classes, normalmente também falhavam em transformar o liberalismo dominante do Antigo Regime. O truque era apresentar reformas como melhorando o conflito de classes *e* tendo objetivos morais e nacionais. Assim, capitalistas e contribuintes imorais e antipatrióticos podiam ser denunciados, criando fissuras no regime vigente. Simultaneamente ao cartismo, o movimento pelas Leis Fabris denunciava a exploração da saúde e da moral das crianças e mulheres trabalhadoras – e, portanto, da vida familiar – e foi amplamente bem-sucedido (cf. capítulo 15). A maior parte da legislação misturava propósitos de controle social, caridade e certo reconhecimento de que o aumento da densidade social tornava alguns serviços estatais funcionais para todos. A vida social era, agora, inescapavelmente coletiva. A jaula na qual a nação tinha se transformado fortalecia suas barras enquanto, paradoxalmente, aumentava as liberdades genuínas; pois essas barras prolongavam dramaticamente a expectativa de vida dos fetos, das crianças e das mães.

Poucos pensavam ainda em termos da *cidadania social* de Marshall – garantir a participação ativa dos cidadãos na vida social e econômica da nação, além do minimamente saudável e alfabetizado. Nenhum programa fez qualquer redistribuição significativa, pois (até 1910) não havia tributação progressiva para pagar por ela. Mas era um programa de reforma legislativa consciente, defendido por entusiastas, opositores e comprometidos, gradualmente fazendo convertidos dentro das elites estatais e partidárias. Por volta de 1860, projetos de lei reformistas estavam sendo iniciados por ministros e não por membros privados. O capitalismo liberal, influenciado pela moral cristã e secular e, depois, pelo nacionalismo, além de partidos concorrentes que respondiam à pressão eleitoral, poderia gerar reforma social – desde que não fosse em nome da classe, dirigida diretamente contra o capitalismo.

Nem o capitalismo, nem a reforma moral ou o militarismo poderiam apontar diretamente contra a cristalização ulterior do Estado, uma nação moderadamente centralizada, mas ainda *federal*. Nos termos da tabela 3.3, a Grã-Bretanha era na realidade (se não em sua constituição) ainda muito *federal*, com poderes consideráveis depositados no governo local. É verdade que as leis, os comitês e as comissões vitorianas também geraram *tecnoburocratas*, *incrementalistas* da elite conscientes, que buscavam ampliar o papel do governo central (LUBENOW, 1971). Contanto que mantivessem a cabeça baixa e tratassem males sociais particulares com remédios *ad hoc* em meio a uma cortina de fumaça de retórica moral e nacional, as reformas aconteciam. Mas se defendessem a intervenção do Estado como um princípio geral de melhoria social, eram minados pelos notáveis dos partidos locais que controlavam o processo eleitoral e o Parlamento.

Quando a questão nacional apareceu como confronto aberto, os centralizadores geralmente perderam. O máximo que podiam fazer era criar pragmaticamente infraestruturas estatais equipadas com notáveis locais. Nas comissões reais, os tecnocratas eram contrabalanceados pelos aristocratas, e as recomendações de centralização eram diluídas na legislação parlamentar e, depois, novamente quando implementadas. Quando o maior tecnocrata vitoriano, Edwin Chadwick, defendeu abertamente a intervenção do Estado central na saúde municipal, foi rapidamente desacreditado, e sua carreira de serviço público terminou. Da reforma da Lei dos Pobres, às leis fabris e às de saúde e educação, a reforma social foi proclamada nacionalmente pelo governo e pelo Parlamento, mas implementada por personalidades locais dos bairros, condados, paróquias e outros dentre os 25 mil instrumentos locais de governo local de meados do século XIX (SUTHERLAND, 1972; MacDONAGH, 1977; DIGBY, 1982). A administração permaneceu federal, embora a *constituição* britânica fosse supostamente dominada pela doutrina da soberania parlamentar (centralizada). As administrações britânicas – as elites estatais e os partidos, em nível tanto central quanto local – ainda coordenavam e disputavam a inquietação moral e material da classe governante da nação, não intervindo como um Estado central autônomo na sociedade civil.

Em meados do século, três cristalizações do Estado – como capitalista, como moral ideológica e como Estado-nação federado – estabeleciam limites amplos umas para as outras e para a potencial autonomia estatal à medida que se alargava o escopo da política civil interna. A partir da década de 1880, o federalismo enfraqueceu diante do impacto das crescentes identidades nacionais (discutidas mais tarde), do militarismo imperial e de uma quinta cristalização do Estado, a democracia partidária. A Grã-Bretanha não era, naturalmente, uma democracia eleitoral plena, mesmo para os homens, mas sua concessão após 1832 foi ampla o suficiente para forçar gradualmente que figuras notáveis nos partidos fossem, em algumas áreas, para além da mera organização segmentar patrono-cliente e competissem entre si de maneira programática. Isso se acelerou em 1867 e 1884 à medida que ambos os partidos ampliavam o direito ao voto para derrotar um ao outro. Surgiam naquele momento pressões mais constantes e massivas de natureza religiosa, regional e de classe. Os conservadores se tornaram anglicanos e ingleses, os liberais parcialmente não conformistas e celtas. A pequena burguesia e os trabalhadores qualificados passaram a ter direito ao voto, e a classe média profissional e carreirista se tornou politicamente influente. Alguns líderes do partido conservador e liberal mudaram de lado sobre a questão nacional, e a batalha ideológica acabou por se estabilizar. Centralizadores do partido moderado e da elite comandavam a retórica da *Modernidade*, e os notáveis locais comandavam a da *liberdade*. Por volta de 1900, partidos parcialmente centralizados com propaganda e plataformas nacionais estavam apelando para um eleitorado de massa, algumas vezes à revelia dos notáveis locais, reduzindo sua autonomia e moderando sua preferência pelo federalismo.

A maior responsabilidade interna do governo era, agora, a educação, orientada (como mostra o capítulo 16) para a classe média, a maioria dos eleitores. Uma *cidadania ideológica* emergente trazia mensagens tão diversas quanto seu eleitorado de classe média: lealdade ao capitalismo, eficiência nacional, anglicanismo ou não conformismo, *pureza social*, temperança e caridade, e até mesmo feminismo. Tudo isso ajudou a orientar o liberalismo e o Partido Liberal na direção de mais bem-estar; deslocou os não conformistas do federalismo para o ativismo estatal (desde que a educação oferecida pudesse ser protegida contra o anglicanismo); e consolidou a união da Escócia, do País de Gales e de Ulster com a Inglaterra (em grande parte por meio de alianças religioso-partidárias). A educação também politizou localmente muitos trabalhadores, embora sua política nacional estivesse centrada na reforma do direito ao voto e nos direitos sindicais. A maior pressão por bem-estar público veio da classe média liberal e dos moralistas (CRONIN, 1988). Porém, as pressões políticas da classe média e da classe trabalhadora terminaram se unindo para produzir as políticas do último governo liberal antes da guerra.

Como mostra o capítulo 17, a intervenção ativa do Estado nas relações industriais também começou na década de 1890 – em resposta às pressões de classe vindas de baixo –, mas só se efetivou quando foi capaz de encontrar um terreno pragmático e moral comum para transcender os interesses *egoístas* de empregadores e sindicatos. As pressões morais suplementaram os poucos poderes coercitivos contidos na legislação trabalhista. Isso veio acompanhado por mais intervenção, geralmente por meio de incentivos fiscais na educação, na medida em que eram reveladas as insuficiências na política de tapar buracos entre as escolas administradas por particulares. Os serviços públicos de saúde se insinuavam sub-repticiamente por meio das Leis dos Pobres para prover o que era, de fato, um serviço mínimo de saúde financiado pelo Estado como último recurso. A reforma do governo local forneceu serviços mais uniformes, especialmente na saúde pública, garantidos nacionalmente, embora as decisões sobre o nível exato dos serviços permanecessem locais, assim como sua administração. Tudo isso indicou um pouco mais de centralização nacional, *intervenções* democrático-partidárias limitadas no capitalismo – muitas vezes por persuasão moral, incentivos fiscais ou tecnocracia encoberta, mas, às vezes, por coerção legislativa direta – e uma autonomia estatal limitada que não derivava de oposições diretas ao capitalismo ou ao federalismo, nem da luta direta de classes, mas das consequências não intencionais da política partidária, na qual moralismo e nacionalismo se entrelaçavam com cristalizações de massa de natureza regional, religiosa e de classe. Como não se opunham diretamente ao capitalismo ou ao federalismo, o estatismo autônomo (do tipo imaginado pela teoria das elites) quase não apareceu. Para que o Estado intervencionista tecnoburocrático pudesse surgir, era preciso pressão ainda maior da classe trabalhadora e uma guerra de mobilização em massa, que ocorreram depois de 1914. O *estatismo* do pré-guerra foi predominantemente moral e de classe média. Era um acordo implícito entre um Estado-nação federal e um centralizado, capaz de modificar apenas levemente a cristalização capitalista do Estado.

A França e os Estados Unidos avançaram por caminhos paralelos, tendo a França centralizadores mais fortes. Suas cristalizações de Estado mais importantes eram bastante similares às britânicas, exceto que, a partir de 1870, o militarismo geopolítico norte-americano foi muito menos pronunciado. No final do século XIX, os partidos dos republicanos centralizadores acabaram por assegurar o controle do Estado francês contra a resistência clerical, aristocrática e do capital financeiro. Como em repúblicas anteriores, eles conceberam um Estado mais centralizado e um pouco mais intervencionista do que na Grã-Bretanha ou nos Estados Unidos. Mas suas principais intervenções não foram dirigidas contra o capitalismo ou a classe. Em vez disso, o Estado-nação centralizado lutou principalmente no terreno moral-ideológico – contra o poder da Igreja Católica na educação, no direito da família e no bem-estar social, juntamente com uma cruzada republicana contra o controle do Antigo Regime das forças armadas (concentrando-se no Caso Dreyfus). O capitalismo continuou dominando a economia política. Novamente, vemos um duplo resultado: o triunfo na economia política do Estado capitalista, mediado pela transformação partidária de uma segunda cristalização estatal, a ideológica moral, do catolicismo em uma moralidade de bem-estar centralizada e secular, e por uma tentativa tardia de transformar o militarismo estatal.

Os Estados Unidos eram a pátria do liberalismo capitalista, da democracia partidária e do confederalismo, com o Estado mais fraco do mundo ocidental. A Guerra Civil reverteu isto abruptamente. O norte, e especialmente o sul, foi muito mais longe na intervenção estatal do que qualquer outro Estado do século XIX. A Confederação interveio de forma substancial e despótica nos direitos trabalhistas e da propriedade privada, passando por cima dos costumes e dos governos locais e estaduais – um desempenho irônico de um regime que luta pelos direitos dos estados. A União, muito maior e mais rica na sua base de recursos, dependia mais dos incentivos de mercado para o fornecimento de bens manufaturados. Mas esse *Leviatã ianque* foi especialmente intervencionista na criação do primeiro sistema de crédito nacional e de uma classe capitalista financeira independente da Grã-Bretanha (BENSEL, 1990, capítulo 3). Após a guerra, as administrações estatais maciças foram rapidamente desmanteladas, mas a União vitoriosa permaneceu coesa, patrocinando o desenvolvimento econômico nacional e governando diretamente todo o sul durante a reconstrução. Como observa Bensel, durante a Guerra Civil, a União se tornou um Estado unipartidário, no qual os notáveis do Partido Republicano, provenientes do sistema financeiro, da indústria e da agricultura em terras livres do norte, constituíam o Estado. Mais uma vez, vemos que os estados que combinam efetivamente poderes despóticos e infraestruturais dependem não de elites autônomas, mas de elites institucionalizadas em um partido da sociedade civil.

No entanto, essa aliança de *Estado forte* se mostrou frágil. A maioria dos republicanos conservadores de raízes locais perdeu o interesse na reconstrução e se preparou para lidar com os democratas do sul. O facciosismo partidário ressurgiu. Para manter a presidência, os republicanos conservadores foram forçados a fazer um acordo eleitoral, restaurando a autonomia dos estados do sul em 1877. O governo voltou à sua forma *antebellum*: a dos *tribunais e partidos*, pequeno e predominantemente confederal, controlado por facções partidárias de raiz local, com seus tribunais dominados pelo *laissez-faire* e localismo, e com sua facção partidária mais coesa e com propósitos (os democratas do sul) se opondo firmemente aos poderes do Estado central (KELLER, 1977; SKOWRONEK, 1982: 30; BENSEL, 1900, capítulo 7).

O capitalismo americano se desenvolvia agora no norte, com o sul permanecendo um lugar atrasado, e seu racismo institucionalizado dando tons muito distintos ao capitalismo local, ainda com poderes de bloqueio arraigados contra o Estado federal. A partir da década de 1880, esse capitalismo nortista também experimentou tensão com um moralismo religioso centrado na classe média. Mas também continha uma tensão interna: seu individualismo liberal era mais forte, mas suas corporações cresceram mais do que em outros países. À medida que as empresas se entrelaçavam ao facciosismo partidário e buscavam as concessões do governo local e estadual, o cheiro da *corrupção corporativa* aumentava. Assim, os reformadores, como seus opostos polares, os democratas do sul, procuraram reduzir, e não expandir, as infraestruturas do governo (ORLOFF, 1988). No entanto, Washington diferiu das outras quatro (cinco, se contarmos com Budapeste) capitais por não ser uma grande cidade modernizadora. Uma pequena cidade pré-industrial do sul, Washington não era facilmente controlável pela corporação moderna. Portanto, algumas corporações favoreceram reformas *modernizadoras*, a começar pelo nível federal. O movimento progressista carregava essas correntes um tanto contraditórias, além do interesse declarado da classe média pela educação, assistencialismo religioso sectário, feminismo de classe média e interesses da força de trabalho qualificada e sindicalizada. Todas (exceto as feministas) foram estabelecidas nos dois partidos. A complexidade dessas relações de poder, expressas de diferentes modos em diferentes níveis de governo, forçadas sempre a fazer acordos em nível federal com democratas forasteiros do sul, torna difícil resumir os progressistas (para historiadores especializados, bem como para esse forasteiro inexperiente). Mas os entremeados poderes estabelecidos do liberalismo capitalista e dos direitos dos estados do sul permitiram menos restrições morais do Estado central ao capitalismo (e ao capitalismo racista), uma vez que as corporações foram minimamente reguladas em relação a outros países.

Em todas as três democracias partidárias, a cristalização capitalista continuou prosperando. A intervenção do Estado permaneceu limitada e muitas vezes útil ao capitalismo (com exceção do sul americano). Até então, pouca redistribuição estava ocorrendo. Nessas arenas, a teoria das elites não se aplica, o pluralismo é limitado pelo poder de comando do capital sobre o trabalho – e a teoria de classe se aplica. Mas focar nas limitações da intervenção estatal seria subestimar as cristalizações emergentes como estados-nações. Os estados britânico e francês – até mesmo o irrisório Estado confederal americano – foram desvios radicais da história. A expansão das infraestruturas estatais do século XIX não alterou muito o equilíbrio do poder distributivo entre o Estado e a sociedade civil ou entre as classes da sociedade civil. Se essa fosse a história toda, a cristalização capitalista seria, em última análise, primária. Mas esses estados *também* mudaram as relações de poder coletivo, isto é, a própria identidade da sociedade civil e, portanto, do próprio capitalismo. Cada infraestrutura tendia a aumentar a coesão e a delimitação dos territórios e dos sujeitos dos estados existentes em comparação às duas redes históricas de interação alternativas, as comunidades local-regionais e a arena transnacional.

Embora o capitalismo também tenha decomposto os particularismos locais num universalismo mais amplo, seus ideólogos (e opositores) clássicos esperavam que isso fosse, principalmente, transnacional. No entanto, sem que muitos o pretendessem, ferrovias, estradas, serviços públicos, saúde pública, forças policiais, tribunais e prisões reguladas *nacionalmente* e, sobretudo, educação e alfabetização discursiva na língua dominante do Estado forneceram infraestruturas territoriais centralizadas para o florescimento posterior do Estado-nação. Como todas essas infraestruturas foram deliberadamente impedidas por personalidades locais no sul, a nação americana permaneceu distintivamente *nortista*. Em quase todo o mundo ocidental, o capitalismo e a sociedade civil foram involuntariamente desviados da organização de poder transnacional para a nacional.

Essa expansão da infraestrutura nacional ocorreu em todos os países, não apenas nas democracias partidárias. Em apenas vinte e cinco anos, entre 1882 e 1907, o número de cartas enviadas por pessoa aumentou entre duas e quatro vezes nos cinco países. Em 1907, o francês médio postava 34 cartas ou cartões por ano; o austríaco, 46; o alemão, 69; o britânico, 88; e o americano, 89 (*Annuaire Statistique de la France* 1913: 205). Quase todas essas redes extensivas de comunicações íntimas e comerciais foram confinadas dentro de territórios estatal único. O ensino em massa cresceu até níveis surpreendentemente quase uniformes em todo o Ocidente. A proporção de crianças de cinco a catorze anos na escola variou entre 74% (no Reichshalf austríaco) e 88% (França) entre os cinco países (MITCHELL, 1975: 29-54, 750-759; embora o *Reichshalf* húngaro estivesse atrás com 54%). Começava aí o declínio acentuado das disparidades regionais, que se manteve ao longo do século XX. As variações nos níveis salariais regionais foram estáticas ou crescentes na fase inicial da industrialização e depois, a partir de 1880, começaram a diminuir em todos os cinco países. As variações regionais nos valores avaliados das casas apresentaram movimentos semelhantes (GOOD, 1984: 245-250; SODERBERG, 1985, tabelas 1 e 2). Não apenas a palavra impressa, mas também a fotografia reproduzida aumentaram a integração nacional. A fotografia do monarca ou do presidente na parede simbolizava a integração dos escritórios administrativos locais ao Estado nacional; além disso, jornais e revistas reproduziam cenas cerimoniais nacionais de coroações, paradas militares e aberturas de parlamentos.

Estatísticas demográficas – fertilidade feminina, taxas de ilegitimidade e idade do casamento – podem parecer alheias ao Estado nacional. Afinal de contas, indicam comportamentos íntimos dos quais os principais reguladores explícitos eram Igrejas transnacionais e práticas populares locais, e não estados. No entanto, Watkins (1991) mostra que em quase todos os países europeus as variações entre as estatísticas demográficas das regiões estavam em declínio entre a década de 1870 e a de 1960, uma vez que cada Estado-nação adquiriu seu perfil demográfico nacional distinto e padronizado. Ela não apresenta quaisquer dados sobre o quanto a naturalização tinha avançado até por volta da Primeira Guerra Mundial (ou até qualquer outra data intermediária); no entanto, a longo prazo, o sexo tornou-se nacional.

Isso não deveria causar surpresa, tendo em vista a discussão do capítulo 7. Lá, descrevo o poder mobilizador das classes e nações como derivado da sua capacidade de ligar a organização extensiva à organização intensiva proporcionada pela família íntima e pela comunidade local. No final do século XIX, isso já tinha se tornado evidente para os formuladores de políticas da nação. Os reformadores britânicos começaram a cultivar a esfera intensiva como essencial para a formação de cidadãos em âmbito nacional. Eles influenciavam a legislação sobre arranjos familiares, responsabilidades parentais, moralidade sexual, *saúde* tanto física quanto moral, *boa maternidade* e lares, bairros e escolas *saudáveis* (em sentido físico e moral). A eugenia foi a ideologia que ligava mais estreitamente a reprodução familiar à nação. Políticos e escritores populares dos anos de 1900 expressavam isso com frequência em uma linguagem marcadamente imperialista:

> Eu sei que o império não pode ser construído sobre cidadãos raquíticos e de peito chato. E isso porque eu sei que "não é da arma compacta ou do rifle polido, mas das bocas dos bebês e crianças pequenas que emanará a força que deterá o inimigo e o vingador [...]. A história das nações é determinada não no campo de batalha, mas no berçário, e os batalhões que dão a vitória duradoura são os batalhões dos bebês (DAVIN, 1978: 17, 29).

Havia também versões mais suaves, mais permissivas de eugenia. A Grã-Bretanha eduardiana viu uma tentativa de reverter a prudência sexual vitoriana, encorajando o desenvolvimento da sexualidade feminina em função do amor conjugal e procriador (BLAND, 1982). E as feministas britânicas, francesas, alemãs e norte-americanas do período empregavam uma espécie de retórica *nacional-maternalista* para tentar obter ganhos de bem-estar (KOVEN & MICHEL, 1990; sem dúvida, as feministas austríacas fizeram o mesmo). Famílias e bairros de todas as classes, e não apenas os cidadãos do sexo masculino, estavam ingressando na nação como uma comunidade ligada pela interação e pelo sentimento.

Embora conheça poucas pesquisas sobre isso, os sentidos da identidade pessoal do século XIX devem ter mudado consideravelmente. Como as atividades pessoais, tanto privadas quanto públicas, ficaram confinadas aos limites da nação, as identidades locais e transnacionais devem ter entrado em declínio, em grande parte de maneira inconsciente, sem grandes expressões de conflito de poder. Mesmo a maioria daqueles cujo poder derivava da organização formalmente local ou transnacional – notáveis locais, padres católicos, militantes marxistas – parecem ter se tornado mais implicitamente *nacionais*, no sentido que davam a si. Isso ocorreu claramente entre partidos políticos anteriormente notáveis, e como mostro no capítulo 21, também minou a retórica transnacional da organização trabalhista. A organização *nacional* da sociedade civil, e do capitalismo e de suas classes, aumentou enormemente. O Estado infraestrutural alimentou o Estado-nação.

É claro que cada país era único. Na Grã-Bretanha, o Estado e uma *nação de classe dominante* já coincidiam por cerca de um século antes da industrialização ou da extensão das funções do Estado. Por volta de 1800, essa nação de classe era homogênea em toda a Inglaterra e, em uma extensão ligeiramente menor, no País de Gales e na Escócia. Seus clientes protestantes governavam a Irlanda. Ela falava e escrevia apenas em inglês; produzia, trocava e consumia numa economia capitalista de mercado que era também, para a maioria dos fins práticos, o território do Estado britânico e que, para o comércio exterior, dependia fortemente de seu braço militar; e que começou a se organizar politicamente mais em Westminster e em Whitehall. Nesse contexto, a industrialização e o surgimento da burguesia, seguidos pelo crescimento dos poderes infraestruturais do Estado e da classe média, foram duas fases na fusão de Estado e nação. A vida social britânica se tornou amplamente naturalizada (em suas formas distintamente duais britânica e inglesa-gaélico-escocesa).

A França e os Estados Unidos diferiram um pouco. A nação francesa tinha sido politizada anteriormente no período revolucionário e napoleônico entre a burguesia urbana. A classe média tinha assim uma nação republicana mais antiga à qual aderir (ou contra a qual lutar) do que em outros países. Eugen Weber (1976) mostra que essa nação burguesa se difundiu nas províncias e entre o campesinato apenas no final do século XIX, levada principalmente pelas infraestruturas materiais e simbólicas que identifiquei – estradas, ferrovias, correios e educação. Também aí um exército massivo de cidadãos (proporcionalmente o maior comparado a qualquer outro país durante grande parte do século) e o movimento político republicano em um país dividido também desempenharam um papel. De fato, os governos republicanos estenderam conscientemente as infraestruturas nacionais para consolidar seu próprio regime. Seus opositores (especialmente a Igreja Católica) eram descentralizadores, mais radicados nas comunidades locais. Portanto, um forte motivo por trás da construção de ferrovias era facilitar a comunicação dos redutos republicanos dispersos uns com os outros e com a capital. O Estado-nação republicano triunfou a partir da década de 1880.

A classe dominante norte-americana também tinha uma língua e cultura comuns, mas as infraestruturas estatais fora do sul do país ajudaram numa tarefa distinta – na criação de uma nação anglófona única a partir dos imigrantes das classes baixas falantes de muitas línguas. A maioria das instituições educacionais era dirigida pelos estados individuais, embora baseada em um modelo uniforme fornecido pelas redes nacionais de educadores profissionais. O relativo isolamento norte-americano em relação a outros países avançados também facilitou um capitalismo nacional mais independente do que em outros países, gerando mais organização nacional de mercados e corporações. As infraestruturas do governo federal podem ter sido tanto consequência quanto causa da sociedade civil nacional (Skowronek (1982) sugere que a infraestrutura foi mais consequência, mas isso veremos mais tarde). A nação norte-americana emergiu mais capitalista, menos estatista, do que em qualquer outro lugar.

No entanto, em todo o mundo ocidental, serviços postais, escolas e ferrovias levaram à nação e às classes organizadas nacionalmente. Alguns serviços estatais – regulamentos de saúde, polícia, tribunais e prisões – também permitiram intervenções autoritativas mais concretas. Mas a maioria deles forneceu apenas instalações *enterradas*, como os dutos de esgoto de cerâmica, pelos quais a mistura difusa de diversidades local-regionais (ou imigrantes) leva às redes de poder nacionalmente delimitadas. Mesmo com pouca gente desejando isso, as infraestruturas estatais levaram aos estados-nações.

Alguns estados não foram tão favorecidos. Neles, as comunidades linguísticas e religiosas atravessavam o Estado e as classes dominantes. Além disso, como indicado na próxima seção, os retardatários relativos da industrialização experimentaram um desenvolvimento capitalista mais desigual. Partes da economia podiam estar mais estreitamente integradas com a economia transnacional do que com a nacional. Os impérios russo, austríaco e otomano eram particularmente diversos. Em terras austríacas, Estado, industrialização, idiomas e lutas pela cidadania política puxavam em diferentes direções territoriais (como mostra o capítulo 10). A monarquia desejava a industrialização, mas isso poderia aumentar as interdependências transnacionais ou regionais mais do que as da totalidade dos seus territórios. Ela desejava promover a alfabetização, mas em qual língua, já que algumas transmitiam o nacionalismo provincial dissidente? Se fizesse concessões às demandas da classe média e dos trabalhadores por participação política, vincularia suas lealdades ao Estado existente (como nos estados-nações) ou aos estados provinciais rivais? Quatro forças que se apoiavam mutuamente estavam em outros lugares criando estados-nações – um Estado com coordenação infraestrutural mais forte, a difusão relativamente uniforme da industrialização capitalista, comunidades linguísticas compartilhadas e demandas por participação política por parte das massas, classes universais – mas não nos impérios austríaco, otomano e russo.

Desenvolvimento tardio e o complexo industrial-militar

O Ocidente era uma única *civilização de atores de poderes múltiplos*, na qual circulavam mensagens culturais, bens e serviços regulados por rivalidades geopolíticas, diplomacia e guerra. Quando a industrialização iniciou em alguns estados, foi rapidamente difundida a outros lugares. Como aumentava enormemente o poder coletivo, foi avidamente recebida e emulada em outros lugares pela maioria das redes de poder dominantes. Isso foi consciente, auxiliado pelas redes de comunicação de uma *intelligentsia* tecnocrática emergente. Nos países *retardatários*, os intelectuais identificaram os pontos fortes e fracos da primeira industrialização e conclamaram as elites partidárias do Estado a planejarem suas próprias adaptações. Foi um processo interativo, pois os desafios colocados pelos retardatários forçaram os pioneiros da industrialização a se adaptarem também. E, embora os meios fossem principalmente econômicos (aproveitando os enormes poderes da indústria), os agentes do poder e os objetivos eram variados. Todos os quatro tipos de agentes do poder dominante – ideológico, econômico, militar e político – colaboraram nas estratégias de desenvolvimento. Suas colaborações geralmente, e inconscientemente, tenderam a promover o desenvolvimento do Estado-nação centralizado, ainda que os Estados Unidos e a Áustria tenham ficado para trás a esse respeito.

Estratégias de desenvolvimento têm sido tratadas, como de costume, de forma economicista pela maioria dos historiadores econômicos. Gerschenkron (1962; 1965) apresentou a teoria clássica do desenvolvimento tardio. Ele atribuiu a industrialização bem-sucedida ocorrida nos países retardatários (1) a uma *onda* de crescimento mais acentuada do que na Grã-Bretanha, (2) à maior ênfase nos bens dos produtores, (3) à maior escala de instalações industriais e empreendimentos, (4) à maior pressão sobre os níveis de consumo em massa, (5) a um papel menor para a agricultura, (6) a um papel mais ativo para os grandes bancos, e (7) a um papel mais ativo para o Estado. Desse modo, o crescimento mais rápido dos retardatários foi consideravelmente auxiliado pela estreita coordenação entre um Estado ativo e corporações financeiras e industriais munidas de autoridade. Elites e partidos estatais reorganizaram as finanças do Estado para que buscasse políticas macroeconômicas de crédito moderadamente inflacionárias. Elas patrocinaram bancos de crédito para que emprestassem à indústria e à agricultura. Convidaram trabalhadores britânicos qualificados e subsidiaram habilidades modelo. Construíram ou subsidiaram ferrovias e outras infraestruturas de comunicação. Elas expandiram especialmente a educação. Finalmente, encorajaram fusões e cartéis para fundar empresas suficientemente grandes para investir em ciência e maquinário. Foi, basicamente, uma aliança entre as elites estatais e os partidos capitalistas na busca comum pelo lucro (Senghaas (1985) atualizou tal teoria do desenvolvimento tardio).

Em retrospectiva, também podemos perceber uma condição prévia para o sucesso: a relativa uniformidade econômica dos territórios estatais. Se o desenvolvimento fomentado pelo Estado fosse muito atrasado ou desigual, então, diferentes setores e regiões da economia podiam se tornar mais interdependentes da economia transnacional do que da economia nacional. Nesse caminho de *enclave* do desenvolvimento, cada vez mais proeminente entre os países em desenvolvimento do século XX, as classes *compradoras* podem procurar manter seu próprio Estado fraco e se alinhar ao capital estrangeiro, e mesmo com estados estrangeiros. Embora os alinhamentos transnacionais de classe não tenham ido tão longe no século XIX, o desenvolvimento desigual poderia desestabilizar um Estado, forçando partidos da elite a se concentrarem nas tensões sociais internas em vez de no desenvolvimento geoeconômico.

Dentre a primeira onda de países que se desenvolveram tardiamente, Prússia-Alemanha, Suécia, Japão e Itália (mas apenas no norte) possuíam sociedades civis muito igualmente distribuídas e mercantilizadas. O sucesso alemão dependeu de relações agrário-industriais particulares e mediadas pelo Estado (cf. capítulo 9). Sem dúvida, os casos sueco, japonês e norte italiano foram igualmente contingentes. Mas, depois dessas potências, veio uma divisão. A Rússia e a Áustria, impérios maiores e mais diversificados que utilizaram o repertório de desenvolvimento tardio, conseguiram um desenvolvimento rápido às custas da desestabilização. Na Rússia, houve iniciativas de ajuda estatal à indústria na década de 1870, na década de 1890, e, depois de 1908, os dois primeiros liderados pelo capital estrangeiro e os últimos mais nacionais. A industrialização russa foi muito bem-sucedida nessa última fase (McKAY, 1970). Mas a agricultura foi mais crítica, porque as exportações de grãos pagavam pelo capital e bens de capital importados. A reforma agrária preocupava o regime, mas o envolveu a turbulência social. A Áustria descobriu que a ajuda estatal ao desenvolvimento econômico não aumentava muito a coesão territorial de suas terras (cf. capítulo 10). Estratégias de desenvolvimento tardias poderiam levar ao crescimento econômico, mas também à desintegração. A lei alemã de desenvolvimento tardio se mostrou difícil de transportar para o leste.

Por que as elites partidárias estatais adotaram estratégias de desenvolvimento tão tardias? Por que o desenvolvimento deveria ser relativamente estatista? O planejamento territorial centralizado não é uma característica necessária do desenvolvimento. O volume 1 analisa dois tipos de desenvolvimento social nas sociedades agrárias, um o produto de *impérios de dominação* estatistas e o outro de *civilizações descentralizadas de atores de poderes múltiplos*. A Europa fora um exemplo marcante desta última, chegando ao seu apogeu com a *mão oculta* da Revolução Industrial. Os impérios de dominação derivaram principalmente da conquista e do controle militares: obviamente, a Europa do século XIX testemunhou uma forma mais pacífica de desenvolvimento econômico estatista. Vou identificar seis causas, sendo as quatro primeiras congruentes com o economismo da literatura do desenvolvimento tardio (baseio-me especialmente em POLLARD, 1981; cf. KEMP, 1978), e a quinta e a sexta derivadas das cristalizações não econômicas do Estado.

1) *O desenvolvimento desejado é conhecido e pode ser planejado autoritativamente* – Na Europa em desenvolvimento tardio e nos estados não europeus

relativamente desenvolvidos e afetados pelo poder europeu, o futuro parecia claro. Em meio a uma geopolítica competitiva, os países em industrialização poderiam mobilizar um poder coletivo muito maior; outros tinham que reagir ou ser dominados. Sr. Ciência e Sra. Indústria – como dizem os escritores chineses – eram vistos por praticamente todos os atores do poder como necessários ao seu poder.

2) *Os recursos de desenvolvimento se beneficiam de uma organização territorial centralizada e autoritativa* – Algumas indústrias foram claramente mais bem servidas por uma organização *autoritativa* em grande escala. As ferrovias exigiram um enorme investimento de capital e impulsionaram as indústrias de capital intensivo: ferro, mineração de carvão e engenharia. Depois de 1880, a Segunda Revolução Industrial aumentou a escala, especialmente na fabricação de metais, produtos químicos e mineração. A organização autoritativa poderia ser fornecida por corporações, mas o Estado poderia ser conveniente para recursos mais centrados territorialmente, como tarifas, moedas e grandes empreendimentos de crédito. Ferrovias e outras comunicações materiais e simbólicas tinham uma base territorial, muitas vezes *nacional*. No caso, a logística da competição era importante. Se os estados construíssem uma rede ferroviária nacional, o comércio nacional era estimulado. Nos países do século XIX, a indústria se expandiu junto a linhas de comunicação a partir de um recurso natural crucial: o carvão. O ferro, o aço, e a engenharia localizados perto das minas de carvão podiam produzir com menos eficiência do que os britânicos, mas ainda assim competir no mercado interno devido aos custos de transporte mais baixos. Produtores artesanais e agrícolas também poderiam. As redes de transporte do final do século XX são globais, mas as comunicações no século XIX se assemelhavam àquelas teias de aranha nacionais observadas no capítulo 9. Os mercados foram integrados dentro dos territórios dos estados.

3) *Os atores da sociedade civil são incapazes de organizar tais recursos territoriais centralizados* – Essa capacidade tem variado consideravelmente no tempo e no espaço; mas durante o longo século XIX a escala de organização e planeamento do Estado ultrapassou largamente a das instituições econômicas privadas. Em comparação com os estados, as empresas capitalistas permaneceram minúsculas. Por volta de 1910, a Krupp era a maior empresa capitalista da Europa, com 64 mil empregados e um volume de negócios de quase 600 milhões de marcos (FELDENKIRCHEN, 1988: 144). No entanto, a ferrovia estatal prússio-hissiana empregava 560 mil pessoas e gastou 3 bilhões de marcos. Além disso, um único departamento governamental, o Ministério de Obras Públicas da Prússia, era na verdade o maior empregador do mundo, um pouco maior do que as forças armadas de 680 mil homens (KUNZ, 1990: 37). Outros serviços civis e forças armadas eram de tamanho comparável, e as corporações capitalistas eram menores: a maior empresa francesa, Schneider, empregava apenas 20 mil (DAVIET, 1988: 70).

Em cada país, as grandes corporações eram baleias isoladas em meio a cardumes de pequenas empresas. Por volta de 1910, apenas 5% da força de trabalho francesa, 8% da alemã e 15% da americana estavam em estabelecimentos com mais de mil pessoas. No início da década de 1960, esses números haviam subido para 28%, 20% e 30% (PRYOR, 1973: 153; MAYER, 1981: 35-78; TREBILCOCK, 1981: 69). Os índices de concentração aumentaram durante a Segunda Revolução Industrial, mas apenas entre metade e um terço dos níveis da década de 1960. Por volta de 1910, as cem maiores companhias na França contribuíram com 12% da produção industrial nacional, na Grã-Bretanha com 15% e nos Estados Unidos com 22% (HANNAH, 1975; PRAIS, 1981: 4, apêndice E; DAVIET, 1988: 70-73). Todos esses números mostram que somente nos Estados Unidos, com o menor Estado e a maioria das corporações, o Estado não foi o agente óbvio para o planejamento econômico futuro.

Bancos, cartéis e trustes mobilizavam capital, mas muito menos do que as elites estatais poderiam. A classe capitalista britânica tinha basicamente financiado seu próprio desenvolvimento industrial inicial, mas em países mais atrasados ou menos centralizados, os investidores privados só forneciam esse capital se tivessem assistência política. As elites estatais protegiam os produtores com tarifas, organizavam cartéis de investidores e banqueiros locais, coordenavam empréstimos de banqueiros no exterior e usavam impostos para subsidiar e garantir as taxas de juros. O planejamento para o desenvolvimento econômico em larga escala dependia do Estado.

4) *O desenvolvimento é favorecido pelas elites estatais e/ou atores de poder não econômicos na sociedade civil*[26] – Um consenso econômico surgiu entre a maioria dos atores dominantes do século XIX. Apenas a Igreja Católica durante algum tempo virou as costas para o Estado e o *modernismo*. O desenvolvimento industrial de meados do século foi favorecido entusiasticamente pela maioria dos outros. As infraestruturas estatais foram aceitas como tecnicamente úteis para a indústria. Podemos acrescentar uma noção marxista à ideia neoclássica de interesse: os antigos regimes e as classes capitalistas também recorriam ao Estado para defender seus direitos de propriedade conjunta contra os despossuídos. Richard Tilly (1966) argumenta que a solidariedade burguesa ao regime, forjada na Revolução de 1848, permitiu-lhes expandir conjuntamente as infraestruturas do Estado prussiano.

Mas mesmo todas essas quatro pressões econômicas combinadas não *exigiram* positivamente uma coordenação substancial do desenvolvimento por parte do Estado. As oligarquias de financistas poderiam ter coordenado a maioria das tarefas com um pouco de ajuda regulatória *ad hoc* do Estado. O final do século

---

26. Pode haver casos em que apenas as elites estatais possam favorecer isso, e ao mesmo tempo serem capazes de *impor* o cumprimento a outros – como os bolcheviques fizeram mais tarde. Mas nenhum Estado do século XIX possuía tais poderes despóticos.

XX criou uma variedade de agências de planejamento além daquelas do Estado-nação particular – corporações multinacionais agindo em conjunto, organizações não governamentais, a Comunidade Econômica Europeia (EEC) confederal e similares. Tentativas de desenvolvimento tardio no Terceiro Mundo tendem a oscilar ciclicamente entre estratégias relativamente estatistas e relativamente de mercado. Relações e interesses econômicos, embora necessários, são uma explicação insuficiente de por que o desenvolvimento tardio do século XIX ter dependido tanto do Estado central. Passo a identificar mais duas influências.

5) *A cristalização do Estado militarista favoreceu o desenvolvimento econômico estatista* – Os números das despesas no capítulo 11 mostraram que os estados do final do século XIX começaram grandemente militares e terminaram meio militares. A geopolítica e as pressões militares continuaram aumentando a escala e a organização autoritativa entre os últimos desenvolvedores, e depois o fizeram em todos os países (SEN, 1984). Em todos os países, mesmo nos Estados Unidos, as forças armadas foram, sem dúvida, a maior organização autoritativa ao longo do longo século XIX. Os exércitos em tempo de paz foram dez vezes maiores – exércitos em tempo de guerra, cinquenta vezes maiores – do que o tamanho do maior empregador privado. Na maioria das grandes indústrias, o maior cliente era o Estado, comprando armamentos, uniformes e forragem para soldados e marinheiros, além de luxos para oficiais, cortes e capitais. Os principais produtos da maioria das grandes empresas eram bens militares. Anteriormente, os suprimentos militares vinham de estaleiros e arsenais estatais ou de uma miríade de oficinas artesanais por meio de subempreiteiros autônomos. Ambas as práticas tinham de certa forma segregado as agências estatais das empresas capitalistas maiores, minimizando, assim, o desenvolvimento econômico estatista inicial. Mas no século XIX surgiu o primeiro *complexo industrial-militar* integrado, no sentido familiar moderno, impulsionado em duas fases.

As ferrovias proporcionaram a primeira fase, reforçando as motivações militares para intervir no desenvolvimento econômico. Após um período inicial de suspeita, os altos comandos viram que as estradas de ferro podiam revolucionar a logística militar. Até mesmo o planejamento das linhas britânicas tinha sido influenciado pela pressão da marinha para assegurar as comunicações para os portos e estaleiros. Em outros lugares, o alto-comando, a elite estatal e a classe capitalista cooperaram mais estreitamente na construção de uma rede ferroviária nacional. Quanto mais tarde o desenvolvimento, mais os militares ajudaram a planejar a rota, alertados pelas guerras em que a mobilização ferroviária determinou o resultado – em direção à França em sua campanha italiana de 1859, em direção ao norte na Guerra Civil americana, e em direção à Prússia em 1866 e 1870. A partir daí, novas linhas na França, Rússia, Áustria ou Alemanha necessitaram de permissão e participação militar. A supervisão do Estado aumentou (PEARTON, 1984: 24).

A segunda fase começou com a corrida armamentista da década de 1880, desenvolvendo o que McNeill (1983: 279) chamou de *tecnologia de comando*. Ela foi precedida em meados do século por capitalistas pioneiros na produção de armas e balas em massa – armas de retrocarga prussianas, balas alongadas Minié francesas, e armas americanas Colt e Springfield usando peças de máquinas intercambiáveis. Depois, os estaleiros navais franceses introduziram navios de guerra de ferro, e seguiu-se uma corrida armamentista. A escala de produção aumentou através de fusões e cartéis (com o incentivo do Estado). Os fabricantes (como nos Estados Unidos hoje em dia) tinham clientes predominantes únicos para quem o produto era um valor de uso e não um valor de troca. Os estados militares *tinham* que ter esses produtos, quase a qualquer custo. Eles *intervinham*, embora em grande parte por indução. Os estados concederam crédito público para a produção de armas numa escala em que o mercado de capitais privados teria sido bloqueado. Trebilcock (1973) acredita que, entre 1890 e 1914, sua escala rivalizou com a dos investimentos ferroviários anteriores. O desenvolvimento tecnológico foi *comandado* a avançar pela demanda militar. Desde peças de máquinas intercambiáveis, passando pela transformação do ferro em aço de Bessemer, até toda uma gama de ligas metálicas leves, passando por turbinas, matrizes e máquinas hidráulicas, a maioria dos avanços tecnológicos do período foram derivados desse complexo industrial-militar. Os fabricantes garantiram clientes, enfrentaram uma concorrência internacional dinâmica e foram capazes de impulsionar muito mais a pesquisa do que outras indústrias (TREBILCOCK, 1969: 481; PEARTON, 1984: 77-86).

Olhando para fotografias do HMS *Dreadnought*, o apogeu de 1906 da corrida armamentista, temos dificuldade em apreciar isso na sua grandeza. De casco bulboso, superestrutura angular e inúmeras protuberâncias, essa embarcação já pareceu tão *hi-tech* e futurista quanto um F-17 elegante ou um submarino da classe *Trident*-Class parecem hoje. Mas os couraçados foram *o* símbolo da Segunda Revolução Industrial. Foram construídos pelas maiores empresas industriais da época, utilizaram as mais avançadas tecnologias e produziram a maior concentração de poder de fogo na história. Diferente dos seus homólogos de hoje, também geraram emprego em massa.

Primeiramente, o desenvolvimento do estadismo militar americano diferiu apenas na forma, depois ficou para trás. Os governos federal e estadual estavam mais preocupados com a expansão e integração da União continental do que com a rivalidade militar com as grandes potências. Mas os resultados não foram diferentes durante a maior parte do século. Governos fretaram e subsidiaram canais, depois ferrovias, para penetrar no continente, emprestando o exército como assassinos de índios e engenheiros. A Guerra Civil produziu repentinamente um enorme complexo industrial-militar e preservou a União, integrando o continente e a crescente concentração industrial. A enorme dívida de guerra, financiada por títulos do governo, expandiu o mercado de ações, que também estava emprestando para as empresas ferroviárias subsidiadas. Como Bensel argumenta (1990), o Estado tinha efetivamente criado um capitalismo financeiro americano.

O surgimento da grande corporação americana é muitas vezes explicado em termos de uma lógica puramente tecnológica e capitalista (CHANDLER, 1977; TEDLOW, 1988), mas como observa Roy (1990: 30): *o ator decisivo que criou as corporações foi o governo*. Na verdade, ele se refere aos governos, uma vez que os estados individuais fizeram a maior parte da regulamentação. No entanto, perto do fim do século, com o continente penetrado e sob pouca pressão geopolítica, a economia americana se tornou menos estatista do que a de outros países nacionais. Seu mercado de massa continental gerou as famosas inovações corporativas – a linha de montagem do modelo T da Ford, o catálogo da Sears Roebuck, a lâmpada de bulbo – mas essa não foi uma característica necessária do desenvolvimento capitalista *per se*. A Alemanha, o outro pilar corporativo da Segunda Revolução Industrial, tinha uma economia substancialmente *comandada*.

6) *A cristalização do Estado monárquico favoreceu o desenvolvimento econômico estatista* – Ao contrário da maior parte dos primeiros industrializadores, a maioria dos estados em desenvolvimento tardio eram monarquias centradas no Antigo Regime. Os poderes autônomos da monarquia eram sustentados por partidários do Antigo Regime que eram mais particularistas do que aqueles das classes dominantes. A aliança do Antigo Regime monárquico tinha seus próprios interesses e objetivos privados, buscando recursos fiscais que contornassem assembleias representativas. Os capítulos 8 e 11 mostram que tais estados utilizaram tarifas e receitas provenientes da propriedade estatal para esse fim. As ferrovias estaduais deram então um bônus fiscal, contribuindo com metade da receita do Estado prussiano. Outras infraestruturas estatais e indústrias nacionalizadas foram exploradas por todos eles para obter receitas.

Assim, houve um incentivo militar substancial e um incentivo monárquico menor às estratégias de desenvolvimento tardias; e, depois, motivos militar-capitalistas mistos se espalharam para as democracias partidárias por meio da rivalidade geopolítica. As relações entre as principais cristalizações estatais foram, portanto, em grande parte consensuais, reforçando a quarta condição listada anteriormente. Cada vez mais as políticas (embora menos a retórica) das elites e partidos, altos comandos e classes capitalistas do Estado pressupunham que o objetivo desejado de uma sociedade industrial (e nos Estados Unidos também uma União continental integrada) não seria melhor encorajado se a *mão invisível* transnacional do mercado fosse deixada de lado.

Portanto, mais uma vez, esse foi um caso raro de intervenção de um Estado *contra* atores de poder da sociedade civil. Com a sua gama de novos poderes, os estados podem ter se tornado verdadeiros leviatãs, como sugere Giddens (1985). Os obstáculos logísticos à penetração territorial estavam desaparecendo; as infraestruturas estatais se espalharam uniformemente pela sociedade civil, reduzindo sua privacidade histórica em relação ao Estado; e alguns entre as classes dominantes desejavam dar ao regime político poderes reguladores, mesmo iniciáticos, na economia. Mas a *intervenção* nas democracias partidárias foi em grande parte coordenação, persuasão e indução, não coerção. E, embora as monarquias explorassem as oportunidades fiscais para evitar a democracia partidária, elas não as voltaram contra a classe capitalista.

A ideia raramente lhes ocorreu. Monarcas, partidários do Antigo Regime, altos comandos e partidos burgueses tinham interesses diferentes, às vezes concorrentes, mas não estavam em colisão dialética frontal. Os capitalistas receberam bem o crédito estatal, as infraestruturas de comunicação e a proteção. A corrida armamentista garantiu mercados para seus bens de capital, e o pleno emprego criou mercados de bens de consumo. Eles reconheceram que os interesses do alto-comando e da elite do Estado não eram os seus e discordavam de ambos, mas o compromisso geral foi positivo. Os estados monárquicos reivindicaram ter construído ferrovias, estabelecido indústrias estatais, e licenciado indústrias privadas num espírito neutro e tecnocrático. Um ministro do comércio prussiano declarou que "não importava quem construía ferrovias, desde que alguém as construísse" (HENDERSON, 1958: 187). Os estados retardatários ajudaram os capitalistas privados a alcançarem o desenvolvimento econômico e as forças armadas ao assegurarem e, talvez, estendê-lo. Também puderam usar discretamente as receitas resultantes para evitar a democracia partidária.

Como os objetivos e cristalizações capitalistas, militares e monárquicos eram amplamente compatíveis, ninguém escolheu entre eles. As cristalizações de Estado foram *aditivas*, o que, como veremos, terminou sendo desastroso. As elites estatais e os partidos raramente se opunham ao capitalismo. Na verdade, precisavam de indústrias lucrativas em matéria de bens e receitas tributárias. Tinham também, por séculos, apoiado os direitos de propriedade privada. Quando os estados confrontavam de frente as questões de classe, habitualmente ficavam do lado das classes dominantes, embora isso pudesse ser mitigado por sua busca de moralidade e ordem pública. Veremos mais tarde que a autonomia do Estado era maior na política externa do que na política interna. Na política interna era exercida mais sobre as classes subalternas do que sobre as dominantes.

Mas os estados não só respaldavam a propriedade capitalista, como metade dos seus recursos ainda eram dedicados à rivalidade militar com outros estados. Conforme as cristalizações militares e capitalistas se entrelaçavam, tanto estados como a classe capitalista receberam maior organização nacional e mais concepções territoriais de interesse. Isso não foi pretendido por nenhum dos lados. À medida que a rivalidade geopolítica reagia à economia política dos primeiros industrializadores, *sua* organização se tornava mais nacional e *suas* concepções de lucro mais territoriais. Essa era a principal autonomia de poder dos estados do século XIX, não a estratégia pretendida de uma elite estatal, mas, principalmente, a consequência não intencional de quatro cristalizações estatais interligadas: a capitalista, a militar, a democrático-partidária ou monárquica, e a do Estado-nação emergente.

Cidadania social, militarismo e monarquismo

A tabela 11.5 indica três grandes extensões do escopo civil do Estado. Tendo discutido a expansão infraestrutural e a nacionalização de recursos, trato agora da menor das três, o bem-estar, e dos primeiros movimentos em favor da *cidadania social* de Marshall. Como mostra a tabela 11.5, as democracias partidárias não eram as que mais gastavam em bem-estar. É verdade que a Grã-Bretanha e a França tinham apenas começado programas de bem-estar modernos e que a Grã-Bretanha se dirigiu decisivamente para a tributação progressiva bem no final do período. Mas, até então, gastos com bem-estar eram principalmente alemães. Seu item mais famoso era o sistema de seguro social de Bismarck, embora somente em 1913 seu custo tenha excedido o de programas de assistência social e da Lei dos Pobres administrados localmente (STEINMETZ, 1990a; 1990b). A tabela 11.5 também ignora os benefícios substanciais da assistência social pagos pela França e pelos Estados Unidos a título de despesas militares. As primeiras agitações do Estado de Bem-estar parecem ser, de certo modo, de natureza militar e monárquica.

Naquele momento, os regimes tinham um problema mais amplo de *policiamento*. O capitalismo e a urbanização enfraqueceram os controles segmentais local-regionais sobre as classes mais baixas. Trabalhadores desprovidos de qualquer propriedade, sujeitos aos mercados capitalistas, periodicamente se tornavam destituídos, migrantes e rebeldes. Os camponeses foram sobrecarregados por dívidas quando a comercialização varreu o campo. Como o capitalismo também conferia novos poderes de ação coletiva aos trabalhadores e camponeses (cf. capítulos posteriores), formas mais universais de controle social foram necessárias, especialmente nas cidades em que prosperavam.

O fornecimento, por parte do regime, de uma *boa ordem* há muito tempo era algo dual, combinando *policiamento* com *bem-estar*. Vimos no capítulo 12 que o policiamento se tornava agora mais variado, à medida que apareceram as forças paramilitares e, depois, da polícia civil. O bem-estar também se tornou mais diversificado. Tradicionalmente, predominavam as Leis dos Pobres locais. Mas essas foram sobrecarregadas, conforme a industrialização, a mobilidade geográfica e o desemprego setorial distribuíam seus custos de forma mais desigual. Na Grã-Bretanha e por toda a Alemanha (e provavelmente também em países com registros mais precários), as Leis dos Pobres se tornaram o maior gasto civil durante a primeira metade do século XIX. O alívio era mínimo, havendo pouca consciência de que os pobres tinham direitos – e certamente não à cidadania social. Destituídos, enfermos ou idosos talvez não morressem de fome se se mostrassem *merecedores*, muitas vezes colocando-se em casas de trabalho. Mas duas outras formas de bem-estar se desenvolveram: o seguro pessoal e o bem-estar seletivo por parte do Estado. Elas não implicavam uma cidadania social universal, mas um bem-estar seccional e especialmente segmentar, visando a construir redes de lealistas entre trabalhadores e camponeses.

O seguro pessoal emergiu de baixo, das sociedades fraternais, a principal função *protecionista* dos primeiros sindicatos (cf. capítulos 15 e 17). Elas floresceram entre trabalhadores relativamente qualificados e em profissões seguras, e por isso foram aprovadas e, às vezes, inclusive encorajadas pelas classes dominantes por promoverem parcimônia e respeitabilidade, afastando os artesãos das *classes perigosas* de baixo. Elas provavelmente encorajaram o sectarismo entre as classes mais baixas, mas não envolveram o Estado de maneira expressiva até o final do período.

Antes disso, alguns estados já tinham introduzido programas segmentais de bem-estar. A França moderna e os Estados Unidos nasceram em meio à luta revolucionária armada e às guerras de mobilização de massas. Muitos homens adultos perderam a vida ou foram mutilados em defesa dos *seus* estados. Antigos pagamentos *ad hoc* a ex-soldados mutilados e para viúvas e órfãos dos mortos foram institucionalizados e estendidos. Um sistema de pensão francês para veteranos e feridos de guerra foi introduzido pelos revolucionários e reforçado por Bonaparte. Em 1813, ele custava 13% de todo o orçamento militar, já que mais de 100 mil veteranos recebiam pensões. Essa porcentagem e esse número foram mantidos até 1914 (WOLOCH, 1979: 207-208).

O governo federal dos Estados Unidos pagou benefícios por invalidez e morte a veteranos e dependentes a partir da década de 1780 e, em 1820, eles excediam todas as despesas civis federais. Chegavam ao seu auge entre duas e três décadas depois de cada guerra, depois diminuíam. A Guerra Civil ampliou tais benefícios para um sistema genuíno de pensão por velhice. Por volta de 1900, metade dos homens brancos idosos e nascidos nos Estados Unidos os recebia. No norte e no meio-oeste, os veteranos constituíam uma parte vocal de 12% a 15% do eleitorado. Filiações ao Grande Exército da República chegavam a 428 mil em 1890, mais da metade dos membros de todos os sindicatos de trabalhadores. As pensões pagas aos militares voltaram a exceder todas as despesas civis do governo federal durante 1892-1900, antes de diminuírem. Mas, entre 1882 e 1916, tais benefícios consumiram entre 22% e 43% do total das despesas federais. Embora o Estado Confederado, mais pobre, não tivesse dado qualquer pensão, a maioria dos estados do sul (com escassez) o fez a partir da década de 1890. Os Estados Unidos tiveram o primeiro Estado de Bem-estar Social, um fato pouco conhecido, mas estava restrito àqueles que lhe haviam demonstrado lealdade. (Este parágrafo está baseado na pesquisa de Orloff e Skocpol; cf. OR-LOFF, 1988.)

Na verdade, os Estados Unidos e a França davam um tom militar à cidadania. Os franceses por vezes a definiram como *l'impôt du sang* – o imposto de sangue do serviço militar. A Constituição dos Estados Unidos consolida uma milícia cidadã – na cláusula muitas vezes interpretada como garantidora do direito de portar armas (incluindo armas automáticas). Esses estados se incorporando a soldados cidadãos, recompensando serviços passados e comprando apoio político entre os grupos sociais dos quais provinham os veteranos. Os regimes burgueses na França do século XIX tenderam a ter pouca penetração entre as massas camponesas. Um exército grande e bem recompensado estabelecia uma célula leal ao regime em cada aldeia francesa. Em 1811, a maioria dos departamentos tinha pelo menos três pensionistas para cada mil habitantes (WOLOCH, 1979: 221-229). Isso pode não parecer muito, mas foi provavelmente a penetração mais profunda do Estado na sociedade civil no início do século XIX. Nos Estados Unidos foi diferente. O sufrágio garantido aos homens adultos e brancos e o sistema bipartidário resultaram em competição pelos votos dos agricultores e dos trabalhadores. Surgiu uma coalizão republicana na região norte entre trabalhadores brancos e o capital industrial. O consentimento dos trabalhadores do norte para a implementação de tarifas foi comprado em parte por meio de pagamentos aos veteranos. Essas *cidadanias sociais* eram seletivas e segmentais, não universais. Os regimes não conseguiam dos camponeses e operários, como nas sociedades agrárias, uma lealdade particularista à linhagem e à localidade, mas sim uma lealdade crescente ao Estado-nação universal.

A Prússia-Alemanha e a Áustria não seguiram a França e os Estados Unidos nos benefícios aos veteranos. No entanto, seus veteranos, especialmente no nível dos oficiais não comissionados, tinham direitos preferenciais de contratação no Estado civil (como também ocorreu na França), como explica o capítulo 13. Além disso, essa política estava associada a uma outra: programas de bem-estar social seletivos, introduzidos pela primeira vez por Bismarck.

Os retardatários puderam olhar para o exterior e antecipar os perigos, assim como os benefícios. Visitantes estrangeiros na Grã-Bretanha relataram não apenas o avanço tecnológico, o dinamismo econômico e o Parlamento, mas também a miséria urbana, a criminalidade e o conflito de classes. A *intelligentsia* alemã, cada vez mais concentrada no Estado, estava bem-informada sobre o cartismo e tirou lições sobre o que poderia acontecer caso a industrialização fosse deixada para a *mão invisível*. Ela foi capaz de identificar a *doença britânica*, o conflito de classes, a qual Bismarck acreditava que também tivesse minado fatalmente os exércitos franceses de 1870. A *intelligentsia* alemã estudou as Leis dos Pobres da Inglaterra, as cooperativas e as sociedades fraternais, as oficinas nacionais da França, os fundos de pensão franco-belgas para doenças e a velhice, e as sociedades de seguro mútuo da Bélgica. Sistemas de modelo de seguridade circulavam na Alemanha, modelos liberais de autoajuda competiam com um modelo *social* ou *monárquico patriarcal* (REULECKE, 1981). As monarquias dinâmicas tinham colocado em prática um tipo particularista de bem-estar. A Prússia, em 1776, restringiu o expediente de trabalho dos mineiros para oito horas, garantiu renda fixa, proibiu o trabalho feminino e infantil e instituiu um sistema de benefícios como subproduto da isenção dada aos mineiros do alistamento militar. Os ministros austríacos sob Maria Teresa e José II introduziram várias medidas de bem-estar, as quais foram, depois, reduzidas por falta de recursos.

A Alemanha, no entanto, foi a primeira a transformar em gerais os benefícios particulares. A legislação de segurança social de Bismarck absorveu 10% dos gastos do Reich na ocasião de sua implementação em 1885, 20% após dez anos de operação e 30% por volta de 1910. Visto que quase todo o orçamento restante do Reich era destinado às despesas militares, podemos perceber sua importância. Auxiliar os trabalhadores a se protegerem contra a miséria e persuadir os empregadores a ajudá-los tornaram-se objetivos fundamentais do regime. Outros países não seguiram o exemplo. A Áustria o fez em 1885-1887, mas sua cobertura permaneceu mínima (MACARTNEY, 1971: 633; FLORA & ALBER, 1981). E mesmo a legislação alemã não era assim tão generosa. Ela proporcionava pagamentos por pequenos acidentes e por doença, cobrindo pouco mais da metade das pessoas empregadas, e concedia uma pensão minimamente adequada aos setenta anos (posteriormente, aos sessenta e seis) – se o trabalhador tivesse trabalhado 300 dias por ano durante 48 anos. Apenas a pensão continha uma contribuição ao Estado, de modo que o sistema era, basicamente, um autosseguro obrigatório. Não tocava na questão mais controversa da segurança do trabalho ou na inspeção das fábricas, que poderia ter evitado acidentes e doenças acima de tudo (TAMPKE, 1981). Isso teria infringido os direitos de propriedade.

Bismarck estava tentando o controle segmentar do trabalho, na esperança de atrair trabalhadores qualificados e organizados para longe do socialismo. A legislação de seguridade social era sua cenoura, as leis antissocialistas, seu porrete. Ele não buscava o entusiasmo positivo dos trabalhadores, mas apenas que a luta de classes não minasse o Estado e seus exércitos. Aliviar a miséria entre os trabalhadores industriais mais qualificados parecia adequado para esse fim.

Contudo, havia também uma causa potencialmente mais geral: a concentração econômica capitalista. A legislação de Bismarck ampliava políticas que já existiam na indústria pesada de larga escala (ULLMAN, 1981). Os grandes industriais foram os principais apoiadores da legislação que introduzia pensões por velhice e invalidez e o seguro contra acidentes (embora, mais tarde, se opusessem ao seguro-desemprego), inicialmente se opuseram aos empregadores menores. De fato, a falta de recursos forçou Bismarck a dar maior prioridade ao princípio do autosseguro defendido pelos grandes empregadores do que pretendera. Com isso, os sistemas de bem-estar receberam apoio considerável do setor mais recente e leve da manufatura. Como seus termos de elegibilidade incorporavam incentivos ao trabalho, tenderam a *mercadorizar* o bem-estar nos moldes capitalistas (STEINMETZ, 1990a; 1990b). A legislação de Bismarck antecipou menos o Estado de Bem-estar (como é argumentado com frequência) do que a corporação norte-americana ou japonesa do final do século XX: trabalhadores que se beneficiavam dos mercados de trabalho internos da corporação se tornavam leais ao capitalismo (e às vezes ao militarismo), rejeitando os sindicatos e o socialismo. Ela procurou institucionalizar o conflito de classes, como defendia Marshall, mas contornando a classe por meio de organizações segmentais que vinculavam os trabalhadores privilegiados aos seus empregadores e ao Estado.

Desse modo, esses primeiros sistemas franceses, norte-americanos e alemães de alívio da pobreza personificavam dois princípios: o primeiro, um direito de cidadania militar derivado da nação; o outro, um autosseguro encorajado tanto pela monarquia quanto pelo capitalismo corporativo. Nenhum deles era um direito desfrutado por todos os cidadãos (menos ainda por todos os adultos). Direitos eram concedidos de maneira seletiva, apenas para aqueles que fornecessem recursos-chave de poder militar ou econômico para o capital e o regime. A intenção, e por vezes o efeito, era redirecionar de maneira segmentar a consciência de classe para o nacionalismo ou o sectarismo.

Não obstante, ambos os sistemas estenderam radicalmente as atividades do Estado, alcançando muito além das redes locais e segmentais de poder. Eles também eram extensíveis – pelas democracias partidárias. Pouco antes da Primeira Guerra Mundial, muitos liberais britânicos, democratas norte-americanos e radicais franceses começaram a associar o bem-estar a impostos progressivos. Apenas o Partido Liberal, instigado por um político inventivo e persuasivo, legislou sobre isso antes de 1914. Lloyd George transformou os sistemas dos sindicatos e das seguradoras privadas em outro mais abrangente e regulamentado pelo governo. Seus benefícios ainda não eram um direito universal do cidadão, pois estavam restritos aos homens em empregos formais e estáveis, mas eram muito gerais para qualquer estratégia de *dividir para conquistar*, embora fossem orientados para minar o Partido Trabalhista. Mais importante, estavam associados a um imposto de renda progressivo. A pobreza de alguns deveria ser sistematicamente aliviada a partir da riqueza de outros: o primeiro reconhecimento estatal da cidadania social. O Estado moderno apenas começava sua terceira mudança profunda.

Três condições principais subjazem a esses sistemas variados: o desenvolvimento de classes baixas amplas e politizadas, a guerra de mobilização de massas e o capitalismo corporativo. Se tais condições persistissem, então, talvez esses direitos social-militares e seccionalistas de classe poderiam se transformar em cidadania social universal. Todas as três condições persistiram. De fato, na Europa, nas duas guerras mundiais, a guerra de mobilização de massas se tornou efetivamente uma guerra total, envolvendo todos os cidadãos. Somente nos Estados Unidos os direitos segmentais resistiram de maneira significativa a essa terceira mudança profunda na vida do Estado, o surgimento da cidadania social. Mas isso ocorreu mais recentemente, após o período discutido aqui.

Conclusão dos capítulos 11-14

Esses quatro capítulos documentaram duas mudanças modernizadoras profundas na vida dos estados ocidentais. Ao longo do século XVIII, tais estados tinham se tornado muito maiores. Surpreendentemente, chegaram ao seu maior tamanho em relação às suas sociedades civis por volta de 1800, tendo depois diminuído. Mas seu escopo se manteve tradicional, restrito e predominantemente militar. Estados eram pouco mais do que coletores de impostos e sargentos de recrutamento, embora naquele momento penetrassem profunda e dolorosamente na vida social, politizando-a. Na segunda transformação, do final do século XIX em diante, esses estados não cresceram em tamanho (relativo), mas em escopo. Suas funções civis eram amplas e ainda estavam em expansão. Muito mais da vida social estava agora politizado, embora com muito menos dor e intensidade do que no final do século XVIII. Por volta de 1914, eram estados civil-militares duais. Essas duas mudanças profundas tiveram um impacto considerável nas relações entre os estados e as sociedades civis. Os estados se tornaram mais representativos e mais burocratizados à medida que as elites e partidos estatais buscavam coordenar suas funções ampliadas. E as sociedades civis estavam se tornando *naturalizadas* em estados-nações, enjauladas pela soberania e as fronteiras do Estado.

A segunda mudança profunda, a expansão das funções civis do Estado, não aumentou o poder autônomo ou despótico das elites estatais, como enfatizado pela teoria da elite. Muito pelo contrário, estados eram duais, lugares centrais e perímetros territoriais, elites e partidos. Quando mais da vida social se politizou, os partidos se fortaleceram mais do que as elites. Teorias reducionistas de classe do *Estado capitalista* se tornam plausíveis apenas se restringirmos nosso olhar para suas atividades civis internas em comparação às da classe dominante. Dentro dessa perspectiva, Marx tinha razão quando descreveu o Estado britânico do século XIX como um *pacto de segurança mútua* burguês ou como um *comitê executivo para administrar os negócios comuns da burguesia* – embora tenha subestimado em alguma medida as restrições ao capitalismo que podiam impor as cristalizações moral-ideológicas e democrático-partidárias. Isso levou os estados a muitas *intervenções* contra as liberdades capitalistas, ainda que mais usualmente por meio da persuasão, do estímulo e de ação dissimulada do que por uma legislação francamente hostil. No geral, esses estados tinham se cristalizado mais abertamente como capitalistas do que como qualquer outra coisa. Internamente, o Estado era sob esse aspecto menos um ator e mais um lugar na arena do poder. Seu propósito particular conferia um grau de coesão às instituições estatais.

Poderíamos dizer praticamente o mesmo dos estados norte-americano e francês, embora os Estados Unidos tenham dispersado elites e partidos em vários locais de governo – e o sul permaneceu excepcional – enquanto a França os centralizou ainda mais na capital. Com certeza, nas monarquias semiautoritárias da Prússia e da Áustria, e mais ainda na Rússia autocrática, os partidos-elites monárquicos possuíam mais autonomia de poder (embora raramente a coesão da elite). Mas, em geral, por razões históricas particulares, *o* Estado – aquele que mais importava nesse período, o Estado dos europeus ocidentais e norte-americanos – era predominantemente redutível em termos de lutas abertas pelo poder sobre as políticas internas voltadas para a classe capitalista dominante da sociedade civil. Nem sempre foi assim. Mas uma teoria reducionista e economicista ressoa fortemente na política interna ao longo do século XIX.

Contudo, esse reducionismo negligenciou irresponsavelmente duas outras cristalizações do Estado, as quais, quando combinadas, revolucionaram o capitalismo e a vida social em todo o globo. Em primeiro lugar, o crescimento dos poderes infraestruturais do Estado não foi algo simplesmente neutro. Reforçou a politização e a naturalização da vida social promovidas nos séculos anteriores. Isso não se deu por meio de embates frontais e diretos, como aqueles atribuídos às classes por Marx. Mais uma vez, inconscientemente, sem que ninguém tivesse a intenção, as redes de poder foram redirecionadas para o terreno dos territórios do Estado, *enjaulando*, naturalizando a vida social, mesmo na sua esfera mais íntima, e sutilmente territorializando concepções sociais de identidade e interesse. O Estado moderno se cristalizou cada vez mais como *Estado-nação*. Depois, isso foi entremeado de lutas políticas de longa duração sobre o quão centralizado e nacional ou descentralizado e federal o Estado deveria se tornar, produzindo formas intersticiais de centralização nacional (embora nesse caso os Estados Unidos tenham ficado para trás e a Áustria tenha se desviado na direção do confederalismo). O reducionismo de classe também negligenciou uma terceira cristalização dos estados modernos, a *militar*. Essa não estava dominando os estados como antes, mas tinha se tornado mais autônoma no interior do Estado, mais capaz de um controle infraestrutural isolado sobre *suas* forças armadas, e, em potencial, extremamente perigosa (como sugere o capítulo 12 e comprova o capítulo 21).

Ao longo do século XIX, essas duas cristalizações, de forma um tanto desigual, reorientaram o capitalismo e a vida social para formas mais nacionais e mais territoriais – assim como o capitalismo também as reorientou. Essas três cristalizações – como capitalista, como Estado-nação e como militar – parecem ter operado em um nível mais elevado de causalidade geral ao longo do período do que nos demais. Todavia, nunca se encontraram em uma colisão direta – cujos resultados nos permitissem classificá-las *inteiramente* –, ou num compromisso sistemático – ao qual pudéssemos aplicar a teoria pluralista. A maioria dos estados *parecia* ser relativamente harmoniosa, com seus partidos e elites compartilhando de um amplo consenso sobre os propósitos do governo – na Grã-Bretanha, desde meados do século, na França, na Alemanha e nos Estados Unidos, de duas a três décadas mais tarde, e na Áustria em nenhum momento. No entanto, esse foi um consenso casual, não premeditado e não testado. As cristalizações foram *adições*, acrescidas umas às outras sem considerar seriamente quaisquer contradições finais entre elas – especialmente, como observamos nos capítulos 9 e 10, nas monarquias semiautoritárias. Cristalizações democrático-partidárias ou monárquicas adicionaram influências mais particulares e variáveis ao longo do período, como veremos particularmente nos últimos capítulos, mas como Estado algum era ainda plenamente representativo, a teoria pluralista tem apenas um papel explicativo limitado.

À medida que os estados se tornaram mais polimórficos, sua coesão aparente foi potencialmente ilusória. Em tempos anteriores, muitos estados foram genuinamente coesos porque eram controlados por pequenas elites e seus partidos muito particulares – príncipes, oligarquias mercantes, sacerdotes ou bandos de guerreiros. Usufruíram de considerável autonomia na esfera política que controlavam, mas enjaularam pouco da vida social de fora. Vimos a autonomia diminuir e o enjaulamento aumentar. Os estados se tornaram o centro da elite e os perímetros do partido, por meio dos quais grande parte da sociedade civil foi organizada. Mas quando os estados fizeram isso, perderam sua coerência particularista anterior.

É um princípio básico do meu trabalho que as sociedades não são sistemas. Não há qualquer estrutura fundamentalmente determinante para a existência humana – pelo menos nenhuma que os atores sociais ou os observadores sociológicos, situados em seu interior, possam discernir. Aquilo que chamamos sociedades são apenas agregados frouxos de redes de poder diversas, sobrepostas e que se cruzam. Os estados tinham agora avançado metade do caminho para representar e organizar burocraticamente essa diversidade – mas sem sistematicamente confrontar, classificar e comprometer as cristalizações polimórficas resultantes. O perigo disso para a existência humana era que esses estados estavam agora mobilizando poderes coletivos aterrorizantes sobre os quais seu controle soberano – ou, na verdade, qualquer coletivo – era altamente imperfeito. O capítulo 21 mostrará que em julho de 1914 esse polimorfismo casual e aditivo dos estados europeus começou a dominar toda a civilização de atores de poderes múltiplos.

Referências

BENSEL, R. (1990). *Yankee Leviathan*: The Origins of Central State Authority in America, 1859-1877. Cambridge: Cambridge University Press.

BLAND, L. (1982). "Guardians of the race" or "vampires upon the nation's health"?: female sexuality and its regulations in early twentieth-century Britain. In: E. Whitelegg, et al. (org.). *The Changing Experience of Women*. Oxford: Oxford University Press.

CHANDLER, A.D. (1977). *The Visible Hand*: The Managerial Revolution in American Business. Cambridge, Mass.: Belknap Press.

CRONIN, J.E. (1988). The British state and the structure of political opportunity. *Journal of British Studies*, 27.

DAVIET, J.-P. (1988). Some features of concentration in France (end of the nineteenth century/twentieth century). In: H. Pohl (org.). *The Concentration Process in the Entrepreneurial Economy Since the Late Nineteenth Century*. Wiesbaden: Steiner.

DAVIN, A. (1978). Imperialism and motherhood. *History Workshop*, 5.

DIGBY, A. (1982). *The Poor Law in Nineteenth-Century England and Wales*. Londres: Historical Society.

FELDKIRCHEN, W. (1988). Concentration in German industry, 1870-1939. In: H. Pohl (org.). *The Concentration Process in the Entrepreneurial Economy Since the Late Nineteenth Century*. Wiesbaden: Steiner.

FLORA, P. & ALBER, J. (1981). Modernization, democratization, and the development of welfare states in Western Europe. In: P. Flora & A.J. Heidenheimer (orgs.). *The Development of Welfare States in Europe and America*. New Brunswick, NJ: Transaction Books.

GERSCHENKRON, A. (1965). Typology of industrial development as a tool of analysis. *Second International Conference on Economic History*. Paris: Mouton.

_____ (1962). *Economic Backwardness in Historical Perspective*. Cambridge, Mass.: Harvard University Press.

GIDDENS, A. (1985). *The Nation-State and Violence*. Cambridge: Polity Press.

GOOD, D.F. (1984). *The Economic Rise of the Habsburg Empire, 1750-1914*. Berkeley/Los Angeles: University of California Press.

GREW, R. (1984). The nineteenth-century European state. In: C. Bright & S. Harding (orgs.). *Statemaking and Social Movements*. Ann Arbor: University of Michigan Press.

HANNAH, L. (1975). *The Rise of the Corporate Economy*. Londres: Methuen & Co.

HENDERSON, W.O. (1958). *The State and the Industrial Revolution* in *Prussia, 1740-1870*. Liverpool: Liverpool University Press.

KELLER, M. (1977). *Affairs of State*: Public Life in Late Nineteenth-Century America. Cambridge, Mass.: Harvard University Press.

KEMP, T. (1978). *Historical Patterns of Industrialization*. Londres: Longman Group.

KOVEN, S. & MICHEL, S. (1990). Womanly duties: maternalist politics and the origins of the welfare states in France, Germany, Great Britain, and the United States, 1880-1920. *American Historical Review*, 95.

KUNZ, A. (1990). The state as employer in Germany, 1880-1918: from paternalism to public policy. In: W.R. Lee E. Rosenhaft (eds.). *The State and Social Change in Germany, 1880-1980*. Nova York: Berg.

LUBENOW, W.C. (1971). *The Politics of Government Growth*: Early Victorian Attitudes Toward State Intervention, 1833-1848. Hamden, Conn.: Archon Books.

MACARTNEY, C.A. (1971). *The Hapsburg Empire, 1710-1918*. Londres: Weidenfeld & Nicolson.

MacDONAGH, O. (1977). *Early Victorian Government, 1830-1870*. Londres: Weidenfeld & Nicolson.

MARSH, P. (ed.). 1979. *The Conscience of the Victorian State*. Syracuse, Nova York: Syracuse University Press.

MAYER, A. (1981). *The Persistence of the Old Regime*. Nova York: Pantheon.

McKAY, J.P. (1970). *Pioneers for Profit*: Foreign Entrepreneurship and Russian Industrialization, 1885-1913. Chicago: University of Chicago Press.

McNEILL, W.H. (1983). *The Pursuit of Power*. Oxford: Blackwell.

MITCHELL, B.R. (1975). *European Historical Statistics, 1750-1970*. Nova York: Columbia University Press.

ORLOFF, A. (1988). The political origins of America's belated welfare state. In: M. Weir et al. (eds.). *The Politics of Social Policy in the United States*. Princeton, NJ: Princeton University Press.

PEARTON, M. (1984). *Diplomacy, War and Technology Since 1830*. Lawrence: University of Kansas Press.

POLLARD, S. (1981). *Peaceful Conquest*: The Industrialization of Europe, 1760-1970. Oxford: Oxford University Press.

PRAIS, S.J. (1981). *The Evolution of Giant Firms in Britain*. Cambridge: Cambridge University Press.

PRYOR, F.L. (1973). *Property and Industrial Organization in Communist and Capitalist Nations*. Bloomington: University of Indiana Press.

REULECKE, J. (1981). English social policy around the middle of the nineteenth century as seen by German social reformers. In: W.J. Mommsen (ed.). *The Emergence of the Welfare State in Britain and Germany*. Londres: Croom Helm.

ROY, W.G. (1990). Functional and historical logics in explaining the rise of the American industrial corporation. *Comparative Social Research*, 12.

SEN, G. (1984). *The Military Origin of Industrialization and International Trade Rivalry*. Nova York: St. Martin's Press.

SENGHAAS, D. (1985). *The European Experience*: A Historical Critique of Development Theory. Leamington Spa: Berg.

SKOWRONEK, S. (1982). *Building a New American State*: The Expansion of National Administrative Capacities, 1877-1920. Cambridge: Cambridge University Press.

SODERBERG, J. (1985). Regional economic disparity and dynamics, 1840-1914: a comparison between France, Great Britain, Prussia and Sweden. *Journal of European Economic History*, 14.

STEINMETZ, G. (1990a). The local welfare state: two strategies for social domination in urban imperial Germany. *American Sociological Review*, 55.

_____ (1990b). The myth and the reality of an autonomous state: industrialists, Junkers and social policy in imperial Germany. *Comparative Social Research*, 12.

SUTHERLAND, G. (org.) (1972). *Studies in the Growth of Nineteenth Century Government*. Londres: Routledge & Kegan Paul.

TAMPKE, J. (1981). Bismarck's social legislation: a genuine breakthrough? In: J. Mommsen (org.). *The Emergence of the Welfare State in Britain and Germany*. Londres: Croom Helm.

TAYLOR, A.J. (1972). *Laissez-faire and State Intervention in Nineteenth Century Britain*. Londres: Economic History Society.

TEDLOW, R.S. (1988). The process of economic concentration in the American economy. In: H. Pohl (org.). *The Concentration Process in the Entrepreneurial Economy Since the Late Nineteenth Century*. Wiesbaden: Steiner.

TILLY, R. (1966). The political economy of public finance and the industrialization of Prussia, 1815-1866. *Journal of Economic History*, 26.

TREBILCOCK, C. (1981). *The Industrialization of the Continental Powers, 1780-1914*. Essex: Longman Group.

_____ (1973). British armaments and European industrialization, 1890-1914. *Economic History Review*, 2. ser., 26.

_____ (1969). "Spin-off" in British economic history: armaments and industry, 1760-1914. *Economic History Review*, 2. ser., 22.

ULLMAN, H.-P. (1981). German industry and Bismarck's social security legislation. In: W.J. Mommsen (ed.). *The Emergence of the Welfare State in Britain and Germany*. Londres: Croom Helm.

WATKINS, S.C. (1991). *From Provinces into Nations* – Demographic Integration in Western Europe, 1870-1960. Princeton, NJ: Princeton University Press.

WEBER, E. (1976). *Peasants into Frenchmen*. Stanford, Cal.: Stanford University Press.

WEEKS, J. (1981). *Sex, Politics and Society*: The Regulation of Sexuality Since 1800. Londres: Longman Group.

WOLOCH, I. (1979). *The French Veteran from the Revolution to the Restoration*. Chapel Hill: University of North Carolina Press.

15
O resistível surgimento da classe trabalhadora britânica, 1815-1880

Teorias dos movimentos da classe trabalhadora

A maioria das histórias dos movimentos da classe trabalhadora começa na Grã-Bretanha. Durante o século XIX, a Grã-Bretanha foi a única nação industrial, com a única classe trabalhadora grande. Notavelmente, como a tabela 15.1 indica, em 1815, na Batalha de Waterloo, já havia mais trabalhadores na manufatura do que na agricultura, praticamente cem anos antes do que em qualquer outra potência importante (como a tabela 19.1 também revela).

O surgimento precoce da força de trabalho britânica a tornou única. No início do século XX, quando outras potências importantes se industrializaram, com forças de trabalho de tamanho comparável, a natureza da industrialização, do Estado e da classe tinha sido transformada. O que aconteceu na Grã-Bretanha e no cartismo para o primeiro proletariado não se repetiu. No entanto, essa primeira classe trabalhadora foi depois considerada – e muitas vezes ainda é – o protótipo do futuro. A Grã-Bretanha abrigou Marx e Engels (que administrava uma fábrica em Stockport). Sua teoria da classe trabalhadora se baseou principalmente na experiência britânica e influenciou praticamente todos os escritores subsequentes. Eles defenderam quatro teses principais:

1) O capitalismo difundiu uma divisão qualitativa entre capital e trabalho, por toda a sociedade civil, como *classes universais similares*.

2) O capitalismo manufatureiro massificou a força de trabalho, tornando os trabalhadores coletivamente interdependentes na produção e no mercado de trabalho. Os trabalhadores se tornaram *trabalhadores coletivos interdependentes*, formando sindicatos e empreendendo ações coletivas de classe.

3) A similaridade e a interdependência são reforçadas fora do trabalho por densas *comunidades* de trabalhadores capazes de uma organização social e cultural autônoma.

4) Essas três capacidades para ação coletiva geram políticas de classe e um *partido socialista* capaz de capturar o poder político, se necessário por revolução.

Tabela 15.1 Porcentagem da força de trabalho britânica por setor, 1801-1881

	1801	1821	1841	1861	1881
Agricultura (a)	35	29	23	19	13
Indústria, mineração	29	39	44	49	49
Serviços	29	31	34	32	38

(a) Inclui silvicultura e pesca.
Fontes: 1801-1821: Evans (1983: 412), que também dá números um pouco mais baixos da indústria para 1841 e 1861 (BAIROCH et al., 1968).

Embora haja muito aqui para aceitar, afasto-me do modelo de Marx e Engels de cinco maneiras:

1) Embora os trabalhadores tenham de fato se transformado em *trabalhadores coletivos*, raramente se transformaram em uma classe trabalhadora singular, especialmente nos conflitos econômicos relativamente puros. Como Weber argumentou, os trabalhadores possuíam recursos de poder econômico mais diversos do que Marx acreditava. Embora nenhum deles possuísse os meios de produção, muitos controlavam a oferta da sua habilidade profissional do mercado de trabalho, exercendo o que Parkin (1979) denomina *fechamento*; ou seja, fechando o mercado a outros que procuram utilizar essas habilidades. Como o século XIX tinha uma oferta de trabalho abundante, o fechamento dependia de impedir o uso de *fura-greves*. Marx e Engels acreditavam que o capitalismo homogeneizava as habilidades dos trabalhadores, tornando-os intercambiáveis e facilmente substituíveis. Assim, para exercitar o fechamento, os trabalhadores teriam que estender suas combinações para toda a classe, concordando mutuamente em não ser *fura-greves*. No entanto, o desenvolvimento capitalista não desqualificou uniformemente. Duas coletividades alternativas surgiram:

A) Os trabalhadores se tornam *segmentarmente* interdependentes com seus colegas de trabalho *e* seu empregador, em vez de com todos os trabalhadores. As relações de trabalho são intrinsecamente duais: embora empregadores e trabalhadores entrem em conflito, eles também devem cooperar em um nível diário – o empregador, para obter lucros, o trabalhador, salários. Conflito e interdependência são as faces de Janus das relações de trabalho. A interdependência é intensificada se as escassas habilidades de trabalho são específicas do empregador e se as habilidades são treinadas no trabalho. Os trabalhadores são privados do poder de sair, pois no mercado de trabalho externo são desqualificados. Mas, durante as greves, o empregador pode estar relutante em aceitar o trabalho do fura-greve, porque isso envolve custos de treinamento e ineficiência do trabalho a curto prazo. Empregadores e trabalhadores podem mutuamente desenvolver *mercados de trabalho internos* – postos de trabalho são estratificados pelo treinamento exigido e a promoção é interna, de postos inferiores a superiores. Empregadores e trabalhadores continuam em conflito, mas a sua interdependência também se intensifica. Os empregados se tornam segregados da massa externa de trabalhadores, e o conflito se torna específico ao empregador, não generalizável a uma classe.

B) A segunda forma de interdependência não envolve empregadores, apenas trabalhadores, mas dentro de coletividades *seccionais* menores definidas por ramo, ocupação ou indústria. Os ofícios ou ocupações qualificados podem em especial agir coletivamente para controlar a oferta de suas habilidades. Se o fizerem, são menos vulneráveis aos fura-greves e não precisam desenvolver um apoio mais amplo dos trabalhadores para restringi-los. Sua estratégia pode ser a estratégia puramente seccional de uma *aristocracia do trabalho*. Os trabalhadores qualificados podem se opor fortemente ao seu empregador, mas sem sentir que pertencem a uma totalidade de classe trabalhadora singular. Regimes e empregadores também podem conciliar trabalhadores que têm tais poderes de mercado, reservando a repressão para trabalhadores menos favorecidos. Assim, o seccionalismo entre os trabalhadores apela às estratégias segmentares dos seus adversários.

Trabalhadores sem qualquer uma dessas interdependências mais estreitas são mais vulneráveis ao trabalho de fura-greve. Eles devem buscar uma unidade mais ampla para restringir a oferta de trabalho alternativo, avançando em direção a definições de identidade e de oposição de classe. Em contraste, ambas as coletividades mais estreitas percebem dois oponentes – o empregador *e* os trabalhadores externos. Os trabalhadores internos privilegiados lutam contra a ameaça de substituição por trabalhadores externos. Essa fratura seccional-segmentar fundamental divide as ocupações qualificadas das não qualificadas e sindicatos profissionais ou empresas dos sindicatos industriais ou gerais. Essas divisões aparecerão ao longo destes capítulos, ao lado de elementos de uma organização de classe mais ampla.

2) Marx e Engels deixaram por resolver uma tensão entre aspectos difusos e autoritativos do capitalismo. Eles enfatizaram às vezes a natureza difusa do capitalismo, às vezes, um lugar autoritativo particular da luta de classes, variadamente descrito como o processo de trabalho, o ponto de produção e as relações diretas de produção. Até recentemente, a maioria dos marxistas era *produtivista*, acreditando que as relações de produção determinam a classe e a política de classes – geralmente modelando as relações de produção na fábrica. No entanto, os processos de trabalho geram conflitos segmentares ou seccionais tão frequentemente quanto de classes. Ao explicar movimentos de trabalho mais amplos semelhantes aos de classe, foco menos as fábricas e os processos laborais e mais a difusão das relações capitalistas de mercadorias na sociedade civil. Os últimos capítulos revelam que esse não é um mero debate acadêmico. As ideologias produtivistas, especialmente as marxistas, enfraqueceram o apelo potencialmente mais amplo das identidades proletárias e dos partidos socialistas.

3) O marxismo tende também ao reducionismo econômico. As teses 3 e 4 – relativas às comunidades e à política da classe trabalhadora – podem parecer corrigir isso, mas Marx, Engels e seus seguidores as viram como determinadas principalmente pelas relações de poder econômico embutidas nas teses 1 e 2. Discordo, como muitos outros.

As cristalizações de poder político também moldaram classes e conflitos de classe. Marx, Engels e a maioria dos escritores subsequentes negligenciaram o Estado, considerando a política trabalhista como essencialmente determinada por suas condições econômicas. Escritores recentes alteraram um pouco isso, observando como a política pode ser o resultado das próprias lutas, e não apenas das condições econômicas originais. Mas isso ainda é inadequado. Os conflitos entre empregadores e trabalhadores passaram a envolver o Estado, e assim as outras cristalizações do Estado vieram para estruturar os movimentos da classe trabalhadora, especialmente estendendo ou reforçando as fraturas da classe trabalhadora. Porque, como mostra o capítulo 11, os estados mudaram consideravelmente durante esse período, assim como a sua estruturação política do trabalho. As relações de poder político moldaram profundamente a emergência, ou não emergência, da classe trabalhadora.

4) Da mesma forma, as comunidades de trabalhadores não têm sido meros receptores passivos de relações de poder centradas na produção. Elas também moldaram as relações de produção, como foi reconhecido pela pesquisa sobre os trabalhadores americanos (discutida no capítulo 18). Mas isso também aumenta a influência especial das relações sociais mais íntimas de família e gênero. Marx tinha pouco interesse em gênero, Engels tinha mais, mas ambos consideravam a classe trabalhadora como intercambialmente masculina e universal. No entanto, a classe sempre esteve entrelaçada com a família e o gênero. Este capítulo argumenta que a Grã-Bretanha do século XIX viu uma mudança de uma classe trabalhadora orientada para a família e a comunidade para uma classe trabalhadora orientada para o homem e para o emprego, com consequências para a organização segmentar-seccional *versus* a organização de classe.

5) A consequência de tudo o que antecede é que o conflito de classes raramente é um confronto dialético frontal, pois envolve numerosos aspectos com lógicas distintas, mas não contraditórias. Nas ocasiões em que houve conflito direto, como argumentarei, ele não é resolvido da forma dialética e revolucionária prevista por Marx. Na confrontação direta, a classe capitalista percebe claramente a ameaça vinda de baixo e restringe seu faccionalismo interno. É mais provável a classe trabalhadora perder um conflito de classe direto do que vencê-lo.

Como de costume, foco a organização de classes, mas também uso o modelo iota de consciência de classe subjetiva, introduzido no capítulo 2. Lembre-se de que identidade, oposição, totalidade e alternativa são tipos ideais, ênfases unilaterais em elementos encontrados apenas parcial e imperfeitamente na realidade social. Conceber alguém como classe trabalhadora ou em oposição a uma classe capitalista normalmente competirá dentro da consciência trabalhista com outras bases de identidade e oposição coletivas, e um forte senso de totalidade de classe é raro, mesmo entre militantes. Agora, exploro mais alternativas de trabalhadores. A tabela 15.2 classifica as principais alternativas concebidas pelos trabalhadores (e camponeses) dos séculos XIX e XX ao capitalismo que os confronta.

Tabela 15.2 Alternativas operárias e camponesas ao capitalismo

Lugar tático de luta	Estratégia em direção ao capitalismo		
	Competitiva	Reformista	Revolucionária
Economia	Protecionismo	Economismo	Sindicalismo
Estado	Mutualismo	Social-Democracia	Marxismo

Os movimentos operários diferem em quão *radicais* são – a dimensão que vai da competitiva, passando pela reformista, até à revolucionária – e se procuram transformar o Estado e as relações industriais. Isso produz três pares de alternativas. O primeiro par é o mais *moderado* – não mudando o capitalismo, mas oferecendo oportunidades para os trabalhadores *competirem* dentro do capitalismo. Se eles aceitam as regras e condições de mercado existentes, simplesmente usando a solidariedade coletiva para adquirir vantagem de mercado, nomeio isso *protecionismo*. As cooperativas são geralmente protecionistas, como as fábricas-modelo de Robert Owen ou o Plano de Terra cartista ou as massivas empresas do Mondragon Basco hoje em dia. Elas são internamente coletivistas, mas operam em mercados externos como uma empresa capitalista. O protecionismo mais onipresente foi proporcionado pelos fundos de seguro sindicais, que deram à maioria dos sindicatos do século XIX seus nomes reais – *sociedades fraternais* na Grã-Bretanha, *sociedades benevolentes* nos Estados Unidos, *Unterstüztungsverein* na Alemanha.

Mas os trabalhadores eram geralmente forçados a sair do mero protecionismo por viéses nas regras e leis de mercado existentes. Eles exigem o reconhecimento legal dos sindicatos e da legislação para aliviar os problemas de crédito e capital das cooperativas. Isso é *mutualismo*, como defendido por Proudhon. Grande parte da suposta democracia social acaba sendo mutualista, buscando a regulação estatal apenas para preservar os direitos e liberdades das organizações trabalhistas. Os sindicatos lutaram principalmente por seus próprios direitos coletivos. A maioria das pessoas do século XIX não vivenciou os estados como *acessíveis* e tendeu a definir a liberdade como liberdade *frente ao* Estado. Direitos mutualistas e empregadores razoáveis e conciliatórios eram tudo o que a maioria dos sindicatos provavelmente queria. Enfatizo ao longo deste volume que, como na maior parte da história anterior, as pessoas raramente queriam ser políticas. Elas teriam preferido evitar os estados, mas foram politizadas quando os estados as restringiram. Marshall disse que os direitos de organização sindical eram anômalos ao seu conceito de cidadania civil – embora legais, eram essencialmente coletivos. Mas os regimes resistiram a esses direitos ao longo do século XIX, às vezes ferozmente, prejudicando assim os estágios evolutivos da cidadania de Marshall. Em alguns casos, os direitos de organização coletiva só foram concedidos no século XX, muito tempo depois da aquisição da maioria dos outros direitos civis e políticos importantes terem sido adquiridos. A resistência do regime ao reconhecimento sindical foi *a* principal causa da politização dos trabalhadores, quando as exações fiscais do Estado começaram a diminuir no início do século XIX. Se esse Estado não permitisse a organização das liberdades, então talvez devesse ser transformado. Os trabalhadores se moveram em direção a outras alternativas especificadas na tabela 15.2.

O segundo par de alternativas procurou modificar o capitalismo por meio da reforma a partir de dentro. O *economismo* descreve sindicatos que buscam ganhos diretamente ao negociar com empregadores. O economismo não é restrito às demandas salariais; as questões de controle no local de trabalho também podem ser negociadas. A *democracia social* indica reformismo político (embora o termo tenha se originado confusamente como um rótulo para os partidos revolucionários marxistas). O terceiro par de alternativas procurou derrubar o capitalismo pela revolução. Aqueles que buscavam a revolução por meios econômicos – a insurreição industrial, a greve de massa – eram rotulados de *sindicalistas* (às vezes anarco-sindicalistas); aqueles que buscavam capturar o Estado chamo de *marxistas*. Os sindicalistas deliberadamente evitam o Estado; os marxistas defendem um socialismo estatal centralizado (como um estágio *temporário* do socialismo). Veremos que, quando confrontados com capitalistas e regimes hostis, muitos militantes saltaram diretamente do mutualismo para as duas alternativas revolucionárias, contornando o reformismo, que só se instalou depois da Primeira Guerra Mundial.

Esses são tipos ideais. Raramente, os trabalhadores se conduziram com determinação; em vez disso, combinaram elementos de todas as alternativas. Suas combinações soltas eram o que foi denominado na época *socialismo*. Assim que o trabalho se moveu para as alternativas políticas, tornou-se também, e permaneceu, pró-democrático. Rueschemeyer, Stephens e Stephens (1992) mostram que os trabalhadores em todo o mundo moderno têm consistentemente pressionado pela democracia. Como os estados controlados pelas classes dominantes não os deixariam em paz, eles exigiram que os estados fossem controlados pelo povo (inicialmente masculino). Documento um dos primeiros movimentos democráticos neste capítulo.

Devem ser mencionados dois pormenores finais. Como o capitalismo manufatureiro se espalhou firmemente durante toda a Grã-Bretanha do século XIX, o marxismo *produtivista* deveria esperar que o movimento da classe trabalhadora também se desenvolvesse firmemente. Contudo, a ação agressiva da classe trabalhadora na Grã-Bretanha atingiu o auge no movimento cartista das décadas de 1830 e 1840 e depois se transformou num movimento muito mais suave e seccional. A classe trabalhadora britânica provavelmente nunca foi tão unida ou militante como durante sua fase cartista inicial. Por que esse desenvolvimento não linear? Em segundo lugar, o desenvolvimento da classe trabalhadora envolve uma novidade organizacional: os trabalhadores poderiam contrariar o flanqueamento organizacional que anteriormente tinha fortalecido a estratificação social. Apenas raramente o povo constituiu atores históricos, porque a estrutura de classes era assimétrica; as classes dominantes podiam se organizar mais extensivamente do que as classes subordinadas. Seu flanqueamento foi abalado no início do século XIX na Grã-Bretanha e no final do século XIX e início do século XX em outros lugares. Como e por quê?

Capitalismo empresarial e política popular, 1760-1832

Três revoluções do final do século XVIII, já discutidas no capítulo 1, transformaram as relações de classe britânicas: o surgimento do capitalismo empresarial, o Estado moderno e a alfabetização discursiva em massa. Discuto as duas primeiras em seguida, e a terceira no decorrer dessas duas narrativas[27].

Exclusivamente, a agricultura britânica já era capitalista em 1760, abrangendo quase inteiramente os proprietários de terras, os agricultores e as famílias trabalhadoras sem terra. Muitos homens e mulheres sem terra eram agora forçados ao emprego urbano fornecido por empresários, *intermediários*, adquirindo a propriedade privada absoluta de recursos industriais e comerciais. Para esses trabalhadores, as distinções entre os setores de produção e serviços e entre a fábrica, a oficina, ou a rua como locais de trabalho tinham pouco significado.

Os empresários também ameaçaram a maioria dos artesãos. O capítulo 4 discute como os artesãos possuíam uma posição ambígua de classe entre o *povo* proprietário e a *plebe* sem propriedade: situados de forma incerta em torno das bordas inferiores da pequena burguesia, historicamente possuíram suas próprias organizações. A *guilda* fundiu a vizinhança urbana e a ocupação qualificada em comunidades locais formadas por famílias de *mestres*, suas famílias e *homens*, vagamente federados em uma organização política nacional. A guilda foi licenciada e regulamentada pelo Estado, em troca de garantir um monopólio sobre o fornecimento das habilidades artesanais. Trabalhadores

---

27. As principais fontes para esta seção foram: Thompson (1968), Perkin (1969: 176-217), Musson (1972), Prothero (1979), Hunt (1981) e Calhoun (1982).

ambulantes de manutenção, trabalhadores qualificados em madeira, pedra, couro e (cada vez mais) metal foram organizados como *especialistas*, viajando pelo país, controlando coletivamente as taxas de entrada e de salário (LEESON, 1979). Mais recentemente, a maioria dessas duas organizações se fundiu em organizações profissionais mais frouxas e criou a *itinerância* (*tramping*). Os artesãos exploravam as diferenças nas condições do comércio local e utilizavam redes de viagens para retirar força de trabalho de uma localidade, receber benefícios de viagem e encontrar emprego em outra. Todas essas organizações eram essencialmente *protecionistas*, estabelecendo suas próprias tarifas e fazendo pouca negociação com os empregadores. A itinerância permitiu que o comércio do século XVIII se organizasse de forma mais extensiva do que os empresários. Em 1764, por exemplo, 6 mil alfaiates proeminentes de Londres *desapareceram* no país ao longo da rede. A itinerância poderia também escapar das Leis de Combinação (que proibiram os sindicatos entre 1799 e 1824). A organização e a mobilidade extensivas permitiram aos artesãos flanquear os empregadores e comerciantes.

Mas os artesãos não representavam mais do que 5% a 10% da força de trabalho, proporcionando uma organização seccional, não de classe, limitada a cada profissão. Entre eles e a massa de trabalhadores agrários ou trabalhadores urbanos casuais havia um grande abismo. Depois, no início do século XIX, os artesãos também sentiram a pressão empresarial. À medida que o mercado de trabalho se tornou nacional, enfraqueceu a capacidade da itinerância de flanquear os empresários. Os artesãos também perderam o controle sobre a compra de materiais e a venda dos seus produtos. Algumas ocupações industriais, especialmente construtores de moinhos e tecelões, também perderam seus locais de trabalho e controles de entradas, pois os empresários envolveram seus mercados e oficinas e substituíram por máquinas e trabalhadores não qualificados. Nas duas grandes indústrias modernas, do algodão e do ferro, surgia um proletariado de fábrica – na do algodão, principalmente mulheres solteiras, jovens e crianças. As Guerras Napoleônicas aumentaram as pressões do mercado de trabalho sobre todos, pois provocaram desemprego em massa e salários mais baixos, agravados pelo crescimento populacional e pela migração em massa para as cidades (O'BRIEN, 1989). A mortalidade muito mais elevada (por meio de doenças contagiosas) nas cidades também nivelou suas populações trabalhadoras.

Uma ofensiva de nivelamento empresarial dirigida agora aos artesãos forçou uma redução dos salários, empregou mais mulheres e crianças com salários baixos, introduziu esquemas de aprendizagem controlados pelo empregador e eliminou o acesso direto dos artesãos às matérias-primas e aos consumidores. As ocupações ficaram *lotadas*. Alguns artesãos se tornaram trabalhadores braçais externos domésticos; outros sobreviveram prestando serviços na oficina da fábrica.

Mas devemos apreciar cuidadosamente a natureza do que viria a ser uma classe trabalhadora. Pouco dela estava nas fábricas, exceto nas têxteis, e mesmo aí a maioria era pequena. Em 1851, a empresa têxtil média tinha pouco mais de 100 mãos, embora as que combinavam fiação e tecelagem tivessem em média pouco mais de 300. Em 1890, essas médias tinham menos que dobrado (FARNIE, apud JOYCE, 1980: 158; todos os outros números desse parágrafo são de CLAPHAM, 1939, volume I: 184-193; volume II: 22-37, 116-133). Havia algumas grandes minas e siderúrgicas. Em 1838, as minas de estanho da Cornualha tinham em média quase 170 trabalhadores, na mineração de carvão a média nacional era de apenas 50, mas uma dúzia de minas no nordeste empregava cada uma mais de 300. Em 1814, a siderúrgica Carron empregava 2 mil trabalhadores (*a fábrica mais ampla da Europa*), mas a média das siderúrgicas escocesas empregava apenas 20. Havia um punhado de fábricas que faziam vidro, talheres, cerâmicas ou lã. O censo de 1871 estimou que metade do emprego manufatureiro (um quarto de todo o emprego) estava em *fábricas*, mas essas tinham uma média de apenas 86 mãos. A grande maioria na manufatura estava em pequenas oficinas, a maioria das quais não usava energia a vapor. Peças únicas de maquinário geralmente ficavam sozinhas, eram operadas manualmente e reparadas manualmente da manhã à noite. "O equilíbrio de vantagem entre a potência do vapor e a tecnologia manual estava, em meados dos tempos vitorianos, muito longe de estabelecido" (SAMUELS, 1977: 58; GREENBERG, 1982).

Tampouco, a maioria dos empregos era nas indústrias *modernas*. No censo de 1851, sem dúvida, os maiores setores foram a agricultura e o serviço doméstico, seguidos pelos têxteis, construção civil, trabalhadores gerais, chapeleiros, sapateiros, mineiros, alfaiates, lavadeiras, marinheiros e trabalhadores da seda. Havia quase tantas mulheres quanto homens. A maioria dos operários de fábrica eram mulheres jovens, solteiras e crianças. A maioria dos homens se movia para dentro e para fora, trazendo mercadorias que eles ou suas famílias trabalhavam em casa ou em pequenas oficinas, ou traziam suas próprias ferramentas para fazer manutenção nas máquinas, ou negociavam preços para o trabalho feito na fábrica. Em cidades menores e aldeias, muitas famílias combinavam atividades manufatureiras com agrícolas. Embora os profissionais tivessem perdido alguma autonomia, permaneceram agentes contratuais livres, controlando e pagando seus trabalhadores, muitas vezes membros de suas próprias famílias. Todavia, agora, seu controle raramente era seguro. A maioria do trabalho de fábrica, como aquele em casa, na oficina, em campos, minas, ou na rua, era casual. Diversidade e irregularidade eram endêmicas.

Assim, conclui Joyce (1990: 145-153), havia pouca proletarização e pouco senso de identidade de classe. Tiro a conclusão oposta: a fase empresarial do capitalismo produziu o paradoxo dos trabalhadores parcialmente unificados pela sua própria heterogeneidade. Mas, para percebermos isso, devemos sair do produtivismo e do conceito moderno de emprego ou ocupação e entrar na família e na comunidade. O seccionalismo artesanal sobreviveu e o segmentarismo dos empregadores começou a se agitar, mas esses raramente deram identidade total às famílias dos trabalhadores. A *fábrica* surgiu junto à *oficina, casa,* e *rua,* e o *emprego* formal surgiu junto ao *comércio* e à *contratação* casual. Mas esses não eram limites impenetráveis. Pelo contrário, eles se interpenetravam, impedindo que qualquer *status* de emprego isolado envolvesse muitas famílias ou comunidades locais. O seccionalismo mais claro teria colocado homens contra mulheres jovens e crianças, mas todos coabitavam e muitas vezes constituíam uma unidade de produção doméstica interpenetrada pela oficina e pela fábrica.

Nesse período, a família contribuiu com uma medida de solidariedade de classe por meio de processos de trabalho muito diferentes, gerando estreitas ligações entre o trabalho, a casa e a comunidade. Mais tarde, o emprego seguro *versus* emprego casual separaria a fábrica da família e da rua, trabalhadores masculinos dos femininos, e o trabalhador qualificado do não qualificado. Mas a heterogeneidade do trabalho no início da industrialização foi alcançada na maioria dos locais de trabalho, lares e famílias, homogeneizando os trabalhadores de uma forma distinta e subestimada – menos o resultado do processo de trabalho da fábrica do que da difusão do capitalismo empreendedor em processos de trabalho surpreendentemente diferentes e no local de trabalho, no lar e na comunidade.

Tal formação de classes foi apenas parcial, e por si só poderia ter levado a pouca ação de classe. Mas isso foi estimulado por três cristalizações do Estado britânico – o capitalismo do velho regime, o militarismo e um federalismo (no sentido especificado na tabela 3.3) – que eram agora tensionadas por tendências centralizadoras. Durante esse período, o regime colocou a economia política clássica no livro de estatuto do Estado central, retirando a guilda e as *restrições ao comércio* dos *especialistas*. Entre 1799 e 1813, os salários-mínimos, as regras dos aprendizes que definem a entrada na profissão e a fixação de preços foram eliminados, e as Leis de Combinação de 1799 e 1800 proibiram os sindicatos. Os artesãos foram privados da proteção legal contra novas forças de mercado. Moralmente indignados, mas em princípio apolíticos, tentaram resistência seccional, em cada profissão. Mas a maioria das profissões enfrentava as mesmas ameaças, assim como muitos trabalhadores menos qualificados. Assim, os sindicatos profissionais abandonaram o protecionismo para negociar economicamente. O resultado foram greves regionais e patronais: Sapateiros de Londres, em 1818 e novamente em 1824; fiadeiros de algodão de Lancashire, em 1824 e 1828; construtores navais, em 1824; penteadores de lã de Bradford, em 1825; tecelões de teares em 1826; tecelões de tapetes de Kidderminster, em 1828; alfaiates de Londres, em 1834. Todas essas greves foram derrotadas. Houve mais cortes salariais, trabalho explorado, emprego de mulheres jovens e crianças na fábrica e no *trabalho doméstico*, diluição de habilidades e maior aglomeração. A ação industrial ampliou, de certo modo, a identidade de classe de alguns trabalhadores, sem nada conseguir com isso.

Assim, os trabalhadores foram forçados a se dirigir ao Estado nacional, primeiro às tradicionais manifestações e petições ao Parlamento. Ofícios de nível superior, melhor organizados, tomaram a iniciativa: tecelões de seda, sapateiros, relojoeiros, marceneiros, carpinteiros, alfaiates, seleiros e impressores. Esses comandaram a expansão das infraestruturas de alfabetização discursiva entre os trabalhadores, dominando os institutos de mecânica e os *salões de ciência* de Owenite (setecentos deles com quinhentas salas de leitura até 1850), sociedades fraternais, organizações religiosas, e jornais e revistas. A liderança econômica, política e literária se estendeu a outros grupos afetados pela ofensiva, especialmente os trabalhadores externos domésticos, como os tecelões. As demandas estavam agora se tornando *mutualistas*, buscando o reconhecimento dos direitos coletivos sindicais pelo Estado central, a regulamentação dos aprendizados de ofícios, o estabelecimento de preços e salários *justos*, e a compensação dos trabalhadores substituídos por máquinas.

No Parlamento, os dois extremos dos radicais e altos tories ganharam simpatia, mas poucos resultados. As Leis de Combinação foram de fato revogadas em 1824, mas uma onda de greves imediata desencadeou uma lei de 1825, que limitava os direitos dos trabalhadores naquilo que veremos ser uma forma tipicamente burguesa, concedendo apenas direitos de organização coletiva vistos como intimamente conectados à expressão do autointeresse individual, o que foi considerado moralmente legítimo. Somente os trabalhadores que realmente participavam de reuniões – que se restringiam rigidamente ao seu próprio salário, preço e níveis de horas – tinham o direito legal de combinar. Todas as outras combinações mais amplas eram conspirações criminosas na restrição ilegal do comércio. Isso significava a proscrição de todos os sindicatos gerais e nacionais, bem como da maioria dos sindicatos profissionais que ainda impunham controles sobre a produção. Embora os tribunais reconhecessem que as reuniões locais não podiam ser eficazmente processadas, as greves podiam e foram. Os sindicatos foram reprimidos não muito menos do que na época das Leis de Combinação, e com maior uniformidade entre trabalhadores e artesãos, mais cedo capazes de contornar as Leis de Combinação. O Antigo Regime sentia que a simpatia moral pela situação dos trabalhadores não deveria impedir o progresso, enquanto os economistas políticos acreditavam que as leis de livre-comércio *eram*, de fato, morais. O parlamento se recusava a legislar, o que empatava o mutualismo.

Como veremos, sempre que os regimes centralizados reprimiram os trabalhadores protecionistas ou mutualistas de forma bastante uniforme (embora não com violência suficiente para intimidar a resistência), a agitação dos trabalhadores se ampliou em direção à classe e ao nível nacional. Por um tempo, o *reformismo* predominou em seu pensamento: se o Estado não os protegesse, então deveria ser reformado. O capítulo 4 mostra que as exigências do sufrágio ressoam em meio a algumas tradições populares. E.P. Thompson (1968: 213) observa que a classe trabalhadora não foi criada a partir de "uma matéria-prima indiferenciada e indistinta da humanidade". Outras identidades sociais conferidas pelas tradições históricas – religião, política popular e noções nacionais dos *direitos do inglês de nascimento livre* e igualdade moral protestante (como mais tarde vemos nas tradições republicanas francesa e americana) – alimentaram os protestos dos trabalhadores, embora nem sempre a consciência de classe. Na tradição dos direitos naturais radicais, de Locke a Paine, as reivindicações de sufrágio tinham sido reforçadas por reivindicações sociais – o direito à subsistência, que a terra pertence à comunidade para o bem comum, e a necessidade de limitar a riqueza. Como vimos no capítulo 4, a emergência da sociedade civil, o surgimento do Estado moderno e as rivalidades geopolíticas encorajaram a difusão descendente do populismo, uma identidade mais popular, radical e nacionalmente centralizada.

Mas isso também foi em grande medida auxiliado pela cristalização militar do Estado. Como mostra o capítulo 11, as guerras do século XVIII exigiram enormes exações de força de trabalho e finanças. A Grã-Bretanha, com uma marinha de capital intensivo e um exército recrutado principalmente no estrangeiro e na Irlanda, demandava mais dinheiro do que recrutas. Ela levantava o dinheiro de acordo com as prioridades estabelecidas em grande parte pela sua cristalização como capitalista do Antigo Regime. Tomava emprestado dos ricos e os reembolsava; aumentava os impostos, principalmente os impostos sobre itens de consumo diário – cerveja, tabaco, sal, açúcar, chá, carvão e habitação. Entre 1800 e 1834 (até que o peso do pagamento da dívida diminuísse), o fardo permaneceu oneroso e regressivo, redistribuindo dos que não o tinham para os que tinham reservas. Isso também teve efeitos econômicos mais amplos. Durante as guerras, a inflação subiu a 3% ao ano, enquanto os salários reais caíam. O desemprego em massa continuou em tempo de paz, de modo que o alívio aos pobres continuou a ser a principal atividade civil do Estado. Quase um milhão de pessoas estavam reivindicando o alívio, sujeitas ao controle humilhante da classe dirigente local, e muitas de suas famílias foram desfeitas pelo asilo de pobres. A política, tal como a economia, explorou não só o trabalhador masculino, mas também a família. O governo central tinha claras suas prioridades. Durante 1820-1825, o auxílio aos pobres absorveu 6% de seus gastos, enquanto as transferências em dinheiro aos acionistas absorveram 53% (O'BRIEN, 1989). Como poderiam as famílias dos trabalhadores não ser politizadas por tal exploração fiscal impactando enormemente suas vidas, incorporando desigualdades de classe óbvias? A agitação vinculou a reforma das franquias com a reforma econômica de política estatal e social. Por meio das infraestruturas artesanais da alfabetização discursiva, o Estado foi denunciado como prejudicial para o povo – no sentido da plebe.

Assim, três agitações se entrelaçaram: o protesto liderado por artesãos e trabalhadores externos contra a exploração dos empresários capitalistas; a transmissão desses descontentamentos para uma política mutualista e democrática voltada para a economia política do Estado central; e o protesto populista contra a exploração fiscal-política do povo pelo Estado capitalista do Antigo Regime. Assim, muitos trabalhadores se radicalizaram em nível nacional, ampliando seu senso de identidade de classe. Depois de 1800, eles usaram rotineiramente os termos *classe trabalhadora* e, mais comumente, *classes trabalhadoras* (BRIGGS, 1960). Eles se apropriaram da teoria do valor do trabalho pequeno-burguês – nós trabalhamos, os ociosos recebem os frutos do nosso trabalho. Em 1834, o jornal oweniano *Crisis* calculou os números de duas *classes*: para a *população trabalhadora*, os *produtores de toda a riqueza*, e as *classes produtivas* pertenciam a 8.892.731 pessoas, e 8.210.072 pessoas eram *não produtores*. Reclamava que enquanto os produtores recebiam 100 milhões de libras da riqueza anual, os não produtores recebiam 331 milhões de libras (HOLLIS, 1973: 6-8). Escritores artesãos proclamavam dicotomias *nós-eles*. *Nós* dependemos da ação coletiva baseada na nossa ética de proteção mútua conferindo uma superioridade moral sobre o egoísmo do oponente (THOMPSON, 1968: 456-469).

Possuíamos uma noção clara do nosso oponente de classe? Não antes de 1832, pois o oponente político não era o mesmo que o econômico. Na verdade, os aliados políticos eram frequentemente inimigos econômicos. A pequena burguesia, incluindo os pequenos empresários, era também consumidora e não poupadora, e era também excluída do direito ao voto. A luta por reformas era menos de classe do que populista, insultada como democrata, Jacobina, ou Leveller, e não com rótulos de classe. Os radicais visavam menos ao empresário do que ao funcionário rentista da *velha corrupção*, que viviam de rendas e monopólios licenciados pelo Estado. Os capitalistas ativos confundiram os radicais. *Crisis* distinguia uma terceira *classe* intermediária composta por *distribuidores, superintendentes e manufatureiros* que (queixou-se um pouco fracamente) eram *necessários, mas demasiado numerosos*. Alguns jornais de artesãos identificavam os empresários como inimigos de classe: "Os interesses dos senhores e dos homens são tão opostos uns aos outros quanto a luz é às trevas"; ou "Os capitalistas não produzem nada além deles mesmos; são alimentados, vestidos e alojados pelas classes trabalhadoras" (HOLLIS, 1973: 45, 50). Mas os trabalhadores também confrontavam o Parlamento, magistrados locais, párocos locais, economistas políticos, espiões e provocadores, tropas regulares, e milícias de guardas reais locais. A *velha corrupção*, *Igreja e rei*, ou *economia política* muitas vezes pareciam inimigos maiores e mais violentos do que seu próprio senhor. Ataques contra eles também poderiam trazer apoio de cima, às vezes em aliança segmentar com as *classes trabalhadoras* contra a *velha corrupção*, por vezes com elementos paternalistas da velha ordem contra a economia política (mais sobre isso, adiante), ou às vezes com populismo protestante ou dissidente.

Essas ligações segmentares difusas, muitas vezes locais, diminuíam qualquer consciência puramente de classe (PROTHERO, 1979: 336; STEDMAN--JONES, 1983; JOYCE, 1991). De fato, antes de 1832, o oponente não era uma classe singular. Embora a maior parte *dela* se unisse contra o trabalho, quanto o direito ao voto estava profundamente dividida sobre quais classes deveriam ser representadas e sobre quão protestante o Estado deveria ser (como se discutiu no capítulo 4). Isso enfraqueceu os controles segmentares locais sobre os trabalhadores, seus descontentamentos políticos incentivados por empresários radicais e até mesmo, por volta de 1830, pelos *whigs*.

Esses alinhamentos políticos minaram uma concepção alternativa de classe. As alternativas econômicas radicais mais populares eram as de Robert Owen. Sua defesa das cooperativas de produtores protecionistas apelava aos desejos de artesãos e trabalhadores externos de garantir a igualdade de acesso ao mercado. Correntes mutualistas também fluíram. Durante a década de 1820, John Gray, Thomas Hodgkin e William Thompson usaram *The Poor Man's Guardian* e *The Pioneer* para atacar os capitalistas como intermediários parasitas, que interfeririam na relação legítima dos artesãos com o mercado, o que o Estado deveria garantir. Noel Thompson (1988) os chama *socialistas smithianos*. Poucos defendiam a reorganização da produção em vez das relações de mercado, como fazem os socialistas modernos. Isso não teria sido apropriado para as queixas dos artesãos do período. Mas as visões econômicas estavam submersas na luta política sobre o sufrágio. Embora muitos trabalhadores fossem céticos sobre sua aliança política com a burguesia radical (especialmente quando viram os termos das Leis de Reforma), tinham poucas alternativas. Não tinham chance de alcançar a desejada legislação mutualista sem ela. Uma classe emergente estava unindo as famílias dos trabalhadores em processos de trabalho muito diferentes, mas a política confundia sua noção do oponente e da alternativa.

E.P. Thompson rotulou esse período como a *formação da classe trabalhadora inglesa*, e foi muito criticado por isso. Currie e Hartwell (1965) proclamam seu título: *um mito, um construto de imaginação determinada e pressuposições teóricas*. Eles observam, como outros fazem para a Inglaterra (PROTHERO, 1979: 337) e França (SEWELL, 1974: 106), que os movimentos trabalhistas do início do século XIX normalmente chegavam apenas aos artesãos; que Thompson assume erroneamente uma unidade entre os artesãos e trabalhadores; e que as *massas apáticas e silenciosas*, sob notável controle segmentar local, não foram afetadas por protestos turbulentos (CURRIE & HARTWELL, 1965: 639; CHURCH & CHAPMAN, 1967: 165; MORRIS, 1979: discute as questões conceituais). Falar de uma *classe trabalhadora* singular existente em 1830 seria, de fato, não histórico. No entanto, para chegar com alguma força, necessitava apenas que a luta política popular exibisse o mesmo oponente como luta econômica – e, depois de 1832, isso aconteceu.

Insurreições proletárias cartistas, 1832-1850

Os militantes trabalhadores viram confirmados seus receios sobre a Grande Lei de Reforma. Como discutido no capítulo 4, grande parte da alta pequena burguesia e do Antigo Regime se fundia em direção a uma única classe capitalista, enquanto o Estado se cristalizava como firmemente capitalista e um pouco mais centralizado. Embora as classes médias com direito ao voto permanecessem um pouco heterogêneas e pudessem ser indóceis, a Lei da Reforma diminuiu seu interesse político pelos que estavam abaixo delas. Alguns membros radicais do Parlamento eram pressionados por mais reformas do sufrágio, mas o eleitorado burguês rejeitou a maioria delas até 1837. O Parlamento acreditava que a questão do sufrágio estivesse resolvida. *Radical* agora significava duas coisas diferentes: Para grupos de artesãos e para a London Working Men's Association e para alguns ativistas de classe média, ainda significava a extensão do sufrágio e a proteção dos padrões de vida pelo Estado. Mas para muitos outros, isso significava apenas o *laissez-faire*.

A nova Lei dos Pobres de 1834 resumia o novo regime, estendendo controles mais duros sobre as famílias dos trabalhadores e reduzindo os poderes dos notáveis para distribuir caridade particularista. Isso era denunciado nas reuniões de protesto dos trabalhadores como a "dissolução do vínculo matrimonial – a aniquilação de cada afeição doméstica, e a opressão violenta e mais brutal jamais praticada entre os pobres de qualquer país do mundo" (apud THOMPSON, 1984: 35). General Napier, o comandante das tropas do norte contra o cartismo, enfatizou a Lei dos Pobres para explicar a insurreição: as classes trabalhadoras tinham sido *excluídas do poder representativo*, seus recursos, *exauridos por impostos indiretos para a dívida*, tinham virado *fantasma* pela nova Lei dos Pobres (NAPIER, 1857, volume II: 1, 9). Mas as reformas da administração municipal e das novas autoridades policiais também consolidaram o poder local do novo regime, tornando-o mais representativo do que quer que fossem as classes dominantes locais. A Newspaper Act (Lei dos Jornais) apertou o licenciamento da imprensa. A Irish Coercion Act (Lei de Coerção Irlandesa) indicou a disposição para reprimir. Os sindicatos gerais foram suprimidos como *conspirações*, nomeadamente o Grande Sindicato Nacional Consolidado de 1834, supostamente com 500 mil membros.

Assim, durante a década de 1830, o novo regime estava galvanizando a identidade da classe trabalhadora nacional, a oposição e até mesmo a totalidade. Sua ofensiva econômica reduziu a eficácia do estreito sectarismo comercial e alimentou o ultraje moral das famílias. Sua ofensiva política, especialmente a Lei dos Pobres, prejudicava mais diretamente os mais pobres, mas os artesãos militantes eram mais ameaçados pelo assédio aos direitos de organização sindical. Todos queriam o sufrágio, e como o direito ao voto era agora um direito de classe, tiveram que se organizar como uma classe. O seccionalismo e os controles segmentares declinaram; a classe trabalhadora se desenvolveu. Sua manifestação principal foi o cartismo – como *baseado na classe*, como *massa* e como *revolucionário* em sua intenção como foi qualquer movimento discutido neste volume.

O cartismo se formou em torno de uma única questão, a democracia para homens adultos, e de um único documento, a Carta[28]. Seus seis pontos exigiam sufrágio universal masculino, parlamentos anuais, votação secreta, nenhuma qualificação patrimonial para os MPs, eleitorados parlamentares iguais e pagamento para os MPs. Muitos cartistas também apoiavam o sufrágio feminino, mas os líderes afirmavam que seria contraproducente exigir isso naquele momento. Mas os cartistas não viam o voto como um fim. Como enfatizei ao longo deste volume, a cidadania política não era buscada como um objetivo intrinsecamente desejável. A maioria das pessoas preferia evitar o Estado. Mas quando os estados começaram a explorar e assim as enjaular politicamente, elas se tornaram politizadas. Os cartistas queriam que o voto as libertasse da nova exploração social e econômica. Insistiram em uma tributação mais baixa e progressiva, na reforma da Lei dos Pobres, em menos poderes de governo local e de polícia, em uma lei de *dez horas* e nas proteções mutualistas contra a *escravatura salarial*, incluindo os direitos de organização sindical. *A Carta e algo mais* era seu *slogan* mais popular. Uma cartista presa implorou ao seu interrogador da prisão:

> A grande angústia é a causa do nosso descontentamento – se os salários fossem o que deveriam ser, não ouviríamos uma palavra sobre o sufrágio. Se os senhores fizerem apenas algo para que os trabalhadores obtenham o conforto comum da vida, seremos as criaturas mais contentes sobre a Terra (THOMPSON, 1984: 211).

As classes com direito ao voto não deram muito apoio aos cartistas porque se opunham à maioria desses objetivos socioeconômicos. Os reformistas radicais da classe média ajudaram na liderança inicial e mais tarde reapareceram ineficazmente, procurando moderar o movimento. Entre 10 e 46 MPs também apoiaram moções pró-cartistas na Câmara dos Comuns, embora somente uns poucos dessem algum outro apoio. O cartismo se tornou, na sua esmagadora maioria, um movimento de trabalhadores.

O movimento recrutou uma massa heterogênea de trabalhadores. Várias listas de militantes, membros e manifestantes presos sobreviveram, detalhando suas ocupações (para detalhes, cf. THOMPSON, 1984). Nenhuma é uma amostra representativa, mas todas são consistentes umas com as outras. Havia alguns deles que eram da classe baixa, outros profissionais – professores, ministros, o antigo médico ou advogado – e muitos outros mais lojistas. Mas a grande maioria era de trabalhadores. Os únicos trabalhadores substancialmente sub-

---

28. As principais fontes sobre o cartismo foram Briggs (1959b), Prothero (1971), Jones (1975), vários ensaios em Epstein e Thompson (1982), Stedman-Jones (1983) e D. Thompson (1984).

-representados eram os trabalhadores agrícolas e os empregados domésticos, mantidos por seus empregadores sob controle segmentar. Havia poucos proprietários camponeses independentes na Grã-Bretanha; o capítulo 19 mostra que em outros países esses eram capazes de organização e radicalismo. Praticamente todos os outros trabalhadores da manufatura e dos serviços estavam presentes em grande número. Trabalhadores externos desprovidos eram sobrerrepresentados – tecelões, tecelões de malha, penteadeiras de lã e fabricantes de pregos –, assim como os mais antigos ofícios artesanais, como a fabricação de sapatos, alfaiataria, e alguns dos ofícios da construção civil. Mineiros e operários de fábricas têxteis estavam bem representados nas ocupações *modernas*, embora suas rotinas fixas de trabalho significassem que, embora fornecessem poucos organizadores, eram frequentemente presos. Os mineiros alcançaram uma reputação especial de violência, e os alfaiates, metalúrgicos e carpinteiros estavam sobrerrepresentados em protestos pacíficos.

Quase todos os comerciantes artesanais apareceram, assim como seus sindicatos. Apenas algumas poucas ocupações superiores seguras se mostraram resistentes. Em Londres, quase todos os sindicatos se federaram em organizações cartistas – tanto trabalhadores em ocupações ameaçadas, como sapateiros, carpinteiros e alfaiates, quanto *aristocratas* relativamente não ameaçados como pedreiros, chapeleiros, acabadores de couro, entalhadores e douradores, e engenheiros (GOODMAY, 1982). No sudeste de Lancashire, apenas os sindicatos mais seguros – impressores, encadernadores e fabricantes de carruagens – permaneceram afastados. Quase todos os outros sindicatos se federalizaram: fiadeiras de algodão, estampadoras e tintureiras de cálico, alfaiates, sapateiros, trabalhadores da construção civil e engenheiros (SYKES, 1982). A maioria das ocupações de Nottingham aderiu, embora tecelões de malhas e sapateiros ameaçados estivessem sobrerrepresentados (EPSTEIN, 1982: 230-232). Em todos os ofícios, conclui Dorothy Thompson, todos os ramos, "desde o homem habilidoso da sociedade até o homem desleixado podem ser encontrados entre os cartistas, e mesmo entre os líderes" (1984: 233). Por causa da natureza comunitária do movimento (a ser discutido em breve), ele foi liderado por quaisquer que fossem as ocupações localmente dominantes. A heterogeneidade ocupacional dos trabalhadores não impedia a ação de classe.

As distribuições ocupacionais por si sós não transmitem a amplitude desse movimento de classes, pois também era de base comunitária e familiar – como o capitalismo manufatureiro inicial e a maioria dos movimentos de trabalhadores radicais (como enfatiza CALHOUN, 1982). Muitas áreas fabris eram compostas por uma cidade ou centro urbano cercado por aldeias da classe trabalhadora. Essas ofereciam espaço de organização relativamente livre do controle segmentar de cima, como Napier observou com alarme. As manifestações de massa foram estimuladas por contingentes marchando sob os estandartes dessas aldeias. Nos distritos de trabalhadores, o movimento se centrou em lugares de encontro públicos de redes de comunicação discursiva e oral: capelas, salas de leitura, escolas, tabernas, e bancas de jornal. A organização estava centrada não no emprego, mas na comunidade.

Assim, havia muitas mulheres e associações de mulheres cartistas. As autoridades geralmente não prendiam (e assim documentam) as mulheres; e como a sociedade vitoriana se voltava contra a agitação feminina, mais tarde as memórias minimizaram seu papel. Mas pode ter havido uma participação feminina maior nesse movimento, o primeiro da classe trabalhadora, do que em qualquer outro que se seguiu até meados do século XX. A destruição do trabalho doméstico, do trabalho infantil e feminino de fábrica, da Lei dos Pobres, e da tributação regressiva explorou famílias, e não apenas, como mais tarde, empregados predominantemente do sexo masculino. Até os militantes masculinos deixaram isso claro. Um lema proeminente de faixas (apud BENNETT, 1982: 96) dizia:

> Por filhos e esposa
> Lutamos até à morte!
> Que Deus nos ajude.

As mulheres também apoiaram duas exigências cartistas menores, por um maior controle da escolaridade e do álcool. Dorothy Thompson (de quem este parágrafo depende) acredita que a participação das mulheres diminuiu na década de 1840 à medida que a Lei dos Pobres se tornou mais humana e que as condições da fábrica se estabilizaram (1984, capítulo 7). Argumentarei mais tarde que as Leis de Fábrica tornaram o cartismo mais masculino. O cartismo não defendia a igualdade dos sexos. Sua liderança e seu programa, especialmente a própria Carta, refletiam a dominação masculina normal dos tempos. Mas a exploração contemporânea era de famílias inteiras, homens e mulheres não eram claramente segregados em relação à exploração, e compartilharam algumas soluções para a exploração. O movimento da classe trabalhadora inicial não era tão dominado pelos homens como os mais recentes – e, assim, era mais forte.

Os cartistas podiam certamente se mobilizar. A Carta foi apresentada três vezes ao Parlamento, apoiada por enormes petições. A assinatura foi o nível mais baixo de participação no movimento. Pouco menos de 1,3 milhão assinou em 1839, 3 milhões em 1842, e entre 2 e 5 milhões em 1847-1848 (os dois lados contestaram esse número). Esses são grandes números. Poucos signatários podem ter trabalhado na agricultura ou no serviço doméstico. Como a população adulta de manufatura era inferior a 5 milhões, uma maioria dela provavelmente assinou pelo menos uma petição (não houve muitos signatários de classe média). Não houve atividade política de massa comparável em nenhum país durante o século XIX.

O número de militantes era muito menor, mas ainda assim impressionante. Em 1842, a National Charter Association (NCA) tinha 50 mil membros em 400 clubes locais. No final da década de 1840, a Chartist Land Company tinha cerca de 70 mil membros. O principal jornal cartista, *Northern Star*, tinha 60 mil leitores em seus anos de auge. Os funerais públicos de militantes mortos atraíam multidões de 50 mil. Os militantes faziam repetidamente grandes manifestações de entre 4 mil e 70 mil pessoas (os números são incertos e foram contestados na época), em várias cidades ao mesmo tempo. Em 1842, o secretário da NCA participou de enormes reuniões ao redor de Birmingham, "e o grito universal é 'temos de ter a Carta' – e Maravilhoso! oh Maravilhoso, nem um em mil tem um *cartão* [de membro]" (EPSTEIN, 1982: 229). Houve três picos de agitação: em 1839-1840, 1842 e 1848. Não sabemos os números envolvidos, mas aqueles de ambos os lados que anteciparam os acontecimentos de 1839 estavam assumindo uma greve geral até que a liderança recuou no último momento; e a greve de 1842 foi a maior e mais geral na Grã-Bretanha do século XIX.

O cartismo não era organizado autoritativamente, no sentido de ser muito dirigido a partir do centro. Por isso sua ideologia e senso de alternativa (além da Carta) terem sido pouco formalizados e serem flutuantes e diversos. Mas o movimento era agressivo, bastante consciente da classe, e hostil aos capitalistas. Feargus O'Connor, que se considerava não socialista, ainda esbravejava contra os empregadores capitalistas a quem chamava "traficantes de sangue humano e de cartilagem infantil". Um ouvinte relatou: "Ele dividiu a sociedade em apenas duas classes – os ricos opressores e os pobres oprimidos. Toda a questão se resolvia na batalha entre capital e trabalho" (THOMPSON, 1984: 251). Bronterre O'Brien denunciou a *guerra capitalista*. Os militantes agora raramente protestavam contra a *velha corrupção*, mas contra a *legislação de classe* e a *moinhocracia (Millocracy)*, *lojocracia (Shopocracy)*, "e qualquer outra Ocracia que se alimente de sinais vitais humanos", como colocava o *Northern Star* (STEDMAN-JONES, 1982: 14).

Os líderes nacionais estavam receosos de parecer inflamados em público ou em comitês (por medo de espiões policiais), mas as ações e palavras desprotegidas dos militantes muitas vezes iam mais longe. As greves de 1842 foram declaradas gerais, numa tentativa de forçar todos os trabalhadores a irem para a rua. Como disse uma carta interceptada:

> Agora é a hora da liberdade. Queremos os salários pagos [no nível de] 1840, se não nos derem, a Revolução é a consequência de termos parado cada ocupação – alfaiates, sapateiros, fabricantes de escovas, limpadores de chaminés, latoeiros, carroceiros, pedreiros, construtores, carvoeiros & cia e quase toda ocupação.

Um militante disse numa reunião em Manchester:

> A propagação da greve seria e deveria ser seguida por irrupção geral. As autoridades da terra tentariam reprimi-la, mas devemos resistir. Agora nada havia além de uma luta de força física a ser procurada. Devemos fazer as pessoas saírem para lutar; e elas devem ser irreprimíveis, se estiverem unidas (THOMPSON, 1984: 287, 297).

Os cartistas têm sido frequentemente tratados com indulgência pelos escritores modernos porque poucos eram socialistas em qualquer sentido marxista ou produtivista (p. ex., HOBSBAWM, 1962: 252, 255; MUSSON, 1976; STEDMAN-JONES, 1983). Mas essa é uma visão parcial, teleológica, aparentemente derivada da desilusão com a *democracia burguesa* e o Partido Trabalhista. Em vista do futuro desastroso do marxismo, não é convincente sequer como teleologia. Como o Estado central foi a causa imediata da maior parte da sua exploração, foi *justamente* o principal objeto de ataque. Naquele momento (como agora) o voto realmente importava, e sua obtenção teve uma boa chance de alcançar o que os militantes queriam – uma Lei dos Pobres mais humana, direitos de organização mutualista para os sindicatos, e uma tributação mais progressiva.

A combinação cartista de objetivos políticos claros e objetivos econômicos mutualistas parece apropriada para a exploração das famílias dos trabalhadores nas décadas de 1830 e 1840. Como Dorothy Thompson (1984: 337) conclui em seu belo estudo, o cartismo até tinha um programa plausível mais amplo – centralização menos rápida (além da propriedade estatal da terra e transporte), muito mais autonomia local, uma verificação do tamanho das unidades econômicas, e nenhum novo imperialismo. A isso devemos acrescentar mais humanidade às crianças, incluindo maior educação, e restrições ao álcool. Ela acredita que o programa cartista pode ter desacelerado o crescimento econômico. No entanto, ao focar a política nos problemas de manufatura, pode ter remediado o viés comercial do capitalismo britânico (descrito no capítulo 4).

Alguns cartistas estavam preparados para ir muito mais longe, em direção a métodos revolucionários, para alcançar seus objetivos. A facção *força física* organizou clubes de armas com muitos milhares de piques e centenas de mosquetes; eles treinavam em formações militares e desfilavam em procissões de luz de tochas para intimidar as autoridades locais. Houve alguma organização para uma rebelião geral em 1839, iniciando em Newport, Newcastle, e West Riding. Quase todos os líderes nacionais se opuseram a isso, embora muitos tenham sido favoráveis ao treinamento e armamento mais lentos e sistemáticos. Algo claramente deu muito errado no planejamento, pois os conspiradores correram dispersos como coelhos assustados, tão logo a rebelião de Newport malogrou e falhou em se espalhar. Em Newport, cerca de 5 mil homens armados de piques tentaram insensatamente libertar prisioneiros cartistas da prisão antes que mais 20 mil entrassem marchando a partir das colinas ao redor. Houve uma violência significativa em 1840, com batalhas em Bury, Birmingham e no campo de carvão do nordeste, e muitos ataques a lojas de alimentos e casas de trabalho, incêndio de residências de vigários e de estações de polícia, e apedrejamento de tropas. Em 1842, multidões cartistas controlaram Nottingham por quatro dias antes que os militares os dispersassem, fazendo 400 prisioneiros. Também controlaram os Potteries durante dois dias, resultando em 49 deportações e 116 prisões; e em Halifax uma multidão feriu seriamente 8 dragões antes de ser dispersada. Em 1848, planos insurrecionais foram preparados em Lancashire, no West Riding e em Londres. Em Glasgow, uma turba anti-Lei dos Pobres foi alvejada por tropas, com 6 mortes. Em Bradford, uma multidão armada subjugou a polícia e os policiais especiais. Apenas as espadas e armas dos dragões montados a dispersaram.

Os cartistas não falharam porque eram poucos ou seccionais ou incoerentes ou tímidos. Sua organização nacional era fraca, e poucos pretendiam uma revolução, mas isso foi verdade para todos os movimentos *revolucionários* até 1917. As pessoas só se tornaram revolucionárias quando os regimes recusaram suas exigências e, em meio a um agravamento muito confuso, decidiram que era possível derrubá-los. É verdade que os cartistas tinham uma fraqueza interna importante. Eles achavam difícil organizar a capital, uma fraqueza importante para um movimento dirigido ao Estado (que se tornou transparente no fracasso de 1848). Quando a população de Londres aumentou de 1 milhão para 2,7 milhões entre 1801 e 1851, as chances de mobilização coletiva na capital diminuíram. A distância entre as quantidades de espaço organizável no nível de oficina e de bairro e no nível político de toda a cidade era demasiado grande (GOODMAY, 1982). Como o cartismo era baseado na comunidade local, lutava na grande metrópole. Mas com essa exceção, se não houve uma revolução, isso não resultou principalmente das próprias deficiências dos cartistas. Sua agitação era tão forte quanto qualquer coisa vinda de baixo na França em 1789 ou nos movimentos de classe (embora não nos movimentos nacionais) de 1848. Em particular, o que os cartistas possuíam (e partilhavam com muitos dissidentes nacionalistas) era o fervor moral e emocional que sua intensa organização familiar e comunitária proporcionava.

O que faltava, ao contrário, era fraqueza ou divisão do outro lado, embora a maioria dos historiadores tenha se concentrado nas classes mais baixas, e não nas mais altas. Diferente de 1789 ou 1848 ou do início do século XX na Rússia, não havia divisão significativa entre o regime ou as classes dominantes. No capítulo 5, vimos como as divisões essenciais do regime – na corte, nos estados gerais e na assembleia nacional, na Igreja e no exército – foram tanto para o desdobramento de uma verdadeira crise revolucionária como para a esquerda a tendência na direção da classe da liderança insurgente. Mas o Parlamento britânico nem sequer discutiu a Carta. Agora, não havia evolução de cidadania civil individual para cidadania política estendida, como Marshall sugeriu. Ao invés disso, o primeiro resistiu firmemente ao último.

Ninguém com autoridade nacional ou regional simpatizava o suficiente para defender a concessão de qualquer um dos pontos da Carta. As tentativas cartistas moderadas de se aliar aos reformadores da classe média deram poucos frutos. Quando ameaçadas, as classes médias se reuniam em torno da propriedade e da ordem, alistando-se aos milhares como policiais especiais. Houve, como

John Saville resume o assunto em seu belo estudo sobre a resposta do regime, "o fechamento de fileiras entre todos os que tinham uma participação na propriedade do país, por menor que fosse essa participação" (1987: 227; cf. WEISSER, 1983). Na sequência do colapso da última manifestação de massas em 1848, após o qual o cartismo declinou rapidamente, a esposa de um ministro de gabinete escreveu à esposa de outro: "Estou certa de que é uma grande sorte que a coisa toda tenha ocorrido, pois demonstrou o bom espírito de nossas classes médias" (BRIGGS, 1959a: 312).

Assim, no final, o cartismo evocou mais a consciência burguesa persistente do que a consciência de classe proletária. Esse foi um caso de luta de classes direto, e como de costume não houve uma síntese dialética revolucionária, mas uma vitória para a classe dominante.

A unidade burguesa permitiu uma repressão consistente e judiciosa – uma cristalização do Estado como militarista suave e ordeiro. O cartismo não se deparou com aquele talento inglês, muitas vezes enaltecido, para o compromisso e pragmatismo. Poucas qualidades preciosas como essas haviam sido reveladas desde 1832. A repressão medida tomou seu lugar. Havia desacordos calmos sobre táticas no gabinete, mas nenhuma reversão da política entre facções e nenhum pânico súbito levando a reação exagerada e brutalidade grosseira. Os militares geralmente agiam para minimizar as baixas. Sentenças severas foram impostas apenas em casos de violência e após o devido processo – apesar de a violência do infrator ser geralmente insignificante comparada às punições (execução, deportação, ou uma longa pena de prisão). Aqueles que meramente agitavam e se organizavam eram acusados de *sedição*, *incitamento* ou *conspiração*, dado o devido processo, e eram simplesmente removidos por meio de prisão por cerca de um ano. Dos 20 comissários cartistas eleitos em 1848, 14 foram rapidamente presos e encarcerados por até um ano (SAVILLE, 1987: 162).

É importante compreender o papel importante e bastante centralizado da lei na Grã-Bretanha. Como Saville argumenta, as instituições jurídico-policiais eram centralizadas e firmemente subordinadas a um parlamento democrático-partidário que era o legislador soberano. Diferente da maioria dos regimes continentais, os militares, a polícia e o judiciário tinham pouca cristalização autônoma no Estado. Como veremos também mais adiante ao discutirmos os Estados Unidos, a lei e a constituição eram soberanas. Elas não partilhavam o Estado com preocupações mais pragmáticas ou mais monárquicas com o controle de rebeliões sob o qual a lei seria manipulada em prol da ordem ou de objetivos políticos mais elevados. A Grã-Bretanha nesse período e os Estados Unidos ao longo de todo o século tiveram constituições muito diferentes, mas compartilhavam uma democracia partidária (restrita) e uma lei soberana que incorporava o domínio da propriedade capitalista. Ambos reprimiram a agitação trabalhista como *conspiração* com uma consistência de regime e presunção de classe dominante sem paralelo em outros lugares. Como veremos nos capítulos seguintes, o Estado britânico perdeu mais tarde parte dessa autorretidão ideológica (enquanto o Estado americano não), mas em meados do século era forte. Foi personificado no tory General Napier, que simpatizou com os cartistas, culpou os whigs pela insurreição, mas argumentava que a constituição deve ser mantida a todo custo.

O exército de Napier também foi profissional, com um histórico de sucesso quase ininterrupto em todo o mundo, incluindo uma vasta experiência na repressão de distúrbios populares na Irlanda e no império. Napier tinha confiança na disciplina dos seus soldados. Suas táticas também eram claras: concentrar as tropas para que os pequenos destacamentos não ficassem isolados para serem subjugados em seus alojamentos – ele acreditava que tal percalço seria instantaneamente propagado pelos cartistas como sendo uma *bastilha* simbólica, encorajando mais revoltas. Dispersar os homens armados de piques com a cavalaria, usando as laterais de suas espadas, se possível, com a infantaria usando o mosquete e a baioneta, caso resistissem. Usar munição de caça para reduzir as mortes. "O grande ponto é derrotar sem matar" (NAPIER, 1857: 11). Nenhuma polícia, milícia ou tropas se recusaram a obedecer a ordens, e praticamente nenhum magistrado, oficial ou soldado entrou em pânico. O sucesso das rebeliões – provavelmente de todas as insurreições e revoluções – dependia de isso acontecer. Mesmo em Newport, trinta e poucos soldados não entraram em pânico quando cercados por 5 mil manifestantes ostentando piques. Os soldados dispararam, e quando a fumaça de sua segunda saraivada (e não de munição de caça aqui) se dissipou, a multidão fugiu, deixando pelo menos vinte e dois mortos.

As grandes agitações cartistas foram derrotadas por um exército profissional, confiante e disciplinado, inteligentemente liderado por milícias burguesas conscientes da classe, por autoridades governamentais locais recentemente organizadas, e por autoridades policiais recentemente institucionalizadas – todas aplicando com justiça a lei da terra. O que oratória, multidões e piques (que Napier diz terem sido projetados muito curtos) poderiam fazer contra essa mobilização eficiente e centralizada da força? Nenhuma Bastilha foi invadida e, portanto, nenhuma revolução foi iniciada. As revoluções são mais um produto de regimes irresolutos do que de insurgência resoluta e clarividente, como o próprio Lenin percebeu. Como o regime britânico era resoluto, não houve revolução britânica.

Quando os eventos de 1839 deixaram isso claro pela primeira vez, os cartistas se dividiram sobre sua resposta. Argumentos sobre os méritos da força moral *versus* força física já haviam sido ouvidos[29]. A maioria dos líderes sabia que o Parlamento rejeitaria a força moral da primeira petição. Eles tinham

---

29. Eles podem ter sido originados em lutas de emancipação irlandesas, já que muitos líderes cartistas eram irlandeses.

apenas atrasado a sua decisão mais difícil: deveriam realmente dar o próximo passo lógico, aplicar pressão insurrecional? Provavelmente até a maioria da facção da força física viu isso como pressão e não como uma verdadeira tomada do poder do Estado, como também foi o caso na França entre 1789 e meados de 1791. Mas agora os líderes cartistas também tinham provado os frutos amargos da força física. O que eles poderiam fazer se o regime fosse tão unido, tão insensível à pressão?

A maioria rejeitou a força física com base no *realismo*, como fez Wade: "O grito das armas, sem opinião moral prévia e união da classe média com vocês, só causaria miséria, sangue e ruína" (JONES, 1975: 151). O'Connor argumentou repetidamente que uma multidão, por maior que fosse, sempre desmoronava diante de tropas treinadas. Portanto, a grande divisão era tática, não ideológica ou política. Desde o início tinha uma base seccional: entre os ofícios superiores mais seguros e os ofícios inferiores mais lotados que favoreciam a força física (BENNETT, 1982: 106-110). Esse foi o início de novas cisões e enfraquecimentos que durante as décadas de 1840 e 1850 acabaram finalmente com a agressão da classe trabalhadora britânica. Mas, para compreender isso, temos de alargar o nosso foco.

Tornou-se convencional explicar o declínio do cartismo não só em termos de repressão efetiva e consequente divisão tática, mas também em termos de duas melhorias gerais que ocorreram nas décadas de 1840 e 1850 nas condições populares. Primeiro, argumenta-se, a economia ressuscitou e não voltou a declinar até a década de 1870, pondo fim a tempos desesperados para os trabalhadores. Segundo, o governo moderou suas duras políticas sociais, o que também tirou o chão de líderes radicais que pediam soluções políticas.

Esses argumentos têm alguma verdade, mas precisam ser ampliados. Não há uma relação necessária entre tendências macroeconômicas e movimentos sociais. Insurreições não ocorrem simplesmente porque as economias melhoram ou pioram. A melhor explicação nesse sentido é a famosa curva J sugerida por Davies (1970), segundo a qual as revoluções ocorrem após um longo período de ascensão econômica seguido de um curto e acentuado declínio. As expectativas de massa subiram e depois são abruptamente frustradas. Tais curvas J frequentemente, embora nem sempre, ocorrem antes de revoluções. Mas com esta teoria a insurreição das massas deveria ter acontecido novamente na Grã-Bretanha em meados da década de 1870, depois que a ascensão da década de 1860 foi acentuadamente invertida. Não foi assim. Insurreições são organizações (como argumentam os teóricos da mobilização de recursos). Portanto, precisamos de uma explicação mais específica de como a melhoria econômica está ligada à organização insurgente. Forneço essa explicação daqui a pouco.

O governo moderou suas políticas sociais, prejudicando assim o cartismo? (Como argumenta STEDMAN-JONES, 1982: 50-52.) A mudança decisiva foi o declínio da carga tributária sobre o consumo na década de 1840 (evidenciado no capítulo 11). Isso resultou não da mudança da posição do governo, mas porque (como mostra o capítulo 11) o ciclo da dívida incorrida nas Guerras Napoleônicas terminou e não foi reiniciado por guerras adicionais. Como o financiamento regressivo da guerra tinha causado a maior parte da politização de classe desde a década 1760, seu declínio agora despolitizava consideravelmente as famílias dos trabalhadores. O capítulo 11 argumenta que o alívio fiscal estava ocorrendo agora em uma escala histórico-mundial. O cartismo foi um dos últimos movimentos nos quais a tributação desempenhou um papel significativo, pelo menos na sua fase inicial. No final do século XIX, novas formas de politização de classe surgiriam, mas em meados do século veio uma trégua. A agitação dos trabalhadores se tornou mais econômica, mais confinada às relações diretas de produção. Contrário à teoria marxista, isso a moderou e a despolitizou.

Dois outros sinais de um regime mais moderado são às vezes apontados: uma administração mais leniente da Lei dos Pobres (THOMPSON, 1984: 336) e a colaboração entre as *classes trabalhadoras* (especialmente entre dissidentes), que posicionava trabalhadores e empresários contra o Antigo Regime para assegurar a revogação das Leis dos Grãos em 1846 e para protestarem a favor da reforma da temperança e da educação. No entanto, ainda na década de 1840, ocorreram motins contra a Lei dos Pobres, poucos militantes cartistas foram seduzidos por movimentos colaborativos e esses não foram influentes na queda do cartismo. Uma colaboração mais ampla entre as classes também ocorreu no movimento das Leis das Fábricas (*Factory Acts*), mas isso – e as ascensões econômica e fiscal – foi menos importante como *melhorias* do que como reforço do seccionalismo no qual o cartismo derrotado finalmente se desintegrou. Consideremos o seguinte processo complexo.

Os movimentos das Leis das Fábricas protestaram contra a exploração de três diferentes *status* de trabalhadores – homens, mulheres e crianças. Alguns radicais burgueses apoiaram um *salário justo* e *horas razoáveis* para os três, porém mais queriam regular ou acabar com o emprego de mulheres na fábrica, e muitos mais – incluindo até mesmo os donos de fábricas e suas esposas, na maioria protestantes evangélicos e ativistas da Temperança – atacaram o trabalho infantil. Esse apoio veio de ambos os extremos, radicais de esquerda e altos tories. As duas identidades às vezes se fundiam, como em Michael Sadler, membro do Parlamento de Leeds, um defensor do *projeto de lei das dez horas*, apoiado por cartistas contra os opositores liberais nas eleições parlamentares. Seu *alter ego* era o proprietário da fábrica de algodão de Rochdale, o radical, mas liberal, John Bright, que se opunha às Leis das Fábricas como *restringindo o comércio* e *infringindo a liberdade*. No Parlamento, os patrícios whigs e altos tories, dos condados, esbravejaram contra a imoralidade dos donos das fábricas. Essa cristalização política *patriarcal* proporcionou a única desunião significativa do regime por meio da qual os trabalhadores podiam obter ganhos. Seus ganhos vieram por meio de rachaduras intersticiais, não por meio da dialética, do confronto direto ou de seu compromisso sistêmico.

O Parlamento sempre tinha legislado para as crianças. O título do projeto de lei de Peel de 1802, Health and Morals of Apprentices Act (Lei da Saúde e Moral dos Aprendizes), indica seu paternalismo moral. Peel, um tory, pode ter sido, nesse momento, o único empregador de aprendizes na Câmara. Ele apelou ao paternalismo moral sobre as crianças sem ter que superar a hostilidade de um grupo de interesse parlamentar estabelecido. Depois veio uma lei tory de 1819, proibindo o emprego de crianças menores de nove anos em fábricas de algodão. Quando o Parlamento de 1832 representou adequadamente os donos das fábricas, as linhas de batalha endureceram. Mas o movimento das Leis das Fábricas divulgou a terrível situação das crianças nas minas e nos têxteis e apelou ao patriarcado, denunciando o trabalho explorado de mulheres. As mulheres, as portadoras da moralidade doméstica, eram consideradas essenciais ao tecido moral da sociedade pela maioria dos cristãos e conservadores. Eles acreditavam que as mulheres solteiras deveriam fazer um trabalho de formação para a maternidade, como o serviço doméstico ou o comércio varejista. Mulheres casadas deveriam estar em casa.

Para assegurar esses fins moral-patriarcais, os atos eram passados durante todo o período cartista. Os atos dos whigs de 1833 e 1836 estabeleceram comissários de fábrica para regular as fábricas e o horário das crianças. A Lei apartidária das Minas de 1842 proibiu o emprego clandestino de crianças menores de dez anos e de mulheres, e estabeleceu uma inspetoria para fazer cumprir a proibição. A Lei Tory das Fábricas de 1844 foi aplicada aos têxteis. Fixou um máximo de 6,5 horas para crianças menores de treze anos e um máximo de 12 horas para mulheres; também cercou máquinas e ampliou a inspetoria. A lei apartidária de 1847 reduziu as horas das mulheres para 10 horas nos têxteis. As leis de 1850 e 1853 estabeleceram o horário diurno para as mulheres. Essas leis também aceitaram a responsabilidade de educar as crianças quando não estivessem trabalhando, embora a implementação fosse desigual. Todas passaram na Câmara dos Lordes com o apoio dos bispos. O Parlamento estendeu a legislação a todas as indústrias entre 1860 e 1867. Somente em 1874 os homens foram cobertos.

Essa sequência legislativa revela as distinções seccionais feitas por razões morais, predominantemente patriarcais, entre crianças, mulheres e homens. As crianças foram reguladas e excluídas primeiro, com pouca discordância. Homens e mulheres da classe trabalhadora, cujas vozes foram registradas também foram unânimes: as crianças não devem ser usadas como escravas assalariadas. Isso as degradava física e moralmente, destruía a autoridade familiar e parental, e baixava seus próprios salários por meio da competição. Como o Parlamento concordou fortemente com as duas primeiras posições, a terceira, *restringir o comércio*, escapou. Uma grande causa de *aglomeração* foi eliminada e os salários poderiam subir ao ponto de as crianças poderem ser sustentadas em casa. Argumentos morais também restringiram o emprego feminino, embora em menor extensão. Os trabalhadores foram novamente bastante unânimes. Como todos queriam reduções nas horas e melhorias nas condições, assegurá-las apenas para as mulheres ainda era um ganho. Mais uma vez, a restrição do comércio e da aglomeração escapava; mais uma vez, os salários poderiam subir.

Mas esses ganhos também trouxeram consequências não intencionadas. As restrições às horas de um grupo tiveram implicações para outros. Como homens e mulheres trabalhavam juntos, diferentes horas e condições de trabalho interferiam na eficiência produtiva (especialmente depois das leis de 1850 e 1853). O movimento percebeu isso, esperando uma jornada mais curta também para os homens. Às vezes isso acontecia. Mas, junto aos maiores custos do trabalho infantil (especialmente se houvesse provisão educacional), a atratividade de trabalhadores infantis e femininos para os empregadores era reduzida. As crianças foram excluídas do emprego na fábrica e o emprego formal das mulheres diminuiu. Os homens saudaram isso, acreditando que seus ganhos subiriam para proporcionar um *salário familiar*. As mulheres tiveram reações mais mistas, especialmente as solteiras maduras e viúvas, cuja autonomia econômica era agora reduzida. Os locais fechados de emprego *modernos* – fábricas, minas e oficinas ferroviárias – se tornaram regulados e extremamente masculinos. Os têxteis de algodão permaneceram mais mistos, mas agora com uma divisão hierárquica estável do trabalho entre homens e mulheres (e sem crianças).

Essa é uma narrativa não apenas do progresso legislativo para os trabalhadores, mas também das consequências não intencionais do entrelaçamento de capitalistas e uma combinação de cristalizações políticas ideológico-morais e patriarcais. Essas enfraqueceram a solidariedade de classe família-comunidade do cartismo e estreitaram a ação da classe trabalhadora ao seccionalismo da fraternidade. A Grã-Bretanha é o único país em que podemos traçar claramente isso, pois a moralidade patriarcal em outros países substituiu mulheres e crianças antes do aparecimento de uma grande classe trabalhadora. Só na Grã-Bretanha houve um movimento insurrecional de trabalhadores tão baseado na família. Agora, ele se seccionava e se reduzia ainda mais, reforçado à medida que a economia e os impostos diminuíam. Os trabalhadores se despolitizaram, voltando-se para a ação no local de trabalho, com livros de registro de pedidos mais cheios reforçando suas armas econômicas. É em meio a tal seccionalismo e economismo que a protecionista Companhia Cartista da Terra surgiu em meados da década de 1840, com o objetivo de comprar terras para os trabalhadores cultivarem – uma reação à derrota política e uma virada para a ação econômica restrita (e voltada para o passado). E é a partir da derrota do confronto de classe direto cartista que o *respeitável sindicalismo* surgiu depois de meados do século.

A ascensão do sindicalismo seccional, 1850-1880

Depois de meados do século[30], o crescimento sindical foi lento, mas cumulativo. Os Webbs (1920: 472, 748) estimaram que o número de membros era inferior a 100 mil no início da década de 1840, e estimativas recentes apontam para 500 mil a 600 mil por volta de 1860, 800 mil em 1867 e 1,6 milhão (o que provavelmente é muito alto) em 1876 (FRASER, 1974: 16). Mas os sindicatos nadaram em meio a sociedades cooperativas maiores e *sociedades fraternais*. Em 1874, uma comissão real estimou 4 milhões de membros e 8 milhões de beneficiários das sociedades fraternais (KIRK, 1985: 149-152). A maioria dos trabalhadores estava implicada em formas de protecionismo às quais o regime não tinha objeção.

No entanto, os sindicatos também mudaram seu caráter. Em 1860, a maioria tinha se tornado economista, seccional, e, para muitos escritores, conservadora ou aristocrática. Embora já não fossem claramente ilegais, os sindicatos continuaram a ser assediados segundo as leis conspiratórias. Como vemos mais tarde nos Estados Unidos (capítulo 17), esse seccionalismo de ofício poderia passar pela lei mais facilmente do que os sindicatos industriais ou gerais, especialmente se controlassem a oferta de força de trabalho. A maioria dos sindicatos estava assim confinada aos níveis superiores de habilidade. Ao núcleo artesão da cidade foram adicionados engenheiros qualificados, serralheiros e mineiros que se depararam com controles de oficinas e fábricas, e trabalhadores têxteis e outros com mais habilidades criadas na fábrica. O centro de gravidade dos sindicatos mudou de oficinas artesanais para grandes oficinas mecanizadas e minas. Mercados internos de trabalho se desenvolveram em ferrovias, ferro e aço. A maioria dos sindicatos procurou restringir a entrada nas ocupações, bloqueando *parceiros*, *ajudantes* e *apoiadores*; restringindo o emprego feminino; e exigindo o *salário familiar* – apenas para homens (SAVAGE, 1987). Procuraram institucionalizar as regras de fábrica e oficina, para satisfazer o empregador, conciliar greves, garantir a eficiência do trabalho dos membros e dar respeitabilidade aos membros. Houve poucas greves violentas, a maioria na mineração. A identidade com a ocupação seccional e com a empresa segmentar se fortaleceu mais do que com a classe (JOYCE, 1980: 50-89). O caldeireiro (apud FRASER, 1974: 59) leu com entusiamo:

> Capital e Trabalho parecem
> Pelo nosso Criador unidos;
> Eles não são como gigantes gêmeos
> No mundo da mente?
> O que pode o Trabalho fazer sozinho?
> Virar um moinho sem grãos!

---

30. As principais fontes gerais sobre esse período foram Pelling (1963), Perkin (1969), Musson (1972), Fraser (1974), Tholfsen (1976), Hunt (1981), Evans (1983) e Kirk (1985).

> O que pode o Capital realmente
> Por si só? Apenas acumular sua semente
> Tomar uma pílula dourada.
> Colina acima do progresso brilhante
> Marchamos amarrados,
> Criando dificuldades como,
> Puxando todos juntos.
> Então, devemos, unidos em concordância
> Mostrar para a humanidade maravilhada
> Capital e Trabalho
> São os remos para puxar o barco,
> São as nossas asas para voar para o alto,
> No nosso elevado esforço?
> (FRASER, 1984: 59).

No entanto, sindicatos respeitáveis caminhavam para um elemento do socialismo moderno, o de ver a sociedade como uma *totalidade* econômica. Eles viam o capitalismo como um sistema, percebendo que seus termos de emprego estavam ligados a um ciclo comercial que podiam explorar (HOBSBAWM, 1964: 350). Outro sinal do seu crescente sentido de totalidade – um "marco na história do sindicalismo", como Pelling (1963: 42) o chama – foi a fundação, em 1851, do primeiro sindicato nacional duradouro, a Sociedade Amalgamada de Engenheiros (Amalgamated Society of Engineers – ASE). Embora confinada a trabalhadores masculinos qualificados, reconhecia seus interesses nacionais comuns. A ASE proporcionou um modelo para outros sindicatos ascenderem em direção à organização nacional, passando pela local e regional.

As regras da ASE declaravam o paradoxo central do sindicalismo profissional:

> Caso obrigados a fazer restrições contra a admissão no nosso ofício daqueles que não ganharam um direito por uma servidão probatória (e. g., aprendizagem), nós o fazemos sabendo que tais intromissões são produtoras do mal, e quando perseveradas sem controle, resultam na redução da condição do artesão à do trabalhador não qualificado, e não conferem qualquer vantagem permanente aos admitidos (CLEGG, et al., 1964: 4).

Embora o sindicato acreditasse ser *obrigado* a excluir os trabalhadores não qualificados, essa exclusão reforçou o seccionalismo. No entanto, o sindicato estava também estendendo e, no fim, politizando as identidades coletivas e a organização dos seus membros. No início, a ASE estava mais preocupada com a padronização dos benefícios da sociedade fraternal. Mas quando os empregadores fecharam a ASE nacionalmente em 1852, eles e outros profissionais foram forçados a uma organização e uma política mais amplas. A luta de classes teve um elemento cumulativo, dialético. O envolvimento sindical em movimentos por dez e nove horas pressionou os empregadores a uma organização regional e nacional; isso, por sua vez, pressionou ainda mais a organização nacional sindical. O número de membros aumentou de 5 mil iniciais para 45 mil em 1880. A respeitabilidade dos chamados *novos sindicatos-modelo* não era realmente nova (MUSSON, 1972), mas os sindicatos *nacionais*, sim. O Estado-nação estava se tornando a *totalidade* dos trabalhadores.

No entanto, a politização não foi principalmente de classe. Os sindicatos colaboraram na década de 1850 com reformadores de classe média na Liga da Reforma, cujo lema era *homens trabalhadores são dignos do voto*. No final da década de 1860, o liberalismo havia sucedido ao cartismo como o credo político da maioria dos militantes trabalhistas. Eles também participaram de movimentos cooperativos, educacionais e de temperança interclasse (KIRK, 1985: 70, 132-173). Em troca, receberam legislação mutualista, assegurando os direitos das cooperativas e sociedades fraternais e melhorando a educação. Os reformadores burgueses passaram a apreciar o argumento mutualista de que os direitos civis coletivos fossem concedidos aos sindicatos de trabalhadores. A unidade da classe burguesa presunçosa relaxava em meio a uma ordem social mais seccionalizada e estável. O faccionalismo reapareceu no regime. Muitos defendiam a *incorporação liberal* de trabalhadores respeitáveis.

De fato, em relação aos trabalhadores, o Estado britânico estava agora também se cristalizando como democrático-partidário. Alguns tories, assim como liberais, passaram a acreditar que o voto deveria ser concedido a esses homens respeitáveis. Durante esse período, os próprios partidos estavam se tornando mais de massa, com menos notáveis, mais envolvidos na genuína competição eleitoral. As facções em ambos os partidos antecipavam benefícios eleitorais se promulgassem a reforma. A Lei Conservadora de 1867 concedeu o sufrágio familiar nos bairros, deixando o poder conservador intacto no campo – Lorde Derby disse que sua lei iria *destruir os whigs*. Os liberais retaliaram, estendendo a lei aos condados em 1884. O resultado foi que a concentração geográfica dos mineiros de carvão lhes deu uma maioria em alguns eleitorados de condados. Mineiros, nomeados pelo seu sindicato e leais ao Partido Liberal, foram eleitos para o Parlamento em 1885. Assim, os trabalhadores estavam no Parlamento, como resultado da colaboração segmentar entre sindicatos e um regime democrático-partidário.

O Congresso dos Sindicatos (Trades Union Congress – TUC) simbolizou essa emergência nacional, levemente mutualista e colaboracionista. Fundado em 1868-1869 como uma sociedade de debates, foi ampliado (como havia acontecido com as organizações trabalhistas nos décadas de 1820 e 1830) pela repressão legal aos sindicatos. A Lei de Emenda à Lei Criminal de 1871 criminalizou a maioria dos piquetes, ameaçando até mesmo os sindicatos profissionais. O TUC fez *lobby* com sucesso para a sua revogação em 1875 entre seus aliados burgueses.

Os sindicatos também compartilhavam das tentativas vitorianas de entender a natureza da *sociedade*. A noção de que a sociedade era uma totalidade sistemática e limitada, com suas próprias leis, se espalhava por meio da economia política e da nova disciplina, a sociologia. Os positivistas ingleses popularizaram Comte, o cunhador da palavra; os livros de Spencer sobre evolução social alcançaram vendas em massa; e Marx debateu o sistema capitalista com socialistas mais soltos, que o debateram com radicais e unionistas. A maioria das suas teorias assumiu uma dupla totalidade social – *sociedade* era tanto um sistema capitalista quanto um sistema industrial e era um Estado-nação. E assim permaneceu, para o socialismo e a sociologia.

O sindicalismo respeitável não foi realmente uma "aristocracia trabalhista" e certamente não uma "traição" (como sugere FOSTER, 1974). O cartismo e o movimento de classes estavam em colapso antes de os sindicatos se tornarem respeitáveis. Alguns círculos eleitorais insurrecionais desapareceram então como resultado da derrota, notadamente os tecelões de teares manuais, em grande parte extintos durante a década de 1850. Ao contrário, a respeitabilidade foi uma resposta racional e seccional (1) à derrota frontal das tendências de *classe* do cartismo; (2) ao consequente desvio da solidariedade de classe para estratégias *seccionais* economistas; (3) ao reconhecimento, por elementos do regime democrático-partidário, de que o seccionalismo não era uma ameaça, e de fato encarnava virtudes positivas; e (4) o estímulo do seccionalismo depois de meados do século por novas formas de *heterogeneidade* econômica em meio ao crescimento econômico. Passo a esse quarto processo, começando com as fábricas.

O crescimento das fábricas depois de meados do século não fortaleceu as identidades de classe, como Marx esperava. Joyce (1980) mostra que as fábricas de algodão promoveram o paternalismo segmentar, até mesmo a deferência. Isso é consistente com a evidência de Calhoun (1982) de que o radicalismo anterior tinha sobrevivido melhor em cidades com muitas pequenas oficinas artesanais do que onde as fábricas predominavam; com a demonstração de Rudé (1964) de que multidões agitadoras (exceto durante o pico do cartismo) eram compostas de trabalhadores mais móveis, menos sujeitos à disciplina, do que operários de fábrica; e com o argumento de F.M.L. Thompson (1981), de que de 1840 a 1880 a grande fábrica foi o principal mecanismo de controle segmentar exercido sobre os trabalhadores.

Esses achados também se encaixam no modelo de *deferência* de Newby (1977). A deferência, observa ele, é relacional e não atitudinal, resultando na agricultura do século XX (seu campo de estudo) se o agricultor controlar toda a vida do trabalhador. O agricultor do século XX e o manufatureiro do final do século XIX não eram apenas proprietários-gestores ativos, mas também magistrados e líderes de instituições sociais, educacionais e políticas locais. Os trabalhadores não têm o poder extensivo para desafiar esse amplo leque, mas podem alcançar objetivos limitados por meio da manipulação de um estilo deferencial. Eles podem até interiorizar a deferência: se a única realidade possível é dominada pelo empregador, então, torna-se *natural* no duplo significado factual-normativo dessa palavra. Assim, Joyce mostra os operários (masculinos) de fábricas de algodão, com direito a voto, votando com seu empregador, whig ou tory. Mais conflitos surgiram em pequenas empresas porque os pequenos mestres tinham pouco mais controle da comunidade do que os artesãos. O radicalismo apareceu mais entre os trabalhadores das grandes cidades do que em cidades de tamanho médio; oligarquias de proprietários de fábricas podiam controlar os Rochdales, Halifaxes e Walsalls, mas não Manchester, Leeds, Nottingham, ou Londres. A comunidade fabril desencorajou a classe e incentivou a organização segmentar. A capacidade das classes mais altas de flanquear as classes mais baixas organizacionalmente não havia terminado. Marx estava certo ao vê-la desafiada. Mas a fábrica institucionalizada ajudou a conter o desafio, da mesma forma que a fábrica emergente ajudara a começá-lo. A fábrica se tornou menos uma *escola para o socialismo* do que o equivalente industrial da mansão medieval. Os trabalhadores da fábrica se tornaram os retentores segmentares do seu senhor.

Além disso, onde fábricas e firmas estáveis prósperas cruzavam com controles de ofício sobre a oferta de trabalho, os sindicatos *genderizaram* relações de trabalho. Os sindicatos eram esmagadoramente masculinos, embora as mulheres formassem uma minoria substancial de empregados. As noções trabalhistas de um salário familiar, ganha-pão masculino e camaradagem eram masculinas, assim como o bar onde a maioria dos sindicatos realizava suas reuniões (HART, 1989: 39-60). Fora da fábrica e da empresa estável, e onde cruzavam com as incertezas do mercado, predominava o trabalho informal não organizado, em sua maioria masculino, mas com algumas mulheres. Em algumas áreas os imigrantes irlandeses dominavam entre os trabalhadores casuais masculinos, levando a sérias divisões étnico-religiosas e tumultos (KIRK, 1985: 310-348). Em outras épocas, quando a heterogeneidade não havia estabilizado no seccionalismo, os trabalhadores irlandeses eram bem representados no movimento cartista. Os militantes de Lancashire das duas comunidades eram agora antagonistas.

Os vitorianos observaram as novas divisões, embora geralmente apenas aquelas entre os homens. Marx havia analisado a divisão entre trabalhadores e o lumpemproletariado casual na França em meados do século; mais tarde ele enfatizou o conflito entre trabalhadores ingleses e irlandeses. Outros contemporâneos pluralizaram as *classes trabalhadoras*. Como o radical *Bee-Hive* escreveu em 1864:

> As classes trabalhadoras [...] estão divididas em duas grandes seções, uma constituída pelo artesão e pelo mecânico qualificados e a outra pelo trabalhador, o verdureiro, os homens que garantem seu sustento diário por meios que eles próprios teriam dificuldade em descrever [...] e os "brutos" de todos os tipos (FRASER, 1974: 209).

Mayhew observou que nas docas só os artesãos qualificados tinham emprego e salários regulares:

> Os artesãos são quase sem exceção políticos entusiasmados [...]. Os trabalhadores não qualificados são uma classe diferente de pessoas. Até agora são tão apolíticos quanto lacaios [...]. Parecem não ter qualquer opinião política, ou se têm [...] elas levam à manutenção das "coisas como são" em vez de para o domínio de pessoas trabalhadoras (EVANS, 1983: 170).

A habilidade e o gênero entrelaçados foram a principal fratura da classe trabalhadora vitoriana. Os contemporâneos começaram a dividir os trabalhadores em *respeitáveis* e *brutos*. Gray (1976) e Crossick (1978) mostram que artesãos (masculinos) formavam suas próprias associações, casavam-se e transmitiam sua ocupação a seus filhos; economizavam quantidades moderadas por meio de sociedades fraternais e cultivavam a respeitabilidade. Eles estavam tão segregados da classe média quanto de trabalhadores não qualificados – não *aburguesados*, mas, ao contrário, constituindo uma fração de classe distinta. Eles tinham uma enorme vantagem sobre os não qualificados: a segurança do emprego por causa do controle do mercado de trabalho. Os não qualificados eram trabalhadores casuais, que não alcançavam os níveis salariais familiares. Isso impedia que contribuíssem para sociedades fraternais e outras organizações artesanais. Talvez a comparação mais reveladora diga respeito ao pior medo do trabalhador vitoriano, a casa de trabalho (CROSSICK, 1978: 112-113). Em Greenwich, a chance de admissão de um trabalhador era cinco vezes e meia superior à média da população; a chance do artesão tradicional (alfaiate, pedreiro, tanoeiro) era de apenas dois terços dessa média; e a do profissional de engenharia, de um quarto. As chances de vida do engenheiro eram mais de vinte vezes melhores do que as do trabalhador.

As diferenças de gênero, as profissões artesanais, o trabalho doméstico e o trabalho casual de fábrica – e a agricultura mais segmentarmente controlada e o serviço doméstico – podiam gerar pouca identidade de classe. A maioria das ações coletivas era restrita a *irmãos* qualificados. O Estado nacional também ofuscou a classe ao promover alianças segmentares. Assim, antes que a classe trabalhadora pudesse reemergir, tanto o seccionalismo como o segmentarismo teriam de acabar. Durante a Segunda Revolução Industrial, depois de 1880, nenhum deles terminara; mas diminuíram, como mostra o capítulo 17.

Conclusão

O desenvolvimento inicial do movimento trabalhista britânico foi único. As principais relações de poder descritas neste capítulo não se repetirão nos capítulos seguintes. A difusão inicial do capitalismo manufatureiro, reforçada pelo militarismo estatal, tornou sua cristalização *federal* histórica muito mais centralizada. Entremeadas, essas três forças geraram um movimento da classe trabalhadora unicamente precoce e unicamente familiar e orientado para a comunidade. No final da década de 1830 e início da década de 1840, lançou o cartismo, como um movimento de trabalhadores insurrecional, como encontramos em qualquer lugar mais tarde em outros países. Contudo, encontrou um regime governante e uma classe capitalista igualmente resolutos, conscientes da classe e pretensioso. Eles se confrontaram de frente, e não houve uma resolução dialética. A classe trabalhadora perdeu, pois perdeu todos esses confrontos diretos. Sua derrota foi definitiva, com poucos resíduos aparentes nas décadas seguintes, porque o seccionalismo dos trabalhadores pôde extrair consolações para os trabalhadores profissionais que possuíam poderes de exclusão nos mercados de trabalho interno ou externo. O capítulo 17 descreve como esses seccionalismos enfrentaram a Segunda Revolução Industrial para desenvolver mais uma vez uma organização de classe mais ampla, embora muito mais moderada do que o cartismo.

A substituição da classe por seccionalismo em meados do século também envolveu a família. Enquanto o movimento de classe inicial obteve um forte apoio da família e da comunidade – mais forte do que Marx percebeu –, o seccionalismo posterior se tornou predominantemente masculino, centrado no emprego e produtivista.

Como Marx e Engels recomendaram, analisei as classes como relacionais. Nem o regime, nem a classe capitalista, nem os trabalhadores tiveram uma estratégia consistente, seja reacionária, pragmática ou progressista, ao longo do período. Suas estratégias-tendências – de fato, sua própria identidade – foram forjadas enquanto interagiam. O regime, por exemplo, mudou das concessões pragmáticas em meio ao faccionalismo da Grande Lei de Reforma para o militarismo disciplinado e pretensioso do período cartista para o fortalecimento das concessões pragmáticas da democracia partidária da década de 1860. Ele fez isso enquanto sua própria identidade, as pressões externas e a identidade do movimento trabalhista mudavam.

Diferente de Marx e Engels, não tratei as interações de classe como dialéticas, compostas pelo choque frontal e pela resolução de classes inteiras organizadas. Qualifiquei essa dialética de duas formas. Primeiro, o segmentarismo e o seccionalismo também intersectaram e enfraqueceram inerentemente as classes. No caso presente, o resultado decisivo da luta foi que, enquanto o regime manteve a identidade e a unidade, o militarismo e as consequências imprevistas geraram identidades seccionais de trabalhadores. Mais tarde, quando o regime relaxou, ele também gerou o faccionalismo partidário. Segundo, o conflito de classes raramente é puro e frontal, porque envolve múltiplas redes de poder cujas inter-relações não são sistêmicas ou transparentes para os atores. Assim, sua resolução produz consequências imprevistas uns para os outros. Concentrei-me em entrelaçamentos não sistêmicos entre família e classe e entre cristalizações estatais capitalistas, moral-ideológicas, patriarcais e democrático-partidárias. Seus entrelaçamentos trouxeram consequências que ninguém esperava. Por meio das Leis de Fábrica, por exemplo, os trabalhadores obtiveram ganhos que o regime não pretendia completamente, enquanto o movimento trabalhista se tornou essencialmente masculino, o que ninguém havia intencionado. Poderia acrescentar que outro conjunto de interações não sistêmicas entre classe e Estado-nação também ocorria durante esse período, mas ainda não encontrei suas consequências.

Referências

BAIROCH, P. et al. (1968). *The Working Population and Its Structure*. Bruxelas: Institut de Sociologie de l'Universite Libre.

BENNETT, J. (1982). The London Democratic Association, 1837-1841: a study in London radicalism. In: J. Epstein e D. Thompson (orgs.). *The Chartist Experience*: Studies in Working-Class Radicalism and Culture, 1830-60. Londres: Macmillan.

BRIGGS, A. (1960). The language of "class" in early nineteenth-century England. In: A. Briggs & J. Saville (orgs.). *Essays in Labour History*. Londres: Macmillan.

_____ (1959a). *The Age of Improvement 1783-1867*. Londres: Longman Group.

_____ (1959b). *Chartist Studies*. Londres: Macmillan.

CALHOUN, C. (1982). *The Question of Class Struggle*. Oxford: Blackwell.

CHURCH, R. & CHAPMAN, A. (1967). Gravener Henson and the making of the English working class. In: E.C. James & G.E. Mingay (orgs.). *Land, Labour and Population in the Industrial Revolution*. Londres: Arnold.

CLAPMAN, J.H. (1939). *An Economic History of Modern Britain*. Cambridge: Cambridge University Press.

CLEGG, H.A. et al. (1964). *A History of British Trad Unions Since 1889*. Vol. I. Oxford: Clarendon Press.

CROSSICK, G. (1978). *An Artisan Elite in Victorian Society*. Londres: Croom Helm.

CURRIE, R. & HARTWELL, R.M. (1965). The making of the English working class. *Economic History Review*, 2. ser. 18.

DAVIES, J.C. (1970). The J-curve of rising and declining satisfactions as a cause of some great revolutions and a contained rebellion. In: H.D. Graham & T.R. Gurr (orgs.). *Violence in America*. Nova York: Bantam.

EPSTEIN, J. (1982). Some organizational and cultural aspects of the Chartist movement in Nottingham. In: J. Epstein & D. Thompson (orgs.). *The Chartist Experience*: Studies in Working-Class Radicalism and Culture, 1830-60. Londres: Macmillan.

EPSTEIN, J. & THOMPSON, D. (orgs.) (1982). *The Chartist Experience.* Londres: Macmillan.

EVANS, E.J. (1983). *The Forging of the Modern State*: Early Industrial Britain, 1783-1870. Londres: Longman Group.

FOSTER, J. (1974). *Class Struggle and the Industrial Revolution.* Nova York: St. Martin's Press.

FRASER, W.H. (1974). *Trade Unions and Society.* Londres: Allen & Unwin.

GOODMAY, D. (1982). *London Chartism, 1838-1848.* Cambridge: Cambridge University Press.

GRAY, R.Q. (1976). *The Labour Aristocracy in Victorian Edinburgh.* Oxford: Clarendon Press.

GREENBERG, D. (1982). Reassessing the power patterns of the Industrial Revolution: an Anglo-American comparison. *American Historical Review*, 87.

HOBSBAWM, E.J. (1964). *Labouring Men.* Londres: Weidenfeld & Nicolson.

_____ (1962). *The Age of Revolution, 1789-1848.* Nova York: Mentor.

HOLLIS, P. (1973). *Class and Conflict in Eighteenth-Century England, 1815-1850.* Londres: Routledge & Kegan Paul.

HUNT, E.H. (1981). *British Labour History, 1815-1914.* Londres: Weidenfeld & Nicolson.

JONES, D. (1975). *Chartism and the Chartists.* Londres: Allen Lane.

JOYCE, P. (1991). *Visions of the People* – Industrial England and the Question of Class, 1848-1914. Cambridge: Cambridge University Press.

_____ (1990). Work. In: F.M.L. Thompson (org.). *The Cambridge Social History of Britain, 1750-1950* – Vol. 2: People and Their Environment. Cambridge: Cambridge University Press.

_____ (1980). *Work, Society and Politics*: The Culture of the Factory in Later Victorian England. Brighton: Harvester.

KIRK, N. (1985). *The Growth of Working Class Reformism in Mid-Victorian England.* Londres: Croom Helm.

LEESON, R.A. (1979). *Travelling Brothers.* Londres: Allen & Unwin.

MORRIS, R.J. (1979). *Class and Class Consciousness in the Industrial Revolution, 1780-1850.* Londres: Macmillan.

MUSSON, A.E. (1976). Class struggle and the labour aristocracy, 1830-60. *Social History*, 3.

_____ (1972). *British Trade Unions 1800-1875*. Londres: Macmillan.

NAPIER, W.F.P. (1857). *The Life and Opinions of General Sir Charles James Napier.* 4 vol. Londres: Murray.

NEWBY, H. (1977). *The Deferential Worker*. Londres: Allen Lane.

O'BRIEN, P. (1989). The impact of the revolutionary and Napoleonic wars, 1793-1815, on the long-run growth of the British economy. *Review* (Fernand Braudel Center), 12.

PARKIN, F. (1979). *Marxism and Class Theory*: A Bourgeois Critique. Londres: Tavistock.

PELLING, H. (1963). *A History of British Trade Unions*. Londres: Macmillan.

PERKIN, H. (1969). *The Origins of Modern English Society, 1780-1880*. Londres: Routledge & Kegan Paul.

PROTHERO, I. (1979). *Artisans and Politics in Early Nineteenth-Century London*. Londres: Methuen & Co.

_____ (1971). London Chartism and the trades. *Economic History Review*, 24.

RUDÉ, G. (1964). *The Crowd in History 1730-1848*. Nova York: Wiley.

RUESCHEMEYER, D.; STEPHENS, E. & STEPHENS, J. (1992). *Capitalist Development and Democracy*. Chicago: University of Chicago Press.

SAMUELS, R. (1977). The workshop of the world: steam power and hand technology in mid-Victorian Britain. *History Workshop Journal*, 3.

SAVAGE, M. (1987). *The Dynamics of Working-Class Politics*. Cambridge: Cambridge University Press.

SAVILLE, J. (1987). *1848*: The British State and the Chartist Movement. Cambridge: Cambridge University Press.

SEWELL, W.H. (1974). Social change and the rise of working-class politics in nineteenth-century Marseilles. *Past and Present*, 65.

STEDMAN-JONES, G. (1983). *Languages of Class*. Cambridge: Cambridge University Press.

_____ (1982). The language of Chartism. In: J. Epstein & D. Thompson (orgs.). *The Chartist Experience*: Studies in Working-Class Radicalism and Culture, 1830-60. Londres: Macmillan.

_____ (1975). Class struggle and the industrial revolution: a review article. *New Left Review*, 90.

SYKES, R. (1982). Early Chartism and trade unionism in south-east Lancashire. In: J. Epstein & D. Thompson (orgs.). *The Chartist Experience*: Studies in Working-Class Radicalism and Culture, 1830-60. Londres: Macmillan.

THOLFSEN, T. (1976). *Working Class Radicalism in Mid-Victorian England*. Londres: Croom Helm.

THOMPSON, D. (1984). *The Chartists*. Nova York: Pantheon.

THOMPSON, E.P. (1968). *The Making of the English Working Class*. Harmondsworth: Penguin Books.

THOMPSON, F.M.L. (1981). Social control in Victorian Britain. *Economic History Review*, 2. ser. 34.

THOMPSON, N. (1988). *The Market and Its Critics*: Socialist Political Economy in Nineteenth Century Britain. Londres: Routledge & Kegan Paul.

WEBB, S. & WEBB, B. (1920). *History of Trade Unionism*. Londres: Longman Group.

WEISSER, H. (1983). *April 10*: Challenge and Response in England 1848. Lanham, Md.: University Press of America.

16
A nação da classe média

Questões teóricas

Os capítulos 4 e 9 discutem regimes do século XIX compostos essencialmente por apenas alguns milhares de famílias. E elas não podiam governar sem auxílio. De fato, os trabalhadores ofereceram pouca ameaça organizada até o final do século; os camponeses se organizaram antes, mas (como mostra o capítulo 19) raramente de forma subversiva. Não importava muito se a maioria dos trabalhadores era entusiasta do rei, do país, da capital ou se estava insatisfeita. Como tinham poucas organizações de poder estáveis, suas crenças eram, em grande medida, irrelevantes. No entanto, o flanqueamento organizacional requer administradores de baixo nível e lealistas, anteriormente fornecidos por redes segmentais particularistas, agora, um tanto reduzidos pelo universalismo do capitalismo e do Estado moderno. Todavia, o auxílio veio na segunda metade do século de um grupo de subalternos predominantemente leais: a classe média.

Desde então, essa classe tem sido, na sua maioria, leal ao capitalismo. Os regimes aparentemente se preocuparam mais com o que muitos autores acreditavam ser a tendência intermitente da classe média para o extremismo nacionalista. Examinarei o nacionalismo burguês de forma bastante cética, identificando uma localização social bem mais particularista para aquilo que chamo de estatismo superleal e superprotetor. Dada essa lealdade de classe duradoura, este capítulo frequentemente rompe limites cronológicos e faz generalizações sobre continuidades (onde elas existem) até os dias de hoje. O Estado-nação de classe média, criado no final do século XIX, provou, em aspectos cruciais, ser o nosso Estado. A classe média foi tão importante quanto a classe trabalhadora na formação da sociedade ocidental.

A definição da classe média sempre foi controversa. A emergência de *grupos intermediários* apresentou imediatamente problemas conceituais para os observadores do século XIX. A maioria deles usou o plural *classes médias*, impressionada com sua heterogeneidade. O direito ao voto aumentou de forma aguda o problema de definição de classe: as classes médias talvez devessem ter o direito de votar, no entanto, quem era classe média? Mas isso foi estabelecido mais pela política pragmática do que pela clareza conceitual. Os contemporâneos deixaram definições para nós, mas nossos historiadores não têm sido de grande ajuda. Ryan (1981: 13) reclama que os historiadores norte-americanos utilizam *classe média* como mera *categoria residual*. Entre os historiadores britânicos, Gray acredita que as *relações de produção* distinguem capitalistas e trabalhadores, mas estabelecem somente a *distinção dos estratos médios*, e, portanto, não deveria ser aplicado *mecanicisticamente* (1977: 134-135). Esse conselho vago é ecoado por Crossick, para quem a *classe média baixa é analiticamente* fraco, mas útil como um "termo descritivo para uma realidade contemporânea observada" (1977: 14). Harrison (1971: 101) diz que definir a classe média é difícil no século XX, mas "no começo da Inglaterra vitoriana os testes de adesão eram mais objetivos [...] embora de forma alguma rígidos ou mesmo definitivos". A objetividade pode ser indefinida? Os sociólogos podem fornecer conceitos melhores?

Os sociólogos certamente fornecem *mais* conceitos – a pequena burguesia, com suas frações antiga, nova e tradicional; a classe média, velha, nova e decomposta; a nova classe trabalhadora; a classe de serviços; a classe profissional e gerencial – todos os quais podem estar em *lugares contraditórios de classe*. Alternativamente, existem os muitos estratos médios, estratos ocupacionais ou gradações de *status*; ou termos mistos de classe-estrato como *colarinho-branco*, *profissões* ou *semiprofissões*. Os termos franceses são paralelos a esses. Os alemães combinam termos de classe e *propriedade* – *Mittelstand*, *Burgertum*, divididos em *Besitzburgertum* (burguesia proprietária) e *Bildungsburgertum* (burguesia altamente educada). Essa pletora incorpora cinco teorias alternativas. Grupos intermediários:

1) estão na classe trabalhadora – a conclusão do marxismo ortodoxo;

2) são parte da burguesia governante ou da classe capitalista – uma resposta marxista ocasional e pessimista;

3) estão em um lugar de classe ambíguo e contraditório (WRIGHT, 1985: 42-57);

4) são *decompostos*, já que vários grupos intermediários se enquadram em classes diferentes ou *Stande* – a visão mais comum (p. ex., DAHRENDORF, 1959);

5) estão em uma classe média separada (p. ex., GIDDENS, 1973).

Há debates intermináveis entre essas cinco teorias (revisadas por ABERCROMBIE & URRY, 1983). De todas elas tomo algo emprestado, mas escolho uma combinação entre as teorias 4 e 5. Defendo a emergência de uma classe média em separado e ainda *impura* (como todas as classes), contendo em si três frações internas, cada uma com organizações de poder distintas. Também defendo que a maior parte da sociologia até aqui não conseguiu apreciar suficientemente a complexidade da classe média por três razões:

1) A maioria dos autores entrou nesse debate preocupada com outro problema de classe: a relação entre a classe capitalista e as classes trabalhadoras (Blumin (1989: 6-7) e Mayer (1975) também fazem essa queixa). Classes médias (como o termo implica) são vistas em relação à luta entre capital e trabalho, supostamente a característica definidora das relações de classe modernas. Dessa perspectiva, os grupos intermediários carecem de independência, pois a maioria se alinha ao capital. (Cf. críticas sobre a teoria da *classe profissional-gerencial* em Ehrenreichs (1979), Aronowitz (1979) e Goldthorpe (1982).) Se nos concentrarmos apenas nas relações capital-trabalho, essa visão está correta. Todavia, como tenho argumentado reiteradas vezes, as sociedades não são unitárias, redutíveis a uma única fonte de poder social. A sociedade ocidental moderna não é redutível ao capitalismo, nem suas relações de classe são redutíveis às relações capital-trabalho.

2) A maioria dos marxistas e alguns não marxistas compartilham um *produtivismo* estreito, focado nas relações diretas de trabalho, frequentemente naquelas que prevalecem na grande indústria manufatureira. Alguns confinam a classe trabalhadora ao *trabalho produtivo*, colocando quase todos os grupos intermediários do lado do capital, com muitos deles exercendo as *funções globais do capital* (POULANTZAS, 1975; CARCHEDI, 1977). Wright (1985) tentou compreender a diversidade desses grupos intermediários a partir de um modelo bastante original de *relações de produção*. Ele identifica três recursos poderosos de emprego – a propriedade, o poder organizacional e as habilidades – cada um deles fluindo de um modo de produção distinto na sociedade moderna (ainda que ele veja o poder da propriedade e, por consequência, o modo de produção capitalista, como dominante). Os grupos intermediários tendem ao topo em um deles, mas não em todos os três – eles estão, portanto, em uma *localização de classe contraditória*. Aceito muitos dos argumentos de Wright, porém sua teoria é produtivista e funcionalista: apenas as relações de trabalho realmente contam, e a autoridade e a educação são introduzidas somente na medida em que contribuem funcionalmente para a produção econômica.

Alguns não marxistas compartilharam essa preocupação com as relações de trabalho. Dahrendorf (1959) argumenta que as relações de autoridade no trabalho substituíram a posse de propriedade como determinante fundamental de classe nas sociedades modernas. Goldthorpe (1982) define uma *classe de serviços* nos termos da confiança atribuída no emprego a profissionais, gestores e técnicos de nível mais elevado. O autor é sensível a outras qualidades de sua classe de serviços, como a experiência educacional comum, porém essas qualidades não ajudam a definir sua classe, que é essencialmente um agregado de ocupações. Mais uma vez, as *relações com os meios de produção*, entendidas como relações de emprego, são nossas pretensas guias através do pântano intermediário.

3) Os neoweberianos apenas aparentam ter maior capacidade de lidar com os grupos intermediários. Eles levam em conta as oportunidades da vida comum e os estilos de vida, a escolaridade, a interação social e o casamento, assim como as relações formais de emprego, e vão além da mera função econômica. No entanto, tendem a integrar essa diversidade ao conceito comum de *posição no mercado*, definido principalmente pela educação. Parkin (1979) argumenta que as *credenciais* educacionais permitem à classe média *fechar-se* consideravelmente em relação aos mercados de trabalho. Como Collins (1979), o autor não é funcionalista, mas muito cínico a respeito disso: a educação não é apenas uma resposta às necessidades econômicas, ela própria é uma forma de poder.

Giddens coloca o poder educacional numa teoria mais abrangente de como os poderes de mercado definem as classes. As classes se formam quando *"o fechamento de mobilidade se dá em relação a qualquer forma especificada de capacidade de mercado"* (ênfase do autor). Paralelamente a Wright, ele indica três poderes de mercado: propriedade, qualificações educacionais ou técnicas e poder manual-laboral. Isso resulta em três classes básicas da Modernidade: capitalistas, trabalhadores e uma classe média, definida pela educação. Isso tem o problema específico de deixar a clássica pequena burguesia – pequenos comerciantes, artesãos independentes – fora da classe média, que é talvez uma conclusão estranha. Giddens qualifica um pouco seu modelo, acrescentando *estruturações próximas das relações de classe* secundárias como relações de autoridade na empresa e padrões de consumo. Ainda assim, sua teoria no geral substitui relações centradas no emprego dos meios de produção por poderes de mercado conferidos pela educação (1973: 107-110).

Abercrombie e Urry (1983) observaram, de maneira sensata, que deveríamos combinar as relações de produção e de mercado e que a ação coletiva decorrente de ambas também ajudaria a definir a classe média. Esses são passos necessários, mas ainda insuficientes. O que proponho é dar três passos além.

1) Três relações variavelmente *impuras* de produção têm efeito sobre os grupos intermediários: (1) a posse da propriedade capitalista, (2) as hierarquias específicas das corporações capitalistas e das burocracias dos estados modernos, e (3) as profissões com autoridade licenciada pelo Estado. Por vezes, faço uma distinção na relação 2 entre hierarquias privadas e públicas, mas, em geral, as relações de produção geram três grupos distintos:

1) A *pequena burguesia* – Proprietários de negócios pequenos, familiares.

2) *Carreiristas* – Empregados por rendimento ou por salário, que sobem nas hierarquias corporativas e burocráticas.

3) *Profissionais* – Com formação, ocupações organizadas coletivamente e licenciadas pelo Estado.

Certamente, muitas pessoas se encontram em *locais de classe contraditórios* entre esses grupos, outras os misturam (profissionais empregados por corporações) e algumas outras podem ainda ter empregos idiossincráticos. Contudo, se nos mantivermos inteiramente no nível das relações diretas de produção, talvez tenhamos que contar esses três grupos como classes separadas, uma vez que suas relações de emprego são tão diferentes. Todavia, uma posição de classe comum pode ser gerada pelos passos 2 e 3.

2) Volto à distinção entre relações de poder *autoritárias* e *difusas*. O capitalismo não consiste apenas de organizações de trabalho imbuídas de autoridade. Elas estão integradas a circuitos difusos de capital, incluindo consumo (como muitos autores têm observado). Veremos que ajudam a integrar nossas três frações de classe.

3) O capitalismo nunca foi autoconstituinte. Como argumentei repetidas vezes, ele está enraizado em redes de poder ideológico, militar e político. Veremos que a cidadania nacional ideológica e política também integrou a classe média.

De fato, todos esses três critérios – relações de trabalho, relações de poder difuso e todas as fontes de poder social – adicionam uma qualidade comum às pessoas de classe média: essas pessoas têm relações predominantemente segmentais com as classes dominantes, reforçando sua lealdade – embora, para alguns, gerando uma preocupante *superlealdade*. Portanto, constituem frações de uma única classe média definida pela fórmula: *participação intermediária e segmentada nas hierarquias do capitalismo e do Estado-nação*. Começo com as relações econômicas.

As frações da classe média

A pequena burguesia

A pequena burguesia possui e controla seus meios de produção e seu próprio trabalho, mas não emprega trabalho assalariado livre (como nas definições marxistas). O típico negócio pequeno-burguês emprega o trabalho familiar dependente por valores que não são os do mercado (geralmente abaixo deles). O *proprietário* pode ser uma pessoa, família ou uma sociedade de amigos, geralmente sobre uma base substancialmente não contratual – lucros, perdas e obrigações trabalhistas são compartilhados de acordo com entendimentos normativos difusos sobre família e amizade, diferente das sociedades mais impessoais das grandes empresas. A pequena burguesia tem a posse da propriedade capitalista, mas com trabalho assalariado *não livre*; ela é familiar e particularista.

Obviamente, a demarcação entre pequena burguesia e classe capitalista não é absoluta. Existem negócios de todos os tamanhos, e a alta pequena burguesia se funde imperceptivelmente com a classe capitalista. Como o capitalismo é relativamente difuso, não costuma excluir, diferentemente de outros modos de produção.

O capítulo 4 discute como a organização do capitalismo industrial inicial era essencialmente reduzida e difusa. Artesãos, revendedores, pequenos comerciantes e negócios familiares fizeram a Revolução Industrial. O pequeno *capital* se confundia com *trabalho qualificado*, assim como o trabalho não manual com o manual, especialmente por meio dos artesãos, preponderando entre os *níveis intermediários de classe*. Depois, os capítulos 4 e 15 discutem a ruptura do mundo artesanal. A maioria dos artesãos em negócios pouco seguros caiu na classe trabalhadora, mas, por volta de meados do século, num comércio próspero, talvez cerca de 20% deles, em uma década, tenham podido ascender a ponto de gerir pequenas empresas. Essa nova pequena burguesia se tornou *não manual*, segregada dos *trabalhadores* que estavam abaixo dela, e mais rica, segura e de *status* mais elevado (BLUMIN, 1989: 66-137). Os pequenos proprietários ainda dominavam os grupos intermediários. *Negociantes* formavam bem mais da metade daqueles que foram descritos como classe média pelos vitorianos e estavam aumentando em meados do século (BOOTH, 1886; BEST, 1979: 98-100, 104-106).

Essa pequena burguesia não manual desfrutava de riqueza e *status* apenas moderados e não era recebida nos melhores círculos. No entanto, ela cooperava com os capitalistas. Até o surgimento das grandes corporações, após 1880 na Alemanha e nos Estados Unidos (depois de 1900 na Grã-Bretanha, França e Áustria), mesmo as maiores empresas geravam pequenos revendedores nas duas pontas da cadeia de abastecimento. Companhias e sociedades ilimitadas privadas, subcontratantes e trabalho casual predominavam, e tanto os grandes quanto os pequenos capitalistas estavam preocupados em transmitir a propriedade familiar para seus herdeiros. Pequenos negócios revendiam para as grandes empresas e dominavam indústrias de consumo, construção e serviços. Suas economias eram investidas em títulos ou em ações do governo por meio de procuradores, corretores, bancos e companhias de seguros. A pequena burguesia estava participando alegremente da difusão expandida do capital.

Sua lealdade ajudou a derrotar o cartismo e as revoluções de 1848 e continuou depois disso. Mayer (1975) diz que a pequena burguesia encontrou um único caminho após 1871 – para trás. Isso é exagerado, como argumenta Wiener (1976). Os membros dessa burguesia permaneceram, em sua maioria, conservadores, não reacionários. Na Grã-Bretanha vitoriana, pareciam satisfeitos. *O amadurecimento do liberalismo de classe média* se combinou ao *boom* econômico e ao domínio imperial britânico (THOLFSEN, 1976). A pequena burguesia abrangia quase a maioria do eleitorado entre 1832 e 1867 e, depois, cerca de um terço, mas as eleições continuaram segmentarmente organizadas por *comunidades e redes de deferência tradicionalmente estruturadas* durante um período mais longo

(MOORE, 1976). A quietude política veio acompanhada por um idealismo sentimental. As pinturas nas salas de estar da pequena burguesia retratam cenas de tranquilidade doméstica, do romantismo medieval e das terras altas escocesas, e a inocência das crianças. Blumin (1989: 138-191) e Ryan (1981) também pintam uma imagem aconchegante da pequena burguesia norte-americana.

Todavia, essa foi uma era de ouro fugaz para a pequena burguesia? A Segunda Revolução Industrial desenvolveu corporações, cartéis, associações comerciais e protecionismo em meio a uma intensa competição internacional. Argumenta-se geralmente que esse *capitalismo organizado* era hostil à pequena burguesia. (Essa literatura é sintetizada, p. ex., em GELLATELY, 1974; LASH & URRY, 1987.) O capitalismo britânico e francês era menos *organizado* do que o norte-americano ou o alemão. Mas no importante setor pequeno-burguês do varejo, as lojas de departamento ameaçavam pequenos lojistas e comerciantes em todos os países, tendo a Grã-Bretanha e a França sofrido mais com a concorrência internacional. A pequena burguesia foi supostamente ameaçada, a partir da década de 1880, pelo capitalismo corporativo, diminuindo em número e poder, reagindo com políticas vociferantes e paranoicas e pânico de *status* – voláteis, geralmente direitistas, que terminavam levando ao nacionalismo extremo e ao fascismo – uma fração de classe agitada.

Todavia, isso se revelou um mito. A pequena burguesia do pré-guerra estava entediada, não excitada. Na verdade, até hoje existe pouco descontentamento *econômico* organizado por parte da pequena burguesia. Nos países que discutimos, sem dúvida, a maior organização vinha dos nacionalistas austro-húngaros e do *Mittelstand* alemão – principalmente estruturações políticas de ação coletiva, cujas manifestações estritamente econômicas tendiam a ser pragmáticas e moderadas. Por exemplo, quando os tribunais alemães decidiram que as leis de seguros sociais de Bismarck se aplicavam apenas aos trabalhadores, o *Mittelstand* protestou e conseguiu, em 1911, sua própria lei securitária (KOCKA, 1980: 258-259). A pequena burguesia na Grã-Bretanha e nos Estados Unidos apenas raramente se agitou por causa da política doméstica; não foi ativa nas controvérsias sobre o movimento progressista. Chapman (1981: 236) constata pouco conflito entre as pequenas e as grandes empresas britânicas entre as décadas de 1720 e 1970. A maioria dos problemas surgiu em torno da manutenção dos preços no varejo, mas como os principais rivais eram cooperativas, o protesto da pequena burguesia ecoou a ideologia capitalista liberal (CROSSICK, 1977: 17). Como veremos, essa fração de classe estava malrepresentada nos movimentos nacionalistas de classe média da época. Mesmo quando descontente, a pequena burguesia raramente rompeu para formar seus próprios partidos.

Mesmo assim, a pequena burguesia teria entrado em declínio diante da maior eficiência das corporações? Depois de meio século no qual os economistas enfatizaram as economias de escala, a questão da eficiência foi levantada novamente na década de 1980. Prais (1981) falhou em encontrar economias de escala: os grandes engoliram os pequenos não porque eram mais eficientes, mas porque exerciam poder autoritativo sobre os mercados e devido às características dos mercados de ações. O estudo de Nikolaou (1978) sobre as empresas gregas identificou que as pequenas e médias empresas eram as mais eficientes; Kiyonari (1981) descobriu que as menores empresas japonesas eram ou muito pouco ou extremamente rentáveis. Há poucos dados sobre lucros em períodos anteriores. A literatura histórica está repleta de fábulas de infortúnio da pequena burguesia, mas não de custos de lucro e de perda, nem qualquer prova econômica de declínio (Gellately (1974) é um exemplo típico). A taxa de mortalidade de pequenos negócios era alta, mas provavelmente foi sempre assim, certamente desde a década de 1850 (BLUMIN, 1989: 115).

As pequenas empresas exploram severamente o trabalho familiar. Contudo, raramente isso é *experimentado* como exploração. Bertaux e Bertaux-Wiame (1981) descrevem nitidamente a vida dos padeiros franceses. O padeiro e sua esposa têm uma vida de trabalho quase incessante. Durante seis dias na semana o marido assa os pães das 3 ou 4 horas da madrugada até depois do meio-dia, e a esposa os vende na loja das 7 ou 8 horas da manhã até as 8 horas da noite. Todavia, o negócio é sua vida e realização, satisfazendo tanto a visão idealista de *significado* quanto a visão materialista de autoexpressão prática e criativa. Poucas pessoas na Modernidade experimentam autonomia e realização no trabalho, porém, esses objetivos permanecem altamente valorizados. Mesmo que lucros e salários sejam baixos, muitas pessoas querem entrar no negócio e a maioria o experimenta como satisfatório, com dificuldades e tudo. Isso não produz descontentamento – tampouco essa jornada excessivamente longa de trabalho facilita a organização de classe.

Na ausência de dados sobre lucro, números são frequentemente utilizados para indicar a proletarização. A conclusão tem sido quase unânime: os números caíram até a década de 1980, indicando o declínio econômico e a proletarização. A famosa previsão de proletarização da pequena burguesia feita por Marx e Engels (no *Manifesto comunista*) tem influenciado tanto discípulos quanto críticos de ambos. Reunindo evidência bastante escassa, Poulantzas proclamou "um processo maciço de pauperização e proletarização dessa pequena burguesia" (1975: 152). Mas mesmo os críticos de Marx concordam com isso, acrescentando apenas que um novo salariado surgiu para compensar (GEIGER, 1969: 92-94). Giddens tenta ser mais preciso:

> Os números [...] sugerem um padrão geral que se aplica, embora com discrepâncias consideráveis, à maioria das sociedades capitalistas: um padrão de diminuição relativa constante dos pequenos negócios [...] das décadas finais do século XIX até aos primeiros anos da década de 1930, portanto, o declínio continua, mas em um gradiente consideravelmente reduzido (1973: 177-178).

A década de 1980 acrescentou uma reviravolta nessa fábula ortodoxa: a afirmação de que uma era de capitalismo corporativo *organizado* foi sucedida por outra de capitalismo *desorganizado*, na qual as pequenas empresas voltaram a florescer. Lash e Urry (1987) argumentam que o capitalismo corporativo induziu o declínio da pequena burguesia de 1880 a 1950 e depois esse declínio se inverteu.

Todavia, todas essas alegações são falsas. O declínio pequeno-burguês foi basicamente restrito à manufatura e em proporções relativas, não em números absolutos. Giddens constatou esse último ponto, porém interpretou mal a cronologia do declínio relativo. A maioria dos censos revela um declínio da pequena manufatura até a década de 1970. Na Grã-Bretanha, em 1930, existiam 93 mil estabelecimentos empregando menos de 10 pessoas; em 1968, apenas 35 mil. Um declínio ligeiramente menor ocorreu na França, Alemanha e nos Estados Unidos. Apenas Itália e Japão escaparam do declínio. Por volta da década de 1960, os estabelecimentos que empregavam menos de 10 pessoas representavam apenas 2,1% dos empregos em manufatura na Grã-Bretanha, 2,4% nos Estados Unidos, 6,2% na Alemanha ocidental, 10,8% na França, 12,2% no Japão e 18,2% na Itália (PRYOR, 1973: 153; KIYONARI, 1981: 980; PRAIS, 1981: 10-11, 160). Mas as tendências totais de emprego são complexas e diferem entre os países e os períodos.

O censo britânico de 1911 distinguia *empregadores, trabalhadores autônomos e empregados*. Os dois primeiros são indicativos, *grosso modo*, da pequena burguesia (embora no primeiro grupo também estivessem incluídos os poucos grandes capitalistas). Entre 1911 e 1931, eles aumentaram em 14% em números absolutos, mantendo exatamente no mesmo patamar sua contribuição relativa para a força de trabalho. Entre 1931 e 1951, os números diminuíram em 21%; a contribuição relativa, um pouco mais. A exclusão da agricultura acentua o declínio absoluto em 28%, sendo mais forte ainda na mineração e na manufatura. Mas os *empregadores* entraram em declínio antes, e de maneira mais expressiva do que os *trabalhadores autônomos*. Os últimos aumentaram no início, sendo o número em 1951 141% do percentual de 1911, maior na agricultura, depois nos transportes, no fornecimento de alimentos e comércio de distribuição (ROUTH, 1965: 20). Entre 1951 e 1971, essas tendências se inverteram: os empregadores aumentaram em quase 50%, e praticamente voltaram ao patamar de 1931 (a proporção subiu 25%), enquanto o número de trabalhadores autônomos decresceu ligeiramente. Esse aumento tardio no número de empregadores ocorreu na maioria dos setores da economia, incluindo na manufatura (ROUTH, 1980: 6-7, 18-20). No geral, os números absolutos aumentaram depois de 1911, mas a contribuição relativa para a força de trabalho declinou ligeiramente.

Isso sugere três tendências na Grã-Bretanha. (1) Ainda que, em meados do século, a alta pequena burguesia (empregadores) tenha declinado ligeiramente, isso foi compensado por uma crescente pequena burguesia familiar (trabalhadores autônomos). (2) As tendências gerais podem mascarar as mudanças intersetoriais na oportunidade. Por volta de 1900, as oportunidades eram mais abundantes na construção, depois em outros setores de serviços. (3) As pequenas empresas tiveram um desempenho relativamente melhor nos momentos precários da economia. Por exemplo, na indústria têxtil durante 1962-1978, pequenas firmas resistiram melhor a um período difícil do que as grandes, algumas obtendo grandes lucros (CHAPMAN, 1981: 241). Atualmente, numa economia estagnada, pequenos manufatureiros estão aumentando novamente (como em todos os países).

Se existissem estatísticas ocupacionais mais completas para os períodos históricos anteriores, sem dúvida alguma elas descreveriam outra forma de declínio da pequena burguesia. O censo de 1911 encontrou poucos trabalhadores autônomos entre gerentes e administradores, trabalhadores administrativos e trabalhadores qualificados, semiqualificados e não qualificados – apenas 3% dos trabalhadores manuais e 6% dos trabalhadores manuais qualificados (ROUTH, 1965: 4-5). Anteriormente, o trabalho autônomo era muito mais alto, especialmente entre os artesãos qualificados. Essa foi muito provavelmente a mudança ocupacional mais dramática que afetou a pequena burguesia, cortando suas ligações históricas com os artesãos manuais. A pequena burguesia também se transformou em proprietária dos trabalhadores (BECHHOFER & ELLIOTT, 1976). Mas isso é o oposto da proletarização: o abismo entre a pequena burguesia e a classe trabalhadora estava se ampliando por volta de 1900, e pouco aconteceu subsequentemente para estreitá-lo.

Assim, a pequena burguesia britânica se tornou mais diferenciada como uma *fração* de classe, isolada por baixo e, num grau mais variável, por cima. O declínio relativo das pequenas empresas reduziu a sobreposição com a classe capitalista até meados do século XX, embora essa tendência esteja agora se invertendo. Embaixo, o colapso anterior dos artesãos autônomos reduziu drasticamente a sobreposição com a classe trabalhadora e reduziu a mobilidade intrageracional entre os dois. Houve uma defasagem temporal entre essas duas barreiras. Até a década de 1930, o contato reduzido com a classe trabalhadora, e o acesso contínuo a um capitalismo mais abrangente, poderia *aumentar* a lealdade dos pequeno-burgueses à ordem estabelecida. Embora muitos passassem por tempos difíceis, muitos em diferentes setores fizeram prosperar suas fortunas. Experiências desiguais poderiam impedir o surgimento de políticas coletivas. Depois da década de 1930, o fortalecimento da barreira superior poderia intensificar a distinção fracionária – centrada na organização familiar, nos entendimentos normativos informais entre a família e os amigos, e a exploração compartilhada do trabalho.

Outros países se desenvolveram de forma diferente, como revela a compilação de censos históricos de Bairoch et al. (1968). Suas categorias, *empregadores e independentes* e *trabalhadores familiares*, apontam para a pequena burguesia – mais seguramente identificada no interior dos países em particular do que em comparações internacionais, uma vez que as definições do censo variam. Acrescento também a pesquisa da Commission Internationale d'Histoire des Mouvements Sociaux et des Structures Sociales (1981), que detalha a organização e a política da pequena burguesia.

Em primeiro lugar, a agricultura foi importante em todos os outros países. Bélgica, França e Alemanha apresentam números agrícolas de longo prazo. Ainda que a quantidade bruta de emprego na agricultura tenha diminuído ao longo do século XX, a propriedade camponesa (*empregadores e independentes*) foi a que menos diminuiu. Os proprietários camponeses efetivamente aumentaram seu domínio sobre a agricultura até o final da década de 1960, quando os subsídios ajudaram as grandes fazendas a fazer incursões por toda a Comunidade Econômica Europeia. O número de agricultores diminuiu em mais da metade entre 1960 e 1983 (uma história fora do escopo deste volume).

Em outros setores, os números mais antigos são belgas, e revelam um declínio relativo de longo prazo da pequena burguesia: 40% da força de trabalho não agrícola em 1846, 30% em 1880, 23% em 1910, estabilizando-se até 1945, e depois baixando para 19% em 1961. O declínio ocorreu na maioria dos setores, tendo sido maior na manufatura. Mas os números absolutos diferem. Dado que a força de trabalho não agrícola aumentou em mais de 250% entre 1846 e 1910, os números da pequena burguesia aumentaram em 50%. Depois, mantiveram-se firmes. As pequenas empresas passaram da indústria pesada e da indústria têxtil para os bens de consumo e o comércio de varejo, tornando-se complementares, não competitivas, em relação ao grande capital. A organização política autônoma apareceu ostensivamente como uma *terceira força* entre capital e trabalho, mas na realidade se tratava de um grupo pragmático de pressão efetiva na política multipartidária e cheia de clivagens da Bélgica (KURGAN, 1981:189-223).

Não houve uma tendência geral francesa, em números relativos ou absolutos, entre 1866 e 1936. A pequena burguesia flutuou entre 33% e 43% de uma força de trabalho não agrícola bastante estática. Houve, então, um grande declínio em números relativos para 19% em 1954, depois para 16% em 1962. A maioria dos setores declinou, ainda que a construção tenha subido. Mas os números absolutos se mantiveram estáveis, enquanto a força de trabalho não agrícola aumentou. Algo peculiarmente francês foi a sobrevivência por maior tempo dos artesãos independentes. Enquanto outros países passaram para a produção em massa, a França fornecia artigos luxuosos para todo o mundo – não existia uma fazenda digna de respeito na Louisiana que não tivesse um piano comprado em Paris (GAILLARD, 1981: 131-188; JAEGER, 1982). Mesmo as grandes empresas produziam em cooperação com as pequenas, que cresceram entre 1901 e 1931, embora pequenas unidades familiares tenham declinado ligeiramente

(BRUCHEY, 1981: 68). Pequenas empresas resistiram melhor às recessões. As ligações com o trabalho artesanal garantiram que a política pequeno-burguesa do século XIX permanecesse republicana radical, embora tenha finalmente migrado para a direita logo após a Primeira Guerra Mundial. O declínio dos pequeno-burgueses foi tardio, apenas relativo e desigual.

Os números alemães são difíceis de interpretar por causa das mudanças no território e nos sistemas de classificação. De 1882 a 1936, parece ter havido um grande aumento absoluto e um pequeno crescimento relativo da pequena burguesia. Depois, ambas as tendências se inverteram até 1946, quando um ligeiro aumento absoluto foi retomado à medida que a força de trabalho se expandia. Isso tudo foi distribuído de maneira desigual. Os serviços aumentaram em mais da metade, a manufatura declinou, e construção e transporte se mantiveram estáveis. Kaufhold (1981: 273-298) data o colapso dos artesãos independentes da manufatura em pouco antes de 1900. O súbito colapso é por vezes usado para explicar por que a pequena burguesia remanescente migrou para a extrema-direita (HAUPT, 1981: 247-272). Porém, é claro, eles estavam crescendo durante esse período, e só decresceram quando os nazistas, que supostamente apoiavam, estavam no poder.

Kiyonari (1981: 961-989) mostra que pequenas empresas japonesas aumentaram o emprego maciçamente em números absolutos, e ligeiramente em números relativos, durante o século XX. Mas, nesse caso, os *booms*, e não as quedas, aumentaram sua participação. As pequenas empresas incluem tanto os empreendimentos mais deficitários quanto os mais lucrativos. Elas participaram plenamente em cada fase do desenvolvimento nacional, com a fase mais recente experienciando a participação simbiótica dessas pequenas empresas como subcontratadas para indústrias de montagem, inovação em alta tecnologia e expansão em serviços de trabalho intensivo. Não encontramos a política de uma pequena burguesia autônoma, muito menos de uma descontente.

O censo dos Estados Unidos não nos permite falar nesse tipo de ruptura, mas Bruchey sintetiza estudos de caso norte-americanos (1981: 995-1.035). O colapso dos artesãos, o declínio da pequena manufatura, a resiliência dos pequenos serviços – tudo aconteceu como nos outros lugares. O crescimento da manufatura, tanto da pequena quanto da grande, durante a expansão econômica de 1870-1900 espelha o padrão japonês; mas reverteu ao padrão francês no *boom* pós-1954, quando os números caíram. A importância das empresas muito pequenas no setor bancário é algo distintamente norte-americano, produto do federalismo e do liberalismo capitalista.

A despeito das peculiaridades nacionais, vemos três tendências gerais:

1) A pequena burguesia declinou apenas em proporção relativa, mas não em números absolutos, ao longo dos últimos cem anos.

2) O maior declínio relativo ocorreu em meados do século XX, e não antes, como sugerido por Giddens em sua cronologia sobre o declínio e na noção de uma era de *capitalismo organizado*. Isso ocorreu, com certeza, após a principal fase extremista fascista da política da classe média, nas décadas de 1920 e 1930. Assim, um declínio econômico significativo da pequena burguesia (como medida por números) não poderia ter sido um grande determinante dessa política turbulenta[31].

3) Declínios, relativos ou absolutos, foram distribuídos de maneira desigual, levando a movimentos fluidos entre setores.

Essas tendências denunciam o suposto declínio pequeno-burguês, o desespero econômico e a consequente política de pânico de *status* como um mito. Além disso, houve uma semelhança entre todos os países: como se tratava de uma economia substancialmente transnacional, o tremendo crescimento econômico do período impulsionou todas as classes. Houve recessões e perturbações, mas a prosperidade geral cresceu rapidamente e incluiu a pequena burguesia. Embora já não fosse a vanguarda, ainda estava aumentando em números absolutos. Na maioria dos países, foi empurrada para as margens da manufatura, mas colonizou o antigo e o novo setor de serviços. Lembremos de um argumento do capítulo 4: as empresas industriais britânicas permaneceram pequenas antes da Primeira Guerra Mundial, porque se especializaram em atividades inadequadas ao tratamento corporativo. Esse argumento foi lançado contra a obsessão dos cientistas sociais pela corporação, pelos monopólios e pela organização autoritativa na sociedade capitalista. Essa mesma obsessão tem exagerado o declínio da pequena burguesia.

A pequena burguesia sobreviveu de duas formas alternativas: seguindo (1) o padrão do Japão e dos Estados Unidos entre 1870-1900 (e da Itália depois de 1945; cf. WEISS, 1988) – a pequena empresa participa plenamente no crescimento nacional, encontrando produtos e linhas de serviços novos e rentáveis; ou (2) o padrão francês e europeu normal mais usual – a pequena empresa enfrenta melhor a recessão, aumentando a exploração do trabalho e renunciando aos lucros. Berger (1981) vê isso como uma simbiose normal entre o grande e o pequeno capital. Nos casos em que os componentes de um produto são tecnologicamente simples e de trabalho intensivo ou nos quais a demanda é errática, as empresas de grande porte contratam empresas clandestinas que usam força de trabalho não sindicalizada e com salários baixos. Essas são respostas às oportunidades de mercado, refletindo a organização essencialmente difusa e não autoritativa dos mercados capitalistas.

---

31. Outras ameaças econômicas, como a inflação ou as políticas fiscais, podem ter perturbado a pequena burguesia na década de 1920 ou de 1930. Mas elas não o fizeram antes de 1914; ou seja, dentro do recorte cronológico deste volume.

A simbiose entre o grande e pequeno capital tem prevalecido mais do que o conflito entre ambos. Subtraindo a política do *Mittelstand* e os camponeses (discutidos no capítulo 19), a pequena burguesia contribuiu com pouca ação econômica que seja distinta, radical ou contrária ao grande capital. Permaneceu casada com o capitalismo e os regimes porque é econômica e segmentadamente dependente deles. Sua lealdade suscitou concessões, quer como um movimento calculado para aumentar o apoio contra trabalhadores, como na Itália do pós-guerra (cf. WEISS, 1988), quer como afirmação mais espontânea do liberalismo capitalista, como na legislação antitruste dos Estados Unidos ou na política thatcherista.

O abismo entre a pequena burguesia e a classe trabalhadora se escancarou cedo, quando os artesãos desapareceram. Exceto pelos artesãos, a pequena burguesia não foi proletarizada, mas participou segmentarmente dos circuitos do capital. Sua experiência econômica permanece distinta à medida que a família se entrelaça ao trabalho. No entanto, seu poder econômico depende do capital, e se beneficiou muito dessa dependência. Seu conservadorismo resultou não do pânico de *status*, de ideologia ou de qualquer uma das outras formações de reação psicológica semiparanoide, sugeridas por autores como C. Wright Mills (1953) ou Poulantzas (1975). Não fracasso, mas sucesso moderado e o trabalho duro que consome energia têm garantido a lealdade dos pequeno-burgueses ao capitalismo. Veremos que, ao contrário do estereótipo, a pequena burguesia não estava super-representada nos movimentos nacionalistas extremos do período.

Carreiristas

Carreiristas são pessoas empregadas dentro, mas que se deslocam através, das organizações hierárquicas das corporações capitalistas e das burocracias estatais modernas. Antes de 1914, as diferenças entre ambas as hierarquias eram por vezes importantes, porém, estavam mais enraizadas na política do regime do que nas relações de trabalho. O confinamento dentro de uma hierarquia graduada, disciplinada e segmentada distingue essa de outras classes ou frações. O confinamento é tanto uma jaula quanto uma oportunidade: *jaula* porque desliga os empregados da ação coletiva e permite ao capital ou ao regime flanquear os carreiristas; *oportunidade* porque lhes permite subir na carreira (em princípio abaixo) e na hierarquia (cf. ABERCROMBIE & URRY, 1983: 121). Carreiristas incluem muitos dos trabalhadores de colarinho-branco, trabalhadores não manuais, gerentes, funcionários públicos, vendedores, técnicos de nível superior e afins. Têm salário semanal ou mensal, e não pagamento por hora, normal entre os trabalhadores manuais; e alguns postos conferem uma identidade coletiva própria (funcionários são muitas vezes semelhantes no vestuário, no comportamento e no estilo de vida). Mas, em geral, as chances de vida são determinadas menos por um único emprego do que pelo acesso a uma *carreira*.

Dahrendorf argumenta que carreiras corporativas e burocráticas definem uma *nova classe média, nascida decomposta*. Ele conclui (não como eu) que suas duas metades principais pertencem a duas classes diferentes, a classe dominante e as classes trabalhadoras:

> Uma linha bastante clara, bem como significativa, pode ser traçada entre os empregados assalariados que ocupam posições que fazem parte de uma hierarquia burocrática e empregados assalariados em posições que não o são. As ocupações do funcionário dos correios, do contador e, claro, do executivo sênior são degraus numa escada de posições burocráticas. As da vendedora [não são] [...] a teoria da classe dominante se aplica sem exceção à posição social dos burocratas, e a teoria da classe trabalhadora se aplica igualmente, em geral, à posição social dos trabalhadores de colarinho-branco (1959: 55).

Essa afirmação tanto faz sentido quanto é estranha. Embora o trabalho da vendedora possa ser semelhante a outros da *classe trabalhadora*, por que aqueles trabalhos com carreiras deveriam ser considerados parte da *classe dominante*? Parece bizarro qualificar assim os funcionários dos correios (e Dahrendorf, posteriormente, em 1969, modificou sua visão). Hierarquias altamente formalizadas, como a dos correios, *decompõem-se* em seções distintas. A maioria dos funcionários é móvel apenas nos níveis mais baixos delas. Eles são melhor visualizados como versões não manuais dos metalúrgicos, ascendendo em um mercado interno de trabalho manual, porém raramente chegando a posições elevadas. Metalúrgicos permanecem metalúrgicos e funcionários dos correios permanecem funcionários, não gerentes, muito menos membros da classe dirigente. Na verdade, as oportunidades de carreira frequentemente são maiores em estruturas menos burocratizadas, como veremos. Mais uma vez, isso acontece porque o capitalismo não está organizado de maneira demasiadamente autoritativa.

A carreira profissional é algo recente. A organização hierárquica que controlava de forma centralizada seu pessoal era rara nas sociedades agrárias, exceto no caso de algumas Igrejas e exércitos. O capítulo 13 mostra que os primeiros estados modernos não eram burocráticos. As duas revoluções industriais produziram apenas um lento desenvolvimento na carreira. O censo britânico de 1851 contava entre 1-2% das pessoas ocupadas em empregos assalariados (excluindo as forças armadas e as Igrejas), principalmente em estradas de ferro e nos correios, seguidos pelo comércio e setor financeiro. Depois de 1870, funcionários do comércio e viajantes, contadores, bancários e trabalhadores de seguradoras foram as categorias assalariadas que mais cresceram no Ocidente. A indústria e o serviço público ainda ofereciam poucas carreiras organizadas. Em 1911, os funcionários administrativos e gerentes constituíam 7% da força de trabalho britânica, a maioria deles no transporte e no comércio. Bairoch estima 9% na Bélgica, 12% na França e 13% na Alemanha, mas essas diferenças podem ser resultado de sistemas diferentes de classificação. Em todos os lugares, os trabalhadores do sexo masculino predominavam em 4/5 dos empregos assalariados, mas, de resto, era diversificado. Faço aqui a distinção entre o trabalho de escriturário, de vendedor e de gestão.

1) Estados, comércio e corporações geravam *escriturários* (*clerks*). O trabalho e as relações com os clientes rotinizados por meio da coleta, armazenamento e reprodução de medidas escritas de atividades passadas e presentes. Isso exigia um nível básico de alfabetização, inicialmente com pouca oferta (PERKIN, 1962). No começo, as tarefas letradas não estavam separadas das tarefas que exigiam mais experiência; desse modo, a promoção da posição de escriturário (e de vendedor) para posições gerenciais no comércio, na indústria e no serviço público foi, em meados do século XX, recorrente e maior do que a mobilidade ascendente de trabalhadores manuais (BLUMIN, 1989: 120-121). No entanto, com o avanço da rotinização, a mera alfabetização foi separada das demais habilidades. A educação em massa da classe média, tanto para meninos quanto para meninas, acabou com o excesso de demanda. As mulheres solteiras se tornaram um *exército de reserva*, instruídas, mas não consideradas promovíveis pelos homens. Desse modo, os empregos burocráticos se deterioraram, ainda que em alguns setores mais do que em outros: em 1909, 46% dos escriturários masculinos no setor de seguros ganhavam mais de 160 libras por ano (o mínimo do imposto de renda), comparável apenas a 10% dos escriturários ferroviários (KLINGENDER, 1935: 20).

2) A difusão de bens de serviço e de consumo ampliou o pessoal no setor de *vendas*, que exigia alfabetização e *respeitabilidade*, já que a maioria dos clientes era de classe média. Novamente, um excesso temporário de demanda cedeu às mesmas três pressões. Uma vez mais a educação e as mulheres exerceram as mesmas pressões depreciativas nos mesmos períodos. Os requisitos técnicos dos postos de trabalho também foram depreciados onde as vendas eram em massa, de baixo valor e de rotina, sobretudo nas grandes lojas. Onde as vendas afetavam a prosperidade das empresas, a conexão com níveis mais elevados permaneceu e as carreiras dos vendedores foram mantidas.

3) Coordenar organizações complexas produziu *gestores* com instrução discursiva e experiência em relacionar diversas informações em um ambiente incerto. Algumas informações eram obtidas no trabalho, mas outras habilidades eram aquelas cultivadas pela educação secundária e terciária modernas, fosse técnica ou de busca por conexões numa massa de fenômenos empíricos grande demais para memorizar. A estratificação nas instituições de ensino (discutida mais adiante) impactou a oferta de gestores. O recrutamento multinível estratificado segundo qualificações educacionais diferenciais aumentou as divisões de emprego dentro do salariado. Por volta de 1900, ampliou-se a distância entre o trabalho de escritório ou nas vendas e a administração, e, no serviço público, entre os níveis *mecânico* e *intelectual* de trabalho (conforme observado no capítulo 13).

Grandes organizações combinando essas três posições apareceram em todos os setores no início do século XX. Escritório, vendas e outras especializações se separaram da coordenação gerencial. Na administração do Estado e na indústria com mercados estáveis de produtos, hierarquias de curta distância foram introduzidas com formação e treinamento distintos. Em organizações que vendiam para consumidores de classe média, eram preferíveis funcionários de classe média. Diante da incerteza do mercado, especialmente no setor financeiro e no comércio, havia mais carreiras. A classe média assalariada se decompôs à medida que as mudanças na educação e nas relações de gênero reforçaram o crescimento das grandes organizações e as oportunidades de carreira aumentaram nos setores financeiro e comercial. Carreiristas distintos e uma *classe média baixa* – com empregos proletarizados e potencial para a ação coletiva – separaram-se logo após 1900.

Desse modo, os empregos de colarinho-branco foram proletarizados no século XX. Mas a questão sociológica mais significativa, a partir da qual fluiria a ação coletiva, é se os ocupantes desses empregos foram também proletarizados. Não se pode esquecer que todo emprego assalariado estava em expansão. Na Grã-Bretanha, entre 1911 e 1971, empregados não manuais aumentaram quase quatro vezes em números absolutos e três vezes em contribuição relativa para a força de trabalho. A taxa de expansão foi quase tão grande para os gestores quanto para funcionários administrativos e vendedores (ROUTH, 1980: 6-7). Como as oportunidades de mobilidade bruta subiram, provavelmente ninguém estivesse em desvantagem em sua própria vida profissional ou em comparação com seus pais e mães.

Stewart e seus colaboradores concluem, a partir da revisão dos dados britânicos, norte-americanos e australianos desde 1920: "nenhum grupo efetivo de indivíduos ou qualquer tipo de empregado foi proletarizado" (1980: 194). Os trabalhos de escritório e nas vendas, que estavam em expansão, tinham sido decompostos em três. Em primeiro lugar, a maioria dos empregos depreciados, dos quais raramente se poderia esperar uma carreira, foi preenchida por mulheres recrutadas dos trabalhos manuais ou de fora da força de trabalho (à medida que crescia a participação feminina na educação e no mercado formal de trabalho). Podemos avaliar o verdadeiro significado disso para a estratificação social somente pela análise das relações de gênero (fora do meu âmbito aqui), mas não foi uma mobilidade para baixo ou uma proletarização subjetivamente experienciada. Em segundo lugar, a maioria dos demais empregos depreciados, em especial na manufatura, foram preenchidos por trabalhadores mais velhos, homens empregados anteriormente como trabalhadores manuais e que se moviam lateralmente para trabalhos fisicamente menos exigentes (talvez com a saúde em declínio) – novamente, não se tratava de proletarização. Em terceiro lugar, as carreiras de verdade permaneceram disponíveis a homens jovens que ingressavam em uma posição de baixo nível no escritório ou nas vendas. Suas chances de mobilidade para cima eram as mesmas em 1970 que em 1920. O título comum de um posto de trabalho, como escriturário ou assistente de vendas, não indica uma posição inequívoca de classe. O destino do maior grupo de ocupantes, as mulheres, tem sido determinado mais pelo gênero do que pela ocupação, e os homens mais jovens continuaram sendo carreiristas de classe média. À medida que o emprego, a educação e as relações de gênero se entrelaçaram, a depreciação dos *postos* de escriturário e de vendedor não proletarizou as *pessoas*.

Essas descobertas se aplicam ao período de 1920 em diante. Alguns autores britânicos argumentaram que a proletarização ocorrera mais cedo. No entanto, a evidência apresentada por eles é fraca, sendo em grande parte queixas dispersas de jovens escriturários, por exemplo: "como pode, então, um homem viver e manter uma esposa com essa ninharia miserável e ao mesmo tempo se vestir decentemente?" (apud PRICE, 1977: 98; cf. LOCKWOOD, 1958: 62-63; CROSSICK, 1977: 20-26). Nunca foi fácil para um homem jovem manter com seu salário inicial uma casa com esposa sem trabalhar e filhos. O escriturário há muito que dependia de aumentos e promoções anuais. Não há evidência britânica de que essas duas coisas tenham se tornado escassas antes da Primeira Guerra Mundial para os homens jovens; existe evidência vinda dos Estados Unidos de que aumentos e promoções não rarearam (BLUMIN, 1989: 267-275, 291-292). Há também evidência de vários países (CREW, 1973; 1979) de que não houve praticamente qualquer mobilidade descendente do emprego não manual para o manual. No entanto, a Primeira Guerra Mundial redistribuiu para os pobres, seu fardo recaindo principalmente sobre aqueles com menores salários; e em Weimar, na Alemanha, isso foi agravado depois pela inflação galopante. Essa piora relativa pode ter influenciado a classe média a se voltar para a extrema--direita e para o Partido Nazista (BLACKBOURN, 1977; KOCKA, 1980: 28-29). Mas antes e depois do fascismo, e em outros países, é difícil encontrar muito do sofrimento daqueles de colarinho-branco.

Nós, acadêmicos, ficamos numa posição difícil entre a profissão e o carreirismo. A maioria de nós não gosta de carreiristas e claramente pensa que eles *deveriam* ter sofrido. Os historiadores frequentemente descrevem personalidades pouco atraentes e neuroses entre os carreiristas do final do século XIX, supostamente os inventores de um *clássico* sistema de valor médio-baixo. Um medo desesperado de cair e uma ambição individual arrogante num ambiente hostil teria isolado a classe média suburbana. Ela se tornou obsessivamente preocupada com aparências, limpeza e propriedade, sofrendo de depressão, tédio, solidão e frustração. Esse impressionante catálogo de neuroses é apresentado por Crossick (1977: 27) a partir de autobiografias de pessoas desse grupo. Talvez os acadêmicos, em sua maioria pertencentes também a essa classe (desde a expansão massiva da universidade do pós-guerra), compartilhem um desgosto comum pelas origens. A cultura de colarinho-branco é considerada patológica, explicável apenas em termos de sofrimento social transformado internamente em depressão. O desgosto obscurece a interpretação, como se percebe no uso que Crossick faz de um relato contemporâneo:

> A classe média baixa [estava] frustrada e solitária. Nas autobiografias em particular há uma atmosfera de isolamento autoimposto e solidão. "Há uma verdadeira vida doméstica", escreveu Masterman, "forte afeição familiar, pequenos jardins e vilas ornamentais, ambição em relação às crianças" (1977: 27).

Frustração e solidão ou forte afeto familiar – qual seria?

O carreirista é facilmente ridicularizado. A carreira integra o gerente e o burocrata em uma hierarquia segmentar. Respeito por essa hierarquia é a condição para promoção na carreira. Além da família, é provavelmente a organização da qual o indivíduo mais depende. Dos Grossmiths em *The Diary of a Nobody* (O diário de um zé ninguém) (1892; 1965) a Whyte em *The Organization Man* (O homem da organização) (1956), os escritores têm se divertido com a conformidade dos carreiristas, seu asseio e limpeza, sua deferência ansiosa, porém, calculada para com os superiores, imitando os estilos de vida e os valores da classe alta, que os torna ligeira e comicamente equivocados. A ausência de *masculinidade* nessas ansiedades tem sido especialmente ridicularizada no que foi por muito tempo uma ocupação exclusivamente masculina. Todavia, nada disso é patológico. A principal fonte de poder do carreirista é o movimento para cima em uma hierarquia organizacional determinada pelos seus superiores. Seus *dependentes* precisam disso. Sua visão de mundo é afetada pelos níveis da hierarquia que ele pode ver e por aqueles mais acima ainda que ele tem de imaginar (e pode se equivocar). Ele tem sido um subalterno leal e disciplinado do capitalismo e da burocracia. Dá a impressão de que ela também o seria.

Portanto (como muitos outros), rejeito a noção de uma *revolução gerencial* apresentada por Berle e Means (1932), Burnham (1942), Chandler (1977) e Galbraith (1985). Todos eles sugerem que os gestores empresariais se tornaram uma classe distinta, muitas vezes contrária aos capitalistas acionistas, modificando as metas das empresas – sendo o crescimento corporativo de longo prazo maximizado (porque os salários dependem disso) ao invés dos lucros empresariais de curto prazo. No entanto, estudos não mostraram diferenças significativas nas metas ou realizações das firmas controladas por empreendedores e gestores, e poucos gestores identificam interesses opostos aos dos acionistas (NICHOLS, 1969; SCOTT, 1979). Essa evidência foi reunida antes das recentes ondas de fusões corporativas, de venda de ativos, títulos lixo e assim por diante, deixando ainda mais evidente que corporações são essencialmente capitalistas. Mesmo o ponto mais alto do *capitalismo organizado* é mais bem descrito pela noção de C. Wright Mills de *reorganização gerencial do capital*. Como diz Scott:

> Em virtude da sua localização estrutural na grande empresa, os gestores operacionais estão comprometidos com as formas de cálculo e contabilidade monetária, critérios de rentabilidade e crescimento [...] exigidos pela produção capitalista moderna [...]. A empresa está confinada às restrições objetivas do mercado que servem para mantê-la nas linhas da racionalidade capitalista (1982: 129).

Os carreiristas dependem diretamente de hierarquias de autoridade corporativa, mas essas repousam sobre mercados difusos de *commodities*. Como acontece com todo poder efetivo e difuso, o poder não é experimentado como constrição, mas como a própria racionalidade. A lealdade do carreirista é racional e sincera. O capitalismo funciona, especialmente para ele. A expansão econômica e a estabilidade proporcionadas pelo capitalismo corporativo e pelos estados burocráticos estiveram refletidas no desenvolvimento da carreira. Como indivíduos, alguns carreiristas são bem-sucedidos e outros fracassam, mas coletivamente todos integram organizações responsáveis pela maior parte do desenvolvimento econômico sustentado do século XX.

A maior parte da evidência que apresento aqui foi tomada da experiência britânica. Mas existiram poucas diferenças econômicas entre os carreiristas ou, melhor dizendo, entre os trabalhadores de colarinho-branco de nível inferior dos países aqui discutidos. A comparação de Kocka (1980) entre os trabalhadores de colarinho-branco norte-americanos com alemães, britânicos e franceses revela diferenças nacionais na organização de classe. Mas ele as atribui ou aos diferentes regimes políticos ou às diferentes classes nacionais de trabalhadores (as quais o capítulo 18 também atribui, em grande medida, às relações de poder político). Nenhuma delas emerge das diferenças econômicas entre capitalismos nacionais. Por todo o Ocidente, os carreiristas experienciaram um ambiente social bem-sucedido e otimista (como Blumin enfatiza para o século XIX). Seus valores dominaram o nosso tempo. Valores de mobilidade individual e realizações imperam não na sua forma empresarial original, mas como carreira organizacional. O lugar do carreirista na história não é como um indivíduo (diferentemente do pequeno empreendedor que fez a Revolução Industrial), mas como um subalterno leal dentro de organizações de poder segmentar mais amplas.

Profissionais

A singularidade de uma profissão não se enquadra facilmente nas teorias gerais de classe. A palavra *profissão* é usada rotineiramente por diversas ocupações para reivindicar privilégios. Nenhuma definição se aplicará igualmente a todas elas – médicos, oficiais do exército, inspetores de quantidade, bibliotecários, enfermeiros – e para os diferentes países. Contudo, como um tipo ideal, uma profissão é uma ocupação *aprendida* (envolvendo conhecimentos valorizados técnica e culturalmente) que requer educação especial, cuja prática é formalmente licenciada após negociações entre o Estado e uma organização ocupacional. Distingo graus de poder profissional na medida em que a licença para restringir a entrada na profissão e controlar sua prática é, na verdade, controlada pela própria profissão. Sendo assim, o poder profissional é essencialmente autoritativo e particularista, distinguindo nitidamente a maioria dos profissionais da maior parte dos carreiristas – colocados por Goldthorpe (1982) e Abercrombie e Urry (1983) numa única *classe de serviços*.

Tomo muito emprestado dos sociólogos das profissões que enfatizam o poder ao invés da função (FREIDSON, 1970; JOHNSON, 1972; RUESCHEMEYER, 1973). Mesmo assim, também aceito um argumento funcionalista: uma profissão repousa em parte sobre conhecimento relevante e socialmente valorizado para o qual a formação especializada é funcionalmente apropriada. Esse conhecimento nunca é puramente científico e objetivo, pois o poder social afeta a forma como classificamos o conhecimento. No Ocidente, o conhecimento sobre o significado último exige apenas uma profissão de clérigo devido ao poder organizado das Igrejas; o conhecimento sobre a doença e a saúde foi significativamente influenciado pelo poder dos médicos; tampouco é óbvio por que profissões necessitam adquirir uma educação generalista de *elite*, bem como habilidades técnicas definidas. Classificações de conhecimento culturalmente construídas, ainda que parcialmente funcionais, formam o pano de fundo da minha análise e dão credenciais elevadas aos profissionais.

A sociedade moderna gerou conhecimentos especializados cujos praticantes poderiam desenvolver, em potencial, poder profissional. Se o desenvolviam, isso dependia da capacidade dos consumidores de organizar de maneira autoritativa o fornecimento desses conhecimentos. Existiam três consumidores principais: a empresa capitalista, a burguesia/classe média, e o Estado. Os dois primeiros estavam organizados de maneira difusa (cf. capítulo 4) e o Estado do século XIX era débil (cf. capítulo 14). Ninguém podia controlar autoritativamente o que sua própria demanda gerava. Na medida em que as ocupações se organizavam coletivamente nos interstícios do poder autoritativo, elas se tornavam profissões. Mas as oportunidades profissionais diminuíram no início do século XX, à medida que as corporações capitalistas e as burocracias estatais aumentaram seus poderes autoritativos. Posteriormente, as profissões autônomas mais fortes, sobretudo a medicina, prestariam serviços a indivíduos dispersos e famílias (de qualquer classe), enquanto as *semiprofissões*, mais fracas, a corporações e estados. Ainda assim, esse equilíbrio no poder autoritativo explica apenas o poder da profissão individual. Para chegar à posição da classe média comum de profissões, acrescento as redes de poder mais difusas.

Profissão se refere originalmente a pessoas que professavam a fé cristã como uma vocação de vida. Por volta de 1700, a vocação tinha se expandido para quatro organizações: a Igreja, o direito, a medicina e o exército. Essas profissões se tornaram (1) objetos de aprendizado e (2) técnicas, (3) com um *esprit de corps* (mais fraco na medicina) e (4) professando uma ética de serviço à sociedade, mediada pelo (5) serviço ao Estado (mais fraco para a maioria dos clérigos). O capítulo 12 discute como oficiais se tornaram ainda mais profissionalizados como uma casta distinta no interior do Estado. Posteriormente, a industrialização capitalista gerou outras ocupações, mas professando essas mesmas cinco qualidades.

À medida que o capitalismo se tornou industrial, sua base técnica se expandiu. Cresceram os investimentos fixos em máquinas e instalações e as exigências técnicas de força de trabalho. Artesãos e engenheiros autônomos lideraram a Primeira Revolução Industrial, juntamente com os empreendedores. Suas guildas e organizações de especialistas (discutidas no capítulo 15) agora se dividiam. A maioria daqueles cujas habilidades, não importando quão elevadas, fossem centrais no processo produtivo do empreendimento capitalista e pudessem ser controladas e aprendidas nesse processo, tornou-se mero artífice. A maioria daqueles cujas habilidades fossem intersticiais à empresa e demasiadamente generalistas para serem ensinadas de forma lucrativa dentro dela poderia alcançar autonomia profissional. A maioria das indústrias recorria agora à ciência – fazendo aço a partir de minérios com baixo teor de fósforo ou usando eletricidade para alimentar os telégrafos. Outros problemas eram mais técnicos do que científicos – edifícios e veículos abrigando máquinas pesadas exigiam melhorias arquiteturais e topográficas. As finanças empresariais se tornaram complexas, daí os contadores, bem como as preocupações legais, daí os advogados empresariais. As empresas continuaram pequenas e esses serviços não eram o ponto principal de sua atividade.

Tanto consumidores quanto fornecedores de conhecimentos se voltaram para o Estado em busca da emissão de licenças para órgãos de especialistas competentes. Como mostra o capítulo 11, os estados estavam dispostos a isso porque aumentavam suas receitas com o licenciamento. Na Grã-Bretanha, uma onda de licenciamento durou de 1818 (engenheiros civis) a 1848 (arquitetos) e de 1865 (inspetores imobiliários certificados) a 1880 (contadores certificados) – levando ao longo do caminho engenheiros de gás, engenheiros elétricos, engenheiros municipais e químicos. Todos os corpos profissionais compartilhavam controles de entrada negociados com instituições educacionais estatais (e privadas). E ainda o fazem.

A corporação que surgia estendeu então controles autoritativos sobre as práticas de trabalho dos profissionais empregados que compunham o *pessoal*, que se tornaram sujeitos à gestão em *linha* (uma distinção mais forte do que em sua manifestação militar original). Esse pessoal estava no meio do caminho entre a profissão e a carreira. Por volta de 1900 a contabilidade passou a estar sujeita à corporação, primeiro através do controle interno da companhia, depois por meio da contabilidade voltada para o portador de riscos externo em companhias de capital aberto feita por auditoria pública. No século XX, muitas empresas profissionais se tornaram grandes corporações. Nos anos de 1930, algumas firmas grandes de contabilidade auditavam os livros da maioria das principais corporações, paralelamente ao surgimento da *megacorporação jurídica* (GALANTER, 1983). A autonomia profissional remanescente de contadores e advogados deriva provavelmente dos serviços prestados a pequenas empresas e famílias de classe média dispersas. No entanto, nas profissões relacionadas aos negócios e ao Estado, a prática (embora não fosse a entrada inicial) dos profissionais não se distingue nitidamente daquela dos carreiristas corporativistas e burocráticos.

Os países desenvolveram suas próprias práticas profissionais. A resistência revolucionária norte-americana aos monopólios profissionais e a regulação mais fraca do Estado foram combinadas com a concentração econômica existente para aumentar o poder corporativo sobre os profissionais. Em outros lugares, a industrialização tardia trouxe grandes corporações e maior regulamentação do Estado, ambas diminuindo a autonomia da educação profissional. As qualificações profissionais na Alemanha e na França se tornaram mais importantes quando combinadas à educação estatal de elite e à carreira no serviço público – na França, as *grandes écoles*; e, na Alemanha, o Estado era ainda mais dominante sobre os *Akademiker* e, por meio da noção de *burocratas profissionais*, os *Beamten*. Ainda assim, essas são variações sobre um tema: o poder profissional foi útil, mas intersticial nas primeiras organizações do capitalismo e do Estado moderno, ficando mais sujeito, posteriormente, ao crescente poder autoritativo delas.

O poder profissional dos médicos não diminuiu. Antes do século XVIII, médicos, cirurgiões, famacêuticos, merceeiros, barbeiros, padres do vilarejo, homens letrados e sábios de ambos os sexos do vilarejo faziam diagnósticos e realizavam curas. Depois, a ciência e a formação foram incrementadas e apareceram associações médicas locais, posteriormente fundindo ou padronizando regras. A densidade urbana espalhou doenças que ameaçavam todas as classes. Interesse de classe, caridade e fé ilustrada e utilitária no progresso científico demandavam licenciamento estatal. Em 1855, a Worcester Medical and Surgical Society se tornou a British Medical Association. A legislação, em 1858, colocou todas as corporações licenciadas sob o que se tornou o conselho geral da associação, compilando um registo de praticantes qualificados. Esse corpo licenciado pelo Estado ainda define quem é médico: "um médico é uma pessoa dotada pela lei de um Estado soberano de certos direitos, privilégios e deveres não conferidos a outros dentro da jurisdição desse Estado" (MacKENZIE, 1979: 55). Freidson comenta de forma sarcástica: "a característica mais estratégica e preciosa da profissão – sua autonomia – é, portanto, devida ao Estado soberano em relação ao qual não é, em última análise, autônoma" (1975: 23-24).

Mas, como documenta o próprio Freidson, os poderes autoritativos sobre a profissão médica fracassaram. Ela controla seu próprio licenciamento em todos os países ocidentais, já que consumidores e o Estado se tornaram ineficazes. Embora os radicais argumentem que os consumidores poderiam controlar seus próprios cuidados com a saúde (ILLICH, 1977), predomina um modelo médico de saúde de alta tecnologia que os consumidores não são capazes de avaliar – produto mais do poder médico do que da necessidade funcional, já que a medicina tem contribuído menos para as melhorias massivas na saúde nos últimos 150 anos do que melhorias na dieta, remuneração, habitação e meio ambiente (McKEOWN, 1976; HART, 1985). O poder profissional também foi alcançado antes de o modelo médico ser institucionalizado. E o poder médico cresceu ao longo do século XIX. Médicos que antes tratavam famílias proeminentes agora prestam serviço a muitas famílias burguesas e de classe média em subúrbios anônimos. Pacientes não podiam mais se comunicar coletivamente e os médicos eram capazes de definir seus serviços em termos técnico-profissionais (WADDINGTON, 1977). Goode (1969) observa também que os médicos – e outros profissionais autônomos, como psicoterapeutas, o clero, advogados e professores universitários – se intrometem na privacidade. Os temores dos clientes em relação a problemas de saúde, loucura, moralidade, crime e punição, e à avaliação do intelecto, envolvem ansiedades e vulnerabilidades difíceis de partilhar com os outros. Os clientes resistem em organizar e, por isso, protelam. A necessidade de privacidade pessoal assegura o poder profissional. O poder profissional sobrevive melhor quando lida com clientes dispersos.

O Estado também perdeu o controle sobre o licenciamento. Como é enfatizado no capítulo 14, os estados do século XIX raramente intervieram na sociedade civil nacional. O Estado britânico pouco faria sem a pressão dos cidadãos e essa pressão era por infraestruturas neutras, não por de intervenções gerenciais – exceto com relação aos pobres. O Estado carece de conhecimentos técnicos para avaliar a profissão e os poucos especialistas de que dispunha eram eles mesmos médicos profissionais. O Privy Council deveria supervisionar o licenciamento em 1858, porém, após uma enxurrada inicial de interesse pela saúde pública, seu setor médico passou a ser controlado pela profissão, que podia agora se infiltrar no ensino superior, na saúde municipal e na Lei dos Pobres. Os hospitais da Lei dos Pobres foram os pioneiros na *cirurgia heroica* do século XX. Tal poder profissional perdurou através da criação do National Health Services.

O poder médico sobre a prática e (em uma extensão ligeiramente menor) sobre qualificações é hoje padrão no mundo ocidental, atravessando as relações formais de emprego enfatizadas por muitos teóricos da classe. Quer sejam empregados pelo Estado, empresas capitalistas de seguros, em sociedades ou como autônomos, os médicos são, de forma preeminente, profissionais. Suas habilidades, inicialmente oferecidas à família burguesa, foram ofertadas a todos os cidadãos do século XX. Nem os cidadãos, nem os estados exerceram controle autoritativo sobre eles. Talvez os maiores controles estejam surgindo agora em países como os Estados Unidos, onde grandes companhias de seguros podem exercer maior poder autoritativo.

O Estado tem sido mais forte em lidar com profissionais aspirantes mais recentes. A ampliação das funções do Estado, descrita no capítulo 14 – e em expansão durante o século XX – criou novos conhecimentos especializados. O primeiro grande grupo, que surgiu no final do século XIX, foi dos professores escolares, cuja importância política ficará evidente mais adiante. Eles foram seguidos, por volta de 1900, por outras ocupações instruídas – assistentes sociais, bibliotecários, urbanistas etc. – com poderes menores e muitas vezes denominadas *semiprofissões*. O Estado, com frequência um empregador monopolista, controla a oferta de serviços mais diretamente. No século XX, as semiprofissões se tornaram feminizadas. Mulheres formam hoje uma maioria em muitas dessas ocupações, e têm menor poder na sociedade. Semiprofissionais confundem as fronteiras entre carreira e emprego de colarinho-branco mais precário.

Mas as *relações de produção* direta nas profissões de nível superior diferem daquelas de outras classes e frações de classe, e as distanciam mais do capitalismo do que das organizações de emprego da pequena burguesia ou dos burocratas carreiristas. Elas não se encaixam bem nos esquemas de classificação marxistas, como, por exemplo, o de Wright. Mas profissionais também partilham de um envolvimento comum em organizações mais difusas dos estados-nações capitalistas. Levar isso em consideração nos conduzirá na direção do papel integrador do poder difuso entre todas as três frações.

1) Os profissionais cobram honorários, determinados, por um lado, pela profissão (talvez negociando com o Estado, companhias de seguros etc.) e, por outro, pelas forças difusas do mercado. Eles eram menos restringidos por organizações de emprego segmentares e orientadas para cima do que os carreiristas. Os honorários também permitem que mais deles vivam e se casem nos domínios da alta classe média e adquiram bens de consumo privilegiados. A tendência recente de corporações de subcontratar serviços profissionais tem aumentado as oportunidades para os profissionais que recebem honorários.

2) O ingresso na profissão é afetado por duas características difusas dos estados-nações capitalistas: educação elevada e treinamento e (menos universalmente) riqueza para financiar aprendizagem não remunerada e parcerias profissionais. Essas restringem os ingressantes a famílias relativamente privilegiadas, e a educação elevada permite a participação profissional na cultura de elite. Ainda assim, a dependência da educação pode separar os profissionais da verdadeira classe capitalista. Como observa Parkin (1979: 54-73), a maior parte da propriedade capitalista é herdada diretamente por filhos e filhas de seus pais, enquanto a maior parte das credenciais educacionais é transmitida de maneira indireta e imperfeita. A educação empurra os filhos dos profissionais para uma mobilidade competitiva junto a outras crianças de classe média, e as coloca,

quando adultas, em grupos sociais mais elevados. Tais diferenças reduzem o que, de outra forma, seria uma única classe capitalista-profissional.

3) Como já vimos, os clientes afetam o poder profissional. A demanda dos clientes vem de famílias capitalistas e da classe média, bem como das empresas, sendo as principais exceções as semiprofissões e a medicina. (O acesso geral aos cuidados de saúde é fornecido pelo Estado e por planos de saúde.) Os profissionais executam serviços de classe para seus clientes. Como observa Caim a respeito dos advogados ingleses:

> Os clientes são tipicamente as instituições (pessoas jurídicas) da sociedade capitalista e pessoas de classe média [desse modo, os advogados são] ideólogos conceptivos [...] que pensam e assim constituem a forma das relações emergentes da sociedade capitalista [...] os intelectuais orgânicos da burguesia (1983: 111-112).

Os advogados participam de maneira difusa nos circuitos do capital.

4) A difusão também afeta as organizações profissionais. Elas trabalham para o Estado ou para empresas e também operam parcerias que são elas mesmas empresas capitalistas (onde os honorários são escalonados por sua profissão, elas são corporações monopolistas que fixam os preços). Os poderes profissionais são parcialmente expressos através de empresas quase capitalistas ou departamentos quase estatais.

Assim, os estados-nações capitalistas exercem restrições difusas sobre profissões cujo *processo de trabalho* direto, de outra forma, conferiria autonomia. Desse modo, em assuntos de economia política, profissionais são geralmente aliados leais do capital. Em matéria de redistribuição, seus interesses estão com os ricos, os estabelecidos, os que controlam o trabalho, os bem-educados. Em matéria de posse de propriedade, os profissionais resistem aos controles coletivos. É verdade que em questões humanitárias e morais eles são frequentemente liberais, em parte, devido à educação das elites, tornando-se mais liberais no decorrer do século XX. Em relação a esses aspectos, os semiprofissionais gozam de maior autonomia. Têm clientes mais diversificados e muitas vezes estão divididos no seu papel profissional entre as necessidades dos cidadãos e o controle social. Dependem da educação, mas de um tipo generalista, menos privilegiado e protetivo; raramente dependem da riqueza ou da organização corporativa. Seus rendimentos são geralmente mais baixos, ainda que confortáveis. São desproporcionalmente mulheres. Portanto, alguns semiprofissionais desenvolveram políticas moderadamente radicais ao longo do século XX.

Três frações de uma só classe

Todas as três frações da classe média têm relações de produção distintas. Se usadas, como em algumas teorias produtivistas, como o único critério de posição de classe, isso produziria três classes separadas. No entanto, elas também compartilham a participação segmentar no capitalismo e no Estado-nação. Começo com o capitalismo.

1) As três frações participam na hierarquia econômica. Dahrendorf acreditava que isso favorecesse uma teoria da decomposição. Dos consultores de investimento aos construtores autônomos na pequena burguesia, do cirurgião ao professor da escola primária entre profissionais, do diretor de *marketing* ao vendedor entre os carreiristas – as diferenças entre essas posições são grandes. Mas isso, paradoxalmente, integra a classe média. Isso é óbvio para os carreiristas: a *socialização antecipatória* assegura a consciência comum entre os níveis hierárquicos. Dentre a pequena burguesia, as aspirações de crescimento também se integram. A maioria dos pequenos negócios aumenta ao melhorar sua clientela, desenvolvendo simbioses com empresas maiores ou consumidores mais ricos. A hierarquia profissional abrange a garantia de parcerias e honrarias. Todas as três estruturam a mobilidade para cima por meio da classe média. Obstruções podem sindicalizar antigos carreiristas e radicalizar moderadamente semiprofissionais, mas a mobilidade hierárquica vincula a maioria da classe média a lealdades disciplinadas ascendentes.

2) A classe média consome de forma distinta (como observam os neoweberianos). A classe média do final do século XIX participou de uma economia de consumo, comprando uma variedade de alimentos e vestuário, adquirindo ou alugando com segurança uma moradia separada, empregando alguma serviçal. Seus homens chefes de família normalmente se qualificavam para votar graças à concessão de direito a voto apenas para proprietários de terras (*property franchises*). Em franquias mais amplas, eles podiam controlar a política urbana local. A capacidade de empregar o trabalho de outro era um distintivo crucial de classe. Em 1851, na cidade de York, 60% dos *pequenos comerciantes, profissionais inferiores, agricultores etc.* empregavam pelo menos um criado, em comparação aos 10% de trabalhadores qualificados e praticamente nenhum semiqualificado ou desqualificado (ARMSTRONG, 1966: 234, 272-273). Os relatos de minha avó, referentes ao ano de 1901, revelam uma esposa que não trabalhava, casada com um homem dono de um pequeno negócio de jardinagem, que pagava semanalmente salários semanais de 2 *xelins e 6 pennies* (mais ou menos o preço de uma galinha) a uma menina que dormia na cozinha.

O consumo distinto da classe média foi depois transformado e terminou declinando. O imposto de renda progressivo e a Primeira Guerra Mundial reduziram o serviço doméstico. As massas foram lentamente admitidas numa economia de consumo variado seguro. Em todas as características, exceto em uma (empregados domésticos), o consumo da classe trabalhadora tendeu a imitar o consumo da classe média de uma ou duas décadas anteriores. Os trabalhadores passaram a adquirir uma variedade de alimentos e vestuário, habitações seguras, subúrbios, automóveis, seguros, hipotecas – e, com o tempo, as substâncias cancerígenas – já tão associadas à classe média.

3) As três frações podem converter renda em pequeno capital de investimento. Isso já estava acontecendo no *boom* ferroviário da década de 1840 (cf. capítulo 4). Investir em seu próprio negócio é essencial para a pequena burguesia, e muitos profissionais compram uma parceria ou prática. Carreiristas recebem ações em sua corporação e podem usar competência pessoal em consultoria ou investimentos. Muitos podem passar um pouco de capital aos filhos. Da década de 1930 ao começo da década de 1960, o casamento da classe média diferiu do casamento da classe trabalhadora na Grã-Bretanha, com os pais ajudando os jovens casais na compra da casa (BELL, 1969). Durante meados do século XX, economias predominantemente da classe média foram canalizadas por planos de pensão ocupacional, seguro e hipotecas. Até a década de 1950, nos Estados Unidos, e um pouco depois na Europa, esses investimentos dividiram a maioria das famílias de classe média da maioria das famílias da classe trabalhadora. Suas economias, débitos e projetos de vida (habitação, carreira, aposentadoria) ingressaram nos circuitos centrais de capital e se beneficiaram do *boom* do capitalismo. Poucos trabalhadores tinham economias, e muitas vezes tinham dívidas com negociantes degenerados que vendiam a prestações (agiotas) ou casas de penhores. As economias da classe média se tornaram idênticas quanto à forma à propriedade dos muito ricos.

Portanto, quaisquer que sejam suas peculiaridades e diversidade interna, as três frações da classe média compartilharam a participação capitalista difusa em hierarquias segmentares, distintivos de consumo de classe e na conversão de renda excedente em capital de investimento complementar. Por volta de 1900, a classe média estava, em toda parte, expandindo-se, prosperando, participando de uma nova forma de sociedade econômica. A sociedade civil *era* a sociedade da classe média, como revela o termo alemão para ambas, *burgerlich Gesellschaft*. Mas essa sociedade também era entremeada à, e parcialmente definida pela, cidadania ideológica e política.

Cidadania ideológica de classe média

Os capítulos anteriores argumentam que as *nações* emergentes no início do século XIX se centravam em alianças entre os antigos regimes modernizadores e a pequena burguesia. Os principais modernizadores eram funcionários públicos e profissionais liberais. Muita organização nacional veio por meio de redes de alfabetização discursiva, a partir da cidadania ideológica. Agora, as novas classes exigiam cidadania política, e a cidadania ideológica – promovida, principalmente, pela educação financiada e regulada pelo Estado – ajudou a fundir nação e Estado em um Estado-nação[32].

---

32. Minhas fontes sobre a educação do século XIX foram, para a Grã-Bretanha: Musgrove (1959), Perkin (1961), Smith (1969), Sutherland (1971), Middleton e Weitzman (1976), Hurt (1979),

Como vimos, a riqueza da classe média dependia cada vez mais da educação formal. A pequena burguesia era menos dependente, mas os outros dependiam muito mais da educação do que os capitalistas ou a classe trabalhadora, especialmente antes da Primeira Guerra Mundial. A expansão da educação estatal foi em parte uma função das exigências do trabalho do capitalismo e dos estados modernos, como descrito anteriormente. Mas também refletia os desejos da classe dominante pelo controle social e da classe subordinada pela *cidadania ideológica* – revelando as cristalizações de classe e nacional do Estado. O *credencialismo* frequentemente identificado como central à vida da classe média foi moldado por esses desejos.

Os preconceitos de classe na educação eram transparentes. A segregação tripartite das escolas existia em toda a Europa (embora não na América). Como o pagamento de taxas era quase universal, a riqueza também se estratificou. O nível mais baixo, a escola primária, geralmente não era preparatório para a escola secundária. Ele abrangia toda a experiência educacional das classes mais baixas. O ensino secundário era então dividido em escolas *modernas* inferiores e escolas *clássicas* superiores que controlavam o ingresso na universidade. A Alemanha tinha maior controle estatal. O governo dirigia o *Gymnasium* clássico e os modernos *Realgymnasium* e *Oberrealschule*, e estabelecia as qualificações necessárias para o ingresso (geralmente do primeiro) nas universidades e delas para o serviço público e para as profissões. O governo francês controlava os *lycées* clássicos e colégios e as escolas *especiais* – a partir de 1891, as escolas *modernas* – e as diferentes qualificações que elas conferiam. Os *lycées* eram típicos da escolaridade clássica em toda a Europa: o estudo de filosofia, letras, história e geografia ocupava 77% das horas dos *lycées* em 1890. Na Grã-Bretanha, a maioria das escolas era privada, mas a regulamentação estatal aumentou depois de 1902. Três comissões reais separadas incorporavam o tripartismo britânico. A Comissão Clarendon (1861) avaliou a formação de líderes nacionais de nove grandes escolas públicas (i. é, privadas). A Comissão Taunton (1864) avaliou escolas para "aquelas grandes classes da sociedade inglesa que abrangiam da mais humilde e à mais alta". A Comissão Newcastle (1858) examinou a escolaridade barata até os onze anos de idade para as *classes trabalhadoras*.

Como a América não possuía uma aristocracia e profissões cultas e um grande serviço público, sua educação pública era defasada. Até o final do século, a estratificação não era muito desenvolvida nas escolas ou universidades, exceto no topo. Mesmo quando surgiu o ensino público de massa, a segregação de classes foi restringida pela politização de questões escolares da democracia par-

---

Reeder (1987), Simon (1987) e Steedman (1987); para a França: Harrigan (1975), Gildea (1980) e Ringer (1987); para a Alemanha: Muller (1987) e Jarausch (1982; 1990); para os Estados Unidos: Krug (1964), Collins (1979), Kocka (1980) e Rubinson (1986); mais as análises comparativas de Ringer (1979), Kaelble (1981) e Hobsbawm (1989, capítulos 6 e 7).

tidária. A maioria das escolas era gerida pelo governo local, o mais democrático dos três níveis do Estado federal americano. Com exceção do sul – onde a escolaridade efetiva era apenas para os brancos –, permaneceu.

Nesse período, os membros da classe média se tornaram cidadãos políticos plenos ou quase plenos. A expansão educacional foi o principal resultado, permitindo às famílias de classe média participarem da vida cultural da nação e se distinguirem dos trabalhadores e camponeses abaixo. Isso começou a envolver tanto as meninas quanto os meninos. A educação primária e a educação secundária moderna ajudadas pelo Estado se expandiram de duas a cinco vezes, e o número de estudantes universitários triplicou nos países ocidentais entre o final da década de 1870 e 1913. Mas a expansão europeia permaneceu segregada. Os meninos britânicos eram ensinados, principalmente em escolas primárias privadas, a "ler um pequeno parágrafo comum em um jornal, escrever uma passagem semelhante de prosa a partir do ditado e calcular 'somas na prática em faturas'". Isso era considerado necessário para qualificar o rapaz como escriturário e para lhe permitir participar na vida cultural nacional. Apenas alguns filhos de trabalhadores frequentavam tais escolas e nem todos se alfabetizavam. Entre 1870 e 1902, uma série de atos educacionais expandiu o ensino fundamental estatal, que foi estratificado entre crianças das classes média e trabalhadora. Aos filhos dos trabalhadores era ensinada disciplina, confiabilidade e limpeza, tanto quanto habilidades acadêmicas, e sua educação geralmente não era preparatória para o ensino secundário. A maioria das crianças da classe média, incluindo muitas meninas, prosseguia, indo para escolas secundárias.

A expansão também segregou ocupações de classe média das de classe alta. Na Alemanha, profissões superiores e posições superiores do serviço público eram esmagadoramente ocupados por egressos de escolas e universidades clássicas; o serviço público médio, os profissionais inferiores e as posições de gerência, com os egressos das escolas modernas; e aqueles que abandonavam as escolas ou universidades tendiam a ocupar posições mais baixas do que aqueles que terminavam seus estudos – e os que abandonavam as escolas modernas ocupavam posições de colarinho-branco inferiores. Na França e na Grã-Bretanha, padrões semelhantes eram evidentes, exceto que a maioria das posições financeiras e comerciais também era preenchida pelos educados classicamente. Nas universidades europeias e americanas, houve uma saída líquida de empresas: havia mais filhos de empresários ingressando em universidades do que graduados abrindo empresas. As universidades permaneceram estratificadas, as mais antigas da classe alta (Oxbridge, a Ivy League etc.) permaneceram as de elite, as fraternidades instilavam valores tradicionais no que, sob outros aspectos, poderia ter sido uma *burguesia em ascensão*.

Assim, profissionais, funcionários públicos e carreiristas financeiros e comerciais formados em universidades se tornaram *instruídos* e *cultos*, não apenas tecnicamente qualificados como aqueles abaixo deles e na manufatura. A segregação educacional também permitiu que os *gerentes* se separassem como uma categoria aparentemente funcional, distinta da maioria dos escriturários e vendedores; depois, permitiu que as meninas alfabetizadas da classe média entrassem nessas posições em grande número. O não manual se separava cada vez mais claramente do manual, embora ofuscado pelas relações de gênero. As relações entre as classes trabalhadoras estavam agora completamente entrelaçadas com a segregação educacional.

Quase todos os que contribuíram para o debate emaranhado sobre a mobilidade social nesse período concordam que a segregação educacional foi deliberadamente concebida por regimes governantes e que impediu muita mobilidade ascendente no longo prazo. Como as posições mais elevadas aumentavam muito menos do que as posições intermediárias e técnicas, e como a educação estava em expansão, os regimes se tornaram conscientes do potencial de superlotação das ocupações *aprendidas*. A segregação foi assim uma tentativa de proteger seus próprios filhos. No entanto, isso não resultou em descontentamento em massa entre a classe média. Afinal de contas, as oportunidades profissionais de nível médio eram as que mais se expandiam, a segregação também as protegia da competição de baixo, e a própria escolarização socializava e disciplinava as crianças em lealdade à hierarquia tripartite do *aprendizado clássico* sobre a *técnica moderna* e sobre a *mera alfabetização*.

Durante o século XX, a maior parte da segregação educacional formal terminou. Todas as crianças podiam ingressar (exceto no nível mais alto) sem taxas, e todas progrediram formalmente de modo meritocrático. A educação não pertencia apenas às classes média e alta após a Primeira Guerra Mundial. A educação secundária seletiva se expandiu, trazendo muitos filhos de trabalhadores. Agora, a influência dos antecedentes de classe se tornava menos direta. A frequência na educação secundária seletiva do século XX oscilou em torno de 70% entre os filhos de profissionais, gerentes e grandes proprietários; 40% entre os filhos de trabalhadores não manuais inferiores; e 20% a 25% entre os filhos de trabalhadores (LITTLE & WESTERGAARD, 1964; HALSEY et al., 1980: 18, 62-69). As comparações internacionais revelam poucas diferenças na desigualdade de acesso a níveis superiores de educação (embora os Estados Unidos pareçam um pouco mais abertos do que os países europeus). Todos admitiam muitos filhos de trabalhadores no início do século XX, embora preservando o domínio da classe média. Primeiro a educação secundária seletiva, depois a educação terciária, integrou a classe média do século XX.

Essas são variações sobre um tema: o crescimento de uma cidadania ideológica de classe média. O poder econômico dependia da educação do Estado e, portanto, da luta pela cidadania. A classe média participava de uma cidadania ideológica cujo conteúdo e oportunidades eram definidos por seus superiores.

Mas isso não foi apenas educação reforçando classe. Também intensificou a cristalização *nacional* do Estado. Como tenho argumentado todo o tempo, as lutas políticas dizem respeito ao que os estados realmente *fazem* em qualquer período. O capítulo 14 mostra que a educação foi o principal crescimento do Estado e a principal atividade civil no final do século XIX. Na maioria dos países, o governo (central, regional ou local) assumiu as escolas privadas ou expandiu as suas, deixando as escolas privadas como enclaves em um sistema cada vez mais público. Assim, o período assistiu a um conflito político (frequentemente grave) entre um Estado secular, centralizado, e uma aliança regional-religiosa de descentralizadores e Igrejas. Onde o Estado continha uma Igreja estabelecida, a aliança dos dissidentes era normalmente entre regionalistas e Igrejas minoritárias, como na Grã-Bretanha e na Alemanha. Aqueles que mais dependiam da educação – professores e carreiristas do Estado, sobretudo, depois, outros profissionais, e depois carreiristas do setor privado – se tornaram mais leais ao Estado secular centralizador, identificando-se mais fortemente com o Estado-nação emergente. Mas como os próprios estados eram polimórficos e as pessoas de classe média também tinham identidades local-regionais e de comunidade religiosa, cidadanias ideológicas e nacionalismos emergentes variavam.

Nacionalismo político de classe média

Sugeri que as relações de poder econômico empurraram os homens da classe média para o conservadorismo. Lealdades hierárquicas segmentares, prosperidade, privilégio cultural e complacência, raridade da proletarização, integração nos canais de investimento capitalista, desejo de se distinguir no consumo, cultura e qualificação dos trabalhadores – tudo isso encorajou o conservadorismo. Não deveríamos esperar excitação política e extremismo, nem alianças proletárias ou simpatias socialistas, mas sim conservadorismo aconchegante da classe média. Se os estados fossem meramente capitalistas, sem outras cristalizações significativas, a classe média poderia aborrecer o historiador.

Mas não aborreceu. Os historiadores detectaram um *nacionalismo político* entusiasmado entre a classe média. Praticamente, todos os estudos do nacionalismo e todos os estudos de grupos de pressão nacionalistas que floresceram durante esse período concluem que o nacionalismo era essencialmente de classe média ou pequeno-burguês (com a qualificação de que, como em outras associações voluntárias não laborais, a maioria das posições de topo nos grupos de pressão era ocupada por notáveis). Mas, na verdade, os estudos contêm poucas evidências para testar essa asserção. Eles só o fazem na Alemanha, onde as evidências, aqui citadas, na verdade mostram um padrão diferente. Os historiadores de outros países repetem afirmações não documentadas uns dos outros e depois explicam *por que* a classe média era nacionalista.

Hobsbawm (1990: 121-122), ao defender seu argumento de que o nacionalismo *pré-guerra* é essencialmente pequeno-burguês, na verdade, refere-se a evidências *pós-guerra* sobre os nazistas alemães. No entanto, ele está errado mesmo ali: as evidências nazistas mostram os mesmos padrões (não pequeno-burgueses) que documento para a Alemanha pré-guerra. Coetzee (1990) é uma exceção, admitindo que seus dados não permitem generalizações sobre quem eram os nacionalistas. Considera-se que o suposto nacionalismo de classe média ou pequeno-burguês reflita ansiedades, inseguranças e desejo por uma figura de autoridade na pátria-pai ou pátria-mãe – respostas *frustradas, infelizes, pânico de status* à concentração econômica e às intrusões dos trabalhadores (HOWARD, 1970: 103-104; WEHLER, 1979: 131-132; HOBSBAWM, 1989: 152, 158-159, 181; HOBSBAWM, 1990: 117-122). Outros veem o nacionalismo de classe média como a sublimação das frustrações econômicas e sexuais ao transferir o mal para agências estrangeiras. Rejeitei teorias patológicas do comportamento econômico da pequena burguesia (já que estava indo bem). Agora, faço o mesmo com a política da classe média.

As teorias patológicas veem um padrão ocidental comum, provocado pelo impacto da Segunda Revolução Industrial e do proletariado sobre a classe média. Mas o nacionalismo burguês não era uniforme. Também não era muito distinto, pois refletia, por vezes exageradamente, os dilemas dos vários regimes governantes.

Avalio, primeiro, a ameaça a partir de baixo. Os movimentos de trabalhadores de massa e camponeses impactaram a partir da década de 1880. O capítulo 19 mostra que a política camponesa não ameaçava muito a classe média. Os trabalhadores eram mais problemáticos. No entanto, em suas relações diretas de produção, os trabalhadores enfrentavam apenas a pequena burguesia, cujos interesses residiam na força de trabalho barata e na resistência aos direitos de organização sindical. Os profissionais eram relativamente não envolvidos com o conflito capital-trabalho; ainda que os carreiristas às vezes se envolvessem, não tinham interesse direto em nenhuma solução única para as relações de trabalho. Embora gerentes e burocratas pudessem exercer as *funções globais do capital* (CARCHEDI, 1977), podiam fazê-lo através da repressão ou conciliação. Como, na prática, os partidos dos trabalhadores procuravam o mutualismo e a regulação conjunta, não a derrubada do capitalismo, gerentes e burocratas podiam apoiá-los. De suas relações diretas de produção, poderíamos esperar uma hostilidade pequeno-burguesa, mas atitudes profissionais e carreiristas variadas em relação aos trabalhadores.

Foi mais uma vez na *economia política*, ou seja, na economia do Estado, que os interesses das classes média e trabalhadora começaram a colidir mais. Se os trabalhadores fossem admitidos na realidade, bem como formalmente, à cidadania, os estados deixariam de ser essencialmente de classe média. Os trabalhadores superariam o número de eleitores da classe média e poderiam redirecionar a economia política para seus próprios interesses. Os interesses se centraram nos custos e benefícios do Estado, que, como enfatizei, era usualmente a prática da política.

Os *custos* estatais significavam receitas, agora, a escolha entre impostos diretos potencialmente progressivos e impostos indiretos regressivos e receitas de *propriedade estatal*. Como mostra o capítulo 11, embora a carga fiscal agora não fosse elevada, permanecia regressiva. Quando as despesas militares aumentaram depois de 1890, o protesto dos partidos dos trabalhadores e camponeses foi mais alto. Os *benefícios* do Estado tinham se mudado consideravelmente ao longo do século. Os *frutos do cargo* já não existiam no sentido tradicional de corrupção. Mas a burocratização significava que os cargos iam para os educados, e os melhores cargos iam para os *cultos*. O mesmo ocorria com as posições carreiristas no comércio e na manufatura e também com os monopólios profissionais. As credenciais técnicas estavam incrustadas numa vida cultural nacional da qual os homens da classe média (e mesmo as mulheres) partilhavam, enquanto poucos trabalhadores o faziam. O movimento trabalhista exigia cada vez mais cidadania ideológica, ou seja, educação, mais do que exigia qualquer outra coisa do Estado, além dos direitos de organização sindical. Mas como o Estado agora adquiria muitas outras funções civis, outros serviços estatais também se tornaram benefícios. Os trabalhadores estavam apenas começando a tentar redirecionar os serviços para si e converter os controles do Estado em serviços (p. ex., Leis dos Pobres em direitos de cidadania social). A colisão de classes por causa da economia política não foi severa até o final da Primeira Guerra Mundial, mas tinha aparecido em 1900. A redistribuição fiscal e a educação universal agora colocam a classe média contra a trabalhadora.

Mas isso não foi invariante, e raramente levou à confrontação direta de classes. Na América, os principais partidos políticos não estavam muito divididos por classe; na Grã-Bretanha e na França, estavam apenas um pouco mais. Outras cristalizações políticas perpassavam conflitos de classe, diferindo entre regiões e países. Kocka (1980) mostra que enquanto os trabalhadores americanos de colarinho-branco parecem não ter temido o proletariado, os alemães o temeram enormemente. As duas *classes* americanas se juntaram aos mesmos partidos políticos – e, se os escriturários americanos se sentissem prejudicados, juntavam-se a sindicatos semelhantes. Mas os alemães aderiam a partidos e sindicatos antagônicos aos trabalhadores e eram mais conscientes de ser oponentes de classe. As relações entre essas classes na Grã-Bretanha e na França caíram entre esses dois extremos, embora de formas diferentes. As diferenças nacionais resultaram porque as classes e a economia política se entrelaçavam com três principais cristalizações políticas:

1) Embora a classe média tivesse alcançado a *democracia partidária* durante o século XIX, ela o fez em diferentes graus e de diferentes maneiras. Na década

de 1880 (antes nos Estados Unidos), ela tinha cidadania política plena nos três países liberais. Em 1900, suas eleições eram menos dominadas por notáveis e partidos patrões-clientes segmentares do que por partidos de adesão em massa e grupos de pressão. As reuniões de massa e a campanha eleitoral impessoal eram dirigidas principalmente à classe média. Na Áustria e na Alemanha, franquias de propriedade e curiais e as soberanias parlamentares limitadas tinham conferido uma democracia partidária um pouco menor e os regimes faziam mais dividindo e governando. A classe média foi admitida no Estado apenas parcialmente, e a classe trabalhadora foi deixada de fora e reprimida. Na Áustria, dividir e governar também envolveu nações e, por vezes, também excluía as classes médias nacionais. Os Estados Unidos estavam no extremo oposto, sem exclusão por classe. A Grã-Bretanha e a França estavam no meio. As extensões das franquias britânicas ao longo do século e as mudanças do regime francês até 1880 atribuíam a cidadania de acordo com a propriedade, mas isso não separou as classes de forma clara. Em 1900, por exemplo, a maioria dos trabalhadores qualificados britânicos possuía o direito de voto (e de organização coletiva) junto à classe média, enquanto os trabalhadores menos qualificados não. A democracia partidária nos Estados Unidos consistia de alianças entre classes; na Grã-Bretanha e na França, isso era parcialmente assim; e na Alemanha e na Áustria (como era) era dividida por classes.

Assim, a economia política alemã e austríaca mais opunha classe contra classe, depois a francesa e a britânica, com isso acontecendo menos na América. As classes médias com relações de poder econômico similares diferiam muito em sua posição em relação às classes mais baixas porque estavam inseridas de forma diferente na democracia partidária.

2) Como indicado anteriormente, a educação também envolveu diversas cristalizações *nacionais*, centradas em redes religiosas e regionais. Isso criou muitas possibilidades de alianças entre classes – por exemplo, uma aliança progressiva entre centralizadores seculares (França), ou entre secularistas e religiões minoritárias (Grã-Bretanha), ou uma aliança antiestatista entre trabalhadores excluídos, regionalistas e religião minoritária (essa aliança nunca se concretizou completamente na Alemanha, mas sua possibilidade afetou profundamente o nacionalismo). Essas cristalizações na verdade dominaram a política austríaca, produzindo entrelaçamentos de classe, regional-nação e religião muito mais amplos e mais subversores do Estado.

3) Os nacionalismos do pré-guerra diferiram consideravelmente porque as cristalizações *militaristas* dos estados eram muito diferentes. A América era expansionista, mas não contra outras grandes potências. A Grã-Bretanha desejava inicialmente apenas preservar o livre-comércio global e defender o império global que já tinha, mas depois se voltou para o reforço das defesas contra a ascensão do poder alemão. A França mudou da expansão colonial para um modo

defensivo, já que seus próprios territórios e os dos vizinhos pareciam ameaçados pela Alemanha. Embora nenhuma potência da época se visse como uma agressora, os regimes austríaco e alemão passaram a acreditar que o ataque era a melhor forma de defesa. O medo do nacionalismo transfronteiriço (Áustria) e do cerco (Alemanha) os levou a uma geopolítica mais agressiva. Seria de fato uma prova do caráter irracional e paranoico da classe média se, em países com circunstâncias geopolíticas tão diferentes, em toda a parte, ela decidisse adotar o nacionalismo militarista. Mas não o fez. Na verdade, todas essas três cristalizações políticas interagiram com conflitos de classe para gerar nacionalismos muito diferentes.

A expansão imperial americana no século XIX correu pouco risco de guerra com outras grandes potências. Os Estados Unidos afundaram apenas a marinha de madeira da Espanha. Como o envolvimento dos Estados Unidos em Cuba, Filipinas e China era pequeno em escala e representava poucos riscos, houve pouca mobilização popular a favor ou contra o imperialismo. Grupos de pressão nacionalistas eram fracos e particularistas. O imperialismo era dirigido mais pelo poder presidencial e apoiado por senadores interessados, geopolíticos como o Almirante Mahan, alguns magnatas de jornais, grupos missionários e (especialmente) grupos empresariais seccionais com interesses nessas áreas particulares. Era antagonizado por uma coleção heterogênea de outros interesses empresariais especiais, liberais, racistas que tentavam evitar envolvimentos com pessoas não brancas e imigrantes irlandeses e alemães que fugiam do militarismo e do recrutamento na Europa (LASCH, 1958; HEALY, 1963; 1970; LaFEBER, 1963; BEISNER, 1975; WELCH, 1979; cf. tb. ensaios em HOLLINGSWORTH, 1983). Rystad (1975: 167) discorda um pouco, enfatizando o crescente anti-imperialismo no Partido Democrata nesse período. Mas o nacionalismo político de classe média de massas é difícil de encontrar na América. Como (como veremos mais adiante) a educação estatal contribuiu substancialmente para o nacionalismo em outros países, o controle esparso e local das escolas americanas pode ter ajudado a abafar o nacionalismo.

Não houve um nacionalismo muito mais agressivo na Grã-Bretanha do século XIX. O Império Britânico já estava instalado e necessitava de pouca defesa dos cidadãos. A dura resistência na Índia era contraposta por pequenos exércitos profissionais reforçados com soldados indianos, *nativos* de outros lugares em pequenos contingentes. O nacionalismo britânico era mais um firme senso de identidade do que de oposição – de quem *nós* éramos (embora com nossas peculiares identidades duais inglês-britânico, escocês-britânico etc.). A Grã-Bretanha e a América desenvolveram, ambas, nacionalismos bastante idealizados, liberais e ostensivamente pacíficos. A Grã-Bretanha levou a civilização, o Parlamento e a *Pax Britannica* por todo o globo. A América forneceu a *cidade na colina*, o farol brilhante do *povo mais livre na Terra*. Ambas as nações mostraram uma considerável selvageria contra os *nativos*. Mas poucos nas democracias partidárias viram muito sentido em atacar outras grandes potências. (Investigo o argumento geral de que os estados *liberais* são pacíficos no capítulo 21.)

Havia um nacionalismo mais agressivo na França do século XIX, mas raramente era de classe média. De fato, *la grande (et bourgeoise) nation* tinha inventado o imperialismo popular, mas depois de 1815 lamentou a sua impetuosidade. A classe média permaneceu relativamente indiferente ao imperialismo adotado pelos regimes monárquicos, por Luís Bonaparte e por grupos de pressão econômica em busca de lucros no exterior. Ela lutava para assegurar sua república contra essas mesmas forças. Quando o sucesso acabou chegando depois de 1870, a nação de classe média permaneceu republicana, anticlerical e predominantemente antimilitarista. As frações de classe média profissional e carreirista eram especialmente leais, já que as instituições educacionais eram firmemente republicanas. Em contraste, as organizações pequeno-burguesas passaram para a direita a partir da década de 1890, em direção ao catolicismo social e a um nacionalismo conservador, embora não extremista (NORD, 1981). Mas, na França, o nacionalismo era uma ideologia contestada. Professores e funcionários públicos parecem ter sido os mais *nacionais*, no sentido de serem leais à República. No início da década de 1870, a educação francesa foi gradualmente secularizada e padronizada, visando inculcar as virtudes republicanas no país inteiro (MOODY, 1978). Nas aldeias e cidades da França, o professor personificava e exaltava a República, o patriotismo e o dever cívico secular (WEBER, 1976: 332-338; SINGER, 1983) – mas não de forma agressiva: os manuais escolares continham pouca hostilidade para com outras potências ocidentais, embora ensinassem que a França tinha um dever cultural especial de civilizar as raças atrasadas (MAINGUENEAU, 1979).

A teoria paranoica ignora o sucesso da civilização burguesa liberal e o espírito de celebração dos seus nacionalismos. Na Grã-Bretanha, era mais moralista, romântica e sentimental do que agressiva; na América, uma afirmação mais positiva de liberdade e virilidade individual; e na França, essencialmente *moderna* e secular. Essas classes médias haviam ascendido à cidadania plena, transformando as nações de classe dominante em estados-nações. Seu sentimento de nação representava o sucesso burguês, não o fracasso.

O *status quo* se manteve na América na Primeira Guerra Mundial. Mas, por volta de 1900, os sentimentos nacionais britânicos e franceses desenvolveram um pouco mais de militarismo à medida que as aspirações da grande potência alemã pareciam aumentar. Os franceses tinham sido invadidos e derrotados em 1870-1871, e muitos se sentiram ameaçados novamente depois de 1900. Embora a esquerda tivesse sido o principal portador do patriotismo na década de 1870, a direita agora o assumia – embora seu monarquismo e clericalismo tenham enfraquecido o apelo de seu patriotismo. A classe média francesa também foi dividida por ter aparentemente dois inimigos de classe, um acima e o outro abaixo. Sua antipatia pelo velho regime levou seu grande Partido Radical a uma aliança com a esquerda para assegurar o triunfo do Estado secular e educado e o controle republicano dos militares. Uma vez isso garantido, logo após 1900, os partidos burgueses se moveram um pouco para a direita, ao mesmo tempo em que a ameaça alemã ressuscitava. Mas isso mudou o nacionalismo da expansão global e colonial para a defesa nacional local. Os partidos nacionalistas mais agressivos diminuíram (embora permanecessem importantes nas universidades) antes da guerra, uma vez que tanto as facções republicanas e centristas radicais e os governos franceses se tornaram mais patrióticos e aceitaram o rearmamento. Mas seu patriotismo era esmagadoramente defensivo: rearmamento para lidar com um esperado ataque alemão. Muitos patriotas franceses (um pouco excessivamente confiantes) exultaram que isso levaria à recuperação da Alsácia-Lorena, mas nenhum político importante defendeu o ataque à Alemanha (tudo isso está em dívida para com Eugen Weber (1968)). Eles comprometeram conflitos sobre economia política e recrutamento, a tempo de montar o esforço defensivo de 1914. O nacionalismo da classe média e da classe trabalhadora francês não embaraçou o regime, mas o revigorou e o salvou – com grande heroísmo e sacrifício de vidas, fortalecendo assim o Estado-nação.

O imperialismo britânico, seguro e mais liberal, carregava uma ideologia liberal, ostensivamente pacífica. Antes de 1880, o imperialismo tinha uma arquitetura e um *lobby* estatutário, mas pouco popular. As poucas manifestações eram organizadas por grupos humanitários e religiosos que atacavam a política imperial (ELDRIDGE, 1973) ou no contexto da política partidária ou por grupos de pressão com interesses econômicos no exterior ou numa expansão do exército. A morte do General Gordon no Sudão em 1885, que marcou uma nova fase de resistência *nativa* mais dura, levou às primeiras grandes manifestações imperialistas de rua. Nos anos de 1890, o imperialismo era um "remédio popular para curar a depressão e o desemprego, para aliviar a insegurança nacional e assegurar a grandeza futura", diz Robinson (1959: 180).

A ideologia imperialista se centrou primeiro mais no sentimento *nativo* do que no sentimento antieuropeu, mas a França, depois a Alemanha, também se tornaram objetos de ataque. O imperialismo e uma *busca por eficiência nacional* influenciaram ambas as partes, ressoando o darwinismo social do período. Os imperialistas liberais se concentraram na construção de uma força nacional por meio de uma *saúde* física e moral melhor e da educação para a classe trabalhadora; os conservadores, no império e no poder no exterior. Mostrei no capítulo 14 como tudo isso se destinava a mobilizar as emoções intensas da família e *maternalismo* para a nação extensiva.

Após cerca de 1900, o racismo desenvolveu uma ambivalência peculiar. Anteriormente, havia articulado o sentimento de superioridade dos europeus (por vezes misturado com vulnerabilidade) em relação aos povos *atrasados*. Os fenótipos físicos definiam a raça: a raça branca dominava as raças amarela, parda e negra. Embora o racismo imperial tivesse pervertido em grande medida os ideais do Iluminismo, era similarmente transnacional. Mas a crescente densidade social, as infraestruturas estatais e a comunidade linguística e, por vezes, também religiosa, davam agora ao racismo uma definição nacional, especialmente entre as nações que reforçam o Estado (que a essa altura já incluíam também a Alemanha). Ideólogos da *raça* anglo-saxã, franca, teuta, eslava desenvolveram uma história mitológica de descendência comum. Na década de 1900, políticos e escritores populares britânicos usavam a palavra *raça* de uma forma perfeitamente rotineira para se referir ao povo britânico, ao discutir problemas do império *e* em relação à rivalidade econômica com a Alemanha – inclusive com os Estados Unidos. Assim, o racismo não era unitário, mas dividido, como a Europa sempre foi dividida, entre o transnacional e o nacional.

Mas passar de uma noção racial de senso comum da nação para o passo seguinte da defesa de um nacionalismo agressivo e quase racista era muito menos comum. Era muito menos sustentável do que o racismo imperial da ciência biológica contemporânea. Na Grã-Bretanha, era por vezes favorecido por magnatas de jornais e por grupos de pressão de direita como a Liga da Marinha, a Liga do Serviço Nacional, a Liga Marítima Imperial e a Liga Primrose. Alguns historiadores afirmam que esses grupos de pressão tinham raízes de classe média, embora nenhum forneça qualquer evidência real da composição de classe dos membros ou ativistas (FIELDHOUSE, 1973; FEST, 1981; SUMMERS, 1981). O Corpo de Treinamento e Reservas de Oficiais, os escoteiros e as organizações culturais nacionais proporcionavam um ambiente mais respeitável e, presume-se, predominantemente de classe média, no qual os nacionalistas agressivos prosperavam (KENNEDY, 1980: 381-383). O estudo mais recente, de Coetzee (1990), é obviamente atraído por esse modelo da *classe média nacionalista*, porém cauteloso pela escassez de evidências. Na verdade, os dados limitados de Coetzee sobre os antecedentes de classe dos ativistas em grupos de pressão nacionalistas sugerem o domínio de oficiais militares reformados, clérigos, jornalistas e empresários com interesses materiais especiais. Mangan (1986) observou que a propaganda imperial circulava principalmente nas escolas públicas (e. g, privadas) para as crianças do próprio regime, não nas da classe média. Quando tratar dos nacionalistas alemães mais bem documentados, darei uma interpretação diferente da composição do grupo de pressão.

Price (1977) assume, sem apresentar evidências, que o jingoísmo era classe média baixa. Depois, interpreta isso em termos de pânico de *status* por uma classe média que enfrentava uma mobilidade bloqueada e uma classe trabalhadora em ascensão. Já rejeitei a base econômica do seu argumento – a classe média baixa estava indo muito bem durante esse período – embora aceitando que a classe trabalhadora pudesse ameaçar a economia política do Estado. A classe média poderia desejar manter seu o Estado, manter a tributação regressiva e manter a classe trabalhadora excluída.

Mas, na democracia partidária britânica, a classe foi dividida pela cristalização nacional, mobilizando regiões, religiões e setores. A liderança conservadora era antipática aos trabalhadores e se opunha aos altos gastos sociais; mas permaneceu anglicana e agrário-comercial e favorável aos gastos militares. Assim, a classe média britânica se dividiu. Seus bastiões manufatureiros, inconformistas e celtas – e também muitos profissionais, educados no autoconceito humano e liberal da Grã-Bretanha vitoriana – permaneceram liberais. Alguns seguiram o imperialismo liberal de Rosebery ou Haldane. Mas outros aceitaram o *novo liberalismo* (aparentemente dominado por profissionais) e insistiram em entendimentos eleitorais com o Partido Trabalhista. Isso encorajou mais deserções de industriais, e do que alguns chamam *classe média alta*, do conservadorismo. No entanto, as tensões de classe permaneceram no partido. Embora um partido redistributivo genuinamente de esquerda a partir de 1906, o "empresário não conformista permaneceu a espinha dorsal do Partido Liberal na Câmara dos Comuns" (BERNSTEIN, 1986: 14; cf. CLARKE, 1971; EMY, 1973; WALD, 1983). As seções liberais da classe média permaneceram isoladas do nacionalismo agressivo. Os grupos de pressão nacionalistas mencionados anteriormente tinham conexões estreitas com os círculos conservadores da direita – alguns com o Partido Conservador oficial. Eles eram equiparados a internacionalistas pacíficos ligados à esquerda liberal. Imperialistas e nacionalistas cresceram à medida que o comportamento alemão parecia justificar seus argumentos, mas em 1914 a maioria estava em oposição, enquanto os pacifistas estavam no gabinete dos liberais.

Na verdade, o regime britânico enfrentou um dilema ideológico: manter o velho liberalismo moralista transnacional ou reforçar o militarismo. Mas havia uma posição de compromisso, de vigilância *defensiva*: devemos lutar se atacados, preparando nossas defesas agora. Essa se tornou a visão de diplomatas como Nicolson e Eyre Crowe, assim como da liderança de ambos os partidos. Eles podiam concordar com os nacionalistas moderados sobre uma política de defesa nacional firme. Assim, a maioria do nacionalismo britânico não era particularmente agressiva nem distintamente classe média – embora também não fosse da classe trabalhadora (cf. capítulo 21).

Em 1914, o governo liberal foi constrangido mais pelo liberalismo pacífico de seus próprios extremistas do que pelos nacionalistas extremistas. Se estivessem no poder os conservadores poderiam ter sido constrangidos por seus extremistas nacionalistas (como na Alemanha). A classe média britânica permaneceu leal – mas às cristalizações ambíguas do seu Estado. Suponho que os mais altamente educados e os carreiristas do Estado fossem *esquizoides superleais*, tocados *tanto* pelo liberalismo tradicional de seu Estado *quanto* por seu novo imperialismo. Não tenho provas concretas, mas isso seria paralelo ao resultado alemão bem evidenciado, que detalho em seguida. Também seria paralelo à política interna dos carreiristas do Estado. Os mais tocados por essa autoimagem do Estado-nação como único capaz de compromisso e evolução pragmática, eles eram mais mediadores de conflitos de classe do que líderes partidários desejados (como vemos no capítulo 17). A classe média altamente educada e os carreiristas do Estado superinternalizaram as doutrinas estatais rivais, provocando o desconforto de seus mestres políticos. Contudo, quando ambos os partidos entraram em guerra, a classe média se uniu e (com exceção de alguns pacifistas corajosos) lealmente derramou seu sangue – promovendo a espiral descendente do Estado-nação britânico.

Na Alemanha e na Áustria, cristalizações entrelaçadas de classe nacional e monarquista geraram um nacionalismo de classe média que se mostrou perturbador e, em última análise, desleal. (A Áustria é discutida no capítulo 10.) Como classe e nacionalidade se cruzam uma a outra e às lealdades ao regime, nenhuma das duas por si só ofereceu apoio suficiente aos Habsburgos. No final do século XIX, esse regime jogou, de uma forma única, deliberadamente uma contra a outra tanto classes e nações provincialmente dominantes como subordinadas. As lealdades de classe e nacionais permaneceram calculistas. As classes médias regionais raramente tinham hierarquias óbvias sobre as quais fixar o conservadorismo e a lealdade. Como poderíamos ter previsto de nossa discussão neste capítulo, nenhuma classe média austro-húngara optou por uma aliança socialista proletária. Mas a maioria das outras combinações ocorreu. Alguns notáveis da classe média (especialmente profissionais tchecos e eslovacos e burocratas estatais locais) controlaram movimentos nacionalistas dissidentes; outros (especialmente pequeno-burgueses) se aliaram a camponeses, trabalhadores não socialistas e à classe média baixa na dissidência populista e social cristã (especialmente austro-alemães e tchecos); ainda outros (principalmente nas províncias atrasadas e na Hungria) se aliaram ao Antigo Regime local contra os Habsburgos; e fabricantes, financiadores, gestores empresariais e burocratas do Estado central (especialmente se austro-alemães ou judeus) apoiaram os Habsburgos e sua agressão final. Seria preciso muitas páginas para analisar tudo isso, mas o conservadorismo leal da classe média raramente encontrou um objeto apropriado. Os nacionalismos austro-húngaros de classe média eram um pouco conservadores, claramente agressivos, sempre excitantes, e geralmente subvertiam o Estado – depois da derrota na guerra, levando a vários novos estados-nações.

A divisão e o domínio alemães diferiram na medida em que o regime trouxe a classe média para os limites do Estado, a fim de manter os trabalhadores e as minorias étnicas bem fora dele. Isso moveu a classe média para a direita, levando-a a hostilizar a classe trabalhadora; e levou a classe média do norte e luterana (e camponesa) a lealdades estatistas centralizadoras, mas católicos e sulistas a uma deslealdade local-regional moderada. Contudo, os partidos de classe média foram mantidos fora do núcleo do Estado, que permaneceu predominantemente Antigo Regime e capitalista. Como na Áustria, mas diferente dos países liberais, os partidos de massas não controlavam esse Estado. Assim, embora a classe média fosse fortemente antissocialista e predominantemente conservadora e estatista, não se identificava fortemente com o presente regime. Sua autonomia foi também alimentada por sua organização corporativa distinta. As políticas de *Mittelstand* (propriedade média) eram por vezes radicais, geralmente antiproletárias (GELLATELY, 1974; WINKLER, 1976; BLACKBOURNE, 1977; KOCKA, 1980) – com sua autonomia inclusive encorajada pelo dividir e governar monárquico como um contrapeso aos seus inimigos.

Os grupos de pressão nacionalistas se tornaram influentes depois de 1900 à medida que cresciam os receios alemães de um cerco. Em 1911, a Sociedade Colonial, a Liga Pan-alemã, a Sociedade das Fronteiras Orientais, a Liga da Marinha e a Liga de Defesa tinham membros muito maiores e mais vocais do que os nacionalistas em outros países. Alguns grupos de pressão menores (associações de veteranos, União da Juventude Alemã) eram braços de propaganda do regime. Alguns (a Sociedade das Fronteiras Orientais) eram grupos de tema único ligados a junkers, exército e corte. Mas os maiores e mais insistentes (a Liga da Marinha e a Liga Pan-alemã) se tornaram autônomos, populares e agressivos, impedindo o regime e os partidos de defenderem a conciliação diplomática. Conservadores e liberais nacionais, tendo primeiro desprezado esse nacionalismo, esmoreceram sob sua pressão eleitoral (ELEY, 1978; 1980; 1981).

Como havia poucos trabalhadores em qualquer um destes grupos de pressão e poucos camponeses na maioria deles, é comum descrevê-los como classe média (WEHLER, 1979; ELEY, 1981). Contudo, dados (cf. ELEY, 1980: 61-67, 123-130; CHICKERING, 1975, tabelas 5.1-5.12; cf. tb. KEHR, 1977) permitem maior precisão.

O maior era a Liga da Marinha. Fundada por empresários ricos, professores e ex-oficiais, seus líderes nacionais permaneceram notáveis. Dos 26 membros do *Presidium* entre 1900 e 1908, 10 eram grandes empresários; 5, aristocratas rurais; 9, antigos oficiais superiores do exército e da marinha; 1, um professor; e 1, um funcionário público aposentado. Todos eram graduados universitários. Dos seus 9 mil oficiais de divisão em 1912, 20% eram funcionários superiores do governo (muitas vezes prefeitos e *Landräte*); 19%, professores; 18%, funcionários médios e inferiores (embora, como muitas vezes nas estatísticas alemãs, essa categoria inclua alguns trabalhadores administrativos do setor privado); 11%, pequeno-burgueses; 9%, profissionais; 8%, proprietários de terras ou ex-oficiais militares; 8%, industriais e gerentes; e havia alguns membros do clero, artesãos e agricultores, e praticamente nenhum trabalhador. A super-representação dos empregados do Estado é impressionante – 2% a 3% da população, 50% a 60% dos oficiais da Liga da Marinha (incluindo professores e os poucos dirigentes protestantes). Igualmente marcante é a sua educação elevada: 61% de líderes locais frequentaram uma instituição de nível universitário.

A Liga Pan-alemã foi igualmente enviesada: entre quase 2.500 líderes locais, poucos eram agrários, trabalhadores ou artesãos. Cerca de 66% tinham recebido educação de nível universitário, e 54% eram empregados do Estado (metade deles eram professores). Os ativistas de longo prazo eram ainda mais enviesados: 77% tinham ido para uma instituição de nível universitário. Chickering mostra que em todos os grupos de pressão nacionalistas a maioria dos funcionários públicos vinha dos níveis médio e superior da administração, poucos dos seus níveis mais altos.

A Sociedade das Fronteiras Orientais, centrada em mais zonas rurais da Prússia Oriental, tinha mais camponeses e artesãos, cada grupo fornecendo cerca de 20% dos membros. Mas, mesmo aqui, os funcionários públicos e professores dominavam. Em uma amostra de vinte e seis ramos durante 1894-1900, eles representavam pouco menos de 50% de seus membros, a proporção aumentando mais tarde. Os professores sozinhos forneceram entre 10% e 14% dos membros, 22% dos funcionários da sociedade e 25% do seu comitê geral, e outros funcionários públicos foram outros 30% do comitê. Na amostra de líderes da sociedade local de Chickering, 74% tinham estado em uma instituição de nível universitário.

A composição de membros comuns para as outras organizações é, em grande parte, um trabalho de adivinhação. Eley acha que a Liga da Marinha era desproporcionalmente pequeno-burguesa, mas não diz por quê; Chickering acha que os pan-alemães eram amplamente da classe média, embora desproporcionadamente da classe educada e do setor público. Todos os grupos de pressão eram essencialmente do norte da Alemanha e de áreas luteranas. A zona rural e a pequena burguesia católicas eram relativamente intocadas pelo imperialismo social (BLACKBOURNE, 1980: 238). O luteranismo era a religião oficial da Prússia, e, portanto, um pouco estatista.

O estudo de Chickering (1975: 73-76) sobre o movimento de paz pacifista permite um contraste interessante com os nacionalistas extremistas. A maioria dos pacifistas era da *classe média não rural para a classe média baixa*, o maior grupo com pequenos comerciantes e empresários (especialmente aqueles que faziam negócios no exterior), seguidos por professores do ensino fundamental e profissionais. Muito ao contrário das teorias de pânico de *status*, a pequena burguesia era desproporcionadamente pacifista. As mulheres também constituíam um terço dos membros, enquanto os grupos de pressão nacionalistas eram predominantemente masculinos. Chickering conclui que os pacifistas eram os mais removidos das instituições principais do Estado nacional – a burocracia, universidades e exército.

A educação estatal era oficialmente nacionalista. As escolas deveriam encorajar um sentimento de nação bastante militar. Como o kaiser disse a uma conferência de educadores: "Eu estou à procura de soldados. Nós queremos uma geração robusta que possa servir como os líderes intelectuais e funcionários da nação" (ALBISETTI, 1989: 3). Não está claro se os professores da escola primária obedeceram. Muitas escolas (a maioria na Baviera) eram católicas e resistiram, e poucos alunos da classe trabalhadora pareceram compreender a mensagem. Professores do ensino secundário estatal tentaram, com maior sucesso entre seus alunos de classe média. No entanto, o entusiasmo das crianças se concentrou menos no regime e no kaiser, mais sobre um abstrato *Volk* e *Reich* (MOSSE, 1964; ALBISETTI, 1983; SCHLEUNES, 1989). As universidades foram as mais afetadas, perdendo seu liberalismo do início do século XIX. A noção da *Bildung* humana, cultivada, erodiu. Os acadêmicos se tornaram nitidamente estatistas, e embora apenas uma minoria fosse diretamente ativa na política, essa estava quase toda na direita. A vida social estudantil viu o crescimento de corporações de estudantes *conservadores-monarquistas*, o *Korps*, e outras organizações estudantis nacionalistas. O socialismo causou pouco impacto e o liberalismo declinou. Um "'renascimento espiritual' da juventude acadêmica centrava-se não no presente regime, mas em torno de dois *slogans*, *deutschnational* e *Weltpolitik*" (JARAUSCH, 1982: 365): como 20 milhões de alemães viviam no exterior, o Reich deveria ser expandido. A educação do Estado não socializava a mera lealdade ao regime, mas um nacionalismo estatista mais abstrato.

Assim, não a classe média ou a pequena burguesia, mas os empregados do governo – os mais dependentes do Estado – e os luteranos altamente educados – os mais socializados em ideologias estatistas – eram os mais propensos a serem nacionalistas agressivos. Chickering (1984: 107, 111) sugere que esses homens eram os guardiões culturais do *Kaiserreich*, mas talvez estivessem indo um pouco além do kaiser. A pequena burguesia não era especialmente nacionalista. Nem a velha *Mittelstand* de artesãos, camponeses ou pequenos empresários, nem a nova *Mittelstand* dos trabalhadores de colarinho-branco estavam bem representados.

Isso dá um aspecto muito diferente ao nacionalismo. Talvez devêssemos realmente chamá-lo estatismo, não nacionalismo. Além disso, o espírito desses movimentos raramente correspondeu à imagem negativa apresentada pela teoria paranoica pânico de *status*. Ela incorporava um estatismo excessivamente zeloso e superleal por parte daqueles dentro do Estado, mas não no cerne do regime. Os níveis médio ao superior do Estado tinham sido *colonizados* por um grupo de pressão particularista. Eles estavam incitando o regime a implementar o que argumentavam ser seus verdadeiros valores, que as exigências da política prática – dividir e governar em casa, diplomacia no exterior, as próprias limitações do kaiser – estavam subvertendo. O superlealismo não se via como ansioso ou reacionário, mas como confiante, afirmativo, moderno, com uma imagem do futuro – de um Estado-nação verdadeiramente mobilizado, unido e solidário, como nenhum regime histórico (e certamente nenhuma monarquia dinástica) havia sido. Judeus, católicos, minorias étnicas e socialistas estavam tentando subverter essa unidade nacional. Mas se o regime desse total liberdade à verdadeira nação, eles poderiam ser remetidos à lixeira da história. É injusto impor a esses nacionalistas o fardo da história posterior. A maioria não pretendia causar danos corporais graves aos *Reichsfeinde*. Somente quando o velho regime entrou em colapso em 1918 e quando esses inimigos se fortaleceram em Weimar é que seus sucessores – agora com mais apoio rural e capitalista, mas ainda centrados no emprego estatal e no luteranismo – se tornaram extremamente vis.

Ao longo de todas as variações, há provavelmente um padrão comum – ao menos na Grã-Bretanha, França e Alemanha: os nacionalismos emergentes foram menos classe média, mais especificamente estatistas do que se tem geralmente acreditado. Todas as três frações de classe média mostraram lealdade em questões de classe aos seus regimes. No entanto, suas políticas variaram, quando as identidades religiosas e regionais afetaram a sua posição sobre a questão nacional. A maioria dos nacionalismos foi gerada por carreiristas estatais e por carreiristas e profissionais altamente educados. Mas também variou de acordo com o caráter do regime. Os nacionalismos exageraram, por vezes com excesso de zelo, as preferências do regime, produzindo um nacionalismo estatista superleal. Mas mesmo na Alemanha isso só pedia a um antigo regime ostensivamente agressivo que estivesse à altura da sua retórica e se tornasse mais populista. Na Grã-Bretanha e na França, produziu sentimentos de identidade nacional, faccionalizados por partidos, que coagulavam sob ameaça externa para firmar nacionalismos defensivos. Áustria e Estados Unidos desenvolveram variantes únicas de nacionalismo, um que se dirigia contra o Estado, o outro ainda não despertado pela geopolítica para a articulação. Essas variações não surgiram das relações diretas de produção, uma vez que essas últimas eram bastante invariáveis entre países, mas de diferentes entrelaçamentos de cidadania política e ideológica. O nacionalismo foi mais político do que econômico, enquanto a política faccionalizou o Estado, reduzindo *sua* coesão. Isso se mostrará importante no capítulo 21, na minha explicação sobre as causas da Primeira Guerra Mundial.

Conclusão

A sociedade capitalista industrial tem uma classe média há cerca de cem anos. Apenas dois grupos intermediários foram proletarizados, e nenhum deles resultou em muita agitação da classe média. A maioria dos artesãos foi proletarizada tão cedo e completamente que deixou pouca influência sobre a classe média. Depois, o trabalho administrativo, de vendas e alguns trabalhos técnicos sem perspectivas de carreira se tornaram como trabalhos manuais, mas poucas de suas ocupantes predominantemente femininas experimentaram isso como proletarização. Se os trabalhadores de colarinho-branco inferiores participaram menos no movimento trabalhista do que os trabalhadores manuais, isso não se deveu à suposta consciência de *status* de classe média, mas a três fatores que também reduziram a participação entre os trabalhadores manuais: uma alta proporção de mulheres, predominantemente pequenas organizações empregadoras e localização em áreas dominadas pela classe média. A classe média não foi proletarizada; e as aparências de *decomposição* da classe média representam, principalmente, diferenças de gênero.

A classe média dominada pelos homens contém três frações, cada uma definida por relações de produção distintas: a pequena burguesia, os carreiristas empresariais e burocráticos, e os profissionais. São três frações de uma classe média porque compartilham características difusas dos estados-nações capitalistas. Algumas delas são basicamente econômicas: a participação intermediária no emprego segmentar hierárquico e nas relações de mercado, distintivos de consumo privilegiado e a capacidade de converter renda em pequeno capital de investimento. Mas nesse período eles também compartilhavam uma cidadania ideológica ligando a educação estatal aos direitos trabalhistas e uma cidadania política negada aos que estavam abaixo deles. As sociedades civis nacionais e os estados-nações emergiram governados pelo capital e administrados por pessoal de nível subalterno proveniente da classe média. Onde essa aliança foi institucionalizada até 1914, como nas democracias tripartites, não ocorreram grandes convulsões de classe. A cidadania política e social da classe trabalhadora foi depois institucionalizada principalmente no modelo de cidadania nacional da classe média.

A classe média tem sido geralmente leal à classe capitalista em suas lutas com os trabalhadores. Nenhum país se aproximou da aliança proletária prevista por alguns marxistas. Chegou mais perto quando puderam se aliar a cristalizações políticas de não classe, como as de região e de religião. Os próximos capítulos focam como os trabalhadores e os camponeses enfrentaram um conservadorismo de classe média que limitou significativamente suas opções. Não desejo, no entanto, cair na armadilha que critico os outros por caírem, a de ver a classe média apenas em relação ao capital e ao trabalho (e os camponeses). A classe média não pode ser reduzida a meros servos leais do capitalismo e dos regimes. No início do século XX, foi também o principal reforço do Estado-nação. Além disso, duas subfacções – carreiristas estatais e carreiristas e profissionais altamente qualificados – foram os principais portadores de nacionalismos estatistas distintos e variados.

Nos Estados Unidos, Grã-Bretanha e França havia poucos socialistas de classe média (até a expansão do emprego estatal de meados do século XX), mas, em troca, visões concorrentes do Estado-nação, do nacionalismo conservador (embora um pouco defensivo) ao pacifismo liberal. Na Áustria-Hungria e na Alemanha, a classe média, em especial, os carreiristas altamente educados e de Estado, demonstraram nacionalismos mais autônomos, agressivos e abstratos, capazes de se virar dramaticamente contra o regime governante. Na Áustria-Hungria, isso acontecia agora. Na Alemanha, o estatismo superleal já incomodava o regime e em menos de vinte anos se tornaria revolucionário. A Primeira Guerra Mundial intensificou a construção da nação em países liberais e intensificou conflitos sobre o significado da nação em outros países. Estados-nações e nações têm se mostrado tão decisivos quanto o capitalismo e as classes na estruturação da civilização do século XX. A classe média forneceu o pessoal para sua emergência do século XX, e suas frações mais estatistas forneceram o pessoal para suas formas mais intensas e por vezes devastadoras.

Uma classe média emergiu com uma relação distinta com os recursos de poder, com suas próprias organizações e consciência coletiva – uma relação resumida pela fórmula dual *impura*: participação intermediária segmentar em organizações geradas pelos circuitos difusos do capital e participação mais independente e variada no Estado-nação autoritativo. Mais uma vez, o entrelaçamento de capitalismo difuso e estados autoritativos moldavam o mundo moderno.

Referências

ABERCROMBIE, N. & URRY, J. (1983). *Capital, Labour and the Middle Classes*. Londres: Allen & Unwin.

ALBISETTI, J. (1983). *Secondary School Reform in Imperial Germany*. Princeton, NJ: Princeton University Press.

ARMSTRONG, W.A. (1966). Social structure from the early census returns. In: E.A. Wrigley (org.). *An Introduction to English Historical Demography*. Londres: Weidenfeld & Nicolson.

ARONOWITZ, S. (1979). The professional-managerial class or middle strata? In: P. Walker (org.). *Between Labor and Capital*. Boston: South End Press.

BAIROCH, P. et al. (1968). *The Working Population and Its Structure*. Bruxelas: Institut de Sociologie de l'Universite Libre [em inglês e em francês].

BECHHOFER, F. & ELLIOTT, B. (1976). Persistence and change: the petite bourgeoisie in the industrial society. *European Journal of Sociology*, 17.

BEISNER, R. (1975). *From the Old Diplomacy to the New, 1865-1900*. Arlington Heights, Il.: Harlan Davidson.

BELL, C. (1969). *Middle Class Families*. Londres: Routledge & Kegan Paul.

BERGER, S. (1981). The uses of the traditional sector in Italy. In: F. Bechhofer & B. Elliott (orgs.). *The Petite Bourgeoisie*: Comparative Studies of the Uneasy Stratum. Londres: Macmillan.

BERLE, A. & MEANS, G. (1932). *The Modern Corporation and Private Property*. Nova York: Macmillan.

BERNSTEIN, G. (1986). *Liberalism and Liberal Politics in Edwardian England.* Boston: Allen & Unwin.

BERTAUX, D. & BERTAUX-WIAME, I. (1981). Artisanal bakery in France: how it lives and why it survives. In: F. Bechhofer & B. Elliott (orgs.). *The Petite Bourgeoisie*: Comparative Studies of the Uneasy Stratum. Londres: Macmillan.

BEST, G. (1979). *Mid-Victorian Britain.* Londres: Fontana.

BLACKBOURN, D. (1977). The Mittelstand in German society and politics, 1871-1914. *Social History*, 4.

BLUMIN, S. (1989). *The Emergence of the Middle Class* – Social Experience in the American City, 1760-1900. Cambridge: Cambridge University Press.

BOOTH, C. (1886). On occupations of the people of the United Kingdom, 1801-81. *Journal of the Statistical Society*, 49.

BRUCHEY, S. (1981). Remarques completant les conclusions generales [and] Etats Urnis. In: Commission International d'Histoire des Mouvements Sociaux et des Structures Sociales. *Petite entreprise et croissance industrielle dans le monde aux XIXe et XXe siècles*. 2 vol. Paris.

BURNHAM, J. (1942). *The Managerial Revolution.* Londres: Putnam.

CAIN, M. (1983). The general practice lawyer and client: towards a radical conception. In: R. Dingwall & P. Lewis (orgs.). *The Sociology of the Professions.* Londres: Macmillan.

CARCHEDI, G. (1977). *On the Economic Identification of Social Classes.* Londres: Routledge & Kegan Paul.

CHANDLER JR., A.D. (1977). *The Visible Hand.* Cambridge, Mass.: Harvard University Press.

CHAPMAN, S. (1981). Royaume-Uni. In: Commission Internationale d'Histoire des Mouvements Sociaux et des Structures Sociales. *Petite entreprise et croissance industrielle dans le monde aux XIXe et XXe siècles*. 2 vol. Paris.

CHICKERING, R. (1984). *We Men Who Feel Most German*: A Cultural Study of the PanGerman League, 1886-1914. Boston: Allen & Unwin.

_____ (1975). *Imperial Germany and a World Without War.* Princeton, NJ: Princeton University Press.

CLARKE, P. (1971). *Lancashire and the New Liberalism.* Cambridge: Cambridge University Press.

COETZEE, F. (1990). *For Party or Country*: Nationalism and the Dilemmas of Popular Conservatism in Edwardian England. Nova York: Oxford University Press.

COLLINS, R. (1979). *The Credential Society.* Nova York: Academic Press.

COMMISSION INTERNATIONALE D'HISTOIRE DES MOUVEMENTS SOCIAUX ET DES STRUCTURES SOCIALES (1981). *Petite entreprise et croissance industrielle dans le monde aux XIXe et XXe siècles*. 2 vol. Paris.

CREW, D. (1979). *Town in the Ruhr*: A Social History of Bochum, 1860-1914. Nova York: Columbia University Press.

_____ (1973). Definitions of modernity: social mobility in a German town, 1880-1901. *Journal of Social History*, 7.

CROSSICK, G. (1977). The emergence of the lower middle class in Britain: a discussion. In: G. Crossick (org.). *The Lower Middle Class in Britain, 1870-1914*. Londres: Croom Helm.

CUNNINGHAM, H. (1971). Jingoism in 1877-88. *Victorian Studies*, 14.

DAHRENDORF, R. (1969). The service class. In: T. Burns (org.). *Industrial Man*. Harmondsworth: Penguin Books.

_____ (1959). *Class and Class Conflict in Industrial Society*. Londres: Routledge & Kegan Paul.

EHRENREICH, B. & EHRENREICH, J. (1979). The profession-managerial class. In: P. Walker (org.). *Between Labor and Capital*. Boston: South end Press.

ELDRIDGE, G.C. (1973). *England's Mission*. Londres: Macmillan.

ELEY, G. (1981). Some thoughts on the nationalist pressure groups in Imperial Germany. In: P. Kennedy & A. Nicholls (orgs.). *Nationalist and Racialist Movements in Britain and Germany Before 1914*. Londres: Macmillan.

_____ (1980). *Reshaping the German Right*. New Haven, Conn.: Yale University Press.

_____ (1978). The Wilhelmine Right: how it changed. In: R.J. Evans (org.). *Society and Politics in Wilhelmine Germany*. Londres: Croom Helm.

EMY, H.V. (1973). *Liberals, Radicals and Social Politics, 1892-1914*. Cambridge: Cambridge University Press.

FEST, W. (1981). Jingoism and xenophobia in the electioneering strategies of British ruling elites before 1914. In: P. Kennedy & A. Nicholls (org.). *Nationalist and Racialist Movements in Britain and Germany Before 1914*. Londres: Macmillan.

FIELDHOUSE, D.K. (1973). *Economics and Empire, 1830-1914*. Londres: Weidenfeld & Nicolson.

FREIDSON, E. (1975). *Doctoring Together*: A Study of Professional Social Control. Nova York: Elsevier.

_____ (1970). *Profession of Medicine*. Nova York: Dodd, Mead.

GAILLARD, J. (1981). France. In: Commission Internationale d'Histoire des Mouvements Sociaux et des Structures Sociales. *Petite entreprise et croissance industrielle dans le monde aux XIXe et XXe siècles.* 2 vol. Paris.

GALANTER, M. (1983). Mega-law and mega-lawyering in the contemporary United States. In: R. Dingwall & P. Lewis (orgs.). *The Sociology of Professions.* Londres: Macmillan.

GALBRAITH, J.K. (1985). *The New Industrial State.* 4. ed. Boston: Houghton Mifflin.

GEIGER, T. (1969). Class society in the melting pot. In: C.S. Heller (org.). *Structured Social Inequality.* Nova York: Macmillan.

GELLATELY, R. (1974). *The Politics of Economic Despair*: Shopkeepers and German Politics, 1890-1914. Londres: Sage.

GIDDENS, A. (1973). *The Class Structure of the Advanced Societies.* Londres: Hutchinson.

GILDEA, R. (1980). Education and the classes Moyennes in the nineteenth century. In: D. Baker & P. Harrigan (orgs.). *The Making of Frenchmen.* Waterloo, Ont.: Historical Reflections Press.

GOLDTHORPE, J.H. (1982). On the service class, its formation and future. In: A. Giddens & G. Mackenzie (orgs.). *Social Class and the Division of Labour.* Cambridge: Cambridge University Press.

GOODE, W.J. (1969). The theoretic limits of professionalization. In: A. Etzioni (org.). *The semiprofessions and their Organization.* Nova York: Free Press.

GRAY, R.Q. (1977). Religion, culture and social class in late nineteenth and early twentieth century Edinburgh. In: G. Crossick (org.). *The Lower Middle Class in Britain, 1870-1914.* Londres: Croom Helm.

GROSSMITH, G. & GROSSMITH, S. (1892/1965). *The Diary of a Nobody.* Harmondsworth: Penguin Books.

HALSEY, A.H. et al. (1980). *Origins and Destinations.* Oxford: Clarendon Press.

HARRIGAN, P. (1975). Secondary education and the professions in France during the Second Empire. *Comparative Studies in Society and History,* 17.

HARRISON, J.F.C. (1971). *The Early Victorians, 1832-1851.* Londres: Weidenfeld & Nicolson.

HART, N. (1985). *The Sociology of Health and Medicine.* Ormskirk, Lan.: Causeway Press.

HAUPT, H.-G. (1981). Republique Federale Allemande. In: Commission Internationale d'Histoire des Mouvements Sociaux et des Structures Sociales. *Petite entreprise et croissance industrielle dans le monde aux XIXe et XXe siècles.* 2 vol. Paris.

HEALY, D.F. (1970). *U.S. Expansionism*: The Imperialist Urge in the 1890s. Madison: University of Wisconsin Press.

_____ (1963). *The United States in Cuba, 1898-1902*. Madison: University of Wisconsin Press.

HOBSBAWM, E. (1990). *Nations and Nationalism Since 1780*. Cambridge: Cambridge University Press.

_____ (1989). *The Age of Empire, 1875-1914*. Nova York: Vintage.

HOLLINGSWORTH, J.R. (org.) (1983). *American Expansion in the Late Nineteenth Century*: Colonialist or Anticolonialist? Malabar, Fl.: Krieger.

HOWARD, M. (1970). Reflections on the First World War. In: *Studies in War and Peace*. Londres: Temple Smith.

HURT, J.S. (1979). *Elementary Schooling and the Working Classes, 1860-1918*. Londres: Routledge & Kegan Paul.

ILLICH, I. (1977). *Disabling Professions*. Londres: M. Boyars.

JAEGER, C. (1982). *Artisanat et Capitalisme*. Paris: Payot.

JARAUSCH, K.H. (1982). Students, Society, and Politics in: *Imperial Germany*: The Rise of Academic Illiberalism. Princeton, NJ: Princeton University Press.

_____ (1990). The German professions in history and theory. In. R. Cocks & K.H. Jarausch (orgs.). *German Professions, 1800-1950*. Oxford: Oxford University Press.

JOHNSON, T.J. (1972). *Professions and Power*. Londres: Macmillan.

JOLL, J. (1984). *The Origins of the First World War*. Londres: Longman.

KAELBLE, H. (1981). Educational opportunities and government policies in Europe in the period of industrialization. In: P. Flora & A.J. Heidenheimer (orgs.). *The Development of Welfare States in Europe and America*. New Brunswick, NJ: Transaction Books.

KAUFHOLD, K.H. (1981). République Fédérale Allemande. In: Commission Internationale d'Histoire des Mouvements Sociaux et des Structures Sociales. *Petite entreprise et croissance industrielle dans le monde aux XIXe et XXe siècles.* 2 vol. Paris.

KEHR, E. (1977). *Economic Interest, Militarism and Foreign Policy*. Berkeley: University of California Press.

KENNEDY, P. (1980). *The Rise of the Anglo-German Antagonism, 1860-1914.* Londres: Allen & Unwin.

KIYONARI, T.T. (1981). Japan. In: the Commission Internationale d'Histoire des Mouvements Sociaux et des Structures Sociales. *Petite entreprise et croissance industrielle dans le monde aux XIXe et XXe siècles.* 2 vol. Paris.

KLINGENDER, F. D. (1935). *The Condition of Clerical Labour in Britain.* Londres: M. Lawrence.

KOCKA, J. (1980). *White-Collar Workers in America, 1890-1940.* Londres: Sage.

KRUG, E. (1964). *The Shaping of the American High School.* Nova York: Harper & Row.

KURGAN VAN HENTENRYK, G. (1981). Belgique. In: Commission Internationale d'Histoire des Mouvements Sociaux et des Structures Sociales. *Petite entreprise et croissance industrielle dans le monde aux XIXe et XXe siècles.* 2 vol. Paris.

LaFEBER, W. (1963). *The New Empire*: An Interpretation of American Expansion, 1860-1898. Ithaca, N.Y.: Cornell University Press.

LASCH, C. (1958). The anti-imperialists, the Philippines, and the inequality of man. *Journal of Southern History,* 24.

LASH, S. & URRY, J. (1987). *The End of Organized Capitalism.* Oxford: Blackwell.

LITTLE, A. & WESTERGAARD, J. (1964). The trend of class differentials in educational opportunity in England and Wales. *British Journal of Sociology,* 15.

LOCKWOOD, D. (1958). *The Blackcoated Worker.* Londres: Allen & Unwin.

MACKENZIE, W. (1979). *Power and Responsibility in Health Care.* Oxford: Oxford University Press.

MAINGUENEAU, D. (1979). *Les Livres d'école de la Republique, 1870-1914.* Paris: Sycomore.

MANGAN, J. (1986). "The grit of our forefathers": invented traditions, propaganda and imperialism. In: J. MacKenzie (org.). *Imperialism and Popular Culture.* Manchester: Manchester University Press.

MAYER, A.J. (1975). The lower middle class as historical problem. *Journal of Modern History,* 47.

McKEOWN, T. (1976). *The Modern Rise of Population.* Londres: Arnold.

MIDDLETON, N. & WEITZMAN, S. (1976). *A Place for Everyone.* Londres: Gollancz.

MILLS, C.W. (1953). *White Collar.* Nova York: Oxford University Press.

MOODY, J. (1978). *French Education Since Napoleon.* Siracusa, N.Y.: Syracuse University Press.

MOORE, D.C. (1976). *The Politics of Deference.* Hassocks, Sussex: Harvester.

MOSSE, G.L. (1964). *The Crisis of German Ideology.* Londres: Weidenfeld & Nicolson.

MULLER, D. (1987). The process of systematisation: the case of German secondary education. In: D. Muller; F. Ringer & B. Simon (orgs.). *The Rise of the Modern Educational System*. Cambridge: Cambridge University Press.

MUSGROVE, F. (1959). Middle-class education and employment in the nineteenth century. *Economic History Review*, 12.

NICHOLS, T. (1969). *Ownership, Control and Ideology*. Londres: Allen & Unwin.

NIKOLAOU, K. (1978). *Inter-size Efficiency Differentials in Greek Manufacturing*. Athens: Center of Planning and Economic Research.

NORD, P. (1981). Le mouvement des petits commençants et la politique en France de 1888 à 1914. *Mouvement Social*, 114.

PARKIN, F. (1979). *Marxism and Class Theory*: A Bourgeois Critique. Londres: Tavistock.

PERKIN, H. (1961). Middle-class education and employment in the nineteenth century: a critical note. *Economic History Review*, 14.

POULANTZAS, N. (1975). *Classes in Contemporary Capitalism*. Londres: New Left Books.

PRAIS, S.J. (1981). *The Evolution of Giant Firms in Britain*. Cambridge: Cambridge University Press.

PRICE, R.N. (1977). Society, status and jingoism: the social roots of lower middle class patriotism, 1870-1900. In: G. Crossick (org.). *The Lower Middle Class in Britain, 1870-1914*. Londres: Croom Helm.

PRYOR, F.L. (1973). *Property and Industrial Organization in Communist and Capitalist Nations*. Bloomington: Indiana University Press.

REEDER, D. (1987). The reconstruction of secondary education in England, 1869-1920. In: D. Muller; F. Ringer & B. Simon (org.). *The Rise of the Modern Educational System*. Cambridge: Cambridge University Press.

RINGER, F. (1987). On segmentation in modern European educational systems: the case of French secondary education, 1865-1920. In: D. Muller; F. Ringer & B. Simon (org.). *The Rise of the Modern Educational System*. Cambridge: Cambridge University Press.

_____ (1979). *Education and Society in Modern Europe*. Bloomington: Indiana University Press.

ROBINSON, R.E. (1959). Imperial problems in British politics, 1880-95. In: E.A. Benians et al. *The Cambridge History of the British Empire*. Vol. III Cambridge: Cambridge University Press.

ROUTH, B. (1980). *Occupation and Pay in Great Britain, 1906-1979*. Londres: Macmillan.

_____ (1965). *Occupation and Pay in Great Britain 1906-1960*. Cambridge: Cambridge University Press.

RUBINSON, R. (1986). Class formation, politics, and institutions: schooling in the United States. *American Journal of Sociology*, 92.

RUESCHEMEYER, D. (1973). *Lawyers and Their Society*: A Comparative Study of the Legal Profession in Germany and in the United States. Cambridge, Mass.: Harvard University Press.

RYAN, M. (1981). *Cradle of the Middle Class*: The Family in Oneida County, New York, 1790-1865. Cambridge: Cambridge University Press.

RYSTAD, G. (1975). *Ambiguous Imperialism*: American Foreign Policy and Domestic Politics at the Turn of the Century. Estocolmo: Scandinavian University Books.

SCHLEUNES, K. (1989). *Schooling and Society*: The Politics of Education in Prussia and Bavaria, 1750-1900. Oxford: Berg.

SCOTT, J. (1979). *Corporations, Classes and Capitalism*. Londres: Hutchinson.

_____ (1982). *The Upper Classes* – Property and Privilege in Britain. Londres: Macmillan.

SIMON, B. (1987). Systematisation and segmentation in education: the case of England. In: D. Muller; F. Ringer & B. Simon (org.). *The Rise of the Modern Educational System*. Cambridge: Cambridge University Press.

SINGER, B. (1983). *Village Notables in Nineteenth-Century France*: Priests, Mayors, Schoolmasters. Albânia: State University of New York Press.

SMITH, R.J. (1969). Education, society and literacy: Nottinghamshire in the mid-nineteenth century. *University of Birmingham Historical Journal*, 12.

STEEDMAN, H. (1987). Defining institutions: the endowed grammar schools and the systematisation of English secondary education. In: D. Muller; F. Ringer & B. Simon (org.). *The Rise of the Modern Educational System*. Cambridge: Cambridge University Press.

STEWART, A. et al. (1980). *Social Stratification and Occupations*. Londres: Macmillan.

SUMMERS, A. (1981). The character of Edwardian nationalism: three popular leagues. In: P. Kennedy & A. Nicholls (orgs.). *Nationalism and Racialist Movements in Britain Before 1941*. Londres: Macmillan.

SUTHERLAND, G. (1971). *Elementary Education in the Nineteenth Century*. Londres: Macmillan.

THOLFSEN, T. (1976). *Working Class Radicalism in Mid-Victorian England*. Londres: Croom Helm.

WADDINGTON, I. (1977). General practitioners and consultants in early nineteenth century England: the sociology of an inter-professional conflict. In: J. Woodward & D. Richards (orgs.). *Health Care and Popular Medicine in Nineteenth Century England.* Londres: Croom Helm.

WALD, K. (1983). *Crosses on the Ballot*: Patterns of British Voter Alignment Since 1885. Princeton, NJ: Princeton University Press.

WEBER, E. (1976). *Peasants into Frenchmen.* Stanford, Cal.: Stanford University Press.

_____ (1968). *The Nationalist Revival in France, 1905-1914.* Berkeley: University of California Press.

WEHLER, H.-U. (1979). Introduction to imperialism. In: C. Emsley (org.). *Conflict and Stability in Europe.* Londres: Croom Helm.

WEISS, L. (1988). *Creating Capitalism*: The State and Small Business Since 1945. Oxford: Blackwell.

WELCH JR., R. (1979). *Response to Imperialism*: The United States and the Philippine-American War. Chapel Hill: University of North Carolina Press.

WERTHEIMER, M. (1924). *The Pan-German League 1890-1914.* Nova York: Columbia University Press.

WHYTE, W.M. (1956). *The Organization Man.* Nova York: Simon & Schuster.

WINKLER, H.A. (1976). From social protectionism to National Socialism: the German small-business movement in comparative perspective. *Journal of Modern History*, 48.

WRIGHT, E.O. (1985). *Classes.* Londres: Verso.

17
A luta de classes na Segunda Revolução Industrial (1880-1914) I
Grã-Bretanha

A Segunda Revolução Industrial

Entre 1880 e 1914, a maioria dos países ocidentais experimentou seu mais rápido crescimento econômico (cf. tabelas 8.2 e 8.4). A agricultura se transformou, e a migração do campo para as cidades e para o exterior atingiu seus níveis mais altos. A *Segunda Revolução Industrial* trouxe grande capital, alta ciência e tecnologia complexa, especialmente em três indústrias – ferro e aço, produção metalúrgica e químicos. Mercadorias agrícolas e industriais foram distribuídas nacionalmente pela ferrovia e internacionalmente por navios a vapor. Os bancos e mercados de ações canalizaram a poupança para investimentos globais, que depois retornou como lucro, aumentando o consumo. Assim, a segunda revolução promoveu a integração das economias, embora sua totalidade permanecesse ambígua por ser dual – nacional e transnacional.

Essa segunda revolução no poder econômico mudou as sociedades. Os poderes *coletivos* foram transformados qualitativamente. O padrão de vida de massa em todo o Ocidente começou a subir e a permanecer seguramente acima da mera subsistência. Assim, a expectativa de vida começou sua dramática e rápida elevação, de cerca de quarenta anos em 1870 – o que poderia ter representado apenas o ponto alto de mais um ciclo histórico de tipo malthusiano – para cerca de setenta anos em 1950. A expectativa de vida das mulheres excedeu a dos homens. As sociedades se urbanizaram e se industrializaram. Tudo isso pode ter representado a mudança social mais profunda que o mundo já havia visto, que resultou principalmente de uma revolução das relações de poder econômico na fase de industrialização do capitalismo. Por todo esse período, tem de haver um determinismo econômico residual em nossas teorias.

A revolução econômica também transformou as relações de poder *distributivo* – o assunto dos próximos três capítulos. Como Marx previu, as classes continuaram a crescer, tornando-se mais extensivas e políticas. Primeiro, os detentores da riqueza de terras, comercial e industrial se fundiram em uma classe capitalista, que, como vimos, já havia acontecido na Grã-Bretanha (cf. capítulo 4) e estava acontecendo agora na Alemanha (cf. capítulo 9). Segundo, estava em andamento a consolidação da pequena burguesia, dos profissionais e carreiristas em uma classe média (cf. capítulo 16). Terceiro, as classes agrárias foram integradas ao capitalismo comercial global e aos seus conflitos de classe em geral (cf. capítulo 19). A maioria das economias nacionais estava agora dividida igualmente entre indústria e agricultura. (Como a Grã-Bretanha era a exceção, o único país esmagadoramente industrial, deixo esse dualismo para os próximos capítulos.) Quarto, surgiu um movimento da classe trabalhadora centrado em indústrias de metalurgia, mineração e transporte, organizado coletivamente no emprego e na política. A luta de classes entre regimes – as classes capitalistas e trabalhadoras – se tornou mais extensiva e política. Os poderes infraestruturais crescentes do Estado, o surgimento de cidadania, e o enjaulamento parcial do capital no terreno do Estado nacional canalizaram os conflitos para a organização nacional. As classes se tornaram mais simétricas, e a luta de classes não podia mais ser evitada e flanqueada. As relações de poder distributivo haviam sido transformadas – um processo substancialmente iniciado no final do século XVIII e concluído no início do XX.

No entanto, o surgimento de tais classes, e a *revolução* nas relações de poder distributivo, foi na verdade mais ambíguo do que isso – e mais do que Marx havia percebido. Vimos no capítulo 16 que a classe média surgiu um pouco fragmentada, com políticas. O capítulo 19 mostra que as classes agrárias (exceto pelos grandes latifundiários) eram extraordinariamente diversas em suas relações entre si e com as classes urbano-industriais. Este capítulo e o próximo evidenciarão também as ambiguidades substanciais entre os trabalhadores – em suas organizações coletivas, ideologias e políticas. Em termos de organização, a Segunda Revolução Industrial fortaleceu não apenas a classe trabalhadora, mas três formas de organização dos trabalhadores: classe, seção e segmento. De fato, as indústrias centrais que geraram a maioria das tendências de classe foram também as mais secionadas entre artesãos qualificados e trabalhadores não qualificados e as mais segmentadas pelo mercado de trabalho interno. Todas as três eram formas de organização extensivas e políticas de um tipo novo, todas aspectos de uma verdadeira revolução nas relações de poder econômico. Mas, combinadas, elas não levaram à totalidade dialética que culminaria na revolução prevista por Marx – nem simplesmente no reformismo evolutivo previsto por muitos outros escritores –, mas em direção a uma tremenda ambiguidade nas relações de poder distributivo. As sociedades ocidentais *resolveram* essas ambiguidades de várias maneiras. Explicar essas soluções é o principal objetivo teórico dos próximos capítulos.

A ambiguidade era mais evidente nas ideologias e políticas dos trabalhadores nesse período. Na tabela 15.1, distingui três pares de alternativas estratégicas de trabalhadores (e camponesas) para agir em conformidade com o capitalismo existente. Todos permaneceram vibrantes durante esse período. As duas estratégias competitivas não procuraram mudar, mas sim competir com o capitalismo. Se econômicas, eram protecionistas, onipresentes nos movimentos trabalhistas, especialmente em sua forma mais branda, em que os trabalhadores se juntavam para estabelecer cooperativas e sociedades fraternais que ofereciam benefícios e proteção. Onde essa estratégia se tornou política, buscando a assistência estatal para iniciativas de trabalhadores e direitos de organização (cidadania civil coletiva), eu a rotulei mutualismo. Os reformistas também buscaram duas táticas. Se políticas – redistribuição social da riqueza e do poder por meio da tributação e do fornecimento de bem-estar social – chamei isso social-democracia, ainda rara nesse período. Eram mais comuns as táticas econômicas – conciliação industrial e negociação coletiva de salários e condições de trabalho –, que chamei economismo. O par de estratégias revolucionárias eram a visão estatista marxista da realização do socialismo por meio da revolução política e as visões de revolução sindicalistas e anarcossindicalistas, alcançadas por meio de greves econômicas gerais que contornavam o Estado.

Todas as seis estratégias tinham atrativos óbvios para os trabalhadores trazidos para as relações de trabalho modernas. Mesmo os revolucionários tinham de ganhar sua subsistência diária e cooperar com seu empregador. Tampouco rejeitavam frequentemente as sociedades fraternais, urnas eleitorais, o seguro-desemprego, a escolaridade gratuita ou outros atrativos do protecionismo ou do reformismo. Mesmo os trabalhadores conciliadores descobriam constantemente que o capitalismo coloca os direitos de propriedade em primeiro lugar, que os trabalhadores podem ser tratados arbitrariamente e ficar desempregados, se as forças do mercado capitalista assim o decretarem. Depois, eles descobriram a exploração capitalista, a teoria do valor-trabalho, e as alternativas radicais ao capitalismo. Nesse período, poucos adotaram soluções estatistas, pois sua experiência não era de estados amigáveis ao trabalhador. Como Holton (1985) observa, o sindicalismo poderia ser especialmente apropriado nessas décadas, especialmente porque os controles gerenciais se estendiam aos trabalhadores fora da manufatura, não acostumados à vida disciplinada da fábrica e aos sindicatos rotinizados de trabalhadores. Até 1914, nenhuma estratégia dos trabalhadores, ou, na verdade, dos empregadores, havia sido institucionalizada em nenhum país. Tudo permanecia viável, atraindo bandos de militantes rivais, deixando assim as relações de poder distributivo altamente ambíguas.

As atrações das várias alternativas dependiam crucialmente das tendências de estratégias do regime vigente. Os capitalistas obviamente prefeririam não conceder nada, e os estados, cristalizando-se de forma ubíqua como capitalistas, prefeririam apoiá-los com meios legais e, se necessário, militares. No entanto, se os trabalhadores resistiam tenazmente, organizados coletivamente para explorar a escassez de força de trabalho e formar alianças com outras classes, então surgiam verdadeiros dilemas para os regimes. Se eles ofereciam a mera repressão, depois, a reforma e o mutualismo realizariam pouco, e todos os trabalhadores estariam na mesma situação. Os trabalhadores poderiam aceitar ressentidamente sua impotência, recuando talvez para um protecionismo velado mínimo, ou poderiam seguir as pregações de greves de massa ou da revolução política, como na Rússia czarista. A maioria dos empregadores e regimes também estava ciente das estratégias alternativas. Eles reprimiram com mais cuidado – seletiva e segmentarmente. Os capitalistas necessitam da cooperação dos trabalhadores; as elites estatais necessitam que se cumpram as obrigações relacionadas aos impostos, ao alistamento e à ordem pública; e os partidos necessitam de votos. Os capitalistas podiam conciliar e as elites estatais e os partidos podiam ser persuadidos por suas outras cristalizações a pressioná-los a se conciliarem ainda mais. Como trabalhadores (e camponeses) possuíam diferentes poderes de organização, os capitalistas, as elites estatais e os partidos podiam responder de forma pragmática e seletiva aumentando o seccionalismo, conciliando os trabalhadores qualificados, com posses, ou com direito ao voto, enquanto reprimiam o resto.

Quando as estratégias de *incorporação* segmentar começaram, os protecionistas, os economistas e mutualistas tinham uma vantagem sobre os revolucionários. A greve de massa e a revolução política – mesmo a pressão agressiva por reformas estruturais – requerem o peso dos números e a unidade de classe. Em contraste, para começarem, os *moderados* e o seccionalismo só necessitam de algumas concessões a alguns trabalhadores de alguns capitalistas ou da elite ou de facções partidárias. Quando alguns trabalhadores recebem alguns benefícios dessa forma, é menos provável que se unam atrás dos revolucionários. A unidade de classe é quebrada, e o espectro da revolução recua. *Contanto que* alguns capitalistas, elites estatais e partidos se comprometam com alguns trabalhadores, o protecionismo, a reforma leve, o seccionalismo, o segmentarismo e o enfraquecimento de militantes revolucionários têm sido mais prováveis a longo prazo do que a revolução.

Mas essa probabilidade parecia agora retroceder. Imediatamente depois que Marx morreu, em 1883, sua teoria parecia vindicada. A Segunda Revolução Industrial gerou seu *trabalhador coletivo*. Na verdade, essa foi sua segunda aparição. Mas, ao contrário da primeira forma cartista, essa classe trabalhadora se formou em torno do emprego formal em grandes empresas capitalistas ou estatais, especialmente na fabricação de metais, minas e transporte. Os artesãos em grande parte desapareceram. As diferenças de qualificação permaneceram, mas foram mediadas pelo aumento das ocupações semiqualificadas, todas integradas por um sistema único de controle salarial e administrativo. Essa revolução também teve consequências macroeconômicas, intensificando a competição internacional. Os empregadores lançaram ofensivas contra o que viam como protecionismo de ofícios obsoletos, concebendo técnicas de *administração científica* para o controle rotineiro do trabalho, às vezes auxiliado pela repressão jurídica e policial. Essas agressões aumentaram a plausibilidade das identidades de classe entre os trabalhadores, embora também frequentemente reduzindo suas capacidades para fazer muito a respeito disso.

As questões vitais diziam respeito à resposta dos trabalhadores qualificados. Eles usariam suas organizações e os poderes sobreviventes do mercado de trabalho para seus próprios interesses seccionais e protecionistas? Ou se uniriam aos trabalhadores semiqualificados e não qualificados em um movimento de classe singular, como Marx acreditava? Os capitalistas e as elites-partidos estatais se deparavam com uma escolha paralela: reprimir todos os trabalhadores e se arriscar a polarizar a luta de classes, ou conciliar segmentarmente os mais respeitáveis e reprimir os outros. Nos dois capítulos seguintes, examino as diversas maneiras como essas estratégias de mudança interagiram. Argumento que as cristalizações *políticas* desempenharam um grande papel na explicação dos resultados. A revolução econômica nas relações de poder distributivo permaneceu intrinsecamente ambígua. Era necessária a ajuda das outras fontes de poder social para serem completadas. Começo com a *vanguarda do poder*, o principal poder na primeira metade do período, a única sociedade completamente industrial, o país com o maior movimento sindical do mundo – a Grã-Bretanha.

Explicando o surgimento da força de trabalho britânica

Os contornos gerais da força de trabalho durante o período podem ser resumidos brevemente[33]. A primeira grande mudança ocorreu no final da década de 1880 com a chegada do *novo sindicalismo* – mais agressivo, absorvendo trabalhadores não qualificados, semiqualificados e qualificados, e se tornando mais extensivo e político e menos seccional. O movimento foi controlado depois de 1890; depois se estabilizou e cresceu, especialmente a partir de 1910. Mas a filiação sindical permaneceu 90% masculina. A filiação feminina cresceu mas apenas de 2% para 10% entre 1888 e 1914, e mesmo na indústria de algodão e no ensino, a maioria dos funcionários era de homens. O crescimento sindical entre os trabalhadores manuais masculinos foi espetacular, de 12% para 32%. Entre os 5 milhões de homens que formavam o núcleo da classe trabalhadora – nas fábricas supervisionadas pela Inspetoria de Fábrica, na mineração, e no transporte – os sindicalizados eram provavelmente a maioria. Na política, os sindicatos colaboraram primeiro com o Partido Liberal; depois, alguns formaram um partido trabalhista para perseguir os interesses sindicais. Em 1914, mais de metade de todos os membros do sindicato estavam filiados ao Partido

---

33. As fontes gerais para esta seção foram, sobre os sindicatos: Webbs (1926), Pelling (1963: 85-148), Clegg et al. (1964), Cronin (1979; 1982), e Martin (1980: 58-131); e sobre o Partido Trabalhista: McKibbin (1974) e Moore (1978).

Trabalhista. Nas eleições anteriores à guerra, em 1910, os trabalhistas ganharam em 42 dos 56 distritos eleitorais da classe trabalhadora que disputaram – embora com a ajuda de um pacto eleitoral com o Partido Liberal. Os trabalhistas britânicos são geralmente retratados nesse período, como nos posteriores, como reformistas, combinando sindicatos economísticos e um partido trabalhista social-democrata. Mas até então era ainda mais moderado – suas táticas econômicas normalmente se situavam entre o protecionismo e o economismo, enquanto o mutualismo predominava na política. Esses competiam com as tendências minoritárias: marxistas e sindicalistas se agitavam com esperança, e um reformismo não intencional foi gerado à medida que as organizações trabalhistas se envolviam na administração do Estado.

Comecemos pelos sindicatos. Muitos historiadores explicam o crescimento sindical com a ajuda das quatro teses marxistas delineadas no capítulo 15. Eles argumentam:

1) A divisão qualitativa entre capital e trabalho se tornou difusa em toda a economia, substituindo relações de produção mais variadas.

2) A transformação do processo de trabalho na Segunda Revolução Industrial levou à emergência de um *trabalhador coletivo*, a classe trabalhadora singular.

3) Isso foi reforçado pela densidade e segregação crescentes das comunidades urbanas de trabalhadores, embora alguns argumentem que isso tenha produzido uma solidariedade predominantemente *defensiva*.

4) As exigências políticas emanadas do processo trabalhista, reforçadas pela comunidade da classe trabalhadora, conduziram a um partido trabalhista reformista.

No capítulo 15, critiquei esse modelo de cinco maneiras:

1) Não um, mas três *trabalhadores coletivos* concorrentes surgiram – a *classe* trabalhadora, o ofício *seccional* e a interdependência *segmentar* empregador-empregado, encorajada pelo mercado de trabalho interno.

2) Há uma tensão no modelo entre a *difusão* do capitalismo na economia inteira e o local organizacional particular, *autoritativo*, representado pelo processo de trabalho da fábrica. Em períodos anteriores a difusão determinou mais o desenvolvimento da classe trabalhadora do que o processo de trabalho. A maioria dos historiadores desse período enfatiza a transformação do processo de trabalho. Discordo disso.

3) Como essa economia estava também predominantemente no terreno do Estado nacional, suas *cristalizações políticas* ajudaram a determinar o movimento trabalhista.

4) O movimento trabalhista emergente era seccional em outro sentido: era predominantemente *masculino* e centrado no emprego. Com a transformação da

produção, isso influenciou as relações entre o emprego e os aspectos comunitários do movimento trabalhista.

5) A consequência de tudo isso é que o conflito de classes não é normalmente de confrontação direta e resolução dialética, como na visão de Marx. O regime governante normalmente também será faccionalizado e seccionalizado, produzindo resultados mais complexos e competitivos. Sugeri que a classe trabalhadora normalmente perderia o confronto de classe direto.

Este capítulo sustenta a ideia de que a Segunda Revolução Industrial promoveu a identidade da classe trabalhadora; mas isso foi apenas parcial; e segregou o emprego da família e da comunidade e assim os homens das mulheres. Mas os resultados foram também estruturados por cristalizações políticas. A cristalização capitalista do Estado deixou principalmente ambiguidade, mas outras cristalizações do Estado, não. A desmilitarização do Estado – sua ampliação do escopo das funções civis e seu envio do militarismo para partes estrangeiras (e irlandesas) – e sua democracia partidária se entrelaçaram com uma solução amplamente centralizada para a questão nacional (exceto para a Irlanda). Tudo isso moveu os trabalhadores para um mutualismo moderado. Em grande parte, devido às consequências não intencionais de vários atores, o reformismo terminou se tornando a estratégia dominante dos trabalhadores britânicos, mas apenas durante e após a Grande Guerra.

A comunidade da classe trabalhadora e a sociedade civil nacional

Por volta de 1900, a industrialização afetava grandemente as comunidades residenciais. Ela reduziu o controle segmentar local, particularístico e segregou ecologicamente ainda mais os trabalhadores dos outros. A concentração urbana avançou mais do que a econômica. Em 1901, a maioria dos trabalhadores tinha menos de cinquenta colegas de trabalho que ainda viviam em cidades com mais de 20 mil habitantes. Havia setenta e cinco cidades com mais de 50 mil habitantes. Cada uma tinha muitos empregadores, compartilhando menos coesão e controles comunitários segmentares. A maioria dos conflitos organizados ocorria agora em fábricas estabilizadas ou oficinas nessas cidades. Isso afetou cerca de metade de todos os trabalhadores, com a outra metade ainda sob controles segmentares ou em empregos ocasionais. Os bondes e as ferrovias também levaram a classe média para os subúrbios, para longe dos trabalhadores. A hierarquia já não era reproduzida localmente, mas sim interlocalmente, inclusive inter-regionalmente. Os capitalistas se concentravam em Londres, termas salubres, litorais e no sul; os trabalhadores, na sujeira industrial do norte. O controle distante era necessário para a ordem social, uma vez que os trabalhadores eram deixados à sua própria cultura e consciência.

Stedman-Jones (1974) argumenta que uma cultura *defensiva* distinta da classe trabalhadora foi dominando as grandes cidades a partir da década de 1890.

Os tradicionais controles segmentares como a escola de caridade, a aula noturna, a biblioteca, a sociedade fraternal, a igreja e a capela deram lugar à educação estatal nacional, o *pub*, o jornal desportivo, o hipódromo, o jogo de futebol e a sala de concertos. As canções da sala de concertos, ele argumenta, mostram que a consciência da classe trabalhadora se tornara defensiva. A identidade da classe trabalhadora foi reforçada por uma virada para dentro, para longe do socialismo agressivo. (As viradas para longe do suposto destino socialista dos trabalhadores tendem a preocupar os historiadores marxistas.)

Algumas evidências sustentam isso. Na comunidade, os trabalhadores reconheciam sua distinção até em relação aos pequenos mestres. Embora em Preston a maioria dos trabalhadores que votou antes de 1900 fosse conservadora, eles não queriam se misturar com os conservadores de classe média e estabeleceram seus próprios clubes conservadores (SAVAGE, 1987: 143). Todavia, suas comunidades não estavam meramente erguendo barricadas. As famílias dos trabalhadores participavam avidamente nos mercados de consumo de massa que surgiram a partir das décadas de 1870 e 1880. Entre 1870 e 1890, os preços do varejo caíram 20%, e os ganhos semanais subiram para 20% (FEINSTEIN, 1976, tabela 65). As lojas e o comércio de distribuição levaram *outdoors* de *marketing* nacional e propaganda uniforme para cidades, regiões e inclusive para o país inteiro. As redes de consumo e crédito protecionistas locais sobreviveram, mas as famílias também entraram em uma economia nacional de escolha do consumidor, cujos controles de mercado eram difusos, impessoais e nacionais (THOMPSON, 1988). O esporte passou de rural a urbano, gerando uma indústria de lazer nacional, sendo o futebol profissional sua peça central. Aqui, as forças do mercado foram diluídas por controles segmentares diretos à medida que clubes de futebol, críquete e outros clubes eram geridos por notáveis locais (HARGREAVES, 1986). O esporte forneceu metáforas para ativistas políticos de todas as classes – *Não é críquete*; *Regras do Marquês de Queensberry*; *Abaixo da cintura* –, evidências da adesão comum às *regras do jogo* (McKIBBIN, 1990b). Tais desenvolvimentos não segregaram os trabalhadores, ao contrário, levou-os para o centro nacional.

A segregação ecológica da classe, o direito ao voto para a metade de todos os trabalhadores masculinos e os comícios eleitorais abertos trouxeram os trabalhadores para a política. Mas a colaboração entre classes tinha até então dominado, centrando na cooperação entre trabalhadores qualificados e liberais e não conformistas de classe média. A política focou especialmente a educação, agora, a principal atividade civil do Estado. Cada vez mais sindicalistas e socialistas tinham assento nos conselhos escolares locais, cooperando com liberais e não conformistas. A alfabetização disparou. Em 1900, apenas 3% das pessoas que se casaram não puderam assinar seus nomes no registro, em comparação com 30% em 1860 (STONE, 1969). A partir de 1892, a escolaridade obrigatória aumentou a participação dos trabalhadores na vida cultural nacional.

A segregação dos homens das mulheres nas comunidades da classe trabalhadora parece ter aumentado. Esse período conheceu mudanças dramáticas na vida das mulheres. O último grande aumento da alfabetização discursiva foi predominantemente entre as filhas dos trabalhadores, permitindo a participação feminina na vida cultural nacional. Os métodos modernos de controle de natalidade começaram a chegar paulatinamente, e as taxas de mortalidade foram invertidas: em vez de morrerem mais jovens do que os homens, as mulheres começaram a viver mais do que eles. O aumento dos salários, a queda dos preços e uma economia de consumo significavam que importava menos que as mulheres ainda dessem a parte do leão da comida para o provedor da família. Seus corpos podiam resistir ao parto (HART, 1989; 1991). Os provedores da família sustentavam a economia doméstica, embora talvez desempenhando um papel menos importante nela. Havia duas práticas principais. Ou os homens entregavam uma parte do seu salário às mulheres para as despesas domésticas, mantendo discrição pessoal sobre o resto, ou entregavam o salário inteiro, recebendo de volta uma quantia fixa para seu próprio uso. A maioria das mulheres encontrava um emprego casual em tempo parcial e normalmente gastava seu salário menor com despesas domésticas e pessoais. Duas esferas se separavam: o consumo discricionário masculino e o consumo doméstico feminino. As indústrias da cerveja, do esporte e do tabaco geravam atividades de lazer masculinas: "Homens trabalhadores respeitáveis podiam se reunir, sem as roupas de trabalho, com relógio, corrente e chapéu-coco, afastados tanto do trabalho como do agora domínio feminino do lar", comenta Davidoff (1990: 111).

A vida comunitária de homens e mulheres se tornou mais segregada e conflituosa, enfraquecendo o reforço *intensivo* da comunidade para a polarização *extensiva* da classe que ocorria no emprego? Devemos ser cautelosos em romantizar o período anterior. A temperança tinha sido a principal forma de feminismo do século XIX, por isso alguma segregação e conflito há muito estavam presentes. As vidas comunitárias de homens e mulheres permaneceram parcialmente segregadas durante esse período de polarização do emprego. Os capítulos anteriores mostraram que nos distúrbios pequeno-burgueses anteriores e no cartismo, a comunidade reforçava a *totalidade* dos movimentos de classe. Na Segunda Revolução Industrial, parte desse reforço estava faltando.

Portanto, as tendências comunitárias eram bastante complexas. Havia alguma segregação de classe de residência e cultura. Parte disso se mostra interior e defensivo; alguns encorajavam a agressão política dos trabalhadores; e alguns, sua participação nos domínios econômico, cultural e democrático-partidário da vida da nação. Homens e mulheres experienciaram esses desenvolvimentos de forma diferente. Mas, em geral, a vida familiar e comunitária não reforçava simplesmente as tendências de emprego para a polarização de classes. Ao contrário da nação, a classe estava se tornando mais extensiva, mas menos intensiva.

Estratégias econômicas de capital e trabalho

A tese do trabalhador coletivo enfatiza os efeitos reforçadores da classe de um processo de desqualificação nas fábricas da Segunda Revolução Industrial. Agora, avalio criticamente essa tese. Ela declara que os empregadores mecanizaram e racionalizaram a produção para atacar os privilégios dos ofícios, empurrando os artesãos para baixo enquanto empurravam para cima os trabalhadores recém-semiqualificados. Os dois grupos se tornaram mais semelhantes e muitos participaram juntos em mercados de trabalho internos. Os trabalhadores qualificados foram radicalizados; os trabalhadores semiqualificados (e mesmo alguns não qualificados) desenvolveram seus primeiros sindicatos. Gradualmente, eles se fundiram, primeiro nos *novos sindicatos*, depois, de forma mais duradoura, em sindicatos mais antigos radicalizados e num partido trabalhista social-democrata. Esse é o núcleo principal das explicações de muitos historiadores – endossadas mais plenamente por Price (1983; 1985) e, em graus variáveis, por Pelling (1963: 85-86, 98-100), Gray (1976: 167-169), Crossick (1978: 248), Baines (1981: 162), Hunt (1981) e Thane (1981: 230).

Seus argumentos também ressoam no processo de trabalho e nas teorias de desqualificação prevalecentes entre os sociólogos do trabalho durante a década de 1970 (e. g., BRAVERMAN, 1974; FRIEDMANN, 1977; BURAWOY, 1979 – Hill (1981: 103-123) apresenta um relato crítico). Esses retratavam o processo de trabalho do início do século XX como tipificado por grandes corporações na indústria manufatureira. Outros também ressoam na ênfase da sociologia atual no *fordismo* do período, exemplificado pela linha de montagem do *Modelo T* de 1907 da Ford Motor Company. Baseados na teoria clássica de Hilferding, Lash e Urry (1987) caracterizam o período da década de 1880 até a década de 1950 como a era do *capitalismo organizado*, em contraste com a era atual, que consideram dominada pelo *capitalismo desorganizado, pós-fordismo* e *reestruturação flexível*.

As empresas da Grã-Bretanha eduardiana podem se assentar com dificuldade nessa tese. Joyce (1989) e McKibbin (1990) observam que apenas metade da força de trabalho estava nos setores *modernos* de manufatura-mineração-transporte. A outra metade estava no comércio, estabelecimentos minúsculos, ou ainda trabalhando *nas ruas*, em grande parte intocada pelos sindicatos. Mesmo a típica empresa de manufatura era ou uma firma familiar ou uma federação de famílias (a companhia privada). As sociedades anônimas não predominavam até a década de 1920. Das maiores empresas de manufatura (em ativos) em 1905, 18 estavam na fabricação de cerveja e destilação de bebidas (cuja importância comunitária já enfatizei); 10, nas têxteis; e apenas 23 na produção de mercadorias (PAYNE, 1967: 527; cf. ASHWORTH, 1960: 90-102). Cerca de uma centena de firmas empregava mais de 3 mil trabalhadores cada, repartidos por uma média de três fábricas por firma.

Como em todos os países, mesmo as maiores fábricas pareciam menores perto das organizações estatais. Depois das forças armadas, o maior departamento era o dos correios, sua força de trabalho de 114 mil trabalhadores (em 1908) era quatro vezes maior do que qualquer empresa privada. O Estado propiciava 2 das 10 maiores empresas de produção (os Estaleiros Reais e as Fábricas de Artilharia Real). As outras 8, cada uma com mais de 13 mil empregados, eram diversas: 2 conglomerados têxteis, cada um contendo mais de 25 estabelecimentos; 3 companhias ou oficinas ferroviárias; 2 firmas de armamentos estreitamente ligadas ao Estado; e outra firma de engenharia. Em décimo primeiro lugar vinha a Sociedade Cooperativa de Atacado (SHAW, 1983). Se as minas fossem incluídas, duas das companhias mineradoras estariam entre as 10 maiores (TAYLOR, 1968: 63-65). Estabelecimentos tão diversos poderiam ter muito em comum?

Sim – os maiores tinham em comum o poder do vapor, *o* símbolo da primeira Revolução Industrial, não dominante até a segunda. A capacidade do motor a vapor utilizado para outros fins que não o transporte aumentou 25% durante 1870-1896. Em 1870, mais da metade da potência do vapor estava confinada aos têxteis, em 1907, abaixo de um quinto. O vapor era especialmente utilizado na mineração, metalurgia e siderurgia, engenharia, construção naval, ferrovias e serviços públicos. Mas outras fontes de energia também haviam chegado. Em 1907, a eletricidade movia cerca de um quarto da capacidade dos motores, e os motores a gás e de combustão interna (utilizando gás de carvão e petróleo) rivalizavam com o vapor nos estabelecimentos menores (ASHWORTH, 1960: 86; MUSSON, 1978: 166-170). Tecnologias comuns que utilizavam esses propulsores melhores transformaram os locais de trabalho em toda a economia, eliminando o trabalho manual dos processos centrais de produção, reduzindo o trabalho doméstico para 2% do emprego, de acordo com o censo de 1901 (predominantemente trabalhadores externos do sexo feminino no vestuário, mas presumivelmente uma subavaliação considerável), e mecanizando tarefas individuais (embora raramente as ligações entre máquinas).

Tabela 17.1 Distribuição industrial da força de trabalho britânica (porcentagens)

	1851	1881	1911
Agricultura, silvicultura, pesca	21,6	13,0	8,6
Mineração, pedreiras	4,1	4,6	6,5
Produção	33,0	32,1	33,3
Construção	5,2	6,9	6,5
Comércio e transporte	15,5	21,4	21,5
Serviço público especializado	5,2	6,1	8,1
Serviços domésticos pessoais	13,4	15,3	14,0
Porcentagem total	100,0%	100,0%	100,0%
População trabalhadora total (milhões)	9,7	13,1	18,6

Fonte: Deane e Cole, 1969: 143.

Nas principais indústrias e em seu entorno, isso mudou as tarefas de trabalho, os trabalhos desqualificados, e aumentou a pressão da máquina gerencial. Mas também começou a homogeneizar o emprego em toda a economia nacional, e não apenas na manufatura. Os propulsores exigiam a alimentação com montanhas de carvão, transportadas e depositadas fora de cada local de trabalho. Mineração, transporte e distribuição cresceram, embora a manufatura tenha permanecido estática, como se pode ver na tabela 17.1.

O único grupo em declínio foi o dos trabalhadores agrícolas, mas o emprego na manufatura estava apenas acompanhando o crescimento geral da população e do emprego, sendo ultrapassado pela taxa de crescimento da mineração, comércio e transportes, emprego público e profissionais. No censo da produção de 1907, a produção líquida da indústria de mineração de 106 milhões de libras esterlinas ofuscou as indústrias maiores adjacentes de engenharia (50 milhões de libras), indústria têxtil (45 milhões de libras), construção (43 milhões de libras) e ferro e aço (30 milhões de libras). O emprego na mineração cresceu mais do que a produção durante o período 1850-1913, indicando mais força de trabalho em vez da intensificação da força de trabalho existente – isso provavelmente também se aplica à maioria das áreas terciárias.

Bain e Price (1980) fornecem estatísticas de filiação sindical a partir da década de 1890; acrescento os números de 1888 de Clegg et al. (1964: 1). Identifico dois indicadores brutos do poder sindical pelo seu nível de densidade – a proporção de membros potenciais que um sindicato recruta. Para um sindicato individual, essa seria a força de trabalho em sua indústria; para o movimento trabalhista como um todo, a força de trabalho nacional não agrícola.

1) Em níveis de densidade de cerca de 25%, os sindicatos se tornam atores de poder *seccional* importantes. Eles ainda podem ser contornados, os empregadores ainda podem controlar paternalisticamente os trabalhadores, mas isso agora envolve riscos. Os sindicatos que mobilizam seus membros podem agora perturbar. Se em crises podem recrutar externamente não membros, isso pode resultar em um amplo conflito de classes. Esse risco é reduzido se os membros do sindicato são segregados dos não membros por qualificação, indústria, ou identidade religiosa, étnica ou comunitária. Então os empregadores podem segmentarmente dividir e governar: incorporar e fazer concessões aos trabalhadores organizados e que controlam o mercado, e tratar o resto com dureza. O seccionalismo britânico foi principalmente por qualificação, e em algumas áreas também por etnia (como, e. g., britânico *versus* irlandês).

2) Com cerca de 50% de densidade, os sindicatos podem se tornar atores de *classe*, com pretensões de liderar uma classe trabalhadora singular. Os regimes podem agora preferir a negociação nacional e local institucionalizada. Dividir e governar é menos praticável, e a principal alternativa à conciliação é a dispendiosa repressão em larga escala.

Em 1888, a densidade nacional era de apenas 5%. Três quartos dos membros do sindicato estavam concentrados em quatro indústrias: engenharia e construção naval (25% dos membros do sindicato), mineração e extração (20%), têxteis (16%), e construção (12%). As taxas de densidade industrial eram todas inferiores a 20%, com exceção dos mais de 50% da mineração. Apenas os sindicatos de mineração se aproximaram da solidariedade de classe de todos os níveis, embora os artesãos de várias indústrias tivessem uma presença de poder seccional. Em termos nacionais, isso equivalia a uma confederação frouxa de atores do poder seccional, geralmente qualificados, capazes de perturbar as indústrias-chave, mas não de confrontação de classe – como com os movimentos de trabalhadores de todos os países nesse momento. Regimes e capitalistas poderiam tentar uma repressão meticulosa com alguma perspectiva de sucesso: poderiam ser necessárias tropas na mineração e em alguns ofícios, mas tais bolsões de resistência poderiam ser isolados. Alternativamente, a incorporação segmentar desses sindicatos poderia evitar concessões gerais.

Em apenas quatro anos após 1888, o *novo sindicalismo* duplicou em número de membros para 1,5 milhão e em densidade para 11%. A extração de carvão e a engenharia e construção naval contribuíram cada uma com 21% dos membros nacionais, o dobro dos trabalhadores da indústria têxtil, da construção civil e do transporte. Agora, a densidade se curvava para cima. Em 1901, era de 18%, e depois se estabilizou. Em 1911, o número de membros era de 3,1 milhões, e a densidade era de 19%. Liderados pela mineração, os trabalhadores dos transportes tinham saltado para o segundo lugar – trabalhadores ferroviários (cuja densidade aumentou de forma constante) e trabalhadores dos transportes rodoviários e marítimos (que aumentaram em dois momentos, 1888-1892 e pós-1910). Os trabalhadores da construção tinham sido ultrapassados pelos trabalhadores do governo local e da educação. Em 1914, o número de membros tinha crescido novamente para 4,1 milhões; a densidade, para 25%. Em todas essas indústrias, incluindo a de gás, gráfica e de serviços postais, a densidade era agora superior a 50%.

Os sindicatos permaneceram masculinos. Em 1901, as mulheres representavam 30% da força de trabalho e apenas 8% dos sindicalizados. Em 1914, a densidade masculina era de 32% e 9% de mulheres. Todas as taxas de densidade aqui apresentadas seriam muito mais baixas para as mulheres, cerca de 30% mais altas para os homens, e inclusive superiores para os homens no núcleo de manufatura-mineração-transporte. As mulheres eram excluídas dos empregos propensos a gerar sindicatos. Em 1911, 39% das mulheres empregadas ainda eram empregadas domésticas. No entanto, muitos militantes compartilhavam o sexismo do líder dos trabalhadores de gás Will Thorne: "As mulheres não são boas sindicalistas e, por essa razão, acreditamos que as nossas energias são melhor utilizadas para a organização de trabalhadores homens" (HINTON, 1983: 32).

Em suma, os sindicatos se tornaram primeiro atores seccionais importantes, e, depois, atores de classe em várias indústrias importantes, mas apenas entre os homens. Os sindicatos foram mais fortes na extração de carvão, depois na engenharia, construção naval e ferrovias, depois na indústria têxtil, depois na construção civil e no emprego público. A essa altura, na mineração, mesmo a repressão seccional seria dispendiosa e poderia falhar, e era arriscada em outras grandes indústrias. Os empregadores ainda eram relativamente livres para lidar com a maioria das mulheres empregadas.

Começo a discutir as lutas sindicais individuais com as indústrias que oferecem algum apoio à tese do trabalhador coletivo. Os primeiros sindicatos da construção cresceram em locais de trabalho pequenos e dispersos e junto a uma força de trabalho móvel. Como o capítulo 15 mostrou, a organização intersticial fora comum no sindicalismo precoce. Os sindicatos da construção estavam agora atrasados, mas pouco antes da Primeira Guerra Mundial, a desqualificação, especialmente de profissionais da construção em alvenaria, ampliou o sindicalismo e introduziu o sindicalismo radical – que desceu para derrota pesada (HOLTON, 1976: 155-163).

A engenharia foi seriamente afetada por alterações no processo de trabalho, embora num duplo sentido (BURGESS, 1985). A partir da década de 1880 a produção em massa impactou as oficinas mecânicas. Muitos novos tornos, depois máquinas de moagem, trituração e perfuração eram operados por maquinistas semiqualificados que tinham substituído montadores e torneiros qualificados. A aprendizagem declinou com o aumento da instrução no trabalho. No entanto, essas máquinas também melhoraram as qualificações dos trabalhadores de manutenção e daqueles que produziam as máquinas.

Isso deslocou as qualificações em vez de as diluir, e dividiu os sindicatos entre antigos líderes seccionalistas e novos militantes buscando a unidade de todos os níveis. Os empregadores atacaram durante este período de desunião, reivindicando seu direito de serem *mestres nas suas próprias oficinas*, como já eram os concorrentes americanos e alemães. Na década de 1890 eles se organizaram nacionalmente e em 1897 incitaram a Sociedade Amalgamada de Engenheiros (Amalgamated Society of Engineers – ASE) a lutar por uma jornada de oito horas. Os empregadores escolheram um momento de reivindicação frouxa. Após seis meses, a ASE capitulou, retirando sua reivindicação de oito horas e concedendo o direito do empregador de alocar homens às máquinas. A ASE aceitou o declínio da aprendizagem, um aumento de trabalhadores semiqualificados (20% da força de trabalho até 1914), e trabalho pago por peça produzida. Incapaz de destruir o mercado de trabalho interno, o sindicato permaneceu dividido. Muitos ramos procuraram uma regulamentação conjunta dos mercados de trabalho internos e aceitaram como membros trabalhadores semiqualificados e não qualificados. A vitória dos empregadores encorajou lentamente uma unidade mais ampla entre níveis. No entanto, em 1911, a ASE se recuperou e o problema era novamente a fabricação de cerveja.

A ofensiva dos empregadores se espalhou para outras indústrias de manufatura com sindicatos profissionais estabelecidos – construção naval, gráfica, botas e sapatos e móveis. Pressionados pela concorrência internacional, os empregadores se organizaram nacionalmente ao longo da década de 1890, utilizando o ciclo do comércio para escolher o momento de confronto. Estas se tornaram suas duas técnicas básicas: a organização nacional autoritativa e a exploração de mercados internacionais não planejados e difusos, as duas fontes territoriais do seu poder de classe, o nacional (logo se tornaria a sua principal área de fraqueza) e o transnacional (por fim, a sua principal área de força).

Os empregadores raramente conseguiam esmagar os sindicatos, embora alguns tentassem. As estratégias dos empregadores britânicos foram, no início, mais ou menos como as dos empregadores de toda parte. Mas os sindicatos profissionais na Grã-Bretanha tinham mais armas disponíveis do que os trabalhadores qualificados de outros países. Tinham estado muito mais tempo estabelecidos, tanto nas negociações no chão de fábrica como nas proximidades das elites e dos partidos estatais. Eles influenciaram a legislação melhorando seus direitos civis coletivos. Depois de 1874 e novamente depois de 1906, a lei britânica foi mais favorável aos sindicatos, às greves e aos piquetes do que as leis de qualquer outro grande país. Os empregadores britânicos foram assim forçados a táticas econômicas, sendo privados de muita repressão jurídica ou policial. Não tinham plena simpatia do público, e houve pressão dos partidos políticos e das elites estatais para se conciliarem em disputas trabalhistas.

Tampouco, as armas econômicas de nenhum dos lados eram idealmente adequadas para a guerra mortal. A maior racionalização e mecanização ocorreram em firmas não tradicionais, onde os empregadores raramente se confrontavam com os sindicatos profissionais melhor estabelecidos. Indústrias mais novas como de papel, moagem, calçado, vestuário, metais preciosos, bicicletas, engenharia elétrica e motora, processamento alimentar, e químicos geraram novos níveis de qualificação aos quais os trabalhadores da produção eram elevados em vez de os artesãos serem rebaixados. Essas qualificações eram reais, escassas, mas aprendidas mais no trabalho do que através de treinamento. Mas no seu centro, em setores da engenharia há mais tempo estabelecidos, os trabalhadores de ofício eram menos desafiados e detinham controles sobre a aprendizagem e diferenciais de pagamento, que se mantiveram bastante estáveis (PENN, 1985).

No entanto, algumas mudanças foram universais. Por todo o lado, os artesãos perderam seu poder de contratar, subcontratar e despedir, e os trabalhadores não qualificados foram trazidos do trabalho casual para as mesmas organizações de produção. Todos os níveis eram agora de trabalhadores assalariados com condições gerais de emprego semelhantes, e não membros de classes diferentes, como os artesãos haviam sido. Os sindicatos profissionais só podiam manter o sectarismo indiscriminado abandonando as indústrias mais novas e os trabalhadores qualificados e semiqualificados mais novos, o que relutavam em fazer. Os empregadores dispunham de menos opções de *fura-greves* do que na maioria dos países. Com a agricultura já desnuda de trabalhadores, apenas os irlandeses constituíam trabalho *verde* (e muitos empregadores compartilhavam os estereótipos ingleses dos irlandeses incompetentes). Empregadores também conferiram poderes aos recém-qualificados. Eles eram recrutados para níveis qualificados por meio do mercado de trabalho interno dos homens responsáveis em suas próprias forças de trabalho. Nessa troca, o empregador obtinha controle sobre o trabalho, mas se tornava dependente dos qualificados. Os trabalhadores conseguiram segurança no emprego e um declínio no poder arbitrário do empregador.

Sem dúvida que, se os empregadores britânicos tivessem sido capazes de mobilizar tribunais e forças paramilitares como seus homólogos americanos (cf. capítulo 18), a maioria teria lutado com determinação pela fábrica não sindical. Como a Grã-Bretanha era o país que tinha a regulação da ordem interna mais civil (como mostra o capítulo 12), eles não poderiam. Muitos negociaram. A legalidade dos sindicatos e as regras de negociação foram substancialmente asseguradas até 1875, mais cedo do que em outros países ocidentais. Os empregadores reconheceram conspicuamente às comissões reais e em conversas com os inquiridores contemporâneos que os sindicatos estavam lá para ficar.

Como um autor notou em 1906:

> Não ouvi uma única palavra a favor dos sindicatos de qualquer empregador na Alemanha ou na América [...]. Os empregadores odeiam e temem os sindicatos. Na Inglaterra, não encontrei qualquer sentimento assim. Ouvi os sindicatos serem criticados e por vezes condenados de forma desfavorável, mas sem amargura. Ouvi com muito mais frequência os empregadores e gerentes expressarem opiniões justas e até amigáveis (apud McKIBBIN, 1990).

Os sindicatos também procuraram aliados, com vistas ao liberalismo de classe média e ao recrutamento dos menos qualificados. Eles eram voltados para a política e os trabalhadores não qualificados – ambas características do *novo sindicalismo*.

Essa é toda evidência confirmadora para o processo trabalhista, a explicação centrada na fábrica para o surgimento do trabalhador coletivo. Nenhuma outra área de crescimento sindical pode ser interpretada assim, e o caráter da consciência de classe emergente não pode ser explicado apenas nesses termos, mesmo nessas indústrias. Agora, volto-me a outras indústrias.

A extração de carvão era a mais importante. Um sindicato, a Federação dos Mineiros da Grã-Bretanha, cresceu às custas das federações regionais. Isso foi em parte uma resposta à organização nacional dos proprietários das minas, pressionados pela concorrência internacional, mas também porque a federação defendia duas exigências tradicionais unindo todos os níveis, a insistência na jornada de oito horas e a oposição à escala móvel que vinculava os salários ao preço do carvão. Os sindicatos mineiros também já estavam se deslocando em direção à incorporação política, permitida pela Lei de Sufrágio do Condado de 1884. A sua concentração geográfica única lhes permitiu influenciar a democracia partidária britânica elegendo membros do Parlamento *liberal-trabalhista*.

Tudo isso foi evidente na grande greve de 1893. A Federação dos Mineiros resistiu a uma redução salarial de 25% na escala móvel e foi dispensada nacionalmente: 300 mil mineiros fora de atividade durante dezesseis semanas. Alarmado e pressionado pelos membros liberal-trabalhistas do Parlamento, o governo interveio, aparentemente pela primeira vez numa disputa industrial desde o triunfo do *laissez-faire*. O compromisso que se seguiu foi realmente uma vitória sindical. A greve encorajou a solidariedade entre os trabalhadores do veio da mina (até agora dominantes nos sindicatos), outros trabalhadores subterrâneos e trabalhadores de superfície. A Federação dos Mineiros se tornou *nova*, admitindo os não qualificados. A unidade de classe resultou da pressão internacional, que obrigou os empregadores à organização nacional, das exigências sindicais tradicionais e da cristalização política democrático-partidária. A mecanização e a desqualificação mal iniciaram. Os mineiros podiam resistir aos trabalhadores *fura-greve* porque estavam unidos quanto a salários e horas e porque as comunidades mineiras solidárias isoladas não tinham medo de usar a violência. Eles procuraram o mutualismo – regulamentação política das relações industriais, salário-mínimo e limitação de horas – e permaneceram liberal-trabalhistas. Somente em 1909 se filiaram ao Partido Trabalhista, mantendo a autonomia dentro do partido até depois da guerra.

Embora o processo de trabalho nas minas fosse único, as exigências dos sindicatos mineiros eram típicas. A jornada de dez, depois nove, depois oito horas tinha sido a principal exigência dos sindicatos do século XIX. Após 1880, a concorrência internacional pressionou os salários para baixo durante as recessões e levou os sindicatos a exigirem salários-mínimos. A escala móvel era comum na indústria têxtil, de botas e sapatos, e no trabalho metalúrgico. Os trabalhadores têxteis não restringiam a entrada nos seus sindicatos, mas eram dominados por fiadores qualificados. Isso levou os graus mais baixos a formarem um *novo sindicato* separatista, quase socialista. A inserção dos fiadores na democracia partidária estava a meio-caminho à dos mineiros. Concentrados como eleitores em Lancashire, mas ainda parcialmente controlados pelos seus empregadores (JOYCE, 1980), exerceram uma pressão moderada em ambos os partidos por meio da Associação dos Trabalhadores Unidos de Fábricas Têxteis – ao contrário dos tecelões radicais de Yorkshire, que lançaram o Partido Trabalhista Independente (Independent Labour Party – ILP), precursor do Partido Trabalhista. Uma ofensiva nacional de empregadores contra os salários foi novamente liderada por associações de empregadores, que respondiam à concorrência internacional. A greve geral dos têxteis de 1893 forçou a aproximação de todos os níveis. Seu acordo diminuiu uma redução salarial de 10% para menos de 3% e instituiu procedimentos nacionais para a resolução de litígios sem greves. Esse Acordo de Brooklands estabeleceu o padrão de negociação nacional conciliatória.

Assim, nos principais *antigos sindicatos*, organizações de empregadores mais extensivas, pressionadas pelas forças do mercado internacional, obrigaram a uma maior unidade dos trabalhadores. Era isso ou declinar, mesmo para muitas fraternidades exclusivas de ofícios. As exigências eram na sua maioria tradicionais, embora em alguns setores a desqualificação fosse também um problema. Os diferenciais de qualificação e privilégios no local de trabalho estavam sendo contornados por forças econômicas mais amplas, levando a uma organização de classe mais geral de ambos os lados. Os sindicatos foram pressionados a uma organização mais extensiva e política. Mas várias inserções democrático-partidárias, mais do que variações no processo de trabalho, foram estruturando os resultados políticos.

Considera-se que os *novos sindicatos* tenham se originado nas greves dos trabalhadores de gás e dos estivadores de 1899 (HOBSBAWM, 1968: 158-178; LOVELL, 1985; POLLARD, 1985). Liderados por Will Thorne, membro da Federação Social Democrática Marxista (Marxist Social Democratic Federation – SDF), com assistência de secretariado de Eleanor Marx, filha de Karl, o sindicato dos trabalhadores de combustíveis tinha 2 mil membros em Londres quatro meses após sua formação. A produção de gás aumentara como resultado de turnos mais longos e trabalho mais árduo. O trabalho tinha sido intensificado, não desqualificado, como observa Hobsbawm (1985: 18), o padrão entre todos os novos sindicatos. O sindicato exigia três turnos em vez de dois para reduzir o número de horas de doze para oito. O núcleo sindical era constituído por trabalhadores qualificados, com um treinamento bastante longo no trabalho e controle da produção, não facilmente substituíveis por fura-greves. As companhias de gás de Londres cederam sem luta. O mercado de trabalho interno tinha trabalhado contra seu criador. Os sindicatos de trabalhadores do gás se espalharam nacionalmente, muitas vezes com a ajuda da SDF. Seu exemplo se revelou contagioso. Em agosto de 1889, uma disputa salarial se espalhou pelas docas de Londres. Demonstrações massivas e ordenadas trouxeram simpatia pública e intervenção de Lord Mayor e do Cardeal Manning. O compromisso resultante foi um triunfo sindical e as filiações aumentaram para 30 mil. Com a ajuda das organizações socialistas, os novos sindicatos se espalharam nacionalmente entre estivadores, marinheiros, carregadores, carroceiros, ferroviários e diversos grupos na manufatura, fabrico de tijolos, construção civil, empregos de colarinho-branco e até na agricultura. Em 1890, esses sindicatos declaravam mais de 350 mil membros.

A maioria não conseguiu segurar seus ganhos. As principais histórias de sucesso foram nos sindicatos do gás, do colarinho-branco e das ferrovias. Os sindicatos de colarinho-branco cresceram mais rapidamente do que os sindicatos manuais a partir de 1901, recrutando, principalmente, empregados do governo, especialmente professores (incluindo muitas mulheres) e trabalhadores dos correios. Os escriturários do comércio e da indústria eram quase inteiramente não organizados; os sindicalistas do setor de vendas estavam em grande parte confinados ao movimento cooperativo. Os funcionários públicos continuaram a dominar os sindicatos de colarinho-branco no século XX, uma vez que o Estado era mais conciliador do que os empregadores privados (BAIN, 1970). Mesmo uma democracia partidária com direito limitado ao voto constrangia os empregadores públicos à conciliação.

As ferrovias viam há muito sindicatos profissionais restritivos, mas em 1889 foram subitamente rivalizados por um Sindicato Geral dos Trabalhadores Ferroviários, aberto a todos os níveis, ridicularizando agressivamente o protecionismo: "O Sindicato continuará sendo um sindicato de luta e não será sobrecarregado com qualquer fundo de doença ou de acidente". Ele focava as horas, obrigando os sindicatos profissionais a fazerem o mesmo. Os empregadores reagiram, pressionados, eles argumentaram, pelo aumento da proporção de despesas trabalhistas em relação às receitas brutas. O Sindicato Geral quase entrou em colapso sob sua ofensiva, mas na década de 1890, um sindicato profissional assumiu sua causa. A Sociedade Amalgamada de Servidores Ferroviários – a predecessora do atual Sindicato Nacional dos Ferroviários – se tornou *nova* ao se abrir a todos os níveis. Um novo sindicato havia fertilizado com sucesso um antigo. Mais uma vez, a unidade entre os níveis era sobre uma questão tradicionalmente politizada, as horas, e não sobre qualquer transformação do processo de trabalho. E a fertilização foi na direção de uma organização mais extensiva como classe, favorecendo a regulação conjunta. No final do período, os governos tinham persuadido os empregadores a obter isso (BAGWELL, 1985).

Mas a maioria dos novos sindicatos falhou, quer morrendo rapidamente, quer declinando lentamente (até ressuscitarem na onda de greve de 1911-1914, de onde se originaram as Uniões Gerais do século XX). A partir de 1891, os empregadores coordenaram ofensivas nacionais. Os novos sindicatos raramente eram apoiados pelos antigos. Embora suas condições tenham despertado a simpatia da classe média, sua defesa do socialismo não. Quando a recessão de 1893 chegou, as greves patronais e demissões destruíram a maior parte deles. No entanto, eles triunfaram do túmulo. Parte da sua consciência de classe era agora adotada pelos antigos sindicatos. Expresso isso em termos do meu Modelo Iota:

1) Sindicatos novos e antigos procuraram formar uma solidariedade mais ampla de todos os níveis para formar um grande sindicato. Foi reforçada a *identidade* de classe (mais precisamente a industrial geral) em vez da *identidade* do ofício seccional.

2) Eles mobilizaram a solidariedade agressiva para impressionar os empregadores e a opinião pública com força e determinação e para dissuadir o trabalhador fura-greve. Sua falta de controles completos de acesso fez com que os empregadores se voltassem para os fura-greve e eles respondessem com violência. Eles resistiram ao seu *oponente* de classe de forma vigorosa e extensiva, embora no final pretendessem a conciliação.

3) Essas extensões encorajaram a *totalidade* da classe, embora de forma mais extensiva do que intensiva. Os sindicatos cresceram – mais funcionários em tempo integral, órgãos executivos eleitos por todos os membros em vez de por afiliados locais, mais federações intersindicais, e mais acordos nacionais sobre o padrão da indústria têxtil. O TUC colocou representantes no Parlamento e em comitês governamentais (MARTIN, 1980: 58-96). O envolvimento do sindicato na política local se intensificou. Ramos sindicais, conselhos de comércio, comitês políticos de trabalho, clubes de trabalhadores, cooperativas, sociedades fraternais, clubes socialistas colaboraram – sobretudo, nas eleições do conselho escolar – em uma permanente *consciência do trabalho*, combinando mutualismo e reformismo (THOMPSON, 1967; CROSSICK, 1978: 245). Isto era predominantemente masculino: emprego, família e comunidade eram segregados por gênero. A vida de um militante não decorria toda de sua identidade de trabalho. Faltava o intenso compromisso do cartismo – decorrente da exploração entrelaçada ao emprego, família, e vida comunitária.

4) Se os três primeiros elementos do Iota aumentaram a formação de classes, o quarto a reduziu. Os sindicatos procuraram a ajuda da elite e do partido estatais contra os empregadores, renovando as alianças segmentares transversais comuns na recente democracia partidária britânica. Os tecnocratas do Estado e alguns da classe média demonstraram simpatia. Provavelmente, metade dos sindicalistas recebeu direito de votar e os dois partidos competiram por seus votos para se defenderem de um partido trabalhista independente. Assim, as exigências foram comprometidas pela linguagem da democracia partidária entre classes, diminuindo os socialismos *alternativos*.

Portanto, o desenvolvimento dos sindicatos continua uma contradição interna entre o reformismo socialista e as alianças segmentares com o liberalismo incorporativo. Tampouco havia ainda uma classe trabalhadora singular. A maior parte dos sindicalistas tinha rendimentos acima da média, segurança e qualificações profissionais. Eram homens de dentro contra homens e mulheres de fora. Mas a unidade e a agressão cresceram. Sindicatos e greves tinham agora uma base mais ampla do que havia sido normal entre os artesãos, abrangendo muitos níveis dentro de uma indústria ou localidade, para criar algo um pouco mais do que as "alianças de monopólios de trabalho locais e oficinas fechadas" de Hobsbawm (1968: 179-203). Para não nos perdermos nas especificidades de cada indústria, lembremos que o mesmo padrão estava ocorrendo nacionalmente: praticamente todos os sindicatos estavam aumentando a densidade de adesão e filiação no TUC e no Partido Trabalhista; a maioria dos aumentos ocorreu nos mesmos dois períodos, 1889-1892 e 1911-1914 (como aconteceu em todos os países, quando o capitalismo difundia seu crescimento, sua concentração, e seus ciclos comerciais por todo o Ocidente); e em 1914, a densidade variou menos entre as indústrias do que no início do período. Em quase toda parte, a densidade estava acima do nível 25% *seccionalista*. Os sindicatos eram agora uma parte normal das relações de trabalho. Tudo isso é duplamente impressionante, dada a variabilidade das condições e processos de trabalho entre as indústrias. Isso nos leva a explicar o aumento do trabalho menos como uma resposta ao processo de trabalho direto do que às características difusas da economia geral e do Estado.

As relações de produção eram importantes no sentido mais geral: uma diferença dicotômica e qualitativa entre capital e trabalho tinha se espalhado por toda a economia. Outras formas de emprego – trabalho externo doméstico, subcontratação, emprego casual – estavam em declínio acentuado, especialmente entre os homens. As duas primeiras foram agora relegadas para minorias; a terceira era predominantemente feminina, não mais típica de todo o trabalho não qualificado. Uma grande maioria das pessoas capazes de ação coletiva, quer formalmente qualificadas, semiqualificadas, ou não qualificadas, celebrou um contrato de trabalho formal com um gerente-proprietário. Duas classes, no sentido especificado por Marx e Engels, existiam em um sistema extensivo e difuso reconhecido como tal por eles. *Booms* e quedas, relações entre salários, horas, custos, preços, procura, oferta, produção, consumo, e concorrência, tanto nacional como internacional, forçaram respostas uniformes de ambas as classes. Greves e bloqueios nacionais, arbitragem governamental e acordos nacionais se tornaram rotina. Em 1899, houve um acordo industrial amplo; em 1910, havia sete (MARKS, 1989: 86).

A identidade de classe dos empregadores foi também expandida pelas mesmas forças. A ofensiva coordenada de empregadores, mobilizando apenas a repressão civil legal e policial, baseou-se principalmente na organização econômica – greves patronais nacionais, organização nacional de trabalhadores fura-greve (protegidos pela lei e pela polícia) para resistir longos confrontos sem competição mútua. Quando os empregadores se organizaram em nível nacional, não restou nenhum interstício. O seccionalismo dos artesãos foi finalmente ultrapassado.

Mas as vitórias dos empregadores foram alcançadas a um custo. As capacidades de organização dos trabalhadores cresceram, especialmente nas quatro indústrias (engenharia, mineração, transportes e emprego público), agora, o núcleo do trabalho. A inserção dos artesãos engenheiros na indústria os tornou líderes, habituados à organização e ao exercício de controles do mercado de trabalho. A grande fábrica, a oficina ferroviária, ou a mina situada em uma comunidade de uma classe forneceu espaço para os trabalhadores desenvolverem a solidariedade coletiva sem se encontrarem com seu mestre. A sociedade anônima, especialmente na mineração, proporcionou ainda mais espaço, levando à *massa isolada* de trabalhadores retirados do controle direto do proprietário (o que Kerr e Siegel (1954) demonstraram classicamente ter aumentado a solidariedade de classe). A mobilidade distintiva dos trabalhadores dos transportes lhes permitiu organizar contatos entre ocupações dispersas – os trabalhadores tinham de compreender uma economia nacional e os trabalhadores dos transportes estavam melhor colocados para passar mensagens discursivas em torno de uma força de trabalho nacional. A importância do emprego governamental proporcionou mais espaço: trabalhadores de um estaleiro naval gigante ou de um pequeno posto dos correios ou escola não interagiam com um *mestre*, mas com uma administração mais impessoal, que respondiam a mestres políticos faccionalizados e muitas vezes empenhados na conciliação. Os dois lados estavam se confrontando no mesmo terreno, o território do Estado nacional, confrontando os novos poderes um do outro, incertos sobre o futuro, e ambíguos sobre suas próprias estratégias econômicas.

Estratégias políticas de trabalho e regime

Para lutar pelos seus interesses, o trabalhador coletivo masculino foi forçado a entrar na política, onde encontrou as cristalizações existentes do Estado. Algumas tradições políticas surgiram incólumes no período. Os trabalhadores podiam permanecer no amparo da economia política liberal ou do paternalismo conservador (muitos ainda assim permanecem), mas a maioria dos chefes de família masculinos foi admitida na democracia partidária nos distritos em 1867 e nos condados (junto aos trabalhadores agrícolas com moradias fixas) em 1884. 66% dos homens adultos se tornaram elegíveis para votar, incluindo mais de 40% dos trabalhadores manuais masculinos (embora muitos tenham sido impedidos de votar por procedimentos de registo tendenciosos). Talvez metade do eleitorado fosse de trabalhadores. Com o declínio dos controles particularísticos, a política partidária mudou. O sufrágio fora ampliado seccionalmente, pela concessão de direito a voto apenas para proprietários de terras, uma vez que os partidos competiam pelo apoio dos trabalhadores. A lei de 1867 era conservadora; a lei de 1884, liberal. Em algumas áreas, os conservadores apaziguaram o economismo e o mutualismo dos trabalhadores (para Preston, cf. SAVAGE, 1987: 134-161); a maioria dos liberais fez isso (para Londres, cf. THOMPSON, 1967). As divisões partidárias sobre tarifas reforçaram as alianças setoriais entre classes: a engenharia de Birmingham favoreceu a proteção; Lancashire, o comércio livre de têxteis.

A ampliação do escopo civil do Estado garantiu que a democracia partidária adquirisse maior relevância para a cristalização regional-religiosa *nacional*, agora focada no controle da educação de massas: os trabalhadores anglicanos e ingleses permaneceram mais com o Partido Conservador; os não conformistas e os celtas eram liberal-trabalhistas. Fora da Irlanda, isso assegurou a adesão da maioria dos dissidentes regionais (potencialmente nacionais) a uma democracia partidária nacional. Os dois partidos de massa institucionalizaram finalmente uma solução predominantemente centralizada para sua questão nacional. A Grã-Bretanha era agora um Estado-nação completo (nos termos da tabela 3.3), pelo menos em seu continente. A ampliação do escopo civil também aumentou o número de trabalhadores do governo, o que fomentou a conciliação e a sindicalização relativamente centralizadas, como fez durante o século XX. As câmaras municipais, sob pressão eleitoral dos conselhos de comércio locais, aceitaram taxas sindicais para os empregados municipais. Em 1891, a *resolução sobre salários justos* do governo conservador concordou que os contratos do governo central deveriam ser concedidos a taxas sindicais. Os funcionários públicos eram conciliadores ativos, especialmente na Junta de Comércio. Em 1904, o conselho utilizou a Lei de Conciliação de 1896 para criar 162 conselhos conjuntos de negociação na indústria. A partir de 1909, a legislação liberal promoveu isto: as bolsas de trabalho estenderam a consulta do conselho com sindicatos e empregadores, e a inclusão de fundos de benefícios sindicais na Lei do Seguro de Saúde e de Desemprego de 1911 levou o núcleo protecionista dos sindicatos à administração estatal (DAVIDSON, 1972). A incorporação nacional – reformas centralizadas em troca de responsabilidade – promoveu a paz.

No entanto, a incorporação pelos partidos existentes falhou na década de 1890, e os militantes trabalhistas se tornaram mais resistentes. O congresso do TUC de 1899 votou por pouco a favor de um partido trabalhista independente. O Comitê de Representação dos Trabalhadores, fundado no ano seguinte, não tinha praticamente nenhuma política além de assegurar o *regresso dos membros dos trabalhadores ao Parlamento* e praticamente nenhuma organização além dos sindicatos. Mas encontrou uma questão potente após o julgamento do Taff Vale de 1901: sob um governo conservador de *lei e ordem*, os tribunais consideraram os sindicatos legalmente responsáveis por danos causados por membros individuais em greve, outra expressão de um conceito individualista-burguês de direitos civis. Outras sentenças legais apoiadas pelo governo conservador tornaram o golpe legal sério. O sindicalismo conservador evaporou e a filiação à LRC mais do que duplicou em dois anos. Os conservadores haviam se tornado, em grande parte, um partido de classe. Os trabalhadores ainda votariam neles – especialmente no sul e no interior da Inglaterra e entre os anglicanos – mas não *como* trabalhadores. Sua tentativa de incorporar trabalho organizado terminara, mesmo que seus controles segmentares continuassem a ser eficazes nas cidades menores e nas regiões rurais.

Mas o Partido Liberal respondeu. A sua ala esquerda, os *novos liberais*, ofereceu garantias mutualistas de organização de direitos e reformas sociais: alívio da pobreza, mais educação, e outros benefícios sociais. A cristalização moral-

-ideológica do Estado britânico se entrelaçava agora ao não conformismo liberal. As pesquisas sociais de Booth suscitaram indignação liberal e religiosa diante da pobreza e desemprego, cada vez mais reconhecidos como estruturais, e não a culpa dos pobres e desempregados. A simpatia moral liberal foi mobilizada por jornalistas e profissionais, raramente por empresários (EMY, 1973: 53). O próprio Booth chamou esse programa *socialismo limitado*, que era em grande medida mutualista. Sob Lloyd George, alcançou resultados substanciais: seu esquema de 1911 de seguro-saúde e seguro-desemprego e a sua grande mudança de uma tributação indireta regressiva para uma tributação direta mais progressiva. O Estado redistribuiria e encorajaria a autoajuda através de seguros regulados pelo Estado. O seguro cobria apenas trabalhadores de firmas maiores, mas reunia o Estado, a maioria dos sindicatos, grandes empregadores e companhias de seguro privadas. Esse foi o primeiro verdadeiro reformismo, em um sentido do século XX, a ocorrer em qualquer país. Viera menos do trabalho, mais de um partido interclassista tentando reunir trabalhadores, classe média, e algumas regiões e religiões.

No entanto, o Partido Liberal não era um instrumento ideal para promover o reformismo. Os dois grandes partidos herdaram os interesses do Antigo Regime, sendo os conservadores (em geral) o partido da Igreja Anglicana, agricultura e capital comercial; os liberais, do não conformismo e da indústria. Os conservadores se tornaram mais ingleses, especialmente os do sul da Inglaterra; os liberais, mais do norte e celtas (embora não na Irlanda). Sob esses aspectos, ambos eram partidos interclassistas, incluindo capitalistas *e* trabalhadores. Apesar da deserção de muitos empregadores do Partido Conservador nesse período, os liberais incluíam industriais e sindicatos (porque a indústria era mais setentrional e celta). Em um tempo de aumento do confronto industrial, isso provocou um faccionalismo partidário interno. Exceto por Lloyd George, os líderes partidários afastaram a política da estratégia social geral, pois isso poderia dividi-los. A nova alternativa global reformista geral do liberalismo não foi adotada, embora algumas reformas o fossem. Nos partidos locais, a evasão era mais difícil. Todos os movimentos trabalhistas tinham como exigência fundamental de cidadania política a eleição de trabalhadores – na prática, funcionários sindicais – para cargos políticos. Na Grã-Bretanha, isso foi reforçado pelo forte sentido de identidade de classe dos militantes. De fato, os trabalhadores britânicos ficaram preocupados com pessoal e meios em vez de fins alternativos: suas três questões principais eram o sufrágio universal (embora um movimento tão dominado pelos homens tenha dado pouca ajuda real às mulheres sufragistas), os direitos civis coletivos dos sindicatos e a eleição de funcionários sindicais para cargos públicos. Os liberais *tiveram* de concedê-los para incorporar o trabalho.

Com os novos poderes infraestruturais do Estado, desapareceram os séculos em que a política era irrelevante para as vidas das pessoas. O Estado não podia ser evitado, melhor então participar no controle dos seus múltiplos benefícios e custos com impacto em muitas áreas da vida social. O sufrágio era agora desejável como o grande símbolo da cidadania, como as feministas bem como os trabalhadores deixaram claro em todos os países. Mas também se foi o meio século em que os trabalhadores haviam experimentado uma profunda exploração política. A carga fiscal e a Lei dos Pobres tinham relaxado; os representantes dos trabalhadores participavam no governo local e metade de todos os trabalhadores estava votando. Os trabalhistas queriam o sufrágio para todos os trabalhadores. Os liberais não se opuseram, embora tenham protelado (suas reservas públicas eram, sobretudo, onde os trabalhistas também tinham reservas privadas, as mulheres). Os liberais teriam estendido imediatamente o direito ao voto se a guerra não interviesse. A liderança liberal também se convertera aos direitos civis coletivos para os sindicatos. Reconhecendo que os líderes sindicais eram responsáveis e obcecados pela questão, legislaram a Lei de Conflitos Comerciais de 1906, que corrigiu o julgamento de Taff Vale, logo que recuperaram o posto. Os sindicatos gozavam agora de plenos direitos de organização coletiva – o fim na Grã-Bretanha (até a era Thatcher) da maior queixa mutualista, agora finalmente institucionalizada dentro da tradição liberal-trabalhista. Se isso ocorresse em 1820, os trabalhadores até poderiam ter ficado satisfeitos por não ter o voto. Mas a história do cartismo e as lutas posteriores pela democracia partidária, reforçadas pela ampliação do escopo civil do Estado, fez disso a peça central da política de classe.

O verdadeiro problema residia na escolha dos candidatos liberais. De que serviria o voto se permitisse apenas uma escolha de votar em industriais ou advogados? Precisamente nos círculos eleitorais industriais onde os candidatos liberais seriam eleitos, seus ativistas eram mais divididos por classe. No West Riding de Yorkshire, por exemplo, os magnatas industriais, e não os *novos liberais*, controlavam o partido e excluíam os candidatos da classe trabalhadora (EMY, 1973: 289; LAYBOURN & REYNOLDS, 1984). Mesmo os ativistas trabalhistas mais moderados estavam conscientes de serem mantidos a distância do poder real – no que deveria ser *seu* partido político. Embora o liberalismo incorporativo oferecesse princípios mutualistas e reformas políticas, faltava-lhe a camaradagem. Seus radicais eram tecnocratas racionalistas inquietos com as eleições em massa, perplexos com a falta de política a despeito da solidariedade coletiva do Partido Trabalhista. O Partido Liberal era um partido de notáveis, não um movimento social. Essa era a sua principal fraqueza.

O socialismo oferecia camaradagem – coerente, emocional e totalizante – centrada na noção de trabalhadores que controlavam suas próprias vidas. O Trabalhista era, sobretudo, um partido de identidade de classe. Seus líderes eram antigos trabalhadores. Não tinha filiação partidária individual, apenas a filiação coletiva de sindicatos. Muitos militantes também sentiram a oposição de classe quando confrontados por uma ofensiva coordenada de empregadores apoiada por decisões judiciais de que ações sindicais eram ilegais, e se sentiam ameaçados pelo desemprego e pelas tendências econômicas cíclicas, e tratados com indulgência pelos liberais. O socialismo britânico emergiu do populismo e da não conformidade radical, mas acrescentou a compreensão do novo sistema econômico. Marxificou vagamente a teoria do valor do trabalho originalmente pequeno-burguesa e a camaradagem da classe trabalhadora masculina com um conceito da totalidade da sociedade. Os socialistas britânicos – desde Hyndman, o discípulo de Marx, passando pelo eclético Tom Mann e William Morris, até o pragmático Keir Hardie, o primeiro líder do Partido Trabalhista – partilhavam uma crença: os males materiais e morais dos trabalhadores eram devidos às leis de uma economia capitalista que tinha de ser confrontada como um todo. A segunda revolução teve um aumento da homogeneização das classes. A ideologia socialista e a camaradagem podiam oferecer uma compreensão ampliada num sentido literal. Tom Jones lembrou de Gales do Sul durante as décadas de 1880 e 1890, assim:

> Durante esse período de cruzada, o socialismo varreu vales como uma nova religião, e os homens jovens perguntavam uns aos outros: Você é socialista? no mesmo tom em que um salvacionista pergunta: Você está salvo? Em uma geração, a perspectiva dos mineiros foi transformada.

Joyce comenta com astúcia:

> O socialismo pode ter funcionado mais eficazmente não como um corpo de ideologia recebida, mas como uma força que viola os entendimentos de décadas nas quais o paternalismo e a deferência haviam subsistido. Ele invadiu o domínio da situação pelo empregador [...] penetrando na imediação fechada da comunidade da fábrica. Era dessa capacidade de definir os limites da perspectiva das pessoas que o paternalismo dependia em grande medida (1980: 229, 335).

Os trabalhadores estavam agora organizados no mesmo terreno nacional que os empregadores, e podiam usar uma ideologia sistêmica para compreendê-lo. O trabalho era forçado pela economia, pelos empregadores e pelos tribunais de justiça hostis e pela ampliação da administração governamental em direção ao Estado nacional.

Qual seria sua alternativa? A essa altura, o socialismo desmoronava e o trabalho recuava para o liberalismo com matizes mutualistas. A maioria dos líderes trabalhistas antes de 1914 não tinha sequer uma alternativa reformista. O que os trabalhistas deveriam dizer quando chegassem ao Parlamento foi pouco debatido. Como um funcionário público comentou sobre suas negociações com líderes trabalhistas sobre a Lei da Segurança Social Nacional de 1911: "Eles não falam pelos seus homens, não sabem o que seus homens querem, e não podem obrigar seus homens a obedecer – pessoas bastante difíceis de lidar" (MOORE 1978: 113). Não havia um grande plano político, raramente inclusive grandes disputas de princípios. O Partido Trabalhista e o TUC lutavam mais pelo mutualismo e meios do que por fins reformistas. Havia um interesse na tributação direta e não na indireta (embora os novos liberais tenham feito tudo aqui) e em obras públicas para aliviar o desemprego, mas nenhum programa real. Os sindicatos preferiam a negociação coletiva voluntária à intervenção estatal, para perplexidade dos liberais radicais (EMY, 1973: 264, 293-294). Os trabalhadores, como na maioria dos outros países, mostraram pouco interesse na legislação do Estado de Bem-estar. Todos os movimentos trabalhistas desconfiavam da ação do Estado, uma vez que esses os tinham geralmente prejudicado em vez de beneficiá-los.

Além disso, a questão nacional ainda impactava, embora agora *dentro* de uma democracia partidária centralizada. Isso reforçou a desconfiança do Partido Trabalhista em relação ao Estado. O novo núcleo industrial, e, portanto, o núcleo trabalhista, estava concentrado na Escócia, no País de Gales e no norte da Inglaterra, regiões que desconfiavam do poder do capital. Isso se entrelaçou à força de trabalho não conformista, desconfiada da Igreja estatal anglicana estabelecida. Somente na Segunda Guerra Mundial os trabalhadores conseguiram se identificar completamente com o Estado-nação inglês-britânico. Até então, o Estado parecia ideologicamente conservador, melhor se evitado (PELLING, 1968: 1-18; HECLO, 1974: 89-90; CRONIN, 1988; BROWN, 1971 discorda dessa visão).

No entanto, uma vez institucionalizados os esquemas de bem-estar social, os sindicatos participaram na sua administração (MARKS, 1989: 105-106). A participação foi vastamente ampliada durante a guerra. Os trabalhistas se depararam com os usos reformistas do Estado, e a incorporação liberal finalmente mudou para o socialismo reformista em duas eclosões de guerra.

Divergências entre marxistas, social-democratas e mutualistas refletiam a identidade ambígua dos trabalhadores e do movimento trabalhista na sua sociedade civil – Estado nacional. O trabalhador era ou não um cidadão participante? Depois de 1867 e 1884, muitos tinham o voto. Os mineiros poderiam determinar seus próprios membros do Parlamento; outros, com uma forte presença local, poderiam fazer pressão. Muitos militantes estavam no governo local e em conselhos escolares. A cidadania civil coletiva dos sindicatos terminou sendo alcançada, mas precisava de vigilância contra os juízes. O reconhecimento prático do Estado era maior do que o reconhecimento do empregador e, por vezes, maior do que o dos políticos. Mas esse Estado conciliatório não era o Estado *deles*, não era um Estado de cidadania nacional genuína, como revelaram o direito restrito ao voto, as decisões judiciais e o *establishment* anglicano de Londres. Os líderes trabalhistas, por mais cautelosos que fossem, sabiam que estavam afastados dos conselhos centrais do reino.

Era difícil para todos, mas tornou mais difícil para revolucionários ou lealistas liberal-trabalhistas decidirem que visão a sua posição ambígua poderia gerar. Suas divisões, incorporação parcial e cidadania parcial tornaram o sindicalismo, mas acima de tudo o marxismo, implausível. Durante 1913-1914, numa época de crescente confrontação industrial, quando a política liberal e trabalhista não estava obtendo concessões (os políticos estavam obcecados com a crise irlandesa), o sindicalismo se uniu. Pouco menos de dois mil militantes sindicalistas influenciaram uma onda de greves nacionais e a formação de sindicatos industriais mais amplos. Mas à medida que esses se implicavam à extensão das negociações coletivas estatais, tornaram-se mais como outros sindicatos. Assim, as atividades práticas extinguiram a breve chama do sindicalismo britânico (HOLTON, 1976: 210; HINTON, 1983: 90-93). Como muitos não tinham sido anteriormente sindicalizados, "estavam fazendo greve a favor e não contra os controles sindicais" (HYMAN, 1985: 262).

A negociação coletiva simbolizava o progresso da classe trabalhadora, embora extinguisse as chamas do ódio de classe dirigido ao adversário. Como Stedman-Jones coloca (e como o capítulo 15 o vindica), agressivo como era o *novo sindicalismo*, não concebia o Estado como uma "máquina de coerção, exploração e corrupção de carne e osso, como fora no período 1790-1850". O Estado, diz ele, era agora visto como uma agência neutra para obter o que se queria (1974: 479). Este capítulo revela que essa era uma visão em grande medida correta: o Estado tinha se tornado menos coercivo, menos corrupto; e suas explorações não eram da vida inteira dos trabalhadores.

Havia argumentos infinitos para continuar como liberal-trabalhista ou com um Partido Trabalhista. Mas isso era apenas tática. O avanço parlamentar do Partido Trabalhista veio nas eleições de 1906 (esse parágrafo depende de McKIBBIN, 1974). Foram eleitos vinte e nove MPs do Comitê dos Representantes dos Trabalhadores, todos eles trabalhadores e funcionários sindicais, em contraste surpreendente com o resto da Câmara dos Comuns. Mas 24 foram eleitos como resultado de um pacto eleitoral com os liberais. Se os trabalhistas mantivessem a sua pressão responsável, seus líderes acreditariam que os liberais concederiam o sufrágio universal. No direito ao voto limitado, o pacto deu a ambas as partes ganhos reais, mas restritos. Era melhor do que um se opondo ao outro, o que poderia assegurar uma vitória dos conservadores. Nas duas eleições de 1910, os trabalhistas conquistaram 40, depois 42 assentos, mas apenas um tinha um candidato liberal. Durante 1910-1914, os trabalhistas aumentaram a sua participação nos votos, mas não ganharam nenhuma eleição parlamentar secundária. Os trabalhistas ainda dependiam esmagadoramente dos sindicatos, embora esses tivessem obtido apenas uma maioria simples de membros para apoiar o imposto político. Os liberais só ocuparam assentos nas áreas de mineração graças ao pacto, e seu ativismo de base declinara nos distritos industriais.

Hinton (1983: 80-81) acredita que a sequência mais provável na ausência da Primeira Guerra Mundial seria o colapso do pacto (dilacerado pela antipatia dos ativistas), o desastre eleitoral para ambos os partidos e a reconstituição de um partido liberal centrista com os trabalhistas como um partido socialista genuíno, que teria mantido a democracia tripartidária por muito mais tempo. McKibbin (1990) acredita que o Partido Liberal já não estava conseguindo assegurar os votos dos trabalhadores. A extensão do sufrágio, acredita ele, teria contribuído para seu declínio, e a democracia bipartidária (conservadora-trabalhista) teria reemergido. No entanto, a extensão do sufrágio seria entre os pobres e as mulheres, ambos menos sindicalizados e provavelmente menos atraídos imediatamente ao Partido Trabalhista. A democracia tripartida poderia ter se prolongado.

Mas a guerra interveio. A partir de 1920, os trabalhistas se lançaram sozinhos ao poder em um eleitorado enormemente ampliado. O Partido Liberal agora se desintegrava, em parte devido a divisões internas de classe, em parte devido ao faccionalismo de Lloyd George e Asquith. Poderia ter sido o contrário se os líderes liberais tivessem sido mais astutos. Os militantes trabalhistas e uma classe trabalhadora com consciência de classe queria seus próprios membros parlamentares. Os liberais não os forneceriam.

Os trabalhadores britânicos foram pressionados por ações de outros para o reformismo. Foi pressionado para a organização nacional pela repressão do Estado civil, pela ampliação do escopo do Estado civil e pela agressão do empregador. Sempre que possível, cooperou com ambas as partes para institucionalizar o mutualismo e a incorporação. Os conservadores decidiram depois ser um partido de classe hostil e os trabalhadores foram expulsos do liberalismo pela indiferença dos ativistas liberais e pelas rixas dos líderes liberais. Ele foi convertido ao Estado de Bem-estar Social por implicação administrativa em esquemas de governo liberais e de tempo de guerra. Subsequentemente ao nosso período, seu programa e suas perspectivas eleitorais se adaptaram às consequências imprevistas da guerra total e do sufrágio universal masculino e, depois, feminino. Em seguida, concebeu seu programa da social-democracia estatista. A política de classes sairia, mas pelas costas dos homens.

Conclusão

A estratégia escolhida pelo, ou que acabou indo para o, trabalhismo britânico tinha quatro determinantes principais:

1) O trabalhador coletivo de classe emergiu parcialmente na Segunda Revolução Industrial, como argumenta a teoria marxista. Na economia, isso se deveu menos a transformações no processo de trabalho no local da produção do que o aparecimento de uma economia totalmente difusa. Os capitalistas experimentaram essa totalidade como internacional, mas reagiram a ela com uma agressão de classe organizada nacionalmente contra os trabalhadores. Em defesa, uma classe trabalhadora mais nacional se formou, embora liderada por trabalhadores qualificados com interesses parcialmente seccionalistas e organizados parcial-

mente em mercados de trabalho internos segmentados. Os sindicatos surgiram como atores de classe na Grã-Bretanha enquanto ainda perseguiam objetivos seccionais e segmentares. As ambiguidades das relações de poder econômico não se resolveram sozinhas.

2) Esse movimento em expansão permaneceu masculino, e seu sentido instintivo de exploração se estreitou à medida que a polarização do emprego se segregou das tendências familiares e comunitárias mais complexas. A classe, embora tivesse se tornado mais extensiva, estava se tornando provavelmente menos intensiva.

3) Porque nacional e política, a ainda ambígua, mas masculina, luta de classes foi em grande parte *resolvida* pelas cristalizações políticas britânicas, principalmente pela democracia partidária interclassista, a questão nacional e o Estado ter se tornado parcialmente mais civil. Essas restringiram a repressão capitalista e do regime, e seu *doppelgänger*, o socialismo revolucionário, restringiu as variações setoriais e regionais nas estratégias de classe e promoveu a institucionalização centralizada do conflito de classes. A moderação nacional predominaria, a menos que alguma grande catástrofe a atingisse, como a derrota na guerra.

4) A forma de moderação nacional do trabalhismo só foi decidida em 1914, embora as escolhas tivessem se estreitado. Foram predominantemente mutualistas, com alguns matizes liberais e reformistas, vindo em uma de duas políticas alternativas – ou do Partido Liberal ou de um partido trabalhista autônomo.

A maior parte dos parâmetros da luta de classes britânica no século XX parece ter sido implementada até 1914, como resultado da interação entre a Segunda Revolução Industrial dirigida pelo capitalismo, impulsionando um movimento trabalhista extensivo, político, mas ambíguo, e cristalizações democrático-partidárias, civis e nacionais resolvendo a maior parte dessas ambiguidades. No entanto, negligenciei uma importante peculiaridade britânica porque se tratava de uma ausência: a Grã-Bretanha, de forma única, não tinha classes agrárias de grande tamanho ou consequência.

Referências

ASHWORTH, W. (1960). *An Economic History of England, 1870-1939*. Londres: Methuen & Co.

BAGWELL, P. (1985). The New Unionism in Britain: the Railway Industry. In: W.J. Mommsen & H.-G. Husung (orgs.). *The Development of Trade Unionism in Great Britain and Germany, 1880-1914*. Londres: German Historical Institute/ Allen & Unwin.

BAIN, G. (1970). *White Collar Trade Unionism*. Oxford: Clarendon Press.

BAIN, G. & PRICE, R. (1980). *Profiles of Union Growth*. Oxford: Blackwell.

BAINES, D.E. (1981). The Labour Supply and the Labour Market, 1860-1914. In: R. Floud & D. McCloskey (orgs.). *The Economic History of Britain Since 1700*. Vol. 2. Cambridge: Cambridge University Press.

BRAVERMAN, H. (1974). *Labor and Monopoly Capital*: The Degradation of Work in the Twentieth Century. Nova York: Monthly Review Press.

BROWN, K.D. (1971). *Labour and Unemployment, 1900-1914*. Newton Abbott: David & Charles.

BURAWOY, M. (1979). *Manufacturing Consent*: Changes in the Labor Process Under Monopoly Capitalism. Chicago: University of Chicago Press.

BURGESS, K. (1985). New Unionism for Old? – The Amalgamated Society for Engineers in Britain. In: W.J. Mommsen & H.-G. Husung (orgs.). *Great Britain and Germany, 1880-1914*. Londres: German Historical Institute/Allen & Unwin.

CLEGG, H.A. et al. (1964). *A History of British Trade Unions Since 1889*. Vol. I. Oxford: Clarendon Press.

CRONIN, J. (1988). The British State and the Structure of Political Opportunity. *Journal of British Studies*, 27.

_____ (1982). Strikes, 1870-1914. In: C. Wrigley et al. (orgs.). *A History of British Industrial Relations, 1875-1914*. Brighton: Harvester.

_____ (1979). *Industrial Conflict in Modern Britain*. Londres: Croom Helm.

CROSSICK, G. (1978). *An Artisan Elite in Victorian Society*. Londres: Croom Helm.

DAVIDOFF, L. (1990). The Family in Britain. In: F.M.L. Thompson (org.). *The Cambridge Social History of Britain, 1750-1950* – Vol. 2: People and Their Environment. Cambridge: Cambridge University Press.

DAVIDSON, R. (1972). Government administration. In: C. Wrigley et al. (orgs.). *A History of British Industrial Relations, 1875-1914*. Brighton: Harvester.

DEANE, P. & COLE, W.A. (1969). *British Economic Growth, 1688-1959*. Cambridge: Cambridge University Press.

EMY, H.V. (1973). *Liberals, Radicals and Social Politics, 1892-1914*. Cambridge: Cambridge University Press.

FEINSTEIN, C. (1976). *Statistical Tables of National Income, Expenditure and Output of the United Kingdom, 1855-1965*. Cambridge: Cambridge University Press.

FRIEDMANN, A. (1977). *Industry and Labour*: Class Struggle at Work and Monopoly Capitalism. Londres: Macmillan.

GRAY, R.Q. (1976). *The Labour Aristocracy in Victorian Edinburgh*. Oxford: Clarendon Press.

HARGREAVES, J. (1986). *Sport, Power and Culture*. Cambridge: Polity Press.

HART, N. (1991). *Female Vitality and the History of Human Health*. Paper apresentado no Terceiro Congresso da Sociedade Europeia de Sociologia Médica. Marburgo.

_____ (1989). Gender and the Rise and Fall of Class Politics. *New Left Review*, 175.

HECLO, H. (1974). *Modern Social Politics in Britain and Sweden*. New Haven, Conn.: Yale University Press.

HILL, S. (1981). *Competition and Control at Work*: The New Industrial Sociology. Cambridge, Mass.: MIT Press.

HINTON, J. (1983). *Labour and Socialism*. Sussex: Wheatsheaf.

HOBSBAWM, E.J. (1968). *Labouring Men*: Studies in the History of Labour. Londres: Weidenfeld & Nicolson.

HOLTON, R. (1985). Revolutionary syndicalism and the British labour movement. In: W.J. Mommsen & H.-G. Husung (orgs.). *The Development of Trade Unionism in Great Britain and Germany, 1880-1914*. Londres: German Historical Institute/Allen & Unwin.

_____ (1976). *British Syndicalism, 1900-1914*. Londres: Pluto Press.

HUNT, E.H. (1981). *British Labour History, 1815-1914*. Londres: Heinemann.

HYMAN, R. (1985). Mass Organization and Militancy in Britain: Contrasts and Continuities. In: W.J. Mommsen & H.-G. Husung (orgs.). *The Development of Trade Unionism in Great Britain and Germany, 1880-1914*. Londres: German Historical Institute/Allen & Unwin.

JOYCE, P. (1989). Work. In: F.M.L. Thompson (org.). *The Cambridge Social History of Britain, 1750-1950* – Vol. 2: People and Their Environment. Cambridge: Cambridge University Press.

_____ (1980). *Work, Society and Politics*: The Culture of the Factory in Later Victorian England. Brighton: Harvester.

KERR, C. & SIEGEL, A. (1954). The Inter-Industry Propensity to Strike: an International Comparison. In: Kornhauser et al. (org.). *Industrial Conflict*. Nova York: McGraw-Hill.

LASH, S. & URRY, J. (1987). *The End of Organized Capitalism*. Madison: University of Wisconsin Press.

LAYBOURN, K. & REYNOLDS, J. (1984). *Liberalism and the Rise of Labour, 1890-1918*. Londres: Croom Helm.

LOVELL, J. (1985). The Significance of the Great Dock Strike of 1889 in British Labour History. In: W.J. Mommsen & H.-G. Husung (orgs.). *The Development of Trade Unionism in Great Britain and Germany, 1880-1914*. Londres: German Historical Institute/Allen & Unwin.

MARKS, G. (1989). *Unions in Politics*: Britain, Germany and the United States in the Nineteenth and Early Twentieth Centuries. Princeton, NJ: Princeton University Press.

MARTIN, R. (1980). *T.U.C.*: The Growth of a Pressure Group, 1868-1976. Oxford: Clarendon Press.

McKIBBIN, R. (1990). *Why Was There no Marxism in Great Britain?* Oxford: Clarendon Press.

_____ (1974). *The Evolution of the Labour Party, 1910-1924.* Oxford: Oxford University Press.

MOORE, R. (1978). *The Emergence of the Labour Party, 1880-1924.* Londres: Hodder & Stoughton.

MORE, C. (1980). *Skill and the English Working Class, 1870-1914.* Londres: Croom Helm.

MUSSON, A.E. (1978). *The Growth of British Industry.* Londres: Batsford.

PAYNE, P.L. (1967). The emergence of the large scale company in Great Britain. *Economic History Review*, 2. ser., 20.

PELLING, H. (1968). *Popular Politics and Society in Late Victorian Britain.* Londres: Macmillan.

_____ (1963). *A History of British Trade Unionism.* Londres: Macmillan.

PENN, R. (1985). *Skilled Workers in the Class Structure.* Cambridge: Cambridge University Press.

POLLARD, S. (1985). The New Unionism in Britain: its Economic Background. In: W.J. Mommsen & H.-G. Husung (orgs.). *The Development of Trade Unionism in Great Britain and Germany, 1880-1914.* Londres: German Historical Institute/Allen & Unwin.

PRICE, R. (1985). The New Unionism and the Labour Process. In: W.J. Mommsen & H.-G. Husung (orgs.). *The Development of Trade Unionism in Great Britain and Germany, 1880-1914.* Londres: German Historical Institute/Allen & Unwin.

_____ (1983). The Labour Process and Labour History. *Social History*, 8.

SAVAGE, M. (1987). *The Dynamics of Working-Class Politics.* Cambridge: Cambridge University Press.

SHAW, C. (1983). The Large Manufacturing Employers of 1907. *Business History*, 25.

STEDMAN-JONES, G. (1974). Working-Class Culture and Working-Class Politics in London: 1870-1900 – Notes on the remaking of a working class. *Journal of Social History*, 7.

STONE, L. (1969). Literacy and Education in England, 1640-1900. *Past and Present*, 42.

TAYLOR, A.J. (1968). The Coal Industry. In: D.H. Aldcroft (org.). *The Development of British Industry and Foreign Competition, 1875-1914*. Londres: Allen & Unwin.

THANE, P. (1981). Social History, 1860-1914. In: R. Floud & D. McCloskey (orgs.). *The Economic History of Britain Since 1700*. Vol. 2. McCloskey. Cambridge: Cambridge University Press.

THOMPSON, F.M.L. (1988). *The Rise of Respectable Society*: a Social History of Victorian Britain, 1830-1900. Londres: Fontana.

THOMPSON, P. (1967). *Socialists, Liberals and Labour*: The Struggle for Londres, 1885-1914. Londres: Routledge & Kegan Paul.

WEBB, S. & WEBB, B. (1926). *History of Trade Unionism*. Londres: Longman Group.

18
A luta de classes na Segunda Revolução Industrial (1880-1914) II
Análise comparativa dos movimentos da classe trabalhadora

Teoria

A Segunda Revolução Industrial trouxe economias nacionalmente integradas, concorrência internacional mais dura, e comercialização da agricultura em todo o Ocidente. Para cada país trouxe concentração de capital, ciência industrial, expansão das indústrias metalúrgica e química, de mineração, e de transportes, e a corporação. Em cada país, isso expandiu e massificou grandemente a força de trabalho urbano-industrial e levou ao empregador a pressão sobre salários, horas, e a desqualificação dos artesãos. Essa revolução econômica foi espantosamente semelhante em todos os países, e os trabalhadores responderam com organizações coletivas semelhantes, embora ambíguas.

Este capítulo descreve o conflito resultante entre capitalistas e trabalhadores em vários países. Foca a explicação do resultado curioso que tais similaridades econômicas marcantes entre países geraram ideologias trabalhadoras variadas – todos os seis tipos distinguidos no capítulo 15 – e resultados variados das lutas de classe industrial. A Rússia estava a caminho da revolução; a Alemanha parecia estar num caminho diferente, quase revolucionário; a Grã-Bretanha estava enveredando por um caminho ligeiramente mutualista; os Estados Unidos, num seccionalismo amplamente desprovido de socialismo; e a França ainda debatia calorosamente as seis opções. O capítulo 19 descreve as lutas igualmente variadas na agricultura durante o período. Ambos utilizam um método comparativo, tomando os estados nacionais como casos independentes. Deixo de lado os aspectos não comparativos dos movimentos trabalhistas – interações entre organizações transnacionais, nacionais, e nacionalistas – até ao capítulo 21. Explico os conflitos de classe nesse período nos termos da interação de economias industriais e agrárias essencialmente semelhantes, com a variedade proporcionada principalmente por cristalizações políticas e, em menor medida, pela estrutura das comunidades da classe trabalhadora. Isso reforça uma das generalizações mais amplas deste volume: A sociedade moderna passou a ser cada vez mais estruturada pelo entrelaçamento de organizações de poder econômico e político.

Como mostra o capítulo 17 para a Grã-Bretanha, a Segunda Revolução Industrial acelerou três tipos concorrentes de organizações de trabalhadores: de classe, seccionais e segmentares. Como todas se desenvolveram, mas minaram as outras, as relações capitalista-trabalhadores foram profundamente ambíguas, não oferecendo uma lógica geral única de desenvolvimento. No entanto, as lutas pela cidadania geraram soluções variadas de cinquenta a cem anos antes que as organizações da classe de trabalhadores se unissem. Como Rokkan (1970: 102-113) percebeu, a luta entre capital e trabalho foi a última a surgir das quatro grandes clivagens do Ocidente modernizador – após lutas entre a construção do Estado centralizado e dos regionalismos periféricos, entre o Estado e a Igreja e entre velhos regimes fundiários e uma burguesia manufatureira emergente. Devo acrescentar que os estados há muito tempo eram principalmente militaristas. Os estados modernos se cristalizaram, portanto, nas questões *representativas*, *nacionais* e *civil-militares* antes do aparecimento da classe trabalhadora. Onde capitalistas e trabalhadores no Ocidente responderam de forma semelhante, e ambígua, a mudanças semelhantes na esfera da produção, a política dos trabalhadores diferiu consideravelmente por ser influenciada por essas cristalizações.

Uma única grande tendência subjaz os entrelaçamentos político-econômicos complexos que emergiram. Onde os estados favoreceram a incorporação democrático-partidária de ao menos alguns trabalhadores, sua política foi separável das suas exigências econômicas. Nesse contexto, as organizações de classe, seccionais e segmentares se desenvolveram lado a lado, com as duas últimas minando a unidade de classe potencial. Assim, as ideologias socialistas também eram mais brandas e mais economicistas, no máximo, equivalendo a mutualismo ou sindicalismo, por vezes revolucionárias na intenção, mas privadas da unidade de classe para alcançá-la. Só quando os regimes não faziam concessões democrático-partidárias a alguns trabalhadores é que o seccionalismo e o segmentarismo podiam ser superados e a unidade de classe podia se desenvolver. Só isso poderia levar a um reformismo agressivo ou mesmo a uma revolução.

Esse argumento não é totalmente original. Tomo emprestado, claro, da famosa declaração de Lenin, em 1902: "A história de todos os países mostra que a classe trabalhadora, apenas pelas suas próprias forças, é capaz de resolver meramente a consciência sindical" (1970: 80).

Por *consciência sindical*, Lenin pretendia dizer mais do que apenas o economismo, uma vez que os interesses sindicais estreitos também exigiam legislação mutualista que garantisse as liberdades de organização. Mas Lenin argumentou que outros elementos do socialismo haviam sido acrescentados às lutas dos trabalhadores a partir do exterior: "pelos representantes instruídos das classes abastadas – a *intelligentsia* [...] de forma muito independente do crescimento espontâneo do movimento trabalhista".

Lenin estava parcialmente correto. As teses centrais do marxismo ortodoxo – a sua ênfase nas relações de produção, no processo de trabalho e na extração de mais-valia – são insuficientes para explicar a emergência do socialismo da classe trabalhadora. Essas experiências econômicas por si sós produziram muito menos do que o socialismo revolucionário, mesmo usualmente menos que o reformismo, e também produziram menos agitação de classe do que seccional (cf. MARKS, 1989: 15). Mas a segunda metade do argumento de Lenin – o socialismo tem de ser trazido de fora pela *intelligentsia* externa – não é correto (como de fato Lenin percebeu em outro lugar). As classes trabalhadoras, bem como a *intelligentsia*, têm gerado socialismo, embora apenas quando suas diversas experiências produtivas são fundidas pela experiência de explorações políticas comuns.

Também me aproprio de escritores mais recentes. Wuthnow (1989, parte III) enfatizou as influências estatais no socialismo nesse período, embora não gere nenhuma teoria geral sobre elas. Lipset argumentou famosamente que a democracia partidária desativou o socialismo dos trabalhadores (1977; 1984). Lipset acredita que os estados podem ser colocados em um único *continuum* político, do feudal ao liberal, do qual a extensão e a forma do socialismo trabalhista podem ser previstos. Assim, diz ele, os regimes feudais geraram o socialismo revolucionário, os regimes mistos geraram o socialismo reformista e os regimes liberais não geraram socialismo. Há muita verdade nisso, como veremos. Mas rejeito seu uso demasiado livre de *feudal*. Rejeito também sua visão muito benigna da história do trabalho e da democracia (especialmente na América), que minimiza a repressão e negligencia as variações civil-militares entre estados. Como quase todos os outros, também negligencia a questão nacional.

Os estados não são unidimensionais. Este volume distinguiu os quatro tipos principais de cristalização dos estados. Todos os estados se cristalizaram como capitalistas, portanto, isso não ajuda muito na previsão da variabilidade nos resultados de classe ao longo do período (exceto para um caso extremo como o dos Estados Unidos). O militarismo e o crescente escopo civil dos estados ajudam um pouco mais, embora irregularmente. Mas, no geral, as cristalizações representativas e nacionais dos estados explicam a maior parte da variabilidade nas lutas capital-trabalho.

Dados comparativos sobre movimentos trabalhistas nacionais

Apresento breves dados comparativos sobre os movimentos operários nos cinco países discutidos, bem como na Suécia. Depois, passo à análise detalhada dos países, substituindo a Rússia pela Áustria, uma vez que existem poucos estudos austríacos e muitos russos[34].

A tabela 18.1 apresenta as proporções de membros de sindicatos em forças de trabalho civis não agrícolas, começando quando os dados se tornam disponíveis para todos os países. Os números são apenas aproximados. Os registos sindicais e governamentais contêm muitas imprecisões, e as estatísticas nacionais foram coletadas utilizando métodos diferentes. Excluo a agricultura e as forças armadas. Elas foram pouco sindicalizadas em qualquer país; contudo, as proporções na agricultura e nas forças armadas variaram enormemente entre países.

Tabela 18.1 Adesão sindical como percentagem da força de trabalho civil não agrícola, 1890-1914

	Áustria	Grã-Bretanha	França	Alemanha	Estados Unidos	Suécia
1890	1,0	12,2	2,2	3,2	3,5	1,2
1895	2,0	11,6	4,0	2,7	3,5	1,6
1900	2,3	13,7	4,2	5,9	7,8	7,0
1905	3,4	14,0	6,6	10,2	14,3	10,2
1910	6,5	18,8	8,1	13,5	12,5	11,0
1914	6,5	23,6	8,3	12,5	13,4	12,2

Nota: Os números da força de trabalho não agrícola (FTNA) também excluem os membros das forças armadas. Todos os números estimados derivam de extrapolações lineares de dados disponíveis para outros anos.

• *Áustria:* Membros de sindicatos. *Annuaire Statistique de la France* (1913: 183); 1914 é, na realidade, 1912. FTNA, Bairoch et al. (1968: 85). Todos os números apenas para o *Reichshalf* austríaco.

• *Grã-Bretanha:* Membros de sindicatos. Bain e Price (1980: 37); FTNA, Mitchell (1983: 171). Os anos são 1891, 1896, 1901, 1906, 1911, 1914. FTNA estimada para 1896, 1906 e 1914.

• *França:* Membros de sindicatos. Shorter e Tilly (1974, apêndice B); FTNA, Mitchell (1983: 163). FTNA estimada para 1890 e 1914.

• *Alemanha*: Membros de sindicatos. Bain e Price (1980: 133), excluindo associações de empregados assalariados; FTNA, Mitchell (1983: 164). Os números são de 1882, 1895 e 1907; os números de FTNA são estimativas a partir desses.

• *Estados Unidos*: Lebergott (1984: 386-387). É impossível construir os números da força de trabalho dos Estados Unidos exatamente comparáveis aos de outros países. As fontes de Lebergott excluem os empregados domésticos (Bain e Price os incluem, mas também a dupla contagem de pessoas que tinham dois empregos naquele ano; seus números de membros de sindicatos incluem membros canadenses). Assim, os meus números de densidade sindical são provavelmente um pouco elevados; talvez de 1% a 2%.

• *Suécia*: Membros de sindicatos. Bain e Price (1980: 142); FTNA, Bairoch et al. (1968: 114).

---

34. Esses dois países compartilham uma deficiência de dados que as recentes revoluções da Europa Oriental podem remediar: o componente *nacional* das suas lutas de classe proletária tem sido negligenciado.

Os membros dos sindicatos permaneceram uma minoria em todos os países por todo o período. Em 1914, a taxa britânica era, sem dúvida, a mais elevada, mas ainda equivalia a apenas um quarto da força de trabalho não agrícola. Como a maioria dos membros de sindicatos em toda a parte era de homens, as densidades masculinas eram mais elevadas e as femininas mais baixas em pelo menos um terço. Mas a tabela mostra um aumento constante de membros ao longo do período. Uma análise por indústria revelaria uma vanguarda semelhante à da britânica (discutida no capítulo 17): em 1914, a densidade se aproximava dos 50% entre os trabalhadores masculinos qualificados em mineração, transporte, construção e metalurgia em toda a parte. As semelhanças entre indústrias e ocupações em todos os países são tão notáveis que raramente discuto relações em indústrias particulares neste capítulo. A menos que comente o contrário, minha discussão sobre a Grã-Bretanha pode ser considerada uma representação aproximada do que estava acontecendo nas indústrias de vanguarda em toda a parte.

Tabela 18.2 Percentagem da força de trabalho civil não agrícola em greves, 1891-1913 (médias de 5 anos)

	Áustria	Grã-Bretanha	França	Alemanha	Estados Unidos
1891-1895	–	2,5	1,0	0,1	2,7
1896-1900	1,4	1,1	1,1	0,7	2,3
1901-1905	1,2	0,6	1,6	1,2	2,9
1906-1910	2,2	1,3	2,5	1,4	–
1911-1913	2,2	5,0	2,0	2,0	–

Fontes: Força de trabalho. Cf. notas da tabela 18.1.
Greves:
• Áustria: *Annuaire Statistique de la France* (1913: 184).
• Grã-Bretanha: Cronin (1989: 82-83).
• França: Perrot (1974, volume I: 51).
• Alemanha: Cronin (1985, tabela 3.4). Números dos sindicatos livres, 1890-1898; números oficiais, 1899-1913.
• Estados Unidos: Edwards (1981).

Diferenças entre as densidades sindicais nacionais derivam em grande parte dos níveis de industrialização e urbanização. Não houve retardatários graves, tornados particularmente favoráveis ou não favoráveis aos sindicatos por antipatias ideológicas ou políticas, embora a densidade sindical francesa fosse um pouco inferior ao esperado. Isso pode ser atribuído em parte a erros nos dados franceses, em parte ao aparecimento precoce de sindicatos distintamente franceses, nos quais a filiação estava confinada a militantes que podiam mobilizar não membros em manifestações e greves. Geralmente, com a industrialização, os sindicatos se tornaram o meio normal pelo qual os trabalhadores masculinos qualificados, e depois os não qualificados e as mulheres, se organizaram para remediar as suas queixas. Os sindicatos foram a resposta coletiva dos trabalhadores ao capitalismo industrial; eles são justamente centrais para a noção de Marx do trabalhador coletivo emergente.

As taxas de greve são convencionalmente utilizadas para indicar a militância econômica desse trabalhador coletivo. A tabela 18.2 apresenta a proporção da força de trabalho civil não agrícola envolvida em greves. Preferi essa medida a duas outras. O número de dias de trabalho perdidos em greves é afetado por grandes greves únicas e por isso flutua erraticamente, enquanto o número de greves é inflado por greves muito pequenas e mede menos bem a militância geral.

As greves eram raras, envolvendo anualmente cerca de 4% da força de trabalho. Uma grande onda de greves poderia duplicar isso, como na Grã-Bretanha em 1912. A Revolução de 1905 na Rússia aumentou esse número em dez vezes. As greves se multiplicaram ao longo do período, embora não uniformemente, e não houve um crescimento consistente nos Estados Unidos. Em muitas décadas, os países tiveram taxas de greve semelhantes, independentemente do seu nível de industrialização.

Todos os países foram afetados pela difusão transnacional do capitalismo. Embora alguns fossem mais avançados ou industriais, e embora houvesse estilos nacionais emergentes de capitalismo industrial (cartéis-trustes alemães e americanos, indústria rural francesa etc.), todos os capitalistas reagiram às condições e tecnologias do mercado transnacional. A Rússia pode ter estado atrasada, mas tinha grandes fábricas com a maquinaria mais recente, contabilidade, gestão científica, e assim por diante. Em toda parte, os três setores modernos de metalurgia, mineração e transporte eram também um pouco duais. Continham a maior parte do núcleo organizado da classe trabalhadora, mas eles (e os químicos) geravam as maiores empresas com os mercados de trabalho internos mais desenvolvidos, encorajando a organização segmentar empregador-empregado e com forte resistência do empregador aos sindicatos. Mas, apesar desse dualismo, a maioria das formas de ação dos trabalhadores foi *surpreendentemente semelhante* no mesmo setor em diversos países, como Grüttner (1985: 126) observa.

Como os ciclos comerciais e a concorrência patronal se difundiram por meio das fronteiras estatais, o mesmo aconteceu com a agressão patronal ou sindical. As ondas de greve se espalharam por todo o Ocidente. Em quatro dos cinco países para os quais existem dados, houve uma onda de greves em 1889-1890 e em 1899-1900; em cinco dos seis com evidências em 1906 e em todos os seis em 1910-1912 – e não houve outras ondas de greves em nenhum desses países entre essas datas (BOLL, 1985: 80; 1989; CRONIN, 1985; esses autores também sugerem, provisoriamente, uma onda transnacional anterior, em 1870-1873). Os líderes socialistas (como mostra o capítulo 21) também constituíram uma densa rede de comunicação transnacional endossando a teoria do trabalho essencialmente transnacional de Marx da organização da classe trabalhadora.

Se as relações de poder econômico eram similares, mesmo transnacionais, a política não o era. A tabela 18.3 mostra as várias sortes eleitorais dos partidos socialistas trabalhistas. O voto dos socialistas trabalhistas estava aumentando, mas em taxas muito diferentes. Alemanha, Áustria e Suécia (e os outros países escandinavos)[35] estavam em um extremo, com seus socialistas se tornando os maiores partidos individuais em 1914, capturando a maioria dos votos dos trabalhadores (masculinos). No outro extremo, o Partido Socialista americano estava lutando para obter 5% – talvez 10% dos votos dos trabalhadores brancos do sexo masculino. O Partido Trabalhista britânico também estava lutando contra dois partidos burgueses estabelecidos, em meio a um direito restrito ao voto. Seu voto efetivo minimizou o apoio dos trabalhadores, uma vez que mais da metade dos trabalhadores do sexo masculino foi privada de seu direito ao voto e o partido só apresentava candidatos em círculos eleitorais de classe predominantemente trabalhadora. Consequentemente, ajustei o voto dos trabalhistas na segunda fila britânica da tabela 18.3. Qualquer ajuste é suposição, mas estimo que a votação trabalhista britânica seja comparável ao voto socialista francês (e italiano), um pouco menos do que o socialismo europeu do norte.

Tabela 18.3 Porcentagem de eleitores (homens) socialistas votantes nas eleições nacionais, 1906-1914

	1906-1908	1909-1911	1912-1914
Áustria	21	25	–
França	10	13	17
Alemanha	29	–	35
Grã-Bretanha	5	7[a]	–
Ajustado[b]	10-15	14-21	–
Suécia	15	29	33[d]
Estados Unidos[c]	–	–	6

a) Nas duas eleições de 1910, os trabalhistas receberam 6,4% e 7,6% dos votos.

b) Ajustado para ter em conta a exclusão de cerca de 34% dos homens britânicos (quase todos trabalhadores manuais) do direito ao voto. Presume-se que com o sufrágio de homens adultos, os trabalhistas teriam duplicado seus candidatos.

c) Note-se que quase todos os homens negros foram excluídos do direito ao voto.

d) Nas duas eleições de 1914, os socialistas receberam 30,1% e 36,4% dos votos.

Fonte: Cook e Paxton (1978).

---

35. Em 1912, o Partido Trabalhista norueguês obteve 26% dos votos, aumentando para 32% em 1915; e, em 1913, os social-democratas dinamarqueses obtiveram 30%. A maioria dos outros países europeus seguiu a faixa dos votos anglo-franceses: Em 1909, os socialistas italianos receberam 19%, depois em 1913, fundindo-se com os independentes e reformistas, obtiveram 23% (números em COOK & PAXTON, 1978).

É mais difícil medir as ideologias dos empregadores. Um indicador aproximado do quão extremo eram é o número de trabalhadores que mataram por atos de comissão (eles mataram muito mais por atos de omissão, em taxas horrendas de acidentes em fábricas e minas). Não havia um registro sistemático oficial de fatalidades nas disputas de trabalhadores. Construí estimativas nacionais aproximadas vasculhando a literatura secundária para cada país, tal como listada nas referências deste capítulo (cf. tabela 18.4). A maior parte da violência contra pessoas foi iniciada pelos empregadores e pelas autoridades. Praticamente todas as vítimas eram trabalhadores.

Tabela 18.4 Trabalhadores mortos em disputas de trabalhadores, 1872-1914

Grã-Bretanha	Alemanha	França	Estados Unidos	Rússia
7	16	ca. 35	ca. 500-800	ca. 2.000-5.000

Fontes: Cf. texto.

A Grã-Bretanha tinha o registo menos assassino. Suas 7 fatalidades ocorreram na década de 1870 e em 1910-1913. Surpreendentemente, talvez, a semiautoritária Alemanha ocupa o lugar seguinte. Das suas mortes, 8 ocorreram em 1889, 3 em 1899, 2 em 1905, e 3 durante 1910-1911. Na França, houve 1 ou 2 mortes em 1872, 1879 em 1891, 1 em 1905, e 19 e *várias* outras em 1907. Os totais britânicos, franceses e alemães podem estar subestimados, mas não muito. A sua variação é de uma ordem totalmente diferente àquela da Rússia e América. A variação de estimativa dos Estados Unidos é a sugerida pelos historiadores da classe trabalhadora americana, embora possa estar subestimada, porque alguns dos muitos linchamentos de, e disparos contra, negros do sul (excluídos do meu total) podem ter se referido a disputas de trabalhadores.

No entanto, a violência americana ainda não estava na escala da russa. O número de mortes russo pode ser apenas aproximado, porque as disputas trabalhistas se fundiram em protestos urbanos e rebeliões camponesas e nacionais mais amplos. Mas as diferenças são tão notáveis que se tornam reais. Parece que os empregadores e os regimes responderam à ação industrial de formas fundamentalmente diferentes. Mas seu nível de militarismo doméstico não se correlacionava com a sua posição sobre a cristalização estatal representativa: a Rússia era a monarquia mais autoritária, mas os Estados Unidos, a democracia partidária mais avançada.

Densidade sindical, greves, fatalidades, e votação para partidos com certos nomes são apenas medidas imprecisas da militância dos trabalhadores e do socialismo. Mas sugerem uma ampla tendência: as relações econômicas tendem a padrões difusos comuns em todo o Ocidente, e as relações políticas diferiam. Vou agora examinar mais de perto cada país, concentrando-me nas suas cristalizações políticas. Salvo indicação em contrário, devemos assumir que a Segunda Revolução Industrial estava se difundindo aproximadamente de forma semelhante em todos os países.

Os Estados Unidos: cristalizações políticas e o declínio do socialismo

Treze respostas a Por que tão pouco socialismo?

O debate sobre a história do trabalho nos Estados Unidos tem se centrado tradicionalmente em um suposto *excepcionalismo americano*, especialmente a ausência de socialismo. A pergunta feita pelo clássico de Sombart, *Why Is There No Socialism in America?* (Por que não há socialismo na América?) (1906; 1976) gerou pelo menos treze explicações para a ausência de socialismo (para revisões, cf. LIPSET, 1977; FONER, 1984; cf. tb. vários ensaios em LASLETT & LIPSET, 1974). Essas se enquadram em três grupos, conforme se considera que a América substituiu o individualismo, o seccionalismo, ou a democracia pelo socialismo.

Individualismo

1) *Domínio pela posse de pequenas propriedades* – A maior parte da colonização foi feita por pequenos proprietários rurais que permaneceram centrais para a Revolução e para os movimentos jeffersonianos e jacksonianos. A ideologia da posse de pequenas propriedades dominou desde o início. A América antiga era antipática ao *feudalismo*; a América tardia, ao socialismo (HARTZ, 1955; GROB, 1961 enfatiza todos os cinco argumentos do individualismo).

2) *A tese de fronteira*, originalmente proposta por Turner em 1893, defende que a luta para estender a fronteira americana em um ambiente duro contra inimigos bélicos resultou em um individualismo rude e hostil ao coletivismo. Ao adquirir uma ressonância cultural mítica, a fronteira influenciou todos os Estados Unidos, encorajando as lutas racial e espacial, e não a de classe (SLOTKIN, 1985).

3) *O protestantismo moral* encorajou o individualismo. Sem uma religião de Estado, mas com fortes seitas protestantes, a América encorajou os indivíduos a resolverem os problemas sociais a partir dos seus próprios recursos morais.

4) As oportunidades de *mobilidade* encorajaram os indivíduos a buscarem o avanço pessoal, não coletivo.

5) *A prosperidade capitalista* se difundiu entre os americanos. Eles têm sido relutantes em mexer com as relações da propriedade privada. Os trabalhadores americanos têm sido individualmente materialistas.

Seccionalismo

6) *Racismo* – A escravidão dividiu a classe trabalhadora antiga. A segregação sobreviveu no sul até depois da Segunda Guerra Mundial, e a ação coletiva de negros e brancos continuou difícil em toda parte, especialmente durante a migração maciça de negros para o norte no início do século XX (LASLETT, 1974 enfatiza todas as explicações do seccionalismo).

7) *Imigração* – As ondas de imigrantes acrescentaram divisões étnicas, linguísticas e religiosas. Os grupos de imigrantes mais velhos se tornaram profissionalmente estabelecidos, reforçando o seccionalismo qualificado com estratificação étnica. A imigração católica no final do século XIX impediu o socialismo porque a Igreja estava então envolvida em uma cruzada contra o socialismo. Kraditor (1981) afirma que os imigrantes estavam mais ligados à sua etnicidade do que à sua classe. Seu objetivo era criar enclaves etnoculturais autossuficientes, e não uma comunidade da classe trabalhadora. As comunidades de trabalhadores não reforçaram o trabalhador coletivo – elas o enfraqueceram.

8) *Diversidade continental* – O tamanho e a diversidade da América asseguraram que a industrialização diferisse entre regiões. Os trabalhadores de diferentes indústrias foram espacialmente segregados uns dos outros e a indústria continuou se deslocando para regiões não sindicalizadas. Os trabalhadores migraram mais, garantindo que não surgissem comunidades hereditárias da classe trabalhadora. A solidariedade de classe nacional nunca apareceu realmente.

9) *Sectarismo* – A força de trabalho americana foi dividida internamente por lutas faccionais entre grupos como os Cavaleiros do Trabalho, a Federação Americana do Trabalho, partidos socialistas rivais, sindicalistas, o Congresso de Organizações Industriais e o Partido Comunista. Se tivessem lutado mais contra o capitalismo e menos uns contra os outros, o resultado teria sido diferente (WEINSTEIN, 1967; BELL, 1974).

Democracia americana

10) *Democracia masculina antiga*. Os Estados Unidos alcançaram a democracia masculina branca adulta na década de 1840 – antes do surgimento da classe trabalhadora. Eles tinham, nas famosas palavras de Perlman (1928: 167), a "dádiva gratuita da cédula eleitoral". Essa é uma visão otimista, que aprova a visão da democracia americana: os trabalhadores poderiam remediar as queixas por meio da democracia liberal sem recorrer a ideologias alternativas como o socialismo (LIPSET, 1984).

11) *Federalismo* – A Constituição dos Estados Unidos divide os poderes entre um governo federal relativamente fraco (com uma pequena cidade não industrial como capital) e governos estaduais fortes, e entre três ramos do

governo – a presidência, as duas casas do Congresso e um judiciário independente. Os trabalhadores tiveram que dividir sua atenção entre as agências governamentais, e isso enfraqueceu a politização e unidade de classe nacional (LOWI, 1984).

12) *O sistema bipartidário* – Quando os trabalhadores surgiram, dois partidos interclassistas estavam institucionalizados. As eleições para o Congresso eram baseadas em grandes eleitorados; as eleições presidenciais, em um único eleitorado nacional. Outros partidos emergentes, incluindo os partidos de trabalhadores, não puderam avançar de forma constante, obtendo primeiro uma representação minoritária na política nacional. Como no início os trabalhadores não eram suficientemente fortes para eleger o presidente ou senadores, operaram dentro de partidos burgueses que poderiam ganhar eleições em vez de formar um partido trabalhista que não poderia. Os partidos, no entanto, eram mais fracos no sistema federal do que nas políticas mais centralizadas. Isso reduziu a disciplina partidária e os tornou menos receptivos a programas de classe mais amplos.

13) *Repressão* – Uma visão mais cínica da democracia americana enfatiza o extraordinário nível de repressão, jurídica e militar, mobilizada contra os movimentos da classe trabalhadora americana (GOLDSTEIN, 1978; FORBATH, 1989).

Todos os treze argumentos têm algum mérito em explicar a fraqueza comparativa do socialismo americano. Isso sobredeterminou massivamente o resultado? Ou seja, com todas essas desvantagens postas diante deles, como os socialistas poderiam vencer? Mas nem as desvantagens nem as peculiaridades na América foram tão grandes como isso pode sugerir. A América não tem sido tão excepcional, mas passou gradualmente a representar um extremo em um *continuum* de relações de classes. A América nunca diferiu qualitativamente de outros casos nacionais. As diferenças têm sido de grau, não de tipo – já vimos que o socialismo britânico era bastante mínimo antes de 1914. Tampouco a América nasceu extrema; ela se tornou extrema. Assim, as explicações que afirmam um excepcionalismo ou extremismo americano original e duradouro – a maioria do primeiro grupo – possuem apenas uma verdade muito limitada. O extremismo americano nasceu nesse período, como veremos.

O desenvolvimento da força de trabalho americana até a Primeira Guerra Mundial

Foco, primeiro, a natureza e a oportunidade precisas do extremismo americano. Vários escritores concordam que residem em relações de poder político e não econômico (MONTGOMERY, 1979; FONER, 1984: 59; MARKS, 1989: 198). A América diferiu da maioria dos países europeus continentais na medida em que nenhum partido socialista obteve mais que os 6% de votos obtidos pelo partido de Eugene Debs nas eleições presidenciais de 1912. E a América diferiu da Grã-Bretanha e de sua comunidade branca por não ter um partido trabalhista dominado pelos sindicatos. A América não teve sequer um partido de trabalhadores socialista significativo nem dominado pelo sindicato. Mas o extremismo não tem sido apenas político: os sindicatos americanos do século XX também se tornaram extremos, enfraquecendo-se com o tempo até se tornarem insignificantes. Em 1990, a filiação sindical americana era menos de 15% da força de trabalho, sem dúvida, a mais baixa nos países capitalistas avançados, e ainda aparentemente em declínio. Em 1958, o 1º de maio foi redesignado pelo Presidente Eisenhower como Dia da Lei – com a aprovação da Federação Americana do Trabalho (American Federation of Labor – AFL) – uma designação adequada à luz da história do trabalho americana (como veremos). Como estrangeiro residente, fiquei impressionado com a ausência de sindicatos da política nacional ou estatal. O *Manifesto comunista* parece tão estranho aos estudantes universitários americanos como *A epopeia de Gilgamesh*.

Quando os dois extremismos americanos, político e econômico, surgiram? As tabelas 18.1 e 18.2 mostram que a sindicalização americana e a participação em greves antes de 1914 eram mais ou menos o que se esperaria do nível de industrialização. De fato, segundo o estudo comparativo mais preciso sobre as indústrias do ferro e do aço de Holt (1977: 14-16), a densidade sindical americana em 1892 era de cerca de 15%, enquanto que a Grã-Bretanha estava defasada em 11% a 12%. As estimativas contemporâneas anteriores dos membros nacionais dos sindicatos indicam que, de meados da década de 1850 a meados da década de 1860, a densidade britânica era de cerca de 6% e a americana de 5%. Na década de 1870, a densidade britânica era cerca de 10% e a americana de 9%. Em 1880, a densidade americana desceu para 4%, metade do percentual britânico, antes de subir novamente (ULMAN, 1955: 19; RAYBACK, 1966: 104, 111; MONTGOMERY, 1967: 140-141; FRASER, 1974: 76). Como a Grã-Bretanha era mais industrializada, esperaríamos que sua densidade sindical fosse mais elevada e estável. Esses números sugerem que os sindicatos americanos não eram, no início, mais fracos do que os sindicatos britânicos, como sua menor industrialização sugeriria.

Esses números são aproximados. Mesmo que fossem inteiramente exatos, fornecem apenas medidas grosseiras de organização de classe. Uma alta densidade sindical ou taxa de greves pode indicar ou trabalhadores altamente conscientes da classe ou o vigoroso *sindicalismo empresarial* comumente identificado como tipicamente americano. Em uma análise do caráter das relações de trabalho americanas do século XIX, destacam-se três pontos.

1) Durante a maior parte do século XIX, os trabalhadores americanos não ficaram atrás dos trabalhadores europeus que experienciavam uma industria-

lização comparável. Os trabalhadores americanos participaram ativamente na luta inicial pelo sufrágio. Nenhum movimento quase revolucionário como o cartismo ou o insurrecionismo de 1848 foi necessário, mas muitos militantes americanos eram radicais, imbuídos de republicanismo populista. Como a maioria dos trabalhadores se encontrava no norte, a principal questão nacional dos direitos dos estados não os dividia. Radicais, mas não revolucionários, os sindicatos americanos se desenvolveram mais ou menos como os britânicos, um pouco defasados. Pequenas fraternidades de ofícios cultivaram a respeitabilidade e planos de benefícios, tentaram práticas unilaterais de fixação de preços, contrataram seus próprios trabalhadores, restringiram o ingresso no seu ofício, e gradualmente atingiram uma organização regional, depois, nacional. Além deles, houve várias tentativas de grandes sindicatos industriais gerais, vulneráveis aos ciclos comerciais e às investidas dos empregadores. Poucos sindicatos eram simpáticos aos socialistas; a maioria era protecionista ou ligeiramente mutualista, esperando impor sua própria *legislação* – muito semelhante à experiência britânica de meados do século XIX. Havia um pequeno extremismo americano de esquerda ou de direita antes dos anos de 1870 (ULMAN, 1955; RAYBACK, 1966: 47-128; MONTGOMERY, 1967; 1979: 9-31; WILENTZ, 1984).

Uma característica divisora da vida da classe trabalhadora americana, no entanto, já estava emergindo. Em outros países em industrialização, os laços entre a família e as comunidades locais tendiam a apoiar a solidariedade no trabalho. Mas, na maioria das cidades americanas, o apoio foi solapado pelas comunidades étnico-religiosas, cujas organizações se aproximavam mais facilmente da política patronal da democracia bipartidária do que os sindicatos (HIRSCH, 1978; KATZNELSON, 1981).

2) Os trabalhadores americanos então responderam de forma assertiva e como classe a uma Segunda Revolução Industrial que foi mais intensiva do que na Grã-Bretanha. Liderados por uma integração ferroviária maciça, as indústrias, minas e bancos americanos começaram a se consolidar em unidades maiores a partir de 1870. Trustes e monopólios foram erraticamente proscritos, mas as empresas controladoras floresceram. Por volta de 1900, começou uma onda de fusões corporativas e a noção de gestão científica. Em 1905, as cem maiores empresas constituíam 40% do capital industrial do país, mais alto do que em qualquer outro país. A corporação liderou talvez a mais severa ofensiva patronal sobre autonomia dos ofícios, habilidades, salários e condições de trabalho do que em qualquer país. Os artesãos e os sindicatos foram especialmente atacados. A desqualificação e o antissindicalismo foram liderados pela contratação maciça de trabalhadores fura-greves, na sua maioria imigrantes e migrantes da agricultura. Os empregadores se tornaram mais bem organizados, mais agressivos, mais inventivos. Seus espiões se infiltraram em todos os níveis dos sindicatos, até no próprio conselho executivo da AFL. A Goodyear Rubber Company contratou um *esquadrão voador* de 800 homens, treinando-os durante três anos para

cobrir qualquer trabalho na fábrica em caso de greve (MONTGOMERY, 1979: 35, 59). Os extremistas do final do século XIX eram os empregadores, não os trabalhadores.

De acordo com o argumento dos capítulos 15 e 17, o extremismo patronal deveria ter aumentado a unidade e a agressão do movimento dos trabalhadores. Aumentou. Os trabalhadores responderam em várias grandes ondas de greves e expansões sindicais. A greve de massas, a principal arma do sindicalismo, foi tão comum nos Estados Unidos como na Grã-Bretanha ou Alemanha durante as três décadas que se seguiram a 1870. Em 1872, 100 mil construtores civis de Nova York fizeram greve, exigindo jornada de oito horas. No ano seguinte, houve manifestações em massa contra o desemprego em pelo menos oito grandes cidades do norte. Uma greve ferroviária de 1877, ajudada por greves de solidariedade e manifestações populares em muitas cidades, "envolveu o maior número de pessoas de qualquer conflito trabalhista do século XIX" e deu aos "trabalhadores uma consciência de classe em uma escala nacional", diz Rayback (1966: 135-136). A década de 1880 presenciou um movimento de *um grande sindicato*, os Cavaleiros do Trabalho, apelando à solidariedade de classe por meio de linhas de ofícios e industriais e à oposição de classe ao capital. Em 1886, os Cavaleiros tinham 703 mil membros, 10% da força de trabalho não agrícola. O 1º de maio de 1886 viu uma greve geral por jornadas mais curtas; 190 mil trabalhadores entraram em greve e outros 150 mil obtiveram jornadas mais curtas sem greve. No final do ano, 100 mil Cavaleiros saíram.

Como muitos dos primeiros sindicatos de massas, os Cavaleiros não conseguiram estabilizar sua organização e declinaram. A AFL começou então a coordenar predominantemente os sindicatos profissionais. Houve mais ondas de greves. As greves secundárias de 1889-1894 foram duas vezes maiores do que quaisquer outras posteriores (MONTGOMERY, 1979: 20-21). Em 1892, uma greve geral paralisou Nova Orleans durante três dias; em 1894, uma onda de greves e marchas de *exércitos de desempregados* afetou tanto o norte como o sul, depois, a greve Pullman tomou a rede ferroviária nacional. Em 1897 e 1898, 100 mil mineiros fizeram greve. Em 1902-1904, a Federação Ocidental de Mineiros fez greve, apelando a uma *revolução completa das atuais condições sociais e econômicas*. Em todos os casos, os não membros fizeram greve e se manifestaram junto aos membros. Muitos foram liderados por socialistas.

Em números, e no socialismo dos militantes, o movimento de trabalhadores americano não esteve defasado da década de 1870 até cerca de 1900 (a tabela 18.2 apoia a primeira parte dessa afirmação). Na Alemanha, 109 mil trabalhadores entraram em greve em 1872, 394 mil em 1889-1890, 132 mil em 1900, e cerca de meio milhão em 1905 e 1912. A França assistiu a uma tendência semelhante de aumento das ondas de greves (BOLL, 1989). A Grã-Bretanha teve ondas comparáveis no início da década de 1870 e em 1889-1893, ondas um pouco menores em 1894-1895, 1898, e 1908, e depois os números subiram para novos picos em 1910-1912, quando mais de um milhão de trabalhadores estiveram envolvidos (CRONIN, 1989: 82-83). A América parece distinta apenas no final do período, sem uma grande escalada de agitação de trabalhadores após cerca de 1905. Observadores socialistas estrangeiros como Engels, Edward Aveling e Eleanor Marx comentaram a militância precoce. Eles reconheciam que o socialismo americano tinha matizes republicanos distintos. Os Cavaleiros do Trabalho declararam na sua constituição: "Declaramos um conflito inevitável e irresistível entre o sistema de salários dos trabalhadores e o sistema republicano de governo". Mas os socialistas estrangeiros esperavam um compromisso criativo entre o republicanismo nativo e o marxismo de pequenos partidos como o Partido Trabalhista Socialista de DeLeon e o Partido Socialista de Debs. O Partido Socialista Marxista pode parecer improvável na América, mas por que um partido trabalhista ao estilo britânico e uma fusão entre sindicalismo de ofícios e industrial não poderia desenvolver um movimento singular da classe trabalhadora?

3) A política dos trabalhadores não ficou atrás da britânica (o país com a história política e ideológica mais comparável) até cerca de 1900. Antes da Grã-Bretanha, na década de 1870, os socialistas americanos lideraram grandes greves. Suas ideias influenciaram os Cavaleiros do Trabalho a fundir a economia com política em *slogans* como a "abolição do sistema salarial" e a "emancipação da classe trabalhadora". Houve várias tentativas dos sindicatos da AFL, dos Cavaleiros do Trabalho, dos agricultores e os radicais políticos para formar partidos de trabalhadores unidos (discutido no capítulo 19). Esses conseguiram sucesso nas eleições locais e estaduais em cidades industriais e áreas agrícolas, antes dos ganhos eleitorais britânicos dos trabalhadores. Os socialistas britânicos apontaram para o modelo americano como um a ser imitado.

Em 1893-1894, a AFL quase foi mais além. Debateu um programa reformista de onze pontos, incluindo jornada de oito horas, posse de serviços públicos, transportes e minas, a abolição de trabalhos escravizantes e contratados, e educação obrigatória. O preâmbulo insistia no *princípio da política dos trabalhadores independente* e culminou num apelo à "posse coletiva por parte do povo de todos os meios de produção e distribuição". Isso seria discutido por sindicatos individuais e depois votado na conferência de 1894. A maioria dos sindicatos a aprovou, mas os líderes da AFL, especialmente Samuel Gompers, presidente do sindicato, opuseram-se ao sindicalismo político e organizado para derrotá-lo. A constituição da AFL permitiu aos sindicatos nacionais muito mais votos de delegados do que os sindicatos estaduais e locais, as principais bases socialistas (GROB, 1961: 141). A convenção de 1894 foi assim parcialmente manipulada, e se tornou um impasse. As cláusulas individuais foram ratificadas, mas o apelo à posse pública foi enfraquecido para se referir apenas à nacionalização de terras. O preâmbulo foi derrotado por 1.345 votos a 861, e o programa no seu conjunto foi derrotado por 1.173 a 735. Os socialistas retaliaram, votando pela destituição de Gompers do cargo.

A convenção de 1895 começou a clarificar o resultado. Gompers recuperou o cargo concedendo cláusulas individuais, mas organizou uma votação esmagadora contra a política partidária. Foi ajudado pelas constituições de muitos sindicatos que proibiam o endosso de candidatos a cargos políticos – um legado de um sistema bipartidário de interclasses em que os membros só podiam ser divididos por política partidária. Posteriormente Gompers permaneceu no controle, mantendo a presidência até à sua morte em 1924. Embora os socialistas tivessem mobilizado minorias fortes (mais de um terço) em várias ocasiões, a AFL rejeitou consistentemente um partido trabalhista. Os socialistas podiam aprovar todas as propostas legislativas que quisessem, mas se a AFL confiasse nos dois partidos existentes para as implementar, eram letra morta.

Em meados da década de 1890, os sindicatos americanos tinham chegado perto de algo como um partido de trabalhadores reformista antes da Grã-Bretanha. O TUC britânico votou por pouco apenas em 1899 por um partido trabalhista que praticamente não tinha uma política. O resultado americano foi inicialmente próximo, não sobredeterminado por essa longa lista de explicações sobre o excepcionalismo americano. No entanto, foi depois consistentemente ratificado, e não podemos atribuir isso apenas a maquinações de Gompers. A votação mostrou dois padrões relacionados:

1) A *nação* americana estava altamente fragmentada. A religião era importante, como na maioria dos países, mas aqui foi muito reforçada pela etnicidade, concentrada local e comunitariamente. A filiação e liderança da AFL eram metade católica. As moções socialistas nas convenções da AFL receberam pouco apoio de delegados católicos, mas mobilizaram dois terços dos protestantes e judeus. Explico as diferenças católico-protestantes do período na conclusão deste capítulo.

2) A fratura seccional entre artesãos e outros trabalhadores era importante. Cinco sindicatos industriais gerais abertos a todos os níveis (na mineração, têxteis e fabricação de cerveja) forneceram menos de 25% dos membros da AFL, mas de 49% a 77% dos votos de esquerda nas convenções da AFL. Os sindicatos profissionais, perdendo monopólios do mercado de trabalho para os mercados de trabalho internos, tais como trabalhadores na manufatura de botas e sapatos, maquinistas e carpinteiros ofereceram apoio intermitente. Sindicatos profissionais fechados mais seguros, como de impressores, moldadores e engenheiros de locomotivas, votaram esmagadoramente a favor do *sindicalismo puro e simples* de Gompers (MARKS, 1989: 204-210, 235-237; LASLETT, 1974). Mas a constituição da AFL permitiu que esses sindicatos profissionais dominassem as votações.

Assim, o *trabalhador coletivo* da AFL era dividido por sectarismos étnico-religiosos, comunitários e de ofícios. Não foi muito um movimento de classe nacional. Tentarei explicar por quê.

A partir desse período, a força de trabalho americana se desenvolveu como *partidos* organizacionais distintos. Três tendências competiam, cada uma predominando em organizações distintas – um desenvolvimento diferente ao dos trabalhadores em outros lugares. A maioria da AFL, e, portanto, de todo o movimento, defendia o sindicalismo de ofícios *proteccionista* e *seccional*. Em segundo, os sindicatos industriais gerais, uma minoria dentro da AFL, procuraram uma ação *de classe mutualista* mais ampla. A adesão combinada das duas, como a tabela 18.1 mostra, não ficou atrás de países comparáveis antes da Primeira Guerra Mundial; e suas divisões não eram intrinsecamente piores do que as entre os sindicatos britânicos ou franceses. Mas os sindicalistas industriais radicais também se voltaram para os *sindicalistas* da Trabalhadores Internacionais do Mundo (International Workers of the World) (os *wobblies*). A partir de 1905, os wobblies organizaram greves de curta duração de trabalhadores não qualificados e marginais, muitas vezes mulheres e imigrantes sem direito a voto. Os wobblies não se preocupavam muito com as adesões pagas (tendo apenas 18 mil membros no seu pico em 1912) ou com a negociação de contratos com os empregadores, mas sua retórica e greves em massa tumultuosas provocavam medo entre as classes proprietárias (DUBOFSKY, 1969). A guerra ajudou a destruí-los. Depois, a divisão tomou uma nova forma. Os sindicatos industriais fundaram um rival para a AFL, o Congresso das Organizações Industriais.

A terceira tendência foi o *socialismo reformista*, desenvolvido por uma minoria principalmente nos sindicatos industriais e no oeste no Partido Socialista. Esse número cresceu para 118 mil membros até 1912, antes de se estabilizar. Em 1914, elegeu 1.200 representantes para os postos municipais e estaduais e controlou a prefeitura ou condado municipal em mais de trinta cidades – a maioria de pequenos centros industriais, mineiros ou ferroviários. Mas declinou drasticamente depois de 1920 e se dividiu, com o grupo mais ativo formando o Partido Comunista (WEINSTEIN, 1984).

Assim faccionalizadas, todas as três tendências – sindicalismo de ofícios, sindicalismo industrial, e socialismo reformista – foram diminuídas. Embora houvesse um aumento substancial na adesão e militância na década de 1930, foi ainda menor do que o que ocorreu na Europa. Essencialmente fragmentado, o movimento dos trabalhadores americano quase desapareceu após os anos de 1960. A forma dominante das relações de trabalho nos Estados Unidos é agora não sindical, dominada pelos mercados de trabalho internos e pelos privilégios conferidos pelos empregadores ao setor mais estável, mais corporativo, e por um elevado nível de exploração nua no setor secundário.

Assim, tanto na ação econômica como política, a década de 1890 e o início do século XIX parecem ser o primeiro grande momento crítico[36]. A ampla identidade de classe nacional e um socialismo emergente foram então reintroduzidos em uma fusão dominante e distintamente americana de localismo, sectarismo e faccionalismo. Em outros lugares, encontramos a fratura seccional artesanal não qualificada e, em alguns países (e. g., França, Alemanha), o faccionalismo ideológico, mas a América fundiu os dois de forma única, acrescentando um localismo pronunciado. O seccionalismo foi unicamente correlacionado a facções ideológicas e comunidades locais, enfraquecendo grandemente a identidade e o poder de classe dos trabalhadores. Por que a fusão? A cronologia invalida, sobretudo, as primeiras explicações de grupo – geralmente versões de autofelicitação nativista – que afirmam que um *americanismo* ou *individualismo* duradouro foi internalizado pelos trabalhadores nesse período (Wilentz (1984) também marca esse ponto). Os trabalhadores americanos do século XIX demonstraram tanta organização de classe quanto os trabalhadores de outros países e um socialismo tão cedo como em alguns. O que aconteceu a essa organização de classes e ao socialismo no final do século? A minha resposta entrelaça quatro cristalizações políticas americanas distintas.

Quatro cristalizações políticas americanas

1) *Militarismo doméstico* – Já vislumbramos o extremismo dos empregadores americanos. Assim, uma resposta plausível é que a classe trabalhadora americana foi reprimida pela força. A maioria das grandes greves terminou em derrota violenta. Depois de um relativamente benigno começo de século XIX (segundo KATZNELSON, 1981: 58-61), a América balançou para o extremo oposto após a Guerra Civil. Taft e Ross (1970: 281) afirmam o fato essencial de um modo simples: "Os Estados Unidos tiveram a história trabalhista mais sangrenta e violenta de qualquer nação industrial do mundo". Na verdade, a Rússia czarista foi pior, mas, exceto por esse caso, o que é surpreendentemente excepcional ou extremo sobre os Estados Unidos nesse período foi seu nível de violência industrial e de repressão paramilitar. A maioria dos escritores que celebra o excepcionalismo sequer menciona isso, ou – pior ainda – afirma na realidade que a América teve pouca violência (PERLMAN, 1928; HARTZ, 1955; GROB, 1961; LIPSET, 1977; 1984). É exatamente o contrário.

---

36. Como os colegas americanos tentaram me persuadir, talvez tenha havido um segundo (embora pense que menor) momento crítico na década de 1950, quando o crescimento das décadas de 1930 e 1940 foi (aparente e terminalmente) invertido – mais uma vez o resultado de cristalizações políticas e não do desenvolvimento da economia americana. Acredito que o dado foi jogado substancialmente para os trabalhadores americanos antes de 1914, mas sustentar devidamente esse argumento exige uma discussão completa sobre os desenvolvimentos do século XX, não tentados neste volume.

A partir da década de 1870, os trabalhadores americanos enfrentaram duas formas de repressão. Primeiro, foram fustigados por interpretações judiciais (liberal-capitalistas) da Constituição e da liberdade de contrato. Os direitos civis eram considerados fundamentalmente individuais, e não coletivos – como vimos também no início do século XIX na Grã-Bretanha. Embora os sindicatos e as greves fossem, em princípio, legais a partir de 1842, a maioria das ações secundárias, greves de solidariedade e boicotes de produtores e consumidores, foram definidas como *conspirações* para negar aos empregadores direitos legais de controlar sua propriedade. Se os empregadores contratavam fura-greves, o piquete contra eles era geralmente definido como ilegal. Os empregadores persuadiam a polícia a impor a lei ou iam ao tribunal para obter injunções. Ali, os juízes descreviam as táticas dos trabalhadores como *tirania*, *ditadura* e *usurpação* dos direitos de propriedade individuais essenciais. A lei trabalhista foi em grande parte estabelecida no nível estadual individual, mas, a partir de 1894, o Supremo Tribunal aderiu, redirecionando a Lei Sherman do seu objetivo original de impedir os monopólios corporativos para impedir os monopólios sindicais. Se greves ou boicotes não envolvessem os próprios salários ou condições de trabalho dos trabalhadores, e, portanto, não derivassem de interesses individuais legítimos, eram definidos como *maliciosos*. Foram emitidas injunções contra mais de 15% das greves de solidariedade nos anos de 1890 e mais de 25% nos anos de 1900. As greves secundárias dos empregadores e as campanhas de oficina aberta não eram proibidas; os empregadores podiam fazer o que quisessem com sua propriedade.

Os tribunais também assediaram a legislação pró-sindical. Em 1900, os tribunais estaduais e federais tinham invalidado cerca de sessenta leis trabalhistas, especialmente leis contra a vitimização, o pagamento de salários em letras de câmbio (gasto nas lojas das empresas), leis que estabeleciam horas e condições para os homens (embora os tribunais geralmente mantivessem uma responsabilidade moral para mulheres e crianças), e leis que reduziam o escopo da conspiração – todas essas foram anuladas como *legislação de classe*. A repressão legal foi mais severa contra sindicatos ou socialistas em geral, porque iniciavam greves mais amplas e boicotes mais afastados dos interesses individuais. Foram emitidas injunções contra praticamente todas as greves que reuniam trabalhadores qualificados e não qualificados; essas eram descritas como *ditadura*, a negação da liberdade (FINK, 1987; FORBATH, 1989; WOODIWISS, 1990).

Em segundo lugar, a lei foi reforçada por forças militares ou paramilitares. De 1.000 a 2.000 trabalhadores eram normalmente presos em grandes greves; 100 a 200, em greves menores. As autoridades policiais, com forças adjuntas apressadamente aumentadas e armadas, eram suficientes para a maioria das greves. Mas nas poucas grandes ou supostamente perigosas greves, ou quando os fura-greves necessitavam de proteção, vinham o exército regular, as milícias estatais e os exércitos patronais privados, muitas vezes delegados com poderes legais – uma prática quase desconhecida na Europa. As milícias estatais, auxiliadas ocasionalmente por tropas federais, foram utilizadas em mais de quinhentas disputas entre 1877 e 1903; e o maior exército privado, a Pinkerton Detective Agency, tinha mais homens do que o exército dos Estados Unidos.

Eles não só prenderam. O número de mortes nas relações de trabalho americanas nesse período só foi excedido pelo da Rússia czarista, como a tabela 18.4 mostra. Por que os Estados Unidos foram tão violentos? Talvez, principalmente, porque as armas fossem mais difundidas. Qualquer pessoa que tenha visto uma greve sabe que as emoções costumam ser elevadas e, com os empurrões, golpes são frequentemente trocados, especialmente nos piquetes ativos das fábricas. Colocar armas nas mãos dos dois lados pode facilmente resultar em mortes. Tendo testemunhado os *hooligans* do futebol britânico e os manifestantes dos guetos americanos brigando com a polícia, não posso acreditar que mais mortes resultem nos Estados Unidos porque os jovens americanos têm emoções mais *violentas* do que seus homólogos britânicos. Em vez disso, os americanos andam armados. No entanto, temos de acrescentar uma segunda causa da matança americana: os empregadores e a polícia americanos se recusavam a se comprometer, de modo que as tendências violentas pudessem ser ritualizadas em *demonstrações de força* permitidas, mas contidas. Essa inflexibilidade a América partilhava com a Rússia czarista.

Tanto na Rússia como na América quase toda a violência contra pessoas era iniciada pelos empregadores e pelas autoridades, e quase todas as vítimas eram trabalhadores. Uma única greve americana, a greve dos ferroviários de 1877, causou pelo menos 90 mortes infligidas pelas 45 mil milícias estatais e 2 mil tropas federais postas em ação. Na greve dos ferroviários de 1894, 34 trabalhadores foram mortos. Na onda de greves de 1902-1904, para a qual temos bons números, pelo menos 198 pessoas foram mortas, 1.966 feridas, e mais de 5 mil presas. Esse foi o fim do período de pico da violência, embora tenha continuado esporadicamente, especialmente no oeste – 74 morreram na greve mineira do Colorado de 1914.

A violência, como a repressão legal, estava concentrada contra as greves lideradas por socialistas e contra tentativas de formar grandes sindicatos industriais que unissem trabalhadores qualificados e não qualificados. Não admira que o principal cronista da violência, Robert Goldstein, conclua que a repressão desempenhou um papel importante no enfraquecimento da força de trabalho americana e foi *a* razão para a desintegração do radicalismo e socialismo dos trabalhadores (1978, volume ix: 5-6, 550). Wilentz (1984: 15) argumenta especificamente que o momento crítico foi a derrota dos trabalhadores pela repressão no período de 1886-1894. Shefter (1986: 252-253) concorda que o sindicalismo de ofícios da AFL triunfou sobre o sindicalismo geral e o socialismo, uma vez que esses foram fisicamente derrotados. Holt (1977) argumenta que a repressão foi responsável pelas diferentes trajetórias dos sindicatos nas indústrias britânica e americana do ferro e do aço. Embora os sindicatos americanos do aço fossem inicialmente mais poderosos do que os britânicos, a repressão durante a greve de Homestead de 1892 praticamente os destruiu. Foram encerrados pela U.S. Steel em 1901, embora a empresa tenha tido o cuidado de oferecer primeiro aos trabalhadores qualificados benefícios controversos de aposentadoria e propriedade de ações (BRODY, 1960: 78-95). Inicialmente, os trabalhadores mostraram solidariedade, mas não tinham uma resposta definitiva para os empregadores determinados a expulsar sindicatos com fura-greves mobilizados, homens Pinkerton e tropas estatais, e a mantê-los fora com listas negras e espionagem industrial. Em última análise, os empregadores poderiam separar muitos trabalhadores qualificados da solidariedade de classe e reprimir o resto. Esse foi o extremismo americano mais claro do período – que tem sido terrivelmente reprimido na política e memórias acadêmicas americanas.

O militarismo é necessário à nossa explicação, mas não é suficiente. Por que a repressão americana, como a europeia que observamos mais tarde, não aumentou apenas a solidariedade e o socialismo dos trabalhadores? Temos de trazer mais três cristalizações políticas americanas. Depois podemos finalmente ver por que a força de trabalho reagiu como reagiu.

2) *Liberalismo capitalista*. A cristalização capitalista na América emergiu extrema (como argumenta a primeira das treze explicações anteriormente enumeradas). A repressão foi exercida por um Estado que havia se cristalizado especialmente no seu sistema judicial como capitalista-liberal. Ele encarnou uma concepção capitalista praticamente sagrada da legalidade. A Constituição havia atrelado dois princípios legais de liberdade, da pessoa e de sua propriedade, e os sacramentou num documento *estabelecido*. Se a comparação mais apropriada no nível de repressão é com a Rússia czarista, a diferença entre os dois estados é óbvia. A repressão russa veio de uma monarquia autocrática. Sua lei era a vontade do czar moderada pelo que era politicamente conveniente. Embora os capitalistas russos tenham acolhido a repressão dos seus trabalhadores, raramente a iniciaram ou controlaram. Mesmo os capitalistas alemães e austríacos, com mais poder nos seus próprios estados, tiveram de compartilhar o regime com monarcas e nobres cujo compromisso com a ordem e a força marcharam para princípios para além da liberdade da propriedade privada. Os capitalistas americanos, como um *partido* no sentido de Weber, controlavam seu Estado, especialmente por meio do sistema judicial. Suas leis sagradas e, por conseguinte, seu policiamento, consagraram seus direitos de propriedade e suas liberdades.

Como observo no capítulo 5, a América havia consagrado uma legalidade acima de uma concepção política de ordem e cidadania. Nenhum outro país tinha feito isso. A partir de 1900, essa situação foi ligeiramente abalada nas greves mineiras e ferroviárias, quando os presidentes mediaram devido a perturbações na economia nacional (como os regimes fizeram em todos os países, mesmo na

Alemanha e na Rússia). Mas as concepções legais foram especialmente reveladas na extensão dos fura-greves na América. Se os empregadores europeus importassem fura-greves, não poderiam contar com uma proteção policial e militar inabalável. As elites estatais encarregadas de preservar a ordem pública poderiam decidir que os fura-greves, e não a greve, constituíam a maior ameaça à ordem. Eles frequentemente pressionavam os empregadores a conciliar (cf. Shorter e Tilly (1974) para evidências quantitativas francesas referidas posteriormente). Isso raramente aconteceu na América, onde as elites estatais eram rigorosamente sujeitas ao direito de propriedade. Os empregadores tinham o direito de fazer contratos de trabalho privados com quem quisessem. Se os empregadores celebrassem contratos com fura-greves, a lei e o Estado os protegeriam totalmente. A cristalização capitalista predominou sobre os civis-militares.

As próprias crenças dos capitalistas americanos foram reforçadas por essa lei sagrada. Eles acreditavam presunçosamente na equação dos seus interesses econômicos privados, o Estado de direito e os valores últimos da liberdade. Deus muitas vezes figurava em seus argumentos. O líder dos donos das minas de antracito disse em 1902: "os direitos e interesses dos homens trabalhadores serão protegidos e cuidados – não pelos agitadores da força de trabalho, mas pelos homens cristãos aos quais Deus, na sua infinita sabedoria, deu o controle dos interesses de propriedade desse país" (RAYBACK, 1966: 211).

Os capitalistas americanos estavam também na crista das ondas econômica e política. Sua invenção, a economia corporativa, estava em plena expansão; eles dominavam a política estatal nacional com exceção do sul. Dubofsky (1974: 298) diz: "os wobblies e os socialistas não falharam porque a sociedade americana era excepcional, mas porque chegaram aos seus respectivos picos quando os governantes da nação estavam mais confiantes e unidos".

Vimos a solidariedade da classe governante destruir os cartistas na Grã-Bretanha na década de 1840. Mas agora nenhuma outra classe capitalista nacional se comportava com uma solidariedade tão justa. Em contraste, os empregadores britânicos, como observou o sindicalista (e mais tarde ministro do gabinete trabalhista) John Hodge, "têm direito a crédito por sempre terem jogado críquete" (apud HOLT, 1977: 30). A metáfora é apropriada. Os industriais tinham pouca escolha porque não eles, mas o Antigo Regime que jogava críquete era quem constituía o núcleo das elites e partidos estatais. Tendo anteriormente destruído uma classe trabalhadora insurrecional, o regime se confrontava agora com um movimento trabalhista seccional responsável, cujos votos eles queriam e os quais se tornaram preparados para conciliar. Nem os conservadores nem os liberais deixariam os empregadores gerir a sua política de classes; ambos consideravam a lei como o instrumento do seu propósito político – como de fato a soberania parlamentar implicava. As elites-partidos estaduais americanas cumpriam a lei, e isso demorava mais para mudar do que os cálculos políticos de vantagem. Assim, o individualismo foi menos internalizado pelos trabalhadores (como no primeiro grupo de explicações do excepcionalismo americano), mais pelas elites estatais centradas no poder judiciário e pela classe capitalista.

Essa repressão jurídica americana tão pronunciada não caracterizou apenas esse período. Versões modernas florescem hoje em dia. Os sindicatos de trabalhadores restantes ainda são formidavelmente intimidados pelos tribunais, embora menos frequentemente do que no passado, pela polícia e pelos paramilitares. A classe trabalhadora mais baixa, predominantemente negra e latina, está contida no seu desespero de gueto por uma presença substancial da polícia e dos paramilitares. Nenhuma das duas repressões aparece muito na agenda da democracia partidária – esses grupos não financiam os partidos, e poucos deles sequer votam.

Isso lança dúvidas sobre as concepções unidimensionais tradicionais do Estado. A tradição dominante em sociologia política comparativa divide os regimes em monarquias absolutistas *versus* constitucionais, regimes autoritários *versus* democráticos, em um único *continuum direita-esquerda* – o que chamo cristalização representativa. Isso infunde o trabalho de Moore (1973) e Lipset (1984) até Rueschemeyer, Stephens e Stephens (1992) e até os meus últimos capítulos do volume 1 e ainda mais recentemente (MANN, 1988). No entanto, como Rueschemeyer, Stephens e Stephens reconhecem, a história dos Estados Unidos fica desconfortável nessa tradição. Seguindo Moore, eles se perguntam por que os Estados Unidos se tornaram democráticos, especialmente tendo em conta a presença de uma agricultura repressiva da força de trabalho substancial no sul. Como ele, eles procuram explicar por que uma aliança autoritária no estilo alemão entre os capitalistas industriais e agrários não se desenvolveu. Suas razões são boas, e semelhantes às minhas.

Primeiro, o federalismo permitia que os proprietários de terras do sul reprimissem; segundo, os industriais pareciam ser capazes de reprimir adequadamente, mesmo em uma democracia. Mas vou mais longe. A diversidade das instituições políticas americanas, dado o domínio total pelo federalismo (discutido mais tarde), permite cristalizações polimorfas que restringem significativamente a soberania popular, e, como vimos no capítulo 5, que haviam sido concebidas deliberadamente para esse fim. A primeira dessas cristalizações foi um liberalismo centrado no poder judicial, expressando o poder da classe capitalista, restringindo a realidade social e as opções estratégicas dos atores de poder de oposição. Tais restrições não eram efetuadas a partir de instituições políticas *externas*, como sugerem muitas visões marxistas do *Estado capitalista*. As redes de poder judicial são uma *parte* dos estados, por outro lado, os estados são polimorfos. Passemos à terceira cristalização política dos Estados Unidos:

3) *Democracia partidária* – A América teve a democracia bipartidária mais institucionalizada do mundo no século XIX. A repressão foi exercida pelos dois

partidos. As mulheres não podiam votar, e os negros no sul haviam perdido seu breve direito ao voto. Mas os sindicatos eram essencialmente masculinos e do norte, e quase todos os membros podiam votar. A dominação masculina do trabalho e do republicanismo pode ter sido maior do que em outros países. Como observa Montgomery, uma postura *viril* em relação ao patrão era *a* virtude da classe trabalhadora americana, "com todas as suas conotações de dignidade, respeitabilidade, igualitarismo desafiador e supremacia patriarcal masculina" (1979: 13). A arrogância dos homens trabalhadores americanos, a assertividade do seu discurso, suas ferramentas carregadas na cintura em coldres (de armas) – tudo isso atinge o observador estrangeiro como uma reivindicação masculina de poder. Os trabalhadores masculinos podem ter se sentido empoderados por esse Estado. Ao contrário dos trabalhadores russos ou mesmo austríacos e alemães, os trabalhadores americanos não podiam ver facilmente a violência e a coerção legal como atributos esperados de um Estado alheio que deveria ser derrubado. Até 1896, houve um elevado comparecimento às urnas – até 85% (75% nas cidades) – e facilidade de registro para os imigrantes. A maioria dos trabalhadores, incluindo membros de sindicatos, votava *livremente* nos dois partidos cujas administrações mantinham a sua repressão. Tendo menos queixas políticas do que os trabalhadores europeus, os americanos não necessitavam politizar seus descontentamentos econômicos no socialismo, argumenta Lipset (1984). Depois de 1896, a democracia masculina branca se enfraqueceu. As exigências de residência e cidadania, dirigida aos imigrantes, e legislação progressiva, dirigida contra as máquinas urbanas, reduziram consideravelmente a participação, especialmente dos trabalhadores (BURNHAM, 1965; 1970: 71-90).

Mas será que esse ligeiro enfraquecimento da democracia partidária americana trouxe ganhos aos trabalhadores? Foi um Estado tão benigno e responsivo como Lipset sugere? A repressão sugere que não. Lembre-se de duas características da organização da democracia partidária americana. Primeiro, os partidos estavam mais enraizados em redes de poder segmentar local-regional e étnico-religioso do que em redes nacionais ou de classe. Os trabalhadores não estavam votando nem a favor nem contra a repressão da força de trabalho, mas a favor de *diferentes* benefícios relacionados a *espólios* e aos interesses de suas comunidades locais, étnicas e religiosas. Como os sindicatos estavam se tornando organizações seccionais de trabalhadores estabelecidos, eles próprios muitas vezes apoiavam políticas anti-imigração. Como sob a Constituição dos Estados Unidos a repressão era tratada principalmente pelos tribunais e não pelos políticos, isso foi de certo modo removido das eleições (como é hoje).

Em segundo lugar, os trabalhadores, como em todos os países, exceto na Grã-Bretanha, ainda eram uma minoria. Em 1914, eram um pouco mais de um terço da população, aproximadamente o mesmo que os agricultores, talvez o dobro da classe média em ascensão. Os trabalhadores sindicalizados eram uma pequena minoria. Eles tinham que interessar à massa de trabalhadores não organizados, muitos controlados segmentarmente por notáveis locais, e tinham que interessar aos outros dois grupos de classe. Por fim, eles fracassaram. Os trabalhadores defendiam a redução dos direitos de propriedade, mas os agricultores e a classe média estavam profundamente ligados a ela e podiam influenciar muitos dependentes do trabalho local. Os trabalhadores fracassaram em sua luta ideológica para separar a defesa da pequena propriedade da defesa da grande propriedade corporativa e, assim, perderam o apoio eleitoral dos agricultores, da classe média baixa e de muitos trabalhadores não organizados. A perda dos agricultores foi especialmente prejudicial. Embora muitos se opusessem à violência das autoridades contra os trabalhadores, e tivessem suas próprias queixas radicais contra os *monopólios* corporativos, não favoreciam soluções que aumentassem o que se argumentava serem *monopólios sindicais*. O fracasso dos partidos agricultores-trabalhadores (discutido no capítulo 19) foi crítico. Sem essa aliança, as classes proprietárias majoritárias poderiam reprimir os trabalhadores minoritários. As classes proprietárias majoritárias (e seus dependentes do poder segmentar) internalizaram o individualismo americano mais do que os trabalhadores nesse período.

A democracia partidária americana não era benigna para os trabalhadores. Não lhes dava mais – mas menos. Os partidos Republicano e Democrata eram coalizões interclasses, local-regionais, étnico-religiosas e segmentares. Os trabalhadores pressionavam por candidatos pró-trabalhadores (BRIDGES, 1986), mas os partidos não eram adequados para expressar interesses de classe, especialmente nesse período em que o Partido Democrata se tornava mais rural e católico, com sua facção reacionária distintamente sulista e os republicanos dominantes nortistas, industriais (trabalhadores e manufatureiros) e protestantes. Houve também muitas exceções locais, aumentando o segmentarismo. A unidade nacional partidária foi enfraquecida pela separação distintamente *federal* entre partidos e executivo. O presidente, não o partido, forma o gabinete e elabora um programa. Portanto, os partidos, ao contrário daqueles sob as constituições que incorporam a soberania parlamentar, são menos disciplinados pela necessidade de formar um programa coerente. Eles podem permanecer mais faccionalizados.

Os trabalhadores tinham de pressionar os políticos individuais em ambos os partidos: "Recompense seus amigos e castigue seus inimigos", dizia Gompers. Embora em círculos urbano-industriais isso pudesse produzir políticos simpáticos, isso não poderia mobilizar um partido nacional com um programa legislativo. Tampouco, poderia eleger senadores, muito menos um presidente, ou nomear juízes para os tribunais superiores. Seus sucessos se deram principalmente na política local e estadual, mas sua legislação poderia ser posta de lado pelos tribunais.

A influência direta dos trabalhadores no nível federal foi provavelmente menor do que na política nacional britânica ou mesmo alemã. Essa afirmação é contrária a algumas interpretações do período (e. g., RAYBACK, 1966: 250-272). Também parece contraintuitiva, pois a Alemanha era uma monarquia autoritária e metade dos trabalhadores britânicos não podia votar. Mas o regime alemão teve que manobrar com habilidade para mobilizar uma coalizão antitrabalhadores, e não estava acima inventando programas progressistas, como de previdência social, para manter o socialismo a distância. Na Grã-Bretanha, os trabalhadores podiam eleger membros do Parlamento e isso influenciou os dois partidos, especialmente os liberais, a necessitarem de seu eleitorado da classe trabalhadora. Os partidos no Parlamento também eram soberanos sobre o executivo e os tribunais. Apenas cinco anos após os juízes do caso Taff Vale retirarem certos direitos de organização sindical, a eleição de 1906 de um governo liberal prontamente garantiu uma Lei de Litígios Sindicais, concedendo aos sindicatos os direitos de organização que eles queriam. Ao contrário de grande parte da legislação liberal, essa passou na câmara conservadora dos lordes com facilidade.

Em contraste, os sindicatos americanos conseguiram pouco com os partidos políticos nacionais. A Câmara dos Deputados foi solidária com os projetos de lei que restringiam as injunções de greves, mas o Senado, não. As administrações decretaram leis rigorosas sobre trabalho infantil e restringiram as condições de emprego feminino, mas, como em outros países, existia um consenso moral e masculino interclasses para *proteger* mulheres e crianças. A regulamentação da segurança nas fábricas veio menor, e depois, do que na Grã-Bretanha ou na França. A fundação do Departamento do Trabalho dos Estados Unidos introduziu procedimentos de conciliação e trouxe os sindicatos para os corredores administrativos do poder, mas somente em 1914, bem depois da Grã-Bretanha e da França. A jornada de oito horas nas ferrovias interestaduais e as melhorias para trabalhadores e marinheiros do governo federal foram ganhos genuínos. A Lei Clayton de 1914, que regulava as corporações, é às vezes considerada um ganho dos trabalhadores. Ela afirmava que "o trabalho de um ser humano não é uma mercadoria ou artigo de comércio" e que os sindicatos não eram ilegais ou uma violação às leis antitruste. Mas isso deixou *conspirações* e ações secundárias e de solidariedade exatamente onde estavam (SKLAR, 1988: 331). A taxa de injunções antissindicalistas na verdade aumentou após a Lei Clayton para 46% de todas as greves de solidariedade na década de 1920 (FORBATH, 1989: 1.252-1.253). O organizador Wobbly também fazia uma pergunta cética simples sobre as novas leis trabalhistas: "Como elas são *aplicadas*?" (DUBOFSKY, 1969: 158).

Só em 1932 a Lei Norris-La Guardia concedeu aos sindicatos os direitos de organização já concedidos na Grã-Bretanha em 1906. A democracia americana acabou garantindo os direitos civis coletivos dos sindicatos, depois de a repressão tê-los prejudicado. Laslett (1974: 216-217) argumenta que as concessões feitas pela administração Wilson fatalmente enfraqueceram o partido socialista: a maioria de seus sindicatos se voltava agora para os democratas. Nesse caso, eles foram atraídos pela promessa e não pelo desempenho, e já estavam se conformando com menos do que seus congêneres europeus. Os trabalhadores obtiveram alguns ganhos moderados, menos como classe trabalhadora do que como eleitores de massa, juntamente a outros círculos eleitorais de massa, como a classe média e os agricultores. As reformas que estenderam o controle eleitoral pela eleição direta de senadores, regulando monopólios empresariais, educação gratuita universal e o progressivo imposto de renda foram alcançadas por coalizões de progressistas interclasses, nas quais os trabalhadores organizados desempenharam um papel subsidiário (LASH, 1984: 170-203; MOWRY, 1972; WIEBE, 1967). Nem toda *cidadania social* de Marshall teve que vir de uma ação coletiva. A taxa progressiva introduzida em 1913 (embora menor durante a guerra), veio do sistema de partidos concorrentes sem muita pressão dos sindicatos (como foi também na Grã-Bretanha). Mas, em geral, durante o período de maior repressão, os interesses trabalhistas não foram frequentemente ajudados, e sim dificultados, pela democracia partidária americana.

4) *Federalismo* – O Estado americano se cristalizou sobre a questão *nacional* primeiro como confederal, depois como federal. A repressão foi exercida por um Estado bastante descentralizado e não por um Estado-nação centralizado. A resistência dos trabalhadores foi fragmentada entre os níveis de governo federal, estadual e local e entre os tribunais de justiça e as administrações políticas. Durante esse período, a ampliação do escopo estatal civil, que tendeu em muitos países a nacionalizar os movimentos trabalhistas, serviu para fragmentar ainda mais os trabalhadores americanos. Muitas funções novas foram exercidas pelos governos estaduais e locais. Até a década de 1930, o governo federal era o menos importante em assuntos relevantes para os trabalhadores (extraio livremente aqui de LOWI, 1984), e essa unidade de classe nacional potencial se fragmentou. A maioria das leis trabalhistas foi iniciada por estados individuais. Em 1900, estados industriais como Massachusetts e Illinois tinham mais leis trabalhistas conciliatórias do que as existentes no nível federal. A maioria era mais repressiva, algumas ferozmente. A desigualdade desse país continental enorme é importante. Em qualquer ano, alguns estados do norte poderiam aprovar legislação progressiva e buscar formas de contornar as decisões reacionárias da corte, os estados do oeste poderiam estar atirando em wobblies, os estados do sudoeste assediando os populistas, e os estados do sul intensificando o racismo. Era difícil obter uma noção de *totalidade* de classe extensiva em toda nação, mesmo para aqueles que eram alvejados.

O sul constituía um problema federal especial. O racismo reforçou o militarismo nacional para derrotar as tentativas de mobilização de classes no sul predominantemente agrário. Isso significou que, em nível federal, um sólido bloco de senadores e congressistas, essencialmente sem oposição nas eleições, usou o sistema de senioridade dos comitês do Congresso para estabelecer suas políticas reacionárias. Como até mesmo Franklin D. Roosevelt mais tarde descobriria, a legislação pró-trabalhadores era difícil de ser dirigida por eles. Seu *Estado monopartidário* no sul era cada vez mais o voto oscilante no Capitólio, pois era reacionário, ainda que democrata.

O partido local-regional e a organização comunitária prosperaram sob a Constituição federal estabelecida, alimentada por ondas de imigração étnico--religiosa. O governo municipal poderia proporcionar benefícios a seus clientes segmentares, especialmente ao emitir *variações* das leis estaduais e ao licenciar e patrocinar os benefícios econômicos. Muitos interesses dos trabalhadores – interesses comunitários em moradia, saúde pública, controle de transporte e serviços públicos, e emprego manual no setor público – eram determinados em nível municipal, filtrados pelas relações de poder segmentares, não de classe. Benefícios eram entregues por meio de comunidades étnico-religiosas e máquinas clientelistas municipais. Os trabalhadores nativos qualificados exercem uma influência local substancial nas máquinas, em alianças entre classes, muitas vezes dirigidas contra trabalhadores imigrantes mais novos. O federalismo e os partidos políticos segmentaristas interagiam com a etnicidade para fragmentar a consciência total de classe. Classe e nação não são opostas. Elas se reforçam uma à outra – ou sua ausência enfraquece uma à outra, como nos Estados Unidos. O estreitamento da classe para as relações de emprego, uma tendência comum nesse período, foi muito mais longe lá.

O militarismo interno, o capitalismo-liberalismo, a democracia partidária e o federalismo – todos tiveram o mesmo efeito fragmentador sobre a política e as classes nos Estados Unidos. Skowronek (1982) observa justamente que esse *Estado de tribunais e partidos* dificultou o desenvolvimento de uma burocracia estatal nacional americana – mas o federalismo também. O Estado nacional americano permaneceu principalmente militar, como os dados do capítulo 11 revelam. Assim, sobre a questão civil-militar, os Estados Unidos se cristalizaram internamente como predominantemente militaristas.

A resposta dos trabalhadores: seccionalismo

Mas esse militarismo liberal-capitalista, democrático-partidário foi, em última análise, excepcionalmente bem-sucedido contra os trabalhadores porque amplificou suas tendências inerentes para responder, não com classe, mas com *seccionalismo*. A repressão era dirigida mais ao sindicalismo e ao socialismo em geral do que ao sindicalismo de ofícios. Os trabalhadores qualificados poderiam evitá-la melhor do que outros. Os empregadores escolheram a repressão seletiva ou mais geral, em parte de acordo com o ciclo comercial. Quando livros de registro de pedidos cheios exigiam produção, eles reconheciam o poder do sindicato profissional e os pedidos da AFL para acordos nacionais. A maior parte da pressão dos sindicatos profissionais era local e aplicada a empregadores particulares, envolvendo, no máximo, apoio político municipal e exigindo pouca ação grevista. A solidariedade dos trabalhadores qualificados era bem-estabelecida, informal, e relativamente invulnerável à infiltração ou à repressão policial (MARKS, 1989: 53). A repressão seletiva ampliou a divisão normal entre artesãos e outros trabalhadores em um seccionalismo tático e organizacional profundo[37]. Os artesãos seguiram seu próprio caminho, deixando companheiros menos favorecidos à sua sorte.

Aqui, os Estados Unidos se diferenciaram nitidamente da Rússia czarista em dois aspectos. Em primeiro lugar, a violência do regime na Rússia foi dirigida igualmente a todos os níveis de qualificação. Em segundo lugar, a rapidez da industrialização russa não havia permitido a organização artesanal amadurecer gradualmente. Os trabalhadores qualificados não tinham os recursos organizacionais para prosseguir sozinhos. Onde a repressão dividiu a classe trabalhadora americana, uniu a russa. Assim como o caso russo foi analisado pelo maior tático socialista, Lenin, o caso americano foi analisado pelo maior especialista em tática de seccionalismo, Samuel Gompers.

Gompers e sua Federação Americana do Trabalho geralmente evitavam a política. Embora a AFL tenha criado uma pequena organização de *lobby* em Washington em 1908, ela não era ativa. Líderes como Gompers e Mitchell depositaram mais fé em sua filiação à Fundação Cívica Nacional (FCN); um grupo de pressão de líderes corporativos progressistas. Gompers e Mitchell queriam que a FCN persuadisse os líderes empresariais a celebrarem acordos nacionais entre sindicatos da AFL e associações patronais que evitassem a necessidade de greves em massa. Enquanto muitos sindicatos locais buscavam ativamente a legislação pró-trabalhista em níveis estatal e municipal, a AFL defendia nacionalmente o *voluntarismo* (FINK, 1973; ROGIN, 1961-1962). Isso foi em parte sob orientação legal: como a lei proibia a "coerção" sindical, os acordos voluntários informais eram o principal poder remanescente dos sindicatos (FINK, 1987: 915-917). Mas Gompers foi mais longe. Ele se opôs à legislação de seguro social por reduzir a independência dos trabalhadores. Mesmo isso não era único. Como os sindicatos tinham origens tão fortemente protecionistas e mutualistas, muitos de seus líderes suspeitavam de tal intervenção governamental. Mas Gompers foi extremo ao se opor à regulamentação das fábricas e à arbitragem de disputas industriais como capturando a força de trabalho no *superlegalismo*. Ele até se opôs às leis banindo a vitimização dos membros do sindicato:

> Duvido do bom-senso de tentar assegurar a aprovação de um projeto de lei que interfira com o direito de um empregador de dispensar um empregado [...]. Se conseguirmos a promulgação de uma lei que torne esse ato ilegal nossos inimigos certamente argumentarão que o direito de deixar o trabalho individual ou coletivamente (e. g., como um

---

37. Esse é o elemento que falta na excelente análise de Marks sobre o seccionalismo nos Estados Unidos. Ele classifica erroneamente os Estados Unidos com países que exibem pouca repressão, como a Grã-Bretanha e a Escandinávia (1989: 75).

sindicato) por qualquer motivo determinado deve ser tornado ilegal e eles se esforçarão para assegurar a promulgação de uma lei para esse fim (FINK, 1973: 816).

Isso pode parecer bizarro, mas sua própria experiência como organizador do Sindicato dos Fabricantes de Charutos lhe ensinara a fugir da política e da legislação e se concentrar na pressão econômica direta sobre o empregador individual. O sindicato tinha feito um grande *lobby* para promulgar uma lei no Estado de Nova York para abolir a manufatura em cortiços (as famílias de fabricantes de charutos moravam e trabalhavam em apartamentos em blocos de cortiços de propriedade do empregador). Os tribunais consideraram a nova lei inconstitucional, o *lobby* do sindicato para revisão da lei foi bem-sucedido, e os tribunais também declararam isso inconstitucional. Gompers relata:

> Conversamos sobre as possibilidades de novas ações legislativas e decidimos nos concentrar no trabalho de organização. Por meio de nossos sindicatos, assediamos os fabricantes com greves e agitação até que se convencessem [...] de que seria menos dispendioso para eles abandonarem o sistema de fabricação em cortiços e continuarem a manufatura em fábricas sob condições decentes. Assim, nós conseguimos, por meio do poder econômico, o que não tínhamos conseguido alcançar por meio da legislação (1967, volume I: 197).

Como a lei tinha causado tais danos à força de trabalho, deveria ser evitada em favor do *poder econômico*. Seu mentor no Sindicato dos Fabricantes de Charutos, Adolph Strasser, declarou em 1894:

> Você não pode aprovar uma jornada geral de oito horas sem alterar a constituição dos Estados Unidos e a constituição de todos os estados da União [...]. Eu me oponho à perda de nosso tempo apoiando uma legislação que possivelmente será promulgada depois que estivermos mortos (FORBATH, 1989: 1.145).

Alianças com radicais políticos e socialistas só prejudicavam o trabalho. A autobiografia de Gompers evoca muita hostilidade tanto com os socialistas quanto com os capitalistas. Embora sempre tenha afirmado respeitar Marx e suas ideias, diz que sua desconfiança em relação aos socialistas começou com o motim da Praça Tompkins de 1874. Ele havia evitado por pouco um clube de polícia ao saltar para um porão. Suas experiências ali

> se tornaram um guia para minha compreensão do movimento dos trabalhadores durante os anos seguintes. Vi como as declarações de radicalismo e sensacionalismo concentraram todas as forças da sociedade organizada contra um movimento dos trabalhadores e anularam antes a atividade normal, necessária [...]. Percebi o perigo de estabelecer alianças com intelectuais que não entendiam que fazer experimento com o movimento dos trabalhadores era fazer experimento com a vida humana (1967, volume I: 97-98).

Gompers defendeu a retirada para o sindicalismo *puro e simples*, consciente de que se tratava de uma retirada. Como ele disse em 1914, a AFL "é guiada pela história do passado, tirando suas lições do passado [...]. Trabalha na linha de menor resistência" (ROGIN, 1961-1962: 524).

Gompers acreditava que os movimentos de massa das décadas de 1880 e 1890 haviam sido demasiadamente estendidos. A força de trabalho teve que se reconstruir lentamente a partir de seus redutos mais fortes com organização *permanente*, fornecendo aos membros benefícios de desemprego, seguro funerário, auxílio-doença e fundos de greve. Embora esses fossem intrinsecamente desejáveis, seu ponto principal era estabelecer uma relação permanente entre os membros e o sindicato (GOMPERS, 1967, volume I: 166-168). Somente organizações bem financiadas podiam resistir a greves de trabalhadores e empregadores prolongadas. Era inútil convocar massas que não dispunham de tais recursos. Elas seriam inevitavelmente derrotadas. Essa foi a lição de todo esse período, argumentou Gompers. É por isso que ele desprezava e odiava tanto os wobblies, que levavam os trabalhadores a greves sem recursos permanentes, sem fundos de greve, nem sequer membros formais. *Eles* eram os traidores da classe trabalhadora, argumentou, não a liderança da AFL.

Mas as táticas de Gompers não podiam beneficiar toda a classe trabalhadora; na verdade, elas pressupunham que a identidade de classe não existia. O abandono da política reduziu o escopo e enfraqueceu a totalidade do *trabalhador coletivo* porque significou o abandono das políticas sociais que poderiam beneficiar as famílias e comunidades da classe trabalhadora. O movimento dos trabalhadores estava confinado, mais do que em qualquer outro país, no economismo do emprego masculino. Mesmo ali, as táticas de Gompers eram seccionalistas, pois exigiam que os trabalhadores tivessem fundos de greve e os empregadores fossem incapazes de encontrar fura-greves. Em princípio, os fura-greves podiam ser mantidos fora por *um grande sindicato* de toda a classe trabalhadora, mas essa tática havia colapsado diante da violência e repressão em massa. Gompers acreditava que organizar massas de trabalhadores não qualificados realmente prejudicava seus membros qualificados. Alguns sindicatos americanos do século XX, notadamente os Teamsters, haviam restringido fura-greves por meio da violência. Mas os fura-greves raramente podem empreender trabalho qualificado com sucesso.

Embora Gompers argumentasse que a organização permanente paciente poderia lentamente disseminar recursos financeiros e habilidades para outros trabalhadores, na prática, poucos trabalhadores além dos trabalhadores qualificados poderiam fornecer fundos substanciais sindicais ou restringir o treinamento de qualificação em sua ocupação. Na prática, sua tática equivalia ao protecionismo dos ofícios. A AFL havia recuado para a posição que os sindicatos britânicos haviam ocupado entre 1850 e 1890, após o colapso do cartismo, antes do novo sindicalismo. Após 1900, o movimento trabalhista americano se tornou o mais fraco em qualquer país avançado – em parte porque Gompers e a AFL possuíam um senso da arte do possível diante da repressão justa e implacável.

Mas o protecionismo de ofícios da AFL pode ser acusado de enfraquecer ainda mais o movimento trabalhista, concentrando-se em restringir a oferta de força de trabalho alternativa. Os novos participantes do mercado de trabalho vinham cada vez mais de diferentes grupos étnico-religiosos de imigrantes. Assim, o segundo grupo de explicações do extremismo americano, relativo ao seccionalismo *natural* da América, tem maior validade quando aplicado ao período após 1900. Naturalmente, desde o começo, o racismo e a diversidade dos imigrantes não ajudaram a unidade da classe trabalhadora americana, especialmente na política. A divisão negros-brancos estava em grande parte confinada ao sul. A clivagem mais duradoura na luta econômica durante todo o período foi, na verdade, entre os imigrantes asiáticos e os demais. A maioria das organizações de trabalhadores americanos mostrou uma profunda hostilidade contra a força de trabalho chinesa, em parte devido ao racismo visceral contra as *raças amarelas*, em parte porque a força de trabalho chinesa contratada prejudicava seriamente os trabalhadores anglo-saxões no oeste. No entanto, além disso, as divisões étnico-religiosas americanas não foram as únicas. Foram da mesma proporção daquelas em Lancashire entre trabalhadores ingleses e irlandeses ou na Alemanha entre católicos e protestantes ou alemães e poloneses.

No início, a América não foi excepcional a esse respeito. De fato, entre os Cavaleiros do Trabalho e nas grandes greves como as de 1877 ou em Homestead, ou entre os mineiros, diferentes grupos étnicos, muitas vezes incluindo negros, e homens e mulheres, haviam demonstrado considerável solidariedade. No entanto, as tensões econômicas étnicas agora se agravavam. Isso se deveu em parte ao aumento da imigração do sul e leste da Europa. Os bairros e ocupações se tornaram mais segregados etnicamente. Mas isso foi amplificado pelo seccionalismo no próprio movimento trabalhista: de um lado, uma AFL predominantemente de ofícios que recruta principalmente nativos e europeus do norte; por outro lado, os sindicatos gerais e grupos políticos recrutando europeus do sul e do leste e negros (SHEFTER, 1986: 205-207, 228-230). O *lobby* anti-imigração da AFL era agora uma importante atividade legislativa, reforçando o seccionalismo.

Conclusões americanas

Não discuti todas as treze explicações do excepcionalismo americano, mas minha própria visão deveria estar clara: a América não era mais excepcional do que todos os países. Nem sequer nasceu extrema; tornou-se extrema. O momento crucial foi por volta de 1900, e resultou principalmente de uma amplificação distintiva do seccionalismo dos trabalhadores por quatro *cristalizações políticas de nível superior* – como nacionalmente militarista, como capitalista-liberal (juridicamente centrada), como democrático-partidária e como federal. Como Lipset argumenta, a forma do regime foi o determinante decisivo. No entanto, não era tão benigna nem tão simpática para os trabalhadores – tão unidimensionalmente *democrática* – como ele sugere. Os estados eram polimórficos, não unitários. Mas diante de uma severa repressão, os trabalhadores americanos se dividiram mais profundamente do que qualquer outro país para amplificar a fratura normal seccional qualificado-não qualificado. Unicamente o seccionalismo de estratos qualificados e mercados de trabalho internos coincidiram com o faccionalismo ideológico. A divisão se institucionalizou em organizações faccionais de trabalhadores e agravou quando a facção dominante da AFL estreitou o escopo de classe e intensificou o seccionalismo e o segmentalismo étnico-religioso.

Embora ainda houvesse batalhas a serem travadas, e decisões táticas a serem tomadas, e embora houvesse um renascimento do trabalho nas décadas de 1930 e 1940, a identidade da classe trabalhadora se tornou antiamericana. Os trabalhadores podem se rotular como *trabalhadores*, mas não *classe trabalhadora*, e são significativamente motivados pelo individualismo burguês (HALLE, 1984). Argumentei que isso foi mais uma consequência do que uma causa do afastamento do socialismo.

É claro que, como argumenta Lipset, e como esses capítulos confirmam, o Estado americano, ao contrário dos estados reacionários de outros lugares, não reforçou a identidade da classe trabalhadora. Nenhuma unidade de classe nacional foi conferida aos trabalhadores por uma luta comum por uma cidadania nacional, ao contrário da maioria dos países europeus. Assim, as divergências normais entre qualificados e não qualificados, entre diferentes indústrias e regiões, e entre comunidades étnicas e religiosas não foram suprimidas por exigências políticas comuns. Na verdade, elas foram reforçadas pelo federalismo e faccionalismo políticos. Em alguns países europeus continentais, a classe trabalhadora foi em grande parte excluída da cidadania nacional, e uma repressão comum organizada nacionalmente foi dirigida contra as demandas dos trabalhadores pela cidadania civil e política. Os trabalhadores foram forçados a conceitualizar uma luta total e forçados à unidade de classe nacional e ao Estado nacional pelas estratégias de seus inimigos de classe e regime centralizados. Essa unidade de classe nacional politicamente forçada esteve ausente nos Estados Unidos. Os efeitos peculiarmente fragmentadores do domínio da ideologia pequeno-burguesa, da fronteira e das divisões étnicas podem ter mais tarde *sobredeterminado* o resultado. Mas a inclusão precoce de trabalhadores brancos do sexo masculino em um Estado militarista, liberal-capitalista, partidário e federal intensificou o sectarismo operário e o faccionalismo e tornou provável o declínio da identidade de classe americana.

As ideologias socialistas exigem um senso de totalidade e alternativa. No entanto, as relações de produção capitalista não proporcionam a experiência de uma totalidade social. O mais próximo que se pode chegar a uma totalidade experienciada real é a empresa individual ou ocupação ou indústria individual – e essas organizações se intersectam. A única rede delimitada proporcionada pelo próprio capitalismo é sua inteira penetração global, que não é experienciada por ninguém como uma comunidade. Assim, as tendências macroeconômicas do capitalismo raramente são vivenciadas como totalidades por todos da mesma forma. Os crescimentos e as quedas podem ter um impacto diferente em diferentes empresas, indústrias e níveis de qualificação. Os trabalhadores podem responder de forma agressiva, mas seccionalmente por ocupação, indústria e região. A agitação dirigida ao governo nacional dá unidade totalizante a esses movimentos díspares. Classe e nação se reforçam mutuamente, assim como o seccionalismo e as identidades local-regionais. Sem isso, a força de trabalho é dividida entre trabalhadores internos sindicalizados e qualificados e entre trabalhadores externos não organizados e não qualificados. Tal divisão dominou a história do trabalho nos Estados Unidos. Os trabalhadores americanos não conseguiram articular uma noção da totalidade das relações de poder ou desenvolver uma alternativa a elas. Isso já era bastante claro em 1914.

Os Estados Unidos não eram *excepcionais*, mas se tornaram *extremos*. Isso não foi por falta de queixa dos trabalhadores, mas porque as cristalizações políticas americanas reforçaram seu segmentarismo e seccionalismo. Seu extremismo pode revelar o que poderia ter acontecido no caso contrafactual inexistente em que o capitalismo fosse verdadeiramente transnacional – ou seja, se as batalhas sobre o Estado fossem desconectadas do processo de trabalho. Longe de conduzir, como Marx acreditava, à emergência de uma classe trabalhadora singular visando ao socialismo, poderia levar a lutas profundamente seccionais e segmentares. Sem batalhas pela democracia partidária, a classe capitalista poderia ter sido verdadeiramente hegemônica. No mundo contemporâneo mais transnacional, ela ameaça novamente se tornar verdadeiramente hegemônica.

Rússia imperial: militarismo autocrático e revolução

Ao longo desse período, a Rússia se industrializou e transformou sua agricultura em grandes, mas irregulares, surtos[38]. A escravidão tinha sido abolida em 1861, alimentando as lutas agrárias analisadas no capítulo 19. Após cerca

---

38. Para a classe trabalhadora dependi principalmente dos estudos de Bonnell (1983), Mandel (1983), Smith (1983: 5-53) e Swain (1983). Para uma comparação interessante dos regimes de fábrica na Inglaterra, nos Estados Unidos e na Rússia, cf. Burawoy (1984). Para as divisões entre o regime e a *intelligentsia*, cf. Haimson (1964-1965), Besançon (1986) e Hobson (1991). Para a política trabalhista czarista, cf. McDaniel (1988), e para a sua repressão, cf. Goldstein (1983: 278-287).

de 1900, a Segunda Revolução Industrial chegou à Rússia, enquanto a primeira estava ainda apenas começando. Fábricas maiores e subúrbios proletários mais densos vieram para as cidades. O capitalismo industrial russo gerou uma classe trabalhadora mais concentrada logisticamente do que em outros países, muitas vezes assumida pelos historiadores como uma importante causa da revolução. A concentração produziu, de fato, uma classe trabalhadora enraizada na comunidade mais formidável do que se poderia esperar pelo nível de desenvolvimento da Rússia ou pela proporção de trabalhadores industriais na força de trabalho. Mas sua guinada em direção à revolução resultou muito mais das suas cristalizações políticas do que do tamanho das fábricas.

Sobre a representação, a Rússia estava no extremo oposto dos Estados Unidos. Em 1900, permanecia a única monarquia autocrática na Europa, a única sem qualquer pretensão de democracia partidária, aquela em que as elites estatais e os partidos mais se inter-relacionavam como facções da corte. Seu militarismo também era distintivo na sustentação de um império em torno dos territórios centrais *russos* (embora o militarismo britânico também tenha mantido a Irlanda adjacente). Assim, o militarismo era excepcionalmente pronunciado tanto doméstica quanto geopoliticamente. O Estado russo se cristalizou como capitalista, mas também como altamente monárquico, militarista e centralizador (embora tenha rejeitado os rótulos *nacional* ou *Estado-nação*).

Mas mesmo a margem oriental da comunidade ideológica ocidental experimentou o legado mais liberal do Iluminismo. Como vimos no capítulo 14, quanto mais tardio o desenvolvimento econômico, maior o surgimento de uma *intelligentsia* tecnocrática reivindicando o conhecimento da ciência e o futuro. Entre os profissionais russos, elite e aristocratas, e administradores estatais, surgiu uma *intelligentsia* autoconsciente, parcialmente autônoma, promovendo versões alternativas de progresso. As elites estatais se tornaram faccionalizadas. Na direita, os partidos da corte insistiram no absolutismo esclarecido, incitando o czar a estratégias essencialmente do século XVIII – propriedade para ex-servos, educação universal e cidadania civil. O conservadorismo também poderia receber uma tonalidade mais populista, exortando o czar a se colocar na liderança do povo russo ou eslavo ou da comunidade da Igreja Ortodoxa. Havia também um populismo de esquerda. Os liberais defendiam a cidadania civil e política parcial. Do encontro entre o populismo nacional e o socialismo europeu vieram os revolucionários anarquistas e socialistas. Em outros países, tais estratégias variadas surgiram em diferentes ambientes sociais. Em meio à agitação russa, a *intelligentsia* estava debatendo todas essas prescrições patenteadas simultaneamente – como revelam vividamente os romances de Dostoiévski. A alternativa política era confusa, embora um pouco nos poderes penetrantes.

O Estado foi sitiado pela turbulência de fora e dos partidos dentro dele. Assim como o âmbito civil do Estado do final do século XIX se expandiu, também se expandiu seu faccionalismo. O processo de tornar o Estado mais civil levou, como em outros lugares, à proliferação de políticas estatais conciliatórias, mas apenas por uma facção e não normalmente a dominante. Diferentes departamentos estatais e funcionários com diferentes formações sugeriram estratégias variando da repressão militar, passando pela regulação paternalista, policiada, até a conciliação e autonomia limitadas para organizações de trabalhadores. Os ministérios das finanças e da segurança estavam notavelmente em desacordo.

O regime tinha muitas opções e o que ele fez não era inevitável. Esse Estado se cristalizou como autocrático. As principais estratégias de poder eram ratificadas pelo autocrata, cuja palavra era lei, cujos ministros se reportavam pessoalmente a ele, cujas preferências, caráter e determinação eram importantes. Mas os talentos dos últimos Romanov não eram eminentes. O último czar com uma estratégia clara, em direção ao absolutismo iluminista, mas conservador, foi Alexandre II, assassinado em 1881. Alexandre III, que reinou até 1894, combinou industrialização com repressão automática. Nicolau II enfrentou então um maior deslocamento com irresolução, tanto no casamento como nos assuntos de Estado. Entre os autocratas, tais coisas são importantes. Na falta de sua própria visão, cercado pelos conselhos e visões dos outros – incluindo a histeria reacionária de Alexandra, sua esposa – ele e sua corte se desviaram do militarismo irresoluto.

Dignificar a política dessas elites faccionalizadas com o rótulo de *estratégia* poderia induzir em erro. A maioria das tradições e dos instintos eram reacionários e autocráticos. Mas quando confrontadas com problemas, as elites vacilavam entre a reforma mínima e a repressão brutal, uma luta interna geralmente resolvida a favor da repressão militar pelo medo instintivo de poderes autônomos surgidos na sociedade civil. A repressão autocrática na sua instância russa foi mais sem rumo do que estratégia. Ela foi uma base pobre para dar ordem, para satisfazer as reivindicações dos de fora do Estado, ou para melhorar a moral dos de dentro. Um czar melhor poderia ter feito melhor.

Na Rússia, as elites estatais, não capitalistas, dirigiam o espetáculo. Elas responderam a sindicatos, greves e partidos socialistas como fizeram com todas essas manifestações de organização coletiva. Todos foram proibidos como uma ameaça à ordem pública. Policiais e tropas armadas eram trazidos rotineiramente para dispersar manifestantes ou grevistas. O exército interveio quase duas mil vezes entre 1895 e 1905 para reprimir greves e manifestações. O governo emitiu passaportes para os trabalhadores que migravam para as fábricas, revogáveis se rompessem seus contratos de trabalho. O governo elaborou livros de regras detalhadas para regulamentar as práticas de trabalho. Espancamentos físicos e servilismo pessoal de empregadores e gerentes fizeram parte desse código, derivado do exército russo. Como essa unidade particular de experiência entre trabalhadores e camponeses-soldados foi se recuperar do regime e dos capitalistas em 1917! Mesmo quando as elites estatais tentaram a conciliação, o fizeram com paternalismo de mão pesada. Entre os sindicatos mais curiosos gerados pelo capitalismo estavam as sociedades Zubatov, patrocinadas pelo chefe da polícia de Moscou a partir de 1896, encarnando as contradições de, por um lado, o genuíno desejo de reformadores como Zubatov de um paternalismo *neutro* nas relações de trabalho e, por outro lado, um último lado com a forças da ordem e da propriedade. As sociedades finalmente entraram em colapso em meio à Revolução de 1905 (McDANIEL, 1988: 64-88). Não houve uma cidadania civil, muito menos política, para os trabalhadores, mas não havia muito mais para os camponeses ou as classes médias também.

Assim, *nenhuma* estratégia moderada dos trabalhadores – protecionismo, mutualismo, economicismo, reformismo – poderia se organizar livremente para obter ganhos. Nenhuma estrutura legal ou institucional estável surgiu para lidar com as relações de trabalho. Havia uma boa quantidade de cooperação prática oculta dentro dos portões da fábrica, e muitos olhos cegos foram virados por ministros individuais, governadores provinciais e chefes de polícia. Alguns deles fizeram promessas de reformas que nenhuma administração confiável poderia fazer cumprir. Nem o sindicalismo podia plausivelmente argumentar que esse Estado poderia ser contornado por greves, embora sua ala anarquista tenha tentado o terrorismo. Os democratas burgueses foram impelidos para os socialistas estatais pela experiência comum do militarismo. Em 1900, os democratas – burgueses e proletários – estavam se estilizando de *socialistas*, discutindo Marx, e argumentando que a democracia exigia uma transformação econômica e política geral. A maioria dos socialistas, levados à clandestinidade por sonhos e complôs revolucionários, buscava soluções estatistas.

Como o ritmo da industrialização não havia permitido que os artesãos amadurecessem, a organização de ofícios e o sectarismo eram inicialmente fracos. Eles foram destruídos pela experiência comum de repressão estatal. Assim, as elites estatais e os empregadores raramente distinguiam, como em outros países, entre trabalhadores mais e menos *responsáveis* ou *respeitáveis*. Poucas concessões foram feitas a trabalhadores qualificados para separá-los da massa. Havia pouco seccionalismo entre os trabalhadores russos. Mesmo quando o esquema mutualista de seguro social subsidiado pelo Estado foi ventilado – em outros países uma questão que dividiu os trabalhadores de acordo com o nível e a segurança de sua renda –, todas as organizações de trabalhadores exigiram um esquema universal patrocinado pelo Estado. As elites e capitalistas estavam, em sua maioria involuntariamente, forçando os trabalhadores a organizações de classe lideradas por revolucionários. Lenin percebeu isso em torno de 1899:

> A classe trabalhadora russa está sobrecarregada por um jugo duplo; é roubada e saqueada pelos capitalistas e os proprietários, e para impedir que ela os combata, a polícia a amarra de mãos e pés, a amordaça, e toda tentativa de defender os direitos do povo é perseguida. Toda greve

contra um capitalista tem como resultado que os militares e a polícia sejam soltos sobre os trabalhadores. Toda luta econômica se torna necessariamente uma luta política, e a social-democracia deve combinar indissoluvelmente uma com a outra em uma *única luta de classe do proletariado* (1969: 36, ênfase sua; ele repetiu o argumento em 1902, em *O que fazer?* (1970: 157)).

Em 1905, uma maior autoconsciência foi forçada nas elites estatais. Sua capacidade de governo foi minada pela derrota na guerra com o Japão. Nas províncias do Extremo Oriente, o exército, mal-liderado e mal-abastecido, desmoronou; nas cidades, a distribuição de alimentos desabou; em muitas áreas rurais, os camponeses exploraram o vácuo de poder ao confiscar terras. Estima-se que 2,8 milhões de trabalhadores foram atingidos em 1905, mais do dobro do número de qualquer outro país em qualquer ano em todo o período. Seu protesto se entrelaçou com manifestações comunitárias e rebeliões de pão e com movimentos regionais para autonomias *nacionais* (subpesquisadas por historiadores ocidentais e soviéticos). As rebeliões e demonstrações em 1905 e 1917 se assemelharam, em certos aspectos, às revoluções de rua e comunitárias dos burgueses antigos da era cartista, em vez das lutas centradas no emprego da era moderna da classe trabalhadora. As revoluções russas trouxeram à tona massas de mulheres, assim como de homens, e a intensidade das emoções devido a um reforço familiar e comunitário do estreitamento da economia e das lutas políticas. A consciência da classe trabalhadora russa excepcionalmente nesse período se tornou uma *totalidade* – visando a um Estado que trouxe uma alta exploração centralizada e politizada em quase todos os aspectos da vida.

Mas até o momento nenhum grande grupo tinha uma intenção revolucionária ou, de fato, qualquer alternativa coerente além das queixas expressas no modo tradicional de petição. Nos centros urbanos, a Revolução de 1905 foi realmente uma demonstração maciça e ampla de queixas. Tampouco era ainda um movimento nacional. Soldados rebeldes organizados localmente, camponeses, manifestantes urbanos, e dissidentes regional-nacionais agiram separadamente e, portanto, poderiam ser reprimidos separadamente. Muitos regimentos permaneceram disciplinados e isso foi suficiente. Em São Petersburgo, só no *Domingo sangrento*, as tropas mataram pelo menos 130 manifestantes e feriram 300, no qual Lenin (contradizendo seu argumento anterior citado no início deste capítulo) observou: "A educação revolucionária do proletariado fez mais progressos em um dia do que poderia ter feito em meses e anos de existência pálida, monótona e miserável" (KOCHAN, 1966: 80). As tropas mataram 2.500 no ano seguinte, ao reprimirem principalmente protestos nacionais na Polônia misturados com protestos de trabalhadores. O Estado respondeu com o terrorismo mais disperso dos enforcamentos em massa.

Mas o czar estava então assustado, e com razão, pelos efeitos aditivos dos protestos camponeses, regional-nacionais, operários e urbanos em massa – todos exigindo a cidadania – estavam pressionando os recursos repressivos de um regime recém-derrotado na guerra. Os moderados aproveitaram sua chance e o convenceram de que rivais como a Alemanha ou o Japão só poderiam ser derrotados se o Estado juntasse reformas com o desenvolvimento agrário e industrial. O Estado deveria conceder cidadania civil e política parcial. A Duma (parlamento) foi convocada, embora com um sistema de sufrágio fortemente ponderado. As concessões mutualistas foram introduzidas na indústria: por um curto período a partir de março de 1906, os sindicatos foram legalizados, desde que se mantivessem fora da política e se abstivessem de greves secundárias. Até mesmo uma concepção paternalista dos direitos sindicais era melhor do que nada. O movimento sindical se dividiu em mutualistas e reformistas otimistas (sobreposição com os liberais do regime que esperavam uma emergência mais *ocidental* de sindicatos com retórica socialista e compromisso prático) e revolucionários céticos.

O cérebro do regime estava trabalhando aparentemente em direção a uma incorporação autoritária ao estilo alemão. Isso exigia uma cuidadosa combinação de conciliação segmentar e repressão. A tática óbvia era conciliar as demandas burguesas pela cidadania, produzir um programa agrário divisor e reprimir os trabalhadores e dissidentes regional-nacionais. Mas seu coração desprezava o liberalismo burguês, assim como sua cabeça temia as massas. Para que os liberais permanecessem no controle de um movimento de reforma, era necessária a contenção de trabalhadores, regional-nacional e camponesa. Mas até mesmo os sindicatos economistas, os *legalistas*, sentiram-se pressionados a exigir extensões mutualistas dos direitos de organização e cidadania política. Isso foi mais longe do que o czar ou o tribunal iria. Nicolau vacilou e ouviu sua esposa. A Duma foi dissolvida duas vezes e sua constituição foi modificada em uma tentativa fútil de torná-la conforme. Os liberais perderam o cargo e a influência sobre os trabalhadores. Surgiu um cérebro alternativo, pertencente ao formidável Stolypin. Ele instou o desenvolvimento econômico, a modernização militar e a reforma agrária, tudo isso para dividir o campesinato enquanto resistia à cidadania e reprimia o protesto urbano-industrial. A constituição da Duma foi restrita uma terceira vez, dando 50% de seus assentos aos proprietários de terras. Isso finalmente garantiu uma Duma capaz de durar seu mandato de cinco anos. A estratégia de Stolypin do segmentarismo que incorpora a repressão dos trabalhadores assumiu o controle.

Em junho de 1907, seguiram-se proibições de todos os sindicatos, deixando os legalistas ainda amargurados com a experiência organizacional nacional. Os líderes da classe trabalhadora e os intelectuais burgueses radicais encontraram mais adeptos de alternativas revolucionárias, embora pudessem arriscar pouca ação aberta. Por volta de 1910, as alternativas dominantes haviam se restringido às interpretações do marxismo estatal fornecidas por três partidos ilegais: os revolucionários sociais, os mencheviques e os bolcheviques. Mas com a opressão estatal maciça dentro da fábrica e da comunidade, nem economistas, mutualistas, reformistas, nem sindicalistas revolucionários ou anarquistas poderiam fazer muito progresso entre os trabalhadores e nas comunidades da classe trabalhadora.

Stolypin foi misteriosamente assassinado em 1911 e o regime foi assolado por um segundo período de vacilação. A censura foi aliviada. Os sindicatos foram novamente autorizados a uma meia-vida, parcialmente legalizados, porém perseguidos de forma intermitente. Os legalistas experimentaram a mesma contradição que em 1906-1907 – autorizados a se organizarem, mas incapazes de realizarem reformas. Quando as greves e manifestações ficaram muito grandes, as tropas entraram em cena. No entanto, a repressão militar entregou a liderança operária aos revolucionários, mais dramaticamente após o massacre da mina de ouro Lena em 1912: A morte de duzentos mineiros desencadeou greves maciças em todos os grandes centros industriais, continuando até 1914.

O regime poderia ter sido persuadido a reformar após a modernização do exército e as reformas agrárias de Stolypin serem concluídas, o que, ironicamente, teria acontecido por volta de fevereiro de 1917, mas a Alemanha atacou primeiro para evitar isso (cf. capítulo 21). A guerra primeiro fortaleceu os conservadores e a repressão se intensificou. Mas quando a guerra correu mal, o exército, a distribuição de pão e o governo se desintegraram. Quando a revolução irrompeu em 1917, a base era ainda mais ampla: aos trabalhadores, camponeses, nacionalistas e rebeldes do pão foram acrescentados oficiais descontentes e soldados e marinheiros insurrecionistas. O principal apoio bolchevique entre os trabalhadores foi fornecido por antigos legalistas, agora marxistas revolucionários.

A sequência de repressão, distúrbios, esquemas de reforma suave, vacilação, e depois uma repressão mais severa alienou liberais e moderados dentro da classe trabalhadora, burguesia e *intelligentsia* igualmente. Até 1914, a estratégia do regime não foi definitivamente estabelecida, mas seus inimigos proliferaram. As principais reivindicações de cidadania nacional não haviam sido negadas, e algumas de suas práticas detalhadas foram erraticamente aceitas. As cristalizações estatais foram variadas e inconsistentes. Mas, em tempos de crise, o regime parecia revelar sua verdadeira natureza. Se os reformadores pudessem fazer pequenos progressos, os revolucionários estavam preparados para liderar.

Sem dúvida, a maioria dos trabalhadores russos em 1914, talvez mesmo no início de 1917, era mais *conservadora* do que os agitadores, nos dois sentidos de serem céticos quanto às alternativas revolucionárias e esperançosos de reforma por parte dos legalistas, moderados do regime, até mesmo pelo czar. Mas nenhum movimento moderado ou seccionalista significativo havia surgido durante uma década entre os trabalhadores. Os historiadores observam a fratura normal da classe trabalhadora – metalúrgicos qualificados *versus* trabalhadores mais jovens, ex-rurais, não qualificados e, muitas vezes, mulheres de fábrica e proletariado urbano (isso foi recentemente enfatizado por McKEAN, 1990). Mas essa fratura não gerou organizações de trabalhadores diferentes como gerou nos Estados Unidos e, em menor grau, na Grã-Bretanha. Ao contrário, produziu a liderança da primeira sobre a segunda, em uma luta revolucionária cada vez mais comum.

A menos que um movimento de reforma pudesse desviar a monarquia para um caminho incorporador mais ocidental – seja anglo-americano ou alemão – o movimento trabalhista provavelmente passaria por uma fase revolucionária. É claro que o fez, e como no caso da outra superpotência extrema, os Estados Unidos, isso provou ter imensas consequências globais. A guerra e o campesinato desempenharam papéis óbvios e necessários nesse desenvolvimento. Por si sós, nem o pequeno proletariado russo nem seus líderes marxistas puderam empreender com sucesso uma revolução. Discuto o campesinato no capítulo 19 (e a guerra e a Revolução Bolchevique no próximo volume). Mas mesmo sem guerra e sem camponeses, os trabalhadores russos haviam sido transformados em uma classe e levados à beira do abismo da insurreição, com os burgueses radicais e entrelaçados com os regionais nacionalistas, por sua experiência comum nas mãos de um Estado vacilante, mas em última análise altamente militarista, autocrático e centralizado – não somente no emprego, mas durante toda a vida de suas famílias inteiras. A exploração foi tanto intensiva como extensiva. Se esse Estado fosse trazido por outras forças até seus joelhos, seu braço repressivo quebrado, eles se levantariam em insurreição – embora com resultados imprevisíveis.

França: cristalizações políticas contestadas, socialismos rivais

Atribuo a maioria das distinções do movimento operário francês, convencionalmente, a suas cristalizações políticas[39]. As peculiaridades da industrialização desse país, no entanto, também contribuíram com influências substanciais. A industrialização francesa começou cedo, mas prosseguiu de forma anormalmente lenta. Por exemplo, os tecelões de teares manuais sobreviveram aos milhares, mesmo depois da depressão em seu comércio de 1882-1890, muito depois de seu colapso na Grã-Bretanha e Alemanha. Organizações trabalhistas similares às de outros países tiveram maiores poderes de sobrevivência. Os artesãos dominaram os sindicatos por mais tempo. Com a ajuda da Revolução, as famílias camponesas se mantiveram tenazmente em suas fazendas trabalhando, retardando o crescimento urbano e manufatureiro. Em amostras de trabalhadores em cinco cidades da região de Lyon na década de 1850, entre 54% e 66% praticavam o mesmo comércio que seus pais. Entre 43% e 53%

---

39. Para a história dos trabalhadores franceses nesse período, confiei especialmente em Noland (1956), Lefranc (1967), Ridley (1970), Perrot (1974) e Moss (1976).

ainda o fizeram nos dez anos após 1902 (LEQUIN, 1977, volume I: 222, 251). A escassez de trabalhadores causou uma escassez de força de trabalho fura-greve em potencial e uma alta proporção de mulheres casadas trabalhadoras. A indústria se espalhou pela França rural a fim de estar perto de fornecimento de trabalhadores e consumidores.

Assim, o proletariado emergiu um pouco descentralizado. A indústria e a agricultura e o emprego e a comunidade local eram menos segregados, com poucos domicílios vivendo apenas com salários industriais. A industrialização produziu as organizações sindicais habituais. As associações de artífices (*compagnonnages*) se desintegraram, substituídas por sociedades de benefício mútuo; os artesãos do trabalho manual eram ameaçados por empresários capitalistas que utilizavam máquinas e força de trabalho feminina e infantil. A proletarização foi mais gradual do que na Inglaterra, especialmente na indústria têxtil do norte, que permaneceu organizada familiarmente e controlada pelo empregador, distinta dos centros de manufatura de artesãos, dos quais os maiores estavam em Paris e Lyon (AMINZADE, 1981; 1984). Só com as *novas fábricas* de engenharia pesada nos anos de 1900 houve uma divisão clara de espaço entre casa, fábrica e cidade, com sindicatos centrados na fábrica dominados pelos homens, embora influenciando os *subúrbios vermelhos* circundantes (PERROT, 1986; COTTEREAU, 1986).

Essas características distintivas da industrialização francesa também deveriam ter retardado o desenvolvimento do movimento da classe trabalhadora. Em números, eles provavelmente o fizeram. Mas em sua consciência de classe e organização, os militantes trabalhistas franceses foram precoces, principalmente porque as cristalizações políticas contestadas mantiveram viva a tradição revolucionária. Somente a cristalização nacional foi resolvida, porque todos os partidos em disputa favoreciam um Estado bastante centralizado. Mas a representação foi contestada entre os democratas republicanos, monarquistas e bonapartistas, fazendo com que o capitalismo permanecesse bastante reacionário e o militarismo doméstico prosperasse.

Diante de tais ameaças, os socialistas políticos assumiram desde cedo o controle das organizações trabalhistas em Paris e Lyon. Os artesãos exigiram democracia partidária e direitos de organização dos regimes monarquistas do período 1815-1848, e isso estimulou a organização de classe nacional muito além do nível que deveríamos esperar de uma industrialização um pouco paralisada. O *sans-culottismo* foi transformado em socialismo artesanal mais cedo do que em outros países – como o exilado Marx de 25 anos descobriu em 1843, em seus primeiros encontros reais com a classe trabalhadora, em Bruxelas e Paris. Os socialistas republicanos desenvolveram primeiro uma rede de poder ideológico parisiense, depois uma rede nacional de jornais, clubes com salas de leitura e cafés entre os artesãos até a década de 1830. Na década de 1840, os socialistas estavam organizando sociedades beneficentes em uma organização nacional singular e centralizada, estendendo-a de forma rudimentar entre os trabalhadores menos qualificados.

Em 1848, associações de artesãos formaram *pequenas repúblicas* na vanguarda da Revolução, empurrando-a para a esquerda (GOSSEZ, 1967; LEQUIN, 1977; AMINZADE, 1981, capítulo 6; SEWELL, 1986; TRAUGOTT, 1988). Embora reprimidos e forçados a voltarem ao nível local-regional, os socialistas permaneceram no controle clandestino das organizações trabalhistas por meio do reinado de Napoleão III (1851-1870), rejeitando sua tentativa de incorporar suas associações de socorro mútuo – pelas quais ele esperava dividir os trabalhadores qualificados dos não qualificados. O respeitável sindicalismo seccional mal surgiu, porque a tradição revolucionária alimentou a organização de classe diante de uma repressão amplamente comum. O trabalho transformou a retórica revolucionária do pequeno jacobinismo burguês por meio das formas artesanais do blanquismo e do mutualismo de Proudhon em mais marxismo e sindicalismo proletário.

A partir de 1875, a França se assemelhava superficialmente aos Estados Unidos, desfrutando da democracia partidária masculina. Os trabalhadores masculinos possuíam cidadania política. No entanto, uma democracia partidária um tanto restrita não foi institucionalizada com segurança, sobrevivendo por meio de precárias coalizões centristas. Em 1875, a República havia triunfado por apenas um voto do Senado sobre os monarquistas divididos e recebeu um mandato eleitoral claro apenas em 1879. O regime resistiu a dar direitos de organização aos trabalhadores. Para a esquerda, a década de 1870 foi dominada pela repressão militar exercida sobre a Comuna de Paris (30 mil mortos) e pela contínua hostilidade do regime aos trabalhadores. O vermelho, a cor do sangue, passou a ser a cor dos trabalhadores. O extremismo de esquerda permaneceu vigoroso, cada vez mais aberto, e amplamente enraizado nas comunidades local-regionais da classe trabalhadora. Por volta de 1880, o regime começou a conciliar a cidadania civil coletiva, primeiro anistiando as comunas sobreviventes e depois legalizando os sindicatos e as greves em 1884. Mas as ameaças monarquistas e bonapartistas permaneceram, alimentadas pelo faccionalismo do exército, pelo clericalismo e pela contenda entre o Estado e a Igreja. O limitado Estado democrático-partidário tinha inimigos tanto à esquerda como à direita, alguns deles (como os corpos de oficiais direitistas) estabelecidos dentro do próprio Estado.

A partir da década de 1880, o âmbito civil do Estado se expandiu como em outros lugares, coincidindo com a consolidação do republicanismo centrista. Seu militarismo interno se tornou mais equilibrado e cauteloso. Todas as elites estatais e os partidos dominantes têm um interesse na ordem; sua preservação é sua principal função doméstica; pois, sem ordem, eles caem. Eles podem responder ao descontentamento popular com a repressão paramilitar ou com concessões. Se eles acreditam que as rebeliões, ao invés da concessão de queixas populares, constituem a principal ameaça à ordem – e se eles temem o próprio exército – eles podem encorajar concessões. O Estado pode conciliar, desde que os direitos básicos de propriedade não sejam afetados. A maioria dos estados do século XIX não era totalmente dominada por capital industrial e, fora da Rússia e da América, suas redes de poder judicial-policial intervieram frequentemente para conciliar. Por causa de seu medo da esquerda e da direita, incluindo o corpo de oficiais, e porque os regimes eram agora democráticos partidários, o Estado francês foi sensível a essa questão.

A análise quantitativa de Shorter e Tilly (1974: 30-32) das greves francesas do século XIX mostra que os prefeitos intervieram repetidamente, geralmente a pedido dos trabalhadores, para prevenir ou acabar com as rebeliões. Eles também mostram uma tendência crescente para os trabalhadores atingirem mais suas demandas quando o Estado interveio do que quando não interveio. Prefeitos e subprefeitos variaram em suas ações, alguns buscando a conciliação, mais ao lado dos empregadores, mas a maioria procurando qualquer meio para acalmar rapidamente seus distritos e preservar seu histórico administrativo pessoal para boa ordem (PERROT, 1974, volume II, 703-714). Partidos burgueses republicanos também se comportaram de forma errática para com os trabalhadores, conciliando e reprimindo alternadamente de cima por apoio contra a direita.

Em resposta a tais cristalizações de Estado erráticas, que (ao contrário da Rússia) não tinham forma determinante, os trabalhadores franceses adquiriram sua principal distintividade: o faccionalismo ideológico. Ele oscilou entre, por um lado, a cooperação mutualista e reformista com o radicalismo burguês e, por outro, com alternativas mais revolucionárias nascidas da desilusão com os partidos republicanos e as elites estatais. A desilusão assumiu três formas principais: uma versão socialista da tradição jacobina, predominantemente política e não econômica; o terrorismo anarquista, que diminuiu nos anos de 1890; e o sindicalismo. O sindicalismo também foi encorajado pela expansão relativamente descentralizada da indústria. Economismo, mutualismo, social-democracia, sindicalismo e marxismo – todos surgiram para competir e criar conflito, enfraquecendo a coesão geral da classe trabalhadora.

Os capitalistas franceses, como seus pares em outros lugares, tomaram a ofensiva por volta de 1900, quando sua Segunda Revolução Industrial ameaçou os controles dos ofícios. Os artesãos foram forçados a defender o sindicalismo. Como na maioria dos países, sindicatos e greves eram mais comuns em oficinas de médio porte do que as grandes fábricas (ainda efetivamente controladas por seus proprietários) até o século XX (LEQUIN, 1977, volume 129); e em cidades onde artesãos foram substituídos por trabalhadores industriais, um forte movimento surgiu onde os artesãos estavam ausentes (HANAGER, 1980). No entanto, a maioria dos sindicatos franceses não tinha números e unidade para derrotar os empregadores. O faccionalismo ideológico foi encorajado.

Os sindicatos permaneceram formalmente fracos, com filiações quase inteiramente masculinas pagando taxas baixas, embora com pouco seccionalismo por habilidade entre os homens. Os militantes – excepcionalmente no século XIX – olhavam predominantemente para o Estado e não para os sindicatos em busca de seguro social e outros benefícios coletivos. Quando, no final do século, os sindicatos desenvolveram bolsas de trabalho (*bourses de travail*) protecionista, essas rapidamente se tornaram organizações de base ampla de *sindicalismo de ação direta*. O compromisso político dos trabalhadores aumentou durante a luta pelo sufrágio masculino, durante a coalizão radical-socialista da década de 1890 e durante o impulso pós-1906 pelo socialismo reformista. Mas esses impulsos também dividiram os militantes sobre suas relações com os partidos burgueses radicais, e a concentração na política ao descaso da indústria alienou alguns militantes em direção a um sindicalismo revolucionário. A principal federação sindical, a CGT, foi liderada desde sua criação em 1895 por sindicalistas. No entanto, eles detinham poder contra uma provável maioria reformista entre seus membros pelo mesmo viés constitucional (privilegiando organizações nacionais em vez das organizações afiliadas locais) que sustentaram os Gompers conservadores nos Estados Unidos.

Os sindicalistas se fortaleceram a partir de 1899, quando Alexandre Millerand se tornou o primeiro socialista ocidental a entrar em um gabinete burguês. Os socialistas políticos agora se dividiam, sendo a direita incorporada com Millerand nos governos radicais da época, a esquerda se juntando aos sindicalistas para fugir da política e proclamar a greve de massa como a arma revolucionária (BRECY, 1969). Os membros da CGT eram poucos (pouco menos da metade dos trabalhadores sindicalizados, menos de 5% de todos os trabalhadores), mas eles lideraram a maioria das greves de massa e demonstrações. Mas devemos lembrar que durante esse período a política francesa se cristalizou menos em torno da classe do que em torno da *nação* radical, dominada pelo impulso centralizador dos republicanos para se apoderar do controle secular da educação e do direito de família da Igreja Católica, anticentralista e local-regionalmente enraizada. Como os militantes operários em geral apoiaram esse impulso, os sindicalistas não puderam mobilizar uma consciência de classe *totalizadora* – o sindicalismo era para questões econômicas; os partidos, para as políticas. Tais divisões resultaram menos da distintividade da indústria francesa do que de cristalizações políticas.

Mas, ao contrário da América federal, o amplo impulso da tradição revolucionária republicana, especialmente do jacobinismo, encorajou a centralização nacional e a totalização das ideologias. Os líderes se orgulharam de se autodenominar *revolucionários*, reconhecendo a totalidade do capitalismo nacional francês, proclamando socialismos alternativos rivais. Embora as fraturas normais entre ofícios, indústrias e níveis de habilidade surgissem, nenhuma se converteu em organizações seccionais distintas, e não correspondiam ou reforçavam as facções ideológicas. Após a derrota na greve geral de 1906, os militantes acolheram os talentos unificadores de Jean Jaurès. Seu partido socialista de 1905 misturou retórica revolucionária e reformismo político – sufrágio universal, socialismo municipal e extensão do bem-estar social. Até as relações com a CGT melhoraram à medida que aprendeu a combinar retórica revolucionária, organização centralizada e negociação coletiva. Em 1914, havia um movimento ideológico socialista-sindicalista. Suas proclamadas intenções eram de fazer uma revolução, embora possamos duvidar de suas capacidades (Gallie (1983: 182-195[40]) e Lequin (1977, volume II: 297-370) são notavelmente céticos).

O socialismo francês também se concentrou na economia e na política de emprego masculino. As muitas trabalhadoras casadas não se filiaram a sindicatos. Os trabalhadores as ignoravam em grande parte. Os *subúrbios vermelhos*, apesar de seus festivais e bandeiras, raramente geravam políticas comunitárias que pudessem ativar famílias inteiras da classe trabalhadora. Uma causa importante disso, como nos Estados Unidos, era a existência do sufrágio masculino. Os socialistas e sindicalistas ativos já tinham o voto. Eles mostraram pouco interesse no movimento feminista predominantemente burguês, cujas reivindicações se concentravam em questões que não do emprego, como o sufrágio feminino e o direito matrimonial. Na maioria dos países, a obtenção precoce do sufrágio masculino parece na verdade ter atrasado o início do sufrágio feminino. Em um período em que as lutas pelo emprego eram dominadas pelos homens, as lutas políticas dentro de regimes que incorporavam o sufrágio masculino também tendiam a separar os homens das mulheres. As ideologias socialistas não estavam fortemente enraizadas na experiência total da vida da classe trabalhadora.

De modo geral, esse socialismo faccionalizado, mas não normalmente seccional, é em grande parte dedutível da inserção de trabalhadores franceses em um Estado institucionalizado como altamente centralizado, mas faccionário em relação a tudo mais – especialmente a democracia partidária e o militarismo interno.

Alemanha: incorporação semiautoritária

Por volta de 1914, a Alemanha estava se tornando a maior potência industrial da Europa, com o maior partido socialista do mundo. Ela apresenta o exemplo mais claro de um militarismo doméstico repressivo sendo modernizado de

---

40. Vale a pena notar nesse ponto minha principal discordância com Gallie. Embora ele esteja correto em minimizar a força revolucionária do movimento trabalhista francês pré-guerra (ele atribui sua força posterior à Primeira Guerra Mundial, argumento que avalio no volume 3), ele não está correto em minimizar seu caráter revolucionário, ou, melhor, carácteres, uma vez que foi faccionalizado. O marxismo e o sindicalismo estavam bem-arraigados antes de 1914; não eram produtos da Primeira Guerra Mundial, como ele sugere.

forma bastante calculada. As relações de trabalho czaristas eram, em parte, uma reação de joelhos, em parte uma vacilação, mas os regimes alemães tentaram uma estratégia modernizadora para domar a classe trabalhadora, mas deixá-la fora do regime – o que Roth (1963) denominou a *incorporação negativa* da classe trabalhadora. Mas, para a sorte da guerra, isso poderia ter se tornado a forma dominante de institucionalizar o conflito de classes no capitalismo industrial.

A ascensão econômica da Alemanha havia se misturado com as relações de poder político e militar, como mostra o capítulo 9. A industrialização foi auxiliada pelo Zollverein prussiano, infraestruturas de comunicação e unificação nacional. Ela foi mais longe na Prússia e em outros estados conservadores luteranos como a Saxônia do que em estados liberais ou católicos. A industrialização logo recebeu o selo do estatismo semiautoritário. Mas também havia peculiaridades econômicas. Em comparação com as mesmas ocupações na Grã-Bretanha ou nos Estados Unidos, a pequena indústria artesanal, o trabalho doméstico e o serviço doméstico sobreviveram melhor, juntamente com uma indústria pesada excepcionalmente concentrada, para criar um pronunciado dualismo de estrutura industrial. A maioria dos trabalhadores industriais qualificados começou no artesanato antes de se mudar para a indústria de grande escala, e eles foram socializados primeiro no trabalho manual em valores artesanais. Havia também uma divisão mais acentuada de gênero, com poucas mulheres em empregos regulares na manufatura, embora seu emprego casual em outro lugar fosse essencial para a subsistência familiar. Em sua vida industrial, a classe trabalhadora alemã organizada era igualmente artesanal, mas ainda mais masculina do que sua homóloga na França: apenas 2% dos membros do sindicato socialista eram do sexo feminino.

Com essas exceções, os contornos econômicos da força de trabalho alemã se assemelhavam aos de outros lugares (KOCKA, 1986). Como de costume, as ameaças aos trabalhadores de jornada e aos trabalhadores de fora proporcionaram a maior parte da turbulência trabalhista inicial; os artesãos em ocupações mais seguras dominaram os primeiros sindicatos estáveis; e os operários de fábrica (a maior parte dos quais de têxteis) permaneceram relativamente dóceis, controlados por seus mestres, mais propensos a perder greves. Os artesãos vivenciaram as pressões econômicas usuais, especialmente de uma Segunda Revolução Industrial rápida e intensa. Os trabalhadores das indústrias metalúrgicas e de mineração (embora não nas ferrovias, que estavam vinculados ao Estado e ao exército) se uniram a fábricas semi e não qualificadas e trabalhadores de oficinas em um movimento de classe trabalhadora em massa por volta de 1900. Que esse foi um movimento distinto se deveu principalmente às relações de poder político (como Tenfelde (1985) também argumenta).

O capítulo 9 apresenta os gráficos das cristalizações políticas nacionais e representativas alemãs. A Revolução de 1848 forçou os estados e classes alemãs a tomarem decisões cruciais. Os estados alemães aceitaram e foram forçados a entrar em um Estado nacional, ainda que parcialmente federal, sob a hegemonia prussiana, e ofereceram reformas democráticas e partidárias limitadas para incorporar a burguesia. Os partidos burgueses notáveis hesitaram, mas perturbados pelo radicalismo operário jogaram seu peso atrás da ordem social, seguidos por grande parte da pequena burguesia. Os artesãos radicais estavam isolados, aumentando seu esquerdismo. Eles começaram a se descrever como *classe trabalhadora*, coordenando clubes de artesãos, sociedades educacionais e sindicatos locais e em contato por meio de exilados políticos com os socialistas europeus mais avançados. Mas eles eram uma pequena minoria, encalhados e reprimidos, incapazes de combater os estados ou de mobilizar a simpatia política para abortar seu militarismo. O Estado e as autoridades policiais locais foram assistidos pelos muitos postos de fronteiras internas, associações de trabalhadores controladas mais diretamente do que nos países para o oeste (LUDTKE, 1979). Os trabalhadores foram levados para a consciência de classe defensiva. Mas nas áreas prussiana e luterana eles também tinham internalizado a política relativamente nacional, estatista.

Quando a autoridade prussiana se institucionalizou seguramente, o regime relaxou um pouco. Na década de 1860, os sindicatos (que beneficiam principalmente as sociedades) e mesmo greves expressando interesses diretos dos trabalhadores foram legalizados pela maioria dos estados alemães, embora estreitamente supervisionados pela polícia (os trabalhadores agrícolas e domésticos não tinham tais direitos, mesmo depois de 1914). A consequente expansão dos sindicatos e das greves foi seccionalizada pelo artesanato e faccionalizada pela política e pela religião expressas regionalmente. Dos 70 mil membros do sindicato em 1870, 40% eram filiados a associações liberais; 40%, a associações socialistas; e 20% eram independentes ou católicos. Os partidos políticos dos trabalhadores surgiram na década de 1860 fora das associações educacionais, insubmissos ao fracasso liberal, para apoiar as demandas por cidadania civil e política plena. A introdução repentina do sufrágio universal masculino em 1867 teve o efeito pretendido pelo regime, diminuindo as tentativas liberais de incorporar trabalhadores. No entanto, era improvável que os trabalhadores organizados apoiassem os partidos do regime, e a representação proporcional teve a consequência imprevista de permitir que os partidos de trabalhadores avançassem gradualmente nas eleições. Os partidos de trabalhadores desenvolveram o socialismo reformista, mais tarde do que na França, mas muito antes do que na Grã-Bretanha ou nos Estados Unidos, e antes da formação dos sindicatos nacionais. Os partidos se uniram ao precursor do Partido Social-democrata em 1875 e depois ajudaram a federar sindicatos locais em uma federação sindical nacional. O partido estava adquirindo desde cedo sua influência nacional, estatista e implicitamente luterana sobre o trabalho.

Nesse momento, muita coisa ainda estava em aberto. Na criação do Reich, entre 1867 e 1871, a Prússia fez concessões aos liberais e aos direitos dos estados. Esse processo complexo tornou o regime invulgarmente consciente da classe alternativa e das estratégias nacionais. Apesar do sufrágio masculino universal, a monarquia prussiana conservou poderes formidáveis sobre o Reichstag, bem como sobre os *Länder* individuais (os antigos estados). O processo eleitoral democrático e de massa surgiu, mas o regime poderia escolher quais partidos admitir em seus conselhos. Os homens da classe trabalhadora tinham apenas cidadania política parcial, pois ainda tinham apenas uma cidadania civil parcial. Os social-democratas estavam agora ganhando as eleições em áreas urbano-industriais, mas o caráter marxista de seu partido não estava posto. O partido dos trabalhadores ainda poderia ser incorporado como uma *oposição leal* ao lado dos partidos burgueses e católicos, como na Grã-Bretanha e (mais tenuemente) na França.

Bismarck agora intervinha, por um tempo comandando conscientemente uma estratégia de regime de incorporação semiautoritária. Chanceler do Reich de 1871 a 1890, ele ofereceu um pacote misto de direitos do cidadão destinado a dividir e governar – para excluir trabalhadores radicais, minorias étnicas e separatistas do poder político enquanto neutralizava os liberais da classe média, os católicos e alguns trabalhadores. A política tinha quatro planos principais:

1) A extensão da hegemonia prussiano-alemã sobre a Europa Central distrairia a atenção da luta de classes interna. A expansão econômica também deveria ser identificada com a expansão militar do Estado. Isto é discutido no capítulo 21.

2) Bismarck dividiu os liberais, como descrito no capítulo 9. A maioria dos partidos burgueses notáveis foram incorporados ao regime, deixando apenas uns poucos liberal-radicais de fora, tentados a se aliar aos trabalhadores.

3) As leis antissocialistas restringiram a cidadania civil e política coletiva dos trabalhadores entre 1878 e 1890. O Partido Social-democrata, sua imprensa e praticamente todos os seus sindicatos maiores foram proibidos; no entanto, de acordo com a cidadania parcial político-militar conferida a todos os homens, eles puderam se organizar durante as campanhas eleitorais. Mas essa tática não funcionou de fato. O seccionalismo, que o regime de outra forma fomentava, foi desencorajado. Trabalhadores qualificados e não qualificados receberam o mesmo tratamento (ao contrário do direito ao voto concedido a proprietários de terras em países mais liberais). As exceções eleitorais também entregaram a hegemonia sobre os sindicatos aos social-democratas. Mesmo depois que as leis antissocialistas foram revogadas, os trabalhadores não tiveram cidadania civil plena. Os direitos de associação estavam incompletos, e as autoridades policiais e militares intervieram em disputas trabalhistas, quase sempre para os empregadores. O militarismo foi bastante institucionalizado. Embora os soldados es-

tivessem armados, sua força era mais ritual do que violenta. Como vimos anteriormente, poucos trabalhadores alemães foram realmente mortos em disputas trabalhistas, menos do que na França, muito menos do que nos Estados Unidos, ambos democracias masculinas. Essa foi uma incorporação autoritária, não repressão autocrática ou democrático-partidária. Por exemplo, copiando a legislação austríaca, a polícia tinha que ser notificada sobre reuniões de trabalhadores, e um policial estaria à mesa. Se ele sentisse a subversão, colocaria seu capacete. Esse era o sinal de que a reunião era agora ilegal e tinha que se dispersar. Quase sempre se dispersava. O capacete do policial, sentado visivelmente na mesa dos oradores, foi talvez *o* símbolo da incorporação semiautoritária dos trabalhadores.

A exclusão comum e a liderança dos socialistas mantiveram os artesãos e trabalhadores não qualificados juntos, incentivando concepções compartilhadas de identidade de classe, em um partido social-democrata cada vez mais marxista. O partido abraçou o marxismo estatista e ostensivamente revolucionário em seu Programa Erfurt de 1891. Embora os habituais monopólios de ofícios e as lutas internas *versus* externas ocorressem no emprego, os sindicatos não tinham uma organização seccional. A principal divisão era ideológica: entre grandes *sindicatos livres* socialistas (implicitamente luteranos), sindicatos católicos e *sindicatos amarelos* patrocinados pelos empregadores, uma expressão dos mercados internos de trabalho em indústrias pesadas. Poderia haver pouco sindicalismo: não houve evasão da aliança da monarquia, do militarismo e do capitalismo durante o período (SAUL, 1985).

4) Bismarck procurou diminuir o apelo da identidade de classe e do socialismo por meio de uma legislação que incorporasse uma cidadania social ostensiva. Os benefícios nacionais de doença foram introduzidos em 1883; o seguro de acidentes, em 1884; e o seguro de velhice e invalidez, em 1889. Como observado no capítulo 14, esse primeiro Estado social tinha cobertura restrita, destinada apenas a trabalhadores qualificados e àqueles privilegiados pelos mercados de trabalho internos da indústria pesada. Grandes empregadores já forneciam moradia e outros benefícios previdenciários para manter uma força de trabalho estável. A maioria apoiava a legislação. A colaboração entre os grandes industriais e as elites estatais (mencionada no capítulo 9) deu significado político ao seccionalismo do mercado de trabalho interno. O Partido Socialista, os sindicatos socialistas e as greves permaneceram concentrados entre os trabalhadores qualificados em pequenas e médias empresas até 1914, mais tarde do que em outros países. Nas maiores empresas, os trabalhadores estavam mais isolados da solidariedade de classe (embora a maioria dos protestantes votasse a favor dos social-democratas) pelos privilégios do mercado de trabalho interno. Bismarck foi explícito a respeito de suas políticas de bem-estar, argumentando que os níveis de pensão deveriam ser graduados de acordo com a renda porque isso "será mais útil para o empregador, uma vez

que unirá a classe superior de trabalhadores, ou seja, o apoio mais importante de toda empresa na segurança geral e assim incentivando o esforço para sua realização" (CREW, 1979: 127). A *classe superior de trabalhadores* poderia ter uma mínima *cidadania social seccional*.

Bismarck era um *estadista* raro, sensível ao escopo cada vez maior do Estado moderno, suas políticas geralmente entrelaçando estratégias nacionais e estrangeiras. Ele tirou suas quatro lições de política especialmente de sua percepção da fraqueza militar francesa revelada em 1870. Ao contrário de Napoleão III, ele levaria a maior parte da classe média e até mesmo alguns trabalhadores a apoiar o militarismo alemão. Se os pequeno-burgueses e os operários radicais ficassem sem aliados, eles poderiam desenvolver fantasias revolucionárias – mas seriam incapazes de implementá-las ou de enfraquecer o poder da Alemanha no exterior. Gall (1986) se impressiona com a coerência da estratégia de Bismarck, que ele rotula de *revolucionário branco*. Mas foi contraditória na postura que tomou em relação aos trabalhadores qualificados, e o próprio Bismarck a desvendou. Seu medo da autoridade rival da Igreja Católica e o incentivo ao separatismo do sul o levou a atacá-la, no *Kulturkampf*. Isso forçou os socialistas católicos à esquerda. Seu desprezo pelo Parlamento também o levou a intrigas golpistas a partir de 1888 e causou sua queda. Era difícil preservar a monarquia autoritária em uma sociedade semi-industrial sem se comprometer com, pelo menos, dois entre agricultores do campesinato, os da classe média e de importantes Igrejas minoritárias. Como o corporativismo fascista ainda não tinha sido inventado, as instituições parlamentares foram o preço.

Após a queda de Bismarck, a estratégia foi parcialmente restabelecida. O apoio católico e camponês ao regime foi restaurado, afetando o isolamento do trabalho e dos radicais étnicos e separatistas. Discuto isso mais adiante no capítulo 19. As leis antissocialistas foram revogadas como um fracasso; os socialistas puderam resistir à repressão com uma organização clandestina alimentada por eleições. Mas as restrições à cidadania civil dos trabalhadores, especialmente seus direitos de associação, permaneceram. O Estado socialista continuou em seu caminho bismarckiano, expandindo sua cobertura, mas insuficiente por si só para seccionar os trabalhadores que continuavam a experimentar a exclusão comum da cidadania civil e política.

Mas o Partido Social-democrata permaneceu isolado, sem aliados, tendo de fato a aliená-los. Seu produtivismo marxista dissuadia o apoio dos camponeses (cf. capítulo 19). Seu estatismo implicitamente luterano e a impiedade marxista alienaram a Igreja Católica, impedindo uma formidável aliança potencial entre os opositores do regime. Assim, a Igreja Católica passou a patrocinar seus próprios movimentos trabalhistas camponeses e mutualistas, esses últimos se tornando importantes entre os 20% a 25% dos trabalhadores que eram católicos. A identidade e o socialismo proletários ficaram isolados nos enclaves urbano-industriais luteranos. Mesmo em 1914, a Alemanha era apenas semi-industrial. Seu eleitorado foi dividido quase igualmente entre as classes agrária, média e trabalhadora, assim como 6,5: 3,5 entre as religiões protestante e católica. O Partido Socialista dominava a classe trabalhadora protestante e competia pelos votos dos trabalhadores católicos – elegendo assim muitos deputados – mas não conseguia influenciar o governo para que esse aplicasse políticas mutualistas ou reformistas. E, sem aliados, era incapaz de efetuar a revolução que formalmente abraçou.

Após a queda de Bismarck, alguns católicos e liberais, mesmo alguns poucos industriais, favoreceram a liberalização. A liberdade de associação – o último bastião da direita da cidadania civil individual – foi finalmente concedida em 1908. Com o aumento da filiação sindical, os sindicatos desenvolveram mais autonomia do Partido Socialista e favoreceram mais mutualismo (MOMMSEN, 1985). Mas o regime não favoreceu mais a conciliação e teve patrocínio constitucional suficiente para dividir os liberais que o fizeram. Encorajados pelos ministérios e autoridades policiais, a maioria dos empregadores continuou a dificultar a associação coletiva sindical, tornando assim as concessões de cidadania civil mais formais do que reais. Embora a tabela 18.1 mostre que os sindicatos estavam crescendo, com exceção dos sindicatos amarelos, poucos eram reconhecidos pelos empregadores. Os sindicatos ajudaram a administrar a ampliação dos benefícios da previdência social e tiveram reconhecimento de fato quando os empregadores foram forçados a negociar durante as greves. Mas havia poucos acordos de negociação coletiva (os números exatos variam; cf. SCHOFER, 1975: 137-164; STEARNS, 1975: 165, 180-181; CREW: 146, 218, 250-251; MOMMSEN, 1985: 382. • SPENCER, 1976, argumenta que em 1914 os defensores da negociação conciliatória estavam proliferando na região do Ruhr). Assim, o Partido Social-democrata e os sindicatos socialistas permaneceram fora do poder do Estado, sem aliados significativos, perturbados, mas isolados.

Os efeitos sobre os trabalhadores têm sido descritos com frequência (ROTH, 1963; MORGAN, 1975; GEARY, 1976; KOCKA, 1986; NOLAN, 1986; e vários ensaios em EVANS, 1982). Excluído, mas muito ampliado pela Segunda Revolução Industrial, o núcleo luterano marxista da classe trabalhadora se voltou para dentro para desenvolver uma subcultura socialista, organizando comunidades de trabalhadores com sociedades de corais, bandas, clubes de ginástica, bibliotecas e festivais. Essas eram principalmente atividades de lazer, mas também totalizavam a identidade do *Arbeiter* (trabalhador) em todas as atividades da vida (LIDTKE, 1985). Embora a maioria dos membros do sindicato fosse habilidosa, o seccionalismo foi desencorajado pelos socialistas e pela Comissão Central dos Sindicatos Livres. Os sindicatos mantiveram suas cabeças baixas e deixaram a maioria das questões de estratégias e alternativas para os partidos (SCHONHOVEN, 1985). Como em outros países onde a maioria dos homens foi efetivamente excluída da cidadania política, o Partido Socialista apoiou a soberania parlamentar universal e plena, incluindo a votação para as mulheres. Como as elites estatais defendiam com firmeza os valores patriarcais, o partido também tinha um programa familiar progressivo, embora suas associações locais permanecessem esmagadoramente masculinas (até 1908, o Estado proibiu mulheres e menores de idade de organização política). Embora o partido e a cultura da classe trabalhadora encarnassem as desigualdades normais de gênero do período, havia menos segregação entre os empregos (masculinos) e organização familiar e comunitária que eram a norma contemporânea. Um regime patriarcal manteve a sensação de uma totalidade intensiva do socialismo alemão.

O Partido Social-democrata evoluiu para uma poderosa força eleitoral, conquistando um terço dos votos e constituindo o maior partido do Reichstag até 1912, com sua política dominando os grandes sindicatos, expressando a retórica produtivista centralizada no Estado e com os objetivos de longo prazo do marxismo revolucionário. No entanto, não havia aliados para táticas extraparlamentares, nem mesmo para a reforma do Parlamento. Continuou fazendo aquilo no que era melhor, lutando nas eleições, mas em um sistema manipulado pelo regime. A "integração negativa", diz Roth, "permite que um movimento de massa hostil exista legalmente, mas impede que tenha acesso aos centros de poder" (1963: 8). A direita do partido favoreceu um leve reformismo e um compromisso com o regime – mas só foi obrigada durante o breve período de chancelaria de Caprivi e, ocasionalmente, sob Bethmann-Hollweg. Uma pequena ultraesquerda defendia a revolução, mas sem números e aliados contra um regime bem-equipado para a repressão. A maioria seguiu a centro-esquerda, favorecendo a revolução – porém mais adiante. Eventualmente a Alemanha se tornaria totalmente industrial, e os social-democratas se tornariam o partido majoritário. Como Kautsky o expressou, o partido tinha que se organizar *para* a revolução, não organizar *a* revolução.

O regime havia parcialmente se dirigido para uma estratégia semiautoritária, em parte conscientemente concebida, muito bem-sucedida, para incorporar os trabalhadores. Essa estratégia se desviou ainda mais do que os Estados Unidos do esquema evolutivo de cidadania de Marshall, porque o regime concedeu apenas cidadania civil e política parcial durante todo o período enquanto experimentava doses parciais e seccionais de cidadania social. Os trabalhadores, usando antolhos marxistas produtivistas e estatistas, contribuíram com sua própria inépcia para esse sucesso (mais documentado no capítulo 19). Dado o isolamento e a *integração negativa* do trabalho, não parecia haver um caminho óbvio para a democracia liberal ou social, como previsto por Marshall, ou para a revolução, como previsto por Marx ou Kautsky. Isso havia resultado do confronto de uma monarquia militar absoluta com classes que exigiam democracia partidária e com estados regionais e uma Igreja que exigiam descentralização. A Alemanha se distinguia menos por sua economia do que por suas cristalizações representativas e nacionais e, em menor grau, por seu militarismo doméstico bastante ritualizado. Na verdade, *capitalismo nacional autoritário* e *integração negativa* teriam sido inconcebíveis sem a aceleração da Segunda Revolução Industrial na Alemanha. Mas a revolução industrial comparável mais próxima ocorreu nos Estados Unidos, e essa desenvolveu relações de classe muito diferentes. As diversas formas de institucionalização da luta de classes no capitalismo avançado foram dadas menos pela industrialização do que pelas diversas cristalizações dos estados.

Outros países europeus

A maioria dos outros países industrializados caiu em algum lugar entre o semiautoritarismo da Alemanha e a democracia partidária da Grã-Bretanha e da França. A Áustria-Hungria foi de muitas maneiras como a Alemanha, reprimindo sindicatos e partidos de trabalhadores até 1891, transformando trabalhadores esquerdistas em um partido socialista marxista. Mas a monarquia enfrentou federalistas muito mais fortes. Esses também tiveram impacto nos trabalhadores, convertendo-os de um único movimento transnacional para muitos movimentos regional-nacionais (GULICK, 1948: 21-24; SHELL, 1962). Os regimes sueco e dinamarquês, centralizados, mas com nobreza fundiária e militar, já haviam concedido alguns direitos democráticos aos camponeses e liberais burgueses, e os trabalhadores emergentes aliados a ambos, e depois se direcionaram muito além do mutualismo britânico para a democracia social reformista (cf. capítulo 19). Os regimes semidemocráticos italiano e espanhol oscilaram de forma desigual em torno do modelo francês, embora com mais contestação *nacional*. No Japão, os restauradores meiji modificaram a estratégia alemã.

Em todos esses países, monarquias e antigos regimes tentaram reter poderes autoritários centralizados dentro de regimes semiparlamentares (sem sucesso na Escandinávia). A classe média não tinha sido tão completamente incorporada à democracia partidária como nos Estados Unidos, Grã-Bretanha, ou França, mas não foi totalmente excluída do Estado e reprimida, como na Rússia. Obviamente, esses países variavam muito. Em um extremo as burguesias regionalistas radicais ainda faziam exigências fundamentais em um Estado monárquico, como na Espanha ou (variando por nacionalidade regional) na Áustria-Hungria. Por outro lado, a burguesia foi incorporada em uma posição ainda mais dependente do Estado do que na Alemanha, como no Japão. O primeiro, um confederalismo exacerbado extremo, o segundo, um Estado-nação centralizado.

Como na Alemanha, podemos deduzir a maioria dos direitos trabalhistas a partir dessas cristalizações nacionais e de dupla representação. Em termos de classe, os movimentos trabalhistas não estavam nem parcialmente dentro do Estado (como nos Estados Unidos, Grã-Bretanha e França) nem totalmente excluídos e reprimidos militarmente (como na Rússia). Como o Sonderweg alemão imperial não era, de fato, *seu*, mas foi adaptado por grande parte da Europa e pelo Japão, sua viabilidade foi crucial para o desenvolvimento da sociedade moderna. Os efeitos sobre os trabalhadores foram profundos. Esses países desenvolveram um socialismo mais agressivo do que na Grã-Bretanha; uma estratégia mais consistente, unida e predominantemente política do que na França (embora a Espanha seja excepcional); e um movimento menos comprometido com a revolução do que na Rússia. Em toda parte, a organização de classes predominava sobre a seccional. Em todos os lugares, exceto na Espanha, o paralelo mais próximo foi a incorporação negativa da Alemanha Imperial: cidadania civil e política nominal e parcial, mas exclusão do Estado e integração negativa.

Uma exceção foi a Espanha, devido ao seu entrelaçamento distintivo de representação de classe com a questão nacional[41]. Na Espanha, o sindicalismo atingiu sua forma mais forte na Europa; e seu desenvolvimento no século XX tem sido anormal. Essa anormalidade pode ser explicada pelo meu modelo politicamente centrado? A resposta é positiva: o sindicalismo foi forte na Espanha principalmente por causa de sua constituição política distintiva, que incluía um conflito significativo de cidadania nacional-regional. Como na Áustria, surgiu a pergunta: de que Estado as classes deveriam exigir a cidadania?

A partir de 1876, a Espanha teve uma monarquia constitucional, um sufrágio formal (mas corrompido) de homens adultos e sindicatos legais (embora com as habituais restrições burguesas aos direitos de organização). Mas era economicamente retrógrado (como o nível de desenvolvimento da Rússia), sem uma burguesia extensiva. A luta política não era predominante entre classes, mas entre redes segmentares de patronos-clientes. Os partidos liberais e conservadores se alternavam no cargo, apoiados por uma mistura de frações de classe bancária e industrial e notáveis proprietários de terras, os caciques. Os notáveis do partido dispensaram o patronato segmentar, controlando os meios locais de violência, e recrutando clientes entre todas as classes. O padrão era comum em países na semiperiferia do capitalismo (MOUZELIS, 1986). Onde a classe trabalhadora emergente se encaixaria nisso? A política também continha ideologias de classe e de esquerda-direita, apelando especialmente aos radicais burgueses e seus inimigos. O movimento dos trabalhadores podia se apegar a esse radicalismo, desenvolvendo assim o socialismo moderado ao estilo francês ou britânico. Mas onde os caciques estavam firmemente arraigados, tais políticas não podiam movê-los. Trabalhadores e camponeses organizados ficaram desiludidos com a política nacional no seu conjunto, e voltaram-se para alternativas anarquistas e sindicalistas.

Essa possibilidade foi alimentada em grande parte pelo ressentimento regional em relação ao governo de Castela, às vezes equivalente ao separatismo nacionalista. Estratégias anarquistas e sindicalistas, virando as costas para o Estado central, tornaram-se plausíveis em partes da Espanha – o anarquismo em áreas rurais insatisfeitas, o sindicalismo em áreas industriais. Não alego conhe-

---

41. Esses parágrafos dependem principalmente de Malefakis (1970), que enfatiza demais a classe, e de Meaker (1974) e Giner (1984).

cimentos sobre as complexas diferenças entre as regiões espanholas, mas essas duas causas políticas – cidadania civil e política parcial antes do surgimento de organizações de classe extensivas, mais o separatismo regional – parecem ser responsáveis pela maioria das divisões faccionais no movimento de trabalhadores espanhóis entre o socialismo marxista e o sindicalismo. A Segunda Revolução Industrial entrou então numa forma regional distinta, acentuando a industrialização na Catalunha, reforçando o separatismo e o sindicalismo, e fortalecendo o socialismo estatista marxista em Castela e nas Astúrias. O cenário estava agora pronto para os trágicos movimentos socialistas divididos de 1917-1918 e 1936-1939. A Espanha se desvia em seus detalhes, mas não do meu modelo geral. A distintividade da luta de classes espanhola foi menos pelo processo de trabalho do que pela política contestada de cidadania nacional – nesse caso, como na Áustria-Hungria, a política de cidadania evocava *nacional* austeramente entrelaçado a conflitos de classe.

Conclusão

Não há necessidade de citar uma miríade de detalhes locais para apoiar o argumento geral deste capítulo: a luta de classes entre capital e trabalho se desenvolveu como uma transformação industrial similar entrelaçada, principalmente, com variações nas cristalizações políticas representativas, nacionais e civil-militares e, secundariamente, com várias formas de comunidades de trabalhadores. Nos capítulos 15, 17 e 18, apresento uma descrição em três partes da transformação industrial do trabalho do século XIX:

1) O capitalismo industrial gerou não um trabalhador coletivo, como Marx previa, mas três, competindo e se prejudicando entre si. Como Marx observou, surgiu ubiquamente entre os trabalhadores um senso tanto de identidade de *classe* quanto de um oponente de classe, a classe capitalista. Alguns trabalhadores poderiam até sentir que a classe dominava a totalidade de suas vidas e gerava concepções socialistas de uma sociedade alternativa (embora essas alternativas fossem bastante variadas). No entanto, a industrialização também incentivou dois outros trabalhadores coletivos menores, coletividades *seccionais* geradas por habilidades e poderes do mercado de trabalho, e interdependências *segmentares* entre trabalhadores e seus empregadores. As classes amplas e políticas se desenvolveram, mas apenas de forma imperfeita e em competição perene com o sectarismo e o segmentarismo.

2) Descrevi duas fases nas quais a identidade de classe foi reforçada. A primeira (capítulo 15) foi a (primeira) Revolução Industrial, mas apenas para a Grã-Bretanha. Essa foi uma coletivização peculiar, pois a revolução cultivou situações de emprego heterogêneas: fábricas, artesanato, trabalho de rua e trabalho doméstico, todos interpenetrados uns aos outros. Mas como quase todos os

estratos qualificados, bairros e membros da família foram afetados, isso fortaleceu um senso familiar de identidade da classe trabalhadora, fundindo emprego, família e comunidade local contra a exploração de fora. Segundo (capítulos 17 e 18), a Segunda Revolução Industrial chegou a todos esses países (quer tenham experimentado ou não uma primeira). Em todos os lugares, isso trouxe capital concentrado, a grande fábrica e a ofensiva desqualificação de artesãos pelos empregadores, ao mesmo tempo em que promovia os trabalhadores ocasionais para o emprego formal e as semiqualificações. Desenvolveu sindicatos mais amplos e trabalhadores enjaulados em suas próprias comunidades residenciais. Em resposta, os trabalhadores desenvolveram uma organização de classe extensiva e política evidenciando as tendências socialistas.

Por duas vezes surgiu uma *classe* trabalhadora. Mas seu surgimento foi limitado. Na primeira fase, ela se centrava nos artesãos; na segunda fase, nos metalúrgicos, mineiros e trabalhadores de transporte qualificados e semiqualificados nas grandes cidades. Fora desses núcleos – na primeira fase, em ofícios não ameaçados, na maioria das áreas rurais e entre os empregados domésticos; na segunda, em outras indústrias e cidades pequenas – a maioria dos trabalhadores ainda estava sob controle segmentar, inconsciente ou hostil às identidades de classe. Isso tornou os militantes cautelosos, conscientes de que tinham influência limitada sobre os eleitores de massa e ainda menos sobre as forças armadas. E mesmo no núcleo, o sindicalismo – e os controles seccionais do mercado de trabalho poderiam restringir a identidade e comprometer a oposição de classe. Durante o século XIX, os artesãos não desapareceram tanto, mas se transmutaram em trabalhadores qualificados. A principal fratura seccional agora estava entre trabalhadores qualificados *versus* trabalhadores semiqualificados e não qualificados. O mercado de força de trabalho interna se desenvolveu no núcleo, trazendo novas interdependências segmentares entre empregadores e trabalhadores e o seccionalismo entre estavelmente empregados, trabalhadores organizados contra trabalhadores desorganizados e trabalhadores ocasionais de fora. Quando esses foram definidos como fura-greves, o seccionalismo se tornou violento, mas também foi frequentemente dito ser socialista. Assim, a ascensão do proletariado industrial não foi apenas como uma classe, mas também como *seções* e *segmentos*. A batalha pelas identidades e almas dos trabalhadores continuou.

3) Tampouco, após a primeira fase, o emprego e a vida familiar-comunitária simplesmente se reforçaram mutuamente, como Marx esperava. Na Segunda Revolução, o emprego formal segregou as duas esferas da vida, mais ainda porque o emprego assalariado formal – especialmente em indústrias e estratos qualificados que geram a maioria dos sindicatos – se tornou predominantemente masculino. O trabalhador coletivo estreitou *sua* esfera, sua organização, sua consciência para se tornar centrado no emprego e produtivista. O socialismo se tornou menos preocupado com a totalidade da vida, menos capaz daquelas intensas mobilizações revolucionárias a que assistimos nos movimentos de

emprego-rua-comunidade da época burguesa e cartista anterior. Os marxistas tinham menos fervor moral, menos *moral imanente*, do que os cartistas ou jacobinos. Como veremos no capítulo 19, na maioria dos países o produtivismo e o estatismo também levaram a um segundo estreitamento crucial, o que impediu um apelo efetivo às populações agrárias.

Assim, o desenvolvimento econômico da força de trabalho foi ambíguo, talvez capaz de se transformar nos tipos de caminhos que Marx esperava, talvez rejeitando caminhos muito mais divididos ou conservadores. Como veremos, os trabalhadores se assemelhavam aos camponeses por serem politicamente maleáveis. Como os camponeses, eles recusaram muitos caminhos diferentes. As variações nos caminhos foram determinadas, mas pouco, pelas variações na industrialização capitalista. A Alemanha e os Estados Unidos, os dois líderes da Segunda Revolução Industrial, desenvolveram o maior e o menor partido socialista do mundo ocidental. A França, atrasada em sua industrialização, foi precoce no socialismo de seu movimento de trabalhadores.

Os determinantes decisivos das variações entre os movimentos trabalhistas foram as cristalizações de poder político, desencadeadas por lutas anteriores entre as monarquias militares e seus representantes e inimigos nacionais. Esses não eram inalteráveis; pois muitos estados se cristalizaram tardiamente como fortemente capitalistas, e muitos também começaram significativamente a se tornar mais civis. Mas haviam institucionalizado substancialmente diversas estratégias de regime para que os trabalhadores pudessem responder como atores de classe, seccionais ou segmentares e com diferentes formas de ideologia socialista. Quando regimes governantes confrontaram diretamente os trabalhadores como uma classe, houve quatro estratégias ou desvios principais, misturando diferentes graus de capitalismo, militarismo e representação:

1) O *militarismo autocrático* foi exemplificado pela Rússia czarista. Os trabalhadores uniformemente (embora não de forma totalmente consistente) tiveram a cidadania negada e foram reprimidos. Em resposta, o seccionalismo, o segmentarismo e as alternativas socialistas mais brandas fizeram um progresso apenas limitado e errático. Os trabalhadores russos se tornaram uma classe trabalhadora; seus militantes, marxistas revolucionários.

2) O *militarismo capitalista-liberal* foi exemplificado pelos Estados Unidos. A cidadania dos trabalhadores era altamente desigual. Embora as cidadanias civil e política individuais fossem firmemente institucionalizadas, os direitos civis coletivos eram restritos e ferozmente reprimidos. Como tal repressão era seletiva, as respostas dos trabalhadores se dividiam. O trabalho americano se tornou seccional e faccional, em vez de ser de classe, e predominantemente sem socialismo.

3) A *incorporação liberal-reformista* foi exemplificada pela Grã-Bretanha, e também incluiu os domínios brancos da Grã-Bretanha e da Holanda e Bélgica. A

França se assemelhava a isso, embora da forma complexa descrita anteriormente. O liberalismo capitalista não estava tão institucionalizado na Europa – a Suíça seria a mais próxima. A democracia liberal foi ampliada mais gradualmente, com maior atenção dada às classes (e propriedades). Os antigos regimes incorporaram as classes médias e os agricultores nas instituições soberanas da democracia partidária. Os partidos burgueses do regime viam a necessidade e muitas vezes até mesmo a vantagem de se comprometer seccional e segmentarmente com os trabalhadores, estrato por estrato, organização por organização, quando surgiram por meio da primeira e segunda revoluções industriais. Relutantes em empregar o militarismo doméstico, comprometeram-se entre o liberalismo e formas mutualistas e reformistas moderadas de socialismo operário e entre classes e formas seccionais de organização de trabalhadores. Mais tarde, os países escandinavos adotaram essa estratégia/tendência mais extrema na *incorporação reformista* em larga escala.

4) A *incorporação semiautoritária* foi exemplificada pela Alemanha Imperial, depois pela Áustria-Hungria e Japão (Itália e Espanha foram casos mistos entre essa e a incorporação liberal). Aqui, as monarquias sobreviveram ao primeiro encontro com burguesias, pequeno-burgueses e agricultores, sem conceder a democracia partidária soberana. Isso os dividiu com sucesso, incorporando a maioria ao regime, auxiliado por constituições semiparlamentares que institucionalizaram estratégias segmentares de divisão e de governo e moderaram o militarismo em demonstrações de força rituais. Os poucos pequenos radicais burgueses excluídos uniram forças com artesãos para formar partidos e sindicatos socialistas ostensivamente revolucionários. Seu isolamento e sua participação na democracia partidária limitada, no entanto, enfraqueceram seu poder de realizar qualquer alternativa revolucionária – ou, na verdade, qualquer alternativa reformista ou mutualista significativa.

Mas essas estratégias ou derivações não podem explicar inteiramente os resultados porque meus casos também acrescentaram cristalizações *nacionais* variáveis. Vamos considerar os dois resultados extremos em termos da presença ou ausência de identidades de classe e socialismo. A autocracia russa era altamente centralizada. Os trabalhadores vivenciaram uma tal totalidade *nacional* de repressão e exploração que desenvolveram um forte sentimento de classe e nacional de sua própria identidade e da identidade de seus opositores no emprego, na rua e na comunidade. Seus militantes se comprometeram com a alternativa socialista revolucionária que Marx havia esperado. Talvez suas aspirações revolucionárias pudessem ser reprimidas indefinidamente, mas o regime também alienou os liberais urbanos, os regional-nacionalistas e os camponeses e depois perdeu uma guerra de mobilização nacional. O proletariado e a nação se levantaram juntos para derrubá-lo. Os Estados Unidos foram o extremo oposto no resultado. Mas os Estados Unidos foram o caso seguinte mais severo de militarismo interno. Aqui a repressão foi exercida por uma combinação de capitalismo intenso e os dois extremos políticos opostos à Rússia, a democracia partidária e o federalismo. Funcionou porque reforçou os seccionalismos local-regionais, étnico-religioso, de qualificação e do mercado de trabalho interno. O socialismo americano se faccionalizou e depois se desintegrou. Esses dois casos extremos vieram a ter um significado crítico em meados do século XX, dominados por essas duas potências.

As consequências intermediárias também resultaram, em parte, de um entorno distintivo de cristalizações nacionais com cristalizações representativas. Na Alemanha houve uma exclusão parcial de trabalhadores, bastante mais considerada, da cidadania civil e política coletiva. Como na Rússia, essa identidade de classe se ampliou e o seccionalismo se enfraqueceu, mas o marxismo dos militantes foi um pouco comprometido por seu eleitoralismo. Além do mais, a classe foi substancialmente interseccionada por cristalizações nacionais contestadas. Embora essas reforçassem a identidade de classe entre luteranos e nortistas, enfraqueceram-na entre católicos e sulistas, pois enfraqueceram a possibilidade de uma aliança proletária de trabalhadores e agricultores. A classe trabalhista alemã era tão organizada e talvez tão socialista quanto Marx poderia desejar, mas era menor e pior liderada. De acordo com as cristalizações nacionais, mediadas pela inserção regional-religiosa da indústria e do trabalho, os movimentos trabalhistas eram às vezes altamente estatistas (como na Alemanha), às vezes altamente antiestatistas (como em partes da Espanha), na maioria das vezes compromissos complexos.

Como no caso dos camponeses, as cristalizações nacionais ajudam a dar sentido às diferenças *religiosas*. Por que os católicos deveriam ser muito mais resistentes ao socialismo do que os protestantes? Mais diretamente porque sua hierarquia eclesiástica os mobilizou a ser. Mas por quê? Talvez porque o socialismo, especialmente o marxismo, não tivesse Deus – mas isso deveria alienar todas as Igrejas. Talvez essa Igreja fosse também, em algum sentido geral, *conservadora*. Ela favorecia a hierarquia, mas depois também o luteranismo de Estado, que era propício aos socialismos de Estado da social-democracia e do marxismo (e mais tarde do fascismo) no norte da Europa, no sentido de que um número de pessoas de origem luterana se tornou social-democrata e marxista (ou mais tarde, na Alemanha, fascista).

Mas, além disso, a Igreja Católica era antiestatista em dois sentidos. Era uma organização de poder transnacional, e entrou na política *nacional* como defensora do *localismo-regionalismo*. Foi particularmente antiestatista nesse período porque praticamente todos os estados estavam se cristalizando como seculares e invadindo as duas áreas nas quais o poder local-regional da Igreja Católica residia principalmente: a educação e a família. A educação estatal e a lei civil, especialmente a família, eram o que ela temia. Portanto, a Igreja se opôs amargamente a todas as formas de estatismo centralizado – mais obviamente na França, mas também persistentemente em grande parte da Áustria, Alemanha e

Estados Unidos. O socialismo marxista apresentava outra alternativa estatista, e por isso a Igreja se opôs firmemente a ele. Assim, a Igreja poderia patrocinar seus próprios sindicatos protecionistas, economistas e até mutualistas. Encontramos uma tendência (embora não uma associação perfeita) para formas estatistas de socialismo – o marxismo e a social-democracia agressiva – terem se desenvolvido ou entre os luteranos do norte da Europa ou como parte de uma ofensiva secular do Estado-nação contra a dominação católica no sul da Europa. Inversamente, o protestantismo não estatista (como o não conformismo inglês ou a maioria das Igrejas protestantes americanas) foi associado à economia mais branda e ao mutualismo entre os trabalhadores. O capítulo 19 estende o argumento aos camponeses. As posturas políticas das Igrejas foram determinadas menos por seus dogmas formais, mais por serem Igrejas majoritárias ou minoritárias e se a identidade do Estado era religiosa ou secular. Nesse período, a política da Igreja era principalmente cristalizada em torno da questão nacional. E o fez ainda mais fortemente entre as classes agrárias.

Referências

AMINZADE, R. (1984). Capitalist industrialization and patterns of industrial protest. *American Sociological Review*, 49.

_____ (1981). *Class, Politics and Early Industrial Capitalism*. Albânia: State University of New York Press.

BAIN, G.S. & PRICE, R. (1980). *Profiles of Union Growth*. Oxford: Blackwell.

BAIROCH, P. et al. (1968). *The Working Population and Its Structure*. Bruxelas: Institut de Sociologie de l'Université Libre [em inglês e francês].

BELL, D. (1974). The problem of ideological rigidity. In: J.H.M. Laslett & Lipset, S.M. (orgs.). *Failure of a Dream?* Garden City, NY: Anchor Books.

BESANÇON, A. (1986). The Russian case. In: J. Baechler; A. Hall & M. Mann (orgs.). *Europe and the Rise of Capitalism*. Oxford: Blackwell.

BOLL, F. (1989). Changing forms of labour conflict: secular development or strike waves? In: L. Haimson & C. Tilly (orgs.). *Strikes, War and Revolution*. Cambridge: Cambridge University Press.

_____ (1985). International strike waves: a critical assessment. In: W.J. Mommsen & H.-G. Husung (orgs.). *The Development of Trade Unionism in Great Britain and Germany, 1880-1914*. Londres: German Historical Institute/Allen & Unwin.

BONNELL, V. (1983). *Roots of Rebellion*: Worker's Politics and Organizations in St. Petersburg and Moscow, 1900-1914. Berkeley: University of California Press.

BRECY, R. (1969). *La grève générale en France*. Paris: Études et Documentation Internationales.

BRIDGES, A. (1986). Becoming American: the working classes in the United States before the Civil War. In: I. Katznelson & A.R. Zolberg (orgs.). *Working--Class Formation*: Nineteenth Century Patterns in Western Europe and the United States. Princeton, NJ: Princeton University Press.

BRODY, D. (1960). *Steelworkers in America*: The Non-union Era. Nova York: Russell & Russell.

BURAWOY, M. (1984). Karl Marx and the satanic mills: factory politics under early capitalism in England, the United States and Russia. *American Journal of Sociology*, 90.

BURNHAM, W.D. (1970). *Critical Elections and the Mainspring of American Politics*. Nova York: Norton.

_____ (1965). The changing shape of the American political universe. *American Political Science Review*, 59.

COOK, C. & PAXTON, J. (1978). *European Political Facts, 1848-1918*. Londres: Macmillan.

COTTEREAU, A. (1986). The distinctiveness of working-class cultures in France, 1848-1900. In: I. Katznelson & A.R. Zolberg (orgs.). *Working-Class Formation*: Nineteenth Century Patterns in Western Europe and the United States. Princeton, NJ: Princeton University Press.

CREW, D.F. (1979). *Town in the Ruhr*: A Social History of Bochum, 1860-1914. Nova York: Columbia University Press.

CRONIN, J.E. (1989). Strikes and power in Britain, 1870-1920. In: L. Haimson & C. Tilly (orgs.). *Strikes, War and Revolution*. Cambridge: Cambridge University Press.

_____ (1985). Strikes and the struggle for union organization: Britain and Europe. In: W.J. Mommsen & H.-G. Husung (orgs.). *The Development of Trade Unionism in Great Britain and Germany, 1880-1914*. Londres: German Historical Institute/Allen & Unwin.

DUBOFSKY, M. (1974). Socialism and syndicalism. In: J.H.M. Laslett & S.M. Lipset (orgs.). *Failure of a Dream?* Garden City, NY: Anchor Books.

_____ (1969). *We Shall Be All*. Chicago: Quadrangle Books.

EDWARDS, P.K. (1981). *Strikes in the United States, 1881-1974*. Oxford: Blackwell Publisher.

EVANS, R.J. (org.) (1982). *The German Working Class, 1880-1933* – The Politics of Everyday Life. Londres: Croom Helm.

FINK, G.M. (1987). Labor, liberty, and the law: trade unionism and the problem of the American constitutional order. *Journal of American History*, 4.

_____ (1973). The rejection of voluntarism. *Industrial and Labor Relations Review*, 26.

FONER, E. (1984). Why is there no socialism in the United States? *History Workshop Journal*, 17.

FORBATH, W.E. (1989). The shaping of the American labor movement. *Harvard Law Review*, 102.

FRASER, W.H. (1974). *Trade Unions in Society*: The Struggle for Acceptance, 1850-1880. Londres: Allen & Unwin.

GALL, L. (1986). *Bismarck, The White Revolutionary*. Londres: Allen & Unwin.

GALLIE, D. (1983). *Social Inequality and Class Radicalism in France and Britain*. Cambridge: Cambridge University Press.

GEARY, D. (1976). The German labour movement, 1848-1919. *European Studies Review*, 16.

GINER, S. (1984). *The Social Structure of Catalonia*. Sheffield: Anglo-Catalan Society.

GOLDSTEIN, R.J. (1983). *Political Repression in Nineteenth Century Europe*. Londres: Croom Helm.

_____ (1978). *Political Repression in Modern America*. Cambridge, Mass.: Schenkman.

GOMPERS, S. (1967). *Seventy Years of Life and Labor*: An Autobiography. 2 vol. 2. ed. Nova York: Augustus M. Kelley.

GOSSEZ, R. (1967). *Les ouvriers de Paris* – Vol. I: L'organisation, 1848-1851. Paris: Bibliotheque de la Revolution de 1848.

GROB, G.N. (1961). *Workers and Utopia*. Evanston, Il.: Northwestern University Press.

GRÜTTNER, M. (1985). The rank-and-file movements and the trade unions in the Hamburg docks from 1896-97. In: W.J. Monnsen & H.-G. Husung (orgs.). *The Development of Trade Unionism in Great Britain and Germany, 1880-1914*. Londres: German Historical Institute/Allen & Unwin.

GULICK, C.A. (1948). *Austria from Habsburg to Hitler* – Vol. I: Labor's Workshop of Democracy. Berkeley: University of California Press.

HAIMSON, L.H. (1964-1965). The problem of social stability in urban Russia, 1905-1917. *Slavic Review*, 23 (1964), 24 (1965).

HALLE, D. (1984). *America's Working Man*: Work, Home, and Politics Among Blue-Collar Property Owners. Chicago: University of Chicago Press.

HANAGER, M.P. (1980). *The Logic of Solidarity*: Artisans and Industrial Workers in Three French Towns. Urbana: University of Illinois Press.

HARTZ, L. (1955). *The Liberal Tradition in America*. Nova York: Harcourt/Brace & World.

HIRSCH, S. (1978). *Roots of the American Working Class*. Filadélfia: University of Pennsylvania Press.

HOBSON, J. (1991). *The Tax Seeking State*: Protectionism, Taxation and State Structures in Germany, Russia, Britain and America, 1870-1914. Ph.D. thesis. London School of Economics and Political Science.

HOLT, J. (1977). Trade unionism in the British and U.S. steel industries, 1880-1914: a comparative study. *Labor History*, 18.

KATZNELSON, I. (1981). *City Trenches*: Urban Politics and the Patterning of Class in the United States. Nova York: Pantheon.

KOCHAN, L. (1966). *Russia in Revolution, 1890-1918*. Londres: Weidenfeld & Nicolson.

KOCKA, J. (1986). Problems of the working-class formation in Germany: the early years, 1800-1875. In: I. Katznelson & A.R. Zolberg (orgs.). *Working-Class Formation*: Nineteenth Century Patterns in Western Europe and the United States. Princeton, NJ: Princeton University Press.

KRADITOR, A.S. (1981). *The Radical Persuasion, 1890-1917*. Baton Rouge: Louisiana State University Press.

LASH, S. (1984). *The Militant Worker*: Class and Radicalism in France and America. Londres: Heinemann.

LASLETT, J.H.M. & LIPSET, S.M. (eds.) (1974). *Labor and the Left*. Nova York: Basic Books.

LEBERGOTT, S. (1984). *The Americans*: An Economic Record. Nova York: Norton.

LEFRANC, G. (1967). *Le Mouvement Syndical Sous la Troisième République*. Paris: Payot.

LENIN, V.I. (1970). *What Is to Be Done?* Manchester: Panther Books.

LEQUIN, Y. (1977). *Les ouvriers de la region lyonnaise (1848-1914)*. 2 vol. Lyon: Presses Universitaires de Lyon.

LIDTKE, V.L. (1985). *The Alternative Culture*: Socialist Labor in Imperial Germany. Nova York: Oxford University Press.

LIPSET, S.M. (1984). Radicalism or reformism: the sources of working-class politics. In: *Consensus and Conflict*: Essays in Political Sociology. New Brunswick, NJ: Transaction Books.

_____ (1977). Why no socialism in the United States? In: S. Bialer & S. Sluzar (orgs.). *Sources of Contemporary Radicalism*. Boulder, Col.: Westview.

LOWI, T.J. (1984). Why is there no socialism in the United States? – A federal analysis. In: R.T. Golembiewski & A. Wildavisky (orgs.). *The Cost of Federalism*. New Brunswick, NJ: Transaction Books.

LUDTKE, A. (1979). The role of state violence in the period of transition to industrial capitalism: the example of Prussia from 1815-1848. *Social History*, 4.

MALEFAKIS, E.M. (1970). *Agrarian Reform and Peasant Revolution in Spain*. New Haven, Con.: Yale University Press.

MANDEL, M. (1983). *The Petrograd Workers and the Fall of the Old Regime*. Londres: Macmillan.

MANN, M. (1988). Ruling class strategies and citizenship. In: *States, War and Capitalism*. Oxford: Blackwell.

MARKS, G. (1989). *Unions in Politics*: Britain, Germany, and the United States in the Nineteenth and Early Twentieth Centuries. Princeton, NJ: Princeton University Press.

McDANIEL, T. (1988). *Autocracy, Capitalism and Revolution in Russia*. Berkeley: University of California Press.

McKEAN, R. (1990). *St. Petersburg Between the Revolutions*. New Haven, Con.: Yale University Press.

MEAKER, G.H. (1974). *The Revolutionary Left in Spain, 1914-1923*. Stanford, Cal.: Stanford University Press.

MITCHELL, B.R. (1983). *International Historical Statistics* – The Americas and Australasia. Detroit: Gale Research.

MOMMSEN, H. (1985). The free trade unions and social democracy in imperial Germany. In: W.J. Monnsen & H.-G. Husung (orgs.). *The Development of Trade Unionism in Great Britain and Germany, 1880-1914*. Londres: German Historical Institute/Allen & Unwin.

MONTGOMERY, D. (1980). Labor and the republic in industrial America: 1860-1920. *Le Mouvement Social*, 111.

_____ (1979). *Workers' Control in America*. Cambridge: Cambridge University Press.

_____ (1967). *Beyond Equality*. Nova York: Knopf.

MOORE JR., B. (1973). *Social Origins of Dictatorship and Democracy*. Harmondsworth, Middlesex: Penguin.

MORGAN, D.W. (1975). *The Socialist Left and the German Revolution*. Ithaca, NY: Cornell University Press.

MOSS, B.H. (1976). *The Origins of the French Labor Movement, 1830-1914*: The Socialism of Skilled Workers. Berkeley: University of California Press.

MOUZELIS, N. (1986). *Politics in the Semi-Periphery*: Early Parliamentarianism and Late Industrialization in the Balkans and Latin America. Nova York: St. Martin's Press.

MOWRY, G.E. (1972). *The Progressive Era, 1900-20*. Washington, DC: American Historical Association.

NOLAN, M. (1986). Economic crisis, state policy, and working-class formation in Germany, 1870-1900. In: I. Katznelson & A.R. Zolberg (orgs.). *Working-Class Formation*: Nineteenth Century Patterns in Western Europe and the United States. Princeton, NJ: Princeton University Press.

NOLAND, A. (1956). *The Founding of the French Socialist Party, 1893-1905*. Cambridge, Mass.: Harvard University Press.

PERLMAN, S. (1928). *A Theory of the Labor Movement*. Nova York: Macmillan.

PERROT, M. (1986). On the formation of the French working class. In: I. Katznelson & A.R. Zolberg (orgs.). *Working-Class Formation*: Nineteenth Century Patterns in Western Europe and the United States. Princeton, NJ: Princeton University Press.

_____ (1974). *Les ouvriers en grève*. Paris: Menton.

RAYBACK, J.G. (1966). *A History of American Labor*. Nova York: Free Press.

RIDLEY, F.F. (1970). *Revolutionary Syndicalism in France*. Cambridge: Cambridge University Press.

ROGIN, M. (1961-1962). Voluntarism: the political functions of an antipolitical doctrine. *Industrial and Labor Relations Review*, 15.

ROKKAN, S. (1970). *Citizens Elections Parties*. Oslo: Universitetsforlaget.

ROTH, G. (1963). *The Social Democrats in Imperial Germany*. Totowa, NJ: Bedminster Press.

RUESCHEMEYER, D.; STEPHENS, E. & STEPHENS, J. (1992). *Capitalist Development and Democracy*. Chicago: University of Chicago Press.

SAUL, K. (1985). Repression or integration? – The state, trade unions and industrial disputes in imperial Germany. In: W.J. Mommsen & H.-G. Husung (orgs.). *The Development of Trade Unionism in Great Britain and Germany, 1880-1914*. Londres: German Historical Institute/Allen & Unwin.

SCHOFER, L. (1975). *The Formation of a Modern Labor Force*: Upper Silesia, 1865-1914. Berkeley: University of California Press.

SCHONHOVEN, K. (1985). Localism – craft union – industrial union: organizational patterns in German trade unions. In: W.J. Mommsen & H.-G. Husung (orgs.). *The Development of Trade Unionism in Great Britain and Germany, 1880-1914*. Londres: German Historical Institute/Allen & Unwin.

SEWELL JR., W. H. (1986). Artisans, factory workers, and the formation of the French working class, 1789-1848. In: I. Katznelson & A.R. Zolberg (orgs.). *Working-Class Formation*: Nineteenth Century Patterns in Western Europe and the United States. Princeton, NJ: Princeton University Press.

SHEFTER, M. (1986). Trade unions and political machines: the organization and disorganization of the American working class in the late nineteenth century. In: I. Katznelson & A.R. Zolberg (orgs.). *Working-Class Formation*: Nineteenth Century Patterns in Western Europe and the United States. Princeton, NJ: Princeton University Press.

SHELL, K.L. (1962). *The Transformation of Austrian Socialism*. Nova York: University Publishers.

SHORTER, E. & TILLY. C. (1974). *Strikes in France, 1830-1968*. Cambridge: Cambridge University Press.

SKLAR, M.J. (1988). *The Corporate Reconstruction of American Capitalism, 1890-1916*. Cambridge: Cambridge University Press.

SKOWRONEK, S. (1982). *Building a New American State*: The Expansion of National Administrative Capacities, 1877-1920. Cambridge: Cambridge University Press.

SLOTKIN, R. (1985). *The Fatal Environment*: The Myth of the Frontier in the Age of Industrialization, 1800-1890. Nova York: Atheneum.

SMITH, S.A. (1983). *Red Petrograd*: Revolution in the Factories, 1917-18. Cambridge: Cambridge University Press.

SOMBART, W. (1976). *Why is there no Socialism in the United States?* Londres: Macmillan.

SPENCER, E.G. (1976). Employer response to unionism: Ruhr coal industrialists before 1914. *Journal of Modern History*, 48.

STEARNS, P. (1975). *1848*: The Revolutionary Tide in Europe. Nova York: Norton.

SWAIN, G. (1983). *Russian Social Democracy and the Legal Labour Movement, 1906-14*. Londres: Macmillan.

TAFT, P. & ROSS, P. (1970). American labor violence: its causes, character and outcome. In: H.D. Graham & T.R. Gurr (orgs.). *Violence in America*. Nova York: Praeger.

TENFELDE, K. (1985). Conflict and organization in the early history of the Gennan trade union movement. In: W.J. Mommsen & H.-G. Husung (orgs.). *The Development of Trade Unionism in Great Britain and Germany, 1880-1914*. Londres: Gennan Historical Institute/Allen & Unwin.

TRAUGOTT, M. (1988). The crowd in the French Revolution of February, 1848. *American Historical Review*, 93.

ULMAN, L. (1955). *The Rise of the National Trade Union*. Cambridge, Mass.: Harvard University Press.

WEINSTEIN, J. (1984). *The Decline of Socialism in America, 1912-1925*. 2. ed. New Brunswick, NJ: Rutgers University Press.

_____ (1967). *The Decline of Socialism in America, 1912-1925*. Nova York: Monthly Review Press.

WIEBE, R.H. (1967). *The Search for Order, 1877-1920*. Nova York: Hill & Wang.

WILENTZ, S. (1984). Against exceptionalism: class consciousness and the American labor movement, 1790-1920. *International Labor and Working Class History*, 26.

WOODIWISS, A. (1990). *Rights v. Conspiracy*: A Sociological Essay on the History of American Labour Law. Oxford: Berg.

WUTHNOW, R. (1989). *Communities of Discourse* – Ideology and Social Structure in the Reformation, the Enlightenment, and European Socialism. Cambridge, Mass.: Harvard University Press.

19
A luta de classes na Segunda Revolução Industrial (1880-1914) III
O campesinato

Tem havido pouco trabalho comparativo sobre as classes agrárias. Embora os trabalhadores tenham sido exaustivamente estudados, os camponeses foram em grande parte esquecidos. No entanto, em quase todos os países, os agricultores constituíram o maior grupo populacional, o maior bloco eleitoral e a maioria dos soldados. Este capítulo[42] compara as lutas das classes agrárias em quatro dos cinco países nos quais me concentrei, mais a Rússia e os países escandinavos da Dinamarca, Noruega e Suécia – as adições me permitem representar adequadamente a política agrária *esquerdista*. O país que falta é a Grã-Bretanha. A maioria das teorias de estratificação de Marx em diante foi baseada na experiência britânica. A tabela 19.1 mostra como isso é enganoso.

Vemos que a Grã-Bretanha (excluindo sua colônia irlandesa) permaneceu desviante ao longo do século XIX e início do século XX. Em 1911, apenas 9% de sua força de trabalho estava na agricultura, menos de um terço da porcentagem de qualquer outra grande potência (a Bélgica, a menor potência, tinha a segunda mais baixa, com 23%). Nas outras duas economias mais avançadas, a Alemanha e os Estados Unidos, a força de trabalho da manufatura e da mineração estava apenas então ultrapassando a agrícola e isto não havia ocorrido em qualquer outro lugar além da Grã-Bretanha e da Bélgica. Enquanto a agricultura era insignificante nas relações de classe britânicas do início do século XX, isso não era verdade em qualquer outro lugar. O resultado das lutas traçadas nos capítulos anteriores entre o capital, a força de trabalho e a classe média seria decisivamente alterado pelos trabalhadores agrários. Para teorizar adequadamente as relações de classe modernas, devemos analisar as populações agrárias.

Mas três obstáculos têm bloqueado uma teoria geral da política agrária. O legado de Marx tem sido desastroso. Ele esperava que as populações agrárias declinassem, como na Grã-Bretanha. Elas acabaram por fazê-lo, mas somente em

---

42. A pesquisa para este capítulo foi feita em conjunto com Anne Kane, a quem estou muito grato. Publicamos um artigo conjunto mais completo sobre nossa pesquisa (cf. KANE & MANN, 1992).

meados do século XX, depois que as relações capital-trabalho foram em grande parte institucionalizadas. Ele também considerava os camponeses, de forma equivocada, como incapazes de organização de classe. Seus erros ajudaram os socialistas a cometerem erros políticos devastadores, como veremos. Em segundo lugar, um viés antiagrário dominou a maior parte do pensamento ocidental, vendo os agricultores como conservadores e tradicionais, resistindo à modernização e condenados à lata de lixo da história (GERSCHENKRON, 1943; MOORE, 1973; WEBER, 1978; JENKINS, 1986). Em terceiro lugar, a política agrária tem sido na realidade diversa, oferecendo uma tarefa formidável à teoria. Que estrutura teórica pode integrar seu clericalismo, monarquismo, fascismo, populismo, republicanismo, social-democracia, anarquismo e comunismo?

Tabela 19.1 Distribuição da força de trabalho nacional por setor (percentual em cada setor)

Nação	Ano	Agricultura[a]	Manufatura	Serviços	Total
Grã-Bretanha	1871	15	47	38	100
	1911	9	52	40	100
França	1866	45	29	27	100
	1911	41	33	26	100
Dinamarca	1870	48	22	13	83[b]
	1911	42	24	30	96
Alemanha	1871	49	29	22	100
	1910	36	37	27	100
Estados Unidos	1870	50	25	25	100
	1910	31	32	37	100
Suécia	1870	61	8	12	81[b]
	1910	46	26	14	96
Áustria	1869	65	19	16	100
	1910	57	24	19	100
Hungria	1870	70	9	21	100
	1910	64	18	15	100
Rússia	1897	59	14	25	100

a) Agricultura inclui a silvicultura e a pesca.
b) Os números do censo dinamarquês e sueco contêm grandes números de ocupações *inadequadamente descritas*, especialmente nos primeiros anos.

Fontes:
• Áustria: Kausel (1979: 698).
• Alemanha: números de 1871, de Fischer et al. (1982: 52); todos os outros números, de Bairoch et al. (1968).

A teoria se desenvolveu melhor na economia do que na política, e melhor no Terceiro Mundo do século XX do que no Ocidente. Linz (1976), Paige (1976), Sorokin et al. (1930), Stinchcombe (1961) e Wolf (1969) analisaram principalmente os interesses econômicos modernos do Terceiro Mundo, as capacidades coletivas e as respostas à comercialização global. No entanto, como tenho enfatizado ao longo do tempo, as batalhas de classe foram também políticas. Algumas visavam as principais exigências políticas do período, tributação e recrutamento militar, mas as questões econômicas também se tornaram políticas, pois os partidos procuravam capturar os estados – central, regional e local – para atingir seus objetivos. Assim, as cristalizações políticas também estruturaram os movimentos agrários. Embora esses escritores admitam que as variáveis econômicas são insuficientes para explicar os resultados, eles tratam a política como influências *externas* (WOLF, 1969: 290-291; PAIGE, 1976: 43, 47) ou as acrescentam como detalhes empíricos (LINZ, 1976). Outros teorizam a política, mas tratam apenas da política de classe (MOORE, 1973; RUESCHEMYER; STEPHENS & STEPHENS, 1992). Argumentarei que as variações na política agrária resultaram principalmente em cristalizações político-partidárias e nacionais entrelaçadas, estruturando assim, de forma decisiva, nosso mundo moderno.

Classes agrárias

Eu identifico três classes agrárias principais. Nesta seção, analiso seus interesses e poderes econômicos. Na seção seguinte, avalio o impacto sobre elas da dinâmica agrária do período da Segunda Revolução Industrial, a comercialização global do capitalismo. Finalmente, examino como as relações de poder político se entrelaçam com estas relações econômicas. As classes são:

1) *Os latifundiários* – Nobres, aristocracia ou plebeus – possuem grandes extensões de terra e empregam força de trabalho em escala moderada a grande.

2) Os pequenos proprietários de fazendas – em terminologia europeia continental, *camponeses* – geralmente possuem suas terras e utilizam a força de trabalho de sua própria família.

3) Os *trabalhadores sem-terra*, que trabalham para a classe 1 e ocasionalmente para a classe 2, podem ser casuais, sazonais ou permanentes, assalariados ou pagos em espécie, livres ou forçados a trabalhar para pagar dívidas.

Duas advertências: primeiro, o arrendamento cria posições intermediárias. Os arrendatários que possuem posse segura e privilégios legais convergem para a classe 1 ou classe 2, de acordo com o tamanho da terra arrendada e se eles empregam força de trabalho. Por outro lado, os arrendatários com menor segurança ou cuja pobreza ameaça a perda dos direitos de arrendatários estão mais próximos dos trabalhadores sem-terra. Em segundo lugar, os camponeses são heterogêneos, variando desde agricultores mais ricos e orientados para o mercado até *microprodutores* de subsistência. A maioria dos camponeses mais ricos contrata trabalhadores, talvez sazonalmente, de fora de sua família; enquanto os camponeses mais pobres se oferecem, livremente, ou para pagar dívidas, ou em termos de cultivo compartilhado, para os agricultores mais ricos, bem como trabalhando em seus pequenos lotes. Levo em conta os arrendatários e os microprodutores.

Duas das três classes não me prenderão por muito tempo. Os interesses e poderes da classe 1 eram diretos. Os latifundiários e senhores de terra estavam no centro dos regimes governantes europeus (antigos e novos); eles dominavam o sul americano e influenciavam os grandes partidos empresariais de outras regiões. Por toda parte eles organizavam *partidos da ordem* conservadores, dedicados a preservar as relações de propriedade e a se opor à democracia (RUESCHEMEYER; STEPHENS & STEPHENS, 1992).

Os interesses e poderes da classe 3, os trabalhadores sem-terra, também são fáceis de entender, apesar de serem contraditórios. Eles eram proletários, empregados por grandes agricultores, geralmente explorados de forma transparente, sofrendo com baixos salários, autoridade arbitrária e escassez de direitos legais. A maioria dos partidos socialistas que funcionavam no interior concentrava seus esforços entre eles. Mas os trabalhadores eram fracos na organização coletiva – territorialmente dispersos; pouco alfabetizados; vivendo e trabalhando sob controle direto do empregador, muitas vezes acomodados em sua fazenda, às vezes como servos cativos; e sujeitos ao controle segmentar do agricultor sobre a caridade local, a Igreja, a magistratura e o governo. Embora fossem uma classe latente, os trabalhadores sem-terra raramente formavam uma classe extensiva ou política.

O capítulo 15 endossa a explicação de Newby (1977) de como a consciência segmentar controlava mais a *deferência* do que a consciência de classe: os trabalhadores rurais obtiveram seus desejos por meio dos fazendeiros, não contra eles, e assim desenvolveram e internalizaram estratégias deferenciais de apelo a eles. Os agitadores socialistas do vilarejo podiam na verdade ameaçar o sucesso da deferência. Trabalhadores (e agricultores arrendatários) podem se identificar mais como membros de uma comunidade de aldeia ou de propriedade de classe cruzada do que como membros de uma classe. As identidades de classe e a política radical geralmente emergiam em meio ao senhorio ausente, onde os trabalhadores e arrendatários tinham autonomia local, especialmente no cultivo compartilhado comum no sul da Europa (cf., p. ex., MALEFAKIS, 1970, sobre a Espanha). Nos países em discussão, isso ocorreu apenas no sudeste da França e nos estados do oeste da América – e gerou radicalismo. O proletariado rural permaneceu predominantemente uma classe latente, a menos que os controles segmentares dos proprietários fossem removidos.

A classe 2, os proprietários camponeses, é o problema. Sua posição econômica em relação a outras classes não é clara. Embora a maioria dos camponeses tenha um forte senso de identidade coletiva, distinto dos grandes proprietários de terras, dos trabalhadores sem-terra e das classes urbanas, eles não têm um oponente de classe inerente num sentido marxista centrado na produção, porque sua produção é autônoma. A maior parte da exploração produtiva ocorre dentro da família, normalmente pelo homem mais velho. A maioria dos microprodutores experimentou alguma exploração de força de trabalho, embora isso raramente tenha se configurado em uma identidade de classe total (pois eles também eram proprietários).

No entanto, uma análise de classe weberiana, baseada em lutas de crédito em mercados e não em lutas de produção, pode ser mais aplicável aos camponeses. Weber acreditava que a classe havia sido historicamente transformada: de lutas por "crédito de consumo para [primeiramente] lutas competitivas no mercado de bens e depois em disputas salariais no mercado de trabalho". Historicamente, "camponeses e [...] artesãos [eram] ameaçados pela servidão por dívida e pela luta contra credores urbanos" (1978, volume II: 931). Como veremos, isso continuou por mais tempo do que Weber esperava.

Os camponeses do final do século XIX experimentaram uma grande exploração de crédito e preços – sobre empréstimos e execuções hipotecárias, sistemas de garantia de colheitas, preços exigidos pelas corporações monopolistas – colocando-os como uma classe devedora contra a classe credora capitalista. Marx também observou que isso ocorria entre os camponeses franceses do século XIX, ameaçando a proletarização. Mas ele enfraqueceu isso de forma célebre em *O 18 de brumário*, duvidando de sua capacidade de organização como uma classe. Os camponeses, embora semelhantes uns aos outros, não eram interdependentes, argumentou ele. Seu modo de produção os separava uns dos outros – a *mera interconexão local* tornava os camponeses como batatas num saco de batatas, grandes mas sem forma e inertes, incapazes de se organizarem em classe. Isso é falso. Os camponeses se organizaram de forma muito eficaz (como argumenta WOLF, 1969).

No entanto, independentemente do interesse de sua classe, as três classes agrárias também compartilham uma identidade *setorial*. Todas elas são vulneráveis ao clima e às doenças do cultivo. Elas estão *mais próximas do solo*, com toda a ressonância subcultural e ideológica dessa expressão. Elas estão territorialmente segregadas em aldeias, o que lhes dá uma organização e política *local-regional* distinta. Enquanto a maioria dos trabalhadores industriais se organizava por comércio ou empresas, as populações rurais se organizavam por comunidade e localidade. Veremos que isso manteve as clivagens religiosas e políticas centro-periferias de Rokkan (1970) relevantes muito além do tempo que ele imaginava, no século XX. Finalmente, as populações agrárias europeias (embora não as americanas) eram mais tradicionais, com relações muito mais antigas e institucionalizadas com antigos regimes e Igrejas do que as populações urbanas-industriais. A política rural estava mais preocupada, positiva ou negativamente, com o Antigo Regime e o clericalismo.

O setorialismo coloca os agricultores como produtores contra os consumidores urbanos-industriais. Os agricultores têm interesse nos preços altos dos alimentos; os industriais urbanos nos preços baixos – diferenças que eram facilmente politizadas, já que os preços eram ajustáveis pelos suportes de preços, impostos e tarifas. No entanto, os agricultores geralmente compram alguns produtos agrícolas e todos os mercados agrários raramente variam juntos. Quando os produtores de grãos buscam proteção, os produtores de raízes, vinho ou laticínios podem procurar mercados abertos. Assim, os interesses econômicos setoriais tendem a ser de âmbito mais restrito. No entanto, os agrários habitam uma subcultura diferente da dos industriais urbanos. Se seus interesses econômicos entrassem em conflito, as diferenças ideológicas poderiam ampliá-los rapidamente.

É, portanto, difícil deduzir qualquer identidade ou política coletiva *necessária* das classes e setores agrários, além do conservadorismo dos fazendeiros. A mais óbvia divisão de classes marxiana, entre grandes agricultores e força de trabalho sem-terra, foi a mais difícil de organizar. Outras linhas de conflito parecem ambíguas. O que Rokkan chamou de conflito terra *versus* indústria é especialmente ambíguo – na verdade uma mistura de luta de classe de crédito e luta setorial produtor-consumidor, cada uma das quais podendo alinhar camponeses contra diferentes oponentes. Eles assim fizeram quando a transformação global do capitalismo impactou agricultura do final do século XIX.

A comercialização global da agricultura

À medida que o Ocidente se comercializava, urbanizava e industrializava, a agricultura o alimentou com produtos e pessoas. Depois das ferrovias (a partir dos anos de 1840) e dos navios a vapor (a partir dos anos de 1870), até mesmo as minas terrestres continentais puderam ser integradas comercialmente. O desenvolvimento favoreceu os agricultores com capital de investimento e assim a estratificação rural se intensificou. Os fazendeiros e os camponeses mais ricos ampliaram suas terras em detrimento das terras comuns, dos camponeses pobres e da Igreja. Como Tilly (1979) observa, a maior parte da proletarização na Revolução Industrial ocorreu na agricultura. Os trabalhadores sem-terra forneciam migrantes para a indústria e para o exterior. A indústria rural e os ofícios manuais declinaram à medida que a produção se concentrava nas cidades (isso aconteceu menos na França e na Suécia, com importantes consequências). A sociedade rural se polarizou mais rapidamente do que a polarização urbano-industrial prevista pelo *Manifesto comunista*.

Mas então a polarização parou. Entre 1860 e 1880, os censos e as comissões revelavam que os camponeses não estavam desaparecendo como se esperava. Isso produziu a melhor análise de classe contemporânea, *A questão agrária*

(1899; 1988) de Karl Kautsky. Kautsky viu que o trabalho doméstico dos camponeses poderia ser explorado mais do que o trabalho gratuito. As famílias camponesas sobreviveram às crises econômicas, trabalhando mais e consumindo menos, de modo a manter suas terras. Sua autoexploração – na verdade era exploração patriarcal, com os chefes de família masculinos explorando o subconsumo por mulheres, homens mais jovens e crianças – e sua relutância em vender suas terras levaram o marxista russo Chayanov a proclamar um novo *modo de produção camponesa*. No entanto, Kautsky também observou que os lares camponeses não eram autônomos: sua produção estava entrelaçada com o capitalismo. O proprietário muito pequeno ou aldeão e a família dual de camponeses e trabalhadores realizavam trabalho diário em uma fazenda maior ou na indústria enquanto produziam parte de sua subsistência (e talvez um pouco de produto comercializável) nos lotes de suas próprias casas. A pequena fazenda também criava trabalhadores migrantes e casuais e recrutas do exército. Uma relação simbiótica se desenvolveu entre a família camponesa, o capitalismo e o estado militar. Kautsky permaneceu um marxista ortodoxo, esperando que o emprego agrícola definhasse diante do emprego industrial. Mas ele viu que a polarização rural havia terminado.

Os argumentos de Kautsky estavam corretos, até mesmo sóbrios. Havia também razões positivas para o florescimento dos camponeses. A concentração da propriedade da terra tinha limites de custo e eficiência. Em sua tese de 1894, Weber chamou atenção para os senhores prussianos junker forçados a vender terras aos camponeses a fim de levantar capital para investir no restante de suas propriedades. Além disso, à medida que a indústria competia por força de trabalho, os salários agrícolas subiam. Os trabalhadores rurais podiam economizar e investir em pequenas propriedades; e os salários anuais pagos dos fazendeiros ficaram mais altos do que os dos camponeses que exploravam suas famílias (GRANTHAM, 1975). Muitos alimentos tinham o mesmo custo de produção em pequenas propriedades e em fazendas agrícolas. Isso era menos verdadeiro para os grãos básicos – e, portanto, para os agricultores do meio-oeste americano – mas os camponeses europeus podiam se especializar em culturas de raízes (como na Alemanha Ocidental; PERKINS, 1981), produtos lácteos (Dinamarca), ou na vinha (sul da França; SMITH, 1975). Os camponeses também poderiam formar cooperativas para comprar máquinas e processar e distribuir produtos, outra organização que refutava a metáfora do *saco de batata* de Marx. Em 1900, a maioria das grandes propriedades não era de economias agrárias avançadas, como nas primeiras visões de desenvolvimento, mas atrasada e reacionária – na Europa ao leste do Elba, Rússia, sul da Itália e Espanha, e no sul dos Estados Unidos. Em regiões avançadas, a economia de fazendas, camponeses e trabalhadores sem-terra estava conjuntamente ligada aos setores industriais e financeiros mais avançados.

Isso levou a duas políticas rurais alternativas: o populismo de classe e o segmentarismo setorial. À medida que os agricultores se envolviam no capitalismo global, os conflitos de crédito se intensificavam. Os empréstimos aumentavam a garantia da terra (se proprietário) ou da colheita (se arrendatário). Nos estados de pradarias dos Estados Unidos, os agricultores hipotecaram terras para comprar ações nas ferrovias, a essência de suas capacidades de comercialização. Mas o conluio entre empresas ferroviárias e bancos causava prejuízos em seus investimentos, ameaçando a execução da hipoteca. Os pequenos agricultores tomaram emprestado dos grandes fazendeiros e dos bancos. Os arrendatários foram forçados a aderir à penhora de sua colheita ou a sistemas de cultivo compartilhado. Os camponeses mais pobres eram os mais ameaçados, especialmente onde a herança divisível fragmentava a posse da terra. Os camponeses viram que a exploração era feita por grandes capitais urbanos e rurais. Eles exigiam o cancelamento ou alívio de dívidas, crédito em condições favoráveis e a regulamentação de bancos, empresas ferroviárias e fornecedores corporativos de fertilizantes e máquinas. Isso é populismo de classe; um conflito de classe weberiano baseado em crédito e relações de mercado, colocando o *povo* contra o capitalismo corporativo, unindo potencialmente camponeses e trabalhadores, com oponentes similares, em uma aliança de esquerda.

Mas a concorrência de mercado também intensificou a identidade setorial entre os agricultores. As depressões agrícolas foram rapidamente exportadas, pois os produtores foram forçados a reduzir os preços. Melhorias em outro continente poderiam inundar os mercados locais com mercadorias mais baratas, como aconteceu na Europa por volta de 1880 com grãos americanos e carne bovina argentina. A especialização aumentou a vulnerabilidade às mudanças nos mercados de produtos. E se um desastre natural ocorresse (como o besouro filoxera que assolou as vinhas francesas na década de 1880) ou se os concorrentes estrangeiros aumentassem sua eficiência (à medida que os agricultores americanos melhoravam as técnicas de moagem na década de 1880 para desvalorizar o centeio prussiano)? Havia um remédio político: a proteção do Estado contra as forças do mercado por meio de subsídios, empréstimos e tarifas. Mas as tarifas agrárias convidavam à retaliação estrangeira, prejudicando os produtores de outros bens, assim geralmente eram combatidos pelo setor de manufatura urbana. As políticas setoriais normalmente colocavam camponeses e operários uns contra os outros; se os trabalhadores fossem esquerdistas, os agrários poderiam balançar para a direita. Muito dependia de quais agricultores lideravam o protesto setorial. Os latifundiários podiam liderar movimentos segmentares e conservadores; camponeses, o populismo setorial.

Assim, a economia política agrária gerou interesses contraditórios de classe e setoriais, politizados pela dívida, crédito e demandas tarifárias, intensificados a partir de 1873 pela grande depressão agrícola. Muitos argumentam que a depressão tornou os camponeses conservadores, resistindo a uma modernização capitalista que ameaçava sua existência (p. ex., JENKINS, 1986). Mas poucos camponeses se opuseram à modernização, uma vez que a proletarização havia diminuído. Eles não precisavam de reação ou revolução, mas de intervenção estatal limitada para aliviar o sofrimento no curto prazo e permitir uma participação equitativa na modernização a longo prazo. As reclamações poderiam ser radicais se fossem dirigidas a atores capitalistas como bancos ou empresas ferroviárias. Mas implicaram remédios políticos pragmáticos: ajuste tarifário, crédito e assistência cooperativa. A atividade política atravessou os estados. Que cristalizações políticas os agrários enfrentariam ali?

Estados e classes agrárias: quatro padrões gerais

Como mostram os capítulos anteriores, a política do final dos séculos XVIII e XIX foi dominada por lutas representativas e nacionais pela cidadania. Como Rokkan (1970) argumentou, essas não eram apenas entre classes e setores, mas também entre centralizadores e descentralizadores e entre Igreja e Estado. Os movimentos representativos resistiram à monarquia absoluta de duas maneiras: reduzindo os poderes do Estado central ou aceitando a centralização e democratizando-a – levantando questões tanto nacionais quanto partidário-democráticas. Nessas lutas, as Igrejas foram especialmente importantes no campo, onde forneceram as principais infraestruturas para a mobilização local-regional. As Igrejas católicas e protestantes tinham três situações possíveis: como Igreja estatal (mais provável para protestantes do que católicas), Igreja majoritária, ou Igreja minoritária. Suas posições em relação à democracia partidária e à questão nacional acompanhavam essa divisão.

Embora as cristalizações políticas relevantes para os agrários fossem complexas e únicas, elas eram, em um aspecto, mais simples do que as industriais. Em 1900, os agrários forneciam a maioria dos soldados da Europa, e a maioria dos regimes estava se comprometendo com os agrários (em parte para evitar um movimento combinado de trabalhadores industriais e agrários). Assim, o militarismo diminuiu nas relações de classe agrária, exceto onde o nacionalismo regional os inflamou (nos países aqui discutidos, principalmente nas províncias austríacas e russas e no caso bastante diferente do sul dos Estados Unidos). Assim, simplifiquei as cristalizações políticas agrárias em espaço bidimensional, distinguindo-as em termos de três posições sobre cada uma de duas dimensões: democracia partidária e a questão nacional. Nesse período, as monarquias em todos os países avançados haviam sido desafiadas pela democracia partidária. Os resultados atuais variavam de um equilíbrio uniforme de forças, a monarquias em evidente dificuldade, a monarquias já abolidas ou tornadas impotentes pela democracia partidária institucionalizada. A questão nacional gerou resultados mais diversificados, mas tenho distinguido os três resultados em meus países. A tabela 19.2 especifica os nove tipos ideais resultantes, embora meus países ocupem apenas seis das caixas.

Tabela 19.2 A democracia partidária e a questão nacional nos estados agrários do século XIX

Centralização *versus* confederalismo	Monarquia *versus* democracia partidária		
	Contestação equilibrada	Monarquia enfraquecendo	Democracia partidária institucionalizada
A maioria dos centralizadores nos partidos	Alemanha Austro-Alemanha	Escandinávia Rússia	França
Centralizadores monárquicos, confederados democratas	Maioria das terras austríacas	Nacionalidades minoritárias no Império Russo	
A maioria dos confederados nos partidos			Estados Unidos

As variações internacionais na política agrária podem ser previstas com base nessas duas cristalizações políticas combinadas. Mas como não abarco muitos países e como faz sentido narrativamente discutir países como totalidades únicas, simplifico isso em quatro padrões mais amplos:

1) A democracia partidária (para a maioria dos homens) e uma solução para a questão nacional foram institucionalizadas. Na França, as instituições políticas surgiram centralizadas; nos Estados Unidos, confederadas. Mas em ambos os casos os partidos políticos existentes foram firmemente institucionalizados e os novos partidos, incluindo os partidos camponeses, foram relativamente ineficazes. Como um Estado confederal permite maior variação regional, as principais exceções são encontradas nos Estados Unidos, em algumas políticas locais e estaduais, temporariamente capturadas pelos partidos agrários.

2) A democracia partidária ainda era contestada por forças contendoras equilibradas, a maioria das quais aceitava que o Estado deveria ser centralizado. Isso colocava a monarquia autoritária, com o apoio da burguesia nacional, contra uma classe trabalhadora igualmente centralizadora. Aqui, a maioria dos movimentos camponeses oscilou, mas acabou se movendo em direção à direita, unindo-se a partidos do Antigo Regime ou formando partidos conservadores autônomos ou de centro-direita aceitáveis para a monarquia. Esse foi o principal padrão na Alemanha e nas principais terras austro-alemãs da Áustria-Hungria.

3) A democracia partidária ainda era disputada uniformemente, mas entre uma monarquia autoritária e partidos democráticos confederais. Aqui a política camponesa caminhou para o populismo de classe. Onde os próprios camponeses dominavam, geralmente era um populismo de esquerda; onde eles não o faziam, ele mostrava tendências de direita. Esse era o padrão em todo o resto da

Áustria-Hungria, e foi um padrão que acabou não tendo sucesso no sul e oeste da Alemanha.

4) A democracia partidária ainda era contestada, mas era uma monarquia mais fraca contra uma aliança eventualmente triunfante de liberais urbanos, camponeses, e trabalhadores – sendo ambos os lados centralizadores. Aqui os camponeses se mudaram para a esquerda, para se tornarem potenciais aliados dos socialistas. Onde a Antigo Regime foi derrubado pacificamente, o resultado foi a social-democracia, como na Escandinávia; onde a derrubada exigiu revolução, camponeses e trabalhadores foram forçados ainda mais para a esquerda, como na Rússia. O atual estado inadequado de pesquisa sobre nacionalistas minoritários dentro do Império Russo me impede de dar a devida atenção à luta da monarquia contra os opositores confederais.

A democracia partidária na França e nos Estados Unidos

O Estado francês permaneceu centralizado no século XIX, e sua democracia partidária foi institucionalizada depois de 1880. Sua economia era bastante diversificada. A agricultura diferia entre as regiões, e a industrialização era lenta e descentralizada, dispersa por pequenas cidades e compartilhando sua força de trabalho com as famílias dos agricultores. Em 1789, os revolucionários se aliaram aos camponeses e institucionalizaram a propriedade camponesa, mas quando passaram a exigir impostos altos, preços baixos de alimentos e alistamento, a população rural recuou. Os arrendatários do oeste foram mais longe, entrando em revolta armada sob o controle do senhorio e do clero, que foi mantida no século XIX (BOIS, 1960). Algumas regiões e cidades descristianizaram juntas; em outras, a Igreja aumentou o controle segmentar por meio de escolas, instituições de caridade, hospitais e recreação comunitária. Como a centralização não podia ser diretamente contestada, o clericalismo era essencialmente um confederalismo encoberto: o escopo do Estado central foi reduzido por meio da ampliação do escopo do sagrado. Havia uma diferença geral entre um oeste conservador e um sudeste radical, além de muitas microcisões nas quais as cidades e suas zonas rurais permaneciam faccionalizadas por partidos republicanos e conservadores-clericais (GARRIER, 1973, volume I: 515-516; MERRIMAN, 1979). Mas a política francesa era complexa demais para ser setorial, rural *versus* urbana, agrária *versus* industrial.

Assim, a depressão agrícola canalizou as queixas rurais para diversos movimentos locais e regionais. No sudeste, a maioria dos camponeses e microprodutores especializados (em uvas, azeitonas, frutas ou flores) era vulnerável às flutuações do mercado, à superprodução após 1900, à concorrência dos grandes produtores (que também baixavam os salários dos microprodutores), e às pressões de preços e crédito dos intermediários comerciais (SMITH, 1975; JUDT,

1979; BRUSTEIN, 1988). Eles passaram do republicanismo para o socialismo depois de 1880. A esquerda francesa frouxa (descrita no capítulo 18) se tornou perita em desenvolver programas voltados tanto para os interesses dos camponeses da classe de crédito quanto para as demandas mais orientadas para a produção de meeiros e trabalhadores sem-terra. Eles silenciaram a redistribuição de terras, espalharam concessões e subsídios fiscais, defenderam impostos progressivos, encorajaram cooperativas (não a propriedade coletiva de terras), atacaram monopólios, e mobilizaram o anticlericalismo em algumas áreas (LOUBERE, 1974: 206-233; BRUSTEIN, 1988: 107, 169).

A depressão também ameaçou as bases rurais da direita e então a direita também aprendeu a agilidade política. Notáveis locais mobilizaram camponeses e arrendatários para esquemas de crédito, de seguros e de cooperativas (BERGER, 1972; GARRIER, 1973, volume I: 518-522). A Igreja também reagiu, temendo (como o centro católico na Alemanha) que o descontentamento econômico rural pudesse minar seu controle segmentar. Uma facção da Igreja abandonou seu monarquismo e seu senhorio aliado e formou um movimento social cristão rural eficaz.

Brustein (1988) ofereceu uma interpretação de classe para o cisma do sudeste ocidental. Ele mostra que uma correlação positiva durou mais de cem anos entre áreas de propriedade camponesa e áreas de votação de esquerda e entre áreas de arrendamentos médios e pequenos (e presença de senhorio) e áreas de votação de direita. Reinterpretando estudos anteriores (BOIS, 1960; TILLY, 1967; LE GOFF & SUTHERLAND, 1983), ele sugere que essas diferenças de posse tinham como base o apoio rural ou a oposição à Revolução. Os camponeses são inerentemente esquerdistas e seus arrendatários são intrinsecamente direitistas, conclui ele. Judt (1979: 113-114, 134-136, 279-280) conclui de forma semelhante seu estudo sobre os camponeses de esquerda no sudeste do país: "Os camponeses sempre demonstraram uma maior propensão para o fervor revolucionário do que os outros grupos constituintes das sociedades modernas". Este capítulo mostra como essa afirmação é supergeneralizada. Mas por que deveria parecer plausível para a França?

Brustein argumenta que as diferentes relações de produção garantiram que os *interesses* dos camponeses fossem esquerdistas e os dos arrendatários, direitistas. Ele descreve as relações dos senhorios ocidentais com seus dependentes empobrecidos em termos um tanto cor-de-rosa: os arrendatários compartilhavam *acordos benéficos de tomada de riscos* com seus senhorios, assim como os meeiros; enquanto seus trabalhadores cativos realmente tinham mais segurança do que os trabalhadores assalariados de outros lugares. No entanto, isso minimiza a exploração experimentada por todos os três, e algumas políticas de direita foram contrárias a todos seus interesses – tributação regressiva e oposição à democracia rural, por exemplo. Na verdade, como é o argumento geral deste capítulo, os *interesses* econômicos agrários eram ambivalentes e politicamente mais maleáveis do que Brustein admite. As relações de produção envolvem tanto o controle quanto os interesses. O controle segmentar local exercido pelos proprietários rurais ativos sobre seus dependentes foi mais decisivo para orientá-los em uma direção conservadora. Como em outros países, as relações de poder econômico e político se entrelaçaram para produzir resultados agrários. Foi distintamente francês transmitir tais definições variadas de interesses rurais para o século XX, principalmente devido aos efeitos local-regionais inacabados de sua revolução.

A democracia partidária e o confederalismo americano foram institucionalizados cedo, embora uma guerra civil e um período fracassado de reconstrução do sul tenham sido necessários para estabelecer totalmente esse último. O período de guerra também impulsionou a comercialização agrária (BRUCHEY, 1965: 155-158; DANHOF, 1969: 11). Os mercados internacionais de algodão e alimentos estimularam a produção de culturas comerciais. Como os agricultores orientais se especializaram em atividades como a produção de leite, as planícies e os agricultores ocidentais passaram do cultivo autossuficiente para a produção comercial de trigo e milho. Os agricultores precisavam de transporte e crédito, mas eram vulneráveis a preços agrícolas mais baixos e dívidas. A Guerra Civil agravou isso ao produzir uma escassez de moeda e crédito, impostos altos, tarifas alfandegárias elevadas (para proteger as indústrias), e dificuldades agrícolas no sul.

Isso não era insuperável, mas infelizmente a política americana estava se tornando inóspita para os agricultores. Como discutido nos capítulos 5 e 18, esse Estado havia se cristalizado como capitalista liberal (sacralizando direitos de propriedade), democracia partidária, e federal. Sua democracia estava firmemente nas mãos de dois partidos. O Partido Democrata havia herdado o interesse agrário, mas perdeu o poder na Guerra Civil. Os republicanos e o capital industrial dominavam então. Um eleitorado realinhado foi polarizado menos pela classe do que pelas comunidades local-regionais e étnico-religiosas (BURNHAM, 1974: 688). Os republicanos então dominavam os estados do norte e o nível federal de governo; os democratas dominavam os estados do sul. Para competir no nível federal, os democratas também buscaram apoio aos negócios e ao comércio. Eles passaram a representar os pequenos produtores esporadicamente; e os trabalhadores, muito raramente.

O descaso político produziu queixas crescentes dos agricultores. Os altos custos de transporte motivaram as exigências de regulamentação das ferrovias. Os altos preços dos produtos manufaturados adquiridos pelos agricultores cultivavam ressentimento em relação aos interesses industriais urbanos e aos comerciantes locais. Os bancos nacionais operavam contra os agricultores. O retorno do sistema monetário ao padrão ouro era bom para os negócios, mas os agricultores recebiam menos dinheiro por seus produtos e tinham que pagar mais pelas compras e pelo serviço de dívidas. A falta de dinheiro aumentou a dívida hipotecária e a dependência com relação a financiadores e comerciantes credores. O sistema de crédito hipotecário de colheitas do sul se generalizou entre pequenos proprietários e agricultores rendeiros. O conflito de classes de crédito e tarifas setoriais se intensificou. Ao contrário da maior parte da Europa, as tarifas americanas protegiam os fabricantes e prejudicavam os agricultores, particularmente no sul e no oeste (BUCK, 1913: 21).

Como os dois partidos existentes não lhes auxiliavam, os agricultores se organizaram de forma autônoma. Os *grangers* da década de 1870 reclamaram dos baixos preços e altos custos impostos pelas ferrovias corporativas, fabricantes de máquinas e intermediários. Eles recorreram a pequenos terceiros partidos: Reform, Greenback e Anti-Monopoly. A aliança de agricultores, mais radical, do final da década de 1880 atacou a dependência de arrendamentos e monoculturas, especialmente no sul, exigindo subsídios para cooperativas e permutas entre agricultores. O domínio empresarial dos dois partidos os levou então mais à esquerda, em direção à aliança com grupos trabalhistas do Partido Popular ou Populista, mais forte no sul e no oeste, com redutos adicionais no meio-oeste. Sua plataforma antimonopolista exigia terras mais seguras para os pequenos agricultores, proteção contra corporações e uma *subtesouraria* federal para proteger os agricultores da queda dos preços e dos altos custos de crédito.

O movimento de esquerda continuou até o início do século XX com o Partido Socialista, centrado nas áreas rurais em Oklahoma, Texas, Arkansas e Louisiana. Lá os agricultores foram forçados a se tornarem arrendatários e a penhorar suas terras, a cultivar algodão e dominados por regimes locais de grandes fazendeiros, proprietários de terras, comerciantes e credores. Ao contrário dos populistas explorados por interesses externos metropolitanos, comerciais e financeiros, os pequenos agricultores e arrendatários do sul e sudoeste sofreram nas mãos de notáveis locais. Assim, a clivagem era mais por classe do que por setor, alimentada politicamente pelo controle capitalista dos democratas, dominante em todo o sudoeste (ROSEN, 1978). Como seus homólogos na França, Escandinávia e Baviera, os socialistas do sudoeste defendiam o socialismo agrário moderado. Eles consideravam os pequenos agricultores não como capitalistas, mas como produtores ativos e trabalhadores. Eles adotaram um populismo de classe radical – terra para os produtores diretos – e competiram eleitoralmente com os democratas. Finalmente, eles foram além do populismo para exigir o fim do controle capitalista.

Esses terceiros partidos gozaram de amplo apoio local-regional, vencendo muitas eleições locais e estaduais (FINE, 1928; DYSON, 1986). No entanto, todos acabaram sendo derrotados, incapazes de romper com a democracia bipartidária nas eleições federais devido ao tamanho dos círculos eleitorais e ao domínio capitalista-liberal dos dois partidos. A aliança entre agricultores e trabalhadores era necessária para ambos os lados, mas ter o mesmo oponente raramente gerava solidariedade genuína. Os partidos trabalhistas agrícolas foram estabelecidos com sucesso apenas em Wisconsin e Minnesota. Ao contrário da Escandinávia, Rússia ou partes da Áustria-Hungria, não houve exclusão comum da cidadania política para reforçar programas econômicos compatíveis, mas diferentes.

Com apenas uma frágil aliança, diante de partidos profundamente arraigados no liberalismo capitalista, ambos os lados se dividiram. O capítulo 18 mostra como a AFL se afastou da política de terceiros partidos em 1894-1895, deixando para o Partido Socialista uma minoria entre os trabalhadores. Os agricultores também se separaram. O Partido Populista foi cooptado pelos democratas, suas políticas foram diluídas. Os socialistas do sudoeste começaram a moderar, mas depois foram suprimidos pelos democratas locais (BURBANK, 1976: 188; GREEN, 1976: 382). No sul, um populismo multirracial protestou contra o sistema de penhora de colheitas, mas a privação de direitos civis dos negros enfraqueceu e dividiu o movimento ao longo das linhas raciais. O sul permaneceu politicamente controlado por oligarquias locais de plantadores e comerciantes até depois da Segunda Guerra Mundial. Seus representantes no Congresso permaneceram coesos e conservadores em Washington, entravando a legislação em favor dos trabalhadores e dos pequenos agricultores. A contínua fraqueza da força de trabalho americana também ajudou a condenar os movimentos radicais dos agricultores à futilidade. Novamente vemos os efeitos distintamente repressivos da cristalização capitalista-liberal, partido-democrática e federal do Estado americano.

Nesse período, os movimentos de agricultores americanos pouco conquistaram. Mais tarde, no século XX, após o colapso dos movimentos de arrendatários e meeiros, uma combinação de agricultores de grande e médio porte conseguiu uma influência considerável através dos dois partidos existentes. Muitas das demandas setoriais dos agricultores foram então alcançadas, de formas segmentares predominantemente conservadoras.

Monarquias fortes desafiadas: Alemanha e Áustria-Hungria

Como os capítulos 9 e 18 destacam, a representação alemã sempre esteve ligada a questões nacionais e religiosas, já que o Estado era prussiano e protestante. Na década de 1870, depois que o regime de *Kulturkampf* contra a Igreja Católica falhou, a religião se tornou um problema menos direto, mas ainda impregnou a questão nacional. Essa monarquia autoritária centralizadora dependia dos proprietários e capitalistas, e cada vez mais da classe média, que, portanto, se tornaram centralizadores nacionais; seus inimigos eram o movimento trabalhista e as minorias local-regionais que favoreciam o confederalismo – ou mesmo seus próprios estados-nações (poloneses, dinamarqueses, alsacianos e hanoverianos separatistas).

Os camponeses estavam no meio, nem dentro do regime, nem definidos como seus inimigos. Mas tendo como inimigos o movimento trabalhista em expansão e os confederalistas, o regime dificilmente poderia alienar mais um terço da população. Além disso, tendo apostado que os grandes fazendeiros podiam controlar de modo segmentar os trabalhadores e arrendatários rurais, introduziu um sufrágio masculino adulto em contraposição às cidades. Os homens rurais tinham uma voz eleitoral desproporcional e por isso os camponeses permaneceram ambíguos com relação à extensão da democracia (RUESCHEMEYER; STEPHENS & STEPHENS, 1992, capítulo 4). Embora os trabalhadores alemães estivessem unidos em uma luta de classe comum pela cidadania política, trabalhadores e camponeses não estavam (ao contrário da Escandinávia).

Assim, os camponeses tendiam a se mover em direção à direita. Mas o movimento variava regionalmente, pois as condições rurais diferiam entre o leste e o oeste. A abolição da servidão havia entregado os servos orientais como trabalhadores rurais aos junkers, mas os camponeses ocidentais há muito tempo eram mais livres e continuaram a florescer (CONZE, 1969: 54; BRENNER, 1976) em meados do século até a depressão de 1873. Isso baixou os preços e aumentou o endividamento, fomentando tanto o conflito setorial entre agrários e industriais urbanos como o populismo de classe de crédito contra os capitalistas. Depois de 1882, mais da metade dos camponeses alemães era de microprodutores, forçados a se empregar como trabalhadores. O recrutamento militar também os atingiu duramente, gerando um antimilitarismo como o dos socialistas. Os camponeses, como os socialistas, também se opuseram aos impostos indiretos regressivos favorecidos pelos conservadores. Mas se, em vez disso, as queixas dos camponeses fossem veiculadas contra o imposto fundiário e pela proteção tarifária da concorrência estrangeira, uma aliança setorial segmentar resultaria com junkers e outros fazendeiros. Para que lado eles se voltariam?

A leste do Elba, os agrários se voltaram para a direita, sob o controle segmentar junker. Mas na Alemanha Ocidental e católica ocorreu uma mobilização política autônoma (BLACKBOURN, 1977; 1984). No entanto, os camponeses também eram ambivalentes em relação à luta de classes urbano-industriais de formas que variavam por região e religião. Os luteranos do norte prussiano favoreciam um Estado-nação centralizado. A maioria dos católicos – 37% do Reich em 1905 – estava nos estados do sul, favorecendo o confederalismo. Assim, os católicos eram mobilizáveis por sua Igreja contra o Antigo Regime luterano e contra o proletariado sem Deus. Os agrários luteranos do norte não tinham interesse particular em reprimir os trabalhadores industriais, mas favoreciam o Estado-nação centralizado, enquanto o sul rural católico, não.

O Partido Social-democrata marxista contribuiu para sua decisão (HUSSAIN, 1981). Há muito tempo ele havia ignorado a população rural como condenada ao declínio ao estilo britânico, mas acabou por iniciar uma campanha eleitoral rural em 1890. Teve algum sucesso no Hesse protestante e nas terras rurais do interior de suas bases urbanas, entre os trabalhadores de Mecklenburg e partes da Prússia Oriental, onde seu socialismo estatista pôde ser apreciado pelos luteranos. Mas, prejudicado pelo dogma marxista, especialmente o compromisso com a socialização da terra, e mobilizado por seu eleitorado urbano em oposição setorial à proteção agrária ou aos subsídios, seu apelo foi pequeno para os camponeses. Como a maioria dos trabalhadores era microprodutora, eles desejavam proteger a propriedade privada, e não aboli-la. Os agrários não compreenderam a ideologia social-democrata e em vão procuraram concessões setoriais. O impulso foi em grande parte um fracasso (ELEY, 1980: 23-24 enfatiza seus poucos sucessos). O partido poderia ter feito melhor, como provou seu partido irmão do sul: o partido bávaro abandonou a socialização e ofereceu proteção hipotecária aos camponeses, que devolveram devidamente os representantes social-democratas ao Landtag.

Os camponeses do sul, como sulistas e como católicos, favoreceram o confederalismo. O partido do centro católico veio para encabeçar as demandas do sul. Liderado por personalidades urbanas, ele não respondeu a princípio aos descontentamentos dos camponeses. Quando apoiou as reduções tarifárias do governo liberal de Caprivi no início da década de 1890, os eleitores camponeses o abandonaram e formaram associações e ligas camponesas dissidentes na Vestfália, na Renânia e na Baviera. As ligas bávaras eram radicais, anticlericais e antimilitaristas, favorecendo a tributação progressiva e a proteção agrária. Aqui estava uma abertura para uma aliança esquerdista com o Partido Social-democrata. Mas um alarmado partido do centro formou suas próprias associações camponesas católicas, moderou sua postura tarifária e patrocinou programas de crédito agrário. As ligas então perderam força (FARR, 1978). O centro havia reafirmado o controle ao se transformar em um partido parcialmente camponês, buscando a reparação de reclamações setoriais. Aliado aos conservadores do norte, ele pressionou o regime por proteção agrária. Os camponeses do sul conseguiram muito do que queriam por meio de um partido do centro com influência dentro do regime.

No norte, o Governo Caprivi, não apreciado pelos agrários, tinha dependido dos liberais nacionais e dos progressistas. Suas asas agrárias agora perdiam força. Os partidos conservadores dominados pelos grandes fazendeiros se apressaram, defendendo a proteção e cortejando os camponeses em suas ligas agrárias. Em áreas protestantes onde os conservadores eram fracos, os camponeses se moveram para um populismo de direita, cuja retórica antiurbana e antimonopolista se tornou militantemente luterana, nacionalista e antissemita. Os judeus eram um alvo fácil para os populistas anticredores no Hessen rural e na Prússia, as mesmas áreas em que os social-democratas estabeleceram uma pequena vantagem e as mesmas áreas em que os nazistas mais tarde dominariam (ELEY, 1980; FARR, 1986).

Assim, os camponeses alemães se afastaram mais dos socialistas do que os camponeses da maioria dos países. Eles poderiam adotar a posição levemente *socialista cristã* do centro católico, ou um segmentarismo setorial controlado por grandes conservadores camponeses, ou um populismo de classe direitista. O descontentamento agrário alemão tinha se desviado para a direita por causa de duas características do regime e uma do Partido Social-democrata. Em primeiro lugar, a monarquia autoritária favoreceu a política rural segmentar de cima para baixo. Se partidos de expressão reagiam às queixas rurais – conservadores e o centro católico o faziam, os progressistas e os liberais nacionais, não – sua influência dentro do regime os favorecia em relação aos partidos populares excluídos e eles podiam dirigir o descontentamento rural para a direita. Em segundo lugar, se partidos de expressão não reagiam, então surgiam movimentos camponeses autônomos, influenciados pela questão nacional e, portanto, pela religião e região. Os luteranos do norte favoreceram a centralização nação-Estado; alguns se dirigiram à direita para o populismo nacional, alguns se dirigiram à esquerda para o socialismo estatista. Assim começou aquela intensa competição entre extrema-direita e extrema-esquerda na Alemanha luterana que eventualmente ajudou a destruir a República de Weimar. Ironicamente, o sul confederal católico continha mais potencial para um movimento agrário radical, mas o Partido Socialista ateu e estatista não era o melhor agente para isso, e o partido do centro recuperou o controle. Terceiro, o marxismo produtivista dos social-democratas ajudou ainda mais o movimento em direção à direita, ignorando as queixas de classe de crédito dos agricultores. Todas essas são cristalizações predominantemente políticas.

As terras austríacas eram principalmente agrárias, dominadas por grandes latifúndios cultivados por trabalhadores sem-terra ou microprodutores. A exploração intensa dos proprietários de terras, as altas taxas de juros e o atraso de algumas províncias criaram uma grande pobreza e dívidas pouco aliviadas pela emigração em massa para o Novo Mundo. A produção agrária e a classe de crédito e as lutas setoriais podem ser ferozes – a menos que reprimidas pelo controle segmentar dos senhores de terras – mas foram estruturadas por três cristalizações austro-húngaras distintas sobre a democracia partidária e a questão nacional (cf. capítulo 10).

Primeiro, os Habsburgos não eram apenas monarquistas, mas *dinastas*, com poderes bastante arbitrários, se bem que limitados. Embora tenham passado a maior parte do século resistindo a toda a democracia, eles então mudaram de rumo, procurando usar uma democracia partidária limitada para dividir e governar segmentarmente entre classes e *nações regionais*. Após experiências em nível de governo local, em 1896 e 1907, o regime concedeu o sufrágio masculino adulto a assembleias com soberania limitada (a implementação demorou mais na Hungria). Antes disso, os partidos liberais urbanos e conservadores rurais tinham se interessado pouco por camponeses e trabalhadores sem-terra desprovidos de direitos. O direito ao voto repentino produziu partidos agrários e industriais de massa ainda não controlados segmentarmente pelos partidos existentes. Eles visavam a democracia partidária, ou seja, a soberania parlamentar. Ao contrário da Alemanha, mas como na Escandinávia, a exclusão política comum poderia potencialmente unir os radicais burgueses, os trabalhadores e os camponeses.

Segundo, sem instituições parlamentares, as Igrejas tinham informalmente representado a maioria das províncias e então patrocinavam partidos políticos. A Igreja Católica era uma Igreja quase estatal em algumas províncias, mas era em última instância transnacional, não estatista. Em outras províncias, ela expressou o descontentamento local-regional. As Igrejas protestantes minoritárias fizeram isso mais frequentemente. Os movimentos rurais eram anticlericais ou clericais de acordo com a posição da Igreja local, mas eles quase nunca ficaram indiferentes à religião.

Em terceiro lugar, a maioria dos democratas preferiu o *confederalismo* (que se encaixa no terceiro dos meus padrões), exceto no âmago das – terras austro-alemãs (que se encaixam no segundo padrão). A maioria, mais tarde, se tornou nacionalista dissidente. Isso forçou a monarquia a depender mais dos austro-alemães e, depois do compromisso de 1867, de outras nacionalidades clientes. Assim, as relações entre senhor de terras e trabalhadores e entre credores e devedores muitas vezes também se tornaram *regionais-nacionais* porque os exploradores eram muitas vezes alemães ou clientes húngaros ou judeus (estabelecidos na administração estatal e no sistema bancário), enquanto os explorados eram geralmente de nacionalidade local. As reclamações econômicas e o nacionalismo se reforçaram mutuamente. Os partidos democráticos austro-alemães permaneceram centralistas e os não alemães favoreceram o confederalismo, depois a autonomia nacional. Os húngaros eram ambivalentes, dada sua posição como exploradores juniores no sudeste.

Assim, a política rural variava enormemente entre as regiões. Na baixa Áustria austro-alemã, todos os partidos favoreciam a centralização. Eles foram polarizados por divisões de classe e setoriais em torno da rápida industrialização e secularização urbana. O Partido Social Cristão conservador e antissemita, católico e predominantemente camponês, ganhou uma maioria de dois terços no Landtag em 1903, perseguindo vigorosamente os interesses camponeses e garantindo moratórias de dívidas, limites de hipotecas, leis de propriedade e cooperativas. Seu principal oponente foi o Partido Socialista, que conquistou alguns trabalhadores sem-terra, mas praticamente nenhum voto dos camponeses. Como seus congêneres alemães, os socialistas tinham pouco em termos de um programa rural e um dogma marxiano produtivista e estatista inútil (LEWIS, 1978).

A Boêmia era a outra principal área de industrialização. A classe trabalhadora tcheca, como seus camaradas austro-alemães, primeiro abraçou o marxismo estatista do partido socialista, mas à medida que o nacionalismo tcheco se espalhava, os socialistas tchecos (como os bávaros) se tornavam ambivalentes. Muitos fazendeiros eram alemães e a maioria da Igreja Católica estava implicada ao domínio dos Habsburgos, o que tornou o nacionalismo anticlerical. Tudo isso enfraqueceu a resistência rural ao socialismo. Essa era a área na Europa onde um partido marxista atraía com mais sucesso os trabalhadores sem-terra. De fato, seu principal concorrente entre eles foi o Partido Nacional Socialista, combinando as ideologias que seu título sugere (não as de Hitler!). A maioria dos camponeses foi para o partido de centro-direita agrário, que favorecia a autonomia tcheca e uma maior democracia, mas era antissocialista e indiferente aos trabalhadores sem terra (PECH, 1978).

Na Eslovênia mais atrasada, a dissidência *nacional* foi liderada pela Igreja Católica. A maioria dos camponeses apoiou o partido clerical e radical do povo esloveno, comprometido com as reformas democráticas e os interesses econômicos dos camponeses. Os socialistas converteram poucos, sua maioria em áreas etnicamente mistas, onde o nacionalismo teve pouco impacto. A Galiza polonesa também era atrasada e rural, com uma história de insurreição camponesa e substancial autonomia provincial, o que permitiu aos poloneses nobres e camponeses ricos explorar os trabalhadores e os microprodutores rutenianos. O nacionalismo polonês foi assim silenciado, a Igreja Católica era neutra e a política era dominada pela classe. Os partidos socialistas católicos e mutualistas competiam pelos votos camponeses e com o Partido Socialista pelos trabalhadores sem-terra.

A posição da Hungria na monarquia era econômica e politicamente única, com a maior proporção de grandes propriedades e com o firme controle pela nobreza húngara institucionalizado depois de 1867 sobre seu *Reichshalf*. O nacionalismo magiar foi assim silenciado e o controle pela nobreza amorteceu a organização de classes entre camponeses e trabalhadores na própria Hungria (EDDIE, 1967; MACARTNEY, 1969: 687-734; HANAK, 1975). No entanto, a depressão causou grande sofrimento, e insurreições rurais eclodiram em 1894 e 1897. O Partido Social-democrata húngaro, que estava começando, organizou algumas delas, mas depois se desvaneceu na medida em que um partido populista radical de pequenos proprietários começou a competir com os partidos de proprietários rurais.

Mas em outros lugares desse *Reichshalf*, o descontentamento rural virou *regional-nacional*, contra a dominação magiar. Primeiro as Igrejas protestantes e depois católicas lideraram a resistência nacional eslovaca (PECH, 1978). Os liberais e socialistas não foram influentes até depois da Primeira Guerra Mundial. Os descontentamentos de camponeses e sem-terra foram ignorados pela política nacional-religiosa. A Croácia produziu uma reação camponesa quase oposta. Seus notáveis locais – uma fraca nobreza, burguesia e hierarquia católica –

eram clientes dos senhores da Magyar. Com os notáveis tão comprometidos, um nacionalismo dissidente poderoso surgiu entre a maioria camponesa excluída, glorificando o camponês – radical, anticlerical, e até mesmo socialista. Em todas as províncias e estados balcânicos, os nobres e a aristocracia, dizimados pelo domínio turco, eram fracos. Os camponeses e microprodutores dominavam os movimentos populistas radicais (MOUZELIS, 1986: 35-38).

Assim, em toda a Áustria-Hungria, interesses setoriais e de classe (produção e crédito) raramente levaram de forma direta à organização política. A questão nacional – um debate sobre a democracia partidária descentralizada em um Estado parcialmente confessional – se interpôs para gerar resultados diversos. O descontentamento nacional tcheco reforçou a luta da classe produtiva para produzir uma aliança de proletários industriais e agrários. Nos Bálcãs, a classe de crédito e as lutas nacionais se reforçaram para produzir um populismo de classe radical entre os camponeses. Entre os austro-alemães, onde o industrialismo era avançado e o nacionalismo unicamente centralista, esse socialismo estatista marxista se consolidou entre os trabalhadores industriais. Mas os socialistas austríacos estavam presos, como seus camaradas alemães, em enclaves industriais urbanos. Em outros lugares, os resultados foram mais conservadores. Fora da Hungria e da Eslováquia, as demandas por autonomia nacional enfraqueceram o conservadorismo aristocrático e clerical, mas os camponeses foram geralmente afastados do populismo de classe radical pelo nacionalismo. Junto com a burguesia urbana e a pequena burguesia, eles estavam se movendo em direção ao populismo centrista e direitista. Aliado ao antissemitismo, isso mais tarde teve alguns resultados desagradáveis.

Monarquias fracas desafiadas: Escandinávia e Rússia

Incluo a Dinamarca, Noruega e Suécia em minha cobertura porque desenvolveram as alianças mais bem-sucedidas do século XX entre agricultores e socialistas urbanos. Os três países tinham economias variadas, mas políticas semelhantes: um grande número de camponeses foi empurrado para a esquerda e para se aliar primeiro aos elementos burgueses liberais, depois aos trabalhadores. Todos tinham nobreza fundiária relativamente fraca, importante porque isso liberou grande parte do campo de fortes controles segmentares. Os camponeses mais ricos geralmente tinham direitos políticos coletivos, que se mostraram extensíveis aos camponeses mais pobres ao longo do século XIX. Após a independência da Noruega em 1905, todos os três países eram bastante centralizados e étnica e religiosamente homogêneos. Seu destino comum parece ser o produto de regimes estatais e alianças políticas similares e não de suas economias. A política rural, como a urbana, se cristalizou em democracia partidária e centralização nacional.

Duas questões, uma econômica e outra política, reuniram os camponeses, primeiro com os liberais urbanos, depois com os trabalhadores. Primeiro, a maioria dos pequenos agricultores era de comerciantes livres, *liberais* no sentido do século XIX. Na Dinamarca, isso se deu porque o gado e a produção de laticínios continuaram a ter sucesso nos mercados mundiais. Os dinamarqueses urbanos, liberais e socialistas, também favoreceram as liberdades legais para os agricultores, um importante grupo semitrabalhador e semicamponês. Os camponeses noruegueses favoreceram o livre-comércio porque isso significava livre-comércio interno e imunidade de tributação por parte dos estados estrangeiros que os governaram até 1905. Os camponeses suecos, grandes e pequenos, eram mais protecionistas. Mas menos conflitos setoriais dividiam os industriais agrários dos urbanos na Escandinávia do que na maior parte da Europa. A industrialização sueca e dinamarquesa (junto com a francesa) também se distinguia na dispersão da indústria em todo o campo, ajudando o contato entre os dois setores, em vez de concentrá-la em guetos urbanos.

Segundo, os camponeses se aliaram aos liberais urbanos em uma luta pela cidadania política contra nobrezas e monarquias relativamente fracas. Os liberais suecos vieram desproporcionalmente das Igrejas livres (dissidentes) e do movimento de temperança/abstinência. Seus contatos com os agricultores camponeses vieram especialmente de seu patrocínio de programas educacionais nacionais. Com a ascensão da força de trabalho, grande parte da classe média urbana em expansão se moveu para a direita ao começar a se opor à propagação da democracia. Mas os demais liberais e os pequenos camponeses se moveram para uma aliança democrática com os partidos socialistas dos trabalhadores. Como os países eram centralizados e luteranos, os socialistas a princípio foram atraídos pelas versões estatistas do socialismo, muitos pelo marxismo. Mas eles reagiram ao liberalismo urbano e ao radicalismo camponês diluindo sua ortodoxia produtivista marxista (o que os socialistas dinamarqueses nunca tiveram). Os social-democratas suecos, por exemplo, atenuaram o Programa Erfurt que tiraram dos social-democratas alemães, para remover qualquer sugestão de que uma revolução violenta poderia ser desejável.

Assim, desenvolveu-se uma política tripartite: capitalistas urbanos e rurais e grande parte da classe média formando partidos conservadores, camponeses e uma classe média minoritária formando partidos liberais e radicais, e trabalhadores (manuais e depois de colarinho-branco) se tornando social-democratas. Alianças pragmáticas entre os dois últimos alcançaram os primeiros sucessos eleitorais que levaram a essa forma de civilização moderna peculiarmente bem-sucedida e esquerdista, a social-democracia escandinava (MUNCH, 1954; SEMMINGSEN, 1954; HOLMSEN, 1956; KUUSE, 1971; OSTERUD, 1971; KUHNLE, 1975; THOMAS, 1977; CASTLES, 1978; STEPHENS, 1979: 129-139; DUNCAN, 1982; ESPING-ANDERSEN, 1985; RUESCHEMEYER; STEPHENS &

STEPHENS, 1992, capítulo 4)[43]. As classes agrárias não eram elas mesmas socialistas, mas seus interesses setoriais, de classe de crédito e, acima de tudo, de cidadania política as levaram para a esquerda. Até então, a política camponesa se centrava nas ameaças econômicas à propriedade camponesa e ao ativismo camponês na democracia partidária, e na questão nacional. A Rússia é um caso desviante porque nenhuma dessas duas condições inicialmente existia. A Rússia também desenvolveu um campesinato revolucionário peculiar. Assim, a fusão russa de exigências econômicas e políticas tinha um caráter distinto.

Como o capítulo 18 indica, a Rússia permaneceu uma monarquia dinástica autocrática, não fazendo gestos em direção à democracia partidária até depois de 1905 e apenas moções punitivas depois disso. O regime era então combatido principalmente por movimentos representativos urbanos-industriais e regionais-nacionais. O Estado parece ter estado fora do alcance da maioria dos camponeses. Faltam evidências de nacionalismo dissidente dentro do Império Russo, e talvez os camponeses de minorias nacionais, como seus homólogos descentralizadores em outros países, estivessem mais engajados politicamente do que é sugerido aqui. Mas os nobres parecem ter dominado os camponeses por meio dos zemstvos regionais, unidades do governo local estabelecidas em 1864, enquanto no nível da aldeia a histórica comunidade igualitária (*mir*) ainda funcionava. Como na França antes de sua revolução, os nobres estavam ausentes da maioria dos vilarejos.

A emancipação da servidão, em 1862, não deu autonomia aos camponeses. Ela os vinculou à terra de formas alternativas e ajudou a sufocar a produtividade agrícola (para os camponeses russos, cf. PAVLOVSKY, 1930; ROBINSON, 1932; VOLIN, 1960; WOLF, 1969; SHANIN, 1972; 1985; HAIMSON, 1979; SKOCPOL, 1979). Ao contrário da Áustria-Hungria, a abolição da servidão produziu poucas grandes propriedades comerciais. A depressão agrícola e o declínio dos preços forçaram os nobres a vender ou alugar terras para os camponeses famintos por terras. Mas os camponeses tiveram que pagar pela emancipação por meio de pagamentos de amortização, aluguéis e compra de terras. A rápida industrialização patrocinada pelo regime aumentou os impostos, as tarifas e, portanto, os preços. Isso forçou os camponeses a vender produtos nos mercados, e forçou os mercados a exportar para pagar as importações de produtos manufaturados e empréstimos estrangeiros da economia. A pressão econômica esgotou o gado e forçou o sistema tradicional de três campos a esgotar o solo (geralmente de má qualidade), já que os campos não foram deixados em repouso. O *mir* começou a se polarizar entre os camponeses ricos (kulaks) e a maioria dos pobres. A

---

43. Essas generalizações não se encaixam tão bem na Noruega quanto na Dinamarca ou na Suécia. A economia da Noruega era mais variada setorialmente, seu povo mais diversificado linguisticamente, o que encorajava o fundamentalismo regional e religioso e o socialismo marxista. Somente em 1935 o DNA (social-democratas) abandonou o marxismo e se aliou aos agricultores.

maioria não tinha terra fértil o suficiente para se alimentar, gerar um excedente para o mercado e pagar as diversas exigências do Estado. Os planos de modernização do regime pareciam apenas agravar sua situação e politizá-los.

Em 1905, o Estado desmoronou na derrota da guerra e os camponeses aproveitaram suas chances locais. A insurgência foi dirigida principalmente aos proprietários de terras e à administração do governo local. A maioria das greves rurais, ataques a propriedades e confiscações de terras em 1905 foram dirigidas contra grandes proprietários de terras, especialmente na região central de terra negra e nas poucas áreas onde grandes propriedades capitalistas haviam desalojado camponeses. O apoio mais consistente veio dos camponeses médios e dos jovens camponeses expostos a ideias revolucionárias por meio do trabalho nas cidades (PERRIE, 1972: 127; WOLF, 1979). Os camponeses exigiam a redistribuição da terra e a abolição ou redução dos arrendamentos, impostos e obrigações de serviço. A violência era menos dirigida contra os kulaks. Os kulaks trabalhavam a terra que possuíam; a aristocracia, não. A ideologia camponesa – *aqueles que trabalham a terra têm direito a ela* – cobriu o faccionalismo. Essa foi uma revolta *camponesa*: a agitação política vinda de fora raramente foi bem-sucedida, e os ataques foram frequentemente organizados pelo *mir* (WALKIN, 1962; PERRIE, 1972).

A Revolução de 1905 foi reprimida, mas o regime assustado criou a limitada Duma. O regime e os nobres proprietários de terras agora reconheciam o estado perigoso da agricultura. O regime aboliu o pagamento de amortizações e os proprietários de terras reduziram os arrendamentos e continuaram a vender propriedades. Quando as demandas dos camponeses continuaram, na Duma e por meio da violência rural, o regime mudou de direção. Ele anulou a maioria das reformas políticas, privando os camponeses de representação na Duma, e as reformas agrárias de Stolypin foram uma tentativa de introduzir a agricultura capitalista entre os camponeses mais ricos.

As comunas foram faccionalizadas pelo incentivo de Stolypin para que os camponeses *separassem* sua propriedade de terra da comuna. Os camponeses ricos podiam tirar proveito disso, e os mais pobres podiam *separar*, vender seus pequenos lotes e usar o dinheiro para migrar para as cidades ou para o exterior. A maioria dos camponeses médios se opôs à separação, desejando que a comuna permanecesse inteira. Esse conflito interno gerado pelo Estado significou que a separação raramente consolidava as propriedades em grandes fazendas privadas. Faixas de terras camponesas individuais permaneceram integradas pela comuna, que permaneceu uma fonte poderosa para a ação coletiva. Os camponeses médios favoreciam a expropriação de terras nobres e senhoriais, talvez sua nacionalização, mas não queriam que fosse reorganizada em um modelo capitalista ou um modelo coletivista bolchevique. A comuna local continuou sendo seu ideal. O ataque do regime a ela iria agravar a fúria desencadeada em 1917.

A representação temporária da Duma, então removida, afetou profundamente a política camponesa (HAIMSON, 1979; VINOGRADOFF, 1979). Os camponeses foram agora postos em contato com os partidos políticos de esquerda. A exclusão comum da cidadania uniu as classes populares e as tornou esquerdistas, como também já vimos em outros países. Os mencheviques e bolcheviques foram prejudicados por sua preocupação ortodoxa marxista com as relações de produção, mas o Partido Revolucionário Social enfatizou as questões de classe mais weberianas de distribuição de renda e crédito, e seus sindicatos camponeses desempenharam um papel importante na Revolução de 1917. O regime desmoronou como em 1905 por causa da derrota na guerra e da ruptura administrativa; como em 1905, as insurreições camponesas foram centrais para o processo revolucionário; como em 1905, os camponeses médios assumiram a liderança; e como em 1905, a base das desordens camponesas era a demanda de terra.

Assim, os movimentos camponeses russos devem ser entendidos em termos de exclusão praticamente total, junto a trabalhadores, da cidadania e também em termos da interferência do regime em sua posição econômica local. A maioria dos camponeses russos não era de proprietários independentes, nem queria ser. Sua demanda por terra e que ela fosse cultivada comunitariamente não se baseava na insegurança gerada pela modernização do capitalismo, como sustentam Wolf e Jenkins, mas em sua experiência negativa de um capitalismo autocrático que não produzia benefícios para eles. Ao contrário de qualquer outro país, havia pouca agricultura capitalista de sucesso na Rússia, mesmo em grandes latifúndios. Somente os camponeses russos resistiram à modernização, simplesmente exigindo terras, recusando-se a romper os laços comunitários, tanto antes como depois de 1917. Os camponeses russos desejavam permanecer apolíticos, mas foram forçados pelo regime à autodefesa, por meio da revolução.

Conclusão

Confirmei a complexidade da política agrária. O problema não era nem com os grandes fazendeiros cuja política era uniformemente conservadora, nem com os trabalhadores sem-terra, cuja política variava simplesmente de acordo com sua capacidade de se libertar dos controles locais de segmentação. Os proprietários camponeses, muitos deles microprodutores, representaram os maiores problemas para a teoria, como fizeram para a política contemporânea. Eles tinham um forte senso de sua própria identidade coletiva e se organizaram efetivamente para assegurar seus interesses – bem ao contrário do *saco de batatas* de Marx. Eles não eram intrinsecamente conservadores (como argumentam Marx, Moore, Paige e Stinchcombe) nem revolucionários (como argumentam Wolf, Brustein e Judt). A maioria de suas exigências econômicas implicava um reformismo agrário moderado, misturando a classe de crédito weberiana com interesses setoriais. As classes de produção marxianas apareceram entre elas apenas onde predominava o arrendamento e a meação e tinham espaço para se organizar. Os conflitos entre as classes credoras e devedoras aumentaram à medida que a agricultura foi ficando comercializada, reforçados pela clivagem setorial, já que a maioria dos credores pertencia à classe capitalista urbana. Aqui seu oponente era principalmente a classe capitalista.

No entanto, os camponeses eram geralmente reformistas; eles buscavam intervenções governamentais específicas contra mercados internacionais não regulamentados dominados pelo grande capital. Camponeses de fora da Rússia fizeram exigências semelhantes: geralmente por tarifas mais altas, sempre por custos reduzidos de crédito, transporte, e bens manufaturados, acesso equitativo à terra, e proteção legal da pequena propriedade. Mas, além disso, os camponeses, como a maioria dos agrários, viam os estados centrais com desconfiança e desejavam evitá-los. Somente na esfera da educação, e nem mesmo lá consistentemente, os trabalhadores agrários e camponeses acolheram muito bem a crescente abrangência civil do Estado do final do século XIX. Seu socialismo não era reformista, embora buscasse intervenções estatais limitadas para objetivos redistributivos. As identidades e os interesses coletivos dos camponeses, ainda mais do que os dos trabalhadores, eram profundamente ambíguos.

Assim, os movimentos de reforma abrangeram a maior parte do espectro político da direita para a esquerda. A variação não foi determinada principalmente por fatores econômicos, como a maioria dos escritores sustenta. É verdade que as variações econômicas foram importantes, como observado especialmente na França e na Escandinávia, mas as cristalizações políticas foram mais importantes. A política camponesa emanou principalmente de sua inserção em lutas representativas e nacionais pela cidadania. Essas os apanharam nas duas grandes lutas de classe da política urbano-industrial – liberalismo burguês *versus* conservadorismo do Antigo Regime fundiário, depois trabalho *versus* capital. Mas eles também foram envolvidos em lutas sobre o quanto o Estado deveria ser *nacional* e centralizado. Como os agrários estavam dispersos territorialmente, eles geralmente apoiavam a descentralização dos movimentos locais e regionais.

A importância das Igrejas na política agrária não resultou principalmente de uma maior religiosidade camponesa, embora a religiosidade estivesse na vanguarda de muitos movimentos agrários. Suas raízes estavam, ao contrário, no interesse comum de algumas Igrejas e populações rurais em um Estado confederal relativamente descentralizado, como vimos (no capítulo 18), que também era o caso na política operária. A política agrária de religião e região (eventualmente de *nação* na Áustria) estava entrelaçada, estruturando politicamente identidades e interesses camponeses decorrentes da comercialização global da agricultura. Isso também os tornou ambivalentes em relação à extensão do âmbito civil estatal, que se centrou nesse período na provisão estatal ou na regulamentação da educação de massa.

Os camponeses raramente formavam uma maioria política. Onde tinham maioria numérica, seu poder era diminuído por votações restritas e soberanias parlamentares. Eles precisavam de um ou mais dos quatro principais aliados de classe: liberais burgueses, conservadores do Antigo Regime, capitalistas ou trabalhadores. Em diferentes regiões e países, eles se aliaram aos quatro: no norte da Alemanha com conservadores do Antigo Regime, depois com capitalistas; na Suécia com liberais burgueses, depois com trabalhistas; todas as quatro alianças ocorreram em toda a França; e havia muitas alianças diferentes em outros países e regiões. Os camponeses aparentemente se aliariam a qualquer um – uma terceira razão, além de seu número e moderação pragmática, pela qual eles constituíram o voto decisivo de toda a época.

Por que os camponeses escolheram ou se inclinaram para uma aliança em vez de outra? A definição de classe de crédito, identidades setoriais e oponentes era maleável. Os oponentes e aliados podiam se escolher. A força de trabalho industrial era uma aliada problemática. Embora tanto os agricultores quanto a força de trabalho muitas vezes considerassem o capital empresarial como um oponente, suas exigências raramente eram idênticas, exceto por uma tributação e recrutamento mais baixos e mais progressivos. Às vezes as demandas dos camponeses conflitavam com as dos trabalhadores, como nos pedidos de tarifas, redução de impostos sobre a terra e preços mais altos para os produtos agrícolas. Mais frequentemente, elas eram apenas diferentes. Os movimentos urbanos-industriais de direita e esquerda muitas vezes esqueceram que os camponeses tinham sua própria agenda. Os conservadores contavam erroneamente com controles supostamente tradicionais segmentares sobre os camponeses, mas os proprietários camponeses raramente aceitavam esses controles sem benefícios. Os partidos esquerdistas eram geralmente agressores piores. Poderia ter havido mais esquerdistas agrários, mais alianças operárias e camponesas do que realmente surgiram. A própria esquerda era substancialmente culpada, cegada por sua experiência em guetos urbanos-industriais, concentrando-se nas necessidades mutualistas dos sindicatos e debatendo os socialismos produtivistas.

Os piores agressores foram os partidos marxistas, os social-democratas alemães e os socialistas austríacos. Seu produtivismo, também criticado nos capítulos 15 e 17, não era meramente acadêmico. Ele teve consequências práticas. Os partidos marxistas tinham uma visão do desenvolvimento social centrada na manufatura. Eles acreditavam que a agricultura estava em colapso e que os camponeses estavam prestes a ser proletários – dificilmente uma mensagem à qual os agrários se acostumariam. Mesmo teóricos pragmáticos como Kautsky e Lenin não conseguiam se libertar dessa visão. Devido à natureza autoritária da produção manufatureira e sua própria exclusão da cidadania em estados autoritários, os partidos marxistas desenvolveram um socialismo estatista. Isso também teve pouco apelo para as populações rurais. A maioria dos camponeses favorecia os estados descentralizados e confederais. Muito antes do final do século

XX, os trabalhadores estavam rejeitando o socialismo estatista tanto no Oriente quanto no Ocidente, e os camponeses estavam virando as costas para ele.

Aqui o movimento trabalhista estava cometendo seu erro mais devastador. A classe trabalhadora permanecia desarmada em todos os lugares, e uma minoria em todos os países, exceto na Grã-Bretanha. Ela não podia enfrentar seus opositores de classe sem aliados rurais. No entanto, ideologias estatistas produtivistas bloquearam essa mesma aliança. Os trabalhadores estavam destruindo suas chances de alcançar uma mudança revolucionária. Sem os agricultores, ela faria pouco progresso por mais cinquenta anos – até que os agricultores finalmente diminuíram em número a ponto de serem em grande parte ignorados, à moda britânica – e então provavelmente já era tarde demais. Tudo o que restou para a revolução proletária no século XX foi o grande e desagradável oportunismo de Lenin e Stalin. Eles manipularam as revoltas camponesas e nacionais contra a autocracia centralizada e o militarismo e depois os subordinaram ao marxismo produtivista, estatal, e, eventualmente, altamente autoritário.

No entanto, isso não ocorreu em todos os lugares. Na Escandinávia, em terras tchecas e em partes da França, alianças operárias-agrárias foram buscadas e alcançadas. Aqui ocorreram circunstâncias especiais. Primeiro, seus estados haviam se tornado relativamente nacionais; não havia movimentos descentralizadores e confederais significativos entre a população rural (ou seja, em terras tchecas abaixo do nível da assembleia provincial-nacional). Em segundo lugar, na Suécia, Dinamarca e França, a industrialização também havia ocorrido no meio rural. Havia menos segregação entre um setor urbano-industrial e um setor rural-agrícola; na verdade, eles se interpenetravam dentro dos lares. Na Suécia e na Dinamarca, isso encorajou uma noção difusa de cidadania social defendida por socialistas não marxistas; na França, encorajou o faccionalismo ideológico. Em nenhum dos dois países surgiram dois movimentos partidários segregados, um industrial e outro agrário. Esse resultado não foi impossível em outros lugares. Os contra-argumentos ao produtivismo e ao estatismo foram ouvidos e vigorosamente debatidos na maioria dos países, mas no final eles perderam. Poderia ter sido de outra forma. Assim como alguns regimes antigos cometeram erros desastrosos e pereceram, enquanto outros aprenderam e se adaptaram, o mesmo aconteceu com os movimentos dos trabalhadores. Quando os revolucionários cometiam erros, muitas vezes pagavam com suas vidas.

Assim, os erros da direita e especialmente da esquerda fizeram a diferença nos resultados. Se os camponeses não encontraram um partido simpático existente, eles formaram seu próprio partido, como fizeram os populistas americanos (sem sucesso) e vários camponeses austro-húngaros (alguns com muito sucesso). Alternativamente, os principais partidos, como o Centro Católico da Alemanha, o Social-democrata da Suécia (eventualmente), e os partidos franceses rivais, perceberam a importância do apoio dos camponeses (especialmente à medida que os sufrágios se ampliavam) e modificaram suas plataformas para ganhar seus votos.

Questões econômicas, embora principalmente motivadoras da ação política, raramente determinaram a política camponesa. Ao contrário, as cristalizações dos estados nos quais os camponeses perseguiam seus interesses explicam as principais colorações das lutas camponesas. Não argumentei que a política simplesmente determina a luta de classes, ponderando as variáveis econômicas *versus* as políticas em algum sentido último. Pelo contrário, os resultados foram determinados por (1) semelhanças subjacentes de interesses de classe e setoriais, sob o impacto de uma comercialização global essencialmente similar do capitalismo, interagindo com (2) cristalizações políticas muito diferentes sobre representação e a questão nacional, conectando os camponeses a regimes estatais e alianças partidárias de formas fundamentalmente diferentes. Isso é muito semelhante às minhas conclusões sobre os resultados das lutas de classe industrial.

Referências

ANDERSON, P. (1974). *Lineages of the Absolutist State*. Londres: New Left Books.

BAIROCH, P. et al. (1968). *The Working Population and Its Structure*. Bruxelas: Institut de Sociologie de l'Université Libre.

BARRAL, P. (1968). *Les agrariens français de Meline a Pisano.* Paris: Librairie Armand Colin.

BERGER, S. (1972). *Peasants Against Politics*. Cambridge, Mass.: Harvard University Press.

BLACKBOURN, D. (1984). Peasants and politics in Germany, 1871-1914. *European History Quarterly*, 14.

_____ (1977). The Mittelstand in German society and politics, 1871-1914. *Social History*, 4.

BOIS, P. (1960). *Paysans de l'Ouest.* Le Mans: Vilaire.

BOYER, J.W. (1981). *Political Radicalism in Late Imperial Vienna.* Chicago: University of Chicago Press.

BRENNER, R. (1976). Agrarian class structure and economic development in pre-industrial Europe. *Past and Present*, 70.

BRUCHEY, S. (1965). *The Roots of American Economic Growth, 1607-1861.* Nova York: Harper & Row.

BRUSTEIN, W. (1988). *The Social Origins of Political Regionalism*: France, 1849-1981. Berkeley: University of California Press.

BUCK, S. (1913). *The Granger Movement*. Cambridge, Mass.: Harvard University Press.

BURBANK, G. (1976). *When Farmers Voted Red*. Westport, Conn.: Greenwood Press.

BURNHAM, W. (1974). The United States: the politics of heterogeneity. In: R. Rose (org.). *Electoral Behavior*: A Comparative Handbook. Nova York: Free Press.

CASTLES, F. (1978). *The Social Democratic Image of Society*. Londres: Routledge & Kegan Paul.

CONZE, W. (1969). The effects of nineteenth-century liberal agrarian reforms on social structure in central Europe. In: CROUZET; CHALONER & STERN (orgs.). *Essays in European Economic History, 1789-1914*. Londres: Arnold.

DANHOF, C. (1969). *Change in Agriculture*: The Northern United States, 1820-1870. Cambridge, Mass.: Harvard University Press.

DOVRING, F. (1965). *Land and Labor in Europe in the Twentieth Century*. The Hague: Nijhoff.

DUNCAN, S. (1982). Class relations and historical geography: the creation of the rural and urban questions in Sweden. *Research Papers in Geography (University of Sussex)*, 12.

DYSON, L. (1986). *Farmers' Organizations*. Nova York: Greenwood Press.

EDDIE, S. (1967). The changing pattern of leadership in Hungary, 1867-1914. *Economic History Review*, 20.

ELEY, G. (1980). *Reshaping the German Right*: Radical Nationalism and Change After Bismarck. New Haven, Conn.: Yale University Press.

ESPING-ANDERSEN, G. (1985). *Politics Against Markets*: The Social Democratic Road to Power. Princeton, NJ: Princeton University Press.

FARR, I. (1986). Peasant protest in the empire – the Bavarian example. In: R. Moeller (org.). *Peasants and Lords in Modern Germany*: Recent Studies in Agricultural History. Boston: Allen & Unwin.

_____ (1978). Populism in the countryside: the peasant leagues in Bavaria in the 1890s. In: R.J. Evans (org.). *Society and Politics in Wilhelmine Germany*. Londres: Croom Helm.

FINE, N. (1928). *Labor and Farmer Parties in the United States, 1828-1928*. Nova York: Rand School of Social Science.

FISCHER, F.W. et al. (1982). *Sozialgeschichtliches Arbeitsbuch* – Vol. I: Materialien zur Statistik des Deutschen Bundes, 1815-1870. Munique: Beck.

GARRIER, G. (1973). *Paysans du Beaujolais et du Lyonnais, 1800-1970*. Grenoble: Presses Universitaires de Grenoble.

GERSCHENKRON, A. (1943). *Bread and Democracy in Germany.* Berkeley: University of California Press.

GOODWYN, L. (1976). *Democratic Promise*: The Populist Moment in America. Nova York: Oxford University Press.

GRANTHAM, G. (1975). Scale and organization in French farming, 1840-1880. In: E.L. Jones & W.N. Parker (orgs.). *European Peasants and Their Markets.* Princeton, NJ: Princeton University Press.

GREEN, J. (1976). *Grass Roots Socialism.* Baton Rouge: Louisiana State University Press.

HAGGARD, H.R. (1971). *Rural Denmark and Its Lessons.* Londres: Longman Group.

HAIMSON, L. (1979). Introduction: the Russian landed nobility and the system of the third of June, and Conclusion: observations on the politics of the Russian countryside (1905-14). In: L. Haimson (org.). *The Politics of Rural Russia.* Bloomington: Indiana University Press.

HANAK, P. (1975). Economics, society, and sociopolitical thought in Hungary during the age of capitalism. *Austrian History Yearbook*, 9.

HICKS, J. (1931). *The Populist Revolt.* Mineápolis: University of Minnesota Press.

HOBSBAWM, E. (1989). *The Age of Empire.* Nova York: Vintage Books.

HOHORST, V.G. et al. (1975). *Sozialgeschichtliches Arbeitsbuch* – Vol. I: Materialien zur Statistik des Kaiserreichs, 1870-1914. Munique: Beck.

HOLMSEN, A. (1956). Landowners and tenants in Norway. *Scandinavian Economic History Review*, 6.

HOVDE, B. (1943). *The Scandinavian Countries, 1720-1865.* Boston: Chapman & Grimes.

HUSSAIN, A. (1981). *Marxism and the Agrarian Question* – Vol. 1: German Social Democracy and the Peasantry, 1890-1907. Londres: Macmillan.

JENKINS, J.C. (1986). Why do peasants rebel? – Structural and historical theories of modem peasant rebellions. *American Journal of Sociology*, 88.

JONASSON, O.G. (1938). *Agricultural Atlas of Sweden.* Stockholm: Lantbruks--saellskapets.

JUDT, T. (1979). *Socialism in Provence, 1871-1914.* Cambridge: Cambridge University Press.

KANE, A. & MANN, M. (1992). A theory of early twentieth-century agrarian politics. *Social Science History*, 16.

KAUSEL, A. (1979). Osterreichs Volkseinkommen 1830 bis 1913. In: *Geschichte und Ergebrisse der Zentralen Amtlichen Statistik in Osterreich 1829-1979* – Beitrage zur Osterreichischen Statistik, 550.

KAUTSKY, K. (1988). *The Agrarian Question*. Londres: Zwan [Ed. orig. 1899].

KUHNLE, S. (1975). *Patterns of Social and Political Mobilization*: A Historical Analysis of the Nordic Countries. Londres: Sage.

KUUSE, J. (1971). Mechanisation, commercialisation and the protectionist movement in Swedish agriculture, 1860-1910. *Scandinavian Economic History Review*, 19.

LE GOFF, T.J.A. & SUTHERLAND, D.M.G. (1983). The social origins of counter-revolution in western France. *Past and Present*, 99.

LEWIS, G. (1978). The peasantry, rural change and conservative agrarianism: Lower Austria at the turn of the century. *Past and Present*, 81.

LINZ, J. (1976). Patterns of land tenure, division of labor, and voting behavior in Europe. *Comparative Politics*, 8.

LOUBERE, L.A. (1974). *Radicalism in Mediterranean France, 1848-1914*. Albânia: State University of New York Press.

LYASHCHENKO, P. (1949). *History of the National Economy of Russia to the 1917 Revolution*. Nova York: Macmillan.

MACARTNEY, C.A. (1969). *The Hapsburg Empire, 1790-1918*. Londres: Weidenfeld & Nicolson.

MALEFAKIS, E. (1970). *Agrarian Reform and Peasant Revolution in Spain*. New Haven, Conn.: Yale University Press.

MARGADANT, T.W. (1979). *French Peasants in Revolt*. Princeton, NJ: Princeton University Press.

MARX, K. & ENGELS, F. (1968). *Selected Works*. Moscou: Progress Publishers.

MEDVEDEV, Z. (1987). *Soviet Agriculture*. Nova York: Norton.

MERRIMAN, J. (1979). Incident at the statue of the Virgin Mary: the conflict of the old and the new in nineteenth century Limoges. In: J. Merriman (org.). *Consciousness and Class Experience in Nineteenth Century Europe*. Nova York: Holmes & Meier.

MINISTÈRE DE L'AGRICULTURE (1897). *Statistique agricole de la France*: résultats generaux de l' enquête decennale de 1892. Paris.

MOORE JR., B. (1973). *Social Origins of Dictatorship and Democracy*. Harmondsworth: Penguin Books.

MOUZELIS, N. (1986). *Politics in the Semi-Periphery*: Early Parliamentarianism and Late industrialization in the Balkans and Latin America. Nova York: St. Martin's Press.

MUNCH, P. (1954). The peasant movement in Norway: a study in class and culture. *British Journal of Sociology*, 5.

NEWBY, H. (1977). *The Deferential Worker.* Londres: Lane.

OSTERUD, O. (1971). *Agrarian Structure and Peasant Politics in Scandinavia*: A Comparative Study of Rural Response to Economic Change. Oslo: Universitetsforlaget.

PAIGE, J. (1976). *Agrarian Revolution*. Nova York: Free Press.

PAVLOVSKY, G. (1930). *Agricultural Russia on the Eve of the Revolution*. Londres: Routledge & Kegan Paul.

PECH, S. (1978). Political parties in Eastern Europe, 1848-1939. *East Central Europe*, 5.

PERKINS, J.A. (1981). The agricultural revolution in Germany, 1850-1914. *Journal of European Economic History*, 10.

PERRIE, M. (1972). The Russian peasant movement of 1905-1907: its social composition and revolutionary significance. *Past and Present*, 57.

RAEFF, M. (1966). *Origins of the Russian intelligentsia*: The Eighteenth Century Nobility. Nova York: Harcourt, Brace & World.

ROBINSON, G. (1932). *Rural Russia Under the Old Regime*. Berkeley: University of California Press.

ROKKAN, S. (1970). *Cities, Elections, Parties*. Oslo: Universitetsforlaget.

ROSEN, E. (1978). Socialism in Oklahoma: a theoretical overview. *Politics and Society*, 8.

ROTHSTEIN, M. (1988). Farmer movements and organizations: numbers, gains, and losses. *Agricultural History*, 62.

RUESCHEMEYER, D.; STEPHENS, E. & STEPHENS, J. (1992). *Capitalist Development and Democracy*. Chicago: University of Chicago Press.

SANDGRUBER, R. (1978). *Osterreichische Agrärstatistik, 1750-1918*. Munique: Oldenbourg.

SEE, H. (1929). *Esquisse d'une Histoire Economique et Sociale de la France*. Paris: Alcan.

SEMMINGSEN, I. (1954). The dissolution of estate society in Norway. *Scandinavian Economic History Review*, 2.

SHANIN, T. (1985). *Russia as a "Developing Society"*: The Roots of Otherness – Russia's Turn of the Century. Vol. I. Londres: Macmillan.

_____ (1972). *The Awkward Class*. Oxford: Clarendon Press.

SKED, A. (1989). *The Decline and Fall of the Hapsburg Empire, 1815-1918*. Londres: Arnold.

SKOCPOL, T. (1979). *States and Social Revolutions*: A Comparative Analysis of France, Russia and China. Cambridge: Cambridge University Press.

SMITH, J.H. (1975). Work routine and social structure in a French village: Cruzy in the nineteenth century. *Journal of Interdisciplinary History*, 3.

SOROKIN, P.A. et al. (1930). *A Systematic Source Book in Rural Sociology*. Mineápolis: University of Minnesota Press.

STEPHENS, J. (1979). *The Transition from Capitalism to Socialism*. Londres: Macmillan.

STINCHCOMBE, A.L. (1961). Agricultural enterprise and rural class relations. *American Journal of Sociology*, 67.

THOMAS, A. (1977). *Social democracy in Denmark* – In Social Democratic Parties in Western Europe. In: W. Paterson & A. Thomas (orgs.). Londres: Croom Helm.

TILLY, C. (1979). Did the cake of custom break? In: J. Merriman (org.). *Consciousness and Class Experience in Nineteenth Century Europe*. Nova York: Holmes & Meier.

_____ (1967). *The Vendée*. 3. ed. Nova York: John Wiley.

TOMASEVICH, J. (1955). *Peasants, Politics, and Economic Change in Yugoslavia*. Stanford, Cal.: Stanford University Press.

U.S. CENSUS BUREAU (1910). *U.S. Census, 1910*. Washington, DC: U.S. Government Printing Office.

VINOGRADOFF, E. (1979). The Russian peasantry and the elections to the Fourth State Duma. In: L. Haimson (org.). *The Politics of Rural Russia*. Bloomington: Indiana University Press.

VOLIN, L. (1960). The Russian peasant: from emancipation to kolkhoz. In: C. Black (org.). *The Transformation of the Russian Peasantry*. Cambridge, Mass.: Harvard University Press.

WALKIN, J. (1962). *The Rise of Democracy in Pre-revolutionary Russia*. Nova York: Praeger.

WEBER, E. (1978). *Peasants Into Frenchmen*. Stanford, Cal.: Stanford University Press.

WEBER, M. (1978). *Economy and Society*. Berkeley: University of California Press.

WOLF, E. (1969). *Peasant Wars of the Twentieth Century*. Nova York: Harper & Row.

20
Conclusões teóricas
Classes, estados, nações e as fontes do poder social

Este volume tem dois capítulos conclusivos. Este, o primeiro, começa onde o capítulo 7 parou, generalizando sobre o surgimento dos dois principais atores dos tempos modernos – classes e estados-nações – e depois sobre as quatro fontes de poder social durante o período. Como os cinco países abordados (Áustria, Grã-Bretanha, França, Prússia-Alemanha e Estados Unidos) são todos diferentes, devo encontrar um equilíbrio entre a generalização e o reconhecimento da singularidade. Mas como a história entregou sua própria conclusão no longo século XIX, sob a forma da Primeira Guerra Mundial, o capítulo final analisará as causas dessa guerra, exemplificando e justificando a teoria subjacente a este volume.

Como vimos, os estados estavam entrelaçados tanto com as classes quanto com as nações. Não vou resumir mais uma vez minha pesquisa sobre os estados; ao contrário, remeto o leitor à conclusão do capítulo 14. Aqui repito apenas o ponto essencial: como o Estado se tornou socialmente mais significativo por meio da expansão militar e industrial capitalista do final do século XVIII, ele *naturalizou* parcialmente o Ocidente e suas classes.

Classes e estados

Na época da Primeira Guerra Mundial, todo o Ocidente estava se tornando industrial. A Grã-Bretanha e a Bélgica já o eram, a maioria dos países estava equilibrada entre indústria e agricultura, e a agricultura também era completamente comercializada. O capitalismo havia acelerado enormemente os poderes coletivos humanos, em geral difusamente, em toda essa civilização de múltiplos atores de poder. Seu segundo surto industrial, a partir da década de 1880, melhorou as condições materiais de todas as classes e de ambos os sexos, permitindo a conquista da subsistência e a quase duplicação da expectativa de vida humana. Embora desigualmente distribuídos, os benefícios se ampliaram tanto que a maioria dos atores de poder concordaram que as instituições de poder autoritativo deveriam apoiar a expansão capitalista. O escopo da infraestrutura civil estatal foi então ampliado. O capitalismo e a burocratização estatal se desenvolveram de forma semelhante em todo o Ocidente.

O capitalismo também transformou as relações de poder distributivo de todos os países, gerando classes extensivas e políticas em uma escala sem paralelo na história. Surgiu primeiro uma burguesia e uma pequena burguesia, depois uma classe média, uma classe trabalhadora e uma classe camponesa – todas elas classes não dominantes com ampliados poderes autoritativos de organização coletiva. Todas essas classes acreditavam (apesar dos benefícios) que eram exploradas pelas classes dominantes e pelos regimes políticos, e todas elas organizaram protestos coletivos em busca de alternativas. Isso era evidente para Marx e para a maioria dos observadores subsequentes. Mais importante, isso também era evidente para as classes dominantes e os regimes dirigentes. No entanto, os resultados do conflito distributivo não foram o que Marx esperava, por quatro razões:

1) Como o capitalismo era predominantemente uma organização de poder difuso, sua organização de classe autoritativa surgiu como essencialmente ambivalente. As burguesias, pequenas burguesias e classes médias eram economicamente heterogêneas. Sem a intervenção de outras fontes de poder social, seus conflitos com as classes e regimes dominantes se revelaram parciais, suaves e particularistas. Durante a primeira metade do período, muitos entraram em acordos e até se fundiram sem muito drama. As classes agrárias, especialmente a camponesa, se desenvolveram como heterogêneas, gerando três organizações coletivas concorrentes: como *classes de produção*, como *classes de crédito*, e como um setor econômico (em uma aliança segmentar com grandes fazendeiros, seus oponentes habituais nas outras duas dimensões). O proletariado também gerou três tendências organizacionais coletivas: classe, seccionalismo e segmentarismo. Assim, o desenvolvimento econômico do capitalismo produziu múltiplas organizações coletivas, entre as quais as classes, que embora tenham desenvolvido inerentemente o conflito dialético que Marx esperava, não dominaram de forma alguma.

2) Os resultados da competição entre essas organizações econômicas concorrentes foram determinados predominantemente pelas estratégias ou movimentos de classes dominantes e regimes dirigentes mais autoritativos, que, afinal de contas, controlavam os estados e as forças armadas autoritativos existentes. Se estivessem se concentrando com afinco no confronto emergente de classes (e nem sempre foi assim, como veremos), a maioria calculou uma contraestratégia eficaz. Isso não era incomum. Tenho argumentado do começo ao fim que, onde o conflito de classes é relativamente transparente – ou seja, onde ele tem a capacidade de gerar confrontos de classe diretos do tipo que Marx esperava que resultasse em revolução – então é aí que as classes e regimes dominantes podem usar com mais eficácia seu maior poder institucionalizado para reprimir e dividir seu oponente. As revoluções, argumentei, ocorrem onde classes e regimes dirigentes se confundem pelo surgimento de conflitos múltiplos, não dialéticos, mas entrelaçados. Nesse caso, a estratégia mais eficaz do regime contra conflitos transparentes entre capital e trabalho era fazer concessões a

alguns trabalhadores e camponeses através do sectarismo e do segmentarismo, enquanto reprimiam o resto. Dessa forma, eles poderiam reduzir a unidade de classe necessária para a revolução ou a reforma agressiva. O próprio surgimento, simultaneamente, de três formas de organização de trabalhadores reduziu a classe porque uma exigia hegemonia sobre os trabalhadores, enquanto as outras duas, não.

3) Por sua vez, as estratégias ou movimentos das classes e dos regimes dominantes e, portanto, dos próprios trabalhadores, foram predominantemente determinadas pelas outras três fontes de poder social. Remeto o leitor ao capítulo 7 para meu resumo dos resultados das lutas econômicas até a década de 1830 ou 1840. Lá ressalto fontes de poder difusas, ideológicas, mas principalmente militares autoritativas e então políticas. Os capítulos 17-19 dão uma explicação mais política dos movimentos operários e camponeses posteriores. Assim, por volta de 1900, os resultados do conflito capital-trabalho em todo o Ocidente foram determinados por (1) uma difusão global essencialmente similar do capitalismo, gerando uma ambiguidade comum de organizações e interesses coletivos, interagindo com (2) várias cristalizações de estados autoritativos – ideológicos, patriarcais, militares, mas especialmente suas duas cristalizações cidadãs, em questões *representativas* e *nacionais*.

4) Essas interações não foram como colisões de bola de bilhar de objetos separados. Classes, segmentos e seções, todas *entrelaçadas não dialeticamente* com cristalizações políticas autoritativas, assim ajudaram a moldarem-se mutuamente. As próprias identidades e interesses dos atores foram mudados por trás das suas costas, pelas consequências não intencionais de ação. Em um ambiente tão incerto, os atores eram propensos a cometer *erros sistêmicos*. O capítulo 6 mostra como o regime francês de 1789 cometeu erros desastrosos porque não apreciava a natureza emergente, em desenvolvimento, de seu oponente. O capítulo 15 ilustra o inverso. De modo bastante incomum, as classes dominantes que controlavam um Estado eram enfrentadas *dialeticamente* por um oponente de classe único e bastante homogêneo, o cartismo. Confrontando o inimigo diretamente, eles não cometeram erro algum, reprimindo firmemente seus militantes e forçando ao seccionalismo os trabalhadores com maior poder de mercado. Os últimos capítulos revelaram os erros históricos-mundiais mais persistentes cometidos por movimentos trabalhistas excessivamente produtivistas e estatistas, sob a influência do marxismo ou do luteranismo, peculiarmente incapazes de apreciar as complexidades distintivas das lutas agrárias e assim convertendo em inimigos seus potenciais aliados, os camponeses.

Esses quatro determinantes não eram meramente externos uns aos outros. Eles estavam entrelaçados, moldando a forma um do outro. A relevância das estratégias-movimentos, das lutas representativas e nacionais dos cidadãos, das consequências não intencionais e dos erros derivaram da forma como eles fortaleceram as identidades de classe, seccionais ou segmentares, de acordo com o contexto. A classe, o sectarismo e o segmentarismo continuaram a lutar pela alma dos trabalhadores e camponeses. Em termos de suas relações com os meios de produção, tanto na indústria quanto na agricultura a batalha se deu em termos profundamente ambivalentes, sem resultados decisivos nesse período. É claro que o seccionalismo e o segmentarismo persistentes prejudicaram e minaram a ampla unidade exigida pela ação coletiva. Em um mundo capitalista sem estados, isso poderia ter enfraquecido permanentemente o trabalho em relação ao capital, e quase certamente teria impedido resultados revolucionários, mesmo agressivamente reformistas. No entanto, o capitalismo habitou um mundo de estados. Nesse período, as tendências ambivalentes à organização de classe, seccional e segmentar foram impulsionadas ou revertidas, muitas vezes involuntariamente, por cristalizações políticas nacionais e representativas de autoridade, especialmente porque tiveram impacto sobre as alianças trabalhistas e camponesas. As classes não eram puramente econômicas; nem os estados puramente políticos.

O capitalismo e o industrialismo foram ambos superestimados. Seus poderes difusos excederam seus poderes autoritativos, para os quais eles dependiam de, e foram conformados por, organizações de poder político e militar. Embora tanto o capitalismo quanto o industrialismo tenham aumentado enormemente os poderes coletivos, os poderes distributivos – a estratificação social – foram menos alterados. As relações modernas de classe foram galvanizadas pela primeira e segunda revoluções industriais e pela comercialização global da agricultura, mas eles foram impulsionados por caminhos inerentemente ambivalentes, nos quais resultados variáveis foram determinados por cristalizações políticas autoritativas que, em sua maioria, haviam sido institucionalizadas bem antes.

Por que os estados já eram tão diversos? Charles Tilly nos lembra que os estados europeus haviam se originado no período medieval de muitas formas – monarquias territoriais, redes frouxas de relações pessoais príncipe-senhor-vassalo, estados de conquista, cidades-Estado, cidades-Estado eclesiásticas, ligas de cidades, comunas etc. Apesar de Tilly descrever um declínio nos tipos de estados ao longo do período inicial moderno, à medida que os estados territoriais se estabilizaram e passaram a dominar, muito da variedade permaneceu. A fragmentação da Cristandade acrescentou a variedade religiosa. Os estados variavam especialmente nas relações entre a capital e as regiões. Em 1760, a Grã-Bretanha anglicana era moderadamente homogênea e centralizada, absorvendo o regionalismo escocês, galês e não conformista, mas com uma colônia imperial adjacente, a Irlanda católica. A França católica tinha uma monarquia altamente centralizada, mas com relações altamente particularistas com suas regiões (que também caíram em dois tipos constitucionais distintos). A Prússia luterana era um Estado bastante compacto, integrando estreitamente a monarquia e a nobreza da região dominante. A Áustria católica era uma monarquia confederal contendo minorias religiosas e idiomas regionais. A América era uma série de colônias separadas e em expansão.

Todos os estados diferem, grandemente. Os estados são territoriais e os territórios são dispostos de maneira muito particular.

A particularidade territorial foi reforçada pelas economias agrárias e diminuída pelas economias industriais. Hoje, na sociedade industrial avançada (ou pós-industrial), as atividades econômicas na Grã-Bretanha, França e Alemanha são notavelmente semelhantes porque as economias modernas transformam muitas vezes a maioria dos produtos da natureza. Mas as economias agrárias dependem da ecologia – no solo, na vegetação, no clima e na água – e essas variam por localidade. A ecologia da Europa agrária era invulgarmente variada, no jargão dos economistas oferecendo uma *carteira de recursos dispersa*. Mas, à medida que o capitalismo se desenvolveu, as economias "nacionais" se tornaram mais semelhantes (como observa o capítulo 14).

O capitalismo é uma forma de organização do poder excepcionalmente difusa, enquanto os estados são essencialmente autoritativos. Especialmente em seu estágio industrial, cada vez mais liberado das particularidades do território, o capitalismo se espalhou pelo Ocidente em formas bastante semelhantes. Seu poder difuso também permite uma escolha bastante *livre* de estratégias alternativas, competição mais inacabada, tanto para os atores coletivos quanto para os individuais. Trabalhadores e empregadores, camponeses e grandes fazendeiros podem fazer arranjos locais variados que permitem estratégias de classe, seccionais e segmentares para continuar e competir. No entanto, os estados, por sua própria natureza como fonte distinta de poder social, alocam e institucionalizam autoritativamente. Embora os partidos e as elites estatais possam questionar e reduzir a coerência estatal, as leis sobre direitos civis, o sufrágio, a centralização estatal, o recrutamento, as tarifas, os sindicatos e assim por diante devem ser estabelecidos autoritativamente.

O Estado moderno havia primeiro institucionalizado as muitas particularidades territoriais da Europa. Em seguida, os estados se expandiram muito ao enfrentarem duas ondas de problemas regulatórios comuns, emanados do militarismo crescente do século XVIII e do desenvolvimento capitalista que durou até 1914. Nesse período, os estados se tornaram grandes, socialmente relevantes e distintamente *modernos*. As formas como isso aconteceu então tiveram um imenso impacto no desenvolvimento social. No entanto, em seus papéis ampliados, eles lidaram pela primeira vez com as instituições particulares desenvolvidas em meio à era mais *territorial*. Na primeira fase de expansão, o militarismo interagiu com elas para resultar em instituições *modernizadas* distintas em cada Estado: a América institucionalizou sua constituição única; a França institucionalizou o conflito sobre sua constituição; a Grã-Bretanha institucionalizou o antigo liberalismo do regime; a Prússia, o semiautoritarismo; e a Áustria (com menos sucesso) tentou dar a seu dinasticismo mais poderes de penetração infraestrutural. Os estados modernos – induzidos pelo militarismo do século

XVIII e pelo capitalismo industrial do século XIX – então aumentaram enormemente seu significado social. Assim, o poder estruturante de suas instituições autoritativas existentes, forjadas na interação entre uma era anterior e a fase militarista, também cresceu. Depois dos anos de 1830, a maioria das instituições políticas dos países tinha uma solidez que absorvia quase tudo o que a sociedade industrial podia lançar sobre eles.

Uma segunda dialética, ao lado da dialética de classe de Marx, estava ocorrendo, entre o que chamo de *emergência interstícia* e *institucionalização*. Como as sociedades são constituídas por redes de interação múltiplas e sobrepostas, elas perenemente produzem atores coletivos emergentes, cujas relações com atores mais antigos ainda não estão institucionalizadas, mas depois se tornam assim. As classes e as nações foram atores emergentes por excelência. Elas pegaram de surpresa as classes e os regimes dominantes, e nenhuma das instituições existentes havia sido projetada diretamente para lidar com elas. Em vez disso, as classes e os regimes dominantes tiveram que se virar com as instituições concebidas para fins mais antigos e territorialmente mais particulares. Os estados não cresceram principalmente para lidar com classes e nações emergentes (mas para combater guerras mais caras e depois para auxiliar a industrialização), mas suas instituições ampliadas suportaram grande parte do peso do controle social. Assim, eles determinavam cada vez mais os resultados de classe e nacionais.

Dou um exemplo disso nos capítulos 17 e 18: o desenvolvimento divergente dos movimentos trabalhistas americano, britânico e alemão. Foco aqui apenas em duas formas de poder autoritativo, a representação estatal e as cristalizações militares (para uma explicação mais completa, mais adequada, cf. esses capítulos). A Grã-Bretanha do século XVIII havia desenvolvido uma forma embrionária de democracia partidária principalmente para institucionalizar a *corte* e o *interior*, conflitos dinásticos e religiosos. A Grã-Bretanha também carecia de um exército nacional efetivo (exceto na Irlanda). Assim, lidar com as classes médias emergentes dependia principalmente do Parlamento, e o Parlamento lidou bem com isso. Em 1820, a Prússia havia institucionalizado conflitos nobres-profissionais principalmente no âmbito de sua administração real e de seu exército. Esses também ajudaram o regime a institucionalizar as classes médias, especialmente quando o exército ganhou legitimidade ao transformar a Prússia em Alemanha. O regime alemão então também fez uso inovador da democracia partidária limitada, que também moveu a classe média para a direita. A democracia partidária americana teve sua origem principalmente na institucionalização das relações entre grandes e pequenos agricultores. As organizações militares e paramilitares americanas se desenvolveram em grande parte para matar índios.

Quando o proletariado surgiu, as classes e regimes dominantes nos três países o trataram de forma muito diferente. Isso não foi porque os britânicos tinham um *gênio para o acordo* (até meados do século passado, eles mais reprimiram do que firmaram acordos) ou porque os alemães eram autoritários, ou porque os americanos eram esquizofrênicos. A maioria dos capitalistas e políticos dos três países queria a mesma coisa: preservar a ordem, mas manter seus privilégios. Mas eles já tinham diferentes instituições estatais autoritativas para cumprir essas tarefas. Os britânicos tinham partidos competitivos e o direito ao voto, cuja relação com as fronteiras de classe tinha variado e podia variar novamente – mas não muito mais que um exército nacional. Os alemães tinham institucionalizado uma estratégia partidária que excluía os partidos radicais – e tinham um grande exército cujas demonstrações de força tinham considerável legitimidade interna. Os americanos tinham partidos competitivos – mas também tinham forças militares e paramilitares experientes em repressão interna violenta. Assim, movimentos trabalhistas emergentes similares foram desviados por diferentes instituições estatais disponíveis ao longo de diferentes caminhos. A Grã-Bretanha desenvolveu um mutualismo leve; a Alemanha, um encontro bastante ritualizado entre um Estado reacionário e o capitalismo e um marxismo ostensivamente revolucionário; e os Estados Unidos, maior violência e seccionalismo e pouco socialismo.

Em todos esses encontros, as instituições estatais também mudaram; porém, mais lentamente do que o desenvolvimento do capitalismo e o surgimento das classes. O modelo teórico apropriado para esta fase da história mundial – com o capitalismo comum se difundindo entrelaçado com instituições estatais mais particulares e autoritativas – é uma espécie de teoria do *atraso político*, como extraí da teoria institucional do Estado identificada no capítulo 3. As variações entre as instituições estatais fomentaram vários *trabalhadores coletivos* nesse período. Isso lança dúvidas sobre todas as teorias que afirmam que o desenvolvimento capitalista necessariamente traz qualquer conjunto determinante de relações de poder entre capital e trabalho – seja a teoria marxista, reformista ou liberal. O operário coletivo tem sido mais maleável do que essas teorias sugerem, condescendente com (ou incapaz de mudar) uma série de regimes, e capaz de cristalizar de muitas formas.

De fato, este período parece ter institucionalizado relações de classe mais diversas do que o capitalismo avançado mais recente, dominado por democracias partidárias. Ao longo da maior parte do século XX, os regimes autoritários foram malsucedidos. A autocracia e a monarquia semiautoritária desapareceram como estratégias dominantes do Ocidente, embora existam regimes não monárquicos comparáveis em muitos países em desenvolvimento. A maioria das teorias ocidentais tem argumentado que esse declínio na variedade e no autoritarismo era inevitável, o esgotamento da *lógica do industrialismo*, da *era da democracia* ou da *institucionalização do conflito de classes* – formas variantes da teoria da modernização. As teorias evolucionistas foram impulsionadas pelo súbito colapso do socialismo autoritário do século XX no bloco soviético. Mas existiu tal *lógica*? Por que o czarismo, a Alemanha Imperial – de fato, mais da metade dos regimes modernizadores – estavam condenados? Eles estariam tropeçando e tramando em direção a um conjunto viável alternativo de relações de poder modernas para a democracia partidária? Essas questões aguardam o volume 3. Mas uma questão pode ser abordada aqui: Como os regimes autoritários trazem o militarismo mais diretamente para a regulamentação de classes, isso pode torná-los vulneráveis ao desaparecimento induzido pela guerra. As causas da Grande Guerra se tornam críticas para a primeira fase da avaliação de sua viabilidade.

A complexidade nas cristalizações de Estado também nos direciona para a guerra. Os atores do poder contemporâneo acharam tão difícil controlar os resultados quanto nós os explicarmos. As consequências de suas ações eram muitas vezes não intencionais. As lutas de classe – agrárias, industriais, ou ambas – não prosseguiram de acordo com suas próprias lógicas puras. Do início ao fim, elas estavam entrelaçadas com relações de poder ideológicas, militares e políticas que ajudavam a moldar as próprias classes. Essas agora se tornaram ainda mais complexas à medida que o militarismo estatal se intensificou. O capítulo 21 traça o início dessa intervenção cataclísmica.

Nações e estados

O capítulo 7 apresenta as três primeiras fases de uma teoria de quatro fases da nação. As fases religiosa e comercial capitalista-estatista ocorreram antes do início do período de tempo deste volume, contribuindo apenas com o que chamo de *protonações*. Depois, a fase militarista, detalhada no capítulo 7, desenvolveu as nações como atores reais, parcialmente de classe cruzada e, ocasionalmente, agressivos. Mas as nações vieram em três tipos diferentes: reforço estatal (p. ex., Inglaterra), criação estatal (Alemanha), e subversão estatal (na maior parte das terras austríacas). Agora, resumo a quarta fase, *capitalista industrial*, dessas variadas nações.

Durante a segunda metade do século XIX e o início do século XX, a fase industrial do capitalismo, suas lutas de classe e seu impacto sobre o Estado, reforçaram as nações emergentes. Os estados, pela primeira vez, empreenderam importantes funções civis, patrocinando sistemas de comunicação; canais, estradas, correios, ferrovias, sistemas telegráficos e, mais significativamente, escolas. Os estados estavam em grande parte respondendo às necessidades do industrialismo, como foi articulado pelos capitalistas principalmente, mas também por outras classes, por militares e por elites estatais. Como quase todos valorizavam os crescentes poderes coletivos de uma sociedade industrial, eles incitavam o Estado a uma maior coordenação social. Por sua vez, as infraestruturas estatais aumentaram a densidade da interação social, mas limitadas pelo alcance territorial do Estado. Vimos que o comportamento social – mesmo o comportamento social íntimo, como os costumes sexuais – se tornou *naturalizado*, mais homogêneo nacionalmente. De forma bastante inconsciente, a maioria das atividades do Estado promoveu a nação como uma comunidade experiente, ligando as organizações intensivas e emocionais de família e vizinhança com organizações de poder mais extensivas e instrumentais. A nação não era uma comunidade total. O localismo sobreviveu, assim como as barreiras regionais, religiosas, linguísticas e de classe, dentro da nação. A comunidade ideológica ocidental e o capitalismo global também mantiveram a organização transnacional. Como o capitalismo, o Estado moderno, o militarismo, a alfabetização discursiva em massa e o industrialismo aumentaram a densidade social geral, havia espaço para mais organização nacional e transnacional.

A nação tampouco era uma comunidade incontestável. A nação popular e de classe cruzada envolvia necessariamente concepções de cidadania (embora de tipos variados). Mas essas provocaram as duas cristalizações políticas dominantes do século XIX, voltando-se para a questão *representativa* – quem deveria ser cidadão pleno – e a questão *nacional* – onde a cidadania deveria estar localizada, ou seja, como o Estado e a nação deveriam estar centralizados. Tenho enfatizado ao longo de todo o processo que a questão nacional foi importante e tão controversa quanto a representação. Poucos estados iniciaram o período sendo nacionalmente homogêneos: a maioria continha regiões com comunidades religiosas e linguísticas distintas, e muitas regiões tinham suas próprias instituições políticas, ou memórias delas.

As fases de expansão capitalista militar e industrial do Estado intensificaram tanto as questões representativas quanto as nacionais. As consequências fiscais e conscritivas do final do século XVIII do aumento do militarismo resultaram em maiores pressões representativas, mas em cristalizações muito diferentes sobre a questão nacional, desde a centralização tentada pelos revolucionários jacobinos até o confederalismo da maioria dos dissidentes austríacos. No entanto, a fase capitalista industrial posterior intensificou as pressões tanto para sociedades mais representativas quanto para sociedades mais nacionais. A *naturalização* foi especialmente eficaz porque era inconsciente, não intencional, intersticial e, portanto, sem oposição. Ela envolveu tanto as emoções quanto a razão instrumental, mudando sutilmente as concepções de comunidades de apego.

No entanto, uma área de expansão estatal no capitalismo industrial permaneceu controversa. Embora a maioria das infraestruturas estatais tenha sido expandida de forma bastante consensual, a educação em massa gerou conflitos com Igrejas minoritárias e comunidades linguísticas regionais. Se as Igrejas minoritárias fossem regionalmente arraigadas, isso poderia intensificar o nacionalismo subversivo do Estado (como na Irlanda ou em algumas terras austríacas). A expansão educacional também poderia transmitir um antiestatismo mais sutil. Sob crescentes pressões representativas das classes emergentes, nenhum regime central agora poderia simplesmente impor sua língua às províncias com seus próprios vernáculos nativos. A expansão da educação na província da Boêmia, por exemplo, difundiu um senso de nação tcheco mais do que austríaco. Por outro lado, em toda a *grande Alemanha* e em toda a Itália, a educação encorajou um senso de nação que se estendia através das fronteiras estatais existentes. Assim, de acordo com o contexto, a fase industrial capitalista da nação encorajou três tipos diferentes de nações: reforço do Estado, criação do Estado e subversão do Estado.

Os conflitos de classe do capitalismo também alimentaram os três tipos de nações, de acordo com as circunstâncias locais. A classe média, os camponeses e os trabalhadores se tornaram alfabetizados nos vernáculos nativos, que, de acordo com o contexto, ou naturalizaram mais o Estado existente ou o fragmentaram em nações regionais mais populares (fragmentação do Estado) ou nações interestatais (criação do Estado). Classe média, camponeses e trabalhadores exigiram representação política, novamente com as mesmas consequências alternativas. No final do século XIX, as nações populares – nos três aspectos – estavam mobilizando a classe média e muitos camponeses e trabalhadores em todos os países europeus.

Nessa fase, as nações também se tornaram mais apaixonadas e agressivas. A paixão derivou principalmente dos laços mais estreitos entre o Estado e a esfera intensa e emocional da interação familiar e de vizinhança, na qual a educação estatal e as infraestruturas físicas e morais de saúde começavam a aparecer. As ideologias viam a nação como mãe ou pai, uma grande família, um grande lar. A agressão resultou porque todos os estados continuaram a se cristalizar como militaristas; todos eram geopoliticamente militaristas, e alguns permaneceram domesticamente assim.

O nacionalismo que subvertia o Estado se tornou cada vez mais violento onde regimes imperiais repressivos não concediam autonomia e representação regional-nacional. Especialmente se reforçados pela religião, os dissidentes regionais desenvolveram um protesto intenso e emocional. Suas vidas familiares e comunitárias locais reforçaram seu senso de diferença em relação à exploração da nação imperial. Essa última devolveu os sentimentos para justificar o uso do militarismo interno contra eles. Cada um alimentava a paixão e a violência do outro.

Assim, o nacionalismo que subvertia o Estado tem sido mais apaixonado e *fanático* quando regimes imperiais não representativos começam a perder seu domínio repressivo. Os estados ocidentais que institucionalizaram a classe, mas especialmente a representação regional-nacional, não experimentaram a violência fanática mesmo quando assolados por disputas interétnicas profundamente enraizadas. A Bélgica e o Canadá poderiam se separar, mas isso provavelmente ocorreria sem fatalidades. Em contraste, centenas de pessoas foram mortas na Irlanda do Norte porque a província nunca institucionalizou a representação da comunidade minoritária enquanto segregou as vidas particulares de ambas as comunidades. Milhares estão sendo mortos na Iugoslávia, e podem ser mortos no futuro em mais de um país anteriormente soviético, precisamente porque não institucionalizaram um governo representativo em meio a comunidades linguísticas distintas, às vezes religiosas, regionais, muitas delas com suas próprias instituições políticas históricas. A violência étnica que subverte o Estado é um produto de regimes autoritários, não de democracias partidárias. Isso foi assim no longo século XIX. Parece que ainda é hoje.

A crescente violência do nacionalismo que reforça o Estado tem se centrado nas guerras interestatais. Em 1900, cerca de 40% dos orçamentos estaduais ainda se destinavam à preparação para a guerra. O uso e a ameaça da guerra ainda eram centrais para sua diplomacia. As virtudes militares ainda eram uma parte valorizada da cultura masculina; as mulheres eram valorizadas como geradoras e educadoras de futuros guerreiros. Mas agora esses estados estavam se tornando mais representativos e mais nacionais. Afirma-se frequentemente que a classe média, os camponeses e até mesmo os trabalhadores começaram a identificar seus interesses e seu senso de honra com os de seu Estado contra outros estados-nações, endossando o nacionalismo agressivo. Uma teoria rival de classe tenta ver exatamente quem estava representado nesses estados. Ela conclui que cidadãos políticos plenos, principalmente a classe média, foram os portadores do nacionalismo agressivo em aliança com antigos regimes. De fato, enfatizei que as concepções de lucro capitalista também se incorporavam nesse período com um suposto *interesse nacional*.

De modo geral, porém, olho com bastante ceticismo para essas teorias rivais. Há uma diferença considerável entre se conceber como membro de uma comunidade nacional, mesmo que socializado em uma mitologia de etnia comum, ou mesmo de *raça* comum, e apoiar qualquer política nacional em particular, no exterior ou em casa. A maioria das concepções sobre o que a nação representava era fortemente contestada. Na França isso era óbvio, pois os republicanos, monarquistas e bonapartistas aderiram fortemente, emocionalmente, a concepções rivais do significado da *França*. Mas também na Grã-Bretanha continental a velha concepção radical *protestante* da nação popular, agora mais secular, lutou contra concepções imperialistas mais conservadoras, e alguns liberais defendiam um imperialismo mais suave. Em toda parte, as classes e minorias que experimentaram o problemático militarismo interno se opuseram ao militarismo em geral e ao nacionalismo agressivo em particular. Em todos os países, como argumentam os teóricos de classe, os cidadãos plenos eram mais propensos a endossar o Estado e seu militarismo. Mas também demonstrei que a diplomacia estatal e o militarismo permaneceram fortemente privados, em grande parte escondidos do escrutínio de grupos populares, com ou sem poder de decisão. Assim, o nacionalismo agressivo (ou, de fato, qualquer compromisso forte de política externa) não se espalhou de fato profundamente entre a maioria dos grupos de classe média – e especialmente não entre a muito difamada pequena burguesia.

No entanto, o nacionalismo agressivo havia ampliado seu apelo. Com a expansão dos estados industriais, dois conjuntos de tentáculos estenderam um abraço à sociedade nacional: as administrações civil e militar. Centenas de milhares de administradores então dependiam do Estado para seu sustento; milhões de jovens eram disciplinados por um quadro militar para a moral peculiar, coerciva mas emocionalmente apegada, que é a marca registrada do exército de massa moderno. Estes dois corpos de homens e suas famílias – não classes ou comunidades mais amplas – forneceram a maior parte do núcleo do nacionalismo extremo. Eles eram o que chamo de *superlealistas*, com uma lealdade exagerada ao que eles concebiam como sendo os ideais de seu Estado. Nem todos eram militaristas ou nacionalistas agressivos, pois os ideais do Estado variavam. As autoridades civis britânicas poderiam estar apegadas a ideais liberais; as francesas, aos republicanos; e as alemãs e austríacas, a ideais mais autoritários. Mas como todos os estados eram militaristas, seus servidores eram geralmente mobilizáveis pelo menos para um militarismo ostensivamente *defensivo*.

Assim, na quarta fase, capitalista industrial, de sua vida relativamente curta, a nação havia avançado de três maneiras essenciais. Primeiro, muito da população, em grande parte inconscientemente, tinha se tornado naturalizada, tornando a nação uma comunidade extensiva de interação e apego emocional. Assim, o que chamo de organização *nacional* aumentou às custas do local e do regional (a menos que isso então se tornasse uma nação em si) e a menores custos da organização transnacional. Foi onde a nação repousou para a maior parte da população. Em segundo lugar, muitos cidadãos – nesse ponto provenientes das classes média e alta e das comunidades religiosas e linguísticas dominantes – foram atraídos ainda mais pela organização nacionalista, considerando os interesses e a honra nacionais como essencialmente conflitantes com os de outras nações. Terceiro, o núcleo realmente nacionalista foi desproporcionalmente atraído pela própria expansão estatal, no emprego de quadros civis e militares. Seus ideais então ressoaram de forma bastante superficial entre as famílias dos cidadãos. Combinados, eles poderiam aspirar a mobilizar o restante meramente nacional. Como veremos no capítulo 21, o problema era que as populações nacionais estavam então mais confinadas em jaulas cujas relações com outras jaulas nacionais eram definidas não pelo povo como um todo, mas primeiro pelas elites privadas estatais e militares, segundo pelos nacionalistas. O nacionalismo agressivo se revelaria, mas em grande parte pelas costas da maioria dos homens que compunham a nação.

Na fase capitalista industrial, a nação que reforça o Estado pode ser representada de maneira simples como três elos circulares concêntricos: o externo circunscrito pelo Estado nacional total, o médio mais ligado ao círculo interno, o núcleo estatista. Mais graficamente e mais relevante ao que viria a seguir, a nação pode ser representada como a delícia daquele cartunista, a bomba do anarquista do final do século XIX, uma bola preta em forma de pudim com um detonador saliente. O detonador é composto pelos nacionalistas estatistas; o material combustível é composto pelos cidadãos plenos, cuja pressão agressiva superficial dura o tempo suficiente para causar a explosão, que é o enorme poder do Estado militar lançando para fora os fragmentos, os trabalhadores e camponeses coercivamente disciplinados. O detonador precisava de ignição, no entanto.

Enquanto a Europa não conseguisse conter o militarismo tradicional de seus estados, a ignição poderia ocorrer. Sua violência poderia ser peculiarmente desagradável quando entrelaçava ideologias de classe com ideologias nacionalistas e, às vezes, religiosas. Os nacionalistas extremistas poderiam se entrelaçar com as classes cidadãs e religiões para identificar como inimigos do Estado-nação os que estavam fora da cidadania nacional, mas querendo entrar – a classe trabalhadora e as minorias regionais, linguísticas e religiosas –, *Reichsfeinde* na Alemanha. Os mais violentos desses nacionalistas estatais dirigiam o ódio emocional simultaneamente contra os estrangeiros e dentro do *Reichsfeinde*. Mas meu modelo não vê nem mesmo os mais extremos como *demônios irracionais*, por assim dizer. Para antecipar o volume 3: os nazistas eram reconhecidamente apenas versões mais extremas dos nacionalistas estatistas europeus cujo surgimento descrevi aqui – mais violentos, mais autoritários, mais racistas. Eles representavam a forma mais extrema na qual três cristalizações do Estado ocidental – militarista, autoritária e capitalista – se entrelaçaram. Eles receberam um apoio central desproporcional de ex-militares e funcionários do Estado, *traídos* e *superleais*, e sua ideologia ressoou na Alemanha luterana burguesa e agrária.

Será que até agora não narrei um conto evolutivo convencional sobre o surgimento do Estado-nação, fortalecendo sempre sua soberania, seus poderes infraestruturais e seus poderes de mobilização nacional? Obviamente a soberania do Estado tem se ampliado e se aprofundado. No entanto, duvido que esses estados ampliados posteriormente fossem realmente tão coerentes em muitos aspectos como o tinham sido os estados britânicos e prussianos do final do século XVIII. Pois assim como mais da vida social se tornou politizada, o mesmo aconteceu com seus conflitos e suas confusões. À medida que o escopo das funções estatais se alargou, os partidos e estados se tornaram mais polimórficos. Em 1900, a política dizia respeito a diplomacia, militarismo, nacionalismo, economia política, centralização, secularização, educação em massa, programas de bem-estar, temperança, votos para as mulheres, além de muitas outras questões particulares. Assim, a política mobilizou elites estatais contra partidos de massa, classe contra classe, setor contra setor, Igreja contra Igreja e Estado secular, regiões periféricas contra centro, feministas contra patriarcas – e muitas outras. Em comparação, a política do século XVIII tinha sido relativamente simples.

Será que os estados estavam apenas em fase de transição, adquirindo cristalizações modernas, sem ter perdido todas as cristalizações tradicionais? Isso era mais verdadeiro nas monarquias semiautoritárias sobreviventes – Alemanha e Áustria, onde os parlamentos competiam com os tribunais e as facções que se aglomeravam nos ministérios para culminar em torno da monarquia. Mas em todos os lugares a política externa gerou cristalizações distintas. A diplomacia era conduzida em grande parte por algumas famílias do Antigo Regime, de certa forma isoladas das classes enjauladas nacionalmente e dos partidos de massa, embora agora erraticamente fustigadas pelos partidos nacionalistas. O corpo de oficiais manteve a autonomia ao combinar a profissão burocrática com a composição das classes do Antigo Regime e o *ethos*. Os oficiais e oficiais não comissionados se tornaram uma casta militar um tanto isolada da sociedade civil e do Estado civil. De modo mais geral, embora a democracia, a burocracia e o orçamento racional procurassem estabelecer prioridades políticas coerentes, tudo permaneceu altamente imperfeito até 1914. Ainda hoje, o controle democrático sobre a diplomacia e os militares continua a ser fraco. É difícil considerar todo o Estado como uma única entidade coesa; ao contrário, elites e partidos plurais se entrelaçam de formas confusas e variadas.

Ao longo do século XX, à medida que as funções estatais continuaram a se ampliar, as cristalizações políticas se diversificaram ainda mais. Hoje, o Estado americano pode se cristalizar como conservador-patriarcal-cristão numa semana ao restringir os direitos ao aborto; como capitalista na seguinte ao regular o escândalo bancário de poupança e empréstimos; como superpotência na seguinte ao enviar tropas para o exterior por outros motivos que não os interesses econômicos nacionais. Essas cristalizações variadas raramente estão em harmonia ou em oposição dialética entre si; geralmente elas apenas diferem. Elas mobilizam redes de energia divergentes, mesmo que sejam sobrepostas e cruzadas, e suas soluções têm consequências, algumas não intencionais umas para as outras. É um princípio básico de meu trabalho que as sociedades não são sistemas. Não há uma estrutura determinante para toda nossa experiência social – pelo menos, nenhuma que nós, situados no meio dela, possamos discernir. As elites de muitos estados históricos eram controladas por grupos sociais particulares – príncipes, padres ou bandos guerreiros. Eles desfrutavam de considerável autonomia, mas capturavam pouco da vida social. Seus estados personificavam qualidades sistêmicas decorrentes de suas próprias particularidades. Mas quando os estados se tornaram o centro e os raios do círculo por meio do qual grande parte da vida social é regulamentada, eles perderam essa coerência sistêmica. O polimorfismo tem provado ser uma característica duradoura dos estados modernos. Quando os estados se tornaram importantes reguladores da subsistência material e do lucro, das ideologias, da vida familiar íntima, bem como da diplomacia, da guerra e da repressão, muitos mais partidos se ativaram na política. Ao lidar com estados individuais, listei suas principais cristalizações e mostrei como eles se entrelaçavam de maneiras não sistêmicas e não dialéticas. Esses estruturaram a própria identidade das classes e nações, muitas vezes de maneiras ocultas aos próprios atores. Persegui isso, como isso foi perseguido na realidade, *exageradamente*, no capítulo 21.

As fontes do poder social

Este volume tem sustentado as proposições gerais apresentadas no início do capítulo 1. É possível navegar entre Marx e Weber, para fazer generalizações significativas, mas não materialistas, sobre a estruturação *última* das sociedades humanas – pelo menos dentro do tempo e do espaço determinados aqui discutidos. Depois de todas as qualificações e concessões, podemos discernir duas fases principais, em ambas as quais a estruturação geral da sociedade ocidental de 1760 a 1914 apareceu como predominantemente dual.

Durante a primeira fase, que durou aproximadamente do século XVIII até 1815, as sociedades ocidentais foram dominadas por relações difusas de poder econômico e relações militares autoritativas. O capitalismo comercial e as consequências duradouras da revolução militar permitiram que os europeus e seus colonizadores dominassem o globo; o capitalismo comercial e os estados militares completaram a expansão da alfabetização discursiva em massa iniciada anteriormente pelas Igrejas, aumentando a densidade social de forma extensiva, intensiva e além das fronteiras de classe. O capitalismo aumentou a capacidade humana coletiva de explorar a natureza, expandiu a população e impulsionou o surgimento das classes extensivas e da industrialização. O militarismo politizou as sociedades civis, suas classes e suas comunidades religiosas e linguísticas, em torno de questões representativas e nacionais politizadas. O militarismo fortaleceu os grandes estados e dizimou os pequenos.

Depois disso, o Estado nacional (o principal produto dessas duas determinações) perdeu seu quadro histórico e surgiu intersticialmente – sem que ninguém o pretendesse – como uma grande organização de poder autoritativo por direito próprio. No final do século XVIII, as lutas pela cidadania já estavam sendo estruturadas na medida em que os estados tinham institucionalizado os conflitos sobre o aumento dos impostos e a conscrição. O capitalismo do século XIX continuou a revolucionar os poderes produtivos coletivos à medida que a geopolítica se tornava mais pacífica e o militarismo mais variável entre os estados (especialmente o nacional), mais *privado* e mais como casta dentro do Estado. Assim, uma segunda fase da dupla determinação surgiu depois de meados do século XIX. Um capitalismo industrial predominantemente (embora não inteiramente) difuso e o Estado-nação autoritativo se tornaram os principais reestruturadores da sociedade ocidental, o primeiro fornecendo impulsos essencialmente similares por ser tão difuso (e tão desejado por todos), o segundo – principalmente por meio de diversas cristalizações representativas e nacionais – fornecendo a maioria das variadas soluções autoritativas.

Porque em ambas as fases os dois principais transformadores não estavam colidindo como bolas de bilhar, mas se entrelaçavam, e porque eles geravam atores coletivos emergentes e interpenetrantes – classes, nações e estados modernos, mais seus rivais – não é possível colocar peso sobre *suas* inter-relações.

Tampouco pode ser concedido um elogio ao estilo marxista como o detentor de um *primado final* singular na sociedade, embora, é claro, o poder econômico do capitalismo tenha permanecido exclusivamente como parte de ambas as fases do dualismo.

Durante esse período, essa civilização esteve tão próxima de um único processo de desenvolvimento geral como qualquer outra. Em nenhum outro tempo ou lugar o poder coletivo humano, sobre a natureza e sobre outras civilizações, se expandiu de modo tão grande ou tão rápido. Em nenhum outro tempo ou lugar, todos os atores do poder, exceto os obscurantistas e os inovadores inconscientes na vanguarda, tiveram uma visão tão clara de como aumentar os poderes. Modelos desejáveis de futuro, almejados por quase todos, estavam disponíveis na última e mais *moderna* forma de capitalismo: de Estado, de profissionalismo militar e de ideologias científicas. Assim, em nenhum outro tempo ou lugar se desenvolveram tantas teorias de progresso e evolução.

No entanto, o desenvolvimento não foi unitário ou sistêmico, *interno* a um único organismo social. Mesmo então, isso não era evolução. Podemos, em princípio, abstrair uma única *lógica* típica-ideal do capitalismo. Podemos chamá-la de *lei da utilidade marginal* ou *lei do valor*, de acordo com a preferência. Podemos também abstrair uma *lógica* do militarismo: concentrar a coerção superior nas forças do inimigo. Mas assim que deixamos *ambos* soltos na fase 1, e assim que adicionamos estados polimórficos mais confusos na fase 2, então a lógica típica-ideal se torna decididamente impura e obscura para seus supostos portadores. Enfatizo que a relativa *eficiência* do mercado (ou seja, capitalista pura) *versus* concepções territoriais (mais militares ou políticas) de interesse e lucro não ficou clara do início ao fim do período. As economias políticas concorrentes mantiveram meios plausíveis de reforçar os poderes econômicos coletivos e pessoais. Ao longo do período, certas tendências seculares podem ser discernidas: rumo a uma industrialização mais capitalista, rumo ao profissionalismo militar, rumo a uma maior representação política, rumo a mais burocratização estatal, rumo ao Estado-nação mais centralizado. Cada uma dessas *competiu* com arranjos estruturais alternativos e *venceu* – não em um sentido final, mas como uma tendência definida ao longo do período. Elas venceram ou porque eram mais desejáveis para uma ampla gama de atores do poder ou porque eram genuinamente mais poderosas. Mas nenhuma dessas tendências emergiu de uma única *lógica*. O Estado-nação foi encorajado por todas elas, assim como a industrialização capitalista.

Embora tenha simplificado a *ultimidade* em duas fases de determinismo (aproximadamente) dual, devo também acrescentar advertências. As outras fontes de poder social também acrescentaram seus pesos, de forma mais particularística e errática. As relações de poder ideológicas, muito significativas no início do período, permaneceram uma força, especialmente onde as comunidades religiosas e linguísticas (essas últimas tendo recebido das outras fontes de poder mais poder coletivo durante o período) não coincidiram com os limites existentes do Estado. O poder ideológico também fez contribuições decisivas às classes e nações no *momento histórico-mundial* da Revolução Francesa. O militarismo permaneceu importante nas relações do Ocidente com o resto do mundo, e na política interna das monarquias despóticas e dos Estados Unidos. A casta militar também estava flexionando secretamente seus músculos para seu próprio momento histórico-mundial, julho-agosto de 1914. Por todas essas razões, minhas generalizações exageradas continuam limitadas e cruas.

Por essas razões, também, as relações de poder distributivo do Ocidente permaneceram pouco claras para os atores contemporâneos. Suas identidades e concepções de interesse e honra foram sutilmente transformadas pelo entrelace de mais de uma fonte de poder e pelas consequências não intencionais das ações. Por estas razões, também, as relações de poder distributivo também permaneciam objetivamente ambíguas, difíceis de serem compreendidas por qualquer pessoa. Os atores econômicos surgiram simultaneamente como classes, seções e segmentos, tornando incerto o futuro da estratificação nacional. Seus estados eram então eles mesmos duais civil-militares, cada *Reichshalf* voltado para diferentes direções, controlado por diferentes equilíbrios de poder entre elites e partidos.

Mais amplamente, o Ocidente compreendia simultaneamente uma série segmentar de *sociedades* de estados-nações e uma civilização transnacional mais ampla. Suas ideologias de paz e guerra; de conservadorismo, liberalismo e socialismo; de religião; de racismo – tudo oscilou desconfortavelmente entre o nacional e o transnacional. Não houve uma resolução sistemática das ambivalências. No entanto, havia uma resolução mais particular. A maioria das ambiguidades foi resolvida na realidade, e todos esses atores e ideologias ambivalentes contribuíram para a resolução. A realidade interpôs a Grande Guerra. Então, finalmente, chegamos ao extremo.

21
Culminância empírica
Além da conta: geopolítica, luta de classes e a Primeira Guerra Mundial

Este volume culmina empiricamente, com uma análise do cataclismo que encerrou o período e que ilustra ferozmente minha teoria da sociedade moderna. A Primeira Guerra Mundial foi um ponto de virada na história da sociedade, seus resultados determinaram decisivamente o século XX. O estabelecimento de suas causas é essencial para compreender a sociedade moderna. Essa guerra também atrai nosso fascínio horrorizado: ela tirou mais vidas humanas do que qualquer outra. O significado da guerra como uma fábula de moralidade excede até mesmo seu significado causal e homicida. Porque a civilização multiestatal da Europa, dominante no mundo por séculos, quase cometeu suicídio. Suas principais filosofias da esperança, o liberalismo e o socialismo, pareciam se extinguir em uma semana louca de agosto de 1914. Suas principais potências entraram com os olhos aparentemente abertos em extinção ou em declínio precipitado. Os supostos praticantes da racionalidade formal, os diplomatas e capitalistas, emprestaram suas técnicas a uma guerra que quase os destruiu. Esses quatro anos cheios de sangue levantam a questão: os seres humanos, a sociedade humana, é racional?

Tem havido inúmeras tentativas de resposta. O que um não especialista pode acrescentar à enorme literatura sobre as causas da guerra? Não posso aprimorar a síntese magistral de Joll (1984a) sobre a literatura histórica. No entanto, um sociólogo pode ter algo distintivo para contribuir: a preocupação com os padrões sociais subjacentes e uma familiaridade com as teorias gerais da sociedade. Mesmo os historiadores empiristas reconhecem que a teoria ajuda a estabelecer as causas da guerra.

A maioria dos debates se centrou sobre se a política nacional ou estrangeira foram as causas primárias. Aqueles que favorecem a primazia das causas internas – *Primat der Innenpolitik* (o argumento começou na Alemanha) – geralmente buscaram as causas finais em duas das seis economias políticas internacionais diferenciadas nos capítulos anteriores, o imperialismo econômico e social. Sob o imperialismo econômico, as necessidades do capital supostamente geraram rivalidade econômica nacionalista e a guerra. Sob o imperialismo social, a agressão estrangeira supostamente serviu como uma estratégia de regime para acalmar a luta interna, especialmente de classe. Aqueles que afirmam a primazia da política externa – o realismo ou o *Primat der Aussenpolitik* – também se dividem. A escola *macrorrealista* enfatiza a lógica geopolítica geral articulada pelos estadistas que representam as potências: a guerra como uma solução racional para o choque dos interesses dos estados. A escola *microrrealista* de crises geopolíticas se assemelha à abordagem *confusão e erro* da teoria do Estado que identifiquei no capítulo 3, enfatizando a incoerência do Estado e a falibilidade. O microrrealismo argumenta que configurações geopolíticas particulares levam à imprevisibilidade, às crises e aos erros de cálculo. Aqueles que enfatizam o par *confusão e erro* rejeitam ainda mais firmemente toda a teoria sobre a guerra, atribuindo-a ao puro acidente ou à irracionalidade humana.

Um sociólogo, acostumado às teorias do imperialismo, nacionalismo e luta de classe, pode acrescentar talentos generalizantes ao lado *Innen* do argumento. De fato, a maioria dos sociólogos tem um interesse profissional adquirido em chegar a uma conclusão *Innen*. É nossa habilidade atribuir a mudança social a causas sociais-estruturais profundamente enraizadas. No entanto, esse sociólogo em particular reconhece a importância da *Aussenpolitik*. Esse sociólogo em particular também entrelaçará *Innenpolitik* e *Aussenpolitik* como parte de sua teoria geral das sociedades como múltiplas redes de poder impactando sobre estados essencialmente polimórficos. Os eventos de 1914 não resultaram primariamente da lógica das estruturas internas ou dos interesses realistas das potências. Tampouco resultaram inteiramente da irracionalidade humana ou de acidente. A Primeira Guerra Mundial foi causada principalmente pelas consequências não intencionais das interações de quatro das cinco redes de poder sobrepostas que nós vimos impactar na política externa no capítulo 3: classes, *estadistas*, forças armadas e partidos nacionalistas (o quinto, os grupos de pressão particularista, embora importantes na política colonial, quase não figuraram no deslize para a Primeira Guerra Mundial). Como esses se entrelaçaram de diferentes maneiras em diferentes regimes, as potências também tiveram dificuldade de entender uma à outra, acrescentando erros de cálculo e consequências não intencionais. Em 1914, seus encontros *não dialéticos* proporcionaram um clímax cataclísmico para os processos de poder descritos neste volume.

O deslize para a guerra

A Primeira Guerra Mundial começou como uma fusão de dois conflitos. Primeiro veio uma luta nos Bálcãs entre a monarquia austro-húngara e seus dissidentes eslavos do sul, que foram ajudados pela vizinha Sérvia eslava e protegidos pela grande potência eslava, a Rússia. O segundo foi a rivalidade entre dois exércitos de potências, a Tríplice Aliança da Áustria, Alemanha e Itália e a Entente da Rússia, França e Grã-Bretanha. Dentro de cada exército, duas das potências se comprometeram a ajudar seus aliados, caso fossem atacados. A Itália e a Grã-Bretanha não haviam se comprometido formalmente, embora se esperasse algum apoio delas. O conflito nos Bálcãs não era facilmente negociável e, mais cedo ou mais tarde, a Áustria procuraria esmagar seu problemático vizinho sérvio. Mas por que essa também deveria ser uma guerra mundial entre as alianças das grandes potências? A fusão veio em uma sequência de eventos que ocorreram em apenas um mês.

Em 28 de junho de 1914, o Arquiduque Franz Ferdinand, herdeiro do trono austríaco, foi assassinado por nacionalistas eslavos em Sarajevo, na província austríaca da Bósnia. Uma investigação austríaca mostrou a conspiração liderada nos círculos governamentais sérvios (embora não tenha sido sancionada pelo governo sérvio). Estamos acostumados ao terrorismo, cujo rastro chega de forma sombria a governos compassivos. Naquela época isso era mais raro e evocou ainda mais ultraje. Com o apoio de sua aliada Alemanha, o governo austríaco fez um duro ultimato à Sérvia em 23 de julho, exigindo tais controles sobre os movimentos políticos sérvios que infringiriam sua soberania territorial. Os sérvios apelaram à Rússia por ajuda. Se a Rússia ou a Áustria se movessem, as alianças poderiam ser envolvidas.

As potências puderam ver a crise local se tornar muito importante. Em 25 de julho, os sérvios deram uma resposta conciliatória ao ultimato, mas a Áustria, inclinada a um confronto, o rejeitou. No mesmo dia, a Rússia começou a discutir, mobilizando seu exército contra a Áustria e invocando a Entente. Para razões técnicas (explicadas mais tarde), a mobilização militar foi um passo para a guerra real. Em 28 de julho, a Áustria, então encorajada pela Alemanha, declarou guerra à Sérvia. Os preparativos ofensivos da Áustria prosseguiram lentamente, deixando tempo para a mediação. Mas a Alemanha e a Áustria mostraram pouco interesse. Em 30 de julho, o czar ordenou uma mobilização geral das forças russas, tanto na fronteira alemã como na austríaca. Os termos tanto da Tríplice Aliança quanto da Entente foram rapidamente evocados. Em 31 de julho e 1º de agosto, mobilizações gerais se seguiram na Áustria (tanto contra a Rússia como contra a Sérvia), Alemanha (tanto contra a França como contra a Rússia), e a França (contra a Alemanha). Após 1º de agosto, as declarações de guerra se seguiram em rápida sucessão. Os combates começaram no Ocidente em 4 de agosto, quando a Alemanha invadiu a França e a Bélgica. A Grã-Bretanha aderiu em 6 de agosto. A Itália declarou neutralidade em 8 de agosto, mas aderiu à guerra do lado da Entente em 1915.

Assim, na crise algumas potências se comportaram de forma mais agressiva do que outras. A Sérvia, a Alemanha e a Áustria iniciaram uma ação provocadora, e a Alemanha e a Áustria realmente invadiram. Alguns veem a guerra como responsabilidade da Áustria e da Alemanha (TAYLOR, 1954: 527; LAFORE,

1965: 268); outros destacam o parceiro dominante, a Alemanha (STONE, 1983: 326-339). Depois veio a Rússia, cujo encorajamento à Sérvia foi provocador e cuja mobilização geral foi a intensificação intermediária para a guerra. A responsabilidade direta da Grã-Bretanha foi menor, sendo o último combatente a se mover. Mas a Alemanha alegou que o imperialismo britânico estava por trás das instabilidades das grandes potências. Em 1914, o regime alemão justificou sua *agressão* lançando a culpa para além da crise imediata: a Alemanha estava se defendendo contra o cerco pelas grandes potências, há mais tempo estabelecido. A Alemanha só queria um *lugar ao sol* igual, que a Grã-Bretanha e a França não compartilhariam. A guerra foi enraizada em uma rivalidade mais ampla das grandes potências, especialmente na hegemonia britânica. Considero, mas rejeito em grande parte esse argumento. No entanto, a Grã-Bretanha pode ser *culpada* na medida em que sua diplomacia falhou em dar sinais claros de impedimento para a Alemanha, que contou com a neutralidade britânica até 30 de julho. A França simplesmente manteve sua aliança com a Rússia e se defendeu, como sempre tinha dito que faria, embora muitos franceses fossem a favor da guerra para recuperar a Alsácia-Lorena, e a diplomacia secreta francesa pode ter falhado, como veremos.

Essa, portanto, é a ordem de prioridades no estabelecimento das causas imediatas: ignorando a Sérvia, a menor potência, concentro-me mais na Alemanha e na Áustria, depois na Rússia, e menos na Grã-Bretanha e na França. As três primeiras eram monarquias autoritárias, os dois últimos, regimes liberais. Isso levanta uma óbvia questão *Innenpolitik* relacionada com a cristalização representativa dos estados: havia algo peculiarmente perigoso na monarquia quando comparada à democracia partidária? (Lembrando que classifico a Grã-Bretanha como a última, não a primeira.) Voltarei a essa pergunta.

A profundidade do problema é revelada. Vários processos causais rapidamente se entrelaçaram. Um conflito estrutural particular – o choque de nacionalidades na monarquia austro-húngara – se fundiu com dois problemas estruturais gerais: a rivalidade das grandes potências e o aparente militarismo das monarquias. Esses entrelaçamentos produziram uma espiral negativa de duas semanas de apressamento diplomático e militar frenético, de mal-entendidos e erros de cálculo, seguido pela erupção de cinco dias de uma guerra mundial. *Innen* e *Aussen* se uniram, assim como se uniram a estrutura profunda, o tático, o peculiar e o par *confusão e erro*. Como a guerra foi travada por razões declaradamente geopolíticas, começo com a ampla varredura da *Aussenpolitik*.

Teorias realistas da Grande Guerra

A história diplomática, apoiada pelo realismo (e, de fato, por qualquer teoria de escolha racional), procura as causas gerais da guerra em termos dos interesses geopolíticos dos estados, como interpretados pelos *estadistas*, diplomatas e comandantes militares. Ela faz três suposições: os estados têm *interesses*, ou, pelo menos, os estadistas articulam tais interesses; os interesses dos estados estão persistentemente em conflito; e a guerra é um meio normal, ainda que perigoso, de assegurar os interesses. A guerra é sempre um resultado potencial porque pode ser um meio racional para atingir os fins dos estados (a menos que se torne inerentemente muito destrutiva, como se tornou a guerra nuclear). Para explicar quando, onde e como irrompem as guerras reais, o realismo acrescenta um segundo nível de análise. A guerra irrompe (1) porque uma potência a provoca conscientemente para reestruturar a ordem internacional (a macroexplicação) ou (2) porque, em meio a conflitos complexos, as percepções erradas e suspeições das potências levam a menos compreensão mútua e a guerras em limiares mais baixos de aceitabilidade (a microexplicação). No caso macro, a guerra é diretamente racional para o agressor; no caso do micro, ela ainda é racional, mas com um nível mais baixo de certeza ambiental e conhecimento humano – é um risco aceitável quando todas as alternativas políticas trazem perigos.

O realismo funciona na medida em que seus pressupostos são compartilhados por atores do mundo real. Isso envolve duas condições prévias:

1) Se os estadistas encarnam identidades sociais com diferentes pressupostos, o realismo não funcionará. Obviamente, os estadistas sempre encarnam identidades sociais; eles não são meros símbolos neutros de seus estados. Mas essas identidades podem fazer pouca diferença, ou podem minar pressupostos realistas, persuadindo-os a agir de outras formas. Finalmente, suas identidades sociais podem realmente persuadi-los a agirem como realistas. Os cálculos realistas podem ser menos universais para os seres humanos, mais o produto de estadistas encarnando certas identidades sociais. Isso é especialmente problemático porque, como observado no capítulo 3, na verdade, há duas motivações misturadas na diplomacia realista: interesses materiais e honra nacional ideológica.

2) Os estadistas têm que ser atores responsáveis de poder, realmente encarregados das políticas e dos eventos. Se eles são marionetes de outros, ou fustigados pela pressão de outras facções, eles podem não agir como realistas. A racionalidade pode não ser propriedade de outros atores do poder.

Este capítulo mostra que as identidades sociais na verdade tenderam a reforçar o comportamento realista entre os estadistas, mas que essa tendência foi compensada por pressões confusas e faccionalizadas para produzir um resultado essencialmente incompreensível a partir de uma perspectiva realista.

O capítulo 12 mostra que a principal identidade social dos estadistas do século XIX era como um regime antigo. Eram homens brancos parentes e clientes de monarcas, oriundos da aristocracia, do senhorio e de grupos mercantes *mais velhos* e de comunidades étnicas, religiosas e regionais dominantes. Nas repúblicas, surgiram semelhantes famílias *notáveis*, oriundas da aristocracia sobrevivente, de velhos notáveis rurais, ou da substancial burguesia *mais velha*. Os objetivos *nacionais* dos estadistas podem ser parcialmente definidos pelos objetivos claramente reacionários de sua classe e outras comunidades de vínculos. Isso ficou claro, por exemplo, durante e imediatamente após a Revolução Francesa e as Guerras Napoleônicas, quando a *ordem internacional* significava reprimir a reforma social tão bem quanto na França, e quando a diplomacia foi altamente colorida por ideologias sociais. Isso ainda era verdade pouco antes de 1914?

A maioria dos diplomatas e historiadores acredita que as identidades sociais fazem pouca diferença nos cálculos dos estadistas. Muitos despersonalizaram completamente os estadistas, conferindo-lhes um título ainda mais grandioso – eles se tornam as *potências* – e assim se originaram as declarações perfeitamente rotineiras nos documentos e análises da diplomacia de que *a Alemanha atacou*, *a Grã-Bretanha hesitou* e coisas do gênero. Por trás disso estabelecem uma verdadeira transformação das identidades sociais. Exceto para a Rússia e Áustria-Hungria, os estadistas então formalmente não representavam dinastias, mas os estados-nações. *As razões de Estado* se tornaram supostamente os *interesses nacionais* – inquestionáveis, mesmo *sagrados*, no sentido durkheimiano de um objetivo estabelecido à parte de, e superior a, cálculos materiais de interesse. Como Kennan observa, foi-se o cinismo dos príncipes: "A visão que [Estado-nação] tem de si mesmo é admiradora a ponto de ser narcisista. *Seus* símbolos sempre exigem a mais alta reverência; *sua* causa merece o maior sacrifício; *seus* interesses são sacrossantos [...]. Esses não são objetivos limitados" (1984: 256-257).

O Estado não era nem mesmo geralmente referido com o uso de pronomes neutros, mas, ao contrário, era personificado e capitalizado como uma figura de autoridade primordial, mãe ou pai. Surgiu o costume de atribuir gênero aos estados, de acordo com as convenções de linguagem – assim, interesses, moralidade, honra, dignidade e segurança nacional *dela*, na Grã-Bretanha e na Rússia; *dele*, na pátria alemã. Os estadistas austríacos se desviaram, muitas vezes utilizando *a monarquia* mais arcaica para os interesses que buscavam. Os intercâmbios entre estadistas também geralmente se referiam a duas categorias de atores, o estadista e o Estado, e a dois lugares, a capital e o endereço do escritório ou chancelaria (Quai d'Orsay ou Wilhelmstrasse). O Estado (mãe ou pai) agiu, personificado por seus estadistas, domiciliado nos edifícios diplomáticos de sua capital. O Estado-nação também tinha símbolos sagrados, especialmente bandeiras e hinos. O desfile público produziu comportamentos como aqueles nas Igrejas: postura reverencial (nesse caso, de pé para a atenção) e fortes emoções (lágrimas nos olhos, agitação no peito). O Estado-nação era – e ainda é – sagrado.

Assim, os interesses nacionais geralmente não eram calculados com o mesmo cuidado que os interesses materiais realmente deveriam ser. Frequentemente, eles não eram explicitamente negociados contra outros interesses. Se esses não eram conduzidos inconscientemente, raramente eram conduzidos de qualquer forma. Solidariedades e preconceitos normativos efetivos, como a aliança informal anglo-americana ou o desprezo que todas essas potências tinham pelas raças não brancas, eram profundos e raramente articulados. Os diplomatas reconheceram os interesses seccionais, especialmente os interesses comerciais, ao lidar com colônias ou ao negociar tratados comerciais. Aqui os grupos de pressão econômica desempenhavam seu papel mais forte. Mas eles estão surpreendentemente ausentes das discussões de geopolítica mais ampla. Assim Stone (1983: 331) comenta, com apenas um pouco de exagero: documentos diplomáticos e documentos particulares do período "indicam apenas uma preocupação com questões de prestígio, estratégia, 'alta política'". Como veremos, *a honra* foi muito importante.

Poucos atores perceberam como essa visão do mundo centrada no Estado era socialmente criada e peculiar. Um participante relativamente reflexivo, o general russo Kireyev, em seu diário em 1910, concluiu que ela fazia parte da ordem natural: "Nós, como qualquer nação poderosa, nos esforçamos para expandir nosso território, nossa influência 'legítima' moral, econômica, econômica e política. Isso é a ordem das coisas" (LIEVEN, 1983: 22). Embora Kireyev se distancie um pouco da palavra *legítima* colocando-a entre aspas, ele acaba por lhe dar o peso da *ordem das coisas*. Como a maioria dos participantes o fez, a geopolítica pôde se aproximar mais de um sistema racional realista, contendo regras e sinais comuns. O Antigo Regime transnacionalista residual reforçou até mesmo os pressupostos realistas. Os laços de parentesco e a cultura aristocrática cosmopolita ainda uniam os estadistas. Embora a maioria então escrevesse em seus vernáculos nativos, a maioria falava pelo menos três línguas e suas missivas eram apimentadas com palavras francesas e chavões em latim. Eles normalmente se entendiam muito bem, embora possamos ver que eles entendiam os estados muito menos bem.

A ciência geopolítica do final do século XIX também sistematizou sua busca de *interesses nacionais*. O termo *Geopolitik* foi cunhado na década de 1880 por Kjellen para significar "a ciência que concebe o Estado como um organismo geográfico ou como um fenômeno no espaço [...] estados vigorosos vitais com espaço limitado obedecem à importância política categórica de expandir seu espaço pela colonização, fusão e conquista" (PARKER, 1985: 55). Os geopolíticos definiram então quatro interesses nacionais *vitais* (a palavra significa *necessários para a vida*):

1) Acima de tudo, defender a integridade territorial do domínio.

2) Ampliar o controle sobre o território por meio do imperialismo geopolítico formal, ou assegurando-o como aliado amigável ou Estado cliente.

3) Fazer uso da revolução do século XIX no poder extensivo para estabelecer uma esfera global colonial e naval de controle estratégico.

4) Garantir os três primeiros brandindo o poder econômico e militar no sistema de potências.

Esses objetivos incorporam uma concepção marcadamente centralizada e territorial de interesse e comunidade. O *nós* é definido territorialmente como os membros de um Estado, não de localidades, regiões ou coletividades transnacionais. Adquirindo controle sobre mais território, não sobre mercados, podia predominar nas definições ou cálculos de interesse coletivo. Os estadistas não rejeitaram a aquisição e o interesse de mercado, mas assumiram que esses seriam provenientes do controle territorial. Os interesses nacionais foram servidos pelo militarismo e pelo império. A sala de mapas se tornou o centro da diplomacia e do alto-comando; os geógrafos se tornaram empregados acadêmicos do poder estatal. Os diplomatas entenderam mutuamente que os regimes agiriam geopoliticamente: de acordo com o posicionamento geográfico de seus territórios e sua capacidade política de produzir recursos principalmente econômicos e militares de seus territórios para se relacionar com os de outras potências. *Camaradas e mapas* é a definição sucinta de Palmer de tal geopolítica de regime antigo (1983: xi).

Nem todas as potências estavam igualmente comprometidas com a expansão territorial, e nenhuma prosseguiu com isso, excluindo todos os outros objetivos. O Reich alemão tinha acabado de se consolidar e havia a discussão sobre se seu apetite territorial estava *saciado* (a contenda de Bismarck). De fato, a política externa alemã era bastante conciliadora, dado seu poderio militar, entre 1871 e 1905. Como os estadistas americanos não consideravam os nativos americanos ou as *raças amarelas* como totalmente humanos, eles acreditavam ser pacíficos – e o eram em relação às potências ocidentais. A Grã-Bretanha havia construído seu império antes e então desejava apenas mantê-lo, o que a paz e o efeito de demonstração das manobras da marinha deveriam garantir. O interesse francês por novos territórios, à parte da Alsácia-Lorena, diminuiu. Assim, os estadistas anglo-saxões e franceses preferiram menos teorias territoriais sobre o poder, especialmente a doutrina do Almirante Mahan sobre o poder do mar que requer apenas portos coloniais e postos de representação – império *informal*, e não formal (MAHAN, 1918: 26-28). Os geógrafos se dividiram entre uma escola geopolítica predominantemente alemã e uma ênfase francesa sobre a região, a permeabilidade das fronteiras e a cooperação internacional – uma expressão precoce da teoria da interdependência.

No entanto, ao longo do longo século XIX, o crescimento dos poderes infraestruturais do Estado e da cidadania nacional difundiram um senso *nacional* de identidade e comunidade. A *Geopolitik* se tornou mais popular como um relato de interesse coletivo. Mackinder (1904) conectou Mahan, geopolíticos territoriais e nacionalismo, argumentando que a história mundial era um conflito recorrente entre homens da terra e do mar. Colombo havia dado a vantagem aos marinheiros; então a ferrovia reverteu a situação. A Rússia ou a Prússia estava destinada a fundar um império mundial. O mundo pertencia aos geopolíticos. No *novo imperialismo* da década de 1890, as potências saíram correndo para territórios africanos bastante áridos, e entraram em alianças de compromisso formais. Até 1914, todos os estadistas pensaram geopolítica e globalmente, e suas concepções de *interesse nacional* tiveram certa ressonância popular.

A ascensão do Estado-nação moderno, com cidadania, nacionalismo e interesses geopolíticos sagrados, reforçou assim, aparentemente, os pressupostos realistas. Os estadistas seriam mais propensos a se comportar de forma realista do que, digamos, se estivessem procurando reprimir o liberalismo (como haviam feito anteriormente). Assim, o realismo poderia dar um passo à frente por uma explicação mais sociológica na interpretação de 1914. Não que muitos realistas tenham admitido isso: Morgenthau (1978) atribui a guerra a estadistas operando um perigoso sistema de equilíbrio de poder, e assim poderia ter acontecido em qualquer época, independentemente das outras identidades e motivações dos estadistas. Rosecrance (1986: 86-88), no entanto, notou o reforço. Ele argumenta que os estados maiores, mais territoriais, infundidos de nacionalismo popular, criaram definições mais *político-militares* de interesse nacional. Ambos os escritores concordam, no entanto, que a agressividade geopolítica era sistêmica e aparentemente realista – quando visto sob a perspectiva do equilíbrio de poder ou do mundo político-militar, respectivamente. Espero mostrar que a racionalidade, a consistência e o sistema eram muito mais fracos do que qualquer um dos pontos de vista implica.

Qual foi a configuração supostamente sistêmica e realista das potências que levou a 1914? A geopolítica havia mudado desde 1815. Então, como o capítulo 8 descreve, as duas maiores potências haviam sido a Rússia e a Grã-Bretanha, defensivamente invulneráveis, que se encontravam na maioria das rotas de expansão europeias – Rússia para a Ásia, Grã-Bretanha através das vias marítimas ocidentais. O poder comercial da Grã-Bretanha também tinha sido o que chamei de hegemonia próxima ou especializada. Depois vinham a França, Prússia, Áustria e o Império Otomano. Durante grande parte do século, a estabilidade diplomática repousava na Grã-Bretanha e na Rússia, na hegemonia britânica especializada e no Concerto, depois no equilíbrio de poder entre todos os seis. Em 1910, a Britânia ainda governava as ondas e liderava o comércio, mas industrialmente estava ficando atrás da Alemanha, que havia derrotado a Áustria e a França e era dominante no continente europeu. A França estava em declínio gradual, a Áustria mais rapidamente e os turcos terminalmente. A Rússia permanecia defensivamente forte e estava se expandindo na Ásia e se modernizando na Europa, mas seu regime era então instável.

A transformação havia ocorrido em duas fases. Na primeira, do final da década de 1880 até cerca de 1902, houve duas esferas de conflito distintas. As potências continentais centrais, Áustria, Alemanha e Itália, formaram a Tríplice Aliança contra a paralela Entente da França e da Rússia. A Alemanha e a França eram rivais no Reno; Áustria e Rússia nos Bálcãs, então um vácuo de poder com o colapso da Turquia. Na esfera global, cada potência estava por si só; os principais conflitos, no entanto, eram entre a Grã-Bretanha e a França e a Rússia (na Ásia). Mas a ascensão contínua da Alemanha e sua marinha, e o colapso da Rússia em 1905 na guerra contra o Japão, produziram um realinhamento e uma segunda fase. A Grã-Bretanha então resolveu grandes diferenças com a França e a Rússia e aderiu parcialmente à sua Entente, embora na verdade não prometendo nada. Esse foi o alinhamento em 1914, exceto que a Itália declarou neutralidade (e mais tarde aderiu à Entente).

A primeira escola realista afirma a primazia de uma lógica geopolítica que flui dessas transformações. Ela faz algumas perguntas retóricas pontuais: como tais mudanças fundamentais na ordem mundial poderiam *não* ser acompanhadas pela guerra? A ascensão e o declínio dessas mesmas potências não teriam *já* provocado guerras – Crimeia, austro-prussiana, franco-prussiana e russo-japonesa? Que mudanças comparáveis no equilíbrio de poder em outros períodos da história mundial não tinham sido seladas pela guerra? Não podemos sequer deduzir as duas frentes de 1914 a partir desses parâmetros de mudança? No leste, a rivalidade austro-russa não tornou os Bálcãs instáveis? A rivalidade ocidental da Grã-Bretanha e da Alemanha não transformou uma disputa balcânica em uma guerra mundial? O medo alemão da modernização russa – e o medo de que a Alemanha tivesse atingido o auge e pudesse estar começando um declínio relativo – não levou a Alemanha a atacar primeiro em 1914 em ambas as frentes, integrando as duas em uma guerra mundial?

O macrorrealismo reconhece a dificuldade em explicar os fatos reais de julho de 1914. No movimento para a guerra, parecia haver pouquíssima genialidade, mas, ao contrário, a maciça falibilidade humana. Assim, a segunda escola microrrealista de *confusão e erro* enfatiza as incertezas e os erros de cálculo de um cenário em rápida mudança. Os erros certamente abundaram: os líderes alemães calcularam mal a neutralidade britânica e a resiliência do exército francês; os britânicos não deram suficientes sinais de alerta; os russos falharam em suas decisões de mobilização; os austríacos foram imprudentes. Os volumes monumentais de Albertini (1952; 1953; 1957) sobre a diplomacia de junho e julho demonstram que tudo isso era importante, pois sem as imbecilidades e mal-entendidos de Grey, Sazonov, Bethmann, Berchtold e o resto, a guerra podia ter sido evitada.

Mas havia padrões microrrealistas mesmo dentro dessa bagunça diplomática. Como enfatiza Morgenthau (1978: 212-218), um sistema de equilíbrio de poder, especialmente um baseado em alianças, introduz incertezas inerentes. Nenhuma potência pode calcular exatamente o que é poder *suficiente* para preservar o *status quo*, nem pode prever inteiramente o comportamento de aliados ou supostos inimigos. Assim, embora o sistema exija igualdade de poder, cada poder deve visar uma margem de segurança conferida pela superioridade de poder. Mas como o sistema é dinâmico e nem todas as potências aumentam seus poderes no mesmo ritmo, a guerra preventiva (atacar agora antes que a proporção de poder relacional piore) é uma possibilidade inerente em equilíbrios de poder, reconhecida como potencialmente racional pelas potências. Se as potências perderem a confiança no equilíbrio, alguém pode querer inovar.

Em meio ao agravamento da crise, a tomada de decisão também pode se tornar mais restrita. Como as potências não podem então prever as ações dos outros, elas escolhem entre alternativas mais estreitas. Sua escolha, então, se volta para outras potências, estreitando suas escolhas. O movimento para a guerra continua uma espiral diplomática tão ondulante quanto descendente. A agressão começou nos Bálcãs, suas consequências então se ondularam para outras potências e, por sua vez, suas reações se ondularam de volta por meio da cadeia diplomática. A guerra em parte resultou porque os atores originais estavam mais distantes das consequências de suas ações. Os assassinos do arquiduque ou os regimes sérvio ou austríaco foram responsáveis pela morte de 55 milhões de europeus e americanos? Até o final de sua vida, Gavrilo Princip permaneceu perplexo com as consequências de seus tiros. Perto do início da cadeia causal, atores desesperados arriscaram a guerra local como o menor de dois males diretamente evidentes, que poderia não resultar em uma grande guerra – isso dependia das respostas incertas de muitos outros.

Assim, os estadistas austríacos decidiram que não castigar a Sérvia incitaria outras nacionalidades dissidentes à revolta. O regime poderia não sobreviver à humilhação, qualquer que fosse o risco de guerra. Conrad, o chefe de Estado, declarou, "a monarquia foi tomada pela garganta e forçada a escolher entre se deixar estrangular e fazer um último esforço para se defender contra o ataque" (ALBERTINI, 1953, volume II: 123). Certamente o regime russo poderia compreender a decisão e permitir que a Sérvia fosse punida por incentivar os terroristas. Essa também era a opinião dos estadistas alemães: a Áustria, seu único aliado confiável, tinha que ser autorizada a sobreviver; a disputa nos Bálcãs deveria estar localizada entre a Áustria e a Sérvia. Isso passou o bastão para a Rússia. O regime russo se sentiu obrigado a ameaçar em defesa da Sérvia, mas também esperava a mediação e resolução da disputa.

Só então, por volta de 25-28 de julho, quando os russos evidentemente não estavam recuando, é que as potências perceberam a possibilidade de uma guerra maior pela frente. A Áustria e a Alemanha encontraram então novas razões para arriscar a guerra. Os estadistas austríacos se sentiram encurralados em um canto: para evitar a guerra, então eles, não a Sérvia, teriam que recuar, incitando ainda mais os nacionalistas. Os líderes austríacos e sérvios não pareciam dispostos a entrar em um acordo, mas os austríacos também foram endurecidos pelos líderes alemães. O bastão passou para a Alemanha. Os estadistas alemães se assustaram com a agressiva resposta russa, mas então foram atraídos por uma guerra preventiva. Os russos pareciam surpreendentemente dispostos a lutar contra a Áustria e a Alemanha, apesar de terem percebido que, sob a tríplice Aliança, a Alemanha defenderia seu aliado. Se a Rússia estivesse inclinada a um confronto, do ponto de vista da Alemanha era melhor tê-lo então, antes que a modernização militar russa fosse concluída (em 1917) e antes que a Áustria se enfraquecesse mais. Será que a Alemanha tinha atingido seu auge, e seria permanentemente privada de seu lugar ao sol? Disse o Chanceler Bethmann-Hollweg, melancolicamente: "O futuro pertence à Rússia, que cresce e cresce, pairando sobre nós um pesadelo cada vez mais aterrador". Bethmann e Moltke (o mais jovem, não o vencedor de 1866-1871), o chefe do Estado-maior alemão, falou do *risco calculado* de uma guerra preventiva contra a Rússia (STERN, 1968; JARAUSCH, 1969). Eles poderiam colocar a culpa na *agressão* russa. A culpa é importante, pois poderia influenciar também a opinião pública nacional e outras potências, especialmente a Grã--Bretanha aparentemente vacilante.

A resposta britânica então se tornou crucial. Era um risco calculado para a Alemanha conquistar a França e a Rússia; seria quase suicida conquistar também a Grã-Bretanha. Mas a maioria dos líderes alemães acreditava que, até depois de 29 de julho, a Grã-Bretanha ou atrasaria a entrada ou declararia neutralidade. Para manter a Áustria viva, a Alemanha deveria encorajar a agressão austríaca contra a Sérvia. A Alemanha deveria atacar rapidamente a França, usando os austríacos para segurar os russos até que os recursos pudessem ser trazidos do oeste para o leste. Os franceses poderiam ser rapidamente forçados a aceitar condições como em 1870, antes que os britânicos se comprometessem. Então os britânicos poderiam ser comprados com colônias francesas. Valia a pena correr o risco então, pois as chances futuras contra a Alemanha seriam maiores. Assim, os alemães declararam guerra e fecharam todas as opções para os franceses e russos. Eles precisavam então se defender sob os termos militares da Entente. Os estadistas britânicos hesitaram mas, acreditando que a agressão alemã ameaçava o Canal da Mancha, resolveram lutar. No último momento, todas as potências tentaram se revelar agressoras aos seus oponentes.

Ninguém recuou, por aparentemente boas razões, se bem que estreitas. Em cada etapa, os estadistas de cada potência raciocinavam que só tinham escolha entre a escalada e algo pior (REMAK, 1967: 147-150). Mesmo em julho de 1914, os estadistas ainda calculavam rapidamente as probabilidades de ações alternativas dentro dos parâmetros geopolíticos mais amplos analisados anteriormente. A racionalidade realista ainda era evidente. Se não produzisse um fim racional, isso se deveria à dificuldade de prever a resposta de outros em uma situação em rápida mudança e porque as ações mais *agressivas* (da Sérvia, Áustria, Rússia e Alemanha) estavam mais próximas do início da cadeia de ação e reação. Tal raciocínio é complementado pela segunda escola realista de *confusão e erro*.

Uma crítica preliminar da explicação realista

Existem omissões e *non sequiturs* nesse relato. Ainda assim, os conceitos das duas escolas realistas de *Aussen* – interesses geopolíticos nacionais e sagrados que são perseguidos pelos estadistas (quiçá reforçados pelo nacionalismo popular), buscados racionalmente no longo prazo e confusos durante crises – parecem explicar muito do caminho em direção à Grande Guerra. Até as últimas duas décadas, as explicações lidavam quase que inteiramente com a diplomacia e foram formuladas com frequência nesses termos (MANSERGH, 1949; ALBERTINI, 1952; 1953; 1957; TAYLOR, 1954; LAFORE, 1965; SCHMITT, 1966). No entanto, existem três problemas fundamentais nisso: a guerra não foi uma consequência inevitável do reordenamento geopolítico do equilíbrio de poder; essa guerra não foi entendida como meio racional para tal reordenamento; e *tanto* a lógica geopolítica realista *quanto* os erros diplomáticos foram moldados em parte pelas forças socioestruturais.

Há duas razões que explicam por que o processo de ascensão e declínio das grandes potências poderia ter sido resolvido de forma pacífica nesse período. A primeira é que esse *equilíbrio de poder* foi, de fato, muito diferente de qualquer outro discutido neste volume ou mesmo de todos os demais na história europeia. Pela primeira vez, ele se assemelhava verdadeiramente a um jogo de soma zero, no qual para uma grande potência ganhar, outra teria que perder – e ambas seriam provavelmente devastadas pela guerra moderna. Guerras não são consequência inevitável de certos arranjos entre as potências (como afirmava Morgenthau). Uma abordagem genuinamente mais *realista* partiria do fato de que as guerras são orientadas por objetivos. Como diria Weber, elas são travadas por *interesses materiais ou ideais*, visando assegurar o lucro ou impor valores ideais sobre o mundo. Nesse momento, porém, subitamente nenhum deles estava presente. Como vimos, a guerra garantiu por séculos às grandes potências tanto seu território quanto o comércio europeu e colonial. Contudo, não existiam mais colônias lucrativas que pudessem ser facilmente espoliadas (e, de qualquer maneira, os *nativos* resistiam com maior vigor). Não existiam pequenas potências que pudessem ser engolidas, uma vez que a Europa estava dividida apenas em grandes e pequenas potências, essas últimas protegidas por todas as outras. Apenas os Bálcãs eram menos institucionalizados; uma guerra ali, mas não uma conflagração geral, podia ser uma atividade racional, objetivamente orientada. Além disso, diferentemente do que aconteceu em épocas passadas (e no final do século XX), não havia qualquer grande ideologia a ser imposta aos povos conquistados: catolicismo, democracia, civilização, socialismo ou fascismo. Ideologicamente, todas as potências reivindicaram de início a autodefesa.

As guerras europeias mais recentes foram a ocasião para as últimas operações rentáveis de limpeza no continente, no caso, por parte da Prússia (duas vezes) sobre os pequenos estados alemães. Isso é muito significativo: ganhos territoriais maciços foram obtidos, nas décadas de 1860 e 1870, pela Alemanha e por um custo relativamente baixo. Como já argumentei (MANN, 1988), as potências institucionalizam os arranjos que as tornam mais fortes. Talvez devêssemos olhar com um pouco mais de atenção para os *estados*, especialmente o Estado alemão, ao invés da configuração geral do relacionamento entre as potências, no que diz respeito às causas da guerra.

A segunda razão reforça a primeira. A Grã-Bretanha era equiparável, de fato, a duas outras potências. Resultou uma guerra com a Alemanha, mas não com os Estados Unidos, pois isso não era sequer remotamente contemplado por ambos os lados. Os diplomatas britânicos olhavam de forma realista para as mudanças, encolhiam os ombros diante da impossibilidade de fazer frente aos recursos militares norte-americanos nas Américas, recolhendo assim a maior parte da frota e avisando os políticos em segredo que se os Estados Unidos quisessem invadir o Canadá, a Grã-Bretanha não poderia detê-los (KENNEDY, 1985: 107-109, 118-119). Nos cinquenta anos seguintes, a substituição da Grã-Bretanha pelos Estados Unidos como hegemonia foi realizada de forma pacífica, até mesmo cooperativa. A guerra não acompanha inevitavelmente a reorganização geopolítica.

Naturalmente, é possível responder que os Estados Unidos estavam a três mil milhas de distância, enquanto a Alemanha ficava a apenas trezentas. A rivalidade industrial, comercial e até naval poderia ser preocupante, mas a ameaça alemã no Mar do Norte, nos portos do Canal da Mancha e na costa da Inglaterra era de outra natureza. A Grã-Bretanha não tinha os recursos necessários para afastar tanto a Alemanha quanto os Estados Unidos. A lógica geopolítica sugeria concentrar-se na ameaça alemã que estava mais próxima. Mesmo assim, os norte-americanos não se apoderaram do Canadá ou sequer consideraram fazê-lo. Tampouco recorreram ao domínio naval para fechar o continente americano à Grã-Bretanha. Essas duas potências não eram singularmente virtuosas, como mostravam em seu imperialismo no Pacífico, porém a cooperação entre elas estava fundada numa solidariedade ideológica e econômica transnacional. Ambas falavam a mesma língua, eram abastecidas (no nível da liderança) pelos mesmos grupos étnicos e religiosos, tinham democracias partidárias similares e eram os maiores parceiros um do outro no comércio e em matéria de investimento. Os regimes não *desejavam* guerrear entre si; e se o tivessem feito, teriam dificuldade em convencer seus cidadãos a lutar. A sociedade anglo-saxônica era, e ainda é, uma comunidade difusa e normativa, uma rede de poder ideológico que mantém a guerra bem longe das suas pequenas disputas.

Tais normas anglo-saxônicas eram mais firmes do que a maioria daquelas que operavam de modo transnacional. Contudo, elas eram, de certa maneira, apenas versões exageradas das normas que vigoravam no Ocidente como um todo. O Ocidente era uma civilização de múltiplos atores de poder. Sua religião, cultura, filosofias seculares, instituições políticas, economia, genealogias monárquicas e nobiliárquicas, assim como o incremento do racismo – tudo isso gerou uma solidariedade normativa no interior e através das potências. Na época, muitos acreditaram que isso poderia restringir as crescentes definições de interesse geopolítico e territorial. Além disso, a diplomacia foi desenhada para garantir a paz e negociar conflitos. Por exemplo, as divergências coloniais eram geralmente resolvidas dentro de uma sequência regular – começava por um *incidente* resultante de algum ato imprudente, passava pela *crise* e ameaças mútuas, até chegar na mediação, uma conferência conjunta e, finalmente, algum acordo. A diplomacia não era apenas ameaças e pompas num buraco negro anárquico. Era feita também por entendimentos normativos e compromissos cultivados.

De fato, por trás da diplomacia conciliadora existiam normas difusas contra a guerra. O legado do Iluminismo, transmitido em especial através do liberalismo, dizia que as sociedades humanas poderiam resolver suas diferenças por meio de discussões racionais e pacíficas. Como destacam os liberais: os aspectos transnacionais do capitalismo acentuaram significativamente as interdependências econômicas dos estados. Um *lobby* de paz centrou-se nos liberais e no capital financeiro. A racionalidade *deles* poderia inclinar a balança para longe da guerra. Os *lobbies* da paz poderiam fazer uma pergunta *realista*, e bastante desconcertante, ao relato realista da guerra. *Por que* deveria a Alemanha arriscar uma guerra devastadora com a Grã-Bretanha quando, tal qual os Estados Unidos, ela já ultrapassava a Grã-Bretanha dentro da ordem econômica supostamente dominada pela Grã-Bretanha? Um importante industrial alemão, Hugo Stinnes, suplicava fatidicamente, em 1911: "tenhamos mais três ou quatro anos de desenvolvimento pacífico e a Alemanha será indiscutivelmente mestre da Europa" (JOLL, 1984a: 156). Stinnes estava certo; ele estaria certo também no final dos anos de 1930; e poderia estar certo outra vez na década de 1990. Torçamos para que as palavras dele, as quais implicam uma dominação pacífica, sobretudo de mercado (combinando os três primeiros dentre os seis tipos de economia política internacional propostos por mim), sejam finalmente ouvidas – na *terceira* oportunidade para a Alemanha e a Europa – por um regime alemão (eu escrevo isto no dia 3 de outubro de 1990; i. é, na data da reunificação alemã). Se as palavras de Stinnes tivessem sido escutadas, regimes anteriores teriam sido poupados de muitos problemas tanto para a Alemanha quanto para o mundo inteiro.

Sendo assim, não era verdade que a Alemanha retaliava simplesmente por ganho ou por mera autodefesa contra o cerco em torno de si ou contra a hegemonia britânica. A Grã-Bretanha não era mais hegemônica e, como vimos no capítulo 8, seus serviços comerciais especialmente *hegemônicos* eram oferecidos naquele momento em colaboração ativa com outras potências. Veremos mais adiante que o *cerco* foi em parte consequência das ações alemãs, em parte um exagero nacionalista. Mas, acima de tudo, a agressão alemã não foi autodefesa, uma vez que ela, na verdade, não representava qualquer defesa. Os interesses realistas e capitalistas da Alemanha eram mais bem assegurados pelo *status quo* – chamem-no de cerco e hegemonia britânica, se quiserem – do que pelo incentivo à guerra.

Assim, a culpa é tão atribuível aos atores de poder na Alemanha quanto supôs a maioria dos historiadores. Outras potências também são culpabilizáveis. Mas ainda precisamos explicar como foram suplantados os interesses coletivos e as normas relativamente pacíficas do Ocidente. É evidente que isso tem causas sociológicas que ultrapassam os meros interesses realistas ou capitalistas.

Talvez seja adequado remeter à composição social dos estadistas, uma vez que eles eram recrutados predominantemente de um antigo regime para o qual a guerra era, do ponto de vista histórico, um esporte habitual. No entanto, a agressão não era resultado direto do militarismo hidrófobo vigente entre os soldados do Antigo Regime e os estadistas das monarquias. Muitos deles eram favoráveis à paz. O transnacionalismo do Antigo Regime não estava morto. Monarcas mantinham a solidariedade familiar; nobres participavam de culturas transnacionais do parentesco, do Iluminismo e da Igreja. Embora eles reverenciassem a guerra, ela era limitada, privada, profissional, e não uma guerra de mobilização em massa legitimada pela nação (a qual os feriu gravemente entre 1792 e 1815). O Antigo Regime era militarista, porém não aspirava a uma guerra de mobilização em massa que ameaçasse a morte em grande escala, o desarranjo das economias e a derrubada dos regimes. Muitos generais sabiam dos terrores que poderiam ser desencadeados em breve; e os almirantes não desejavam enviar seus belos objetos de fetiche, os navios de guerra, para o fundo do mar.

Por isso, diversos estadistas e comandantes militares nas potências mais agressivas advertiam, na verdade, contra essa guerra. Muitos austríacos argumentavam que a monarquia não sobreviveria a uma guerra com a Rússia. O alto-comando da Áustria alertava que seus exércitos não podiam ser mobilizados de forma eficaz simultaneamente contra a Sérvia e a Rússia. Ainda assim, o mês de agosto de 1914 exigiu as duas coisas. Os alemães advertiam sobre a instabilidade austríaca que os arrastava para a guerra, sobre confiar na Áustria para obter apoio militar efetivo, sobre combater a França e a Rússia ao mesmo tempo, sobre enfrentar quem quer que fosse antes de assegurar a neutralidade britânica. Os almirantes alemães avisavam que não eram capazes de desafiar a marinha britânica. Ainda assim, tudo isso foi necessário em 1914. Os russos argumentavam que a furtividade era a melhor rota para Constantinopla e que a guerra contra a Alemanha apenas colocaria em risco a sobrevivência do regime. Os generais se opunham a uma guerra no meio de um programa de modernização; os almirantes alertavam que as frotas ficariam presas no Báltico Oriental e no Mar Negro. Ainda assim, tudo isso se deu em 1914.

É bem verdade que, em todas as três monarquias, certas facções do regime não eram tão pessimistas e outras ainda mudariam de ideia ou hesitariam. Até mesmo as Cassandras tinham deixado o medo para trás entre o final de julho e o início de agosto. Porém, em tempos mais tranquilos, muitos tinham calculado as chances na guerra e elas eram muito pequenas. Comprovou-se que estavam corretos. Todos os medos eram justificados. A guerra transcorreu mal para as três monarquias. Nenhuma delas sobreviveu.

A guerra não foi, portanto, o resultado racional de uma geopolítica racional. Os principais desencadeadores da guerra – as monarquias da Áustria, Alemanha e Rússia – foram destruídos por ela e muitos sabiam que havia forte possibilidade, até mesmo determinada probabilidade, de que isso ocorresse. Assim, à medida que a Europa era arrastada em direção à guerra, os estadistas encontraram dificuldades para explicar o que estava acontecendo e qual era a sua parte na guerra. Muitos recorreram a metáforas de destino. Em 3 de agosto, no entardecer, Sir Edward Grey olhou através das janelas do Ministério das Relações Exteriores para o movimento da rua logo abaixo e fez uma declaração que se tornou famosa: "as lâmpadas estão se apagando por toda a Europa. Não as veremos brilhar novamente durante nossas vidas". O Chanceler Bethmann-Hollweg declarou que "as coisas estão fora de controle e a pedra começou a rolar [...] vejo uma desgraça maior do que o poder humano pairando sobre a Europa e sobre o nosso próprio povo". O ministro das relações exteriores da Rússia, Sazonov, temia em 25 de julho, que *estivesse sendo dominado por essa situação*. O czar, ao ser informado pelo embaixador alemão de que a guerra era inevitável, a menos que suspendesse a mobilização, apontou para o céu e declarou: "existe apenas um que pode ajudar". Seu ministro do interior acrescentou: "não podemos escapar do nosso destino". Mesmo a ação vigorosa podia ser percebida como destino. O Imperador Francisco José finalmente decidiu que a Áustria deveria punir a Sérvia e enfrentar as consequências. Ao seu chefe de gabinete ele disse: "se a monarquia está condenada a perecer, que pelo menos pereça decorosamente". Ele tinha um senso bizarro de decoro (ALBERTINI, 1953, volume II, 129, 543, 574; JOLL, 1984a: 21, 31).

Esses atores não questionaram sua própria racionalidade. Eles perceberam que estavam em ação forças maiores do que a razão humana. Posteriormente, os críticos não aceitaram de graça tais desculpas. Como a guerra era formalmente irracional (já que não podia alcançar seus objetivos declarados) e como aqueles que a promoveram tinham uma forte suspeita, ou mesmo sabiam, disso, eles devem ter sido irracionais. O argumento é ampliado para além desses agentes até o Antigo Regime e as classes dirigentes, aos movimentos nacionalistas e até mesmo à civilização europeia como um todo. A guerra é interpretada como húbris do Antigo Regime, "os cavaleiros do apocalipse [...] prontos para se chocar contra o passado" em seu "ímpeto de retrocesso" (MAYER, 1981: 322); como a catástrofe inevitável da monarquia autoritária e militarista, tipificada pela Alemanha (FISCHER, 1967; BERGHAHN, 1973; GEISS, 1984); como a deposição da diplomacia em favor do *nacionalismo vigoroso* (SCHMITT, 1966), volume II, 482); como o triunfo do darwinismo social (JOLL, 1984c; KOCH, 1984) ou da fase *organizada*, corporativa e imperialista do capitalismo sobre o liberalismo da Revolução Industrial (a interpretação de Hilferding e Lenin). Para outros críticos, o fato de que as teorias de Freud apareceram justamente nesses anos e nesse contexto (Freud era um patriota austríaco em 1914) é uma oportunidade boa demais para desprezar: a Europa foi possuída por Tânatos, o desejo de morte, induzido por um *delírio estatista* (TODD, 1979: 60-61).

Mas há um problema com todas essas explicações, da mesma forma que com toda a discussão até agora. Ao contrário do realismo, não podemos simplesmente atribuir a linguagem da racionalidade ou da irracionalidade às *potências*, já que, na realidade, elas não eram atores singulares. Num importante sentido formal elas eram singulares. *Elas* negociaram, ameaçaram e declararam guerra. Mas, na verdade, foram os estadistas que fizeram isso tudo. E os estadistas eram plurais. A *Áustria-Hungria* começou a guerra quando o ministro das relações exteriores, Berchtold, os primeiros-ministros austríaco e húngaro, Stuyck e Tisza, e o imperador, Francisco José, aprovaram o ultimato à Sérvia, no momento em que o imperador assinou a ordem geral de mobilização apresentada pelo chefe de gabinete, Conrad, e quando o imperador subscreveu telegramas declarando guerra que foram comunicados por Berchtold. Ainda assim, essas cinco pessoas representavam diversos tipos de caráter e crenças, bem como eram pontos de cristalização para várias redes de poder político. O cauteloso e velho imperador estava preocupado em preservar sua dinastia, de preferência em concordância com os eslavos e de forma pacífica. O chefe de gabinete representava a facção favorável à guerra. Estava convencido há muito tempo de que os sérvios deveriam ser esmagados para salvar a monarquia – e parece ter desejado se tornar um herói de guerra para que seu verdadeiro amor finalmente se casasse com ele (assim sugere WILLIAMSON, 1988: 816). O irresoluto ministro das relações exteriores era suscetível à pressão alemã, o primeiro-ministro da Áustria era inexperiente e o primeiro-ministro da Hungria não se interessava pelas relações exteriores.

A noção de uma *Áustria* tomando decisões ou agindo é mítica. A Áustria agiu corajosamente contra a Sérvia porque a pressão da Alemanha através de Berchtold (que também ficou escandalizado com o assassinato do arquiduque) foi acompanhada pela pressão de Conrad sobre os escrúpulos do imperador e a fraqueza dos dois primeiros-ministros. Mesmo isso simplifica em demasia a complexidade das redes de poder da política austríaca. A *potência* Áustria era mais um campo de forças do que um ator, cristalizando-se de diversas formas não dialéticas, tendo no seu centro o imperador, Francisco José. Como vimos no capítulo 10, ele havia deliberadamente mantido o caráter vago da constituição, dos poderes e da composição do seu conselho imperial a fim de maximizar sua discricionariedade segmentar de *dividir e governar*. O resultado disso foi o sectarismo.

O imperador por vezes experimentou com desconforto sua centralidade para todas as facções. Em 1911, ele deu um sermão no chefe de gabinete Conrad, queixando-se do tratamento dado ao ministro das relações exteriores, Aerenthal: "esses ataques incessantes a Aerenthal, essas alfinetadas, as proíbo [...]

as desaprovações sempre recorrentes sobre a questão da Itália e dos Bálcãs são dirigidas a mim. A política – sou eu que a faço [...] e é uma política de paz" (ALBERTINI, 1952, volume I: 351). Todavia, Francisco José não era quem fazia a política. Em seu Estado polimórfico, ele era acima de tudo o ponto central em torno do qual se cristalizavam várias redes de poder, algumas internas, outras vindas do exterior (como a pressão alemã) ou que atravessavam as fronteiras da Áustria (como o nacionalismo eslavo ao sul). Era demais pedir ao imperador e seus conselheiros por uma *racionalidade* realista: a consistência dos objetivos e a seleção de meios eficientes para alcançá-los estavam sujeitas ao entrelaçamento das querelas entre cristalizações de poder em disputa.

O problema não consistia em uma irracionalidade generalizada da sociedade europeia. Ao contrário, dois conjuntos de cálculos racionais interagiam de duas maneiras imprevisíveis. Em primeiro lugar, a política interna e a geopolítica se entrelaçavam em todos os estados, embora de forma diferente e volátil em cada um deles. Desse modo, em segundo lugar, tornava-se difícil prever as reações das demais potências à diplomacia de uma delas. O problema não consistia em atores irracionais, mas sim em atores plurais com identidades plurais, seguindo estratégias diversas cujas interações eram imprevisíveis e eventualmente devastadoras. Sendo assim, enumerarei as principais redes de poder por detrás dos estadistas e das *potências*. Irei além dos estadistas e comandantes militares, distinguindo entre duas formas principais nas quais os estados se cristalizam no que diz respeito à representação, isto é, como monarquias e como democracias partidárias.

Os estadistas em monarquias

O capítulo 12 mostra que a política externa e a guerra eram prerrogativas tradicionalmente privadas, e em parte *insuladas*, próprias ao monarca. Nas três monarquias, a política externa e a guerra se mantiveram constitucionalmente privadas. Assim, as opiniões e o temperamento do monarca tinham importância. Fazia diferença para as relações anglo-alemãs que o Kaiser Guilherme II respeitasse a autoridade de sua avó, a Rainha Vitória, e que se enfurecesse ao ver o rosto do sucessor dela, seu tio, Eduardo VII. Isso, somado ao temperamento impulsivo e bombástico de Guilherme, bem como sua vaidade fardada, "teve uma contribuição pessoal e substancial para a deterioração das relações anglo-alemãs", afirma Kennedy (1980: 400-409; cf. STEINER, 1969: 200-208). No caminho em direção à guerra, monarca algum possuía o caráter realmente necessário para dominar a política externa, assim como ministro algum desde Bismarck. O Czar Nicolau II era débil. Sua própria sensibilidade tendia para a paz, porém seus conselheiros o convenceram a entrar em guerra. O velho e limitado Francisco José tornou-se profundamente cauteloso graças a sua longa e amarga experiência. Ainda assim, ele também foi persuadido a entrar em guerra.

O Kaiser Guilherme II era instável – agressivo, militarista, de retórica racista, irresoluto, às vezes até mesmo apavorado, em uma crise real. Ele foi convencido a sustentar suas palavras com ações. Há que se descobrir, portanto, quem tinha a língua tão melífera nesses regimes.

O acesso e a influência sobre o monarca *era* o centro político em regimes autocráticos e semiautoritários. Esses processos se tornaram mais complexos à medida que os países se modernizavam. Vimos no capítulo 9 que, na Alemanha, existiam não menos do que onze diferentes redes de poder político que se cristalizaram em torno desse centro. Na política externa alemã, quatro redes de poder canalizaram sua influência diretamente sobre o kaiser:

1) As redes civis, encabeçadas pelo chanceler, pelo ministro das relações exteriores e pelo ministro da guerra da Prússia, canalizaram as recomendações dos ministérios, incluindo os diplomatas. Embora não fossem constitucionalmente responsáveis, elas respondiam ao Reichstag e à Dieta da Prússia e, por conseguinte, à opinião pública, incluindo à dos crescentes *partidos* nacionalistas estabelecidos (como vimos no capítulo 16) na própria administração do Estado. As redes civis não eram coesas, uma vez que a administração continha tanto estadistas realistas quanto nacionalistas *superleais*, advogando naquele momento por uma política externa mais agressiva do que em favor de cálculos diplomáticos cuidadosos.

2) As redes militares, principalmente o alto-comando do exército, juntamente ao almirantado e aos conselhos de guerra *ad hoc*, dado que essas instituições não estavam ligadas numa cadeia de comando clara, eram também incoerentes do ponto de vista institucional, ainda que possuíssem solidariedade social. Elas remetiam em grande medida aos junkers e a outros grupos aristocráticos, representando-os por um lado e, por outro, ao militarismo estreito e assemelhado à casta que vimos crescer nesse período.

Como a constituição era vaga e não conseguia resolver disputas no interior dessas duas primeiras redes e entre elas, surgiram duas outras redes de poder *ad hoc*:

3) Três *gabinetes* (exército, marinha e civis), oriundos da residência do monarca, supostamente canalizavam informações entre o monarca e os ministérios, mas eram na verdade instituições da corte operando de forma autônoma.

4) O sistema de *Immediatstellung*, originalmente o direito dos oficiais militares mais proeminentes de obter uma audiência pessoal com o kaiser sem a presença dos ministros, foi ampliado no século XIX para incluir também civis e outros oficiais. Desse modo, pessoas de elevada ascendência familiar podiam contornar todos os outros canais e tentar influenciar o kaiser diretamente.

As relações entre essas quatro redes, e às vezes no interior delas, eram confusas e frequentemente instáveis. Elas tinham surgido como respostas *ad hoc* a crises particulares, ainda que (como mostra o capítulo 9) também fizessem parte da estratégia segmentar de *dividir e governar* da monarquia autoritária que tão bem preservara o poder dos Hohenzollern numa sociedade industrial moderna. O objetivo era diminuir a nitidez da rendição de contas parlamentar, civil-burocrática e militar-burocrática (como evidência disso, infelizmente dominada por uma controvérsia sobre quanto poder pessoal o kaiser exerca de fato, cf. HULL, 1982; os ensaios de Rohl, Kennedy e Deist em ROHL & SOMBART, 1982; ELEY, 1985). Desse modo, na política externa "intrigas, cabalas e vinganças puderam proliferar", conclui Cecil (1976: 322). Capítulos anteriores descreveram essa tragédia na Alemanha. Em contraste com seu ancestral prussiano, o Estado alemão não institucionalizou qualquer lugar no qual decisões finais pudessem ser tomadas. Ainda que houvesse um soberano, não havia soberania.

O capítulo 10 mostra como as redes de poder na Áustria eram ainda mais frouxas à medida que a versão de Francisco José do *dividir e governar* era mais dinástica e pessoal, menos institucionalizada do que a versão alemã. O soberano buscou institucionalizar em si a soberania real. Mas (como mostram os capítulos anteriores) a expansão do escopo do Estado moderno – exacerbada pelas complexidades multinacionais desse mesmo Estado – transformou a soberania pessoal efetiva numa quimera (e essa não era um super-homem nietzscheano). Embora não tenha discutido em profundidade a administração russa, ela era também dinástica, até mesmo autocrática, levando a um cruel sectarismo entre ministérios que disputavam os ouvidos do czar e as fofocas na corte. Nenhuma dessas três monarquias tinha institucionalizado a soberania efetiva.

No entanto, a intriga de caráter polimórfico e o sectarismo não eram sinônimos de caos. Na Alemanha, as redes de poder político em disputa ganhavam coerência em torno das quatro cristalizações de nível superior discutidas no capítulo 9. Lá destaquei que o resultado das estratégias de *dividir e governar* era não descartar objetivos concorrentes dos atores do poder (com exceção dos socialistas, liberais de esquerda e partidos de minorias étnicas). Desse modo, tal qual na política interna, as cristalizações não foram sujeitas à eleição de prioridade, mas perseguidas *aditivamente*. Poucas escolhas foram feitas entre elas. Veremos mais adiante como isso foi uma causa essencial para a guerra.

Das quatro cristalizações de nível superior, duas delas se cristalizaram de maneira mais indireta. Os estadistas eram recrutados predominantemente do Antigo Regime. Assim sendo, cristalizavam-se apenas ligeiramente como *nacionalistas*, uma ideologia na época mais popular. Porém, o nacionalismo pressionava-os tanto por fora quanto por dentro – uma vez que era propagandeado por funcionários públicos de nível médio e superior, bem como nas instituições de ensino do Estado. Além disso, tal qual um antigo regime, os estadistas se cristalizavam indiretamente na forma de *capitalistas* ou, pelo menos, de modernos capitalistas industriais. Mesmo assim, enquanto reacionários, eles nutriam um ódio permanente aos inimigos do capitalismo, isto é, a classe trabalhadora e o socialismo. Até 1900, pertencer firmemente ao *partido da ordem* significava ser pró-capitalista. Os homens de Estado *estadistas* cristalizavam-se mais diretamente como *monarquistas* e *militaristas*. Quase todos eram cortesãos. Nas palavras de um deles, constituíam o *rebanho governante*. Rebanhos podiam debandar, porém não são dotados de coragem. Vários chanceleres e secretários de Estado chegaram a duvidar da sanidade do kaiser e consideraram colocá-lo sob restrição. Contudo, nunca agiram: "não ousavam, porque, quer fossem brilhantes, quer fossem estúpidos, todos eles, com exceção de Bismarck, foram cortesãos antes de serem estadistas" (ALBERTINI, 1952, volume I: 160).

Formalmente, o monarca decidia a política externa; mas, na realidade, o monarquismo o fazia sob a forma do *dividir e governar* e da intriga palaciana. Isso desempenhou um papel prejudicial no caminho em direção à guerra. Os soldados fizeram o mesmo. A maior parte da comitiva do kaiser, dos homens nos gabinetes e daqueles que gozavam do *Immediatstellung* era composta por oficiais oriundos de famílias nobres e conservadoras. O exército era o campo de treinamento do Antigo Regime. Regimentos de guardas de elite cercavam o monarca. A lei marcial foi empregada universalmente para preservar a ordem.

Os alto-comandos

Algumas dessas características dos militares alemães também eram encontradas nos demais regimes. O serviço militar ainda dominava o Antigo Regime em todas as monarquias, tanto constitucionais quanto autoritárias. Os monarcas, as cortes e os alto-comandos jogavam juntos, pensavam juntos e lutavam juntos. Os rituais da vida militar remetiam à aristocracia e à realeza (e muitos ainda o fazem). Saindo do colégio de oficiais, a promoção, a condecoração, as manobras e as avaliações, todas elas ocorriam segundo um *ethos* predominante de realeza. Oficiais de destaque eram nobres por nascimento ou sujeitos enobrecidos como recompensa por serviço. Essa bagunça entre os oficiais assegurou a perpetuação dos cavalheiros. À medida que o tamanho do exército aumentava e o recrutamento se tornava generalizado (exceto na Grã-Bretanha e nos Estados Unidos), os filhos da classe média experimentavam esse mundo na condição de cadetes e oficiais da reserva. Tudo isso pode parecer uma brilhante estratégia do Antigo Regime para atrair a classe média, mas é algo que trazia também duas ameaças à solidariedade do Antigo Regime: uma geral, outra que variava por país.

A consequência variável foi que o corpo de oficiais passou a ter dentro de si algumas das tensões políticas da sociedade. O embate entre burguesia e a *velha corrupção* foi traduzido em modernismo tecnocrático *versus* conservadorismo aristocrático. Lugar no qual o conflito entre o Antigo Regime e a burguesia foi em grande parte resolvido, o exército passou por uma modernização relativamente tranquila, como, por exemplo, na Alemanha e na Grã-Bretanha. Na França, a unidade só foi alcançada ao final das disputas do Caso Dreyfus. O exército na Áustria permaneceu fracionado entre os partidários do controle dinástico e parlamentar-ministerial, o que reduziu sua coesão de combate (STONE, 1975: 124; ROTHENBERG, 1976: 79). Em 1914, o alto-comando da Rússia foi dividido, incapaz de impor uma estratégia única sobre os diferentes corpos do exército. A Rússia entrou na guerra com generais tradicionais defendendo fortalezas, enquanto generais modernizadores espalhavam suas forças ao longo de *fronts* delimitados por ferrovias, e com os *fronts* norte e sul malcoordenados (STONE, 1975: 17-27). O corpo de oficiais russos passou a contar com tecnocratas liberais que ficavam impacientes com a monarquia. A lealdade deles não resistiu a três anos de guerra desastrosa.

No entanto, um problema mais geral confrontava todos os regimes, tanto os liberais quanto os autoritários. Mesmo que o corpo de oficiais reunisse a classe média e o Antigo Regime, o que de fato era *feito* ali tornou-se um arcano, algo escondido da vista e potencialmente devastador para o regime e toda a sociedade civil. O treinamento e as táticas militares foram retirados da vida cotidiana da aristocracia, na verdade da vida cotidiana de qualquer pessoa. Os esportes e as lutas desportivas não estavam mais relacionados à guerra. O exército se tornava uma fábrica gigantesca, efetiva e hierarquicamente integrada por dentro, escondida do exterior e pouco ciente dele. Mas o que se dava ali dentro era da maior importância em razão da industrialização da guerra. As táticas militares se tornaram agressivas, preventivas e estreitavam o olhar dos tecnocratas, obscurecendo a importância da diplomacia e da formação de alianças para a vitória militar definitiva.

Os planos tecnocráticos dos alto-comandos podiam se antecipar aos estadistas. Se o faziam, dependia dos canais de responsabilização. As democracias partidárias proporcionavam uma quantidade maior deles, uma vez que tinham nascido da resistência às monarquias despóticas que utilizavam os exércitos para a repressão interna. Na Grã-Bretanha, França, Estados Unidos e Itália, os planos do alto-comando eram geralmente controlados pelo governo (STEINER, 1977: 189-214; BOSWORTH, 1983: 44-60). Em 1914, a mobilização francesa foi limitada por Poincaré a posições situadas dez quilômetros atrás da fronteira, evitando confrontos precipitados, apesar dos resmungos dos generais. O governo francês também vetou o plano do Marechal Joffre para uma ofensiva através da Bélgica, temendo isolar os britânicos. Ainda assim, por cinco anos, as consultas entre as forças armadas britânicas e francesas decorrentes da Entente foram escondidas do gabinete e constrangeram os diplomatas. Exatamente o quanto é objeto de controvérsia atualmente. Nas três monarquias, o controle era bem pouco formal. Na ausência de um governo de gabinete, tendo o monarca o título de comandante em chefe e um familiar dele no comando efetivo, o controle das tropas dependia da intriga palaciana. O exército austríaco era, em 1914, o principal adereço *transnacional* da dinastia governante. Os exércitos russo e alemão tinham aparentemente *criado* seus próprios impérios. O exército alemão devia seu extraordinário grau de influência dentro do Estado à sua série de vitórias impressionantes, rápidas e com poucas baixas. As potências tendem a institucionalizar o que as fortalece. Após a queda de Bismarck, a responsabilização do exército alemão foi, de fato, reduzida, pois a autoridade do ministro da guerra, responsável diante do Reichstag, vacilou frente ao Estado-maior e aos gabinetes militares. O Reichstag poderia complicar a situação rejeitando o orçamento de sete anos conferido aos militares, porém nunca ousou fazê-lo (CRAIG, 1955, capítulo 6).

Contudo, os militares não estavam unidos no que dizia respeito à maneira de empregar o poder do exército. Facções do exército e da marinha competiam, dotadas de pouco controle sobre a política ou coesão militar (HERWIG, 1973: 175-182; KITCHEN, 1968). Aos militares faltava interesse ou competência diplomática. O exército alemão era ocasionalmente antirrusso, a marinha era anti-inglesa, mas o *rebanho governante* prestava pouca atenção à geopolítica, à *Weltpolitik* ou à *Mitteleuropa* (discutidas mais adiante), à política de alianças ou à mobilização econômica. Concentrava-se na expertise no campo de batalha e no conservadorismo interno. No célebre conselho de guerra da Alemanha, em dezembro de 1912, os generais aparentemente persuadiram o kaiser da necessidade de uma *guerra preventiva* contra a Rússia – supostamente uma grande escalada no plano alemão para a guerra. O Almirante Tirpitz, protestando que a frota não estava pronta, conseguiu um prazo de dezoito meses (que se estendia praticamente até o dia em que a guerra começou efetivamente). Mas essa decisão aparentemente retumbante não levou a qualquer preparação real para a guerra. Nenhuma atenção foi dada aos preparativos diplomáticos (para isolar a Rússia), aos problemas de uma economia de guerra ou mesmo à coordenação entre exército e marinha (ROHL, 1973: 28-32; HULL, 1982: 261-265). Os exércitos e as marinhas estavam confinados dentro de um estreito militarismo tecnocrático.

Como os estadistas monárquicos e os alto-comandos foram à guerra

O poder militar atingiu seu maior momento entre o final de julho e o início de agosto de 1914. A guerra realmente começou a partir de uma série de mobilizações militares que se transformaram em declarações de guerra, feitas entre 28 de julho e 4 de agosto. As mobilizações na Rússia e na Alemanha foram as escaladas mais importantes.

Na Rússia, o czar, a maioria dos políticos e o novo chefe de gabinete, Yanushkevich, eram favoráveis a uma mobilização parcial contra a Áustria em vez de uma mobilização geral também contra a Alemanha – a fim de dissuadir a Áustria, mas não provocar a Alemanha. Yanushkevich sugeriu ao czar (e aos alemães), em 25 de julho, que uma mobilização parcial contra a Áustria era possível. Entretanto, o alto-comando informou-lhe rapidamente que as condições da malha ferroviária impediam qualquer coisa que não fosse uma mobilização geral. Era um exagero. Uma mobilização parcial teria sido possível, embora pudesse obstruir qualquer mobilização geral posterior. Os generais emitiam juízo sobre o que lhes dizia respeito: a eficiência militar. Não era responsabilidade deles lidar com as repercussões diplomáticas, ou seja, levar em consideração contra quais potências poderiam acabar efetivamente lutando.

Havia naquele momento um frenesi nas intrigas da corte. Em 29 de julho, o czar atrasou a sua decisão, assinando duas ordens de mobilização, uma parcial e outra geral. Yanushkevich colocou ambas as ordens no bolso e nas trinta e seis horas que se seguiram foi ordenada, primeiro, a implementação da mobilização geral, depois da parcial e, então, da geral novamente. Às 17 horas do dia 30 de julho, Yanushkevich comunicou a ordem geral de mobilização, um passo decisivo em direção à guerra. Os oficiais dos quartéis teriam então supostamente arrancado os telefones das paredes para prevenir qualquer outra mudança de ânimo! Os alemães souberam imediatamente sobre a mobilização e assumiram (conforme seu próprio planejamento) que ela significava uma guerra real. Ainda assim, o alto-comando assegurou ao czar que as tropas russas poderiam ser mantidas em posições defensivas, mobilizadas por duas ou três semanas. O ministro das relações exteriores, Sazunov, mostrou-se perplexo numa conversa com o embaixador alemão, em 26 de julho, perguntando: "certamente a mobilização não equivale à guerra com vocês também. Não é?" "Em teoria talvez não", respondeu o embaixador, "mas [...] uma vez que o botão é pressionado e o mecanismo de mobilização é posto em movimento, não há como pará-lo" (ALBERTINI, 1953, volume II: 481). Assim começava aquela fatídica metáfora, um botão! Contudo, nem mesmo esse aviso comunicou aos russos o significado preciso e perigoso que a mobilização adquiria na Alemanha.

Nem os líderes russos, nem os alemães entenderam que a distinção entre mobilização geral e parcial, sobre a qual se angustiavam, era pouco relevante. As cláusulas militares da Tríplice Aliança obrigavam a Alemanha a ordenar a mobilização geral, mesmo que a Rússia só se mobilizasse contra a Áustria. Isso obrigaria imediatamente a Rússia à mobilização geral. Além disso, *qualquer* mobilização russa seria um erro nesse estágio. Era uma provocação à Alemanha; e no *front* austríaco ignorava as consequências militares da diplomacia. Quanto mais tempo a Rússia permanecesse quieta, mais a mobilização austríaca levaria o exército do país para o sul, em direção à Sérvia, longe da fronteira russa. Se a Rússia tivesse decidido posteriormente mobilizar-se e invadir, as defesas austríacas estariam fragilizadas (ALBERTINI, 1953, volume II: 290-294, 479-485, 539-581; cf. TURNER, 1968 – Schmitt (1966: 249-256) fornece a visão russa).

Trabalhar com razões de Estado e interesses nacionais é apropriado para os realistas nos estudos e seminários acadêmicos. No entanto, a tomada rápida de decisão em meio a mudanças e circunstâncias perigosas é outra coisa. A corte simplesmente não conseguia lidar com isso: os cortesãos do exército queriam apenas aquilo que fosse tecnicamente eficiente; o ministro das relações exteriores desejava evitar a guerra, mas nada sabia dos assuntos militares e tinha pouca influência na corte; os grandes duques estavam divididos; a capacidade de concentração do czar era limitada; e a czarina era orientada por Rasputin. A escalada russa foi resultado da divisão de responsabilidades, da incapacidade da realeza e das intrigas inconclusivas que sensibilizavam particularmente a monarquia. A teoria da confusão é válida na Rússia.

A segunda escalada foi a resposta alemã de 31 de julho: a proclamação de um estado de prontidão para a guerra (*Kriegsgefahr*) e um ultimato de doze horas dado à Rússia para cancelar sua mobilização ou se preparar para a guerra. A mobilização alemã significava guerra, sem qualquer pausa para respirar. As complexidades técnicas e os cronogramas precisos do Plano Schlieffen de 1905 aperfeiçoaram ainda mais as táticas militares ofensivas que foram discutidas no capítulo 12. As tropas deveriam ser mobilizadas e concentradas *sobre* a fronteira, na Holanda, Bélgica e Luxemburgo – todos países neutros. A Holanda foi suprimida numa modificação do plano feita por Moltke, em 1911, tornando essenciais outras partes da ofensiva. As ferrovias de Luxemburgo deveriam ser ocupadas no primeiro dia da mobilização, Liège (na Bélgica) no terceiro dia, de acordo com o plano. A mobilização alemã, uma vez iniciada, violaria a neutralidade e provocaria, assim, uma guerra quase certa com a França e uma provável guerra com a Grã-Bretanha.

Ainda assim, isso surpreendentemente não foi revelado pelo alto-comando alemão. O chanceler não foi informado até 31 de julho de que a mobilização envolvia a violação imediata da neutralidade belga. Tampouco era do conhecimento dos aliados austríacos, embora todos os alto-comandos estrangeiros suspeitassem disso. O kaiser não soube de Liège até o dia 4 de agosto, quando o evento aconteceu. Como percebeu o chanceler, isso levaria a Grã-Bretanha à guerra, mas já era tarde demais para mudar o plano. Os últimos passos da Alemanha em direção à guerra foram dados pelo alto-comando, independentemente dos canais políticos. Não existia um gabinete geral. O Chanceler Bethmann e o chefe de gabinete Moltke eram equivalentes, sujeitos apenas ao kaiser, tendo eles seus próprios canais de influência. O Almirante Tirpitz era hierarquicamente inferior ao chefe de gabinete, mas um cortesão de maior influência. Uma vez que o kaiser era volátil, seus estados de espírito eram vigiados e explorados. Moltke era favorável à guerra preventiva desde 1912. Explorando a belicosidade do kaiser, ele o persuadiu, em 30 de agosto, a emitir o *Kriegsgefahr* e o ultimato no dia seguinte. Por intermédio dos seus próprios oficiais de gabinete, ele garantiu pessoalmente ao alto-comando austríaco o apoio alemão caso se mobilizassem contra a Rússia. Diante disso, o ministro das relações exteriores da Áustria, Berchtold, exclamou: "quem governa em Berlim, Moltke ou Bethmann?" (TURNER, 1970: 109). A resposta, dizia Tirpitz, não foi nem uma coisa, nem outra:

> Nunca ocorreram consultas coletivas entre os líderes políticos e militares, nem no que diz respeito aos problemas político-estratégicos na condução da guerra, nem mesmo sobre a perspectiva de um mundo em guerra. Nunca fui sequer informado sobre a invasão da Bélgica, a qual imediatamente levantou questões de natureza naval (ALBERTINI, 1957, volume III: 195, 250-251).

Desde 1912, Moltke, Jagow, o ministro das relações exteriores, e Bethmann insistiam de maneira intermitente para que houvesse uma guerra preventiva. Todavia, eles não tinham se consultado com industriais ou financistas para discutir as consequências econômicas da guerra (TURNER, 1970: 84-85). Os militares, os diplomatas e os capitalistas seguiam seus próprios passos, exercendo influência sobre suas distintas redes de poder dentro do Estado a fim de implementar políticas específicas diferentes. Acima de todos eles, estava apenas um kaiser volátil. Em Berlim, houve também confusão.

Em Viena, a principal *confusão e erro* foi entre as redes de poder militar e diplomática. A supremacia do Marechal de campo Conrad sobre os planos militares não foi desafiada, porém ele não tinha competência ou controle sobre a diplomacia que decidia quem seriam os inimigos da Áustria. A pressão de última hora da Alemanha forçou a Áustria a se mobilizar contra a Rússia, bem como contra a Sérvia. Assim sendo, os exércitos do país que iniciou a guerra, o qual teve mais tempo para preparar a sua ofensiva e que talvez tivesse a estrutura de comando mais unificada, estavam, no primeiro dia da Grande Guerra, freneticamente trocando de trens da fronteira da Sérvia para a da Rússia.

Essa *confusão e erro* atravessava diversas redes diplomáticas. Hartwig, embaixador russo na Sérvia, inflamou durante anos Belgrado contra a Áustria. O seu governo não aprovava isso, todavia os patronos de Hartwig na corte impediram sua destituição. O primeiro-ministro da Sérvia ouvira falar, de fato, de um complô para assassinar o arquiduque na Bósnia (organizado por seus inimigos dentro do governo). No entanto, esquecendo-se de que o Ministério das Finanças da Áustria era quem dirigia a Bósnia, alertou o ministério errado, a saber, o belicoso Ministério do Interior da Áustria, o qual engavetou a mensagem. O embaixador alemão Tschirschky encorajava essa belicosidade austríaca, transmitindo em Viena as opiniões do beligerante secretário das relações exteriores Jagow em detrimento das palavras vacilantes do Chanceler Bethmann. Von Bülow comentou ironicamente que Bethmann e Jagow formavam "uma comissão para a catástrofe pública" (TURNER, 1970: 86). Em Londres, o embaixador alemão Lichnovsky aconselhava cautela a Berlim, porém Jagow e às vezes Bethmann neutralizavam seus despachos.

As monarquias eram agressivas, mas não por causa de algum militarismo determinado e impiedoso. Em primeiro lugar, a agressão por parte delas se tornava uma possibilidade real graças ao militarismo quase casual do regime, sua maior deferência aos homens de uniforme do que nos regimes liberais, tanto em assuntos internos quanto na geopolítica. Essa é a parte válida das teorias liberais tradicionais sobre a guerra que afirmam que os regimes autoritários, e não os liberais, dão início a guerras (considerarei essas teorias logo adiante). Em segundo lugar, os militares em questão desenvolveram uma condição insular semelhante ao de castas privadas, cujo próprio profissionalismo levou-os na direção de práticas mais agressivas do ponto de vista técnico. Em terceiro lugar, essa guerra enorme e catastrófica foi precipitada involuntariamente pelas estratégias segmentadas de *dividir e governar* usadas pela monarquia. Ninguém possuía o supremo poder e responsabilidade, a não ser o monarca. Era uma *confusão e erro* interna, em meio a uma ética generalizada de militarismo casual, que tornavam as monarquias perigosas. Ninguém controlava suficientemente os canais de influência tanto militares quanto diplomáticos para tomar decisões racionalistas e realistas.

Busquei aqui desconstruir o Estado ou a potência. É verdade que a *potência* falava oficialmente como um ator único ao declarar guerra e isso determinou o futuro do mundo. Ainda assim, esse *ator* era na realidade polimórfico, constituído por redes de poder formadas por facções, incorporando cristalizações plurais, e acima das quais estavam sentados os executivos – monarcas medíocres e chanceleres, ministros e secretários das relações exteriores atormentados, todos dependentes das intrigas para descobrir o que estava acontecendo. Quão diferente era a situação nas democracias partidárias?

Democracias partidárias

Desde Kant, os liberais (e, recentemente, conservadores como Margaret Thatcher) têm afirmado que estados *republicanos, constitucionais, liberais* ou *democráticos* são inerentemente pacíficos, enquanto estados autoritários são belicosos. Isso se deve, por um lado, ao fato de que os liberais têm uma visão otimista da natureza humana – o indivíduo livre não desejaria ir à guerra – e, por outro, porque consideram os regimes liberais como capitalistas e o capitalismo como sendo transnacional e cosmopolita. Talvez haja alguma verdade em ambas as proposições. A pesquisa de Doyle (1983) nos permite localizar com maior precisão as qualidades pacíficas do liberalismo.

Doyle define como liberais os regimes que têm economias de mercado e propriedade privada, cidadãos detentores de direitos jurídicos (cidadania civil) e governo representativo, no qual o poder legislativo tem um papel efetivo nas políticas públicas e é eleito por pelo menos 30% dos homens ou por uma franquia acessível aos habitantes que atingem certo nível de riqueza (no século XX, ele acrescenta o sufrágio feminino). Seus critérios cobrem aquilo que chamo de democracia partidária. Ele lista três regimes liberais no final do século XVIII – alguns cantões suíços, a república francesa entre 1790 e 1795, e os Estados Unidos. Por volta de 1850, havia 8 regimes liberais (incluindo a Grã-Bretanha); 19 em 1914; e 72 por volta de 1980. Feito isso, Doyler verifica se esses ou outros regimes deram início a guerras modernas.

O autor faz uma afirmação aparentemente ousada: não há dois regimes liberais que tenham entrado em guerra um com o outro. Doyler escolheu seu terreno com cuidado; mesmo assim, suas evidências esgarçam o argumento. É importante para a sua afirmação que a Grã-Bretanha não seja considerada liberal antes da Lei de Reforma de 1832, uma vez que, pouco antes disso, ela travara guerras importantes contra dois dentre os três regimes classificados como liberais (a França republicana e os Estados Unidos, antes e depois da independência desse último). No entanto, a Grã-Bretanha satisfaz de fato o critério de Doyle, uma vez que a sua franquia estava (de maneira desigual) aberta ao enriquecimento, e claramente atendia aos demais critérios do autor. O quadro histórico restritivo de Doyle também lhe permite excluir as guerras navais anglo-holandesas do século XVII, que envolveram as duas potências mais liberais da época, uma contra a outra. Ele trapaceia ligeiramente ao incluir nesse grupo a Itália por volta de 1900, mas não a Espanha, quando ambos os países tinham constituições *corruptas* bastante semelhantes. Alguém cínico o bastante poderia observar que isso contornaria a necessidade de assumir a Guerra Hispano-americana como uma exceção. Doyle também exclui as guerras civis, embora a Guerra Civil americana fosse entre dois regimes predominantemente liberais (no sentido adotado por ele). Mas se limitarmos a reivindicação de Doyle ao século XX, ela se torna verdadeira (ao menos até agora) – certamente, uma descoberta impressionante por si só.

Todavia, Doyle não para por aí, como costumam fazer os defensores do liberalismo. Ele também descobre que os regimes liberais foram à guerra com bastante entusiasmo contra os regimes não liberais, sobretudo no Terceiro Mundo. Desde a Segunda Guerra Mundial, eles agridem ferozmente regimes que definem como *comunistas* (mais recentemente, chamados de *ditaduras*). Qual é a razão desse contraste extraordinário entre o comportamento dos regimes liberais entre si e em relação a outros tipos de regime? No que diz respeito ao século XX, a resposta marxista para essa pergunta contém alguma verdade. Os regimes do Terceiro Mundo, especialmente aqueles designados como comunistas, ameaçam o capitalismo, enquanto outros regimes liberais não o fazem (embora não considere essa uma resposta definitiva, uma vez que os Estados Unidos promoveram invasões na América Central durante o século XX, bem antes que o comunismo pudesse assustá-los). Mas dizer isso não é satisfatório no que diz respeito ao século XIX, quando os regimes não liberais também eram favoráveis ao capitalismo. Doyle oferece uma resposta alternativa, argumentando que regimes liberais acreditam ter uma reivindicação particularmente forte de legitimidade, pois se baseiam no consentimento de indivíduos moralmente autônomos. Os regimes liberais respeitam a autonomia moral uns dos outros, todavia percebem os regimes não liberais como carentes de legitimidade moral e, por isso, investem contra eles imbuídos de zelo ideológico.

Vejo virtudes nessa defesa qualificada do liberalismo feita por Doyle. Mesmo assim, ela continua sendo um pouco cor-de-rosa e é, em alguma medida, negligente com a geopolítica realista. Antes da Primeira Guerra Mundial, a política externa dos regimes liberais tinha maior motivação geopolítica do que ele sugere. As inter-relações das três principais potências liberais – os Estados Unidos, a Grã-Bretanha e a França – foram fixadas por guerras, convenientemente pouco antes de serem qualificadas como liberais por Doyle. Depois disso, tanto a Grã-Bretanha quanto os Estados Unidos poderiam se expandir livremente por meio do genocídio colonial e de guerras nas suas respectivas esferas de interesse. Os dois países não buscavam guerras contra as potências europeias, liberais ou não, a menos que sua expansão colonial ou seu poder naval fossem ameaçados. O liberalismo dessas potências (ao lidarem uma com a outra) também era definido na época como um interesse geopolítico pragmático. Isso também se aplicava à França. Como mostra o capítulo 8, a França foi cuidadosamente neutralizada a partir de 1815 pelo Concerto da Europa, o qual também garantiu a neutralidade da Bélgica e da Holanda (os dois próximos estados liberais). A partir daí, tornou-se perigoso para a França atacá-los e sem sentido para ela atacar a Grã-Bretanha, então muito mais forte (embora ambas se enfrentassem em conflitos coloniais).

Depois que a Itália-Piemonte se tornou liberal, suas motivações foram misturadas de maneira semelhante. A guerra com a França era uma possibilidade geopolítica e a diplomacia italiana vacilou durante todo o período. Porém, uma vez que a França sofria ameaça maior por parte da Alemanha e que a Itália-Piemonte podia colher ganhos numa guerra contra a Áustria (e a Turquia), foram firmadas alianças franco-italianas nas guerras de 1859 e 1914. A Itália determinou sua posição em 1914-1915 mais por razões geopolíticas do que por solidariedade liberal (Doyle sugere o contrário). Para a Itália, era mais relevante o fato de que a Rússia (autoritária) atacava a Áustria do que a Grã-Bretanha e a França liberais confrontavam a Alemanha. Aliada à Rússia (e com a França e a Grã-Bretanha neutralizando a Alemanha), a Itália poderia tomar território da Áustria.

Passando aos demais estados liberais europeus, o capítulo 8 mostra que a economia dos Países Baixos e da Escandinávia (os próximos estados liberais) dependia da economia global britânica. A política externa deles era em parte dominada pela Grã-Bretanha e a geopolítica dos Países Baixos também era restringida pelas grandes potências. Durante o século XIX, os únicos estados escandinavos independentes foram a Suécia e a Dinamarca. A guerra entre ambos teria que ser naval e, após 1805, nenhum deles possuía uma grande marinha. De qualquer maneira, a Escandinávia experimentou um equilíbrio do poder dissuasivo e pequenos exércitos ao longo de dois séculos, antes de se tornar liberal. Os cantões suíços eram neutros, fossem eles liberais ou não, por razões geopolíticas tradicionais. A Grécia não tinha qualquer rival liberal.

Para além da Europa, os domínios dos brancos pertencentes ao Império Britânico, controlados por Londres, eram imbuídos do mesmo liberalismo seletivo e não tinham interesse geopolítico em atacar uns aos outros. Tampouco tinha o Canadá qualquer desejo de atacar os Estados Unidos. Não sei dizer por que a Argentina e o Chile não travaram uma guerra entre si no curto período em que Doyle os define como liberais (depois de 1891). Para a Colômbia (liberal desde 1910), teria sido geograficamente difícil entrar em guerra com qualquer um deles.

Isso esgota os regimes liberais anteriores a 1914 que foram indicados por Doyle. Identifiquei razões geopolíticas que os levaram a não entrar em guerra uns com os outros. Essas parecem insuficientes para explicar, ao menos, dois casos – a paz anglo-americana e a paz interescandinava (por que o equilíbrio de poder no norte da Europa nunca foi totalmente quebrado?) – ambos apoiados numa solidariedade normativa bem mais ampla do que a mera partilha do liberalismo político. Não se trata de refutar Doyle, mas de corrigi-lo em dois pontos:

1) Em 1914, as democracias partidárias liberais, apesar do entrelaçamento entre causas políticas e geopolíticas, *eram* menos agressivas e militaristas do que os regimes autoritários. Os estados representativos *são* melhores em evitar guerras, embora em parte por uma razão distinta daquela sugerida pela maioria dos liberais (incluindo Doyle). Não há muitas guerras que sejam simplesmente *iniciadas* por um único beligerante. A maioria delas, como a Primeira Guerra Mundial, envolve uma espiral descendente de diplomacia na qual circunstâncias rapidamente mutáveis forçam novos e rápidos cálculos de interesse. Os liberais indevidamente têm inveja da suposta capacidade dos regimes autoritários para alcançar "a privacidade, a flexibilidade, a rapidez e a determinação de decisão e ação [...] que geralmente são necessárias para a conduzir uma política mundial eficaz por parte dos governantes de um grande Estado" (KENNAN, 1977: 4; ele também é citado positivamente por Doyle).

Mas este capítulo mostra justamente o contrário. Ainda que nenhum regime seja totalmente coerente (cada um deles sendo polimófico), os responsáveis estados liberais são um pouco melhores do que as monarquias em perseguir objetivos realistas (incluindo evitar guerras dispendiosas). Acredito também que, sendo mais internacionalistas e menos orientados simplesmente pela repressão como solução dos problemas, eles são melhores na diplomacia de fazer aliados do que os regimes autoritários. Essa é provavelmente a razão decisiva que explica por que as democracias triunfaram sobre os regimes autoritários nas grandes guerras do século XX. Embora fossem menos engajadas no militarismo, elas eram melhores em mobilizar batalhões maiores que se juntavam em razão de alianças. Mas esse é um assunto para o volume 3.

2) Doyle dá ênfase, corretamente, às normas e à ideologia na geopolítica, porém as normas não se referem apenas à forma do regime. A moderação nas relações anglo-americanas e interescandinavas resultou em parte do fato de que esses países compartilhavam muito mais do que apenas o liberalismo. O compartilhamento difuso de normas evita guerras que não se encaixam racionalmente nos esquemas realistas, pois não é do interesse de ninguém lutar – como se deu na Primeira Guerra Mundial (ainda que esses mesmos esquemas ajudem a promover guerras parcialmente definidas por ideologias, como as Guerras Napoleônicas). Por oposição, a falta de normas comuns agrava os mal-entendidos nas espirais diplomáticas descendentes. Sendo assim, a falta de normas compartilhadas entre as democracias partidárias e as monarquias agravaram os desentendimentos entre as grandes potências e aprofundaram a espiral de 1914.

O capítulo 12 mostra que as democracias partidárias estabeleceram maior controle sobre o regime em assuntos internos e militares do que diplomáticos. De fato, a relativa indiferença das classes e dos partidos políticos para com as relações exteriores podem, na verdade, ter conferido uma autonomia insular maior numa democracia partidária do que numa monarquia para a condução rotineira da política externa, tendo em vista que o Antigo Regime, cosmopolita e também militarista, sofria influência da corte e era mais interessado na política externa. No entanto, a situação era diferente em um momento de crise. O dinheiro não poderia ser gasto livremente; compromissos formais com outras potências não poderiam ser assumidos; e a guerra não poderia ser declarada sem o consentimento de uma maioria subitamente interessada, reunida nos gabinetes e parlamentos, na mídia de massa e na *opinião pública*. No capítulo 3, faço uma distinção entre classes, grupos de pressão e partidos nacionalistas como as principais redes de poder que potencialmente pressionam estadistas e militares. Durante as crises, a pressão exercida por essas redes de poder se manifesta. Ainda assim, a essa altura as opções políticas já podem ter sido delimitadas. O poder liberal talvez já esteja emparedado por uma diplomacia cotidiana de caráter insular. Isso poderia levar à trágica escolha de Hobson entre a guerra ou o risco de *desonra nacional* por *recuar* – ou, como disse Grey, *entre a guerra e a humilhação diplomática*.

Por outro lado, os estadistas nas democracias partidárias eram refreados pelas próprias percepções do que seria aceitável ao público. Aquilo que era percebido como expressão da opinião pública das massas raramente era favorável à guerra. Ao examinar uma época sem o auxílio de qualquer pesquisa de opinião, devemos confiar naquilo que políticos experientes acreditavam ser a opinião pública. A maioria dos políticos na Grã-Bretanha e na França via o eleitorado como indiferente à diplomacia rotineira de uma grande potência, porém contrário à guerra, exceto para fins de autodefesa. O emprego de canhoneiras naquilo que se tornaria o Terceiro Mundo era aceitável; já *envolvimentos estrangeiros*, e menos ainda a mobilização contra uma grande potência, não o eram. Em 1914, a Grã-Bretanha era governada por um governo liberal que contava, dentre os membros do gabinete, com três virtuais pacifistas e meia dúzia de liberais internacionalistas. Em 1911, esse governo votou por 15 a 5 contra consolidar a Entente. A política britânica estava preocupada com greves e a iminência de uma guerra civil em Ulster (como provavelmente estará por volta de 2014). A política francesa tinha sido marcada por debates sobre o alistamento militar, porém nela se prestou pouca atenção aos Bálcãs ou à Alsácia-Lorena. A mídia francesa estava preocupada com o julgamento de um caso dramático de assassinato político. Em meio à indiferença da população, Poincaré conseguiu o controle unilateral da política externa, manipulando o gabinete e transformando-o em *apoio supino a qualquer coisa que ele fizesse* (KEIGER, 1983; sobre a Itália, cf. BOSWORTH, 1983). Esperava-se dos estadistas que resolvessem a crise de forma privada, e não através de ameaças públicas de guerra. Isso criava uma dificuldade para regimes democrático-partidários: embora pudessem acreditar que interesses geopolíticos exigiam firmeza, até mesmo prontidão para a guerra, eles não poderiam dizer isso em público com facilidade. Apenas direitistas que não ocupavam qualquer cargo faziam isso livremente.

Existiam – e ainda existem – duas soluções para esse dilema democrático, uma exemplificada pelos estadistas franceses, outra pelos britânicos. O embaixador francês em Moscou, Paleologue, personificou a solução francesa de firmeza dissimulada. O governo francês ofereceu incentivos militares e financeiros aos generais e financistas russos para pressionar o czar a aderir à aliança franco-russa. Acreditando que era o momento de recuperar a Alsácia-Lorena, Paleologue incentivou repetidas vezes os líderes russos a apoiarem a Sérvia, assegurando-lhes o apoio da França. Ele falhou em comunicar a Paris tanto a hesitação russa quanto a mobilização provocativa. A opinião pública francesa não deveria ter qualquer vislumbre nem da hesitação russa nem da agressão. Era necessário manter a aparência de uma firme autodefesa para que se pudesse ir à guerra. Há pouca coisa certa sobre a diplomacia francesa durante essa crise (os documentos incriminatórios foram provavelmente destruídos). É difícil avaliar até que ponto a diplomacia francesa impulsionou a mobilização russa; ela pode ter contribuído para isso, mas não de forma decisiva.

Os estadistas liberais britânicos adotaram a tática oposta (cf. esp. Williamson (1969) e Wilson (1985) para as fontes dos parágrafos seguintes). O secretário de relações exteriores Grey, com o apoio tácito do Primeiro-ministro Asquith, sentiu-se incapaz de dar sequer garantias privadas à França ou à Rússia das intenções britânicas. Ele estava pessoalmente convencido de que a lógica geopolítica implicava honrar a Entente, do mesmo modo que seus conselheiros do Ministério das Relações Exteriores, Eyre Crowe e Nicholson. Eles acreditavam que um confronto com a Alemanha tinha se tornado inevitável. Esse grupo de *estadistas* estava inteiramente socializado nos valores realistas, dedicado à defesa do poder e da honra britânica, e não apenas dos interesses materiais. Por volta de 1912, ficou claro para eles que a Alemanha buscava dominar a Europa e desalojar a Grã-Bretanha da sua posição de principal potência.

Ser uma potência quase hegemônica parece incentivar a adoção de um forte tom moralista (como se vê atualmente na política externa norte-americana). Pouco importava que, mesmo se a Alemanha infligisse outra derrota à França, sua marinha era inadequada e continuaria inadequada para ameaçar as Ilhas Britânicas. Era mais importante nas declarações dos estadistas de que esse desfecho, em meio à inatividade britânica, seria uma *humilhação* nacional e implicaria *renegar* o acordo implícito que acreditavam ter atingido com os franceses. Afinal de contas, os franceses tinham deslocado sua frota para o Mediterrâneo, pois supunham que a marinha real inglesa policiaria o Canal da Mancha. O próprio Grey expressava o senso de honra dessa geração de estadistas britânicos: "Quando nações entram em declínio até seu último suspiro, seu orgulho permanece intacto, se é que, de fato, não aumenta. O orgulho se aferra a elas como, segundo Tácito, o amor da dissimulação se agarrou a Tibério no seu último suspiro" (citado por Wilson na abertura de seu trabalho de 1985 a respeito da Entente).

Observem como Grey personificava as *nações*. Elas possuíam atributos humanos como o orgulho. Além disso, havia um dilema de natureza mais material e realista na posição de Grey. Os interesses geopolíticos britânicos consistiam em chegar a algum entendimento com a Rússia – para evitar uma guerra terrestre insustentável na Ásia – e em afastar a Alemanha do Canal da Mancha, o que implicava chegar a um acordo com a França. A França e a Rússia precisariam ser amigáveis à Grã-Bretanha. Entretanto, nenhuma das duas deveria *contar com* o apoio britânico em caso de guerra, pois assim elas seriam tentadas a agir de modo desafiador. Assim, existiam razões geopolíticas para a cautela de Grey.

No entanto, a *Innenpolitik* foi aparentemente aquilo que mais importou. Grey e seu conselheiros acreditavam que uma vez que a Alemanha atacasse a França e a Bélgica e também ameaçasse os portos do Canal da Mancha, a opinião pública se mobilizaria em apoio à *honra* britânica e favorável à intervenção militar. Porém, até que isso acontecesse, Grey supunha que a opinião pública e a maioria do gabinete do governo não aceitariam uma intervenção. Uma conversão antecipada da Entente numa aliança ou em ameaça à Alemanha dividiria o governo, já que vários ministros renunciariam (dois o fizeram quando a guerra foi declarada), e isso obrigaria a sua própria demissão. O Partido Conservador apoiaria Grey e formaria um novo governo com apoio do imperialismo liberal. Isso destruiria o Partido Liberal e poderia até mesmo levar à guerra civil na Irlanda. Por isso, Grey não fez nada. Ele manteve o gabinete informado apenas de maneira esquemática e não pediu qualquer aconselhamento coletivo. Foi dito aos governos estrangeiros que a Grã-Bretanha não prometia coisa alguma e que mantinha todas as opções em aberto. As repetidas declarações públicas e privadas de Grey autorizavam que o beligerante Jagow ignorasse os avisos do Embaixador Lichowsky sobre a intervenção britânica na Wilhelmstrasse (WILLIAMSON, 1969: 340-342). Os diplomatas alemães acreditaram, até 30 de julho, que a Grã-Bretanha permaneceria neutra. A essa altura, eles já tinham perdido o controle sobre o exército do país. Caso não tivessem acreditado na neutralidade britânica, os diplomatas alemães dificilmente teriam dado um passo em direção à guerra.

Após a guerra, Bethmann e Tirpitz se queixaram amargamente da dissimulação dos britânicos: a Grã-Bretanha atraíra a Alemanha para a destruição. Mas o oposto também era verdadeiro. Grey agira de maneira pusilânime, mas de modo tão honrado quanto permitia a sua percepção de uma opinião pública essencialmente liberal. Ele não queria ir à guerra; dentre as lideranças britânicas não existiam defensores de uma guerra preventiva. A situação, porém, clamava não pelo orgulho britânico, mas por uma dissimulação digna de Tibério ou dos gauleses: nada dizer em público ou para todo o gabinete do governo, porém advertir a Alemanha em particular de que a Grã-Bretanha interviria se a França fosse atacada, e também advertir a Rússia (ao contrário do que fez a França) de que qualquer provocação reduziria as chances de intervenção. Diferentemente da duplicidade francesa, a honra britânica talvez tenha sido causa necessária para que uma crise se transformasse numa guerra mundial. Os erros de Grey, todavia, não eram idiossincráticos ou socialmente inexplicáveis. Eles resultaram do fracasso em solucionar as cristalizações políticas militaristas: os estadistas britânicos misturavam um realismo insulado com o senso de honra nacional a fim de abraçar um militarismo ainda mais vigoroso do que aquele do Partido Liberal que formava o governo e da maioria da opinião pública. Não houve qualquer identidade geopolítica *definitiva* do Estado britânico, apenas confusão e uma guerra mundial.

Com isso, a opinião popular desempenhou papel destrutivo nas democracias partidárias durante a crise. Mediada pelo sistema partidário, ela garantiu ao regime uma condição insular rotineira, porém restringiu sua liberdade de ação, especialmente na sua capacidade de fazer ameaças militares, não dando ao regime qualquer política realista alternativa. Os regimes se emparedavam no decorrer das crises. Os estadistas monárquicos tinham menos restrições e entendiam erroneamente a inação de uma democracia partidária como sinal de indiferença ou covardia, ambas manifestas pela Grã-Bretanha quarenta ou cinquenta anos antes, quando a Alemanha atacara a Dinamarca, a Áustria e a França (ainda que não existisse, naquele momento, uma marinha alemã ameaçadora). O comportamento recompensador será repetido, a menos que o tomador de decisão perceba com clareza que as circunstâncias mudaram. Isso tornava mais provável que os regimes autoritários partissem para o ataque, como ocorreria mais uma vez pouco antes da Segunda Guerra Mundial. Como observou Doyle, fazia diferença a falta de normas compartilhadas entre regimes democráticos e autoritários. Nesse caso, no entanto, importou menos o fato de que esses regimes privassem um ao outro de legitimidade e mais que eles entendessem genuinamente mal as diferentes cristalizações polimórficas de cada um. Na diplomacia de crise, isso acelerou o passo em direção à guerra.

Parlamentos e partidos dificilmente tinham iniciativa na política externa. O semi-insulamento instável do regime tendia a enfraquecer a geopolítica. Levava a uma política vacilante, como no caso da Grã-Bretanha, ou a uma estratégia dissimulada de manipulação da opinião em prol de algum objetivo desejado. Ambas se fizeram presentes em democracias partidárias do século XX, a primeira notavelmente na Grã-Bretanha e a segunda nos Estados Unidos, quando os presidentes Wilson e Roosevelt manipulavam a opinião norte-americana em relação às guerras mundiais (para Wilson, cf. HILDERBRAND, 1981: 133-135).

Para reforçar esse ponto, deixem-me mencionar dois exemplos de regimes atuais que são supostamente democracias plenas: a entrada dos Estados Unidos na Guerra do Vietnã e o envolvimento da Grã-Bretanha na Guerra das Malvinas, em 1983. Em ambos os casos, um pequeno grupo formado por políticos experientes e militares tomou decisões pontuais durante vários anos a respeito de países distantes, empregando pequenos recursos discricionários e praticamente desobrigados por qualquer escrutínio ou interesse público. Os Estados Unidos apoiavam de maneira gradual e privada o regime do Vietnã do Sul com auxílios, material militar e *consultores*. A Grã-Bretanha reduzia sua presença militar no Atlântico Sul, mas não sinalizava qualquer compromisso defensivo remanescente. Quando os sul-vietnamitas enfraqueceram e os argentinos invadiram, as crises apareceram. O governo norte-americano e o britânico não queriam ser vistos *recuando* e, por algum tempo, manipularam a opinião desinformada do público, enrolando-se na bandeira e se utilizando de um nacionalismo político raso. Quando cinquenta mil americanos foram mortos numa guerra fútil, o nacionalismo perdeu força e os Estados Unidos se retiraram do conflito. Os britânicos, diante de um inimigo mais fraco e contando com a sorte, prevaleceram antes que tivessem esgotado o nacionalismo pueril. Ambas as crises se transformaram em guerras graças a decisões essencialmente privadas e autônomas tomadas pelos estadistas. Embora seja muito cedo para entender todos os movimentos que levaram à Guerra do Golfo de 1990-1991, parece se tratar de um episódio semelhante.

Será pura ingenuidade acreditar na emergência de uma política externa que seja verdadeiramente democrática, na qual a opinião pública e os partidos não estejam obcecados pela nação e debatam abertamente a política externa rotineira, mantendo assim os regimes sob restrições impostas por interesses sociais gerais e profundamente enraizados – dentre eles, não ter um grande número de pessoas mortas em guerras inúteis?

A democracia partidária também era polimórfica, o que resultava em uma diplomacia incoerente, ainda que em menor grau do que no caso da monarquia.

A incoerência democrática não emergia entre as facções da corte, como nas monarquias, mas em parte na instituição que supostamente substituía a corte, isto é, o parlamento, e principalmente na contradição entre a privacidade realista do dia a dia, a autonomia do regime e o clima geral da nação de *pacífica indiferença* (o qual, durante crises, poderia ser distraído por uma retórica nacionalista rasa). Isso levanta questões intrigantes: as classes e as nações eram tão indiferentes que permitiam o insulamento dos seus regimes? E se sim, por quê? Os dois tipos de regime diferiram? Sendo assim, é necessário ampliar o escopo e investigar atores mais populares do poder, em especial as classes e as nações.

Classes, nações e geopolítica

Volto aqui às três formas típico-ideais que propus para a organização de classe:

1) *Transnacional* – Quando a identidade e a organização de classe atravessam as fronteiras, o Estado e as nações se tornam em grande medida irrelevantes para as relações de classe. Os interesses pessoais e coletivos são definidos pelos mercados globais, não pelo território do Estado. As modernas classes transnacionais seriam majoritariamente pacíficas. Elas possuiriam interesses estrangeiros e supervisionariam a geopolítica do regime em favor de uma diplomacia conciliadora. Se as classes transnacionais fossem dominantes em 1914, a guerra não teria acontecido. O mesmo raciocínio se aplica a atores transnacionais não classistas. Se a Igreja Católica, por exemplo, tivesse conservado seus poderes transnacionais no mundo moderno, as guerras realistas entre os estados-nações seriam menos prováveis (embora talvez não o fossem as guerras religiosas). É razoável suspeitar que o transnacionalismo tenha se enfraquecido no decorrer do período moderno.

2) *Nacionalista* – Nos lugares em que os interesses de uma nação entram em conflito com os de outra surgem agrupamentos que são as quase-classes nacionalistas, com interesses diferentes em relação à divisão internacional do trabalho. As relações nacionalistas de classe encorajam definições territoriais de identidade e interesse, bem como uma geoeconomia e geopolítica agressivas. Se essa organização de classe fosse predominante, a Grande Guerra teria sido o resultado de interesses materiais conflitantes entre os estados-nações (capitalistas).

3) *Nacional* – A identidade de classe e a organização estão aqui enjauladas no interior de cada Estado, sem qualquer referência significativa ao mundo exterior. Ainda que as classes sejam arrebatadas nas lutas internas sobre a identidade da nação, elas estão voltadas para dentro, são incompetentes em matéria de geopolítica. Não têm interesses geopolíticos sérios e qualquer predisposição para a guerra ou para a paz. Na sua ignorância, as classes nacionais podem deixar a geopolítica a cargo da expertise dos estadistas. Assim, a guerra e a paz

são da responsabilidade dos profissionais (recrutados do Antigo Regime), não das massas, e desse modo o realismo predominantemente insulado, bem como a primazia da *Aussenpolitik* podem se prolongar até a sociedade moderna. Como alternativa, os sentimentos das classes nacionais são deslocados na direção de um nacionalismo essencialmente político e não econômico. Tanto as classes ignorantes e nacionalmente obcecadas podem, espontaneamente, jogar suas frustrações internas para cima dos estrangeiros (p. ex., HOWARD, 1970: 103-104), quanto as classes dominantes e os regimes são capazes de criar e manipular a identidade nacional a fim de deslocar o antagonismo interno de classe em direção ao conflito internacional (p. ex., MAYER, 1968; 1981). Em ambos os casos, as bandeiras são agitadas, os tambores ressoam e os estrangeiros são atacados, ao invés dos governantes. Nessas situações, um nacionalismo essencialmente *político* é o resultado de classes nacionalmente organizadas.

Classes transnacionais não causaram a Grande Guerra. Elas se opuseram ao conflito, porém foram superadas de quatro maneiras:

1) As classes nacionalistas, com uma estratégia geopolítica agressiva e baseada nos seus interesses materiais, poderiam ter racionalmente iniciado a guerra. Isso é o que argumentam as teorias do *imperialismo econômico*: a rivalidade econômica dos estados-nações capitalistas levou, racional e deliberadamente, a geopolíticas que comportavam risco sério, mas aceitável, de guerra. Os interesses diretamente associados às relações de poder econômico foram os responsáveis pela guerra.

No entanto, as classes nacionais poderiam ter causado a guerra de três outros modos:

2) As frustrações e agressões das classes nacionais foram manipuladas pelos governantes e direcionadas contra o inimigo estrangeiro: a teoria do *imperialismo social*. Os interesses de classe transmitidos indiretamente pelas relações de poder da economia interna foram os responsáveis pela guerra.

3) As classes nacionais desenvolveram uma xenofobia espontânea e belicosa: a teoria do *nacionalismo político*. As relações de poder político e as identidades foram as responsáveis pela guerra.

4) As classes nacionalmente obcecadas deixaram a geopolítica a cargo do Antigo Regime, tensionada apenas por grupos particulares de interesse. E eles foram os responsáveis pela guerra. Denomino essa a teoria do Antigo Regime. Aqui, os atores do poder econômico evitavam a política externa, tornando responsáveis pela guerra os atores do poder diplomático, militar e político insulados ou particularmente enraizados.

Todas as quatro explicações têm alguma força, variando entre os tipos de regime e as classes. Mas nenhuma delas oferece uma explicação suficiente sobre a guerra ou a agressão de alguma potência em particular. Uma explicação suficiente precisaria entrelaçá-las todas. Assim, passo ao exame, por sua vez, das classes principais, começando pela classe capitalista.

Capitalistas e imperialismo econômico

Para evitar a guerra, os liberais do século XIX depositaram esperanças na organização predominantemente transnacional e *interdependente* do capital. Uma vez institucionalizada a propriedade capitalista e as normas de mercado, os empreendedores buscariam o lucro independentemente das fronteiras dos países. Os economistas clássicos não ignoravam os estados, mas acreditavam que o comércio internacional geraria interdependência. Dado que os recursos dos países eram diferentes, cada país se especializaria no que produziria de melhor – *vantagens líquidas comparativas*. Embora pudessem surgir disputas sobre os termos do comércio, a ruptura pela guerra seria mutuamente prejudicial. O comércio exigia também arranjos financeiros transnacionais para garantir moedas, crédito e conversão. À luz disso, os capitalistas seriam favoráveis a uma geopolítica pacífica.

A economia real não se mostrou tão harmoniosamente interdependente. As potências europeias emergiram a partir de uma base social muito semelhante. À medida que a Revolução Industrial afastava a sociedade da natureza, diferenças ecológicas se tornavam menos importantes e as práticas do poder coletivo ganhavam relevância. Era mais fácil imitar as técnicas manufatureiras e agrícolas dos outros países. Desse modo, os países de maior importância se tornaram economicamente mais parecidos entre si do que esperavam os economistas clássicos. A rivalidade pelos mercados se intensificou. Surgiram teorias de nacionalismo econômico, defendendo que o interesse econômico fosse definido – para o bem ou para o mal – pelo Estado-nação.

O liberal inglês J.A. Hobson (1902) argumentou que, tal qual uma doença grave, o imperialismo foi gerado pelas necessidades vigentes do capital. A estrutura plutocrática da sociedade britânica negava aos trabalhadores uma parcela adequada da produção nacional e criava assim o capital excedente que depois seria exportado para o império. As ideias de Hobson foram revisadas pelos marxistas, Hilferding, Lenin e Luxemburg. No lugar do subconsumo, eles colocaram a taxa decrescente de lucro como causa original da exportação de capital. Para Hobson e os marxistas, a rivalidade capitalista pressionou os estados para o imperialismo territorial e para a guerra: o novo imperialismo e a disputa pela África levaram à Grande Guerra.

No entanto, essa interpretação do imperialismo econômico estava em grande parte equivocada. Não havia capital excedente. As potências mais agressivas, Alemanha, Áustria e Rússia, eram as que tinham menos capital de sobra. Apenas algumas colônias nesse período foram estabelecidas graças à pressão especificamente capitalista; poucas eram vistas como bons mercados para exportação; e a expansão colonial do final do século XIX não se pagava em país algum. A bonança colonial do século XVIII cedeu lugar, ao longo do século XIX, à aquisição de territórios empobrecidos em meio a uma resistência nativa ainda mais feroz. Essa rivalidade colonial atingiu o auge entre 1880 e 1900 e seus protagonistas eram a Grã-Bretanha contra a França e a Rússia. Ainda assim, a guerra não sobreveio na época e essas potências não lutaram entre si. Esses mesmos rivais lutaram, na verdade, na condição de aliados em 1914. Embora os confrontos coloniais passassem a incluir a Alemanha e frequentemente envolvessem ameaças de guerra, eles eram resolvidos por meio da diplomacia. A rivalidade colonial nesse período não era uma busca imediata pelo lucro e ela não foi a causa da guerra (ROBINSON & GALLAGHER, 1961; FIELDHOUSE, 1973: 38-62; KENNEDY, 1980: 410-415; MOMMSEN, 1980: 11-17).

Mas a teoria do imperialismo econômico pode ser salva parcialmente. Muito embora as colônias não fossem tão importantes, as amplas rivalidades econômicas o eram. Fieldhouse está equivocado ao concluir que, ao invés do lucro, o poder e a política estariam por trás do imperialismo. Alguns empreendimentos rotulados por ele como políticos, no Egito, Sudão e Ásia Central, foram concebidos para proteger as comunicações com a Índia, economicamente vital para a Grã-Bretanha. Além disso, quase nenhum imperialismo, nenhuma busca de poder supostamente *por si própria* está inteiramente divorciada das preocupações de ganho econômico. Mesmo que o neocolonialismo na Grã-Bretanha não tenha sido provocado pela necessidade de exportar capital, nele estava incluída uma importante motivação econômica: manter o comércio e as finanças britânicas nos mercados mundiais ante a rivalidade germânica e norte-americana e a emergência do protecionismo (PLATT, 1979). Ninguém sabia quanto valeriam os mercados africanos, mas era muito arriscado deixar que outros tomassem esses mercados e ser excluído dele depois. Afinal das contas, a África do Sul foi transformada, graças à descoberta de diamantes e ouro, de uma colônia sem valor numa colônia lucrativa durante esse mesmo período. A partir dessas considerações, Wehler (1979) e Mommsen (1980) concluem que política e economia não deveriam ser dissociadas.

Eu, porém, discordo disso. É melhor tornar as definições mais finas do que abandoná-las por completo. O que está em jogo não é a oposição entre objetivos econômicos e políticos, mas a variedade na mistura entre eles. Recordemos as seis economias políticas internacionais identificadas nos capítulos 3 e 8.

Em um extremo está o *lucro de mercado*, uma concepção capitalista do lucro como resultante da superioridade da exploração nos mercados através de regras institucionalizadas de livre-comércio. O mercado não é visto como uma área geográfica específica com fronteiras territoriais, mas um conjunto de atividades definidas funcionalmente e difundidas de modo transnacional, potencialmente ao redor do mundo todo. Os estados são irrelevantes ao lucro. Essa foi a concepção dos economistas clássicos e a qual ainda domina a disciplina econômica. Trata-se de um tipo ideal, transnacional e pacífico nas suas implicações, e que foi suplantado no caminho em direção à guerra.

Todas as outras concepções encarnam um sentido mais territorializado de identidade e interesse, trazendo consigo o controle autoritário sobre o território. A mais territorializada das concepções é o *imperialismo geopolítico*, que define interesse como a invasão e o controle de tanto território quanto for possível para um determinado poder geopolítico, aparentemente sem motivos outros que não o próprio domínio e controle. Esse tipo de agressão nunca é totalmente alheia à economia; mesmo Hitler (que não pensava seriamente em economia) queria explorar os recursos dos territórios conquistados e por vezes direcionou ataques a alvos econômicos (p. ex., o petróleo da Romênia). Mas a sua lógica predominante não é impulsionada pela economia nacional. Os alvos da agressão não são selecionados primeiramente segundo as noções capitalistas de lucro, mas de acordo com os cálculos do regime sobre as estruturas das alianças geopolíticas e os equilíbrios militares. Se as classes e outros atores do poder dão apoio a tal imperialismo geopolítico, subordinam-se diante de concepções de interesse de caráter político e militar, como fizeram os alemães, por exemplo, sob o governo de Hitler.

Entre esses dois polos estão concepções de lucro que misturam mercado e território. O *protecionismo* é a mais branda delas, recorrendo apenas aos poderes legítimos do Estado para proteger a economia nacional no mercado internacional através de tarifas e cotas de importação. O *mercantilismo* utiliza técnicas mais agressivas de disputa por legitimidade internacional, como subsídios e *dumping* de exportações, direcionamento estatal dos investimentos nacionais e estrangeiros e apoio do Estado para monopólios ou corporações que operam no exterior. Onde predominam essas duas concepções, a organização da classe capitalista se torna levemente nacionalista. As políticas protecionistas e, especialmente, as mercantilistas podem ser vistas com hostilidade por outras potências. Mas elas provavelmente não provocarão uma grande guerra em resposta, uma vez que isso normalmente prejudicaria os lucros ainda mais. Um resultado provável é um acordo diplomático de protecionismo ou mercantilismo.

Avançamos então na direção de dois imperialismos com fins lucrativos. No *imperialismo econômico*, o controle sobre o território estrangeiro, quando necessário através da guerra, é orientado para as necessidades da economia interna e do capital, como sugeriram Hobson e os marxistas. A própria organização do capital se torna completamente nacionalista. A classe dos capitalistas dirige a geopolítica e a guerra, e não vice-versa. Isso raramente se dava na aquisição de colônias no final do século XIX. Será que se dava em algum outro lugar? Finalmente, no *imperialismo social*, a motivação do lucro é amortecer o descontentamento interno de classe (ou outro qualquer), distraindo-o com aventuras no estrangeiro. Tais aventuras não são lucrativas, mas uma maior capacidade de explorar as classes nacionais e os grupos de interesse é lucrativa.

A guerra pode ser resultado de dois caminhos econômicos abrangentes: o imperialismo geopolítico dos regimes políticos e das castas militares pode suplantar o mercado, ampliando possivelmente a racionalidade mercantilista dos capitalistas; o imperialismo econômico ou social do capital pode se sobrepor à sua própria racionalidade de mercado e redesenhar o imperialismo geopolítico delineado pelos regimes e militares. Um terceiro caminho, o do acordo, também é possível: guerras resultam da união entre capitalistas e redes estatais de poder através de uma concepção mútua e entrelaçada de lucro.

No que os capitalistas acreditavam? Poucos pensaram sobre isso de forma sistemática, porém as suposições a esse respeito diferiram significativamente. Como vimos em capítulos anteriores, o capital se divide entre frações relativamente transnacionais e outras de caráter nacionalista. Alguns capitalistas se uniam nacionalmente com o auxílio do Estado para controlar importações, exportações e investimentos estrangeiros, enquanto outros estavam interessados na liberdade de comércio e no livre-acesso aos mercados. As opções eram afetadas pelo setor econômico, os termos e condições vigentes de comércio, seu próprio tamanho e lucratividade, e assim por diante (GOUREVITCH, 1986: 71-123). Muitos dentre os capitalistas eram favoráveis a uma geopolítica agressiva em relação aos nativos do Terceiro Mundo. Mas quase todos eles eram cautelosos em suas posições a respeito das potências europeias, com as quais a ruptura comercial e a guerra teriam custos muito elevados. Na Europa, a maioria deles foi apenas até o protecionismo pragmático, que não denotava qualquer antagonismo nacional fundamental. As tarifas e a interdependência econômica e financeira nos mercados globais coexistiram. A grande exceção (explorada mais adiante) foi a competição de grãos entre a Rússia e a Alemanha, cujas altas tarifas ajudaram a distanciar os dois países e deram fôlego ao militarismo alemão.

Em outros lugares, o alinhamento das potências não foi ocasionado pelo nacionalismo econômico. A aliança austro-alemã fazia pouco sentido econômico para a Áustria, a qual precisava de capital estrangeiro e era aliada justamente da potência com a menor quantidade dele para dispender (JOLL, 1984a: 134-135). França e Rússia se tornaram interdependentes do ponto de vista financeiro, porém mais como consequência do que como causa da Entente. A rivalidade econômica entre França e Alemanha não foi um grande problema para qualquer dos dois países. Havia rivalidade entre Grã-Bretanha e Alemanha (variando entre setores da economia), mas não mais do que a rivalidade com os Estados Unidos, com quem ambas as potências mantinham relações amistosas. Nem na Alemanha, nem na Grã-Bretanha, o nacionalismo agressivo dirigido um contra o outro emergiu da rivalidade industrial ou comercial capitalista; ambas as economias estavam, na verdade, tornando-se cada vez mais interdependentes. Entre 1904 e 1914, a Grã-Bretanha se transformou no principal comprador da Alemanha e a Alemanha, o segundo maior parceiro da Grã-Bretanha, após os Estados Unidos (STEINER, 1977: 41; KENNEDY, 1980: 41-58, 291-305). O alinhamento das potências na guerra não foi provocado fundamentalmente pelo protecionismo, mercantilismo ou pelo imperialismo econômico.

A despeito disso, por volta de 1914, tinha se espalhado um sentimento nacionalista de rivalidade econômica, que oscilava entre o mercantilismo e o imperialismo econômico, em especial na Alemanha, como vimos no capítulo 9. Um número menor de capitalistas alemães defendia naquele momento o *laissez-faire* ou o mercantilismo; e uma quantidade crescente deles desejava um controle territorial mais firme no estrangeiro, como expresso nos *slogans* da *Mitteleuropa* e da *Weltpolitik* naval, que davam sentido ao *cerco* promovido pela aliança entre as potências (discutido adiante). A aliança franco-russa tinha também cimentado interesses econômicos mútuos: quaisquer que fossem os interesses geopolíticos da França, existiam desde então boas razões financeiras para apoiar também o czar. Onde existiam modelos territoriais agressivos de interesse e rivalidade, o nacionalismo econômico se deteriorava. Todavia, a rivalidade econômica era mais um produto do que a causa da rivalidade geopolítica. Atores do poder militar e político persuadiram os capitalistas, mais do que o inverso, em favor do imperialismo.

O poder geopolítico sempre influenciou a teoria econômica. Nenhuma concepção de lucro tem uma pretensão genuína e puramente econômica de *objetividade*. Tanto sua eficiência quanto sua adoção dependem de outras fontes de poder social. O lucro de mercado era até recentemente uma teoria britânica com o Iluminismo e com a dinastia, a depender da ideologia e da diplomacia partilhadas na Europa e do poder naval e comercial britânico. Ela era vulnerável à acusação de List de que mascarava os interesses britânicos. À medida que foram diminuindo o poderio britânico e seu envolvimento continental, as teorias de mercado pareciam perder objetividade. Sobretudo na Alemanha, foi desenvolvido um capitalismo mais protegido, organizado de maneira autoritária e territorialmente centrado. Como mostra o capítulo 9, isso não foi nem mais nem menos correto enquanto teoria econômica do que as alternativas de mercado. Esse arranjo funcionou e se tornou influente em parte devido ao estreitamento da relação entre o Estado prussiano e os cidadãos da burguesia nacional. Mais do que o mercado capitalista, tais relações de poder fortaleceram o mercantilismo e o imperialismo econômico.

Mesmo onde era significativa a rivalidade econômica nacionalista, raramente ela alimentou um verdadeiro belicismo entre os capitalistas. Os grupos de pressão capitalistas eram frequentemente ativos na política colonial, pois grupos industriais ou comerciais particulares tinham em jogo interesses vitais em determinados territórios. Por exemplo, a maioria dos países presenciou o surgimento de *lobbies* pequenos, porém influentes, interessados na China, ávidos por um imperialismo ocidental ainda mais presente por lá (CAMPBELL, 1949). Contudo, eram fortes os laços de interdependência entre as grandes potências, assim como o temor dos custos que teria uma guerra para elas. Por conseguinte, poucos capitalistas eram tão belicosos diante das outras grandes potências quanto a imprensa popular e os *partidos* nacionalistas. Não era do interesse econômico deles buscar uma guerra que paralisaria a economia. Até mesmo os fabricantes de armas eram fornecedores transnacionais – não existiam embargos governamentais sobre os segredos militares – de modo que eles preferiram que as guerras fossem frias, e não quentes. A ruptura econômica resultante da guerra parecia tão autoevidente que todas as potências esperavam que o conflito fosse passageiro: por meses, toda a economia internacional ficaria paralisada.

Ainda assim, embora os capitalistas tendessem a dar conselhos favoráveis à paz, eles eram apenas marginais nas instâncias decisórias cruciais – isto é, nos gabinetes, nos ministérios e na corte. Governo algum adotou mais do que medidas apressadas para desenvolver o maquinário do planejamento econômico antes de dar início às hostilidades. Na Alemanha (como em outros lugares da Europa) o Ministério das Relações Exteriores era composto quase que exclusivamente por aristocratas com pouco conhecimento ou interesse nos assuntos econômicos. Seus críticos nacionalistas no Reichstag denunciavam isso, mas em vão (CECIL, 1976: 324-328). Ademais, governo algum tinha planos para conquistas econômicas antes das hostilidades (os planos alemães de anexação, catalogados por FISCHER, 1975: 439-460, apareceram durante a guerra). Os capitalistas desenvolveram alguma organização nacionalista às custas do arranjo transnacional, mas isso foi mais uma consequência do que causa da emergência das rivalidades geopolíticas. A guerra não foi causada primeiramente pela racionalidade econômica capitalista, nem em sua variedade mercantilista, nem naquela do imperialismo econômico.

Imperialismo social e classes populares

Foi o imperialismo geopolítico o resultado de tensões da *Innenpolitik* deslocadas em imperialismo social? A guerra foi vista pelos regimes como uma solução para essas tensões? No caso de um país em particular, a resposta é claramente afirmativa. A monarquia austro-húngara acabou vendo a guerra com a Sérvia como a única solução para os problemas internos de nacionalidade. Como a agressão por parte da Áustria foi uma das principais causas da guerra, essa *Innenpolitik* foi decisiva, sendo ela, como observou Williamson (1988), inseparável da *Aussenpolitik* pelo fato de ter se espalhado através das fronteiras austríacas. A despeito disso, a monarquia era única. O imperialismo social é geralmente invocado em relação a diferentes problemas e estratégias nacionais. Os problemas da monarquia eram de nacionalidade regional, não de classe, e as motivações dos Habsburgos eram dinásticas, relativamente alheias à manipulação ou legitimação popular. Examinemos as demais potências. O responsável pela guerra foi o nacionalismo político de classe espontâneo ou o manipulado?

Como os capítulos anteriores mostraram, as lutas de classe se tornaram mais políticas e abrangentes no decorrer do século XIX. Organizações representativas de classe lutaram por todo o território e através de toda a constituição do Estado, e algumas classes conquistaram a cidadania nacional. A opinião pública de massa se institucionalizou por meio das campanhas eleitorais disputadas entre partidos políticos e grupos de pressão, intermediadas por jornais de grande circulação. O alistamento trouxe a experiência militar à massa. Assim, a *Innenpolitik* das classes nacionais se tornou um dado de maior importância para a condução da política externa (e vice-versa).

As geopolíticas das classes se diferenciavam segundo o grau de cidadania que elas possuíam. O nacionalismo político era maior onde a cidadania era mais completa. Começo por aqueles que menos a possuíam.

Operários e camponeses eram totalmente excluídos da cidadania na Rússia, enquanto na Áustria e na Alemanha os operários eram excluídos em grande medida e os camponeses o eram de forma mais variável, conforme a região. Embora fossem flanqueados e representados em parlamentos soberanos nas três democracias partidárias (e em menor monta na Grã-Bretanha), os sindicatos e os partidos operários continuavam insatisfeitos com a economia política do Estado – assim como muitos agricultores dos Estados Unidos e camponeses da França.

Sendo assim, para a maioria dos operários e camponeses, o Estado não era realmente *deles*. É claro que apenas alguns militantes dentre os operários eram socialistas convertidos, ainda que as ideias socialistas se difundissem amplamente através das principais indústrias (cf. capítulos 17 e 18), enquanto os camponeses estavam vinculados a organizações mais conservadoras do que se esperaria (cf. capítulo 19). Muitos dentre eles continuavam sendo controlados de maneira segmentada por empregadores paternalistas, Igrejas e comunidades étnico-linguísticas. Eles podiam seguir lealmente seus patrões em direção à guerra, como fizeram os servos ao longo dos séculos. A alfabetização em massa e a grande mídia podiam acrescentar a esse quadro uma retórica mais moderna e difusa de apego à nação, à bandeira e ao monarca. Mesmo assim, algumas organizações de poder segmentar que mobilizavam operários e camponeses, especialmente a Igreja Católica e as comunidades minoritárias regionais e nacionais, eram ambivalentes em relação ao Estado-nação centralizado.

Os camponeses também eram frequentemente contrários à guerra, pois eram eles os que mais sofriam os impactos do recrutamento, dos feridos e das mortes. Como ressaltei no capítulo 12, a lealdade militar dos camponeses repousava menos no nacionalismo e mais na disciplina militar, que cuidadosamente moldava em exércitos maiores as lealdades da unidade local e regional. Os símbolos desses exércitos se tornavam cada vez mais nacionais. Todavia, o nacionalismo dos soldados e dos marinheiros era gerado mais por *flanqueamento organizacional* e disciplina do que pela *livre-adesão às id*eologias de genuína cidadania nacional.

Assim, operários e camponeses geralmente não se identificavam de maneira forte e duradoura com o Estado-nação. Como o Estado não lhes pertencia, tinham relativamente pouco interesse na sua política externa. Eles estavam mais preocupados com as lutas nacionais pelos direitos de organização sindical, oportunidades educacionais e tributação progressiva, ou ainda estavam enjaulados por antigos laços comunitários locais e regionais. A despeito disso, os operários tendiam a ser contrários ao militarismo, pois os exércitos ainda os reprimiam (capítulo 12) e seus aliados liberais eram frequentemente antimilitaristas fervorosos em questões nacionais; e os camponeses também se opunham ao militarismo, uma vez que identificavam nele o centralismo e o alistamento. Movimentos trabalhistas opunham-se aos orçamentos militares, advogavam o pacifismo socialista e argumentavam que as guerras capitalistas ou dinásticas não envolviam os interesses do povo. Na Rússia, tais sentimentos foram compartilhados por organizações camponesas e de classe média, as quais também eram excluídas da cidadania. Na Áustria, a exclusão de nacionalidades teve efeito semelhante ao radicalizar uma parcela dos camponeses e das classes médias. Nas democracias partidárias, que eram menos excludentes, não havia entre os trabalhadores nem muito militarismo, nem grande suspeita em torno do militarismo do regime.

Apesar disso, em país algum o nacionalismo da classe operária ou camponesa se exacerbou seriamente em tensão internacional. Alguns teóricos da *aristocracia do trabalho* afirmam que as classes trabalhadoras estavam implicadas no imperialismo e na rivalidade nacionalista. No entanto, esses teóricos estão errados. A classe operária e o campesinato eram significativamente sub-representadas em todos os movimentos nacionalistas e imperialistas do período, inclusive em *todos* aqueles grupos de pressão discutidos no capítulo 16, assim como nas agitações em torno de empreendimentos imperiais, como a Guerra dos Bôeres ou a intervenção dos Estados Unidos nas Filipinas (WEBER, 1968; PRICE, 1972; ELDRIDGE, 1973; WELCH, 1979: 88; ELEY, 1980). Quem quer que tenha causado a Grande Guerra, não foi a classe operária ou camponesa.

Os militantes da classe operária também se identificaram com uma ampla comunidade *transnacional*. Dentre as seis principais ideologias dela (apresentadas no capítulo 15), o mutualismo, o sindicalismo, o marxismo e a social-democracia eram quase que invariavelmente transnacionais. Assim também o eram a maioria das versões do economismo e protecionismo. Gompers afirmava ser tão transnacional quanto Marx. Ainda que o racismo maculasse o transnacionalismo dos trabalhadores norte-americanos, ele incrementava o anti-imperialismo deles (o racismo se opunha às iniciativas no exterior a fim de manter brancos os Estados Unidos). Quase todos os líderes trabalhistas endossavam as palavras finais do *Manifesto comunista*: "trabalhadores de todos os países, uni-vos!" Seus hinos eram geralmente versões da *International*. Abaixo está a versão sindicalista dos wooblies (DUBOVSKY, 1969: 154):

> De pé, prisioneiros da fome!
> De pé, sofredores da terra!
> Pois a justiça troveja a condenação.
> Um mundo melhor ao nascer.
> A terra se erguerá sobre novas fundações
> Nós temos sido *nada* – Nós seremos *tudo*!
> É o conflito final!
> Deixe cada um se erguer em seu lugar
> O sindicado industrial
> Será a raça humana.

Havia pouco nacionalismo aberto nos grandes movimentos trabalhistas, nem mesmo (algo notável para o período) muito racismo escancarado, exceto nos Estados Unidos, uma vez que a *raça humana era uma só*. Mesmo a identificação jacobina do socialismo com a nação e a república francesas – a tradição revolucionária da bandeira *tricoleur* e da *Marseillaisè* – foi em alguma medida silenciada nesse período. É verdade que existiam socialistas *regional-nacionalistas* – socialistas austro-húngaros e irlandeses buscavam suas próprias democracias nacionais –, mas poucos socialistas apoiavam a agressão militar ou as guerras no estrangeiro.

O socialismo também possuía duas pequenas, porém influentes, infraestruturas transnacionais que interligavam exilados e *intelligentsia*. Os exílios tinham se tornado forçosamente transnacionais e a *intelligentsia* abraçava entusiasticamente o transnacionalismo. Militantes profissionais foram punidos com o exílio pelas monarquias durante o século XIX. Eles se reuniam em pequenos estados liberais da Alemanha, em Londres, Paris, Bruxelas, na Suíça e nos Estados Unidos. Apenas nos Estados Unidos o socialismo se dissipou. Noutros lugares, os exilados interagiram com trabalhadores nativos e com outros desalojados que falavam sua própria língua, principalmente professores e jornalistas exilados e cosmopolitas – a *intelligentsia* socialista. Esses eram os verdadeiros herdeiros do Iluminismo transnacional. No final do século XIX, as redes de exilados e da *intelligentsia* incluíam clubes, cafés, tavernas e jornais e se tornaram potentes infraestruturas ideológicas para comunicar o socialismo além das fronteiras nacionais. Poucos leitores de Marx, Blanqui, Bakunin, Fourier, Lenin, Luxemburgo e seus familiares sabiam ler alguma língua estrangeira. Uns poucos cosmopolitas boêmios, frequentemente judeus, bastaram como tradutores e editores. Células de exilados profissionais e da *intelligentsia* boêmia fundaram a Primeira Internacional em 1864, bem antes dos sindicatos estabelecerem organizações nacionais eficazes. Os intelectuais e militantes de esquerda eram firmemente transnacionais.

Apesar disso, as organizações operárias de massa se tornaram *nacionais*. Qualquer que fosse a ideologia, a atividade delas não ultrapassava os limites do Estado-nação. Quando o protecionismo, o economismo ou o sindicalismo buscavam contornar o Estado, eles geralmente se organizavam de maneira local ou regional, raramente no exterior. Mutualistas, social-democratas e marxistas levaram suas demandas ao Estado nacional e assim o fortaleciam. Cada sucesso que obtinham estreitava o abraço da nação. O Estado nacional era o único contexto realista no qual poderiam se dar os direitos civis coletivos ou a redistribuição de poder, riqueza e segurança. O trabalho se tornou nacional porque a sociedade civil foi gradual e autoritariamente regulamentada pelo Estado nacional (o qual Marx nunca reconheceu). Isso separava os trabalhadores dos capitalistas, os quais naquele momento precisavam de pouca regulamentação política nacional. Permitia-se que o mercado governasse, incorporando as relações de propriedade capitalista. Na prática, a organização capitalista variava de maneira considerável – algumas eram transnacionais, outras nacionais ou nacionalistas. Em contrapartida, a ação e organização dos operários estavam esmagadoramente confinadas ao âmbito nacional. Como disse Jules Guesde: "por mais internacionalistas que sejamos, é no plano nacional que o proletariado organizado de cada nação deve trabalhar pela emancipação de toda a humanidade" (WEBER, 1968: 46).

A Internacional podia abraçar ideais transnacionais, mas havia se tornado, por volta de 1890, um comitê de organizações nacionais, cada representante insistindo nos interesses do seu país. O Estado-nação era o contexto real para a acumulação de capital e a regulamentação do trabalho (OLLE & SCHOELLER, 1977: 61). Tudo isso enfraquecia em dois pontos os sentimentos do operariado que eram contrários à guerra:

1) Dado que a sua práxis era esmagadoramente nacional, ela era menos ativa do que propriamente indiferente à geopolítica. Os operários britânicos não se opunham tanto quanto eram indiferentes à Guerra dos Bôeres e ao imperialismo, concluiu Price (1972: 238). A Primeira Internacional e outros congressos internacionais de trabalhadores permaneceram sendo lugares para tratar de negócios, carentes de estruturas efetivas de tomada de decisão ou da adesão das massas. Diante da guerra, a classe trabalhadora de cada país tomou suas decisões independentemente das demais. Do ponto de vista organizacional, isso enfraqueceu a capacidade dos trabalhadores de interromper a caminhada em direção à guerra.

2) O militarismo era temido principalmente por razões nacionais, por causa do seu papel na repressão interna. Embora o militarismo de determinado regime fosse temível, aquele dos regimes estrangeiros causava ainda mais temor, visto como ainda mais repressivo. Os operários franceses temiam a agressão alemã por causa de sua ameaça reacionária à república; os operários alemães e austríacos temiam a Rússia, pois ela ameaçava todas as organizações de trabalhadores.

Somente os operários russos, sujeitos ao regime mais reacionário de todos, estavam imunes a esse temor. Em outros lugares, era possível manipular o medo para conquistar o apoio dos trabalhadores para a guerra.

Em 1914, essas fraquezas minaram a retórica transnacional da Internacional e dos líderes operários. Na Alemanha, a maioria das lideranças do Partido Social-democrata temia que se elas se opusessem à guerra por meio de seu impressionante partido e da união sindical, ambos construídos ao longo de décadas, seriam prontamente reprimidas com o total apoio das outras classes em tempo de guerra. O proletariado no estrangeiro não seria capaz de protegê-las. Os operários alemães tinham apenas as organizações alemãs e elas deveriam ser protegidas a qualquer custo. Nem as lideranças estavam confiantes de que seriam capazes de contrariar a propaganda do regime de que o principal inimigo era a Rússia reacionária (MORGAN, 1975: 31). Motivações semelhantes podiam ser encontradas no Partido Socialista austríaco. Os socialistas franceses deram continuidade à oposição formal ao militarismo até a guerra, mas a maioria deles também reconheceu que os trabalhadores se mobilizariam e, inclusive, que deveriam se mobilizar na defesa da república. Os socialistas britânicos não tinham qualquer política externa e seguiam seus aliados liberais. As organizações da classe trabalhadora acompanharam partidos e regimes simpáticos não por serem elas agressivamente nacionalistas, fosse do ponto de vista econômico ou político, mas porque a classe trabalhadora estava enclausurada no âmbito nacional. A classe operária não poderia impedir que outros deflagrassem a Grande Guerra.

As classes com cidadania mais consolidada eram também organizadas nacionalmente, porém o Estado era *delas*. Uma vez que ele simbolizava sua comunidade imaginária, essas classes se identificavam mais facilmente com sua *grandeza,* honra e interesses geopolíticos. Conforme o Estado se transformava em Estado-nação, as razões sagradas do Estado puderam se tornar interesses nacionais sacralizados. Os capítulos anteriores mostraram a classe média se juntando à sociedade nacional, transformando seus membros em eleitores, jurados, proprietários de casas, empregadores, oficiais da reserva e partícipes da educação, da cultura e do mercado nacionais. Mommsen (1990: 210-224) mapeou uma grande transformação do liberalismo do século XIX. Ele começou o século sendo liberal e razoavelmente pacífico, porém, a partir da década de 1880, as identidades e sentimentos nacionais tornaram-no agressivo. Apareceram ideologias nacionalistas como a superioridade étnica, xenofobia, luta de *vida e morte* pela sobrevivência nacional e racial, assim como o militarismo popular. Ainda no capítulo 16, expresso certo ceticismo em relação a essa visão amplamente difundida do nacionalismo de classe média, tendo encontrado poucas evidências que a sustentem. A força e o caráter do nacionalismo variaram consideravelmente entre os países. O nacionalismo arrebatou bem mais os carreiristas do Estado e aqueles com alto nível de formação do que o restante da classe média. Também tendia ele a simplesmente amplificar as ideologias e os dilemas do regime. Uma vez que as democracias partidárias estavam divididas entre antigas reivindicações cosmopolitas e novas reivindicações imperiais quanto à grandeza nacional, a classe média também se dividiu.

Por conseguinte, nem o nacionalismo agressivo das massas, nem o imperialismo social deliberado e manipulador dos regimes partidário-democráticos foi muito significativo. A extrema-direita chegou a experimentá-lo, mas venceu poucas eleições. Ele foi alardeado com belicosa sinceridade por alguns xenófobos, incluindo os magnatas da imprensa. Esses sujeitos produziam um desconforto intermitente para os regimes, mas não eram capazes de mudar a política. O nacionalismo na Grã-Bretanha e na França era ambíguo, contendo tanto crenças liberais de que a nação carregava para o mundo uma civilização humanitária, cristã e democrática quanto sentimentos de natureza mais imperial. O imperialismo levava uma xenofobia racista e agressiva para as colônias, mas era geralmente de caráter defensivo na Europa, lugar em que a guerra de fato ocorreu. O nacionalismo político tendia a amplificar as ideologias dos principais partidos e as políticas concretas de rearmamento defensivo adotadas pelos governos da França e da Grã-Bretanha. Os regimes liberais temiam mais a opinião pública favorável à paz do que o nacionalismo agressivo. Subsistiam tensões sociais importantes – para a Grã-Bretanha, ondas de greve e o Ulster; e na França, ondas grevistas e motins de recrutamento – porém, o imperialismo popular não foi exercido, de forma consistente, pelos governos como solução para essas tensões.

A identidade nacional estava então profundamente enraizada em práticas sociais tanto intensivas quanto extensivas, o que, no entanto, não era o caso do nacionalismo agressivo. Vimos anteriormente que o imperialismo econômico tinha raízes geopolíticas. Dessa forma, faltava ao nacionalismo político a dose exata de interesse econômico que uma organização nacionalista de classe poderia proporcionar. Embora a opinião esclarecida na Grã-Bretanha se preocupasse com a concorrência e o protecionismo da Alemanha, o sentimento popular antialemão era mais difuso. Os nacionalistas colocavam a grandeza do império e da marinha à frente do apelo econômico direto. Nacionalistas franceses ignoraram a competição econômica, queixando-se reiteradamente sobre a Alsácia-Lorena, bem como sobre a ameaça da Alemanha à república e ao poder militar francês. Esse nacionalismo tão desenraizado poderia, no entanto, ser desestabilizador. A identidade do adversário poderia ser rapidamente substituída. Em menos de uma década, o nacionalismo britânico e francês deixou de ser predominantemente voltado um contra o outro para se tornar antialemão. O chauvinismo agressivo, aparentemente preparado para a guerra, aparecia de repente em momentos de crise, para depois decair rapidamente. Com cinismo, Lloyd George comentou: "a guerra teve um salto de popularidade entre o sábado e a segunda-feira", no início de agosto de 1914 (ALBERTINI, 1957: 482; sobre as rápidas mudanças francesas, cf. WEBER, 1968: 31-2).

Essa volatilidade superficial podia tanto desconcertar quanto ser explorada por regimes em crise. Se o governo declarasse guerra entre o sábado e a segunda-feira, a nação (predominantemente de classe média) seguiria com entusiasmo. Era esse o truque para administrar o nacionalismo raso numa democracia partidária – e ainda o é, só que agora a nação também inclui trabalhadores e mulheres. Mas o truque, tanto naquela época quanto hoje, tinha limites: o eleitorado essencialmente de classe média não estava ansioso por despesas adicionais, muito menos por sacrificar a vida numa guerra contra outra grande potência (STEINER 1977: 250-253). Os regimes francês e britânico também duvidavam da lealdade da classe trabalhadora, mesmo se a Alemanha atacasse primeiro (a partir de 1914, ambos ficariam muito contentes nesse quesito). Os regimes democrático-partidários observavam com cautela o nacionalismo político. Mas não estavam seriamente distraídos por ele e, apenas depois de iniciada a guerra, receberiam a maior parte do conforto que ele poderia oferecer.

No extremo oposto, na Rússia autocrática, o imperialismo social era ainda menos evidente (LIEVEN, 1983: 38-46, 153-154; KENNAN, 1984). Depois de 1900, as crises nos Bálcãs fortaleceram o populismo pan-eslavo. Ele incitava a liderança eslava da Rússia contra a Alemanha e a Áustria, ambas de origem teutônica. O pan-eslavismo era, em certo sentido, um fenômeno de classe média, contando com pouco apoio dos operários, camponeses e nobres. Contudo, os direitos de cidadania da classe média russa eram incertos. Diferentemente do nacionalismo agressivo da burguesia no Ocidente, o pan-eslavismo não estava confinado à direita política. Ele se espalhou desde o culto ao czar até o anarquismo violento. Porém, o regime não era hospitaleiro ao pan-eslavismo. A monarquia mais reacionária da Europa não pretendia sequer informar o povo sobre sua conduta na política externa, menos ainda legitimá-lo na forma de princípios populares.

Portanto, fora da Alemanha, a manipulação do imperialismo social e do nacionalismo político não foram causas majoritárias da guerra. O público e o regime estavam habitualmente muito insulados um do outro, a classe operária e o campesinato eram demasiadamente indiferentes à política externa e a vertente preponderante no nacionalismo de classe média era excessivamente defensiva. Havia pouca organização nacionalista ou transnacional entre as classes médias, camponesas e operárias. O enclausuramento predominantemente nacional ou local dessas classes criou grandes brechas por meio das quais terceiros podiam iniciar uma guerra com o consentimento delas – excitação e superficialidade entre a classe média, resignação entre camponeses, ressentimento na classe operária, disciplina entre os soldados[44].

---

44. A melhor confirmação vem dos estudos sobre a resposta da opinião pública e dos soldados recrutados para a guerra. Faço uma análise delas no volume 3, mas para um estudo referente à França e que corrobora o meu argumento. Cf. Becker, 1977.

Imperialismo social e o movimento do regime na Alemanha

A agressividade alemã ajudou a transformar um conflito balcânico em uma guerra mundial. Mesmo se o imperialismo social não fosse expressivo em outro lugar, se ele florescesse apenas na Alemanha, assim se daria na teoria. A teoria sem dúvida floresceu entre historiadores da Alemanha. Desde a declaração de Fritz Fischer sobre *Der Primat der Innenpolitik* nos objetivos bélicos da Alemanha (1961, edição inglesa de 1967; 1969, edição inglesa de 1975), muitos reafirmaram dois pontos básicos dessa declaração: a liderança alemã foi persistentemente agressiva, disposta e desejosa por uma grande guerra dez anos antes de 1914; e sua motivação foi tanto resolver tensões internas de classe através do imperialismo social quanto conquistar o domínio mundial (BERGHAHN, 1973; GORDON, 1974; GEISS, 1976; 1984). Apenas a ênfase de Fischer na consistência e na coerência perdeu terreno diante das contradições de regime (WEHLER, 1970; 1985). Não podemos voltar ao *Der Primat der Aussenpolitik* ou descartar a teoria do imperialismo social na Alemanha (MOMMSEN, 1976; JOLL, 1984b).

O militarismo alemão é indiscutível. Bismarck também o havia manipulado na direção de um imperialismo social de baixo custo, utilizando as colônias para distrair as classes internas e outras tensões sociais (POGGE VON STRANDMANN, 1969; WEHLER, 1981). Os governos subsequentes fizeram o mesmo. Um ministro prussiano disse que ele

> alimentava a esperança de que a política colonial desviasse nossa atenção para o exterior, mas isso só aconteceu de forma limitada. Teríamos, portanto, que introduzir questões de política externa no Reichstag, pois em assuntos estrangeiros os sentimentos da nação habitualmente estariam unidos. Nossos inegáveis sucessos na política externa causariam uma boa impressão nos debates do Reichstag e assim as divisões políticas poderiam ser moderadas (GEISS, 1976: 78).

O Chanceler Von Bülow foi além disso numa conversa com um confidente do kaiser:

> A maneira de conseguir apoio popular para a monarquia era reavivar a "ideia de nação". Uma guerra vitoriosa, é claro, resolveria muitos problemas, assim como as guerras de 1866 e 1870 salvaram a dinastia (GEISS, 1976: 78).

Max Weber defendia uma versão liberal do imperialismo:

> Temos que reconhecer que a unificação da Alemanha foi uma brincadeira juvenil que a nação fez no seu passado e que teria sido melhor desistir dela devido aos custos, caso fosse ela o fim e não o começo de uma *Weltmachtpolitik* alemã [política de poder mundial] (GEISS, 1976: 80).

Weber não defendia o imperialismo *ao invés* das reformas, mas o imperialismo *somado* às reformas a fim de estabilizar e modernizar a Alemanha (MOMMSEN, 1974: 22-46).

Em outros países, eram raras as visões que encarnavam tais imperialismos agressivos. Ademais, o imperialismo social alemão não apenas unificava a nação contra os estrangeiros. Eram chamados de *Reichsfeinde*, os inimigos do império, tanto as potências estrangeiras quanto os inimigos internos – socialistas, liberais de esquerda, minorias étnicas e, a princípio, os católicos. Esses eram identificados de forma mais ou menos sincera com os inimigos externos – socialistas e judeus com conspirações internacionais, católicos primeiro com a Áustria e depois com a cúria romana, poloneses com a raça eslava e a Rússia, alsacianos com a França, liberais com a Grã-Bretanha e a França (WEHLER, 1985: 102-113). O imperialismo social do regime incorporou a estratégia segmentar de *dividir e governar*: reunir o núcleo dos apoiadores mais leais, ruralistas e industriais protestantes, depois a classe média e os católicos, de modo a isolar os socialistas, liberais de esquerda e minorias étnicas.

Ainda assim, o governo alemão não manipulou de forma constante o imperialismo social em direção à guerra mundial (como afirmam Fischer, Geiss e Berghahn). A maioria dos regimes aspira uma política externa na qual a *grandeza* pode desviar a atenção da tensão interna. Mas entre assegurar isso e começar uma grande guerra existe uma enorme diferença. Entre isso e uma guerra em duas frentes contra as três maiores potências da Europa existe um gigantesco abismo. Poderia uma guerra como essa ter sido concebida como solução para a luta de classes?

Bülow acreditava que não. Ele continuava a passagem acima, dizendo o seguinte: "por outro lado, uma guerra fracassada significaria o fim da dinastia". Ele falou mais sobre isso, em 1911:

> A história nos mostra que toda grande guerra é seguida por um período de liberalismo, já que o povo exige alguma compensação pelos sacrifícios e esforços feitos durante a guerra. Mas qualquer guerra que termine em derrota obriga a dinastia que a declarou a fazer concessões que antes pareceriam insólitas [...]. Quem quer que aja, deve fazê-lo com prudência e considerar as consequências (KAISER, 1983: 455-456).

Bethmann, o sucessor dele como chanceler, foi mais longe, em julho de 1914:

> A guerra mundial, cujas consequências são imprevisíveis, fortalecerá substancialmente o poder da social-democracia, uma vez que ela prega a paz, e derrubará muitos tronos [...] uma guerra, seja qual for seu resultado, resultará na perturbação de todos os arranjos existentes (JARAUSCH, 1973: 151-152).

Essas não eram observações descabidas e impensadas. Elas foram feitas pelos dois últimos chanceleres alemães anteriores à guerra no contexto de um debate tanto à direita como à esquerda sobre o impacto da mobilização em massa sobre a luta de classes. Embora alguns ultradireitistas pensassem que a guerra poderia aumentar o apoio à coroa, a maioria dos conservadores acreditava no contrário disso. O mesmo valia para a maioria da esquerda. Como escreveu Lenin do exílio na Áustria, em 1912: "uma guerra entre a Áustria e a Rússia seria muito útil para a revolução em toda a Europa Oriental, contudo não é provável que Francisco José e [o czar] Nicolau nos deem esse prazer".

Se a vitória pudesse ser assegurada, o imperialismo social seria uma maravilhosa estratégia de regime. Mas a guerra não garante antecipadamente suas vitórias e os estadistas alemães não entraram na Grande Guerra tão confiantes assim. Eles sabiam que a guerra colocava em risco a ordem social. Não podemos dizer que a agressão alemã em 1914 fazia parte de uma estratégia pensada e consistente de imperialismo social.

No entanto, a *Innenpolitik* e as crises do imperialismo social podem ter feito a agressão alemã escalonar de forma não intencional (como sugeriram Kaiser (1983) e Wehler (1985)). A política interna e a geopolítica estavam entrelaçadas, como mostra o capítulo 9. Internamente, o regime se moveu em direção à *Sammlungspolitik*, a *política de reunião* das classes *produtivas* (ou seja, dos proprietários) contra os *Reichsfeinde* dentro e fora do império. O regime iria *dividir e governar* entre as classes produtivas – Bethmann chamou isso de *política diagonal*. Apareceram três combinações concorrentes de economia política internacional e diplomacia: liberalismo, *Mitteleuropa* e *Weltpolitik*, todas entrelaçadas à política interna. Essa política diagonal se afastou cada vez mais da primeira combinação, abraçando assim uma geopolítica mais agressiva. Mas ela nunca escolheu entre as outras duas alternativas, movendo-se assim em direção a um desastre não realista.

O liberalismo ficou concentrado nos entrepostos comerciais, como Hamburgo, na indústria leve e no capital financeiro. Ele encontrou apoio dentro do regime, especialmente na Wilhelmstrasse, cujos diplomatas frequentemente aconselhavam a conciliação internacional. No raciocínio deles: a França estaria alijada, enquanto a Alemanha detivesse a Alsácia-Lorena; a Grã-Bretanha e a Rússia também não deveriam ser antagonizadas. Caprivi, chanceler entre 1890 e 1894, avançou na direção de um pacote liberal de reforma interna, da economia política do *laissez-faire* e da conciliação com os britânicos. Porém, o kaiser o dispensou ao invés de buscar a conciliação com a classe operária. Depois disso, o liberalismo enfraqueceu, longe dos favores do regime, pois sua economia política era de pouco interesse para os conservadores e camponeses e encontrava oposição por parte dos militares e dos nacionalistas políticos.

Os conservadores do campo, liderados pelos junkers prussianos, passaram do protecionismo para o expansionismo. Seu principal rival econômico se tornou a Rússia; seu principal temor nacional, os trabalhadores poloneses. Tarifas fecharam o mercado alemão para os grãos russos – um golpe na modernização da Rússia, que precisava exportar grãos para pagar suas dívidas e importações de manufaturados. A Rússia se aproximou de uma aliança com a França – péssima notícia diplomática para a Alemanha. Muitos conservadores tornaram essas notícias ainda piores quando generalizaram esse conflito numa chave racista de teutônicos contra eslavos. Conservadores do ponto de vista fiscal e social, os junkers de início relutavam em aprovar impostos e mobilizar em massa o exército que seria necessário para um ataque militar, mas depois de 1909 as motivações políticas diminuíram tais inibições à medida que eles buscavam reverter o declínio do poder, aliando-se a partidos nacionalistas. O instrumento escolhido por eles foi o exército, sua ideologia era chauvinista e cada vez mais racista, e sua geopolítica identificava a Rússia como inimiga, a Áustria como aliada e, como solução, uma *Mitteleuropa* dominada pela Alemanha. Os junkers advogavam em favor de uma mistura entre mercantilismo, imperialismo econômico e imperialismo geopolítico, geralmente voltada para o leste.

Alguns empresários da indústria pesada também favoreciam o protecionismo e a expansão. Seus motivos eram geralmente pragmáticos e orientados pelo mercado, porém a incorporação deles pelo regime fortaleceu concepções de interesse territorial. Uma vez que o principal concorrente da Alemanha era a Grã-Bretanha, juntamente com os Estados Unidos e a França, muitos desses empresários passaram a privilegiar uma *Weltpolitik*, isto é, um mercantilismo em escala mundial. Na década de 1890, isso escalonou para o imperialismo econômico (aliado ao próprio imperialismo geopolítico do regime) na disputa pela África. Tal pretensão perdeu força, contudo, quando se percebeu que a Alemanha chegara tarde demais ao teatro colonial para dele auferir lucros, exceto se estivesse disposta a arriscar uma guerra com outros impérios europeus. Os industriais não o estavam, nem tinham interesse numa expansão em direção ao leste. Mesmo assim, as pressões do mercado, interpretadas a partir de dentro de um regime autoritário, favoreciam um mercantilismo agressivo. Em 1897, isso levou esses industriais, e outros, à marinha.

A construção naval na Alemanha tinha razões complexas, até mesmo idiossincráticas. O entusiasmo pessoal do kaiser, as habilidades midiáticas do Almirante Tirpitz e a influência da corte foram fatores importantes. Porém, a ideia de uma grande marinha alemã adquiria tração na política interna. A Alemanha parecia ter sido criada pelo militarismo, mas a expansão do exército era controversa. Ela não contava com o favor de grande parte da classe média ou da porção católica ao sul da Alemanha, pois o exército poderia ser utilizado para a repressão centralizada e interna. Mesmo o alto-comando e os junkers hesitavam em armar os operários (e o recrutamento de camponeses supostamente leais já estava próximo do limite) ou em permitir o domínio numérico da burguesia dentro de um corpo ampliado de oficiais. No entanto, uma marinha com intenso investimento de capital exigiria poucos homens, não atuaria de maneira repressiva dentro do país e seria benéfica para a grande indústria, o emprego e a modernização econômica. À medida que os industriais se convenciam das vantagens econômicas dos navios de guerra, eles barganhavam com os junkers conservadores e com o centro católico que representava os camponeses. Em 1897, um aumento nas tarifas de grãos foi combinado em troca de uma segunda e decisiva lei referente à marinha. A possibilidade de uma reforma social mínima conquistou os liberais nacionais (KEHR, 1975; 1977, capítulos 1-4).

A construção de navios de guerra foi apoiada pelo regime, pela indústria, por grande parte da classe média e foi aceita pelos sulistas e católicos alemães, não enfrentando qualquer oposição – nem mesmo dos social-democratas (já que ela ampliava as vagas de emprego). Tradicionais comerciantes liberais, como os magnatas do transporte marítimo de Hamburgo, foram convencidos dessa ideia. A construção dos navios de guerra agradava todas as quatro cristalizações de alto nível do regime – o monarquismo (já que era um brinquedo novo para o kaiser), o militarismo, o capitalismo e o nacionalismo – sem que isso alienasse os inimigos internos usuais dessas cristalizações. Após 1900, a marinha obteve praticamente todos os recursos que solicitou. Os navios de guerra foram resultado em grande parte da *Innenpolitik* – do interesse econômico seccional, das estratégias segmentadas do regime de *dividir e governar* e do militarismo quase casual institucionalizado pelo Estado.

Mas enquanto política externa, a *Weltpolitik* naval não era muito realista do ponto de vista material. A frota supostamente protegeria os interesses comerciais e coloniais da Alemanha. Apesar disso, os navios de guerra eram desenhados mais para a confrontação aberta com os britânicos no Mar do Norte do que para a proteção comercial ou colonial. De fato, o debate esteve mais focado no valor simbólico do que na utilidade material prática da frota. A Alemanha precisava de uma frota, defendeu Bethmann, *em razão de seu propósito geral de grandeza* (JARAUSH, 1973: 141-142). Esse amplo estatismo imperial, que entrelaçava economia e geopolítica com concepções nacionais de honra, carecia de uma racionalidade específica que tanto o realismo quanto os interesses capitalistas estrangeiros poderiam oferecer. Muito embora a frota parecesse destinada à confrontação com a Grã-Bretanha, sua criação não envolveu nem anglofobia, nem uma avaliação fria do seu impacto no exterior ou de sua utilidade militar.

As consequências involuntárias foram desastrosas para a diplomacia. A construção de navios de guerra, acompanhada de uma retórica sobre poderio mundial, afastou a Grã-Bretanha e deu início a uma corrida armamentista naval que a Alemanha estava fadada a perder. A Grã-Bretanha estava bem à frente nessa corrida e foi capaz de transferir sua grande marinha global para suas águas territoriais. A diplomacia britânica concentrava-se de forma coerente, como fizera nos últimos 150 anos, sobre a política *bluewater*. "Somos peixes", declarou o Lorde Salisbury. A Marinha Real continuava sendo o principal braço militar da

Grã-Bretanha e as águas territoriais tinham prioridade absoluta de defesa. Grey falou de forma categórica, em 1913: "a marinha é o nosso único meio de defesa e nossa vida depende dela e somente dela". Os estadistas britânicos acreditavam que a Grã-Bretanha deveria lutar se a Alemanha atacasse a França sem garantir a neutralidade da Bélgica: uma grande marinha alemã nos portos dos Países Baixos poderia desferir um golpe fatal no poderio britânico.

Tivesse sido a Alemanha capaz de diminuir seus compromissos continentais e se reconciliar com a Rússia ou a França, disporia de recursos que poderiam atingir a meta de Tirpitz de uma relação de três para duas naus capitânias entre a Alemanha e a Grã-Bretanha. Isso teria neutralizado o poder naval britânico (embora não fosse claro o porquê disso). No entanto, a *Sammlungspolitik* significava reunir não apenas as classes produtivas da Alemanha, mas também seus inimigos no exterior. A diplomacia alemã não conseguiu a conciliação com a Rússia porque os junkers não foram descartados pelo regime. Nem tentou ela desfazer a aliança entre França e Rússia. No país, o regime incorporou facções, acrescentou cristalizações políticas, e não rejeitou qualquer uma de suas políticas. A consequência diplomática foi que a Alemanha se viu cercada pelos seus inimigos. Sem um comprometimento firme de recursos, a marinha alemã não podia dominar o Mar do Norte. A Alemanha acrescentou a Grã-Bretanha aos inimigos da Entente, ainda que ela não fosse capaz de derrotar a Grã-Bretanha ou de cortar a ajuda britânica aos aliados continentais (KENNEDY, 1980: 415-422).

E assim aconteceu. Uma *Innenpolitik* deliberada e bem-sucedida teve consequências involuntárias e desastrosas para a *Aussenpolitik*. O sucesso do regime na política interna aumentou tanto a ameaça externa objetiva quanto a paranoia alemã. Uma vez que não pretendemos fazer mal à Rússia, Grã-Bretanha e França, por que são tão hostis a nós? A partir de 1906, o regime percebia a Alemanha como *cercada*, vítima de uma conspiração geopolítica. A escola de Fischer entende isso como uma manipulação da opinião pública feita pelo regime, criando-se assim um clima favorável à afirmação de que a agressão por parte da Alemanha era apenas uma *guerra defensiva* (GEISS, 1976: 121-138). Prefiro *confusão e erro* (*cock-up-foul-up*) do que conspiração: em um movimento para decisões que respondiam em primeiro lugar às razões internas com pouca reflexão sobre as consequências diplomáticas, o regime foi surpreendido pela reação estrangeira. Apesar disso, a doutrina do cercamento tornava mais provável uma retaliação alemã. Tratava-se de uma metáfora territorial e militar, invocando aquilo que o kaiser descrevia como uma investida pela *ponte levadiça* com uma *boa espada afiada*.

O conjunto final incorporava a classe média, os sulistas alemães e os católicos dentro da artimanha de estratégias segmentadas de *dividir e governar*. Liberais radicais, socialistas e minorias étnico-regionais foram todos isolados com sucesso. Mas esse sucesso privou a Alemanha de um centro político. Como mostram os capítulos 18 e 19, um marxismo estatista e produtivista atravessava com voracidade a esquerda excluída, desimpedido por qualquer aliança pragmática com liberais de centro, e reduzindo ainda mais a capacidade dessa esquerda de recrutar camponeses ou católicos; enquanto isso, os partidos de centro atraídos pelo regime eram obrigados a se comprometer com o conservadorismo, ao invés do liberalismo radical. Como mostra o capítulo 16, o nacionalismo político que se concentrava nos funcionários públicos e nas instituições educacionais estatais tornou-se ainda mais racista e devotado ao Estado do que em outros países. De certa maneira, isso apenas amplificou as preferências do regime, porém reduziu também sua liberdade de ação. Tendo alienado operários e minorias étnicas, o regime dependia dos votos da classe média. Tendo recusado a plena soberania parlamentar, o regime dependia da lealdade de seus próprios administradores. A pressão nacionalista por parte deles foi tão influente quanto desestabilizadora (ELEY, 1980).

Cercados por fora e acossados pelo *Reichsfeinde* por dentro, o regime e os estatistas nacionalistas desenvolveram tendências paranoicas. Tornaram-se menos hábeis em trocar de inimigos do que seus pares na Grã-Bretanha e na França e menos manipuláveis por interesses capitalistas ou realistas. Essa é uma explicação predominantemente *política* para o elemento *paranoico* da política alemã, não sendo baseada nas ansiedades econômicas das classes ou no suposto *pânico de status* por parte delas (como nas teorias descartadas no capítulo 16).

Em julho de 1914, Bethmann percebeu por que a Alemanha estava numa situação difícil:

> Os erros anteriores [...] desafiaram a todos, nos colocaram no caminho de todos e não os enfraqueceram. A razão: falta de objetividade, a necessidade de obter alguns sucessos que dessem prestígio e a solicitude de cada uma das correntes da opinião pública. Os partidos "nacionais" com toda a algazarra sobre política externa desejavam preservar e fortalecer sua própria posição partidária (STEM, 1968: 265).

A observação era sagaz, mas vinha tarde demais; Bethmann já tinha cedido a diplomacia à *boa espada afiada* do kaiser.

O imperialismo social *era* importante para a diplomacia alemã, porém mais como derivação e consequência involuntária do que como estratégia deliberada do regime. Os historiadores liberais argumentam que o *fracasso* do regime em resolver os problemas internos levou à agressão externa. Pelo contrário, o *sucesso* do regime em transformar o absolutismo numa moderna monarquia semiautoritária foi o que levou ao desastre geopolítico. A ordem na corte e no Reichstag foi conquistada adicionando cristalizações ao Estado, permitindo que a maioria das facções incorporadas de maneira segmentada mantivessem seus entendimentos sobre os inimigos da Alemanha. Isso é semelhante à teoria de Snyder (1991: 66-67) do *toma lá dá cá* entre *elites cartelizadas*: elites com poderes e interesses altamente concentrados na expansão imperial, no protecionismo econômico e na prontidão militar concordavam em trocar entre si votos favoráveis, gerando um resultado ainda mais agressivo do que aquele pretendido inicialmente por qualquer uma delas. Como consequência, a Alemanha foi colocada no *caminho de todos*, como perceberam Bülow e Bethmann. Para evitar isso, teria sido preciso escolher entre os junkers, a monarquia, o exército, a marinha, os capitalistas industriais e os estatistas nacionalistas. Bülow caiu quando atacou as isenções fiscais dos junkers. Bethmann foi massacrado e enfraquecido pelos nacionalistas estatistas quando favoreceu a conciliação diplomática.

O regime prosseguiu seu movimento casual e irrefletido em direção ao militarismo. Os proprietários rurais voltaram *ao jogo* e, a partir de 1912, o exército foi ampliado mais do que a marinha. Em 1914, apenas os liberais e socialistas tinham perdido. Escolha alguma foi feita entre *Mitteleuropa* e *Weltpolitik* com base em méritos realistas. As facções do regime continuaram fazendo intrigas; os inimigos estrangeiros não foram suprimidos. O regime permaneceu capitalista *e* monarquista *e* militarista – *e* se tornou também nacionalista – sem definir prioridades entre essas cristalizações. Nenhum teste definitivo foi apresentado que, enfim, definisse o que o regime defendia. De fato, a popularidade do regime entre as diversas facções dentro e fora dele dependia justamente de evitar esse teste. Ele era popular, porém sua popularidade ameaçava a paz e, por conseguinte, sua própria sobrevivência. O poder das consequências involuntárias da ação nunca foi tão desastrosamente triunfante: o próprio sucesso interno da estratégia de incorporação semiautoritária comprovava sua húbris geopolítica.

Como se isso não bastasse, houve também uma pequena contribuição geopolítica para a queda da Alemanha. Foi um azar colossal para o país, em decorrência da própria posição geográfica, que seu militarismo produzisse uma guerra *mundial*. O inimigo dos seus proprietários rurais se tornou seu vizinho a leste e seu maior rival terrestre, a Rússia; o inimigo da sua indústria pesada (de construção de navios de guerra) tornou-se, a oeste, a Grã-Bretanha, que era a maior potência naval; e o aliado mais óbvio para contrabalancear ambos os rivais era, a sudoeste, a França, ainda formidável e descontente. Mais uma vez, uma potência europeia localizada no centro do continente caiu na armadilha de investir em dois flancos ao mesmo tempo – e seguiu o caminho das outras potências mencionadas no capítulo 8. Sua posição territorial na *Mitteleuropa* reforçou a húbris alemã, demasiadamente.

Conclusão

Um evento particular tem causas específicas. Retire a sorte de Gavrilo Princip (o plano de assassinato havia falhado; Princip foi para um café quando, então, a carruagem aberta do arquiduque passou inesperadamente por ele), a precipitação de alguns sérvios e austríacos, ou os equívocos de uns poucos diplomatas e generais, e a Grande Guerra poderia não ter ocorrido quando ocorreu ou mesmo em absoluto. Ao dissecar causas mais gerais e estruturais, busco apenas reconstituir o clima geral que fez da guerra um resultado possível e até mesmo provável. Acidentes podem acontecer, mas podem se dar de maneira mais ou menos provável. O que talvez pareça um evento aleatório aqui e agora, especialmente para os participantes, pode ter um padrão geral de longo prazo *sub specie eternae*. Este livro não oferece a eternidade. Tampouco os 156 anos percorridos por ele são suficientes para testar exaustivamente essa possibilidade, mas já é um começo. Este capítulo dá continuidade ao início.

Podemos ver claramente que a explicação não pode se concentrar exclusivamente ou de maneira predominante na *Innenpolitik* ou na *Aussenpolitik*. A tomada de decisões foi determinada no entrelaçamento entre a política interna e externa, dentro e através dos estados-nações. A consolidação interna do Estado-nação produziu nacionalismos políticos conflitantes; o desenvolvimento do capitalismo acirrou a luta entre classes extensivas e politizadas; enquanto estadistas e militares representavam isso tudo em meio à intensificação da geopolítica das potências. Nenhuma dessas coisas se desenvolveu num vácuo, isoladas umas das outras; cada uma afetou todas as demais de formas inesperadas. Ninguém controlava a totalidade ou era capaz de prever as reações das outras nações, das classes, dos estadistas e dos militares.

Tanto as escolas da *Innenpolitik* quanto da *Aussenpolitik* consideram, erroneamente, as sociedades e os estados como sistemas unitários e homogêneos. Pelo prisma da *Innenpolitik*, as classes e outros atores do poder interno racionalmente planejam e firmam compromissos em prol dos seus interesses através de estratégias como o imperialismo econômico ou social. Pelo prisma da *Aussenpolitik*, os estadistas calculam racionalmente os interesses geopolíticos. Ambas as escolas admitem que os atores cometem erros e os realistas procuram incorporar os erros nas suas explicações mais pontuais. Contudo, a escala desses erros de cálculo foi realmente estupenda. De fato, os atores tentavam agir racionalmente, calculando seus interesses nacionais, de classe e geopolíticos e buscando os meios menos dispendiosos para atingi-los. Porém, nenhum deles foi bem-sucedido. Essa foi a característica mais sistemática que se pôde perceber em agosto de 1914. A frustração dos cálculos racionais foi resultado de consequências involuntárias da interação entre redes de poder sobrepostas e que se cruzavam. Os atores perseguiram e estavam à deriva em meio a estratégias cujas interações eram imprevisíveis e, eventualmente, devastadoras.

Essa *bagunça padronizada* foi agravada por uma contradição institucional no coração do Estado moderno. Por um lado, a diplomacia dos estadistas modernos e o profissionalismo dos militares eram sistemáticos nas suas consequências, uma vez que eles comandaram as infraestruturas massivas de poder descritas nos capítulos 11-14. Os regimes e as potências foram derrubados, as economias devastadas, milhões foram mortos ou mutilados – por causa das decisões tomadas por eles de arriscar uma guerra. As *boas razões* invocadas pelos teóricos da *Innenpolitik* e da *Aussenpolitik* ainda *podem* parecer apropriadas para esse nível de risco e perigo. No entanto, nem os estadistas e nem os militares – assim como as classes ou as nações – eram capazes de agir com base nessas *boas razões*. Pois, por outro lado, as estruturas pelas quais os estados *soberanos* tomavam *suas* decisões estavam desordenadas de quatro maneiras distintas. O Estado moderno era unitário em suas consequências, mas polimórfico e sectário na sua estrutura.

1) *Monarquias* – Aqui, a intriga tecia padrões intrincados tanto na rotina quanto na elaboração de políticas de crise, enquanto os militares podiam agir de forma autônoma durante as crises. Os monarcas e seus conselheiros institucionalizaram as estratégias segmentares de *dividir e governar*, evitando deliberadamente situar em qualquer corpo em particular a responsabilidade final pela política. Eles fomentavam a intriga, esperando centralizá-la em torno de si. Quando surgiram os capitalistas industriais, os parlamentares burgueses e os políticos nacionalistas, eles foram incorporados às intrigas do *dividir e governar*. Em três grandes potências desproporcionalmente responsáveis pela guerra – Alemanha, Rússia e Áustria-Hungria – as facções que existiam entre nobres, generais, capitalistas, lideranças partidárias e os partidos nacionalistas (que não existiam na Rússia) chegaram ao topo do Estado, à pessoa do monarca, empurrando-o dessa maneira às vezes para a cautela e a pusilanimidade, eventualmente para a ação precipitada.

2) *Democracias partidárias* – Neste caso, é pertinente diferenciar a tomada de decisão rotineira daquela que se dá em momento de crise. A tomada de decisão durante a crise estava concentrada nos parlamentos e gabinetes, nos quais as responsabilidades definitivas eram distribuídas de forma bastante clara. Contudo, a tomada rotineira de decisões diplomáticas por parte do Antigo Regime e de notáveis estadistas republicanos era ainda mais privativa, insulada e autônoma do que nos regimes monárquicos, estando as classes e os partidos essencialmente enjaulados por organizações nacionais ou locais-regionais. Esse insulamento trazia duas grandes limitações: os estadistas não podiam alocar recursos arbitrariamente para objetivos de política externa, nem ameaçar a guerra. O significado disso é que eles tinham pouco poder de dissuasão, tendo que atuar de forma dissimulada ou esperar até serem atacados para, aí então, comportarem-se de maneira agressiva. A divisão na democracia partidária se dava entre o semiautônomo Antigo Regime, e o Parlamento e o gabinete modernos. O sectarismo era refletido em mudanças bruscas de política externa durante situações de crise, agravadas ligeiramente pela luta entre as formas liberal e imperial de nacionalismo político.

3) *Todos os estados* se moveram na direção de uma forma mais agressiva e territorial de diplomacia. Os estadistas acreditavam que as mudanças nas gran-

des potências tornavam o mundo mais perigoso. Os militares desenvolveram táticas agressivas e certo desprezo pela diplomacia, e impuseram às massas de soldados e marinheiros uma disciplina segmentar efetiva. Mas a ampliação da cidadania e da infraestrutura estatal transformou os estados em estados-nações, enfraquecendo o caráter insular dos regimes. A vida social fez da nação algo natural, gerando forte apegos emocionais. Dentro de tais nações surgiu um nacionalismo mais agressivo, embora limitado em larga medida aos administradores do Estado e às instituições educacionais, difundindo-se superficialmente entre a classe média e as comunidades religiosas e linguísticas dominantes. As definições nacionais de comunidade prosperaram; as definições locais, regionais e transnacionais perderam força. As definições territoriais de interesse econômico, que se alternavam entre o protecionismo pacífico, o mercantilismo e o imperialismo econômico, entrelaçaram-se com uma *geopolitik* supostamente realista do regime e concepções mais populares de identidade e honra nacional.

4) *Todas as políticas* demonstraram incompetência diplomática e volatilidade. Os militares recuaram para uma competência tecnocrática profissional. Os estadistas, apenas semi-insulados naquele momento, demonstraram uma notável incoerência. Algumas organizações *transnacionais* apoiaram uma diplomacia pacífica; uns poucos grupos *nacionalistas* de pressão favoreceram uma geopolítica agressiva, oriunda diretamente do imperialismo econômico, especialmente nas colônias. Mas a maioria das classes e demais atores do poder acabaram enjaulados em organizações e políticas *nacionais*, indiferentes à rotina dos assuntos estrangeiros, porém ansiosos em situações de crise. Sua política externa era determinada sobretudo pela política interna, sendo rasa e retórica. A classe operária, a maior parte da classe camponesa e capitalista, assim como uma parcela da classe média nas democracias partidárias opunham-se ao militarismo por razões internas e mantinham uma retórica transnacional e pacífica. Outras classes populares, especialmente entre as comunidades religiosas e linguísticas predominantes, podiam ser incentivadas na direção do nacionalismo raso, volátil, porém agressivo. No entanto, apesar dos seus pontos de vista serem capazes de constranger de forma errática os estadistas, não bastavam para dar início a uma política externa.

O sectarismo polimórfico foi mais longe na Alemanha e na Áustria-Hungria. Essas duas potências foram indissociavelmente apanhadas, por um lado, pelos monarcas, estadistas e militares do Antigo Regime e, por outro, pelas classes e nações da sociedade moderna. Elas levaram ao extremo a cristalização polimórfica dos estados modernos. A agressão por parte dessas duas potências (e também dos sérvios) foi responsável diretamente pela eclosão da guerra. Não posso aceitar a tentativa alemã de transferir a culpa da guerra para o cerco à Alemanha e para a hegemonia britânica, pois o país provavelmente se beneficiava mais dessa situação do que indo à guerra. A agressão alemã não foi uma atitude pensada ou *realista*. Trata-se de algo que nasceu do regime monárquico – mais casta militar – mais classe – mais nação *confusão e erro*. A Áustria-Hungria somou a isso sua própria *confusão e erro*: uma dinastia desesperada e generais em oposição a nacionalistas regionais. A corte russa acrescentou sua *confusão e erro* militarista para escalonar a mobilização. As democracias partidárias, sua *confusão e erro*: o errático meio-insulamento dos estadistas, limitado pela incapacidade deles em alertar os demais cidadãos sobre o perigo da guerra. Os regimes compartilharam, em graus variados, a contradição subjacente ao Estado moderno: os poderes estatais se tornaram gigantescos nos seus efeitos, polimórficos e sectários em seus processos. Mas os estados apenas refletiam a sociedade moderna, munidos de enormes poderes coletivos e com suas redes distributivas de poder entrelaçando-se de maneira não dialética. A Grande Guerra exemplifica, horrivelmente, a estrutura do Estado e das sociedades modernas, como me propus a analisar e teorizar sobre eles.

Até hoje, pouco mudou ao ponto de ficarmos totalmente confortáveis. Será que aprendemos com a Grande Guerra sobre como evitar uma guerra ainda maior? Ou vamos tropeçar e repetir a visão trágica e o destino deste jovem poeta nas trincheiras?

> À Alemanha
> Você está cega como nós. Ninguém planejou sua dor.
> E nenhum homem reclamou a conquista de sua terra.
> Tateamos pelos campos e por nossos pensamentos confinados
> Nós tropeçamos e não entendemos
> Você apenas viu seu futuro grandiosamente planejado,
> E nós, as trilhas estreitadas de nossa própria mente,
> Nos colocamos um no caminho do outro,
> E apitos e ódio. O cego luta contra o cego
> (Charles Hamilton Sorley; 1895, Aberdeenshire, Escócia; 1915, Battle of Loos, Flandres).

Referências

ALBERTINI, L. (1952; 1953; 1957). *The Origins of the War of 1914*. 3 vol. Oxford: Oxford University Press.

BECKER, J.-J. (1977). *1914: Comment les français sont entrés dans la guerre*. Paris: PUF.

BERGHAHN, V.R. (1973). *Germany and the Approach of War in 1914*. Londres: St. Martin's Press.

BOSWORTH, R. (1983). *Italy and the Approach of War*. Londres: Macmillan.

CAMPBELL, C. (1949). American interests and the open door. In: J.R. Hollingsworth. *American Expansion in the Late Nineteenth Century*. Malabar, Fl.: Krieger.

CECIL, L. (1976). *The German Diplomatic Service, 1871-1914.* Princeton, NJ: Princeton University Press.

CRAIG, G. (1955). *The Politics of the Prussian Army, 1640-1945.* Oxford: Clarendon Press.

DEIST, W. (1982). Kaiser Wilhelm II in the context of his military and naval entourage. In: J. Rohl & N. Sombart (orgs.). *Kaiser Wilhelm II*: New Interpretations. Cambridge: Cambridge University Press.

DOYLE, M. (1983). Kant, liberal legacies and foreign affairs. Parts 1 and 2. *Philosophy and Public Affairs*, 12.

DUBOVSKY, M. (1969). *We Shall Be All.* Chicago: Quadrangle Books.

ELDRIDGE, G.C. (1973). *England's Mission.* Londres: Macmillan.

ELEY, G. (1985). The view from the throne: the personal rule of Kaiser Wilhelm II. *Historical Journal*, 28.

_____ (1980). *Reshaping the German Right.* New Haven, Conn.: Yale University Press.

FIELDHOUSE, D.K. (1973). *Economics and Empire, 1830-1914.* Londres: Weidenfeld & Nicolson.

FISCHER, F. (1975). *War of Illusions*: German Policies from 1911 to 1914. Londres: Chatto & Windus.

_____ (1967). *Germany's Aims in the First World War.* Londres: Chatto & Windus.

GEISS, I. (1984). Origins of the First World War. In: H.W. Koch (org.). *Origins of the First World War.* Londres: Macmillan.

_____ (1976). *German Foreign Policy, 1871-1914.* Londres: Routledge & Kegan Paul.

GORDON, M.R. (1974). Domestic conflict and the origins of the First World War: the British and German cases. *Journal of Modern History*, 46.

GOUREVITCH, P. (1986). *Politics and Hard Times.* Ithaca, NY: Cornell University Press.

HERWIG, H. (1973). *The German Naval Officer Corps.* Oxford: Clarendon Press.

HILDERBRAND, R.C. (1981). *Power and the People*: Executive Management of Public Opinion in Foreign Affairs, 1897-1921. Chapel Hill: University of North Carolina Press.

HOBSON, J.A. (1902). *Imperialism*: A Study. Londres: Nislet.

HOWARD, M. (1970). Reflections on the First World War. In: *Studies in War and Peace.* Londres: Temple Smith.

HULL, I.V. (1982). *The Entourage of Kaiser Wilhelm II, 1888-1918*. Cambridge: Cambridge University Press.

JARAUSCH, K.H. (1973). *The Enigmatic Chancellor*: Bethmann Hollweg and the Hubris of Imperial Germany. New Haven, Conn.: Yale University Press.

_____ (1969). The illusion of limited war: Chancellor Bethmann Hollweg's calculated risk, July 1914. *Central European History*, 2.

JOLL, J. (1984a). *The Origins of the First World War*. Londres: Longman Group.

_____ (1984b). The 1914 debate continues: Fritz Fischer and his critics. In: H.W. Koch (org.). *Origins of the First World War*. Londres: Macmillan.

_____ (1984c). 1914: the unspoken assumptions. In: H.W. Koch (org.). *Origins of the First World War*. Londres: Macmillan.

KAISER, D.E. (1983). Germany and the origins of the First World War. *Journal of Modern History*, 55.

KEHR, E. (1977). *Economic Interest, Militarism and Foreign Policy*. Berkeley: University of California Press.

_____ (1975). *Battleship Building and Party Politics in Germany*. Chicago: University of Chicago Press.

KEIGER, J. (1983). *France and the Origins of the First World War*. Londres: Macmillan.

KENNAN, G.F. (1984). *The Fateful Alliance*: France, Russia and the Coming of the First World War. Manchester: Manchester University Press.

_____ (1977). *A Cloud of Danger*. Boston: Little, Brown.

KENNEDY, P. (1985). *The Realities Behind Diplomacy*. Londres: Fontana.

_____ (1982). The kaiser and German Weltpolitik. In: J. Rohl & N. Sombart (orgs.). *Kaiser Wilhelm II: New Interpretations*. Cambridge: Cambridge University Press.

_____ (1980). *The Rise of the Anglo-German Antagonism, 1860-1914*. Londres: Allen & Unwin.

KITCHEN, M. (1968). *The German Officer Corps, 1890-1914*. Oxford: Clarendon Press.

KOCH, H.W. (1984). Social Darwinism as a factor in the new imperialism. In: *Origins of the First World War*. Londres: Macmillan.

LAFORE, L. (1965). *The Long Fuse*: An Interpretation of the Origins of World War I. Londres: Weidenfeld & Nicolson.

LIEVEN, D.C.B. (1983). *Russia and the Origins of the First World War*. Londres: Macmillan.

MacKINDER, H. (1904). The geographical pivot of history. *Geographical Journal*, 23 [reimpr., Londres: Royal Geographical Society, 1951].

MAHAN, A.T. (1918). *The Influence of Sea Power upon History 1660-1783*. Boston: Little, Brown.

MANN, M. (1988). The decline of Great Britain. In: *States, War and Capitalism*. Oxford: Blackwell.

MANSERGH, N. (1949). *The Coming of the First World War*. Londres: Longman Group.

MAYER, A.J. (1981). *The Persistence of the Old Regime*. Londres: Croom Helm.

_____ (1968). Domestic causes of the First World War. In: L. Krieger & F. Stern (orgs.). *The Responsibility of Power*: Historical Essays in Honor of Hajo Holborn. Londres: Macmillan.

MOMMSEN, W.J. (1990). The varieties of the nation state in modern history: liberal, imperialist, fascist and contemporary notions of nation and nationality. In: M. Mann (org.). *The Rise and Decline of the Nation State*. Oxford: Blackwell.

_____ (1980). *Theories of Imperialism*. Londres: Weidenfeld & Nicolson.

_____ (1974). *The Age of Bureaucracy*: Perspectives on the Political Sociology of Max Weber. Oxford: Blackwell.

MORGAN, D.W. (1975). *The Socialist Left and the German Revolution*. Ithaca, NY: Cornell University Press.

MORGENTHAU, H. (1978). *Politics Among Nations*. Nova York: Knopf.

OLLE, W. & SCHOELLER, W. (1977). World market competition and restrictions upon international trade union policies. *Capital and Class*, 1.

PALMER, A. (1983). *The Chancelleries of Europe*. Londres: Allen & Unwin.

PARKER, G. (1985). *Western Geopolitical Thought in the Twentieth Century*. Londres: Croom Helm.

PLATT, D.C. (1979). Economic factors in British policy during the new imperialism. In: C. Emsley (org.). *Conflict and Stability in Europe*. Londres: Croom Helm.

POGGE VON STRANDMANN, H. (1969). Domestic origins of Germany's colonial expansion under Bismarck. *Past and Present*, 45.

PRICE, R. (1972). *An Imperial War and the British Working Class*. Londres: Routledge & Kegan Paul.

REMAK, J. (1967). *The Origins of World War I: 1871-1914*. Nova York: Holt, Rinehart & Winston.

ROBINSON, R. & GALLAGHER, J. (1961). *Africa and the Victorians*: The Official Mind of Imperialism. Londres: Macmillan.

ROHL, J. (1982). Introduction. In: J. Rohl & N. Sombart (orgs.). *Kaiser Wilhelm II*: New Interpretations. Cambridge: Cambridge University Press.

_____ (1973). Introduction. In: J. Rohl (org.). *1914: Delusion or Design?* – The Testimony of Two German Diplomats. Londres: Elek.

ROHL, J. & SOMBART, N. (orgs.) (1982). *Kaiser Wilhelm II*: New Interpretations. Cambridge: Cambridge University Press.

ROSECRANCE, R. (1986). *The Rise of the Trading State*: Commerce and Conquest in the Modern World. Nova York: Basic Books.

ROTHENBERG, G. (1976). *The Army of Francis Joseph*. West Lafayette, Ind.: Purdue University Press.

SCHMITT, B.E. (1966). *The Coming of the War 1914*. 2 vol. Nova York: Fertig.

SNYDER, J. (1991). *Myths of Empire*: Domestic Politics and International Ambition. Ithaca, NY: Cornell University Press.

STEINER, Z.S. (1977). *Britain and the Origins of the First World War*. Londres: Macmillan.

_____ (1969). *The Foreign Office and Foreign Policy, 1898-1914*. Cambridge: Cambridge University Press.

STERN, F. (1968). Bethmann Hollweg and the war: the limits of responsibility. In: L. Krieger & F. Stern (orgs.). *The Responsibility of Power*: Historical Essays in Honor of Hajo Halborn. Londres: Macmillan.

STONE, N. (1983). *Europe Transformed, 1878-1919*. Londres: Fontana.

_____ (1975). *The Eastern Front, 1914-1917*. Nova York: Scribner's.

TAYLOR, A.J.P. (1954). *The Struggle for Mastery in Europe, 1848-1918*. Oxford: Clarendon Press.

TODD, E. (1979). *Le fou et le proletaire*. Paris: Laffont.

TURNER, L.C.F. (1970). *Origins of the First World War*. Londres: Arnold.

_____ (1968). The Russian mobilization in 1914. *Journal of Contemporary History*, 3.

_____ (1967). The significance of the Schlieffen plan. *American Journal of Politics and History*, 4.

WEBER, E. (1968). *The Nationalist Revival in France, 1905-1914*. Berkeley: University of California Press.

WEHLER, H.-U. (1985). *The German Empire 1871-1918*. Leamington Spa: Berg.

_____ (1981). Bismarck's imperialism, 1862-1890. In: J.J. Sheehan (org.). *Imperial Germany*. Nova York: Franklin Watts.

_____ (1979). Introduction to Imperialism. In: C. Emsley (org.). *Conflict and Stability in Europe*. Londres: Croom Helm.

WELCH, R. (1979). *Response to Imperialism*: The United States and the Philippine-American War. Chapel Hill: University of North Carolina Press.

WILLIAMSON JR., S.R. (1988). The origins of World War I. *Journal of Interdisciplinary History*, 18.

_____ (1969). *The Politics of Grand Strategy*: Britain and France Prepare for War, 1904-1914. Cambridge, Mass.: Harvard University Press.

WILSON, K. (1985). *The Policy of the Entente*. Cambridge: Cambridge University Press.

Apêndice
Tabelas adicionais sobre as finanças do Estado e o emprego estatal

Tabela A.1 Emprego estatal: Áustria (Áustria-Hungria, 1760-1860 e Áustria, 1830-1910)

	População (milhões)		Pessoal civil					Pessoal militar			
Ano	Áustria	Áustria-Hungria	Total Estado central (milhares)	%	Total todos os níveis (milhares)	%		Áustria (milhares)	%	Áustria-Hungria (milhares)	%
1760		15,00	10A-H	0,06	26	0,17				250	1,66
1770		17,00	11A-H	0,05						200	1,17
1780		22,00								310	1,41
1790		23,00								350	1,52
1800		24,00								325	1,35
1810		25,00			31	0,12				594	2,38
1820		27,00									
1830	15,83	29,63	55A	0,35	111A-H	0,37		242	1,53	410	1,38
1840	16,86	30,50	62A	0,37	126A-H	0,41		280	1,66	475	1,56
1850	17,82	31,10	72A	0,40	140A-H	0,45		318	1,79	485	1,56
1860	19,13	33,50	190A-H	0,57				308	1,61	535	1,60
1870	20,60	35,90	102A	0,50				177	0,86		
1880	22,14	39,04	118A	0,53				162	0,73		
1890	23,90	42,69	254A	1,06	697A	2,92		188	0,79		
1900	26,15	46,81	297A	1,14	864A	3,30		230	0,88		
1910	28,57	51,39	334A	1,17	899A	3,15		247	0,86		

Notas:

1) Todos os números antes de 1830 se referem ao Império Austríaco (austro-húngaro) total, enquanto que todos os seguintes a 1860 se referem ao *Reichshalf* austríaco (às vezes chamado de Cisleitânia), excluindo-se a Hungria (para os quais números comparáveis não estão geralmente disponíveis).

2) Até 1880, os números de pessoal geralmente vêm de fontes internas administrativas, depois eles vêm de censos nacionais. Assim, o grande salto de servos civis em 1890 deve ser tratado com precaução.

3) Cf. as referências no capítulo 11.

Fontes

• População:

- Áustria-Hungria, 1760-1790: Dickson, 1987, volume I: 36; 1790-1910. *Beitrage zur Osterreichischischen Statistik*, 550, 1979, volume I: 13-14 – números disponíveis para 1786, 1828, 1857, 1869, e 1880-1910 (esses também incluem Bósnia e Herzegovina); eu projetei as estimativas para as décadas que faltam.

- Áustria, 1830-1910: Bolognese-Leuchtenmuller, 1979, volume II: 1.

• Civil, 1760-1810 (na realidade, 1806): Dickson, 1987, volume I: 306-310. Central, 1830-1850 (na realidade, 1828, 1838 e 1848): *K.K. Statistiche Monatschrift*, 1890: 532-534. Todos os níveis, 1830 (na realidade, 1828): Macartney, 1969: 263. Todos os níveis, 1840: projeção entre totais similares dados por Tegeborski (1843: 360) para 1839 e por Macartney (1969: 263) para 1842. Todos os níveis, 1850: *K.K. Statistiche Jahrbuch*, 1863: 104-105 – total de 52 mil *Beamten* (funcionários públicos estáveis), supostamente composto por 26% de todos os funcionários (como *Beamten* fez em 1845 e 1848). Todos os níveis, 1870-1880: *K.K. Statistiche Jahrbuch*, 1873: 22; 1881: 54 – inclui funcionários estatais mais 67% dos trabalhadores da justiça e da saúde (classificados em censos seguintes como do setor público). 1890-1910: *Osterreichisches Statistisches Handbuch*, 1890, 1900, 1910, 1914: *K.K. Statistiche Monatschrift*, 1904: 696 – note, contudo, que Bolognese-Leuchtenmuller (1978, volume II, tabela 60), reproduz os números do censo de 1910, mas diminui sem explicação os de 1890 e 1900 para 495 mil e 617 mil.

• Militar, 1760-1790: Dickson, 1987, volume II: 343-355. 1800: Rothenberg, 1978 – exército de campo mais guarnições e outras reservas, sedentárias mas mobilizadas. 1810: Rothenberg, 1982: 126 – o *plano de mobilização realista de 1809*. 1830-1910: Bolognese-Leuchtenmuller, 1979, volume I: 57-60, volume II: 5 – pessoal ativo do exército e da marinha. 1850 e 1860 (na realidade, 1857) são para a Áustria-Hungria, mas excluem a Lombardia-Veneza. Os anos seguintes são somente o *Reichshalf* austríaco.

Tabela A.2 Emprego estatal: Grã-Bretanha 1760-1910

Ano	População total (milhões)	Pessoal civil Estado central Total (milhares)	%	Todos os níveis Total (milhares)	%	Pessoal militar Total	%
1760	6,10	16	0,26			144	2,36
1770	6,41					37	0,58
1780	6,99					193	2,76
1790	7,65					74	0,97
1800	8,61	16	0,18			422	4,91
1810	9,76	23	0,24			517	5,30
1820	11,30	24	0,22			115	1,02
1830	13,11	23	0,17			132	1,01
1840	14,79			43	0,29	163	1,10
1850	16,52	40	0,24	67	0,41	197	1,20
1860	18,68			76	0,41	325	1,74
1870	21,24			113	0,53	242	1,14
1880	25,71			118	0,46	246	0,96
1890	28,76	90	0,32	285	0,99	276	0,96
1900	32,25	130	0,40	535	1,66	486	1,51
1910	35,79	229	0,64	931	2,60	372	1,04

Notas:

1) O número militar para 1840 inclui as milícias e polícias incorporadas, mas não o corpo de voluntários. O de 1850 inclui milícias incorporadas, polícia e pensionistas inscritos (o último no valor de 16.720).

2. Cf. as referências no capítulo 11.

Fontes:

• População: Wrigley e Schofield, 1981.

• Civil – Central: 1800-1830, calculado de números da Câmara dos Comuns: British Sessional Papers, Establishments of Public Escritórios, 1797, 1810, 1819 e 1827. 1840-1880: Mitchell e Deane, 1962. 1890-1910: Flora, 1983, volume I, 242. Todos os níveis, 1840-1880: Mitchell e Deane, 1980. 1890-1910: Abramovitz e Eliasberg, 1957: 25. Anos são, na realidade, 1891, 1901, 1911.

• Militar: 1760-1790 e 1810-1860, calculado da Câmara dos Comuns: British Sessional Papers: 1760-1770 em 1816, 12: 399, e 1860, 42: 547-549. 1780 (na realidade, 1781) em 1813-1814, 11: 306-307, e 1860, 42: 547-549. 1790 (na realidade, 1792) e 1810-1830 em 1844, 42: 169, e 1860, 42: 547-549. 1840-1850 em 1852, 30: 1-3. 1860-1910 em Flora, 1983, volume I: 247-50. 1800 combina números do exército em Fortescue (1915, volume 4, parte 2: 939) e números da marinha calculados a partir de British Sessional Papers, 1860, 42: 547-549.

Tabela A.3 Emprego público: França, 1760-1910

Ano	População total (milhões)	Pessoal civil Estado central Total (milhares)	%	Todos os níveis Total (milhares)	%	Pessoal militar Total (milhares)	%
1760	25,7					460	1,78
1770	26,6					220	0,82
1780	27,00			350	1,29	240	0,89
1790	27,19			275	1,01	230	0,85
1800	27,35			250	0,91	800	2,93
1810	27,35					1.000	3,66
1820	30,46						
1830	32,57					400	1,23
1840	34,23	90	0,26			350	1,02
1850	35,78	146	0,41	300	0,84	390	1,09
1860	37,39					460	1,23
1870	36,10	220	0,60	374	1,03	600	1,66
1880	37,67	331	0,87	483	1,28	540	1,44
1890	38,34	348	0,91	472	1,23	600	1,55
1900	38,96	430	1,10	583	1,50	620	1,59
1910	39,61	556	1,40	562	1,42	650	1,65

Notas:
1) Os recrutas militares da própria França totalizaram cerca de 350 mil em 1800 e 450 mil em 1812.
2) Cf. as referências no capítulo 11.

Fontes:
- População, 1760-1780: Riley, 1986: 5. 1790-1910: Dupeux 1976: 37.
- Civil: Todos os níveis, 1780: estimativa derivada de Necker 1784 (cf. texto); 1790 e 1800: estimativas (na realidade, 1794 e 1798) da Igreja, 1981; 1850 (na realidade, 1846): lista de oficiais do governo em Block, 1875: 117-119; 1870-1910: Flora, 1983, volume I: 211. Central, 1850 (na realidade, 1846): números de Vivien, 1859: 172-178, melhorado por Julien-Lafferriere, 1970 e excluindo os oficiais militares; 1870-1900: *Recensement général* e *Résultats Statistiques du Dénombrement*, para os anos de 1866, 1876, 1891 e 1901; 1910: *Annuaire statistique de la France*, 1913: 264. O ano é, na realidade, 1913.
- Militar: Exército, 1760: Kennett, 1967: 77-78; 1770-1790: Lynn, 1984: 44, Scott, 1978: 5; 1800, 1810 (na realidade, 1812): Addington, 1984: 26, Rothenberg, 1978: 43, 51-45, Chandler, 1966; 1830-1870: Block, 1875, volume I, 566 (excluindo tropas posicionadas na Argélia). Marinha, 1780: Dull, 1975: 144; 1790: Hampson, 1959: 209; 1810: Masson, 1968: 257; 1870: Block, 1875, volume I: 583. Todos os outros anos anteriores a 1860 incluem estimativas extrapoladas para o pessoal da marinha. Exército e marinha, 1880-1910: *Annuaire statistique de la France*, 1913: "Résumé rétrospective", 132.

Tabela A.4 Emprego estatal: Prússia-Alemanha, 1760-1910

Ano	População total (milhões) Prússia	Pessoal civil Estado central Alemanha	Total Prússia (milhares)	%	Todos os níveis Total Prússia (milhares)	%	Total Alemanha (milhares)	%	Pessoal militar Total (milhares)	%
1760	3,62								150	4,14
1770	4,10									
1780	5,00								188	3,76
1790	5,70								195	3,42
1800	6,16		23	0,37					230	3,73
1810	7,00								272	3,88
1820	11,27								150	1,33
1830	13,00								150	1,15
1840	14,93		16+	0,11+					157	1,05
1850	16,61		32+	0,20+	55+	0,33+			173	1,04
1860	18,27				86	0,47			149	0,82
1870	24,57	41,01	135	0,55	283	1,15			400	0,98
1880	27,19	45,23			413	1,51	704	1,56	434	1,07
1890	29,84	49,43			535	1,80	900	1,70	529	1,12
1900	34,27	56,37							629	1,05
1910	39,92	64,93			c. 1.000	3,92	1.700	2,35	680	1,05

Notas:

1) Os números do pessoal militar pré-1870 são prussianos; depois disso, são alemães.
2) Cf. as referências no capítulo 11.

Fontes:

• População: Prússia – 1760-1810, Turner, 1980; 1820-70, Kraus, 1980: 226; 1870-1910, *Statistische Jahrbuch für den Preussischen Staat 1912*. Alemanha: 1870-1900, Hohorst et al., 1975: 22; o número de 1870 é na realidade 1871.

• Civil, Prússia, 1800: estimativa fornecida, com reserva, por um alto funcionário prussiano a Finer, 1949: 710 (como a sua estimativa de 1850 era muito baixa, a sua reserva pode ser justificada); 1840: Bülow-Cummerow, 1842: 225, número de *Beamten* para 1839; 1850: *Tabellen und amtlichen Nachrichten den Preussischen Staat für das Jahr, 1849*, número de *Beamten* para 1849 – assim, os números de 1840 e 1850 subestimam o emprego público total em talvez 20%-30%; 1860 (na realidade, 1861): *Jahrburch für die Amliche Statistik*, 1863; 1870, 1880, 1890 (na verdade, 1869, 1882 e 1895): *Statistisches Handbuch für den Preussischen Staat*, 1869, 1898; 1910 (na realidade, 1907): Kunz, 1990. Alemanha, 1880-1910: *Statistisches Janrbuch für das Deutche Reich*, 1884: 19; 1889: 14; 1909: 33 (na realidade, 1882 e 1895); 1910 (na realidade, 1907): Kunz, 1990.

• Militar: Prússia, 1760-1860: Jany, 1967; os anos, na realidade, são: 1763, 1777, 1789, 1813, 1820, 1830, 1840, 1850, 1859. Os números de Jany de 1820-1840 não incluem oficiais não comissionados ou oficiais, e foram ajustados em 23% (sendo esta a proporção normal de ONCs e oficiais do Exército Prussiano no século XIX); o total prussiano de 1870 é de 315 mil (Jany mais 2.400, pessoal da marinha). Alemanha, 1870: Weitzel, 1967, tabela 8; número de 1872; 1880-1910: Hohorst et al., 1975: 171; número de 1890 (na realidade, 1891).

Tabela A.5 Emprego estatal: Estados Unidos, 1760-1910

Ano	População total (milhões)	Pessoal civil Estado central Total (milhares)	%	Todos os níveis Total (milhares)	%	Pessoal militar Total (milhares)	%
1760	1,59						
1770	2,15						
1780	2,78						
1790	3,93	0,7	0,02			0,7	0,02
1800	5,93	2,6	0,04			7	0,12
1810	7,24	3,8 (est.)	0,05 (est.)			12	0,16
1820	9,62	7	0,07			15	0,16
1830	12,90	11	0,09			12	0,09
1840	17,12	18	0,11			22	0,13
1850	23,26	26	0,11			21	0,09
1860	31,51	37	0,12			28	0,09
1870	39,91	51	0,13			50	0,13
1880	50,26	100	0,19			38	0,07
1890	63,06	157	0,25			39	0,06
1900	76,09	239	0,31	1,034	1,36	126	0,17
1910	92,41	389	0,42	1,552	1,68	139	0,15

Nota: Cf. as referências no capítulo 11.

Fontes:

• População: 1760-80: USA. Bureau of the Census, 1975: tabelas A.6-8.

• Civil: Central, 1790-1810: calculado a partir de números em USA, *American State Papers*, volume 38, *Miscellaneous*; 1790 (na realidade, 1792) em 1: 57-68; 1800 (na realidade, 1802) em 1: 260-308; 1810, extrapolado dos números de 1810 e 1816 em 2: 307-396; 1820-1910 em USA, 1975, tabela Y308-17. Todos os níveis, 1900-1910 em Fabricant, 1952: 29.

• Militar: USA, 1975, tabela Y 904-16. Os anos reais são 1789, 1801, 1821, 1831, 1841, 1851, 1861, 1871, 1891, 1901 e 1911.

Tabela A.6 Receita estatal: Áustria, 1760-1910 (fontes totais e principais como porcentagem do total)

Ano	Total (milhões de florins)	Impostos diretos	Impostos indiretos Geral	Impostos indiretos Sal, tabaco, monopólios	Propriedade estatal Selos, taxas	Propriedade estatal Lucros dos monopólios
1760	35,0	53	19	16	2	10
1770	39,5	48	17	16	9	10
1780	50,1	41	18	19	13	10
1790	85,6	27	36		NA	
1800	65,5	29	45		NA	
1810	25,0	30	42		NA	
1820	112,2	44	20	30	4	2+
1830	123,0	39	23	22	4	12
1840	193,3	25	23	26	4	25
1850	202,5	29	24	24	4	18
1860	355,1	27	17	25	9	26
1870	259,6	35	30		15	21
1880		32	31		20	17
1890		NA	NA		NA	NA
1900		28	30		17	25
1910	1.159,2	28	29		17	26

Notas:

1) Anos reais utilizados: 1763, 1770, 1778, 1821, 1830, 1841, 1850, 1859, 1868, 1883, 1898, 1913.

2) Cf. as referências no capítulo 11.

Fontes: 1760-1780: Dickson, 1987, volume II, 382-383; receita líquida ordinária em tempo de paz, *selos e taxas* é igual à categoria *outra* de Dickson. 1790-1810: Czoernig, 1861: 122; receitas totais para 1800 e 1810, recalculadas por Beer, 1871: 390-391, para permitir mudanças de moeda (isso reduz massivamente a receita total de 1810, provavelmente demais); a maior parte das receitas restantes para esses anos é classificada por Czoernig como *extraordinária*, provavelmente uma categoria mista. 1820-1860: Brandt, 1978, volume II: 1.072-1.073, 1.100; receitas ordinárias de 1820-1830; *lucros de monopólio* de indústrias faltando durante esses anos, supondo ser o resíduo após subtrair os impostos diretos, impostos indiretos, selos e taxas de receitas totais (isso é incrivelmente baixo em 1821; talvez tenha sido confundido na categoria *monopólio do sal*, excepcionalmente elevada). 1870-1910: Gratz, 1949: 229-230.

Tabela A.7 Receita estatal: Grã-Bretanha, 1760-1911 (fontes totais e principais como porcentagem do total)

Ano	Total (milhões de pounds)	Impostos Diretos	Propriedade estatal Indiretos	(selos e correios)
1760	9,2	26	69	4
1770	11,4	16	70	4
1780	12,5	20	71	5
1790	17,0	18	66	9
1800	31,6	27	52	12
1810	69,2	30	57	11
1820	58,1	14	68	16
1830	55,3	10	73	17
1840	51,8	8	73	19
1850	57,1	18	65	16
1860	70,1	18	64	16
1870	73,7	26	59	12
1880	73,3	25	61	16
1890	94,6	26	50	18
1900	129,9	31	47	22
1910	131,7	27	47	22
1911	(203,9)	(44)	(36)	(17)

Notas:
1) Números de 1800 são, na realidade, de 1802.
2. Cf. as referências no capítulo 11.
Fontes: Mitchell e Deane, 1980, tabelas das finanças públicas.

Tabela A.8 Receita estatal: França, 1760-1910 (fontes totais e principais como porcentagem do total)

Ano	Total (milhões de francos)	Impostos Diretos	Propriedade estatal Indiretos	
1760	259 *l.t.*	48	45	7
1770				
1780	377 *l.t.*	41	49	10
1790	472 *l.t.*	35	47	18
1800				
1810				
1820	933			
1830	978	40	22	38
1840	1.160	c. 30		
1850	1.297	c. 28		
1860	1.722	c. 23		
1870	1.626	26	31	44
1880	2.862	21	38	41
1890	3.221	18	36	42
1900	3.676	21	36	43
1910	4.271	22	33	45

Notas:
1) Receitas ordinárias excluindo todos os empréstimos.
2) Anos adjacentes utilizados: 1751, 1775, 1788, 1828.
3. Cf. as referências no capítulo 11.
Fontes: 1760-1790: Morineau, 1980: 314, classificando a contribuição do clero como imposto direto e *dons gratuit* como propriedade do Estado. Total em *livres tournois* (*l.t.*). 1830 (na realidade, 1828): Hansemann, 1834. 1844-1910: *Annuaire Statistique de la France*, 1913: 134-139. 1840: valor do imposto direto é igual à soma *quatres contributions direct* do governo central mais 5% para as taxas de ganhos de capital+.

Tabela A.9 Receita estatal: Prússia, 1820-1910 (fontes totais e principais como porcentagem do total)

Ano	Total (milhões de marcos)	Impostos Diretos	Impostos Indiretos	Propriedade estatal Ferrovias	Outras indústrias	Total
1820	96	36	33			30
1840	169	24	34			41
1850	183	22	32			46
1870	550 (651)	24 (20)	10 (24)	24 (20)	30 (25)	65 (55)
1880	805 (982)	21 (17)	8 (25)	30 (25)	22 (18)	71 (58)
1890	1.744 (2.140)	10 (8)	14 (30)	51 (42)	15 (12)	76 (62)
1900	2.607 (3.139)	8 (7)	13 (28)	54 (44)	16 (13)	79 (65)
1910	3.732 (4.630)	11 (9)	3 (22)	58 (47)	16 (13)	86 (69)

Notas:

1) Todos os números são relativos a receitas ordinárias, excluindo todos os empréstimos e excedentes.

2) Anos adjacentes utilizados: 1821, 1844, 1871.

3) Em 1870 e depois: os números se referem apenas à Prússia (não a todo o Reich alemão). Os números fora dos parêntesis derivam das contas de receitas do Estado prussiano. Os números entre parênteses acrescentam 60% das receitas do Reich (quase todas derivadas de impostos indiretos). A Prússia contribuiu com 60% da população do Reich, e a contribuição de receitas para o Reich provenientes de estados individuais foi estimada normalmente nas suas populações. Portanto, os números entre parênteses são provavelmente estimativas precisas de modo aproximado.

4) Cf. as referências no capítulo 11.

Fontes: 1820-1850: Leineweber, 1988: 315. Note que em 1850 as fontes de receitas prussianas eram aproximadamente médias entre os maiores estados alemães, embora os menores tendessem a depender mais das fontes tradicionais de propriedade estatal para as suas receitas (números em HEITZ, 1980: 406-408). 1870-1910: Prochnow, 1977: 5-7.

Tabela A.10 Receitas federais mais estatais: Estados Unidos, 1820-1900 (fontes totais e principais como porcentagem do total)

Ano	Total (milhões de dólares)	Impostos Diretos	Impostos Indiretos	Propriedade estatal
1820	25	10	62	26
1830	31	5	71	21
1840	33	18	42	37
1850	69	23	58	20
1860	100	26	54	18
1870	501	26	58	16
1880	446	15	67	17
1890	584	16	64	20
1900	837	16	58	26

Notas:

1) Método de cálculo: as receitas do Estado estão disponíveis para cerca de metade dos atuais estados em 1820, para cerca de três quartos até 1870, e para todos até 1900. As receitas *per capita* foram calculadas para esses estados, e as somas foram multiplicadas pelo total da população dos Estados Unidos para aquele ano. As estimativas totais do Estado foram então adicionadas a totais do governo federal.

2) Os bens estatais incluem as receitas postais. Os números nos Estados Unidos de 1975 não incluem as receitas postais, exceto quando os correios geraram um excedente, caso em que apenas o excedente está incluído.

3) Receitas de propriedade estatal provenientes dos correios em todos os períodos, tributos em canais em anos anteriores e concessões de terras em meados do século XIX.

4) Cf. as referências no capítulo 11.

Fonte: calculado de USA, 1975, tabela Y352-7; USA, 1947: 419-422; Holt, 1977: 99-324.

Tabela A.11 Receita federal: Estados Unidos, 1792-1910 (fontes totais e principais como porcentagem do total)

Ano	Total (milhões de dólares)	Impostos Diretos	Impostos Indiretos	Propriedade estatal
1792	4		98	2
1800	11		89	11
1810	10		87	13
1820	19		80	20
1830	27		82	18
1840	24		56	44
1850	49		81	19
1860	65		82	18
1870	430	17	68	15
1880	367	1	82	17
1890	464	0,2	80	20
1900	670	2	71	27
1910	900		69	31

Notas:

1) A propriedade estatal é, na sua maioria, de receitas postais. Os números nos Estados Unidos em 1975 são receitas postais líquidas, exceto quando os correios geraram um excedente, em cujo caso apenas o excedente está incluído. Inclui todas as receitas postais.

2) Cf. as referências no capítulo 11.

Fontes:

• População: USA, 1975, tabelas A.6-A.8.
• Receitas: calculadas a partir de USA, 1975, tabela Y352-7; USA, 1947: 419-422.

Tabela A.12 Receita estatal: Estados Unidos, 1792-1910 (fontes totais e principais como porcentagem do total)

		Principal fonte de receita				
		Taxação				
Ano	Receita total	Direta	Indireta	Comércio	Propriedade estatal	Outros
1820	5.930	25	7	17	43	8
1830	4.263	25	1	14	42	18
1840	9.085	24	4	40	19	13
1850	19.462	53	1,5	23	22	1
1860	35.643	62	1,6	13	18	6
1870	70.911	64	1	17	16	3
1880	79.125	63	0,1	19	18	1
1890	119.988	60	1	20	18	2
1900	167.407	52	4	23	20	2

Notas:

1) Os números para 1820-1900 estão agregados para a população total dos Estados Unidos com base nos dados estatais disponíveis (cf. tb. tabela A.10, nota 1).

2. Cf. as referências no capítulo 11.

Fonte: 1820-1900, calculado a partir de Holt, 1977: 99-324.

Índice remissivo

África 96, 295, 382, 805, 835
Agricultores; cf. Camponeses, agricultores
Agricultura 119, 128, 166, 168-169, 199, 299, 303, 331, 347, 412, 531-532, 551-553, 557, 568, 581, 597, 644-645, 654, 659, 661, 667, 678, 711, 719, 746-749, 780, 783
Alemanha 52, 55-56, 58-59, 81, 87, 94, 100, 108-109, 248, 265-266, 272, 273, 280, 291, 293-295, 315, 320, 322-325, 330-360, 367, 368, 370, 375, 381, 382, 384, 387-389, 397-403, 405-411, 413-414, 417-419, 428, 442-443, 446, 468-470, 473, 532, 541-542, 546, 594-595, 597, 599, 603, 606, 608, 611, 616-618, 620, 623-630, 633-634, 678, 681-685, 691, 695, 699, 703, 723-732, 735-737, 746-747, 752, 755-761, 785-789, 792, 797-800, 802, 804-823, 826, 829, 835-841, 845-855, 858, 870
  cf. tb. Prússia
Alfabetização 57-60, 122, 127, 129, 142, 166, 172-173, 203, 206, 212, 223, 229, 244, 246-248, 255, 257-262, 264-266, 272, 275-276, 278, 285, 331, 334, 338, 341, 372, 412, 456, 488, 557, 561, 562, 604, 616, 619, 651-652, 788, 794, 841
Alianças 43, 276, 291, 299, 300-303, 307-314, 323, 377, 382-383, 387, 473-474, 798-800, 802, 805-812, 819-821, 827, 829-830, 837-839, 853-854

Alistamento militar 125, 132, 147, 251-252, 270, 441, 446, 463-464, 624, 626, 748, 756, 788, 818, 829, 841-842
Antigo Regime, nobres, proprietários de terra 39, 50, 86, 88-89, 95-98, 117-118, 121-125, 126-128, 129-131, 149-151, 153-156, 167, 169, 174, 195-196, 213, 220, 223, 226-228, 231, 248, 249-250, 253, 258, 260, 277-278, 300, 311, 339-342, 343, 347-348, 352, 371, 418, 452-456, 459, 462, 465-472, 473-476, 487-489, 502, 505, 513, 560, 561, 564, 616, 630, 645, 679, 700, 731, 750-754, 755-758, 763-766, 768-772, 784, 793, 801, 812, 813, 817-819, 834, 851
Artesãos 25, 51, 121, 122, 123, 124, 125-126, 130-132, 150, 167-168, 173, 180, 181, 186, 216, 229-230, 231-232, 234, 249, 260, 262, 341, 456-457, 461, 557-568, 578, 582-583, 592, 594, 598-600, 610, 630-633, 645, 647, 664, 718-721, 724-727, 734
Áustria, Áustria-Hungria 27, 38, 60-61, 103, 104, 106, 108-110, 134, 141, 159, 179, 205, 209, 230-232, 244, 247, 248, 252-253, 255-256, 258, 261, 265-266, 268, 270-280, 291, 293-295, 302, 304, 307-308, 311-313, 316, 320, 322-323, 330-331, 334-336, 340, 342-343, 345, 350, 364-389, 396-418, 422-428, 442, 446, 448-449, 453, 455, 459, 462-463, 466, 467, 470-471, 473, 484-487, 491, 494, 503-504, 506-507, 530, 532, 541-542, 545-546, 623, 629, 633,

681-684, 731, 736, 747, 755, 763-766, 771-774, 783, 787, 792, 798-800, 805-808, 812-824, 840-844, 858, 866, 873

Bélgica, Países Baixos austríacos 313, 316, 318, 320, 3222, 364, 372, 404, 411, 414, 542, 599, 603, 735, 746, 780, 789, 799, 822, 826, 853

Bismarck, O. 88, 208, 279, 292, 320, 342-351, 355, 357, 359, 377, 473, 474, 541-543, 595, 726-728, 804, 815, 818, 848

Bonaparte, N. 145, 208, 234, 267-268, 271-272, 276, 292, 302-304, 306-309, 312, 324-325, 460, 464, 499-501, 503, 540

Burguesia 94, 117, 121, 127, 155-156, 196, 201, 215-216, 222-223, 229-230, 233-235, 247-251, 263, 268-269, 272, 274, 277-278, 311, 339-341, 344, 347, 351, 371, 388, 460, 468-469, 474, 505, 529, 544, 564, 590, 609, 679, 731-732, 736, 781, 801
   cf. tb. Classe média; Pequena burguesia

Burocracia 74-75, 80-82, 83, 90-91, 103, 145, 350-353, 356, 386, 393-396, 424, 429, 437, 457-460, 474-475, 481-513, 546, 602, 607, 622, 780, 793, 795, 817

Cameralismo 333, 485-488, 491, 493, 494, 498, 511

Camponeses, agricultores 27, 47-48, 122, 148, 166-169, 172, 180-181, 191, 196, 200, 202-203, 208, 213, 216, 227-228, 229, 251-252, 253, 271, 272, 339, 346, 373, 379, 380, 418, 461, 529, 541, 555, 567, 589, 621, 701, 714, 715-718, 728, 731, 732, 735, 736, 746-774, 781, 784, 789, 841-842

Capital financeiro 122, 153-156, 201, 288, 297, 299, 305, 324, 369, 536, 537, 644, 751, 752, 759, 607

Capitalismo 23-24, 45-56, 57-61, 118-119, 157-158, 168-169, 182, 201-202, 244, 246-249, 258, 261-262, 263, 274, 277-281, 285-289, 339, 347, 350, 367-370, 387, 395, 423, 440, 492-493, 529-539, 542-544, 551-560, 589-593, 601, 653, 753, 780-785, 787-791, 794, 811-813, 824

Capitalistas 50, 95, 121-122, 248-250, 356, 380, 563, 644-647, 650, 653-665, 683, 698-700, 750-752, 817, 823, 835-840, 852, 854-858

Carreiristas 51, 123, 347, 509, 592, 602, 615-616, 618, 620-622, 625, 628-629, 633
   definição 602

Cartismo 104, 147-148, 155, 373, 444-446, 521, 541, 551, 560-561, 565-577, 580, 581, 584, 594, 647, 652, 663, 668, 690, 699, 715, 782

Casta militar 97, 111, 437, 447, 455, 458, 462-472, 474-476, 511, 796, 816, 824, 838, 858-859

China 36, 57, 292-294, 306, 314, 624

Cidadania 41-42, 89-90, 91-92, 136, 143, 184-185, 235, 247, 255, 267-268, 278, 371, 373, 386, 394, 437, 441, 447, 452, 461-465, 472, 502, 504-506, 518, 519, 522, 539-544, 556, 566, 571, 593, 616-620, 622, 667, 698, 701, 710, 712, 714, 716, 720, 725-730, 767, 768, 770-773, 788, 792, 804, 841

Cidades 118-119, 142-143, 149, 168, 170, 179, 196, 228-228, 439, 441, 456, 567, 581-582, 650, 712, 756

Ciência, tecnologia 35-36, 120-121, 344, 531, 534-537, 644, 795

Civilizações de múltiplos atores de poder
  32, 93, 285, 297, 530, 532, 546, 810
Classe, conflito de 24, 46-56, 67-69,
  94-95, 101, 104, 121-128, 135,
  139-140, 147-150, 176-180, 185,
  187-188, 195-196, 201-203, 215,
  221, 225-230, 235, 243-282, 339-341,
  437, 440, 540-544, 551-635, 787,
  798, 833-835, 840-855
  definição 29-30, 48-50
  cf. tb. Consciência de classe; Marx, K.,
    teorias marxianas
Classe média 27, 50-51, 122-123, 127,
  347, 349, 446, 467, 469-471, 524,
  565, 566, 571, 574, 580, 589-635,
  662, 663, 727-729, 731, 760,
  766-768, 781, 789-791, 842, 845-847,
  851, 854, 858
  definição 589-593
  cf. tb. Burguesia; Pequena burguesia
Classe trabalhadora, proletariado 46-51,
  124, 125-126, 191, 229-230, 234, 254,
  257, 339, 341, 347-349, 354-355,
  373-374, 380, 381, 450, 455-456,
  464, 520-524, 542-543, 551-585, 602,
  603, 605-607, 615, 618-623, 626,
  630, 633, 644-738, 758-760, 762,
  764-767, 773, 781-782, 784-787, 789,
  842-844, 847, 858
Clientelismo, patronato 39, 136-138, 167,
  170, 179-181, 187-188, 483, 492-493,
  496-497, 506, 519, 690, 705, 732
Colônias americanas 59, 122, 134,
  140-141, 143, 144, 164-194,
  249-253, 300, 491, 494
  cf. tb. Estados Unidos
Comunidade 107, 166, 172, 180, 202,
  228-230, 257, 276, 354, 378, 551,
  554, 560, 568, 571, 582-585, 649-652,
  663, 664, 669, 678, 689, 717, 719,
  729, 733, 750, 768, 788-791

Conflito dialético 38-39, 53, 156, 185,
  190, 204-206, 358, 519, 538, 545, 554,
  584, 622, 645, 650, 781, 785, 793, 798
Consciência de classe 47-50, 130-132,
  135-137, 222, 262-263, 341, 554,
  559-564, 569, 571-573, 578-585, 651,
  659-662, 667, 691, 705, 710, 715, 719,
  722-726, 749, 770-771, 792
Corporações 592-595, 601-611, 664,
  678, 690, 703
Cortes 88, 122, 133, 139-140, 204,
  222-224, 225-226, 235, 352, 356, 365,
  412, 425, 486, 519, 712, 816-818,
  821, 859
Cristalização(ões)
  capitalistas 100-106, 110, 112, 154,
    243, 336-337, 346, 355-358,
    365-366, 379, 475, 502, 511,
    519-527, 538, 544-546, 560, 577,
    585, 620, 646, 680, 698-700, 710,
    735, 736, 758-760, 783, 817,
    852-855
  monárquicas (autocráticas, autoritárias,
    absolutistas, dinásticas) 37, 67, 83,
    85-92, 99-100, 103, 107-108, 200,
    202-203, 205-206, 208-209, 215,
    235, 261, 281, 285, 330-334, 337,
    339-340, 344, 354-358, 365-367,
    372-374, 375-388, 415-422, 439,
    448-450, 474, 483-494, 502-507,
    510-511, 537-546, 685, 698, 712,
    718, 727-731, 736, 754-756, 760-770,
    784-787, 790, 792-793, 800,
    815-824, 827, 831, 839-840, 847,
    852-859
  moral-ideológica 67, 105, 519-526,
    575-577, 585
  nacional 42, 67, 105, 110, 112, 154,
    182-183, 185, 233-234, 243, 275,
    340, 346, 349, 357-358, 372, 410,
    496, 511, 538, 545, 616, 620, 623,
    628, 629, 665-670, 673, 679-680,

703-704, 719, 724, 730, 731,
736-737, 748, 754-756, 782, 788,
833-835, 843-846
polimórficas 27, 67, 99-112, 133, 157,
291, 333, 354-359, 380, 383,
385-386, 501, 519, 546, 620, 700,
710, 731, 792-793, 798, 815, 817,
824, 827, 832, 857-859
representativa 27, 42, 105, 110, 112,
135, 200, 243, 365, 418, 446, 490,
492, 504, 511, 679-680, 700, 712,
719, 724, 730, 731, 754-766,
771-774
tecnocrática-burocrática 91, 96,
472-474, 482, 504, 513, 522-524,
663, 819

Democracia, democracia partidária,
parlamentos 67, 70, 81, 99-100, 101-
103, 107-108, 117, 133-137, 139-140,
141, 150-151, 156-157, 178, 180-182,
189-191, 206, 278-282, 339-340, 344,
353, 354, 357, 371-373, 374-376, 378,
381, 385-386, 415-422, 443, 446-454,
474, 484, 494, 504-506, 510-512,
519-530, 537, 546, 556-577, 580,
584-585, 622-623, 628, 634, 661-663,
665-673, 679-680, 685, 687-688,
700-704, 705, 710, 719-720, 723, 726,
730-731, 736-737, 749, 754-760, 763,
766-768, 785-786, 790, 800, 824-832,
846-847, 857-859
Diplomatas, estadistas 72-73, 86, 96-97,
452-454, 472-475, 792-793, 801-805,
829, 833-834, 839, 856
Direito, tribunais de justiça, advogados
60, 88-89, 102, 136, 139, 142-144,
165, 173, 183-185, 200, 203, 205,
209-211, 214-217, 219, 223, 260-261,
267, 269, 270, 278, 344, 365, 371,
374, 441, 487, 561-562, 572-573, 578,
580, 610, 614, 657-658, 666-668,
696-699, 702-703, 706-707

Economicismo entre trabalhadores
555-556, 560-562, 578, 646, 649, 679,
708, 714-717, 721, 728, 842-844
Educação 59-61, 90, 154-155, 203, 257,
267, 272, 337-338, 344, 407, 407,
412-414, 465-466, 468, 485-488,
500-501, 508-509, 519-524, 527,
529-530, 531, 568, 580-581, 591-592,
604-605, 608-614, 616-620, 622, 623,
625-626, 631-632, 704, 737, 771,
788-789, 792, 845
Elite do poder ideológico, *intelligentsia* 63,
198, 220, 221-222, 224-225, 227-228,
229-231, 234-235, 258-266, 269, 498,
531, 541, 680, 712-713, 717
Emergência intersticial 57, 61, 63, 130,
609-610, 785
Entrelaçamento das relações de poder 24,
43, 51-52, 63, 95, 111, 118, 280-286,
340, 348, 379, 474-475, 577, 583-584,
629, 635, 724, 733, 737, 748, 782,
787, 792, 794, 796, 798, 805, 815,
838, 850, 856-859
Espanha 176, 268, 271, 293, 296, 297,
299, 305-306, 311-312, 316, 364, 458,
624, 731-733, 736, 737, 749, 752
Estadistas; cf. Diplomatas, estadistas
Estado
autonomia do 67-78, 82-101, 112,
133, 135, 333, 339-342, 350-360,
484-487, 512-513, 518, 523, 538,
544-546, 793
definição 78-79
despesas do 90, 102, 109-110, 138-142,
207-208, 243-244, 250-253, 318,
320, 368, 396-415, 622

elites do 71-76, 77, 81-82, 84-85,
  87-92, 96-97, 99, 111-112, 156, 278,
  280-281, 300, 343, 352, 372,
  424-425, 482, 484, 487, 511, 519,
  520, 522-523, 530-540, 543-546,
  647, 658, 699, 712-715, 729, 784,
  787, 791
funcionários do 90-91, 122, 138-139,
  144, 200-201, 214-217, 341, 373,
  378, 395-396, 423-429, 483, 517,
  616-618, 625, 630-634, 662-663,
  666-669, 790-792, 817, 846, 854,
  866-872
instituições do 59, 85-99, 138-140,
  183-187, 208-209, 225-226, 250-256,
  299, 344-345, 374-377, 653-654
moderno, surgimento do 23, 26-27,
  67-116, 132-140, 333, 383, 393-396,
  494-550, 557, 783-786, 792-793,
  856-859
receitas do 83-85, 90, 92, 138-139,
  141, 144, 171-174, 182, 200,
  207-208, 211-212, 250-256, 265,
  275-276, 318, 335-337, 344, 346,
  349-350, 368, 371-372, 376-377,
  396, 415-423, 489-491, 498-500,
  538-539, 542-543, 556-557, 561-562,
  565-570, 574-575, 610, 617, 646,
  662, 704, 747, 757, 761, 788,
  854-855, 873
Estado-nação, Estado nacional 25, 51-52,
  55, 67, 80, 234-235, 264, 267, 286-287,
  299-302, 330-334, 365, 366, 384, 388,
  394, 527-529, 538-539, 543-546, 593,
  613-635, 649, 665, 678, 792, 794-796,
  802-805, 841-845, 856, 858
Estados Unidos 58, 77, 81, 92, 96, 102,
  104-105, 108-110, 127, 209, 233,
  264, 277, 278, 280, 288-289,
  294-297, 312, 315, 319, 321-322,
  325, 346, 355, 357, 367, 369, 373,
  382, 386, 387, 397-400, 403-422,
  424-427, 439, 442, 451-454, 455,
  467, 496-497, 502, 505, 506, 509,
  519, 529, 534-536, 539-541, 545-546,
  572, 578, 594, 597, 600-602, 606,
  613-618, 623-624, 633, 659,
  680-710, 727, 730, 731, 735, 736,
  738, 746-747, 752-755, 760, 784,
  786, 810-811, 818, 825-827, 832,
  842, 872, 878
  cf. tb. Colônias americanas
Estatismo institucional 67-68, 71, 75-78,
  83, 112, 156-157, 190-191, 281,
  352-356, 553-555, 784-787, 794
Estatistas, lealistas do Estado 378, 426,
  429, 472, 589, 620-633, 791, 853-855
Estratégias de regime 40-43, 61, 105,
  244, 311, 332, 347-350, 355-356,
  372-389, 420, 504, 511, 530-544,
  584-585, 629-630, 633, 646-648,
  665-673, 710-717, 724, 726-730,
  735-736, 763, 769-779, 781, 785,
  798, 815-817, 824, 840-855
Etnicidade, raça 57, 95, 98, 108, 164,
  167-168, 182-183, 244-245, 274, 353,
  355, 371, 382, 421, 426, 427, 442,
  521, 625-628, 685-687, 690, 693, 700,
  701, 704, 709, 737, 758, 760, 790,
  804, 811, 841-843, 845, 849, 851
Evolução 117, 137, 155, 366, 387, 393-395,
  429, 679, 786, 792-795

Fabricação 118-122, 125, 127, 154, 199,
  201-202, 220, 229, 249, 275, 293-297,
  302, 313, 334-338, 369, 373, 507,
  532-538, 543, 551-553, 556-564, 591,
  594-602, 647, 653-654, 658-661, 751,
  772, 780
Fábricas, oficinas 121, 149, 440, 521-522,
  553, 557-561, 574-578, 581-583, 646,
  648, 650, 653-654, 706, 712

883

Família, parentesco 121, 123-124, 153, 248, 249-250, 254, 257, 279, 521-522, 527-529, 554, 559, 562, 564-566, 567-568, 569-571, 574, 582-585, 593-594, 607-609, 615, 650-653, 663, 673, 737, 750, 752, 788-791, 801, 812

Feudalismo 83, 189, 195, 201-202, 208, 226-227, 277, 356, 366, 469, 497, 503, 680, 686

Flanqueamento organizacional 465, 557, 582, 589, 602, 664

Forças armadas 171, 175, 176, 179-181, 207, 209, 223, 230-233, 235, 244, 247, 271-274, 303-305, 341, 352, 365, 371-373, 374-375, 381-384, 406-407, 410, 423, 437-480, 482, 485-487, 533-537, 542, 544-546, 562, 572-574, 681, 769, 781, 790-792, 798, 819-824
    oficiais não comissionados nas 207, 231, 302, 456, 460-462, 463-465, 468-471, 473-474, 488, 541-542, 793
    oficiais nas 207, 217, 219, 223, 229-232, 276, 302, 306, 356, 372, 454-455, 472, 487-489, 513, 609-614, 627, 792-793, 819
    patentes nas 207, 223-224, 231-232, 302, 455-458, 459-466, 470-472, 754, 848

França 51, 59, 109, 121, 122, 126, 134, 141, 156, 176, 187, 191, 195-242, 244, 247, 248, 249, 252-253, 262, 267, 270-271, 276, 277, 286, 293-295, 298-308, 311-315, 319, 320, 322-323, 334, 336, 342-343, 368, 371, 386, 387, 397-402, 405-419, 422, 424-427, 439, 441, 452-458, 459-463, 464-467, 469, 473, 489-494, 502, 504-505, 509, 519, 529, 539-541, 545-546, 595, 597, 599, 603, 611, 617, 622-627, 678, 681-685, 695, 703, 718-727, 731, 735, 737, 752, 755-757, 759, 768, 771-773, 783, 784, 790, 792, 799-800, 802, 805, 808, 818, 825-826, 828-831, 846, 869, 874,

Geopolítica, política externa 72-73, 79, 85, 92-99, 109-111, 117, 137, 140-141, 157, 170, 176, 188, 189, 195-196, 199, 230, 279, 285-329, 333-338, 342-345, 358-360, 372, 375-376, 380-384, 388-389, 447-454, 472-475, 502, 623-635, 727, 797-859
    definição 802

Governo local 85, 107-109, 396-404, 409-410, 412-413, 414, 421-422, 424-429, 486, 497, 499, 503, 505-509, 522-524, 536-537, 565-566, 569-570, 748, 755, 763

Grã-Bretanha 23, 37, 103, 106, 107-108, 117-163, 167, 169-171, 187, 234, 236, 244-245, 247, 252, 262, 267, 270, 276-277, 286-292, 294-303, 311-325, 343, 367, 386, 387, 397-403, 405-420, 427-428, 450-454, 455, 459, 465-466, 467, 484, 494, 502, 504-505, 519-525, 531, 546, 551-558, 594-597, 605, 610-612, 644-673, 681-685, 689-693, 697, 703-704, 709, 731-733, 735, 746-747, 773, 780, 783-786, 790, 799-800, 802, 805-811, 818-819, 825-832, 845, 852-854, 868, 874

Greves 441-447, 552-553, 560-563, 568-570, 578, 647, 658-661, 682-685, 691, 694-697, 708, 714, 717, 720-722, 725, 727, 729

Guerra(s) 92-94, 199, 254-255, 287-288, 298-302, 325, 358, 372, 386, 388, 393-394, 440, 491, 494, 497, 790, 793, 800-802, 808-812, 824-828
    Austro-prussiana 336, 342-345, 377, 406, 535

Civil americana 399-400, 403-406,
  407, 419, 426-427, 464, 467, 497,
  523, 535-536, 540-541, 758, 825
dos Sete Anos 140, 142-145, 171, 207,
  300, 405, 406, 427
Franco-prussiana 341-343, 405, 406,
  535, 806
Primeira Guerra Mundial 87, 254,
  291, 324, 366, 383-384, 403, 405,
  419, 427, 464, 469, 476, 509, 556,
  600, 615, 633, 650, 671, 717, 723,
  787, 797
Revolucionárias e Napoleônicas
  143-145, 176-182, 230-234, 250,
  267-278, 302-311, 314, 403, 405-407,
  419, 421, 427, 443, 448-454, 460-464,
  494, 501-504, 558, 561-563, 575,
  802, 828

Hegemonia internacional 24, 55, 287-289,
  291, 301-304, 305-310, 312-321,
  323-325, 334, 800, 805, 809-812,
  830, 858
Holanda, República Holandesa 288, 296,
  300, 305, 311, 313, 316, 321, 403, 421,
  484, 735, 822, 826
Hungria 313, 364, 365, 369, 371, 373-375,
  377-384, 405, 409, 448, 486, 629, 747,
  763, 765-766, 814

Igreja Católica 39, 59, 104, 105, 106, 108,
  139, 149-150, 202-203, 204, 206-207,
  209, 225, 227, 228, 234-235, 246, 256,
  261, 265, 266, 273, 330, 333, 345-346,
  348-349, 351, 354, 355, 366, 485, 525,
  529, 534, 629-632, 693, 722, 724-726,
  728-729, 737, 754, 757, 760-765, 833,
  841, 849, 851-854
Iluminismo 58, 61-63, 121, 128, 172-173,
  204-207, 209-213, 217-221, 223-225,
  232, 264, 266, 287, 462, 491, 495, 511,
  520, 712, 811, 839, 843

Imperialismo 56, 270, 298, 331-332,
  451, 624-628, 711, 790, 797-798,
  804, 810, 830, 835-840, 842, 848-851
  econômico 56, 95, 267, 321, 331, 797,
    834-840, 851, 858
  geopolítico 56, 298, 303, 320, 331,
    837, 840, 851
  social 56, 331, 797, 834, 837, 840-855
Império Otomano, Turquia 313, 320, 323,
  334, 365, 382, 530, 805
Impérios coloniais, colônias 57, 93, 157,
  287, 295, 312, 313, 316, 317, 321, 325,
  411, 528, 623-628, 808-811, 835,
  838-840, 846, 848, 851
Índia 293, 298, 300, 312, 624
Infraestruturas de comunicação 119-120,
  152-154, 164-165, 187, 319, 320-321,
  336-338, 345, 371, 412, 414, 421-422,
  429, 463-465, 473, 497, 499, 518,
  519-530, 531-539, 664, 753, 759,
  787-788
Irlanda, irlandês 23, 108, 117, 127, 137,
  146, 149-150, 154, 176, 268-269,
  443-444, 455, 467, 529, 562, 573,
  582, 624, 650, 655, 659, 783, 788,
  789, 830, 843
Itália 101, 108, 268-269, 271, 274, 291,
  293, 313, 316, 323, 334, 340, 342, 364,
  370, 372-374, 377, 450, 473, 532, 597,
  601, 602, 684, 736, 752, 789, 798-799,
  805, 815, 819, 825, 826

Japão 36, 52, 57, 62, 293-294, 340, 350,
  387-388, 532, 596, 600, 601, 715,
  731, 736, 806
Jaula, enjaulamento (social) 30, 42, 96,
  253, 280-281, 282, 522, 545, 602, 645,
  791, 833, 857

885

Laissez-faire; cf. Mercado, organização de mercado, *laissez-faire*

Liberalismo 61, 95, 151-156, 164, 170, 189-191, 247, 281, 287, 339-340, 341-345, 346, 352, 358, 372, 378-379, 388, 403, 440, 509, 521-526, 580, 594, 595, 614, 625-628, 659, 663, 698, 700, 703, 705, 710, 716, 725, 729, 736, 756, 760, 767, 771, 784, 791, 805, 811, 824-831, 835, 845, 850

Linguagem, comunidades linguísticas 265, 269-277, 338, 369-371, 373-374, 378, 380, 385, 529, 530, 788, 791, 795-796, 810, 841, 858

Logística 34-35, 84, 165, 170, 304, 320, 463-465, 533, 537

Luteranismo; cf. Protestantismo, luteranismo

Marinha, poder naval 56, 93, 288, 295-297, 299, 304-306, 317, 320, 388, 438, 454-469, 475-476, 482, 535-537, 627, 804, 806, 812, 820, 830-832, 846, 851-853, 855

Marshall, T.H. 41-42, 89, 91-92, 184-185, 344, 394, 472, 518, 522, 539, 543, 556, 704, 730

Marx, K., teorias marxianas 23, 29-30, 33, 38, 45-56, 63, 67-69, 75, 78, 81, 82, 86, 88, 91-92, 95, 100-102, 106, 112, 117, 248-250, 256, 286-289, 332-333, 339-341, 343-344, 350, 356-358, 379, 395, 410-411, 439-440, 445, 483-484, 518, 534, 543-546, 551-557, 569-570, 574-575, 584-585, 593, 596, 613, 634, 644-650, 664, 680, 683, 711, 714, 718-720, 733, 736, 746, 750-752, 764-768, 770, 772-733, 781, 785, 794, 842-844

Marxismo entre trabalhadores 348-350, 555-557, 645-648, 661, 671, 716-718, 721, 725, 729-730, 735-738, 761-764, 842-845

Mercado, organização de mercado, *laissez-faire* 55-56, 117, 126-127, 249-250, 258, 285-286, 298, 310, 316-325, 331-333, 335-338, 351, 369, 519-527, 560-562, 564, 577, 767-769, 795, 811, 835-839, 844

Mercantilismo 55, 181, 286, 298, 301, 319, 321, 331-332, 335-336, 338, 837-840, 851, 858

Militarismo, cristalizações militaristas 99, 104-105, 109-110, 112, 157, 164, 191, 195, 203, 235, 243-245, 250-256, 267-277, 286, 300, 320, 337, 340, 343, 346, 357-359, 366-367, 372, 380, 385-386, 388, 404-411, 414, 429, 437-454, 474, 487-489, 493, 494, 497, 501-503, 504-505, 511, 518, 521, 524, 535-537, 538, 560-563, 584-585, 623-633, 650, 679-680, 685, 695-698, 705, 710-714, 719, 723, 726-728, 730, 735, 736, 754, 784, 787-792, 794, 800, 812, 816, 824, 831, 844, 848-855, 858

Mobilização militar 473-474, 799, 813, 819-824

Mulheres 38, 101, 103, 129-130, 135, 146, 179, 250, 257, 425-426, 528, 554, 557-560, 566, 568, 575-578, 582-583, 604-606, 613-614, 622, 631, 634, 644, 650, 652, 656, 662, 663, 667, 683, 700, 703, 719, 723, 730, 752, 790, 792, 847

Mutualismo 555, 561, 563, 564, 566, 570, 580, 621, 646-650, 660, 663, 668-670, 679, 690, 706, 714-717, 720-721, 736, 738, 786, 842, 844

Nação 24-25, 27, 58, 96, 118, 131, 213, 220-221, 223-224, 231-233, 235, 243-284, 313, 332, 334, 365, 370-389,

472, 487, 527-529, 589, 616-635, 652,
693, 704, 711, 722, 771, 787-791,
803, 832-833, 841, 844
Nacionalismo, organização nacionalista
54-55, 94-95, 97-98, 127, 131, 145,
232-235, 245, 255, 256-257, 266,
270-271, 274-277, 279-280, 286-287,
314, 324, 331-332, 334, 344, 345,
347, 356-359, 366, 370, 386, 507,
589, 595, 602-603, 620-633, 764-766,
768, 771, 773, 788-792, 797-799,
804-805, 809, 811, 813, 815, 817,
828, 832-834, 837, 842-847, 852-859
Normas 53, 72-73, 93, 96, 256, 288, 302,
309-311, 316-317, 319, 325, 802,
810-812, 827-828, 831

Oficinas; cf. Fábricas, oficinas
Organização
    nacional 54, 95, 127, 286, 331-338,
    373, 527-530, 545-546, 616, 645,
    658, 664, 788, 791, 844, 857-858
    territorial 55-56, 286, 314, 320-325,
    331-332, 784, 795, 803, 833, 837-840,
    857-858
    transnacional 25, 53-54, 94, 246-247,
    261, 269, 285-287, 298, 300-302,
    308-309, 310, 318-325, 330-334, 336,
    343-344, 369, 379, 527, 658, 711, 730,
    737, 788, 791, 803, 810-812, 824,
    833-840, 842-845, 858

Parlamentos; cf. Democracia, democracia
    partidária, parlamentos
Particularismo 37, 86-87, 95-96, 137-138,
    140, 141, 145, 150-151, 200, 215, 220,
    222, 236, 251, 254, 259, 277-278, 368,
    379, 385-386, 492, 512, 565, 589, 650,
    761, 781
Partidos 81-82, 86, 91-92, 97-98, 133-135,
    139-141, 157, 175, 186, 188, 189,
    222, 252-253, 277-279, 344,
    346-357, 420, 475, 482, 497, 501,
    502, 513, 531, 622-623, 629, 647,
    658, 699, 773, 817, 832
    conservadores 147, 150, 169, 344-350,
    351, 353, 378, 523, 525, 576, 626,
    628, 630, 651, 665-667, 671-672,
    699, 712, 749, 755-765, 771-774,
    830, 851-852
    liberais 144-147, 150-151, 154-155,
    341, 344-350, 353, 378-379, 509,
    523, 525-526, 543, 574-575, 580,
    595, 600, 624-628, 648, 651, 660,
    665-672, 699, 701, 703, 705,
    758-760, 763, 828-832, 845, 848, 852
    socialistas e trabalhistas 110, 347-350,
    353-354, 379, 542-544, 555-557,
    570, 634, 646-649, 652, 660, 663,
    665-672, 678, 680, 683-688, 691-694,
    698, 701, 703, 707, 710, 712,
    716-723, 725-733, 735-738, 749,
    757-768, 770-771, 772-774, 786,
    841-845, 852
Patriarcado 67, 105, 182, 568, 575-576,
    730, 782, 792
Patronato; cf. Clientelismo, patronato
Pequena burguesia 50, 60, 117-118,
    121-123, 125-126, 127, 129-131,
    135-145, 147, 150, 151, 153, 155-156,
    168, 196, 216, 229-230, 233-236,
    249, 252, 253, 256, 258, 268,
    277-279, 311, 340-341, 347, 373-374,
    379, 461, 505, 557, 563-565, 590,
    593-602, 615-617, 620, 629-633,
    652, 736, 781, 790
    definição 593
Pluralismo 67, 69-71, 73, 77, 81, 83, 85,
    98, 100, 106, 109, 122, 394, 518
Poder
    coletivo 24-25, 34-37, 46, 82-84, 98,
    248, 285, 531, 644, 781, 787

despótico 41, 82-87, 133-134, 173, 182, 186, 234, 282, 365, 485, 494-495, 511
difuso 23, 28, 553, 593, 594, 601, 613-616, 635, 649, 658, 672, 782-787, 793
distributivo 24-25, 34, 37-40, 82-83, 248-249, 644-646, 648, 780, 796
econômico 24, 29, 45-56, 103, 287-289, 292-297, 303, 531, 644, 673, 774, 794
ideológico 24, 29, 52-53, 56-64, 129-132, 156, 171-172, 190, 195-198, 203-207, 222-224, 244, 256-266, 279, 290, 303, 308, 474, 511, 530, 593, 616-620, 782, 787
impositivo 23, 24, 28-29, 45-46, 445, 447, 464, 593, 609, 611, 635, 649, 658, 781, 783-786, 793, 844
infraestrutural 82-84, 133-134, 137, 365, 372
local-regional 25, 27, 39, 108-109, 131-132, 139, 158, 186, 235, 244, 258, 261, 267-268, 276, 298, 354, 359, 378, 380, 465, 530, 701-737, 750, 758-776, 783, 787-789, 791, 841
militar 23, 30-31, 51-53, 59, 67, 78-79, 92, 97, 103-104, 117-119, 140-145, 179-182, 189-190, 223, 230, 279, 290, 385, 405-412, 437, 531, 782, 783, 787, 820
político 24, 31, 52-53, 67-112, 280, 309, 531, 553-554, 593, 688, 771, 782, 783, 786
Polícia 89, 438-447, 539, 566
Política(s)
de bem-estar social 355, 358, 393, 414-415, 429, 463-464, 518, 520-527, 538, 539, 543, 646, 666-670, 723, 727, 792
externa; cf. Geopolítica, política externa

População 35, 118, 150, 181, 199, 304, 358
Povo, plebe 123-126, 131, 142, 147, 148, 150, 167, 172, 177-178, 213, 220, 222, 226, 228, 230, 232, 233, 248, 254-255, 269-270, 276-277, 279, 557
Primazia 23, 100-112, 281, 357-358, 519, 794-796
Profissionais 51, 122-124, 126, 127, 214-216, 262, 341, 347, 437, 438, 455, 457, 460-472, 474-475, 487-489, 509, 592, 605, 608-616, 618-622, 624, 631-634, 795
definição 608
Proletariado; cf. Classe trabalhadora, proletariado
Propriedade privada 45, 133, 184, 298, 357, 482-484, 486, 489-494, 572, 582, 686, 748
Protecionismo
comercial 55-56, 298, 310, 318, 320-322, 331-335, 338, 345-347, 595, 751-753, 758, 761-763, 768, 771, 837-839, 850-852, 854, 858
entre trabalhadores 555, 557-561, 563-564, 646-648, 690, 706, 708, 714, 738, 842
Protestantismo, luteranismo 58-59, 105, 106, 108, 131, 136, 140, 144, 150, 166-167, 172, 246, 260-261, 264-265, 269, 272-273, 333, 338, 341, 345, 348-349, 352-353, 356-359, 453, 485, 563, 575-577, 629-633, 686, 693, 725, 727-729, 737-738, 760-767, 782
Prússia 38, 49, 53, 60, 103, 107-108, 134-135, 141, 157, 179, 209, 212, 231, 244, 247, 252-254, 261, 271-273, 276-277, 278, 290, 300, 302, 304, 307-308, 311-313, 316, 320, 330-345, 364, 365, 367, 371, 397-404, 405-408, 409, 412, 416-417,

420, 422, 424, 439, 442, 448-449,
452-453, 455, 457, 459-460, 462-464,
467-470, 484, 486-491, 502-508,
532-535, 545, 752-753, 762, 804,
805, 870-871, 875
cf. tb. Alemanha

Raça; cf. Etnicidade, raça
Realismo 67, 72-73, 77, 78-79, 82, 98, 100,
287-289, 798, 800-814, 821, 826-831,
834, 858
Rebeliões, multidões, revoltas 145,
146-151, 169-170, 171-174, 183, 228,
249-250, 263-264, 272-273, 381, 418,
438-447, 475, 539-540, 569-575, 581,
685, 713-718, 769
Reformismo 247, 250, 341-342, 420,
555-556, 562, 646, 649, 663, 667-673,
680, 692-694, 714, 721-723, 725, 736,
770-774, 783
Religião 26, 37, 58-60, 101, 105, 142,
149, 154, 166-167, 244-246, 258, 265,
312-313, 340, 521-523, 620, 634, 669,
686, 693, 709, 737, 750, 758, 760,
783, 787-792, 796, 845, 858
Repressão 149, 175, 340, 341, 355-356,
357-358, 375-376, 382, 438-447, 462,
475, 572-574, 647, 655-658, 680, 688,
695, 697-701, 703-707, 709-711,
713-718, 720, 723, 727, 731, 736, 769,
781-782, 819, 844, 851-852
República Holandesa; cf. Holanda, República
Holandesa
Revolução Industrial, industrialização
33-40, 117-121, 141, 152, 155-156,
191, 316, 367, 387, 400, 472-473,
530-538, 594, 608, 654, 689, 718-719,
724, 733, 751, 756, 758, 766-767, 773,
780, 783-785, 787-788, 835
Segunda 34, 97, 330, 507, 533-534,
536-537, 584, 595, 621, 644-650,
652, 672-673, 678-679, 686, 690,
712, 724, 729, 730, 733, 734, 735,
751
Revolucionários 173-174, 176-180,
182-183, 210-211, 214-222, 226-228,
259, 278, 340-341, 372, 570-571,
646-647, 714, 768, 773, 788
Revoluções 32-40, 117, 145-151, 243,
250, 254, 350, 476, 495-505, 540,
555-557, 569-574, 646-647, 678,
720-724, 728-729, 782, 850
Americana 40, 69, 148, 158, 164-191,
208, 243, 251, 261, 405, 493, 495-496
de 1848 254, 313, 340-341, 500, 503,
534, 594, 690
Francesa 24, 40, 52, 63, 89, 98, 104,
111, 127, 144, 149, 176, 177,
195-235, 251, 254, 261, 263, 267,
270, 301-302, 340-341, 420, 497-498,
504-505, 756-757, 796
Russa 678, 683, 714-718, 768-770
Rússia 81, 108, 205, 267, 276, 290-291,
293-295, 305-308, 310-312, 319-320,
322-323, 365, 372, 377, 381-384,
411, 443, 474, 475, 485, 488, 530,
532, 647, 678, 681, 683, 685, 695,
697, 698, 706, 711-718, 721, 731,
735, 737, 746, 752, 755-756, 760-766,
798-800, 802-808, 812, 819-823, 826,
829, 841-842, 844, 847, 857

Secções, seccionalismo 25, 30, 49, 51, 278,
543, 796
entre trabalhadores 553, 558, 560,
565, 574-585, 645-649, 655, 665,
678, 679, 687-689, 692-695, 705-711,
713-715, 718, 720, 723-724, 726-728,
733-736, 781, 782, 783, 786
Segmentos, segmentalismo 25, 30, 49,
51, 87-88, 106, 136, 139-140,
147-148, 153, 155-156, 167-168,

190, 201, 215, 235, 250, 254, 268,
271, 278, 279, 320, 347-348,
353-355, 359, 376-380, 437-438,
465-472, 474-476, 495, 507, 523,
541-544, 563-564, 589, 593, 602,
608, 616, 620, 623, 635, 701, 716,
732, 749, 753, 756-758, 763, 781,
796, 817, 841, 857
   entre trabalhadores 552-553, 560,
578, 581-582, 584, 645-648, 649-651,
655, 663, 673, 679, 683, 705, 711,
733-736, 781-784
Sindicalismo 55-556, 646, 648, 670, 691,
714, 720-723, 732-734, 842-844
Sindicatos 148, 540, 543, 561, 565-567,
578-585, 648-649, 653-665, 679-683,
687-711, 714, 719-722, 724-730,
770-772, 841-845
Sociedade civil 45, 62, 64, 120, 121, 133,
134-135, 137, 164, 168, 205-206, 234,
236, 285, 318, 338, 352, 370, 373,
395-396, 429, 440, 493, 494-495, 518,
519-520, 537-538, 551, 562, 616,
650-652, 844
Sociedades federais e confederais, estados
26, 67, 105, 108-109, 164, 169,
183-189, 233, 235, 271, 277, 280-281,
286, 330-331, 334-335, 336, 340-345,
365-367, 371-381, 386-389, 485, 489,
497, 522-528, 544-546, 560-561, 583,
687, 703-705, 731-733, 737, 757,
764-771, 788
Suécia 59, 71-72, 368, 369, 411, 424,
484, 532, 680-681, 731, 747, 766-768,
772-773, 826

Tecnologia; cf. Ciência, tecnologia
Teorias
   do desenvolvimento tardio 186, 198,
332, 367, 369, 530-539
   dos desacertos e mancadas 67-68, 77,
91, 100, 112, 797, 800, 806, 808,
822-824, 853, 858
   elitistas 67, 77, 81-82, 85-90, 109,
111-112, 133, 196, 351-352, 393-394,
425, 518
Transcendência 57, 131-132, 224, 232,
235, 264
Transição do feudalismo para o
capitalismo 33-34, 195, 247-250, 366
Turquia; cf. Império Otomano, Turquia

Weber, M. e teorias weberianas 23, 33,
40, 67, 77-82, 85, 95-97, 103, 109,
112, 133, 181, 333, 339, 345-352,
356, 394, 404, 481-482, 483, 489-490,
510, 552, 592, 615, 747, 750-752,
809, 848

Coleção Sociologia

- *A educação moral*
  Émile Durkheim
- *A pesquisa qualitativa*
  VV.AA.
- *Quatro tradições sociológicas*
  Randall Collins
- *Introdução à Teoria dos Sistemas*
  Niklas Luhmann
- *Sociologia clássica – Marx, Durkheim, Weber*
  Carlos Eduardo Sell
- *O senso prático*
  Pierre Bourdieu
- *Comportamento em lugares públicos*
  Erving Goffman
- *A estrutura da ação social – Vols. I e II*
  Talcott Parsons
- *Ritual de interação*
  Erving Goffman
- *A negociação da intimidade*
  Viviana A. Zelizer
- *Os quadros da experiência social*
  Erving Goffman
- *Democracia*
  Charles Tilly
- *A representação do Eu na vida cotidiana*
  Erving Goffman
- *Sociologia da comunicação*
  Gabriel Cohn
- *A pesquisa sociológica*
  Serge Paugam (coord.)
- *Sentido da dialética – Marx: lógica e política - Tomo I*
  Ruy Fausto
- *A emergência da teoria sociológica*
  Jonathan H. Turner, Leonard Beeghley e Charles H. Powers
- *Análise de classe – Abordagens*
  Erik Olin Wright
- *Símbolos, selves e realidade social*
  Kent L. Sandstrom, Daniel D. Martin e Gary Alan Fine
- *Sistemas sociais*
  Niklas Luhmann
- *O caos totalmente normal do amor*
  Ulrich Beck e Elisabeth Beck-Gernsheim
- *Lógicas da história*
  William H. Sewell Jr.
- *Manual de pesquisa qualitativa*
  Mario Cardano
- *Teoria social – Vinte lições introdutórias*
  Hans Joas e Wolfang Knöbl
- *A teoria das seleções cultural e social*
  W.G. Runciman
- *Problemas centrais em teoria social*
  Anthony Giddens
- *A construção significativa do mundo social*
  Alfred Schütz
- *Questões de sociologia*
  Pierre Bourdieu
- *As regras do método sociológico*
  Émile Durkheim
- *Ética econômica das religiões mundiais – Vol. I*
  Max Weber
- *Ética econômica das religiões mundiais – Vol. III*
  Max Weber
- *Teoria dos sistemas na prática – Vol. I - Estrutura social e semântica*
  Niklas Luhmann
- *Teoria dos sistemas na prática – Vol. II - Diferenciação funcional e Modernidade*
  Niklas Luhmann
- *Teoria dos sistemas na prática – Vol. III - História, semântica e sociedade*
  Niklas Luhmann
- *O marxismo como ciência social*
  Adriano Codato e Renato Perissinotto
- *A ética protestante e o espírito do capitalismo*
  Max Weber
- *As fontes do poder social – Vol. 1 - Uma história do poder desde o início até 1760 d.C.*
  Michael Mann
- *Mente, self e sociedade*
  George Herbert Mead
- *As fontes do poder social – Vol. 2 - O surgimento das classes e dos Estados-nações, 1760-1914*
  Michael Mann
- *As fontes do poder social – Vol. 3 - Impérios Globais e revoluções, 1890-1945*
  Michael Mann
- *As fontes do poder social – Vol. 4 - Globalizações, 1945-2011*
  Michael Mann

LEIA TAMBÉM:

Os sociólogos
De Auguste Comte a Gilles Lipovetsky

Sarah Silva Telles e Solange Luçan de Oliveira (organizadoras)

Após as edições sobre autores clássicos de Filosofia, História e Comunicação, a Editora Vozes e a Editora PUC-Rio lançam os *Clássicos das Ciências Sociais*. Já publicamos o volume 1, *Os antropólogos*. Neste volume 2 é a vez de *Os sociólogos*. Está prevista ainda a publicação de *Os cientistas sociais* (volume 3).

A coleção respeitou a divisão das Ciências Sociais nas suas três áreas clássicas: Antropologia, Sociologia e Ciência Política. Apesar da existência de autores que transitam entre elas, como os sociólogos políticos ou os sociólogos antropólogos, optou-se por dividir os autores nas três áreas pela necessidade de cobrir ao mesmo tempo as possibilidades intelectuais contidas nas Ciências Sociais e o número expressivo de seus autores clássicos.

Esse volume oferece uma coletânea de ensaios assinados pelos maiores especialistas brasileiros sobre a vida e a obra dos autores clássicos da Sociologia, cobrindo de Auguste Comte (1798-1857) a Gilles Lipovetsky (1944). Cada ensaio traz os seguintes conteúdos: o sociólogo e seu tempo; percurso e influências; conceitos básicos de seu pensamento; e suas principais obras publicadas.

Em todos os volumes publicados até aqui a proposta é a mesma: expor e explicar o pensamento dos autores clássicos de cada área a partir de um ensaio introdutório, escrito por um especialista, com uma linguagem clara e acessível, precisa e rigorosa.

CULTURAL
Administração
Antropologia
Biografias
Comunicação
Dinâmicas e Jogos
Ecologia e Meio Ambiente
Educação e Pedagogia
Filosofia
História
Letras e Literatura
Obras de referência
Política
Psicologia
Saúde e Nutrição
Serviço Social e Trabalho
Sociologia

CATEQUÉTICO PASTORAL
Catequese
  Geral
  Crisma
  Primeira Eucaristia
Pastoral
  Geral
  Sacramental
  Familiar
  Social
  Ensino Religioso Escolar

TEOLÓGICO ESPIRITUAL
Biografias
Devocionários
Espiritualidade e Mística
Espiritualidade Mariana
Franciscanismo
Autoconhecimento
Liturgia
Obras de referência
Sagrada Escritura e Livros Apócrifos
Teologia
  Bíblica
  Histórica
  Prática
  Sistemática

REVISTAS
Concilium
Estudos Bíblicos
Grande Sinal
REB (Revista Eclesiástica Brasileira)

VOZES NOBILIS
Uma linha editorial especial, com importantes autores, alto valor agregado e qualidade superior.

PRODUTOS SAZONAIS
Folhinha do Sagrado Coração de Jesus
Calendário de mesa do Sagrado Coração de Jesus
Almanaque Santo Antônio
Agendinha
Diário Vozes
Meditações para o dia a dia
Encontro diário com Deus
Guia Litúrgico

VOZES DE BOLSO
Obras clássicas de Ciências Humanas em formato de bolso.

CADASTRE-SE
www.vozes.com.br

EDITORA VOZES LTDA.
Rua Frei Luís, 100 – Centro – Cep 25689-900 – Petrópolis, RJ
Tel.: (24) 2233-9000 – Fax: (24) 2231-4676 – E-mail: vendas@vozes.com.br

UNIDADES NO BRASIL: Belo Horizonte, MG – Brasília, DF – Campinas, SP – Cuiabá, MT
Curitiba, PR – Fortaleza, CE – Juiz de Fora, MG – Petrópolis, RJ – Recife, PE – São Paulo, SP